上海研究院智库丛书

李培林 主编

中国创世神话母题实例与索引

（3-1）

王宪昭 著

中国社会科学出版社

图书在版编目(CIP)数据

中国创世神话母题实例与索引:全三册/王宪昭著. —北京:中国社会科学出版社,2018.12

(上海研究院智库丛书)

ISBN 978-7-5203-3604-8

Ⅰ.①中… Ⅱ.①王… Ⅲ.①神话—研究—中国 Ⅳ.①B932.2

中国版本图书馆 CIP 数据核字(2018)第 273227 号

出 版 人	赵剑英
责任编辑	史慕鸿
责任校对	王 京
责任印制	戴 宽

出　　版	中国社会科学出版社
社　　址	北京鼓楼西大街甲 158 号
邮　　编	100720
网　　址	http://www.csspw.cn
发 行 部	010-84083685
门 市 部	010-84029450
经　　销	新华书店及其他书店

印刷装订	北京君升印刷有限公司
版　　次	2018 年 12 月第 1 版
印　　次	2018 年 12 月第 1 次印刷

开　　本	787×1092 1/16
印　　张	227.5
字　　数	4490 千字
定　　价	998.00 元(全三册)

凡购买中国社会科学出版社图书,如有质量问题请与本社营销中心联系调换
电话:010-84083683
版权所有　侵权必究

总 目 录

说明 …………………………………………………………………………… (1)
凡例（简本） ………………………………………………………………… (17)
凡例（详本） ………………………………………………………………… (18)
基本母题检索 ………………………………………………………………… (31)
正文 …………………………………………………………………… (1－3239)

3－1
（W1000～W1359）

1.1 世界（宇宙）起源概说（W1000～W1099） …………………………… (3)
    1.1.1 世界的产生（W1000～W1009） …………………………………… (3)
    1.1.2 世界的创造与创世者（W1010～W1034） ………………………… (22)
    1.1.3 世界最早的情形（W1035～W1059） ……………………………… (53)
    1.1.4 世界的特征（W1060～W1069） …………………………………… (125)
    1.1.5 三界及相关母题（W1070～W1089） ……………………………… (147)
    1.1.6 与世界有关的其他母题（W1090～W1099） ……………………… (230)

1.2 天地（W1100～W1499） ………………………………………………… (243)
    1.2.1 天地的产生与特征（W1100～W1129） …………………………… (243)
    1.2.2 天的产生与特征（W1130～W1169） ……………………………… (390)
    1.2.3 地的产生与特征（W1170～W1269） ……………………………… (588)
    1.2.4 天地的合离与支撑（W1270～W1359） …………………………… (913)

3−2
（W1360～W1799）

1.2.5　天地的修整（W1360～W1399） …………………………………（1163）

1.2.6　天地通（W1400～W1424） ………………………………………（1400）

1.2.7　天梯与其他上天工具（W1425～W1489） ………………………（1434）

1.2.8　与天地有关的其他母题（W1490～W1499） ……………………（1575）

1.3　万物（W1500～W1539） …………………………………………………（1599）

1.3.1　万物的产生（W1500～W1529） …………………………………（1599）

1.3.2　万物的特征（W1530～W1534） …………………………………（1667）

1.3.3　与万物有关的母题（W1535～W1539） …………………………（1679）

1.4　日月（W1540～W1699） …………………………………………………（1689）

1.4.1　日月的产生（W1540～W1599） …………………………………（1689）

1.4.2　日月的特征（W1600～W1629） …………………………………（1927）

1.4.3　日月的数量（W1630～W1669） …………………………………（1997）

1.4.4　日月的关系（W1670～W1689） …………………………………（2071）

1.4.5　与日月有关的其他母题（W1690～W1699） ……………………（2109）

1.5　星辰（W1700～W1779） …………………………………………………（2157）

1.5.1　星星的产生（W1700～W1729） …………………………………（2157）

1.5.2　特定星星的产生（W1730～W1754） ……………………………（2237）

1.5.3　星星的特征（W1755～W1769） …………………………………（2302）

1.5.4　与星星有关的其他母题（W1770～W1779） ……………………（2323）

1.6　天上其他诸物（W1780～W1799） ………………………………………（2336）

1.6.1　天河（银河）（W1780～W1789） ………………………………（2336）

1.6.2　天宫与天堂（W1790～W1794） …………………………………（2357）

1.6.3　天上其他诸物（W1795～W1799） ………………………………（2378）

3 – 3
（W1800 ~ W1999）

1.7 山石（W1800 ~ W1869） ……………………………………………… （2391）

    1.7.1 山的产生（W1800 ~ W1824） ……………………………………… （2391）

    1.7.2 山的特征（W1825 ~ W1834） ……………………………………… （2490）

    1.7.3 与山有关的其他母题（W1835 ~ W1854） ………………………… （2518）

    1.7.4 石头（岩石）（W1855 ~ W1869） ………………………………… （2735）

1.8 江河湖海（水）（W1870 ~ W1979） ……………………………… （2810）

    1.8.1 水的概说（W1870 ~ W1899） ……………………………………… （2810）

    1.8.2 江河湖海（W1900 ~ W1964） ……………………………………… （2870）

    1.8.3 其他一些常见的水体（W1965 ~ W1979） ………………………… （3080）

1.9 其他物质与生物（W1980 ~ W1999） ……………………………… （3158）

    1.9.1 金属（W1980 ~ W1984） …………………………………………… （3158）

    1.9.2 矿物（W1985 ~ W1989） …………………………………………… （3197）

    1.9.3 生命（生物）（W1990 ~ W1999） ………………………………… （3203）

附录 …………………………………………………………………………… （3240 – 3559）

    附录1 中国创世神话母题代码检索表 …………………………………… （3240）

    附录2 中国神话母题W编目十大类型简目 ……………………………… （3549）

说　　明

　　神话是人类最悠久的文化记忆，也是人类漫长的历史发展进程中最为珍贵的百科全书。中国神话母题 W 编目数据集成主要目的是，推进当今信息技术与数据库建设背景下社会科学研究方法的创新，通过中国各民族神话数据体系的逻辑归类与数据体系建构，建立起不同地区、不同民族、不同国家间神话比较研究以及神话与历史、文化、宗教、人类学等多学科之间的信息通道。中国神话母题 W 编目数据集成的依据是王宪昭著《中国神话母题 W 编目》（中国社会科学出版社 2013 年版）。"中国神话母题 W 编目数据集成"，共有"W0～W9" 10 部构成，目前已形成文本性数据 3000 余万字，实例 6 万余条。图片与音像数据将在今后数据平台建设的推进中逐步得到充实与完善。

　　本"说明"适用于"中国神话母题 W 编目数据集成" 10 个类型的所有类型。

1　创作目的与适用对象

　　《中国创世神话母题实例与索引》所涉及内容为"中国神话母题 W 编目数据集成"中的"W1：世界与自然物"类型。本书序列编号是［WM10-2］W1。

1.1　创作目的

　　本书中的实例与索引是一部以世界与万物起源神话为专题的神话母题数据资料集成，同时兼有中华民族创世神话精华集萃的特点，可以作为神话研究与欣赏的工具书。

　　本书通过对神话中"世界起源"、"自然物起源"及其相关特征等母题系统编码和实例展示，旨在帮助神话研究者或欣赏者宏观了解中国各民族创世神话对世界万物起源与特征的多角度阐释，借此发现其中的文化共性及文化创作规律，积极推动神话学、人类学等学科发展。

　　本书作为中国神话母题综合研究资料，可以从某些角度验证中国神话母题 W 编目的客观性与真实性，并为建构神话母题学提供实证范例。

1.2 适用对象

本书面向神话研究者、民间文学研究者、非物质文化研究者和工作者、人文学科数据库建设工作者以及中国传统文化爱好者等。

2 书名关键词解释

《中国创世神话母题实例与索引》可以析出"中国神话"、"母题"、"W 编目"、"实例"、"世界起源"、"自然物起源"等关键词。解释如下。

2.1 中国神话

指本书神话母题及实例涉及的对象和范围。包括中国各民族（含一定数量的古代民族）神话、中国古代典籍神话和中国近代以及现当代采集的民间口头流传的神话。

关于神话的界定是学术界莫衷一是的问题。本书从母题学本质出发，认为神话是关涉神以及神性人物叙事性文化载体的统称。神话作为人类早期最重要的文化产品之一，起源于民间，作用于信仰，传承于生活。是人类漫长发展历程中积淀出的非物质文化遗产，兼具文学、历史、哲学、宗教、民俗、律法、民族、地理等诸多学科性质，充当着人类早期的百科全书。

2.2 母题

本书中"母题"主要指"神话母题"。

2.2.1 母题的界定。所谓"母题"，即神话叙事过程中最自然的基本元素，这些元素可以在神话创作或神话的各种传承渠道中独立存在，也能在其他文类或文化产品中得以再现或重新组合。

2.2.2 母题的功能和特征。母题作为对各民族神话进行定量和定性分析的特定单位，具有关键词检索和神话含义分析等功能。基本特征如下。

（1）母题具有客观性和直观性。母题提取时会不可避免地带有主观色彩，但其本质反映的是文本的客观性，其本义或内核具有稳定性。

（2）母题具有组合性和流动性。母题的组合形成母题链，母题链一般具有较为明确的表意。同时，母题具有流动性，可以在其他文类或文化产品不同的语境下进行组合。

（3）母题具有典型性和普遍性。母题的表述一般简单明确，语义典型，同时能够作为多文类或多语境下的分析元素。

2.2.3 母题与几个相近的概念的异同。下面列举文学批评中经常出现,与"母题"关系密切又容易混淆的几个概念。

(1) 母题与主题。二者均是从表意出发得出的结论。"主题"需要若干"母题"通过一定的组合顺序去表现。特殊情况下,"主题"可以与"母题"的描述语义相同。

(2) 母题与原型。"原型"旨在找出文学、文化现象最原始的生发点;"母题"则有意识地淡化时空溯源,更关注它作为表意元素的平行比较功能。

(3) 母题与类型。二者在文本分析中相辅相成,不同的母题组合会形成不同的类型。许多内涵丰富的母题本身也可以代表特定的类型。

2.2.4 神话母题与神话或其他文类的联系与区别。任何神话文本都由一定数量的神话母题构成。构成神话的所有元素不一定都是神话母题。虽然神话母题主要出现在神话作品中,但不能排除其他非神话作品也会应用到神话母题的情形。

2.2.5 母题的提取与划分。中国神话母题数据集成将母题划分为 4 个层级。从分析角度而言,"母题"还可以划分为如下三种类型。

(1) 情节性母题。这类母题一般与叙事主题密切相关,语言形式上表述为一个词组或含有主谓语的短句,有较为明确的含义,可以视为较强的叙事单元,其结构功能较强,往往可以在不同类型的神话中使用。如"人类的产生"、"人与动物婚"、"动物感恩"、"植物变形"等。

(2) 名称性母题。这类母题主要是神话传承中积淀的特定的人或事物,语言形式上表述为一个名词或名称性词组,在特定的神话语境中使用。如"天神"、"女娲"、"龙"、"神奇的武器"等。名称性母题本身不能表达一个相对完整的叙事。

(3) 语境性母题。这类母题一般是"情节性母题"和"名称性母题"的辅助性元素,其含义具有类型化的特征,如与神话事件"产生时间"、"发生地点"等相关的一些母题。

总的来看,母题的提取就好像把一台机器拆成不同的零部件,我们从中虽然不能看到机器的整体面貌,但每一个零部件都有自己存在的价值,具有其特定的功能,对整体的影响不言自明。

2.2.6 母题的描述

(1) 母题一般为一个名词、名词性词组或名词性短语。

(2) 同类母题表述为名词性词组时,采用相同的语法结构。

(3) 同类母题表述为名词性短语时,尽量采用主谓语法结构,以体现叙事表述主体的一致性。

2.3 W 编目

该字母是王宪昭设计的中国神话母题编码著作权标志,也是一个兼具多种符号缩略功能的特定符号,以表示与汤普森母题索引[①]和其他一些母题分类代码的区别。其表意为:

2.3.1 作者姓氏标记。"W"为王宪昭姓氏"Wang"的首字母代码。以显示出本母题体系与"AT"(阿尔奈-汤普森)、"ATU"(阿尔奈-汤普森-乌特)等西方民间故事类型中母题编码的不同。

2.3.2 编目母题序列。编目母题序列采用了以自然数为主线的排列方法。

2.3.3 母题编目具有层级关系。编目的本质在于体现学科的内在规则。本编目采用在"归纳"与"演绎"基础上,对所有神话四个层级的母题进行了小数点数位表示方法。个别自然数母题代码会出现空缺现象,这也会为今后相关母题的开放式补充保留余地。

详见本书《凡例》:"2.2.3 母题代码(一):类型"。

2.4 "世界起源"、"自然物起源"

本书涉及的实例关注的基本对象是创世问题。其核心"世界起源"与"自然物起源"。

2.4.1 关于"世界"母题。神话具有认知与解释"世界"的重要功能。"世界"作为一个神话术语含义非常复杂。从目前研究结果看,研究者对创世的"世"也说法不一。如典籍中说的"古往今来曰世,上下四方曰界",后来的"世界"是全部时间与空间的总称。"世界"有时又称之为"宇宙",虽然"世界"与"宇宙"这两个概念在学科界定方面存在区别,但在神话叙事中,由于人类认知的限制,对这两个概念并没有严格的区分,在此类母题编目中可以统称为"世界"。这类母题是人们一般认为的"创世神话"的主体或核心。本书对"创造世界"的一些母题采取了宏观阐释的处理方式。主要在"1.1 世界(宇宙)起源概说(W1000~W1099)"类型下的母题中加以描述。

2.4.2 关于"自然物"母题

"自然物"也可以称为"万物"。世界中的自然物林林总总,许许多多自然物会

[①] Stith Thompson, *Motif-index of Folk-literature: A Classification of Narrative Elements in Folktales, Ballads, Myths, Fables, Mediaeval Romances, Exempla, Fabliaux, Jestbooks, and Local Legends* (V1-6), Bloomington, Indiana Universty Press, 1989. 汤普森在《民间文学母题索引》中,将神话母题列为"A"类。据汤普森母题编码共包括2877个一级母题(自然数母题,中间存在若干号码空缺),如果包含5个层级的母题,母题总数为5707个。

出现在内容丰富的神话叙事中。考虑到神话母题编目的实用性与适用性，我们并不能把每一个自然物都提取为相应的母题，只能选择具有代表性或能体现规则性的母题作为母题编目线索，为读者的神话学或母题学研究提供必要的素材。本目录关于自然物的母题设置了若干类型单元，包括①1.2 天地（W1100～W1499）；②1.3 万物（W1500～W1539）；③1.4 日月（W1540～W1699）；④1.5 星辰（W1700～W1779）；⑤1.6 天上其他诸物（W1780～W1799）；⑥1.7 山石（W1800～W1869）；⑦1.8 江河湖海（水）（W1870～W1979）；⑧1.9 其他物质与生物（W1980～W1999），等。上述各类型单元的母题在创世神话叙事中往往同时出现或存在某种联系，读者可以根据需要通览研读。与本类型密切关联的两个母题类型：(1) W3. 动物与植物（代码 W3000～W3999）；(2) W4. 自然现象与自然秩序（代码 W4000～W4999），将在另外出版物中单独呈现。

神话对"世界起源"、"自然物起源"等问题的阐释往往表现出模糊性，带有理性与非理性的双重特点，即使当今人们对此类现象仍是莫衷一是，实践与学理方面不能完全兼容是任何科学都会面临的问题。鉴于此，本书所列举的实例对某些有争议的问题，不作相应的考证。

3　W 编目与本书母题范围

3.1　本书母题的依据

《中国创世神话母题实例与索引》以《中国神话母题 W 编目》为依据，但在成书过程中对原母题编目进行了相应的增补与修订。

3.2　本书母题的范围

本书与《中国神话母题 W 编目》相对应的母题范围是该编目 10 个基本类型中的第 2 大类型，母题类型名称为"1. 世界与自然物"，母题类型代码为"W1"，本类母题编码范围是"W1000 - W1999"。

3.3　《中国神话母题 W 编目》简介

《中国神话母题 W 编目》十大类型母题的名称、代码与简目。列举如下：

(1) 神与神性人物 [类型代码 W0，范围 W0000 - W0999]；
(2) 世界与自然物 [类型代码 W1，范围 W1000 - W1999]；
(3) 人与人类 [类型代码 W2，范围 W2000 - W2999]；
(4) 动物与植物 [类型代码 W3，范围 W3000 - W3999]；
(5) 自然现象与自然秩序 [类型代码 W4，范围 W4000 - W4999]；

（6）社会组织与社会秩序［类型代码 W5，范围 W5000 – W5999］；

（7）有形文化与无形文化［类型代码 W6，范围 W6000 – W6999］；

（8）婚姻与性爱［类型代码 W7，范围 W7000 – W7999］；

（9）灾难与争战［类型代码 W8，范围 W8000 – W8999］；

（10）其他母题［类型代码 W9，范围 W9000 – W9999］。

3.4　与本书母题有关的母题类型

创世神话中关于"世界"、"自然物"产生与特征方面的母题，在其他类型神话叙事中也会时有发生。尽管本母题编目实例反映的是世界、自然物起源神话的主要内容，但并非创世神话的全部。《中国神话母题 W 编目》中的 6 个主要类型都与神话中的"人与人类"起源与特征有直接关系。即：

（1）"W0 神与神性人物"中的关于神、神性人物产生的母题；

（2）"W2 人与人类"中的关于人类产生的母题；

（3）"W3 动物与植物"中的有关动物、植物的产生与特征的母题；

（4）"W5 社会组织与社会秩序"中的家庭、氏族、民族、国家的产生相关母题；

（5）"W6 有形文化与无形文化"中的有关文化起源的母题；

（6）"W7 婚姻与性爱"中的有关"婚姻起源"的母题。

4　母题实例的选取

母题实例是母题编码的基础和依据，同时与母题编码又有相辅相成的关系。

4.1　母题实例

母题实例是为说明相对应母题的存在而从神话作品或相关文类中提取的例证。这些实例一般以言简意赅的概述形式对相应母题做出叙事性补充性说明。有些例证也可以视为该母题下一层级的母题。

4.2　神话材料范围

4.2.1　实例源于特定的神话材料。本书所有母题实例主要选自目前公开出版发行的中国各民族神话文本，同时也兼及少量可以考证的未出版文本及田野调查资料。

4.2.2　神话文本的主要来源。由于母题的重点并不在于关注一部作品的完整叙事，所以关注的材料也没有必要完全专注它是不是一个真正的"神话文本"，重点是关注它是不是具有"神话元素"。本书使用的材料一方面以学术界公认的神话文本为主体，同时兼顾史诗、传说、民间故事等叙事文学或其他宗教典籍乃至仪式阐释中的带有神话元素的叙事。W编目共涉及中国神话文本2万余篇。这些神话资料的主要来源如下。

（1）国内外公开出版发行的民间文学类丛书。如中国民间文学集成全国编辑委员会编《中国民间故事集成》（中国ISBN中心出版，各省卷本），中华民族故事大系编委会编《中华民族故事大系》（上海文艺出版社1995年版，16卷本），白庚胜总主编《中国民间故事全书》（知识产权出版社，县卷本），中国少数民族民间文学丛书《故事大系》系列的《各族民间故事选》（上海文艺出版社，分民族卷本）等。

（2）神话作品结集或集成类出版物。如满都呼主编《中国阿尔泰语系诸民族神话故事》（民族出版社1997年版），谷德明编《中国少数民族神话》（中国民间文艺出版社1987年版），陶阳、钟秀编《中国神话》（商务印书馆2008年版），姚宝瑄主编《中国各民族神话》（山西出版传媒集团·书海出版社2014年版，15卷本），农冠品编注《壮族神话集成》（广西民族出版社2007年版）等。

（3）能够进行神话析出的代表性工具书。如中国各民族宗教与神话大词典编审委员会编《中国各民族宗教与神话大词典》（学苑出版社1990年版），吕大吉、何耀华总主编《中国各民族原始宗教资料集成》（中国社会科学出版社，分民族卷本），袁珂编著《中国神话传说词典》（上海辞书出版社1985年版），云南省民族事务委员会编《各民族文化大观》（云南民族出版社1999年版，分民族卷本）等。

（4）与中国各民族神话有关的学术著作。如马昌仪编《中国神话学文论选萃》（中国广播电视出版社1994年版），那木吉拉《中国阿尔泰语系诸民族神话比较研究》（学习出版社2010年版），王宪昭《中国少数民族人类起源神话研究》（中国社会科学出版社2012年版），杨利慧、张成福编著《中国神话母题索引》（陕西师范大学出版总社有限公司2013年版）等。

（5）中国少数民族文学史及各民族单行本文学史。如马学良、梁庭望、张公瑾主编《中国少数民族文学史》（中央民族大学出版社2001年版），毛星主编《中国少数民族文学》（湖南人民出版社1983年版），攸延春《怒族文学史》（云南民族出版社2003年版）等。

（6）未公开出版但具有权威性的出版物。如各省（市、州、县、区）三套集成办公室或领导小组收集整理的《中国民间故事集成》（县、市、区卷本），研究机构或各地文化部门编印的地方性文化资料，如陶立璠、赵桂芳等编《中国少数民族神话汇编》（中央民族学院少数民族古籍整理出版规划领导小组办公室印）等。

（7）公开发行的学术期刊、报纸中涉及的神话。如《民族文学研究》、《黑龙江文艺》、《山茶》等。

（8）个人田野调研搜集的神话材料。包括本人20世纪80年代开始在民族地区采集的各类神话故事。如 2005 年云南澜沧拉祜族自治县、西盟佤族自治县对拉祜族、佤族神话调查采集整理等。

（9）网络资料。如中国知网、中国民俗学网、中国少数民族文学网、读秀、一些少数民族地方性网站等。

本书所使用出版物信息在文中已做详细标注，以示致谢。

4.3 材料的使用

4.3.1 实事求是地使用神话材料。本书认为，在神话母题实例选取过程中，首先要对神话文本做出科学的界定，同时又不能强求所有的人按照同一个标准去分析所有的问题。即使是一个看似固化了的文本，由于时代的变迁也会滋生出许多新含义，所以实例的质量与选择的材料数量和分析参数的可信度有关。

4.3.2 关注神话文本的多样性。在神话文本提取母题实例过程中，兼顾了神话文本的异文。主要包括以下几种情况。

（1）流传于不同地区的同一部作品；
（2）不同讲述人讲述的同一部作品；
（3）不同搜集者搜集的同一部作品；
（4）不同出版物收集的表述上有差异的同一部作品。

4.4 母题实例提取

从理论上讲，任何一个具体母题的实例都应该完全反映该母题的内涵与外延。事实上，在具体母题实例的选择与表述上，更多体现出的是实例与母题相似性。这与特定文化现象分析的个体差异性有关。

4.5 本书关于母题实例的提取遵循的原则

4.5.1 关联性原则。实例的选取力求与相对应的母题具有最直接的例证关系。

4.5.2 客观性原则。实例的生成力求源于资料的真实可信。

4.5.3 概括性原则。实例的表述力求言简意赅，引导读者对相应母题的信息有所了解。

4.6 母题实例的表述

4.6.1 母题实例表述的具体内容与形式。参见本书《凡例》："4.1 实例表述的构成"和"4.2 实例表述的具体内容与使用方法"。

4.6.2 一个母题实例的数量。本书在表述过程中，会有以下几种情况。

（1）有的母题暂时没有合适的实例。这类情况在行文中保持空缺。

（2）一个母题有一个实例。这种情况并不代表这个母题没有其他实例。只是因为目前文本或实例取样对象的限制，暂时只选取一个。

（3）一个母题有多个"实例"。一个母题有多个实例是非常普遍的现象，也体现出母题的基本特征。其中，这些实例可以表现为一个民族有多个不同神话文本，也可以表现为不同民族的不同神话文本。如，在一个民族有多个不同神话文本的情况下，为了凸现某些母题的具体表述细节或流传情况，同一个民族对同一个母题的相似描述也会一一列出，如"［W1713.2］日月婚生星星"母题，不同地区的壮族神话文本对此有不同的叙述。见下表。

【壮族】	太阳和月亮结婚生下许多星星。［广西壮族自治区·（南宁市）·上林县］	罗苏英等讲，韦建其搜集整理：《太阳、月亮和星星》，见曹廷伟编著《广西民间故事辞典》，南宁：广西教育出版社1993年版，第3页。
【壮族】	星星是太阳和月亮的孩子。［广西壮族自治区·南宁市·江南区］	邓承学讲：《太阳和月亮》，见张声震总主编，农冠品编注《壮族神话集成》，南宁：广西民族出版社2007年版，第185页。
【壮族】	特桃射太阳后把日月阉掉了，生的孩子不成熟，就成了天上的星星。［云南省·文山（文山壮族苗族自治州）；广西壮族自治区·河池（河池市）］	蓝鸿恩整理：《射太阳》，见张声震总主编，农冠品编注《壮族神话集成》，南宁：广西民族出版社2007年版，第51页。

4.6.3 实例的出处

4.6.3.1 关于出处的标注。本书在现有条件下，采取神话来源出版信息全面呈现的形式，对原作品信息缺失的情况，本书将尽可能加以核实补充，本书增加部分用"（）"标出，以便于使用者进一步考证。其作用是，有益于中国神话母题W编目数据集成网络检索的精准定位与神话数据的规范化应用。

4.6.3.2 关于多个出处。同一个"实例描述"有时会有两个以上"文本出处"，这类情况有的源于不同讲述人，有的源于不同的采录者，有的源于不同的出版物，具体情况需要查对出版物原文。列举这些文本及出处可以便于读者查找出版物信息和进行全面的比较分析。通过这些数据呈现出的细微表述差异，也可以帮助读者了解不同出版物对相同或相近神话文本的处理情况，进而进行版本比较研究。

4.7 本书母题实例采集和表述可能会出现的一些问题

4.7.1 实例表述的不完整性。本书母题实例的表述力求短小精悍，有的作出了必要的注释。但根据有限的表述空间，有的实例可能会因为语境的切割造成理解方面的困难。对此，需要研究者根据该母题的实例"【出处】"提示，查阅原文。

4.7.2 关于神话母题的民族标识。汉语古代典籍（诸如《山海经》《淮南子》《穆天子传》《水经注》等）中的许多神话母题的民族归属已难以作出明确的考察和界定，根据流传版本的语言归属，在本书中暂列为汉族神话。

5 编排体例说明

本书在编排中突出了工具书的特点。对于不同类型、不同层次的诸多信息力求使用符合读者接受习惯和相对统一的编排标准。如母题分类、母题编码、实例编排、民族排序等均作出相应的规范。

5.1 母题编码的编排

母题编目是一项系统性的工作。面对数以千计的神话母题需要体现符合逻辑的编排方式。总体设计上，W母题编目遵循时间顺序、空间顺序或其他逻辑顺序。

5.1.1 母题编码的编排依据。本书母题编码的编排遵循《中国神话母题W编目》编排体例的所有规则。

5.1.2 《中国神话母题W编目》编排规则。《中国神话母题W编目》的母题编排规则主要表现在4个方面：

（1）具有时间维度的母题，按时间顺序排列；

（2）具有空间维度的母题，按空间顺序排列；

（3）具有叙事逻辑关系的母题，按叙事逻辑关系排列；

（4）具有其他叙事逻辑关系的母题，按相应逻辑规则排列。

需要说明的是，任何一种规则所引导的顺序设定，都会遇到特定语境的限制，有时还会受到编目者自身局限性的影响。因此，这种情况在神话母题编码中有时会根据实际需要作出相应调整，以更符合母题编排的认知规律。

5.1.3 《中国神话母题W编目》母题层级的编排。《中国神话母题W编目》为了明确区分母题类型间的逻辑关系，对所有母题进行了层级区分。

（1）《中国神话母题W编目》目前暂划分到第五层级母题。母题代码由"W+数字"构成。

（2）母题层级主要是通过母题代码中的"数字"来表示。这些数字包括自然数与小数。凡自然数表示的母题一般为"第一层级"或"第二层级"。

层级的表述主要照顾到母题的总体编排，有时"第一层级"和"第二层级"可能均采用自然数代码，其层级关系在《中国神话母题W编目》列表中通过不同的"列"区分，在本编目实例的非表格编排形式中，可以通过表意加以区别。如

"W1601 太阳的性别"是一级母题，其下面包含的"W1602 太阳有男有女"、"W1603 太阳是男的"、"W1604 太阳是女的"等二级母题，根据母题编码的需要，这里的二级母题均由自然数表示。为区别彼此之间的从属关系，行文中在"W1601"之前用"＊"符号的形式表示。参见本书《凡例》："5.1"。

（3）小数包括1个小数点和2个小数点两种情况，一般为"第二层级"和"第三层级"。关于小数的设定并非按"十进制"的数学法则。小数点表示母题类型划分中的层级关系。在一级母题之后，可以逐级划分出若干母题。参见本书《凡例》："2.2.4 母题代码（二）：层级"。

（4）小数包括2个小数点和3个小数点，同（3），也有两种情况，一般为"第三层级"、"第四层级"或"第五层级"。

5.1.4 《中国神话母题W编目》编排规则的其他事项。母题编目在力求遵循逻辑分类方法的同时，也使用了经验性的编排方法。如依照读者的接受心理或认知习惯等。

如，关于动植物母题的编排，由于动植物的性质和功能非常复杂，神话中所叙述的动植物分类与编排与我们今天生物学中动植物分类有很大区别。对此，汤普森（TPS）在《民间文学母题索引》的分类与表述中很明显地注意到现代生物学的分类标准，如按生物学意义上的界、门、纲、目、科、属、种等对动物加以区分，结果则会造成读者对需求母题的检索困难。本书的母题编目，在兼顾专业的科学分类的同时，对一些特殊的母题类型采用习惯性模糊检索的方式，以更突出神话自身的特点。

5.2 W1母题实例的编排

5.2.1 本书中全部母题实例顺序。本书中所有母题实例的编排顺序按"W1母题编码"的顺序排列，即按照一级母题、二级母题、三级母题、四级母题的自然数字延续的方式编排。

5.2.2 具体母题的实例的顺序。当同一个母题有多个实例时，这些实例按本书设定的民族音序顺序编排。参见本书《说明》："5.3民族顺序的编排"。

5.3 民族顺序的编排

5.3.1 "实例"的民族属性。

（1）本书"实例"中所标注的"民族属性"，是指该实例所选自的原文本中所标注的民族属性。

（2）"民族属性"的界定。根据目前少数民族文学研究中普遍认可的规则，"民族属性"主要指该文本讲述人的民族身份。

(3) 本书"实例"析出的原文本未标注民族属性的，本书采取空缺的处理方法。

5.3.2 民族顺序。中国各民族是平等的，不应有特定的排序。根据研究以及表述的需要，我们会根据不同的观察视角，拟定出不同的民族排列顺序。如按地域划分[①]、语系划分等都会产生不同的编排顺序。

5.3.3 本书56个民族的排列顺序。中国56个民族在实例中涉及民族排序时，一律按民族汉语拼音的首字母在《字母表》中的排序。见下表：

中国各民族排序表（音序排列）

序号	民族名称	序号	民族名称	序号	民族名称	序号	民族名称
1	阿昌族	15	鄂温克族	29	傈僳族	43	水族
2	白族	16	高山族	30	珞巴族	44	塔吉克族
3	保安族	17	仡佬族	31	满族	45	塔塔尔族
4	布朗族	18	哈尼族	32	毛南族	46	土家族
5	布依族	19	哈萨克族	33	门巴族	47	土族
6	朝鲜族	20	汉族	34	蒙古族	48	佤族
7	达斡尔族	21	赫哲族	35	苗族	49	维吾尔族
8	傣族	22	回族	36	仫佬族	50	乌孜别克族
9	德昂族	23	基诺族	37	纳西族	51	锡伯族
10	东乡族	24	京族	38	怒族	52	瑶族
11	侗族	25	景颇族	39	普米族	53	彝族
12	独龙族	26	柯尔克孜族	40	羌族	54	裕固族
13	俄罗斯族	27	拉祜族	41	撒拉族	55	藏族
14	鄂伦春族	28	黎族	42	畲族	56	壮族

[①] 如马学良、梁庭望、张公瑾主编的《中国少数民族文学史》（修订本）（中央民族大学出版社2001年版），该书按地理区位将少数民族划分为不同的地区：①北方地区7个民族：包括朝鲜、达斡尔、鄂伦春、鄂温克、赫哲、满、蒙古；②西北地区14个民族：包括保安、东乡、俄罗斯、哈萨克、回、柯尔克孜、撒拉、塔吉克、塔塔尔、土、裕固、维吾尔、乌孜别克、锡伯；③西南地区20个民族：包括阿昌、白、布朗、德昂、独龙、哈尼、基诺、景颇、拉祜、傈僳、珞巴、纳西、怒、门巴、羌、普米、土家、佤、彝、藏；④华南地区10个民族：包括布依、傣、侗、仡佬、京、黎、毛南、仫佬、水、壮；⑤中东南地区4个民族：包括高山、苗、畲、瑶。而陶阳、牟钟秀的《中国创世神话》（上海人民出版社2006年版）一书则按地域把55个少数民族划分为：①西北地区14个民族：包括回、东乡、土、撒拉、保安、裕固、维吾尔、哈萨克、柯尔克孜、锡伯、塔克吉、乌孜别克、俄罗斯、塔尔；②西南地区25个民族：包括藏、门巴、珞巴、羌、彝、白、哈尼、傣、傈僳、佤、拉祜、纳西、景颇、布朗、阿昌、普米、怒、独龙、基诺、苗、布依、侗、水、仡佬；③中南和东南地区9个民族，包括壮、瑶、仫佬、毛南、京、土家、黎、畲、高山；④东北和内蒙古地区7个民族：包括满、朝鲜、蒙古、达斡尔、鄂温克、鄂伦春、赫哲。这种情况表明，不同研究者在民族编排顺序的设定上具有个性差异性。

5.3.4 "实例"民族属性的其他说明。本书在标注"实例"的民族属性时，可能有以下几种情况：

（1）因文本本身的原因，选取该实例的文本不能代表所标注民族的典型叙事情况；

（2）文本讲述人本身民族身份不确定或原文本标注错误；

（3）因历史或文化原因，一些文本不能被当今民族所认可。

上述问题，将会随着研究的深入，得到进一步解决。

5.4 "流传地区"的编排

5.4.1 母题及母题实例流传地区。本书在列举相应母题的实例时，对该母题实例的流传地区作出了行政区划的全方位标注。

（1）本书关于母题及母题实例"流传地区"的表示的几种情况。

①母题流传地区的排序。这些地区的表示按"省（自治区、市）"、"县（市、区）"、"乡（镇）"、"村"、"街道"等的顺序编排。各区划名称中间用"·"隔开。

②所采集神话中没有流传地区的文本（包括口头文本），保持自然空缺。如"西藏自治区·林芝市·米林县·纳玉乡（南伊乡）"，表示原神话中没有关于流传在哪一个"村"的记录。

③如果原文本中没有记载某一神话在某一地区的具体流传地点，而是辑录了在这个地区的哪一个氏族流传，在标注时为了表示与具体地点的区别，中间不使用"·"，如"西藏博嘎尔部落"。

（2）流传地区栏目中，有些神话文本的"流传地"与今天的行政区划的名称不一致，为尊重文本原貌，对此保留了原来文本中的行政区划名称，以便研究者与当今行政区划对比研究。

（3）有些神话文本的流传地区由于神话版本或采录者的原因，同一部神话或同一个讲述人讲述的神话，在出版物中的流传地点并不相同。例如：

①《中国民间故事集成》（云南卷），收入的哈尼族神话《永生不死的姑娘》，讲述者是朱小和，史军超采录，注明的采录地点为云南元阳攀枝花洞铺寨，故在本书实例的出处列表中更准确地表述为"云南省·（红河哈尼族彝族自治州）·元阳（元阳县）·攀枝花（攀枝花乡）·洞铺寨"。

②《中国民间故事集成》（云南卷）收入的朱小和讲，史军超采录的《动植物的家谱》，与上面的①相比，虽然是同一个讲述人（朱小和），但在神话流传地区中只标明了流传地为"云南元阳"，本书实例的出处列表中则表示为"云南省·（红河哈尼族彝族自治州）·元阳（元阳县）"。

③朱小和讲，芦朝贵等整理的《天、地、人的传说》，收入在（a）《山茶》1983年第4期；（b）谷德明编：《中国少数民族神话》（中国民间文艺出版社1987年版）；（c）陶立璠、赵桂芳等编：《中国少数民族神话汇编》（开天辟地篇）（中央民族学院少数民族古籍整理出版规划领导小组办公室印，未署出版时间）的同文本神话，则没有注明这则神话的流传地点。本书只能根据讲述人和哈尼族的生产生活地区初步把流传地区定位"云南省"，一些难以确认的情况在"流传地区"项保持空白。

对于诸如此类的情况，在本书中为了保持原神话文本的科学性，不再进一步考证，并作出推测性标示。

5.4.2 "流传地区"中增补的新信息。为了使读者更便捷地对"流传地区"进行区域定位，本书对母题实例流传的特定地区增补了"地市级"和"民族自治（区、县、乡）"的信息。为显示增补部分与原文本标注的流传地区的区别，凡本书新增补的地名信息和民族信息，均采用了"（ ）"表示的方式。如"W1190.1 鱼生地"实例的流传地区，本书标注为"云南·（红河哈尼族彝族自治州）·元阳县·（黄草岭乡）·树皮寨（树皮寨村）"，其中，这里的"（红河哈尼族彝族自治州）"、"（黄草岭乡）"和"（树皮寨村）"，都是根据目前新的行政区划增补的新信息。具体行政属地的确定时间以本书出版时的标注时间为准。

为保证增补地名信息的科学性和今后检索的完整性，对一些包含民族信息的各级地名采取原文简称标注与本书完整名称标注相结合的方式。在"【流传】"一栏加上了流传地信息，通过在流传地名的前后增加"（ ）"的形式，表示为本书所加。如云南省·（普洱市）·澜沧县（澜沧拉祜族自治县）中的"（澜沧拉祜族自治县）"；"云南省·（玉溪市）·新平县（新平彝族傣族自治县）·嘎洒镇"中的"（新平彝族傣族自治县）"，均为本书标出的目前完整的行政区划名称，目的是便于今后数据库平台可以应用相关信息技术对神话母题流传地的精准地理检索定位，既可以通过不同检索词找到该地区的神话母题情况，也能引起读者对该地区的民族聚居或分布情况的关注。

5.5 文本出处

为便于读者进一步查找、核对母题实例原来的语境，本书一律注明所引用的文本出处，这里的"文本"主要指作为神话母题实例出处的神话作品。

5.5.1 文本出处的表述。采用国家学术论文注释通用体例。

5.5.2 文本出处。原文本信息全部摘录，一般顺序为讲述者、翻译者、搜集整理者、作品名称、所刊载的刊物名称、刊物的发表年限、期号以及实例在相应出版物中的页码等。当某些数据不完整时，一般不改变表述顺序。具体情况参见本书

《凡例》："4.3　实例表述具体内容与形式"。

6　母题实例的查找

本书为方便读者从不同的角度查找相应的母题，设定了"目录"、"基本母题检索"、"中国创世神话母题代码检索表"、"关联性母题提示"等六种母题及母题实例的查找方式，这六种方式相互联系、相互辅助，又各有其不同功能。

6.1　六种检索方式的自由切换

具体方法详见本书"基本母题检索"注释。

6.5　母题其他潜在的检索功能

中国神话母题 W 编目数据集成的主要应用是当今信息网络背景下的学术方法创新，使用者可利用当今数字化信息检索平台，采用软件或网络检索的方式，通过输入相应"母题"或母题"关键词"迅速查找出需要的母题或母题关联，进行跨学科、多层次的学术研究和文化比较研究，随着这一工具书使用的不断深入，最终与社会科学研究方法的现代化和信息化接轨。

以上具体操作方法，请参见本书"凡例"中相应的例证说明。

7　其他说明

7.1　本书的创新

7.1.1　研究领域的创新。《中国神话母题 W 编目》是一部系统表述中国神话母题的编码与检索的资料学著作，兼有神话研究新型工具书的特点。其中大量的关联性母题可以看做构建跨类型母题信息通道的一个有效路径。

7.1.2　实例体例的创新。《中国神话母题 W 编目实例与索引》的所有母题实例是中国神话母题编码系统的实证性数据，均源自王宪昭对 2 万余篇中国各民族神话文本的提取和概括。

7.1.3　神话母题表述的创新。《中国神话母题 W 编目》与《中国神话母题 W 编目实例与索引》（10 卷本）以系列成果的形式，拟构出中国神话的母题编目体例与体系。

7.1.4　社科研究方法创新。中国神话母题 W 编目及数据集成的最终目的是，随着目前数字出版物和各类数据库的普及，将系统的符合思维逻辑的数字型母题代码引介到目前各图书馆数字资源、数字网络资源以及数据库资源中，母题将以关键词或检索词的代码出现在出版物或原文本检索中，以母题代替目前普遍应用的传统的图书检索（著作者、书名、出版信息检索）形式，极大提高研究资料来源的检索速度、精准性与实用性。

本母题编排与实例检索模式，同样适用于其他社会科学学科的数据库研究与建设。

7.2 母题编目与母题实例的局限

7.2.1 母题编目的局限。中国各民族神话数量浩瀚，情形复杂。《中国神话母题W编目》建立在作者个人的神话资料积累与特定研究方向的基础上，在母题的提取、表述与结构编排方面依赖于个人的主观理解、分析与判断。

（1）母题的提取与描述会有偏颇与不完善之处。

（2）神话叙事中出现母题的交叉和杂糅是母题编码与表述中经常遇到的情况。

7.2.2 母题实例的局限。母题实例源于不同的神话文本，这些文本会受到文献自身不规范的影响，再加上神话解读的差异，可能会有如下情形：

（1）有些实例可能与母题并不能建立完全吻合的对应关系；

（2）有些母题很难找出一个准确的例证；

（3）由于现存作品本身原因造成某些内容或母题的残缺，只能在表述时保持残缺的原貌。

本书在选取母题实例过程中，涉及神话文本数以万计。由于我国民族成分自身的多样性和时空变化，一个民族之中可能流传一些截然不同的观念或母题元素，或者由于神话传说作品搜集时间、采录背景、翻译等方面的原因，有时对每种图书观点的可信度进行鉴定比较困难。对此，作者采取了客观辑录的方式。这样会致使有些实例难以较准确地反映一个民族的神话传说母题传承的主流。若出现某些观点的疏漏或错误，希望使用者及时删除并予以指正。

7.3 其他补充说明

7.3.1 著作版权。《中国神话母题W编目》以及实例系列中的全部母题代码、母题描述、关联项设定、实例选取、图表设计、编排体例、出版版式等均为王宪昭研究成果，适用《中华人民共和国著作权法》的保护。该成果所有内容未经作者本人授权，任何单位和个人不得擅自修改、翻译和应用于变相商业用途的传播。

7.3.2 使用授权。《中国神话母题W编目》以及数据集成的所有内容凡经正式出版发行，读者将获得正式出版物的所有使用权利，包括发表引用、批评等。

7.3.3 解释与修订。本书作者对本书具有最终解释权和修订权利。

凡　　例

（简　本）

《中国创世神话母题实例与索引》是"中国神话母题 W 编目数据集成"系列丛书10个母题类型之一。为便于读者快速使用本丛书，特编制本凡例（简本）。如使用者需要进一步详细了解相关具体体例信息，可以查阅凡例（详本）。

	体例构成	正文标注	说明	应用功能
1	母题代码与描述		按《中国神话母题 W 编目》顺序编排	母题检索
2	与汤普森母题代码对照项	【汤普森】		通过与汤普森母题代码对照，建立中国神话与世界神话母题的比较研究
3	关联项	【关联】	主要是与王宪昭中国神话母题 W 编目十大母题类型的关联	形成不同神话叙事相关联的立体通道，拟构跨类型母题叙事链，复原母题生存语境
4	实例项	实　例	母题实例的标示性符号	便于使用者了解母题使用情况
5	民族属性	民族名称	母题实例的民族归属	从民族角度考察母题的依据
6	信息项	【流　传】	流传地点采取了全部地名归属信息呈现的方式	便于使用者从地理或地域的角度考察母题分布与流传状况
6	信息项	【出　处】	母题实例的文本出处的详细信息	便于使用者准确了解神话文本的全面信息。可直接应用于学术成果

凡 例

（详 本）

《中国创世神话母题实例与索引》是"中国神话母题 W 编目数据集成"系列丛书 10 个母题类型之一。为便于读者使用本丛书，特编制本凡例（详本）。

1 凡例概说

1.1 母题实例的基础

《中国神话母题 W 编目实例与索引》系列丛书的基础是《中国神话母题 W 编目》。

1.1.1 《中国神话母题 W 编目》包括中国神话十大母题类型。详见本书《说明》中的 "3.3 《中国神话母题 W 编目》简介" 和本书 "附录 2 中国神话母题 W 编目十大类型简目"。

1.1.2 《中国神话母题 W 编目》包括与汤普森《民间文学母题索引》中相应母题代码的对照。

1.2 凡例中示例的选取

本书凡例在例证的选用上，涉及神话母题 W0～W9 十大母题类型所有母题范围的案例。选取的其他一些不属于本书母题范围的例证，仅做示例之用。

1.3 正文的构成

本书正文的构成包括 2 个部分。

1.3.1 中国创世神话母题 W1 全部编目。划分有一级母题、二级母题、三级母题、四级母题、五级母题共 5 个层级。

1.3.2 每个母题的实例。根据目前掌握的神话资料的情况，有的母题会有多个例证，有的母题例证目前暂时空缺。

1.4　凡例的形式

为便于凡例内容的比对，凡例采用图表的形式。凡例中的各项按照在正文中出现的顺序排列。

1.5　凡例适用范围

本凡例基础性内容适用于神话母题 W0～W9 编目全部母题类型及相关母题实例。

2　神话母题编目

2.1　本书神话母题代码、名称

2.1.1　本书神话母题代码、名称以及编目排序以《中国神话母题 W 编目》中的 W1 编目为基础，并适当作出相应增补与修订。

2.1.1　母题层级的划分与表示

W 编码	母题描述			
	一级母题	二级母题	三级母题	四级母题
✿ W0270	日月神			
W0276	太阳神的生活			
W0276.1		太阳神的住所		
W0276.1.1			太阳神住宫殿（太阳宫）	
W0276.1.1.1				太阳神住9层天的太阳宫
W0276.1.2			太阳神住太阳山	
W0276.1.3			太阳神为什么住在天上	

上表为直观了解母题类型层次与排序的样表。在本书中以文字版表示。

2.2　神话母题 W1 编目具体内容

如下表：

序号	项目或符号	位置	示例	解释与说明
2.2.1	表述中的标题	出现在正文标题中	◆1.1 世界（宇宙）起源概说 ◆2.3 造人	❶母题编目类型中的第一层级序号。 ❷由1个小数点构成。 ❸前面的"1"表示"W1"母题类型，小数点后的数字表示W1编目类型中的一级序号。
		出现在正文的次级标题中	◆1.1.1， ◆1.2.1……	❶母题编目类型中的第二层级序号。 ❷由2个小数点构成。 ❸表示母题编目类型第一层级的下一级母题类型。
2.2.2	W	母题数字之前	◆（1）W4546 ◆（2）W0167.1 ◆（3）W0167.1.1	❶王宪昭中国神话母题编码的标志。 ❷"W"，为王宪昭姓氏"Wang"的首字母代码。 ❸表示与汤普森母题索引和其他一些母题分类代码的区别。
2.2.3	母题代码（一）：类型		◆（1）W4546 ◆（2）W0167.1 ◆（3）W0167.1.1	❶母题代码由"W+数字"构成。 ❷W之后的第一个数字，表示母题类型。① 如"W0167"中的"0"表示的是该母题属于"神与神性人物"，类型代码是W0；"W4546"中的"4"表示的是该母题属于"自然现象与自然秩序"，类型代码是W4。
2.2.4	母题代码（二）：层级		◆（1）① W0276 太阳神的生活 ② W0276.1 太阳神的住所 ③ W0276.1.1 太阳神住宫殿（太阳宫） ④ W0276.1.1.1 太阳神住9层天的太阳宫 ◆（2）W0276.1.2 太阳神住太阳山	❶母题代码中的"数字"可以是自然数，也可以是小数。小数并非按"十进制"的数学法则。 ❷小数点表示母题类型划分中的层级关系。如W0276的下一级母题可以分为"W0276.1"、"W0276.2"、"W0267.3"等二级母题；二级母题可以根据神话叙事的情形生成三级母题，如"W0276.1"之下划分出"W0276.1.1"、"W0276.1.2"等；三级母题之下可划分出四级母题，如"W0276.1.1.1"等。 ❸《中国创世神话母题数据目录》目前暂划分到第五层级母题。

---

① 母题编目共分10个大类，在"W"之后按"0~9"顺序排列。各数字具体代表的类型为：（1）W0 神与神性人物；（2）W1 世界与自然物；（3）W2 人与人类；（4）W3 动物与植物；（5）W4 自然现象与自然秩序；（6）W5 社会组织与社会秩序；（7）W6 有形文化与无形文化；（8）W7 婚姻与性爱；（9）W8 灾难与争战；（10）W9 其他母题。其他具体情况参见本书《说明》中的"3.3 《中国神话母题W编目》简介"。

续表

序号	项目或符号	位置	示例	解释与说明
2.2.5	母题描述	在母题代码之后	◆（W0181）天神 ◆（W2500）人类再生	❶母题描述是对母题含义的概述。 ❷母题一般表述为一个名词、名词性词组或名词性短语。 ❸母题描述的作用具有检索关键词的功能，绝大多数可以用于作品相关信息的检索。
2.2.6	母题编码	新增母题编码	◆W2022 世上最早有2人 …… ◆W2022.2.3.2 世上最早只有盘古和三皇五帝两人 ◆W2022a 世上最早有3人 ◆W2022a.1 世上最早有一对夫妻和1个女儿 ◆W2022b 世上最早有多人 ◆W2022b.1 世上最早的人子孙很多 ……	本书对《中国神话母题W编目》（2013年版）中的母题进行了增补。 增补方法如下。 ❶原编目中已预留空位的母题项，直接增补。不再特殊显示。 ❷在原母题编码后加".0"，表示增补的母题代码。 ❸以"a、b、c……"为后缀新增加母题的顺序排在该母题编码所有层级母题之后。如W2022a、W2022b表示的是《中国神话母题W编目》新增加的母题，排列在W2022原各层级母题之后。 ❹在"a、b、c、d、f、g……"后缀后，再加数字为标记的新增加母题编码。如"W2632.0.3f 姜央兄妹生肉疙瘩"之后的"W2632.0.3f1 '央'、'美'兄妹生肉团"、"W2632.0.3f2 志男志妹兄妹生肉疙瘩"、"W2632.0.3f3 胡秋兄妹婚生肉坨"等。层级会随小数点或字母代码的增加，产生更细致的层级。

3 关联项

3.1 本书的关联项包括2项。

3.1.1 W母题与汤普森（TPS）《民间文学母题索引》中母题的对照。

3.1.2 特定母题与《中国神话母题W编目》中其他相关母题的关联。

3.2 关联项具体内容。

如下表。

序号	项目或符号	位置	示例	解释与说明
3.2.1	【汤普森】	正文中"W 母题代码"之后	◆【汤普森】A62	❶此项是汤普森母题代码。汤普森把民间文学母题分为 23 类，分别用 23 个英文字母表示。① ❷读者可以据此对照神话母题 W 代码与汤普森母题代码。
3.2.2	【关联】	正文中"W 母题代码"或【汤普森】之后	◆【关联】[W2480] 人与太阳婚生人 ◆【关联】 ①[W5298.1] 母系氏族 ②[W6866.1] 母子联名	❶主要表示本母题与其他母题意义上的关联性，包括对象相同、功能相似、含义互补等情形。 ❷【关联】之后有若干关联母题时，用①②③等序号表示。
3.2.3	≈	部分汤普森母题代码之前	◆【汤普森】≈ A654	❶表意性符号。 ❷加"≈"的汤普森母题，表示此母题的含义只与 W 代码中的母题具有一定的相似性。

---

① 关于汤普森（TPS）《民间文学母题索引》母题的 23 个类型的代码、类型名称、母题代码范围和主要次级类型，如下：（1）A 神话（A0－A2899），包括造物主、三界神、半神、文化英雄、世界起源、世界灾难、自然秩序、人类起源、动植物起源等。（2）B 动物（B0－B899），包括神话中的动物、特异的动物、有人的特征的动物、友好的动物、人与动物婚、想象的动物等。（3）C 禁忌（C0－C999），包括与超自然有关的禁忌、性的禁忌、饮食禁忌、视听禁忌、接触禁忌、等级禁忌、奇特的禁律、犯禁受罚等。（4）D 魔法（D0－D2199），包括变形、魔力的消除、法宝、魔力及表现等。（5）E 死亡（E0－E799），包括复活、鬼与幽灵、再生、灵魂等。（6）F 奇异（F0－F1099），包括到另一个世界、奇异的灵怪、奇异的人、奇异的地点、奇异的物质、奇异的事情等。（7）G 妖魔（G0－G699），包括妖魔的种类、吃人和吃同类的妖魔、陷身魔网、战胜妖魔等。（8）H 考验（H0－H1599），包括识别身份、检验真假、考验婚姻、考验智勇、考验能力等。（9）J 聪明与愚蠢（J0－J2799），包括智慧的获得、聪明与愚蠢的表现、智者与傻瓜等。（10）K 欺骗（K0－K2399），包括靠欺骗获胜、靠欺骗逃生、骗取财物、骗婚、骗子自食其果等。（11）L 命运颠倒（L0－L499），包括幼者胜出、败势逆转、谦辛得赏、弱者获胜、倨傲遭贬等。（12）M 注定未来（M0－M499），包括命运天定、誓言、协议、承诺、预言、咒语等。（13）N 机遇与命运（N0－N899），包括运气博弈、走运与倒运、幸运的事情、意外遭遇、帮助者等。（14）P 社会（P0－P799），包括皇室贵族、社会各界、家庭亲缘、行业工艺、政府、习俗等。（15）Q 奖励与惩罚（Q0－Q599），包括受奖的行为、奖赏的性质、受罚的行为、惩罚的类型等。（16）R 被俘与逃脱（R0－R399），包括身陷囹圄、营救、逃脱与追捕、避难、第二次被俘等。（17）S 残虐（S0－S499），包括残忍的亲属、谋杀与残害、残酷的祭献、抛弃与残害童孩、虐待等。（18）T 性（T0－T699），包括爱情、婚姻、贞洁与禁欲、不正当的性关系、怀孕与生育、照管童孩等。（19）U 生命的本性（U0－U299），包括人的不同本性的来历、动物的不同本性的来历、贫贱与罪恶等本性等。（20）V 宗教（V0－V599），包括神职人员、宗教仪式、宗教场所、宗教信仰、施舍与戒律等。（21）W 品格（W0－W299），包括优秀的品格、恶劣的品格、其他。（22）X 笑话（X0－X1899），包括关于困窘的笑话、身体残障的笑话、社会各界笑话、性笑话、醉酒笑话、骗子笑话。（23）Z 其他母题（Z0－Z599），包括规则母题、象征母题、英雄母题、特例母题、历史地理生物类母题、恐怖故事母题。

4 实例

4.1 实例表述的构成

实例表述部分包括4项，即：

（1）母题实例的"民族属性"。用"民族名称"表示。

（2）母题"实例描述"。用概括语言叙述该母题在相关文本中的叙事情况。

（3）该母题实例的流传地区。用"【流传】"表示。

（4）该母题实例对应的出处。用"【出处】"表示。

上述项表示该母题实例析出文本的基本信息。（2）、（3）、（4）三项在行文的表达中关系密切，为表述的简洁和节约行文空间，有时会采取标注时互见的方法，具体情形见本凡例"4.3 实例表述具体内容与形式"。

4.2 实例表述的具体内容与使用方法

现对上述4.1所涉及的4项作出具体示例性介绍。

4.2.1 实例

序号	项目或符号	位置	示例	解释与说明
4.2.1	实 例	关联项之后	实 例	❶提示性文字。 ❷表示下文为上述特定母题的例证。 ❸目前没有找到母题相应的实例时，该项空缺。

4.2.2 民族属性

文中标号为：民族名称。

	位置或情形	示例	解释与说明
4.2.2.1	实例 （1项实例）	［W1101.1］世界自然存在 实 例 彝族（实例描述）	❶"彝族"表示其后的母题实例描述的民族归属是彝族神话。 ❷有些神话文本民族没有民族归属信息，该项空缺。 ❸其他情况参见本书《说明》："5.3民族顺序的编排"。

续表

位置或情形	示例	解释与说明
4.2.2.2	实例（该项包含多个实例时的排序）	［W1104.1］盘古造天地（盘古开天辟地） 实例 ❶ 白族 （实例描述） ❷ 布依族 （实例描述） ❸ 朝鲜族 （实例描述） ❹ 汉族 （实例描述） ……	一个母题有多个民族的神话文本实例时，按民族汉语名称音序排列。①

4.2.3 实例描述

文中无标号，直接排列在" 民族名称 "之后。

	位置或情形	示例	解释与说明
4.2.3.1	实例（标志之后）	［W2069.4.3］女娲和众神造人 实例 汉族 女娲跟众神合作，共同创造了人。 ……	❶"实例描述"是从神话文本中提取的关于母题的例证，也是相对应母题的更具体的描述。 ❷该实例描述是本书作者对原文的分析概述，并非原文本原文。
4.2.3.2	同上	实例 （参见下级母题实例）	为避免同一个实例的重复使用，该母题的实例可以从下级母题列举的实例中得到证明。
4.2.3.3	同上	实例 （参见［W1902.1.7］母题实例）	为避免同一个实例的重复使用，该母题的实例可以从关联项对应的母题编码的实例中得到证明。
4.2.3.4	同上	实例 （参见关联项及下级母题实例）	表示本项包括上面序号2、3两种情形。
4.2.3.5	同上	实例 （实例待考）	表示该母题的存在源于自然推理或汤普森、ATU等母题索引中已列出。但目前在中国神话中还没有找到合适的实例。
4.2.3.6	同上	实例 鄂温克族 （实例待考）	表示该母题实例流传于鄂温克族神话中，因资料局限目前还没有找到合适实例。

---

① 具体民族排序参见本书《说明》："5.3.3 本书56个民族的排列顺序"。

4.2.4　实例流传地区

文中标号为：【流传】

序号	位置或情形	示例	解释与说明
4.2.4.1	实例（第3项）	① 拉祜族 两兄妹创造世界。 【流传】云南省·（普洱市）·澜沧县（澜沧拉祜族自治县） ② 藏族 蚂蚁创造世界。 【流传】四川省·（阿坝藏族羌族自治州）·若尔盖县·求吉乡·下王则村	❶ 表示母题实例流传地区。 ❷ 神话母题实例所涉及文本凡是原文标有"流传地（流传地点、流传地区、流传区域、流传地带等）"的神话，在实例中一律收入并注明。 ❸ 行政区划地名的排序：按照省（直辖市、自治区）→市（区、地区）→县（市、区）→乡镇（区、街道）→村（组）。不同层级归属之间用"·"隔开。 ❹ 原神话文本行政区划地名不完整或空缺时，尊重原貌。 ❺ 其他情况。参见本书《说明》："5.4'流传地区'的编排"。
4.2.4.2	地名分级归属的表示	【流传】（云南省·楚雄彝族自治州·双柏县，红河哈尼族彝族自治州等地）	在【流传】栏后面的"（）"中的流传地点，表述原出处作品中并没有注明此出处，而是本书根据相关资料推测出的出处，可以供使用者参考使用。
4.2.4.3	地名增加信息	【流传】四川省·（凉山彝族自治州）·德昌县·热和乡·田村	❶（凉山彝族自治州），表示"凉山彝族自治州"是本书增加的内容。 ❷ 作用是强化数据库检索定位功能。
4.2.4.4	地名增加信息	【流传】云南省·怒江傈僳族自治州·兰坪（兰坪白族普米族自治县）	❶ 兰坪（兰坪白族普米族自治县），表示"兰坪白族普米族自治县"是本书增加的完整的地名表述。 ❷ 作用是增强地名的准确性，强化数据库检索定位功能。
4.2.4.5	地名增加信息	【流传】云南省·丽江县（丽江市）	❶ 丽江县（丽江市），表示"丽江市"是原流传地区"丽江县"的当前行政区划名称。 ❷ 作用是增强地名检索的准确性。
4.2.4.6	地名增加信息	【流传】贵州省·黔东南苗族侗族自治州·三穗县·款场（款场乡）	❶ 款场（款场乡），表示"款场乡"是原标注流传地区"款场"的当前行政区划名称全称。 ❷ 作用是增强表述的准确性。
4.2.4.7		【流传】（无考）	"（无考）"指原文本没有标注出处，本书根据相关信息及文本内容难以推测流传地区。

4.2.5 实例文本出处

文中标号为：【出处】。

序号	位置或情形	示例	解释与说明
4.2.5.1	实例（第4项）	【出处】苏力坦阿里·包尔布代讲，阿布都克热木·阿山采录，依斯哈别克·别克别克等翻译：《人的由来》，见《中国民间故事集成》（新疆卷），北京：中国ISBN中心2008年版，第33页。	❶表示母题实例析出文本的出版物信息。 ❷出版物信息包括讲述人、采录者、翻译者、作品名称、该作品析出的出版物名称、出版者、出版时间、该实例在出版物中的页码等。 ❸一个母题实例涉及多篇神话文本时，文本依次排列。 ❹为便于版本比较研究，出处中原出版物一些不同名称或文本自身的错误本书不做更改。

4.3 实例表述具体内容与形式

在母题实例的"描述"、"流传地区"和"文本出处"的具体表述中，根据这三项所涉及信息的对应性，为了避免表达中的重复冗杂，一些同类项采用了（a）（b）（c）等表述方式。文中出现的几种对应关系，通过下面列表加以说明。

4.3.1 一个"实例描述"有一个"文本出处"

这种情况下"实例描述"、"实例流传地区"和"文本出处"是一一对应关系。

实例表述示例			解释与说明
实例描述	流传地区	文本出处	
布依族 玉皇大帝派盘古开天地。	贵州省·贵阳市	陈素兰讲，张羽超等搜集，夏云昆整理：《开天辟地》，见中华民族故事大系编委会编《中华民族故事大系》第3卷（彝族、壮族、布依族），上海：上海文艺出版社1995年版，第687页。	这类情况在母题实例较为常见。
鄂伦春族 雷神举起凿子锤子打沙加翁卡伊（鱼鹰）。	内蒙古自治区·（呼伦贝尔市）·鄂伦春自治旗	孥诛枚讲，巴图宝音采录：《逗雷神》，见中国民间文学集成全国编辑委员会编《中国民间故事集成》（内蒙古卷），北京：中国ISBN中心2007年版，第21页。	❶"实例描述"中的"（）"中的内容是本书所加，是对原文的解释。 ❷"流传地区"中的"内蒙古自治区·鄂伦春自治旗"为原文本标记的流传地区。

4.3.2 一个"实例描述"有两个"文本出处"

这种情况下"实例描述"与"实例流传地区"和"文本出处"的对应分两种情况，一般会使用（a）（b）代号，合并相同的内容。

母题与实例描述	实例表述示例		解释与说明
	流传地区	文本出处	
汉族 天上原来有7个太阳。	（a）陕西省（咸阳市）·彬县·小章乡·赵寨村（b）北京市·通县（通州区）	（a）池老犟讲，纪笑强采录：《二郎神担山压太阳》，见中国民间文学集成全国编辑委员会编《中国民间故事集成》（陕西卷），北京：中国ISBN中心1996年版，第21页。（b）王月珍讲，蔺再山采录：《二郎神担山捉太阳》，见中国民间文学集成全国编辑委员会编《中国民间故事集成》（北京卷），北京：中国ISBN中心1999年版，第6页。	❶1个实例对应（a）（b）2个"流传地区"和2个"文本出处"。❷（a）（b）等代码表示的是作为神话母题实例来源的不同文本。❸【出处】中的（a）（b）分别与【流传】中的（a）（b）相对应。
壮族 太阳被阉过，所以他的孩子长不成小太阳，长成了星星。	广西壮族自治区·（南宁市）·上林县·西燕乡	（a）韦奶讲，蓝鸿恩采录翻译：《太阳、月亮和星星》，见中国民间文学集成全国编辑委员会编《中国民间故事集成》（广西卷），北京：中国ISBN中心2001年版，第38页。（b）同（a），见张声震总主编，农冠品编注《壮族神话集成》，南宁：广西民族出版社2007年版，第310页。	❶1个实例对应1个"流传地区"和2个"文本出处"。❷当（a）（b）两个文本的"实例描述"和"流传地区"相同时，行文中的"实例描述"和"流传地区"中省去（a）（b）等标记。
白族 阿白是白族先民想象中的天神。	（a）云南省·（怒江傈僳族自治州）·泸水县（b）云南省·（怒江傈僳族自治州）·碧江县（已撤销，今属福贡县）·四区二村	（a）阿普介爹讲，普六介译，周天纵采录：《氏族来源》，见中国民间文学集成全国编辑委员会编《中国民间故事集成》（云南卷），北京：中国ISBN中心2003年版，第228页。（b）同（a），见谷德明编《中国少数民族神话》，北京：中国民间文艺出版社1987年版，第305页。	❶1个实例对应2个"流传地区"和2个"文本出处"。❷【流传】中的（a）（b）两个地点，分别与【出处】中的（a）（b）两个出版物对应。❸【出处】中的"（b）同（a）"，表示（b）的作品讲述人、翻译者、采录者、作品名称等与（a）相同，不再重复标出。

续表

母题与实例描述	实例表述示例		解释与说明
	流传地区	文本出处	
苗族 (a) ……盘古(开天立地的神人……不是槃瓠)开天。 (b) 认为，盘古是开天巨神。	(b) 湖南省·湘西(湘西土家族苗族自治州)	(a) 龙王六诵，龙炳文翻译：《开天立地》，见陶立璠、赵桂芳等编《中国少数民族神话汇编》(开天辟地篇)，中央民族学院少数民族古籍整理出版规划领导小组办公室，内部资料，第42页。 (b) 过竹：《苗族神话研究》，南宁：广西人民出版社1988年版，第220页。	❶ "实例描述"中，出现的(a)(b)与"文本出处"中的(a)(b)相对应。 ❷ (a)(b)相同部分不作标记。

4.3.3 一个"实例描述"有两个以上"文本出处"

这种情况下"实例描述"与"实例流传地区"和"文本出处"的对应除了具有4.3.2的情形之外，使用（a）（b）（c）等代号，在"实例描述"、"流传地区"、"文本出处"中会有一些替代或合并现象。

实例描述	实例表述示例		解释与说明
	流传地区	文本出处	
黎族 蛇卵孵出……始祖。	(a) 海南省·琼中县(琼中黎族苗族自治县)·五指山公社·番龙村(今属五指山市·水满乡·番龙村) (b) 海南省	(a) 王克福……《黎母的神话》 (b) [清]《琼州府志》 (c) 广东民族学院……《黎母山》 (d) 《黎母山传说》	❶ 具体例子参见本注释。① ❷ "文本出处"中的代码表示文本数量，如（a）（b）（c）（d），表示本母题实例有4个不同的文本。 ❸ 在"流传地区"中没有显示该文本相对应的代码的，如没有（c）（d），表示（c）（d）原文本中没有流传地区的信息。

---

① **黎族** 蛇卵孵出一个女孩，雷公给她起了个名字，叫黎母，成为黎族的始祖。
【流传】（a）海南省·琼中县（琼中黎族苗族自治县）·五指山公社·番龙村（今属五指山市·水满乡·番龙村）
（b）海南省
【出处】
（a）王克福讲，符策超采录：《黎母的神话》，见中国民间文学集成全国编辑委员会编《中国民间故事集成》（海南卷），北京：中国ISBN中心2002年版，第5页。
（b）［清］《琼州府志》，见《古今图书集成·职方典》卷一三九二，见吕大吉、何耀华总主编《中国各民族原始宗教资料集成》（土家族卷、瑶族卷、壮族卷、黎族卷），北京：中国社会科学出版社1998年版，第664页。
（c）广东民族学院中文系采风组搜集整理：《黎母山》，见谷德明编《中国少数民族神话》，北京：中国民间文艺出版社1987年版，第202页。
（d）《黎母山传说》，见广东民族学院中文系编《黎族民间故事选》，上海：上海文艺出版社1982年版，第12页。

续表

实例表述示例			解释与说明
实例描述	流传地区	文本出处	
毛南族 盘哥和古妹结婚……	(a) ……下南村·松现屯 (b) ……环江县上、中、下南地区 (c) ……环江县 (de) ……环江县·下南乡 (f) 广西壮族自治区	(a) 覃启仁……《盘哥古妹》 (b) 谭金田……《盘兄和古妹》 (c) 覃启仁……《盘古的传说》 (d) 谭中意……《盘古的故事》 (e) 谭金田……《盘古的传说》 (f) 覃启仁……《盘古的传说》	❶ 具体例子参见本注释。① ❷ "文本出处"中的 (a)(b)(c)(d)(e)(f)，表示本母题实例有6个不同的文本。 ❸ 相应项目合并。如"流传地区"中 (de) 对应"文本出处"中的 (d) 和 (e) 两个不同的文本，因流传地相同而合并。

---

① 毛南族 盘哥和古妹结婚后，用泥捏成人崽，叫乌鸦衔去丢，成活。
【流传】
(a) 广西壮族自治区·（河池市）·环江县（环江毛南族自治县）·下南乡·下南村·松现屯
(b) 广西壮族自治区·（河池市）·环江县（环江毛南族自治县）上（上南乡）、中（中南乡）、下南地区（下南乡）
(c) 广西壮族自治区·（河池市）·环江县（环江毛南族自治县）
(de) 广西壮族自治区·（河池市）·环江县（环江毛南族自治县）·下南乡
(f) 广西壮族自治区
【出处】
(a) 覃启仁讲，蒋志雨采录翻译：《盘哥古妹》，见中国民间文学集成全国编辑委员会编《中国民间故事集成》（广西卷），北京：中国ISBN中心2001年版，第70页。
(b) 谭金田等翻译整理：《盘兄和古妹》，见谷德明编《中国少数民族神话》，北京：中国民间文艺出版社1987年版，第153页。
(c) 覃启仁讲，谭金田等翻译整理：《盘古的传说》，见曹廷伟编著《广西民间故事辞典》，南宁：广西教育出版社1993年版，第23页。
(d) 谭中意整理：《盘古的故事》，见《毛南族：广西环江县南昌屯调查》，昆明：云南大学出版社2004年版，第295~296页。
(e) 谭金田等翻译整理：《盘古的传说》，见中华民族故事大系编委会编《中华民族故事大系》第12卷（布朗族、撒拉族、毛南族），上海：上海文艺出版社1995年版，第479~485页。
(f) 覃启仁讲，谭金田翻译整理：《盘古的传说》，见袁凤辰编《毛难族民间故事集》，北京：中国民间文艺出版社1984年版，第1~7页。

5 其他

5.1 本书中其他一些项目或符号

序号	项目或符号	位置	示例	解释与说明
1	✿	基本母题检索、正文、附录1	✿W1070 三界	❶母题类型提示性符号。 ❷带"✿"标注的母题可以作为类型名称看待，包含带"✲"的母题以及"✲"之下所有母题。
2	✲	基本母题检索、正文、附录1	✲W1071 上界（天堂） ✲W1075 人界（人世、人间、阳世）	❶母题类型提示性符号。 ❷带"✲"标注的母题下面会包含以自然数为代码的若干母题。 ❸带"✲"标注的母题隶属于带"✿"标注的母题。
3	*	出现的作品名称前	*《白石支天》，见《藏族原始宗教资料丛编》……	❶前面带"*"的神话篇名，表示原神话文本没有题目，本书为了表达方便而添加的题目。
4	☆	文本标题之前	☆姜子牙钓到西北角支撑天的鳌鱼	前面带"☆"的母题实例，表示此项并不是一般意义上的神话，带有明显的传说或故事性质，但与神话母题有密切联系。

5.2 补充说明

本凡例未涉及之处，以本书表述的实际发生为准。

基本母题检索[①]

3－1
(W1000～W1359)

1.1 世界（宇宙）起源概说
【W1000～W1099】

‖1.1.1 世界的产生‖
【W1000～W1009】

❇W1000 世界的产生（宇宙的产生）【3】
W1001 世界自然产生【3】
W1002 世界是创造产生的【4】
W1003 世界是生育产生的【11】
W1004 世界是变化产生【14】
W1005 世界是演化而成的【15】
W1006 世界产生的其他方式【15】
W1007 与世界产生有关的其他母题【16】

‖1.1.2 世界的创造与创世者‖
【W1010～W1034】

✿W1010 世界（宇宙）的创造【22】
❇W1011 创造世界的原因（创世的原因）【22】

---

① 《中国创世神话母题实例与索引》（2018版）为方便使用者检索母题及母题实例，共设置了不同类型的6种检索方式，即❶总目；❷基本母题检索；❸附录1 中国创世神话母题代码检索表；❹附录2 中国神话母题W编目十大类型简目；❺正文［汤普森］项；❻正文［关联］项。其中第❶❷❸项分别反映出母题类型的不同层级关系，展示的是创世母题宏观到微观的逻辑关系。

（1）通过“❶总目”，可以了解全书母题类型的宏观结构。

（2）通过“❷基本母题检索”，可以大致查阅到本书第一层级或相当于基本母题的所有以自然数为代码的世界起源、自然物起源等相关母题。

（3）通过“❸附录1 中国创世神话母题代码检索表”，可以查阅到本书全部层级的母题。

（4）通过“❹附录2 中国神话母题W编目十大类型简目”，可以进行《中国神话母题W编目》10大类型母题的跨界检索，形成对一部神话文本的全方位母题分析。

（5）通过“❺正文［汤普森］项”可以将带有标示的母题与汤普森《世界民间文学母题索引》中的世界性民间叙事母题相关联并进行比较研究。

（6）通过“❻正文［关联］项”可以实现标示母题与相关叙事母题的迅速关联，扩大类型叙事或关联性叙事的多视角比较研究。使用者可以根据自己的具体需要选择相关检索方式。

W1012	创造世界的时间	【24】		W1038	最早的世界什么都没有	【59】
✿W1015	创世者（造物主）	【25】		W1039	最早的世界是影子	【63】
✽W1016	创世者的产生	【25】		W1040	最早的世界是混沌	【64】
W1017	创世者来于某个地方	【25】		W1041	最早的世界是雾露	【75】
W1018	创世者是生育产生的（生育创世者）	【26】		W1042	最早的世界动荡多变	【79】
W1019	创世者产生的其他方式	【27】		W1043	最早的世界天地相抱	【80】
W1020	神或神性人物是创世者（神是创世者）	【28】		W1043a	最早的世界是2块合在一起的物体	【80】
W1021	特定的神或神性人物是创世者	【33】		W1044	最早的世界像个盒子	【81】
				W1045	最早的世界像网	【81】
W1022	人是创世者	【36】		W1046	以前的世界气温变化无常	【81】
W1023	动物是创世者	【37】		W1047	最早的世界是炎热的	【82】
W1024	植物是创世者	【41】		W1048	最早的世界是冰冷的	【82】
W1025	无生命物是创世者	【41】		W1049	最早的世界很闷	【83】
W1026	混杂型创世者	【41】		W1050	最早的世界是黑暗的	【83】
W1027	创世者的数量	【41】		W1051	最早的世界是气	【93】
W1028	创世者的特征	【44】		W1052	最早的世界是风	【96】
W1029	创世者的工具	【46】		W1053	最早的世界是水	【96】
W1030	创世者的家庭	【47】		W1054	最早的世界是火	【104】
W1031	创世者的助手（伙伴）	【48】		W1055	最早的世界是山	【104】
W1032	创世者的出谋划策者	【50】		W1056	最早的世界有多种特征	【105】
W1033	与创世者有关的其他母题	【51】		W1057	与世界最早情形有关的其他母题	【112】
W1034	创世的方法	【52】				

‖ 1.1.3 世界最早的情形 ‖
【W1035 ~ W1059】

‖ 1.1.4 世界的特征 ‖
【W1060 ~ W1069】

✽W1035	世界最早的情形	【53】
W1036	世界卵（宇宙卵、天地卵）	【53】
W1037	最早的世界在一个大卵里	【59】

W1060	世界特征的产生	【125】
W1061	世界的大小（宇宙的大小）	【126】
W1062	世界的形状	【127】
W1063	世界的中心（天地的中心）	【130】

W1064	世界的错乱（颠倒的世界）	【131】		W1081	下界的人物	【186】
W1065	世界是完美的（美好的世界）	【132】		W1082	下界的景象（阴间的景象）	【194】
W1065a	世界是悲惨的	【133】		W1083	冥界的位置（下界的位置、地狱的位置）	【204】
W1066	世界的数量	【133】		W1084	冥界的边界	【208】
W1067	世界的层级（层数）	【136】		W1085	冥界之旅	【211】
W1067a	世界的构成	【141】		W1086	通往下界的路（通往阴间的路）	【212】
W1068	与世界特征有关的其他母题	【142】		W1087	与下界有关的其他母题（与阴间有关的其他母题）	【224】

‖ **1.1.5 三界及相关母题** ‖
【W1070 ~ W1089】

‖ **1.1.6 与世界有关的其他母题** ‖
【W1090 ~ W1099】

✿ W1070	三界	【147】				
✽ W1071	上界（天堂、天界）	【158】		✽ W1090	世界的分期	【230】
W1072	上界的产生	【159】		W1091	世界经历特殊的时代	【231】
W1073	上界的特征（天堂的特征）	【159】		W1091a	世界的划分	【236】
W1074	与上界有关的其他母题	【164】		W1092	地上最早的居住者	【237】
				W1093	虚幻世界	【238】
✽ W1075	人界（人世、人间、阳世、阳间、地界、中界）	【172】		W1094	来世（未来的世界）	【238】
				W1095	世界的支撑者	【239】
W1076	人界的产生（人间的产生）	【172】		W1096	与世界有关的其他母题	【240】
W1077	与人间有关的其他母题	【174】				

1.2 天地
【W1100 ~ W1499】

‖ **1.2.1 天地的产生与特征** ‖
【W1100 ~ W1129】

✽ W1078	下界（阴间、地狱、鬼界）	【178】
W1079	下界的产生（地狱的产生、阴间的产生）	【178】
W1080	下界的特征（阴间的特征）	【179】
✿ W1100	天地的产生	【243】

W1101	天地来源于某个地方或自然产生	【250】		W1119	神或神性人物变成天地	【336】
✱ W1102	天地是创造产生的（造天地）	【255】		W1120	动物变成天地	【339】
W1103	神或神性人物造天地	【257】		W1121	植物变成天地	【340】
W1104	特定的神或神性人物造天地	【285】		W1122	无生命物变成天地	【340】
W1104a	与神或神性人物造天地有关的其他母题	【300】		W1123	与变化产生天地有关的其他母题	【346】
W1105	人造天地	【301】		W1124	与天地产生有关的其他母题	【352】
W1106	动物造天地	【304】		✱ W1125	天地的特征	【370】
W1107	其他造天地者	【309】		W1126	天地的性别	【370】
W1107a	造天地的帮助者	【310】		W1127	天地的雏形	【372】
W1107b	造天地的破坏者	【311】		W1128	天地的形状	【379】
W1107c	与造天地者有关的其他母题	【312】		W1129	与天地特征有关的其他母题	【382】
W1108	造天地的材料	【312】				
W1109	造天地的方法	【315】				
W1109a	造天地的工具	【317】				

‖ 1.2.2　天的产生与特征 ‖

【W1130 ~ W1169】

W1110	与造天地有关的其他母题	【318】
✱ W1111	天地是生育产生的（生天地）	【329】
W1112	神生天地	【329】
W1113	特定的神或神性人物生天地	【330】
W1114	人生天地	【330】
W1115	卵生天地	【330】
W1116	动物生天地	【333】
W1117	与生育天地有关的其他母题	【334】
✱ W1118	天地是变化产生的	【336】

✿ W1130	天的产生	【390】
W1130a	天产生的原因	【390】
W1131	天来源于某个地方或自然存在	【391】
✱ W1132	天是造出来的（造天）	【393】
W1132a	造天的原因	【393】
W1133	神或神性人物造天	【393】
W1134	特定的神或神性人物造天	【402】
W1135	人造天	【406】
W1136	动物造天	【407】
W1137	其他造天者	【411】
W1137a	与造天者有关的其他母题	【411】

W1138	造天的材料	【412】
W1139	与造天有关的其他母题	【422】
✻ **W1140**	**天是生育产生的**	【430】
W1141	神或神性人物生天	【430】
W1142	人生天	【431】
W1143	动物生天	【431】
W1144	与生育产生天有关的其他母题	【431】
✻ **W1145**	**天是变化产生的**	【433】
W1146	神或神性人物变成天	【433】
W1147	动物变成天	【435】
W1148	植物变成天	【437】
W1149	卵变成天	【437】
W1150	气变成天（气变化成天）	【439】
W1150a	云变成天	【445】
W1150b	光变成天	【446】
W1151	其他特定的物变成天	【446】
W1152	与天的产生有关的其他母题	【451】
✻ **W1155**	**天的特征**	【458】
W1156	天的性别	【458】
W1157	天的大小	【460】
W1157a	天的重量	【462】
W1158	天的高低	【462】
W1158a	天的倾斜	【471】
W1159	天的形状	【472】
W1160	天的颜色	【489】
W1161	与天的特征有关的其他母题	【499】
W1162	天的数量	【505】
W1163	天的层数	【508】
W1164	天的中心	【535】
W1165	天心（天的心脏）	【536】
W1165a	天胆	【537】
W1166	天边（天的边际）	【537】
W1167	天的端点（天头、天的头）	【540】
W1168	与天有关的其他母题	【543】

‖ **1.2.3 地的产生与特征** ‖
【 W1170 ~ W1269 】

✿ **W1170**	**地的产生**	【588】
W1170a	以前没有地	【588】
W1171	地自然产生	【589】
W1172	地来源于某个地方（地球源于某个地方）	【590】
✻ **W1173**	**地是造出来的（造地）**	【595】
W1174	造地的原因	【595】
W1175	神或神性人物造地	【599】
W1176	人造地	【620】
W1177	动物造地	【622】
W1178	其他造地者造地	【627】
W1178a	与造地者有关的其他母题	【629】
W1179	造地的方法	【630】
✻ **W1180**	**造地的材料**	【642】
W1181	用神或神性人物的身体造地	【642】
W1182	用人的身体造地	【643】
W1183	用动物的身体造地	【643】
W1184	用土造地（用泥造地）	【644】
W1185	其他造地的材料	【650】
W1186	与造地有关的其他母题	【655】

✻ W1187	地是生育产生的	【663】		W1210	与地的形状有关的	
W1188	神或神性人物生地	【664】			其他母题	【724】
W1189	人生地	【665】		✻ W1211	地貌的成因	【727】
W1190	动物生地	【665】		W1212	地貌源于神的安排	
W1191	与生育产生地有关的				（地貌源于神的制造）	【728】
	其他母题	【665】		W1212a	地貌源于神的化生	【729】
✻ W1192	地是变化产生的	【667】		W1213	地貌源于神或神性	
W1193	神或神性人物变成地	【667】			人物的活动	【729】
W1193a	人变成地	【670】		W1214	地貌源于人的活动	【731】
W1194	动物变成地	【671】		W1215	地貌源于动物的活动	【731】
W1195	卵变成地（蛋变成			W1216	地貌源于特定的语言	【732】
	地球）	【675】		W1217	地势的高低	【732】
W1196	抛撒在水上的物质			W1218	与地貌成因有关的	
	（泥土、沙石等）				其他母题	【740】
	变成地	【681】		W1218a	与地貌有关的其他	
W1197	其他特定的物质变				母题	【741】
	成地	【683】		✻ W1219	地的大小	【742】
W1198	与变地有关的其他			W1220	原来的地很小	【742】
	母题	【697】		W1221	地巨大无比	【744】
W1199	与地的产生有关的			W1222	与地的大小有关的	
	其他母题	【699】			其他母题	【745】
✿ W1200	地的特征	【709】		✻ W1223	地的厚度	【746】
W1201	地的性别	【710】		W1224	地很薄	【746】
✻ W1202	地的形状（地貌）	【710】		W1225	地很厚	【747】
W1203	地原来没有一定的			✻ W1226	地的层数	【747】
	形状	【710】		W1227	地有 3 层	【747】
W1204	地是方的	【711】		W1228	地有 7 层	【748】
W1205	地是圆的（地球是			W1229	地有 9 层	【750】
	圆的）	【712】		W1230	地有 18 层	【751】
W1206	地是平的	【714】		W1231	地的其他层数	【752】
W1207	地像盘子	【722】		W1232	地的颜色	【754】
W1208	地（地球）像轮子	【722】		W1233	地会变化（陆地会	
W1209	地像簸箕	【722】			变化）	【757】
W1209a	地像帽子	【723】		W1234	地的生育	【760】

W1235	与地的特征有关的其他母题	【760】		W1257	动物的活动形成平原	【875】
W1236	地的中心（地心）	【778】		W1258	平原产生的其他方式	【876】
W1236a	地胆	【782】		W1259	与平原有关的其他母题	【879】
W1237	地边	【783】		W1260	高原的产生	【886】
W1237a	地极	【785】		W1261	草原的产生	【888】
W1237b	地门	【785】		W1262	沙漠的产生	【890】
W1237c	地的中央	【789】		W1263	地上的洞的来历	【890】
W1238	地脉（地维、地筋、地线、地理）	【790】		W1264	田地的来历	【891】
W1239	地梁（地骨）	【794】		W1265	岛的产生（岛屿的产生）	【903】
W1239a	地橡	【797】		W1266	其他特定地貌的产生	【912】
W1240	地网	【798】				
W1241	地的经纬	【799】				

‖ 1.2.4　天地的合离与支撑 ‖
【W1270～W1359】

W1242	地角	【800】		✱ W1270	天地相连	【913】
W1243	地的其他构成	【804】		W1271	天地相连的原因	【915】
W1244	与地有关的其他母题	【812】		W1272	天地相连的情形	【916】
✿ **W1245**	**土（泥土、土壤）**	**【831】**		W1273	天地相连处（天地的连接物）	【927】
✱ **W1246**	**土的产生**	**【831】**		W1274	与天地相连有关的其他母题	【930】
W1247	土来源于某个地方	【831】		✿ **W1275**	**天地的分开**	**【933】**
W1248	土自然产生	【832】		✱ **W1276**	**天地分开的原因**	**【933】**
W1249	土是造出来的	【832】		W1277	天地自然分开	【933】
W1250	土是变化产生的	【834】		W1278	毁掉天地连接物使天地分开	【936】
W1251	与土的产生有关的其他母题	【842】		W1279	支天使天地分离	【937】
W1252	与土有关的其他母题	【843】		W1280	与天地分开原因有关的其他母题	【940】
W1253	地壳的产生（地皮的生产）	【859】		✱ **W1281**	**天地的分开者**	**【943】**
✱ **W1254**	**平原的产生（平地的产生、平坝的产生）**	**【861】**		W1282	神或神性人物分开天地	【943】
W1255	特定人物造出平原	【861】				
W1256	特定人物踩踏出平原	【872】				
W1256a	特定人物拖擦出平地	【874】				
W1256b	特定人物舔出平地	【874】				

W1283	特定名称的神或神性人物分开天地	【949】		W1309	人把天升高	【1007】
W1284	人分开天地	【957】		W1310	动物把天升高	【1013】
W1285	动物分开天地	【958】		W1311	植物把天升高	【1015】
W1286	其他特定的物分开天地	【961】		W1312	自然物或无生命物把天升高	【1015】
W1287	特定事件分开天地	【962】		W1313	与天的升高有关的其他母题	【1017】
✽ W1288	**天地分开的方法**	【965】		W1314	天升高的结果	【1026】
W1289	打碎天地卵后分开天地	【965】		W1315	地的下降	【1029】
W1290	揭开天盖分开大地	【966】		W1316	天地的距离	【1029】
W1291	顶天踏地使天地分离	【967】		W1316a	天地距离的形成	【1029】
W1292	砍（割、撬）开天地的连接物后天地分开	【969】		W1317	天地原来离得很近（天地距离很近）	【1030】
W1293	处置特定物后天地分开	【971】		W1318	天地原来离得很远（天地距离很远）	【1038】
W1294	天地分开的其他方法	【971】		W1318a	与天地距离有关的其他母题	【1043】
W1295	分开天地的工具	【976】		✿ W1319	**天的支撑**	【1045】
W1296	与天地分开有关的其他母题	【984】		W1319a	天以前没有支撑	【1045】
✿ W1300	**天的升高（天的增高）**	【989】		W1320	天的支撑物	【1046】
✽ W1301	**天升高的原因**	【989】		W1321	神支天（神支撑天）	【1046】
W1302	惩罚人类把天升高	【989】		W1322	神性人物支天（神性人物支撑天）	【1047】
W1303	因人间臭气熏天使天升高	【989】		W1323	人支天（人支撑天）	【1051】
W1304	怕人到天宫找麻烦把天升高	【991】		W1324	动物支天（动物支撑天）	【1052】
W1305	天升高的其他原因	【993】		W1325	植物支天（植物支撑天）	【1058】
✽ W1306	**把天升高者**	【995】		W1326	自然物支天（自然物支撑天）	【1060】
W1307	神或神性人物把天升高	【995】		W1327	与天的支撑物有关的其他母题	【1065】
W1308	特定名称的神或神性人物把天升高	【1004】		✽ W1330	**天柱（顶天的柱子）**	【1066】
				W1330a	天柱产生的原因（造天柱的原因）	【1066】

W1331	天柱的制造者（造天柱者）	【1067】	
W1332	天柱的材料	【1070】	
W1332a	造天柱的方法	【1097】	
W1332b	与天柱产生有关的其他母题	【1098】	
W1333	顶天柱的数量	【1100】	
✽W1335	天柱的特征	【1106】	
W1336	天柱的大小	【1106】	
W1337	天柱的位置	【1108】	
W1338	天柱的其他特征	【1116】	
W1339	与天柱有关的其他母题	【1118】	
✿W1340	地的支撑（支地）	【1126】	
W1340a	以前的地没有支撑	【1126】	
✽W1341	地的支撑者（支地者）	【1126】	
W1342	神或神性人物支撑地	【1127】	
W1343	人支撑地	【1130】	
W1344	动物支撑地	【1130】	
W1345	植物支撑地	【1143】	
W1345a	人造物支撑地	【1143】	
W1346	与地的支撑物有关的其他母题	【1143】	
✽W1347	地柱（支地的柱子）	【1147】	
W1348	地柱的产生	【1147】	
W1349	地柱的材料	【1149】	
W1350	地柱的支撑物	【1152】	
W1351	地柱的数量	【1154】	
W1352	4 根地柱	【1154】	
W1352a	5 根地柱	【1154】	
W1352b	6 根地柱	【1154】	
W1352c	7 根地柱	【1155】	
W1352d	8 根地柱	【1155】	

W1353	9 根地柱	【1155】
W1354	12 根地柱	【1156】
W1355	其他数量的地柱	【1156】
W1356	与地柱有关的其他母题	【1156】
W1357	与天地的合离与支撑有关的其他母题	【1158】

3-2
(W1360 ~ W1799)

‖ 1.2.5　天地的修整
【W1360 ~ W1399】

✽W1360	天地的缺陷（修整天地的原因）	【1163】
W1361	天小地大（地大天小）	【1163】
W1362	天大地小（地小天大）	【1177】
W1363	天地不相合（天地不吻合）	【1178】
W1364	天地不稳定	【1179】
W1365	天塌	【1183】
W1365a	天漏	【1189】
W1366	天洞（天上的窟窿、天被撞破）	【1190】
W1367	天上出现裂缝（天缝、天裂）	【1203】
W1368	天地歪斜	【1208】
W1369	天地的其他缺陷	【1208】
✽W1370	稳固天地（天地的稳固）	【1211】

W1371	用支撑物稳定天地	【1211】
W1371a	特定人物稳固天地	【1213】
W1372	用石头压住天地	【1214】
W1372a	用山稳固天地	【1214】
W1372b	绷天地（绷天绷地）	【1215】
W1372c	用粘合物稳固天地	【1215】
W1373	特定的看守者稳固天地	【1216】
W1374	与稳固天地有关的其他母题	【1216】
W1375	天的稳固	【1217】
W1376	地的稳固	【1223】
∗W1377	修补天地	【1240】
W1378	神或神性人物修补天地	【1240】
W1379	特定的神或神性人物修补天地	【1241】
W1380	特定的人修补天地	【1243】
W1381	动物修补天地	【1244】
W1381a	其他特定人物修补天地	【1244】
W1381b	与修补天地者有关的其他母题	【1244】
W1382	与修补天地有关的其他母题	【1245】
W1383	天的修整	【1247】
∗W1384	补天	【1257】
W1385	补天的原因	【1257】
W1386	补天者	【1263】
W1387	补天的材料	【1288】
W1388	与补天有关的其他母题	【1329】

∗W1390	地的修补（补地）	【1351】
W1391	修补地的原因	【1351】
W1392	地的修补者	【1356】
W1393	地的修整方法	【1364】
W1394	修补地的材料	【1380】
W1395	与地的修整有关的其他母题	【1389】
W1396	与天地的修整有关的其他母题	【1391】

‖ 1.2.6　天地通 ‖
【W1400～W1424】

∗W1400	天地相通	【1400】
W1401	以前天地相通	【1400】
W1402	天地相通的原因	【1402】
W1403	天地的四个角相连	【1402】
W1404	连接天地的山	【1402】
W1405	通天的河	【1402】
W1406	连接天地的土台在山上	【1403】
W1407	连接天地的桥（天桥、通天桥）	【1403】
W1408	天地由绳索相连	【1405】
W1409	天地有土台相连	【1407】
W1410	通天的树（通天的植物）	【1408】
W1411	通天的柱子	【1411】
W1412	连接天地的梯子	【1411】
W1413	天地之间有路相连（通天的路、天路）	【1412】
W1414	其他特定的物连接天地	【1415】
∗W1415	绝地天通	【1417】

W1415a	绝地天通的原因	【1417】		W1437	与上天方法有关的其他母题	【1479】
W1416	神或神性人物绝地天通	【1419】		W1438	上天的路径	【1490】
W1416a	特定的人绝地天通	【1425】		✱ W1440	**奔月（到月亮上）**	【1495】
W1417	动物绝地天通	【1425】		W1441	人可以到月亮上	【1495】
W1418	天的升高造成绝地天通	【1426】		W1442	人到月亮上的方法	【1495】
W1419	毁掉通天塔绝地天通	【1428】		W1443	与奔月有关的其他母题	【1500】
W1420	毁掉通天树绝地天通	【1428】		W1444	与上天有关的其他母题	【1501】
W1421	山变矮后绝地天通	【1430】		✿ W1445	**天梯**	【1518】
W1422	其他特定的事件或行为绝地天通	【1431】		W1446	天梯自然存在	【1518】
W1423	与绝地天通有关的其他母题	【1432】		W1446a	天梯源于某处	【1519】
				W1447	神变成天梯	【1519】
				W1448	树为天梯（树是天梯）	【1520】

‖ 1.2.7 天梯与其他上天工具 ‖
【W1425~W1489】

				W1449	藤作为天梯	【1524】
				W1450	山是天梯	【1525】
✱ W1425	**上天（登天）**	【1434】		W1451	积物作为天梯	【1528】
W1426	人上天	【1435】		W1452	虹是天梯	【1528】
W1427	动物上天	【1438】		W1453	其他特定的物作为天梯	【1529】
W1428	其他特定人物上天	【1442】				
✱ W1429	**上天的方法**	【1442】		✱ W1455	**造天梯的原因**	【1530】
W1430	神或神性人物带人上天	【1442】		W1456	为了到天上玩造天梯	【1530】
W1431	人被吹到天上	【1444】		W1457	为了到天上索要特定物造天梯	【1531】
W1432	通过动物上天	【1445】		W1458	为了特定目的造天梯	【1533】
W1433	通过植物上天	【1454】		W1459	造天梯的其他原因	【1534】
W1434	通过人造物上天	【1462】		✱ W1460	**天梯的制造者**	【1535】
W1435	通过其他特定的物上天	【1471】		W1461	神或神性人物造天梯	【1535】
W1436	通过魔法上天（通过巫术上天）	【1478】		W1462	人造天梯	【1536】

W1463	其他造天梯者	【1538】
✽ **W1464**	**造天梯的材料**	【1539】
W1464a	用金属造天梯	【1539】
W1465	用石头造天梯	【1541】
W1466	用木头造天梯	【1541】
W1467	用植物造天梯	【1542】
W1468	用其他物造天梯	【1546】
W1469	与天梯的产生有关的其他母题	【1548】
✽ **W1470**	**天梯的特征**	【1550】
W1471	天梯很矮	【1550】
W1472	天梯很高	【1551】
W1473	天梯可以收放	【1552】
W1474	天梯飘摇不定	【1552】
W1475	天梯有固定的层数	【1552】
W1476	与天梯特征有关的其他母题	【1554】
W1477	天梯的放置（天梯的位置）	【1554】
W1477a	天梯的悬挂	【1558】
✽ **W1478**	**天梯的毁灭（天梯的消失、天梯的倒掉）**	【1558】
W1478a	天梯毁灭的原因	【1558】
W1479	神或神性人物毁掉天梯	【1559】
W1479a	特定的人毁掉天梯	【1562】
W1480	动物毁掉天梯	【1563】
W1481	与天梯毁掉有关的其他母题	【1565】
✽ **W1482**	**通天树（特定的天梯通天树）**	【1566】
W1483	通天树是特定的树	【1567】
W1484	变化产生通天树	【1569】
W1485	人栽种通天树	【1569】
W1486	与通天树有关的其他母题	【1570】
W1487	与天梯有关的其他母题	【1572】

‖ 1.2.8　与天地有关的其他母题 ‖
【W1490 ~ W1499】

✽ **W1490**	**天地的关系**	【1575】
W1491	天地是子女	【1575】
W1492	天地是夫妻	【1575】
W1493	天地是兄妹	【1577】
W1493a	天地是兄弟	【1577】
W1494	与天地关系有关的其他母题	【1577】
✽ **W1495**	**天地的变化**	【1579】
W1496	天地的变圆	【1579】
W1497	天地互换	【1579】
W1498	与天地变化有关的其他母题	【1581】
W1499	与天地有关的其他母题	【1596】

1.3　万物
【W1500 ~ W1539】

‖ 1.3.1　万物的产生 ‖
【W1500 ~ W1529】

✿ **W1500**	**万物的产生**	【1599】
W1501	天降万物	【1602】
W1501a	特定人物赐予万物	【1602】
W1502	万物自然产生	【1603】

✳ W1503	万物是造出来的		W1527	与万物产生有关的	
	（造万物）	【1606】		其他母题	【1657】
W1503a	造万物的原因	【1606】			
W1504	神或神性人物造万物	【1607】		‖ 1.3.2　万物的特征 ‖	
W1505	特定的神或神性			【W1530～W1534】	
	人物造万物	【1617】			
W1506	人造万物	【1620】	W1530	万物的性别	【1667】
W1507	与造万物者有关的		W1531	万物的居所	【1668】
	其他母题	【1621】	W1532	以前万物会说话	【1668】
W1508	造万物的材料	【1623】	W1532a	万物不会说话	【1670】
W1509	与造万物有关的其他		W1533	以前的自然物会行走	【1670】
	母题	【1625】	W1534	与万物的特征有关的	
✳ W1510	万物是生育产生的			其他母题	【1670】
	（生万物）	【1628】			
W1511	神或神性人物生万物	【1628】		‖ 1.3.3　与万物有关的	
W1512	特定的神或神性人物			其他母题 ‖	
	生万物	【1632】		【W1535～W1539】	
W1513	动物生万物	【1632】			
W1514	植物生万物	【1634】	W1535	万物的名称	【1679】
W1515	无生命物或自然物		W1536	万物的种类	【1681】
	生万物	【1636】	W1537	万物的寿命	【1682】
W1516	婚生万物	【1641】	W1538	与万物有关的其他	
W1517	卵生万物	【1644】		母题	【1685】
W1518	与生万物有关的其他				
	母题	【1645】		**1.4　日月**	
✳ W1520	万物是变化产生的	【1648】		【W1540～W1699】	
W1521	神或神性人物变化为				
	万物（神或神性人物			‖ 1.4.1　日月的产生 ‖	
	变化出万物）	【1648】		【W1540～W1599】	
W1522	人变成万物	【1651】			
W1523	动物变成万物	【1651】	✳ W1540	日月的产生	【1689】
W1524	植物变成万物	【1652】	W1541	日月出现的时间	【1697】
W1525	无生命物变成万物	【1654】	W1542	日月源于某个地方	
W1526	与变化为万物有关的			或自然存在	【1699】
	其他母题	【1656】			

W1543	日月是造出来的（造日月）	【1702】		W1565	无生命物生太阳	【1809】
				W1566	婚生太阳	【1810】
W1544	日月是生育产生的（生日月）	【1720】		W1567	与生育太阳有关的其他母题	【1814】
W1545	日月是变化产生的（变化产生日月）	【1730】		✲ W1568	太阳是变化产生的	【1816】
				W1569	神或神性人物变成太阳	【1816】
W1546	日月产生的其他方式	【1767】		W1570	人变成太阳	【1821】
W1547	日月产生的顺序	【1769】		W1571	动物变成太阳	【1825】
W1548	与日月的产生有关的其他母题	【1771】		W1572	特定的肢体变成太阳	【1828】
✿ W1550	太阳的产生	【1775】		W1573	植物变成太阳	【1838】
W1551	太阳来于某个地方或自然存在	【1775】		W1574	无生命物变成太阳	【1840】
				W1575	人造物变成太阳	【1847】
✲ W1552	太阳是造出来的（造太阳）	【1779】		W1576	与变太阳有关的其他母题	【1849】
W1553	造太阳的原因	【1779】		W1577	与太阳产生有关的其他母题	【1852】
W1553a	造太阳的准备	【1781】		✿ W1580	月亮的产生	【1859】
W1554	神或神性人物造太阳	【1782】		W1581	月亮来源于某个地方或自然存在	【1859】
W1555	特定的神或神性人物造太阳（神性人物造太阳）	【1788】		✲ W1582	月亮是造出来的（造月亮）	【1860】
				W1582a	造月亮的原因	【1861】
W1556	人造太阳	【1791】		W1583	神或神性人物造月亮	【1861】
W1557	动物造太阳	【1791】		W1584	人造月亮	【1867】
W1558	造太阳的材料	【1792】		W1584a	动物造月亮	【1867】
W1559	与造太阳有关的其他母题	【1798】		W1585	造月亮的材料	【1868】
✲ W1560	太阳是生育产生的（生太阳）	【1802】		W1586	与造月亮有关的其他母题	【1872】
W1561	神或神性人物生太阳	【1802】		✲ W1587	月亮是生育产生的（生月亮）	【1874】
W1562	人生太阳	【1808】				
W1563	动物生太阳	【1808】				
W1564	植物生太阳	【1808】		W1588	神或神性人物生月亮	【1874】

W1589	特定的人生月亮	【1875】		W1613	与日月的特征有关的	
W1590	与生育月亮有关的				其他母题	【1946】
	其他母题	【1876】		✽ W1615	太阳的特征	【1949】
✽ W1591	月亮是变化产生的	【1878】		W1616	太阳的外貌	【1949】
W1592	神或神性人物变成			W1617	太阳的颜色	【1957】
	月亮	【1878】		W1618	太阳的能力	【1963】
W1593	人变成月亮	【1880】		W1619	太阳的性格	【1969】
W1594	动物变成月亮	【1885】		W1620	与太阳特征有关的	
W1595	特定人物的肢体变成				其他母题	【1975】
	月亮	【1886】		✽ W1621	月亮的特征	【1977】
W1596	植物变成月亮	【1896】		W1622	月亮的外貌	【1977】
W1597	太阳变成月亮	【1899】		W1623	月亮的构造	【1982】
W1598	其他特定的物变成			W1624	月亮的颜色	【1983】
	月亮	【1911】		W1625	月亮有不寻常的能力	【1985】
W1599	与月亮的产生有关的			W1626	月亮的性格	【1986】
	其他母题	【1923】		W1627	与月亮特征有关的	
					其他母题	【1991】

‖ 1.4.2　日月的特征 ‖
【W1600 ~ W1629】

‖ 1.4.3　日月的数量 ‖
【W1630 ~ W1669】

✿ W1600	日月的性别特征	【1927】		✿ W1630	日月的数量	【1997】
✽ W1601	太阳的性别	【1931】		W1631	1个太阳和1个月亮	【1998】
W1602	太阳有男有女	【1931】		W1632	2个太阳和2个月亮	【1998】
W1603	太阳是男的			W1633	5个太阳和5个月亮	【1999】
	（男太阳）	【1932】		W1634	6个太阳和6个月亮	【1999】
W1604	太阳是女的			W1635	7个太阳和7个月亮	【2001】
	（女太阳）	【1934】		W1636	8个太阳和8个月亮	【2004】
✽ W1605	月亮的性别	【1939】		W1637	9个太阳和9个月亮	【2004】
W1606	月亮有男有女	【1939】		W1638	10个太阳和10个	
W1607	月亮是男的	【1939】			月亮	【2010】
W1608	月亮是女的	【1941】		W1639	其他数量的日月	【2011】
W1610	日月的外貌	【1943】		W1639a	与日月数量有关的	
W1611	日月有特定身份	【1945】			其他母题	【2017】
W1612	日月有特殊能力	【1946】				

✷ W1640	太阳的数量	【2018】		W1671	日月是母女	【2072】
W1641	1 个太阳	【2018】		W1672	日月是夫妻	【2072】
W1642	2 个太阳	【2019】		W1673	日月是兄妹	【2076】
W1643	3 个太阳	【2023】		W1674	太阳和月亮是姐弟	【2081】
W1644	4 个太阳	【2023】		W1675	日月是兄弟	【2082】
W1645	5 个太阳	【2023】		W1676	日月是姐妹	【2083】
W1646	6 个太阳	【2024】		W1677	与日月关系有关的其他母题	【2087】
W1647	7 个太阳	【2024】		✷ W1678	太阳的关系	【2091】
W1648	8 个太阳	【2030】		W1679	太阳的亲属	【2091】
W1649	9 个太阳（九阳）	【2030】		W1680	太阳的父母	【2092】
W1650	10 个太阳	【2040】		W1681	太阳的兄弟姐妹	【2096】
W1651	11 个太阳	【2047】		W1682	太阳的儿女	【2100】
W1652	12 个太阳	【2048】		W1683	太阳的其他亲属	【2101】
W1653	其他数量的太阳	【2062】		W1684	与太阳的关系有关的其他母题	【2102】
W1653a	与多个太阳有关的其他母题	【2065】		✷ W1685	月亮的关系	【2105】
✷ W1655	月亮的数量	【2066】		W1686	月亮的亲属	【2105】
W1656	1 个月亮	【2066】		W1687	月亮的父母	【2106】
W1657	2 个月亮	【2067】		W1688	月亮的兄弟姐妹	【2107】
W1658	3 个月亮	【2067】		W1688a	月亮的子女	【2108】
W1659	4 个月亮	【2067】		W1689	与月亮的关系有关的其他母题	【2108】
W1660	5 个月亮	【2067】				
W1661	6 个月亮	【2067】				
W1662	7 个月亮	【2067】				
W1663	8 个月亮	【2068】				
W1664	9 个月亮	【2068】		‖ 1.4.5	与日月有关的其他母题 ‖	
W1665	10 个月亮	【2069】		【W1690 ~ W1699】		
W1666	11 个月亮	【2069】				
W1667	12 个月亮	【2069】		W1690	日月的矛盾	【2109】
W1668	其他众多的月亮	【2070】		W1691	日月相互转化	【2110】
				W1692	与日月有关的其他母题	【2110】
‖ 1.4.4	日月的关系 ‖			W1693	太阳宫	【2117】
【W1670 ~ W1689】				W1693a	太阳城	【2120】
✿ W1670	日月的关系	【2071】				

W1694	特殊的太阳	【2120】		W1712	月亮生星星	【2172】

W1694　特殊的太阳　　　　【2120】
W1695　与太阳有关的其他
　　　　母题　　　　　　　【2124】
W1696　月宫（广寒宫、
　　　　月亮宫）　　　　　【2140】
W1697　月亮的消失　　　　【2144】
W1698　与月亮有关的其他
　　　　母题　　　　　　　【2146】

1.5　星辰
【W1700～W1779】

‖1.5.1　星星的产生‖
【W1700～W1729】

✿ W1700　星星的产生　　　【2157】
　W1701　星星来源于某个地方【2159】
　W1702　星星自然产生　　　【2160】
✱ W1703　星星是造出来的
　　　　（造星星）　　　　【2161】
　W1703a　造星星的原因　　【2161】
　W1704　神或神性人物造星星【2162】
　W1705　特定的神或神性人物
　　　　造星星　　　　　　【2165】
　W1706　人造星星　　　　　【2166】
　W1706a　动物造星星　　　【2167】
　W1707　造星星的材料　　　【2167】
　W1708　与造星星有关的其他
　　　　母题　　　　　　　【2169】
✱ W1709　星星是生育产生的
　　　　（生星星）　　　　【2172】
　W1710　神或神性人物生
　　　　星星　　　　　　　【2172】
　W1711　太阳生星星　　　　【2172】

W1712　月亮生星星　　　　【2172】
W1713　婚生星星　　　　　【2173】
W1714　卵生星星　　　　　【2176】
W1715　与生育星星有关的
　　　　其他母题　　　　　【2177】
✱ W1716　星星是变化产生的
　　　　（变出星星）　　　【2177】
W1717　抛入空中的物变成
　　　　星星　　　　　　　【2177】
W1718　神或神性人物变化为
　　　　星星　　　　　　　【2178】
W1719　人变成星星　　　　【2181】
W1720　动物变成星星　　　【2187】
W1721　植物变成星星　　　【2190】
W1722　日月变成星星　　　【2194】
W1723　火星变成星星　　　【2198】
W1724　牙齿变成星星　　　【2203】
W1725　其他特定物变成星星【2211】
W1726　与变星星有关的
　　　　其他母题　　　　　【2231】
W1727　与星星产生有关
　　　　的其他母题　　　　【2233】

‖1.5.2　特定星星的产生‖
【W1730～W1754】

✿ W1730　特定星星的产生　【2237】
✱ W1731　北斗星（北斗七星）【2237】
　W1732　北斗星是造出来的
　　　　（造北斗星）　　　【2237】
　W1733　北斗星是生育产生的【2238】
　W1734　北斗星是变化产生的【2239】
　W1735　与北斗星有关的其他
　　　　母题　　　　　　　【2247】

W1736	北极星	【2256】
W1736a	扁担星	【2258】
W1736b	参星	【2258】
W1736c	辰星	【2259】
W1736d	东斗四星	【2259】
W1737	南极星	【2259】
W1738	南斗星	【2260】
W1739	魁星（文魁夫子、大魁夫子、大魁星君、绿衣帝君、魁星爷）	【2262】
✱W1740	启明星	【2262】
W1741	神或神性人物变成启明星	【2262】
W1742	人变成启明星	【2265】
W1743	珠宝变成启明星	【2268】
W1744	与启明星有关的其他母题	【2268】
W1745	金星	【2274】
W1745a	金石星	【2275】
W1746	彗星（扫把星、扫帚星、孛）	【2275】
W1747	猎户星	【2279】
W1748	流星（贼星）	【2279】
W1749	昴星（七女星）	【2282】
W1750	木星（岁星）	【2283】
W1750a	水星	【2284】
W1750b	火星	【2284】
W1750c	土星	【2285】
W1751	行星的产生	【2285】
W1752	其他一些特定星星的产生	【2285】

‖ 1.5.3 星星的特征 ‖
【W1755 ~ W1769】

W1755	星星的性别	【2302】
W1756	星星的数量	【2303】
✱W1757	星星是某种特殊的东西	【2305】
W1758	星星是天上的人或动物的眼睛	【2305】
W1759	星星是天上戳出的洞眼	【2305】
W1760	星星是天眼	【2307】
W1761	星星是钉子	【2307】
W1762	星星是石头	【2309】
W1763	星星是天上的珍珠	【2310】
W1764	星星是牙齿	【2311】
W1765	星星是火星	【2311】
W1766	星星是月亮的外壳碎片	【2312】
W1767	星星是天上的灵魂	【2312】
W1768	星星是其他特定的物	【2313】
W1769	与星星的特征有关的其他母题	【2315】

‖ 1.5.4 与星星有关的其他母题 ‖
【W1770 ~ W1779】

W1770	星座	【2323】
W1771	天上的星星对应地上的人	【2325】
W1772	星星是迁徙的带路者	【2325】
W1773	星星的消失	【2325】
W1774	摘星星	【2328】

| W1775 星星代表灵魂 【2328】
| W1775a 星星是神的使者 【2328】
| W1776 与星星有关的其他母题 【2329】

1.6 天上其他诸物
【W1780～W1799】

‖1.6.1 天河（银河）‖
【W1780～W1789】

| ✿ W1780 天河（银河） 【2336】
| ✱ W1781 天河（银河）产生 【2336】
| W1782 神造银河 【2336】
| W1783 特定的物变成银河 【2338】
| W1784 天河是特定的痕迹（银河是特定的痕迹） 【2340】
| W1785 天河是天上的一条路（银河是天上的一条路） 【2345】
| W1786 天河是天上的一条河（银河是天上的一条河） 【2346】
| W1787 天河是鹊桥（银河是鹊桥） 【2346】
| W1788 天河是天上的烟雾（银河是天上的烟雾） 【2346】
| W1789 与天河有关的其他母题 【2346】

‖1.6.2 天宫与天堂‖
【W1790～W1794】

| ✱ W1790 天宫 【2357】
| W1790a 天宫的产生 【2357】
| W1791 天宫的特征 【2359】
| W1792 与天宫有关的其他母题 【2364】
| W1793 天堂 【2373】
| W1794 天上的其他建筑物 【2375】

‖1.6.3 天上其他诸物‖
【W1795～W1799】

| W1795 天门 【2378】
| W1796 天上的动物 【2380】
| W1797 天上的植物 【2381】
| W1798 天上的其他诸物 【2382】

3－3
（W1700～W1999）

1.7 山石
【W1800～W1869】

‖1.7.1 山的产生‖
【W1800～W1824】

| ✿ W1800 山的产生 【2391】
| W1800a 山产生的原因 【2391】
| W1801 山来源于某个地方 【2394】
| W1802 山自然产生 【2395】
| ✱ W1803 山是造出来的（造山） 【2396】
| W1803a 造山的原因 【2397】
| W1804 神或神性人物造山 【2397】

| 基本母题检索 | 1.7 山石

W1805　特定的神或神性人物
　　　　造山　　　　　　　【2407】
W1806　人造山　　　　　　【2411】
W1807　动物造山　　　　　【2412】
W1808　其他人物造山　　　【2415】
W1809　造山的方法　　　　【2416】
W1810　与造山有关的其他
　　　　母题　　　　　　　【2438】
✽ W1811　山是生育产生的　【2444】
W1812　神或神性人物生山　【2444】
W1813　卵生山　　　　　　【2445】
W1814　与生育产生山有关的
　　　　其他母题　　　　　【2446】
✽ W1815　山是变化产生的　【2447】
W1816　神或神性人物变化
　　　　为山　　　　　　　【2447】
W1817　人变成山（人变成
　　　　山峰）　　　　　　【2453】
W1818　动物或动物肢体变化
　　　　成山　　　　　　　【2455】
W1819　特定的肢体变成山　【2460】
W1820　植物变成山　　　　【2469】
W1821　自然物或无生命物
　　　　变化成山　　　　　【2470】
W1822　与变成山有关的其他
　　　　母题　　　　　　　【2480】
W1823　与山的产生有关的
　　　　其他母题　　　　　【2481】

‖ 1.7.2　山的特征 ‖
【W1825～W1834】

W1825　山的大小（山的
　　　　高低）　　　　　　【2490】

W1826　山的颜色　　　　　【2494】
W1827　山的位置的确定　　【2497】
W1828　会行走的山　　　　【2499】
W1829　会飞的山　　　　　【2500】
W1830　山不相连的原因　　【2500】
W1830a　山与山相连　　　【2504】
W1831　山多石头多的来历　【2504】
W1832　山的形状　　　　　【2505】
W1833　与山的特征有关的
　　　　其他母题　　　　　【2507】

‖ 1.7.3　与山有关的
　　　　其他母题 ‖
【W1835～W1854】

W1835　山的变化　　　　　【2518】
W1836　山的倒塌　　　　　【2527】
W1836a　山的裂缝　　　　【2528】
W1837　山的丫口的来历　　【2528】
W1838　一山分两界　　　　【2529】
W1839　与山有关的其他
　　　　母题　　　　　　　【2529】
W1840　火山　　　　　　　【2539】
W1841　火焰山　　　　　　【2542】
W1842　雪山　　　　　　　【2546】
W1842a　冰山　　　　　　【2548】
W1843　丘陵（山岭、山丘、
　　　　山地）　　　　　　【2549】
W1844　山峰　　　　　　　【2564】
W1845　山谷（沟壑、峡谷、
　　　　山洼、山沟）　　　【2575】
W1846　山洞　　　　　　　【2601】
W1847　山坡　　　　　　　【2615】

W1848　山峦的产生　　　　　【2621】
W1849　山的其他形态的形成【2621】
W1850　昆仑山　　　　　　【2628】
W1851　五岳　　　　　　　【2639】
W1852　其他特定的山　　　【2654】

‖ 1.7.4　石头（岩石）‖
【W1855 ~ W1869】

✿ W1855　石头的产生　　　【2735】
　W1855a　石头产生的原因　【2735】
　W1856　石头来源于某个地方
　　　　　或自然产生　　　【2735】
　W1857　石头是造出来的　【2737】
　W1858　石头是生育产生的【2739】
　W1859　石头是变化产生的【2740】
　W1860　与石头的产生有关的
　　　　　其他母题　　　　【2759】
✿ W1861　石头的特征
　　　　　（岩石的特征）　【2760】
　W1862　岩石上的凹痕（岩石
　　　　　上的痕迹）　　　【2760】
　W1863　岩石上的洞　　　【2761】
　W1864　岩石的颜色（石头的
　　　　　颜色）　　　　　【2761】
　W1865　与石头的特征有关的
　　　　　其他母题　　　　【2765】
　W1866　特定名称的石头　【2774】
　W1867　与石头有关的其他
　　　　　母题　　　　　　【2789】

1.8　江河湖海（水）
【W1870 ~ W1979】

‖ 1.8.1　水的概说 ‖
【W1870 ~ W1899】

✿ W1870　水的产生　　　　【2810】
✿ W1871　水来源于某个地方或
　　　　　自然存在　　　　【2812】
　W1872　水来源于天上　　【2812】
　W1873　水源于其他地方　【2815】
　W1873a　与水来源于某个地方
　　　　　有关的其他母题　【2817】
✿ W1874　水是造出来的
　　　　　（造水）　　　　【2817】
　W1875　神或神性人物造水【2817】
　W1876　龙造水　　　　　【2821】
　W1876a　蛇造水　　　　　【2822】
　W1877　与造水有关的其他
　　　　　母题　　　　　　【2822】
✿ W1878　水是生育产生的　【2824】
　W1879　神生水　　　　　【2824】
　W1880　神性人物生水　　【2824】
　W1881　动物生水　　　　【2824】
　W1882　植物生水　　　　【2825】
　W1883　卵生水　　　　　【2825】
　W1884　与生水有关的其他
　　　　　母题　　　　　　【2826】
✿ W1885　水是变化产生的　【2830】
　W1886　汗变成水　　　　【2830】
　W1886a　唾液变成水　　　【2831】
　W1887　血变成水　　　　【2831】
　W1888　尿变成水　　　　【2833】

W1889	眼泪变成水	【2834】
W1890	与变化为水有关的其他母题	【2835】
W1891	与水的产生有关的其他母题	【2838】
�֍ W1892	**水的特征**	【2841】
W1893	水的雌雄	【2841】
W1894	水的居所	【2841】
W1895	水的颜色	【2842】
W1896	与水的特征有关的其他母题	【2844】
W1897	与水有关的其他母题	【2851】

‖ 1.8.2　江河湖海 ‖
【W1900 ~ W1964】

✿ W1900	**江河湖海的产生**	【2870】
W1900a	以前没有江河湖海	【2870】
W1901	江河湖海自然存在	【2871】
W1902	江河湖海是造出来的	【2871】
W1903	江河湖海是生育产生的	【2877】
W1904	江河湖海是变化产生的	【2877】
W1905	与江河湖海产生有关的其他母题	【2882】
W1905a	与江河湖海有关的其他母题	【2883】
✿ W1910	**江河的产生**	【2883】
✳ W1911	**江河自然产生**	【2884】
W1912	河源于天上	【2884】
W1913	河流源于其他地方	【2885】
✳ W1914	**江河是造出来的（造江河）**	【2886】
W1914a	造江河的原因	【2886】
W1915	特定的人物造江河	【2887】
W1916	动物造江河	【2895】
W1917	地面凹下去的地方成为江河	【2900】
W1918	造河流的材料（造江河的工具）	【2903】
W1919	与造江河有关的其他母题	【2906】
W1920	江河是生育产生的	【2909】
✳ W1921	**江河是变化形成的**	【2911】
W1922	河是某物的化身	【2911】
W1923	神或神性人物变成江河	【2911】
W1924	人变成江河	【2911】
W1925	动物变成江河	【2912】
W1926	眼泪变成江河	【2912】
W1927	血液变成江河	【2916】
W1928	特定的水变成江河	【2920】
W1929	排泄物变成江河	【2923】
W1930	植物的液汁变成江河	【2926】
W1931	肠子变成江河	【2927】
W1932	与变化为江河有关的其他母题	【2931】
✳ W1933	**江河产生的其他方式**	【2934】
W1934	泉水流成河	【2934】
W1934a	特定的水流成河	【2934】
W1935	江河是特定的痕迹	【2936】
W1936	与河的产生有关的其他母题	【2945】
✳ W1937	**江河的特征**	【2951】
W1938	江河的流向	【2951】
W1939	河流弯曲的原因	【2953】

W1940	与江河的特征有关的其他母题	【2954】		W1964	与海有关的其他母题	【3059】
W1941	长江	【2958】				
W1942	黄河	【2959】			**1.8.3 其他一些常见的水体**	
W1943	其他特定的江河的产生	【2965】			【W1965～W1979】	
W1944	与江河有关的其他母题	【2977】		✱W1965	泉的产生（泉水的产生）	【3080】
✱**W1945**	**湖的产生（湖泊的产生）**	【2985】		W1966	泉源于某个特定地方	【3080】
W1945a	湖产生的原因	【2985】		W1967	泉是造出来的	【3081】
W1946	湖是造出来的（造湖）	【2985】		W1968	泉是生出来的	【3085】
W1947	湖是生育产生的	【2991】		W1969	泉是变化产生的	【3091】
W1948	湖是变化产生的	【2992】		W1970	特定的活动形成泉	【3094】
W1949	湖产生的其他方式	【2997】		W1971	与泉的产生有关的其他母题	【3098】
W1949a	与湖的产生有关的其他母题	【3002】		W1972	与泉有关的其他母题	【3101】
W1950	与湖有关的其他母题	【3003】		✱**W1975**	**其他水体的产生**	【3120】
✱**W1951**	**海的产生**	【3022】		W1976	池塘（水坑、池、水池、水塘、鱼塘、泡子）	【3120】
W1952	海自然产生	【3022】				
W1953	海是造出来的	【3024】		W1977	潭	【3126】
W1954	海是生育产生的	【3029】		W1978	井	【3136】
W1955	海是变化产生的	【3029】		W1979	与水体有关的其他母题	【3149】
W1956	海的其他产生方式	【3042】				
W1957	与海的产生有关的其他母题	【3044】			**1.9 其他物质与生物**	
✱**W1958**	**海的特征**	【3049】			【W1980～W1999】	
W1959	海的大小	【3049】				
W1960	海的颜色	【3051】			**1.9.1 金属**	
W1961	海的温度	【3051】			【W1980～W1984】	
W1962	海的味道	【3052】				
W1963	与海的特征有关的其他母题	【3055】		W1980	金属的产生（金属的获得）	【3158】

W1980a　金属的特征　　　　【3171】
W1981　金的产生　　　　　【3173】
W1982　银的产生　　　　　【3181】
W1982a　银的特征　　　　【3184】
W1982b　与银有关的其他
　　　　母题　　　　　　【3184】
W1983　铁的产生　　　　　【3184】
W1984　与金属有关的其他
　　　　母题　　　　　　【3190】

‖ 1.9.2　矿物 ‖
【W1985 ~ W1989】

W1985　矿物的产生　　　　【3197】
W1985a　矿物的特征　　　【3198】
W1985b　矿物的数量　　　【3199】
W1986　煤的产生　　　　　【3199】
W1987　炭的产生　　　　　【3201】
W1988　与矿物有关的其他
　　　　母题　　　　　　【3202】

‖ 1.9.3　生命（生物）‖
【W1990 ~ W1999】

✽ W1990　生命的产生
　　　　（生物的产生）　【3203】
W1990a　以前没有生命
　　　　（以前没有生物）【3203】
W1991　自然出现生命　　　【3205】
W1992　生命是造出来的　　【3205】
W1993　生命是生育产生的　【3208】
W1994　生命是变化产生的　【3210】
W1995　与生命的产生有关的
　　　　其他母题　　　　【3211】
W1996　最早产生的生命　　【3215】
W1997　与生命有关的其他
　　　　母题　　　　　　【3234】

3−1
【W1000 ~ W1359】

（本卷"基本母题检索"见本书第 31—39 页"基本母题检索"）

1.1 世界（宇宙）[①] 起源概说
【W1000～W1099】

1.1.1 世界的产生
【W1000～W1009】

❋ W1000
世界的产生（宇宙的产生）

实 例

汉族　很古的时候，混沌卵中生盘古。盘古死后化生出世界。

【流传】甘肃省·（平凉市）·静宁县·李店乡（李店镇）·李店村

【出处】李进财（男，56岁，农民，识字）讲，王知三采录：《盘古制世》（1986.06.06），见中国民间文学集成全国编辑委员会编《中国民间故事集成》（甘肃卷），北京：中国ISBN中心2001年版，第3页。

W1001
世界自然产生

【汤普森】A620

【关联】[W1101.0]天地自然存在（天地自然产生）

W1001.1
世界自然存在

实 例

彝族　远古时出现的世界，洪水泛滥，大地白茫茫一片。

【流传】云南省·昭通市

【出处】陈友才讲，朱冬才采录：《创世纪》，见中国民间文学集成全国编辑委员会编《中国民间故事集成》（云南卷），北京：中国ISBN中心2003年版，第164页。

W1001.1.1
出现天地后形成世界

实 例

藏族　大神在水中造出地以后，因为土地把水和天隔开，便出现了天，凡是天盖着的地方，都有了土地。这时才出现了整个世界。

【流传】（西藏自治区）

【出处】

(a) 旺秋搜集：《橙人创世神话》，根

[①] 世界（宇宙），神话中关于"世界"的概念并没有统一的界定，在不同的神话文本中可能叙述为"世界"、"宇宙"、"天地"等，这类神话涉及的是"世界"的本源、特征等问题，根据多数观点将其归属于创世神话。

据中国社会科学院民族研究所编《僜人社会历史调查》，云南人民出版社1990年版，西藏民间文艺研究会主办《邦锦梅朵》1984年第8期中的《僜人创世神话》整理。

（b）同（a），见姚宝瑄主编《中国各民族神话》（门巴族、珞巴族、怒族、藏族），太原：山西出版传媒集团·书海出版社2014年版，第87页。

W1001.2
世界在水中自然产生

实 例

（参见下级母题实例）

W1001.2.1
大水减少形成现在的世界

实 例

珞巴族 很早以前，世界上到处都是水。天上的九个太阳烤得地上冒火，水不断减少，慢慢露出了好多平原和丘陵，形成了后来的世界。

【流传】西藏自治区·林芝市·墨脱县·达木珞巴民族乡、墨脱乡（讲述地点：墨脱县·达木珞巴民族乡·卡布村）

【出处】安布讲：《五兄弟的传说》（1955.08），见冀文正《珞巴族民间故事》，成都：四川民族出版社2011年版，第18页。

W1002
世界是创造产生的

【关联】[W1015]创世者（造物主）

实 例

（参见下级母题实例）

W1002.1
世界是神或神性人物创造的

【关联】[W1020]神或神性人物是创世者（神是创世者）

实 例

傣族 无限宽阔无限大的地球是英叭神（英叭神又称"捧麻罗"）开创出来的。

【流传】（无考）

【出处】《开天辟地》，见谷德明编《中国少数民族神话》，北京：中国民间文艺出版社1987年版，第341页。

W1002.1.0
世界是神创造的

实 例

鄂温克族 大神努米陶莱姆创造世界。

【流传】内蒙古自治区·（呼伦贝尔市）·鄂温克族自治旗·辉索木

【出处】哈斯挂讲，卡丽娜调查整理：《银河》（1993.07.15），见吕大吉、何耀华总主编《中国各民族原始宗教资料集成》（鄂伦春族卷、鄂温克族卷、赫哲族卷、达斡尔族卷、锡伯族卷、满族卷、蒙古族卷、藏族卷），北京：中国社会科学出版社1999年版，第95～96页。

W1002.1.1
世界是创世者创造的
【汤普森】①A610；②A618
【关联】
① ［W1015］创世者（造物主）
② ［W1020.0］创世神创世（创世主创世）

实 例

（实例待考）

W1002.1.1.1
创世者吐出世界（天体）
【汤普森】A700.1
【关联】［W1175.2.5］天神吐出地球

实 例

（实例待考）

W1002.1.2
世界是天神创造的
【关联】
① ［W1020.3］天神是创世者
② ［W1504.1.2］天神创造万物

实 例

傣族　天神英叭创造出地球。

【流传】（无考）
【出处】《开天辟地》，见谷德明编《中国少数民族神话》，北京：中国民间文艺出版社1987年版，第341页。

柯尔克孜族　天帝创造了宇宙。
【流传】（无考）
【出处】张彦平摘译：《火神》，见满都呼主编《中国阿尔泰语系诸民族神话故事》，北京：民族出版社1997年版，第80页。

满族　天神阿布卡恩都里创造并主宰世界。
【流传】（无考）
【出处】《天神创世》，见谷德明编《中国少数民族神话》，北京：中国民间文艺出版社1987年版，第1页。

W1002.1.2.1
世界是天帝创造的

实 例

柯尔克孜族　天帝创造了整个宇宙。
【流传】（无考）
【出处】张彦平摘译：《火神》，见满都呼主编《中国阿尔泰语系诸民族神话故事》，北京：民族出版社1997年版，第80页。

W1002.1.3
世界是女神创造的
【关联】
① ［W068.1］创世女神
② ［W1020.3.1］女天神是创世者

实 例

满族　女神用神鼓创造世界。
【流传】（无考）

【出处】王宏刚：《论萨满教创世神话中的文化精神》，载《萨满学术论坛》2006年第1期。

维吾尔族 古时，无日月大地，一个女天神吸气吐出日月地球，她的唾沫变成星星。

【流传】新疆维吾尔自治区·喀什噶尔（喀什地区）一带

【出处】牙库布老人讲：《女天神创世》，见阿布都拉等《维吾尔族女天神创世神话试析》，载《民间文学》1985年第9期。

W1002.1.3.1
世界是女天神创造的

【关联】
① ［W0191.2］女天神
② ［W1020.3.1］女天神是创世者

实 例

（实例待考）

W1002.1.3.2
女神用神鼓创造世界

实 例

满族 女神用神鼓把世界创造出来。

【流传】（无考）

【出处】王宏刚：《论萨满教创世神话中的文化精神》，载《萨满学术论坛》2006年第1期。

W1002.1.3a
世界是男神创造的

实 例

（实例待考）

W1002.1.3b
世界是山神创造的

【关联】［W0395］山神的职能

实 例

（参见下级母题实例）

W1002.1.3b.1
世界是9个山神创造的

实 例

藏族 世界是由九座神山的山神形成的。这九座神山又以四大神山为首，即卫藏地区的雅拉香波、北方羌塘的念青唐古拉，南方的库拉日杰，东方的沃德巩甲。

【流传】（四川省·阿坝藏族羌族自治州）

【出处】《阿坝州藏传佛教史略》，四川民族出版社1990年版，见吕大吉、何耀华总主编《中国各民族原始宗教资料集成》（鄂伦春族卷、鄂温克族卷、赫哲族卷、达斡尔族卷、锡伯族卷、满族卷、蒙古族卷、藏族卷），北京：中国社会科学出版社1999年版，第798页。

W1002.1.4

世界是动物神创造的

【关联】

① ［W1002.3］世界是动物创造的

② ［W1020.8.1］动物神是创世者

实 例

哈尼族 密乌艾西艾玛金鱼娘是天地万物和所有神的阿玛。

【流传】云南省·（红河哈尼族彝族自治州）·元阳县·黄草岭区（黄草岭乡）·树皮寨

【出处】（a）杨批斗讲，史军超采录：《年月树》，见中国民间文学集成全国编辑委员会编《中国民间故事集成》（云南卷），北京：中国 ISBN 中心 2003 年版，第 289 页。

（b）同（a），见云南省民间文学集成办公室编《哈尼族神话传说集成》，北京：中国民间文艺出版社 1990 年版。

W1002.1.5

世界是众神创造的

【汤普森】A2

【关联】［W1020.5］众神是创世者

实 例

布朗族 神巨人顾米亚和他的孩子创世。

【流传】（a）云南省·（西双版纳傣族自治州）·勐海县

【出处】

（a）岩的兴讲，朱嘉禄采录：《顾米亚》，见中国民间文学集成全国编辑委员会编《中国民间故事集成》（云南卷），北京：中国 ISBN 中心 2003 年版，第 150 页。

（b）朱嘉禄整理：《顾米亚》，见谷德明编《中国少数民族神话》，北京：中国民间文艺出版社 1987 年版，第 480 页。

满族 阿布卡赫赫和一些神禽、神兽开天辟地创造了生命世界。

【流传】（无考）

【出处】《天宫大战》，见富育光《萨满教天穹观念与神话探考》，载《学术研究丛刊》1987 年第 4 期。

W1002.1.6

世界是神与神性人物合作创造的

实 例

（参见下级母题实例）

W1002.1.6.1

天神与佛祖共同创世

实 例

裕固族 天神与佛祖共同创世。

【流传】（无考）

【出处】《阿斯哈斯》，见杨进智《裕固族研究论文集》，兰州：兰州大学出版社 1996 年版，第 347 页。

W1002.1.7

世界是真主创造的

【关联】

① ［W0793］真主

② ［W1021.3］真主是创世者

实 例

回族 真主创造天地万物。

【流传】宁夏回族自治区·（固原市）·泾源县·爱民清真寺

【出处】马阿訇讲：《真主造人》，见中国民间文学集成全国编辑委员会编《中国民间故事集成》（宁夏卷），北京：中国 ISBN 中心 1999 年版，第 11 页。

柯尔克孜族 真主创造大地和万物。

【流传】（无考）

【出处】《洪水再生》，见中央民族学院少数民族文艺研究所编《中国民族民间文学》（上），北京：中央民族学院出版社 1987 年版，第 346 页。

柯尔克孜族 所有的穆斯林认为世界是真主（安拉）创造的。

【流传】（新疆维吾尔自治区·乌恰县·库拉日克村）

【出处】董秀团、万雪玉主编：《柯尔克孜族：新疆乌恰县库拉日克村吾依组调查》，昆明：云南大学出版社 2004 年版，第 249 页。

塔吉克族 真主创造了世界。

【流传】（无考）

【出处】《造人神话》，见中国各民族宗教与神话大词典编审委员会编《中国各民族宗教与神话大词典》，北京：学苑出版社 1990 年版，第 568 页。

W1002.1.8
世界是佛创造的

实 例

（参见下级母题实例）

W1002.1.8.1
天神让释迦牟尼造世界

实 例

蒙古族 天神霍尔穆斯塔将一把黄土交给世界的主人释迦牟尼，让他撒在水上创造世界。

【流传】（无考）

【出处】陈岗龙、乌日古木勒：《蒙古民间文学》，银川：宁夏人民出版社 2008 年版，第 40 页。

W1002.1.9
与神或神性人物创造世界有关的其他母题

【关联】［W0161.1］神创造世界时的伙伴

实 例

黎族 盘古开天造人世，人类分排男与女。

【流传】

（a）海南省·（三亚市）·保亭县（保亭黎族苗族自治县）·保城镇

（bc）海南省五指山区

【出处】

（a）王老黎讲，王国全采录：《三个民

族同一源》，见中国民间文学集成全国编辑委员会编《中国民间故事集成》（海南卷），北京：中国 ISBN 中心 2002 年版，第 9 页。

(b) 王国全搜集整理：《南瓜的故事》，见谷德明编《中国少数民族神话》，北京：中国民间文艺出版社 1987 年版，第 196 页。

(c) 同（b），见陶阳、钟秀编《中国神话》（上），北京：商务印书馆 2008 年版，第 374 页。

W1002.1.9.1
世界是老君创造的

【关联】[W1021.4.1] 老君是创世者

实 例

汉族　开天辟地时，老君造世界。

【流传】河南省·（三门峡市）·陕县

【出处】《老君犁黄河》，见白庚胜总主编《中国民间故事全书》（河南省·陕县卷），北京：知识产权出版社 2009 年版，第 9 页。

W1002.1.9.2
世界是混沌神创造的

实 例

壮族　天下最早谁人造？混沌祖神先创造。

【流传】广西壮族自治区·百色市·田阳县·坡洪镇·陇升村·个强屯

【出处】农吉勤收藏，黄明标等搜集，黄明标等翻译：《造万样》，见黄明标主编《壮族麽经布洛陀遗本影印译注》（上卷），南宁：广西人民出版社 2016 年版，第 92 页。

W1002.2
世界是特定的人创造的

实 例

（参见下级母题实例）

W1002.2.1
世界是父子创造的

【关联】[W1022.1] 父子是创世者

实 例

（实例待考）

W1002.2.2
世界是一对夫妻创造的

【关联】[W1022.2] 一对夫妻是创世者

实 例

（参见下级母题实例）

W1002.2.2.1
布陀西和密洛陀夫妻创世

实 例

瑶族　布陀西和密洛陀夫妻（祖先神）把世界创造出来。

【流传】广西壮族自治区·桂西一带

【出处】蓝汉东等搜集整理：《达努节》，见中华民族故事大系编委会编《中华民族故事大系》第 5 卷（瑶族、白族、土家族），上海：上海文艺出版社 1995 年版，第 14 页。

W1002.2.2.2
最初的一对夫妻创造世界

【汤普森】A2.2

【关联】［W2022.1.1］世上最早只有 1 对夫妻

实例

（实例待考）

W1002.2.3
世界是两兄妹创造的

【关联】［W1022.3］两兄妹是创世者

实例

拉祜族 两兄妹创造世界。

【流传】云南省·（普洱市）·澜沧（拉祜族自治）县

【出处】杨毓骧：《澜沧县拉祜族社会文化调查》，见《中国少数民族社会历史调查资料丛刊》修订编辑委员会编《云南少数民族社会历史调查资料汇编》（四），昆明：云南人民出版社 1987 年版，第 49 页。

W1002.2.4
世界是两兄弟创造的

【汤普森】A15.2

【关联】［W1022.4］两兄弟是创世者

实例

汉族 （实例待考）

W1002.2.5
世界是工匠创造的

【汤普森】A15.4

实例

（实例待考）

W1002.2.5.1
世界是陶工创造的

【汤普森】A15.4.1

实例

（实例待考）

W1002.2.6
世界是多个人（神）创造的

【汤普森】A2

【关联】［W1002.2.6］多个人（神）是创世者

实例

（实例待考）

W1002.2.7
世界是其他特定的人创造的

实例

（实例待考）

W1002.3
世界是动物创造的

【关联】

① ［W1023］动物是创世者

② ［W1023.1］哺乳动物是创世者

③ ［W1023.2］鸟类是创世者
④ ［W1023.3］水中动物是创世者
⑤ ［W1023.4］昆虫是创世者
⑥ ［W1023.5］爬行动物是创世者

实 例

哈尼族 青蛙造天地。

【流传】云南省·（普洱市）·墨江县（墨江哈尼族自治县）

【出处】金开兴讲，蓝明红采录：《青蛙造天地》，见中国民间文学集成全国编辑委员会编《中国民间故事集成》（云南卷），北京：中国 ISBN 中心 2003 年版，第 34 页。

W1002.3.1
世界是牛创造的

实 例

（实例待考）

W1002.3.2
拱屎虫推动世界的产生

【关联】［W1106.5.2］螵蛉子造天，拱屎虫造地

实 例

汉族 气体旋转形成的蛋形的东西，在宇宙中由一个拱屎虫推动它旋转。有一个螵蛉子每天都爬到上面来钻洞，最后钻出一个洞来。这个蛋终于爆为三片，一片飞到上边成为天空；一片落到地下成为水；留在中间的一片，就成为我们今天的中界大地。

【流传】辽宁省·（大连市）·瓦房店市·炮台镇·长岭村、老染房村一带

【出处】秦淑慧讲，孙波搜集整理：《姝六甲》（1986.03），见姚宝瑄主编《中国各民族神话》（汉族），太原：山西出版传媒集团·书海出版社 2014 年版，第 36~38 页。

W1002.4
世界是其他特定的人物创造的

【关联】
① ［W1024］植物是创世者
② ［W1025］无生命物是创世者

实 例

（实例待考）

W1003
世界是生育产生的

【汤普森】A615

【关联】［W1510］万物是生育产生的（生万物）

实 例

（参见下级母题实例）

W1003.1
世界生于无

实 例

藏族 世界本无后形成。

【流传】西藏自治区·林芝地区·波密县

【出处】《四个鹏鸟蛋》，见中国民间文学集成全国编辑委员会、中国歌谣集成西藏卷编辑委员会编《中国歌谣

集》（西藏卷），中国 ISBN 中心 1995 年版，第 74 页。

W1003.1.1
虚廓生宇宙

【关联】［W1039］最早的世界是影子

实例

汉族 道始生虚廓，虚廓生宇宙。

【流传】（无考）

【出处】［汉］刘安及门客撰：《淮南子·天文训》。

W1003.2
真空孕育世界

实例

傣族 无限的真空里，气体、烟雾、狂风不停地动荡，最后三种气体组合而成的一个无限大的圆球体（地球）。

【流传】（无考）

【出处】《开天辟地》，见谷德明编《中国少数民族神话》，北京：中国民间文艺出版社 1987 年版，第 341 页。

W1003.3
世界是婚生的

【汤普森】 A615.2

实例

（参见下级母题实例）

W1003.3.1
天父地母婚生世界

【汤普森】 A625

【关联】

① ［W0142.2］天父地母

② ［W7159.3］人模仿天父与地母总是趴在一块学会性交

③ ［W7532］天地婚

实例

朝鲜族 世界万物是天父地母所创生。

【流传】（无考）

【出处】许辉勋：《对朝鲜民族文化心理本原的神话学阐释》，载《延边大学学报》1998 年第 4 期。

W1003.3.2
两性交配生世界

实例

汉族 混沌中生出的盘（女）和古（男）交配生出世界。

【流传】河南省·（南阳市）·桐柏县

【出处】《创世传说》，见桐柏网，http://tongbai.01ny.cn，2005.09.27。

W1003.4
世界是卵生的（卵生世界）

【汤普森】 A641

【关联】［W1036］世界卵（宇宙卵）

实例

珞巴族 一个卵中生出了世界。

【流传】西藏自治区·下珞渝（泛指永木河、锡约尔河、巴恰西仁河流域）

【出处】维·埃尔温搜集：《冰雹的来历》，见中华民族故事大系编委会编

《中华民族故事大系》第 16 卷（赫哲族、门巴族、珞巴族、基诺族），上海：上海文艺出版社 1995 年版，第 436 页。

W1003.4.1
蛋中生出天地万物

【汤普森】A641.2

【关联】
① ［W1115］卵生天地
② ［W1517］卵生万物

实 例

（实例待考）

W1003.4.2
神蛋生世界

实 例

珞巴族 从前，天上有对乌佑（珞巴语，鬼、精灵，也可指神、神灵）夫妇。妻子生下一个蛋，当今的世界就是从这个蛋中孵出来的。

【流传】西藏自治区·下珞渝（泛指永木河、锡约尔河、巴恰西仁河流域）

【出处】维·埃尔温搜集：《冰雹的来历》，见中华民族故事大系编委会编《中华民族故事大系》第 16 卷（赫哲族、门巴族、珞巴族、基诺族），上海：上海文艺出版社 1995 年版，第 436 页。

W1003.5
与生育世界有关的其他母题

实 例

（参见下级母题实例）

W1003.5.1
地球之母

【汤普森】A401

【关联】［W0238］地母

实 例

（实例待考）

W1003.5.2
神生世界

【关联】［W1112］神生天地

实 例

（参见下级母题实例）

W1003.5.2.1
女天神生世界

实 例

满族 宇宙是女天神阿布卡赫赫生出来的。

【流传】（无考）

【出处】《阿布卡赫赫女神创世》，王松根据富育光、孟慧英、王宏刚撰写的《满族宗教与神话》改写，见姚宝瑄主编《中国各民族神话》（满族、赫哲族、朝鲜族），太原：山西出版传媒集团、书海出版社 2014 年版，第 4~14 页。

W1003.5.3
树生世界

【关联】［W1514.2］柳树生万物

实例

（实例待考）

W1003.5.3.1
树上长出世界

实例

（实例待考）

W1004
世界是变化产生

实例

（参见下级母题实例）

W1004.1
原始的元素变化成世界（天体）

【汤普森】≈ A654

实例

藏族 南喀东丹却松国王有五种本源物质，它们生的2卵变成世界。

【流传】（无考）

【出处】《斯巴佐普》，见魏强《藏族宗教文学的文化学价值》，载《民族文学研究》1995年第4期。

W1004.2
某些器物变化成世界（天体）

【汤普森】A617

【关联】［W1122］无生命物变成天地

实例

（实例待考）

W1004.3
投到天空的某种物质变成世界（天体）

【汤普森】A700.1

实例

（实例待考）

W1004.4
世界（天体）源于凝结的气体

【汤普森】A621

【关联】［W1122.5］气变成天地

实例

蒙古族 世间混沌的胎动中产生了明暗清浊之物。属于"阳"的轻清之物，上浮成为天。

【流传】（无考）

【出处】齐木道吉翻译：《天地起源》，见谷德明编《中国少数民族神话》，北京：中国民间文艺出版社1987年版，第31~32页。

W1004.5
与变化产生世界有关的其他母题

实例

（参见下级母题实例）

W1004.5.1
阴阳混合形成世界（天体）

实例

汉族 （实例待考）

W1004.5.2
气体、烟雾、狂风合成世界

【关联】［W1056.9］最早的世界是气体、烟雾和狂风

实 例

（参见下级母题实例）

W1004.5.2.1
气体、烟雾、狂风经很长时间合成世界

实 例

傣族 无限的真空里，充满着滚动的气体、烟雾、狂风，不停地动荡了一万亿年，凝结成一团，最后才生成一个圆球体（地球）。

【流传】（无考）

【出处】《开天辟地》，见谷德明编《中国少数民族神话》，北京：中国民间文艺出版社 1987 年版，第 341 页。

W1004.5.3
混沌中凿出世界

实 例

（参见下级母题实例）

W1004.5.3.1
混沌被朋友凿死后产生世界

实 例

汉族 混沌被朋友一天凿一窍，七天凿七窍。但是可怜的混沌，经他的好朋友这么一凿，却呜呼哀哉了。混沌本身虽然死了，世界却也因之而诞生。

【流传】河南省尾山一带

【出处】程玉林讲，缪华、胡佳作搜集整理：《盘古寺》注释，原载张振犁、程健君编《中原神话专题资料》，见姚宝瑄主编《中国各民族神话》（汉族），太原：山西出版传媒集团·书海出版社 2014 年版，第 4~6 页。

W1005
世界是演化而成的

【汤普森】①A620.1；②A645

【关联】［W1123.2］混沌经多次演化生出天地

实 例

（实例待考）

W1006
世界产生的其他方式

【汤普森】A640

实 例

（参见下级母题实例）

W1006.1
世界源于火

【汤普森】A622

实 例

（实例待考）

W1006.2
世界源于冰与雾
【汤普森】A623
【关联】＊［W1041］最早的世界是雾露

实例

基诺族 （实例待考）

W1006.3
风、火、水导致世界的产生

实例

藏族 世界的毁灭与形成是由风、火、水造成的。

【流传】云南省·迪庆（迪庆藏族自治州）

【出处】《世巴塔义》，见才旦旺堆搜集，蔷紫整理《神蛋创世纪》注释，见姚宝瑄主编《中国各民族神话》（门巴族、珞巴族、怒族、藏族），太原：山西出版传媒集团·书海出版社2014年版，第75页。

W1006.3.1
最早世界只有火、水、风、土

实例

哈萨克族 远古时代，没有天和地。世界上只有火、水、风、土。

【流传】新疆维吾尔自治区哈萨克族居住地区

【出处】《迦萨甘创世》，斯丝据别克苏勒坦、佟中明撰写的《哈萨克族宗教与神话》改写，见姚宝瑄主编《中国各民族神话》（乌孜别克族、哈萨克族、柯尔克孜族、俄罗斯族、维吾尔族、塔吉克族、塔塔尔族、锡伯族），太原：山西出版传媒集团·书海出版社2014年版，第25~26页。

W1007
与世界产生有关的其他母题

【关联】［W1090.2］世界经历其他特定的阶段

实例

（参见下级母题实例）

W1007.1
世界是偶然创造出来的

实例

（参见下级母题实例）

W1007.1.1
神在争斗中创造了世界

实例

蒙古族、汉族 （实例待考）

W1007.1.2
神魔争斗中创世

【关联】［W8792.1］善的创世者与恶的创世者之争

实例

（参见下级母题实例）

W1007.1.2.1
天神与恶魔争斗中创世

实例

满族 天神阿布卡赫赫和恶魔耶鲁里争斗，耶鲁里抓下了阿布卡赫赫胯下的围腰战裙，围腰战裙从天上飘落下来，变成了地上的峰峦、丛林与翠谷。

【流传】（无考）

【出处】《天宫大战》，见富育光《萨满教天穹观念与神话探考》，载《学术研究丛刊》1987年第4期。

W1007.2
自然力量相互作用创世

实例

蒙古族 自然力量相互作用创造出宇宙。

【流传】（无考）

【出处】《宇宙的创造》，见那木吉拉《中国阿尔泰语系诸民族神话比较研究》，北京：学习出版社2010年版，第18页。

W1007.3
世界创造后被破坏

实例

（参见下级母题实例）

W1007.3.1
创世的破坏者

【汤普森】 A60

【关联】

① ［W1107b］造天地的破坏者

② ［W1178a.2.1］造地时的干扰者

实例

（参见下级母题实例）

W1007.3.1.1
恶神是创世的破坏者

【关联】［W0126］恶神

实例

满族 恶神耶鲁里暗地派小妖魔打力巴去盗天火，烧石山，破坏开河造湖。

【流传】（无考）

【出处】《阿布卡赫赫女神创世》，王松根据富育光、孟慧英、王宏刚撰写的《满族宗教与神话》改写，见姚宝瑄主编《中国各民族神话》（满族、赫哲族、朝鲜族），太原：山西出版传媒集团、书海出版社2014年版，第4~14页。

W1007.3.1.2
火神是创世的破坏者

【关联】［W0466］火神

实例

柯尔克孜族 宇宙之神创造了七层大地和世间万物后，有个火神企图把宇宙之神创造的大地夺过去。

【流传】新疆维吾尔自治区·柯尔克孜地区（克孜勒苏柯尔克孜自治州）

【出处】《火神》，斯丝根据多里昆·吐尔地、阿地力·朱玛吐尔地撰写的《柯尔克孜族宗教与神话》改写，见姚宝瑄主编《中国各民族神话》（乌孜别克族、哈萨克族、柯尔克孜族、俄罗斯族、维吾尔族、塔吉克族、塔塔尔族、锡伯族），太原：山西出版传媒集团·书海出版社2014年版，第146页。

W1007.3.1.3
黑须老人是创世的破坏者

实 例

<怒族> 天上的黑须老人害死创造大地的巨人搓海玩海。

【流传】云南省·（怒江傈僳族自治州）·贡山地区（贡山独龙族怒族自治县）

【出处】
（a）李兴民讲，李含生、杨春寿、周良智搜集整理：《搓海玩海》，见陶立璠、李耀宗编《中国少数民族神话传说选》，成都：四川民族出版社1985年版。

（b）同（a），见姚宝瑄主编《中国各民族神话》（门巴族、珞巴族、怒族、藏族），太原：山西出版传媒集团·书海出版社2014年版，第68页。

W1007.3.1.4
太阳九姊妹和月亮十弟兄是创世的破坏者

【关联】[W1649.1] 太阳9姐妹

实 例

<布朗族> 9个太阳姊妹和10个月亮兄弟破坏巨神顾米亚造好的天地。

【流传】（无考）

【出处】《顾米亚造天造地》，见中国各民族宗教与神话大词典编审委员会编《中国各民族宗教与神话大词典》，北京：学苑出版社1990年版，第31页。

<布朗族> 太阳九姊妹和月亮十弟兄破坏顾米亚开天辟地的成果。

【流传】（a）云南省·（西双版纳傣族自治州）·勐海县

【出处】
（a）岩的兴讲，朱嘉禄采录：《顾米亚》，见中国民间文学集成全国编辑委员会编《中国民间故事集成》（云南卷），北京：中国ISBN中心2003年版，第150页。

（b）朱嘉禄整理：《顾米亚》，见谷德明编《中国少数民族神话》，北京：中国民间文艺出版社1987年版，第480页。

<布朗族> 向来与造天地者顾米亚作对的太阳九姊妹和月亮十弟兄，不甘心顾米亚的成功，要破坏他开天辟地的业绩。

1.1.1 世界的产生　　‖W1007.3.1.5-W1007.3.1.5.2‖

【流传】云南省·（红河哈尼族彝族自治州）·金平县（金平苗族瑶族傣族自治县）

【出处】朱嘉禄整理：《顾米亚》，原载《中国民间故事选》（第二集），人民文学出版社1962年版，见姚宝瑄主编《中国各民族神话》（水族、布朗族、独龙族、基诺族、傈僳族），太原：山西出版传媒集团·书海出版社2014年版，第91页。

布朗族 神巨人与孩子开天辟地后，太阳九姊妹与月亮十兄弟妒嫉顾米亚创造之功，思竭全力以破坏之。

【流传】（无考）

【出处】袁珂改编：《顾米亚》，原载《中国民间故事选》（第二集），见袁珂《中国神话大词典》，北京：华夏出版社2015年版，第568页。

W1007.3.1.5
妖魔是创世的破坏者

【关联】［W0830］妖魔

实　例

彝族 天神赌乃仇耐和耐乃周娜造出日月挂上天时，怎么也挂不上去，原来是许多妖怪在作祟。

【流传】黔西（贵州省西部）与云南（云南省）接壤的彝族地区

【出处】阿候布代讲，王正贡、王子尧、王冶新、何积金搜集整理，蔷紫改写：《天生地产》，原载中国民间文艺研究会贵州分会编《民间文学资料》，内部资料，1986年，见姚宝瑄主编《中国各民族神话》（羌族、彝族），太原：山西出版传媒集团·书海出版社2014年版，第164页。

W1007.3.1.5.1
魔王是创世的破坏者

实　例

傈僳族 魔王尼瓦帝深嫉天神木布帕造地和万物成功，决心设计以破坏之。

【流传】（无考）

【出处】袁珂改编：《木布帕》（原名《天、地、人的形成》），原载《中国少数民族神话选》，见袁珂《中国神话大词典》，北京：华夏出版社2015年版，第512页。

W1007.3.1.5.2
恶魔是创世的破坏者

实　例

景颇族 造物主能贯娃造出天地万物后，恶魔高佐洛雷见天地之变动而大惊，世界美丽及人类幸福更令其嫉恨非常，欲将大地人类尽毁。

【流传】（无考）

【出处】袁珂改编：《能贯娃》（原名《驾驭太阳的母亲》），原载谷德明编《中国少数民族神话选》，见袁珂《中国神话大词典》，北京：华夏出版社2015年版，第555页。

W1007.3.1.6
破坏者与造物主同时产生

实例

景颇族 与造物主能贯娃同时应运而生的还有一个凶恶的魔鬼高佐洛雷。他看到能贯娃造出的美好的世界，恨到了死处，发誓要跟他拼个你死我活，把他开创的天地万物给通通毁掉。

【流传】（云南省·德宏傣族景颇族自治州）

【出处】岳志明、杨国治翻译整理：《驾驭太阳的母亲》，见姚宝瑄主编《中国各民族神话》（白族、拉祜族、景颇族），太原：山西出版传媒集团·书海出版社 2014 年版，第 205 页。

W1007.3.2
魔鬼破坏创世

【汤普森】A63

实例

（实例待考）

W1007.4
第 2 次创世

【关联】［W1124.4］第 2 次产生天地

实例

哈萨克族 腾格里第二次又创造出一个光明的生命世界。

【流传】（无考）

【出处】美依里姆·扎拜讲，阿里木赛依提·吾勒达汗搜集，安蕾、毕桉译：《太阳与星星》，见满都呼主编《中国阿尔泰语系诸民族神话故事》，北京：民族出版社 1997 年版，第 61 页。

W1007.4.1
重造世界

【关联】

① ［W1124.4］第 2 次产生天地（再造天地）

② ［W1543.5.11］重造日月

实例

侗族 萨天巴（蜘蛛，女祖神，创世神）看到自己生的天地一片寒冷黑暗，就下决心要改天换地，重新把天地安排。

【流传】广西壮族自治区·（柳州市）·三江（三江侗族自治县），（桂林市）·龙胜（龙胜各族自治县）

【出处】杨卜林喜、杨卜松林、杨明世讲，杨国仁、涛声搜集整理，蔷紫改写：《创世女神萨天巴》，原文为过伟改写自侗族创世史诗《嘎茫莽道时嘉——远祖歌》（未出版稿），见姚宝瑄主编《中国各民族神话》（土家族、毛南族、侗族、瑶族），太原：山西出版传媒集团·书海出版社 2014 年版，第 74 页。

W1007.4.1.1
老天爷重造世界

实 例

汉族 很早以前，老天爷听说人很多，不讲规矩，就一心要把世上的人都毁了，然后重开世界。

【流传】河南省·（南阳市）·社旗县·苗店乡（苗店镇）·杜岗村

【出处】杜建堂（62岁，农民）讲，肖长山采录：《盘古爷和盘古奶的传说》（1985.11），见张振犁编著《中原神话通鉴》（第一卷），郑州：河南大学出版社 2017 年版，第 35 页。

W1007.5
不成功的创世

实 例

（参见下级母题实例）

W1007.5.1
造出的天地植物不生

【关联】[W1110.4] 造天地不成功

实 例

苗族 第一次造的天地，树木不结果，竹子不拔节，董冬穹（男性人名，祖先）只好再一次造天，又一次造地。

【流传】贵州省·（安顺市）·紫云县（紫云苗族布依族自治县）麻山苗区

【出处】杨再华唱诵，杨正江译：《亚鲁族源》，见中国民间文艺家协会主编《亚鲁王》，北京：中华书局 2011 年版，第 34 页。

W1007.6
创世分几个阶段

实 例

（实例待考）

W1007.7
外部世界的形成

实 例

（参见下级母题实例）

W1007.7.1
外相世界由三坛而定

实 例

蒙古族 外相世界由风坛、水坛和土坛三坛而定。

【流传】（无考）

【出处】
（a）《外相世界由三坛而定》，见萨囊彻辰著，道润梯步译校《蒙古源流》，呼和浩特：内蒙古人民出版社 1981 年版。

（b）《外相世界由三坛而定》，见满都呼主编《中国阿尔泰语系诸民族神话故事》，北京：民族出版社 1997 年版，第 146 页。

1.1.2 世界的创造[①]与创世者[②]
【W1010～W1034】

❋ W1010
世界（宇宙）的创造
【汤普森】A600
【关联】［W1002］世界是创造产生的

实 例

（实例待考）

❋ W1011
创造世界的原因（创世的原因）
【汤普森】A5

实 例

（参见下级母题实例）

W1011.1
创世者因为孤独创造了世界
【汤普森】A73
【关联】［W1028.4.0］孤独的创世者

实 例

汉族 盘古支撑开的天地间，没有光和热，没有山和水，无法生长万物，盘古感到这样活着没有意思，他决定牺牲自己改变这个天地。
【流传】江苏省·（淮安市）·涟水县·南集乡·禹庄村
【出处】徐学尧讲，徐省生搜集整理：《世界的由来》（1983），见姚宝瑄主编《中国各民族神话》（汉族），太原：山西出版传媒集团·书海出版社2014年版，第24～28页。

W1011.1.1
神因孤独创造世界
【关联】［W1028.4.0］孤独的创世者

实 例

（参见下级母题实例）

W1011.1.1.1
两位男神感到孤独创造世界

实 例

门巴族 两位男神兄弟感到孤独，用法棍在大海里搅拌出太阳、月亮，陶罐化作天上无数的星辰。
【流传】（无考）
【出处】《创世说》，见孙正国《中国族源性女神母题的文化阐释》，载《思想战线》2003年第3期。

[①] 世界的创造，神话中所叙述的"世界"一般不是今天关于世界的严格说法。所以此处的"世界"一般是指天地宇宙，有时也可以指"世界万物"或一些具体的物质的产生。根据神话叙事的这种特殊性，下面编目中"万物的产生"类母题涉及"世界万物"的部分是否与"世界的创造"完全一致，将视具体情况设定。

[②] 创造者，从性质上属于神或神性人物，他所创造的对象一般指整个世界，有时也可以特指那些创造出世界上某些特定事物的人物。

W1011.1.2
神性人物因孤独造地球

实例

（实例待考）

W1011.2
为了有个歇脚的地方创造世界

【汤普森】A5.1

实例

（实例待考）

W1011.3
创世者奉命创世

【关联】[W1015] 创世者（造物主）

实例

哈尼族（爱尼） 天和地是女天神阿米淹派遣加波俄郎造的。

【流传】云南省·西双版纳（西双版纳傣族自治州）

【出处】飘马讲：《奥颠米颠》（造天造地），见李子贤编《云南少数民族神话选》，昆明：云南人民出版社1990年版，第115~118页。

W1011.4
创世者得到劝告后创世

【汤普森】A40

实例

苗族 （实例待考）

W1011.5
世界产生于特定时间和指令

【汤普森】A601

实例

（参见下级母题实例）

W1011.5.1
世界产生于创世者的指令

【汤普森】A611

实例

傣族 神派桑该和牙桑夫妇到地上，撒种子后，出现万物。

【流传】（无考）

【出处】曹成章、张元庆：《傣族》，北京：民族出版社1984年版，第63页。

哈尼族（爱尼） 天和地是女天神阿米淹派遣加波俄郎造的。

【流传】云南省·西双版纳（西双版纳傣族自治州）

【出处】飘马讲：《奥颠米颠》（造天造地），见李子贤编《云南少数民族神话选》，昆明：云南人民出版社1990年版，第115~118页。

W1011.6
与创造世界原因有关的其他母题

实例

（参见下级母题实例）

W1011.6.1
被惩罚造世界

【关联】［W9906］惩罚

实 例

（参见下级母题实例）

W1011.6.1.1
红君、绿鸭道人打架被罚造天地

实 例

汉族　因红君道人与绿鸭道人两个打架，海斗老祖罚他们去造天造地。

【流传】上海市·松江县（松江区）·九亭乡（九亭镇）·三星村

【出处】朱国民讲，顾青采录：《海斗老祖造天地》，见中国民间文学集成全国编辑委员会编《中国民间故事集成》（上海卷），北京：中国ISBN中心2007年版，第3页。

W1011.6.2
因大地光秃创造世界

实 例

鄂伦春族　有一天，天帝四处漫游，才发现地面上光秃秃的，十分难看，便派巨灵鄂尔德穆莫日根去地面上创造世界。

【流传】（中国东北部地区）

【出处】《鄂尔德穆》，见姚宝瑄主编《中国各民族神话》（达斡尔族、鄂伦春族、鄂温克族、蒙古族），太原：山西出版传媒集团·书海出版社2014年版，第20页。

W1012
创造世界的时间

【关联】［W1110.1］造天地的时间

实 例

（参见下级母题实例）

W1012.1
6天造出了世界

【汤普森】A601.1

实 例

（实例待考）

W1012.2
7天创造出世界

【关联】
① ［W1186.3.1］造地用了7天
② ［W1509.2.2］7天造出万物

实 例

回族　安拉在第一天创造了天和地，第二天空气和云雨，第三天创造了水系与草木，第四天创造了日月星辰，第五天造万物，第六天造人（阿丹），第七天休息。

【流传】黑龙江省·（牡丹江市）·绥芬河市

【出处】杨明岱讲，周爱民采录：《阿丹人祖》，见中国民间文学集成全国编辑委员会编《中国民间故事集成》（黑龙江卷），北京：中国ISBN中心

2005 年版，第 20 页。

✤ W1015
创世者（造物主）

【关联】［W1175.1］创世者造地球

实 例

（实例待考）

✤ W1016
创世者的产生

【汤普森】A20

实 例

（实例待考）

W1017
创世者来于某个地方

实 例

（参见下级母题实例）

W1017.1
创世者从天上来

【汤普森】A21

实 例

瑶族　洪水退后，盘古皇从天上来到地面创世。

【流传】云南省

【出处】《盘古皇》，见中国社会科学院云南少数民族文学研究所等编《云南少数民族文学资料》（第 3 辑），内部编印，1981 年，第 94 页。

壮族　开天辟地的盘古原来住在天上，因为闹事，被玉帝贬下凡界。

【流传】广西壮族自治区 ·（南宁市）· 隆安县

【出处】《盘古开天辟地》，见张声震总主编，农冠品编注《壮族神话集成》，南宁：广西民族出版社 2007 年版，第 6 页。

W1017.2
创世者从地下来

【汤普森】A25

实 例

（实例待考）

W1017.3
创世者从湖中来

【汤普森】A25.1

实 例

（实例待考）

W1017.4
创世者源于混沌

【汤普森】A22

实 例

汉族　从前，天地像鸡子，其中生盘古。

【流传】浙江省 ·（金华市）· 东阳县（东阳市）

【出处】张宣元讲：《盘古生开天》，载《民间文学》1986 年第 11 期。

汉族　像蛋的混沌宇宙破壳生出创世

的盘古。

【流传】山西省·（运城市）·闻喜县（旧称桐乡）·（桐城镇）·峪堡村

【出处】王有山讲：《盘古出世》，见中国民间文学集成全国编辑委员会编《中国民间故事集成》（山西卷），北京：中国ISBN中心1999年版，第3页。

W1017.5
创世者源于某个特定方位

【汤普森】A26

实例

（参见下级母题实例）

W1017.5.1
创世者源于东方

【汤普森】A26.1

实例

（参见下级母题实例）

W1017.5.1.1
创世者源于东方岩洞中

实例

白族　盘古老住在东方扶桑山的岩洞中。

【流传】湖南省·（张家界市）·桑植县·马合口乡（马合口白族乡）·佳木峪村

【出处】谷兆庆讲，李康学等采录：《昂日星与公鸡》，见中国民间文学集成全国编辑委员会编《中国民间故事集成》（湖南卷），北京：中国ISBN中心2002年版，第16页。

W1018
创世者是生育产生的（生育创世者）

实例

（参见下级母题实例）

W1018.1
天地婚生创世者

【关联】［W7532］天地婚

实例

（实例待考）

W1018.2
卵生创世者

【汤普森】A27

【关联】［W033］卵生神

实例

侗族　蛋中生出创世者盘古。

【流传】贵州省

【出处】梁普安等讲，龙玉成采录：《古老和盘古》，见燕宝、张晓编《贵州神话传说》，贵阳：贵州人民出版社1997年版，第3页。

苗族　天地生蛋，蛋孕育的盘古开天地。

【流传】贵州省·（黔东南苗族侗族自治州）·岑巩县

【出处】武生整理：《盘古开天地》，见《中国民间文学集成贵州省岑巩县故

1.1.2 世界的创造与创世者

事卷》，内部编印。

苗族 见风就长的蛋中生出创世的盘古。

【流传】（无考）

【出处】袁玉芬讲：《盘古开天地》，见燕宝、张晓编《贵州神话传说》，贵阳：贵州人民出版社1997年版，第5页。

土族 混沌中孕育了石卵，石卵生创世者盘古。

【流传】（无考）

【出处】《混沌周末歌》，见满都呼主编《中国阿尔泰语系诸民族神话故事》，北京：民族出版社1997年版，第205页。

W1018.2.1
巨卵孕育创世的大鹏

【关联】［W1023.2.1］大鹏是创世者

实例

藏族 孕育大鹏（创世者）的巨卵生成经三七：经过一七为黄血，经过二七为黄绒，经过三七为大鹏。

【流传】（无考）

【出处】格明多杰整理：《创世古歌》，见BBS水木清华站：http://www.smth.edu.cn，2006.07.20。

W1018.3
特定的物生创世者

实例

（参见下级母题实例）

W1018.3.1
云生创世者

实例

瑶族 五彩云生盘古。

【流传】（无考）

【出处】《盘古》，见中央民族学院少数民族文艺研究所编《中国民族民间文学》，北京：中央民族学院出版社1987年版，第713页。

W1019
创世者产生的其他方式

【关联】［W0426.2］人因功被封为凡间造物主

实例

（参见下级母题实例）

W1019.1
创世者是变化产生的

【汤普森】A72

实例

（参见下级母题实例）

W1019.1.1
阴阳变化生创世者

【汤普森】A23

实例

汉族 （实例待考）

W1019.1.2
云变化出创世者

【实例】

瑶族　两片紫云，相遇后变成1男1女，即是盘古和九天女。

【流传】广西壮族自治区·（百色市）·西林县

【出处】《盘古造天地》，见中国各民族宗教与神话大词典编审委员会编《中国各民族宗教与神话大词典》，北京：学苑出版社1990年版，第654页。

W1020
神或神性人物是创世者
（神是创世者）

【实例】

（参见下级母题实例）

W1020.0
创世神创世（创世主创世）

【关联】［W1996.5.1.5］世界最早只有创世主

【实例】

哈萨克族　世界为迦萨甘所创造。

【流传】（无考）

【出处】袁珂改编：《迦萨甘》，原载毛星主编《中国少数民族文学》（上册），见袁珂《中国神话大词典》，北京：华夏出版社2015年版，第495页。

汉族　（实例待考）

W1020.1
创世女神是创世者

【汤普森】A3

【关联】［W1002.1.3］世界是女神创造的

【实例】

基诺族　宇宙万物的创造者是"阿嫫小贝"（基诺语，"阿嫫"即"母亲"，"小"即"地"，"贝"即"造"，即造地母亲，或创世母亲）。

【流传】云南省·（西双版纳傣族自治州·景洪市）·基诺山（基诺山基诺族乡）·戛里果箐、巴亚新寨、茶叶大地、巴卡寨

【出处】不拉塞等讲，杜玉亭调查整理：《卓巴、牛皮木鼓与寨鬼》（1980～1990），见吕大吉、何耀华总主编《中国各民族原始宗教资料集成》（彝族卷、白族卷、基诺族卷），北京：中国社会科学出版社1996年版，第873页。

W1020.1.1
特定的女神是创世者

【实例】

（参见下级母题实例）

W1020.1.1.1
女神阿布凯赫赫是创世者

【实例】

满族　阿布凯赫赫是老三星（大神

名，创世之神）裂生的第一个大徒弟，她创造了天、地、人，创造了万物，是整个宇宙的始母神。

【流传】黑龙江省·（牡丹江市）·宁古塔（宁安县）；吉林省·长白山地区（长白山一带）

【出处】傅英人（疑"人"为"仁"）讲述，张爱云整理：《阿布凯赫赫创造天地人》之注释，原载《满族萨满神话》，见陶阳、钟秀编《中国神话》（上），北京：商务印书馆2008年版，第140~154页。

W1020.2
世界之父是创世者
【汤普森】A1.2

实 例

蒙古族（卫拉特） 世界之父查干·阿吾（意即"白色父亲"）。

【流传】（无考）

【出处】《塔尔巴（旱獭）为什么没有拇指》，见郝苏民编《卫拉特蒙古民间故事》（蒙古文），呼和浩特：内蒙古人民出版社1986年版，第187~188页。

W1020.3
天神是创世者
【关联】［W1002.1.2］世界是天神创造的

实 例

仡佬族（雅伊） 天神布比密创造出世界。

【流传】贵州省·（毕节市）·黔西（黔西县）、织金（织金县）

【出处】《叙根由》，见中国各民族宗教与神话大词典编审委员会编《中国各民族宗教与神话大词典》，北京：学苑出版社1990年版，第154页。

怒族 很古的时候，天神创造了天地、太阳、月亮和星星。

【流传】（无考）

【出处】《人的由来》，编者根据叶世富的《怒族民间故事》（云南人民出版社1988年版）重新整理，见吕大吉、何耀华总主编《中国各民族原始宗教资料集成》（纳西族卷、羌族卷、独龙族卷、傈僳族卷、怒族卷），北京：中国社会科学出版社2000年版，第895~896页。

彝族 一位天神用手一挥，创造了山水、风云、林木、荒草和飞禽、走兽。

【流传】（无考）

【出处】《人类和石头的战争》，原载谷德明编《中国少数民族神话选》，见陶阳、钟秀编《中国神话》（下），北京：商务印书馆2008年版，第1084~1085页。

W1020.3.0
天神腾格里是创世者

实 例

哈萨克族 （实例待考）

W1020.3.0a
天神格尔美是创世者

实 例

纳西族（摩梭） 天神格尔美创造了天地和万物。

【流传】云南省·（丽江市）·宁蒗县（宁蒗彝族自治县）

【出处】巴采若、桑绒尼搓讲，章虹宇搜集整理：《喇氏族的来源》，载《民间文学》1986年第3期。

W1020.3.1
女天神是创世者

【关联】[W0191.2] 女天神

实 例

维吾尔族 女天神创造地球。

【流传】新疆维吾尔自治区

【出处】

（a）《地球与神牛》，见满都呼主编《中国阿尔泰语系诸民族神话故事集》，北京：民族出版社1997年版，第30页。

（b）《顶地球的公牛站在哪里》，见张越、姚宝瑄编《新疆民族神话故事选》，乌鲁木齐：新疆人民出版社1989年版。

W1020.3.2
天神的侍从是创世者

【关联】*[W0202.4] 天神的侍从

实 例

门巴族 （实例待考）

W1020.3.3
最高天神是创世者

实 例

傣族（水傣） 最高天神英叭是气浪和光波聚合而成的开创天地之神。

【流传】（云南省·西双版纳傣族自治州）

【出处】王松整理：《傣族——西双版纳的神谱》，见姚宝瑄主编《中国各民族神话》（哈尼族、傣族），太原：山西出版传媒集团·书海出版社2014年版，第228~229页。

W1020.4
太阳神是创世者

【汤普森】A1.1

【关联】[W0271] 太阳神（日神）

实 例

（实例待考）

W1020.5
众神是创世者

【关联】[W1002.1.5] 世界是众神创造的

实 例

（参见下级母题实例）

W1020.5.1
盘古与火神、雨神、雷神等是创世者

实 例

汉族 玉帝召集盘古、灵部、火星、

雨司、雷神等，传令他们造大地和生命。

【流传】广东省·（茂名市）·电白县·羊角镇·柏屋村

【出处】李德才讲，陈明心采录：《盘古开天辟地》，见中国民间文学集成全国编辑委员会编《中国民间故事集成》（广东卷），北京：中国 ISBN 中心 2006 年版，第 3 页。

W1020.6
天使是创世者

【汤普森】A17

【关联】[W0210] 天使

实例

（实例待考）

W1020.7
祖先是创世者

实例

（参见下级母题实例）

W1020.7.1
男女祖先是创世者

实例

阿昌族 人类的始祖遮帕麻和遮米麻造天织地。

【流传】（a）云南省·（德宏傣族景颇族自治州）·梁河县

【出处】
(a) 赵安贤讲，杨叶生智克采录：《遮帕麻与遮米麻》，见中国民间文学集成全国编辑委员会编《中国民间故事集成》（云南卷），北京：中国 ISBN 中心 2003 年版，第 69 页。

(b) 赵安贤讲，舟叶生译，智克整理：《遮帕麻与遮米麻》，见谷德明编《中国少数民族神话》，北京：中国民间文艺出版社 1987 年版，第 490 页。

(c) 同（b），见陶立璠、赵桂芳等编《中国少数民族神话汇编》（开天辟地篇等），中央民族学院少数民族古籍整理出版规划领导小组办公室印（未署出版时间），第 330 页。

瑶族 布陀西和密洛陀夫妻（祖先）创世。

【流传】广西壮族自治区·桂西一带

【出处】蓝汉东等搜集整理：《达努节》，见中华民族故事大系编委会编《中华民族故事大系》第 5 卷（瑶族、白族、土家族），上海：上海文艺出版社 1995 年版，第 14 页。

W1020.8
其他神或神性人物是创世者

实例

（参见下级母题实例）

W1020.8.1
动物神是创世者

【关联】[W0500] 动物神

实例

（实例待考）

W1020.8.2
神鸟是创世者

【关联】
① [W1002.1.4] 世界是动物神创造的
② [W1020.8.2] 鸟是创世者

实例

（参见下级母题实例）

W1020.8.2.1
神鸟嘎下凡创世

实例

蒙古族　腾格里派神鸟嘎下凡创世。

【流传】（无考）

【出处】《嘎勒宾嘎创世》，原载［蒙古］Д. 策仁苏德那木编《蒙古神话》（基利尔蒙古文），见那木吉拉《中国阿尔泰语系诸民族神话比较研究》，北京：学习出版社2010年版，第28~29页。

W1020.8.3
真主是创世者（真主是创世主）

【关联】［W0793］真主

实例

撒拉族　（实例待考）

W1020.8.4
夫妻神是创世者

【关联】［W1103.5.6］夫妻神开天辟地

实例

傣族　天与地还是一片混沌时，夫妻神布盼法与雅盼峥一个开天，一个辟地。

【流传】云南省·德宏地区（德宏傣族景颇族自治州）

【出处】
（a）多永相搜集整理：《谷神布岺塔》，见李子贤编《云南少数民族神话选》，云南人民出版社1990年版。
（b）同（a），见姚宝瑄主编《中国各民族神话》（哈尼族、傣族），太原：山西出版传媒集团·书海出版社2014年版，第351页。

傣族　世界上最早产生的男女夫妇神创造了天地和人类，都叫他为布桑戛西和雅桑戛赛，意思是桑戛西公公和桑戛赛老奶奶。

【流传】云南省·西双版纳（西双版纳傣族自治州）·勐腊县·勐混镇、打洛镇

【出处】＊《桑戛赛与桑戛西的诞生》，原载岩峰三讲，毕光尖记录《桑戛西与桑戛赛造天地，创人类》，见姚宝瑄主编《中国各民族神话》（哈尼族、傣族），太原：山西出版传媒集团·书海出版社2014年版，第251~252页。

W1020.8.5
巨灵是创世者

实例

鄂伦春族　天帝派巨灵鄂尔德穆莫日根去地面上创造世界。

【流传】（中国东北部地区）

【出处】《鄂尔德穆》，见姚宝瑄主编《中国各民族神话》（达斡尔族、鄂伦春族、鄂温克族、蒙古族），太原：山西出版传媒集团·书海出版社 2014 年版，第 20 页。

W1020.8.6
与神或神性人物创世有关的其他母题

实 例

（参见下级母题实例）

W1020.8.6.1
神用神力创世

实 例

傣族（水傣） 神王英叭使用他的神力，却在大地上造了一座果园（类似"伊甸园"）。

【流传】（云南省·西双版纳傣族自治州）

【出处】王松整理：《傣族——西双版纳的神谱》，见姚宝瑄主编《中国各民族神话》（哈尼族、傣族），太原：山西出版传媒集团·书海出版社 2014 年版，第 230 页。

W1021
特定的神或神性人物是创世者

实 例

（参见下级母题实例）

W1021.1
盘古是创世者

【关联】［W0720］盘古

实 例

土族 盘古用开天钻和辟地斧开天辟地。

【流传】（无考）

【出处】《混沌周末》，见马光星《略论土族的神话史诗〈混沌周末〉》，见《中国少数民族神话学术讨论会》（下），中国少数民族文学学会编印，1984 年。

土家族 盘古把天地分开。

【流传】湖南省·（湘西土家族苗族自治州）·吉首市

【出处】黄德裕讲，杨启良等采录：《盘古开天、女娲补天》，见中国民间文学集成全国编辑委员会编《中国民间故事集成》（湖南卷），北京：中国 ISBN 中心 2002 年版，第 5 页。

W1021.2
佛祖（佛）是创世者

【汤普森】A1.4

实 例

蒙古族 现世佛释迦牟尼在汪洋大海中的一个金龟上造出世界。

【流传】（无考）

【出处】

（a）布·孟和搜集整理，满都呼翻译：《世界是怎样形成的》，见满都呼主编

《中国阿尔泰语系诸民族神话故事》，北京：民族出版社 1997 年版，第 148 页。

（b）《世界是怎样形成的》，载《汗腾格里》（蒙文版）1988 年第 1 期。

W1021.2.1
佛撒土创世

实例

蒙古族 佛把泥土撒向金龟身上，形成世界。

【流传】（无考）

【出处】布·孟和搜集，满都呼译：《世界是怎么形成的》，载《汗腾格里》（蒙文版）1988 年第 1 期。

W1021.2.2
喇嘛是创世者

实例

（参见下级母题实例）

W1021.2.2.1
乌旦喇嘛是创世者

实例

蒙古族 古时候，曾经生活着一个能创造万物的喇嘛，名字叫乌旦。

【流传】新疆维吾尔自治区·（巴音郭楞蒙古自治州）·和硕县·布尔图一牧场

【出处】根登讲，布·孟克采录，乌恩奇译：《乌旦喇嘛创造了世界》，见中国民间文学集成全国编辑委员会编《中国民间故事集成》（新疆卷），北京：中国 ISBN 中心 2008 年版，第 6 页。

W1021.3
真主是创世者

【关联】［W1002.1.7］世界是真主创造的

实例

回族 真主创造天地万物。

【流传】宁夏回族自治区·（固原市）·泾源县·爱民清真寺

【出处】马阿訇讲：《真主造人》，见中国民间文学集成全国编辑委员会编《中国民间故事集成》（宁夏卷），北京：中国 ISBN 中心 1999 年版，第 11 页。

柯尔克孜族 真主创造大地和万物。

【流传】（无考）

【出处】《洪水再生》，见中央民族学院少数民族文艺研究所编《中国民族民间文学》（上），北京：中央民族学院出版社 1987 年版，第 346 页。

塔吉克族 真主在创造世界。

【流传】新疆维吾尔自治区·（喀什地区）·塔什库尔干塔吉克自治县·提孜那甫乡

【出处】肉恰依克讲，西仁·库尔班等采录翻译：《山的神话》，见中国民间文学集成全国编辑委员会编《中国民间故事集成》（新疆卷），北京：中国 ISBN 中心 2008 年版，第 25 页。

W1021.3.1
真主胡大是创世者

实 例

撒拉族 胡大是创造宇宙万物的主。

【流传】（无考）

【出处】大漠、马英生搜集整理：《胡大吹出天地》，见满都呼主编《中国阿尔泰语系诸民族神话故事》，北京：民族出版社1997年版，第96页。

W1021.3.2
真主安拉是创世者

实 例

塔吉克族 安拉创造了由天空、大地、太阳、月亮、星辰构成的无边无际的宇宙，显示了他的无比神力。

【流传】新疆维吾尔自治区·（喀什地区）·塔什库尔干塔吉克自治县·瓦尔西代乡

【出处】马达里汗讲，西仁·库尔班等采录翻译：《人类的来历》，见中国民间文学集成全国编辑委员会编《中国民间故事集成》（新疆卷），北京：中国ISBN中心2008年版，第34页。

W1021.4
其他特定的神或神性人物是创世者（其他神性人物是创世者）

实 例

(参见下级母题实例)

W1021.4.1
老君是创世者

【关联】[W1002.1.9.1]世界是老君创造的

实 例

汉族 开天辟地时，老君造世界。

【流传】河南省·（三门峡市）·陕县

【出处】《老君犁黄河》，见白庚胜总主编《中国民间故事全书》（河南省·陕县卷），北京：知识产权出版社2009年版，第9页。

W1021.4.2
太岁神是创世者

实 例

壮族 太岁神来造世界。

【流传】广西壮族自治区·百色市·田阳县·坡洪镇·陇升村·个强屯

【出处】农吉勤收藏，黄明标等搜集，黄明标等翻译：《造万样》，见黄明标主编《壮族麽经布洛陀遗本影印译注》（上卷），南宁：广西人民出版社2016年版，第95页。

W1021.4.3
大将军神是创世者

实 例

壮族 大将军神造世界。

【流传】广西壮族自治区·百色市·田阳县·坡洪镇·陇升村·个强屯

【出处】农吉勤收藏，黄明标等搜集，黄明标等翻译：《造万样》，见黄明标主编《壮族麽经布洛陀遗本影印译注》（上卷），南宁：广西人民出版社2016年版，第92页。

W1022
人是创世者
【汤普森】A15

实例

苗族 （实例待考）

W1022.1
父子是创世者
【关联】［W1002.2.1］世界是父子创造的

实例

（实例待考）

W1022.2
一对夫妻是创世者
【关联】
①［W1002.2.2］世界是一对夫妻创造的
②［W1002.2.2.1］布陀西和密洛陀夫妻创世

实例

（实例待考）

W1022.3
两兄妹是创世者
【关联】［W1002.2.3］世界是两兄妹创造的

实例

拉祜族 两兄妹创造了现在的世界。

【流传】云南省·（普洱市）·澜沧县（澜沧拉祜族自治县）

【出处】杨毓骧：《澜沧县拉祜族社会文化调查》，见《中国少数民族社会历史调查资料丛刊》修订编辑委员会编《云南少数民族社会历史调查资料汇编》（四），昆明：云南人民出版社1987年版，第49页。

W1022.4
两兄弟是创世者
【关联】［W1002.2.4］世界是两兄弟创造的

实例

珞巴族 最早出现的大神有尼布和尼利两个儿子。哥哥尼布造出天空，弟弟尼利造出大地。

【流传】
（a）西藏自治区·下珞瑜（泛指永木河、锡约尔河、巴恰西仁河流域）
（b）西藏自治区·下珞渝（又写作"下珞瑜"）·布根部落森冲村

【出处】
（a）维·埃尔温搜集：《尼布和尼利》，见中华民族故事大系编委会编《中华民族故事大系》第16卷（赫哲族、门巴族、珞巴族、基诺族），上海：上海文艺出版社1995年版，第402页。
（b）同（a），见李坚尚、刘芳贤编

《珞巴族门巴族民间故事选》，上海：上海文艺出版社1993年版，第16页。

W1022.5
工匠是创世者

实例

（参见下级母题实例）

W1022.5.1
世界是陶工创造的

【汤普森】A15.4.1

实例

（实例待考）

W1022.6
其他特定的人是创世者

【关联】［W1002.2.6］世界是多个人（神）创造的

实例

（参见下级母题实例）

W1022.6.1
天降的1对男女是创世者

实例

汉族 很古的时候，天上下来一男一女两个人，在大地上扎根立业，创造了世界。

【流传】河南省·（南阳市）·桐柏县·城郊乡

【出处】朱学顺（农民，初中）讲，马卉欣采录整理：《捏面人》，见张振犁编著《中原神话通鉴》（第一卷），郑州：河南大学出版社2017年版，第82页。

W1023
动物是创世者

【汤普森】A13

实例

（参见下级母题实例）

W1023.1
哺乳动物是创世者

【汤普森】≈A13.1

实例

（参见下级母题实例）

W1023.1.1
猿猴是创世者

实例

傈僳族 猿猴创造了世界和人间。

【流传】（无考）

【出处】

（a）《木刮基》，见中国社会科学院云南少数民族文学研究所编《云南少数民族文学资料》第1辑（上），云南少数民族文学研究所编印，1980年，第155页。

（b）《木刮基》，见陶阳、牟钟秀著《中国创世神话》，上海：上海人民出版社2006年版，第113页。

W1023.1.1.1
猴子是创世者

实例

门巴族 以前，只有天上住着的猴子和天神。天神对猴子说："你到地上去建立一个人间世界吧。"

【流传】（西藏自治区）

【出处】

(a)《门巴族的来源》，见张江华等编《门巴族封建农奴社会》，成都：四川民族出版社1988年版。

(b) 同（a），见姚宝瑄主编《中国各民族神话》（门巴族、珞巴族、怒族、藏族），太原：山西出版传媒集团·书海出版社2014年版，第4页。

W1023.1.2
母牛是创世者

【汤普森】A13.1.1

【关联】[W1002.3.1] 世界是牛创造的

实例

（实例待考）

W1023.2
鸟类是创世者

【汤普森】A13.2

实例

（参见下级母题实例）

W1023.2.1
大鹏是创世者

【关联】[W3394] 鹏（大鹏）

实例

藏族 大鹏创造世界。

【流传】（无考）

【出处】格明多杰整理：《创世古歌》，见 BBS 水木清华站：http://www.smth.edu.cn，2006.07.20。

W1023.2.1.1
大鹏鸟是世界创造者

实例

藏族 大鹏鸟开创了天和地。

【流传】（无考）

【出处】才旦旺堆搜集，蔷紫整理：《大鹏分天地》，见姚宝瑄主编《中国各民族神话》（门巴族、珞巴族、怒族、藏族），太原：山西出版传媒集团·书海出版社2014年版，第81页。

W1023.2.2
其他特定的鸟是创世者

实例

（参见下级母题实例）

W1023.2.2.1
神鸟嘎下凡创世

实例

蒙古族 天神腾格里派神鸟嘎下凡创造

了世界。

【流传】（无考）

【出处】《嘎勒宾嘎创世》，原载［蒙古］Д. 策仁苏德那木编《蒙古神话》（基利尔蒙古文），见那木吉拉《中国阿尔泰语系诸民族神话比较研究》，北京：学习出版社 2010 年版，第 28~29 页。

W1023.3
水中动物是创世者

实 例

（参见下级母题实例）

W1023.3.1
鱼是造物者

实 例

傣族　大鱼是傣族的造物者。

【流传】（无考）

【出处】《巴塔麻嘎捧尚罗》，原载肖丽芬《〈巴塔麻嘎捧尚罗〉的叙事语境简论——一个民族的历史与叙事记忆》，见郭山等《贝叶文化与和谐周边建设》，昆明：云南大学出版社 2011 年版，第 83~91 页。

W1023.4
昆虫是创世者

【汤普森】A13.3

【关联】［W1023.4］昆虫是创世者

实 例

（参见下级母题实例）

W1023.4.1
甲虫是创世者

【汤普森】A13.3.2

实 例

（实例待考）

W1023.4.2
蚂蚁是创世者

【关联】
① ［W1807.5.4］蚂蚁造山
② ［W1916.5］蚂蚁造江河

实 例

哈尼族　大神造地时，蚂蚁、土狗等动物都来抬土。

【流传】云南省·（红河哈尼族彝族自治州）·元阳县

【出处】朱小和讲，史军超等采录：《神的古今》，见中国民间文学集成全国编辑委员会编《中国民间故事集成》（云南卷），北京：中国 ISBN 中心 2003 年版，第 19 页。

藏族　蚂蚁创造了世界。

【流传】四川省·（阿坝藏族羌族自治州）·若尔盖县·求吉乡·下王则村

【出处】大夺戈讲，阿强等采录：《开天辟地》，见中国民间文学集成全国编辑委员会编《中国民间故事集成》（四川卷·下），北京：中国 ISBN 中心 1998 年版，第 933 页。

W1023.4.3
蜘蛛是创世者

【汤普森】A13.3.1

【关联】［W1177.4.1］蜘蛛在水上结网形成地

实例

（实例待考）

W1023.5
爬行动物是创世者

【汤普森】A13.4

实例

（参见下级母题实例）

W1023.5.1
蛇是创世者

【汤普森】A13.4.1

【关联】［W1996.2.7.1］世界最早产生的是蛇

实例

哈尼族 龙宫的龙神和地下的蛇王造地。

【流传】（无考）

【出处】《俄拔密拔》，见中国各民族宗教与神话大词典编审委员会编《中国各民族宗教与神话大词典》，北京：学苑出版社1990年版，第168页。

W1023.5.2
龟是创世者

【关联】
① ［W1285.2］龟鳖撑开天地
② ［W3505］龟（乌龟、鳖）

实例

藏族 斑纹犀龟是世界的创造者与毁灭者合为一体的神灵。

【流传】（无考）

【出处】《五部遗教》，见格明多杰整理《化世之龟》，BBS 水木清华站：http://www.smth.edu.cn，2006.07.20。

W1023.6
其他动物是创世者[①]

实例

（参见下级母题实例）

W1023.6.1
龙是创世者

【关联】［W3550］龙

实例

汉族 （实例待考）

土家族 神龙造天造地。

【流传】湖北省·（宜昌市）·长阳县（长阳土家族自治县）·贺家坪区

---

① 其他动物是创世者，包括两栖动物、想象中的动物、合体动物等。

（贺家坪镇）·火麦溪村

【出处】郑文仕讲，杜荣东采录：《神龙造天造地造人》，见中国民间文学集成全国编辑委员会编《中国民间故事集成》（湖北卷），北京：中国 ISBN 中心 1999 年版，第 7 页。

W1024

植物是创世者

【关联】［W1002.4.1］树上长出世界

实 例

（实例待考）

W1025

无生命物是创世者

实 例

（实例待考）

W1025.1

日月（神）是创世者

【汤普森】A19.1

实 例

（实例待考）

W1026

混杂型创世者

实 例

（参见下级母题实例）

W1026.1

天神与佛祖共同创世

【关联】

① ［W0181］天神

② ［W0787］佛（佛祖）

实 例

裕固族 天神与佛祖共同创世。

【流传】（无考）

【出处】《阿斯哈斯》，见杨进智《裕固族研究论文集》，兰州：兰州大学出版社 1996 年版，第 347 页。

W1026.2

神与人共同创世

实 例

（实例待考）

W1026.3

神与动物共同创世

实 例

哈尼族 大神造地时，蚂蚁、土狗、蚯蚓、草鞋虫都来抬土。

【流传】云南省·（红河哈尼族彝族自治州）·元阳县

【出处】朱小和讲，史军超等采录：《神的古今》，见中国民间文学集成全国编辑委员会编《中国民间故事集成》（云南卷），北京：中国 ISBN 中心 2003 年版，第 19 页。

W1027

创世者的数量

实 例

（参见下级母题实例）

W1027.1
1个创世者

【关联】[W1021.1] 盘古是创世者

实例

汉族　以前世界混沌，盘古开天辟地，创造了世界。

【流传】上海市·静安区·余姚路街道

【出处】章阿昌讲，顾泳朝采录：《大鸟与稻谷》，见中国民间文学集成全国编辑委员会编《中国民间故事集成》（上海卷），北京：中国ISBN中心2007年版，第17页。

傈僳族　一个猿猴创造了世界和人间。

【流传】（无考）

【出处】

（a）《木刮基》，见中国社会科学院云南少数民族文学研究所编《云南少数民族文学资料》第1辑（上），云南少数民族文学研究所编印，1980年，第155页。

（b）《木刮基》，见陶阳、牟钟秀著《中国创世神话》，上海：上海人民出版社2006年版，第113页。

满族　一个叫做阿布卡赫赫的女天神生出宇宙。

【流传】（无考）

【出处】《阿布卡赫赫女神创世》，王松根据富育光、孟慧英、王宏刚撰写的《满族宗教与神话》改写，见姚宝瑄主编《中国各民族神话》（满族、赫哲族、朝鲜族），太原：山西出版传媒集团·书海出版社2014年版，第4~14页。

W1027.1.1
1个孤独的创世者

【汤普森】A73

【关联】
① [W1011.1] 创世者因为孤独创造世界
② [W1028.4.0] 孤独的创世者

实例

汉族　盘古出世后，感到很孤独，认为这样活着没有意思，就决定牺牲自己改变这个天地。

【流传】江苏省·（淮安市）·涟水县·南集乡·禹庄村

【出处】徐学尧讲，徐省生搜集整理：《世界的由来》（1983），见姚宝瑄主编《中国各民族神话》（汉族），太原：山西出版传媒集团·书海出版社2014年版，第24~28页。

W1027.2
2个创世者

【关联】
① [W1022.1] 父子是创世者
② [W1022.2] 一对夫妻是创世者
③ [W1022.3] 两兄妹是创世者
④ [W1022.4] 兄弟是创世者

实例

门巴族　两位男神兄弟感到孤独，用法棍在大海里搅拌出太阳、月亮，陶罐则化作天上无数的星辰。

【流传】（无考）

【出处】《创世说》，见孙正国《中国族源性女神母题的文化阐释》，载《思想战线》2003年第3期。

羌族 原来，天地间并没得人，只有两个神。二神决定创造世界。

【流传】四川省·（阿坝藏族羌族自治州）·茂县·太平乡·牛尾巴村

【出处】郑友富讲，王康男采录：《索依迪朗造人》，见中国民间文学集成全国编辑委员会编《中国民间故事集成》（四川卷·下），北京：中国ISBN中心1998年版，第1118页。

W1027.2.1

天神与地神创世

【关联】

① ［W0181］天神
② ［W0230］地神

实 例

哈尼族 造天神朱比阿龙造天，造地神朱比拉沙造地。

【流传】云南省·红河州（红河哈尼族彝族自治州）一带

【出处】张牛郎、涂伙沙等演唱，赵官禄等搜集整理：《十二奴局》，昆明：云南人民出版社1989年版，第2页。

哈尼族 古远的时候，没有天地。天神造了天，地神造了地。

【流传】（云南省·红河哈尼族彝族自治州·元阳县）

【出处】朱小和讲，史军超搜集整理：《永生不死的姑娘》，原载云南省民间文学集成办公室编《哈尼族神话传说集成》，中国民间文艺出版社1990年版，见姚宝瑄主编《中国各民族神话》（哈尼族、傣族），太原：山西出版传媒集团·书海出版社2014年版，第166页。

汉族 天神造了天，地神造了地。

【流传】浙江省·（丽水市）·庆元县

【出处】余岩塔讲，余塔和搜集整理：《造天造地》，见姚宝瑄主编《中国各民族神话》（汉族），太原：山西出版传媒集团·书海出版社2014年版，第36页。

佤族 天塌地陷后，天神和地神重新开天辟地。

【流传】云南省·（普洱市）·西盟县（西盟佤族自治县）

【出处】包永红等讲，高登智采录：《佤族姓氏的形成》，见中国民间文学集成全国编辑委员会编《中国民间故事集成》（云南卷），北京：中国ISBN中心2003年版，第336页。

W1027.3

3个创世者

【汤普森】A2.1

实 例

汉族 （实例待考）

羌族 （实例待考）

W1027.4
多个创世者

【汤普森】A2

【关联】

① ［W1002.2.6］世界是多个人（神）创造的

② ［W1020.5］众神是创世者

实例

汉族 玉帝召集盘古、灵部、火星、雨司、雷神等，传令他们造大地和生命。

【流传】广东省·（茂名市）·电白县·羊角镇·柏屋村

【出处】李德才讲，陈明心采录：《盘古开天辟地》，见中国民间文学集成全国编辑委员会编《中国民间故事集成》（广东卷），北京：中国ISBN中心2006年版，第3页。

W1028
创世者的特征

【汤普森】A10

实例

（参见下级母题实例）

W1028.1
创世者的外貌

【汤普森】A18

实例

（参见下级母题实例）

W1028.1.1
创世者长着龙头

【汤普森】A18.1

【关联】［W0633.4］龙头人身之神

实例

（实例待考）

W1028.1.2
创世者头上有两个角

【汤普森】A18.2

实例

（实例待考）

W1028.1.3
创世者很矮小

【汤普森】A18.3

【关联】［W2572.11］第一代人是小人（第一代人是矮人）

实例

（实例待考）

W1028.1.4
创世者有其他特殊的外貌

【汤普森】≈A19.2

实例

藏族 大鹏（创世者）相貌有九大奇：金喙好比金刚锋，金眼好比太阳明，金颈好比托宝瓶，等等。

【流传】（无考）

【出处】格明多杰整理：《创世古歌》，见

BBS 水木清华站：http：//www.smth.edu.cn，2006.07.20。

藏族 斑纹犀龟（创造与毁灭世界者），身上长着九个铁的钉甲和许多利刃，九个孔眼中流淌着血与毒汁。

【流传】（无考）

【出处】《五部遗教》，见格明多杰整理《化世之龟》，BBS 水木清华站：http：//www.smth.edu.cn，2006.07.20。

W1028.2
创世者是隐形的

【汤普森】 A11

实 例

（实例待考）

W1028.3
创世者雌雄同体

【汤普森】 A12

实 例

（实例待考）

W1028.4
与创世者特征有关的其他母题

【关联】［W0722］盘古的特征

实 例

（参见下级母题实例）

W1028.4.0
孤独的创世者

【汤普森】 A73

【关联】［W1011.1］创世者因为孤独创造世界

实 例

门巴族 两位男神兄弟感到很孤独，就用法棍在大海里搅拌出太阳、月亮，陶罐化作天上无数的星辰。

【流传】（无考）

【出处】《创世说》，见孙正国《中国族源性女神母题的文化阐释》，载《思想战线》2003 年第 3 期。

W1028.4.1
创世者降妖驱疫

实 例

藏族 大鹏（创世者）腹绒宝座垫尾羽，降服魔王于脚底，蘸酸天下驱瘟疫。

【流传】（无考）

【出处】格明多杰整理：《创世古歌》，见 BBS 水木清华站：http：//www.smth.edu.cn，2006.07.20。

W1028.4.2
创世者与毁灭者合体

实 例

（参见下级母题实例）

W1028.4.2.1
斑纹犀龟是创造者与毁灭者的合体

实 例

藏族 斑纹犀龟是世界的创造者与毁

灭者合为一体的神灵。

【流传】（无考）

【出处】《五部遗教》，见格明多杰整理《化世之龟》，BBS 水木清华站：http://www.smth.edu.cn，2006.07.20。

W1028.4.3
创世者很勤劳

实　例

彝族　格滋天神派去的造地的四个女儿，大姑娘飞快地做，二姑娘电闪般地做，三姑娘手不停地做，四姑娘顾不得吃饭地做。

【流传】云南省·楚雄彝族自治州·姚安县、大姚县等彝族地区

【出处】《创世·开天辟地》，见云南省民族民间文学楚雄调查队整理编写《梅葛》，昆明：云南人民出版社 2009 年版，第 4~5 页。

W1028.4.4
创世者身穿兽皮

【汤普森】A18.4

【关联】［W6133.4.1］兽皮为衣

实　例

（实例待考）

W1028.4.5
力不从心的创世者

【汤普森】≈A74

实　例

（实例待考）

W1028.4.6
创世者会占卜

【汤普森】A611.1

实　例

（实例待考）

W1029
创世者的工具

实　例

（参见下级母题实例）

W1029.1
创世者手持斧子和凿子

【汤普森】A18.5

实　例

汉族　（实例待考）

W1029.1.1
创世者手持斧子

实　例

布依族　盘古王用大板斧造出上、中、下三界。

【流传】（无考）

【出处】杨路塔：《日·月·星》，见曹文轩主编《中国神话故事精选》，北京：北京大学出版社 2004 年版，第 16~18 页。

W1029.2
创世者手拿日月
【汤普森】A18.6
实 例
(实例待考)

W1029.3
与创世者的工具有关的其他母题
实 例
(参见下级母题实例)

W1029.3.1
创世者手拿开天钻和辟地斧
实 例

土族　盘古创世时，左手拿着开天钻，右手拿着辟地斧。
【流传】(无考)
【出处】《混沌周末》，见马光星《略论土族的神话史诗〈混沌周末〉》，见《中国少数民族神话学术讨论会》(下)，中国少数民族文学学会编印，1984年。

W1030
创世者的家庭
【汤普森】A32
实 例
(参见下级母题实例)

W1030.1
创世者的祖先
【汤普森】≈A31
【关联】[W0640]祖先
实 例
(参见下级母题实例)

W1030.1.1
创世者的父母是谋略和智慧
实 例

藏族　大鹏(创世者)的父是谋略的本身，母是智慧的本身，儿是大鹏的本身。
【流传】(无考)
【出处】格明多杰整理：《创世古歌》，见BBS水木清华站：http://www.smth.edu.cn，2006.07.20。

W1030.2
创世者的妻子
【汤普森】A32.3
【关联】[W0154]神的妻子
实 例
(实例待考)

W1030.3
创世者的后代
【汤普森】A7
实 例
(参见下级母题实例)

W1030.3.1

创世者的儿子

【汤普森】①A32.1；②≈A7.1

【关联】［W1680.2.3］太阳是创世者的儿子

实　例

汉族　盘生是创世者盘古的儿子。

【流传】湖北省·（荆州市）·洪湖市·郑道湖镇

【出处】蓝德财讲，龚达雄采录：《盘生划地》，见中国民间文学集成全国编辑委员会编《中国民间故事集成》（湖北卷），北京：中国ISBN中心1999年版，第7页。

W1030.3.2

创世者的女儿

【汤普森】A32.2

实　例

汉族　（实例待考）

W1030.4

与创世者家庭有关的其他母题

实　例

（实例待考）

W1031

创世者的助手（伙伴）

【汤普森】①A30；②A33

实　例

（参见下级母题实例）

W1031.1

神是创世者的助手

实　例

（实例待考）

W1031.2

神性人物是创世者的助手

实　例

（实例待考）

W1031.3

动物是创世者的助手

实　例

壮族　（实例待考）

W1031.3.1

狗是创世者的助手

【汤普森】A33.1.1

实　例

（实例待考）

W1031.3.2

蜘蛛是创世者的助手

【关联】［W1023.4.3］蜘蛛是创世者

实　例

（实例待考）

W1031.3.3

蚂蚁是创世者的助手

【关联】［W1023.4.2］蚂蚁是创世者

1.1.2 世界的创造与创世者 ‖W1031.3.4–W1031.3.7‖ 49

【实例】

哈尼族 大神造地时，蚂蚁、土狗等动物都来抬土。

【流传】云南省·（红河哈尼族彝族自治州）·元阳县

【出处】朱小和讲，史军超等采录：《神的古今》，见中国民间文学集成全国编辑委员会编《中国民间故事集成》（云南卷），北京：中国 ISBN 中心 2003 年版，第 19 页。

W1031.3.4

金龟是创世者的助手

【实例】

蒙古族 释迦牟尼从口袋里取出一把泥土撒到金龟身上，形成了我们这个世界。

【流传】（无考）

【出处】

（a）布·孟和搜集整理，满都呼翻译：《世界是怎样形成的》，见满都呼主编《中国阿尔泰语系诸民族神话故事》，北京：民族出版社 1997 年版，第 148 页。

（b）《世界是怎样形成的》，载《汗腾格里》（蒙文版）1988 年第 1 期。

W1031.3.5

老鼠是创世者的助手

【实例】

满族 老鼠在开天辟地的时候，曾有过咬破天窗，才见日月星辰的创世功劳。

【流传】内蒙古自治区·呼和浩特（呼和浩特市）

【出处】舒舒觉罗氏讲：《十二属相是怎么来的》，原载《呼和浩特满族民间故事选》，见中国民间文学集成全国编辑委员会编《中国民间故事集成》（内蒙古卷），北京：中国 ISBN 中心 2007 年版，第 381 页。

W1031.3.6

独角兽、凤凰、乌龟等帮助创世者

【汤普森】A36

【实例】

（实例待考）

W1031.3.7

猪是创世的帮助者

【关联】[W3261] 猪的产生

【实例】

彝族 创造天地时必须刨出埋在地下的四个铜铁球。天神恩梯古兹派遣一头黄猪和一头黑猪下到地面上，黄猪和黑猪用嘴去拱，把那四个铜铁球拱出来了。

【流传】（无考）

【出处】《天神造天地》，见姚宝瑄主编《中国各民族神话》（羌族、彝族），太原：山西出版传媒集团·书海出版社 2014 年版，第 88 页。

W1031.4
与创世者的助手有关的其他母题

实例

（参见下级母题实例）

W1031.4.1
日月星辰等是创世者的伙伴（助手）

【汤普森】≈A38

实例

（参见下级母题实例）

W1031.4.1.1
星星是创世者的帮助者

实例

白族　星星作为太阳和月亮的助手，创造世界。

【流传】云南省·（大理白族自治州）·鹤庆县

【出处】章虹宇：《云南鹤庆白族的地母节》，载《民俗》1990年第1期。

W1031.4.2
神仙与动物是创世者的伙伴（助手）

实例

（参见下级母题实例）

W1031.4.2.1
仙婆和螃蟹是创世者的助手

实例

苗族　螃蟹和务宇（仙婆）帮助一个叫务往苊的老仙婆造大地。

【流传】贵州省·（黔东南苗族侗族自治州）·剑河县

【出处】张岩山讲，万必轩采录：《天和地是咋个来的》，见中国民间文学集成全国编辑委员会编《中国民间故事集成》（贵州卷），北京：中国ISBN中心2003年版，第3页。

W1032
创世者的出谋划策者

【汤普森】A40

实例

（参见下级母题实例）

W1032.1
魔鬼为创世者出谋划策

【汤普森】A43

【关联】［W0830］妖魔

实例

（实例待考）

W1032.2
灵魂为创世者出谋划策

【汤普森】A45

实 例

（实例待考）

W1033
与创世者有关的其他母题

实 例

（参见下级母题实例）

W1033.1
创世者是天地之祖

【汤普森】A75

实 例

（实例待考）

W1033.2
创世者为生存而忙碌

【汤普森】A77

实 例

（实例待考）

W1033.3
创世者的食物

【关联】［W6141］人类食物的产生

实 例

（参见下级母题实例）

W1033.3.1
创世者的奇特食物

【关联】［W6159.1.1］给力的食物

实 例

藏族　大鹏（创世者）食何物？狠毒黑蛇为其上，勾勾虫王为其中，土生五谷为其下。

【流传】（无考）

【出处】格明多杰整理：《创世古歌》，见BBS水木清华站：http://www.smth.edu.cn，2006.07.20。

W1033.4
创世者的死亡

【汤普森】A76

实 例

汉族　（实例待考）

W1033.4.1
创世者完成任务后死亡

实 例

黎族　大力神为万物生息不辞劳苦，完成了造化大业之后，终于倒了下去。

【流传】海南省五指山一带

【出处】

（a）林大陆讲，龙敏、林树勇、陈大平整理：《大力神》，见广东民族学院中文系编《黎族民间故事选》，上海：上海文艺出版社1983年版。

（b）同（a），见姚宝瑄主编《中国各民族神话》（高山族、黎族、畲族），太原：山西出版传媒集团·书海出版社2014年版，第49页。

W1033.4.2
创世者劳累而死

实例

布依族 力嘎忙着钉天，九九八十一天都没有吃喝，劳累而死。

【流传】（无考）

【出处】 王燕、春甫、班告爷（布依族）等讲，汛河 1954 年记录整理：《力戛撑天》，见谷德明编《中国少数民族神话》，北京：中国民间文艺出版社 1987 年版，第 611~613 页。

W1033.5
创世者最后回到空中（天堂）
【汤普森】 A81

实例

（参见下级母题实例）

W1033.5.1
创世者完成任务后回到天上

实例

傣族 桑戛西和桑戛赛一对夫妻神完成了开天辟地、开创人类的大业，然后他们就回到天上去了。

【流传】 云南省·西双版纳（西双版纳傣族自治州）

【出处】 *《夫妻造人类》，原载岩峰三讲，毕光尖记录《桑戛西与桑戛赛造天地，创人类》，见姚宝瑄主编《中国各民族神话》（哈尼族、傣族），太原：山西出版传媒集团·书海出版社 2014 年版，第 261 页。

W1033.6
特定名称的创世者

实例

（实例待考）

W1033.6.1
"帕"与"匹"是造物之神

实例

佤族 （实例待考）

W1033.7
世界的创造者与毁灭者合为一体

实例

藏族 （实例待考）

W1033.8
创世者吃掉自己的儿子
【汤普森】 A71

实例

（实例待考）

W1034
创世的方法

实例

（参见下级母题实例）

W1034.1
自力更生创世

【实例】

彝族（罗罗泼）天女感雨露生儿子尼支甲洛。尼支甲洛在昏暗的大地上生活，因为没有爹，创造世界的事，只能由他自己做主意。

【流传】云南省·（楚雄彝族自治州）·南华县·五街（五街镇）

【出处】李发彪等演唱，吉厚培、夏光辅搜集整理：《青棚调——彝族支系罗罗泼古歌》，原载云南省社会科学院楚雄彝族文化研究所编《彝族民间文学》第2辑，1985年，见姚宝瑄主编《中国各民族神话》（羌族、彝族），太原：山西出版传媒集团·书海出版社2014年版，第170页。

1.1.3 世界最早的情形
【W1035～W1059】

※ W1035
世界最早的情形

【实例】

（实例待考）

W1036
世界卵（宇宙卵、天地卵）

【汤普森】 A641

【关联】[W1062.3] 世界是圆的

【实例】

汉族 老早以前，没有天地日夜，通天下就像个硕大的大鸡子。

【流传】浙江省·（金华市）·东阳县

【出处】

(a) 张宣元讲，周耀明搜集整理：《盘古王开天》，载《民间文学》1986年第11期。

(b) 同(a)，见姚宝瑄主编《中国各民族神话》（汉族），太原：山西出版传媒集团·书海出版社2014年版，第6~7页。

壮族 宇宙卵被一个螟蛉子钻出一个洞之后形成天地。

【流传】广西壮族自治区·（河池市）·大化县（大化瑶族自治县）·都阳镇

【出处】

(a) 覃奶讲，蓝鸿恩采录翻译：《姆洛甲出世》，见中国民间文学集成全国编辑委员会编《中国民间故事集成》（广西卷），北京：中国ISBN中心2001年版，第3页。

(b) 同(a)，见张声震总主编，农冠品编注《壮族神话集成》，南宁：广西民族出版社2007年版，第21页。

W1036.1
世界卵自然存在

【实例】

藏族 元始之初，由自然形成一

只大蛋。

【流传】（无考）

【出处】贡乔泽登整理：《始祖神话》，见BBS水木清华站：http://www.smth.edu.cn。2006.07.20。

W1036.2

最早的世界是卵

实例

汉族 世界是个无法称无法量的大蛋。

【流传】辽宁省·（沈阳市）·辽中县·于家坊子乡（于家房镇）·插拉村

【出处】任泰芳讲，李明采录：《双性人》，见中国民间文学集成全国编辑委员会编《中国民间故事集成》（辽宁卷），北京：中国ISBN中心1994年版，第15页。

W1036.2.1

最早的世界像卵

实例

（参见下级母题实例）

W1036.2.1.1

最早的世界像鸡卵

实例

侗族 以前，天和地不分，圆碌碌的像个大鸡蛋。

【流传】贵州省·（黔东南苗族侗族自治州）·从江县·高增公社（高增乡）

【出处】梁普安等讲，龙玉成采录：《古老和盘古》，见中国民间文学集成全国编辑委员会编《中国民间故事集成》（贵州卷），北京：中国ISBN中心2003年版，第4页。

汉族 古昔无天无地、无日无夜，通天下唯似一大鸡卵，内有卵黄、卵清，外有硬壳。

【流传】（浙江省东部一带）

【出处】

（a）《浙东神话》，载《民间文学》1986年第11期。

（b）《盘古王开天》，见袁珂《中国神话大词典》，北京：华夏出版社2015年版，第390页。

汉族 从前，没天没地，四面八方好像打翻的鸡卵丸。

【流传】福建省·（宁德市）·寿宁县·大安乡·伏际村

【出处】吴兰妃讲，刘善林记录：《天地人》（1986.03.17），见姚宝瑄主编《中国各民族神话》（汉族），太原：山西出版传媒集团·书海出版社2014年版，第58~61页。

W1036.2.2

最早的世界是1个石球

实例

汉族 没有天地时，世间是个大石头蛋。

【流传】陕西省·宝鸡县（宝鸡市）·

（渭滨区）·马营镇·永清村

【出处】张世爱讲，李浡采录：《开天辟地》，见中国民间文学集成全国编辑委员会编《中国民间故事集成》（陕西卷），北京：中国 ISBN 中心 1996 年版，第 4 页。

W1036.2.3
最早的世界是 1 个石鼓

实 例

汉族 很早时候，也没天，也没地，只有一个很大很大的石头鼓，滚来滚去。

【流传】（无考）

【出处】王阿英讲，蔡斌搜集整理：《盘古开天地》，见姚宝瑄主编《中国各民族神话》（汉族），太原：山西出版传媒集团·书海出版社 2014 年版，第 17~18 页。

W1036.2.4
最早的世界只有 2 个卵

实 例

珞巴族 混沌初开时只有两只大卵。

【流传】西藏自治区·下珞渝（又写作"下珞瑜"，泛指永木河、锡约尔河、巴恰西仁河流域）

【出处】维·埃尔温搜集：《天地的故事》，见中华民族故事大系编委会编《中华民族故事大系》第 16 卷（赫哲族、门巴族、珞巴族、基诺族），上海：上海文艺出版社 1995 年版，第 396 页。

珞巴族 最早时，什么都没有。一场大风把两个圆蛋刮到一起，它们相互碰撞，都烂了。

【流传】西藏自治区·林芝市·墨脱县·达木珞巴民族乡、旁辛乡、甘登乡（讲述地点：墨脱县·达木珞巴民族乡·马尔康村）

【出处】安布讲：《天和地》（1955.10），见冀文正《珞巴族民间故事》，成都：四川民族出版社 2011 年版，第 3 页。

W1036.2.5
蜈蚣子钻开宇宙卵

实 例

壮族 （实例待考）

W1036.3
孕生宇宙卵

实 例

土家族 （实例待考）

W1036.3.1
天上的女鬼生世界卵

实 例

珞巴族 （实例待考）

W1036.4
世界卵是五行精华

实 例

（参见下级母题实例）

W1036.4.1
五行精华自然形成世界卵

实 例

藏族 作为五行之精华的一个卵自然诞生

【流传】（无考）

【出处】［法］石泰安著，耿昇译：《西藏的文明》，北京：中国藏学出版社1999年版。

W1036.4a
气形成世界卵

实 例

汉族 从前，天地没有分家的时候，宇宙中旋转着一团气体，渐渐地越转越急，越转越快，最后变成了一个蛋形的东西。

【流传】辽宁省·（大连市）·瓦房店市·炮台镇·长岭村、老染房村一带

【出处】秦淑慧讲，孙波搜集整理：《姝六甲》（1986.03），见姚宝瑄主编《中国各民族神话》（汉族），太原：山西出版传媒集团·书海出版社2014年版，第36~38页。

W1036.5
世界卵有云包着

实 例

苗族 远古时候，天地混沌，好像一个大蛋，有一大团云丝包着。

【流传】海南省·（三亚市）·陵水县（陵水黎族自治县）·祖关镇（本号镇）·白水岭苗村

【出处】邓文安讲，潘先樗采录：《盘皇造万物》，见中国民间文学集成全国编辑委员会编《中国民间故事集成》（海南卷），北京：中国ISBN中心2002年版，第3页。

土家族 以前宇宙黑暗中出现一朵白云。白云里面有一个卵，卵白似天形，卵黄似地形。

【流传】湖南省·（湘西土家族苗族自治州）·龙山县·里耶区（里耶镇）·八面山（八面山村）

【出处】谢绍中讲，田永瑞采录：《张古老制天、李古娘制地》，见中国民间文学集成全国编辑委员会编《中国民间故事集成》（湖南卷），北京：中国ISBN中心2002年版，第6页。

W1036.6
宇宙卵有三个蛋黄

实 例

汉族 气体旋转形成的蛋形的东西，和鸡蛋不一样，它内有三个蛋黄。

【流传】辽宁省·（大连市）·瓦房店市·炮台镇·长岭村、老染房村一带

【出处】秦淑慧讲，孙波搜集整理：《姝六甲》（1986.03），见姚宝瑄主编《中国各民族神话》（汉族），太原：山西出版传媒集团·书海出版社2014年版，第36~38页。

<s>壮族</s> 古时候天地还没有分家，空中旋转着一团大气，转成了一个蛋的样子，有三个蛋黄。

【流传】广西壮族自治区·（河池市）·大化县（大化瑶族自治县）·都阳镇

【出处】

(a) 覃奶讲，蓝鸿恩采录翻译：《姆洛甲出世》，见中国民间文学集成全国编辑委员会编《中国民间故事集成》（广西卷），北京：中国 ISBN 中心 2001 年版，第 3 页。

(b) 同（a），见张声震总主编，农冠品编注《壮族神话集成》，南宁：广西民族出版社 2007 年版，第 21 页。

W1036.7
世界卵的孵化

<s>实例</s>

（参见下级母题实例）

W1036.7.1
云孵宇宙卵

<s>实例</s>

<s>苗族</s> 最初出现的修狃老公公（神性人物）生的修狃蛋，在那最初古时候，幸得有那乌云孵，来孵远古修狃蛋，翻去翻来孵抱着，孵呀抱呀太久了，蛋壳变成打火石，蛋中黑影蠕蠕动，生出一个高脚崽，高脚崽力大无穷，脚踢一下蛋壳儿，蛋里阵阵在掀动，掀动裂成两大块（天地雏形）。

【流传】原文无流传地，据文本及注释推测该神话流传于贵州省·黔东南苗族侗族自治州·凯里市、台江县等地。

【出处】张启庭、张荣光、张正玉、张启德演唱，张明搜集，燕宝整理译注：《创造宇宙·开天辟地》，见贵州省少数民族古籍整理出版规划小组办公室编，燕宝整理译注《苗族古歌》，贵阳：贵州民族出版社 1993 年版，第 17~18 页。

W1036.8
世界卵没有壳

<s>实例</s>

（实例待考）

W1036.8.1
世界卵没有硬壳

<s>实例</s>

<s>珞巴族</s> （实例参见 W1036.11）

W1036.9
世界卵会发光

<s>实例</s>

（实例待考）

W1036.9.1
世界卵会发金光

<s>实例</s>

<s>珞巴族</s> （实例待考）

W1036.10
世界卵会滚动

实例

（参见下级母题实例）

W1036.10.1
天地是个旋转的 3 个蛋黄

【关联】［W1057.6］最早的世界是旋转的

实例

壮族 以前，天地是个旋转的三个蛋黄。

【流传】（无考）

【出处】《布洛陀与姆六甲·天地分家》，原载蓝鸿恩搜集整理《神弓宝剑》，中国民间文艺出版社 1985 年版，见吕大吉、何耀华总主编《中国各民族原始宗教资料集成》（土家族卷、瑶族卷、壮族卷、黎族卷），北京：中国社会科学出版社 1998 年版，第 603 页。

W1036.10.2
天地原来是一个三黄蛋

【关联】［W1128.3.1］天地混沌如鸡子

实例

壮族 从前天地没有分家的时候，先是在宇宙中旋转着一团大气，后来变成一个蛋的样子，但这个蛋和鸡蛋不一样，它内中有三个蛋黄。

【流传】（无考）

【出处】《布洛陀与姆六甲·天地分家》，原载蓝鸿恩搜集整理《神弓宝剑》，中国民间文艺出版社 1985 年版，见吕大吉、何耀华总主编《中国各民族原始宗教资料集成》（土家族卷、瑶族卷、壮族卷、黎族卷），北京：中国社会科学出版社 1998 年版，第 603 页。

W1036.11
天地卵分三重

实例

汉族 以前，世界像个硕大的鸡子。大鸡子里头是鸡子黄，中间是鸡子清，外头包着个石硬石硬的鸡子壳。

【流传】浙江省·（金华市）·东阳县（东阳市）

【出处】张宣元讲述，周耀明搜集整理：《盘古王开天》，载《民间文学》1986 年第 11 期。

W1036.12
与宇宙卵有关的其他母题

实例

（参见下级母题实例）

W1036.12.1
宇宙中只有一个黑色的卵

实例

汉族 起先，宇宙间一片混沌，只有一个黑乎乎的像鸡蛋卵似的东西。

【流传】河南省·汝州市薛庄乡·徐洼村

【出处】王欢进采录：《盘古创世》（1989.10.07），见张振犁编著《中原神话通鉴》（第一卷），郑州：河南大学出版社2017年版，第23页。

W1036.12.2
世界混沌卵

实 例

汉族 很早以前，整个宇宙就像个大鸡蛋，蛋清儿蛋黄儿混合在一起，不分浆，一片混混沌沌的。

【流传】河南省·（南阳市）·新野县

【出处】曹学典讲，曹宝泉采录：《盘古爷开天》，见张振犁编著《中原神话通鉴》（第一卷），郑州：河南大学出版社2017年版，第34页。

W1036.12.2.1
远古世界是混沌卵

实 例

汉族 远古时代，天和地还没分开，世界混成一团啥也看不见，好像一个大鸡蛋。

【流传】河南省·（驻马店市）·新蔡县·裳村乡

【出处】刘义（76岁，农民）讲，刘国富采录，龚国强采录整理：《盘古开天地的来历》（1987.09.05），见张振犁编著《中原神话通鉴》（第一卷），郑州：河南大学出版社2017年版，第25页。

W1037
最早的世界在一个大卵里

实 例

（实例待考）

W1037.1
宇宙像个鸡蛋

实 例

毛南族 （实例待考）

W1038
最早的世界什么都没有

实 例

汉族 天王把天地分开时，大地上什么东西也没有。

【流传】云南省·（大理白族自治州）·鹤庆县

【出处】杨五一、李鸿钧讲：《地母三姑造万物》，见中国民间文学集成全国编辑委员会编《中国民间故事集成》（云南卷），北京：中国ISBN中心2003年版，第113页。

珞巴族 远古的时候，世界上什么也没有。

【流传】（西藏自治区）

【出处】腊荣老人讲，明珠翻译：《虎哥与人弟》，见姚宝瑄主编《中国各民族神话》（门巴族、珞巴族、怒族、藏族），太原：山西出版传媒集团·书海出版社2014年版，第22页。

珞巴族 最初，天是光光的，地是亮亮的，天地间光秃秃，什么也没有。

【流传】西藏自治区·（林芝市）·米林县·纳玉区（南伊乡）

【出处】达牛、东娘、达农讲，于乃昌搜集：《斯金金巴巴娜达明和金尼麦包》，见姚宝瑄主编《中国各民族神话》（门巴族、珞巴族、怒族、藏族），太原：山西出版传媒集团·书海出版社2014年版，第20页。

满族 最古的时候，什么都没有，没有天，没有地，也没有星云。

【流传】（无考）

【出处】《阿布卡赫赫女神创世》，王松根据富育光、孟慧英、王宏刚撰写的《满族宗教与神话》改写，见姚宝瑄主编《中国各民族神话》（满族、赫哲族、朝鲜族），太原：山西出版传媒集团、书海出版社2014年版，第4~14页。

蒙古族 创造万物的喇嘛五百岁的时候，宇宙间并没有什么天、地、山、水、草、木、鸟、兽及人类。

【流传】新疆维吾尔自治区·（巴音郭楞蒙古自治州）·和硕县·布尔图一牧场

【出处】根登讲，布·孟克采录，乌恩奇译：《乌旦喇嘛创造了世界》，见中国民间文学集成全国编辑委员会编《中国民间故事集成》（新疆卷），北京：中国ISBN中心2008年版，第6页。

苗族 最早的时候，什么也没有，没有天，也没有地，更没有人类万物。

【流传】贵州省·（黔东南苗族侗族自治州）·台江县、施秉县、凯里县（凯里市）等地

【出处】秦公、岩公、李普奶等苗族八歌手说唱，唐春芳、桂舟人搜集整理：《巨鸟生天地，众神辟地天》，见姚宝瑄主编《中国各民族神话》（布依族、仡佬族、苗族），太原：山西出版传媒集团·书海出版社2014年版，第113页。

彝族 远古的时候，没有天；远古的时候，没有地；什么也没有，什么也看不见。

【流传】云南省·楚雄彝族自治州

【出处】《门米间扎节》，古梅根据《楚雄民间文学资料》改写，见姚宝瑄主编《中国各民族神话》（羌族、彝族），太原：山西出版传媒集团·书海出版社2014年版，第82页。

藏族 天地未形成时，原无一物。

【流传】（云南省·迪庆藏族自治州）

【出处】《大地及人类由来》，原载迪庆藏族自治州文联编《藏族闻间故事》（原名《大地和人类的由来》），见袁珂《中国神话大词典》，北京：华夏出版社2015年版，第407页。

W1038.1
最早的世界是空的

实例

傣族 最早时，没有宇宙，没有定天柱，也没有地球、月亮、太阳和星星。整个天地是一个真空，没有边际，没有下底与上盖。

【流传】（无考）

【出处】《开天辟地》，见谷德明编《中国少数民族神话》，北京：中国民间文艺出版社1987年版，第341页。

藏族 世界本无后形成。

【流传】 西藏自治区·林芝地区·波密县

【出处】《四个鹏鸟蛋》，见中国民间文学集成全国编辑委员会、中国歌谣集成西藏卷编辑委员会编《中国歌谣集·西藏卷》，中国 ISBN 中心1995年版，第74页。

W1038.1.1
远古的天空茫茫一片（宇宙茫茫）

实例

傣族 远古的时候，辽阔的太空是茫茫的一片，没有天，也没有地，上面没有日月星辰，下面没有万物，更没有鬼怪和天神。

【流传】 云南省·西双版纳傣族地区（西双版纳傣族自治州）

【出处】《巴塔麻嘎捧尚罗》，王松据岩温炳翻译《巴塔麻晏》（开天辟地）改写，见姚宝瑄主编《中国各民族神话》（哈尼族、傣族），太原：山西出版传媒集团·书海出版社2014年版，第264页。

W1038.1.2
最早的世界空空荡荡

实例

拉祜族 以前，世上都是空空荡荡的，昏沉沉的。

【流传】云南省·（普洱市）·镇沅县（镇沅彝族哈尼族拉祜族自治县）

【出处】范清莲讲，自力采录：《天地日月的来历》，见中国民间文学集成全国编辑委员会编《中国民间故事集成》（云南卷），北京：中国 ISBN 中心2003年版，第47页。

W1038.2
最早的世界是荒凉的

【关联】

① ［W1235.18.1］远古时的大地是荒凉的森林

② ［W1503a.1］因为世界荒凉造万物

实例

侗族 上古时候，世上还没有人类，蛮荒一片。

【流传】 贵州省·（黔东南苗族侗族自治州）·从江县·高增乡

【出处】梁普安讲，龙玉成采录：《龟婆孵蛋》，见中国民间文学集成全国编辑委员会编《中国民间故事集成》（贵州卷），北京：中国ISBN中心2003年版，第43页。

【汉族】 盘古开天地的时候，世间还很荒凉，四季不分，五谷不生。

【流传】 四川省·（成都市）·郫县

【出处】 叶笏儒讲，邓钦采录：《四季的来历》，见中国民间文学集成全国编辑委员会编《中国民间故事集成》（四川卷·上），北京：中国ISBN中心1998年版，第38页。

W1038.2.1
最早的大地寒冷荒凉

实 例

【侗族】 马王（治地的神王）到地上修地时，不见一丛土，没有一处有水塘，只见风雪漫天卷，茫茫的大地啊，真荒凉。

【流传】 广西壮族自治区·（柳州市）·三江（三江侗族自治县），（桂林市）·龙胜（龙胜各族自治县）

【出处】 杨卜林喜、杨卜松林、杨明世讲，杨国仁、涛声搜集整理，蓍紫改写：《创世女神萨天巴》，过伟改写自侗族创世史诗《嘎茫莽道时嘉——远祖歌》（未出版稿），见姚宝瑄主编《中国各民族神话》（土家族、毛南族、侗族、瑶族），太原：山西出版传媒集团·书海出版社2014年版，第82页。

【鄂温克族】 远古的时候，大地上没有人类和飞禽走兽，就连草木也不生长。

【流传】 内蒙古自治区·（呼伦贝尔市）·陈巴尔虎旗·鄂温克苏木（鄂温克民族乡）

【出处】 托玛讲，耐登采录，白杉翻译：《天神宝勒哈创世纪》，见中国民间文学集成全国编辑委员会编《中国民间故事集成》（内蒙古卷），北京：中国ISBN中心2007年版，第9页。

【汉族】 盘古开天辟地以后，大陆上到处是一片荒地。

【流传】 上海市·静安区·余姚路街道

【出处】 章阿昌讲，顾泳朝采录：《大鸟与稻谷》，见中国民间文学集成全国编辑委员会编《中国民间故事集成》（上海卷），北京：中国ISBN中心2007年版，第17页。

W1038.3
几亿亿年前没有一切

实 例

【傣族】 几亿亿年以前，没有宇宙间的一切。

【流传】 （无考）

【出处】《地球和"英叭"的由来》，见姚宝瑄主编《中国各民族神话》（哈尼族、傣族），太原：山西出版传媒集团·书海出版社2014年版，第332页。

W1038.4
宇宙卵的三界中什么也没有

实例

壮族 宇宙卵分为上中下三界。但是，蛋三界中，什么东西也没有。

【流传】（无考）

【出处】《姆六甲》，原载蓝鸿恩搜集整理《神弓宝剑》，中国民间文艺出版社1985年版，见吕大吉、何耀华总主编《中国各民族原始宗教资料集成》（土家族卷、瑶族卷、壮族卷、黎族卷），北京：中国社会科学出版社1998年版，第603页。

W1038.5
以前天地间什么也没有

实例

哈尼族 从前，天上和地上什么东西都没有，四处光秃秃的。

【流传】云南省·（红河哈尼族彝族自治州）·金平县（金平苗族瑶族傣族自治县）

【出处】
(a) 批则讲，杨万智搜集整理：《地下人》，载《山茶》1986年第6期。
(b) 同（a），见姚宝瑄主编《中国各民族神话》（哈尼族、傣族），太原：山西出版传媒集团·书海出版社2014年版，第66页。

汉族 盘古开天辟地以后，天和地之间空荡荡的，什么也没有。

【流传】河南省·（驻马店市）·汝南县·老君庙镇·杜庄村

【出处】丁李氏（71岁，女，文盲）讲，丁国运采录：《女娲造人（五）》（1987.05），见张振犁编著《中原神话通鉴》（第一卷），郑州：河南大学出版社2017年版，第173页。

W1039
最早的世界是影子

【关联】
① [W1518.1] 万物源于影子
② [W1546.3] 日月产生前先产生影子

实例

（参见下级母题实例）

W1039.1
世界最早出现3样影子

实例

纳西族 天和地还没有开辟，先出现了三样天影子和地影子。

【流传】（云南省）

【出处】和芳、和志新编译：《崇邦统——人类迁徙记》，见姚宝瑄主编《中国各民族神话》（佤族、阿昌族、纳西族、普米族、德昂族），太原：山西出版传媒集团·书海出版社2014年版，第137页。

纳西族 天和地也还没有开辟时，先出现了三样天影子和地影子。星和辰还没有创造时，先出现了三样星影子和辰影子；山和谷也还没有形成，先出现了三样山影子和谷影子；水和渠也还没有形成，先出现了三样水影子和渠影子。

【流传】云南省·丽江（丽江市）

【出处】和芳（东巴）读经，和志武翻译整理：《崇邦统》（人类迁徙记）（1954），见吕大吉、何耀华总主编《中国各民族原始宗教资料集成》（纳西族卷、羌族卷、独龙族卷、傈僳族卷、怒族卷），北京：中国社会科学出版社2000年版，第320页。

W1039.2
最早的世界虚无缥缈

实例

阿昌族 远古的时候，既没有天也没有地，只有混沌一片，混沌中无明无暗、无上无下、无依无托、无边无际，虚无缥缈。

【流传】（云南省）

【出处】赵安贤讲，智克整理：《遮帕麻与遮米麻》，见姚宝瑄主编《中国各民族神话》（佤族、阿昌族、纳西族、普米族、德昂族），太原：山西出版传媒集团·书海出版社2014年版，第74页。

W1039.3
世界最早是天地日月影子

实例

纳西族 世界最先出现的是天地日月影子。

【流传】（无考）

【出处】《纳西族的创世传说》，见丽江玉水寨网：http://www.yushuizhai.com，2010.07.08。

W1040
最早的世界是混沌

【汤普森】A605

【关联】
① ［W1057.1］混沌（混沌卵）
② ［W1068.1.3.2］最早的世界是白色混沌
③ ［W1127.0］最初天地混沌

实例

阿昌族 在远古的时候既没有天，也没有地，只有"混沌"，混沌中无明无暗，无上无下，无依无托，无边无际，虚无缥缈。

【流传】云南省·（德宏傣族景颇族自治州）·梁河县

【出处】赵安贤讲述，杨叶生翻译，智克整理：《遮帕麻与遮米麻》，载《山茶》1981年第2期。

傣族 最初的世界一片混沌。

【流传】（无考）

【出处】《因叭止洪水》，原载毛星主编《中国少数民族文学》，湖南人民出版社1983年版，见姚宝瑄主编《中国各民族神话》（哈尼族、傣族），太原：山西出版传媒集团·书海出版社2014年版，第330页。

傣族 远古的时候，没有天，没有

地，只见一片混沌。

【流传】云南省·果谷一带（不详。疑为"普洱市景谷傣族彝族自治县"）

【出处】周一文改写：《蜘蛛网织成地面》，见姚宝瑄主编《中国各民族神话》（哈尼族、傣族），太原：山西出版传媒集团·书海出版社 2014 年版，第 239 页。

侗族　以前，天和地混混沌沌一大团。

【流传】
（a）贵州省·（黔东南苗族侗族自治州）·从江县·高增公社（高增乡）
（b）贵州省

【出处】
（a）梁普安等讲，龙玉成采录：《古老和盘古》，见中国民间文学集成全国编辑委员会编《中国民间故事集成》（贵州卷），北京：中国 ISBN 中心 2003 年版，第 4 页。
（b）同（a），见燕宝、张晓编《贵州神话传说》，贵阳：贵州人民出版社 1997 年版，第 3 页。

侗族　天地原来是一大团混沌。

【流传】贵州省·（黔东南苗族侗族自治州）·三穗县·款场（款场乡）

【出处】杨引兰讲，周昌武采录：《开天辟地》，见中国民间文学集成全国编辑委员会编《中国民间故事集成》（贵州卷），北京：中国 ISBN 中心 2003 年版，第 5 页。

哈萨克族　远古时候，世界混沌一片，无所谓天，无所谓地。

【流传】新疆维吾尔自治区

【出处】《造物主创世》，见满都呼主编《中国阿尔泰语系诸民族神话故事》，北京：民族出版社 1997 年版，第 63 页。

哈萨克族　远古时候，世界混沌一片，无所谓天，无所谓地。

【流传】（新疆维吾尔自治区）

【出处】
（a）尼合迈德·蒙加尼搜集，校仲彝翻译整理：《迦萨甘创世》，载《新疆民族文学》1982 年第 2 期。
（b）同（a），见张越、姚宝瑄编《新疆民族神话故事选》，乌鲁木齐：新疆人民出版社 1989 年版。
（c）同（a），见姚宝瑄主编《中国各民族神话》（乌孜别克族、哈萨克族、柯尔克孜族、俄罗斯族、维吾尔族、塔吉克族、塔塔尔族、锡伯族），太原：山西出版传媒集团·书海出版社 2014 年版，第 22 页。
（d）同（a），见谷德明编《中国少数民族神话》，北京：中国民间文艺出版社 1987 年版，第 727 页。

汉族　没天没地时，只有一片涝洼塘，叫混沌。

【流传】吉林省·（通化市）·集安县·头道镇

【出处】于连才讲，黄绍文采录：《先有老子后有天》，见中国民间文学集成全国编辑委员会编《中国民间故事集成》（吉林卷），北京：中国文联出版

汉族 古未有天地之时，惟像无形，窈窈冥冥，芒芠漠闵，澒濛鸿洞，莫知其门。

【流传】（无考）

【出处】《淮南子·精神训》，见［汉］刘安等著，陈广忠译注《淮南子译注》，长春：吉林文史出版社1990年版，第302页。

汉族 昔二仪未分，瞑涬鸿蒙，未有成形。

【流传】（无考）

【出处】［东晋］葛洪：《枕中书》。

汉族 很久以前，还没有天，也没有地，到处是模糊一团。

【流传】上海市·虹口区·广中路街道

【出处】刘曼芳讲，吴本雄采录：《喉节与乳房》，见中国民间文学集成全国编辑委员会编《中国民间故事集成》（上海卷），北京：中国ISBN中心2007年版，第7页。

汉族 很久以前，世界好像个大鸡蛋，整个世界昏苍苍的。

【流传】河南省·（濮阳市）·濮阳县（五星乡）·西八里庄村

【出处】魏世敏（60岁）讲，魏盼先采录：《盘古开天》（1990.06），见张振犁编著《中原神话通鉴》（第一卷），郑州：河南大学出版社2017年版，第14页。

汉族 起先，宇宙间一片混沌。

【流传】河南省·汝州市薛庄乡·徐洼村

【出处】王欢进采录：《盘古创世》（1989.10.07），见张振犁编著《中原神话通鉴》（第一卷），郑州：河南大学出版社2017年版，第23页。

回族 很久以前，天地混浊，万物不生。

【流传】宁夏回族自治区·（中卫市）·海原县·海城镇·周台村

【出处】田富珍讲，王红久采录：《人祖阿丹和好娃》，见中国民间文学集成全国编辑委员会编《中国民间故事集成》（宁夏卷），北京：中国ISBN中心1999年版，第7页。

景颇族 很古以前，世间本来没有天，没有地，也没有万物，只是一片混混沌沌。

【流传】（云南省·德宏傣族景颇族自治州）

【出处】岳志明、杨国治翻译整理：《驾驭太阳的母亲》，见姚宝瑄主编《中国各民族神话》（白族、拉祜族、景颇族），太原：山西出版传媒集团·书海出版社2014年版，第204页。

拉祜族 很古的时候，没有天，没有地，没有日月和星辰，只有混混沌沌的宇宙。

【流传】云南省·（普洱市）·澜沧县（澜沧拉祜族自治县）

【出处】李云保讲述，扎约采录：《牡帕密帕的故事》，见陶阳、钟秀编《中国神话》（上），北京：商务印书馆 2008 年版，第 129～139 页。

蒙古族 太古的时候，世间一片混沌。

【流传】内蒙古自治区

【出处】《天神之战》，见中国民间文学集成全国编辑委员会编《中国民间故事集成》（内蒙古卷），北京：中国 ISBN 中心 2007 年版，第 4 页。

蒙古族 原初，世界混沌一片。

【流传】（无考）

【出处】陈岗龙、乌日古木勒：《蒙古民间文学》，银川：宁夏人民出版社 2008 年版，第 33 页。

纳西族 洪荒时代，混沌未开，天地不分。

【流传】（无考）

【出处】《人祖利恩》，见姚宝瑄主编《中国各民族神话》（佤族、阿昌族、纳西族、普米族、德昂族），太原：山西出版传媒集团·书海出版社 2014 年版，第 173 页。

藏族（白马） 很早以前，世界上没有天也没有地，到处是一片混浊。

【流传】四川省

【出处】扎嘎才让、小石桥、顶专讲述，谢世廉、周益华、姜志成、周贤中搜集：《天、地、人的起源》，原载中国民间文艺研究会四川分会编《四川白马藏族民间文学资料集》，见陶阳、钟秀编《中国神话》（上），北京：商务印书馆 2008 年版，第 35～37 页。

藏族 很早的时候，没有天，没有地，到处是一片昏昏沉沉、迷迷糊糊、茫茫苍苍、朦朦胧胧的样儿。

【流传】

(a) 四川省·（凉山彝族自治州）·木里县（木里藏族自治县）·卡拉乡

(b)（四川省·凉山彝族自治州·木里藏族自治县）

【出处】

(a) 陈安礼讲，陈青贵翻译，四川省民协木里采风队采录：《天和地是怎样来的》，见中国民间文学集成全国编辑委员会编《中国民间故事集成》（四川卷·下），北京：中国 ISBN 中心 1998 年版，第 933 页。

(b) 同 (a) 见吕大吉、何耀华总主编《中国各民族原始宗教资料集成》（鄂伦春族卷、鄂温克族卷、赫哲族卷、达斡尔族卷、锡伯族卷、满族卷、蒙古族卷、藏族卷），北京：中国社会科学出版社 1999 年版，第 938 页。

藏族 很早以前，世界上没有天也没有地，到处是一片混浊。

【流传】四川省·（绵阳市）·平武县·白马乡（白马藏族乡）

【出处】扎嘎才让讲，四川大学中文录采风队采录：《创世传说》，见中国民间文学集成全国编辑委员会编《中国民间故事集成》（四川卷·下），北京：中国 ISBN 中心 1998 年版，第 934 页。

W1040.0
最早的世界是天地不分的混沌

【关联】

① ［W1272.1］以前天地不分

② ［W1275］天地的分开

实例

朝鲜族　太初无人，天地混沌未分。

【流传】（无考）

【出处】《创世记》，见金东勋《朝鲜族的神话传说》，http://www.chinact-wh.com，2003.09.02。

德昂族　很古的时候，没有日月星辰，天空和大地一片混沌。

【流传】云南省・德宏州（德宏傣族景颇族自治州）

【出处】

（a）陈志鹏搜集整理：《祖先创世纪》，见李子贤编《云南少数民族神话选》，昆明：云南人民出版社1990年版。

（b）同（a），见姚宝瑄主编《中国各民族神话》（佤族、阿昌族、纳西族、普米族、德昂族），太原：山西出版传媒集团・书海出版社2014年版，第391页。

侗族　盘古出现时的世界是"天地未分人未有，乾坤未判阴阳无，地上山川无草木。天无阴阳气浑浊。""一无三光照天地，二无日月照乾坤，三无草木生坡上，四无世上的人群。"

【流传】（无考）

【出处】秦廷锡编著：《北侗民歌》，见《黎平县政协文史资料》，2008年第3期（内部本）。

汉族　很古的年代，天地还像大卵一样圆咕隆咚合成一体，到处混沌沌的，说气不像气，说液不是液，说岩又非岩。

【流传】浙江省・丽水市

【出处】邹瑾讲，唐宗龙搜集整理：《远古和盘古》，见姚宝瑄主编《中国各民族神话》（汉族），太原：山西出版传媒集团・书海出版社2014年版，第8页。

拉祜族　混沌年代，没有天，没有地，世上空荡荡，昏沉沉。

【流传】云南省・（普洱市）・镇源县（镇沅彝族哈尼族拉祜族自治县）

【出处】范清莲讲，自力采录：《天地日月的来历》，见中国民间文学集成全国编辑委员会编《中国民间故事集成》（云南卷），北京：中国ISBN中心2003年版，第47页。

满族　在上古蛮荒时代，天地万物处于一片混沌状态中。

【流传】（无考）

【出处】谷颖重述：《盗火女神——拖亚拉哈》，见陶阳、钟秀编《中国神话》（中），北京：商务印书馆2008年版，第757～760页。

怒族　很古的时候，天地合为一体，世界一片混沌。

【流传】（无考）

【出处】《天地的由来》，编者根据叶世

富的《怒族民间故事》（云南人民出版社1988年版）重新整理，见吕大吉、何耀华总主编《中国各民族原始宗教资料集成》（纳西族卷、羌族卷、独龙族卷、傈僳族卷、怒族卷），北京：中国社会科学出版社2000年版，第899页。

怒族 很古的时候，天和地是合在一起的，世界是一片混沌。

【流传】云南省·（怒江傈僳族自治州）·福贡县·架怒村（不详）

【出处】此阿妹讲，叶世富等采录：《高山和平地的由来》，见中国民间文学集成全国编辑委员会编《中国民间故事集成》（云南卷），北京：中国ISBN中心2003年版，第79页。

彝族（罗罗泼） 远古时，没有天地，世界是个混沌的世界。

【流传】云南省·（楚雄彝族自治州）·南华县·五街（五街镇）

【出处】李发彪等演唱，吉厚培、夏光辅搜集整理：《青棚调——彝族支系罗罗泼古歌》，原载云南省社会科学院楚雄彝族文化研究所编《彝族民间文学》第2辑，1985年，见姚宝瑄主编《中国各民族神话》（羌族、彝族），太原：山西出版传媒集团·书海出版社2014年版，第169页。

彝族 远古时候，天地混沌。中间无云过，四周未形成。既不是黑洞洞，又不是明亮亮，上下一片阴森森，四方茫茫昏沉沉。

【流传】（四川省·凉山彝族自治州）

【出处】

（a）冯元蔚译：《勒俄特依》，成都：四川民族出版社1986年版。

（b）冯元蔚译，蔷紫改写：《勒俄特依》，见姚宝瑄主编《中国各民族神话》（羌族、彝族），太原：山西出版传媒集团·书海出版社2014年版，第146页。

W1040.0.1

天地未开时是混沌

实 例

汉族 天地未开时，世上混混沌沌。

【流传】浙江省·（杭州市）·临安县（临安市）·临安镇

【出处】胡炳法讲，胡月耕采录：《先有洪钧后有天》，见中国民间文学集成全国编辑委员会编《中国民间故事集成》（浙江卷），北京：中国ISBN中心1997年版，第23页。

汉族 天地未开时，一片混沌。

【流传】浙江省·（丽水市）·景宁县（景宁畲族自治县）·（鹤溪镇）一带

【出处】潘德超讲，沈毅搜集整理：《盘扁和盘古》，见姚宝瑄主编《中国各民族神话》（汉族），太原：山西出版传媒集团·书海出版社2014年版，第10~11页。

黎族 远古时候，天地不分开，混混沌沌。

【流传】海南省·崖县（今三亚市）·田独公社（田独镇）·安罗大队（安罗村）

【出处】李亚游讲，冠军采录：《天狗》，见中国民间文学集成全国编辑委员会编《中国民间故事集成》（海南卷），北京：中国 ISBN 中心 2002 年版，第 18 页。

蒙古族 往古，天和地还没有分割，世间，混混沌沌。

【流传】（无考）

【出处】齐木道吉翻译：《天地起源》，见谷德明编《中国少数民族神话》，北京：中国民间文艺出版社 1987 年版，第 31 页。

蒙古族 比太古还古的时代，天地不分，世间一片浑沌。

【流传】（无考）

【出处】《蒙古神话》，见赵永铣《蒙古族创世神话与萨满教九十九天说探新》，载《内蒙古社会科学》1989 年第 4 期。

苗族 远古时候，天地未分，混混沌沌。

【流传】海南省·（三亚市）·陵水县（陵水黎族自治县）·祖关镇（本号镇）·白水岭苗村

【出处】邓文安讲，潘先樗采录：《盘皇造万物》，见中国民间文学集成全国编辑委员会编《中国民间故事集成》（海南卷），北京：中国 ISBN 中心 2002 年版，第 3 页。

撒拉族 在早得没法计算的年代里，天地不分。

【流传】（无考）

【出处】大漠、马英生搜集整理：《胡大吹出天地》，见满都呼主编《中国阿尔泰语系诸民族神话故事》，北京：民族出版社 1997 年版，第 96 页。

土家族 远古的时候，天和地就像鸡蛋里的蛋清和蛋黄一样，紧紧连在一起，世界混混沌沌的。

【流传】湖南省·（湘西土家族苗族自治州）·吉首市

【出处】黄德铭讲，杨启良等采录：《盘古开天女娲补天》，见中国民间文学集成全国编辑委员会编《中国民间故事集成》（湖南卷），北京：中国 ISBN 中心 2002 年版，第 5 页。

彝族 很古的时候，天地分不开，混沌在一起。

【流传】云南省·（普洱市）·江城（江城哈尼族彝族自治县）

【出处】白金恒等翻译，白生福等整理：《洪水连天》，见云南省少数民族古籍整理出版规划办公室编《洪水泛滥》，昆明：云南民族出版社 1987 年版，第 27 页。

W1040.1
最早的世界阴阳混合

【关联】

① ［W1545.7.2］阴阳二气化生日月

② ［W4756］阴阳自然存在

1.1.3 世界最早的情形

【实例】

汉族 混沌的卵壳里只有两种元气，叫做阴阳。

【流传】浙江省·（温州市）·苍南县·南宋乡

【出处】林道进讲，林子周采录：《天公地母开天地》，见中国民间文学集成全国编辑委员会编《中国民间故事集成》（浙江卷），北京：中国 ISBN 中心 1997 年版，第 19 页。

W1040.2
最早的世界像一团稀泥汤

【实例】

景颇族 天地出现前，云雾先变成稀泥一样的东西。

【流传】云南省·（德宏傣族景颇族自治州）·盈江县·卡场公社（卡场镇）·乌帕大队（乌帕村）

【出处】贡退干唱：《穆脑斋瓦》，见中国社会科学院云南少数民族文学研究所等编《云南少数民族文学资料》（第 1 辑），内部编印，1980 年，第 122 页。

W1040.2.1
最早的世界水和泥巴、土和石头分不清楚

【实例】

德昂族 很古的时候，水和泥巴搅在一起，土和石头分不清楚。

【流传】云南省·德宏州（德宏傣族景颇族自治州）

【出处】陈志鹏采录：《祖先创世纪》，见中国民间文学集成全国编辑委员会编《中国民间故事集成》（云南卷），北京：中国 ISBN 中心 2003 年版，第 106 页。

W1040.2.2
最早的世界是一堆泥

【实例】

汉族 最早的世间混混沌沌，就像一团稀泥巴汤汤。

【流传】四川省·（德阳市）·绵竹县（绵竹市）·遵道乡

【出处】叶青云讲，王仲齐采录：《无极老祖造人》，见中国民间文学集成全国编辑委员会编《中国民间故事集成》（四川卷·上），北京：中国 ISBN 中心 1998 年版，第 27 页。

W1040.2.3
最早的世界充满灰尘

【实例】

汉族 （实例待考）

W1040.3
最早的世界是黑暗的混沌

【关联】［W1091.4.1］世界经历黑暗时代

【实例】

白族 在远古时代，是一个黑咕隆咚

的混沌世界。

【流传】云南省·（大理白族自治州）·鹤庆县·城郊乡（草海镇）·新民村

【出处】李剑飞讲，李瓒绪采录：《人和万物的起源》，见中国民间文学集成全国编辑委员会编《中国民间故事集成》（云南卷），北京：中国ISBN中心2003年版，第13页。

白族　远古时代，天和地连在一起，是一个黑咕隆咚的混沌世界。

【流传】云南省·（大理白族自治州）·鹤庆（鹤庆县），丽江（丽江市）及（丽江市）·永胜（永胜县）

【出处】李剑飞讲，李瓒绪、章虹宇记录：《人类和万物的起源》（又名《劳谷与劳泰》、《古干古洛创世记》），原载李瓒绪主编《白族神话传说集成》，中国民间文艺出版社1986年版，见姚宝瑄主编《中国各民族神话》（白族、拉祜族、景颇族），太原：山西出版传媒集团·书海出版社2014年版，第18页。

白族　在远古时代，世上没有人类和万物。天和地连在一起，是一个黑古隆冬的混沌世界。

【流传】云南省·大理州（大理白族自治州）

【出处】《人类和万物的起源》，见云南省民间文学集成办公室编《白族神话传说集成》，北京：中国民间文艺出版社1986年版，第1~10页。

哈尼族（爱尼、卡多）　远古的时候，世界是黑咕隆咚的一团混沌。

【流传】云南省·（普洱市）·孟连县（孟连傣族拉祜族佤族自治县）

【出处】李格、王富帮讲，张犁翻译，李灿伟、莫非搜集整理：《天、地、人和万物的起源》，原载云南省民间文学集成办公室编《哈尼族神话传说集成》，中国民间文艺出版社1990年版，见姚宝瑄主编《中国各民族神话》（哈尼族、傣族），太原：山西出版传媒集团·书海出版社2014年版，第58页。

汉族　很多年以前，宇宙是黑暗混沌的一团，好像一个大鸡蛋。

【流传】（无考）

【出处】袁珂译述：《盘古开天辟地》，原载袁珂编译《中国神话故事》，见陶阳、钟秀编《中国神话》（上），北京：商务印书馆2008年版，第7~8页。

彝族　远古的时候，天和地都是黑的，分不出东西南北，宇宙间混沌一片。

【流传】（无考）

【出处】

（a）马海鸟黎讲，谷德明整理：《开天辟地》，见谷德明编《中国少数民族神话选》，西北民族学院研究所编印，内部资料，1983年。

（b）同（a），见姚宝瑄主编《中国各民族神话》（羌族、彝族），太原：山西出版传媒集团·书海出版社2014

年版，第 116 页。

彝族 混沌时代，宇宙的各处，是黑压压的一片。

【流传】（贵州省彝族地区）

【出处】《索恒哲》，见王富慧（珠尼阿依）译著，贵州省民族古籍整理办公室编《彝族神话史诗选》，北京：民族出版社 2013 年版，第 2 页。

藏族 很早以前，没有天，也没有地，到处都是黑糊糊，一片混浊。

【流传】四川省白马藏族地区

【出处】扎嘎才让、小石桥、顶专讲，谢世廉、周善华、姜志成、周贡中搜集：《绷天绷地》，见姚宝瑄主编《中国各民族神话》（门巴族、珞巴族、怒族、藏族），太原：山西出版传媒集团·书海出版社 2014 年版，第 78 页。

W1040.4
最早的世界是火、水、风、土构成的混沌

实例

哈萨克族 远古时代，世界上只有火、水、风、土，一片混沌，浩渺无际。

【流传】新疆维吾尔自治区哈萨克族居住地区

【出处】《迦萨甘创世》，斯丝据别克苏勒坦、佟中明撰写的《哈萨克族宗教与神话》改写，见姚宝瑄主编《中国各民族神话》（乌孜别克族、哈萨克族、柯尔克孜族、俄罗斯族、维吾尔族、塔吉克族、塔塔尔族、锡伯族），太原：山西出版传媒集团·书海出版社 2014 年版，第 25~26 页。

W1040.5
最早的世界是云雾笼罩的混沌

【关联】[W1041.1] 最早的世界是云雾

实例

苗族 最早时，云雾遮住整个世界，整个世界都是一片混沌。

【流传】湖南省苗族地区

【出处】龙王六演唱，龙炳文翻译：《开天立地》，苗地根据《楚风》刊登的《苗族古歌》的第一部分《开天日立》改写，见姚宝瑄主编《中国各民族神话》（布依族、仡佬族、苗族），太原：山西出版传媒集团·书海出版社 2014 年版，第 127 页。

W1040.5.1
最早的世界是风吹雾形成的混沌

实例

布依族 荒古之时，宇宙虚无飘渺，混沌王哈气成雾，扇之成风，宇宙一片迷蒙混沌。

【流传】贵州省黔西南及黔南大部分地区

【出处】《混沌王与盘果王》，原载贵州省社会科学院文学研究所编《布依族文学史》，见袁珂《中国神话大词典》，北京：华夏出版社 2015 年版，

第 451 页。

W1040.6
最早的世界是云彩和雾露混合成的混沌

【关联】［W1041］最早的世界是雾露

实例

彝族 远古的时候，云彩和雾露混在一起，是一个混沌世界。

【流传】云南省·楚雄彝族自治州

【出处】《门米间扎节》，古梅根据《楚雄民间文学资料》改写，见姚宝瑄主编《中国各民族神话》（羌族、彝族），太原：山西出版传媒集团·书海出版社 2014 年版，第 82 页。

W1040.7
世界最早是看不到边的混沌

实例

拉祜族（苦聪） 从前，没有天，也没有地，只见混沌一片，平平坦坦，看不见边。

【流传】云南省·红河地区（红河哈尼族彝族自治州）的深山老林

【出处】杨老三讲，樊晋波、陈继陆、韩延搜集，韩延整理，古木改写：《阿罗阿娜造天地》，原载《红河文艺》，原题目为《苦聪创世歌》，见姚宝瑄主编《中国各民族神话》（白族、拉祜族、景颇族），太原：山西出版传媒集团·书海出版社 2014 年版，第 173 页。

W1040.8
世界最早是蛋形的混沌

【关联】［W1057.1］混沌（浑沌、昆屯、混沌卵）

实例

（参见下级母题实例）

W1040.8.1
世界最早是一头重，一头轻的蛋形混沌

实例

汉族 世界最早是混混沌沌像鸡蛋样的东西，一头重，一头轻。

【流传】湖北省·（黄冈市）·浠水县·清泉镇·关山村

【出处】廖康成讲，詹承宗采录：《天父地母》，见中国民间文学集成全国编辑委员会编《中国民间故事集成》（湖北卷），北京：中国 ISBN 中心 1999 年版，第 6 页。

W1040.8.2
最早的大地是混沌的

实例

门巴族 很早以前，从天上往下望去，只见一片混沌世界。

【流传】（西藏自治区）

【出处】

（a）《门巴族的来源》，见张江华等编《门巴族封建农奴社会》，成都：四川民族出版社 1988 年版。

（b）同（a），见姚宝瑄主编《中国各民族神话》（门巴族、珞巴族、怒族、藏族），太原：山西出版传媒集团·书海出版社 2014 年版，第 4 页。

W1041
最早的世界是雾露

实 例

拉祜族 混沌未开之前，宇宙一片雾露。

【流传】云南省

【出处】《根古》，见中国各民族宗教与神话大词典编审委员会编《中国各民族宗教与神话大词典》，北京：学苑出版社 1990 年版，第 376 页。

W1041.0
最早的世界是白色雾露

实 例

哈尼族 远古的时候，世上什么也没有，到处是白茫茫的雾露。

【流传】云南省·（红河哈尼族彝族自治州）·元阳县、金平县（金平苗族瑶族傣族自治县）、红河县等地

【出处】朱小和讲，史军超、卢朝贵搜集整理：《烟本霍本》，原载刘辉豪、阿罗编《哈尼族民间故事选》，上海文艺出版社 1989 年版，见姚宝瑄主编《中国各民族神话》（哈尼族、傣族），太原：山西出版传媒集团·书海出版社 2014 年版，第 32 页。

W1041.1
最早的世界是云雾

【关联】［W1040.5］最早的世界是云雾笼罩的混沌

实 例

哈尼族 远古年代，世间只有一片混沌的雾。

【流传】云南省

【出处】

（a）朱小和讲，芦朝贵等整理：《天、地、人的传说》，载《山茶》1983 年第 4 期。

（b）同（a），见谷德明编《中国少数民族神话》，北京：中国民间文艺出版社 1987 年版，第 313 页。

（c）朱小和讲，芦朝贵等整理：《天、地、人的传说》，见陶立璠、赵桂芳等编《中国少数民族神话汇编》（开天辟地篇等），中央民族学院少数民族古籍整理出版规划领导小组办公室印（未署出版时间），第 261 页。

柯尔克孜族 宇宙到处弥漫着浓雾。

【流传】（无考）

【出处】张彦平摘译：《公牛驮大地》，见满都呼主编《中国阿尔泰语系诸民族神话故事》，北京：民族出版社 1997 年版，第 80 页。

拉祜族 古远的年代，世上一片雾茫茫。

【流传】云南省·（普洱市）·澜沧县（澜沧拉祜族自治县）

【出处】胡札克讲，雷波采录：《厄雅莎雅造天地》，见中国民间文学集成全国编辑委员会编《中国民间故事集成》（云南卷），北京：中国ISBN中心2003年版，第47页。

毛南族 人刚从地下的岩层爬上地面的时候，没有房子住，没有路可走，周围都是云雾茫茫。

【流传】广西壮族自治区·（河池市）·环江毛南族自治县·上南（上南乡）、中南（中南乡）、下南（下南乡）·上纳屯

【出处】
（a）蒙贵章讲，蒙国荣、韦志华、谭贻生记录翻译，蒙国荣整理：《昆屯开天盖》（1984.07），见姚宝瑄主编《中国各民族神话》（土家族、毛南族、侗族、瑶族），太原：山西出版传媒集团·书海出版社2014年版，第61页。

苗族 最早的世界只有云，只有雾。云在空中飘，雾把世界罩。

【流传】贵州省·（黔东南苗族侗族自治州）·台江县、施秉县、凯里县（凯里市）等地

【出处】秦公、岩公、李普奶等苗族八歌手说唱，唐春芳、桂舟人搜集整理：《巨鸟生天地，众神辟地天》，见姚宝瑄主编《中国各民族神话》（布依族、仡佬族、苗族），太原：山西出版传媒集团·书海出版社2014年版，第113页。

W1041.1.1
世界最早只有旋转的云雾

【关联】[W1197.16.3] 旋转的云雾变成地球

实 例

景颇族 在天和地出现之前，宇宙间只有一团小小的云雾在旋转。

【流传】（无考）

【出处】斋瓦贡退干唱，李向前、木然瑶都搜集整理，木子改写：《穆脑斋瓦——宁冠瓦》，见姚宝瑄主编《中国各民族神话》（白族、拉祜族、景颇族），太原：山西出版传媒集团·书海出版社2014年版，第224页。

W1041.1.2
世界最早只有云彩和雾露

实 例

彝族 远古的时候，什么也没有，什么也看不见。只见茫茫的云彩，只见蒙蒙的雾露。

【流传】云南省·楚雄彝族自治州

【出处】《门米间扎节》，古梅根据《楚雄民间文学资料》改写，见姚宝瑄主编《中国各民族神话》（羌族、彝族），太原：山西出版传媒集团·书海出版社2014年版，第82页。

W1041.1.3
最早的世界是飘荡的云雾

实 例

布朗族 很多年以前，世界是一团团黑沉沉的、飘来飘去的云雾。

【流传】（a）云南省·（西双版纳傣族自治州）·勐海县

【出处】
（a）岩的兴讲，朱嘉禄采录：《顾米亚》，见中国民间文学集成全国编辑委员会编《中国民间故事集成》（云南卷），北京：中国 ISBN 中心 2003 年版，第 150 页。
（b）朱嘉禄整理：《顾米亚》，见谷德明编《中国少数民族神话》，北京：中国民间文艺出版社 1987 年版，第 480 页。

布朗族 很多年以前，没有天，也没有地，更没有草木和人类。到处是一团团黑沉沉的、飘来飘去的云雾。

【流传】云南省

【出处】朱嘉禄整理：《顾米亚》，原载《中国民间故事选》第 2 集，见陶阳、钟秀编《中国神话》（上），北京：商务印书馆 2008 年版，第 38~44 页。

W1041.1.4
最早的世界是云雾水气

实 例

哈尼族 远古时候，没有天地，四面八方都是茫茫的云和雾、水和气。

【流传】云南省·（西双版纳傣族自治州）·勐海县

【出处】朗特讲，古梅搜集整理：《天怀孕，地怀孕》，见姚宝瑄主编《中国各民族神话》（哈尼族、傣族），太原：山西出版传媒集团·书海出版社 2014 年版，第 15 页。

W1041.2
最早的世界是雾

实 例

彝族 远古的时候，天地还是一团浓雾，没有山河，也没有任何生物。

【流传】（无考）

【出处】《人类和石头的战争》，原载谷德明编《中国少数民族神话选》，见陶阳、钟秀编《中国神话》（下），北京：商务印书馆 2008 年版，第 1084~1085 页。

彝族 远古时天地唯一团雾，无山河，亦无任何生物。

【流传】（无考）

【出处】《人与石头》，原载谷德明编《中国少数民族神话选》（原名《人类和石头的战争》），见袁珂《中国神话大词典》，北京：华夏出版社 2015 年版，第 427 页。

W1041.2.1
最早的世界是分分合合的雾

实 例

拉祜族 最早的世界是大雾一簇簇，大

雾一粒粒，分了又合，合了又分

【流传】云南省大拉祜及黄拉祜中部一带

【出处】小八讲，古木整理：《天神厄莎》，（整理中参照了《牡帕密帕》和《古根》），见姚宝瑄主编《中国各民族神话》（白族、拉祜族、景颇族），太原：山西出版传媒集团·书海出版社2014年版，第159页。

W1041.2.2
最早的世界是黑雾

【关联】[W1050]最早的世界是黑暗的

实 例

布朗族 很多年以前，没有天，也没有地，到处是一团团黑沉沉的、飘来飘去的云雾。

【流传】云南省·（红河哈尼族彝族自治州）·金平县（金平苗族瑶族傣族自治县）

【出处】朱嘉禄整理：《顾米亚》，原载《中国民间故事选》第2集，人民文学出版社1962年版，见姚宝瑄主编《中国各民族神话》（水族、布朗族、独龙族、基诺族、傈僳族），太原：山西出版传媒集团·书海出版社2014年版，第90页。

布朗族 古昔无天地，无草木，无人类，但有黑沉云雾，随处飘忽。

【流传】（无考）

【出处】袁珂改编：《顾米亚》，原载《中国民间故事选》（第二集），见袁珂《中国神话大词典》，北京：华夏出版社2015年版，第568页。

W1041.2.3
最早的世界是混沌的雾

【关联】[W1040]最早的世界是混沌

实 例

哈尼族 远古世间唯一片混沌之雾。

【流传】（无考）

【出处】《大鱼开辟天地》（原名《天、地、人的传说》），原载谷德明编《中国少数民族神话》，见袁珂《中国神话大词典》，北京：华夏出版社2015年版，第489页。

哈尼族 远古时代，世间只有一片混沌的雾。

【流传】云南省·（红河哈尼族彝族自治州）·元阳县

【出处】

（a）朱小和讲，芦朝贵等整理：《天、地、人的传说》，载《山茶》1983年第4期。

（b）朱小和讲，芦朝贵、杨笛搜集整理：《大鱼脊背甩出的世界》，原载《山茶》1983年第4期（王松将原题目《天、地、人》改为此题目），见姚宝瑄主编《中国各民族神话》（哈尼族、傣族），太原：山西出版传媒集团·书海出版社2014年版，第26页。

W1041.2.4
最早的世界是烟雾

实例

傣族　远古的时候，没有天，没有地，只有白茫茫的一片烟雾。

【流传】云南省·西双版纳（西双版纳傣族自治州）·勐腊县·勐混镇、打洛镇

【出处】*《桑戛赛与桑戛西的诞生》，原载岩峰三讲，毕光尖记录《桑戛西与桑戛赛造天地，创人类》，见姚宝瑄主编《中国各民族神话》（哈尼族、傣族），太原：山西出版传媒集团·书海出版社 2014 年版，第 251 页。

W1041.2.5
最早世界是一团雾气

实例

汉族　古时候，这个天地是合在一起的，像大鸡蛋样子，是一团雾气。

【流传】江苏省·（淮安市）·涟水（涟水县）各地

【出处】徐学尧讲，徐省生搜集整理：《开天辟地和人的由来》（1986.06），见姚宝瑄主编《中国各民族神话》（汉族），太原：山西出版传媒集团·书海出版社 2014 年版，第 20~22 页。

W1041.3
最早的混沌世界是变化的雾露

实例

彝族　远古的时候，混沌世界里，笼罩茫茫的雾露，那雾露有时形成一团团，有时又形成一股股，一时在翻滚，一时在奔腾。时昏时暗多变幻，时清时沌，一年复一年。

【流传】（云南省·楚雄彝族自治州·双柏县，红河哈尼族彝族自治州等地）

【出处】

（a）云南省民族民间文学楚雄、红河调查队搜集，郭思九、陶学良整理：《查姆》，昆明：云南人民出版社 1981 年版。

（b）郭思九、陶学良整理，古梅改写：《彝家的古根》，选自《云南民族文学资料》第七集中的《查姆》上部前三章，见姚宝瑄主编《中国各民族神话》（羌族、彝族），太原：山西出版传媒集团·书海出版社 2014 年版，第 52 页。

W1042
最早的世界动荡多变

实例

傣族　以前的宇宙，只是混混沌沌，分不清东西南北，四周也没有边，没有沿，没有堤，也没有岸，有时是一片灰蒙蒙，有时又变成白茫茫，有时又突然变成黑漆漆，一会又变为黄澄澄。

【流传】云南省·西双版纳傣族地区（西双版纳傣族自治州）

【出处】《巴塔麻嘎捧尚罗》，王松据岩温炳翻译《巴塔麻嘎》（开天辟地）改写，见姚宝瑄主编《中国各民族神话》（哈尼族、傣族），太原：山西出

版传媒集团·书海出版社 2014 年版，第 264 页。

W1042.1
最早的天地飘浮动荡

【关联】
① ［W1376］地的稳固
② ［W1474］天梯飘摇不定

实 例

傣族　英叭神造好了天地之后，天和地还在飘浮动荡之中。

【流传】云南省

【出处】《巴塔麻嘎捧尚罗》，见云南旅游信息网：http://www.yunnaninfo.com/chinesebig5/yunnan，2005.11.07。

W1043
最早的世界天地相抱

【关联】
① ［W1057.1］混沌（混沌卵）
② ［W1272.1］以前天地不分（天地合一）

实 例

汉族　原来天抱着地，地抱着天，天地混沌。

【流传】浙江省·（杭州市）·淳安县·姜家镇

【出处】姜引军讲，姜增浩记录整理：《天地分开是盘古》，见淳安县民间文学征集办公室编《中国民间文学集成浙江省淳安县故事、歌谣、谚语卷》，内部编印，1988 年，第 1 页。

藏族　最初世界形成时，天地混合在一起。

【流传】（无考）

【出处】*《天地分开歌》，见中央民族学院《藏族文学史》编写组主编《藏族文学史》，成都：四川民族出版社 1985 年版，第 10 页。

W1043a
最早的世界是 2 块合在一起的物体

【关联】
① ［W1127.7］天地最初是 2 个薄片
② ［W1272.4］天地叠在一起
③ ［W1272.8］天地是合在一起的 2 块石头

实 例

（参见下级母题实例）

W1043a.1
世界最早是两块薄板

【关联】［W1197.5］一块板子变成地

实 例

苗族　古歌虽然承认是水汽生来最早，但又说水汽虚无飘渺，不是它来造天造地和造人造鬼。问来问去，最后答案是：最早有两块小薄板儿，是修狃下的申狃蛋裂变的两瓣蛋壳。申狃蛋里孕育着个高脚儿盘古，盘古出生时猛一踢蹬，蛋壳裂作大小相同的两瓣。这就是最早的两块小薄板儿。

【流传】原文无流传地，据文本及注释

推测该神话流传于贵州省·黔东南苗族侗族自治州·凯里市、台江县等地。

【出处】《苗族古歌·译者述评》，见贵州省少数民族古籍整理出版规划小组办公室编，燕宝整理译注《苗族古歌》，贵阳：贵州民族出版社1993年版，第1页。

W1044
最早的世界像个盒子

实例

藏族 （实例待考）

W1045
最早的世界像网

实例

拉祜族 厄莎（神名）仿照蜘蛛在空中织网的模样，织出天网和地网。

【流传】云南省·（普洱市）·澜沧县（澜沧拉祜族自治县）

【出处】胡札克讲，雷波采录：《厄雅莎雅造天地》，见中国民间文学集成全国编辑委员会编《中国民间故事集成》（云南卷），北京：中国ISBN中心2003年版，第47页。

W1046
以前的世界气温变化无常

实例

（参见下级母题实例）

W1046.1
最早的世界忽冷忽热

实例

侗族 以前，一冷就冷得不得了，一热又热得不得了。

【流传】贵州省·（黔东南苗族侗族自治州）·三穗县·款场（款场乡）

【出处】杨引兰讲，周昌武采录：《开天辟地》，见中国民间文学集成全国编辑委员会编《中国民间故事集成》（贵州卷），北京：中国ISBN中心2003年版，第5页。

汉族 以前，头一天冷得冻死人，第二天又热得喘不过气来。

【流传】山东省·淄博市·临淄区

【出处】徐玉兰讲，倪渊采录：《四季由来》，见中国民间文学集成全国编辑委员会编《中国民间故事集成》（山东卷），北京：中国ISBN中心2007年版，第11页。

W1046.2
最早的世界白天很热晚上很冷

实例

（实例待考）

W1046.2.1
最早的世界白天热死人，晚上冻死人

实例

珞巴族 （实例待考）

W1047
最早的世界是炎热的

【实例】

【侗族】（实例待考）

【苗族】从前，天上有十二对日月。那时白昼极热，世人都凿洞而居。

【流传】湖南省·湘西（湘西土家族苗族自治州）一带

【出处】
（a）吴文祥讲：《张果老射日月》，见凌纯声，芮逸夫《湘西苗族调查报告》，上海：商务印书馆1947年版。
（b）同（a），见姚宝瑄主编《中国各民族神话》（布依族、仡佬族、苗族），太原：山西出版传媒集团·书海出版社2014年版，第267页。

W1047.1
天地刚分开时天气很热

【实例】

【壮族】天地刚分开时，天地靠近，人们日子很难过，太阳一照，热得烫死人。

【流传】广西壮族自治区右江、红河一带

【出处】周朝珍口述，何承文整理：《布洛陀》，原载蓝鸿恩编《壮族民间故事选》，见陶阳、钟秀编《中国神话》（上），北京：商务印书馆2008年版，第67~86页。

W1048
最早的世界是冰冷的

【汤普森】A605.2

【实例】

【哈萨克族】以前的世界寒冷无比。

【流传】（新疆维吾尔自治区）

【出处】
（a）尼哈迈提·蒙加尼整理，校仲彝记录整理：《迦萨甘创世》，见张越、姚宝瑄编《新疆民族神话故事选》，乌鲁木齐：新疆人民出版社1989年版。
（b）同（a），见姚宝瑄主编《中国各民族神话》（乌孜别克族、哈萨克族、柯尔克孜族、俄罗斯族、维吾尔族、塔吉克族、塔塔尔族、锡伯族），太原：山西出版传媒集团·书海出版社2014年版，第22页。

【傈僳族】很古的时候，结凌冰的时间很长，天气很冷。

【流传】四川省·（凉山彝族自治州）·德昌县·金沙乡（金沙傈僳族乡）·王家山（王家山村）

【出处】张长贵讲，李国才翻译采录：《冰天鹅、冰蚂蚁造天地》，见中国民间文学集成全国编辑委员会编《中国民间故事集成》（四川卷·下），北京：中国ISBN中心1998年版，第1431页。

【苗族】很古以前，天上没有太阳，也没有月亮，一年四季都很冷。

【流传】（无考）

【出处】

(a) 陶家仁讲，陶永华等搜集整理：《阳雀造日月》，载《山茶》1982年第5期。

(b) 同（a），见谷德明编《中国少数民族神话》，北京：中国民间文艺出版社1987年版，第604页。

W1048.1
最早的世界到处是冰雪

【关联】［W1235.7.1］最早的大地像一包冰块

实 例

<u>侗族</u> 萨天巴（蜘蛛，女祖神，创世神）刚生出的天地，混沌不分，天和地混合成一体，到处都是莽莽的冰川，到处都是白雪茫茫。

【流传】广西壮族自治区·（柳州市）·三江（三江侗族自治县），（桂林市）·龙胜（龙胜各族自治县）

【出处】杨卜林喜、杨卜松林、杨明世讲，杨国仁、涛声搜集整理，蓄紫改写：《创世女神萨天巴》，过伟改写自侗族创世史诗《嘎茫莽道时嘉——远祖歌》（未出版稿），见姚宝瑄主编《中国各民族神话》（土家族、毛南族、侗族、瑶族），太原：山西出版传媒集团·书海出版社2014年版，第74页。

W1049
最早的世界很闷

实 例

<u>汉族</u> 天地未开时，世上非常气闷。

【流传】浙江省·（杭州市）·临安县（临安市）·临安镇

【出处】胡炳法讲，胡月耕采录：《先有洪钧后有天》，见中国民间文学集成全国编辑委员会编《中国民间故事集成》（浙江卷），北京：中国ISBN中心1997年版，第23页。

W1050
最早的世界是黑暗的

【汤普森】①A605.1；②F965

【关联】

① ［W1040.3］最早的世界是黑暗的混沌

② ［W1051.1.2］最早的世界是黑暗的气

③ ［W1056.6］最早的世界黑暗寒冷

④ ［W1091.6］以前有个黑洞时代

实 例

<u>白族</u> 盘古氏与盘生氏分别造天地。把天地编好后，宇宙一片漆黑。

【流传】（无考）

【出处】《开天辟地》，原载谷德明编《中国少数民族神话》，见袁珂《中国神话大词典》，北京：华夏出版社2015年版，第474页。

<u>高山族</u> 天上无日月运行，大地黑暗，人皆苦之。

【流传】（无考）

【出处】袁珂改编：《齐马鲁巴罗与达普娜》（原名《升天》），原载《中国少数民族神话选》，见袁珂《中国神话大词典》，北京：华夏出版社2015年版，第 526 页。

哈尼族 很古的时候，天地一片漆黑。

【流传】云南省·（玉溪市）·元江县（元江哈尼族彝族傣族自治县）·咪哩乡、羊岔街乡及因远镇一带

【出处】《开天辟地歌》，见元江县哈尼文化学会、元江县史志编纂办公室编《元江哈尼族古歌集》，内部编印，2005 年，第 9 页。

哈萨克族 最初，宇宙一片漆黑，它的表面被沉沉黑夜团团包围着。

【流传】（无考）

【出处】玛丽娅·科别杰讲，穆哈买提拜·拜吉格铁甫搜集，安蕾等译：《大地母亲》，见满都呼主编《中国阿尔泰语系诸民族神话故事》，北京：民族出版社 1997 年版，第 58 页。

哈萨克族 世界原本是暗无天日的，被黑暗笼罩着。

【流传】新疆维吾尔自治区·（伊犁哈萨克自治州）·新源县·阿热勒托别乡（阿热勒托别镇）

【出处】马丽亚·库别克讲，木合买提拜·巴依吉格托夫采录，杨凌等译：《地之母》，见中国民间文学集成全国编辑委员会编《中国民间故事集成》（新疆卷），北京：中国 ISBN 中心 2008 年版，第 8 页。

汉族 盘古蹬破孕育大鸡蛋，睁开眼睛一看，上下左右，黑糊糊的漆黑一团，四面八方没有一点光亮，啥也看不见。

【流传】河南省尾山一带

【出处】程玉林讲，缪华、胡佳作搜集整理：《盘古寺》，原载张振犁、程健君编《中原神话专题资料》，见姚宝瑄主编《中国各民族神话》（汉族），太原：山西出版传媒集团·书海出版社 2014 年版，第 4~6 页。

汉族 很久以前，世上没得光亮，到处一片昏暗。

【流传】四川省·（成都市）·大邑县·晋原镇

【出处】王绍华讲，寇天采录：《天和地的来历》，见中国民间文学集成全国编辑委员会编《中国民间故事集成》（四川卷·上），北京：中国 ISBN 中心 1998 年版，第 24 页。

汉族 很早以前，世上到处是黑黝黝的一团。

【流传】

（a）四川省·奉节县（今属重庆市）·江南乡·观武村

（b）广东省·（茂名市）·电白县·羊角镇·柏屋村

【出处】

（a）谭开高讲，谭发斌采录：《盘古开天地》，见中国民间文学集成全国编辑委员会编《中国民间故事集成》（四川卷·上），北京：中国 ISBN 中心 1998 年版，第 21 页。

（b）李德才讲，陈明心采录：《盘古开天辟地》，见中国民间文学集成全国编辑委员会编《中国民间故事集成》（广东卷），北京：中国 ISBN 中心 2006 年版，第 3 页。

汉族 很早以前，人们在漆黑的世界里过日子。

【流传】江西省·（抚州市）·南丰县·白舍村

【出处】罗长全讲，储小萍采录：《七斗星》，见中国民间文学集成全国编辑委员会编《中国民间故事集成》（江西卷），北京：中国 ISBN 中心 2002 年版，第 3 页。

汉族 古时候，天暗黑，地黑暗，墨墨乌乌，混混沌沌。

【流传】浙江省·（丽水市）·青田县·东源镇、船寮镇

【出处】余碎笑讲，叶茂搜集整理：《三块补天石》（1987.07.15），见姚宝瑄主编《中国各民族神话》（汉族），太原：山西出版传媒集团·书海出版社 2014 年版，第 58~60 页。

汉族 盘古从大鸡蛋中出来后，看到周围黑乎乎的漆黑一团，四周八方没有一点亮光，啥也看不见。

【流传】河南省·济源市·（城关）

【出处】程玉林讲，缪华、胡佳作采录：《盘古寺》，见张振犁编著《中原神话通鉴》（第一卷），郑州：河南大学出版社 2017 年版，第 3 页。

拉祜族 古时无天地日月星辰，不分昼夜，世间唯黑茫茫一片。

【流传】（无考）

【出处】袁珂改编：《造天造地》（原名《牡帕密帕·勐呆密呆》），原载毛星主编《中国少数民族文学》（下册），见袁珂《中国神话大词典》，北京：华夏出版社 2015 年版，第 534 页。

珞巴族 远古的时候，天地一片漆黑，什么也没有。

【流传】西藏自治区·（林芝地区）·察隅县

【出处】腊荣讲，明珠译，杨毓骧整理：《虎哥与人弟》，载《山茶》1985 年第 5 期。

苗族 远古的时候，什么也没有，只是一片黑沉沉，什么也看不见。

【流传】湖南省苗族地区

【出处】龙王六演唱，龙炳文翻译：《开天立地》，苗地根据《楚风》刊登的《苗族古歌》的第一部分《开天日立》改写，见姚宝瑄主编《中国各民族神话》（布依族、仡佬族、苗族），太原：山西出版传媒集团·书海出版社 2014 年版，第 127 页。

羌族 在远古的时候，宇宙一团昏黑，像用黑纱笼罩着一样。

【流传】四川省·（阿坝藏族羌族自治州）·茂县

【出处】《羊角花》，原载茂县文化馆编《羌族民间故事》（三），1982 年 12 月，见吕大吉、何耀华总主编《中国各民族原始宗教资料集成》（纳西族卷、羌族卷、独龙族卷、傈僳族卷、怒族卷），北京：中国社会科学出版社 2000 年版，第 582 页。

土家族 古时候，宇宙间一片黑暗。

【流传】湖南省·（湘西土家族苗族自

治州）·龙山县·里耶区（里耶镇）·八面山（八面山村）

【出处】谢绍中讲，田永瑞采录：《张古老制天、李古娘制地》，见中国民间文学集成全国编辑委员会编《中国民间故事集成》（湖南卷），北京：中国ISBN中心2002年版，第6页。

彝族 在天地初开的时候，整个宇宙都寸草不生，一片混沌黑暗。

【流传】（无考）

【出处】

(a) 蒋汉章翻译，李仲舒整理：《创造万物的巨人支格阿鲁》，见陶立璠、李耀宗主编《中国少数民族神话传说选》成都：四川民族出版社1985年版，第86页。

(b)《创造万物的巨人尼支呷咯》，见谷德明编《中国少数民族神话》，北京：中国民间文艺出版社1987年版，第280页。

W1050.0
世界黑暗的原因

实 例

（参见下级母题实例）

W1050.0.1
因没有日月世界黑暗

实 例

苗族 最古的时候，没有太阳，也没得月亮，哪里也看不见。

【流传】贵州省·（黔东南苗族侗族自治州）·剑河县·（观么乡）·新合村

【出处】张岩山讲万必轩采录者：《太阳和月亮是咋个来的》，见中国民间文学集成全国编辑委员会编《中国民间故事集成》（贵州卷），北京：中国ISBN中心2003年版，第19页。

藏族 很早以前，天空中没有太阳，到处是黑暗的。

【流传】青海省·黄南州（黄南藏族自治州）·同仁县

【出处】娘先讲，赵清阳采录：《从前天空无太阳》，见中国民间文学集成全国编辑委员会编《中国民间故事集成》（青海卷），北京：中国ISBN中心2007年版，第6页。

W1050.0.2
天地不分造成世界黑暗

实 例

撒拉族 在早得没法计算的年代里，天地不分，到处是黑夜，没有白昼，黑乎乎的，什么也看不见。

【流传】（无考）

【出处】大漠、马英生搜集整理：《胡大吹出天地》，见满都呼主编《中国阿尔泰语系诸民族神话故事》，北京：民族出版社1997年版，第96页。

W1050.0.3
妖魔造成世界黑暗

实 例

畲族 两个凶猛的九角旱龙，修炼了

九千九百九十年，喷吐乌烟使大地笼罩在黑暗中。

【流传】（无考）

【出处】《天眼重开》，见谷德明编《中国少数民族神话》，北京：中国民间文艺出版社1987年版，第209页。

W1050.1
以前地上是黑暗的

【关联】

① ［W1040.3］最早的世界是黑暗的混沌

② ［W1091.4.1］世界经历黑暗时代

③ ［W1235.9］以前大地黑暗

实 例

汉族 混沌开天辟地的时候，没有太阳，没有月亮，更没有星辰，大地上漆黑一片。

【流传】辽宁省·（丹东市）·宽甸县（宽甸满族自治县）

【出处】李大爷讲，曾层、佟畤记录整理：《日月峰》，见姚宝瑄主编《中国各民族神话》（汉族），太原：山西出版传媒集团·书海出版社2014年版，第181~183页。

汉族 很久以前，大地一片漆黑。

【流传】浙江省·舟山市·（定海区·岑港镇）·烟墩（烟墩村）、马目（马目村）一带

【出处】夏长生讲，夏志芳记录整理：《鸡神分日夜》（1987.07.20），见姚宝瑄主编《中国各民族神话》（汉族），太原：山西出版传媒集团·书海出版社2014年版，第176页。

回族 很早以前，大地一片漆黑。

【流传】宁夏回族自治区·银川（银川市）

【出处】王甫成讲，谢荣搜集整理：《人祖阿旦》，见中华民族故事大系编委会编《中华民族故事大系》第1卷（汉族、蒙古族、回族），上海：上海文艺出版社1995年版，第745页。

回族 以前，大地上什么也看不见，被真主惩罚下凡的阿丹和海尔玛一个在东，一个在西，不能再在一起。

【流传】（无考）

【出处】《阿丹和海尔玛》，马奔根据《中国回族民间文学概观》（宁夏大学出版社1984年版）等改写，见姚宝瑄主编《中国各民族神话》（土族、东乡族、回族、保安族、裕固族、撒拉族），太原：山西出版传媒集团·书海出版社2014年版，第49页。

拉祜族 以前，天上没有太阳、月亮、星星，大地一片漆黑，没有白天、黑夜之分，人们无法进行生产劳动。

【流传】云南省·（普洱市）·镇沅县（镇沅彝族哈尼族拉祜族自治县）

【出处】范清莲讲，自力采录：《天地日月的来历》，见中国民间文学集成全国编辑委员会编《中国民间故事集成》（云南卷），北京：中国ISBN中心2003年版，第47页。

普米族 古时候，大地上没有亮光，漆

黑一团。

【流传】云南省·（丽江市）·宁蒗县（宁蒗彝族自治县）

【出处】格若讲，章渊采录：《太阳、月亮和星星》，见中国民间文学集成全国编辑委员会编《中国民间故事集成》（云南卷），北京：中国ISBN中心2003年版，第133页。

W1050.1.1
以前大地寒冷黑暗

实 例

苗族 远古之时，天无日月，人间唯有黑暗与寒冷。

【流传】（无考）

【出处】《阳雀造日月》，原载谷德明编《中国少数民族神话选》，见袁珂《中国神话大词典》，北京：华夏出版社2015年版，第418页。

苗族 很古以前，天上没有太阳和月亮，天下都是黑漆漆、冷凄凄的。

【流传】贵州省·黔东南地区（黔东南苗族侗族自治州）

【出处】杨告金讲，杨光全记录整理：《公鸡请日月》，见姚宝瑄主编《中国各民族神话》（布依族、仡佬族、苗族），太原：山西出版传媒集团·书海出版社2014年版，第269页。

彝族 远古那时候，大地黑沉沉，冷风飕飕刮，寒流滚滚翻。

【流传】云南省·（楚雄彝族自治州）·楚雄（楚雄市）

【出处】李忠祥等翻译：《洪水泛滥》，见云南省少数民族古籍整理出版规划办公室编《洪水泛滥》，昆明：云南民族出版社1987年版，第1页。

W1050.1.1.1
以前因没有日月大地寒冷黑暗

【关联】[W1540.1] 以前没有日月

实 例

布依族 很古以前，天上没有太阳，也没有月亮，一年四季黑麻麻的。

【流传】贵州省·（黔南布依族苗族自治州）·惠水县

【出处】罗玉林等讲，汛河采录：《当万和蓉莲》，见中国民间文学集成全国编辑委员会编《中国民间故事集成》（贵州卷），北京：中国ISBN中心2003年版，第16页。

W1050.1.2
地刚出现时充满黑暗

实 例

（实例待考）

W1050.2
最早的世界是灰蒙蒙的

实 例

景颇族 最早时天地灰蒙蒙的。

【流传】（无考）

【出处】何峨整理：《万物诞生》，见中华民族故事大系编委会编《中华民族故事大系》第 10 卷（景颇族、柯尔克孜族、土族），上海：上海文艺出版社 1995 年版，第 6 页。

W1050.2.1
以前宇宙灰蒙蒙

实 例

土家族 古时候，没有天地日月，到处灰蒙蒙。

【流传】湖北省·（宜昌市）·长阳县（长阳土家族自治县）·贺家坪区（贺家坪镇）·火麦溪村

【出处】郑文仕讲，杜荣东采录：《神龙造天造地造人》，见中国民间文学集成全国编辑委员会编《中国民间故事集成》（湖北卷），北京：中国 ISBN 中心 1999 年版，第 7 页。

彝族 很久以前，大地未曾生，没有造天前，宇宙灰蒙蒙，大地阴森森，天空黑暗暗。

【流传】云南省·红河（红河哈尼族彝族自治州）·元阳（元阳县）、绿春（绿春县）、石屏（石屏县），（玉溪市）·元江（哈尼族彝族傣族自治县），（普洱市）·墨江（哈尼族自治县）等

【出处】龙倮贵搜集整理，黄建明摘录：《祭龙的根由》，见吕大吉、何耀华总主编《中国各民族原始宗教资料集成》（彝族卷、白族卷、基诺族卷），北京：中国社会科学出版社 1996 年版，第 280~281 页。

W1050.3
最早时天昏地暗（最早时天地昏暗）

实 例

汉族 很久以前，天和地都是昏昏沉沉的。

【流传】四川省·巴县（今重庆市·巴南区）

【出处】钟丽碧讲，罗桂英记录，金祥度搜集整理：《女娲创世》（1988.04），见姚宝瑄主编《中国各民族神话》（汉族），太原：山西出版传媒集团·书海出版社 2014 年版，第 30~31 页。

拉祜族 天有了，地有了，却还是灰蒙蒙的，却还是黑沉沉的。

【流传】云南省大拉祜及黄拉祜中部一带

【出处】小八讲，古木整理：《天神厄莎》，（整理中参照了《牡帕密帕》和《古根》），见姚宝瑄主编《中国各民族神话》（白族、拉祜族、景颇族），太原：山西出版传媒集团·书海出版社 2014 年版，第 160 页。

苗族 远古的时候，地望天暗昏昏，天看地黑沉沉。

【流传】广西壮族自治区·（柳州市）·融水苗族自治县

【出处】

（a）杨达香讲，梁彬搜集整理：《创世纪》（一、开天辟地，地始天初），见梁彬、王天若编《苗族民间故事选》，

南宁：广西人民出版社1986年版。

（b）同（a），见姚宝瑄主编《中国各民族神话》（布依族、仡佬族、苗族），太原：山西出版传媒集团·书海出版社2014年版，第168页。

W1050.3.1
很早以前因太阳小造成天昏地暗

实 例

白族 很早以前，太阳还小，太阳光照到这背阴山的时间短，光照不足，早晚白天也是天昏地暗阴惨惨的。

【流 传】云南省·（大理白族自治州）·洱源县·炼铁区·新庄乡·石明月村

【出 处】云南省民间文学集成办公室编：《白族神话传说集成》，北京：中国民间文艺出版社1986年版，第21~22页。

W1050.4
最早时天地黑暗

【关 联】［W1110.4.3］造出的天地很黑暗

实 例

傣族 以前，地上人口不多，地也宽阔，只是昼夜不分，天地总是漆黑一团。

【流 传】（无考）

【出 处】《水沫造地》，原文本为仓齐华翻译，周开学记录，谷德明整理《开天辟地》，原载谷德明《中国少数民族神话选》，西北民族学院研究所，内部发行，1983年，见姚宝瑄主编《中国各民族神话》（哈尼族、傣族），太原：山西出版传媒集团·书海出版社2014年版，第238页。

哈尼族 天地造成了，但没有光和热，哪里都是黑森森的，什么也看不见。

【流 传】云南省·（普洱市）·墨江县（墨江哈尼族自治县）

【出 处】金开兴讲，蓝明红搜集整理：《青蛙造天造地》，单超选自云南省民间文学集成办公室编《哈尼族神话传说集成》，中国民间文艺出版社1990年，见姚宝瑄主编《中国各民族神话》（哈尼族、傣族），太原：山西出版传媒集团·书海出版社2014年版，第6页。

哈萨克族 以前，天和地漆黑一团。

【流 传】（新疆维吾尔自治区）

【出 处】

（a）尼哈迈提·蒙加尼整理，校仲彝记录整理：《迦萨甘创世》，见张越、姚宝瑄编《新疆民族神话故事选》，乌鲁木齐：新疆人民出版社1989年版。

（b）同（a），见姚宝瑄主编《中国各民族神话》（乌孜别克族、哈萨克族、柯尔克孜族、俄罗斯族、维吾尔族、塔吉克族、塔塔尔族、锡伯族），太原：山西出版传媒集团·书海出版社2014年版，第22页。

拉祜族 厄莎造好天地后，天地无光。

【流 传】云南省

【出处】《历法的来历》，见中国社会科学院云南少数民族文学研究所等编《云南少数民族文学资料》第 1 辑，内部编印，1980 年，第 188 页。

拉祜族 天神厄莎造毕天地后，天地无光，到处俱黑。

【流传】（无考）

【出处】袁珂改编：《天神厄莎》，原载毛星主编《中国少数民族文学》（下册），见袁珂《中国神话大词典》，北京：华夏出版社 2015 年版，第 530 页。

满族 天地初开的时候，没有日、月、星、辰，黑暗无光。

【流传】（无考）

【出处】

（a）富育光：《萨满教与神话》，沈阳：辽宁大学出版社 1990 年版，第 62 页。

（b）《神鸟救世》，见吕大吉、何耀华总主编《中国各民族原始宗教资料集成》（鄂伦春族卷、鄂温克族卷、赫哲族卷、达斡尔族卷、锡伯族卷、满族卷、蒙古族卷、藏族卷），北京：中国社会科学出版社 1999 年版，第 482 页。

撒拉族 以前天地不分一片黑暗。

【流传】（无考）

【出处】大漠等整理：《天、地、人的诞生》，见中华民族故事大系编委会编《中华民族故事大系》第 12 卷（布朗族、撒拉族、毛南族），上海：上海文艺出版社 1995 年版，第 261 页。

彝族 太古时，宇宙间清浊二气搅缠在一起，天地像锅底一样，黑漆漆的，不透一丝光亮。

【流传】云南省·（楚雄彝族自治州）·永仁县

【出处】

（a）曲木阿石等讲，罗有能整理：《更资天神》，见云南省楚雄州文教局、云南省楚雄州民委会编《楚雄民间文学资料》，内部资料，1979 年。

（b）同（a），见姚宝瑄主编《中国各民族神话》（羌族、彝族），太原：山西出版传媒集团·书海出版社 2014 年版，第 173 页。

W1050.4.1

太古时天地黑得像锅底

实例

哈尼族 以前，天地一片黑漆漆，就像是熏得发黑的锅底。

【流传】云南省·（玉溪市）·元江县（元江哈尼族彝族傣族自治县）·羊街乡、那诺乡及因远镇清水河流域一带

【出处】《修天补地歌》，见元江县哈尼文化学会、元江县史志编纂办公室编《元江哈尼族古歌集》，内部编印，2005 年，第 20 页。

W1050.4.2

远古时天地黑暗

实例

珞巴族 远古的时候，天地一片漆黑。

【流传】（西藏自治区）

【出处】腊荣老人讲，明珠翻译：《虎哥与人弟》，见姚宝瑄主编《中国各民族神话》（门巴族、珞巴族、怒族、藏族），太原：山西出版传媒集团·书海出版社2014年版，第22页。

苗族 回头来看那远古，最初古时远悠悠，还没铸日和造月，天上一片黑黢黢，地上一片黢黢黑。

【流传】原文无流传地，据文本及注释推测该神话流传于贵州省·黔东南苗族侗族自治州·凯里市、台江县等地。

【出处】张启庭、张荣光、张正玉、张启德演唱，张明搜集，燕宝整理译注：《创造宇宙·铸日造月》，见贵州省少数民族古籍整理出版规划小组办公室编，燕宝整理译注《苗族古歌》，贵阳：贵州民族出版社1993年版，第322页。

W1050.4.3
最古时混沌的天地是黑暗的

实 例

彝族 最古的时候，混沌的天还没有产生，混沌的地也没有产生，只见天空中一片黑压压，只见大地黑沉沉。

【流传】黔西（贵州省西部）与云南（云南省）接壤的彝族地区

【出处】阿候布代讲，王正贡、王子尧、王冶新、何积金搜集整理，蔷紫改写：《天生地产》，原载中国民间文艺研究会贵州分会编《民间文学资料》，内部资料，1986年，见姚宝瑄主编《中国各民族神话》（羌族、彝族），太原：山西出版传媒集团·书海出版社2014年版，第162页。

W1050.5
以前的天地间歇式黑暗

实 例

（参见下级母题实例）

W1050.5.1
远古时的天地7天不黑，7天不亮

实 例

彝族 远古的时候，天和地都是黑的，七天不黑，七天不亮。

【流传】（无考）

【出处】
（a）马海鸟黎讲，谷德明整理：《开天辟地》，见谷德明编《中国少数民族神话选》，西北民族学院研究所编印，内部资料，1983年。
（b）同（a），见姚宝瑄主编《中国各民族神话》（羌族、彝族），太原：山西出版传媒集团·书海出版社2014年版，第116页。

W1050.6
远古时天地相连一片黑暗

【关联】［W1270］天地相连

实例

水族 远古时候，天连着地，地连着天，天地相连，到处都黑咕隆咚，昼夜不分。

【流传】（无考）

【出处】潘静流唱，燕宝记译，化斯改写：《伢俣开创世界》（原名《造天造地》），见姚宝瑄主编《中国各民族神话》（水族、布朗族、独龙族、基诺族、傈僳族），太原：山西出版传媒集团·书海出版社 2014 年版，第 4 页。

水族 很古的时候，天地粘成黑古隆冬一片。

【流传】贵州省·（黔南布依族苗族自治州）·三都县（三都水族自治县）

【出处】刘恒虽讲，潘朝霖采录：《恩公开辟大地》，见中国民间文学集成全国编辑委员会编《中国民间故事集成》（贵州卷），北京：中国 ISBN 中心 2003 年版，第 8 页。

W1050.7
古时天地相连浑浑噩噩

实例

傈僳族 古时，天与地连，浑浑噩噩。

【流传】（无考）

【出处】*《兄妹成婚》，见《傈僳族简史》编写组编《傈僳族简史》，昆明：云南人民出版社 1983 年版，第 5～7 页。

W1050.8
球形世界里有一个黑洞

实例

汉族 世界是个充满气的球，里边是黑洞洞的。

【流传】四川省·（成都市）·崇庆县（崇州市）

【出处】吴道士讲，毛甫澄采录：《盘古开天地》，见中国民间文学集成全国编辑委员会编《中国民间故事集成》（四川卷·上），北京：中国 ISBN 中心 1998 年版，第 22 页。

W1051
最早的世界是气

【关联】

① ［W1056.4］世界最早出现声音和气
② ［W1127.2］最初的天地是气

实例

汉族 天气蒙鸿，萌芽兹始，遂分天地，肇立乾坤，启阴感阳。

【流传】（无考）

【出处】

（a）《五运历年记》，见［清］马骕《绎史》卷一。

（b）《五运历年记》，见［明］董斯张《广博物志》卷九。

维吾尔族 整个宇宙都是气。

【流传】新疆维吾尔自治区·伊犁地区（伊犁哈萨克自治州）

【出处】亚库甫讲，阿不都拉、姚宝瑄

采录翻译：《顶地球的公牛站在哪里》，原载马昌仪编《中国神话故事》，见陶阳、钟秀编《中国神话》（上），北京：商务印书馆2008年版，第199~200页。

W1051.1
天地之初是一团气

【实例】

汉族　古时候，宇宙间只有一个大气团。

【流传】陕西省·（咸阳市）·三原县·独李乡

【出处】杜春梅讲，宋克明采录：《开天辟地》，见中国民间文学集成全国编辑委员会编《中国民间故事集成》（陕西卷），北京：中国ISBN中心1996年版，第4页。

汉族　天地之初唯有气体一团。

【流传】（湖北省·神农架林区）

【出处】张树艺、曹坤良唱：《黑暗传》，原载中国民间文艺研究会湖北分会编《神农架·黑暗传》序言，（多种版本汇编本），见袁珂《中国神话大词典》，北京：华夏出版社2015年版，第393页。

W1051.1.1
最早的世界是混沌的气

【关联】［W1040］最早的世界是混沌

【实例】

汉族　太初者，气之始也，为浑沦。

【流传】（无考）

【出处】《列子·天瑞篇》。

汉族　古时候，天和地是合在一起的，不分上下，也没有东西南北，混混沌沌，一团雾气。

【流传】江苏省·（淮安市）·涟水县·南集乡·禹庄村

【出处】徐学尧讲，徐省生搜集整理：《世界的由来》（1983），见姚宝瑄主编《中国各民族神话》（汉族），太原：山西出版传媒集团·书海出版社2014年版，第24~28页。

W1051.1.2
最早的世界是黑暗的气

【关联】［W1050］最早的世界是黑暗的

【实例】

汉族　天地之初唯有气体一团，天地二气弗能化生，常迷漫于一黑暗之中。

【流传】（湖北省·神农架林区）

【出处】张树艺、曹坤良唱：《黑暗传》，原载中国民间文艺研究会湖北分会编《神农架·黑暗传》序言，（多种版本汇编本），见袁珂《中国神话大词典》，北京：华夏出版社2015年版，第393页。

傈僳族　很久以前，没有天地，世界是一团混混沌沌的气体。

【流传】云南省·（德宏傣族景颇族自治州）·陇川县·（陇把镇）·邦外公社（邦外村）

【出处】李有华讲，黄云松等采录：《天地人的来历》，见中国民间文学集成全国编辑委员会编《中国民间故事集成》（云南卷），北京：中国ISBN中心2003年版，第44页。

W1051.1.3
最早世界是1个大气团

【关联】[W1041.2.5]最早世界是一团雾气

实 例

汉族 原始时，没有天地，没有人，只有一个很大很大的气团。

【流传】浙江省·（温州市）·永嘉县各地

【出处】陈仁讲，谢圣铎搜集整理：《盘古开天地》（1985），见姚宝瑄主编《中国各民族神话》（汉族），太原：山西出版传媒集团·书海出版社2014年版，第13~14页。

W1051.2
最早的世界是清气和浊气

实 例

彝族 很古的时候，上没有天，下没有地，只有飘飘的清气和沉沉的浊气。

【流传】贵州省西部、云南省东北部、四川省西南部彝族地区

【出处】阿危·热默讲，阿乍·芮芝整理：《人祖的由来》，见姚宝瑄主编《中国各民族神话》（羌族、彝族），太原：山西出版传媒集团·书海出版

社2014年版，第185页。

彝族 太古时候，宇宙间只有清浊二气搅缠在一起。

【流传】云南省·（楚雄彝族自治州）·永仁县

【出处】
（a）曲木阿石等讲，罗有能整理：《更资天神》，见云南省楚雄州文教局、云南省楚雄州民委会编《楚雄民间文学资料》，内部资料，1979年。
（b）同（a），见姚宝瑄主编《中国各民族神话》（羌族、彝族），太原：山西出版传媒集团·书海出版社2014年版，第173页。

W1051.2.1
最早的世界是清气和黄气

实 例

汉族 天地间只有一股青气和一股黄气。

【流传】湖北省·黄冈县（黄冈市）·（团风县）·马庙（马庙镇）

【出处】周海山讲，徐再跃采录：《盘古斩蟒开天地》，见中国民间文学集成全国编辑委员会编《中国民间故事集成》（湖北卷），北京：中国ISBN中心1999年版，第5页。

W1051.3
最早的宇宙是女天神吐出的气

实 例

维吾尔族 整个宇宙都是女天神吐出来

的气。

【流传】新疆维吾尔自治区·伊犁州（伊犁哈萨克自治州）

【出处】

（a）亚库甫讲，阿不都拉搜集翻译，姚宝瑄整理：《顶地球的公牛站在哪里》，见张越、姚宝瑄编《新疆民族神话故事选》，乌鲁木齐：新疆人民出版社1989年版。

（b）同（a），见姚宝瑄主编《中国各民族神话》（乌孜别克族、哈萨克族、柯尔克孜族、俄罗斯族、维吾尔族、塔吉克族、塔塔尔族、锡伯族），太原：山西出版传媒集团·书海出版社2014年版，第223页。

W1051.4
最早的世界是绿气

实例

纳西族 洪荒时代，混沌未开，宇宙间只是一团绿气。

【流传】（无考）

【出处】

（a）《人祖利恩》，见谷德明编《中国少数民族神话》，北京：中国民间文艺出版社1987年版，第415页。

（b）同（a），见姚宝瑄主编《中国各民族神话》（佤族、阿昌族、纳西族、普米族、德昂族），太原：山西出版传媒集团·书海出版社2014年版，第173页。

W1052
最早的世界是风

实例

傈僳族 很古的时候，没天没地，只有风在吹。

【流传】四川省·（凉山彝族自治州）·德昌县·金沙乡（金沙傈僳族乡）·王家山（王家山村）

【出处】张长贵讲，李国才翻译采录：《冰天鹅、冰蚂蚁造天地》，见中国民间文学集成全国编辑委员会编《中国民间故事集成》（四川卷·下），北京：中国ISBN中心1998年版，第1431页。

W1053
最早的世界是水

【汤普森】A810

实例

傣族 远古天地未分，唯一片汪洋。

【流传】（云南省·德宏傣族自治州）

【出处】袁珂改编：《混散与拉果里造天地》，原载江应梁《傣族史》，见袁珂《中国神话大词典》，北京：华夏出版社2015年版，第505页。

汉族 最早世界只有大水。

【流传】江苏省·镇江（镇江市）

【出处】赵万楼讲：《绿鸭淘沙造大地》，见中国民间文学集成全国编辑委员会编《中国民间故事集成》（江苏卷），北京：中国ISBN中心1998

柯尔克孜族 远古，自然界并没有陆地，也没有一粒尘屑。四周是茫茫洪荒，一片汪洋。

【流传】（无考）

【出处】《野鸭鲁弗尔》，见满都呼主编《中国阿尔泰语系诸民族神话故事》，北京：民族出版社1997年版，第79页。

黎族 远古，到处是汪洋一片。

【流传】（无考）

【出处】《"三月三"传人》，见吕大吉、何耀华总主编《中国各民族原始宗教资料集成》（土家族卷、瑶族卷、壮族卷、黎族卷），北京：中国社会科学出版社1998年版，第738页。

珞巴族 很早以前，世界上到处都是水。

【流传】西藏自治区·林芝市·墨脱县·达木珞巴民族乡、墨脱乡（讲述地点：墨脱县·达木珞巴民族乡·卡布村）

【出处】安布讲：《五兄弟的传说》（1955.08），见冀文正《珞巴族民间故事》，成都：四川民族出版社2011年版，第18页。

满族 最早的整个宇宙空间里充满了水。

【流传】（无考）

【出处】傅英仁讲述：《老三星创世》，见傅英仁讲述，张爱云整理《满族萨满神话》，哈尔滨：黑龙江人民出版社2005年版，第10页。

满族 最古时候是不分天不分地的水泡泡，天像水，水像天，天水相连。

【流传】黑龙江省爱辉、孙吴等地区的黑水女真

【出处】白蒙元讲，富希陆、吴纪贤记录，富育光搜集整理：《天官大战》，转引自郭淑云《满族古文化遗存探考》，载《满族研究》1991年第3期。

满族 宇宙刚刚初开的时候，遍地是汪洋；水连天，天连水。

【流传】（无考）

【出处】

（a）富育光：《萨满教与神话》，沈阳：辽宁大学出版社1990年版，第50~51页。

（b）《水生人》，见吕大吉、何耀华总主编《中国各民族原始宗教资料集成》（鄂伦春族卷、鄂温克族卷、赫哲族卷、达斡尔族卷、锡伯族卷、满族卷、蒙古族卷、藏族卷），北京：中国社会科学出版社1999年版，第486页。

普米族 以前的世界到处都是洪水。

【流传】云南省·（丽江市）·宁蒗（宁蒗彝族自治县），（怒江傈僳族自治州）·兰坪（兰坪白族普米族自治县）；四川省·（凉山彝族自治州）·木里县（木里藏族自治县）、盐源（盐源县）等

【出处】王震亚整理：《开天辟地》，见

中华民族故事大系编委会编《中华民族故事大系》第14卷（普米族、塔吉克族、怒族、俄罗斯族、鄂温克族），上海：上海文艺出版社1995年版，第5页。

藏族 世界还没有形成的时候，没有天，没有地，到处都是茫茫的大水。

【流传】（西藏自治区）
【出处】
（a）旺秋搜集：《僜人创世神话》，根据中国社科院民族研究所编《僜人社会历史调查》，云南人民出版社1990年版，西藏民间文艺研究会主办《邦锦梅朵》1984年第8期中的《僜人创世神话》整理。
（b）同（a），见姚宝瑄主编《中国各民族神话》（门巴族、珞巴族、怒族、藏族），太原：山西出版传媒集团·书海出版社2014年版，第87页。

W1053.0
最早地球上都是水

【关联】[W1235.5]以前的地上都是水

实 例

汉族 以前大地上到处都是水乡泽国。

【流传】重庆市·（九龙坡区）·专马镇
【出处】谢志忠讲：《夏禹王疏通九河》，原载联合国教科文组织、中国民间文艺家协会、四川省民间文艺家协会编《专马镇民间故事》，见陶阳、钟秀编《中国神话》（中），北京：商务印书馆2008年版，第834页。

回族 安拉创造了天和地。那时候，地上到处是水，一片黑暗。

【流传】黑龙江省·（牡丹江市）·绥芬河市
【出处】杨明岱讲，周爱民采录：《阿丹人祖》，见中国民间文学集成全国编辑委员会编《中国民间故事集成》（黑龙江卷），北京：中国ISBN中心2005年版，第20页。

土族 远古时候，地球上没有陆地，到处是汪洋一片。

【流传】（无考）
【出处】
（a）《陆地的形成》，载《青海民族学院学报》1981年第4期。
（b）同（a），见姚宝瑄主编《中国各民族神话》（土族、东乡族、回族、保安族、裕固族、撒拉族），太原：山西出版传媒集团·书海出版社2014年版，第4页。

藏族 很早以前，地上没有人，没有动物，只有漫天的大水。

【流传】四川省·（阿坝藏族羌族自治州）·阿坝县·城关（阿坝镇）
【出处】大纳柯讲，泽仁当州翻译，阿强等采录：《其公和日玛依》，见中国民间文学集成全国编辑委员会编《中国民间故事集成》（四川卷），北京：中国ISBN中心1998年版，第936页。

W1053.0.1
最早大地上都是水漂浮着雪的水

实例

傣族　远古时候，大地上到处是水，看不见土地，只见天上下的雪浮在水面上。

【流传】（无考）

【出处】《水沫造地》，原文本为仓齐华翻译，周开学记录，谷德明整理《开天辟地》，原载谷德明《中国少数民族神话选》，西北民族学院研究所，内部发行，1983 年，见姚宝瑄主编《中国各民族神话》（哈尼族、傣族），太原：山西出版传媒集团·书海出版社 2014 年版，第 238 页。

W1053.0.2
最早大地上是流动的水

实例

基诺族　很久以前，世间全是茫茫的不停流动的大水。

【流传】云南省·（西双版纳傣族自治州）·景洪县（景洪市）

【出处】白桂林等讲，刘怡采录：《阿嫫腰白造天地》，见中国民间文学集成全国编辑委员会编《中国民间故事集成》（云南卷），北京：中国 ISBN 中心 2003 年版，第 77 页。

W1053.0.3
最早大地上是黑暗笼罩的水

实例

珞巴族　原来，世间是茫茫大海，到处是一片黑暗。

【流传】西藏自治区·（林芝地区）·墨脱县·东布村（东布街）

【出处】
(a) 白嘎讲，于乃昌等采录：《太阳、月亮和草药》，见中国民间文学集成全国编辑委员会编《中国民间故事集成》（西藏卷），北京：中国 ISBN 中心 2001 年版，第 7 页。
(b) 同(a)，见《珞巴族民间故事》：http://www.tibet-web.com/old/minjian/ync/gushi/mulu.htm，2003.10.02。

W1053.0.4
最早的世界是雾气笼罩的海

实例

哈尼族　最早的世界是黑蒙蒙的雾气，雾气像一口大锅，笼罩着一片汪洋大海。

【流传】云南省·红河哈尼族彝族自治州

【出处】《窝果策尼果》，见红河哈尼族彝族自治州人民政府编《哈尼族口传文化译注全集》第 1 卷，昆明：云南民族出版社 2009 年版，第 8 页。

W1053.1

最早的陆地是海洋

【关联】

① ［W1053.3］最早的世界是一个大海子

② ［W1957.7］世界上最早产生的是海

实 例

汉族　开天辟地后，大地一片汪洋大海。

【流传】宁夏回族自治区·（中卫市）·中宁县·恩和乡·秦庄村

【出处】杨生荣讲，宋福采录：《原始天尊造人》，见中国民间文学集成全国编辑委员会编《中国民间故事集成》（宁夏卷），北京：中国ISBN中心1999年版，第6页。

藏族　世界开始时一片大海。

【流传】西藏自治区·（那曲地区）·黑河地区（那曲县）

【出处】佟锦华：《藏族文学研究》，北京：中国藏学出版社1992年版，第388页。

W1053.1.1

某个地方以前是一片汪洋

实 例

白族　很久以前，通甸坝子是一片汪洋。

【流传】（无考）

【出处】《白鹅天子和蛤蟆神》，见文学博客网：http：//blog.readnovel.com/article/htm/tid_172268.html，2006.07.16。

白族　很久很久以前，云南大理这个地方完全不是现在这样子，而是一片茫茫无边的水。

【流传】云南省·大理（大理白族自治州）

【出处】邓英鹦采录：《鹤拓》，见中国民间文学集成全国编辑委员会编《中国民间故事集成》（云南卷），北京：中国ISBN中心2003年版，第215页。

W1053.1.2

世界最早只有海水

实 例

哈尼族　远古时代，没天没地，只有漫无边际的海水。

【流传】云南省·（普洱市）·墨江县（墨江哈尼族自治县）

【出处】金开兴讲，蓝明红采录：《青蛙造天地》，见中国民间文学集成全国编辑委员会编《中国民间故事集成》（云南卷），北京：中国ISBN中心2003年版，第34页。

哈尼族　远古时代，没有天，没有地，没有人烟，只有漫无边际的海水。

【流传】云南省·（普洱市）·墨江县（墨江哈尼族自治县）

【出处】金开兴讲，蓝明红搜集整理：《青蛙造天造地》，单超选自云南省民间文学集成办公室编《哈尼族神话传说集成》，中国民间文艺出版社1990

【出处】李恩发讲，李恩发整理：《"五百天"神》，原载陶立璠、李耀宗《中国少数民族神话传说选》，四川民族出版社 1985 年版，见姚宝瑄主编《中国各民族神话》（白族、拉祜族、景颇族），太原：山西出版传媒集团·书海出版社 2014 年版，第 117 页。

年版，见姚宝瑄主编《中国各民族神话》（哈尼族、傣族），太原：山西出版传媒集团·书海出版社 2014 年版，第 4 页。

汉族 早先世界上是一片水海。

【流传】江苏省·（镇江市）·丹阳市·云林乡·伦地村

【出处】徐书明讲，康新民采录：《绿鸭淘沙造大地》，见中国民间文学集成全国编辑委员会编《中国民间故事集成》（江苏卷），北京：中国 ISBN 中心 1998 年版，第 13 页。

土族 当初没有天来没有地，日、月、星斗都没有，到处是一片汪洋。

【流传】青海省·（海东市）·互助县（互助土族自治县）·东山乡·白牙塈村

【出处】李郊宝讲，李友楼等采录：《天地的形成》，见中国民间文学集成全国编辑委员会编《中国民间故事集成》（青海卷），北京：中国 ISBN 中心 2007 年版，第 3 页。

W1053.2
最早的世界水天相连

【关联】［W1437.3a］通过水上天

实　例

白族 水连天，天边水。水上飘气，气上跑云。这样的日子也许过了几万年。

【流传】云南省·（大理白族自治州）·剑川（剑川县）

汉族 开天辟地之时，天连水水连天。

【流传】黑龙江省·（哈尔滨市）·五常县（五常市）·拉林镇

【出处】李录讲，赵广礼采录：《五挡神、洪钧老祖和托骨佛》，见中国民间文学集成全国编辑委员会编《中国民间故事集成》（黑龙江卷），北京：中国 ISBN 中心 2005 年版，第 6 页。

满族 天地初分时水天相连。

【流传】（无考）

【出处】孙玉清讲，王惠立搜集：《白云格格》，见乌丙安等《满族民间故事选》，上海：上海文艺出版社 1983 年版。

满族 以前天连着水，水连着天。

【流传】（无考）

【出处】《天神创世》，见姚宝瑄主编《中国各民族神话》（满族、赫哲族、朝鲜族），太原：山西出版传媒集团·书海出版社 2014 年版，第 15~16 页。

满族 从前，地上是水，天上是水，到处像一片大海。

【流传】吉林省·（延边朝鲜族自治

州）·珲春地区（珲春市）

【出处】富育光搜集摘录并汉译《萨满神本》（清光绪十六年），见吕大吉、何耀华总主编《中国各民族原始宗教资料集成》（鄂伦春族卷、鄂温克族卷、赫哲族卷、达斡尔族卷、锡伯族卷、满族卷、蒙古族卷、藏族卷），北京：中国社会科学出版社1999年版，第514页。

W1053.2.1
最早时天和地是水塘

实 例

哈尼族 （实例待考）

W1053.3
最早的世界是一个大海子

实 例

藏族 世界原来是一个大海子。

【流传】云南省

【出处】《世界的形成》，见中国社会科学院云南少数民族文学研究所等编《云南少数民族文学资料》（第2辑），内部编印，1981年，第82页。

W1053.4
最早的世界只有天堂和大海

实 例

裕固族 （实例待考）

W1053.5
最早的世界只有光秃秃的土地和茫茫无际的海水

实 例

傣族 （实例待考）

W1053.6
最早的世界是雾水

实 例

柯尔克孜族 在宇宙的一片汪洋大海中，到处弥漫着浓雾。

【流传】（无考）

【出处】张彦平摘译：《公牛驮大地》，见满都呼主编《中国阿尔泰语系诸民族神话故事》，北京：民族出版社1997年版，第80页。

蒙古族 （实例待考）

W1053.7
混沌初开的世界一片大水

实 例

珞巴族 混沌初开时，世上一片汪洋，见不到别的东西。

【流传】

（a）西藏自治区·下珞渝（泛指永木河、锡约尔河、巴恰西仁河流域）

（b）西藏自治区·下珞渝（又写作"下珞瑜"）·博日部落嘎升村

【出处】

（a）维·埃尔温搜集：《波宁和达宁》，

见中华民族故事大系编委会编《中华民族故事大系》第 16 卷（赫哲族、门巴族、珞巴族、基诺族），上海：上海文艺出版社 1995 年版，第 393 页。

（b）同（a），见李坚尚、刘芳贤编《珞巴族门巴族民间故事选》，上海：上海文艺出版社 1993 年版，第 7 页。

珞巴族 天地初开之时，大地上没有人家，没有森林和鸟兽，也没有山脉和田畴，是一片汪洋大海。

【流传】西藏自治区·珞渝地区（包括上珞渝，泛指古称的白马岗即今林芝市墨脱县、马尼岗、梅楚卡一带，下珞渝则泛指永木河、锡约尔河、巴恰西仁河流域）

【出处】布洛（60 多岁）讲，于乃昌、张力凤、陈理明整理：《天神三兄弟》，原载于乃昌《西藏民间故事——珞巴族、门巴族专辑》，见陶阳、钟秀编《中国神话》（上），北京：商务印书馆 2008 年版，第 48～49 页。

珞巴族 混沌初开时，大地一片汪洋。

【流传】西藏自治区·林芝市·墨脱县·达木珞巴民族乡、旁辛乡、甘登乡（讲述地点：墨脱县·达木珞巴民族乡·达木村）

【出处】仁真刀杰讲：《珞巴族神话（八）》（1957.09），见冀文正《珞巴族民间故事》，成都：四川民族出版社 2011 年版，第 7 页。

W1053.7.1
天地初开时遍地洪水

【关联】［W1091.2.2.1］洪水淹天的时代

实例

满族 天地初开时，遍地洪水。

【流传】（无考）

【出处】富育光、孟慧英、王宏刚整理：《白水鸟神》，见姚宝瑄主编《中国各民族神话》（满族、赫哲族、朝鲜族），太原：山西出版传媒集团·书海出版社 2014 年版，第 72 页。

W1053.8
天地以前是大水塘

实例

哈尼族（僾尼） 古昔天与地乃一大水塘。

【流传】（无考）

【出处】《天与地》，原载陶阳、钟秀编《中国神话》，见袁珂《中国神话大词典》，北京：华夏出版社 2015 年版，第 489 页。

W1053.9
与最早的世界是水有关的其他母题

实例

（参见下级母题实例）

W1053.9.1
以前的世界很潮湿
【关联】[W1235.6] 以前的地是湿的

实 例

汉族　很古的时候，地上到处潮湿。

【流传】（无考）

【出处】秦守华讲，李维铭采录：《太阳的生日》，原载《京山民间故事集》，见陶阳、钟秀编《中国神话》（上），北京：商务印书馆 2008 年版，第 236~237 页。

W1053.9.2
最早的世界像水泡

实 例

满族　世上最古的时候是不分天、不分地的水泡泡，天像水，水像天，天水相连，流溢不定。

【流传】黑龙江省·黑河地区（黑河市）·孙吴县·（沿江满族达斡尔族乡）·四季屯（四季屯村）

【出处】吴纪贤、富希陆讲：《天宫大战——黑水女真人传世神话》（1939，选自富育光、郭淑云整理的手稿），见姚宝瑄主编《中国各民族神话》（满族、赫哲族、朝鲜族），太原：山西出版传媒集团·书海出版社 2014 年版，第 21 页。

W1054
最早的世界是火

实 例

珞巴族　（实例待考）

W1054.1
世界最早出现的是一个大火球

实 例

布朗族　世界最早出现的是一个大火球。

【流传】云南省·（西双版纳傣族自治州）·勐海（勐海县）

【出处】艾扬整理：《天和地的起源》，见中华民族故事大系编委会编《中华民族故事大系》第 12 卷（布朗族、撒拉族、毛南族），上海：上海文艺出版社 1995 年版，第 5 页。

W1054.2
最早的世界只有风吹火焰

实 例

傣族　（实例待考）

W1055
最早的世界是山
【关联】
① [W1036.2.3] 最早的世界是一个石鼓
② [W1823.5.2] 世界最早只有 1 座山

实 例

汉族　大地混沌之后，地又长出来

了，先长出的是山。

【流传】河南省·（周口市）·西华县·逍遥镇·西街

【出处】刘炎讲，张振犁采录：《姊妹成婚》，见中国民间文学集成全国编辑委员会编《中国民间故事集成》（河南卷），北京：中国 ISBN 中心 2001 年版，第 13 页。

W1055.1
最早的世界只有一个长翅膀的大石空中飞

实 例

普米族 以前的世界只有一个长翅膀的大石空中飞。

【流传】云南省·（丽江市）·宁蒗县（宁蒗彝族自治县）；四川省·（凉山彝族自治州）·西昌（西昌市）、木里（木里藏族自治县）等普米族地区

【出处】编玛讲，章虹宇整理：《巴弄明和巴弄姆》，见中华民族故事大系编委会编《中华民族故事大系》第 14 卷（普米族、塔吉克族、怒族、俄罗斯族、鄂温克族），上海：上海文艺出版社 1995 年版，第 34 页。

W1055.2
最早的世界是被水包围的山

实 例

汉族 原来地上只有一座被汪洋大海包围着的山。

【流传】湖北省·神农架林区·盘水乡（松柏镇）·盘水村

【出处】贺久恒讲，胡崇峻采录：《盘古杀雾神》，见中国民间文学集成全国编辑委员会编《中国民间故事集成》（湖北卷），北京：中国 ISBN 中心 1999 年版，第 4 页。

W1056
最早的世界有多种特征

实 例

（参见下级母题实例）

W1056.1
最早的世界是空气和水

【关联】[W1041.1.4]最早的世界是云雾水气

实 例

蒙古族 从前，宇宙间只有空气和水。

【流传】（无考）

【出处】[蒙古] д. 策仁苏德那木编：《蒙古神话》（基利尔蒙古文），转引自那木吉拉《中国阿尔泰语系诸民族神话比较研究》，北京：学习出版社 2010 年版，第 22 页。

W1056.1.1
最早的世界只有水和气

实 例

傣族 最初的世界一片混沌，没有天地，只有水和气。

【流传】（无考）

【出处】《因叭止洪水》，原载毛星主编《中国少数民族文学》，湖南人民出版社1983年版，见姚宝瑄主编《中国各民族神话》（哈尼族、傣族），太原：山西出版传媒集团·书海出版社2014年版，第330页。

傣族 宇宙之初为一片混沌，无天无地，唯水与气。

【流传】（云南省？）

【出处】袁珂改编：《因叭造天地》（原名《开天辟地神话》），原载毛星主编《中国少数民族文学》（下册），见袁珂《中国神话大词典》，北京：华夏出版社2015年版，第501页。

W1056.2
最早的世界是天堂和大海

实 例

裕固族 很古的时候，只有天堂和大海。

【流传】（无考）

【出处】《释迦牟尼创世》，见武文《宇宙建构的奇妙幻想——裕固族创世神话漫议》，载《民族文学研究》1996年第1期。

W1056.3
最早世界是风和火焰

实 例

傣族 远古的时候，没有天地，也没有星星，只有强烈的风和闪闪的火焰，后来结成了一团东西。

【流传】云南省·西双版纳州（西双版纳傣族自治州）

【出处】岩英祁讲，仓霁华翻译，朱宜初等采录：《英叭开天辟地》，见中国民间文学集成全国编辑委员会编《中国民间故事集成》（云南卷），北京：中国ISBN中心2003年版，第82页。

W1056.4
最早世界是声音和气

实 例

纳西族 很古的时候，还没有天地日月星辰，也没有江河湖海山川。在上方出现了妙音，在下方出现了瑞气。

【流传】（a）云南省·（丽江市）·丽江县（原丽江纳西族自治县，今归属为丽江市古城区和玉龙纳西族自治县）

【出处】

（a）和正才等讲，杨世光采录，李即善翻译：《东术争战记》，见中国民间文学集成全国编辑委员会编《中国民间故事集成》（云南卷），北京：中国ISBN中心2003年版，第378页。

（b）李即善翻译，杨世光整理：《东术争战记》，见谷德明编《中国少数民族神话》，北京：中国民间文艺出版社1987年版，第435页。

纳西族 很古的时候，还没有天地日月星辰，也没有江河湖海山川。在上方出现了声音，在下方出现了气息。

【流传】云南省·丽江地区（丽江市）

【出处】李即善翻译，杨世光整理：《东术争战记》，原载中共丽江地委宣传部编《纳西族民间故事选》，见陶阳、钟秀编《中国神话》（中），北京：商务印书馆 2008 年版，第 726 ~ 735 页。

W1056.5
最早世界是山和水

实例

黎族　很久以前，大地上没有人类，只有洪水与火烧山。

【流传】海南省·琼中县（琼中黎族苗族自治县）·五指山公社·番龙村（今属五指山市·水满乡·番龙村）

【出处】王克福讲，冯秀梅采录：《黎族汉族的来源》，见中国民间文学集成全国编辑委员会编《中国民间故事集成》（海南卷），北京：中国 ISBN 中心 2002 年版，第 11 页。

W1056.5.1
世界最早只有1座山1个海

实例

纳西族（摩梭）　天地刚刚分开的时候，只有一个又深又黑的海子喇踏海和一座又高又大的山喇踏山。

【流传】云南省·（丽江市）·宁蒗县（宁蒗彝族自治县）

【出处】
（a）桑直若史、益依关若讲，章天锡、章天铭搜集，章虹宇整理：《昂姑咪》，载《山茶》1986 年第 3 期。

（b）《昂姑咪》，见姚宝瑄主编《中国各民族神话》（佤族、阿昌族、纳西族、普米族、德昂族），太原：山西出版传媒集团·书海出版社 2014 年版，第 104 页。

W1056.5.2
最早的世界石水混杂

实例

景颇族　远古时大地一片混沌，无平地、河流、海洋、草、树及风，唯有石与水混杂一处。

【流传】（无考）

【出处】袁珂改编：《宁冠唯》，原载谷德明编《中国少数民族神话选》，见袁珂《中国神话大词典》，北京：华夏出版社 2015 年版，第 554 页。

W1056.5a
最早世界是地和水

实例

傣族　天地初初形成的时候，只有光秃秃的土地和茫茫无际的海水。

【流传】云南省·（西双版纳傣族自治州）·景洪市

【出处】波岩扁讲，岩温扁、征鹏翻译：《布桑该雅桑该》，见中国民间文学集成全国编辑委员会编《中国民间故事集成》（云南卷），北京：中国 ISBN 中心 2003 年版，第 85 页。

傣族　昔天地形成之初，除光秃大地

与浩荡海水之外，更无别物。

【流传】（云南省？）

【出处】袁珂改编：《布尚改、雅尚改》，原载《傣族民间传说》，见袁珂《中国神话大词典》，北京：华夏出版社 2015 年版，第 500 页。

W1056.6
最早的世界黑暗寒冷

【关联】［W1050.1.1］以前因没有日月大地寒冷黑暗

实例

哈萨克族 天和地漆黑一团，寒冷无比。

【流传】（a）新疆维吾尔自治区

【出处】

（a）《造物主创世》，见满都呼主编《中国阿尔泰语系诸民族神话故事》，北京：民族出版社 1997 年版，第 63 页。

（b）尼合迈德·蒙加尼搜集，校仲彝翻译整理：《迦萨甘创世》，见谷德明编《中国少数民族神话》，北京：中国民间文艺出版社 1987 年版，第 727 页。

哈萨克族 以前，天和地漆黑一团，寒冷无比。

【流传】新疆维吾尔自治区

【出处】尼合迈德·蒙加尼搜集，校仲彝翻译整理：《迦萨甘创世》，载《新疆民族文学》1982 年第 2 期。

汉族 盘古王刚开辟天地的时候，天地黢墨黑，没有亮光，也没有热和气，黑来遭不住，冷来遭不住。

【流传】四川省·（都江堰市）·灌县（古城）·柳街乡一带

【出处】康弘讲，王纯五记录整理：《太阳宝和月儿光咋个来的》（1987.01.04），见姚宝瑄主编《中国各民族神话》（汉族），太原：山西出版传媒集团·书海出版社 2014 年版，第 213～214 页。

苗族 很古以前，天上没有太阳，也没有月亮，人间一片黑暗，一年四季都很冷。

【流传】云南省

【出处】

（a）陶家仁讲述，陶永华、刘德荣搜集整理：《阳雀造日月》，载《山茶》1982 年第 5 期。

（b）同（a），见姚宝瑄主编《中国各民族神话》（布依族、仡佬族、苗族），太原：山西出版传媒集团·书海出版社 2014 年版，第 257 页。

瑶族 发枚（始祖名，造天地者）造了天地后，人间还是一片黢黑，没有光亮，没有温暖，到处是冷冰冰的。

【流传】贵州省·（黔东南苗族侗族自治州）·从江县·（翠里乡）·高芒乡（高芒村）

【出处】赵金荣讲，杨路塔采录：《造日月》，见中国民间文学集成全国编辑委员会编《中国民间故事集成》（贵州卷），北京：中国 ISBN 中心 2003 年版，第 20 页。

W1056.6.1

寒冷的世界

【关联】［W1048］最早的世界是冰冷的

实 例

白族　九个太阳神被蟾刺死坠落后，天地间没有了光亮，也没有温暖了，像个大冰洞一样寒冷。

【流传】云南省·（大理白族自治州）·鹤庆（鹤庆县）

【出处】罗玉生讲，艺叟记录：《日月甲马》，原载《中国民间故事全书》（云南省·鹤庆卷），见陶阳、钟秀编《中国神话》（下），北京：商务印书馆2008年版，第1463~1466页。

W1056.6.2

刚生出的天地黑暗寒冷

实 例

侗族　萨天巴（蜘蛛，女祖神，创世神）生出的天地紧粘连，处处混濛濛。天地黑又冷，无热也无光。

【流传】广西壮族自治区·（柳州市）·三江（三江侗族自治县），（桂林市）·龙胜（龙胜各族自治县）

【出处】杨卜林喜、杨卜松林、杨明世讲，杨国仁、涛声搜集整理，蕾紫改写：《创世女神萨天巴》，过伟改写自侗族创世史诗《嘎茫莽道时嘉——远祖歌》（未出版稿），见姚宝瑄主编《中国各民族神话》（土家族、毛南族、侗族、瑶族），太原：山西出版传媒集团·书海出版社2014年版，第73页。

满族　天神阿布卡赫赫刚生下的宇宙一片漆黑，没有日月星辰，所以，什么也看不见。

【流传】（无考）

【出处】《阿布卡赫赫女神创世》，王松根据富育光、孟慧英、王宏刚撰写的《满族宗教与神话》改写，见姚宝瑄主编《中国各民族神话》（满族、赫哲族、朝鲜族），太原：山西出版传媒集团、书海出版社2014年版，第4~14页。

W1056.6.3

刚造出的天地黑暗寒冷

实 例

瑶族　女神密洛陀造出天地。天上没有日和月，大地一片黑漆漆，宇宙全冻僵。

【流传】广西壮族自治区·（河池市）·都安瑶族自治县江水河一带瑶族地区

【出处】《密洛陀创世》，蓝田根据莎红整理的《密洛陀》和潘泉脉整理的《密洛陀》两部不同版本的长诗《密洛陀》改写，见姚宝瑄主编《中国各民族神话》（土家族、毛南族、侗族、瑶族），太原：山西出版传媒集团·书海出版社2014年版，第152页。

W1056.7

最早的一片大水到处漆黑

【实例】

满族 很古的时候，遍地大水。黑风黑夜，举目漆黑。

【流传】（无考）

【出处】

（a）富育光：《萨满教与神话》，沈阳：辽宁大学出版社1990年版，第50页。

（b）《柳叶繁衍人类（二）》，见吕大吉、何耀华总主编《中国各民族原始宗教资料集成》（鄂伦春族卷、鄂温克族卷、赫哲族卷、达斡尔族卷、锡伯族卷、满族卷、蒙古族卷、藏族卷），北京：中国社会科学出版社1999年版，第486页。

W1056.8

最早的天地是黑暗和混沌

【实例】

汉族 以前，天地一片黑暗和混沌，四处茫茫没有人。

【流传】（无考）

【出处】陶阳根据《黑暗传》资料重述：《盘古老祖是龙之子》，见陶阳、钟秀编《中国神话》（中），北京：商务印书馆2008年版，第539~540页。

W1056.9

最早的世界是气体、烟雾和狂风

【关联】

① [W1004.5.2] 气体、烟雾、狂风合成世界

② [W1051] 最早的世界是气

③ [W1041.2.4] 最早的世界是烟雾

④ [W1052] 最早的世界是风

【实例】

傣族 几亿亿年以前，没有宇宙间的一切，在无边无际的"真空"中，充满着翻腾的气体、烟雾和狂风。

【流传】（无考）

【出处】《地球和"英叭"的由来》，见姚宝瑄主编《中国各民族神话》（哈尼族、傣族），太原：山西出版传媒集团·书海出版社2014年版，第332页。

W1056.9.1

最早的世界只有烟雾和气浪

【实例】

傣族 大神英叭造天地时，坐上飞车钻进厚厚的云层，仔细观察周围的动静，又东张西望，南看北探，可是什么也没看见，四面八方，除了烟雾和气浪，什么也没有，什么也看不见。

【流传】云南省·西双版纳傣族地区（西双版纳傣族自治州）

【出处】《巴塔麻嘎捧尚罗》，王松据岩温炳翻译《巴塔麻曼》（开天辟地）

改写，见姚宝瑄主编《中国各民族神话》（哈尼族、傣族），太原：山西出版传媒集团·书海出版社 2014 年版，第 268~269 页。

W1056.10
最早的世界是水、雾和风
【关联】
① ［W1041.2］最早的世界是雾
② ［W1052］最早的世界是风
③ ［W1053］最早的世界是水

实 例

傣族　以前，天下是一片白茫茫的海水，水面上除了终年翻腾滚动的雾气和大风，就再没有别的什么东西了。

【流传】云南省·西双版纳傣族地区（西双版纳傣族自治州）

【出处】胜能搜集：《巴阿嫩神鱼》，原载《巴塔麻晏》（开天辟地），见姚宝瑄主编《中国各民族神话》（哈尼族、傣族），太原：山西出版传媒集团·书海出版社 2014 年版，第 241 页。

W1056.10.1
最早的世界是雾气和风

实 例

傣族　数亿亿年前，宇宙间一切俱无，于无边无际之太空中，充满翻腾之气体，以及烟雾与狂风。

【流传】（云南省？）

【出处】袁珂改编：《英叭由来》（原名《地球和"英叭"的由来》），原载谷德明编《中国少数民族神话选》，见袁珂《中国神话大词典》，北京：华夏出版社 2015 年版，第 502 页。

W1056.11
最早的天地黑暗压抑
【关联】［W1049］最早的世界很闷

实 例

彝族　云彩造的天地高高地悬挂在半空中。像篾帽的天和像簸箕的地合在一起，云彩遮住了篾帽，云彩遮住了簸箕，顿时一团漆黑，闷郁郁的，整个世界都透不过气来。

【流传】云南省·楚雄彝族自治州

【出处】《门米间扎节》，古梅根据《楚雄民间文学资料》改写，见姚宝瑄主编《中国各民族神话》（羌族、彝族），太原：山西出版传媒集团·书海出版社 2014 年版，第 82 页。

W1056.12
最早的世界只有太阳和大水

实 例

基诺族　远古时候，只有天没有地，只有高高挂在天上的太阳，只有连着天的茫茫大水，却没有草木和人烟。

【流传】（无考）

【出处】《水里浮起的尧白阿嫫》，见姚宝瑄主编《中国各民族神话》（水族、布朗族、独龙族、基诺族、傈僳族），太原：山西出版传媒集团·书海出版社 2014 年版，第 154 页。

W1057
与世界最早情形有关的其他母题

【关联】[W1068.1.3.1] 最早的世界是白色的

实例

（参见下级母题实例）

W1057.1
混沌（浑沌、昆屯、混沌卵）

【关联】[W1040.8] 世界最早是蛋形的混沌

实例

汉族　洞同天地，浑沌为朴，未造而成物，谓之太一。

【流传】（无考）

【出处】[汉]刘安及门客：《淮南子·诠言训》。

汉族　原先是混沌，只有一个卵。

【流传】河南省·（洛阳市）·栾川县·漫寺头（栾川乡漫子头村？）

【出处】赵某某（74岁，7年私塾）讲，陈连山采录：《盘古初分》（1987.02.27），见张振犁编著《中原神话通鉴》（第一卷），郑州：河南大学出版社2017年版，第24页。

汉族　混沌的卵壳里只有两种元气，叫做阴阳。

【流传】浙江省·（温州市）·苍南县·南宋乡

【出处】林道进讲，林子周采录：《天公地母开天地》，见中国民间文学集成全国编辑委员会编《中国民间故事集成》（浙江卷），北京：中国ISBN中心1997年版，第19页。

W1057.1.0
混沌的产生

【关联】[W1996.0] 世界最早产生的生命是混沌

实例

（参见下级母题实例）

W1057.1.0.1
泥形成混沌

实例

苗族　古昔有泥二团，最后逐渐形成鸡卵状之物。

【流传】（无考）

【出处】《盘瓠王造天地》，原载《三套集成四川宜宾地区卷·苗族民间故事分册》，见袁珂《中国神话大词典》，北京：华夏出版社2015年版，第425页。

W1057.1.0.2
盘状物演变成混沌卵

实例

苗族　古昔有泥二团，忽聚而为盘状之物。此物能生长，历亿万年，渐又成为鸡卵状之物。

【流传】（无考）

【出处】《盘瓠王造天地》，原载《三套

集成四川宜宾地区卷·苗族民间故事分册》，见袁珂《中国神话大词典》，北京：华夏出版社2015年版，第425页。

W1057.1.0.3
特定动物制造混沌

实例

（参见下级母题实例）

W1057.1.0.3.1
鱼制造混沌

实例

土家族 东海有条大鱼，鱼翅伸进了天庭，天上人斧砍大鱼。大鱼负痛翻了个身，把天捅了个大窟窿，把地捅了个大坑。从此日夜不分，大地漆黑一片，世上混混沌沌。

【流传】四川省·秀山县（今重庆市·秀山土家族苗族自治县）·海洋乡

【出处】彭国然讲，李绍明采录：《依罗娘娘造人》，见中国民间文学集成全国编辑委员会编《中国民间故事集成》（四川卷·下），北京：中国ISBN中心1998年版，第1211页。

W1057.1.0.3.2
龙吐出混沌世界

实例

汉族 九条龙喷的雾液成了大球球，风吹进不去，太阳也照不进去。整个大地成了混沌，这就是混沌世界。

【流传】河南省·（南阳市）·桐柏县·（南关）

【出处】王延平（工人）讲，马卉欣录音：《混沌世界》，见张振犁编著《中原神话通鉴》（第一卷），郑州：河南大学出版社2017年版，第43页。

W1057.1.1
风分开混沌

实例

水族 伢俣放出风，把混沌分出清浊。

【流传】（无考）

【出处】潘静唱：《开天辟地》，见陶阳、钟秀编《中国创世神话》，上海：上海人民出版社1993年版，第67页。

W1057.1.2
混沌是第一代神

实例

毛南族 （实例待考）

W1057.1.3
混沌鱼

实例

（参见下级母题实例）

W1057.1.3a
混沌兽

【关联】［W3593］其他神圣动物（其他

神性动物）

实例

汉族 昆仑西有兽焉，其状如犬，长毛，四足，似罴而无爪，有目而不见，行不开，有两耳而不闻。有腹而无五脏，有肠直而不旋，食物径过。人有德行而往抵触之，人有凶德而往依凭之。天使其然。名曰浑沌。《史记·五帝本纪》：昔帝鸿氏有不才子，掩义隐贼，好行凶慝，天下谓之浑沌。

【流传】（无考）

【出处】[汉]东方朔：《神异经·西荒经》

W1057.1.4
混沌的周期

实例

（参见下级母题实例）

W1057.1.4.1
混沌一次1千年

实例

汉族 一个混沌就有1千年，一根筹是1万年。

【流传】上海市·松江县（松江区）·九亭乡（九亭镇）·三星村

【出处】朱国民讲，顾青采录：《海斗老祖造天地》，见中国民间文学集成全国编辑委员会编《中国民间故事集成》（上海卷），北京：中国ISBN中心2007年版，第3页。

W1057.1.4.2
混沌一次是1万8千年

实例

汉族 一个混沌是1万8千年。

【流传】吉林省·（通化市）·集安县·头道镇

【出处】于连才讲，黄绍文采录：《先有老子后有天》，见中国民间文学集成全国编辑委员会编《中国民间故事集成》（吉林卷），北京：中国文联出版公司1992年版，第2页。

W1057.1.4.3
混沌一次是十万八千年

实例

汉族 大地十万八千年就会出现一次混沌。

【流传】河南省·（周口市）·西华县·逍遥镇·西街

【出处】刘炎讲，张振犁采录：《姊妹成婚》，见中国民间文学集成全国编辑委员会编《中国民间故事集成》（河南卷），北京：中国ISBN中心2001年版，第13页。

汉族 成精的乌龟对人祖爷说："地壳快变化了，十万八千年一变化，一混沌。"

【流传】河南省·（周口市）·西华县[采录地点：西华县逍遥镇]

【出处】刘炎（60岁，农民）讲，河南大学"中原神话调查组"采录，张振犁、程健君录音整理：《人祖爷（一）》（1983.11.04），见张振犁编著《中原神话通鉴》（第一卷），郑州：河南大学出版社2017年版，第339页。

汉族 伏羲在湖边逮鱼，见到湖里一只方圆百丈的白龟。白龟对伏羲说，十万八千年一个混沌，今年是混沌年头，天要塌，地要陷，人要死个精光。

【流传】河南省·（周口市）·淮阳县 [采录地点：淮阳县·棠棣村]

【出处】李国争（男，63岁，农民，私塾）讲，杨复俊采录：《人祖创世传说》（1985.01.06），见张振犁编著《中原神话通鉴》（第一卷），郑州：河南大学出版社2017年版，第285页。

汉族 天地十万八千年一混沌，那时世界上就没有人了。

【流传】河南省·（焦作市）·沁阳县

【出处】张俊兴、秦太昌采录整理：《伏羲峰和女娲山》，见张振犁编著《中原神话通鉴》（第一卷），郑州：河南大学出版社2017年版，第304页。

W1057.1.5
混沌结束的方式

实 例

（参见下级母题实例）

W1057.1.5.1
混沌之死

实 例

（参见下级母题实例）

W1057.1.5.1.1
混沌凿七窍后死亡

【关联】[W1104.1.8] 盘古从混沌中凿出天地

实 例

汉族 南海之帝为儵，北海之帝为忽，中央之帝为浑沌。儵与忽时相与遇于浑沌之地，浑沌待之甚善。儵与忽谋报浑沌之德，曰："人皆有七窍，以视听食息，此独无有。"尝试凿之，一日凿一窍，七日而浑沌死。

【流传】（无考）

【出处】

（a）《庄子·应帝王》。

（b）《浑沌》，见袁珂《中国神话大词典》，北京：华夏出版社2015年版，第244页。

汉族 南海的天帝叫儵（同倏），北海的天帝叫忽，中央的天帝叫混沌。混沌招待儵和忽很周到。儵和忽想报答混沌的恩德，认为混沌一窍没有，不能视听，就带了斧头、凿子试图替他凿出几窍来。一天凿一窍，七天凿七窍。但是可怜的混沌，却呜呼哀哉，寿终正寝了。

【流传】河南省尾山一带

【出处】程玉林讲，缪华、胡佳作搜集整理：《盘古寺》注释，原载张振犁、程健君编《中原神话专题资料》，见姚宝瑄主编《中国各民族神话》（汉族），太原：山西出版传媒集团·书海出版社2014年版，第4~6页。

W1057.1.5.2
盘古打碎混沌

实例

汉族 盘古拳打脚踢，弄碎了凝聚了一万八千年的混沌。

【流传】河南省

【出处】程玉林讲述，缪华、胡佳作搜集整理：《九重天的来历》，原载张振犁、程健君合编《中原神话专题资料》，见陶阳、钟秀编《中国神话》（上），北京：商务印书馆2008年版，第19~21页。

汉族 盘古蹬破大鸡蛋（混沌），他用又粗又大的胳膊和脚踢打凝聚了一万八千年的混沌黑暗，使紧紧缠着盘古的混沌黑暗，轻的东西就慢慢地飘动起来，变成了蓝天，重的慢慢下降，变成了大地。

【流传】河南省尾山一带

【出处】程玉林讲，缪华、胡佳作搜集整理：《盘古寺》，原载张振犁、程健君编《中原神话专题资料》，见姚宝瑄主编《中国各民族神话》（汉族），太原：山西出版传媒集团·书海出版社2014年版，第4~6页。

汉族 盘古凿破混沌。

【流传】浙江省·（杭州市）·临安县（临安市）·高桥镇（玲珑街道）·祥里村

【出处】陈光林讲，张涛采录：《山与海是怎样来的》，见中国民间文学集成全国编辑委员会编《中国民间故事集成》（浙江卷），北京：中国ISBN中心1997年版，第21页。

W1057.1.5.2a
盘古撑破混沌卵

实例

汉族 盘古在世界混沌卵中睡醒了。他见周围黑乎乎的一片，很闷，就使劲一伸懒腰，轰隆一声巨响，大"鸡蛋"裂开了。

【流传】河南省·（驻马店市）·新蔡县·裳村乡

【出处】刘义（76岁，农民）讲，刘国富采录，龚国强采录整理：《盘古开天地的来历》（1987.09.05），见张振犁编著《中原神话通鉴》（第一卷），郑州：河南大学出版社2017年版，第25页。

汉族 盘古在混沌卵中睡醒后，闷得不得了，伸了个懒腰，一下子把鸡蛋壳儿撑破了。

【流传】河南省·（南阳市）·新野县

【出处】曹学典讲，曹宝泉采录：《盘古爷开天》，见张振犁编著《中原神话通鉴》（第一卷），郑州：河南大学出版社2017年版，第34页。

W1057.1.5.3
混沌被分成两半

实例

汉族 盘古把孕育他的混沌卵用力一

挣扎，大卵裂成两片。

【流传】浙江省·（温州市）·永嘉县各地

【出处】陈仁讲，谢圣铎搜集整理：《盘古开天地》（1985），见姚宝瑄主编《中国各民族神话》（汉族），太原：山西出版传媒集团·书海出版社 2014 年版，第 13～14 页。

W1057.1.5.4
玉帝结束混沌

实例

汉族 下界诸神上奏玉帝，请他改变人间混沌的状况。

【流传】四川省·巴县（今重庆市·巴南区）·土主乡·伏善村

【出处】张文奎讲，李子硕采录：《星星的来历》，见中国民间文学集成全国编辑委员会编《中国民间故事集成》（四川卷·上），北京：中国 ISBN 中心 1998 年版，第 33 页。

W1057.1.6
与混沌有关的其他母题

【关联】
① ［W1043］最早的世界天地相抱
② ［W1979.1.5］混沌是沼泽

实例

（参见下级母题实例）

W1057.1.6.1
混沌是太一

实例

汉族 （实例待考）

W1057.1.6.2
混沌之始为太和

实例

汉族 混沌之先，太无空焉。混沌之始，太和寄焉。

【流传】（无考）

【出处】［北宋］张君房：《云笈七签》卷五十六《诸家气法》。

W1057.1.6.3
混沌的眼睛

实例

（实例待考）

W1057.1.6.4
特定人物改变世间的混沌

实例

汉族 下界诸神上奏玉帝，请他改变人间混沌的状况。

【流传】四川省·巴县（今重庆市·巴南区）·土主乡·伏善村

【出处】张文奎讲，李子硕采录：《星星的来历》，见中国民间文学集成全国编辑委员会编《中国民间故事集成》（四川卷·上），北京：中国 ISBN 中心 1998 年版，第 33 页。

W1057.1.6.5
混沌像浮云

实例

蒙古族 很早以前，天和地还没有分割的时候，世间只是混混沌沌，好似浮动的彩云，漂荡的膏脂。

【流传】（无考）

【出处】《天地起源》，齐木道吉译自日本学者中田千亩著《蒙古神话》，原载谷德明编《中国少数民族神话》，见陶阳、钟秀编《中国神话》（上），北京：商务印书馆 2008 年版，第 29~30 页。

W1057.1.6.6
混沌像气团

实例

汉族 最早的是个大气团。那个气团就像一个大鸡卵，混混沌沌一大块。

【流传】浙江省·（温州市）·永嘉县各地

【出处】陈仁讲，谢圣铎搜集整理：《盘古开天地》（1985），见姚宝瑄主编《中国各民族神话》（汉族），太原：山西出版传媒集团·书海出版社 2014 年版，第 13~14 页。

W1057.1.6.6a
混沌初开产生两种气体

实例

汉族 宇宙混沌卵生的盘古睁眼什么也看不清，就伸手乱挥乱摸，顺手摸到一把利斧，向混沌猛砍起来，只听啪啪声响，眼见混沌初开，"大鸡蛋"中产生了两种气体。

【流传】河南省·登封市

【出处】《嵩山的来历》（据《述异记·盘古化物》整理），见张振犁编著《中原神话通鉴》（第一卷），郑州：河南大学出版社 2017 年版，第 12 页。

W1057.1.6.7
混沌是世界的影子

实例

彝族 混沌的世界，就是世界的影形。

【流传】（无考）

【出处】蔷紫改写：《影与变创世纪·扯舍十代论》，原载贵州省民间文学工作组编《民间文学资料》，1986 年，见姚宝瑄主编《中国各民族神话》（羌族、彝族），太原：山西出版传媒集团·书海出版社 2014 年版，第 126 页。

W1057.1.6.8
昏暗的混沌

【关联】[W1050] 最早的世界是黑暗的

实例

汉族 很久以前，世上没天没地，混混沌沌，昏昏暗暗。

【流传】浙江省·（宁波市）·宁海

县·(西店镇)·紫江村

【出处】邬荣绍讲,邬为国搜集整理:《盘古开天辟地》(1987),见姚宝瑄主编《中国各民族神话》(汉族),太原:山西出版传媒集团·书海出版社 2014 年版,第 11~12 页。

W1057.1.6.9
混沌中最早产生黑白

实例

彝族 混沌世界产生了黑与白之后,仍然没有天,没有地,也没人类。

【流传】(贵州省彝族地区)

【出处】《索恒哲》,见王富慧(珠尼阿依)译著,贵州省民族古籍整理办公室编《彝族神话史诗选》,北京:民族出版社 2013 年版,第 2~3 页。

W1057.1.6.10
混沌里面住着阴族阳族

实例

汉族 很久以前,混沌里面住着两个大族。阴族首领是邪魔氏,阳族首领是盘古。盘古想凿开混沌时,邪魔氏马上阻挠。

【流传】浙江省·宁波市·宁海县·(西店镇)·紫江村

【出处】邬荣绍讲,邬为国记录:《盘古开天辟地》(1987.03),见罗杨总主编,戴余金本卷主编《中国民间故事丛书·浙江宁波·宁海卷》,北京:知识产权出版社 2015 年版,第 3 页。

W1057.1.6.11
混沌卵会变化

实例

(参见下级母题实例)

W1057.1.6.11.1
混沌卵会变化大小

实例

汉族 盘古在混沌卵里头一拱,卵就大一点儿,一缩又小一点儿。

【流传】河南省·(洛阳市)·栾川县·漫寺头(栾川乡漫子头村?)

【出处】赵某某(74 岁,7 年私塾)讲,陈连山采录:《盘古初分》(1987.02.27),见张振犁编著《中原神话通鉴》(第一卷),郑州:河南大学出版社 2017 年版,第 24 页。

W1057.1.6.11.2
混沌的多次演化

实例

彝族 混沌世界最早产生了黑与白,黑与白变化出"尼"和"能"。"尼"和"能"变化生出"阴"和"阳"。

【流传】(贵州省彝族地区)

【出处】《索恒哲》,见王富慧(珠尼阿依)译著,贵州省民族古籍整理办公室编《彝族神话史诗选》,北京:民族出版社2013年版，第3~5页。

W1057.2
最早的世界很小

实例

鄂温克族 远古的时候，宇宙很小很小。

【流传】内蒙古自治区·（呼伦贝尔市）·鄂温克族自治旗·辉苏木

【出处】巴图讲，耐登采录，白杉翻译：《天天地是怎么变大的—萨满鼓的来历》，见中国民间文学集成全国编辑委员会编《中国民间故事集成》（内蒙古卷），北京：中国ISBN中心2007年版，第10页。

哈萨克族 创世主迦萨甘先创造了天和地。当初，天只有圆镜那般大，地只像马蹄一样小。

【流传】新疆维吾尔自治区·（乌鲁木齐市）·乌鲁木齐县（天山区）·白杨沟夏牧场

【出处】谢热亚孜旦·马尔萨克讲，尼合买提·蒙加尼采录：《迦萨甘创世》，见中国民间文学集成全国编辑委员会编《中国民间故事集成》（新疆卷），北京：中国ISBN中心2008年版，第3页。

W1057.2.1
最早世界小得没有火石大

实例

藏族 斯巴（世界）形成的时候，很小很小，连火石大的石头都放不下。

【流传】（无考）

【出处】才旦旺堆搜集，蔷紫整理：《大鹏分天地》，见姚宝瑄主编《中国各民族神话》（门巴族、珞巴族、怒族、藏族），太原：山西出版传媒集团·书海出版社2014年版，第80页。

W1057.2.2
最早世界如衣服大小

实例

藏族 世界最初形成时，世界只有氅大。

【流传】西藏自治区·林芝地区·波密县

【出处】《四个鹏鸟蛋》，见中国民间文学集成全国编辑委员会、中国歌谣集成西藏卷编辑委员会编《中国歌谣集·西藏卷》，中国ISBN中心1995年版，第74页。

W1057.3
最早的世界很美好

【关联】[W1793.3] 天堂很美好

实例

藏族 以前，人们过着神一般的生活，互不侵犯，相互来往很有礼仪，到处是安乐和太平。

【流传】青海省·黄南州（黄南藏族自治州）·同仁县

【出处】娘先讲，赵清阳采录：《从前天空无太阳》，见中国民间文学集成全国编辑委员会编《中国民间故事集成》（青海卷），北京：中国 ISBN 中心 2007 年版，第 6 页。

W1057.3.1
以前的世界阳光灿烂风光秀美

实 例

彝族 古时候，四季分明，阳光灿烂，风光秀美。

【流传】云南省·红河南岸红河（红河县）、元阳（元阳县）一带

【出处】孙官生调查整理：《祭傩神话》，见吕大吉、何耀华总主编《中国各民族原始宗教资料集成》（彝族卷、白族卷、基诺族卷），北京：中国社会科学出版社 1996 年版，第 283~284 页。

W1057.3.2
以前的世界风调雨顺

实 例

汉族 盘古开天辟地之后，大地上风调雨顺。

【流传】江苏省·南京市

【出处】吴玉门讲，赵慕明记录：《后羿射金乌》，见姚宝瑄主编《中国各民族神话》（汉族），太原：山西出版传媒集团·书海出版社 2014 年版，第 138~139 页。

W1057.3.3
以前的世界一团和气

实 例

苗族 以前，天上太平，地上也和气，不争不吵，一派升平。

【流传】广西壮族自治区·（柳州市）·融水苗族自治县

【出处】
（a）杨达香讲，梁彬搜集整理：《创世纪》（三、太阳打斗，人死草枯），见梁彬、王天若编《苗族民间故事选》，南宁：广西人民出版社 1986 年版。
（b）同（a），见姚宝瑄主编《中国各民族神话》（布依族、仡佬族、苗族），太原：山西出版传媒集团·书海出版社 2014 年版，第 183 页。

W1057.3a
最早的世界不美

实 例

彝族 最早漆黑的宇宙，没有蓝天，宇宙也不美。

【流传】（贵州省彝族地区）

【出处】《索恒哲》，见王富慧（珠尼阿依）译著，贵州省民族古籍整理办公室编《彝族神话史诗选》，北京：民族出版社 2013 年版，第 6 页。

W1057.4
最早的世界是红色的

实 例

彝族 搓日阿补（英雄名）来到了一个奇怪的地方。这地方天是红的，地是红的，空气是红的，连水也是红的。

【流传】云南省·（楚雄彝族自治

州）·永仁县

【出处】苏绍相等讲，基默热阔采录：《搓日阿补征服女儿国》，见中国民间文学集成全国编辑委员会编《中国民间故事集成》（云南卷），北京：中国 ISBN 中心 2003 年版，第 353 页。

W1057.5
最早的世界全是尘土

【关联】［W1040.2.3］最早的世界充满灰尘

实例

汉族 天地初开，满天满地都是呛人的灰土。

【流传】天津市·河西区
【出处】黄老太太讲，李昶采录：《土虫变人》，见中国民间文学集成全国编辑委员会编《中国民间故事集成》（天津卷），北京：中国 ISBN 中心 2004 年版，第 5 页。

W1057.6
最早的世界不稳定

实例

（参见下级母题实例）

W1057.6.1
最早的世界是旋转的

【关联】
①［W1036.10.1］天地是个旋转的三个蛋黄

②［W1041.1.1］世界最早只有旋转的云雾

实例

苗族 天地像糍粑旋转。

【流传】（无考）
【出处】《开天辟地》，见梁彬整理本《创世纪》。

W1057.6.2
最早的世界被风吹得晃晃荡荡

实例

哈尼族 以前的世界是黑暗的混沌。不知到了哪年哪日，黑暗中传来"嘶喇喇"一声响，刮起了一阵又一阵大风，世界被吹得晃晃荡荡。

【流传】云南省·（普洱市）·孟连县（孟连傣族拉祜族佤族自治县）
【出处】李格、王富帮讲，张犁翻译，李灿伟、莫非搜集整理：《天、地、人和万物的起源》，原载云南省民间文学集成办公室编《哈尼族神话传说集成》，中国民间文艺出版社 1990 年版，见姚宝瑄主编《中国各民族神话》（哈尼族、傣族），太原：山西出版传媒集团·书海出版社 2014 年版，第 58 页。

W1057.6.3
以前日月和大地都在动荡

实例

纳西族 很古的时候，太阳和月亮还在

天上晃荡，大地也像一大潭泥淖一样隐隐的动荡。

【流传】云南省·（丽江市）·丽江县（古城区、玉龙纳西族自治县）

【出处】木丽春采集整理：《"抽秽"俗礼的来历》，见木丽春编著《纳西族民间故事集》，昆明：云南人民出版社 2007 年版，第 231 页。

W1057.6.4
最早的世界是旋转的黑团

实　例

德昂族　最早的混沌世界被狂风吹出了一团黑乎乎的东西。这团东西在天上越转越黑，越转越紧，不知转了多少万年。

【流传】云南省·德宏州（德宏傣族景颇族自治州）

【出处】
(a) 陈志鹏搜集整理：《祖先创世纪》，见李子贤编《云南少数民族神话选》，昆明：云南人民出版社 1990 年版。
(b) 同（a），见姚宝瑄主编《中国各民族神话》（佤族、阿昌族、纳西族、普米族、德昂族），太原：山西出版传媒集团·书海出版社 2014 年版，第 391 页。

W1057.7
最早的世界没有水

【关联】［W1053］最早的世界是水

实　例

珞巴族　最早世界没有一点水。

【流传】西藏自治区·下珞渝（又写作"下珞瑜"，泛指永木河、锡约尔河、巴恰西仁河流域）

【出处】维·埃尔温搜集：《霍斯巴萨木鸟》，见中华民族故事大系编委会编《中华民族故事大系》第 16 卷（赫哲族、门巴族、珞巴族、基诺族），上海：上海文艺出版社 1995 年版，第 552 页。

W1057.7.1
混沌初开时地上没有水

实　例

珞巴族　（实例待考）

W1057.8
最早的世界是软的

实　例

（参见下级母题实例）

W1057.8.1
最早的世界由软变硬

实　例

侗族　天地原来是一大团滚烫的脓脓水水，后来慢慢地变凉、变干、变硬。

【流传】贵州省·（黔东南苗族侗族自治州）·三穗县·款场（款场乡）

【出处】杨引兰讲，周昌武采录：《开天辟地》，见中国民间文学集成全国编辑委员会编《中国民间故事集成》（贵州卷），北京：中国 ISBN 中心 2003 年版，第 5 页。

W1057.9

最早的世界没有生命

【关联】［W1990a］以前没有生命（以前没有生物）

实例

藏族　斯巴（世界）形成的时候，就像一坨糌粑粘在一起，里面什么生物也没有，死气沉沉的。

【流传】（无考）

【出处】才旦旺堆搜集，蔷紫整理：《大鹏分天地》，见姚宝瑄主编《中国各民族神话》（门巴族、珞巴族、怒族、藏族），太原：山西出版传媒集团·书海出版社2014年版，第80页。

W1057.9.1

最早的世界很冷清

实例

汉族　天地初开，混沌始分的时候，这地上无人，天上无鸟，世界一片荒芜，冷冷清清。

【流传】河南省·豫中一带（河南省中部地区）

【出处】陶然玲讲：《女娲的传说》，见张振犁编著《中原神话通鉴》（第一卷），郑州：河南大学出版社2017年版，第185页。

W1057.10

最早的世界是雾笼罩的无声世界

【关联】［W1068.8］无声的世界

实例

拉祜族　很古的时候，到处都被白茫茫的大雾笼罩着，就像一潭死水，昏昏沉沉，无声无息。

【流传】云南省大拉祜及黄拉祜中部一带

【出处】小八讲，古木整理：《天神厄莎》（整理中参照了《牡帕密帕》和《古根》），见姚宝瑄主编《中国各民族神话》（白族、拉祜族、景颇族），太原：山西出版传媒集团·书海出版社2014年版，第158页。

W1057.11

最早的世界只有雷吼风呼

实例

德昂族　很古的时候，世界只有雷吼风呼。

【流传】云南省·德宏州（德宏傣族景颇族自治州）

【出处】

(a) 陈志鹏搜集整理：《祖先创世纪》，见李子贤编《云南少数民族神话选》，昆明：云南人民出版社1990年版。

(b) 同（a），见姚宝瑄主编《中国各民族神话》（佤族、阿昌族、纳西族、普米族、德昂族），太原：山西出版传媒集团·书海出版社2014年版，第391页。

W1057.12

最早的世界朦朦胧胧

实例

藏族　很早的世界，到处是昏昏沉

沉，茫茫苍苍，朦朦胧胧。

【流传】（无考）

【出处】刘尚乐搜集整理：《天和地是怎样来的》，见姚宝瑄主编《中国各民族神话》（门巴族、珞巴族、怒族、藏族），太原：山西出版传媒集团·书海出版社 2014 年版，第 84 页。

W1057.12.1

开天辟地出现万物后世界仍朦朦胧胧

实 例

汉族 盘古用神力开天辟地之后，出现了万物和人，但世界上还是朦朦胧胧的。

【流传】浙江省·（嘉兴市）·海宁县

【出处】沈关勇等讲，郑伟成记录，王钱松整理：《日月平升》，载《民间文学》1983 年第 10 期。

1.1.4　世界的特征
【W1060 ~ W1069】

W1060

世界特征的产生

【关联】［W1000］世界的产生

实 例

（参见下级母题实例）

W1060.1

世界特征自然存在

实 例

（实例待考）

W1060.2

神规定世界的特征

实 例

（参见下级母题实例）

W1060.2.1

天神规定世界的特征

实 例

鄂伦春族 天神恩都哩规定日月运行的道路，让它们在一条道上，一前一后分开走。不到一定的时辰，不能住在一块儿。

【流传】黑龙江省·黑河市·（爱辉区）·新生乡（新生鄂伦春族乡）

【出处】

（a）莫庆云讲：《白天和黑天是怎么分开的》，见中国民间文学集成全国编辑委员会编《中国民间故事集成》（黑龙江卷），北京：中国 ISBN 中心 2005 年版，第 28 页。

（b）莫庆云讲：《白天为啥比黑天亮》，见满都呼主编《中国阿尔泰语系诸民族神话故事》，北京：民族出版社 1997 年版，第 323 页。

W1060.2.2
真主规定世界的特征
【实例】

　　塔吉克族 安拉构想了宇宙的样子，把宇宙按鸡蛋的样子创造。

【流传】新疆维吾尔自治区·（喀什地区）·塔什库尔干塔吉克自治县·瓦尔西代乡

【出处】马达里汗讲，西仁·库尔班等采录翻译：《人类的来历》，见中国民间文学集成全国编辑委员会编《中国民间故事集成》（新疆卷），北京：中国 ISBN 中心 2008 年版，第 34 页。

W1060.3
世界的特征是变化产生的
【实例】

（实例待考）

W1060.4
与世界特征的产生有关的其他母题
【实例】

（参见下级母题实例）

W1060.4.1
文化英雄影响世界特征
【实例】

（参见下级母题实例）

W1060.4.1.1
射日者影响世界特征
【关联】

① ［W9700］射日月的结果

② ［W9715］射日者（射月者）

【实例】

　　壮族 特桄（射日者）规定日月三年见一次面。

【流传】广西壮族自治区·（南宁市）·上林县·西燕乡（西燕镇）

【出处】

（a）韦奶讲，蓝鸿恩采录翻译：《太阳、月亮和星星》，见中国民间文学集成全国编辑委员会编《中国民间故事集成》（广西卷），北京：中国 ISBN 中心 2001 年版，第 38 页。

（b）同（a），见张声震总主编，农冠品编注《壮族神话集成》，南宁：广西民族出版社 2007 年版，第 310 页。

W1061
世界的大小（宇宙的大小）
【汤普森】A658

【关联】

① ［W1057.2］最早的世界很小

② ［W1127.1］最初天地很小

【实例】

　　鄂温克族 远古的时候，宇宙很小很小。

【流传】内蒙古自治区·（呼伦贝尔

市）·鄂温克族自治旗·辉苏木

【出处】巴图讲，耐登采录，白杉翻译：《天天地是怎么变大的——萨满鼓的来历》，见中国民间文学集成全国编辑委员会编《中国民间故事集成》（内蒙古卷），北京：中国ISBN中心2007年版，第10页。

W1061.1

宇宙大无垠

实例

彝族 宇宙大无垠，高天和大地，也是大无边。

【流传】（贵州省彝族地区）

【出处】《索恒哲》，见王富慧（珠尼阿依）译著，贵州省民族古籍整理办公室编《彝族神话史诗选》，北京：民族出版社2013年版，第23页。

W1062

世界的形状

实例

（参见下级母题实例）

W1062.1

世界有4个角

实例

（参见下级母题实例）

W1062.1.1

世界的4个角的确定

【汤普森】A1182

【关联】［W1204］地是方的

实例

（实例待考）

W1062.2

世界（宇宙）是一个整体

【汤普森】A650

【关联】［W1068.4.1］宇宙的四方相互连接

实例

彝族 宇宙的四方相互连接。

【流传】贵州省·毕节（毕节市）·赫章县

【出处】贵州省毕节地区民族事务委员会编，王子尧等译：《物始纪略》（第一集），成都：四川民族出版社1990年版，第4页。

W1062.3

世界是圆的

【汤普森】A655

【关联】［W1036］世界卵（宇宙卵）

实例

汉族 最早时，通天下像个硕大的大鸡子。

【流传】浙江省·（金华市）·东阳县（东阳市）·青联乡·雅坑村

【出处】张宣元讲，周耀明采录：《盘古开天》，见中国民间文学集成全国编辑委员会编《中国民间故事集成》（浙江卷），北京：中国ISBN中心1997年版，第15页。

塔吉克族 安拉构想了宇宙的样子，把宇宙按鸡蛋的样子创造。

【流传】新疆维吾尔自治区·（喀什地区）·塔什库尔干塔吉克自治县·瓦尔西代乡

【出处】马达里汗讲，西仁·库尔班等采录翻译：《人类的来历》，见中国民间文学集成全国编辑委员会编《中国民间故事集成》（新疆卷），北京：中国ISBN中心2008年版，第34页。

W1062.3.1
世界像充气的圆球

实例

汉族 混沌时期，世界是个充满气的球。

【流传】四川省·（成都市）·崇庆县（崇州市）

【出处】吴道士讲，毛甫澄采录：《盘古开天地》，见中国民间文学集成全国编辑委员会编《中国民间故事集成》（四川卷·上），北京：中国ISBN中心1998年版，第22页。

W1062.3.2
世界最早像鸡蛋

实例

畲族 以前，没有天也没有地，四面八方好像打翻的鸡卵丸。

【流传】福建省·（宁德市）·寿宁（寿宁县）

【出处】吴兰妃讲，刘善林采录：《天地是如何形成的》，原载《闽东畲族文化全书》，北京：民族出版社2009年版，见《福建省少数民族古籍丛书》编委会编《畲族卷·民间故事》，福州：海峡出版发行集团·海峡书局2013年版，第4页。

W1062.3.2.1
世界最早像大鸡蛋

实例

汉族 以前，天地还没有开，宇宙是一片混沌，像个大鸡蛋一样。

【流传】河南省·登封市

【出处】《嵩山的来历》（据《述异记·盘古化物》整理），见张振犁编著《中原神话通鉴》（第一卷），郑州：河南大学出版社2017年版，第12页。

汉族 早先，天地不分，像个大鸡蛋。

【流传】河南省·（南阳市）·社旗县·饶良乡·崇子营村

【出处】王庚有（28岁，高中）讲述，乔天义采录：《盘古开天辟地的传说》（1986.02），见张振犁编著《中原神话通鉴》（第一卷），郑州：河南大学出版社2017年版，第30页。

汉族 很久以前，世界好像个大鸡蛋。

【流传】河南省·（濮阳市）·濮阳县（五星乡）·西八里庄村

【出处】魏世敏（60岁）讲，魏盼先采

1.1.4 世界的特征 ‖W1062.3.2.2–W1062.4.1‖ 129

录：《盘古开天》（1990.06），见张振犁编著《中原神话通鉴》（第一卷），郑州：河南大学出版社 2017 年版，第 14 页。

W1062.3.2.2
地浑沌如鸡子

实　例

汉族 天地浑沌如鸡子，盘古生在其中。盘古万八千岁，天地开辟。

【流传】（无考）

【出处】

(a) ［三国·吴］徐整：*《盘古》，见［唐］欧阳询《艺文类聚》卷一引。

(b) ［三国·吴］徐整：*《盘古》，见［清］马骕《绎史》卷一引。

W1062.3.3
以前宇宙像一个大鸡蛋

实　例

汉族 很久以前，既没有天又没有地，宇宙就像一个大鸡蛋。

【流传】河南省·新乡市

【出处】马如心（50 岁）讲，马安中采录整理：《盘古开天地》（1986.08），见张振犁编著《中原神话通鉴》（第一卷），郑州：河南大学出版社 2017 年版，第 16 页。

汉族 很早的时候，整个宇宙像一个大鸡蛋。

【流传】河南省·（焦作市）·武陟县·阳城乡·南关村

【出处】王百贞（1907 年生）讲，王广先采录整理：《盘古开天辟地》，见张振犁编著《中原神话通鉴》（第一卷），郑州：河南大学出版社 2017 年版，第 17 页。

W1062.4
世界像蜘蛛网

实　例

拉祜族 宇宙好像蜘蛛网，厄莎（天神）坐在网中间。

【流传】（无考）

【出处】刘辉豪整理：《造天造地》，见陶立璠、赵桂芳等编《中国少数民族神话汇编》（开天辟地篇等），中央民族学院少数民族古籍整理出版规划领导小组办公室印（未署出版时间），第 283 页。

W1062.4.1
宇宙如悬空的蛛网

实　例

拉祜族 宇宙如悬空之蛛网，天神厄莎及其助手皆如蜘蛛居于网中。

【流传】（无考）

【出处】袁珂改编：《造天造地》（原名《牡帕密帕·勐呆密呆》），原载毛星主编《中国少数民族文学》（下册），见袁珂《中国神话大词典》，北京：华夏出版社 2015 年版，第 534 页。

W1063
世界的中心（天地的中心）

【汤普森】H618.3

【关联】
① ［W1164］天的中心
② ［W1236］地的中心（地心）

实 例

（参见下级母题实例）

W1063.1
世界中心的确定

【汤普森】A1181

实 例

（实例待考）

W1063.2
某个特定地点是世界的中心（某个特定地点是天地的中心）

实 例

（参见下级母题实例）

W1063.2.1
特定的湖在世界的中央

实 例

藏族 （实例待考）

W1063.2.2
都广之野是天地的中心

【关联】 ［W1448.5.1］都广的建木是天梯

实 例

汉族 都广之野，是天地的中心。这里是一个好地方，不管冬天夏天，百谷都能播种，生长出来的米、黍、豆、麦，又白又滑，好像脂膏。这里聚集着各种各样的飞禽走兽，鸟语花香，草木常青，是地上的乐园。

【流传】（无考）

【出处】《伏羲攀登天梯》，原载袁珂编译《中国神话故事》，见陶阳、钟秀编《中国神话》（上），北京：商务印书馆2008年版，第181~183页。

汉族 西南黑水之间，有都广之野，后稷葬焉。其城方三百里，盖天地之中，素女所出也。

【流传】（无考）

【出处】
（a）《山海经·海内经》。
（b）《都广野》，见袁珂《中国神话大词典》，北京：华夏出版社2015年版，第256页。

W1063.2.3
杞县是天地的中心

实 例

汉族 杞县古时候叫中天镇，是天地的中心。

【流传】河南省·（开封市）·杞县·柿园乡·黑木村

【出处】尹守礼讲，王怀聚采录：《女娲炼石补天》，见中国民间文学集成全国编辑委员会编《中国民间故事集成》（河南卷），北京：中国 ISBN 中心 2001 年版，第 17 页。

汉族 古时候，杞县是天地的中心。

【流传】河南省·（开封市）·杞县·邢口乡·何寨村［采录地点：杞县·苏木乡·苏木村］

【出处】何萍的外祖父讲，何萍采录整理：《杞人忧天的传说》（1986），见张振犁编著《中原神话通鉴》（第一卷），郑州：河南大学出版社 2017 年版，第 163 页。

汉族 很久以前，杞县是天地的中心。

【流传】河南省·（开封市）·杞县

【出处】王怀聚讲，王宪明搜集整理：《杞人忧天》，见姚宝瑄主编《中国各民族神话》（汉族），太原：山西出版传媒集团·书海出版社 2014 年版，第 75～77 页。

W1063.3
天地的中心没有影子

实 例

汉族 天梯在天地中央的中央。到了正午，太阳照在作为天梯的"建木"树顶上，连一点影子都看不见，站在那里大吼一声，声音马上会消失在虚空之中，四面八方没有一点回响。

【流传】（无考）

【出处】《伏羲攀登天梯》，原载袁珂编译《中国神话故事》，见陶阳、钟秀编《中国神话》（上），北京：商务印书馆 2008 年版，第 181～183 页。

W1064
世界的错乱（颠倒的世界）

实 例

（参见下级母题实例）

W1064.1
以前的世界与现在相反

【汤普森】A633

实 例

彝族 以前，草的根子总是朝着天空长，河水也是倒着向天上流。

【流传】（无考）

【出处】

（a）蒋汉章翻译，李仲舒整理：《创造万物的巨人支格阿鲁》，见陶立璠、李耀宗主编《中国少数民族神话传说选》，成都：四川民族出版社 1985 年版，第 86 页。

（b）《创造万物的巨人尼支呷咯》，见谷德明编《中国少数民族神话》，北京：中国民间文艺出版社 1987 年版，第 280 页。

W1064.2
恶神制造颠倒的世界

实 例

阿昌族 火神旱神腊訇把山族动物赶下水，把水族动物赶上山，强令树木倒着长，让游鱼在山头打滚，让走兽在水里漂荡，整个世界陷入了一片混乱。

【流传】（云南省）

【出处】赵安贤讲，智克整理：《遮帕麻与遮米麻》，见姚宝瑄主编《中国各民族神话》（佤族、阿昌族、纳西族、普米族、德昂族），太原：山西出版传媒集团·书海出版社 2014 年版，第 80 页。

W1064.3
与颠倒的世界有关的奇特母题

【关联】［W1896.2.8］以前水会往高处流

实 例

（参见下级母题实例）

W1064.3.1
修复颠倒的世界

【关联】［W1396］与天地的修整有关的其他母题

实 例

（参见下级母题实例）

W1064.3.1.1
天公修复颠倒的世界

实 例

阿昌族　天公遮帕麻挥动赶山鞭，把倒插的树木扶正，把倒流的河水理清，把混乱了的天地又重新整顿。

【流传】（云南省）

【出处】赵安贤讲，智克整理：《遮帕麻与遮米麻》，见姚宝瑄主编《中国各民族神话》（佤族、阿昌族、纳西族、普米族、德昂族），太原：山西出版传媒集团·书海出版社 2014 年版，第 87 页。

W1065
世界是完美的（美好的世界）

【关联】［W1057.3］最早的世界很美好

实 例

哈萨克族　世界被完美地创造出来，连最边缘的地方都被安排停当了。

【流传】（无考）

【出处】美依里姆·扎拜讲，阿里木赛依提·吾勒达汗搜集，安蕾、毕桪译：《太阳与星星》，见满都呼主编《中国阿尔泰语系诸民族神话故事》，北京：民族出版社 1997 年版，第 61 页。

W1065.1
美好的另一个世界

实 例

鄂温克族　人死后的亡灵要到另外一个世界，那个世界更幸福、更美好。

【流传】（内蒙古自治区·呼伦贝尔市·额尔古纳市）

【出处】

（a）《额尔古纳旗使用驯鹿鄂温克人的调查报告》，见内蒙古自治区编辑组《鄂温克族社会历史调查》，呼和浩特：内蒙古人民出版社 1986 年版，第 230 页。

(b)《灵魂不灭》，见吕大吉、何耀华总主编《中国各民族原始宗教资料集成》（鄂伦春族卷、鄂温克族卷、赫哲族卷、达斡尔族卷、锡伯族卷、满族卷、蒙古族卷、藏族卷），北京：中国社会科学出版社 1999 年版，第 108 页。

W1065.1.1
玉龙雪山第三国

实 例

纳西族 （实例待考）

W1065.2
美丽的世界

实 例

彝族 彩色变一对，变向各处去，变往各处行。天与地的各方，各方的颜色都十分美丽，形成的世界是个美丽的世界。

【流传】（无考）

【出处】蕾紫改写：《影与变创世纪·扯舍十代论》，原载贵州省民间文学工作组编《民间文学资料》，内部编印，1986 年，见姚宝瑄主编《中国各民族神话》（羌族、彝族），太原：山西出版传媒集团·书海出版社 2014 年版，第 128 页。

W1065a
世界是悲惨的

实 例

（参见下级母题实例）

W1065a.1
以前的世界是悲惨的

实 例

（参见下级母题实例）

W1065a.1.1
以前的世界充满各种灾难

【关联】［W8000］世界灾难

实 例

布依族 以前，天地不分，洪水经常泛滥，人们年年遭灾，受苦受难，东奔西走，日子过得很悲惨。

【流传】贵州省·（黔南布依族苗族自治州）·平塘（平塘县）、罗甸（罗甸县）、惠水（惠水县）三县交界地区

【出处】杨兴荣、杨再良讲，杨路塔搜集整理：《日、月、星》，载《山茶》1987 年第 2 期。

W1066
世界的数量

【关联】

① ［W1067.1］地球有地上、地下两个世界

② ［W1070］三界

实例

（参见下级母题实例）

W1066.1
有 1 个世界

实例

汉族　通天教祖、原始天祖和太乙真人把陆鸭从水下取来的泥土盘成圆珠，圆珠在原始天祖手里十万八千年长出一个地球。

【流传】江苏省·（镇江市）·丹阳市·云林乡·伦地村

【出处】徐书明讲，康新民采录：《绿鸭淘沙造大地》，见中国民间文学集成全国编辑委员会编《中国民间故事集成》（江苏卷），北京：中国ISBN中心1998年版，第13页。

W1066.1a
有 2 个世界

【关联】
① ［W1065.1］美好的另一个世界
② ［W1070.4.4］地的下面是另一个世界

实例

（参见下级母题实例）

W1066.1a.1
另一个世界

实例

汉族　天塌地陷后伏羲女娲兄妹躲进白龟腹中。这儿没有太阳，但晴朗朗的，不见月亮，但明光光的，红花绿草，山川河流，跟人间一模一样。

【流传】河南省·（周口市）·淮阳县 ［采录地点：淮阳县·棠棣村］

【出处】李国争（男，63岁，农民，私塾）讲，杨复俊采录：《人祖创世传说》（1985.01.06），见张振犁编著《中原神话通鉴》（第一卷），郑州：河南大学出版社2017年版，第285页。

W1066.1a.1.1
天上的世界与地上一样

实例

汉族　天上的世界也下雨，也刮风；也有山有水有桑田，男的耕，女的织，跟咱地上差不多。

【流传】河南省·（周口市）·沈丘县·范营乡·董楼村

【出处】刘玉英（女，71岁，农民，不识字）讲，孔祥金采录：《姐弟成婚》（1987.09），见张振犁编著《中原神话通鉴》（第一卷），郑州：河南大学出版社2017年版，第329页。

W1066.1a.1.2
别有洞天的世界

实例

汉族　天塌地陷时，伏羲到白龟腹中避难。伏羲发现这儿是另一个世界。

这儿没有太阳，到处是金灿灿、明朗朗的。

【流传】河南省·（周口市）·淮阳县

【出处】《人祖爷》，见张振犁编著《中原神话通鉴》（第一卷），郑州：河南大学出版社 2017 年版，第 214 页。

W1066.1a.1.2.1
动物腹中的世界

实例

汉族 天塌地陷时，小孩儿姊妹俩在石狮子肚里住着。里面也有一处院子，他们拿的馍也都在屋里放着，有好馍（白馍），有花卷，也有黑馍。他们啥都吃，没事了，就用泥巴捏人玩。里面也会刮风下雨。

【流传】河南省·（南阳市）·社旗县

【出处】赵成先（20 岁，大学生）讲：《盘古兄妹婚（三）》（1982.05），见张振犁编著《中原神话通鉴》（第一卷），郑州：河南大学出版社 2017 年版，第 99 页。

W1066.2
有多个世界

【关联】［W1096.0.1］十万乾坤

实例

（参见下级母题实例）

W1066.2.0
3 个世界

【关联】［W1070］三界

实例

（参见下级母题实例）

W1066.2.0.1
神造天空、大地和海洋三个世界

实例

哈尼族 神造出了三个世界，即天空、大地和海洋。

【流传】云南省·（红河哈尼族彝族自治州）·元阳县

【出处】朱小和讲，卢朝贵搜集整理：《三个世界》，单超选自《哈尼族神话传说选》，见姚宝瑄主编《中国各民族神话》（哈尼族、傣族），太原：山西出版传媒集团·书海出版社 2014 年版，第 65 页。

W1066.2.1
9 个世界

【汤普森】A651.0.1

实例

（实例待考）

W1066.2.2
地上有 18 万个世界

实例

柯尔克孜族 达尼格尔（英雄名）骑着神驹走了一年，把地上十八万个世界统统转了一遍。

【流传】（新疆维吾尔自治区）

【出处】玛沙托克托逊讲，《玛纳斯》

工作组搜集，张运隆整理，朱玛拉依翻译：《达尼格尔神游地府》，见姚宝瑄主编《中国各民族神话》（乌孜别克族、哈萨克族、柯尔克孜族、俄罗斯族、维吾尔族、塔吉克族、塔塔尔族、锡伯族），太原：山西出版传媒集团·书海出版社 2014 年版，第 197 页。

W1066.2.3
与多个世界有关的其他母题

实例

（参见下级母题实例）

W1066.2.3.1
世界之外还有世界

实例

壮族　《巫经》中认为世界之外还有神秘境界，刻意渲染神具有至高无上的权威和力量，主宰自然界及人类的一切，歌颂了巫师的祖师爷——"巴"神的伟大。

【流 传】广西壮族自治区·（百色市）·德保县

【出 处】黄英振、李永宁、黄如猛搜集整理：*《巫经》（1989），见吕大吉、何耀华总主编《中国各民族原始宗教资料集成》（土家族卷、瑶族卷、壮族卷、黎族卷），北京：中国社会科学出版社 1998 年版，第 573 页。

W1067
世界的层级（层数）

【汤普森】A651

实例

（参见下级母题实例）

W1067.1
地球有地上、地下两个世界

实例

高山族　太古，地球有地上、地下两个世界。

【流 传】（无考）

【出 处】谷德明：《蜜蜂引发地震》，见刘城淮主编《世界神话集（1）·自然神话》，长沙：湖南大学出版社 1999 年版，第 75 页。

W1067.2
世界分 3 层（宇宙分 3 层）

【关联】

① ［W1070］三界
② ［W1077.2］地界是宇宙下三层
③ ［W1163］天地的层数

实例

布朗族　宇宙分为 3 层。

【流 传】云南省·西双版纳（西双版纳傣族自治州）

【出 处】王国祥：《布朗族文学概况》，见中国社会科学院云南少数民族文学研究所编《云南少数民族文学资料》

第 1 辑，云南少数民族文学研究所编印，1980 年，第 60 页。

W1067.2.0
世界分天、地、地下 3 层

实 例

满族 宇宙就被阿布凯赫赫（第一代天神，天母）分为三层：一是天，二是地，三是地下（也叫地下国）。

【流传】黑龙江省·（牡丹江市）·宁古塔（宁安县）；吉林省·长白山地区（长白山一带）

【出处】傅英仁（疑"人"为"仁"）讲述，张爱云整理：《阿布凯赫赫创造天地人》，原载《满族萨满神话》，见陶阳、钟秀编《中国神话》（上），北京：商务印书馆 2008 年版，第 140~154 页。

苗族 以前，宇宙分上中下 3 层。上层叫天上，中层叫地上，下层叫地下。

【流传】贵州省中西部地区

【出处】

（a）祝先先讲，燕宝整理：《棒头人》，见燕宝编《苗族民间故事选》，上海：上海文艺出版社 1981 年版，第 32 页。

（b）同（a），见姚宝瑄主编《中国各民族神话》（布依族、仡佬族、苗族），太原：山西出版传媒集团·书海出版社 2014 年版，第 156 页。

苗族 远古时，宇宙有 3 层，上层为天间世界，中层为人间世界，下层为地间世界。

【流传】贵州省·黔东南（黔东南苗族侗族自治州）

【出处】

（a）《棒头人》，见巴略、王秀盛《苗族文学概论》，北京：中国文史出版社 2006 年版，第 28 页。

（b）《棒头人》，原载燕宝编《苗族民间故事选》，见袁珂《中国神话大词典》，北京：华夏出版社 2015 年版，第 425 页。

W1067.2.1
宇宙上层是天，中间是地，最下层是地下

实 例

毛南族 （实例待考）

W1067.2.1.1
宇宙的上层叫天上

实 例

苗族 古时宇宙分三层，其中上层曰天上，居民粗如囤箩，高如竹竿。

【流传】（无考）

【出处】《棒头人》，原载燕宝编《苗族民间故事选》，见袁珂《中国神话大词典》，北京：华夏出版社 2015 年版，第 425 页。

苗族 宇宙之间分上、中、下三层。其中，上层叫做天上。

【流传】贵州省中西部

【出处】

（a）祝先先讲，燕宝整理：《棒头人》，见燕宝编《苗族民间故事选》，上海：上海文艺出版社1981年版。

（b）同（a），见姚宝瑄主编《中国各民族神话》（布依族、仡佬族、苗族），太原：山西出版传媒集团·书海出版社2014年版，第156页。

W1067.2.1.2
宇宙的中层叫地上

实　例

苗族　古时宇宙分上、中、下三层。中层曰地上，居民粗如碓杵，高如扁担。

【流传】（无考）

【出处】《棒头人》，原载燕宝编《苗族民间故事选》，见袁珂《中国神话大词典》，北京：华夏出版社2015年版，第425页。

苗族　宇宙之间分上、中、下三层。其中，中层叫做地上。

【流传】贵州省中西部

【出处】

（a）祝先先讲，燕宝整理：《棒头人》，见燕宝编《苗族民间故事选》，上海：上海文艺出版社1981年版。

（b）同（a），见姚宝瑄主编《中国各民族神话》（布依族、仡佬族、苗族），太原：山西出版传媒集团·书海出版社2014年版，第156页。

W1067.2.1.3
宇宙的下层叫地下

实　例

苗族　古时宇宙分上、中、下三层。下层曰地下，居民粗如手臂，高如棒头。

【流传】（无考）

【出处】《棒头人》，原载燕宝编《苗族民间故事选》，见袁珂《中国神话大词典》，北京：华夏出版社2015年版，第425页。

苗族　宇宙之间分上、中、下三层。其中，下层叫做地下。

【流传】贵州省中西部

【出处】

（a）祝先先讲，燕宝整理：《棒头人》，见燕宝编《苗族民间故事选》，上海：上海文艺出版社1981年版。

（b）同（a），见姚宝瑄主编《中国各民族神话》（布依族、仡佬族、苗族），太原：山西出版传媒集团·书海出版社2014年版，第156页。

W1067.2.2
世界分为上、中、下3层世界

实　例

达斡尔族　世界分为上、中、下三层世界。

【流传】（内蒙古自治区、黑龙江省等地）

【出处】

（a）塔娜：《达斡尔族的神话和萨满教》，见《达斡尔族研究》第二辑，内蒙古达斡尔历史语言文字学会 1987 年编印。

(b)《阴间世界及追魂（二）》，见吕大吉、何耀华总主编《中国各民族原始宗教资料集成》（鄂伦春族卷、鄂温克族卷、赫哲族卷、达斡尔族卷、锡伯族卷、满族卷、蒙古族卷、藏族卷），北京：中国社会科学出版社 1999 年版，第 299 页。

W1067.2.3

世界分地下层、地面层和天空层

实 例

哈萨克族 创世主迦萨甘把天地做成三层：地下层、地面层和天空层。

【流传】（新疆维吾尔自治区）

【出处】

(a) 尼哈迈提·蒙加尼整理，校仲彝记录整理：《迦萨甘创世》，见张越、姚宝瑄编《新疆民族神话故事选》，乌鲁木齐：新疆人民出版社 1989 年版。

(b) 同(a)，见姚宝瑄主编《中国各民族神话》（乌孜别克族、哈萨克族、柯尔克孜族、俄罗斯族、维吾尔族、塔吉克族、塔塔尔族、锡伯族），太原：山西出版传媒集团·书海出版社 2014 年版，第 22 页。

W1067.2.3.1

天地分地下层、地面层与天空层

实 例

哈萨克族 迦萨甘造天地为三层，即地下层、地面层与天空层。

【流传】（无考）

【出处】袁珂改编：《迦萨甘》，原载毛星主编《中国少数民族文学》（上册），见袁珂《中国神话大词典》，北京：华夏出版社 2015 年版，第 495 页。

W1067.2.4

世界卵分蛋黄、蛋清、蛋壳 3 层

实 例

汉族 以前的世界像鸡蛋。大鸡子里头是鸡子黄，中间是鸡子清，外头包着个石硬古硬的鸡子壳。

【流传】浙江省·（金华市）·东阳县

【出处】

(a) 张宣元讲，周耀明搜集整理：《盘古王开天》，载《民间文学》1986 年第 11 期。

(b) 同(a)，见姚宝瑄主编《中国各民族神话》（汉族），太原：山西出版传媒集团·书海出版社 2014 年版，第 6~7 页。

汉族 很久以前，世界好像个大鸡蛋，里头有清、有黄，在清和黄的外面是一层很硬的外壳。

【流传】河南省·（濮阳市）·濮阳县（五星乡）·西八里庄村

【出处】魏世敏（60 岁）讲，魏盼先采录：《盘古开天》（1990.06），见张振犁编著《中原神话通鉴》（第一卷），郑州：河南大学出版社 2017 年版，

第 14 页。

W1067.3
世界有 7 层

实例

柯尔克孜族 天帝创造宇宙时，把它分为 7 层。

【流传】（无考）

【出处】

（a）《火神》，见张彦平摘译自玛凯来克·月米尔巴依《柯尔克孜神话》，阿图什市：新疆克孜勒苏柯尔克孜文出版社 1994 年版。

（b）那木吉拉：《中国阿尔泰语系诸民族神话比较研究》，北京：学习出版社 2010 年版，第 57 页。

W1067.4
世界有 9 层

【关联】［W1163.9］天有 9 层（九重天）

实例

（参见下级母题实例）

W1067.4.1
宇宙分 9 层

实例

满族 宇宙分为九层。

【流传】（无考）

【出处】《阿布卡赫赫女神创世》，王松根据富育光、孟慧英、王宏刚撰写的《满族宗教与神话》改写，见姚宝瑄主编《中国各民族神话》（满族、赫哲族、朝鲜族），太原：山西出版传媒集团、书海出版社 2014 年版，第 4~14 页。

满族 自然宇宙分为九层。

【流传】（无考）

【出处】

（a）富育光：《萨满教与神话》，沈阳：辽宁大学出版社 1990 年版，第 26 页。

（b）《九天三界说》，见吕大吉、何耀华总主编《中国各民族原始宗教资料集成》（鄂伦春族卷、鄂温克族卷、赫哲族卷、达斡尔族卷、锡伯族卷、满族卷、蒙古族卷、藏族卷），北京：中国社会科学出版社 1999 年版，第 477 页。

W1067.5
与世界的层级有关的其他母题

实例

（参见下级母题实例）

W1067.5.1
宇宙分 17 层

实例

满族 宇宙被分为 17 层。

【流传】（无考）

【出处】富育光：《萨满神柱崇拜考析》，载《萨满学术论坛》2006 年第 1 期。

W1067.5.2

宇宙分33层

实例

满族 宇宙被分为33层。

【流传】（无考）

【出处】富育光：《萨满神柱崇拜考析》，载《萨满学术论坛》2006年第1期。

W1067.5.3

宇宙最高层是天界河火界

实例

满族 宇宙最上三层为天界、火界，又称光明界。

【流传】（无考）

【出处】《阿布卡赫赫女神创世》，王松根据富育光、孟慧英、王宏刚撰写的《满族宗教与神话》改写，见姚宝瑄主编《中国各民族神话》（满族、赫哲族、朝鲜族），太原：山西出版传媒集团、书海出版社2014年版，第4~14页。

W1067.5.4

宇宙最上层是天界

实例

满族 自然宇宙分为九层，最上层为天界、火界，又称光明界。

【流传】（无考）

【出处】

（a）富育光：《萨满教与神话》，沈阳：辽宁大学出版社1990年版，第26页。

（b）《九天三界说》，见吕大吉、何耀华总主编《中国各民族原始宗教资料集成》（鄂伦春族卷、鄂温克族卷、赫哲族卷、达斡尔族卷、锡伯族卷、满族卷、蒙古族卷、藏族卷），北京：中国社会科学出版社1999年版，第477页。

W1067a

世界的构成

实例

（参见下级母题实例）

W1067a.1

土界、水界、火界和风界构成世界

实例

藏族 土界、水界、火界和风界四种物质构成世界。

【流传】云南省·迪庆（迪庆藏族自治州）

【出处】《世巴塔义》，见才旦旺堆搜集，蔷紫整理《神蛋创世纪》注释，见姚宝瑄主编《中国各民族神话》（门巴族、珞巴族、怒族、藏族），太原：山西出版传媒集团·书海出版社2014年版，第75页。

W1068
与世界特征有关的其他母题
实 例
（参见下级母题实例）

W1068.1
世界的颜色
实 例
（参见下级母题实例）

W1068.1.1
每个世界都有一个不同的颜色
【汤普森】A659
实 例
蒙古族 女神麦德尔骑着白色神马，视察三千色世界。
【流传】内蒙古自治区
【出处】《麦德尔娘娘开天辟地》，见中国民间文学集成全国编辑委员会编《中国民间故事集成》（内蒙古卷），北京：中国ISBN中心2007年版，第3页。

W1068.1.2
无色的世界
实 例
汉族（实例待考）

W1068.1.3
白色的世界
【关联】［W1041.0］最早的世界是白色雾露
实 例
纳西族 白蛋变化后生出美令东主（第一代祖先），出现了东族的白天和白地，白太阳和白月亮，白星星和白彗星，白山和白谷，白树和白石，白犏牛和白牦牛，白山羊和白绵羊，白牛和白马。
【流传】云南省·（迪庆藏族自治州）·中甸县（香格里拉县）·三坝乡（三坝纳西族乡）·白地（白地村）一带
【出处】和牛恒（东巴）读经，和志武翻译整理：《东埃术埃》（1962），见吕大吉、何耀华总主编《中国各民族原始宗教资料集成》（纳西族卷、羌族卷、独龙族卷、傈僳族卷、怒族卷），北京：中国社会科学出版社2000年版，第350页。

W1068.1.3.1
最早的世界是白色的
实 例
布依族 远古之时，大地唯白茫茫一片。
【流传】（无考）
【出处】《人与动物由来》（原名《人和动物是怎么产生的》），原载谷德明编

《中国少数民族神话选》，见袁珂《中国神话大词典》，北京：华夏出版社2015年版，第445页。

W1068.1.3.2
最早的世界是白色混沌

【关联】［W1040］最早的世界是混沌

实 例

哈尼族　远古的时候，没有天，没有地，只是白茫茫的一片，混混沌沌。

【流传】（无考）

【出处】《杀牛龙，造天地》，根据张牛朗、杨批斗、李书周等演唱，杨保生、李家顺等翻译，杨笛、郭纯礼等整理《十二奴局》和《奥色密色》翻译稿改写，见姚宝瑄主编《中国各民族神话》（哈尼族、傣族），太原：山西出版传媒集团·书海出版社2014年版，第9页。

W1068.1.4
黑色的世界

实 例

纳西族　黑蛋起变化生出美令术主，出现了术鬼的黑天和黑地，黑太阳和黑月亮，黑星星和黑彗星，黑山和黑谷，黑树和黑石，黑犏牛和黑牦牛，黑山羊和黑绵羊，黑马和黑牛。

【流传】云南省·（迪庆藏族自治州）·中甸县（香格里拉县）·三坝乡（三坝纳西族乡）·白地（白地村）一带

【出处】和牛恒（东巴）读经，和志武翻译整理：《东埃术埃》（1962），见吕大吉、何耀华总主编《中国各民族原始宗教资料集成》（纳西族卷、羌族卷、独龙族卷、傈僳族卷、怒族卷），北京：中国社会科学出版社2000年版，第350页。

W1068.1.5
红色的世界

实 例

彝族　搓日阿补（英雄名）来到一个奇怪的地方，只见这里的天是红的，地是红的，连水也是红的，透过耀眼的金光，出现了一个巨大无比的红色寨子。

【流传】（云南省）

【出处】苏绍相、李玉兴、克鲁讲，基默热阔搜集：《搓日阿补征服女儿国》，原载李子贤编《云南少数民族神话选》，云南人民出版社1990年版，见姚宝瑄主编《中国各民族神话》（羌族、彝族），太原：山西出版传媒集团·书海出版社2014年版，第347页。

W1068.2
世界特征的变化

实 例

（参见下级母题实例）

W1068.2.1
神使世界变化

实例

蒙古族（实例待考）

W1068.2.1.1
女天神的情绪使世界变化

实例

维吾尔族　世界所有自然现象都是由于女天神爱瑟玛的情绪变化所引起的。

【流传】（无考）

【出处】

（a）《爱瑟玛美女》，见满都呼主编《中国阿尔泰语系诸民族神话故事》，北京：民族出版社1997年版，第30页。

（b）艾赛提·苏来曼译：《爱瑟玛美女》，见阿布都克里木·热合曼编《丝路神话传说》，乌鲁木齐：新疆人民出版社1985年版。

W1068.2.2
神性人物使世界变化

实例

侗族　姜古脚蹬出高山丘岭、江河溪涧和海洋湖泊。

【流传】湖南省

【出处】《姜古造地》，见中国各民族宗教与神话大词典编审委员会编《中国各民族宗教与神话大词典》，北京：学苑出版社1990年版，第111页。

W1068.2.3
其他特定人物使世界变化

实例

（实例待考）

W1068.3
世界有天国与地国

实例

苗族　世界有一个天国与一个地国。

【流传】湘（湖南省）西部、鄂（湖北省）西南部

【出处】《傩公傩母》，见石宗仁搜集整理《中国苗族古歌》，天津：天津古籍出版社1991年版，第85~122页。

W1068.4
宇宙有四方

【关联】

① ［W1166］天边（天的边际）

② ［W4700］方位

实例

（参见下级母题实例）

W1068.4.1
宇宙的四方相互连接

【关联】［W1062.2］世界（宇宙）是一个整体

实例

彝族　宇宙的四方相互连接。

【流传】贵州省·毕节（毕节市）·赫

章县

【出处】贵州省毕节地区民族事务委员会编，王子尧等译：《物始纪略》（第一集），成都：四川民族出版社1990年版，第4页。

W1068.4.2
宇宙四方的守卫者

实例

（实例待考）

W1068.4.2.1
尧派羲仲、羲叔、和仲、和叔两对兄弟守宇宙四方

实例

汉族 （实例待考）

W1068.5
人界和世界交界处

实例

羌族 （实例待考）

W1068.6
极乐世界

实例

藏族 （实例待考）

W1068.6.1
开启极乐世界大门的钥匙

实例

珞巴族 莲花生大师将他的僧帽放在莲花天湖的湖边，变成圆石。在圆石的背后，据说还有莲花生大师隐藏的一把钥匙，那是开启通往极乐世界大门的钥匙。

【流传】西藏自治区·林芝市·墨脱县·达木珞巴民族乡、加拉萨乡、甘登乡（讲述地点：墨脱县·达木珞巴民族乡·达木村）

【出处】江措、安布、嘎项、顿加讲：《寻找开启神门的胡匙》（1956.07），见冀文正《珞巴族民间故事》，成都：四川民族出版社2011年版，第60页。

W1068.7
神秘力量控制着世界

实例

怒族 江河森林的存在以及春播秋实、雷声电光、生命的起始、孩子的成长都是因为有一种神秘的力量在支配着。

【流传】云南省·（怒江傈僳族自治州）·贡山（贡山独龙族怒族自治县）

【出处】罗孟：《贡山怒族的宗教信仰》，载云南省社会科学院民族学研究所编《民族学》1988年第1期。

W1068.8
无声的世界

实例

拉祜族 很古的时候，到处都被白茫茫的大雾笼罩着，就像一潭死水，昏昏

沉沉，无声无息。

【流传】云南省大拉祜及黄拉祜中部一带

【出处】小八讲，古木整理：《天神厄莎》，（整理中参照了《牡帕密帕》和《古根》），见姚宝瑄主编《中国各民族神话》（白族、拉祜族、景颇族），太原：山西出版传媒集团·书海出版社2014年版，第158页。

W1068.8.1
最早的世界因为没有生命静悄悄

实例

布依族 最早的时候，天下没有人和动物，世界上静悄悄的。

【流传】（无考）

【出处】罗仁山讲：《人和动物是怎么产生的》，见姚宝瑄主编《中国各民族神话》（布依族、仡佬族、苗族），太原：山西出版传媒集团·书海出版社2014年版，第20页。

W1068.9
虚幻的世界

实例

（参见下级母题实例）

W1068.9.1
海市蜃楼

实例

汉族 海中有蜃，能吐气成楼台蜃，蚌属。

【流传】（无考）

【出处】［晋］张华：《博物志佚文》，范宁校证。

W1068.9.1.1
蛟蜃之气形成海市蜃楼

实例

汉族 登州海中，时有云气，如宫室台观，城堞人物，车马冠盖，历历可见，谓之海市。或曰，蛟蜃之气所为。

【流传】（无考）

【出处】［宋］沈括：《梦溪笔谈》卷二。

汉族 蛟之属有蜃，状似蛇而大，有角，能呼气成楼台城郭之状。

【流传】（无考）

【出处】［明］李时珍：《本草纲目·鳞部》"蛟龙"条。

W1068.9.2
与海市蜃楼有关的其他母题

实例

（参见下级母题实例）

W1068.9.2.1
海中金台

实例

汉族 海中有金台，山水百丈，结构巧丽，穷尽神工，横光岩渚，竦曜星汉。台内有金几，雕文备置，上有百味之食，四大力神常立守护。有一个五通仙人，来欲甘膳，四神排击，迁延而退。

【流传】（无考）

【出处】鲁迅：《古小说钩沉》辑《幽明录》。

1.1.5 三界及相关母题【W1070～W1089】

❀ W1070
三界

【关联】［W1066.2.0］3个世界

实 例

壮族　昔天地分三界，上界雷公管理，中界陆驮公公（即"布洛陀"）管理，下界龙王管理。

【流传】（无考）

【出处】《陆驮公公》，原载胡仲实《壮族文学概论》，见袁珂《中国神话大词典》，北京：华夏出版社2015年版，第442页。

W1070.1
世界分上、中、下三界（天地分三界）

【关联】

① ［W1067.2.2］世界分为上、中、下三层世界

② ［W1070.4.1］三界分玉清、上清和太清

③ ［W1070.4.2］三界分色界、无色界和欲界

实 例

满族　萨满教立三界，上界，中界，下界。

【流传】（吉林省）

【出处】《灵魂出游》，原载《中华民国全国省区全志》第二卷·吉林省志，见吕大吉、何耀华总主编《中国各民族原始宗教资料集成》（鄂伦春族卷、鄂温克族卷、赫哲族卷、达斡尔族卷、锡伯族卷、满族卷、蒙古族卷、藏族卷），北京：中国社会科学出版社1999年版，第478页。

W1070.1.0
三界是上界、中界和下界

实 例

布依族　洪水后，盘古王用大板斧造上、中、下三界。

【流传】（无考）

【出处】杨路塔：《日·月·星》，见曹文轩主编《中国神话故事精选》，北京：北京大学出版社2004年版，第16～18页。

壮族　古代天上分为上、中、下三界。

【流传】广西壮族自治区右江流域

【出处】覃建才搜集整理：《保洛陀》，见曹廷伟编著《广西民间故事辞典》，南宁：广西教育出版社1993年版，第17页。

壮族　在古老的年代，天地分成三

界：天上面叫做上界，地上面叫做中界，地下面叫做下界。

【流传】（无考）

【出处】覃建才搜集整理：《保洛陀》，原载刘德荣等编《壮族民间故事》，云南人民出版社1988年版，见姚宝瑄主编《中国各民族神话》（仫佬族、壮族、京族），太原：山西出版传媒集团·书海出版社2014年版，第97页。

W1070.1.0.1
上界是天上面，中界是地上面，下界是地下面

实例

（实例待考）

W1070.1.1
世界分为天上、地上、地下三界

实例

朝鲜族 世界分为天上、地上、地下三界。

【流传】（无考）

【出处】《成造本歌》，见金东勋《朝鲜族的神话传说》，http://www.chinactwh.com，2003.09.02。

达斡尔族 世界分上、中、下三层。

【流传】（无考）

【出处】吕大吉、何耀华主编《中国各民族原始宗教资料集成》（鄂伦春族卷、鄂温克族卷、赫哲族卷、达斡尔族卷、锡伯族卷、满族卷、蒙古族卷、藏族卷），北京：中国社会科学出版社1999年版，第299页。

哈萨克族 创世主迦萨甘把天地做成三层：地下层、地面层和天空层。

【流传】新疆维吾尔自治区·（乌鲁木齐市）·乌鲁木齐县（天山区）·白杨沟夏牧场

【出处】谢热亚孜旦·马尔萨克讲，尼合买提·蒙加尼采录：《迦萨甘创世》，见中国民间文学集成全国编辑委员会编《中国民间故事集成》（新疆卷），北京：中国ISBN中心2008年版，第3页。

赫哲族 宇宙分上、中、下三界。

【流传】（无考）

【出处】吕大吉、何耀华主编《中国各民族原始宗教资料集成》（鄂伦春族卷、鄂温克族卷、赫哲族卷、达斡尔族卷、锡伯族卷、满族卷、蒙古族卷、藏族卷），北京：中国社会科学出版社1999年版，第199页。

W1070.1.2
宇宙的上层叫天上，中层叫地上，下层叫地下

实例

苗族 （实例待考）

W1070.1.3
上界是天堂，中界是人间，下界是地狱

实例

赫哲族 宇宙分为上、中、下三界：上

界为天堂，诸神所住；中界即人间，为人类繁殖之地；下界为地狱，为恶魔住所。

【流传】（松花江下游地区依兰县至抚远市一带）

【出处】

（a）凌纯声：《松花江下游的赫哲族》（原1934年南京刊印本），北京：民族出版社2012年版，第102~103页。

（b）《人的三个灵魂》，见吕大吉、何耀华总主编《中国各民族原始宗教资料集成》（鄂伦春族卷、鄂温克族卷、赫哲族卷、达斡尔族卷、锡伯族卷、满族卷、蒙古族卷、藏族卷），北京：中国社会科学出版社1999年版，第199页。

W1070.1.4
上界是天上，中界是人间，下界是龙宫

实 例

布依族 盘古王举起手中的大板斧，猛劈三下，造出天上、人间和龙宫，分成上、中、下三界。

【流传】贵州省·（黔南布依族苗族自治州）·平塘（平塘县）、罗甸（罗甸县）、惠水（惠水县）三县交界地区

【出处】杨兴荣、杨再良讲，杨路塔搜集整理：《日、月、星》，载《山茶》1987年第2期。

W1070.1.5
三界是人界、鬼界和神界

实 例

彝族 宇宙间共有人、鬼、神三界，其中"石姆岩哈"是神界。

【流传】云南省·（楚雄彝族自治州）·永仁县

【出处】

（a）曲木阿石等讲，罗有能整理：《更资天神》，见云南省楚雄州文教局和云南省楚雄州民委会编《楚雄民间文学资料》，内部资料，1979年。

（b）同（a），见姚宝瑄主编《中国各民族神话》（羌族、彝族），太原：山西出版传媒集团·书海出版社2014年版，第173页。

W1070.1.6
三界是天界、地界和水界

实 例

汉族 气体旋转形成的蛋形的东西，爆为三片分别变成上面的天空下面的水和中间的中界大地。这就是"三界"。

【流传】辽宁省·（大连市）·瓦房店市·炮台镇·长岭村、老染房村一带

【出处】秦淑慧讲，孙波搜集整理：《姝六甲》（1986.03），见姚宝瑄主编《中国各民族神话》（汉族），太原：山西出版传媒集团·书海出版社2014年版，第36~38页。

壮族 三界指的是天界、地界和水界。

【流传】广西壮族自治区·百色市·田阳县·坡洪镇·个强屯

【出处】农布秋明万历四十四年手抄本，农吉勤收藏，黄明标等搜集，黄明标等翻译：《唝洛陀造麽叭科》（1616），见黄明标主编《壮族麽经布洛陀遗本影印译注》（上卷），南宁：广西人民出版社2016年版，第5页。

W1070.2
三界相连

【汤普森】A657

实例

（参见下级母题实例）

W1070.2.1
三界相通

【关联】［W1270］天地相连

实例

（参见下级母题实例）

W1070.2.1.1
三界互不相通

实例

壮族 天界、地界和水界三界各都封闭得密密实实，没有门路相通，凡人不能往来。

【流传】（无考）

【出处】覃建才搜集整理：《保洛陀》，原载刘德荣等编《壮族民间故事》，云南人民出版社1988年版，见姚宝瑄主编《中国各民族神话》（仫佬族、壮族、京族），太原：山西出版传媒集团·书海出版社2014年版，第97页。

W1070.2.2
地上地下通

实例

（参见下级母题实例）

W1070.2.2.1
盘古时人间与地下通

实例

汉族 盘古开辟天地之初，人间和地下也是相通的。

【流传】江苏省·（宿迁市）·泗阳县

【出处】房右居讲，蒋光祥搜集整理：《天上、人间、地下》（1986.10.10），见姚宝瑄主编《中国各民族神话》（汉族），太原：山西出版传媒集团·书海出版社2014年版，第40～41页。

W1070.2.2.2
人到地下的通道

实例

汉族 以前，人间和地下也是相通的。人只要顺一个山洞跑，就能到地下。

【流传】江苏省·（宿迁市）·泗阳县

【出处】房右居讲，蒋光祥搜集整理：《天上、人间、地下》（1986.10.10），见姚宝瑄主编《中国各民族神话》（汉族），太原：山西出版传媒集团·书海出版社2014年版，第40~41页。

W1070.2.2.2.1
地上与地下由山洞相通

实例

苗族 地上（宇宙的中层）樵夫砍柴，失手坠柴刀于山洞中，入洞觅刀，遂至地下（宇宙的下层）棒头人王国。

【流传】（无考）
【出处】《棒头人》，原载燕宝编《苗族民间故事选》，见袁珂《中国神话大词典》，北京：华夏出版社2015年版，第425页。

W1070.2.2.2.2
地上与地下由地洞相通

实例

苗族 地上的世界有个樵夫下地洞去找砍柴刀时，一直掉下去，掉到地下的世界去了。

【流传】贵州省中西部
【出处】
（a）祝先先讲，燕宝整理：《棒头人》，见燕宝编《苗族民间故事选》，上海：上海文艺出版社1981年版。
（b）同（a），见姚宝瑄主编《中国各民族神话》（布依族、仡佬族、苗族），太原：山西出版传媒集团·书海出版社2014年版，第156页。

W1070.2.2.2.3
通过人梯从地下回到地上

实例

苗族 掉到地下棒头国的樵夫要返回地上时，千千万万的棒头人都来送行，他们搭成坚实的人梯，樵夫一步步地踏着他们的肩头往上爬回到地面上。

【流传】贵州省中西部
【出处】
（a）祝先先讲，燕宝整理：《棒头人》，见燕宝编《苗族民间故事选》，上海：上海文艺出版社1981年版。
（b）同（a），见姚宝瑄主编《中国各民族神话》（布依族、仡佬族、苗族），太原：山西出版传媒集团·书海出版社2014年版，第161页。

W1070.2.2.3
绝地上地下通

实例

（参见下级母题实例）

W1070.2.2.3.1
堵住山洞绝地上地下通

实例

汉族 地下的人生气了，就把地上通

往地下的山洞堵死了。这样一来，地上和地下也就不通了。

【流传】江苏省·（宿迁市）·泗阳县

【出处】房右居讲，蒋光祥搜集整理：《天上、人间、地下》（1986.10.10），见姚宝瑄主编《中国各民族神话》（汉族），太原：山西出版传媒集团·书海出版社 2014 年版，第 40～41 页。

W1070.3
三界的形成（三界的产生）

实 例

（参见下级母题实例）

W1070.3.1
自然形成三界

实 例

（实例待考）

W1070.3.2
神确定三界

实 例

（参见下级母题实例）

W1070.3.2.1
道教神确定三界

实 例

汉族 陈郎娶龙王的 3 个女儿，生 3 子，分别是上元、中元和下元。元始天尊让他们统治三界的生灵、神和魔。

【流传】（无考）

【出处】［法］禄是遒，王定安译：《中国民间崇拜：中国众神》，北京：社会科学文献出版社 2009 年版，第 14 页。

W1070.3.3
神性人物确定三界

实 例

（参见下级母题实例）

W1070.3.3.1
盘古造上、中、下三界

实 例

布依族 盘古王举起手中的大板斧，猛劈三下，造出上、中、下三界。

【流传】贵州省·（黔南布依族苗族自治州）·平塘（平塘县）、罗甸（罗甸县）、惠水（惠水县）三县交界地区

【出处】杨兴荣、杨再良讲，杨路塔搜集整理：《日、月、星》，载《山茶》1987 年第 2 期。

汉族 （实例待考）

W1070.3.3.1.1
盘古三斧子开辟三界

实 例

布依族 盘古王三板斧造出天上、人间和龙宫，就分成上、中、下三界。

【流传】贵州省·（黔南布依族苗族自

治州）平塘县、罗甸县、惠水县三县交界地区

【出处】杨兴荣、杨再良讲，杨路塔记录整理：《日、月、星》，见姚宝瑄主编《中国各民族神话》（布依族、仡佬族、苗族），太原：山西出版传媒集团·书海出版社 2014 年版，第 76 页。

W1070.3.3.2
创世主迦萨甘把天地做成三层

实例

哈萨克族 （实例待考）

W1070.3.3.3
萨满确立三界

【关联】[W9146] 萨满

实例

满族 萨满确立三界：上界为诸神所居，中界为人类繁殖，下界为恶魔所居。

【流传】（无考）

【出处】吕光天：《北方民族原始社会形态研究》，银川：宁夏人民出版社 1981 年版，第 314 页。

W1070.3.3.4
格萨尔安置三界

【关联】[W0684] 格萨尔

实例

藏族 格萨尔王至众敌俱摧，民害悉除，终乃安置三界。

【流传】（无考）

【出处】刘局乐整理：《格萨尔王的传说》，见 BBS 水木清华站：http://www.smth.edu.cn，2006.07.20。

W1070.3.3.5
三王安置三界

实例

壮族 三界由三王安置。

【流传】（无考）

【出处】张声震主编：《布洛陀经诗》，见张声震总主编，农冠品编注《壮族神话集成》，南宁：广西民族出版社 2007 年版，第 66 页。

壮族 天地水三界是由王造出来的。

【流传】广西壮族自治区·百色市·田阳县·坡洪镇·个强屯

【出处】农布秋明万历四十四年手抄本，农吉勤收藏，黄明标等搜集，黄明标等翻译：《唝洛陀造麽叭科》（1616），见黄明标主编《壮族麽经布洛陀遗本影印译注》（上卷），南宁：广西人民出版社 2016 年版，第 5 页。

壮族 天地水三界由王造。

【流传】广西壮族自治区·百色市·田阳县·坡洪镇·陇升村·个强屯

【出处】农吉勤收藏，黄明标等搜集，黄明标等翻译：《造万样》，见黄明标主编《壮族麽经布洛陀遗本影印译注》（上卷），南宁：广西人民出版社 2016 年版，第 75 页。

壮族 王造天地水三界。

【流传】广西壮族自治区·百色市·田阳县·坡洪镇·陇升村·个强屯

【出处】农吉勤收藏，黄明标等搜集，黄明标等翻译：《麽兵麽叭共卷》，见黄明标主编《壮族麽经布洛陀遗本影印译注》（中卷），南宁：广西人民出版社 2016 年版，第 5 页。

W1070.3.4
特定的物分出三界

实例

（参见下级母题实例）

W1070.3.4.1
三黄神蛋分成天界、地界和水域

实例

壮族　五色气体冷却成三黄神蛋，三黄神蛋炸开成为天界、地界和水域。

【流传】（无考）

【出处】梁庭望、张公瑾：《中国少数民族文学概论》，北京：中央民族大学出版社 1998 年版，第 138 页。

壮族　以前，天地是个旋转的三个蛋黄。有一个螺蛳子每天都爬到上面钻洞。终于有一天钻出一个洞来，这个蛋就爆开来，分为三片：一片飞到上边成为天空；一片下地底成水；留在中间的一片，就成为我们中界的大地。

【流传】（无考）

【出处】《布洛陀与姆六甲·天地分家》，原载蓝鸿恩搜集整理《神弓宝剑》，中国民间文艺出版社 1985 年版，见吕大吉、何耀华总主编《中国各民族原始宗教资料集成》（土家族卷、瑶族卷、壮族卷、黎族卷），北京：中国社会科学出版社 1998 年版，第 603 页。

W1070.3.5
三界（上界、地球和下界）同时造出

【汤普森】A610.2

实例

（实例待考）

W1070.4
与三界有关的其他母题

实例

（参见下级母题实例）

W1070.4.0
三界的特征

【关联】
① ［W1038.4］宇宙卵的三界中什么也没有
② ［W1070.2］三界相连

实例

（参见下级母题实例）

W1070.4.0.1
以前三界距离很近

实例

壮族　天只有三尺三寸高，地只有三

尺三寸厚。三界的人讲起话来，互相可以听得到，听得懂。

【流传】（无考）

【出处】覃建才搜集整理：《保洛陀》，原载刘德荣等编《壮族民间故事》，云南人民出版社 1988 年版，见姚宝瑄主编《中国各民族神话》（仫佬族、壮族、京族），太原：山西出版传媒集团·书海出版社 2014 年版，第 97 页。

壮族　以前，天地俱窄，天高三尺三，地厚三尺三，三界人语，彼此皆闻。天地过低，陆驮（疑为"布洛陀"翻译的异文）之徒布伯夫妻劈柴，斧触上界，打桩纺线凿穿下界。

【流传】（无考）

【出处】《陆驮公公》，原载胡仲实《壮族文学概论》，见袁珂《中国神话大词典》，北京：华夏出版社 2015 年版，第 442 页。

W1070.4.0.2
上界和中界隔一层云

【关联】［W1083.2.1］下界和中界隔着一层地皮

实　例

壮族　上界和中界隔着一层白云。

【流传】（无考）

【出处】覃建才搜集整理：《保洛陀》，原载刘德荣等编《壮族民间故事》，云南人民出版社 1988 年版，见姚宝瑄主编《中国各民族神话》（仫佬族、壮族、京族），太原：山西出版传媒集团·书海出版社 2014 年版，第 97 页。

W1070.4.0.3
以前三界是黑暗的

实　例

布依族　天地虽然分开了，但三界还是漆黑一团，伸手不见五指，人们的日子过得昏昏沉沉。

【流传】贵州省·（黔南布依族苗族自治州）·平塘（平塘县）、罗甸（罗甸县）、惠水（惠水县）三县交界地区

【出处】
(a) 杨兴荣、杨再良讲，杨路塔搜集整理：《日、月、星》，载《山茶》1987 年第 2 期。
(b) 同（a），见姚宝瑄主编《中国各民族神话》（布依族、仫佬族、苗族），太原：山西出版传媒集团·书海出版社 2014 年版，第 76 页。

W1070.4.1
三界分玉清、上清和太清

实　例

汉族　最初的宇宙一分为三，分别叫玉清、上清和太清。

【流传】（无考）

【出处】［法］禄是遒，王定安译：《中国民间崇拜：中国众神》，北京：社会科学文献出版社 2009 年版，第

6页。

W1070.4.2
三界分色界、无色界和欲界

实例

蒙古族 色界17天，无色界4天，欲界20天，凡三界。

【流传】（无考）

【出处】 *《内部生命之生成》，见满都呼主编《中国阿尔泰语系诸民族神话故事》，北京：民族出版社1997年版，第156页。

W1070.4.3
穿越三界

实例

（参见下级母题实例）

W1070.4.3.1
从洞中到了另一个世界

实例

白族 兄弟在森林玩耍时，哥哥掉进洞里，洞没有底，一直往下落，忽然有天有地，是另一个光明世界。

【流传】云南省怒江、俅江两岸

【出处】张旭：《白族的原始图腾虎与金鸡》，见《大理白族史探索》，昆明：云南人民出版社1990年版，第59~65页。

高山族 卡那普深山掘山芋遇一洞，欲知洞中有何物，乃砍树木架梯，攀入洞中。洞内既黑且湿，然行不数步，渐见光亮，复折而行，天乃大亮。

【流传】（无考）

【出处】袁珂改编：《老人授谷种》，原载谷德明编《中国少数民族神话选》，见袁珂《中国神话大词典》，北京：华夏出版社2015年版，第525页。

W1070.4.4
地的下面有另一个世界

【关联】［W1078］下界

实例

高山族 太古时代，大地下面还有另外一个世界。

【流传】台湾

【出处】《蜜蜂与地震》，原载陈国强编《高山族神话传说》，见陶阳、钟秀编《中国神话》（上），北京：商务印书馆2008年版，第201页。

塔吉克族 地下还有一个世界，我们所生存的世界在那个世界之上。

【流传】（新疆维吾尔自治区）

【出处】库尔班、段石羽搜集整理：《为什么有地震》，见姚宝瑄主编《中国各民族神话》（乌孜别克族、哈萨克族、柯尔克孜族、俄罗斯族、维吾尔族、塔吉克族、塔塔尔族、锡伯族），太原：山西出版传媒集团·书海出版社2014年版，第278页。

W1070.4.4.1
太古时地下有另一世界

实　例

高山族　太古之时地下尚有另一世界。

【流传】（无考）

【出处】袁珂改编：《地震缘由》（原名《蜜蜂与地震》），原载《中国少数民族神话选》，见袁珂《中国神话大词典》，北京：华夏出版社 2015 年版，第 525 页。

W1070.4.5
地的下面是海

【关联】[W1963.0] 海的特定位置

实　例

塔塔尔族　大地的底下是无边无际的大海。

【流传】（新疆维吾尔自治区）

【出处】《青牛顶大地》，见姚宝瑄主编《中国各民族神话》（乌孜别克族、哈萨克族、柯尔克孜族、俄罗斯族、维吾尔族、塔吉克族、塔塔尔族、锡伯族），太原：山西出版传媒集团·书海出版社 2014 年版，第 310 页。

W1070.4.5.1
地的下面是水

实　例

汉族　驮地的神龟的身前身后、身左身右，都是大海，没边没沿儿。

【流传】黑龙江省·牡丹江市

【出处】范关氏（78 岁）讲，范垂政采录：《大地的由来》（1985），见中国民间文学集成全国编辑委员会编《民间故事集成》（黑龙江卷），北京：中国 ISBN 中心 2005 年版，第 4 页。

壮族　以前，天地是个旋转的三个蛋黄。有一个螺蛳子每天都爬到上面钻洞。终于有一天钻出一个洞来，这个蛋就爆开来，分为三片：一片飞到上边成为天空；一片下地底成水；留在中间的一片，就成为我们中界的大地。

【流传】（无考）

【出处】《布洛陀与姆六甲·天地分家》，原载蓝鸿恩搜集整理《神弓宝剑》，中国民间文艺出版社 1985 年版，见吕大吉、何耀华总主编《中国各民族原始宗教资料集成》（土家族卷、瑶族卷、壮族卷、黎族卷），北京：中国社会科学出版社 1998 年版，第 603 页。

W1070.4.5.2
地球的下面是水

实　例

维吾尔族　支撑着顶地球的公天牛的大乌龟趴在水面上。

【流传】新疆维吾尔自治区·伊犁地区（伊犁哈萨克自治州）

【出处】亚库甫讲，阿不都拉、姚宝瑄采录翻译：《顶地球的公牛站在哪里》，原载马昌仪编《中国神话故事》，见陶阳、钟秀编《中国神话》（上），北京：商务印书馆 2008 年版，第 199~200 页。

W1070.4.5.3
地球的下面是海水

实例

珞巴族 地球是一个大石锅，上面是神土，下面是石盖，最下面是海水

【流传】西藏自治区·珞渝地区（包括上珞渝，泛指古称的白马岗即今林芝市墨脱县、马尼岗、梅楚卡一带，下珞渝则泛指永木河、锡约尔河、巴恰西仁河流域）

【出处】布洛（60 多岁）讲，于乃昌、张力凤、陈理明整理：《天神三兄弟》，原载于乃昌《西藏民间故事——珞巴族、门巴族专辑》，见陶阳、钟秀编《中国神话》（上），北京：商务印书馆 2008 年版，第 48~49 页。

W1070.4.6
空界

实例

（参见下级母题实例）

W1070.4.6.1
神造空界

实例

藏族 空界的厉神造了灰沉沉的空间。

【流传】云南省·迪庆（迪庆藏族自治州）

【出处】才旦旺堆搜集，蔷紫整理《神蛋创世纪》，见姚宝瑄主编《中国各民族神话》（门巴族、珞巴族、怒族、藏族），太原：山西出版传媒集团·书海出版社 2014 年版，第 75 页。

W1070.4.7
黑白之地的分界

实例

（参见下级母题实例）

W1070.4.7.1
神山为黑白分界

实例

纳西族 自天地开辟、万物形成后，居那若倮神山高与天齐，为黑白分界之地。

【流传】（无考）

【出处】袁珂改编：《黑白争战》，原载毛星主编《中国少数民族文学》（下册），见袁珂《中国神话大词典》，北京：华夏出版社 2015 年版，第 551 页。

※ W1071
上界（天堂、天界）

【关联】[W1793] 天堂

实例

（参见下级母题实例）

W1072

上界的产生

【汤普森】≈ A660

实例

（参见下级母题实例）

W1072.1

上界（天堂）自然存在

实例

（实例待考）

W1072.2

上界是造出来的（天堂是造出来的）

【汤普森】F793

实例

（参见下级母题实例）

W1072.2.1

真主造天堂

实例

回族　很久以前，真主只造化了天仙，又为天仙们造就了天堂。

【流传】宁夏回族自治区·（中卫市）·海原县·海城镇·周台村

【出处】田富珍讲，王红久采录：《人祖阿丹和好娃》，见中国民间文学集成全国编辑委员会编《中国民间故事集成》（宁夏卷），北京：中国ISBN中心1999年版，第7页。

W1072.3

与上界的产生有关的其他母题

实例

（参见下级母题实例）

W1072.3.1

轻气上浮为天

实例

汉族　（实例待考）

W1072.3.2

特定的物上浮形成上界

【关联】[W1072.3.1] 轻气上浮为天

实例

（参见下级母题实例）

W1072.3.2.1

清明之物上浮形成上界

实例

蒙古族　混沌中产生的清明之物上浮而形成上界。

【流传】（无考）

【出处】齐木道吉翻译：《天地起源》，见谷德明编《中国少数民族神话》，北京：中国民间文艺出版社1987年版，第31~32页。

W1073

上界的特征（天堂的特征）

实例

（参见下级母题实例）

W1073.1
上界是极乐世界（天堂是极乐世界）

【汤普森】A661

实例

（参见下级母题实例）

W1073.1.1
天界很美好

实例

（参见下级母题实例）

W1073.1.1.1
人在天界衣食无忧

实例

蒙古族（布里亚特）天界甚美，不仅萨满，即使是普通的布里亚特人，亦可以在那里结婚、养子、食物、饮酒、乘优良之骏马。

【流传】（无考）

【出处】［波］尼斡拉滋著，金启琮译：《西伯利亚各民族之萨满教》，中国社会科学院民族研究所《萨满教研究》编写组1978年印，见吕大吉、何耀华总主编《中国各民族原始宗教资料集成》（鄂伦春族卷、鄂温克族卷、赫哲族卷、达斡尔族卷、锡伯族卷、满族卷、蒙古族卷、藏族卷），北京：中国社会科学出版社1999年版，第634页。

W1073.1.2
天堂很美好

实例

撒拉族 天堂里的一切都非常的美好。

【流传】（无考）

【出处】大漠、马英生搜集整理：《犯禁落尘》，见满都呼主编《中国阿尔泰语系诸民族神话故事》，北京：民族出版社1997年版，第97页。

W1073.1.2.1
天国里金花银果，河中流奶

实例

纳西族 天国里开着金花，结着银果子，谷里的泉水流淌着奶汁。

【流传】云南省·（丽江市）·丽江县（古城区、玉龙纳西族自治县）

【出处】木丽春采集整理：《美利东主寻死记》，见木丽春编著《纳西族民间故事集》，昆明：云南人民出版社2007年版，第181页。

W1073.1.2.2
天堂圣洁

实例

达斡尔族 世界的上层世界是圣洁的天堂世界。

【流传】（内蒙古自治区、黑龙江省等地）

【出处】

(a) 塔娜：《达斡尔族的神话和萨满

教》，见《达斡尔族研究》第二辑，内蒙古达斡尔历史语言文字学会 1987 年编印。

(b)《阴间世界及追魂（二）》，见吕大吉、何耀华总主编《中国各民族原始宗教资料集成》（鄂伦春族卷、鄂温克族卷、赫哲族卷、达斡尔族卷、锡伯族卷、满族卷、蒙古族卷、藏族卷），北京：中国社会科学出版社 1999 年版，第 299 页。

W1073.1.2.3
天国里没有害虫

实 例

纳西族 天国里没有吃肉的苍蝇，也没有吸血的蚊子，老虎当乘骑，马鹿当耕牛，野鸡当晨鸡。

【流传】云南省·（丽江市）·丽江县（古城区、玉龙纳西族自治县）

【出处】木丽春采集整理：《寻找玉龙第三国》，见木丽春编著《纳西族民间故事集》，昆明：云南人民出版社 2007 年版，第 195 页。

W1073.1.2.4
天堂里风和日丽

实 例

德昂族 天堂里风和日丽，阳光明媚，到处都苍翠美丽，诸神都过着美满幸福的日子。

【流传】（无考）

【出处】赵备搜集整理：《茶叶变男女开创大地》，见姚宝瑄主编《中国各民族神话》（佤族、阿昌族、纳西族、普米族、德昂族），太原：山西出版传媒集团·书海出版社 2014 年版，第 386 页。

W1073.1.3
基督的伊甸园

【汤普森】A694

实 例

（实例待考）

W1073.2
上界是金银宝殿（天堂是金银宝殿）

实 例

撒拉族 天堂里到处是金砖银瓦盖的房子，玉石铺的地。

【流传】（无考）

【出处】大漠、马英生搜集整理：《犯禁落尘》，见满都呼主编《中国阿尔泰语系诸民族神话故事》，北京：民族出版社 1997 年版，第 97 页。

W1073.3
上界在山的上面（天堂在山的上面）

【汤普森】A662

实 例

（实例待考）

W1073.4
天上的事物与地上一样

【实例】

鄂温克族 天和地一样，上面也有山、有水、有人。

【流传】内蒙古自治区·（呼伦贝尔市）·额尔古纳旗（额尔古纳市）

【出处】《天地鬼神》，见吕大吉、何耀华主编《中国各民族原始宗教资料集成》（鄂伦春族卷、鄂温克族卷、赫哲族卷、达斡尔族卷、锡伯族卷、满族卷、蒙古族卷、藏族卷），北京：中国社会科学出版社1999年版，第93页。

W1073.4.1
天上地上生活相同

【实例】

锡伯族 月亮是天之母，星辰是母之子。天作为一个子孙满堂的世界，其生活也和人间一样。

【流传】（无考）

【出处】

(a) 佟克力：《锡伯族历史与文化》，乌鲁木齐：新疆人民出版社1989年版，第178~179页。

(b)《星辰崇拜》，见吕大吉、何耀华总主编《中国各民族原始宗教资料集成》（鄂伦春族卷、鄂温克族卷、赫哲族卷、达斡尔族卷、锡伯族卷、满族卷、蒙古族卷、藏族卷），北京：中国社会科学出版社1999年版，第396页。

W1073.5
上界是天堂

【关联】[W1163.15.3.4] 天堂是世界的最上层

【实例】

赫哲族 上界为天堂，诸神居住。

【流传】（无考）

【出处】吕大吉、何耀华总主编《中国各民族原始宗教资料集成》（鄂伦春族卷、鄂温克族卷、赫哲族卷、达斡尔族卷、锡伯族卷、满族卷、蒙古族卷、藏族卷），北京：中国社会科学出版社1999年版，第199页。

W1073.6
上界的层数（天堂的层数）

【汤普森】A651.1

【关联】[W1163] 天的层数

【实例】

（参见下级母题实例）

W1073.6.1
上界有3层（天界分3层）

【汤普森】A651.1.1

【关联】[W1163.3] 天有3层

【实例】

满族 自然宇宙的最上层为天界（火界、光明界），可分成三层，为天神阿布卡恩都力和日、月、星辰、风、云、雨、雪、雷、电、冰雹等神祇所居，除此还有众多的动物神、植物神以及诸民族远古祖先英雄神。

【流传】（无考）

【出处】

(a) 富育光：《萨满教与神话》，沈阳：辽宁大学出版社1990年版，第26页。

(b) 《九天三界说》，见吕大吉、何耀华总主编《中国各民族原始宗教资料集成》（鄂伦春族卷、鄂温克族卷、赫哲族卷、达斡尔族卷、锡伯族卷、满族卷、蒙古族卷、藏族卷），北京：中国社会科学出版社1999年版，第477页。

W1073.6.2

上界有 **9** 层（天界分 **9** 层）

【汤普森】A651.1.6

【关联】［W1163.9］天有9层（九重天）

实 例

（实例待考）

W1073.6.3

上界有很多层（天堂有很多层）

【关联】［W1163.1］天有许多层

实 例

（参见下级母题实例）

W1073.6.3.1

上界有 **4** 层（天堂有 **4** 层）

【汤普森】A651.1.2

实 例

（实例待考）

W1073.6.3.2

上界有 **5** 层（天堂有 **5** 层）

【汤普森】A651.1.3

实 例

（实例待考）

W1073.6.3.3

上界有 **6** 层（天堂有 **6** 层）

【关联】［W1163.6］天有6层

实 例

（实例待考）

W1073.6.3.4

上界有 **7** 层（天堂有 **7** 层）

【汤普森】A651.1.4

实 例

（实例待考）

W1073.6.3.5

上界有 **8** 层（天堂有 **8** 层）

【汤普森】A651.1.5

实 例

（实例待考）

W1073.6.3.6
上界有 10 层（天堂有 10 层）

【汤普森】A651.1.7

实例

（实例待考）

W1073.6.3.7
33 天界

实例

彝族（撒尼） 天阴星掌阴，上掌三十三天界，下照十八地狱门。

【流传】云南省·昆明（昆明市）·（寻甸回族彝族自治县·先锋乡）·恰普鲁村

【出处】《太阴经》，*《彝族撒尼支宗教祭司张琼1948年主祭实录》，见吕大吉、何耀华总主编《中国各民族原始宗教资料集成》（彝族卷、白族卷、基诺族卷），北京：中国社会科学出版社1996年版，第56页。

W1074
与上界有关的其他母题

【关联】[W1789.3.4] 天河是天界

实例

（参见下级母题实例）

W1074.0
以前天界与人间不分

【关联】[W1270] 天地相连

实例

（参见下级母题实例）

W1074.0.1
以前天上是人间，人间是天上

【关联】[W1064.1] 以前的世界与现在相反

实例

汉族 很古的时候，天上是人间，人间也是天上。

【流传】江苏省·（淮安市）·淮安县（淮安区）

【出处】李正杨讲，王习耕记录：《磨子星和灯草星》（1986.09），见姚宝瑄主编《中国各民族神话》（汉族），太原：山西出版传媒集团·书海出版社2014年版，第293~295页。

W1074.0a
上界的位置（天界的位置）

实例

（参见下级母题实例）

W1074.0a.1
天界在宇宙最上层

【关联】[W1067.5.4] 宇宙最上层是天界

实例

满族 自然宇宙的最上层是天界（火界、光明界）。

【流传】（无考）

1.1.5 三界及相关母题

【出处】
(a) 富育光：《萨满教与神话》，沈阳：辽宁大学出版社 1990 年版，第 26 页。
(b) 《九天三界说》，见吕大吉、何耀华总主编《中国各民族原始宗教资料集成》（鄂伦春族卷、鄂温克族卷、赫哲族卷、达斡尔族卷、锡伯族卷、满族卷、蒙古族卷、藏族卷），北京：中国社会科学出版社 1999 年版，第 477 页。

W1074.0a.2
天国在特定山上

实例

（参见下级母题实例）

W1074.0a.2.1
玉龙雪山上有一个自由的天国

【关联】［W1065.1.1］玉龙雪山第三国

实例

纳西族 很古的时候，玉龙雪山上有一个自由的天国。

【流传】 云南省·（丽江市）·丽江县（古城区、玉龙纳西族自治县）

【出处】 木丽春采集整理：《寻找玉龙第三国》，见木丽春编著《纳西族民间故事集》，昆明：云南人民出版社 2007 年版，第 195 页。

W1074.1
上界之旅

【汤普森】 ①F10；②F11

【关联】
① ［W1436］通过魔法上天
② ［W1438.1］上天的路

实例

苗族 地上的人踩着天梯，到天堂度拉鼓节。

【流传】（无考）

【出处】 梁彬搜集整理：《天龙女的传说》，见黄革编《广西少数民族民间故事》，南宁：广西民族出版社 1984 年版，第 229~231 页。

W1074.1.1
遨游天国

【汤普森】 F11

实例

（实例待考）

W1074.1.2
神带人到天界

【汤普森】 F63

实例

藏族 天女牵着凡间的小伙的手带他上天。

【流传】（无考）

【出处】 米亚罗讲，萧崇索搜集整理：《种子的起源》，见谷德明编《中国少数民族神话》，北京：中国民间文艺出版社 1987 年版，第 685 页。

W1074.1.3
鸟驮人到天界

【汤普森】F62.1

实 例

纳西族　韩英精褒排（人名）驾一只名叫雄贡的大鸟，到了天宫。

【流传】（a）云南省·（丽江市）·丽江县（原丽江纳西族自治县，今归属为丽江市古城区和玉龙纳西族自治县）

【出处】

（a）赵银棠讲，杨润光采录：《丁巴什罗》，见中国民间文学集成全国编辑委员会编《中国民间故事集成》（云南卷），北京：中国 ISBN 中心 2003 年版，第 370 页。

（b）赵银棠讲，杨士光整理：《丁巴什罗》，载《山茶》1982 年第 3 期。

（c）同（b），见谷德明编《中国少数民族神话》，北京：中国民间文艺出版社 1987 年版，第 431 页。

W1074.1.3.1
公鸡驮人到天界

实 例

黎族　孩子长大后骑着公鸡沿着竹子到天上找母亲（仙女）。

【流传】海南省·三亚市·田独（田独镇）、鹿回头，乐东县（乐东黎族自治县）·尖峰（尖峰镇）等地

【出处】《竹和棉花图腾》，见吕大吉、何耀华总主编《中国各民族原始宗教资料集成》（土家族卷、瑶族卷、壮族卷、黎族卷），北京：中国社会科学出版社 1998 年版，第 667 页。

W1074.1.3.2
天鹅驮人到天界

实 例

满族　天鹅驮着杜鹃花姑娘上天。

【流传】（无考）

【出处】长白恒端：《长白山天池的传说——杜鹃花姑娘》，见 http://www.chinesefolklore.org.cn

W1074.1.4
骑马游天界

【汤普森】F66

实 例

纳西族　老瓦老沙苴（人名）骑一匹白云似的马到了天宫。

【流传】（a）云南省·（丽江市）·丽江县（原丽江纳西族自治县，今归属为丽江市古城区和玉龙纳西族自治县）

【出处】

（a）赵银棠讲，杨润光采录：《丁巴什罗》，见中国民间文学集成全国编辑委员会编《中国民间故事集成》（云南卷），北京：中国 ISBN 中心 2003 年版，第 370 页。

（b）赵银棠讲，杨士光整理：《丁巴什罗》，载《山茶》1982 年第 3 期。

（c）同（b），见谷德明编《中国少数民族神话》，北京：中国民间文艺出

版社 1987 年版，第 431 页。

W1074.1.4a
到天界需要打通云墙

实例

纳西族（摩梭）女始祖昂姑咪同她的动物伙伴从打通的云墙洞中爬进了天界。

【流传】云南省·（丽江市）·宁蒗县（宁蒗彝族自治县）

【出处】

（a）桑直若史、益依关若讲，章天钖、章天铭搜集，章虹宇整理：《昂姑咪》，载《山茶》1986 年第 3 期。

（b）同（a），见姚宝瑄主编《中国各民族神话》（佤族、阿昌族、纳西族、普米族、德昂族），太原：山西出版传媒集团·书海出版社 2014 年版，第 107 页。

W1074.1.5
到天界需要的时间

【汤普森】F76

实例

（实例待考）

W1074.1.6
上界的人造访地球

【汤普森】F30

【关联】[W1792.5] 天宫的造访者

实例

彝族 尼依倮佐装做一个讨饭人下到凡间，试探人心。

【流传】云南省·（红河哈尼族彝族自治州）·弥勒县（弥勒市）

【出处】石旺讲，戈隆阿弘采录：《独眼人、直眼人和横眼人》，见中国民间文学集成全国编辑委员会编《中国民间故事集成》（云南卷），北京：中国 ISBN 中心 2003 年版，第 215 页。

W1074.2
上界的居住者（天堂的居住者）

实例

回族 （实例待考）

W1074.2.1
上界有诸神居住（天堂有诸神居住）

【关联】[W095] 神的居所

实例

赫哲族 上界为天堂，诸神居住。

【流传】（无考）

【出处】吕大吉、何耀华总主编《中国各民族原始宗教资料集成》（鄂伦春族卷、鄂温克族卷、赫哲族卷、达斡尔族卷、锡伯族卷、满族卷、蒙古族卷、藏族卷），北京：中国社会科学出版社 1999 年版，第 199 页。

W1074.2.1.1
天堂里住着仙人

实例

回族 仙人们住在天堂上。

【流传】青海省·黄南州（黄南藏族自治州）·同仁县·隆务镇·民主街

【出处】周尚杰（保安族，该文本注明他讲的是回族神话）讲，赵清阳采录：《阿丹的诞生》，见中国民间文学集成全国编辑委员会编《中国民间故事集成》（青海卷），北京：中国ISBN中心2007年版，第11页。

W1074.2.1.2
天堂里住着天使

实 例

回族 天使住在天堂。

【流传】（无考）

【出处】马广德：《回族口头文化览胜》，银川：宁夏人民出版社2009年版，第48页。

W1074.2.2
宇宙上方住着四大使者

实 例

彝族 宇宙上方住着四大使者。

【流传】贵州省·毕节（毕节市）·赫章县

【出处】贵州省毕节地区民族事务委员会编，王子尧等译：《物始纪略》（第一集），成都：四川民族出版社1990年版，第236页。

W1074.2.3
天界的日月星辰很拥挤

实 例

白族 天空中住不下日月星辰这个大家族了，太阳阿爹和月亮阿妈，便叫大女儿吾庚带着一部分弟妹，到下界另辟家园。

【流传】云南省·（大理白族自治州）·鹤庆县

【出处】章虹宇：《云南鹤庆白族的地母节》，载《民俗》1990年第1期。

W1074.3
上界的使者（天堂的使者）

【汤普森】A661.0.1.5

【关联】［W0171］神的使者

实 例

（参见下级母题实例）

W1074.3.1
鸟是上界和人间的使者

实 例

朝鲜族 鸟是天和人之间的使者。

【流传】（无考）

【出处】崔羲秀：《朝鲜族与满族始祖传说、神话之比较》，载《延边大学学报》1998第2期。

W1074.3a
天界的看守

实 例

（参见下级母题实例）

W1074.3a.1
真主造人看守天堂

实 例

回族 真主造的男子阿丹的左肋骨下

边长出一个包中生出一个女人海尔玛。真主叫阿丹和海尔玛去看守天堂。

【流传】（无考）

【出处】《阿丹和海尔玛》，马奔根据《中国回族民间文学概观》（宁夏大学出版社1984年版）等改写，见姚宝瑄主编《中国各民族神话》（土族、东乡族、回族、保安族、裕固族、撒拉族），太原：山西出版传媒集团·书海出版社2014年版，第48页。

W1074.4
上界和中界隔着一层白云

【关联】［W1074.1.4a］到天界需要打通云墙

实例

壮族 世界分上、中、下三界，上界和中界隔着一层白云。

【流传】广西壮族自治区右江流域

【出处】覃建才搜集整理：《保洛陀》，见曹廷伟编著《广西民间故事辞典》，南宁：广西教育出版社1993年版，第17页。

W1074.5
连接上界和中界的路

实例

汉族 很早之前，天地之间有天梯相连。

【流传】湖北省·天门县（天门市）

【出处】郭明雄讲：《野草的来历》，见天门县文化馆编《天门民间故事》第1集，内部编印，1985年。

W1074.5.1
去上界的通道

【汤普森】F50

【关联】［W1434.3］通过绳子上天

实例

汉族 断绝地神与天神相通之道。

【流传】（无考）

【出处】《国语·楚语》韦昭注。

W1074.5.1.1
到上界有8个阶梯的天梯

实例

（实例待考）

W1074.5.2
通往天堂的路

实例

（参见下级母题实例）

W1074.5.2.1
南天门出现的3条路只有1条通往天堂

实例

白族 死者的灵魂进入南天门后，前面有3条路。上面一条路不要走，那是吊脖子死的人走的路；下面一条路不要走，那是服毒药、打仗死的人走的路；要走中间的那一条路，是通往天堂的路。

【流传】云南省·（怒江傈僳族自治州）·泸水县·洛本卓乡（洛本卓白族乡）

【出处】詹承绪等调查整理：《怒江白族的丧礼葬仪》（1982），见吕大吉、何耀华总主编《中国各民族原始宗教资料集成》（彝族卷、白族卷、基诺族卷），北京：中国社会科学出版社1996年版，第447页。

W1074.6
上界之门（天堂之门）

【汤普森】①A661.0.1；②F59.3

实 例

汉族 天阿者，群神之闭也。

【流传】（无考）

【出处】［汉］刘安及门客：《淮南子·天文训》。

W1074.6.1
太阳门是天堂之门

实 例

景颇族 天上筑起一个天堂世界的大门——太阳门。

【流传】云南省·（德宏傣族景颇族自治州）·陇川县

【出处】
（a）施戛崩等讲，何峨采录：《宁贯娃改天整地》，见中国民间文学集成全国编辑委员会编《中国民间故事集成》（云南卷），北京：中国ISBN中心2003年版，第61页。

（b）孔勒锐等讲，何峨采录：《吉露归天》，见中国民间文学集成全国编辑委员会编《中国民间故事集成》（云南卷），北京：中国ISBN中心2003年版，第391页。

景颇族 当母亲发现孩子们离开了她走得无影无踪，慌忙丢掉尚未洗白的火炭，也顾不得自己的丈夫，拔腿就追，谁知却追错了方向，来到了天堂世界之门——太阳门外。

【流传】（云南省·德宏傣族景颇族自治州）

【出处】岳志明、杨国治翻译整理：《驾驭太阳的母亲》，见姚宝瑄主编《中国各民族神话》（白族、拉祜族、景颇族），太原：山西出版传媒集团·书海出版社2014年版，第213～214页。

W1074.7
上界（天堂）的窗子

【汤普森】A661.0.6

实 例

（实例待考）

W1074.8
上界（天堂）的幻象

【汤普森】V511.1

实 例

（实例待考）

W1074.9

仙界

【汤普森】F210

【关联】[W0800] 仙人

实 例

(参见下级母题实例)

W1074.9.1

仙界在小山之上

实 例

瑶族 神仙雷都仙念住在龙芒山顶上。

【流传】广东省·(清远市)·连南县（连南瑶族自治县）·寨岗镇

【出处】唐罗古三等讲，许文清等采录：《洪水淹天》，见中国民间文学集成全国编辑委员会编《中国民间故事集成》（广东卷），北京：中国ISBN中心2006年版，第8页。

W1074.9.1a

仙界在小山之下

【汤普森】F211

实 例

(实例待考)

W1074.9.2

仙界在水下

【汤普森】F212

实 例

哈萨克族 上帝让水仙住到水底。

【流传】新疆维吾尔自治区·(阿勒泰地区)·福海县

【出处】苏力唐·阿曼讲，黑扎提·阿吾巴克尔采录，杨凌等译：《天仙》，见中国民间文学集成全国编辑委员会编《中国民间故事集成》（新疆卷），北京：中国ISBN中心2008年版，第22页。

W1074.9.3

仙界在岛上

【汤普森】F213

实 例

(实例待考)

W1074.9.4

遨游仙境

实 例

汉族 (实例待考)

W1074.9.5

仙带人去仙界

【汤普森】F320

【关联】[W1074.9.4] 遨游仙境

实 例

(实例待考)

W1074.10

进入天堂的条件

实 例

(参见下级母题实例)

W1074.10.1
进入天堂前要做仪式

实例

哈萨克族 拜胡大、净身、一天五次礼拜、封斋，能够进天堂。

【流传】（无考）

【出处】比达克买提·木海讲，安蕾、毕桙翻译：《七个盗贼和北斗星》，见满都呼主编《中国阿尔泰语系诸民族神话故事》，北京：民族出版社1997年版，第63页。

W1074.11
天界有地上所有的事物

实例

鄂温克族 天和地上一样，有山，有水，也有人。

【流传】（内蒙古自治区·呼伦贝尔市·额尔古纳旗）使用驯鹿鄂温克人

【出处】

(a)《额尔古纳旗使用驯鹿鄂温克人的调查报告》，见内蒙古自治区编辑组《鄂温克族社会历史调查》，呼和浩特：内蒙古人民出版社1986年版，第238页。

(b)《天地神鬼》，见吕大吉、何耀华总主编《中国各民族原始宗教资料集成》（鄂伦春族卷、鄂温克族卷、赫哲族卷、达斡尔族卷、锡伯族卷、满族卷、蒙古族卷、藏族卷），北京：中国社会科学出版社1999年版，第93页。

❋ W1075
人界（人世、人间、阳世、阳间、地界、中界）

实例

（实例待考）

W1076
人界的产生（人间的产生）

实例

（参见下级母题实例）

W1076.1
人界自然产生（人间自然产生）

实例

（参见下级母题实例）

W1076.1.1
人间在动物身上形成

【关联】［W1196.5.1］神仙在大鳖身上创造了阳世

实例

（参见下级母题实例）

W1076.1.1.1
阳世在金蛤蟆的怀里形成

实例

土族 阳世在金蛤蟆的怀里形成。

【流传】（无考）

【出处】陶阳、牟钟秀著：《中国创世神

话》，上海：上海人民出版社 2006 年版，第 41 页。

W1076.1.1.2
阳世在龟身上形成

实例

土族　三位神仙在浮着的大鳖身上创造了阳世。

【流传】甘肃省·（武威市）·天祝县（天祝藏族自治县）

【出处】《阳世的形成》，见邢海燕《土族口头传统与民俗文化》，兰州：甘肃人民出版社 2008 年版，第 42 页。

W1076.2
人界是造出来的（人间是造出来的）

实例

（参见下级母题实例）

W1076.2.1
神造人世

实例

（实例待考）

W1076.2.2
天皇、地皇和人皇造人世

实例

汉族　天皇、地皇和人皇三皇治世。

【流传】河北省·（唐山市）·遵化县（遵化市）·（堡子店镇）·马坊岭村

【出处】杨秀珍讲，米景利采录：《三皇治世》，见中国民间文学集成全国编辑委员会编《中国民间故事集成》（河北卷），北京：中国 ISBN 中心 2003 年版，第 7 页。

汉族　天皇、地皇和人皇一起下凡尘造就人世。

【流传】陕西省·（榆林市）·绥德县·城关镇

【出处】马世厚讲，刘汉腾采录：《女娲造就人世》，见中国民间文学集成全国编辑委员会编《中国民间故事集成》（陕西卷），北京：中国 ISBN 中心 1996 年版，第 5 页。

W1076.2.3
神造阳世

实例

（参见下级母题实例）

W1076.2.3.1
天神造阳世

实例

土族　以前一片汪洋，主宰宇宙的天神把黄土撒在金蛤蟆背上，形成阳世。

【流传】青海省·（海东市）·民和县（民和回族土族自治县）·官亭（官亭镇）

【出处】马永喜福（土族）讲，马光星（土族）搜集：《阳世的形成》，见满都呼主编《中国阿尔泰语系诸民族神话故事》，北京：民族出版社1997年版，第207页。

W1076.2.3.2
神仙造阳世

实例

土族　神仙制造了阳世。

【流传】甘肃省·（武威市）·天祝县（天祝藏族自治县）

【出处】《阳世的形成》，见邢海燕《土族口头传统与民俗文化》，兰州：甘肃人民出版社2008年版，第42页。

W1076.2.4
神的侍从造人间

实例

门巴族　天神悲悯无限，派遣他的侍臣支乌·江求深巴到下界去建立二个人的世界。

【流传】西藏自治区·（林芝地区）·墨脱县·东布村（东布街）

【出处】伊西平措讲，于乃昌等整理：《猴子变人》，见《门巴族民间故事》：http://www.tibet-web.com/old/minjian/ync/gushi/mulu.htm，2003.10.02。

W1076.2.5
其他特定人物造人间

实例

（参见下级母题实例）

W1076.2.5.1
祖先造人间

实例

（参见下级母题实例）

W1076.2.5.1.1
男始祖布洛陀造人间

实例

壮族　男始祖布洛陀造出了人间天地。

【流传】广西壮族自治区·（百色市）·田阳县·那坡镇·平朴村

【出处】黄照强讲：《布洛陀造人间天地》，见张声震总主编，农冠品编注《壮族神话集成》，南宁：广西民族出版社2007年版，第166页。

W1076.3
人世产生的其他方式

实例

（实例待考）

W1077
与人间有关的其他母题

【关联】
① ［W0107］神造访人间
② ［W1067.1］地球有地上、地下两个世界
③ ［W2903.8.3］天上的女人飞到人间

实例

（参见下级母题实例）

W1077.1
返回人间

【关联】

① ［W1074.5］连接上界和中界的路

② ［W1487.3］人通过天梯回到人间

实 例

（参见下级母题实例）

W1077.1.1
通过动物返回人间

实 例

（参见下级母题实例）

W1077.1.1.1
通过梅花鹿的顶天角回到人间

实 例

达斡尔族 通过梅花鹿的顶天角回到人间。

【流传】内蒙古自治区·（呼伦贝尔市）·莫力达瓦（莫力达瓦达斡尔族自治旗）

【出处】孟志东整理：《洪都勒迪莫日根》，见中华民族故事大系编委会编《中华民族故事大系》第11卷（达斡尔族、仫佬族、羌族），上海：上海文艺出版社1995年版，第72页。

W1077.1.1.2
鸟驮人下凡

【汤普森】≈F62.2

实 例

（实例待考）

W1077.2
地界是宇宙下三层

实 例

满族 下三层称为地界，也叫暗界，是地母和众月夜之神以及恶魔居住藏身之所。

【流传】（无考）

【出处】《阿布卡赫赫女神创世》，王松根据富育光、孟慧英、王宏刚撰写的《满族宗教与神话》改写，见姚宝瑄主编《中国各民族神话》（满族、赫哲族、朝鲜族），太原：山西出版传媒集团、书海出版社2014年版，第4~14页。

W1077.2a
中界分3层

【关联】［W1073.6.1］上界有3层（天界分3层）

实 例

满族 自然宇宙的中层亦分为三层，是人、禽、兽及弱小精灵繁衍的世界。

【流传】（无考）

【出处】

(a) 富育光：《萨满教与神话》，沈阳：辽宁大学出版社1990年版，第26页。

(b)《九天三界说》，见吕大吉、何耀华总主编《中国各民族原始宗教资料集成》（鄂伦春族卷、鄂温克族卷、赫哲族卷、达斡尔族卷、锡伯族卷、满族卷、蒙古族卷、藏族卷），北京：中国社会科学出版社1999年版，第477页。

W1077.3
凡尘

实例

（参见下级母题实例）

W1077.3.1
凡尘只有浊气

实例

布依族 古老的时候，天空只有清清的气，凡尘只有浊浊的气，清气浊气乱纷纷。

【流传】贵州省布依族地区

【出处】杨正荣、祝登壅讲，岭玉清、汛河搜集整理，古梅改写：《翁戛造万物》，见姚宝瑄主编《中国各民族神话》（布依族、仫佬族、苗族），太原：山西出版传媒集团·书海出版社2014年版，第7页。

W1077.4
人间最美的地方

实例

（参见下级母题实例）

W1077.4.1
特定的山是人间最美的地方

实例

彝族 人世间最美的地方是介台山。介台山上有很多松树，闪着蓝宝石般的光。松树上长着白绣球花，闪着银光。绣球花下堆着石子，闪着金光。

【流传】（无考）

【出处】朱叶整理：《支格阿龙寻父亲》，见姚宝瑄主编《中国各民族神话》（羌族、彝族），太原：山西出版传媒集团·书海出版社2014年版，第286页。

W1077.4a
宇宙中层是人与动物居住之所

【关联】［W1070］三界

实例

满族 宇宙中层，是人类、禽、兽及弱小精灵繁衍生殖的地方。

【流传】（无考）

【出处】《阿布卡赫赫女神创世》，王松根据富育光、孟慧英、王宏刚撰写的《满族宗教与神话》改写，见姚宝瑄主编《中国各民族神话》（满族、赫哲族、朝鲜族），太原：山西出版传媒集团、书海出版社2014年版，第4~14页。

W1077.5
残酷的人世

【关联】［W1065a］世界是悲惨的

实例

珞巴族 从前有两个兄弟，哥哥叫洛波（阿巴洛），弟弟叫尼波（阿巴达尼，文化祖先）。后来洛波因不忍弟弟的戏弄居住到天上。弟弟希望哥哥回去时，洛波说："我也不怪你，人间太残酷了。"

【流传】西藏自治区·（林芝市）·墨脱县（搜集地点为西藏自治区·林芝市·墨脱县·达木乡·卡布村）

【出处】达娃讲，于乃昌、张力凤、陈理明整理：《阿巴达尼取五谷种》（1986.08），见姚宝瑄主编《中国各民族神话》（门巴族、珞巴族、怒族、藏族），太原：山西出版传媒集团·书海出版社 2014 年版，第 33 页。

W1077.6
进入人界之门

【关联】［W1084.1］阴界与阳界的分界线

实　例

（参见下级母题实例）

W1077.6.1
宝塔是进入人界之门

实　例

<u>景颇族</u>孩子们悄悄地离开了母亲，离开了九岔路口，走进了人类世界之门的"宝塔门"，来到了人类的世界。

【流传】（云南省·德宏傣族景颇族自治州）

【出处】岳志明、杨国治翻译整理：《驾驭太阳的母亲》，见姚宝瑄主编《中国各民族神话》（白族、拉祜族、景颇族），太原：山西出版传媒集团·书海出版社 2014 年版，第 213 页。

W1077.7
东方日出处为阳间

实　例

<u>赫哲族</u>萨满跳鹿神时，神队面向东方而返，东方日出为阳间。

【流传】（松花江下游地区依兰县至抚远市一带）

【出处】

（a）凌纯声：《松花江下游的赫哲族》（原 1934 年南京刊印本），北京：民族出版社 2012 年版，第 136~140 页。

（b）《跳鹿神仪式》，见吕大吉、何耀华总主编《中国各民族原始宗教资料集成》（鄂伦春族卷、鄂温克族卷、赫哲族卷、达斡尔族卷、锡伯族卷、满族卷、蒙古族卷、藏族卷），北京：中国社会科学出版社 1999 年版，第 238 页。

W1077.8
人间曾发生灾难

【关联】［W8000］世界灾难

实　例

<u>苗族</u>人间曾地塌天崩。

【流传】（无考）

【出处】《盘古》，见陶阳、牟钟秀著《中国创世神话》，上海：上海人民出版社 2006 年版，第 46 页。

✳ W1078
下界（阴间、地狱、鬼界）[1]
【汤普森】≈F721
【关联】［W1066.1a.］地下还有 1 个世界

实例

（参见下级母题实例）

W1079
下界的产生（地狱的产生、阴间的产生）
【汤普森】A670.0.2
【关联】［W1070.3.3］神性人物确定三界

实例

（参见下级母题实例）

W1079.1
为什么有地府
【汤普森】F251.4

实例

（实例待考）

W1079.2
创世者造阴间（地狱）
【关联】［W1015］创世者（造物主）

实例

（实例待考）

W1079.3
东岳大帝造地狱
【关联】［W1851.1］泰山（东岳）

实例

汉族　东岳大帝做了阴间天子后，为严惩恶鬼，一直修建了十八层地狱。
【流传】（山东省·泰安市徂徕山一带）
【出处】蔡林文讲，张纯岭采录：《斩鬼台》，原载张纯岭编《徂徕山传奇》，见陶阳、钟秀编《中国神话》（下），北京：商务印书馆 2008 年版，第 1296~1298 页。

W1079.4
天神造下界

实例

满族　天神阿布卡恩都里邪恶的弟子耶路里被刺死后，他的灵魂无处可去，就造了一个地狱，即八层地下国（地府）。
【流传】（a）黑龙江省·（牡丹江市）·宁安县
【出处】
（a）傅英仁讲，余金整理：《天神创

---

[1] 下界，有时又可以称为"冥界"、"阴间"、"地狱"、"地府"等，这些不同的概念往往因不同的神话文本而不同，含义上一般大同小异。在本类母题中根据不同的情况选择适当的语词表示，舍去单纯概念形式的简单罗列。

世》，见谷德明编《中国少数民族神话》，北京：中国民间文艺出版社1987年版，第1~5页。

（b）《天神创世》，见陶立璠、赵桂芳等编《中国少数民族神话汇编》（开天辟地篇等），中央民族学院少数民族古籍整理出版规划领导小组办公室印（未署出版时间），第225~226页。

W1080
下界的特征（阴间的特征）

【汤普森】A689

实 例

（参见下级母题实例）

W1080.1
下界无生无死（阴间无生无死）

【汤普森】F172

实 例

（实例待考）

W1080.2
下界的颜色（阴间的颜色）

【汤普森】F178

【关联】［W1068.1］世界的颜色

实 例

（实例待考）

W1080.3
人被捉到冥界赴死（人被捉到地狱赴死）

【汤普森】≈F182

【关联】［W2970］人的死亡

实 例

（实例待考）

W1080.4
下界是地狱

【关联】［W1083.2］冥界在地下（地狱在地下）

实 例

赫哲族 三界的下界是地狱。

【流传】（无考）

【出处】吕大吉、何耀华总主编《中国各民族原始宗教资料集成》（鄂伦春族卷、鄂温克族卷、赫哲族卷、达斡尔族卷、锡伯族卷、满族卷、蒙古族卷、藏族卷），北京：中国社会科学出版社1999年版，第199页。

W1080.5
下界的层数（阴间的层数）

【汤普森】A651.2

实 例

（参见下级母题实例）

W1080.5.1
下界有2层（阴间有2层）

【汤普森】A651.2.1

【关联】［W1080.6.2］地狱的第2层是火狱

实 例

（参见下级母题实例）

W1080.5.1.1
阴间第2层有巨龙

【关联】［W3550］龙

实例

柯尔克孜族　地府的第二层有一条又长又大的巨龙。

【流传】（新疆维吾尔自治区）

【出处】玛沙托克托逊讲，《玛纳斯》工作组搜集，张运隆整理，朱玛拉依翻译：《达尼格尔神游地府》，见姚宝瑄主编《中国各民族神话》（乌孜别克族、哈萨克族、柯尔克孜族、俄罗斯族、维吾尔族、塔吉克族、塔塔尔族、锡伯族），太原：山西出版传媒集团·书海出版社 2014 年版，第 201 页。

W1080.5.2
下界有3层（阴间有3层）

【汤普森】A651.2.2

【关联】［W1080.6.3］地狱的第3层是焦油狱

实例

满族　自然宇宙的下层为土界，又称地界、暗界。下界亦分三层。

【流传】（无考）

【出处】

(a) 富育光：《萨满教与神话》，沈阳：辽宁大学出版社 1990 年版，第 26 页。

(b)《九天三界说》，见吕大吉、何耀华总主编《中国各民族原始宗教资料集成》（鄂伦春族卷、鄂温克族卷、赫哲族卷、达斡尔族卷、锡伯族卷、满族卷、蒙古族卷、藏族卷），北京：中国社会科学出版社 1999 年版，第 477 页。

W1080.5.3
下界（阴间）有7层

【汤普森】A651.2.3

实例

蒙古族（布里亚特）　阴界有七层地狱。下七层地狱是对在阳界犯有过失的人到阴界后的七种相应的惩罚方式。

【流传】（无考）

【出处】［苏联］И. А. 曼日格耶夫著，宋长宏译，佟德富校：《布里亚特萨满教和前萨满教辞典》（俄文版），莫斯科：科学出版社 1978 年版，第 43~44 页，见吕大吉、何耀华总主编《中国各民族原始宗教资料集成》（鄂伦春族卷、鄂温克族卷、赫哲族卷、达斡尔族卷、锡伯族卷、满族卷、蒙古族卷、藏族卷），北京：中国社会科学出版社 1999 年版，第 635 页。

W1080.5.3.1
七层地府

实例

柯尔克孜族　大鹏驮着达尼格尔（英雄名）在七层地府里上上下下绕了七次，也不知道飞了多少天，又饿又累，飞行的速度也大大减慢了。

【流传】（新疆维吾尔自治区）

【出处】玛沙托克托逊讲，《玛纳斯》工作组搜集，张运隆整理，朱玛拉依翻译：《达尼格尔神游地府》，见姚宝瑄主编《中国各民族神话》（乌孜别克族、哈萨克族、柯尔克孜族、俄罗斯族、维吾尔族、塔吉克族、塔塔尔族、锡伯族），太原：山西出版传媒集团·书海出版社 2014 年版，第 204 页。

W1080.5.4
下界有 8 层（阴间有 8 层）

实 例

满族 天神阿布卡恩都里邪恶的弟子耶路里被刺死后，他的灵魂无处可去，就造了一个地狱——八层地下国。

【流传】（a）黑龙江省·（牡丹江市）·宁安县

【出处】
（a）傅英仁讲，余金整理：《天神创世》，见谷德明编《中国少数民族神话》，北京：中国民间文艺出版社 1987 年版，第 1~5 页。
（b）《天神创世》，见陶立璠、赵桂芳等编《中国少数民族神话汇编》（开天辟地篇等），中央民族学院少数民族古籍整理出版规划领导小组办公室印（未署出版时间），第 225~226 页。

W1080.5.5
18 层地狱

【关联】[W1163.14] 天有 18 层

实 例

（参见下级母题实例）

W1080.5.5.1
18 层地狱层层有阎王

实 例

汉族 阴间有十八层地狱，每一层都有一个阎君把守。

【流传】四川省

【出处】魏显德讲，张紫军记录，夔一卒整理：《头殿阎君"开后门"》，原载中国民间文学集成全国编辑委员会编《中国民间故事集成》（四川卷），北京：中国 ISBN 中心 1998 年版，见陶阳、钟秀编《中国神话》（下），北京：商务印书馆 2008 年版，第 1320~1322 页。

W1080.5.5.2
地狱是 18 层地的最下层

实 例

汉族 盘古站在天地之间，顶出十八层天，蹬出现十八层地。最上层的叫天堂，最下层的叫地狱。

【流传】河南省·新乡市

【出处】马如心（50 岁）讲，马安中采录整理：《盘古开天地》（1986.08），见张振犁编著《中原神话通鉴》（第一卷），郑州：河南大学出版社 2017 年版，第 16 页。

W1080.5.6
下界的其他层数（阴间的其他层数）

实 例

（实例待考）

W1080.6
各层地狱的特征

实 例

（参见下级母题实例）

W1080.6.1
地狱的第 1 层是冷狱

【关联】[W1082.1.3] 人在地狱受冻

实 例

蒙古族（布里亚特）萨满教的地狱共有 7 层，其中，第一层地狱是冷狱（хgúmə н маца）。

【流传】（无考）

【出处】[苏联] И. А. 曼日格耶夫著，宋长宏译，佟德富校：《布里亚特萨满教和前萨满教辞典》（俄文版），莫斯科：科学出版社 1978 年版，第 43~44 页，见吕大吉、何耀华总主编《中国各民族原始宗教资料集成》（鄂伦春族卷、鄂温克族卷、赫哲族卷、达斡尔族卷、锡伯族卷、满族卷、蒙古族卷、藏族卷），北京：中国社会科学出版社 1999 年版，第 635 页。

W1080.6.2
地狱的第 2 层是火狱

【关联】[W1082.1.2] 人在地狱被火烤

实 例

蒙古族（布里亚特）萨满教的地狱共有 7 层，其中，第二层地狱是火狱（zal маца）。

【流传】（无考）

【出处】[苏联] И. А. 曼日格耶夫著，宋长宏译，佟德富校：《布里亚特萨满教和前萨满教辞典》（俄文版），莫斯科：科学出版社 1978 年版，第 43~44 页，见吕大吉、何耀华总主编《中国各民族原始宗教资料集成》（鄂伦春族卷、鄂温克族卷、赫哲族卷、达斡尔族卷、锡伯族卷、满族卷、蒙古族卷、藏族卷），北京：中国社会科学出版社 1999 年版，第 635 页。

W1080.6.3
地狱的第 3 层是焦油狱

实 例

蒙古族（布里亚特）萨满教的地狱共有 7 层，其中，第三层地狱是焦油狱（gaбирхай маца）。

【流传】（无考）

【出处】[苏联] И. А. 曼日格耶夫著，宋长宏译，佟德富校：《布里亚特萨满教和前萨满教辞典》（俄文版），莫斯科：科学出版社 1978 年版，第

43~44 页，见吕大吉、何耀华总主编《中国各民族原始宗教资料集成》（鄂伦春族卷、鄂温克族卷、赫哲族卷、达斡尔族卷、锡伯族卷、满族卷、蒙古族卷、藏族卷），北京：中国社会科学出版社 1999 年版，第 635 页。

W1080.6.4
地狱的第 4 层是虱子狱

实 例

蒙古族（布里亚特）萨满教的地狱共有 7 层，其中，第四层地狱是虱子狱（боонэнэи маиа）。

【流传】（无考）

【出处】［苏联］И.А.曼日格耶夫著，宋长宏译，佟德富校：《布里亚特萨满教和前萨满教辞典》（俄文版），莫斯科：科学出版社 1978 年版，第 43~44 页，见吕大吉、何耀华总主编《中国各民族原始宗教资料集成》（鄂伦春族卷、鄂温克族卷、赫哲族卷、达斡尔族卷、锡伯族卷、满族卷、蒙古族卷、藏族卷），北京：中国社会科学出版社 1999 年版，第 635 页。

W1080.6.5
地狱的第 5 层是甲虫狱

实 例

蒙古族（布里亚特）萨满教的地狱共有 7 层，其中，第五层地狱是甲虫狱（сохоlн маиа）。

【流传】（无考）

【出处】［苏联］И.А.曼日格耶夫著，宋长宏译，佟德富校：《布里亚特萨满教和前萨满教辞典》（俄文版），莫斯科：科学出版社 1978 年版，第 43~44 页，见吕大吉、何耀华总主编《中国各民族原始宗教资料集成》（鄂伦春族卷、鄂温克族卷、赫哲族卷、达斡尔族卷、锡伯族卷、满族卷、蒙古族卷、藏族卷），北京：中国社会科学出版社 1999 年版，第 635 页。

W1080.6.6
地狱的第 6 层是蛇狱

【关联】［W1082.4.1］地狱（阴间）的蛇

实 例

蒙古族（布里亚特）萨满教的地狱共有 7 层，其中，第六层地狱是蛇狱（μozoй маиа）。

【流传】（无考）

【出处】［苏联］И.А.曼日格耶夫著，宋长宏译，佟德富校：《布里亚特萨满教和前萨满教辞典》（俄文版），莫斯科：科学出版社 1978 年版，第 43~44 页，见吕大吉、何耀华总主编《中国各民族原始宗教资料集成》（鄂伦春族卷、鄂温克族卷、赫哲族卷、达斡尔族卷、锡伯族卷、满族卷、蒙古族卷、藏族卷），北京：中国社会科学出版社 1999 年版，第 635 页。

W1080.6.7
地狱的第7层是蚂蚁狱

实 例

蒙古族（布里亚特） 萨满教的地狱共有7层，其中，第七层地狱是蚂蚁狱（щopzoouzuoh маuа）。

【流传】（无考）

【出处】［苏联］И. А. 曼日格耶夫著，宋长宏译，佟德富校：《布里亚特萨满教和前萨满教辞典》（俄文版），莫斯科：科学出版社1978年版，第43~44页，见吕大吉、何耀华总主编《中国各民族原始宗教资料集成》（鄂伦春族卷、鄂温克族卷、赫哲族卷、达斡尔族卷、锡伯族卷、满族卷、蒙古族卷、藏族卷），北京：中国社会科学出版社1999年版，第635页。

W1080.6.8
与各层地狱的特征有关的其他母题

实 例

（实例待考）

W1080.7
下界最早时像游鱼在水

实 例

蒙古族 （实例待考）

W1080.8
地下的世界情形与地上一样

实 例

苗族 地下（宇宙的下层）棒头人世界一如地上世界，亦过苗年节，有跳花场等，每逢盛会，樵夫均欣然参加。

【流传】（无考）

【出处】《棒头人》，原载燕宝编《苗族民间故事选》，见袁珂《中国神话大词典》，北京：华夏出版社2015年版，第425页。

W1080.8.1
下界与人界只有人不相同（阴间与阳间只有人不相同）

实 例

苗族 地下的世界有山有水，有花草树木、虫鱼鸟兽，和地上的世界不同的只是人。

【流传】贵州省中西部

【出处】

（a）祝先先讲，燕宝整理：《棒头人》，见燕宝编《苗族民间故事选》，上海：上海文艺出版社1981年版。

（b）同（a），见姚宝瑄主编《中国各民族神话》（布依族、仡佬族、苗族），太原：山西出版传媒集团·书海出版社2014年版，第157页。

W1080.9
阴间与阳间事情相反

【关联】［W1064.1］以前的世界与现在相反

实 例

（参见下级母题实例）

W1080.9.1
阳间缺损的东西到了阴间会完整

实 例

鄂伦春族　丧葬时，有的地方认为阴阳间是相反的。在阳间是缺损的，到了阴间就会完整。

【流传】（无考）

【出处】

（a）韩有峰：《鄂伦春族风俗志》，北京：中央民族大学出版社1991年版，第97~99页。

（b）《入殓和出殡》，见吕大吉、何耀华总主编《中国各民族原始宗教资料集成》（鄂伦春族卷、鄂温克族卷、赫哲族卷、达斡尔族卷、锡伯族卷、满族卷、蒙古族卷、藏族卷），北京：中国社会科学出版社1999年版，第67页。

鄂伦春族　丧葬时，要做三枝"领路箭"，入殓时射出两枝。剩下的最后一枝箭连同一起装进"巴克萨"（棺材），也有将剩下的一枝箭折断后放入"巴克萨"。他们认为，阴阳两间，一切都相反，阳间被折断的箭，到了阴间，就是一枝完整的箭。

【流传】黑龙江省・黑河地区（黑河市）

【出处】白水夫调查整理：《吊棺葬》，见吕大吉、何耀华总主编《中国各民族原始宗教资料集成》（鄂伦春族卷、鄂温克族卷、赫哲族卷、达斡尔族卷、锡伯族卷、满族卷、蒙古族卷、藏族卷），北京：中国社会科学出版社1999年版，第68页。

W1080.10
与下界特征有关的其他母题

实 例

（参见下级母题实例）

W1080.10.1
阴间各层有洞相通

【关联】

① ［W1070.2.2.2.2］地上与地下由地洞相通

② ［W1977.2.2］潭与海底相通

实 例

柯尔克孜族　从地府的最上层往前走一年，有一块巨大的磨盘石。磨盘石下面有一个洞，从那个洞下去，就是地府的第二层。

【流传】（新疆维吾尔自治区）

【出处】玛沙托克托逊讲，《玛纳斯》工作组搜集，张运隆整理，朱玛拉依翻译：《达尼格尔神游地府》，见姚宝瑄主编《中国各民族神话》（乌孜别克族、哈萨克族、柯尔克孜族、俄罗斯族、维吾尔族、塔吉克族、塔塔尔族、锡伯族），太原：山西出版传媒集团·书海出版社 2014 年版，第 200 页。

W1080.10.2
地下是三山六水一分田

实例

【汉族】原来，地下是三山六水一分田。

【流传】江苏省·（苏州市）·太仓县

【出处】尹培民讲，黄凤尔记录：《天上有过两个太阳》，见姚宝瑄主编《中国各民族神话》（汉族），太原：山西出版传媒集团·书海出版社 2014 年版，第 178~179 页。

W1080.10.3
地狱分十殿

实例

【汉族】地狱分十殿，每殿各有一阎王司职。十殿阎王分别为：一殿秦广王蒋、二殿楚江王厉、三殿宋帝王余、四殿五官王吕、五殿阎罗天子包、六殿卞城王毕、七殿泰山王董、八殿都市王黄、九殿平等王陆、十殿转轮王薛。

【流传】（无考）

【出处】《阎罗王》，见乌丙安主编《中国民间神谱》，沈阳：辽宁人民出版社 2007 年版，第 69 页。

W1081
下界的人物

实例

（参见下级母题实例）

W1081.1
冥界之王（下界的主宰者、阴间的主宰者、地狱的统治者）

【汤普森】①F167.12；②F184

【关联】
① ［W0242］阎王
② ［W4868.1］龙王管下界
③ ［W5860］国王

实例

（参见下级母题实例）

W1081.1.1
特定的神管冥界(阴间)

实例

【蒙古族】埃尔莱恩汗是东方众哈特首领，主宰着阴间。

【流传】（无考）

【出处】《蒙古族卷·绪论》，见吕大吉、何耀华总主编《中国各民族原始宗教资料集成》（鄂伦春族卷、鄂温克族卷、赫哲族卷、达斡尔族卷、锡伯族卷、满族卷、蒙古族卷、藏族卷），北京：中国社会科学出版社 1999 年版，第 588 页。

【蒙古族（布里亚特）】埃尔莱恩汗

1.1.5 三界及相关母题　‖W1081.1.1.1-W1081.1.2.1‖

（Эрчэн хан）是地狱统治者。

【流传】（无考）

【出处】［苏联］И.А.曼日格耶夫著，宋长宏译，佟德富校：《布里亚特萨满教和前萨满教辞典》（俄文版），莫斯科：科学出版社1978年版，第84页，见吕大吉、何耀华总主编《中国各民族原始宗教资料集成》（鄂伦春族卷、鄂温克族卷、赫哲族卷、达斡尔族卷、锡伯族卷、满族卷、蒙古族卷、藏族卷），北京：中国社会科学出版社1999年版，第609页。

W1081.1.1.1
许多宁崩鬼掌管着地宫（阴间）

实例

珞巴族　许多宁崩鬼掌管着地宫（阴间）。

【流传】西藏自治区·（林芝地区）·米林县珞巴族博嘎尔部落

【出处】东娘讲，于乃昌整理：《宁崩鬼》，见《珞巴族民间故事》：http://www.tibet-web.com/old/minjian/ync/gushi/mulu.htm，2003.10.02。

W1081.1.1.2
凶魂是下界的主宰者

实例

古民族、蒙古族（布里亚特）　埃尔莱恩汗是东方众哈特之中最凶狠的魂灵，他被认为是下界的主宰者。

【流传】（无考）

【出处】［苏联］И.А.曼日格耶夫著，宋长宏译，佟德富校：《布里亚特萨满教和前萨满教辞典》（俄文版），莫斯科：科学出版社1978年版，第104页，见吕大吉、何耀华总主编《中国各民族原始宗教资料集成》（鄂伦春族卷、鄂温克族卷、赫哲族卷、达斡尔族卷、锡伯族卷、满族卷、蒙古族卷、藏族卷），北京：中国社会科学出版社1999年版，第636页。

W1081.1.1.3
龙王是下界的主宰者

【关联】［W4868.1］龙王管下界

实例

壮族　天上有雷王管，人间有人王布洛陀管，下界有龙王管。

【流传】（无考）

【出处】兰鸿恩：《论布伯的故事》，见田兵等编《中国少数民族神话论文集》，南宁：广西民族出版社1984年版，第138页。

W1081.1.2
特定的人管冥界

实例

（参见下级母题实例）

W1081.1.2.1
女娲的儿子管冥府

实例

汉族　女娲吞龙蛋，生三子。第二子管冥府。

【流传】（无考）

【出处】高明强编：《创世的神话和传说》，上海：上海三联书店1988年版，第6页。

W1081.1.3
地狱主宰者的部下

实例

（参见下级母题实例）

W1081.1.3.1
地狱主宰者的司书员

实例

古民族、蒙古族（布里亚特）东方众哈特之中最凶狠的魂灵埃尔莱恩汗是下界的主宰者，他拥有许多管理死人王国的机构和人员，包括助手、司书员、告密者、代理人和88狱。

【流传】（无考）

【出处】［苏联］И. А. 曼日格耶夫著，宋长宏译，佟德富校：《布里亚特萨满教和前萨满教辞典》（俄文版），莫斯科：科学出版社1978年版，第104页，见吕大吉、何耀华总主编《中国各民族原始宗教资料集成》（鄂伦春族卷、鄂温克族卷、赫哲族卷、达斡尔族卷、锡伯族卷、满族卷、蒙古族卷、藏族卷），北京：中国社会科学出版社1999年版，第636页。

W1081.1.3a
地狱主宰者的部下

【汤普森】F185

实例

（实例待考）

W1081.1.4
冥界之王的服饰

【关联】［W6111］服饰

实例

（参见下级母题实例）

W1081.1.4.1
阴间管理者乘黑色马黑色车

实例

蒙古族（布里亚特）阴间有"东方众哈特"，他们是危害人类的东方众腾格里天神的后裔，乘黑色马黑色车。

【流传】（无考）

【出处】《蒙古族卷·绪论》，见吕大吉、何耀华总主编《中国各民族原始宗教资料集成》（鄂伦春族卷、鄂温克族卷、赫哲族卷、达斡尔族卷、锡伯族卷、满族卷、蒙古族卷、藏族卷），北京：中国社会科学出版社1999年版，第587页。

W1081.2
下界中的人（阴间的人）

【关联】［W2995.6］下界的人

实例

（参见下级母题实例）

W1081.2.1
地狱中的判官（阴间的判官）

【汤普森】 A675

实 例

（参见下级母题实例）

W1081.2.1.0
阴间判官是阎王

实 例

景颇族 白昼神和黑夜神孕育了阎王判官。

【流传】云南省·（德宏傣族景颇族自治州）·盈江县·支丹山吾寨

【出处】萧家成译著：《勒包斋娃——景颇族创世史诗》，北京：民族出版社1992年版，第6页。

W1081.2.1.1
阴间判官查生死簿

实 例

纳西族 （实例待考）

W1081.2.1.2
特定人物是地狱里的判官

实 例

蒙古族（布里亚特） 在地狱中，埃尔贝德·贝舍舍是断定公正与否的判官。

【流传】（无考）

【出处】［苏联］И. A. 曼日格耶夫著，宋长宏译，佟德富校：《布里亚特萨满教和前萨满教辞典》（俄文版），莫斯科：科学出版社1978年版，第54～55页，见吕大吉、何耀华总主编《中国各民族原始宗教资料集成》（鄂伦春族卷、鄂温克族卷、赫哲族卷、达斡尔族卷、锡伯族卷、满族卷、蒙古族卷、藏族卷），北京：中国社会科学出版社1999年版，第610页。

W1081.2.2
地狱中的奴仆（阴间的奴仆、阴差）

【汤普森】 ≈ A677

实 例

（实例待考）

W1081.2.3
地狱中的工匠（阴间的工匠）

【汤普森】 A677.1

实 例

（实例待考）

W1081.3
冥界的鬼使神差（地府的鬼使神差）

实 例

（参见下级母题实例）

W1081.3.1
地狱中的鬼（阴间的鬼）

【关联】

① ［W0870］灵魂（鬼）

② [W0907.11] 饿死鬼

实例

布依族 头人得到他老婆从阳间烧来的很多纸钱以后，就在阴间大肆收买阎王和催命小鬼。

【流传】（无考）

【出处】《岩岗和竹娥》，见千夜网：http://history.1001n.com.cn/info/info.asp?id=4728，2001.05.31。

土家族 阴间的小鬼按土地菩萨的布置，在灶孔里烧了一把阴火，使煮早饭的老婆婆烧不燃柴。

【流传】湘西北部（湖南省西北部）

【出处】王庆炎等搜集整理：《土地怕恶人》，见中华民族故事大系编委会编《中华民族故事大系》第5卷（瑶族、白族、土家族），上海：上海文艺出版社1995年版，第867~868页。

W1081.3.2
阴差是牛头马面

实例

汉族 郑财主的魂魄由两个牛头马面一前一后护送着直奔蒿里山点卯去了。

【流传】（山东省·泰安市徂徕山一带）

【出处】程会金讲，张纯岭记录整理：《东岳大帝评理阎王殿》，原载张纯岭编《徂徕山传奇》，见陶阳、钟秀编《中国神话》（下），北京：商务印书馆2008年版，第1291~1295页。

W1081.3.2.1
地狱中的阿傍、阿防是牛头人、马头鬼

实例

汉族等 地狱卒役牛头、马面中，牛头又叫阿傍、阿防其形象为牛头人，身手持铁叉。马面又叫马头罗刹，"罗刹"为恶鬼，所以马头罗刹即马头鬼，其形象为马头人身。

【流传】（无考）

【出处】《牛头马面》，见乌丙安主编《中国民间神谱》，沈阳：辽宁人民出版社2007年版，第74页。

W1081.3.3
阴间的索命鬼

实例

纳西族 尤鲁瓦死神派遣长着狗头狗尾的肯主旦（鬼差）由去抓害死岳父的人。

【流传】云南省·（丽江市）·丽江县（古城区、玉龙纳西族自治县）

【出处】木丽春采集整理：《死神尤鲁瓦的出世》，见木丽春编著《纳西族民间故事集》，昆明：云南人民出版社2007年版，第170页。

W1081.3.3a
阴间的领路者

实例

蒙古族（布里亚特）自杀者、酒客、

雷劈死者死后灵魂由夏坦引导进入地下国。

【流传】（无考）

【出处】《蒙古族神灵观念和神灵系统》，见吕大吉、何耀华总主编《中国各民族原始宗教资料集成》（鄂伦春族卷、鄂温克族卷、赫哲族卷、达斡尔族卷、锡伯族卷、满族卷、蒙古族卷、藏族卷），北京：中国社会科学出版社1999年版，第634页。

W1081.3.3a.1
鹰是阴间的领路神

实 例

赫哲族 鹰神是萨满到阴间的领路神。

【流传】（无考）

【出处】吕大吉、何耀华总主编《中国各民族原始宗教资料集成》（鄂伦春族卷、鄂温克族卷、赫哲族卷、达斡尔族卷、锡伯族卷、满族卷、蒙古族卷、藏族卷），北京：中国社会科学出版社1999年版，第224页。

W1081.3.4
地狱的巡捕

实 例

蒙古族（布里亚特） 在地狱中，沙恩达巴里恩·沙拉·贝舍舍是寻捕之首领。

【流传】（无考）

【出处】［苏联］И.А.曼日格耶夫著，宋长宏译，佟德富校：《布里亚特萨满教和前萨满教辞典》（俄文版），莫斯科：科学出版社1978年版，第54~55页，见吕大吉、何耀华总主编《中国各民族原始宗教资料集成》（鄂伦春族卷、鄂温克族卷、赫哲族卷、达斡尔族卷、锡伯族卷、满族卷、蒙古族卷、藏族卷），北京：中国社会科学出版社1999年版，第610页。

W1081.3.5
下界的恶魔

实 例

满族 萨满确立三界：上界为诸神所居，中界为人类繁殖，下界为恶魔所居。

【流传】（无考）

【出处】吕光天：《北方民族原始社会形态研究》，银川：宁夏人民出版社1981年版，第314页。

赫哲族 三界的下界是地狱，恶魔居住。

【流传】（无考）

【出处】吕大吉、何耀华总主编《中国各民族原始宗教资料集成》（鄂伦春族卷、鄂温克族卷、赫哲族卷、达斡尔族卷、锡伯族卷、满族卷、蒙古族卷、藏族卷），北京：中国社会科学出版社1999年版，第199页。

W1081.3.5.1
恶神变成下界的恶魔

实 例

蒙古族（布里亚特） 阿泰·乌兰·腾

格里恶天神被以汗·霍尔母斯塔·腾格里为首的西方善天神打败，粉碎的肢体在下界化成很多魔鬼，成为人间的灾祸。

【流传】（无考）

【出处】《阿拜·格斯尔》（蒙古文）之第一章，转引自那木吉拉《中国阿尔泰语系诸民族神话比较研究》，北京：学习出版社2010年版，第38页。

W1081.3.6
下界的狐仙

实例

满族　萨满神在下界有狐仙相助。

【流传】辽宁省·双城（疑为黑龙江省·哈尔滨市·双城区）·希勤乡·希叶村

【出处】马亚川讲：《狐仙的来历》，见马亚川遗稿，黄任远等整理《女真萨满神话》，哈尔滨：黑龙江人民出版社2006年版，第23~24页。

W1081.4
下界中的帮凶（阴间的帮凶）

【汤普森】A673

【关联】
① ［W0242.4］阎王有九兄弟
② ［W5893］国王的辅佐者
③ ［W9994.3］帮凶

实例

（参见下级母题实例）

W1081.4.1
龙是地狱中的帮凶

实例

满族　地下的魔鬼耶鲁哩手下共有九九八十一条火龙。

【流传】黑龙江省·牡丹江市·铁岭河（铁岭河镇）

【出处】郭鹤令讲，傅英仁采录：《突忽烈玛发》，见中国民间文学集成全国编辑委员会编《中国民间故事集成》（黑龙江卷），北京：中国ISBN中心2005年版，第74~75页。

W1081.4.2
狗是地狱中的帮凶

【汤普森】A673.1

实例

（实例待考）

W1081.4.3
公鸡狗是地狱中的帮凶

【汤普森】A673.2

实例

（实例待考）

W1081.5
冥界的居民

【汤普森】F167

实例

满族　（实例待考）

W1081.5.1
地狱居民的情形（阴间居民的情形）

【汤普森】F108

实 例

（参见下级母题实例）

W1081.5.1.1
神鬼共居的阴间世界

实 例

彝族　"阳间世界"之外，还存在着一个神鬼共居"阴间世界"（彝语称为"石姆姆哈"）。

【流传】四川省·（凉山彝族自治州）·美姑县·巴普乡；云南省·（楚雄彝族自治州）武定县·万德乡

【出处】吕大吉、何耀华总主编：《中国各民族原始宗教资料集成》（彝族卷、白族卷、基诺族卷），北京：中国社会科学出版社1996年版，第118页。

W1081.5.2
冥界的人不死

【汤普森】≈F167.9

实 例

（实例待考）

W1081.6
与下界的人物有关的其他母题

实 例

（参见下级母题实例）

W1081.6.1
死人王国的主宰

实 例

蒙古族（布里亚特）　东方众哈特（山神）的首领由四个强大的神灵组成。他们之中最长者为埃尔莱恩汗，被认为是死人王国之统治者或幽灵的首领。

【流传】（无考）

【出处】[苏联] И. А. 曼日格耶夫著，宋长宏译，佟德富校：《布里亚特萨满教和前萨满教辞典》（俄文版），莫斯科：科学出版社1978年版，第54页，见吕大吉、何耀华总主编《中国各民族原始宗教资料集成》（鄂伦春族卷、鄂温克族卷、赫哲族卷、达斡尔族卷、锡伯族卷、满族卷、蒙古族卷、藏族卷），北京：中国社会科学出版社1999年版，第609页。

W1081.6.2
天上的神到下界

实 例

门巴族　天神的侍女扎深木降临下界，善于变换形体和模样，最后变成一只美丽的猴子。

【流传】（无考）

【出处】《扎深木》，见中国各民族宗教与神话大词典编审委员会编《中国各民族宗教与神话大词典》，北京：学苑出版社1990年版，第421页。

[蒙古族] 天帝的儿子打败北方神阿岱乌兰，将其摔至下界。

【流传】（无考）

【出处】赵永铣：《蒙古族创世神话与萨满教九十九天说探新》引［日］中田千亩《蒙古神话》，载《内蒙古社会科学》1989年第4期。

W1082

下界的景象（阴间的景象）

【汤普森】①A671.2；②F160；③≈V511.2

实 例

[塞种人] 诸有地狱。在大铁围山之内。其大地狱，有一十八所。次有五百，名号各别。次有千百，名字亦别。无间狱者，其狱城周匝八万余里。其城纯铁，高一万里。城上火聚，少有空缺，其狱城中，诸狱相连，名号各别。独有一狱，名曰无间。其狱周匝万八千里。狱墙高一千里，悉是铁为。上火彻下。下火彻上。铁蛇铁狗，吐火驰逐，狱墙之上，东西而走。狱中有床，遍满万里。一人受罪，自见其身，遍卧满床。千万人受罪，亦各自见身满床上。众业所感，获报如是。又诸罪人，备受众苦。千百夜叉，及以恶鬼，口牙如剑，眼如电光，手复铜爪，拖拽罪人。复有夜叉，执大铁戟，中罪人身，或中口鼻，或中腹背，抛空翻接，或置床上。复有铁鹰，啖罪人目。复有铁蛇，缴罪人颈。百肢节内，悉下长钉。拔舌耕犁，抽肠剉斩。烊铜灌口，热铁缠身。万死千生，

业感如是。动经亿劫，求出无期。此界坏时，寄生他界。他界次坏，转寄他方。他方坏时，辗转相寄。

【流传】唐代于阗国

【出处】［唐］实叉难陀译：《地藏菩萨本愿经·观众生业缘品第三》。

W1082.0

下界是一片汪洋

实 例

[白族] 以前，下界是一片汪洋。

【流传】云南省·（大理白族自治州）·鹤庆县

【出处】章虹宇：《云南鹤庆白族的地母节》，载《民俗》1990年第1期。

W1082.0.1

最早下界是大水

实 例

[傣族] 古时候，有个叫混散的天神站在天门上往下看，只见下界什么也没有，只有一片茫茫的大水。

【流传】云南省·德宏（德宏傣族景颇族自治州）·潞西（芒市）

【出处】依示讲，岩坎记录：《荷花变成四大洲》，见姚宝瑄主编《中国各民族神话》（哈尼族、傣族），太原：山西出版传媒集团·书海出版社2014年版，第240页。

W1082.1
地狱中的惩罚

【汤普森】Q560

【关联】［W9906］惩罚

实例

鄂伦春族　在阳间做坏事很多的人要进阴间的地狱。

【流传】黑龙江省·大兴安岭地区

【出处】《阴间世界》，见吕大吉、何耀华总主编《中国各民族原始宗教资料集成》（鄂伦春族卷、鄂温克族卷、赫哲族卷、达斡尔族卷、锡伯族卷、满族卷、蒙古族卷、藏族卷），北京：中国社会科学出版社1999年版，第24页。

哈萨克族　七个毛拉告诉盗贼说："经常抢掠人家的马匹，杀人，无恶不做，所以到了阴间一定会遭到惩罚。"

【流传】（无考）

【出处】比达克买提·木海讲，安蕾、毕枒翻译：《七个盗贼和北斗星》，见满都呼主编《中国阿尔泰语系诸民族神话故事》，北京：民族出版社1997年版，第63页。

回族　如果干下了坏事，就会进入地狱。

【流传】宁夏回族自治区·（固原市）·泾源县·惠台乡·暖水村

【出处】郡生财讲，安文斌采录：*《人祖阿丹和好娃》，见《中国民间文学集成全国编辑委员会编《中国民间故事集成》（宁夏卷），北京：中国ISBN中心1999年版，第8页。

W1082.1.1
地狱中适罪量刑

【汤普森】①Q563；②Q580

实例

（实例待考）

W1082.1.2
人在地狱被火烤

【汤普森】Q566

实例

蒙古族（布里亚特）　地狱的第二层是火狱。

【流传】（无考）

【出处】《蒙古族神灵观念和神灵系统》，见吕大吉、何耀华总主编《中国各民族原始宗教资料集成》（鄂伦春族卷、鄂温克族卷、赫哲族卷、达斡尔族卷、锡伯族卷、满族卷、蒙古族卷、藏族卷），北京：中国社会科学出版社1999年版，第635页。

W1082.1.3
人在地狱受冻

【汤普森】Q567

实例

蒙古族（布里亚特）　地狱的第一层是冷狱，在这层地狱的人要受冻。

【流传】（无考）

【出处】《蒙古族神灵观念和神灵系统》，见吕大吉、何耀华总主编《中国各民族原始宗教资料集成》（鄂伦春族卷、鄂温克族卷、赫哲族卷、达斡尔族卷、锡伯族卷、满族卷、蒙古族卷、藏族卷），北京：中国社会科学出版社1999年版，第635页。

W1082.1.4
地狱中的其他惩罚

【汤普森】Q569

实例

（塞种人）或有地狱，取罪人舌，使牛耕之。或有地狱，取罪人心，夜叉食之。或有地狱，镬汤盛沸，煮罪人身。或有地狱，赤烧铜柱，使罪人抱。或有地狱，使诸火烧，趁及罪人。或有地狱，一向寒冰。或有地狱，无限粪尿。或有地狱，纯飞蒺藜。或有地狱，多攒火枪。或有地狱，唯撞胸背。或有地狱，但烧手足。或有地狱，盘缴铁蛇。或有地狱，驱逐铁狗。或有地狱，尽驾铁骡。

【流传】唐代于阗国

【出处】[唐]实叉难陀译：《地藏菩萨本愿经·地狱名号品第五》。

W1082.1.4.1
地狱中有各种刑罚

【关联】[W9906]惩罚

实例

鄂伦春族 阴间有各种刑罚，对有不同罪过的人，施以不同的刑法。

【流传】（无考）

【出处】

(a) 内蒙古自治区编委会：《鄂伦春族社会历史调查》（第一集），呼和浩特：内蒙古人民出版社1984年版，第52~53页。

(b)《阴间世界》，见吕大吉、何耀华总主编《中国各民族原始宗教资料集成》（鄂伦春族卷、鄂温克族卷、赫哲族卷、达斡尔族卷、锡伯族卷、满族卷、蒙古族卷、藏族卷），北京：中国社会科学出版社1999年版，第24页。

W1082.1.4.2
地狱中的分尸

实例

鄂伦春族 萨满到阴间为小伙子招魂时，见到一根木桩子上面钉着一个女人，有两个人拿着一把大锯，把女的从中间劈开。小伙子的魂灵问萨满是怎么回事。萨满说："这个女人活着的时候，有了掌柜的还和别的男人瞎胡搞，所以要把她劈开。"

【流传】黑龙江省

【出处】莫庆云讲，白水夫采录：《萨满过阴》，原载中国民间文学集成全国编辑委员会编《中国民间故事集成》（黑龙江卷），北京：中国ISBN中心

2005 年版，见陶阳、钟秀编《中国神话》（下），北京：商务印书馆 2008 年版，第 1347~1351 页。

W1082.1.4.3
地狱中被铡

实例

汉族 （实例待考）

W1082.2
下界充满痛苦（阴间充满痛苦）

【汤普森】 A671

实例

拉祜族 （实例待考）

W1082.2.1
阴间的衣食住行都很艰难

实例

壮族 阴间生活甚苦，衣食住等均有困难。所以，这些灵魂就自由行动，变成野游之鬼，设法解决他们自己的生活问题。

【流传】 广西壮族自治区·（南宁市）·武鸣县·两江乡·雷江片，马山县·古零乡·杨圩片

【出处】 黄世杰搜集整理：*《社会鬼与自然界鬼》（1990），见吕大吉、何耀华总主编《中国各民族原始宗教资料集成》（土家族卷、瑶族卷、壮族卷、黎族卷），北京：中国社会科学出版社 1998 年版，第 488 页。

W1082.3
下界的天气（阴间不寻常的天气）

【汤普森】 F161

实例

（参见下级母题实例）

W1082.3.1
地狱很寒冷（阴间很寒冷）

【汤普森】 A671.3.1

【关联】 ［W1082.9.4］下界景象凄凉

实例

傈僳族 在阴间是冷清清，冷冰冰。

【流传】 （无考）

【出处】 祝发清调查整理：《招魂调》（1990），见吕大吉、何耀华总主编《中国各民族原始宗教资料集成》（纳西族卷、羌族卷、独龙族卷、傈僳族卷、怒族卷），北京：中国社会科学出版社 2000 年版，第 721~722 页。

蒙古族（布里亚特） 地狱的第一层是冷狱。

【流传】 （无考）

【出处】 《蒙古族神灵观念和神灵系统》，见吕大吉、何耀华总主编《中国各民族原始宗教资料集成》（鄂伦春族卷、鄂温克族卷、赫哲族卷、达斡尔族卷、锡伯族卷、满族卷、蒙古族卷、藏族卷），北京：中国社会科学出版社 1999 年版，第 635 页。

W1082.3.2

地狱忽冷忽热（阴间忽冷忽热）

【汤普森】A671.3.3

实例

（实例待考）

W1082.3.3

阴间一直下雨（阴间没有晴天）

实例

傈僳族　在阴间永远是下着雨，雨水有三人高，永远没有天晴时。

【流传】（无考）

【出处】祝发清调查整理：《招魂调》（1990），见吕大吉、何耀华总主编《中国各民族原始宗教资料集成》（纳西族卷、羌族卷、独龙族卷、傈僳族卷、怒族卷），北京：中国社会科学出版社2000年版，第721～722页。

W1082.4

冥界的动物

【汤普森】F167.1

实例

（参见下级母题实例）

W1082.4.1

地狱的蛇（阴间的蛇）

【汤普森】A671.2.1

实例

满族　（实例待考）

蒙古族（布里亚特）　地狱的第六层是蛇狱。

【流传】（无考）

【出处】《蒙古族神灵观念和神灵系统》，见吕大吉、何耀华总主编《中国各民族原始宗教资料集成》（鄂伦春族卷、鄂温克族卷、赫哲族卷、达斡尔族卷、锡伯族卷、满族卷、蒙古族卷、藏族卷），北京：中国社会科学出版社1999年版，第635页。

W1082.4.2

地狱中的狼（阴间的狼）

【汤普森】A671.2.6

实例

（实例待考）

W1082.4.3

地狱中的驴（阴间的驴）

实例

汉族　（实例待考）

W1082.4.4

地狱中的狮子（阴间的狮子）

【汤普森】A671.2.12

实例

（实例待考）

W1082.4.5

地狱中的其他动物（阴间的其他动物）

【关联】[W1080.6.7] 地狱的第7层是

蚂蚁狱

实　例

（实例待考）

W1082.5
下界的植物（阴间的植物）

实　例

（实例待考）

W1082.6
下界中的自然物（阴间的自然物）

实　例

（参见下级母题实例）

W1082.6.1
地狱的太阳（阴间的太阳）

【汤普森】A681

实　例

（实例待考）

W1082.6.2
冥河

【汤普森】A672

实　例

（实例待考）

W1082.6.3
地狱的河（阴间的河）

【汤普森】≈A671.2.2

实　例

（实例待考）

W1082.6.4
地狱之火（阴间之火）

【汤普森】A671.0.2.1

实　例

蒙古族（布里亚特）地狱的第二层是火狱，这一层到处是火。

【流传】（无考）

【出处】《蒙古族神灵观念和神灵系统》，见吕大吉、何耀华总主编《中国各民族原始宗教资料集成》（鄂伦春族卷、鄂温克族卷、赫哲族卷、达斡尔族卷、锡伯族卷、满族卷、蒙古族卷、藏族卷），北京：中国社会科学出版社1999年版，第635页。

W1082.6.5
地狱的海（阴间的海）

实　例

（参见下级母题实例）

W1082.6.5.1
地狱的火海（阴间的火海）

【汤普森】①A671.2.3；②V511.2.1

实　例

（实例待考）

W1082.6.5.2
阴间的血海

实　例

纳西族 尤鲁瓦死神要惩罚大逆不道

害死岳父的人，把他抓起来，在血海里泡三次，毒海里泡三回，黑海里泡六只次，让他脱落三层皮，灵魂发臭。

【流传】云南省·（丽江市）·丽江县（古城区、玉龙纳西族自治县）

【出处】木丽春采集整理：《死神尤鲁瓦的出世》，见木丽春编著《纳西族民间故事集》，昆明：云南人民出版社2007年版，第170页。

W1082.6.5.3
阴间的毒海

【关联】[W1964.4.9.1] 毒海

实 例

纳西族 （实例待考）

W1082.6.6
地狱的冰山（阴间的冰山）

【汤普森】A671.3.2

实 例

（实例待考）

W1082.7
下界的建筑（阴间的建筑）

【汤普森】F163

实 例

（参见下级母题实例）

W1082.7.1
下界的磨房（阴间的磨房）

【汤普森】F163.4

实 例

汉族 （实例待考）

W1082.7.2
阎王殿

【关联】[W0245] 冥神的住所

实 例

（参见下级母题实例）

W1082.7.2.1
阎王殿有小鬼把守

实 例

鄂伦春族 阎王爷住的大门口，有两个小鬼正站在门口把守。

【流传】黑龙江省

【出处】莫庆云讲，白水夫采录：《萨满过阴》，原载中国民间文学集成全国编辑委员会编《中国民间故事集成》（黑龙江卷），北京：中国ISBN中心2005年版，见陶阳、钟秀编《中国神话》（下），北京：商务印书馆2008年版，第1347~1351页。

W1082.7.3
阴间有新旧不同的房子

【关联】[W6208.5] 特定的建筑物

实 例

（参见下级母题实例）

W1082.7.3.1
阴间的旧房是祖房

【关联】[W0656.1] 祖先住天上

实例

彝族 阴间有房子给死者住。旧的是祖房，新的是新死到阴间后的房。

【流传】云南省·（昆明市）·路南（石林彝族自治县）

【出处】于锦绣根据文献记载和实地调查撰写：《指路经摘编》，见吕大吉、何耀华总主编《中国各民族原始宗教资料集成》（彝族卷、白族卷、基诺族卷），北京：中国社会科学出版社1996年版，第287~288页。

W1082.8
下界的居所（阴间的居所）

【汤普森】F164

实例

（参见下级母题实例）

W1082.8.1
下界居所的特点（阴间居所的特点）

【汤普森】F165

实例

（实例待考）

W1082.8.2
地狱只作为死者居所

实例

蒙古族（布里亚特） 作为死者的居处，萨满教的地狱不同于佛教和基督教的地狱，它没有自己的对立面——天堂。

【流传】（无考）

【出处】［苏联］И.А.曼日格耶夫著，宋长宏译，佟德富校：《布里亚特萨满教和前萨满教辞典》（俄文版），莫斯科：科学出版社1978年版，第43~44页，见吕大吉、何耀华总主编《中国各民族原始宗教资料集成》（鄂伦春族卷、鄂温克族卷、赫哲族卷、达斡尔族卷、锡伯族卷、满族卷、蒙古族卷、藏族卷），北京：中国社会科学出版社1999年版，第635页。

W1082.8.3
阴间是祖先最早居住地

实例

怒族 丧葬时要把死魂送至兰坪县的金满一带。这里所说的阴间，不过是祖先最早居住过的地方，所指的去路，实际上是怒族先民搬迁的路线。

【流传】云南省·怒江（怒江傈僳族自治州）·碧江县（已撤销，现为怒江傈僳族自治州中部）·二区

【出处】

（a）叶世富：《论怒族宗教与文学》，载云南省民族理论研究会怒江分会筹备组编印《怒江民族研究》，1985年创刊号，第37~38页。

（b）同（a），见吕大吉、何耀华总主编《中国各民族原始宗教资料集成》（纳西族卷、羌族卷、独龙族卷、傈僳族卷、怒族卷），北京：中国社会科学出版社2000年版，第923页。

W1082.9
下界的其他景象（阴间的其他景象）

【汤普森】F169

实例

汉族、蒙古族 （实例待考）

W1082.9.1
地狱里的小鬼

实例

汉族 东岳大帝正中坐，牛头马面两边排，判官爷怀抱生死簿，众小鬼个个拿着勾魂牌。

【流传】（山东省·泰安市徂徕山一带）

【出处】程会金讲，张纯岭记录整理：《东岳大帝评理阎王殿》，原载张纯岭编《徂徕山传奇》，见陶阳、钟秀编《中国神话》（下），北京：商务印书馆2008年版，第1291～1295页。

W1082.9.2
冥府有88座监狱

实例

蒙古族 冥府设有88座监狱，狱中备有各种刑具。

【流传】（无考）

【出处】《蒙古族卷·绪论》，见吕大吉、何耀华总主编《中国各民族原始宗教资料集成》（鄂伦春族卷、鄂温克族卷、赫哲族卷、达斡尔族卷、锡伯族卷、满族卷、蒙古族卷、藏族卷），北京：中国社会科学出版社1999年版，第588页。

W1082.9.3
下界有地上所有的事物

【关联】［W1080.8］地下的世界情形与地上一样

实例

鄂温克族 地下也有山、有水和人。

【流传】（内蒙古自治区·呼伦贝尔市·额尔古纳旗）使用驯鹿鄂温克人

【出处】
（a）《额尔古纳旗使用驯鹿鄂温克人的调查报告》，见内蒙古自治区编辑组《鄂温克族社会历史调查》，呼和浩特：内蒙古人民出版社1986年版，第238页。

（b）《天地神鬼》，见吕大吉、何耀华总主编《中国各民族原始宗教资料集成》（鄂伦春族卷、鄂温克族卷、赫哲族卷、达斡尔族卷、锡伯族卷、满族卷、蒙古族卷、藏族卷），北京：中国社会科学出版社1999年版，第93页。

W1082.9.4
下界景象凄凉

实例

高山族 下界的人是矮的，房子也是矮的，树木不会发光，河流也不会发亮，没有宫殿，没有楼台，没有金色的果子，也没有五颜六色的奇花异卉。

【流传】（无考）

【出处】陈炜萍搜集整理：《天上、人间、地下》，原载《高山族民间故事选》，见陶阳、钟秀编《中国神话》（上），北京：商务印书馆 2008 年版，第 184～186 页。

W1082.9.5
阴间的人物与阳间不同

【关联】［W1080.9］阴间与阳间事情相反

实 例

（参见下级母题实例）

W1082.9.5.1
阴间的人只是影子

实 例

达斡尔族、鄂伦春族、鄂温克族、满族

女萨满到了阴间阎王爷居住的"酆都城"，遇见的熟人递给她烟抽，她伸手去接烟袋的时候，总是抓不着，好像是个捉摸不到的影子。

【流传】（无考）

【出处】

(a) 内蒙古自治区编委会：《鄂伦春族社会历史调查》（第二集），呼和浩特：内蒙古人民出版社 1985 年版，第 261～263 页。

(b)《萨满的传说之四》，见吕大吉、何耀华总主编《中国各民族原始宗教资料集成》（鄂伦春族卷、鄂温克族卷、赫哲族卷、达斡尔族卷、锡伯族卷、满族卷、蒙古族卷、藏族卷），北京：中国社会科学出版社 1999 年版，第 48～50 页。

W1082.9.5.2
阴间的动物很大

【关联】［W3047.7］巨大的动物

实 例

傈僳族 阴间里的狗像熊一样大。

【流传】（无考）

【出处】祝发清调查整理：《招魂调》（1990），见吕大吉、何耀华总主编《中国各民族原始宗教资料集成》（纳西族卷、羌族卷、独龙族卷、傈僳族卷、怒族卷），北京：中国社会科学出版社 2000 年版，第 721～722 页。

W1082.9.6
阴间的景象与人间一样

【关联】［W1080.8］地下的世界情形与地上一样

实 例

锡伯族 阴间也和人间一样，也吃、喝、住、行、劳动、花钱。

【流传】（无考）

【出处】

(a) 佟克力：《锡伯族历史与文化》，乌鲁木齐：新疆人民出版社 1989 年版，第 193～194 页。

(b)《阴间世界》，见吕大吉、何耀华

总主编《中国各民族原始宗教资料集成》（鄂伦春族卷、鄂温克族卷、赫哲族卷、达斡尔族卷、锡伯族卷、满族卷、蒙古族卷、藏族卷），北京：中国社会科学出版社 1999 年版，第 390 页。

W1082.9.7
阴间飘浮不定

实例

蒙古族 以前，下界处在好似游鱼在水中浮游的状态。

【流传】（无考）

【出处】齐木道吉翻译：《天地起源》，见谷德明编《中国少数民族神话》，北京：中国民间文艺出版社 1987 年版，第 31～32 页。

W1083
冥界的位置（下界的位置、地狱的位置）

【汤普森】F136

实例

（参见下级母题实例）

W1083.1
冥界在特定方位（地狱在特定方位）

实例

（参见下级母题实例）

W1083.1.1
冥界在北方（地狱在北方）

【汤普森】A671.0.1

实例

（参见下级母题实例）

W1083.1.1.1
冥界在北方或东北方的一个地方

实例

蒙古族（布里亚特） 阴界不是在地下，而是在北方或东北方的一个地方。

【流传】（无考）

【出处】《蒙古族神灵观念和神灵系统》，见吕大吉、何耀华总主编《中国各民族原始宗教资料集成》（鄂伦春族卷、鄂温克族卷、赫哲族卷、达斡尔族卷、锡伯族卷、满族卷、蒙古族卷、藏族卷），北京：中国社会科学出版社 1999 年版，第 635 页。

W1083.1.2
冥界在东方（地狱在东方）

实例

蒙古族（布里亚特） 在古代蒙古人的观念中，阴间不是在地下，而是在东方或东北方。

【流传】（无考）

【出处】《蒙古族卷·绪论》，见吕大吉、何耀华总主编《中国各民族原始宗教资料集成》（鄂伦春族卷、鄂温克族卷、赫哲族卷、达斡尔族卷、锡伯族卷、满族卷、蒙古族卷、藏族卷），北京：中国社会科学出版社1999年版，第587页。

W1083.2
冥界在地下（地狱在地下）
【关联】[W1080.4] 下界是地狱

实 例

高山族 太古时代，大地下面还有另外一个世界。

【流传】台湾

【出处】

（a）陈国强搜集：《蜜蜂与地震》，见陈国强编《高山族神话传说》，福州：福建人民出版社1980年版。

（b）同（a），见姚宝瑄主编《中国各民族神话》（高山族、黎族、畲族），太原：山西出版传媒集团·书海出版社2014年版，第28页。

珞巴族 宁崩阿乃（精灵名）砍树，整棵树掉入地下的乌佑蒙（珞巴语，地狱）。

【流传】

（a）西藏自治区·下珞瑜（泛指永木河、锡约尔河、巴恰西仁河流域）

（b）西藏自治区·下珞渝（又写作"下珞瑜"）·尼米金一带（米林县·甫龙村德根部落）

【出处】

（a）达大讲，达嘎译，李坚尚、裴富珍搜

集整理：《天父地母和宁崩阿乃》，见中华民族故事大系编委会编《中华民族故事大系》第16卷（赫哲族、门巴族、珞巴族、基诺族），上海：上海文艺出版社1995年版，第403~404页。

（b）同（a），见李坚尚、刘芳贤编《珞巴族门巴族民间故事选》，上海：上海文艺出版社1993年版，第17~18页。

W1083.2.1
下界和中界隔着一层地皮
【关联】[W1070.4.0.2] 上界和中界隔一层云

实 例

壮族 在古老的年代，世界分上中下三界，中界和下界隔着一层地皮。

【流传】（a）广西壮族自治区右江流域

【出处】

（a）覃建才搜集整理：《保洛陀》，见曹廷伟编著《广西民间故事辞典》，南宁：广西教育出版社1993年版，第17页。

（b）同（a），原载刘德荣等编《壮族民间故事》，云南人民出版社1988年版，见姚宝瑄主编《中国各民族神话》（仫佬族、壮族、京族），太原：山西出版传媒集团·书海出版社2014年版，第97页。

W1083.2.2
地狱是八层地下国
【关联】[W5931] 地下国

实例

满族 耶路里（恶神，恶魔，天神的弟子）被刺死后，他的灵魂无处可去，就造了一个地狱——八层地下国。

【流传】（无考）

【出处】傅英仁、余金讲述整理：《耶路里》，见姚宝瑄主编《中国各民族神话》（满族、赫哲族、朝鲜族），太原：山西出版传媒集团·书海出版社2014年版，第86~88页。

W1083.2a
冥界在地上（地狱在地上）

实例

蒙古族 冥域与人类世界都在地面上。

【流传】（无考）

【出处】《蒙古族卷·绪论》，见吕大吉、何耀华总主编《中国各民族原始宗教资料集成》（鄂伦春族卷、鄂温克族卷、赫哲族卷、达斡尔族卷、锡伯族卷、满族卷、蒙古族卷、藏族卷），北京：中国社会科学出版社1999年版，第588页。

W1083.2a.1
阴间在地上的北方或东北方

实例

蒙古族（布里亚特） 阴界不是在地下，而是在北方或东北方的某一位置。

【流传】（无考）

【出处】［苏联］И. А. 曼日格耶夫著，宋长宏译，佟德富校：《布里亚特萨满教和前萨满教辞典》（俄文版），莫斯科：科学出版社1978年版，第54页，见吕大吉、何耀华总主编《中国各民族原始宗教资料集成》（鄂伦春族卷、鄂温克族卷、赫哲族卷、达斡尔族卷、锡伯族卷、满族卷、蒙古族卷、藏族卷），北京：中国社会科学出版社1999年版，第635页。

W1083.2a.2
阴间在勒拿河东方或东北方

【关联】［W1084.1.1.1］勒拿河的东边是阴间

实例

蒙古族 阴间不是在地下，而是在勒拿河东方或东北方。

【流传】（无考）

【出处】《蒙古族卷·绪论》，见吕大吉、何耀华总主编《中国各民族原始宗教资料集成》（鄂伦春族卷、鄂温克族卷、赫哲族卷、达斡尔族卷、锡伯族卷、满族卷、蒙古族卷、藏族卷），北京：中国社会科学出版社1999年版，第581页。

W1083.3
冥界在山洞（地狱在山洞）

【汤普森】F131

实例

（实例待考）

W1083.4
冥界在高山上 (地狱在高山上)
【汤普森】F132

实 例

(实例待考)

W1083.5
冥界在水下 (地狱在水下)
【汤普森】F133

实 例

(实例待考)

W1083.6
冥界在井底 (地狱在井底)
【汤普森】F133.5

【关联】［W1086.10.2］通过井底进入下界

实 例

汉族 (实例待考)

高山族 挖井可通往下界。

【流传】(无考)

【出处】陈炜萍整理：《天上、人间、地下》，见中华民族故事大系编委会编《中华民族故事大系》第8卷（畲族、高山族、拉祜族），上海：上海文艺出版社1995年版，第410页。

W1083.7
冥界在岛上 (地狱在岛上)
【汤普森】F134

实 例

(实例待考)

W1083.8
冥界在其他特定的地方 (地狱在其他特定的地方)

实 例

赫哲族 三界的下界是地狱。

【流传】(无考)

【出处】吕大吉、何耀华总主编《中国各民族原始宗教资料集成》（鄂伦春族卷、鄂温克族卷、赫哲族卷、达斡尔族卷、锡伯族卷、满族卷、蒙古族卷、藏族卷），北京：中国社会科学出版社1999年版，第199页。

W1083.8.1
地府在12层海

【关联】［W1963.2］海有12层（12层海）

实 例

布依族 昔布依族老人死后，每苦不能上天，只能下至十二层海之地府。

【流传】贵州省·黔西南（黔西南布依族苗族自治州）·安龙（安龙县）、册亨（册亨县）

【出处】《铜鼓的来历》，见袁珂《中国神话大词典》，北京：华夏出版社2015年版，第452页。

W1083.8.2
阴曹地府在酆都

实 例

汉族 名山位于酆都县城东北，传说

中的阴曹地府所在地。

【流传】四川省

【出处】谭廷贵讲，李国荣记录：《阴天子登基》，见陶阳、钟秀编《中国神话》（下），北京：商务印书馆2008年版，第1317~1319页。

汉族 地狱分十殿，十殿在酆都。

【流传】（四川省·忠州·酆都县）

【出处】《阎罗王》，见乌丙安主编《中国民间神谱》，沈阳：辽宁人民出版社2007年版，第69页。

W1083.9
鬼界在人界之外

【关联】［W6183］人与神（鬼）分开居住

实 例

壮族 在人间以外还有一个鬼的世界存在。

【流传】广西壮族自治区·百色市·田阳县、德保县

【出处】陆启贤搜集整理：*《鬼与魂的区别》（1989），见吕大吉、何耀华总主编《中国各民族原始宗教资料集成》（土家族卷、瑶族卷、壮族卷、黎族卷），北京：中国社会科学出版社1998年版，第490页。

W1084
冥界的边界

【汤普森】F140

实 例

（参见下级母题实例）

W1084.1
阴界与阳界的分界线

【关联】

① ［W1068.5］人界和世界交界处
② ［W1077.6］进入人界之门

实 例

（参见下级母题实例）

W1084.1.1
特定的河是阴界与阳界的分界线

实 例

蒙古族（布里亚特） 勒拿河水中流被认为是"阳界"和"阴界"的分界线。

【流传】（无考）

【出处】［苏联］И.А. 曼日格耶夫著，宋长宏译，佟德富校：《布里亚特萨满教和前萨满教辞典》（俄文版），莫斯科：科学出版社1978年版，第54页，见吕大吉、何耀华总主编《中国各民族原始宗教资料集成》（鄂伦春族卷、鄂温克族卷、赫哲族卷、达斡尔族卷、锡伯族卷、满族卷、蒙古族卷、藏族卷），北京：中国社会科学出版社1999年版，第635页。

W1084.1.1.1
勒拿河的东边是阴间

实 例

蒙古族 勒拿河为"阳间"和"阴间"

的分界线，人死后即去勒拿河东边的阴间。

【流传】（无考）

【出处】《蒙古族卷·绪论》，见吕大吉、何耀华总主编《中国各民族原始宗教资料集成》（鄂伦春族卷、鄂温克族卷、赫哲族卷、达斡尔族卷、锡伯族卷、满族卷、蒙古族卷、藏族卷），北京：中国社会科学出版社1999年版，第581页。

蒙古族（布里亚特） 勒拿河水中流是阴界与阳界的分界线。

【流传】（无考）

【出处】《蒙古族神灵观念和神灵系统》，见吕大吉、何耀华总主编《中国各民族原始宗教资料集成》（鄂伦春族卷、鄂温克族卷、赫哲族卷、达斡尔族卷、锡伯族卷、满族卷、蒙古族卷、藏族卷），北京：中国社会科学出版社1999年版，第635页。

W1084.1.2
人间与地府交界处

【关联】［W1087.1］下界之门（阴间之门、地狱之门）

实 例

（参见下级母题实例）

W1084.1.2.1
山脚的石洞是人间与地府交界处

实 例

柯尔克孜族 山脚下一个高大的石洞，是人间和地府交界的地方。

【流传】（新疆维吾尔自治区）

【出处】玛沙托克托逊讲，《玛纳斯》工作组搜集，张运隆整理，朱玛拉依翻译：《达尼格尔神游地府》，见姚宝瑄主编《中国各民族神话》（乌孜别克族、哈萨克族、柯尔克孜族、俄罗斯族、维吾尔族、塔吉克族、塔塔尔族、锡伯族），太原：山西出版传媒集团·书海出版社2014年版，第198页。

W1084.2
冥界四周环水

【汤普森】F141

实 例

（实例待考）

W1084.3
冥界有火环绕

【汤普森】F142

实 例

（实例待考）

W1084.4
冥界四周环山

【汤普森】F145

实 例

（实例待考）

W1084.5
冥界四周有墙

【汤普森】F148

【实 例】

（参见下级母题实例）

W1084.5.1
阴间的院落有 3 层铁壁

【实 例】

鄂温克族 尼桑萨满为死去的猎人斯尔古迪偏库招魂到了阴间，看见一所院落，有外三层土墙，中三层木棚，里三层铁壁。

【流传】（内蒙古自治区·呼伦贝尔市·鄂温克族自治旗·辉索木）

【出处】

（a）《鄂温克族自治旗辉索木调查报告》，见内蒙古自治区编辑组《鄂温克族社会历史调查》，呼和浩特：内蒙古人民出版社 1986 年版，第 494 页。

（b）《尼桑萨满的传说之一》，见吕大吉、何耀华总主编《中国各民族原始宗教资料集成》（鄂伦春族卷、鄂温克族卷、赫哲族卷、达斡尔族卷、锡伯族卷、满族卷、蒙古族卷、藏族卷），北京：中国社会科学出版社 1999 年版，第 124~125 页。

W1084.6
地狱无底

【实 例】

鄂伦春族 生前做坏事最多的人，要让他入无底的地狱。

【流传】（无考）

【出处】

（a）内蒙古自治区编委会：《鄂伦春族社会历史调查》（第一集），呼和浩特：内蒙古人民出版社 1984 年版，第 52~53 页。

（b）《阴间世界》，见吕大吉、何耀华总主编《中国各民族原始宗教资料集成》（鄂伦春族卷、鄂温克族卷、赫哲族卷、达斡尔族卷、锡伯族卷、满族卷、蒙古族卷、藏族卷），北京：中国社会科学出版社 1999 年版，第 24 页。

W1084.7
与冥界的边界有关的其他母题

【实 例】

（参见下级母题实例）

W1084.7.1
人与鬼的分界线（人与妖魔的分界线）

【实 例】

鄂伦春族 在一座高高的山峰下有最后一座山，它就是满盖（妖魔）和人间的分界线。

【流传】（中国东北部地区）

【出处】

（a）张凤铸、蔡伯文记录整理：《喜勒特很报仇记》，见张凤铸、蔡伯文编《鄂伦春民间文学选》，呼和浩特：内蒙古人民出版社 1980 年版。

（b）同（a），见姚宝瑄主编《中国各

民族神话》（达斡尔族、鄂伦春族、鄂温克族、蒙古族），太原：山西出版传媒集团·书海出版社2014年版，第91页。

W1084.7.2
人神交界的地方
实例

（参见下级母题实例）

W1084.7.2.1
特定的山是人神交界的地方
实例

羌族　司人间婚姻的女神鹅巴巴西刚走到人神交界的喀尔克别山，正好迎头碰到哥哥智比娃西。

【流传】四川省·（阿坝藏族羌族自治州）·茂县

【出处】《羊角花》，原载茂县文化馆编《羌族民间故事》（三），1982年12月，见吕大吉、何耀华总主编《中国各民族原始宗教资料集成》（纳西族卷、羌族卷、独龙族卷、傈僳族卷、怒族卷），北京：中国社会科学出版社2000年版，第583页。

W1084.7.3
阴间和阳间一纸之隔
实例

锡伯族　人死后要进的阴间和阳间只有一张纸之隔。

【流传】（无考）

【出处】

（a）佟克力：《锡伯族历史与文化》，乌鲁木齐：新疆人民出版社1989年版，第247页。

（b）《灵魂观念》，见吕大吉、何耀华总主编《中国各民族原始宗教资料集成》（鄂伦春族卷、鄂温克族卷、赫哲族卷、达斡尔族卷、锡伯族卷、满族卷、蒙古族卷、藏族卷），北京：中国社会科学出版社1999年版，第390页。

W1085
冥界之旅
【汤普森】①F0；②F80；③F110

实例

（参见下级母题实例）

W1085.1
梦游冥府
【汤普森】F1

实例

（实例待考）

W1085.2
生者入冥府
【汤普森】F2

【关联】［W1082.8.2］地狱只作为死者居所

实例

珞巴族（博嘎尔部落）　阿巴达尼（人

名，人的始祖）来到了宁崩鬼住的核桃树根下的地宫。

【流传】西藏自治区·（林芝地区）·米林县

【出处】东娘讲，于乃昌整理：《宁崩鬼》，见《珞巴族民间故事》：http://www.tibet-web.com/old/minjian/ync/gushi/mulu.htm，2003.10.02。

W1085.3
偶然进入冥界

【汤普森】F102

实 例

（实例待考）

W1085.4
冥界返回

【汤普森】F101

实 例

满族 （实例待考）

W1085.5
潜入水中到冥府

【汤普森】F153

实 例

（实例待考）

W1085.5.1
水鸭带人到水中的精灵家中

实 例

珞巴族 （实例待考）

W1085.6
通过动物到冥界

【汤普森】F98

实 例

汉族 （实例待考）

W1086
通往下界的路（通往阴间的路）

【汤普森】①F90；②F151

【关联】
① [W1400~W1424] 天地通
② [W6224] 与道路有关的其他母题

实 例

高山族 原来，人间与地下一也是有路相通的。

【流传】（无考）

【出处】陈炜萍搜集整理：《天上、人间、地下》，原载《高山族民间故事选》，见陶阳、钟秀编《中国神话》（上），北京：商务印书馆2008年版，第184~186页。

W1086.0
通往下界的路的产生

实 例

（参见下级母题实例）

W1086.0.1
祖先开辟去阴间的路

实 例

彝族 （死者去阴间的）大路我祖

开，后世沿着去。

【流传】四川省·（攀枝花市）·盐边县

【出处】于锦绣根据文献记载和实地调查撰写：《指路经摘编》，见吕大吉、何耀华总主编《中国各民族原始宗教资料集成》（彝族卷、白族卷、基诺族卷），北京：中国社会科学出版社1996年版，第287~288页。

W1086.1
河是通地狱的路

实 例

（参见下级母题实例）

W1086.1.1
黄河是通地狱的路

实 例

汉族 师傅差弟子去地狱，要踩开黄河闭了桥。

【流传】吉林省·（吉林市）·永吉县·土城子乡·聂司马屯汉军旗

【出处】常恕春抄录：《咒日》，见吉林省艺术研究所等编《坛续与神本》，内部编印，1985年，第42页。

W1086.2
通过水进入下界（通过水进入阴间）

【汤普森】F93

实 例

（参见下级母题实例）

W1086.2.1
到阴间要经过白水、黑水、黄水3条水

实 例

彝族 死者到阴间要经过白水、黑水、黄水三条水，死者路上能喝的只有白水。

【流传】四川省·（凉山彝族自治州）·雷波（雷波县）小凉山一带

【出处】《雷波彝族的指路经》，见徐益棠《雷波小凉山之罗民》，金陵大学中国文化所印行，1944年，见吕大吉、何耀华总主编《中国各民族原始宗教资料集成》（彝族卷、白族卷、基诺族卷），北京：中国社会科学出版社1996年版，第287页。

W1086.3
通往下界的阶梯（通往阴间的阶梯）

【汤普森】F94

实 例

（实例待考）

W1086.4
通过一条小路通往下界（通过一条小路通往阴间）

【汤普森】F95

实 例

怒族 从地上到地下也有路。地上的人经常到地下的人家里去做客。

【流传】云南省·（怒江傈僳族自治州）·贡山县（贡山独龙族怒族自治县）

【出处】彭兆清提供，攸延春整理：《创世纪》，见攸延春《怒族文学史》，昆明：云南民族出版社 2003 年版，第 18 页。

W1086.4.1

特定的山下的一条甬道通往阴间

实 例

汉族 转山子位于徂徕山主峰，在转山子底下是东岳大帝的一个金库，有一条甬道直通阴间地府蒿里山。

【流传】（山东省·泰安市徂徕山一带）

【出处】蔡林文讲述，张纯岭记录：《转山子》，原载张纯岭编《徂徕山传奇》，见陶阳、钟秀编《中国神话》（下），北京：商务印书馆 2008 年版，第 1310～1314 页。

W1086.5

通往下界的绳子（通往下界阴间的绳子）

【汤普森】F96

实 例

（实例待考）

W1086.6

通往下界的桥（通往下界阴间的桥）

【汤普森】F152

实 例

塔吉克族 绥拉提桥是伊斯兰教传说中架在火狱之上直通天堂的桥。其窄如发丝，锋利如剑刃。生前行善者可以安全通过，走向天堂；行为不端或作恶者，过桥时将掉入火狱。

【流传】新疆维吾尔自治区·（喀什地区）·塔什库尔干塔吉克自治县·瓦尔西代乡

【出处】马达里汗讲，西仁·库尔班等采录翻译：《人类的来历》，见中国民间文学集成全国编辑委员会编《中国民间故事集成》（新疆卷），北京：中国 ISBN 中心 2008 年版，第 35 页。

W1086.7

通往下界的洞（通往阴间的洞）

【汤普森】①A682；②F158

实 例

珞巴族 救妹妹的哥哥发现龙草草根下面有一个阴沉沉的洞，他走进洞里，走了很远后进了地府。

【流传】西藏自治区·（林芝地区）·墨脱县

【出处】顿加讲，于乃昌等整理：《苦九龙鬼》，见《珞巴族民间故事》：http://www.tibet-web.com/old/minjian/ync/gushi/mulu.htm，2003.10.02。

蒙古族（布里亚特）有个地洞是通往地下世界的通道。

【流传】（无考）

【出处】《蒙古族神灵观念和神灵系统》，见吕大吉、何耀华总主编《中国各民族原始宗教资料集成》（鄂伦春族卷、鄂温克族卷、赫哲族卷、达斡尔族卷、锡伯族卷、满族卷、蒙古族卷、藏族卷），北京：中国社会科学出版社1999年版，第636页。

W1086.7.1

有条地洞通往下界

【实例】

苗族地上的世界有个樵夫砍柴时砍柴刀掉进地洞里，他下地洞去找时一直掉下去，掉到地下的世界去了。

【流传】贵州省中西部

【出处】
(a) 祝先先讲，燕宝整理：《棒头人》，见燕宝编《苗族民间故事选》，上海：上海文艺出版社1981年版。
(b) 同(a)，见姚宝瑄主编《中国各民族神话》（布依族、仡佬族、苗族），太原：山西出版传媒集团·书海出版社2014年版，第156~157页。

W1086.7.2

地上与下界有隧道连接

【实例】

高山族下界的居民常常通过隧道到地上来买东西。地上和地下的老百姓，关系很密切。

【流传】台湾

【出处】
(a) 陈国强搜集：《蜜蜂与地震》，原载陈国强编《高山族神话传说》，福州：福建人民出版社1980年版，见陶阳、钟秀编《中国神话》（上），北京：商务印书馆2008年版，第201页。
(b) 同(a)，见姚宝瑄主编《中国各民族神话》（高山族、黎族、畲族），太原：山西出版传媒集团·书海出版社2014年版，第28页。

W1086.8

其他通往下界的路（其他通往阴间的路）

【汤普森】F159

【实例】

（参见下级母题实例）

W1086.8.1

挖井可通往下界

【关联】
① ［W1083.6］冥界在井底（地狱在井底）
② ［W1978.5］与井有关的其他母题

【实例】

高山族挖井可通往下界。

【流传】（无考）

【出处】陈炜萍整理：《天上、人间、地

下》，见中华民族故事大系编委会编《中华民族故事大系》第8卷（畲族、高山族、拉祜族），上海：上海文艺出版社1995年版，第410页。

W1086.8.2
特定的树通往下界

【实例】

（参见下级母题实例）

W1086.8.2.1
人通过马桑树到地下

【关联】［W1483.2］马桑树是通天树

【实例】

土家族 铜汉二哥下到马桑树下下地了。

【流传】（无考）

【出处】彭继宽搜集，彭勃整理：《开天辟地》，见陶立璠、赵桂芳等编《中国少数民族神话汇编》（开天辟地篇等），中央民族学院少数民族古籍整理出版规划领导小组办公室印（未署出版时间），第325页。

W1086.8.2.2
顺着核桃树根可以到地下

【实例】

珞巴族 阿巴达尼（祖先名）佩带着弓和箭，顺着核桃树根一直下到地底下。

【流传】西藏自治区·（林芝地区）·米林县

【出处】东娘讲，于乃昌记录整理：《宁崩鬼》，原载于乃昌编《珞巴族民间文学资料》，见陶阳、钟秀编《中国神话》（下），北京：商务印书馆2008年版，第1453~1455页。

W1086.8.3
特定颜色的路是通往阴间的路

【实例】

彝族 （死者）到莫木普古（祖源地）处，左边有黄路，右边有黑路，中间是白路，白路是祖父祖母的路。

【流传】四川省·（凉山自治州）·喜德县

【出处】于锦绣根据文献记载和实地调查撰写：《指路经摘编》，见吕大吉、何耀华总主编《中国各民族原始宗教资料集成》（彝族卷、白族卷、基诺族卷），北京：中国社会科学出版社1996年版，第287~288页。

W1086.8.3.1
白色的路是通往阴间的路

【关联】［W6224］与道路有关的其他母题

【实例】

彝族 去阴间有白路、黑路、黄路三条路：死者到阴间要走的是白路。白路是一条直路，不会走错，你祖以前亦是走这路。

【流传】四川省·（凉山彝族自治

州）·雷波（雷波县）小凉山一带

【出处】《雷波彝族的指路经》，见徐益棠《雷波小凉山之罗民》，金陵大学中国文化所印行，1944年，见吕大吉、何耀华总主编《中国各民族原始宗教资料集成》（彝族卷、白族卷、基诺族卷），北京：中国社会科学出版社1996年版，第287页。

W1086.8.4
通往阴间的路有 3 条

实 例

（参见下级母题实例）

W1086.8.4.1
通往阴间的 3 条路只能走中间那条

实 例

白族（那马） 死者去阴间前面有三条路。上面那一条路有荆棘，不能走；下面那一条有荆棘，也不能走；中间的那一条路是应该走的路，是到你阿波（祖先）去的那一条路。

【流传】云南省·（怒江傈僳族自治州）·兰坪县（兰坪白族普米族自治县）

【出处】詹承绪、刘龙初、修世华调查整理：《那马人风俗习惯的几个专题调查》，载《白族社会历史调查》（二），昆明：云南人民出版社1987年版，第45~50页

W1086.8.4.2
去阴间有白路、黑路、黄路 3 条路

实 例

彝族 我俩笔母送你（死者）到阴间，去时前面有白路、黑路、黄路三条路。

【流传】四川省·（凉山彝族自治州）·雷波（雷波县）小凉山一带

【出处】《雷波彝族的指路经》，见徐益棠《雷波小凉山之罗民》，金陵大学中国文化所印行，1944年，见吕大吉、何耀华总主编《中国各民族原始宗教资料集成》（彝族卷、白族卷、基诺族卷），北京：中国社会科学出版社1996年版，第287页。

W1086.8.5
通往阴间的路有 12 条

实 例

（参见下级母题实例）

W1086.8.5.1
去阴间有 12 条路，不同的人要走不同的路

【关联】［W2987.6］人死后要到阴间

实 例

彝族 人死后到阴间的路有十二条，分别是：绿的路——头人、官家的鬼魂走的路，红的路——里长、师爷等小头目的鬼魂走的路，黄的路——贝

马、先生的鬼魂走的路，白的路——一般老百姓寿终正寝者的鬼魂走的路，黑的路——死在外面的冤枉鬼走的路等。

【流传】云南省·（红河哈尼族彝族自治州）·元阳（元阳县）、红河（红河县）等地

【出处】孙官生调查：《元阳、红河彝族的丧葬祭俗》，见吕大吉、何耀华总主编《中国各民族原始宗教资料集成》（彝族卷、白族卷、基诺族卷），北京：中国社会科学出版社 1996 年版，第 172 页。

W1086.9
通往下界的路的消失（通往阴间的路的消失）

实例

（参见下级母题实例）

W1086.9.1
地下的人堵死通往地上的路

【关联】［W1415］绝地天通

实例

怒族 地上的人时常把洗衣服的脏水倒在通往地下的洞口，弄脏了地下的人，就把通往地上的路堵死了。

【流传】云南省·（怒江傈僳族自治州）·贡山县（贡山独龙族怒族自治县）

【出处】彭兆清提供，攸延春整理：《创世纪》，见攸延春《怒族文学史》，昆明：云南民族出版社 2003 年版，第 18 页。

W1086.10
到下界的入口

【关联】［W1438.5］上天的门

实例

（参见下级母题实例）

W1086.10.1
到下界只有 1 个入口

实例

高山族 地下人不欢迎地上那些不懂礼貌的人下到地下，于是他们轮流派人把守住那唯一的通道路口，不让从地面上来的人进去。

【流传】（无考）

【出处】陈炜萍搜集整理：《天上、人间、地下》，原载《高山族民间故事选》，见陶阳、钟秀编《中国神话》（上），北京：商务印书馆 2008 年版，第 184～186 页。

W1086.10.2
通过井底进入下界

【关联】

① ［W1083.6］冥界在井底（地狱在井底）

② ［W1086.8.1］挖井可通往下界

实例

哈萨克族 馕巴图尔（英雄名）从井底进洞朝前走，越走前面越亮，越走

路越宽，最后走到一个地方，和井外的天地没有什么两样，天上虽然没有太阳照着，四处却是一样明亮。

【流传】（新疆维吾尔自治区）

【出处】

(a)《馕巴图尔》，见银帆编《哈萨克族民间故事选》，上海：上海文艺出版社1986年版。

(b) 同（a）见姚宝瑄主编：《中国各民族神话》（乌孜别克族、哈萨克族、柯尔克孜族、俄罗斯族、维吾尔族、塔吉克族、塔塔尔族、锡伯族），太原：山西出版传媒集团·书海出版社2014年版，第54页。

W1086.11
去下界的引领者（去阴间的带路者）

实 例

（参见下级母题实例）

W1086.11.1
神是去阴间的领路者

实 例

（参见下级母题实例）

W1086.11.1.1
夏坦是去下界的引领者

实 例

蒙古族（布里亚特）自杀者、酒客及为雷霆死者，其灵魂永远无在"天国"营生活之权利。当由夏坦（soha-tan）引导而入"地下国"中。

【流传】（无考）

【出处】［波］尼斡拉滋著，金启孮译：《西伯利亚各民族之萨满教》，中国社会科学院民族研究所《萨满教研究》编写组1978年印，见吕大吉、何耀华总主编《中国各民族原始宗教资料集成》（鄂伦春族卷、鄂温克族卷、赫哲族卷、达斡尔族卷、锡伯族卷、满族卷、蒙古族卷、藏族卷），北京：中国社会科学出版社1999年版，第634页。

W1086.11.1.2
鹰神带萨满去阴间

【关联】［W9146］萨满

实 例

赫哲族 萨满走阴间时须用鹰神领路。

【流传】（松花江下游地区依兰县至抚远市一带）

【出处】

(a) 凌纯声：《松花江下游的赫哲族》（原1934年南京刊印本），北京：民族出版社2012年版，第127页。

(b)《鹰神》，见吕大吉、何耀华总主编《中国各民族原始宗教资料集成》（鄂伦春族卷、鄂温克族卷、赫哲族卷、达斡尔族卷、锡伯族卷、满族卷、蒙古族卷、藏族卷），北京：中国社会科学出版社1999年版，第225页。

W1086.11.2
特定的人是去阴间的领路者
实 例

（参见下级母题实例）

W1086.11.2.1
祖先是去阴间的领路者
实 例

彝族　尔亡随祖去，跟着祖先走。你的老祖先，路上等着你。

【流传】云南省·（楚雄彝族自治州）·双柏县

【出处】于锦绣根据文献记载和实地调查撰写：《指路经摘编》，见吕大吉、何耀华总主编《中国各民族原始宗教资料集成》（彝族卷、白族卷、基诺族卷），北京：中国社会科学出版社1996年版，第287~288页。

W1086.11.2.2
始祖做的小人是去阴间的领路者
【关联】[W2060] 祖先造人

实 例

瑶族　密洛陀（万物之母，女始祖，女神）用铜和锌造出的小铜人和小锌人长大了武艺高强，密洛陀送一对到仪死罗（死亡之路），变成甫奖韦也、甫奖韦仪（阴间带路者）。

【流传】广西壮族自治区·（河池市）·巴马县（巴马瑶族自治县）·东山乡·崌山村

【出处】蒙老三（70岁）讲，蒙灵记录翻译：《密洛陀》（1981），原载南宁师范学院编《广西少数民族与汉族民歌民间故事》，见陶阳、钟秀编《中国神话》（上），北京：商务印书馆2008年版，第106~109页。

W1086.11.3
动物是去阴间的领路者
实 例

（参见下级母题实例）

W1086.11.3.1
母鸡是死者到阴间的引路者
【关联】[W3349] 鸡的特征

实 例

瑶族（布努）　从密洛陀（万物之母，女始祖，女神）死后，送葬时，死者去阴间要用母鸡引路。

【流传】广西壮族自治区·（河池市）·都安县（都安瑶族自治县）、巴马县（巴马瑶族自治县）、南丹县，（百色市）·田东县、平果县等地

【出处】蓝怀昌、蓝书京、蒙通顺搜集翻译整理：《密洛陀》之注释，北京：中国民间文艺出版社1988年版，第394页。

W1086.11.3.2
公鸡是死者到阴间的引路者

实例

彝族（腊罗、摩察、纳苏、给尼、葛泼）

阴路认不得，小猪认得路，请小猪带路。阴路认不得，公鸡认得路，请公鸡带路。

【流传】云南省·大理州（大理白族自治州）

【出处】《忆魂经》，原载王丽珠《大理州彝族原始宗教调查》，见吕大吉、何耀华总主编《中国各民族原始宗教资料集成》（彝族卷、白族卷、基诺族卷），北京：中国社会科学出版社1996年版，第168~169页。

W1086.12
通往阴间路途坎坷

实例

壮族　巫师受主家重托为人祈子时，要通过"巴"神（巫师的祖师爷）找花婆求花，路上披荆斩棘，跋山涉水，历尽艰辛，排除万难，在土地神的帮助下，爬上六层七十二级阶梯，来到阴间花婆的花园，叩见常青不老的花婆。

【流传】（无考）

【出处】黄英振、李永宁、黄如猛搜集整理：*《求花经》（1989），见吕大吉、何耀华总主编《中国各民族原始宗教资料集成》（土家族卷、瑶族卷、壮族卷、黎族卷），北京：中国社会科学出版社1998年版，第574页。

W1086.12.1
到阴间需要过大山

实例

达斡尔族、鄂伦春族、鄂温克族、满族

萨满奔往阴间时，道上首先遇着一座大山，挡住去路，山上长满荆棘，只有一条弯弯曲曲的小道。

【流传】（无考）

【出处】

（a）内蒙古自治区编委会：《鄂伦春族社会历史调查》（第二集），呼和浩特：内蒙古人民出版社1985年版，第261~263页。

（b）《萨满的传说之四》，见吕大吉、何耀华总主编《中国各民族原始宗教资料集成》（鄂伦春族卷、鄂温克族卷、赫哲族卷、达斡尔族卷、锡伯族卷、满族卷、蒙古族卷、藏族卷），北京：中国社会科学出版社1999年版，第48~50页。

W1086.12.2
到阴间需要过江河

实例

鄂伦春族　萨满去阴间时，要翻过大山，山下就是一条大江，白亮亮的江水，没边没沿。萨满答应给江边的老头酒肉后，老头点不声不响地拿起一支桨，划小桦皮船像箭似的漂到河对岸。

【流传】黑龙江省

【出处】莫庆云讲，白水夫采录：《萨满过阴》，原载中国民间文学集成全国编辑委员会编《中国民间故事集成》（黑龙江卷），北京：中国ISBN中心2005年版，见陶阳、钟秀编《中国神话》（下），北京：商务印书馆2008年版，第1347~1351页。

W1086.12.3
到阴间需要过特定的桥

【关联】［W6226.2］特定的桥

实例

汉族 （实例待考）

W1086.12.4
到阴间需要过几道关口

实例

达斡尔族、鄂伦春族、鄂温克族、满族

女萨满到阴间招魂时，首先遇到一座大山，她爬到山顶，见到一座房子，这是阴曹地府的第一关。

【流传】（无考）

【出处】

（a）内蒙古自治区编委会：《鄂伦春族社会历史调查》（第二集），呼和浩特：内蒙古人民出版社1985年版，第261~263页。

（b）《萨满的传说之四》，见吕大吉、何耀华总主编《中国各民族原始宗教资料集成》（鄂伦春族卷、鄂温克族卷、赫哲族卷、达斡尔族卷、锡伯族卷、满族卷、蒙古族卷、藏族卷），北京：中国社会科学出版社1999年版，第48~50页。

W1086.12.4.1
阴间的鬼门关

实例

赫哲族 一新萨满到阴间招魂时，要经过鬼门关。

【流传】（松花江下游地区依兰县至抚远市一带）

【出处】《一新萨满》，见凌纯声《松花江下游的赫哲族》（原1934年南京刊印本），北京：民族出版社2012年版，第932页。

W1086.12.4.2
到阴间需要过迷魂汤关

实例

鄂伦春族 去阴间的第一关，会遇到一个烧迷魂汤的白胡子老头，谁要是喝了，就再回不了人间。

【流传】黑龙江省

【出处】莫庆云讲，白水夫采录：《萨满过阴》，原载中国民间文学集成全国编辑委员会编《中国民间故事集成》（黑龙江卷），北京：中国ISBN中心2005年版，见陶阳、钟秀编《中国神话》（下），北京：商务印书馆2008年版，第1347~1351页。

W1086.13
去阴间的时间

【关联】[W6544] 特定时间的禁忌

实例

（参见下级母题实例）

W1086.13.1
月落日出时去阴间

实例

<u>黎族</u> 洪水后，幸存的老先和荷发兄妹俩完成了繁育海南岛黎、苗、汉三个民族后，就在月落日出的时辰，被地神招进地府。

【流传】海南省五指山一带

【出处】

（a）王国全搜集整理：《土地公与土地婆》，见广东民族学院中文系编《黎族民间故事选》，上海：上海文艺出版社1983年版。

（b）同（a），见姚宝瑄主编《中国各民族神话》（高山族、黎族、畲族），太原：山西出版传媒集团·书海出版社2014年版，第57页。

W1086.13.2
夜间去阴间

实例

<u>赫哲族</u> 北海地方有个女萨满，她的萨满神法术超群，无所不晓，又能在夜间到阴曹地府办理阴间的事情。

【流传】（松花江下游地区依兰县至抚远市一带）

【出处】《木杜里》，见凌纯声《松花江下游的赫哲族》（原1934年南京刊印本），北京：民族出版社2012年版，第650页。

W1086.13.3
去阴间需要3天时间

实例

<u>达斡尔族、鄂温克族、满族</u> 萨满只见病人昏迷不醒，只剩下一口气儿，说："这个人的灵魂已经到了阎王爷那里，我得到阴间去一趟，把他的魂儿领回来，需要三天的时间。"

【流传】（无考）

【出处】

（a）内蒙古自治区编委会：《鄂伦春族社会历史调查》（第二集），呼和浩特：内蒙古人民出版社1985年版，第261~263页。

（b）《萨满的传说之四》，见吕大吉、何耀华总主编《中国各民族原始宗教资料集成》（鄂伦春族卷、鄂温克族卷、赫哲族卷、达斡尔族卷、锡伯族卷、满族卷、蒙古族卷、藏族卷），北京：中国社会科学出版社1999年版，第48~50页。

W1086.13.3.1
萨满去一趟阴间需要3天

实例

<u>鄂伦春族</u> 萨满到阴间去一趟，三天

就回来。

【流传】黑龙江省

【出处】莫庆云讲，白水夫采录：《萨满过阴》，原载中国民间文学集成全国编辑委员会编《中国民间故事集成》（黑龙江卷），北京：中国ISBN中心2005年版，见陶阳、钟秀编《中国神话》（下），北京：商务印书馆2008年版，第1347~1351页。

W1086.13.4
去阴间需要9天时间

实 例

鄂伦春族 国王的儿子病危，遂召万能的女萨满进宫治病时，萨满对国王说："王子的灵魂不在了，我去阴间把它找回来，需要九天的时间。"

【流传】（无考）

【出处】

(a) 蔡家麒：《鄂伦春人的原始信仰和崇拜》，载《民族学报》1982年第2期。

(b)《萨满的传说之一》，见吕大吉、何耀华总主编《中国各民族原始宗教资料集成》（鄂伦春族卷、鄂温克族卷、赫哲族卷、达斡尔族卷、锡伯族卷、满族卷、蒙古族卷、藏族卷），北京：中国社会科学出版社1999年版，第47页。

鄂伦春族 皇帝的儿子病重，派人把万能的女萨满召进宫来，萨满说："王子的灵魂不在了，我去把它找回来，王子才会恢复健康，但是需要九天的时间。"

【流传】（无考）

【出处】内蒙古自治区编委会：《鄂伦春族社会历史调查》（第二集），呼和浩特：内蒙古人民出版社1985年版，第261页。

W1087
与下界有关的其他母题（与阴间有关的其他母题）

【关联】[W1972.5] 黄泉

实 例

（参见下级母题实例）

W1087.0
地狱的护城河

实 例

（参见下级母题实例）

W1087.0.1
奈河是阴间地府的护城河

实 例

汉族 奈河在泰安城蒿里山的东面，是阴间地府的护城河，是通往蒿里山的必由之路，要塞之处，由东岳大帝的三太子护河将军夫妻亲自把守。

【流传】（山东省·泰安市徂徕山一带）

【出处】薛其万讲，张纯岭采录：《三太子复仇奈河岸》，原载张纯岭编《徂徕山传奇》，见陶阳、钟秀编《中国神话》（下），北京：商务印书馆2008年版，第1299~1303页。

W1087.1
下界之门（阴间之门、地狱之门）

【汤普森】①F91；②F156；③F165.1；④V511.2.2

【关联】
① ［W1168.21］天门
② ［W1237b］地门

实 例

（参见下级母题实例）

W1087.1.1
下界之门在特定的地方（阴间之门在特定的地方）

实 例

蒙古族 （实例待考）

W1087.1.2
地狱之门是洞（阴间之门是洞）

【汤普森】①A671.0.3；②F92

实 例

（参见下级母题实例）

W1087.1.2.1
地府大门是山脚下一个大石洞

实 例

柯尔克孜族 山脚下一个高大的石洞，石洞的大门就是地府大门。

【流传】（新疆维吾尔自治区）
【出处】玛沙托克托逊讲，《玛纳斯》工作组搜集，张运隆整理，朱玛拉依翻译：《达尼格尔神游地府》，见姚宝瑄主编《中国各民族神话》（乌孜别克族、哈萨克族、柯尔克孜族、俄罗斯族、维吾尔族、塔吉克族、塔塔尔族、锡伯族），太原：山西出版传媒集团·书海出版社2014年版，第198页。

W1087.1.3
地狱的守门人（阴间的守门人）

【汤普森】A671.1

实 例

（参见下级母题实例）

W1087.1.3.1
鬼是地狱的守护者

实 例

汉族 （实例待考）

蒙古族（布里亚特） 乌亥勒·哈拉·贝什埃舍是死亡之门看守者。

【流传】（无考）
【出处】《蒙古族神灵观念和神灵系统》，见吕大吉、何耀华总主编《中国各民族原始宗教资料集成》（鄂伦春族卷、鄂温克族卷、赫哲族卷、达斡尔族卷、锡伯族卷、满族卷、蒙古族卷、藏族卷），北京：中国社会科学出版社1999年版，第636页。

W1087.1.3.2

大鹏是地府的守护者

实例

柯尔克孜族 达尼格尔（英雄名）让帮助自己的大鹏做了地府守门者的新主人。

【流传】（新疆维吾尔自治区）

【出处】玛沙托克托逊讲，《玛纳斯》工作组搜集，张运隆整理，朱玛拉依翻译：《达尼格尔神游地府》，见姚宝瑄主编《中国各民族神话》（乌孜别克族、哈萨克族、柯尔克孜族、俄罗斯族、维吾尔族、塔吉克族、塔塔尔族、锡伯族），太原：山西出版传媒集团·书海出版社 2014 年版，第 207 页。

W1087.1.4

生死之门在特定的地方

【关联】

① ［W1086］通往下界（阴间）的路

② ［W1087.1.6.1.1］死亡之门在特定的地方

实例

（参见下级母题实例）

W1087.1.4.1

生死之门在埃尔莱恩汗所居之地

实例

蒙古族（布里亚特） 生死之门在埃尔莱恩汗所居之地。

【流传】（无考）

【出处】《蒙古族神灵观念和神灵系统》，见吕大吉、何耀华总主编《中国各民族原始宗教资料集成》（鄂伦春族卷、鄂温克族卷、赫哲族卷、达斡尔族卷、锡伯族卷、满族卷、蒙古族卷、藏族卷），北京：中国社会科学出版社 1999 年版，第 636 页。

W1087.1.5

下界有特定数量的门（地狱有特定数量的门）

实例

（参见下级母题实例）

W1087.1.5.1

地府有 12 道森严的大门

实例

彝族 阴曹地府有十二道森严的大门，每道门前有一只恶狗看守。

【流传】云南省·大理（大理白族自治州）

【出处】王丽珠：《大理州彝族原始宗教调查》，见吕大吉、何耀华总主编《中国各民族原始宗教资料集成》（彝族卷、白族卷、基诺族卷），北京：中国社会科学出版社 1996 年版，第 165 页。

W1087.1.5.2
地狱有3道铁门

实 例

鄂伦春族　阎王殿有三道铁门。

【流传】黑龙江省·（大兴安岭地区）·呼玛县·白银那乡

【出处】孟玉兰讲：《泥灿萨满》，见中国民间文学集成全国编辑委员会编《中国民间故事集成》（黑龙江卷），北京：中国ISBN中心2005年版，第86页。

W1087.1.6
与下界之门有关的其他母题

实 例

（参见下级母题实例）

W1087.1.6.1
死亡之门

实 例

（参见下级母题实例）

W1087.1.6.1.1
死亡之门在特定的地方

【关联】[W1087.1.4]生死之门在特定的地方

实 例

蒙古族（布里亚特）　死亡之门在埃尔莱恩汗所居之地，所有的死人的灵魂在经过审判之后都要从此门经过，大多数灵魂不能返回地界生活。

【流传】（无考）

【出处】[苏联] И.А.曼日格耶夫著，宋长宏译，佟德富校：《布里亚特萨满教和前萨满教辞典》（俄文版），莫斯科：科学出版社1978年版，第82页，见吕大吉、何耀华总主编《中国各民族原始宗教资料集成》（鄂伦春族卷、鄂温克族卷、赫哲族卷、达斡尔族卷、锡伯族卷、满族卷、蒙古族卷、藏族卷），北京：中国社会科学出版社1999年版，第636页。

W1087.1.6.1.2
到地狱时要通过死亡之门

实 例

蒙古族（布里亚特）　死亡之门在埃尔莱恩汗所居之地，所有的死人的灵魂在经过审判之后都要从此门经过，大多数灵魂不能返回地界生活。

【流传】（无考）

【出处】[苏联] И.А.曼日格耶夫著，宋长宏译，佟德富校：《布里亚特萨满教和前萨满教辞典》（俄文版），莫斯科：科学出版社1978年版，第82页，见吕大吉、何耀华总主编《中国各民族原始宗教资料集成》（鄂伦春族卷、鄂温克族卷、赫哲族卷、达斡尔族卷、锡伯族卷、满族卷、蒙古族卷、藏族卷），北京：中国社会科学出版社1999年版，第636页。

W1087.1.6.1.3
地狱之门的钥匙

实例

哈萨克族 孤儿牧童的父母也关在神王的地狱里。地狱门的钥匙藏在一条有六十条小河汇合成的大江底下。

【流传】新疆维吾尔自治区

【出处】李雍翻译：《英雄坎德巴依》，原载陶立璠、李耀宗编《中国少数民族神话传说选》，见陶阳、钟秀编《中国神话》（中），北京：商务印书馆 2008 年版，第 687～695 页。

W1087.1.6.1.4
地狱的出口

实例

（参见下级母题实例）

W1087.1.6.1.4.1
特定人物才能打开地狱出口

实例

满族 三魔王点上香，祷告着请他师傅扫帚星主凡可沙给他们打开地下国的封口。

【流传】黑龙江省·（牡丹江市）·宁古塔（宁安县）；吉林省·长白山地区（长白山一带）

【出处】（a）傅英仁讲述，张爱云记录整理：《天宫神魔大战》，见傅英仁讲述，张爱云记录整理《满族萨满神话》，哈尔滨：黑龙江人民出版社 2006 年版。

（b）同（a），见陶阳、钟秀编《中国神话》（上），北京：商务印书馆 2008 年版，第 155～180 页。

W1087.1.6.1.5
阴间之门有路通向地心

实例

柯尔克孜族 阴间连接地面的大门里有大路通向地心。

【流传】（新疆维吾尔自治区）

【出处】玛沙托克托逊讲，《玛纳斯》工作组搜集，张运隆整理，朱玛拉依翻译：《达尼格尔神游地府》，见姚宝瑄主编《中国各民族神话》（乌孜别克族、哈萨克族、柯尔克孜族、俄罗斯族、维吾尔族、塔吉克族、塔塔尔族、锡伯族），太原：山西出版传媒集团·书海出版社 2014 年版，第 198 页。

W1087.1.6.1.6
阴间之门的倒塌

实例

（参见下级母题实例）

W1087.1.6.1.6.1
萨满用神鼓震塌阴间之门

实例

鄂温克族 尼桑萨满来到阎罗殿，敲了一下神鼓，阎罗殿的正门就塌了。

【流传】内蒙古自治区·（呼伦贝尔市）·鄂温克族自治旗

【出处】鲁勒利那讲，郭永明翻译：《尼桑萨满》，见中国民间文学集成全国编辑委员会编《中国民间故事集成》（内蒙古卷），北京：中国ISBN中心2007年版，第29页。

W1087.2
水下的世界

【汤普森】F725

实 例

（实例待考）

W1087.3
干坏事会下地狱

【关联】
① ［W1082.1］地狱中的惩罚
② ［W9415］恶有恶报

实 例

回族 如果干下了坏事，就会进入地狱。

【流传】宁夏回族自治区·（固原市）·泾源县·惠台乡·暖水村

【出处】郡生财讲，安文斌采录：*《人祖阿丹和好娃》，见中国民间文学集成全国编辑委员会编《中国民间故事集成》（宁夏卷），北京：中国IS-BN中心1999年版，第8页。

蒙古族（布里亚特） 不善者死后灵魂进入地下国。

【流传】（无考）

【出处】《蒙古族神灵观念和神灵系统》，见吕大吉、何耀华总主编《中国各民族原始宗教资料集成》（鄂伦春族卷、鄂温克族卷、赫哲族卷、达斡尔族卷、锡伯族卷、满族卷、蒙古族卷、藏族卷），北京：中国社会科学出版社1999年版，第634页。

W1087.4
阴间的人很小

【关联】［W2811］矮小的人（矮人、小矮人、小人、侏儒）

实 例

苗族 地间世界的人个子很小。

【流传】贵州省·黔东南（黔东南苗族侗族自治州）

【出处】《棒头人》，见巴略、王秀盛《苗族文学概论》，北京：中国文史出版社2006年版，第28页。

W1087.5
冥界象征物

【关联】［W9240］象征物

实 例

（参见下级母题实例）

W1087.5.1
蛇是冥界的象征

【关联】［W9243］动物作为象征

实 例

柯尔克孜族 蛇衍变而来的"阿日达

哈尔"是冥界的象征，代表水族。

【流传】（无考）

【出处】毕桪：《柯尔克孜族神话》，见中国翻译网：http://www.chinatranslation.org/articleview，2006.08.13。

W1087.5a
下界的其他名称（阴间的其他名称）

实例

（参见下级母题实例）

W1087.5a.1
阴间为"乌戈得勒"

实例

达斡尔族　达斡尔人称阴间为"乌戈得勒"。

【流传】（无考）

【出处】喻权中：《死亡的超越与转化——赫哲-那乃族初始萨满神话考疑》，载《黑龙江民族丛刊》1998年第3期。

W1087.6
下界的毁灭

实例

（参见下级母题实例）

W1087.6.1
天地第九代时下界遭毁灭

实例

彝族　天地第九代，下界遭毁灭。

【流传】四川省·凉山地区（凉山彝族自治州）

【出处】冯元蔚译注：《勒俄特依》，成都：四川民族出版社1986年版，第5页。

1.1.6 与世界有关的其他母题
【W1090~W1099】

※ W1090
世界的分期

【关联】［W4635］时间的产生

实例

（参见下级母题实例）

W1090.1
世界分三个阶段

实例

（实例待考）

W1090.2
世界经历其他特定的阶段

实例

（实例待考）

W1090.2.1
世界分金银铜铁四个阶段

【关联】［W1980］金属的产生（获得）

实例

（实例待考）

W1091
世界经历特殊的时代

实例

（参见下级母题实例）

W1091.0
世界的混沌时代

【关联】［W1057.1］混沌（混沌卵）

实例

（参见下级母题实例）

W1091.0.1
混沌未分的时代

实例

彝族 当天地混沌未分的时期，那儿没有昼，也没有夜，日月无光。

【流传】（无考）

【出处】柯象峰：《猡猡文字之初步研究》，见吕大吉、何耀华总主编《中国各民族原始宗教资料集成》（彝族卷、白族卷、基诺族卷），北京：中国社会科学出版社 1996 年版，第 274～275 页。

W1091.0.2
世界混沌时代没有万物

【关联】［W1040］最早的世界是混沌

实例

拉祜族 混沌年代，没有天，没有地，没有人，也没有山川河流和树木花草，没有禽鸟。

【流传】云南省·（普洱市）·镇沅县（镇沅彝族哈尼族拉祜族自治县）

【出处】范清莲讲，自力采录：《天地日月的来历》，见中国民间文学集成全国编辑委员会编《中国民间故事集成》（云南卷），北京：中国 ISBN 中心 2003 年版，第 47 页。

W1091.1
世界经历洪荒时代

【关联】［W1057.1］混沌（混沌卵）

实例

傈僳族 因为猕猴念咒，万物应该有生有死，所以，蓝天开始索人魂，大地开始要人骨，洪荒年代开始了。

【流传】（无考）

【出处】刘辉豪、胡贵搜集整理：《天、地、人的形成》，见谷德明编《中国少数民族神话》，北京：中国民间文艺出版社 1987 年版，第 370 页。

W1091.1.1
洪荒年代人、鬼、神不分

【关联】［W6182］人神杂居（人鬼杂居）

实例

哈尼族 从人类第一代奥玛到第二十一代初末呀（奥玛和初末呀是传说中人类第一代和第二十一代的首领），是人、鬼、神不分的洪荒年代。

【流传】（无考）

【出处】刘元庆、阿罗搜集整理：《兄妹传人类》，原载谷德明编《中国少数民族神话选》，西北民族学院研究所，内部资料，1983 年，见姚宝瑄主编《中国各民族神话》（哈尼族、傣族），太原：山西出版传媒集团·书海出版社 2014 年版，第 83 页。

哈尼族 自第一代奥玛至二十一代初末吁，为人、鬼、神不分之洪荒年代。

【流传】（云南省？）

【出处】袁珂改编：《兄妹传人类》，原载谷德明编《中国少数民族神话选》，见袁珂《中国神话大词典》，北京：华夏出版社 2015 年版，第 491 页。

W1091.1.2
洪荒经历 3 个时代

实 例

傈僳族 洪荒之世，分为三个时代：第一个时代名为 chu-fulja，第二个时代名为 mioushul-miou-hsiengia，第三个时代名为 waë-hsë-mei-ja。

【流传】碧罗雪山（云南省·怒江傈僳族自治州·贡山独龙族怒族自治县与云南省·迪庆藏族自治州·德钦县交界一带）

【出处】《巫师的由来》，原载陶云逵《碧罗雪山之傈僳族》，见国立中央研究院《历史语言研究所集刊》第 17 本，商务印书馆民国三十七年（1948），第 403～404 页。

W1091.2
世界经历水的时代

实 例

（参见下级母题实例）

W1091.2.1
天地分开后世界进入水时代

【关联】［W1275］天地的分开

实 例

佤族 连姆娅和司么迫把天地分开后，接着世界进入了水时代。

【流传】云南省·（普洱市）·西盟佤族自治县、澜沧拉祜族自治县等地

【出处】毕登程、隋嘎编著：《司岗里——佤族创世史诗》，昆明：云南出版集团公司·云南人民出版社 2009 年版，第 7～8 页。

W1091.2.2
地球经历洪水时代

实 例

彝族 在远古的年代，地球是幼年的洪水时期。

【流传】川（四川省）、滇（云南省）、黔（贵州省）等彝区

【出处】白荻：《西康罗罗杂记》，载《京沪周刊》1947 年第 1 卷第 9 期。

W1091.2.2.1
洪水淹天的时代

【关联】［W8100］洪水

实 例

彝族 很古的时候，天神为报复人类打开了天上的水门，大水从天上淌下来，把整个大地都淹没了。这就是老辈人说的洪水淹天的时代。

【流传】云南省·（楚雄彝族自治州）·大姚县

【出处】李申呼颇讲，郭思九搜集整理：《虎氏族》，原载《山茶》1986 年第 1 期，见姚宝瑄主编《中国各民族神话》（羌族、彝族），太原：山西出版传媒集团·书海出版社 2014 年版，第 229 页。

W1091.3
世界经历火的时代

实 例

珞巴族 最初，大地是干枯的，连一滴水也没有，是火的年代。

【流传】西藏自治区·（林芝地区）·墨脱县

【出处】宾珠讲，于乃昌等整理：《人的诞生》，见《珞巴族民间故事》：http://www.tibet-web.com/old/minjian/ync/gushi/mulu.htm，2003.10.02。

W1091.4
世界经历没有日月的时代

实 例

满族 开天辟地的远古时代，没有太阳，没有月亮和星星。

【流传】（无考）

【出处】

（a）曾层、佟畸搜集整理：《日月峰》，见满都呼主编《中国阿尔泰语系诸民族神话故事》，北京：民族出版社 1997 年版，第 270 页。

（b）《日月峰》，见中国民间文艺研究会编《满族民间故事选》（二），沈阳：春风文艺出版社 1985 年版。

蒙古族 天地形成之初，宇宙间并没有太阳和月亮。

【流传】新疆维吾尔自治区·（巴音郭楞蒙古自治州）·博湖县·才干淖尔乡

【出处】图格吉优讲，特·敖如格欣采录：《日月的形成和日蚀月蚀的由来》，见中国民间文学集成全国编辑委员会编《中国民间故事集成》（新疆卷），北京：中国 ISBN 中心 2008 年版，第 12 页。

W1091.4.1
世界经历黑暗时代

【关联】

① ［W1040.3］最早的世界是黑暗的混沌

② ［W1050.1］以前地上是黑暗的

③ ［W1235.9］黑暗之地

实 例

傣族 天空没有了太阳、月亮和星星，天地又覆灭了，回到开天辟地之前那个黑暗的年代了。

【流传】云南省·西双版纳（西双版纳

傣族自治州）·勐海（勐海县）·勐遮（勐遮镇）、勐混（勐混镇）

【出处】波玉挽讲，王光搜集整理：《披乍贺与火神之子的一场战争》，见姚宝瑄主编《中国各民族神话》（哈尼族、傣族），太原：山西出版传媒集团·书海出版社2014年版，第244页。

W1091.4a
世界经历日月分家的时代

实 例

纳西族 以前，有一个太阳和月亮分家的时代。

【流传】云南省·（丽江市）·丽江县（古城区、玉龙纳西族自治县）

【出处】木丽春采集整理：《人脱皮的故事》，见木丽春编著《纳西族民间故事集》，昆明：云南人民出版社2007年版，第10页。

W1091.4a.1
以前有个山和谷分家的时代

实 例

纳西族 以前，有一个山和谷分家的时代。

【流传】云南省·（丽江市）·丽江县（古城区、玉龙纳西族自治县）

【出处】木丽春采集整理：《人脱皮的故事》，见木丽春编著《纳西族民间故事集》，昆明：云南人民出版社2007年版，第10页。

W1091.5
世界有一个不死不生的创世时代

【关联】[W2941] 人原来不死

实 例

纳西族（摩梭） 在一切不死不生的创世时代，人和动物才刚刚出世，人兽杂处，没有什么生死伦常之序。

【流传】云南省·（丽江市）·宁蒗（彝族自治）·泥鳅沟中村

【出处】"达巴"翁争讲，农布翻译，邓启耀整理：《天鹅之死》，见民俗学博客网：http://www.chinafolklore.org/blog/?uid-199-action-viewspace-itemid-3390，2009.09.07。

W1091.6
以前有个石头会滴水的时代

实 例

普米族 以前有个石头像冰山一样会滴水的年代。

【流传】云南省·（丽江市）·丽江县（今属玉龙纳西族自治县）·塔城乡

【出处】熊才讲，木丽春采录：《格悟松巴治太阳》，见中国民间文学集成全国编辑委员会编《中国民间故事集成》（云南卷），北京：中国ISBN中心2003年版，第135页。

W1091.7

以前有个黑洞时代

实 例

仡佬族 古时有个黑洞时代。

【流传】（无考）

【出处】陶阳、牟钟秀著：《中国创世神话》，上海：上海人民出版社 2006 年版，第 49 页。

W1091.8

世界经历的其他时代

实 例

（参见下级母题实例）

W1091.8.1

以前有个河水会说话，大山会走路的时代

【关联】

① ［W1244.2b.1］会移动的洲

② ［W1828.1］以前山会行走的

实 例

纳西族 以前有个河水会说话，大山会走路的时代。

【流传】云南省·（丽江市）·丽江县（古城区、玉龙纳西族自治县）

【出处】木丽春采集整理：《象山和狮子山的传说》，见木丽春编著《纳西族民间故事集》，昆明：云南人民出版社 2007 年版，第 174 页。

W1091.8.2

世界经历一个会笑的时代

实 例

纳西族 人类会笑的那一代，在那个古时候，山里的柴禾是术家管理着

【流传】云南省·（丽江市）·丽江县（古城区、玉龙纳西族自治县）

【出处】木丽春采集整理：《柴禾的故事》，见木丽春编著《纳西族民间故事集》，昆明：云南人民出版社 2007 年版，第 119 页。

W1091.8.3

神以前的时代

实 例

满族 阿布凯赫赫（第一代天神，天母）说："我们那时候不叫神，叫安托，我们那时的安托，看到什么会做什么，而且不管活的死的都能做出来。"

【流传】黑龙江省·（牡丹江市）·宁古塔（宁安县）；吉林省·长白山地区（长白山一带）

【出处】傅英人（疑"人"为"仁"）讲述，张爱云整理：《阿布凯赫赫创造天地人》，原载《满族萨满神话》，见陶阳、钟秀编《中国神话》（上），北京：商务印书馆 2008 年版，第 140～154 页。

W1091.8.4
太初

实例

汉族 元气未形，渐为太初。

【流传】（无考）

【出处】［北宋］张君房：《云笈七签》卷五十六《诸家气法》。

W1091.8.5
太极

实例

汉族 形气有质，复谓太极。

【流传】（无考）

【出处】［北宋］张君房：《云笈七签》卷五十六《诸家气法》。

W1091.8.6
太始

实例

汉族 元气始萌，次谓太始。

【流传】（无考）

【出处】［北宋］张君房：《云笈七签》卷五十六《诸家气法》。

W1091.8.7
太素

实例

汉族 形气始端，又谓太素。

【流传】（无考）

【出处】［北宋］张君房：《云笈七签》卷五十六《诸家气法》。

W1091.8.8
太易

实例

汉族 窈窈冥冥，是为太易。

【流传】（无考）

【出处】［北宋］张君房：《云笈七签》卷五十六《诸家气法》。

W1091a
世界的划分

实例

（参见下级母题实例）

W1091a.1
按天干地支分世界

实例

汉族 盘古爷和盘古奶见盘古山的人多得盛不下了，就开始分世界。东方甲乙木，由长子去；北方壬癸水，由二儿去；东北丑寅艮，由小儿去；东南辰巳巽，属木，由长媳去；南方丙丁火，由二媳去；西方庚辛金，由小媳去；西南呢？未申坤，大地由老母掌管，盘古奶往西南；中央戊己土，土中生万物，天地已造成，万物四处生，盘古奶离开中央土了，盘古爷也要挪了，西北戌亥乾，金地归老公，乾卦象天，坤卦象地。

【流传】河南省·（南阳市）·桐柏县·（洪仪河乡·清泉寺）

【出处】史海惠（68岁，和尚）讲，马卉欣录音，马辉岐采录整理：《盘古分世界》（1990.07.13），见张振犁编著《中原神话通鉴》（第一卷），郑州：河南大学出版社2017年版，第52页。

W1092

地上最早的居住者

【关联】［W1996.1］世界最早产生的是人

实例

（参见下级母题实例）

W1092.1

神是地上最早的居住者

【汤普森】A1205

实例

哈萨克族 远古时候，没有天，没有地，只有创世主迦萨甘。

【流传】新疆维吾尔自治区·（乌鲁木齐市）·乌鲁木齐县（天山区）·白杨沟夏牧场

【出处】谢热亚孜旦·马尔萨克讲，尼合买提·蒙加尼采录：《迦萨甘创世》，见中国民间文学集成全国编辑委员会编《中国民间故事集成》（新疆卷），北京：中国ISBN中心2008年版，第3页。

W1092.2

动物地上最早的居住者

【关联】［W3001］动物的产生

实例

汉族 地球长成后，世上长出动物。当时不曾有人。

【流传】江苏省·（镇江市）·丹阳市·云林乡·伦地村

【出处】徐书明讲，康新民采录：《绿鸭淘沙造大地》，见中国民间文学集成全国编辑委员会编《中国民间故事集成》（江苏卷），北京：中国ISBN中心1998年版，第13页。

W1092.3

地上最早的其他居住者

实例

珞巴族（崩如部落） 大地上只有树，没有草。

【流传】（无考）

【出处】阿岗讲，于乃昌整理：《列德罗登》，见《珞巴族民间故事》：http://www.tibet-web.com/old/minjian/ync/gushi/mulu.htm，2003.10.02。

W1092.3.1

世界造出后仙人和人类居住下来

实例

哈萨克族 世界被完美地创造出来，于是仙人和人类就在世界上居住下来。

【流传】（无考）

【出处】美依里姆·扎拜讲，阿里木赛依提·吾勒达汗搜集，安蕾、毕桦译：《太阳与星星》，见满都呼主编《中国阿尔泰语系诸民族神话故事》，北京：民族出版社1997年版，第61页。

W1093

虚幻世界

实例

（参见下级母题实例）

W1093.1

虚幻世界的主宰

实例

藏族 木、火、土、铁、水5种本原物质中产生出一个发亮的卵和一个黑色的卵。黑卵于黑暗中爆炸，从卵的中心跳出一个带黑光的人，他就是虚幻世界的主宰——闷巴赛敦那波。

【流传】西藏自治区

【出处】《什巴卓浦》，见林继富《西藏卵生神话源流》，载《西藏研究》2002年第4期。

W1093.2

世界的影子

实例

纳西族 世界最先有三样，是天、地、日月影子。

【流传】（无考）

【出处】《纳西族的创世传说》，见丽江玉水寨网：http://www.yushuizhai.com，2010.07.08。

W1094

来世（未来的世界）

实例

门巴族 加自贡布（弥勒佛）对释迦牟尼说："到了我的时代，就不会有战争、小偷。当你的世界要毁灭时，就会出现刚出生的就会走路，三岁结婚，十岁成老人的怪事。"

【流传】西藏自治区·（林芝地区）·墨脱县·东布村（东布街）

【出处】伊西平措讲，于乃昌等整理：《释迦牟尼和加白贡市》，见《门巴族民间故事》：http://www.tibet-web.com/old/minjian/ync/gushi/mu-lu.htm，2003.10.02。

W1094.1

来世在一个岛上

【汤普森】F134

实例

（实例待考）

W1094.2

月亮是人类的下一个世界

【汤普森】A695

【关联】[W1580] 月亮

1.1.6 与世界有关的其他母题

实例

（实例待考）

W1094.3
来世无生无死

【汤普森】F172

实例

（实例待考）

W1094.4
佛教中的来世

【汤普森】A697

实例

（实例待考）

W1094.5
来世之旅

实例

（实例待考）

W1094.5.1
可怕的来世之旅

【汤普森】F110

实例

（实例待考）

W1095
世界的支撑者

【关联】
① ［W1319］天的支撑
② ［W1340］地的支撑

实例

（参见下级母题实例）

W1095.1
特定的神支撑着世界

实例

（实例待考）

W1095.2
特定动物支撑世界

实例

（参见下级母题实例）

W1095.2.1
牛顶着世界

【关联】［W1324.1］牛角支撑天

实例

撒拉族 很久以前，在无边无际的大海里，有一条硕大无比的大鱼，鱼背上驮着一头"耶尔斯合尔"（撒拉语，黄牛）。耶尔斯合尔的角上顶着世界。

【流传】青海省·（海东市）·循化（循化撒拉族自治县）·清水乡·大寺古村

【出处】艾扫保讲，马成俊采录：《地震的原由》，见中国民间文学集成全国编辑委员会编《中国民间故事集成》（青海卷），北京：中国 ISBN 中心 2007 年版，第 10 页。

W1095.2.2
鳖鱼在天上和地下支撑世界

【关联】［W3505］龟（乌龟、鳖）

实 例

白族　天上鳖鱼撑世界，地下鳖鱼世界撑。

【流传】云南省·（大理白族自治州）·洱源县·茈碧乡

【出处】王承权调查整理：《洱源茈碧白族鳖鱼祭祀》（1988），见吕大吉、何耀华总主编《中国各民族原始宗教资料集成》（彝族卷、白族卷、基诺族卷），北京：中国社会科学出版社1996年版，第515页。

W1095.3
世界的其他支撑者

实 例

（实例待考）

W1095.4
与世界支撑者有关的其他母题

实 例

（实例待考）

W1095.4.1
世界支撑者的看守

实 例

（实例待考）

W1095.4.1.1
蛇看守着世界支撑者

【关联】［W3534.9］蛇是神的看家者

实 例

撒拉族　（实例待考）

W1096
与世界有关的其他母题

【关联】

① ［W1396.1］天地的测量（丈量世界）
② ［W4625］世界秩序的建立
③ ［W4625.1］神安排世界（宇宙、天体）的秩序
④ ［W8670～W8674］世界末日

实 例

（参见下级母题实例）

W1096.0
乾坤

实 例

（参见下级母题实例）

W1096.0.1
十万乾坤

实 例

（参见下级母题实例）

W1096.0.1.1
神扭转十万乾坤

【关联】［W0130］神的能力

实例

傣族 大神英叭的每句咒语都能扭转十万乾坤。

【流传】云南省·西双版纳傣族地区（西双版纳傣族自治州）

【出处】《巴塔麻嘎捧尚罗》，王松据岩温炳翻译《巴塔麻晏》（开天辟地）改写，见姚宝瑄主编《中国各民族神话》（哈尼族、傣族），太原：山西出版传媒集团·书海出版社2014年版，第268页。

W1096.1
世界的原本物质

实例

（参见下级母题实例）

W1096.1.1
木、火、土、铁、水是世界的原本物质

实例

藏族 有位名叫南喀东丹却松的国王，拥有木、火、土、铁、水等5种本原物质。

【流传】西藏自治区

【出处】《什巴卓浦》，见林继富《西藏卵生神话源流》，载《西藏研究》2002年第4期。

W1096.2
世界树

【汤普森】A652

【关联】[W1482] 通天树（特定的天梯 通天树）

实例

（实例待考）

W1096.3
世界上的霸王

实例

藏族 世界上的霸王是哈拉（旱獭，草原上一种鼠类），有一手百发百中的射箭技能。

【流传】青海省·黄南州（黄南藏族自治州）·同仁县

【出处】加毛泽讲，仁青侃卓等采录：《哈拉射日》，见中国民间文学集成全国编辑委员会编《中国民间故事集成》（青海卷），北京：中国ISBN中心2007年版，第8页。

W1096.4
三千色世界

实例

蒙古族 麦德尔神女身跨白色闪光神马，来视察三千色世界。

【流传】（无考）

【出处】*《麦德尔神女》，原载陶阳、钟秀编《中国神话》，见袁珂《中国神话大词典》，北京：华夏出版社2015年版，第399页。

蒙古族 麦德尔神女身跨闪光的白色神马，来视察三千色世界。

【流传】新疆维吾尔自治区蒙古族居住地区

【出处】姚宝瑄搜集整理：《麦德尔神女开天辟地》，见姚宝瑄主编《中国各民族神话》（达斡尔族、鄂伦春族、鄂温克族、蒙古族），太原：山西出版传媒集团·书海出版社2014年版，第134页。

W1096.5
魔鬼的世界（魔界）

【关联】［W0839.3］妖魔的居所

实例

珞巴族 魔鬼给波伦布住的地方是魔鬼的世界。

【流传】（西藏自治区·林芝市·米林县）

【出处】东娘、达农讲，于乃昌整理：《阿巴达尼遇难》，见姚宝瑄主编《中国各民族神话》（门巴族、珞巴族、怒族、藏族），太原：山西出版传媒集团·书海出版社2014年版，第36页。

W1096.6
世界上的奇特地方

实例

（参见下级母题实例）

W1096.6.1
黑白交界处景象奇特

实例

纳西族 黑白交界的地方，天是蓝湛湛，地是黄灿灿，树上开银花，石上开金花，金狗叫汪汪，银鸡喔喔啼。

【流传】云南省·（迪庆藏族自治州）·中甸县（香格里拉县）·三坝乡（三坝纳西族乡）·白地（白地村）一带

【出处】和牛恒（东巴）读经，和志武翻译整理：《东埃术埃》（1962），见吕大吉、何耀华总主编《中国各民族原始宗教资料集成》（纳西族卷、羌族卷、独龙族卷、傈僳族卷、怒族卷），北京：中国社会科学出版社2000年版，第353页。

1.2 天地[①]
【W1100～W1499】

1.2.1 天地的产生与特征
【W1100～W1129】

✿ W1100
天地的产生

【关联】

① ［W1130］天的产生
② ［W1170］地的产生
③ ［W1246］土的产生

实 例

（参见下级母题实例）

W1100.1
以前没有天地

实 例

布朗族 很多年以前，没有天，也没有地。

【流传】云南省·（红河哈尼族彝族自治州）·金平县（金平苗族瑶族傣族自治县）

【出处】朱嘉禄整理：《顾米亚》，原载《中国民间故事选》第2集，人民文学出版社1962年版，见姚宝瑄主编《中国各民族神话》（水族、布朗族、独龙族、基诺族、傈僳族），太原：山西出版传媒集团·书海出版社2014年版，第90页。

哈尼族 古时宇宙混沌一片，无天与地。

【流传】（无考）

【出处】《开天辟地》（原名《奥色密色》），原载毛星主编《中国少数民族文学》（下册），见袁珂《中国神话大词典》，北京：华夏出版社2015年版，第490页。

哈尼族 以前没有天和地。

【流传】云南省·（西双版纳傣族自治州）·勐腊（勐腊县）

【出处】张猴讲，杨万智搜集整理：《沙罗阿龙造天地》，原载云南省民间文学集成办公室编《哈尼族神话传说集成》，中国民间文艺出版社1990年版，见姚宝瑄主编《中国各民族神话》（哈尼族、傣族），太原：山西出版传媒集团·书海出版社2014年版，第17页。

汉族 很早以前，没天也没地。

---

① 天地，在神话叙事中，"天"与"地"的产生与特征等母题一般同时产生，根据神话研究中细分的需要，在此把"天"与"地"的产生分别作为一种情况对待。关于"天"和"地"的具体产生，本编目另设相应的母题。

【流传】上海市·松江县（松江区）·九亭乡（九亭镇）·三星村

【出处】朱国民讲，顾青采录：《海斗老祖造天地》，见中国民间文学集成全国编辑委员会编《中国民间故事集成》（上海卷），北京：中国ISBN中心2007年版，第3页。

汉族 很久以前，没得天也没得地。

【流传】四川省·巴县（今重庆市·巴南区）

【出处】王国珍讲，罗桂英记录，金祥度搜集整理：《盘古王造天地》（1988.01），见姚宝瑄主编《中国各民族神话》（汉族），太原：山西出版传媒集团·书海出版社2014年版，第29~30页。

汉族 很久以前，世上没有天地，混混沌沌，昏昏暗暗。

【流传】浙江省·宁波市·宁海县·（西店镇）·紫江村

【出处】邬荣绍讲，邬为国记录：《盘古开天辟地》（1987.03），见罗杨总主编，戴余金本卷主编《中国民间故事丛书·浙江宁波·宁海卷》，北京：知识产权出版社2015年版，第3页。

拉祜族（苦聪） 从前，没有天，也没有地。

【流传】云南省·红河地区（红河哈尼族彝族自治州）的深山老林

【出处】杨老三讲，樊晋波、陈继陆、韩延搜集，韩延整理，古木改写：《阿罗阿娜造天地》，原载《红河文艺》，原题目为《苦聪创世歌》，见姚宝瑄主编《中国各民族神话》（白族、拉祜族、景颇族），太原：山西出版传媒集团·书海出版社2014年版，第173页。

普米族 开天辟地之前，没有大地，没有蓝天。

【流传】（普米族广大地区）

【出处】杨祖德、杨学胜讲：《简剑祖射马鹿创天地》，据杨庆文《普米族文学简介》中的《捷巴鹿的故事》和季志超《藏族普米族创世神话比较》中的《吉赛叽》等编写，见姚宝瑄主编《中国各民族神话》（伍族、阿昌族、纳西族、普米族、德昂族），太原：山西出版传媒集团·书海出版社2014年版，第302页。

土族 当初没天没地，后来天地分开。

【流传】青海省·（海东市）·互助县（互助土族自治县）

【出处】《天地形成》，见互助土族自治县民间文学集成办公室编《互助民间故事》（一），内部刊印，1990年，第1页。

彝族 很早以前，抬头不见天，抬脚不着地，因为那时没有天，没有地。

【流传】云南省·（楚雄彝族自治州）·大姚县·昙华山区（昙华乡）

【出处】

(a) 陆颇梭颇（毕摩）演唱，夏光辅、诺海阿苏翻译：《俚泼古歌》，见云南省社会科学院楚雄彝族文化研究所编《彝族民间文学》（第二辑），1985年。
（b）陆颇梭颇（毕摩）演唱，夏光辅、诺海阿苏翻译，古梅改写：《赤梅葛——俚泼古歌》，见姚宝瑄主编《中国各民族神话》（羌族、彝族），太原：山西出版传媒集团·书海出版社2014年版，第95页。

彝族 古时候，没有天，也没有地。

【流传】云南省·楚雄彝族自治州

【出处】罗文荣演唱，李世忠翻译，蔷紫改写：《老人梅葛》，见姚宝瑄主编《中国各民族神话》（羌族、彝族），太原：山西出版传媒集团·书海出版社2014年版，第123页。

藏族 很早的时候，天地还没有形成。

【流传】四川省·（阿坝藏族羌族自治州）·若尔盖县·求吉乡·下王则村

【出处】大夺戈讲，阿强等采录：《开天辟地》，见中国民间文学集成全国编辑委员会编《中国民间故事集成》（四川卷·下），北京：中国ISBN中心1998年版，第933页。

藏族 很早的时候，没有天，没有地。

【流传】（四川省·凉山彝族自治州·木里藏族自治县）

【出处】陈安礼讲，陈青贵等译：《天和地怎样来的》，原载《中国民间故事集成·木里卷》，见吕大吉、何耀华总主编《中国各民族原始宗教资料集成》（鄂伦春族卷、鄂温克族卷、赫哲族卷、达斡尔族卷、锡伯族卷、满族卷、蒙古族卷、藏族卷），北京：中国社会科学出版社1999年版，第938页。

藏族 很早的时候，没有天，没有地。

【流传】（无考）

【出处】刘尚乐搜集整理：《天和地是怎样来的》，见姚宝瑄主编《中国各民族神话》（门巴族、珞巴族、怒族、藏族），太原：山西出版传媒集团·书海出版社2014年版，第84页。

壮族 以前未有天和地。

【流传】广西壮族自治区·百色市·田阳县·坡洪镇·陇升村·个强屯

【出处】农吉勤收藏，黄明标等搜集，黄明标等翻译：《造万样》，见黄明标主编《壮族麽经布洛陀遗本影印译注》（上卷），南宁：广西人民出版社2016年版，第75页。

W1100.1.1
远古时没有天地

实 例

阿昌族 远古的时候，既没有天也没有地。

【流传】（云南省）

【出处】赵安贤讲，智克整理：《遮帕麻与遮米麻》，见姚宝瑄主编《中国各民族神话》（佤族、阿昌族、纳西族、普米族、德昂族），太原：山西出版传媒集团·书海出版社2014年版，第74页。

<u>侗族</u> 远古的时候，没有天，也没有地。

【流传】广西壮族自治区·（柳州市）·三江（三江侗族自治县），（桂林市）·龙胜（龙胜各族自治县）

【出处】杨卜林喜、杨卜松林、杨明世讲，杨国仁、涛声搜集整理，蕾紫改写：《创世女神萨天巴》，过伟改写自侗族创世史诗《嘎茫莽道时嘉——远祖歌》（未出版稿），见姚宝瑄主编《中国各民族神话》（土家族、毛南族、侗族、瑶族），太原：山西出版传媒集团·书海出版社2014年版，第72页。

<u>仡佬族</u> 很古的时候没有天，也没有地。

【流传】贵州省·遵义市、（遵义市）·仁怀（仁怀市）、（安顺市）·平坝（平坝区）等地

【出处】《制天地》，见姚宝瑄主编《中国各民族神话》（布依族、仡佬族、苗族），太原：山西出版传媒集团·书海出版社2014年版，第102页。

<u>哈尼族</u> 古远的时候，上面没有天，下面没有地。

【流传】云南省·（红河哈尼族彝族自治州）·元阳县·攀枝花乡·硐蒲寨

【出处】朱小和讲，史军超搜集整理：《永生不死的姑娘》，原载《哈尼族神话传说集成》，见陶阳、钟秀编《中国神话》（下），北京：商务印书馆2008年版，第1095~1099页。

<u>哈尼族</u> 远古的时候，世上什么也没有，上面没有天，下面没有地。

【流传】云南省·（红河哈尼族彝族自治州）·元阳县、金平县（金平苗族瑶族傣族自治县）、红河县等地

【出处】朱小和讲，史军超、卢朝贵搜集整理：《烟本霍本》，原载刘辉豪、阿罗编《哈尼族民间故事选》，上海文艺出版社1989年版，见姚宝瑄主编《中国各民族神话》（哈尼族、傣族），太原：山西出版传媒集团·书海出版社2014年版，第32页。

<u>哈尼族</u> 远古时候，没有天，没有地。

【流传】云南省·（西双版纳傣族自治州）·勐海县

【出处】朗特讲，古梅搜集整理：《天怀孕，地怀孕》，见姚宝瑄主编《中国各民族神话》（哈尼族、傣族），太原：山西出版传媒集团·书海出版社2014年版，第15页。

<u>哈尼族</u> 很古的时候，既没有天，也没有地。

【流传】云南省·西双版纳（西双版纳傣族自治州）

【出处】飘马讲，白章富搜集整理：《奥颠米颠》，见姚宝瑄主编《中国各民族神话》（哈尼族、傣族），太原：山西出版传媒集团·书海出版社2014年版，第79页。

1.2.1　天地的产生与特征　‖ W1100.1.1 ‖　**247**

哈尼族　最老的老人记不清的时候，头上没有天，脚下没有地。

【流传】云南省·红河哈尼族彝族自治州

【出处】《窝果策尼果》，见红河哈尼族彝族自治州人民政府编《哈尼族口传文化译注全集》第1卷，昆明：云南民族出版社2009年版，第8页。

哈萨克族　远古时候，世界混浊一片，没有天，没有地。

【流传】新疆维吾尔自治区·（乌鲁木齐市）·乌鲁木齐县（天山区）·白杨沟夏牧场

【出处】谢热亚孜旦·马尔萨克讲，尼合买提·蒙加尼采录：《迦萨甘创世》，见中国民间文学集成全国编辑委员会编《中国民间故事集成》（新疆卷），北京：中国ISBN中心2008年版，第3页。

哈萨克族　远古时代，没有天和地。

【流传】新疆维吾尔自治区哈萨克族居住地区

【出处】《迦萨甘创世》，斯丝据别克苏勒坦、佟中明撰写的《哈萨克族宗教与神话》改写，见姚宝瑄主编《中国各民族神话》（乌孜别克族、哈萨克族、柯尔克孜族、俄罗斯族、维吾尔族、塔吉克族、塔塔尔族、锡伯族），太原：山西出版传媒集团·书海出版社2014年版，第25~26页。

汉族　古昔，无天无地，无日无夜。

【流传】（浙江省东部一带）

【出处】
（a）《浙东神话》，载《民间文学》1986年第11期。
（b）《盘古王开天》，见袁珂《中国神话大词典》，北京：华夏出版社2015年版，第390页。

基诺族　远古时候，只有天没有地。

【流传】（无考）

【出处】《水里浮起的尧白阿嫫》，见姚宝瑄主编《中国各民族神话》（水族、布朗族、独龙族、基诺族、傈僳族），太原：山西出版传媒集团·书海出版社2014年版，第154页。

景颇族　很古以前，世间本来没有天，没有地。

【流传】（云南省·德宏傣族景颇族自治州）

【出处】岳志明、杨国治翻译整理：《驾驭太阳的母亲》，见姚宝瑄主编《中国各民族神话》（白族、拉祜族、景颇族），太原：山西出版传媒集团·书海出版社2014年版，第204页。

拉祜族　很古的时候，没有天，也没有地。

【流传】云南省大拉祜及黄拉祜中部一带

【出处】小八讲，古木整理：《天神厄莎》（整理中参照了《牡帕密帕》和《古根》），见姚宝瑄主编《中国各民族神话》（白族、拉祜族、景颇族），太原：山西出版传媒集团·书海出版社2014年版，第158页。

1.2.1 天地的产生与特征

傈僳族 远古的时候，没有天，也没有地。

【流传】（无考）

【出处】《横断山脉的传说》，原载左玉堂《傈僳族宗教与神话》，见姚宝瑄主编《中国各民族神话》（水族、布朗族、独龙族、基诺族、傈僳族），太原：山西出版传媒集团·书海出版社2014年版，第189页。

苗族 远古的时候，天没有人辟，地没有人开。

【流传】广西壮族自治区·（柳州市）·融水县（融水苗族自治县）

【出处】杨达香讲，梁彬搜集整理：《创世记》，见谷德明编《中国少数民族神话》，北京：中国民间文艺出版社1987年版，第545页。

苗族 远古的时候，没有天没有地。

【流传】云南省

【出处】

(a)《造人烟的传说》，见杨光汉主编《云南苗族民间故事集成》，北京：中国民间文艺出版社1988年版。

(b) 同(a)，见姚宝瑄主编《中国各民族神话》（布依族、仡佬族、苗族），太原：山西出版传媒集团·书海出版社2014年版，第287页。

羌族 在远古的时候，宇宙一团昏黑，没有天，没有地。

【流传】四川省·（阿坝藏族羌族自治州）·茂县

【出处】《羊角花》，原载茂县文化馆编《羌族民间故事》（三），1982年12月，见吕大吉、何耀华总主编《中国各民族原始宗教资料集成》（纳西族卷、羌族卷、独龙族卷、傈僳族卷、怒族卷），北京：中国社会科学出版社2000年版，第582页。

畲族 远古时，没有天，也没有地。

【流传】福建省·（漳州市）·华安（华安县）

【出处】钟国姓讲，钟武艺采录：《兄弟俩造天地》，原载《中国民间故事集成·福建卷·漳州市分卷》，漳州市民间文学集成编委会1991年编印，见《福建省少数民族古籍丛书》编委会编《畲族卷·民间故事》，福州：海峡出版发行集团·海峡书局2013年版，第2页。

瑶族 远古时候，没有天，没有地。

【流传】广西壮族自治区·（河池市）·都安瑶族自治县江水河一带瑶族地区

【出处】《密洛陀创世》，蓝田根据莎红整理的《密洛陀》和潘泉脉整理的《密洛陀》两部不同版本的长诗《密洛陀》改写，见姚宝瑄主编《中国各民族神话》（土家族、毛南族、侗族、瑶族），太原：山西出版传媒集团·书海出版社2014年版，第151页。

彝族 远古时候，没有天，也没有地。

【流传】（云南省·楚雄彝族自治州·姚安县·官屯乡·马游村，大姚县·昙

华乡等）

【出处】

（a）郭天元（马游村）、李申呼颇（昙华乡）、李福玉颇（苴）演唱，郭思九、许明学、龚维顺、张宝省、陈志群、胡炳文等搜集，刘德虎、龚维顺、陈志群、李树荣、郭天元等整理：《梅葛》（第一部"创世"），见云南省民族民间文学楚雄调查队《梅葛》（1959），昆明：云南人民出版社2009年版。

（b）《打虎开天辟地》，蔷紫据云南省民族民间文学楚雄调查队著《梅葛》（云南人民出版社2009年版）改写，见姚宝瑄主编《中国各民族神话》（羌族、彝族），太原：山西出版传媒集团·书海出版社2014年版，第189页。

彝族（罗罗泼） 古远的时候，没有天，也没有地。

【流传】云南省·（楚雄彝族自治州）·南华县·五街（五街镇）

【出处】李发彪等演唱，吉厚培、夏光辅搜集整理：《青棚调——彝族支系罗罗泼古歌》，原载云南省社会科学院楚雄彝族文化研究所编《彝族民间文学》第2辑，1985年，见姚宝瑄主编《中国各民族神话》（羌族、彝族），太原：山西出版传媒集团·书海出版社2014年版，第169页。

彝族 远古的时候没有天，远古的时候没有地。

【流传】云南省·楚雄彝族自治州·姚安县、大姚县等彝族地区

【出处】《创世·开天辟地》，见云南省民族民间文学楚雄调查队整理编写《梅葛》，昆明：云南人民出版社2009年版，第1页。

彝族（阿细） 最古的时候，没有天，没有地。

【流传】（a）云南省·红河哈尼族彝族自治州·弥勒县·（西山镇）

【出处】

（a）潘正兴等唱述，云南省民族民间文学红河调查队搜集翻译整理：《阿细的先基》，昆明：云南人民出版社1959年版。

（b）云南省民族民间文学红河调查队搜集整理，古梅改写：《最古的时候》，见姚宝瑄主编《中国各民族神话》（羌族、彝族），太原：山西出版传媒集团·书海出版社2014年版，第131页。

彝族 远古之时，上面没有天，下面没有地，在宇宙的上方住着恩体谷自家。

【流传】（无考）

【出处】*《用铜铁造天地》，见吕大吉、何耀华总主编《中国各民族原始宗教资料集成》（彝族卷、白族卷、基诺族卷），北京：中国社会科学出版社1996年版，第16页。

W1100.1.2

最古时没有天地只有光

实 例

傣族 最古的时候，没有天，也没有

地，只有阳光照着宇宙。

【流传】云南省·西双版纳（西双版纳傣族自治州）·（勐海县）

【出处】《阳光和风成婚生英叭》，原文本为叭补答讲，刀昌德记录《开天辟地的故事》，见姚宝瑄主编《中国各民族神话》（哈尼族、傣族），太原：山西出版传媒集团·书海出版社2014年版，第234页。

W1100.1.3
混沌时代没有天地

实例

汉族 很久以前，世界好像个大鸡蛋。没天、没地、没日、没月。

【流传】河南省·（濮阳市）·濮阳县·（五星乡）·西八里庄村

【出处】魏世敏（60岁）讲，魏盼先采录：《盘古开天》（1990.06），见张振犁编著《中原神话通鉴》（第一卷），郑州：河南大学出版社2017年版，第14页。

彝族 混沌的时代，宇宙的各处，一没有蓝天，二没有大地，三没有人类。

【流传】（贵州省彝族地区）

【出处】《索恒哲》，见王富慧（珠尼阿依）译著，贵州省民族古籍整理办公室编《彝族神话史诗选》，北京：民族出版社2013年版，第2页。

W1101
天地来源于某个地方或自然产生

实例

（参见下级母题实例）

W1101.0
天地自然存在（天地自然产生）

实例

白族 原先，世上没有天也没有地。后来，天有了，地也有了。

【流传】云南省·（大理白族自治州）·洱源县

【出处】

（a）少峰、李荣记录：《五谷神王》，见李缵绪主编《白族神话传说集成》，北京：中国民间文艺出版社1986年版。

（b）同（a），见姚宝瑄主编《中国各民族神话》（白族、拉祜族、景颇族），太原：山西出版传媒集团·书海出版社2014年版，第111页。

满族 很古的时候，世界上刚刚有天有地。

【流传】吉林省·（延边朝鲜族自治州）·珲春市

【出处】《柳叶繁衍人类》（三），选自富育光翻译《那木都鲁哈喇神谕》，见吕大吉、何耀华总主编《中国各民族原始宗教资料集成》（鄂伦春族卷、鄂温克族卷、赫哲族卷、达斡尔族卷、锡伯族卷、满族卷、蒙古族卷、藏族卷），北京：中国社会科学出版社 1999 年版，第 486 页。

苗族 远古的时候，天没有人辟，地没有人开。

【流传】广西壮族自治区·（柳州市）·融水苗族自治县

【出处】

（a）杨达香讲，梁彬搜集整理：《创世纪》（一、开天辟地，地始天初），见梁彬、王天若编《苗族民间故事选》，南宁：广西人民出版社 1986 年版。

（b）同（a），见姚宝瑄主编《中国各民族神话》（布依族、仡佬族、苗族），太原：山西出版传媒集团·书海出版社 2014 年版，第 168 页。

纳西族 人类产生之前，首先出现了天和地。

【流传】（无考）

【出处】

（a）《石猴生人类》，见雷宏安《云南省中甸县三坝公社纳西族宗教调查》，中国社会科学院世界宗教研究所昆明工作站、云南民族学院民族研究所民族宗教研究室编印，1986 年。

（b）同（a），见姚宝瑄主编《中国各民族神话》（佤族、阿昌族、纳西族、普米族、德昂族），太原：山西出版传媒集团·书海出版社 2014 年版，第 173 页。

W1101.1
天地始于"一"

实例

汉族 （实例待考）

W1101.2
混沌中产生天地

【关联】

① ［W1057.1］混沌（混沌卵）
② ［W1115］卵生天地
③ ［W1123.1］卵变化成天地（卵变成天地）
④ ［W1277.2］混沌中分开天地

实例

汉族 天地未形，冯冯翼翼，洞洞灟灟，故曰太昭。

【流传】（无考）

【出处】《淮南子·天文训》，见［汉］刘安等著，陈广忠译注《淮南子译注》，长春：吉林文史出版社 1990 年版，第 101 页。

汉族 元气蒙鸿，萌芽兹始，遂分天地，肇立乾坤。

【流传】（无考）

【出处】［清］马骕：《绎史》卷一引《五运历年记》。

瑶族 盘古开天又立地，混沌初开乾坤定，阴阳交错暗分天。

【流传】湖南省·永州（永州市）、郴州（郴州市）；广东省粤北（南雄市、

始兴县、仁化县、乐昌市、乳源瑶族自治县、曲江区、翁源县、新丰县、浈江区、武江区等）

【出处】郑德宏、李本高整理译释：《盘王大歌》，长沙：岳麓书社1988年版。

W1101.2.1
天地源于大鸡蛋中

实例

侗族 天地混混沌沌像鸡蛋，鸡蛋里的古老把天地顶开。

【流传】贵州省

【出处】梁普安等讲，龙玉成采录：《古老和盘古》，见燕宝、张晓编《贵州神话传说》，贵阳：贵州人民出版社1997年版，第3页。

汉族 很古的时候，天和地在一个大鸡蛋里。

【流传】甘肃省·（平凉市）·静宁县·本店乡·李店村

【出处】
(a) 李进财讲，王知三采录：《盘古制世》，见中国民间文学集成全国编辑委员会编《中国民间故事集成》（湖北卷），北京：中国ISBN中心1999年版，第3页。
(b) 同(a)，见静宁县民间文学三套集成编辑组编《中国民间故事集成甘肃卷·静宁民间故事》，内部编印，1989年，第3页。

W1101.2.1.1
天地源于鸡屎中

【关联】［W1159.14.2］以前的天像鸡屎

实例

苗族 天混沌像团鸡屎、鸭粪。天的亲生娘菠媌造天，地的生身父佑聪造地。

【流传】云南省·文山地区（文山壮族苗族自治州）

【出处】刘德荣等整理：《苗族古歌》（文山本），第71页。

W1101.2.2
混沌初开产生天地

实例

傣族 很早以前，混沌初开，有了天，有了地。

【流传】云南省·西双版纳（西双版纳傣族自治州）·勐海（勐海县）

【出处】杨胜能搜集整理：《芒罕分开男和女》，见姚宝瑄主编《中国各民族神话》（哈尼族、傣族），太原：山西出版传媒集团·书海出版社2014年版，第314页。

W1101.3
清浊之气自然分离形成天地

实例

土族 天地混沌结束之后，阳清为

天，阴浊为地。

【流传】青海省·（海东市）·互助县（互助土族自治县）

【出处】《仙人警告勒瓦扎》，见互助土族自治县民间文学集成办公室编《互助民间故事》（一），内部刊印，1990年，第4页。

W1101.3.1
阳清为天，阴浊为地

实 例

朝鲜族 （实例待考）

汉族 太初者，气之始也，为浑沦。一者，形变之始也。清轻者上为天，浊重者下为地。

【流传】（无考）

【出处】《列子·天瑞篇》。

汉族 盘古开辟天地，阳清为天，阴浊为地。

【流传】（无考）

【出处】[宋]李昉：《太平御览》卷二。

蒙古族 （实例待考）

苗族 （实例待考）

土族 （实例待考）

W1101.4
气体中产生天地

实 例

汉族 一气为天，一气为地。

【流传】（无考）

【出处】道教经典《夷狄自伏法》，见向柏松《道教与水崇拜》，载《中南民族学院学报》1999年第1期。

W1101.4.1
气体中自然产生天地

实 例

汉族 天气蒙鸿，萌芽兹始，遂分天地，肇立乾坤，启阴感阳。

【流传】（无考）

【出处】

(a) 《五运历年记》，见[清]马骕《绎史》卷一。

(b) 《五运历年记》，见[明]董斯张：《广博物志》卷九。

W1101.5
与天地自然存在或源于某个地方有关的其他母题

实 例

汉族 盘古孕育后，夹在天地相接的缝中不自在，就展手踢脚开辟了天地。

【流传】浙江省·（衢州市）·江山（江山市）

【出处】吴土讲述、江都采录：《盘古开天辟地》，见中国民间文学集成全国编辑委员会编《中国民间故事集成》（浙江卷），北京：中国ISBN中心1997年版，第16页。

W1101.5.0
天地藏在雾露中

【关联】

① [W1040.6] 最早的世界是云彩和雾露混合成的混沌

② [W1041] 最早的世界是雾露

③ [W1041.1.2] 世界最早只有云彩和雾露

④ [W1041.3] 最早的混沌世界是变化的雾露

⑤ [W1131.3.2] 扫除海上面的雾露露出天

实例

彝族 神王涅侬倮佐颇知道，茫茫的雾露里蕴藏着大地，翻滚的雾露里埋藏着蓝天。

【流传】（云南省·楚雄彝族自治州·双柏县，红河哈尼族彝族自治州等地）

【出处】

（a）云南省民族民间文学楚雄、红河调查队搜集，郭思九、陶学良整理：《查姆》，昆明：云南人民出版社1981年版。

（b）郭思九、陶学良整理，古梅改写：《彝家的古根》，选自《云南民族文学资料》第七集中的《查姆》上部前三章，见姚宝瑄主编《中国各民族神话》（羌族、彝族），太原：山西出版传媒集团·书海出版社2014年版，第55页。

W1101.5.1
从魔鬼那里要来天地

实例

珞巴族 墨脱的天和地是仓巴神（一对夫妻生的男孩）从魔鬼那里要来的。

【流传】西藏自治区·（林芝地区）·墨脱县·（达木珞巴族乡）·卡布村

【出处】旺扎讲，于乃昌整理：《仓巴神》，见《珞巴族民间故事》：http://www.tibet-web.com/old/minjian/ync/gushi/mulu.htm，2003.10.02。

W1101.5.2
毕摩扫除宇宙孽障后露出天地

【关联】[W9147] 毕摩

实例

彝族 以前大地被多个日月蒸烤，天宫派遣呗耄下凡，用马桑枝及铁茎草扫除宇宙孽障，天地方得廓清。

【流传】（无考）

【出处】《呗耄天降》，原载马学良《倮族的巫师"呗耄"及"天书"》，见《边政公论》1947年第6卷第1期。

W1101.5.3
盘古之前曾经有天地

实例

白族 龙王发大水造成天崩地裂。没有天，没有地，一直延续了好几年后，盘古、盘生才又出来。

【流传】云南省·（大理白族自治州）·大理（大理市）、洱源（洱源县）、剑川（剑川县）等地

【出处】杨国政讲，杨亮才记录整理：《开天辟地》，原载《云南民间故事选》（不详），见姚宝瑄主编《中国各民族神话》（白族、拉祜族、景颇族），太原：山西出版传媒集团·书海出版社2014年版，第5页。

※ W1102
天地是创造产生的（造天地）[①]

实 例

（参见下级母题实例）

W1102.1
造天地的原因

【关联】［W1174］造地的原因

实 例

（参见下级母题实例）

W1102.1.1
天神为扩大地盘开天辟地

实 例

哈尼族　天上的神太多了，不够住，便约着一起到地上开辟新地。

【流传】云南省·（红河哈尼族彝族自治州）·金平县（金平苗族瑶族傣族自治县）

【出处】批则讲，杨万智搜集整理：《地下人》，载《山茶》1986年第6期。

W1102.1.2
为使万物生长开天辟地

实 例

藏族　以前天地相连。有两位大神决心开天辟地，让万物和人类都发展起来。

【流传】（四川省·凉山彝族自治州·冕宁县等）

【出处】刘世旭：《冕宁等县藏族的白石崇拜辨析》，载《西南民族学院学报》1989年第4期。

W1102.1.3
神为了好玩造天地

实 例

哈尼族　大神们认为天地中间是空的，不好玩，决定造天造地。

【流传】云南省·（红河哈尼族彝族自治州）·元阳县、金平县（金平苗族瑶族傣族自治县）、红河县等地

【出处】朱小和讲，史军超、卢朝贵搜集整理：《烟本霍本》，原载刘辉豪、阿罗编《哈尼族民间故事选》，上海文艺出版社1989年版，见姚宝瑄主编《中国各民族神话》（哈尼族、傣族），太原：山西出版传媒集团·书

---

①　天地是创造产生的，又称为"造天地"，一些神话中又表述为"开天辟地"、"造天造地"或"制天制地"等。在母题表述中统一为"造天地"、"造天"、"造地"等简单说法。

海出版社 2014 年版，第 34~35 页。

W1102.1.4
为避免动物相食造天地

【关联】［W8955］动物与动物之争

实 例

（参见下级母题实例）

W1102.1.4.1
海龙王为避免动物相食造天地

实 例

哈尼族　以前，世上只有大海。海龙王益卯舍卯为了挽救海中动物相食的灭顶之灾，认为必须造出个天地来。

【流传】云南省·（普洱市）·墨江县（墨江哈尼族自治县）

【出处】金开兴讲，蓝明红搜集整理：《青蛙造天造地》，单超选自云南省民间文学集成办公室编《哈尼族神话传说集成》，中国民间文艺出版社 1990 年，见姚宝瑄主编《中国各民族神话》（哈尼族、傣族），太原：山西出版传媒集团·书海出版社 2014 年版，第 4 页。

W1102.1.5
为落脚造天地

【关联】
① ［W1132a.1］神为找落脚点造天
② ［W1174.2］为有落脚点造地

实 例

（参见下级母题实例）

W1102.1.5.1
巨人为落脚造天地

实 例

傣族　阳光与风姑娘婚生的巨人英叭到处飞来飞去，没有个落脚的地方。于是他决定造个天，造个地，作为落脚的地方。

【流传】云南省·西双版纳（西双版纳傣族自治州）·（勐海县）

【出处】《阳光和风成婚生英叭》，原文本为叭补答讲，刀昌德记录《开天辟地的故事》，见姚宝瑄主编《中国各民族神话》（哈尼族、傣族），太原：山西出版传媒集团·书海出版社 2014 年版，第 235 页。

W1102.1.6
因为世界混沌造天地

【关联】［W1040］最早的世界是混沌

实 例

（参见下级母题实例）

W1102.1.6.1
天神厄莎见世界混沌造天地

实 例

拉祜族　天神厄莎看见世界混混沌沌，死气沉沉，什么生命也没有，就萌发了起来造天、起来造地的念头。

【流传】云南省大拉祜及黄拉祜中部一带

【出处】小八讲，古木整理：《天神厄莎》（整理中参照了《牡帕密帕》和《古根》），见姚宝瑄主编《中国各民族神话》（白族、拉祜族、景颇族），太原：山西出版传媒集团·书海出版社2014年版，第158页。

W1102.1.6.2
因混沌里憋屈造天地

实 例

畲族 以前，没有天也没有地，混沌卵里厮守着一公一婆。他们鳖得难受，于是想做高朗的天，厚实的地。

【流传】福建省·（宁德市）·寿宁（寿宁县）

【出处】吴兰妃讲，刘善林采录：《天地是如何形成的》，原载《闽东畲族文化全书》，北京：民族出版社2009年版，见《福建省少数民族古籍丛书》编委会编《畲族卷·民间故事》，福州：海峡出版发行集团·海峡书局2013年版，第4页。

W1102.1.7
受特定神的指派造天地

实 例

（参见下级母题实例）

W1102.1.7.1
波俄郎受女天神指派造天地

实 例

哈尼族 女天神阿波米淹派波俄郎（神名）造天造地。

【流传】云南省·西双版纳（西双版纳傣族自治州）

【出处】飘马讲，白章富搜集整理：《奥颠米颠》，见姚宝瑄主编《中国各民族神话》（哈尼族、傣族），太原：山西出版传媒集团·书海出版社2014年版，第79页。

W1103
神或神性人物造天地

实 例

（参见下级母题实例）

W1103.0
神造天地

实 例

傣族 神造出了天地。

【流传】（无考）

【出处】曹成章、张元庆：《傣族》，北京：民族出版社1984年版，第63页。

傈僳族 Wu-sa 是创造天地之神。

【流传】中缅交界一带

【出处】[英]罗斯、克金白兰恩：《中缅交界之傈僳》，原载陶云逵《碧罗雪山之傈僳族》，见国立中央研究院《历史语言研究所集刊》第17本，商务印书馆民国三十七年（1948），第394~395页。

苗族 大神纳罗引勾拍天捏地，使天

宽无边，地大无沿。

【流传】广西壮族自治区·融水（融水苗族自治县）·大年（大年乡）、拱洞（拱洞乡）等地

【出处】杨达香讲，梁彬搜集整理：《创世大神和神子神孙》，见曹廷伟编著《广西民间故事辞典》，南宁：广西教育出版社1993年版，第22页。

W1103.0.1
造万物的神造天地

实例

苗族 以前没有天地，是制造万物的神造出了天地。

【流传】云南省·（昭通市）·彝良县

【出处】张富才整理：《造天造地》，见《云南省彝良县故事卷》，内部编印。

W1103.1
造物主造天地

【关联】
① ［W1015］创世者（造物主）
② ［W1185.3.1］造物主用水泡造地

实例

哈萨克族 创世主迦萨甘先创造了天和地。

【流传】（a）新疆维吾尔自治区

【出处】

（a）《造物主创世》，见满都呼主编《中国阿尔泰语系诸民族神话故事》，北京：民族出版社1997年版，第63页。

（b）尼合迈德·蒙加尼搜集，校仲彝翻译整理：《迦萨甘创世》，见谷德明编《中国少数民族神话》，北京：中国民间文艺出版社1987年版，第727页。

（c）比达克买提·木海等搜集，安蕾、毕梓译：《婚姻的起源》，见满都呼主编《中国阿尔泰语系诸民族神话故事》，北京：民族出版社1997年版，第70页。

（d）尼合迈德·蒙加尼搜集，校仲彝翻译整理：《神与灵魂》，见谷德明编《中国少数民族神话》，北京：中国民间文艺出版社1987年版，第730~731页。

（e）《迦萨甘创世》，载《新疆民族文学》1982年度2期。

景颇族 造物主能贯娃造天、造地。

【流传】（无考）

【出处】岳志明等整理：《驾驭太阳的母亲》，见谷德明编《中国少数民族神话》，北京：中国民间文艺出版社1987年版，第468~479页。

W1103.1.1
创世主迦萨甘造天地

实例

哈萨克族 创世主迦萨甘创造了天和地。

【流传】（新疆维吾尔自治区）

【出处】

（a）尼哈迈提·蒙加尼整理，校仲彝记录整理：《迦萨甘创世》，见张越、姚宝瑄编《新疆民族神话故事选》，乌

鲁木齐：新疆人民出版社1989年版。
(b) 同（a），见姚宝瑄主编《中国各民族神话》（乌兹别克族、哈萨克族、柯尔克孜族、俄罗斯族、维吾尔族、塔吉克族、塔塔尔族、锡伯族），太原：山西出版传媒集团·书海出版社2014年版，第22页。

W1103.2

天神造天地

【关联】［W1103.4.0］2个天神分别造天地

实　例

傣族（实例待考）

哈尼族 古时候，天神造出天和地。

【流传】

(a) 云南省·（红河哈尼族彝族自治州）·元阳县

(bc) 云南省·（红河哈尼族彝族自治州）·元阳（元阳县）、红河（红河县）、绿春（绿春县）、金平（金平苗族瑶族傣族自治县）等

【出处】

(a) 朱小和讲，史军超采录：《查牛补天地》（1983），见中国民间文学集成全国编辑委员会编《中国民间故事集成》（云南卷），北京：中国ISBN中心2003年版，第29页。

(b) 同（a），见云南省民间文学集成办公室编《哈尼族神话传说集成》，北京：中国民间文艺出版社1990年版。

(c) 同（a），原载云南省民间文学集成办公室编《哈尼族神话传说集成》，中国民间文艺出版社1990年版，见姚宝瑄主编《中国各民族神话》（哈尼族、傣族），太原：山西出版传媒集团·书海出版社2014年版，第48页。

傈僳族（实例待考）

纳西族（实例待考）

怒族 天神制造出天地。

【流传】（无考）

【出处】金阿友讲，叶世昌整理：《天上为什么闪电打雷下雨》，见中华民族故事大系编委会编《中华民族故事大系》第14卷（普米族、塔吉克族、怒族、俄罗斯族、鄂温克族），上海：上海文艺出版社1995年版，第525页。

怒族 很古的时候，天神创造了天地。

【流传】（无考）

【出处】《人的由来》，编者根据叶世富的《怒族民间故事》（云南人民出版社1988年版）重新整理，见吕大吉、何耀华总主编《中国各民族原始宗教资料集成》（纳西族卷、羌族卷、独龙族卷、傈僳族卷、怒族卷），北京：中国社会科学出版社2000年版，第895~896页。

彝族 混沌世界最早产生了黑与白，黑与白变化出"尼"和"能"，"尼"

和"能"变化生出"阴"和"阳","阴"和"阳"结合,生出黄色物。黄色物生出索恒哲(原书解释为哲人名字,本书认为是最早产生的天神的名称)。天是他来制,地是他来造,人类他产生。

【流传】(贵州省彝族地区)

【出处】《索恒哲》,见王富慧(珠尼阿依)译著,贵州省民族古籍整理办公室编《彝族神话史诗选》,北京:民族出版社2013年版,第3~6页。

W1103.2.1
天神凭意愿造天地

实例

怒族 天神讷拉格波以自己的意愿造了天和地。

【流传】云南省·(怒江傈僳族自治州)·贡山县(贡山独龙族怒族自治县)

【出处】

(a) 彭兆清提供:《创世纪》,见攸延春《怒族文学简史》,昆明:云南民族出版社2003年版,第18~20页。

(b) 庚松等讲,彭兆清整理:《创世记》,见中华民族故事大系编委会编《中华民族故事大系》第14卷(普米族、塔吉克族、怒族、俄罗斯族、鄂温克族),上海:上海文艺出版社1995年版,第515页。

W1103.2.2
天神格尔美造天地

实例

纳西族(摩梭) 天神格尔美创造了天地。

【流传】云南省·(丽江市)·宁蒗县(宁蒗彝族自治县)

【出处】巴采若、桑绒泥搓讲,章虹宇搜集:《喇氏族的来源》,见姚宝瑄主编《中国各民族神话》(佤族、阿昌族、纳西族、普米族、德昂族),太原:山西出版传媒集团·书海出版社2014年版,第177页。

W1103.2.3
天神开天辟地

实例

彝族 更资天神开天辟地,缔造万物。

【流传】云南省·(楚雄彝族自治州)·永仁县

【出处】

(a) 曲木阿石等讲,罗有能整理:《更资天神》,见云南省楚雄州文教局、云南省楚雄州民委会编《楚雄民间文学资料》,内部资料,1979年。

(b) 同(a),见姚宝瑄主编《中国各民族神话》(羌族、彝族),太原:山西出版传媒集团·书海出版社2014年版,第184页。

W1103.2.3a
天王老子开天辟地

【关联】[W1133.2]天王造天

实 例

`汉族` 天王老子分开天地。

【流传】云南省·（大理白族自治州）·鹤庆县

【出处】杨五一讲：《地母三姑造万物》，中国民间文学集成全国编辑委员会编《中国民间故事集成》（云南卷），北京：中国ISBN中心2003年版，第113~114页。

W1103.2.3b
天鬼开天辟地

实 例

`景颇族` 一对代表阴阳的天鬼汪拉（男）和能班木占（女）创造了天空和大地。

【流传】云南省·（德宏傣族景颇族自治州）·盈江县·卡场公社（卡场镇）·乌帕大队（乌帕村）

【出处】贡退干唱：《穆脑斋瓦》，见中国社会科学院云南少数民族文学研究所等编《云南少数民族文学资料》（第1辑），内部编印，1980年，第122页。

W1103.2.4
天神恩体古兹造天地

实 例

`彝族` 天地混沌时，天神恩体古兹决定要造天造地。

【流传】（四川省·凉山彝族自治州）

【出处】

（a）冯元蔚译：《勒俄特依》，成都：四川民族出版社1986年版。

（b）冯元蔚译，蔷紫改写：《勒俄特依》，见姚宝瑄主编《中国各民族神话》（羌族、彝族），太原：山西出版传媒集团·书海出版社2014年版，第147页。

W1103.2.5
天神顾米亚造天地

实 例

`布朗族` 顾米亚造天造地。

【流传】（无考）

【出处】《顾米亚造天造地》，见中国各民族宗教与神话大词典编审委员会编《中国各民族宗教与神话大词典》，北京：学苑出版社1990年版，第31页。

W1103.2.6
天神英叭造天地

实 例

`傣族` 天神英叭造好了天地。

【流传】云南省

【出处】《巴塔麻嘎捧尚罗》，见云南旅游信息网：http://www.yunnaninfo.com/chinesebig5/yunnan，2005.11.07。

`傣族` 水和气化生神因叭造十六层天空，又造大地。

【流传】（云南省？）

【出处】袁珂改编：《因叭造天地》（原名《开天辟地神话》），原载毛星主编《中国少数民族文学》（下册），见袁珂《中国神话大词典》，北京：华夏出版社2015年版，第502页。

W1103.2.7

天神木布帕造天地

实例

<u>傈僳族</u> 天神木布帕造天地。

【流传】云南省·怒江州（怒江傈僳族自治州）·碧江县（1986年撤销县制，归入福贡县等）、泸水县

【出处】刘辉家整理：《猕猴育孩》，见《傈僳族民间故事选》，上海：上海文艺出版社1982年版，第3页。

W1103.2.8

其他特定名字的天神造天地

实例

<u>苗族</u> 远古的时候，天神列老列格米·爷觉朗努造天地。

【流传】云南省·（曲靖市）·宣威县（宣威市）

【出处】
(a) 苏正学讲，张绍祥采录：《人蜕皮》，见中国民间文学集成全国编辑委员会编《中国民间故事集成》（云南卷），北京：中国ISBN中心2003年版，第282页。

(b) 张树民讲，张绍祥采录：《太阳月亮守天边》，见中国民间文学集成全国编辑委员会编《中国民间故事集成》（云南卷），北京：中国ISBN中心2003年版，第144页。

W1103.3

女神造天地

【关联】
① ［W068.1］创世女神
② ［W1150.8］女神吹气形成天

实例

<u>水族</u> 女天神伢俢（伢俢，有研究者认为是女娲，仙婆之意。在不同的神话文本中又译为伢巫、牙线等）开天辟地。

【流传】（无考）

【出处】陶阳、钟秀：《中国创世神话》，上海：上海人民出版社1993年版，第64页。

<u>水族</u> 牙巫是开天辟地制万物的女神之一。

【流传】（无考）

【出处】韦免低等讲，潘朝霖搜集整理：《月亮山》注释，见谷德明编《中国少数民族神话》，北京：中国民间文艺出版社1987年版，第654页。

<u>水族</u> 初造人时，天地黑糊，牙巫来把天掰开，开天地。

【流传】贵州省·（黔南布依族苗族自治州）·三都县（三都水族自治县）、荔波（荔波县）、独山（独山县），（黔东南苗族侗族自治州）·榕江

（榕江县）、雷山（雷山县）等

【出处】《开天地造人烟》，见范禹主编《水族文学史》，贵阳：贵州人民出版社1987年版，第39~40页。

W1103.4
2个神分别造天地

实例

傣族、仡佬族、苗族（实例待考）

哈尼族 造天神的是朱比阿龙。造地的神是朱比拉沙。

【流传】云南省·红河州（红河哈尼族彝族自治州）一带

【出处】张牛郎、涂伏沙等演唱，赵官禄等搜集整理：《十二奴局》，昆明：云南人民出版社1989年版，第2页。

W1103.4.0
2个天神分别造天地

实例

傣族 远古，有混散和拉果里两个天神。混散造天，拉果里造地。

【流传】云南省·德宏地区（德宏傣族景颇族自治州）

【出处】

(a) 岩峰、王松：《变扎贡帕》，见中国各民族宗教与神话大词典编审委员会编《中国各民族宗教与神话大词典》，北京：学苑出版社1990年版，第82页。

(b)《混散和拉果里做天地》，见陶阳、牟钟秀著《中国创世神话》，上海：上海人民出版社2006年版，第55页。

傣族 最早世界是大水。天神混散与拉果里至此，议造天地。混散造天，拉果里造地，约定于七日内成。

【流传】（云南省·德宏傣族自治州）

【出处】袁珂改编：《混散与拉果里造天地》，原载江应樑《傣族史》，见袁珂《中国神话大词典》，北京：华夏出版社2015年版，第505页。

W1103.4.1
神的2个儿子分别造天地

实例

珞巴族 神的两个儿子分别造天地。

【流传】西藏自治区·下珞渝（又写作"下珞瑜"，泛指永木河、锡约尔河、巴恰西仁河流域）

【出处】维·埃尔温搜集：《尼布和尼利》，见中华民族故事大系编委会编《中华民族故事大系》第16卷（赫哲族、门巴族、珞巴族、基诺族），上海：上海文艺出版社1995年版，第402页。

W1103.4.2
创世神和铁匠神分别造天地

【关联】[W0459.3] 铁匠神

实例

彝族（实例待考）

W1103.4.3
两位大神分别造天地

实 例

【藏族】远古时候，有两位大神开天辟地，让万物和人类都发展起来。

【流传】四川省

【出处】＊《白石支天》，见《藏族原始宗教资料丛编》，四川藏族研究所内部编印，1991年，第35页

【藏族】以前天地相连，有两位大神开天辟地。

【流传】（四川省·凉山彝族自治州·冕宁县等）

【出处】刘世旭：《冕宁等县藏族的白石崇拜辨析》，载《西南民族学院学报》1989年第4期。

W1103.4.4
天神造天，地神造地

【关联】［W1361.2.0.2］天神造的天小，地神造的地大

实 例

【哈尼族】古远的时候，上面没有天，下面没有地，天神地神造了天，造了地。

【流传】（云南省·红河哈尼族彝族自治州·元阳县）

【出处】朱小和讲，史军超搜集整理：《永生不死的姑娘》，原载云南省民间文学集成办公室编《哈尼族神话传说集成》，中国民间文艺出版社1990年版，见姚宝瑄主编《中国各民族神话》（哈尼族、傣族），太原：山西出版传媒集团·书海出版社2014年版，第166页。

【汉族】造天的叫天神，造地的叫地神。

【流传】浙江省·（丽水市）·庆元县

【出处】余岩塔讲，余塔和搜集整理：《造天造地》，见姚宝瑄主编《中国各民族神话》（汉族），太原：山西出版传媒集团·书海出版社2014年版，第36页。

W1103.4a
2个神仙造天地

实 例

【汉族】两个神仙，一个造天，一个造地。

【流传】浙江省·（杭州市）·淳安县·上梧乡·陈家门村

【出处】陈南生讲，王水根记录整理：《天为什么比地大》，见淳安县民间文学征集办公室编《中国民间文学集成浙江省淳安县故事、歌谣、谚语卷》，内部编印，1988年，第3页。

【汉族】古时候没有天也没有地，天地是由后来两位神仙造的。

【流传】浙江省·（丽水市）·庆元县

【出处】余岩塔讲，余塔和搜集整理：《造天造地》，见姚宝瑄主编《中国各民族神话》（汉族），太原：山西出版传媒集团·书海出版社2014年版，第36页。

W1103.5
男女 2 神造天地

实例

藏族 （实例待考）

苗族 制造万物的召立自（男）和告妮自（女），造天地。

【流传】云南省·（昭通市）·彝良县

【出处】张富才整理：《造天造地》，见《云南省彝良县故事卷》，内部编印。

W1103.5.1
男女 2 神开天辟地

实例

傈僳族 天神派男女二神去开天辟地。

【流传】云南省·（德宏傣族景颇族自治州）·陇川县·（陇把镇）·邦外公社（邦外村）

【出处】李有华讲，黄云松等采录：《天地人的来历》，见中国民间文学集成全国编辑委员会编《中国民间故事集成》（云南卷），北京：中国 ISBN 中心 2003 年版，第 44 页。

W1103.5.2
女神造天，男神造地

【关联】[W1103.3] 女神造天地

实例

哈尼族 女神阿舍造天，男神阿德造地。

【流传】（无考）

【出处】《创世纪》，见中央民族学院少数民族文艺研究所编《中国民族民间文学》，北京：中央民族学院出版社 1987 年版，第 237 页。

拉祜族（苦聪） 阿娜（女神名）用石头造天，阿罗（男神名）用瓦泥来造地。

【流传】云南省·红河地区（红河哈尼族彝族自治州）的深山老林

【出处】杨老三讲，樊晋波、陈继陆、韩延搜集，韩延整理，古木改写：《阿罗阿娜造天地》，原载《红河文艺》，原题目为《苦聪创世歌》，见姚宝瑄主编《中国各民族神话》（白族、拉祜族、景颇族），太原：山西出版传媒集团·书海出版社 2014 年版，第 173 页。

苗族 女神菠补造天，男神佑聪造地。

【流传】云南省·文山（文山壮族苗族自治州）一带

【出处】邓光北、闪永仙说唱，项保昌、刘德荣搜集：《开天补天，辟地补地》，见姚宝瑄主编《中国各民族神话》（布依族、仡佬族、苗族），太原：山西出版传媒集团·书海出版社 2014 年版，第 125 页。

W1103.5.3
男神造天，女神造地

【关联】[W1133.3a] 男神造天

实例

羌族 阿巴木比塔（羌语，意为天神或天帝）叫神公木巴西造天；又叫神母如补西造地。

【流传】四川省·（阿坝藏族羌族自治州）·茂县

【出处】《羊角花》，原载茂县文化馆编《羌族民间故事》（三），1982年12月，见吕大吉、何耀华总主编《中国各民族原始宗教资料集成》（纳西族卷、羌族卷、独龙族卷、傈僳族卷、怒族卷），北京：中国社会科学出版社2000年版，第583页。

畲族 （实例待考）

彝族（罗鲁泼） 铺天开始了，天神的九个儿子来铺天。铺地开始了，天神的七个姑娘来铺地。

【流传】云南省·（楚雄彝族自治州）·永仁县

【出处】
（a）李德宝演唱，李必荣、李荣才搜集，夏光辅、诺海阿苏翻译：《冷斋调》（1984），见云南省社会科学院楚雄彝族文化研究所编《彝族民间文学》（第二辑），1985年。
（b）夏光辅、诺海阿苏翻译，古梅改写：《冷斋调》，见姚宝瑄主编《中国各民族神话》（羌族、彝族），太原：山西出版传媒集团·书海出版社2014年版，第114页。

藏族 在敬山菩萨（山神）时巫师唱："石八觉（推测为山神名），分开了天地，分了天地就有了兄弟姊妹，卜衣石达甲布是男，纳衣绛桑甲姆是女，男的修天，越修越高；女的造地，越造越宽，男女结合有了人烟。"

【流传】（四川省·凉山彝族自治州·冕宁县·泸宁乡）

【出处】杨光甸：《冕宁县泸宁区藏族调查笔记》（打印稿），西南民族学院研究所编印，1982年，见吕大吉、何耀华总主编《中国各民族原始宗教资料集成》（鄂伦春族卷、鄂温克族卷、赫哲族卷、达斡尔族卷、锡伯族卷、满族卷、蒙古族卷、藏族卷），北京：中国社会科学出版社1999年版，第838页。

W1103.5.4
天公造天，地母织地（遮帕麻造天，遮米麻造地）

实例

阿昌族 天公遮帕麻左乳房变太阴山，右变太阳山，定四极。地母遮米麻造地，喉头当梭，拔脸毛织大地。

【流传】（云南省·德宏傣族景颇族自治州·梁河县）

【出处】赵安贤讲、杨叶生翻译、智克整理：《遮帕麻与遮米麻》，见梁河县民族民间文学调查组采集《阿昌族民间文学资料》（第一辑），梁河县文化馆内部编印，1987年，第4~18页。

W1103.5.5
天爷和天母一起造天地

实例

羌族 天爷和天母一起造天地。

1.2.1 天地的产生与特征 ‖W1103.5.6–W1103.5.7‖ 267

【流传】四川省·（阿坝藏族羌族自治州）·理县

【出处】余青海讲，罗世泽搜集：《阿补曲格创世》，见中华民族故事大系编委会编《中华民族故事大系》第 11 卷（达斡尔族、仫佬族、羌族），上海：上海文艺出版社 1995 年版，第 633 页。

W1103.5.6
夫妻神开天辟地（夫妻神造天地）

【实例】

傣族 天与地还是一片混沌时，天神派来了布盼法、雅盼峥结成第一对夫妇，一个开天，一个辟地。

【流传】云南省·德宏地区（德宏傣族景颇族自治州）

【出处】
（a）多永相搜集整理：《谷神布岑塔》，见李子贤编《云南少数民族神话选》，云南人民出版社 1990 年版。
（b）同（a），见姚宝瑄主编《中国各民族神话》（哈尼族、傣族），太原：山西出版传媒集团·书海出版社 2014 年版，第 351 页。

W1103.5.6.1
夫妻神布洛陀与姆洛甲分别造天地

【关联】［W1103.9.5］男始祖布洛陀造天地

【实例】

壮族 姆洛甲与布洛陀结为夫妻后，两人分工造天地，各在一方。

【流传】广西壮族自治区·（河池市）·东兰县

【出处】覃剑萍搜集整理：＊《始母姆洛甲司管生育》（1990），见吕大吉、何耀华总主编《中国各民族原始宗教资料集成》（土家族卷、瑶族卷、壮族卷、黎族卷），北京：中国社会科学出版社 1998 年版，第 527 页。

W1103.5.6.2
天下翁和天下婆造天地

【关联】
① ［W1124.1.3.1］天地产生前有天下翁和天下婆两位老人
② ［W1361.2.8］天下翁和天下婆分别造天地时没有量好尺寸造成天小地大

【实例】

汉族 最早出现的天下翁和天下婆一对老人造天地。

【流传】福建省·（宁德市）·周宁县·李墩乡·里东山村

【出处】章永红讲，陈风禧搜集整理：《天下翁与天下婆》（1987.08.05），见姚宝瑄主编《中国各民族神话》（汉族），太原：山西出版传媒集团·书海出版社 2014 年版，第 34~35 页。

W1103.5.7
菠嫦造天，佑聪造地

【关联】＊［W1361.2.9］女神菠补造

天，男神佑聪造地，因造的时间不同造成天小地大

实例

苗族　菠媸（女神）造天，佑聪（男神）造地。

【流传】（无考）

【出处】陶春保讲，刘永鸿整理：《生天养地的爹娘》，见姚宝瑄主编《中国各民族神话》（布依族、仡佬族、苗族），太原：山西出版传媒集团·书海出版社2014年版，第132页。

苗族　远古的时候，没有天，菠媸造了天；没有地，佑聪造了地。

【流传】云南省

【出处】

（a）《造人烟的传说》，见杨光汉主编《云南苗族民间故事集成》，北京：中国民间文艺出版社1988年版。

（b）同（a），见姚宝瑄主编《中国各民族神话》（布依族、仡佬族、苗族），太原：山西出版传媒集团·书海出版社2014年版，第287页。

W1103.5.8
混沌中生出的一公一婆造天地

实例

汉族　以前，混沌里的一公一婆分别造天地。

【流传】福建省·（宁德市）·寿宁县·大安乡·伏际村

【出处】吴兰妃讲，刘善林记录：《天地人》（1986.03.17），见姚宝瑄主编《中国各民族神话》（汉族），太原：山西出版传媒集团·书海出版社2014年版，第58~61页。

W1103.5.9
混沌卵里的一对公婆造天地

实例

畲族　以前，没有天也没有地，混沌卵里厮守着一公一婆。阳刚的阿公造天，阴柔的阿婆造地。

【流传】福建省·（宁德市）·寿宁（寿宁县）

【出处】吴兰妃讲，刘善林采录：《天地是如何形成的》，原载《闽东畲族文化全书》，北京：民族出版社2009年版，见《福建省少数民族古籍丛书》编委会编《畲族卷·民间故事》，福州：海峡出版发行集团·海峡书局2013年版，第4页。

W1103.6
两兄妹神造天地

实例

阿昌族　遮帕麻和妹妹遮咪麻（祖先神）是开天辟地最早的兄妹两人。

【流传】云南省·（德宏傣族景颇族自治州）·梁河县

【出处】孙广强讲，江朝泽采录：《九种蛮夷本是一家人》，见中国民间文学集成全国编辑委员会编《中国民间故事集成》（云南卷），北京：中国ISBN中心2003年版，第183页。

1.2.1 天地的产生与特征 ‖W1103.6a–W1103.6b‖

纳西族 很古的时候，陆色兄妹（男女神名）开了天，辟了地

【流传】云南省·（丽江市）·丽江县（古城区、玉龙纳西族自治县）

【出处】木丽春采集整理：《男女结合生人的故事》，见木丽春编著《纳西族民间故事集》，昆明：云南人民出版社2007年版，第86页。

苗族 （实例待考）

W1103.6a
两兄弟神造天地

【关联】［W1103.10.2.1］神的2个儿子造天地

实例

（参见下级母题实例）

W1103.6a.1
两兄弟神哥哥造天，弟弟造地

实例

珞巴族 最早大神的两个儿子尼布和尼利两兄弟。哥哥尼布造出天空，弟弟尼利造出大地。

【流传】
（a）西藏自治区·下珞瑜（泛指永木河、锡约尔河、巴恰西仁河流域）
（b）西藏自治区·下珞渝（又写作"下珞瑜"）·布根部落森冲村

【出处】
（a）维·埃尔温搜集：《尼布和尼利》，见中华民族故事大系编委会编《中华民族故事大系》第16卷（赫哲族、门巴族、珞巴族、基诺族），上海：上海文艺出版社1995年版，第402页。
（b）同（a），见李坚尚、刘芳贤编《珞巴族门巴族民间故事选》，上海：上海文艺出版社1993年版，第16页。

W1103.6b
其他特定名字的两个神造特定

实例

汉族 造世界时，叫"天造"、"地合"的两个神各造一半。

【流传】浙江省·（衢州市）·江山市·凤林镇

【出处】吴土讲，江都采录：《天造地合》，见中国民间文学集成全国编辑委员会编《中国民间故事集成》（浙江卷），北京：中国ISBN中心1997年版，第20页。

拉祜族 古时，天地像蛛网，天神厄莎叫扎罗造天，娜罗造地。

【流传】云南省·思茅（普洱市）、临沧（临沧市）等地

【出处】《勐呆密呆》，见陶阳、牟钟秀著《中国创世神话》，上海：上海人民出版社2006年版，第55页。

苗族 盘古开天，南火（火神名）立地。

【流传】（无考）

【出处】龙炳文整理：《古老话》，见苏晓星《苗族文学史》，成都：四川出

版集团、四川民族出版社2003年版，第62页。

佤族 利吉神和路安神创造了天和地。

【流传】（无考）

【出处】《司岗里》，见云南省民族事务委员会编《佤族文化大观》，昆明：云南民族出版社1999年版，第160页。

佤族 开天神达路安、辟地神达利吉造天地。

【流传】（无考）

【出处】《开天辟地》，见中国各民族宗教与神话大词典编审委员会编《中国各民族宗教与神话大词典》，北京：学苑出版社1990年版，第591页。

W1103.7
众神造天地

【关联】［W1104.1.5］盘、古兄妹和他们的神祖神孙开天地

实例

哈尼族 八个大神来开天辟地。

【流传】云南省·（玉溪市）·元江县（元江哈尼族彝族傣族自治县）·咪哩乡、羊岔街乡及因远镇一带

【出处】《开天辟地歌》，见元江县哈尼文化学会、元江县史志编纂办公室编《元江哈尼族古歌集》，内部编印，2005年，第9页。

哈尼族 第二代男神王烟沙大神又传出新的家谱。他生下第二代男神沙拉后，又生下了九位大神，这九位大神造天造地。

【流传】云南省·（红河哈尼族彝族自治州）·元阳（元阳县）、红河（红河县）、金平（金平苗族瑶族傣族自治县），（采集于元阳县·胜村乡·全福庄）

【出处】卢朝贵讲，史军超搜集整理：《神和人的家谱》，原载云南省民间文学集成办公室编《哈尼族神话传说集成》，中国民间文艺出版社1990年版，见姚宝瑄主编《中国各民族神话》（哈尼族、傣族），太原：山西出版传媒集团·书海出版社2014年版，第40页。

拉祜族 （实例待考）

彝族 混沌世界中，众神之王涅侬佐颇召集众天神造天地。

【流传】（云南省·楚雄彝族自治州·双柏县，红河哈尼族彝族自治州等地）

【出处】

（a）云南省民族民间文学楚雄、红河调查队搜集，郭思九、陶学良整理：《查姆》，昆明：云南人民出版社1981年版。

（b）郭思九、陶学良整理，古梅改写：《彝家的古根》，选自《云南民族文学资料》第七集中的《查姆》上部前三章，见姚宝瑄主编《中国各民族神话》（羌族、彝族），太原：山西出版传媒集团·书海出版社2014年版，第53页。

1.2.1 天地的产生与特征 ‖W1103.7.0-W1103.7.1‖ 271

`壮族` （实例待考）

W1103.7.0
天神地神造天地

`实 例`

`哈尼族` 天神地神们造天造地，用金子银子造天，龙宫的龙神和地下的蛇王造地。

【流传】（无考）

【出处】《俄拔密拨》，见中国各民族宗教与神话大词典编审委员会编《中国各民族宗教与神话大词典》，北京：学苑出版社1990年版，第168页。

W1103.7.0.1
天皇地皇造天地

`实 例`

`汉族` 天皇地皇开天辟地。

【流传】河北省·（石家庄市）·藁城县（藁城市）·（常安镇）·耿村

【出处】王玉田讲，杨志忠采录：《日月星的来历》，见中国民间文学集成全国编辑委员会编《中国民间故事集成》（河北卷），北京：中国ISBN中心2003年版，第13页。

W1103.7.1
神与子女开天辟地

`实 例`

`布朗族` 神巨人顾米亚和他的12个孩子开天辟地。

【流传】（a）云南省·（西双版纳傣族自治州）·勐海县

【出处】

（a）岩的兴讲，朱嘉禄采录：《顾米亚》，见中国民间文学集成全国编辑委员会编《中国民间故事集成》（云南卷），北京：中国ISBN中心2003年版，第150页。

（b）朱嘉禄整理：《顾米亚》，见谷德明编《中国少数民族神话》，北京：中国民间文艺出版社1987年版，第480页。

（c）《顾米亚》，见云南省民族事务委员会编《布朗族文化大观》，昆明：云南民族出版社1999年版，第171页。

`哈尼族` 大神十遮和书则带领诸神造天造地。

【流传】（无考）

【出处】中央民族学院少数民族文艺研究所编《中国民族民间文学》，北京：中央民族学院出版社1987年版，第238页。

`拉祜族` 众多的神出力，出智才造出了天和地。

【流传】云南省·（普洱市）·澜沧县（澜沧拉祜族自治县）

【出处】胡札克讲，雷波采录：《厄雅莎雅造天地》，见中国民间文学集成全国编辑委员会编《中国民间故事集成》（云南卷），北京：中国ISBN中心2003年版，第47页。

W1103.7.1.1
神巨人与儿子开天辟地

实 例

布朗族 神巨人顾米亚与其十二子，立志开天辟地，创造万物。

【流传】（无考）

【出处】袁珂改编：《顾米亚》，原载《中国民间故事选》（第二集），见袁珂《中国神话大词典》，北京：华夏出版社2015年版，第568页。

W1103.7.1a
神与助手造天地

实 例

瑶族 密洛陀造天造地的时候，有一批男神和女神做她的助手。

【流传】（无考）

【出处】《密洛陀神谱》，蓝田根据农学冠等撰写的《瑶族神话传说中的人物》编写，见姚宝瑄主编《中国各民族神话》（土家族、毛南族、侗族、瑶族），太原：山西出版传媒集团·书海出版社2014年版，第146页。

W1103.7.2
兄弟姊妹神造天地

实 例

（参见下级母题实例）

W1103.7.2.1
兄弟神开天，姊妹神辟地

【关联】[W1361.2.4]盘神9兄弟偷懒把天造小，禅神7姐妹勤快把地造大

实 例

纳西族 卵生的神灵成了开天辟地之师（其中九位神兄弟是开天之神，七位姊妹是辟地之师）。

【流传】（无考）

【出处】《人祖利恩》，见姚宝瑄主编《中国各民族神话》（佤族、阿昌族、纳西族、普米族、德昂族），太原：山西出版传媒集团·书海出版社2014年版，第174页。

W1103.7.3
男神女神开天辟地

实 例

羌族 "哀吾知"、"哀吾己"是羌族开天辟地神，前者为男性，后者为女性。

【流传】四川省·（阿坝藏族羌族自治州）·茂县·三龙乡

【出处】

(a)《羌族的祭山会》（1983.05），原载钱安靖《羌族宗教习俗调查资料》，见羌族社会历史调查四川省编写组《羌族社会历史调查》，成都：四川省社会科学院出版社1986年版。

(b) 同（a），见吕大吉、何耀华总主

1.2.1 天地的产生与特征　　‖W1103.7.3.1–W1103.7.3.1a‖

编《中国各民族原始宗教资料集成》（纳西族卷、羌族卷、独龙族卷、傈僳族卷、怒族卷），北京：中国社会科学出版社2000年版，第552页。

彝族（俚颇） 原来没有天，没有地。天神盘颇派他的儿子去造天，盘颇派他的女儿去造地。

【流传】云南省·（楚雄彝族自治州）·大姚县·昙华山区（昙华乡）

【出处】

(a) 陆颇梭颇（毕摩）演唱，夏光辅、诺海阿苏翻译：《俚泼古歌》，见云南省社会科学院楚雄彝族文化研究所编《彝族民间文学》（第2辑），1985年。

(b) 陆颇梭颇（毕摩）演唱，夏光辅、诺海阿苏翻译，古梅改写：《赤梅葛——俚泼古歌》，见姚宝瑄主编《中国各民族神话》（羌族、彝族），太原：山西出版传媒集团·书海出版社2014年版，第95页。

W1103.7.3.1
9个男神开天，7个女神辟地

【关联】［W1175.5.2］7个女神造地

实例

纳西族 盘神9兄弟和劳命7姊妹开天立地。

【流传】云南省·丽江（丽江市）

【出处】和芳讲：《崇搬图》，见《东巴经文资料》（1963—1964），中国社科院图书馆单册复印云南丽江县文化馆资料合订本，第10~11页。

纳西族 九个能干的男神开天；七个聪明的女神辟地，结果开天没有成功，辟地也没有成功，天和地依然在动荡不息。

【流传】（云南省·丽江市）

【出处】和志武翻译整理：《人类迁徙记》，原载中共丽江地委宣传部编《纳西族民间故事选》，见陶阳、钟秀编《中国神话》（中），北京：商务印书馆2008年版，第856~876页。

彝族 格兹天神用九个金果变儿子造天，七个银果变姑娘造地。

【流传】（无考）

【出处】《格兹天神开天辟地》，见云南省民族事务委员会编《彝族文化大观》，昆明：云南民族出版社1999年版，第319页。

W1103.7.3.1a
9个盘神造天，7个禅神造地

实例

纳西族 九个盘神兄弟造天，七个禅神姐妹造地。

【流传】云南省·（丽江市）·丽江县（古城区、玉龙纳西族自治县）

【出处】木丽春采集整理：《公鸡喊太阳的传说》，见木丽春编著《纳西族民间故事集》，昆明：云南人民出版社2007年版，第124页。

W1103.7.3.2
天神的5个儿子造天，4个女儿造地

实例

彝族　格滋天神派去的造地的五个儿子和四个女儿分别造好天地。

【流传】云南省·楚雄彝族自治州·姚安县、大姚县等彝族地区

【出处】《创世·开天辟地》，见云南省民族民间文学楚雄调查队整理编写《梅葛》，昆明：云南人民出版社2009年版，第1~5页。

W1103.7.3.3
3个神造天，9个神造地

实例

哈尼族　古时，天地不分，3个大神造天，9个大神造地。

【流传】（无考）

【出处】

（a）熊兴祥：《风姑娘》，见曹文轩主编《中国神话故事精选》，北京：北京大学出版社2004年版，第19~21页。

（b）熊兴祥整理：《风姑娘》，载《山茶》1983年第4期。

哈尼族　古昔天地不分，一日突来三大神造天，九大神造地。

【流传】（无考）

【出处】《风姑娘》，原载谷德明编《中国少数民族神话选》，见袁珂《中国神话大词典》，北京：华夏出版社2015年版，第490页。

哈尼族　俄玛、俄烟、烟沙三位大神来造天，咪沙、机比、阿罗、达俄、姐玛、艾波、等戚、租鲁、熬然九位大神来造地。

【流传】云南省·（红河哈尼族彝族自治州）·元阳县

【出处】朱小和讲，卢朝贵搜集整理：《三个世界》，单超选自《哈尼族神话传说选》，见姚宝瑄主编《中国各民族神话》（哈尼族、傣族），太原：山西出版传媒集团·书海出版社2014年版，第64页。

W1103.7.4
父子神造天地

实例

（参见下级母题实例）

W1103.7.4.1
神巨人和他的孩子开天辟地

实例

布朗族　因为世界黑暗，什么都没有，神巨人和他的12个孩子开天辟地。

【流传】云南省·（红河哈尼族彝族自治州）·金平县（金平苗族瑶族傣族自治县）

【出处】朱嘉禄整理：《顾米亚》，原载《中国民间故事选》第2集，人民文学出版社1962年版，见姚宝瑄主编《中国各民族神话》（水族、布朗族、

1.2.1 天地的产生与特征　‖W1103.7.5–W1103.7.8‖

独龙族、基诺族、傈僳族），太原：山西出版传媒集团·书海出版社 2014 年版，第 90 页。

W1103.7.5
众神灵开天辟地

实例

纳西族　很古的时候，禅若九个神灵和盘命七个神灵，他们造了天，辟了地。

【流传】云南省·（丽江市）·丽江县（古城区、玉龙纳西族自治县）

【出处】木丽春采集整理：《卧虎山的传说》，见木丽春编著《纳西族民间故事集》，昆明：云南人民出版社 2007 年版，第 140 页。

W1103.7.6
众神分工造天地

实例

哈尼族　古时候，大神们分工造天造地。

【流传】云南省·（红河哈尼族彝族自治州）·元阳县

【出处】朱小和讲，卢朝贵搜集整理：《三个世界》，单超选自《哈尼族神话传说选》，见姚宝瑄主编《中国各民族神话》（哈尼族、傣族），太原：山西出版传媒集团·书海出版社 2014 年版，第 64 页。

彝族　天神与众神仙商议开天辟地后作出分工：由阿尔师傅打了四把铜、铁叉，交给四个仙子去开辟东、西、南、北四方。

【流传】（无考）

【出处】伍精忠整理：《大地是怎样形成的》，见姚宝瑄主编《中国各民族神话》（羌族、彝族），太原：山西出版传媒集团·书海出版社 2014 年版，第 277 页。

W1103.7.6a
众神仙开天辟地各有分工

实例

（实例待考）

W1103.7.7
3 个大神造天，9 个大神造地

实例

哈尼族　三个大神造天，来了九个大神造地。

【流传】云南省

【出处】熊兴祥搜集整理：《风姑娘》，载《山茶》1983 年第 4 期。

W1103.7.8
7 个神仙造天，9 个神仙造地

实例

怒族　为了分开天地，至上神派了七个神仙去造天，九个神仙去造地。

【流传】（无考）

【出处】《天地的由来》，编者根据叶世富的《怒族民间故事》（云南人民出版社1988年版）重新整理，见吕大吉、何耀华总主编《中国各民族原始宗教资料集成》（纳西族卷、羌族卷、独龙族卷、傈僳族卷、怒族卷），北京：中国社会科学出版社2000年版，第899页。

W1103.8

巨人开辟天地（巨人造天地）

【关联】

① ［W0660］巨人

② ［W1138.14a.2］巨人哈气造天

实 例

汉族 巨人开辟出天和地。

【流传】四川省·（成都市）·崇庆县（崇州市）

【出处】吴道士讲：《盘古开天地》，见中国民间文学集成全国编辑委员会编《中国民间故事集成》（四川卷·上），北京：中国ISBN中心1998年版，第22页。

W1103.8.1

半人半兽的巨人开天辟地

实 例

苗族 天地昏暗了很久以后，才出现了开天辟地的纳罗引勾（传说中的半人半兽巨人）。

【流传】广西壮族自治区·（柳州市）·融水县（融水苗族自治县）

【出处】（a）杨达香讲，梁彬搜集整理：《创

记》，见谷德明编《中国少数民族神话》，北京：中国民间文艺出版社1987年版，第545页。

（b）同（a），见姚宝瑄主编《中国各民族神话》（布依族、仡佬族、苗族），太原：山西出版传媒集团·书海出版社2014年版，第168页。

（c）杨达香讲，梁彬搜集整理：《创世纪》（一、开天辟地，地始天初），见梁彬、王天若编《苗族民间故事选》，南宁：广西人民出版社1986年版。

W1103.8.2

神造的巨人开天辟地

实 例

普米族 天神要开天辟地，便做了个巨人，给他取名叫简剑祖。

【流传】（普米族广大地区）

【出处】杨祖德、杨学胜讲：《简剑祖射马鹿创天地》，据杨庆文《普米族文学简介》中的《捷巴鹿的故事》和季志超《藏族普米族创世神话比较》中的《吉赛叽》等编写，见姚宝瑄主编《中国各民族神话》（佤族、阿昌族、纳西族、普米族、德昂族），太原：山西出版传媒集团·书海出版社2014年版，第302页。

W1103.8.3

1对巨人兄妹造天地

实 例

哈尼族 造天地的青蛙怀孕生出纳得、

阿依一对巨人兄妹后就瘫痪了，不能动弹，造天造地的事业只好由兄妹俩来继承。兄妹俩继续造出天地。

【流传】云南省·（普洱市）·墨江县（墨江哈尼族自治县）

【出处】

（a）金开兴讲，蓝明红采录：《青蛙造天地》，见中国民间文学集成全国编辑委员会编《中国民间故事集成》（云南卷），北京：中国 ISBN 中心2003 年版，第 34 页。

（b）金开兴讲，蓝明红搜集整理：《青蛙造天造地》，单超选自云南省民间文学集成办公室编《哈尼族神话传说集成》，中国民间文艺出版社 1990 年版，见姚宝瑄主编《中国各民族神话》（哈尼族、傣族），太原：山西出版传媒集团·书海出版社 2014 年版，第 5 页。

W1103.9
祖先造天地

【关联】［W1543.1.8］祖先造日月

实　例

基诺族　阿摩遥补（始祖名）开天辟地。

【流传】云南省

【出处】沙车讲，仲录整理：《祭祖的由来》，原载李子贤编《云南少数民族神话选》，见陶阳、钟秀编《中国神话》（下），北京：商务印书馆 2008 年版，第 1467~1471 页。

纳西族　（实例待考）

瑶族　（实例待考）

壮族　（实例待考）

W1103.9.1
男女始祖开天辟地

【关联】［W0143］始祖对偶神

实　例

苗族　天由祖奶奶造，地是祖爷爷造。

【流传】贵州省·（安顺市）·紫云县（紫云苗族布依族自治县）麻山苗区

【出处】陈兴华、黄老金唱诵，杨正江译：《王子身世》，见中国民间文艺家协会主编《亚鲁王》，北京：中华书局 2011 年版，第 84 页。

纳西族　人类祖先从忍利恩和天女衬红褒白开天辟地。

【流传】云南省·（丽江市）·丽江县（原丽江纳西族自治县，今归属为丽江市古城区和玉龙纳西族自治县）

【出处】和芳讲，周汝诚等翻译，杨世光采录：《俄英杜努》，见中国民间文学集成全国编辑委员会编《中国民间故事集成》（云南卷），北京：中国 ISBN 中心 2003 年版，第 376 页。

纳西族　男女始祖开天辟地。

【流传】（无考）

【出处】杨世光整理：《俄英杜努斗猛妖》，见中华民族故事大系编委会编《中华民族故事大系》第 9 卷（水族、东乡族、纳西族），上海：上海文艺出版社1995年版，第665页。

壮族 祖公布洛陀和祖婆姆六甲下凡，开天辟地。

【流传】广西壮族自治区·百色市·田阳县·坡洪镇

【出处】黄明标主编：《壮族麽经布洛陀遗本影印译注》（上卷），南宁：广西人民出版社2016年版，第1页。

W1103.9.1.1
男女始祖劳谷和劳泰开天辟地

实例

白族 劳泰（女始祖）、劳谷（男始祖）是开天辟地的老始祖。

【流传】云南省·（大理白族自治州）·鹤庆（鹤庆县），丽江（丽江市）及（丽江市）·永胜（永胜县）

【出处】李剑飞讲，李缵绪、章虹宇记录：《人类和万物的起源》（又名《劳谷与劳泰》、《古干古洛创世记》），原载李缵绪主编《白族神话传说集成》，中国民间文艺出版社1986年版，见姚宝瑄主编《中国各民族神话》（白族、拉祜族、景颇族），太原：山西出版传媒集团·书海出版社2014年版，第28页。

W1103.9.1.2
祖公布洛陀和祖婆姆六甲开天辟地

实例

（实例待考）

W1103.9.2
8个祖先开创天地

实例

佤族 佤（男祖先名）和万（女祖先名）生养的八个兄妹成八大祖先。八大祖先开创天地。

【流传】云南省·（普洱市）·西盟佤族自治县、澜沧拉祜族自治县等地

【出处】毕登程、隋嘎编著：《司岗里——佤族创世史诗》，昆明：云南出版集团公司·云南人民出版社2009年版，第49页。

W1103.9.3
人类的母亲开天辟地

实例

纳西族 很古的时候，人类的阿妈生了儿女，还给儿女们开了天，辟了地，还把开天辟地的智慧传授给了儿女们。

【流传】云南省·（丽江市）·丽江县（古城区、玉龙纳西族自治县）

【出处】木丽春采集整理：《丹务葬仪》，见木丽春编著《纳西族民间故事集》，昆明：云南人民出版社2007年版，第250页。

W1103.9.4
葫芦生的祖先开天辟地

实例

布依族 天空中的清气与凡尘中的浊气

混合生成的葫芦生的祖先翁戛开天辟地。

【流传】贵州省布依族地区

【出处】杨正荣、祝登壅讲，岭玉清、汛河搜集整理，古梅改写：《翁戛造万物》，见姚宝瑄主编《中国各民族神话》（布依族、仡佬族、苗族），太原：山西出版传媒集团·书海出版社 2014 年版，第 7 页。

W1103.9.5
男始祖造天地

实例

布依族 祖先翁杰造天地。

【流传】（无考）

【出处】《混沌王和盘果王》，见贵州省社会科学院文学研究所主编《布依族文学史》，内部编印，1983 年，第 55 页。

W1103.9.5.1
男始祖布洛陀造天地

【关联】

① ［W1103.5.6.1］夫妻神布洛陀与姆洛甲分别造天地

② ［W1122.8.1.1］始祖布洛陀分开的巨石成为天地

③ ［W1124.2.2.2］布洛陀先造天，后造地

实例

壮族 无所不能的始祖布洛陀造出天地。

【流传】（无考）

【出处】

(a) 陶阳、牟钟秀著：《中国创世神话》，上海：上海人民出版社 2006 年版，第 62 页。

(b) 周朝珍讲：《布洛陀》，见陶阳、钟秀编《中国神话》，上海：上海文艺出版社 1996 年版，第 71 页。

壮族 天地、山川、河流都是始祖布洛陀造的。

【流传】

(a) 广西壮族自治区·（百色市）·西林县·那佐乡·那来村

(b) 广西壮族自治区

【出处】

(a) 黄公受讲，岑护双采录翻译：《巨人夫妻》，见中国民间文学集成全国编辑委员会编《中国民间故事集成》（广西卷），北京：中国 ISBN 中心 2001 年版，第 55~60 页。

(b) 黄公受讲，岑护双采录翻译：《巨人夫妻——姆洛甲与布洛陀》，原载中国民间文学集成全国编辑委员会编《中国民间故事集成》（广西卷），北京：中国 ISBN 中心 2001 年版，见陶阳、钟秀编《中国神话》（中），北京：商务印书馆 2008 年版，第 659~667 页。

壮族 壮家的开天辟地老祖保洛陀，造了天地和人。

【流传】（无考）

【出处】岭隆业、杨荣杰、金稼民搜集、整理：《铜鼓的来历》，原载蓝鸿恩编：《壮族民间故事选》，上海文艺出

版社1984年版，见姚宝瑄主编《中国各民族神话》（仫佬族、壮族、京族），太原：山西出版传媒集团·书海出版社2014年版，第149页。

壮族 壮家的老祖布洛陀开天辟地。

【流传】广西壮族自治区·（百色市）·西林县

【出处】岑永钦、黎显春讲，岑隆业、杨荣杰、金稼民整理：《铜鼓的来历》，原载选自蓝鸿恩编《壮族民间故事选》，见陶阳、钟秀编《中国神话》（下），北京：商务印书馆2008年版，第1271~1274页。

壮族 布洛陀是开创天地、造万物的始祖。

【流传】广西壮族自治区红水河地区（红水河一带）

【出处】覃剑萍搜集整理：*《祭始祖布洛陀》（1990），见吕大吉、何耀华总主编《中国各民族原始宗教资料集成》（土家族卷、瑶族卷、壮族卷、黎族卷），北京：中国社会科学出版社1998年版，第530页。

W1103.9.5.2
男始祖宁冠娃造天地

实例

景颇族 宁冠娃（祖先名）打天造地。

【流传】（无考）

【出处】尚正兴整理：《木惴沙乌沙漾》，第362页。

W1103.9.5.3
男始祖盘皇造天地

实例

苗族 祖先盘皇开天辟地。

【流传】海南省·（三亚市）·陵水县（陵水黎族自治县）·祖关镇（本号镇）·白水岭苗村

【出处】邓文安讲，潘先樗采录：《盘皇造万物》，见中国民间文学集成全国编辑委员会编《中国民间故事集成》（海南卷），北京：中国ISBN中心2002年版，第3页。

W1103.9.6
女始祖造天地

【关联】［W1124.4.5］女始祖重造天地

实例

（参见下级母题实例）

W1103.9.6.1
女始祖掰开天地

实例

水族 牙巫用双手掰开天地。

【流传】（无考）

【出处】潘静流唱，燕宝记译，化斯改写：《牙巫造人》，据潘朝霖《水族的种种古老神话传说》改写，见姚宝瑄主编《中国各民族神话》（水族、布朗族、独龙族、基诺族、傈僳族），太原：山西出版传媒集团·书海出版社2014年版，第11页。

1.2.1　天地的产生与特征　　‖W1103.9.6.2–W1103.9.6.3‖　281

水族　以前天地相连。女神伢俣伸开双臂，一只手抓住上面，另一只手抓住下面，只听"哇"的一声，猛力一掰，上下立刻分开了。

【流传】（无考）

【出处】潘静流唱，燕宝记译，化斯改写：《伢俣开创世界》（原名《造天造地》），见姚宝瑄主编《中国各民族神话》（水族、布朗族、独龙族、基诺族、傈僳族），太原：山西出版传媒集团·书海出版社2014年版，第4页。

水族　洪荒之世，天与地相连，伢俣（伢俣，水族语女娲）出而开天，以手"抓住两块"掰之，天地遂分。

【流传】（无考）

【出处】袁珂改编：《伢俣开天》（原名《开天立地》），原载毛星主编《中国少数民族文学》（中册），见袁珂《中国神话大词典》，北京：华夏出版社2015年版，第539页。

W1103.9.6.2
女始祖密洛陀造天地

【关联】［W0704］密洛陀

实　例

瑶族（布努）　密洛陀（人类始祖，女神）造天地。

【流传】广西壮族自治区·（河池市）·巴马县（巴马瑶族自治县）·东山乡

【出处】蒙老三讲，蒙灵记录翻译：《密洛陀》，见中国民间文学集成全国编辑委员会编《中国民间故事集成》（广西卷），北京：中国ISBN中心2001年版，第22页。

瑶族（布努）　密洛陀（万物之母，女始祖，女神）做成了一个大盖子，她做成了一个大底子。她用头把盖子顶起，上面的盖子成了天；再用脚向底子踏去，下面的底子成了地。

【流传】广西壮族自治区·（河池市）·都安县（都安瑶族自治县）、巴马县（巴马瑶族自治县）、南丹县、（百色市）·田东县、平果县等地

【出处】桑布郎等传，蒙凤标（83岁）、罗仁祥（73岁）等唱：《密洛陀》（1983），见蓝怀昌、蓝书京、蒙通顺搜集翻译整理《密洛陀》，北京：中国民间文艺出版社1988年版，第12页。

W1103.9.6.3
女始祖姆六甲造天地

【关联】［W0705］姆六甲

实　例

壮族　女祖先姆六甲造出天地。

【流传】（无考）

【出处】《姆六甲》，原载欧阳若修等著《壮族文学史》，见袁珂《中国神话大词典》，北京：华夏出版社2015年版，第442页。

W1103.10

其他神或神性人物造天地

实例

(参见下级母题实例)

W1103.10.1

女天神派神造天地

实例

哈尼族 (实例待考)

W1103.10.2

神的儿子开天辟地

【关联】[W1133.1.2] 天神的儿子造天

实例

纳西族 善神米利东主和老伴茨爪金媒有个能干儿子叫阿璐。阿璐来到术地（恶神米利术的地界）大显身手，把天开得歪歪的，把地辟得斜斜的。

【流传】云南省·丽江地区（丽江市）

【出处】李即善翻译，杨世光整理：《东术争战记》，原载中共丽江地委宣传部编《纳西族民间故事选》，见陶阳、钟秀编《中国神话》（中），北京：商务印书馆 2008 年版，第 726～735 页。

W1103.10.2.1

神的 2 个儿子造天地

实例

珞巴族 (实例待考)

W1103.10.3

4 个人神开天辟地

实例

彝族 天神恩体古兹派了他的使臣德布阿尔去请混沌中生出的四位人神开天辟地。

【流传】（四川省·凉山彝族自治州）

【出处】

(a) 冯元蔚译：《勒俄特依》，成都：四川民族出版社 1986 年版。

(b) 冯元蔚译，蕾紫改写：《勒俄特依》，见姚宝瑄主编《中国各民族神话》（羌族、彝族），太原：山西出版传媒集团·书海出版社 2014 年版，第 148 页。

W1103.10.3a

4 个仙子开天辟地

实例

彝族 天王恩梯古兹让铁匠神阿尔师傅把打制好的四把铜铁叉交给四个仙子，去开天地。

【流传】（无考）

【出处】《天神造天地》，见姚宝瑄主编《中国各民族神话》（羌族、彝族），太原：山西出版传媒集团·书海出版社 2014 年版，第 87 页。

W1103.10.4

天女开天辟地

【关联】[W0215] 天女

1.2.1 天地的产生与特征 ‖W1103.10.5–W1103.10.7‖

【实例】

羌族 木吉卓为天王（又称天神）三公主，非常美丽、聪明、能干、智慧，创造极多。故羌人尊木吉卓为开天辟地神。

【流传】四川省·（阿坝藏族羌族自治州）·汶川县·绵池乡·簇头、沟头等寨

【出处】

（a）王治国、王升明等提供：《绵池乡簇头、沟头寨的白石崇拜》（1983.11），原载钱安靖《羌族宗教习俗调查资料》，见羌族社会历史调查四川省编写组编《羌族社会历史调查》，成都：四川省社会科学院出版社 1985 年版。

（b）同（a），见吕大吉、何耀华总主编《中国各民族原始宗教资料集成》（纳西族卷、羌族卷、独龙族卷、傈僳族卷、怒族卷），北京：中国社会科学出版社 2000 年版，第 473 页。

W1103.10.5
天神九弟兄和虎女七姐妹开天辟地

【实例】

纳西族 开天辟地的匠师是"天神九弟兄，虎女七姐妹"。

【流传】云南省

【出处】吕大吉、何耀华总主编：《中国各民族原始宗教资料集成》（纳西族卷、羌族卷、独龙族卷、傈僳族卷、怒族卷），北京：中国社会科学出版社 2000 年版，第 20 页。

W1103.10.6
神人造天地

【关联】[W0768.5]神人

【实例】

土家族 神人张古老和李古老造天制地。

【流传】（无考）

【出处】

（a）《青蛙吞太阳》，见谷德明编《中国少数民族神话》，北京：中国民间文艺出版社 1987 年版。

（b）同（a），见姚宝瑄主编《中国各民族神话》（土家族、毛南族、侗族、瑶族），太原：山西出版传媒集团·书海出版社 2014 年版，第 20 页。

W1103.10.7
年老的神造天地

【实例】

苗族 四个造天地的大神两男两女，都是八百岁的老人。

【流传】（无考）

【出处】陶春保讲，刘永鸿整理：《生天养地的爹娘》，见姚宝瑄主编《中国各民族神话》（布依族、仡佬族、苗族），太原：山西出版传媒集团·书海出版社 2014 年版，第 132 页。

W1103.10.8
大神造天地

实例

傈僳族 远古的时候，没有天地。天和地是一位大神创造的。

【流传】（无考）

【出处】《横断山脉的传说》，原载左玉堂《傈僳族宗教与神话》，见姚宝瑄主编《中国各民族神话》（水族、布朗族、独龙族、基诺族、傈僳族），太原：山西出版传媒集团·书海出版社2014年版，第189页。

W1103.10.8.1
大神英叭造天地

【关联】［W1103.2.6］天神英叭造天地

实例

傣族 大神因叭的本领很大，他创造了十六层天空，接着又造了大地。

【流传】（无考）

【出处】《因叭止洪水》，原载毛星主编《中国少数民族文学》，湖南人民出版社1983年版，见姚宝瑄主编《中国各民族神话》（哈尼族、傣族），太原：山西出版传媒集团·书海出版社2014年版，第330页。

W1103.10.9
小神造天地

实例

（参见下级母题实例）

W1103.10.9.1
5个小神造天地

实例

傈僳族 以前没有天地。大神造出了五个小神，便命令三个小神去造天、两个小神去造地。

【流传】（无考）

【出处】
（a）《开天辟地》，载《山茶》1983年第3期。
（b）同（a），见姚宝瑄主编《中国各民族神话》（水族、布朗族、独龙族、基诺族、傈僳族），太原：山西出版传媒集团·书海出版社2014年版，第180页。

W1103.10.10
人神造天地

实例

苗族 人神到老格米·爷觉朗努造天地。

【流传】云南省·（曲靖市）·宣威县（宣威市）

【出处】苏正学讲：《人蜕皮》，见中国民间文学集成全国编辑委员会编《中国民间故事集成》（云南卷），北京：中国ISBN中心2003年版，第282~283页。

W1103.10.11
动物神造天地

实 例

苗族 修狃是开天辟地的巨大动物神。

【流传】贵州省·黔东南（黔东南苗族侗族自治州）

【出处】《苗族史诗》，见过竹《苗族神话研究》，南宁：广西人民出版社1988年版，第195页。

W1104
特定的神或神性人物造天地

实 例

（参见下级母题实例）

W1104.1
盘古造天地（盘古开天辟地）

【关联】

① [W0720] 盘古
② [W1107.3.1] 盘古请日月开天辟地
③ [W1124.2.3.4] 盘古先造地，后造天
④ [W1128.2.1] 盘古造的天地像个橄榄
⑤ [W1162.2.1] 盘古开天时形成32个天
⑥ [W1283.1] 盘古分开天地
⑦ [W1295.1.2.1] 盘古用大斧分开天地
⑧ [W1295.1.2.2] 盘古用神斧分开天地
⑨ [W1295.4.1] 盘古王用锤、凿开天地
⑩ [W1401.2] 盘古开天辟地时天地相连

实 例

白族 盘古开天辟地。

【流传】（无考）

【出处】《火把节》，原载《白族民间故事》，见袁珂《中国神话大词典》，北京：华夏出版社2015年版，第477页。

布依族 玉皇大帝派盘古开天地。

【流传】贵州省·贵阳（贵阳市）

【出处】陈素兰讲，张羽超等搜集，夏云昆整理：《开天辟地》，见中华民族故事大系编委会编《中华民族故事大系》第3卷（彝族、壮族、布依族），上海：上海文艺出版社1995年版，第687页。

朝鲜族 盘古开了天，辟出地。

【流传】（无考）

【出处】巫歌《创世纪》，见中国各民族宗教与神话大词典编审委员会编《中国各民族宗教与神话大词典》，北京：学苑出版社1990年版，第60页。

侗族 （实例待考）

仡佬族 盘古开天地。

【流传】贵州省·（六盘水市）·六枝特区·店子乡（新窑乡）

【出处】程少先讲：《盘古王和他的儿孙们》，见中国民间文学集成全国编辑委员会编《中国民间故事集成》（贵州卷），北京：中国 ISBN 中心 2003 年版，第 62～63 页。

汉族 盘古开天地。

【流传】浙江省·（金华市）·东阳县（东阳市）

【出处】申屠荷兰讲：《女娲造人》，载《民间文学》1986 年第 11 期。

汉族 盘古开了天地。

【流传】浙江省·（金华市）·兰溪市

【出处】王阿英讲，蔡斌搜集整理：《女娲补天空》，见姚宝瑄主编《中国各民族神话》（汉族），太原：山西出版传媒集团·书海出版社 2014 年版，第 44～45 页。

汉族 盘古开天辟地。

【流传】江苏省·（徐州市）·新沂市

【出处】徐太凤讲，孟玉红搜集整理：《人的来历和女娲补天》（1986.03.14），见姚宝瑄主编《中国各民族神话》（汉族），太原：山西出版传媒集团·书海出版社 2014 年版，第 58～61 页。

汉族 盘古开天辟地以后，就累死了。

【流传】河南省·（驻马店市）·汝南县·老君庙镇·杜庄村

【出处】丁李氏（71 岁，女，文盲）讲，丁国运采录：《女娲造人（五）》（1987.05），见张振犁编著《中原神话通鉴》（第一卷），郑州：河南大学出版社 2017 年版，第 173 页。

汉族 盘古开天辟地以后，叫他的大儿子管天上事。

【流传】河南省·（南阳市）·社旗县

【出处】杨东来搜集整理：《天女散花》，见张振犁编著《中原神话通鉴》（第一卷），郑州：河南大学出版社 2017 年版，第 37～38 页。

汉族 盘古开天辟地以后，有个叫田的人来找盘古奶。

【流传】河南省·（南阳市）·桐柏县·毛集镇

【出处】王王氏讲，甘心田采录整理：《盘古造水牛》，见张振犁编著《中原神话通鉴》（第一卷），郑州：河南大学出版社 2017 年版，第 86 页。

汉族 盘古造出天地后乃死，死后天地空荡，一物俱无。

【流传】（无考）

【出处】袁珂改编：《女娲造人》，原载《民间文学》1986 年第 11 期，见袁珂《中国神话大词典》，北京：华夏出版社 2015 年版，第 375 页。

黎族 盘古开天辟地造人世。

【流传】海南省五指山一带

【出处】

（a）王国全搜集整理：《土地公与土地婆》，见广东民族学院中文系编《黎族民间故事选》，上海：上海文艺出版社 1983 年版。

（b）同（a），见姚宝瑄主编《中国各

民族神话》（高山族、黎族、畲族），太原：山西出版传媒集团·书海出版社 2014 年版，第 53 页。

苗族 盘古是制天制地的神。

【流传】贵州省东北地区

【出处】过竹：《苗族神话研究》，南宁：广西人民出版社 1988 年版，第 224 页。

苗族 盘古开天地。

【流传】贵州（贵州省）、四川（四川省）等地

【出处】

（a）《猴子含羞》，见西南师范学院采风队编《苗族民间故事》，成都：四川民族出版社 1987 年版，第 300~301 页。

（b）武生整理：《盘古开天地》，见《中国民间文学集成贵州省岑巩县故事卷》，内部编印。

（c）龙炳文整理：《古老话》，见苏晓星《苗族文学史》，成都：四川出版集团、四川民族出版社 2003 年版，第 62 页。

（d）袁玉芬讲：《盘古开天地》，见燕宝、张晓编《贵州神话传说》，贵阳：贵州人民出版社 1997 年版，第 5 页。

苗族 以前，盘古（苗族开天立地之神人，和汉族传说相同，不是槃瓠）开天。（b）认为，盘古是开天巨神。

【流传】（b）湖南省·湘西（湘西土家族苗族自治州）

【出处】

（a）龙王六诵，龙炳文翻译：《开天立地》，见陶立璠、赵桂芳等编《中国少数民族神话汇编》（开天辟地篇等），中央民族学院少数民族古籍整理出版规划领导小组办公室印（未署出版时间），第 42 页。

（b）过竹：《苗族神话研究》，南宁：广西人民出版社 1988 年版，第 220 页。

仫佬族 盘古开天辟地。

【流传】广西壮族自治区·（河池市）·罗城（罗城仫佬族自治县）

【出处】罗代超讲，梁瑞光等整理：《衣饭节的传说》，见中华民族故事大系编委会编《中华民族故事大系》第 11 卷（达斡尔族、仫佬族、羌族），上海：上海文艺出版社 1995 年版，第 299 页。

畲族 盘古把天地造停当。

【流传】

（a）浙江省·（温州市）·文成县·大沉区（大峃镇）、中樟乡

（b）浙江省·（温州市）·文成县

【出处】

（a）雷西可讲，雷德宽等采录：《十个日头九个月》，见中国民间文学集成全国编辑委员会编《中国民间故事集成》（浙江卷），北京：中国 ISBN 中心 1997 年版，第 26 页。

（b）雷西可讲，雷德宽记录，文帆整理：《十个日头九个月》（1987.12.22），见姚宝瑄主编《中国各民族神话》（高山

族、黎族、畲族），太原：山西出版传媒集团·书海出版社 2014 年版，第 110 页。

畲族 盘古出世之后，就开始造天造地。

【流传】畲族地区

【出处】《盘古》，钟后根据畲族蓝国运、蓝国根《畲族古老神话传说及人物》改写，见姚宝瑄主编《中国各民族神话》（高山族、黎族、畲族），太原：山西出版传媒集团·书海出版社 2014 年版，第 84 页。

土家族 盘古开出来天地。

【流传】四川省·黔江县（今重庆市·黔江区）

【出处】刘世清讲：*《依罗娘娘造人》，见中国民间文学集成全国编辑委员会编《中国民间故事集成》（四川卷·下），北京：中国 ISBN 中心 1998 年版，第 1212 页。

瑶族 盘古造出天地。

【流传】广西壮族自治区·（百色市）·西林县

【出处】《盘古造天地》，见中国各民族宗教与神话大词典编审委员会编《中国各民族宗教与神话大词典》，北京：学苑出版社 1990 年版，第 654 页。

壮族 盘古造天造地。

【流传】广西壮族自治区·（百色市）·靖西（靖西市）

【出处】《盘古歌》，见张声震总主编，农冠品编注《壮族神话集成》，南宁：广西民族出版社 2007 年版，第 3 页。

壮族 布洛陀派盘古造天地。

【流传】（无考）

【出处】张声震主编：《布洛陀经诗》，见张声震总主编，农冠品编注《壮族神话集成》，南宁：广西民族出版社 2007 年版，第 92 页。

W1104.1.0
盘古王开天辟地

实 例

布依族 很古的时候，盘古王开了天，又辟了地。

【流传】（a）整个布依族地区

【出处】

（a）班琅王、王鲁文、刘阿季讲，汎河记录整理：《洪水滔天》（1955），见陶立璠等编《中国少数民族神话汇编·洪水篇》，中央民族学院少数民族古籍整理出版规划领导小组办公室印（内部资料），第 133~139 页。

（b）同（a），汎河搜集整理：《布依族民间故事集》，北京：中国民间文艺出版社 1982 年版。

（c）同（a），见姚宝瑄主编《中国各民族神话》（布依族、仡佬族、苗族），太原：山西出版传媒集团·书海出版社 2014 年版，第 63 页。

（d）班琅王等讲，汎河记录整理：《洪水滔天》，见谷德明编《中国少数民族神话》，北京：中国民间文艺出版社 1987 年版，第 614 页。

1.2.1 天地的产生与特征　‖W1104.1.0a‖ **289**

汉族　盘古王开天辟地。

【流传】浙江省·（丽水市）·遂昌县

【出处】毛广寿讲，廖恒民搜集整理：《女娲补天》（1987.05），见姚宝瑄主编《中国各民族神话》（汉族），太原：山西出版传媒集团·书海出版社2014年版，第53~54页。

汉族　天是盘古王开的。

【流传】四川省·（宜宾市）·屏山县·屏边乡（屏边镇）·麻柳村

【出处】徐云华讲，徐登奎采录：《盘古开天地》，见中国民间文学集成全国编辑委员会编《中国民间故事集成》（四川卷），北京：中国ISBN中心1998年版，第23页。

汉族　很久以前没有天地。天和地都是后来盘古王造的。盘古王长得快得不得了，一天要长一丈，长了一万八千年，长得很大了，就开始造天地了。

【流传】四川省·巴县（今重庆市·巴南区）

【出处】王国珍讲，罗桂英记录，金祥度搜集整理：《盘古王造天地》（1988.01），见姚宝瑄主编《中国各民族神话》（汉族），太原：山西出版传媒集团·书海出版社2014年版，第29~30页。

汉族　盘古王开辟天地。

【流传】四川省·（都江堰市）·灌县（古城）·柳街乡一带

【出处】康弘讲，王纯五记录整理：《太阳宝和月儿光咋个来的》（1987.01.04），见姚宝瑄主编《中国各民族神话》（汉族），太原：山西出版传媒集团·书海出版社2014年版，第213~214页。

汉族　天和地都是后来盘古王造的。

【流传】四川省·巴县（今重庆市·巴南区）

【出处】王国珍讲，罗桂英采录：《盘古开天地》，见中国民间文学集成全国编辑委员会编《中国民间故事集成》（四川卷·上），北京：中国ISBN中心1998年版，第22页。

W1104.1.0a
盘古公公开天辟地

实　例

苗族　盘古公公劈世界最早出现的两块薄板儿。一斧劈去碎石溅，溅起火花烟飞散，晃起眼睛亮闪闪，两斧劈去裂缝开，三斧劈去成两块，两块分开去两边。

【流传】原文无流传地，据文本及注释推测该神话流传于贵州省·黔东南苗族侗族自治州·凯里市、台江县等地。

【出处】张启庭、张荣光、张正玉、张启德演唱，张明搜集，燕宝整理译注：《创造宇宙·开天辟地》，见贵州省少数民族古籍整理出版规划小组办公室编，燕宝整理译注《苗族古歌》，贵阳：贵州民族出版社1993年版，第28页。

W1104.1.0b
盘古氏开天辟地

【关联】［W0728.3.6.3］盘古又称"盘古氏"

实 例

朝鲜族 盘古氏把天地分开，以阳清为天，阴浊为地。

【流传】（无考）

【出处】

（a）《创世记》，见金东勋《朝鲜族的神话传说》，http：//www.chinactwh.com，2003.09.02。

（b）叙事巫歌《创世记》，见水木清华站：http：//www.smh.edu.cn。

汉族 盘古氏开天辟地。

【流传】浙江省·（舟山市）·嵊泗县

【出处】李明亮讲，金德章记录整理：《月亮和太阳》，见姚宝瑄主编《中国各民族神话》（汉族），太原：山西出版传媒集团·书海出版社2014年版，第189页。

汉族 盘古氏开天辟地。

【流传】河南省·（郑州市）·新郑市

【出处】袁固（63岁，高师）讲，河南大学"中原神话调查组"录音，张振犁、蔡柏顺、程健君采录：《风后岭》（1983.11.26），见张振犁编著《中原神话通鉴》（第一卷），郑州：河南大学出版社2017年版，第142页。

W1104.1.1
盘果王开天辟地

【关联】［W1541.3.1.1］盘果王分开天地后出现日月星辰

实 例

布依族 盘果王者出，举鞭挥之，劈宇宙成两半，上浮者为天，下沉者为地。

【流传】贵州省黔西南及黔南大部分地区

【出处】《混沌王与盘果王》，原载贵州省社会科学院文学研究所编《布依族文学史》，见袁珂《中国神话大词典》，北京：华夏出版社2015年版，第451页。

W1104.1.2
盘古氏盘生氏开天辟地

实 例

白族 从前，盘古和盘生是开天辟地的弟兄俩。

【流传】

（a）云南省·（大理白族自治州）·大理（大理市）、洱源县等地

（b）云南省·（大理白族自治州）·洱源县

【出处】

（a）杨国政讲，杨亮才采录：《开天辟地》，见中国民间文学集成全国编辑委员会编《中国民间故事集成》（云南卷），北京：中国ISBN中心2003

1.2.1 天地的产生与特征

年版，第9页。

(b) 同(a)，见谷德明编《中国少数民族神话》，北京：中国民间文艺出版社1987年版，第293页。

(c)《开天辟地》，原载谷德明编《中国少数民族神话》，见袁珂《中国神话大词典》，北京：华夏出版社2015年版，第474页。

白族 菩萨救盘古盘生兄弟，盘古盘生造天地。

【流传】（无考）

【出处】《吃龙王·造天地·分节气》，见高明强编《创世的神话和传说》，上海：上海三联书店1988年版，第62页。

W1104.1.3

扁鼓王开天辟地（扁古王开天辟地）

【关联】

① ［W1175.19.3］扁古王造地

② ［W1124.2.3.5］扁古王先造地，后才有天

实 例

汉族 扁鼓王竖起了天之后，开始劈地。

【流传】浙江省·（丽水市）·缙云县·舒洪镇·分水坑村

【出处】上官旭昌讲，上官支友整理：《扁鼓王劈地》，见缙云县民间文学征集办公室编《中国民间文学集成浙江省·缙云县故事、歌谣、谚语卷》，

内部编印，1988年，第1页。

汉族 扁鼓王（盘古的父亲）竖了天之后，接着劈地。他便将天背得老高老高，将地踏得老低老低。

【流传】浙江省·（丽水市）·缙云县一带

【出处】上官旭昌讲，上官新友搜集整理：《扁鼓王劈地》（1985），见姚宝瑄主编《中国各民族神话》（汉族），太原：山西出版传媒集团·书海出版社2014年版，第18～20页。

汉族 很久以前，盘古王还没出世时，扁古王开天。

【流传】浙江省·（丽水市）·缙云县·舒洪镇·分水坑村

【出处】上官旭昌讲，上官新友采录：《扁古盘古造生灵》，见中国民间文学集成全国编辑委员会编《中国民间故事集成》（浙江卷），北京：中国ISBN中心1997年版，第48页。

W1104.1.4

盘古兄妹开天辟地

【关联】［W0725.2］盘古的兄妹

实 例

汉族 盘古兄妹二人很和气，每日里开天辟地很出力。

【流传】（无考）

【出处】陶阳根据《黑暗传》资料重述：《盘古老祖是龙之子》，见陶阳、钟秀编《中国神话》（中），北京：商务印书馆2008年版，第539～540页。

W1104.1.4a

盘古爷和盘古奶开天辟地

【关联】［W1122.4.1］盘古夫妻劈开的上半片气包形成天，下半片形成地

实例

汉族 盘古爷和盘古奶分开天地。

【流传】河南省·（南阳市）·桐柏县·二郎山乡·田口村

【出处】李新超讲，马卉欣整理：《盘古开天》，见 http：//tongbai.01ny.cn（桐柏网）2001.01.26。

汉族 盘古爷和盘古奶婚前滚磨验证天意，这两扇磨一合，二人结为夫妻，一块儿开天，一块儿造地。

【流传】河南省·（南阳市）·桐柏县·二郎乡·山六里村［采录地点：桐柏县盘古山三月三盘古神话说讲会］

【出处】李天刚（22岁，中专）讲，马卉欣、殷润璞录音采录，马卉欣整理：《盘古和猴子》（1989.04.08），见张振犁编著《中原神话通鉴》（第一卷），郑州：河南大学出版社2017年版，第80页。

W1104.1.5

盘、古兄妹和他们的神祖神孙开天地

【关联】［W1103.7］众神造天地

实例

毛南族 开辟我们人类的天地，不光是盘、古兄妹，还有他们的好几代神祖神孙。

【流传】（无考）

【出处】

（a）《格射日月》，原载蒙贵章讲，蒙国荣、韦志华、谭贻生记录翻译，蒙国荣整理《天皇到盘、古》附记，见杨光富《回、彝、水、仡佬、毛南、京六族故事选》，南宁：广西人民出版社1988年版。

（b）同（a），见姚宝瑄主编《中国各民族神话》（土家族、毛南族、侗族、瑶族），太原：山西出版传媒集团·书海出版社2014年版，第53~54页。

W1104.1.6

盘古在黑暗混沌中开出天地

实例

汉族 盘古蹬破孕育大鸡蛋（混沌），盘古的胳膊和脚又粗又大，他一踢一打不当紧，凝聚了一万八千年的混沌黑暗，都给踢打得稀里哗啦。三晃荡，两晃荡，紧紧缠住盘古的混沌黑暗，轻的东西就慢慢地飘动起来，变成了蓝天，重的慢慢下降，变成了大地，天和地裂开了一条缝。

【流传】河南省尾山一带

【出处】程玉林讲，缪华、胡佳作搜集整理：《盘古寺》，原载张振犁、程健君编《中原神话专题资料》，见姚宝瑄主编《中国各民族神话》（汉族），太原：山西出版传媒集团·书海出版社2014年版，第4~6页。

1.2.1 天地的产生与特征 |W1104.1.7—W1104.1.9| 293

汉族 以前世界黑暗。盘古开出明朗的天地。

【流传】浙江省·（丽水市）·青田县·东源镇、船寮镇

【出处】余碎笑讲，叶茂搜集整理：《三块补天石》（1987.07.15），见姚宝瑄主编《中国各民族神话》（汉族），太原：山西出版传媒集团·书海出版社2014年版，第58~60页。

W1104.1.7

盘古用神力开天辟地

实 例

汉族 以前世界混沌。盘古用神力开天辟地。

【流传】浙江省·海宁市·祝场、斜桥等乡及毗邻的海盐县部分农村

【出处】沈关勇、汪彩贞讲，郑伟成、王钱松记录，王钱松整理：《日月平升》（1981），见姚宝瑄主编《中国各民族神话》（汉族），太原：山西出版传媒集团·书海出版社2014年版，第191~192页。

W1104.1.8

盘古从混沌中凿出天地

【关联】
① ［W1004.5.3］混沌中凿出世界
② ［W1057.1.5.1.1］混沌凿七窍后死亡

实 例

汉族 盘古王拿起石凿石斧，对着混沌，用出全身的力气凿去。三记巨响中混沌裂开了，阳光射了进来。混沌里清气慢慢上升，变成青天；浊气慢慢下沉，就是大地。从此世上便有了天地。

【流传】浙江省·（宁波市）·宁海县·（西店镇）·紫江村

【出处】邬荣绍讲，邬为国搜集整理：《盘古开天辟地》（1987），见姚宝瑄主编《中国各民族神话》（汉族），太原：山西出版传媒集团·书海出版社2014年版，第11~12页。

W1104.1.9

天神盘颇造天地

实 例

彝族（俚颇） 以前没有天地，有一个叫盘颇的天神，决心要造天，要造地。

【流传】云南省·（楚雄彝族自治州）·大姚县·昙华山区（昙华乡）

【出处】
（a）陆颇梭颇（毕摩）演唱，夏光辅、诺海阿苏翻译：《俚波古歌》，见云南省社会科学院楚雄彝族文化研究所编《彝族民间文学》第2辑，1985年。
（b）陆颇梭颇（毕摩）演唱，夏光辅、诺海阿苏翻译，古梅改写：《赤梅葛——俚波古歌》，见姚宝瑄主编《中国各民族神话》（羌族、彝族），太原：山西出版传媒集团·书海出版社2014年版，第95页。

W1104.1.10
盘古在盘古山开天辟地

实例

汉族 沁阳县南三十里有盘古山，山势巍峨挺拔，高耸入云，为当年盘古开天辟地、繁衍人类、造化万物之处，山上更有盘古庙及盘古庙会而闻名四方。

【流传】河南省·沁阳县

【出处】《盘古》，见乌丙安主编《中国民间神谱》，沈阳：辽宁人民出版社2007年版，第46页。

W1104.1.11
盘古开天辟地时受伤

实例

汉族 盘古开天辟地用力过猛，伤了五脏六腑。

【流传】(a) 河南省·（南阳市）·社旗县
(b) 河南省·驻马店市·汝南县

【出处】
(a) 杨东来搜集整理：《天女散花》，见张振犁编著《中原神话通鉴》（第一卷），郑州：河南大学出版社2017年版，第38页。
(b) 申汪让讲，张丽卿采录整理：《天女散花》，同上，第39页。

W1104.1.12
盘古按经文开天辟地

实例

汉族 盘古真人乃法则《三皇内经》，运行功用，成天立地，化造万物。

【流传】（无考）

【出处】[北宋] 张君房：《云笈七签》卷三《天尊老君名号历劫经略》。

W1104.1.13
盘古按盘古奶画的记号开天辟地

实例

汉族 盘古爷和盘古奶把笼罩他们的大气包弄破时，盘古奶在前划了一道印，盘古爷照着印砍。砍够一圈，大气球成了上下两片。

【流传】河南省·（南阳市）·桐柏县·二郎山乡·田口村，（驻马店市）·泌阳县·盘古村（盘古乡）·黑山沟组（?）（采录地点：桐柏山盘古庙会）

【出处】李新超（27岁，初中）、李明松（59岁，文盲）讲，马卉欣、殷润璞录音，马卉欣采录整理：《盘古不听老牛劝》（1989.04.08），见张振犁编著《中原神话通鉴》（第一卷），郑州：河南大学出版社2017年版，第71~72页。

W1104.2
女娲造天地

【关联】

① [W0710] 女娲

② [W1119.5] 女娲垂死化生天地

实 例

汉族 女娲是个开天辟地的女神。

【流传】浙江省·舟山市·定海区·干览乡·南岙村

【出处】顾阿登讲，林胜强采录：《女娲造天地》，见中国民间文学集成全国编辑委员会编《中国民间故事集成》（浙江卷），北京：中国 ISBN 中心 1997 年版，第 17 页。

W1104.2.1
女娲娘娘造天地

实 例

汉族 女娲娘娘造天地。

【流传】河北省·（唐山市）·遵化县（遵化市）·（堡子店镇）·马坊岭村

【出处】杨秀珍讲，米景利采录：《三皇治世》，见中国民间文学集成全国编辑委员会编《中国民间故事集成》（河北卷），北京：中国 ISBN 中心 2003 年版，第 7 页。

W1104.3
佛祖造天地

【关联】[W0787] 佛（佛祖）

实 例

傣族 天地是佛祖开辟。

【流传】云南省·（普洱市）·景谷县（景谷傣族彝族自治县）·永平乡

【出处】陶老五讲，米自民采录：《谷魂》，见中国民间文学集成全国编辑委员会编《中国民间故事集成》（云南卷），北京：中国 ISBN 中心 2003 年版，第 312 页。

W1104.4
真主造天地

【关联】

① [W0793] 真主

② [W1123.1.2a.1] 真主把卵的一半变成天，另一半变成地

实 例

回族 （实例待考）

塔吉克族 创世之初，安拉（伊斯兰教所信奉的唯一神的名称）创造了大地。

【流传】新疆维吾尔自治区·（喀什地区）·塔什库尔干塔吉克自治县

【出处】马达里汗讲，西仁·库尔班等采录翻译：《太阳神话》，见中国民间文学集成全国编辑委员会编《中国民间故事集成》（新疆卷），北京：中国 ISBN 中心 2008 年版，第 16 页。

W1104.4.1
真主将卵分成天地

实例

塔吉克族（实例待考）

W1104.5
道教人物造天地

实例

（参见下级母题实例）

W1104.5.1
红君道人造天，绿鸭道人造地

【关联】［W1179.4.4.1］绿鸭道士淘沙造大地

实例

汉族 海斗老祖要红君道人去造天，要绿鸭道人去造地。

【流传】上海市·松江县（松江区）·九亭乡（九亭镇）·三星村

【出处】朱国民讲，顾青采录：《海斗老祖造天地》，见中国民间文学集成全国编辑委员会编《中国民间故事集成》（上海卷），北京：中国ISBN中心2007年版，第3页。

W1104.5.2
元始天王开天辟地

实例

汉族 元始天王开天辟地。

【流传】（无考）

【出处】《元始天尊》，见乌丙安主编《中国民间神谱》，沈阳：辽宁人民出版社2007年版，第246页。

W1104.5.3
李老君开天辟地

实例

汉族 想当初无天无地一片混沌，李老君开天辟地才有如今。

【流传】河南省·（南阳市）·桐柏县

【出处】马卉欣采录：《盘古歌》，见张振犁编著《中原神话通鉴》（第一卷），郑州：河南大学出版社2017年版，第73页。

W1104.6
其他特定的神或神性人物造天地

实例

仡佬族 老天的儿子仡佬祖先的大哥天仙老祖派玉书领金角、沙达开天辟地。

【流传】贵州省·（六盘水市）·六枝特区·店子乡（新窑乡）·那义村·青桐林

【出处】程少先等讲，叶正乾采录：《盘古王和他的儿孙们》，见中国民间文学集成全国编辑委员会编《中国民间故事集成》（贵州卷），北京：中国ISBN中心2003年版，第62页。

拉祜族（苦聪）阿娜、阿罗造天地。

【流传】（云南省）

【出处】刘辉豪整理：《阿娜、阿罗造天

地》，见中国各民族宗教与神话大词典编审委员会编《中国各民族宗教与神话大词典》，北京：学苑出版社1990年版，第375页。

W1104.6.1

张果老造天，李果老造地

实 例

土家族 神人张果老和李果老造天制地。

【流传】（a）湖南省·湘西（湘西土家族苗族自治州）

【出处】

(a)《青蛙吞太阳》，见谷德明编《中国少数民族神话》，北京：中国民间文艺出版社1987年版，第184页。

(b)《青蛙吞太阳》（原名《造天制地》），原载《中国少数民族神话选》，见袁珂《中国神话大词典》，北京：华夏出版社2015年版，第488页。

W1104.6.1.1

张果老开天辟地

实 例

苗族 以前没有天地。张果老开天辟地。

【流传】（a）四川省·（泸州市）·叙永县
（b）四川省

【出处】

(a)《叙永县苗族〈日月传说的故

事〉》，见《中国少数民族社会历史调查资料丛刊》修订委员会中国少数民族社会历史调查资料丛刊修订编辑委员会编《四川省苗族傈僳族傣族白族满族社会历史调查》，北京：民族出版社2009年版。

(b)《日月传说》，见袁珂《中国神话大词典》，北京：华夏出版社2015年版，第417页。

W1104.6.2

张古老造天，李古老造地

【关联】

① [W1124.4.4.1] 张古老和李古老重造天地

② [W1160.5.2] 张古老用五彩石造天形成五彩缤纷的天

实 例

土家族 张古老、李古老造天地。

【流传】四川省·秀山县（今重庆市·秀山土家族苗族自治县）·海洋乡

【出处】彭国然讲：《依罗娘娘造人》，见中国民间文学集成全国编辑委员会编《中国民间故事集成》（四川卷·下），北京：中国ISBN中心1998年版，第1211页。

土家族 昔张古老造就天，李古老造就地。

【流传】（无考）

【出处】《依罗娘娘造人》，原载谷德明编《中国少数民族神话》，见袁珂《中国神话大词典》，北京：华夏出版社 2015 年版，第 488 页。

土家族 张古老制天、李古老制地。

【流传】（无考）

【出处】《八兄弟》（原名《摆手歌》），原载毛星主编《中国少数民族文学》（中册），见袁珂《中国神话大词典》，北京：华夏出版社 2015 年版，第 486 页。

土家族 张古老造好了天，李古老造好了地。

【流传】湖南省·湘西（湘西土家族苗族自治州）·酉水

【出处】向廷龙讲，彭勃搜集翻译整理：《依罗娘娘造人》，原载谷德明编《中国少数民族神话》，见陶阳、钟秀编《中国神话》（上），北京：商务印书馆 2008 年版，第 313 页。

土家族 张古老制天、李古老造地。

【流传】湖南省土家族居住地区

【出处】彭迪搜集整理：《虎儿娃》，见姚宝瑄主编《中国各民族神话》（土家族、毛南族、侗族、瑶族），太原：山西出版传媒集团·书海出版社 2014 年版，第 5 页。

W1104.6.2.1

玉帝让张古老造天，李古老造地

【关联】[W1175.8.1] 玉帝让地王造地

实例

土家族 上古，玉帝让张古老造天，李古老造地。

【流传】湘（湖南省）、鄂（湖北省）、川（四川省）土家族聚居区

【出处】《造天造地》，见谷德明编《中国少数民族神话》，北京：中国民间文艺出版社 1987 年版，第 165 页。

W1104.6.2a

张古老造天，李古娘造地

实例

土家族 卵生的张古老制天，李古娘制地。

【流传】湖南省·（湘西土家族苗族自治州）·龙山县·里耶区（里耶镇）·八面山（八面山村）

【出处】谢绍中讲，田永瑞采录：《张古老制天，李古娘制地》，见中国民间文学集成全国编辑委员会编《中国民间故事集成》（湖南卷），北京：中国 ISBN 中心 2002 年版，第 6 页。

W1104.6.2b

张古开天，盘古开地

实例

侗族 张古开天，盘古开地。

【流传】广西壮族自治区·（柳州市）·三江（侗族自治）县·独洞乡·牙龙村

【出处】公包芳讲，吴浩采录翻译：《祖先的事》，见中国民间文学集成全国编辑委员会编《中国民间故事集成》（广西卷），北京：中国 ISBN 中心 2001 年版，第 60 页。

W1104.6.3
布什格造天，布比密造地

实 例

仡佬族 布什格制天，布比密制地。

【流传】贵州省·（遵义市）·遵义县·平正公社（平正仡佬族乡）

【出处】陈保和讲，田兴才搜集：《布什格制天，布比密制地》，见贵州民研会、贵州民族学院编《民间文学资料》第49集，内部资料，1982年。

仡佬族 天是布什格制的，地是布比密制的。

【流传】贵州省·遵义市、（遵义市）·仁怀（仁怀市）、（安顺市）·平坝（平坝区）等地

【出处】《制天地》，见姚宝瑄主编《中国各民族神话》（布依族、仡佬族、苗族），太原：山西出版传媒集团·书海出版社2014年版，第102页。

W1104.6.4
半神半人的姜央造天地

实 例

苗族 最初古时期，姜央（半神半人，文化英雄）是个聪明人，他来造天和造地。

【流传】原文无流传地，据文本及注释推测该神话流传于贵州省·黔东南苗族侗族自治州·凯里市、台江县等地。

【出处】张启庭、张荣光、张正玉、张启德演唱，张明搜集，燕宝整理译注：《创造宇宙·开天辟地》，见贵州省少数民族古籍整理出版规划小组办公室编，燕宝整理译注《苗族古歌》，贵阳：贵州民族出版社1993年版，第6页。

W1104.6.4a
文化英雄造天地

实 例

（参见下级母题实例）

W1104.6.4a.1
翁嘎造天地

实 例

布依族 文化英雄翁嘎造天地。

【流传】贵州省·黔西南（黔西南布依族苗族自治州）

【出处】《造千种万物》，见贵州省社会科学院文学研究所主编《布依族文学史》，内部编印，1983年，第51~52页。

W1104.6.4a.2
发枚造天地

实 例

瑶族 瑶家发枚开天辟地。

【流传】贵州省·（黔东南苗族侗族自治州）·从江县·（翠里乡）·高芒乡（高芒村）

【出处】
（a）赵金荣讲，杨路塔采录：《发枚造

天地》，见中国民间文学集成全国编辑委员会编《中国民间故事集成》（贵州卷），北京：中国 ISBN 中心 2003 年版，第 9 页。

（b）赵金荣讲，杨路塔采录：《造日月》，见中国民间文学集成全国编辑委员会编《中国民间故事集成》（贵州卷），北京：中国 ISBN 中心 2003 年版，第 20 页。

W1104.6.5
创天公与创地婆造天地

实 例

傣族　天神派来了布盼法、雅盼峥结成第一对夫妇，一个开天，一个辟地。布盼法是创天公，雅盼峥是创地婆。

【流传】云南省·德宏地区（德宏傣族景颇族自治州）

【出处】

（a）多永相搜集整理：《谷神布岑塔》，见李子贤编《云南少数民族神话选》，云南人民出版社 1990 年版。

（b）同（a），见姚宝瑄主编《中国各民族神话》（哈尼族、傣族），太原：山西出版传媒集团·书海出版社 2014 年版，第 351 页。

W1104.6.6
众宗教人物造天地

实 例

汉族　最早出现的托骨佛、洪钧老祖和五挡神开天辟地。

【流传】黑龙江省·（哈尔滨市）·五常县（五常市）·拉林镇

【出处】李录讲，赵广礼采录：《五挡神、洪钧老祖和托骨佛》，见中国民间文学集成全国编辑委员会编《中国民间故事集成》（黑龙江卷），北京：中国 ISBN 中心 2005 年版，第 6 页。

W1104a
与神或神性人物造天地有关的其他母题

实 例

（参见下级母题实例）

W1104a.1
上帝的意志产生天地

实 例

哈萨克族　（实例待考）

维吾尔族　（实例待考）

W1104a.2
天神的助手造天地

实 例

（参见下级母题实例）

W1104a.2.1
天神的 2 个助手分别造天地

实 例

拉祜族　天神厄莎与其助手札罗、娜罗

议造天地。令札罗造天、娜罗造地。

【流传】（无考）

【出处】袁珂改编：《造天造地》（原名《牡帕密帕·勐呆密呆》），原载毛星主编《中国少数民族文学》（下册），见袁珂《中国神话大词典》，北京：华夏出版社 2015 年版，第 534 页。

W1105

人造天地

【关联】[W1176.2] 两兄弟造地

实 例

（参见下级母题实例）

W1105.1

最早出现的人开天辟地

实 例

（参见下级母题实例）

W1105.1.1

最早的兄妹俩开天辟地

实 例

阿昌族 （实例待考）

W1105.1.2

最早出现的几个人开天辟地

实 例

彝族 宇宙混沌时，最早出现的 4 个人开天辟地。

【流传】（无考）

【出处】马海鸟黎讲，谷德明整理：《开天辟地》，见谷德明编《中国少数民族神话》，北京：中国民间文艺出版社 1987 年版，第 290~293 页。

W1105.2

一对兄妹开辟天地

实 例

汉族 天神争斗毁灭世界，到铁牛腹中逃避争战两兄妹幸存。铁牛对他俩说，你们是现在天地间唯一的两个生灵了，上帝已将开天辟地、创造人类的大任托给了你们。

【流传】河南省·南阳市

【出处】邱海观（农民），李明才采录整理：《盘古的传说》，见张振犁编著《中原神话通鉴》（第一卷），郑州：河南大学出版社 2017 年版，第 28 页。

怒族 腊普、亚妮兄妹开辟天地。

【流传】云南省

【出处】

（a）*《氏族的来源》，见中国社会科学院云南少数民族文学研究所等编《云南少数民族文学资料》（第 2 辑），内部编印，1981 年，第 124 页。

（b）《腊普和亚妮》，见攸延春《怒族文学简史》，昆明：云南民族出版社 2003 年版，第 21 页。

瑶族 尼托兄妹造天地。

【流传】广西壮族自治区大瑶山

【出处】《天地山河哪里来》，见中央民族学院少数民族文艺研究所编《中国民族民间文学》，北京：中央民族学院出版社1987年版，第713页。

W1105.2.1
哥哥造天，妹妹造地

实例

彝族 远古，天地混沌，混沌中的气球炸出兄妹二人，哥造天，妹造地。

【流传】云南省·（楚雄彝族自治州）·楚雄（楚雄市）

【出处】云南省社会科学院楚雄彝族文化研究所：《彝族民间文学》第2辑，内部编印，第60~70页。

藏族 "石八觉"（"觉"又称"鲁"，是"山菩萨"即山神的意思）分开了天地，分开了天地，有了两兄妹。男的一个修天，越修越高；女的一个造地，越造越宽。

【流传】（四川省·凉山彝族自治州·冕宁县·泸宁乡）

【出处】杨光甸：《冕宁县泸宁区藏族调查笔记》（打印稿），西南民族学院研究所编印，1982年，见吕大吉、何耀华总主编《中国各民族原始宗教资料集成》（鄂伦春族卷、鄂温克族卷、赫哲族卷、达斡尔族卷、锡伯族卷、满族卷、蒙古族卷、藏族卷），北京：中国社会科学出版社1999年版，第940页。

W1105.2.2
混沌中卵生的一对兄妹造天地

实例

彝族（罗罗泼） 混沌世界出现的气球炸出的阿倮、阿界一对兄妹造天地。

【流传】云南省·（楚雄彝族自治州）·南华县·五街（五街镇）

【出处】李发彪等演唱，吉厚培、夏光辅搜集整理：《青棚调——彝族支系罗罗泼古歌》，原载云南省社会科学院楚雄彝族文化研究所编《彝族民间文学》第2辑，1985年，见姚宝瑄主编《中国各民族神话》（羌族、彝族），太原：山西出版传媒集团·书海出版社2014年版，第169页。

W1105.2.3
男人造天，女人造地

【关联】[W1103.5.3]男神造天，女神造地

实例

畲族 男人造天，女人造地。

【流传】福建省·（宁德市）·福安（福安市）

【出处】钟瑞珠讲，郑万生整理：《男造天，女造地》，见中华民族故事大系编委会编《中华民族故事大系》第8卷（畲族、高山族、拉祜族），上海：上海文艺出版社1995年版，第12页。

W1105.3
其他特定的人开辟天地

实 例

布依族 翁杰、阿辉等开天辟地。

【流传】贵州省·黔南（黔南布依族苗族自治州）各地

【出处】《造万物歌》，见王清士等编写《布依族文学史》，贵阳：贵州人民出版社1983年版，第53~54页。

W1105.3.1
姑侄造天地

【关联】［W2447］姑侄婚生人

实 例

瑶族 洪水退完以后，天地混沌难分，幸存者莎方三和房十六两姑侄决心重新造天地。

【流传】广东省·（清远市）·连南县（连南瑶族自治县）·寨岗镇

【出处】唐罗古三等讲，许文清等采录：《洪水淹天》，见中国民间文学集成全国编辑委员会编《中国民间故事集成》（广东卷），北京：中国ISBN中心2006年版，第8页。

W1105.3.2
9人造天，3人造地

实 例

哈尼族 天王遣九人造地，三人造天。

【流传】（无考）

【出处】《开天辟地》（原名《奥色密色》），原载毛星主编《中国少数民族文学》（下册），见袁珂《中国神话大词典》，北京：华夏出版社2015年版，第490页。

W1105.3.3
1对老人造天地

实 例

汉族 最早出现的天下翁和天下婆一对老人感到很孤单，就想做出天和地。天，由天下翁去做；地，由天下婆去做。

【流传】福建省·（宁德市）·周宁县·李墩乡·里东山村

【出处】章永红讲，陈风禧搜集整理：《天下翁与天下婆》（1987.08.05），见姚宝瑄主编《中国各民族神话》（汉族），太原：山西出版传媒集团·书海出版社2014年版，第34~35页。

W1105.3.3.1
阿公造天，阿婆造地

实 例

汉族 从前，没天没地，混沌里厮守着一公一婆。阿公，阳刚来做天；阿婆，阴柔来做地。

【流传】福建省·（宁德市）·寿宁县·大安乡·伏际村

【出处】吴兰妃讲，刘善林记录：《天地人》（1986.03.17），见姚宝瑄主编《中国各民族神话》（汉族），太原：

W1105.3.4
大力青年造天地

实 例

傈僳族 古时天地尚未造成，有大力青年，辞别父母，远至他乡，为人类造天地。

【流传】（无考）

【出处】袁珂改编：《造天地》（原名《怒江为什么山多箐多》），原载毛星主编《中国少数民族文学》（下册），见袁珂《中国神话大词典》，北京：华夏出版社2015年版，第516页。

W1105.4
与人造天地有关的其他母题

实 例

（参见下级母题实例）

W1105.4.1
天神派人造天地

实 例

拉祜族 天和地是天神厄莎派人造的。

【流传】（云南省）

【出处】杨铜搜集整理：《地子扎努扎别》，见姚宝瑄主编《中国各民族神话》（白族、拉祜族、景颇族），太原：山西出版传媒集团·书海出版社2014年版，第186页。

W1106
动物造天地

实 例

（参见下级母题实例）

W1106.1
龙开天辟地（龙造天地）

实 例

仡佬族 开天辟地的金角是龙变的，后来叫金角老龙。

【流传】贵州省·（六盘水市）·六枝特区·店子乡（新窑乡）·那义村·青桐林

【出处】程少先等讲，叶正乾采录：《盘古王和他的儿孙们》，见中国民间文学集成全国编辑委员会编《中国民间故事集成》（贵州卷），北京：中国ISBN中心2003年版，第62页。

土家族 （实例待考）

W1106.1.1
张龙王造天，李龙王造地

实 例

仡佬族 张龙王制天，李龙王制地。

【流传】（无考）

【出处】《天与地》，见陶立璠、赵桂芳等编《中国少数民族神话汇编》（开天辟地篇等），中央民族学院少数民族古籍整理出版规划领导小组办公室印（未署出版时间），第324页。

`仫佬族` 古时，张龙王治天、李龙王治地。

【流传】（无考）

【出处】陈宝和、唐文新讲，陈宝和、唐文新记录：《十兄弟》，原载《民间文学资料》第 49 集，见姚宝瑄主编《中国各民族神话》（仫佬族、壮族、京族），太原：山西出版传媒集团·书海出版社 2014 年版，第 33 页。

W1106.1.2
老龙俄谷造天地

`实 例`

`彝族` 很早的时候，有一条名叫俄谷的老龙，是造天龙造地龙。

【流传】云南省·红河（红河哈尼族彝族自治州）·元阳（元阳县）、绿春（绿春县）、石屏（石屏县），（玉溪市）元江（哈尼族彝族傣族自治县），（普洱市）·墨江（哈尼族自治县）等

【出处】龙倮贵搜集整理，黄建明摘录：《祭龙的根由》，见吕大吉、何耀华总主编《中国各民族原始宗教资料集成》（彝族卷、白族卷、基诺族卷），北京：中国社会科学出版社 1996 年版，第 280~281 页。

W1106.1.3
海龙王造天地

【关联】［W1102.1.4.1］海龙王为避免动物相食造天地

`实 例`

`哈尼族` 以前，世上只有大海。海龙王益卯舍卵造出天地。

【流传】云南省·（普洱市）·墨江县（墨江哈尼族自治县）

【出处】金开兴讲，蓝明红搜集整理：《青蛙造天造地》，单超选自云南省民间文学集成办公室编《哈尼族神话传说集成》，中国民间文艺出版社 1990 年，见姚宝瑄主编《中国各民族神话》（哈尼族、傣族），太原：山西出版传媒集团·书海出版社 2014 年版，第 4 页。

W1106.2
青蛙造天地

【关联】
① ［W1136.2］青蛙造天
② ［W1177.3］青蛙造地

`实 例`

`哈尼族` 海龙王派青蛙造天地。

【流传】云南省·（普洱市）·墨江县（墨江哈尼族自治县）

【出处】金开兴讲，蓝明红采录：《青蛙造天地》，见中国民间文学集成全国编辑委员会编《中国民间故事集成》（云南卷），北京：中国 ISBN 中心 2003 年版，第 34 页。

`哈尼族` 青蛙造天造地。

【流传】（无考）

【出处】

（a）史军超：《哈尼族文学史》，昆明：

云南民族出版社1998年版，第141页。

（b）《那突德取厄玛》，见中国各民族宗教与神话大词典编审委员会编《中国各民族宗教与神话大词典》，北京：学苑出版社1990年版，第168页。

W1106.2.1
青蛙兄妹造天地

实例

哈尼族 造天地的青蛙生纳得、阿依是一对巨人兄妹。哥哥造天，妹妹造地。

【流传】云南省·（普洱市）·墨江县（墨江哈尼族自治县）

【出处】金开兴讲，蓝明红搜集整理：《青蛙造天造地》，单超选自云南省民间文学集成办公室编《哈尼族神话传说集成》，中国民间文艺出版社1990年，见姚宝瑄主编《中国各民族神话》（哈尼族、傣族），太原：山西出版传媒集团·书海出版社2014年版，第6页。

W1106.2.2
海龙王让青蛙造天地

实例

哈尼族 以前，世上只有大海。海龙王益卯舍卯对青蛙大臣说："为了救大家的命，我命你游出海面，去为大伙造天造地。"

【流传】云南省·（普洱市）·墨江县（墨江哈尼族自治县）

【出处】金开兴讲，蓝明红搜集整理：《青蛙造天造地》，单超选自云南省民间文学集成办公室编《哈尼族神话传说集成》，中国民间文艺出版社1990年，见姚宝瑄主编《中国各民族神话》（哈尼族、傣族），太原：山西出版传媒集团·书海出版社2014年版，第4页。

W1106.3
蜘蛛造天地

【关联】
① ［W1023.4.3］蜘蛛是创世者
② ［W1996.2.6.4］世界最早产生1只蜘蛛

实例

彝族 （实例待考）

W1106.4
其他动物造天地

实例

（参见下级母题实例）

W1106.4.1
蛇开天辟地

实例

仡佬族 开天辟地的沙达是蛇变的，后来就叫它"蛇"。

【流传】贵州省·（六盘水市）·六枝特区·店子乡（新窑乡）·那义村·

1.2.1 天地的产生与特征 ‖W1106.4.2–W1106.4.4‖ **307**

青桐林

【出处】程少先等讲,叶正乾采录:《盘古王和他的儿孙们》,见中国民间文学集成全国编辑委员会编《中国民间故事集成》(贵州卷),北京:中国ISBN中心2003年版,第62页。

W1106.4.2
鱼造天地

【关联】
① [W1190.1] 鱼生地
② [W6311] 鱼图腾

实 例

(参见下级母题实例)

W1106.4.2.1
金鱼造天地

【关联】[W1177.5.1a] 金鱼娘用鳍扇出地

实 例

哈尼族 "密乌艾西艾玛"金鱼娘造天造地。

【流传】云南省·(红河哈尼族彝族自治州)·元阳(元阳县)、红河(红河县)等地

【出处】朱小和讲,史军超等整理:《烟本霍本》,见刘江华《中国神话故事》(天、地、人物卷),北京:中国世界语出版社1999年版,第17~19页。

哈尼族 大金鱼扇动鱼鳍,扇出了天和地。

【流传】(ab)云南省·(红河哈尼族彝族自治州)·元阳县·(攀枝花乡)·洞铺寨

【出处】
(a)《烟本霍本》,上海:上海文艺出版社1989年版。
(b)《大鱼与天地、人类》,见高明强编《创世的神话和传说》,上海:上海三联书店1988年版,第74页。
(c)同上,见中国各民族宗教与神话大词典编审委员会编《中国各民族宗教与神话大词典》,北京:学苑出版社1990年版,第168页。

W1106.4.3
蟋蟀开辟天地

实 例

佤族 伦(传说中的天神之一)造出了哥累(一种大蟋蟀),让哥累继续开天创地。

【流传】云南省·(普洱市)·西盟县(西盟佤族自治县)

【出处】达老屈等讲,隋嘎等采录:《司岗里》,见中国民间文学集成全国编辑委员会编《中国民间故事集成》(云南卷),北京:中国ISBN中心2003年版,第96页。

W1106.4.4
大鹏开辟天地

【关联】
① [W1023.2.1] 大鹏是创世者
② [W1285.3] 大鹏分开天地

【实例】

藏族 因为大鹏鸟开创了天和地。所以大鹏鸟是天和地的父亲、母亲。

【流传】（无考）

【出处】才旦旺堆搜集，蔷紫整理：《大鹏分天地》，见姚宝瑄主编《中国各民族神话》（门巴族、珞巴族、怒族、藏族），太原：山西出版传媒集团·书海出版社2014年版，第81页。

W1106.4.4a
鸟开辟天地

【实例】

藏族 一只大鸟，摇左翅有了天空，摇右翅有了大地。

【流传】四川省

【出处】刘尚乐整理：《天和地是怎样来的》，见中国各民族宗教与神话大词典编审委员会编《中国各民族宗教与神话大词典》，北京：学苑出版社1990年版，第749页。

W1106.4.4b
牛开辟天地

【实例】

（参见下级母题实例）

W1106.4.4b.1
水牛开辟天地

【实例】

哈尼族 水牛造出来天地。

【流传】（无考）

【出处】《那突德取厄玛》，见中国各民族宗教与神话大词典编审委员会编《中国各民族宗教与神话大词典》，北京：学苑出版社1990年版，第168页。

W1106.5
多个动物造天地

【实例】

（参见下级母题实例）

W1106.5.1
野猪和大象造天地

【实例】

彝族 野猪和大象造天地。

【流传】（无考）

【出处】杨森、李映权译：《梅葛》，见中国作家协会昆明分会民族民间文学编委会《云南民族民间资料》第二辑，内部资料，第23~25页。

W1106.5.2
蠛蛉子造天，拱屎虫造地

【关联】

① ［W1036.2.5］蠛蛉子钻开宇宙卵
② ［W1136.6.2］蠛蛉子造天（螺蠃造天）
③ ［W1177.5.2］蠛蛉子造地

【实例】

汉族 那时上界和下界分开时，蠛蛉子向天上飞去了，地下留的是拱屎虫。一个造天，一个造地。

【流传】辽宁省·（大连市）·瓦房店市·炮台镇·长岭村、老染房村一带

【出处】秦淑慧讲，孙波搜集整理：《姝六甲》（1986.03），见姚宝瑄主编《中国各民族神话》（汉族），太原：山西出版传媒集团·书海出版社 2014 年版，第 36 ~ 38 页。

壮族 （实例待考）

W1107
其他造天地者

实 例

（参见下级母题实例）

W1107.1
合作造天地

实 例

汉族 天和地是张郎和李郎造的。

【流传】四川省·（宜宾市）·筠连县·高坪苗族乡·英雄村

【出处】刘公品讲，川大中文系 85 级采风队采录：《张郎治天，李郎治地》，见中国民间文学集成全国编辑委员会编《中国民间故事集成》（四川卷·上），北京：中国 ISBN 中心 1998 年版，第 24 页。

W1107.2
神与铁匠神人开天地

实 例

彝族 创世神和一位铁匠神人开天辟地。

【流传】（无考）

【出处】屈育德：《神话·传说·民俗》，北京：中国文联出版社 1988 年版，第 69 页。

W1107.3
日月开天辟地

实 例

（参见下级母题实例）

W1107.3.1
盘古请日月开天辟地

实 例

汉族 最早的世界一片黑暗。盘古请来日月，开天辟地。

【流传】（湖北省·神农架林区）

【出处】张树艺、曹坤良唱：《黑暗传》，原载中国民间文艺研究会湖北分会编《神农架·黑暗传》序言（多种版本汇编本），见袁珂《中国神话大词典》，北京：华夏出版社 2015 年版，第 393 页。

W1107.4
云彩造天地

实 例

彝族 远古的时候，云彩和雾露混在一起形成混沌世界。云彩造天，云彩造地。

【流传】云南省·楚雄彝族自治州

【出处】《门米间扎节》，古梅根据《楚雄民间文学资料》改写，见姚宝瑄主编《中国各民族神话》（羌族、彝族），太原：山西出版传媒集团·书海出版社2014年版，第82页。

W1107a

造天地的帮助者

实 例

（参见下级母题实例）

W1107a.1

特定的神帮助造天地

实 例

苗族 一个好心肠的女神竺妞，为了让天盖严地，就派了两个大神，急匆匆赶来帮造天的菠媲（女神）和造地的佑聪（男神）。

【流传】（无考）

【出处】陶春保讲，刘永鸿整理：《生天养地的爹娘》，见姚宝瑄主编《中国各民族神话》（布依族、仡佬族、苗族），太原：山西出版传媒集团·书海出版社2014年版，第132页。

苗族 管天下的巨兽神竺妞派了雷鲁、朱幂一女一男两个神，叫他们去帮助菠补和佑聪造天地。

【流传】云南省·文山（文山壮族苗族自治州）一带

【出处】邓光北、闪永仙说唱，项保昌、刘德荣搜集：《开天补天，辟地补地》，见姚宝瑄主编《中国各民族神话》（布依族、仡佬族、苗族），太原：山西出版传媒集团·书海出版社2014年版，第125页。

W1107a.1.1

铁匠神帮助开天辟地

实 例

彝族 开天辟地时，人神阿俄署布又去请来了铁匠神阿尔师傅。

【流传】（四川省·凉山彝族自治州）

【出处】

（a）冯元蔚译：《勒俄特依》，成都：四川民族出版社1986年版。

（b）冯元蔚译，蔷紫改写：《勒俄特依》，见姚宝瑄主编《中国各民族神话》（羌族、彝族），太原：山西出版传媒集团·书海出版社2014年版，第148页。

W1107a.2

狗帮助造天地

【关联】［W9990］动物作为帮助者

实 例

普米族 天神让造出的巨人简剑祖开天辟地时对他说："我给你一只红狗、一只白狗、一只金狗、一只银狗、一只铜狗和一只铁狗，去追撵野兽吧！这六只狗，会帮助你造天造地的。"

【流传】（普米族广大地区）

【出处】杨祖德、杨学胜讲：《简剑祖射马鹿创天地》，据杨庆文《普米族文学简介》中的《捷巴鹿的故事》和季

1.2.1 天地的产生与特征　‖W1107a.3—W1107b.2‖ 311

志超《藏族普米族创世神话比较》中的《吉赛叽》等编写，见姚宝瑄主编《中国各民族神话》（佤族、阿昌族、纳西族、普米族、德昂族），太原：山西出版传媒集团·书海出版社2014年版，第302页。

W1107a.3
神的徒弟是造天地的帮助者

实 例

满族　阿布凯赫赫（第一代天神，天母）收的十个弟子，帮她造天和创造万物。

【流传】黑龙江省·（牡丹江市）·宁古塔（宁安县）；吉林省·长白山地区（长白山一带）

【出处】傅英人（疑"人"为"仁"）讲述，张爱云整理：《阿布凯赫赫创造天地人》，原载《满族萨满神话》，见陶阳、钟秀编《中国神话》（上），北京：商务印书馆2008年版，第140~154页。

W1107b
造天地的破坏者

【关联】
① ［W1007.3.1］创世的破坏者
② ［W1178a.2.1］造地时的干扰者

实 例

（参见下级母题实例）

W1107b.1
魔王是造天地的破坏者

实 例

傈僳族　正当天神木布帕辛勤地捏着地球的时候，降灾降难的魔王尼瓦帝突然来到他面前。

【流传】云南省·（怒江傈僳族自治州）·碧江县（1986年撤销县制，归入福贡县等）、泸水县

【出处】
（a）《木布帕捏地球》（原题为《天·地·人的形成》），原载祝发清、左玉堂、尚仲豪编《傈僳族民间故事选》，上海：上海文艺出版社1985年版。
（b）同（a），见姚宝瑄主编《中国各民族神话》（水族、布朗族、独龙族、基诺族、傈僳族），太原：山西出版传媒集团·书海出版社2014年版，第187页。

W1107b.2
日月是造天地的破坏者

实 例

布朗族　顾米亚作对的太阳九姐妹和月亮十弟兄，不甘心顾米亚的开天辟地和造万物的成功，要破坏他开天辟地的业绩。

【流传】云南省

【出处】朱嘉禄整理：《顾米亚》，原载《中国民间故事选》第2集，见陶阳、钟秀编《中国神话》（上），北京：商

务印书馆2008年版，第38~44页。

W1107c
与造天地者有关的其他母题

【实例】

（参见下级母题实例）

W1107c.1
造天地者完成任务后死去

【实例】

白族 盘古、盘生兄弟俩把天地修成以后，就死去了。

【流传】云南省·（大理白族自治州）·大理（大理市）、洱源（洱源县）、剑川（剑川县）等地

【出处】杨国政讲，杨亮才记录整理：《开天辟地》，原载《云南民间故事选》（不详），见姚宝瑄主编《中国各民族神话》（白族、拉祜族、景颇族），太原：山西出版传媒集团·书海出版社2014年版，第6页。

W1108
造天地的材料

【关联】[W1508]造万物的材料

【实例】

（参见下级母题实例）

W1108.1
用动物造天地

【实例】

（参见下级母题实例）

W1108.1.1
用龙牛造天地

【实例】

哈尼族 天王用龙牛造天地。

【流传】（无考）

【出处】刘辉豪等整理：《奥色密色》，载《山茶》1980年第3期。

W1108.1.2
用犀牛皮做成天

【实例】

（参见下级母题实例）

W1108.1.2.1
神巨人用犀牛皮做成天

【实例】

布朗族 神巨人顾米亚剥下犀牛的皮做成天，把犀牛的肉变成地。

【流传】云南省·红河地区（红河哈尼族彝族自治州）

【出处】

（a）朱嘉禄整理：《顾米亚》，见陶阳、钟秀编《中国神话》，上海：上海文艺出版社1996年版，第105页。

（b）《顾米亚》，见中央民族学院少数民族文艺研究所编《中国民族民间文学》，北京：中央民族学院出版社1987年版，第53页。

（c）王国祥：《布朗族文学概况》，见中国社会科学院云南少数民族文学研

究所编《云南少数民族文学资料》第1辑，云南少数民族文学研究所编印，1980年。

W1108.2
用泥土造天地

【关联】［W1123.2］天帝的唾液化生天地

实例

（参见下级母题实例）

W1108.2.1
用口水和泥土造天地

实例

苗族 造万物的召立自（男）和告妮自（女），他俩吐口水和泥土捏成天地。

【流传】云南省·（昭通市）·彝良县

【出处】张富才整理：《造天造地》，见《云南省彝良县故事卷》，内部编印。

W1108.3
用沙造天地

【关联】［W1179.4.4.1］绿鸭道士淘沙造大地

实例

汉族 绿鸭道士淘沙，用淘来的沙造出大地。

【流传】江苏省·（盐城市）·阜宁县

【出处】张俊之讲：《绿鸭淘沙造大地》，见中国民间文学集成全国编辑委员会编《中国民间故事集成》（江苏卷），北京：中国ISBN中心1998年版，第13页。

W1108.4
用清浊二气造天地

【关联】［W4573］与气有关的其他母题

实例

（参见下级母题实例）

W1108.4.1
祖先用清浊二气造天地

实例

布依族 人祖布灵用清浊二气造天地。

【流传】（无考）

【出处】古歌《造万物》，见中国各民族宗教与神话大词典编审委员会编《中国各民族宗教与神话大词典》，北京：学苑出版社1990年版，第44页。

W1108.5
用其他材料造天地

实例

（参见下级母题实例）

W1108.5.1
青蛙吐出的沫变成造天地的材料

实例

哈尼族 以前，世上只有大海。海龙王对派去造天地的青蛙说："我为你施加法术，你产仔会吐沫子，吐出的沫子就能变成造地的材料，吃饱后屙出的屎就能变成土，啃剩的大骨做大料，小骨做小料。"

【流传】云南省·（普洱市）·墨江县（墨江哈尼族自治县）

【出处】金开兴讲，蓝明红搜集整理：《青蛙造天造地》，单超选自云南省民间文学集成办公室编《哈尼族神话传说集成》，中国民间文艺出版社1990年，见姚宝瑄主编《中国各民族神话》（哈尼族、傣族），太原：山西出版传媒集团·书海出版社2014年版，第4~5页。

W1108.6
不成功的铺天盖地的材料

实 例

（参见下级母题实例）

W1108.6.1
用鹰的翅膀和毛铺天盖地不成功

实 例

彝族（俚颇）用老鹰的翅膀来盖天，用老鹰的毛来铺地，天盖不严，地铺不严。

【流传】云南省·（楚雄彝族自治州）·大姚县·昙华山区（昙华乡）

【出处】

（a）陆颇梭颇（毕摩）演唱，夏光辅、诺海阿苏翻译：《俚泼古歌》，见云南省社会科学院楚雄彝族文化研究所编《彝族民间文学》（第2辑），1985年。

（b）陆颇梭颇（毕摩）演唱，夏光辅、诺海阿苏翻译，古梅改写：《赤梅葛——俚泼古歌》，见姚宝瑄主编《中国各民族神话》（羌族、彝族），太原：山西出版传媒集团·书海出版社2014年版，第106页。

W1108.7
与造天地的材料有关的其他母题

实 例

（参见下级母题实例）

W1108.7.1
寻找造天地的材料

实 例

布朗族 神巨人顾米亚和他的12个孩子开天辟地时，寻找建造天地的材料，一刻不停地劳苦奔波着。

【流传】云南省·（红河哈尼族彝族自治州）·金平县（金平苗族瑶族傣族自治县）

【出处】朱嘉禄整理：《顾米亚》，原载《中国民间故事选》第2集，人民文学出版社1962年版，见姚宝瑄主编《中国各民族神话》（水族、布朗族、独龙族、基诺族、傈僳族），太原：山西出版传媒集团·书海出版社2014年版，第90页。

W1109

造天地的方法

实例

（参见下级母题实例）

W1109.1

创世者从神那里获得造天地方法

实例

（参见下级母题实例）

W1109.1.1

佛祖从神那里获得造天地方法

实例

裕固族 释迦牟尼从拉依尔昂迦神那里知道了在海洋中造出陆地的方法。

【流传】（无考）

【出处】托瓦讲，增才整理，钟进文辑：《阿斯哈斯》，见满都呼主编《中国阿尔泰语系诸民族神话故事》，北京：民族出版社1997年版，第121页。

W1109.1a

从经书中得到造天地方法

实例

（参见下级母题实例）

W1109.1a.1

盘古得经书后分开天地

实例

汉族 天王上启元始太上天尊授盘古《神宝三皇内经》，盘古分画天地名。

【流传】（无考）

【出处】[北宋]张君房：《云笈七签》卷三。

W1109.2

施法术造天地

【关联】[W9174]与巫术有关的其他母题

实例

哈尼族 以前，世上只有大海。海龙王对派去造天地的青蛙说："造天地时，我会为你施加法术。"

【流传】云南省·（普洱市）·墨江县（墨江哈尼族自治县）

【出处】金开兴讲，蓝明红搜集整理：《青蛙造天造地》，单超选自云南省民间文学集成办公室编《哈尼族神话传说集成》，中国民间文艺出版社1990年，见姚宝瑄主编《中国各民族神话》（哈尼族、傣族），太原：山西出版传媒集团·书海出版社2014年版，第4~5页。

W1109.2.1

神用仙气吹出天地

实例

布依族 巨神翁杰三口仙气吹出天地。

【流传】（无考）

【出处】《翁杰和布杰》，见高明强编《创世的神话和传说》，上海：上海三联书店1988年版，第94页。

W1109.2.2
祖先吹气成风造出天地

实例

布依族　祖先翁戛吹风造成天，翁戛吹风辟成地。造成蓝天挂上面，造成大地铺下边。

【流传】贵州省布依族地区

【出处】杨正荣、祝登瑄讲，岭玉清、汎河搜集整理，古梅改写：《翁戛造万物》，见姚宝瑄主编《中国各民族神话》（布依族、仡佬族、苗族），太原：山西出版传媒集团·书海出版社2014年版，第8页。

W1109.3
用锅冶炼天地

【关联】［W6108.2］冶炼

实例

苗族　（实例待考）

W1109.4
用斧子造天地

【关联】［W6089.2.3］开天斧

实例

布依族　洪水后，盘古王用大板斧造上、中、下三界。

【流传】（无考）

【出处】杨路塔：《日·月·星》，见曹文轩主编《中国神话故事精选》，北京：北京大学出版社2004年版，第16～18页。

W1109.4.1
用开天斧、辟地斧开天辟地

实例

纳西族　陆色兄妹（男女神名）开天辟地时，陆神拿了一把开天斧，色神拿了一把辟地斧。

【流传】云南省·（丽江市）·丽江县（古城区、玉龙纳西族自治县）

【出处】木丽春采集整理：《男女结合生人的故事》，见木丽春编著《纳西族民间故事集》，昆明：云南人民出版社2007年版，第86页。

W1109.5
编织天地

实例

（参见下级母题实例）

W1109.5.1
盘古、盘生一人编天，一人编地

【关联】［W1119.2.1.1］哥哥盘古变天，弟弟盘生变地

实例

白族　盘古氏与盘生氏一人编天，一人编地。

【流传】（无考）

【出处】《开天辟地》，原载谷德明编《中国少数民族神话》，见袁珂《中国神话大词典》，北京：华夏出版社

2015年版，第474页。

W1109.6
造天地以网为底

实 例

（参见下级母题实例）

W1109.6.1
众神以网为底造天地

实 例

彝族 诸神仿伞及轿之形，以蛛网为底造出天地。

【流传】（无考）

【出处】《天神格兹苦》（原名《云南彝族史诗·梅葛》），原载毛星主编《中国少数民族文学》（下册），见袁珂《中国神话大词典》，北京：华夏出版社2015年版，第430页。

W1109.6.1.1
众神以蜘蛛网为底造天地

【关联】
① ［W1159.14.1］天是蜘蛛网
② ［W3478.1］蜘蛛结网

实 例

彝族 天神格兹让自己的5个儿子造天时说："你们造天没有经验，可以把蜘蛛网作为造天的底子。"

【流传】（云南省·楚雄彝族自治州·姚安县·官屯乡·马游村，大姚县·昙华乡等）

【出处】
（a）郭天元（马游村）、李申呼颇（昙华乡）、李福玉颇（直）演唱，郭思九、许明学、龚维顺、张宝省、陈志群、胡炳文等搜集，刘德虎、龚维顺、陈志群、李树荣、郭天元等整理：《梅葛》（第一部"创世"），见云南省民族民间文学楚雄调查队《梅葛》（1959），昆明：云南人民出版社2009年版。

（b）《打虎开天辟地》，蔷紫据云南省民族民间文学楚雄调查队著《梅葛》（云南人民出版社2009年版）改写，见姚宝瑄主编《中国各民族神话》（羌族、彝族），太原：山西出版传媒集团·书海出版社2014年版，第190页。

彝族 天神的儿子造天时，用蜘蛛网做造天的底子。

【流传】云南省·（楚雄彝族自治州）·姚安（姚安县）、大姚（大姚县）、永仁（永仁县）等地

【出处】*《格兹天神创世》，见杨继中、芮增瑞、左玉堂编《楚雄彝族文学简史》，北京：中国民间文艺出版社1986年版，第44~45页。

W1109a
造天地的工具

【关联】［W1295］分开天地的工具

实 例

（参见下级母题实例）

W1109a.1
坐着神车造天地

实 例

（参见下级母题实例）

W1109a.1.1
天神坐着神车造天地

实 例

傣族 大神英叭坐上自己造出的神车，造出天，造出地。

【流传】云南省·西双版纳傣族地区（西双版纳傣族自治州）

【出处】《巴塔麻嘎捧尚罗》，王松据岩温炳翻译《巴塔麻晏》（开天辟地）改写，见姚宝瑄主编《中国各民族神话》（哈尼族、傣族），太原：山西出版传媒集团·书海出版社2014年版，第268页。

W1110
与造天地有关的其他母题

【关联】
① ［W1124.4.2］重新开天辟地
② ［W1275］天地的分开

实 例

（参见下级母题实例）

W1110.0
造天地前的准备

【关联】［W1509.1］造万物的准备

实 例

（参见下级母题实例）

W1110.0.1
众人商议开天辟地

【关联】［W0983］神的聚会

实 例

汉族 盘古两儿一女。他聚集全家商讨开天辟地造福人类的事。

【流传】河南省·驻马店市·汝南县

【出处】申汪让讲，张丽卿采录整理：《天女散花》，见张振犁编著《中原神话通鉴》（第一卷），郑州：河南大学出版社2017年版，第39页。

彝族 混沌中出现八哥、典尼、支格阿龙和结支夏鲁四个人，在宇宙间商量开天辟地的大事。

【流传】（无考）

【出处】
（a）马海鸟黎讲，谷德明整理：《开天辟地》，见谷德明编《中国少数民族神话选》，西北民族学院研究所编印，内部资料，1983年。
（b）同（a），见姚宝瑄主编《中国各民族神话》（羌族、彝族），太原：山西出版传媒集团·书海出版社2014年版，第116页。

W1110.0.2
天神与众神仙商议开天辟地

实 例

彝族 宇宙的上方住着大神恩体古

兹。大神指派德布阿尔通知儒惹古达等四位仙子，还找了会打造铜、铁器的阿尔师傅，商量开天辟地之事。

【流传】（无考）

【出处】伍精忠整理：《大地是怎样形成的》，见姚宝瑄主编《中国各民族神话》（羌族、彝族），太原：山西出版传媒集团·书海出版社 2014 年版，第 277 页。

W1110.0.3
巨人造天地前先造水

实例

傣族　巨人英叭要造天地时，先造水，然后做天地。

【流传】云南省·西双版纳（西双版纳傣族自治州）·（勐海县）

【出处】《阳光和风成婚生英叭》，原文本为叭补答讲，刀昌德记录《开天辟地的故事》，见姚宝瑄主编《中国各民族神话》（哈尼族、傣族），太原：山西出版传媒集团·书海出版社 2014 年版，第 235 页。

W1110.0.4
造天地时搭天架

实例

哈尼族　造天架时要金扎绳、银扎绳。大神烟沙砍来九捆金竹、银竹，破出九捆金篾、银篾，又派两窝银燕样的飞神，扇着翅膀来绑绳，把天架绑得像天生的那么牢。

【流传】云南省·（红河哈尼族彝族自治州）·元阳县、金平县（金平苗族瑶族傣族自治县）、红河县等地

【出处】朱小和讲，史军超、卢朝贵搜集整理：《烟本霍本》，原载刘辉豪、阿罗编《哈尼族民间故事选》，上海文艺出版社 1989 年版，见姚宝瑄主编《中国各民族神话》（哈尼族、傣族），太原：山西出版传媒集团·书海出版社 2014 年版，第 36 页。

W1110.0.5
造天地前先造日月

实例

彝族　众神商议在混沌中造天地时，认为要造天造地，必须先造太阳和月亮，有了太阳和月亮，才能叫混沌中的雾露凝聚和散失。

【流传】（云南省·楚雄彝族自治州·双柏县，红河哈尼族彝族自治州等地）

【出处】

（a）云南省民族民间文学楚雄、红河调查队搜集，郭思九、陶学良整理：《查姆》，昆明：云南人民出版社 1981 年版。

（b）郭思九、陶学良整理，古梅改写：《彝家的古根》，选自《云南民族文学资料》第七集中的《查姆》上部前三章，见姚宝瑄主编《中国各民族神话》（羌族、彝族），太原：山西出版传媒集团·书海出版社 2014 年版，第 53 页。

W1110.0.6
造天地时先丈量

实例

彝族 混沌最早变化产生的索恒哲（原书解释为哲人名字，本书认为是最早产生的天神的名称），终于造出天地后，发现天地黑暗，于是把高天各处，通通都量周，把大地各方，处处都量尽。边量边计算，边算边思索。

【流传】（贵州省彝族地区）

【出处】《索恒哲》，见王富慧（珠尼阿依）译著，贵州省民族古籍整理办公室编《彝族神话史诗选》，北京：民族出版社2013年版，第7~9页。

W1110.1
造天地的时间

【关联】[W1124.1] 天地产生的时间

实例

（参见下级母题实例）

W1110.1.0
造天地开始的时间

实例

（参见下级母题实例）

W1110.1.0.1
第一代神时造天地

实例

哈尼族 造天造地的话是第一代神王阿匹梅烟说出来的，她于是抬手招来战神扎略阿则，叫他召集天上、地下的神商议造天地。

【流传】云南省·（红河哈尼族彝族自治州）·元阳县、金平县（金平苗族瑶族傣族自治县）、红河县等地

【出处】朱小和讲，史军超、卢朝贵搜集整理：《烟本霍本》，原载刘辉豪、阿罗编《哈尼族民间故事选》，上海文艺出版社1989年版，见姚宝瑄主编《中国各民族神话》（哈尼族、傣族），太原：山西出版传媒集团·书海出版社2014年版，第35页。

W1110.1.0.2
有了日月星辰后造天地

实例

彝族 有了日月星辰和雾露之后，群神开始造天地。

【流传】云南省·（楚雄彝族自治州）·双柏（双柏县）

【出处】*《众神创世》，见杨继中、芮增瑞、左玉堂编《楚雄彝族文学简史》，北京：中国民间文艺出版社1986年版，第45页。

W1110.1.0.3
农历八月二十九日造造地

实例

壮族 农历八月二十九日是布洛陀造天造地的祭祀日。

【流传】广西壮族自治区·百色市·田

1.2.1 天地的产生与特征 ‖ W1110.1.1–W1110.1.3 ‖ **321**

阳县·坡洪镇·陇升村·个强屯

【出处】农吉勤收藏，黄明标等搜集，黄明标等翻译：《造万样》注释，见黄明标主编《壮族麽经布洛陀遗本影印译注》（上卷），南宁：广西人民出版社2016年版，第92页。

W1110.1.1
6 天造天 7 天造地

【关联】［W1139.3］造天使用的时间

实 例

（参见下级母题实例）

W1110.1.1.1
上帝用 6 天造天 7 天造地

【关联】［W1175.2b］上帝造地

实 例

哈萨克族 上帝用六天的时间创造了天，用七天的时间创造了地。

【流传】（a）新疆维吾尔自治区·（阿勒泰地区）·阿勒泰市·切尔齐西乡（切尔克齐乡）

【出处】

（a）毕达合买提·木海讲，呼扎依尔·沙德瓦哈斯采录，杨凌等译：《天与地的由来》，见中国民间文学集成全国编辑委员会编《中国民间故事集成》（新疆卷），北京：中国ISBN中心2008年版，第7页。

（b）比达克买提·木海讲，安蕾、毕桦译：《神牛支撑大地》，见满都呼主编《中国阿尔泰语系诸民族神话故事》，

北京：民族出版社1997年版，第57页。

W1110.1.2
造天地用了 3 个月

实 例

傈僳族 大神命令三个小神去造天、两个小神去造地，限定他们三个月内把天地造好。

【流传】（无考）

【出处】

（a）《开天辟地》，载《山茶》1983年第3期。

（b）同（a），见姚宝瑄主编《中国各民族神话》（水族、布朗族、独龙族、基诺族、傈僳族），太原：山西出版传媒集团·书海出版社2014年版，第180页。

W1110.1.3
造天地用了 9 年

实 例

拉祜族 厄莎（有多种说法，如天神、天帝、创世女神、始祖等）搓手搓脚做了一对扎倮、娜倮（祖先，兄妹名），扎倮造天，娜倮造地，造天造地造了九年。

【流传】云南省·（普洱市）·澜沧县（澜沧拉祜族自治县）

【出处】李云保讲述，扎约采录：《牡帕密帕的故事》，见陶阳、钟秀编《中国神话》（上），北京：商务印书馆

2008年版，第129~139页。

W1110.1.4
造天地用了99999天

实例

<u>汉族</u> 最早出现的天下翁和天下婆两位老人做了九万九千九百九十九日，才把天和地做好。

【流传】福建省·（宁德市）·周宁县·李墩乡·里东山村

【出处】章永红讲，陈风禧搜集整理：《天下翁与天下婆》（1987.08.05），见姚宝瑄主编《中国各民族神话》（汉族），太原：山西出版传媒集团·书海出版社2014年版，第34~35页。

W1110.1.5
开天辟地各用10亿年

实例

<u>傣族</u> 开天用十亿年，造地用十亿年。

【流传】（云南省）

【出处】陈平改写：《捧麻远冉与捧腊哈纳罗》，原载《巴塔麻嘎捧尚罗》，见姚宝瑄主编《中国各民族神话》（哈尼族、傣族），太原：山西出版传媒集团·书海出版社2014年版，第370页。

W1110.1.6
造天地不知用了多少时间

实例

<u>彝族</u> 格兹天神的儿女们造天地时，过了很久很久，谁也说不清多少时间，五兄弟就把天造好了，四姐妹也把地造好了。

【流传】（云南省·楚雄彝族自治州·姚安县·官屯乡·马游村，大姚县·昙华乡等）

【出处】
（a）郭天元（马游村）、李申呼颇（昙华乡）、李福玉颇（苴）演唱，郭思九、许明学、龚维顺、张宝省、陈志群、胡炳文等搜集，刘德虎、龚维顺、陈志群、李树荣、郭天元等整理：《梅葛》（第一部"创世"），见云南省民族民间文学楚雄调查队《梅葛》（1959），昆明：云南人民出版社2009年版。
（b）《打虎开天辟地》，薔紫据云南省民族民间文学楚雄调查队著《梅葛》（云南人民出版社2009年版）改写，见姚宝瑄主编《中国各民族神话》（羌族、彝族），太原：山西出版传媒集团·书海出版社2014年版，第191页。

W1110.1.7
造天地者用其一生造出天地

实例

<u>畲族</u> 以前，没有天也没有地，混沌

1.2.1 天地的产生与特征 ‖W1110.1a—W1110.3‖ 323

卵里的阿公造天，阿婆造地。阿公阿婆头毛都白了，才将天地做了出来。

【流传】福建省·（宁德市）·寿宁（寿宁县）

【出处】吴兰妃讲，刘善林采录：《天地是如何形成的》，原载《闽东畲族文化全书》，北京：民族出版社2009年版，见《福建省少数民族古籍丛书》编委会编《畲族卷·民间故事》，福州：海峡出版发行集团·海峡书局2013年版，第4页。

W1110.1a
造天地的地点

实 例

（参见下级母题实例）

W1110.1a.1
在洪水中开天辟地

实 例

汉族 开天辟地的时候，天下净是洪水横流，泛滥于天下。草木密茂，草棵子丈把子高，多么深。禽兽繁殖，虫羽子咕哇咕哇乱叫唤。

【流传】河南省·（周口市）·西华县·（聂堆镇）·思都岗村

【出处】李燕宾（84岁，农民，私塾）讲，张振犁、程健君录音采集：《女娲补天（五）》（1983.11.03），见张振犁编著《中原神话通鉴》（第一卷），郑州：河南大学出版社2017年版，第134页。

W1110.1a.2
在混沌中造天地

实 例

景颇族 造物主能贯娃住高峻之太阳山上，于混沌中造成天地万物。

【流传】（无考）

【出处】袁珂改编：《能贯娃》（原名《驾驭太阳的母亲》），原载谷德明编《中国少数民族神话选》，见袁珂《中国神话大词典》，北京：华夏出版社2015年版，第555页。

W1110.2
造天造地时展开比赛

【关联】［W9620］竞赛（比赛）

实 例

苗族 太古，造天公公与制地婆婆造天地进行比赛，最后用大坩锅炼出天地。

【流传】贵州省东部

【出处】《铸造日月的磨难》，见高明强编《创世的神话和传说》，上海：上海三联书店1988年版，第102页。

W1110.3
检验造天地的效果

【关联】［W1186.6］检验造地结果

实 例

彝族 天神的子女造天地后，不知天牢不牢，不知地牢不牢，要试天试地。

【流传】云南省·楚雄彝族自治州·姚安县、大姚县等彝族地区

【出处】《创世·开天辟地》，见云南省民族民间文学楚雄调查队整理编写《梅葛》，昆明：云南人民出版社2009年版，第8页。

W1110.3.1
用打雷测试造天的效果

实 例

彝族 格兹天神的儿女造出的天地后，要打雷来试天，地震来试地。

【流传】（云南省·楚雄彝族自治州·姚安县·官屯乡·马游村，大姚县·昙华乡等）

【出处】

(a) 郭天元（马游村）、李申呼颇（昙华乡）、李福玉颇（苴）演唱，郭思九、许明学、龚维顺、张宝省、陈志群、胡炳文等搜集，刘德虎、龚维顺、陈志群、李树荣、郭天元等整理：《梅葛》（第一部"创世"），见云南省民族民间文学楚雄调查队《梅葛》（1959），昆明：云南人民出版社2009年版。

(b) 《打虎开天辟地》，蔷紫据云南省民族民间文学楚雄调查队著《梅葛》（云南人民出版社2009年版）改写，见姚宝瑄主编《中国各民族神话》（羌族、彝族），太原：山西出版传媒集团·书海出版社2014年版，第192页。

W1110.3.2
用地震测试造地的效果

实 例

彝族 天神的子女造天地后，要试天试地。用地震来试地，结果试地地通洞。

【流传】云南省·楚雄彝族自治州·姚安县、大姚县等彝族地区

【出处】《创世·开天辟地》，见云南省民族民间文学楚雄调查队整理编写《梅葛》，昆明：云南人民出版社2009年版，第8页。

W1110.4
造天地不成功

【关联】[W1186.7] 造地失败（造地不成功）

实 例

（参见下级母题实例）

W1110.4.1
鸡开天辟地不成功

实 例

纳西族 善神的蛋生的白鸡额玉额玛高飞到天上，广阔老天不能开；低飞在地上，辽阔大地不能辟。

【流传】（云南省）

【出处】和芳、和志新编译：《崇邦统——人类迁徙记》，见姚宝瑄主编《中国各民族神话》（佤族、阿昌族、

纳西族、普米族、德昂族），太原：山西出版传媒集团·书海出版社 2014 年版，第 138 页。

W1110.4.2
神最早开辟的天地不成功

【关联】［W1235.11.3.1］地神造出的地松软湿烂

实 例

哈尼族　神人们造出来的天凸凹不平，造出来的地也坑坑洼洼，不成天，也不成地。

【流传】（无考）

【出处】《杀牛龙，造天地》，根据张牛朗、杨批斗、李书周等演唱，杨保生、李家顺等翻译，杨笛、郭纯礼等整理《十二奴局》和《奥色密色》翻译稿改写，见姚宝瑄主编《中国各民族神话》（哈尼族、傣族），太原：山西出版传媒集团·书海出版社 2014 年版，第 10 页。

W1110.4.2.1
天神兄弟与虎女姐妹早开辟的天地不成功

实 例

纳西族　天神九弟兄，来做开天的匠师；天又不会开，把天开成峥嵘倒挂着。虎女七姐妹；来做辟地的师傅；地又不会辟，把地辟成松软湿烂的。

【流传】云南省·丽江（丽江市）

【出处】和芳（东巴）读经，和志武翻译整理：《崇邦统》（人类迁徙记）（1954），见吕大吉、何耀华总主编《中国各民族原始宗教资料集成》（纳西族卷、羌族卷、独龙族卷、傈僳族卷、怒族卷），北京：中国社会科学出版社 2000 年版，第 321 页。

W1110.4.3
造出的天地很黑暗

【关联】［W1050.4］最早时天地黑暗

实 例

苗族　天造好了，地造好了，可是天很黑，地很暗。

【流传】广西壮族自治区·（柳州市）·融水苗族自治县

【出处】

（a）杨达香讲，梁彬搜集整理：《创世纪》（一、开天辟地，地始天初），见梁彬、王天若编《苗族民间故事选》，南宁：广西人民出版社 1986 年版。

（b）同（a），见姚宝瑄主编《中国各民族神话》（布依族、仡佬族、苗族），太原：山西出版传媒集团·书海出版社 2014 年版，第 170 页。

W1110.4.4
造天地多次不成功

实 例

彝族　混沌最早变化产生的索恒哲（原书解释为哲人名字，本书认为是最早产生的天神的名称），起初造地时，造地地不连。

‖W1110.5-W1110.5.3‖　1.2.1　天地的产生与特征

【流传】（贵州省彝族地区）
【出处】《索恒哲》，见王富慧（珠尼阿依）译著，贵州省民族古籍整理办公室编《彝族神话史诗选》，北京：民族出版社2013年版，第3~7页。

W1110.5
造出的天地不完美
实　例

（参见下级母题实例）

W1110.5.1
造的天边罩不住地缘
【关联】[W1361.3] 天小地大造成天地不吻合

实　例

阿昌族　因天公地母造出的天小地大，天边罩不住地缘，狂风席卷着海面，波浪拍打着天空。
【流传】（云南省）
【出处】赵安贤讲，智克整理：《遮帕麻与遮米麻》，见姚宝瑄主编《中国各民族神话》（佤族、阿昌族、纳西族、普米族、德昂族），太原：山西出版传媒集团·书海出版社2014年版，第76页。

W1110.5.2
最早造出的天地不稳固
【关联】
① [W1057.6] 最早的世界不稳定
② [W1376.0] 地以前不稳固
③ [W1383.0.1] 天不稳固

实　例

彝族　格兹天神的儿女造出的天地后，要打雷来试天，地震来试地。结果试天的时候，雷一响，天就开裂了；试地的时候，地一震，地就通了洞。
【流传】（云南省·楚雄彝族自治州·姚安县·官屯乡·马游村，大姚县·昙华乡等）
【出处】
（a）郭天元（马游村）、李申呼颇（昙华乡）、李福玉颇（苴）演唱，郭思九、许明学、龚维顺、张宝省、陈志群、胡炳文等搜集，刘德虎、龚维顺、陈志群、李树荣、郭天元等整理：《梅葛》（第一部"创世"），见云南省民族民间文学楚雄调查队《梅葛》（1959），昆明：云南人民出版社2009年版。
（b）《打虎开天辟地》，蔷紫据云南省民族民间文学楚雄调查队著《梅葛》（云南人民出版社2009年版）改写，见姚宝瑄主编《中国各民族神话》（羌族、彝族），太原：山西出版传媒集团·书海出版社2014年版，第192页。

W1110.5.3
最早造出的天地天歪地斜
【关联】
① [W1129.8] 歪斜的天地
② [W1158a] 天的倾斜

③ [W1368] 天地歪斜
④ [W1391.3] 地的倾斜

实例

哈尼族 天神造出了天地。天是造成了，只是歪歪倒倒的，地也造好了，只是摇摇晃晃的。

【流传】云南省·（红河哈尼族彝族自治州）·元阳（元阳县）、红河（红河县）、绿春（绿春县）、金平（金平苗族瑶族傣族自治县）

【出处】朱小和讲唱，史军超搜集整理：《查牛补天地》（1983），原载云南省民间文学集成办公室编《哈尼族神话传说集成》，中国民间文艺出版社1990年版，见姚宝瑄主编《中国各民族神话》（哈尼族、傣族），太原：山西出版传媒集团·书海出版社2014年版，第49页。

W1110.5.4
最早造出的天地不完整

实例

白族 盘古、盘生弟兄俩盘古变天，盘生变地时，变出来的天和地还不完整。

【流传】云南省·（大理白族自治州）·大理（大理市）、洱源（洱源县）、剑川（剑川县）等地

【出处】杨国政讲，杨亮才记录整理：《开天辟地》，原载《云南民间故事选》（不详），见姚宝瑄主编《中国各民族神话》（白族、拉祜族、景颇族），太原：山西出版传媒集团·书海出版社2014年版，第5~6页。

W1110.5.5
最早造出的天地不圆光

实例

苗族 巨神剖帕拿了一把斧子分开相连的天地，但天和地都还不圆光。

【流传】贵州省·（黔东南苗族侗族自治州）·台江县、施秉县、凯里县（凯里市）等地

【出处】秦公、岩公、李普奶等苗族八歌手说唱，唐春芳、桂舟人搜集整理：《巨鸟生天地，众神辟地天》，见姚宝瑄主编《中国各民族神话》（布依族、仡佬族、苗族），太原：山西出版传媒集团·书海出版社2014年版，第115页。

W1110.6
造天地很艰难

实例

纳西族 九个能干的男神开天，七个聪明的女神辟地。结果开天没有成功，辟地也没有成功，天和地依然在动荡不息。

【流传】（云南省·丽江市）

【出处】和志武翻译整理：《人类迁徙记》，原载中共丽江地委宣传部编《纳西族民间故事选》，见陶阳、钟秀编《中国神话》（中），北京：商务印书馆2008年版，第856~876页。

‖W1110.6.1–W1110.6.3‖　1.2.1　天地的产生与特征

彝族（罗罗泼） 最早产生的一对兄妹阿俅、阿界造天地时十分艰难，阿俅造天造到头发都白了，阿界造地造到满脸都起了皱纹。

【流传】云南省·（楚雄彝族自治州）·南华县·五街（五街镇）

【出处】李发彪等演唱，吉厚培、夏光辅搜集整理：《青棚调——彝族支系罗罗泼古歌》，原载云南省社会科学院楚雄彝族文化研究所编《彝族民间文学》第2辑，1985年，见姚宝瑄主编《中国各民族神话》（羌族、彝族），太原：山西出版传媒集团·书海出版社2014年版，第169页。

W1110.6.1
开天辟地屡受挫折

实例

藏族 两位大神开天辟地时，屡遭失败，几经周折，最后终于想出了用白石支天的办法，将天地分离。

【流传】（四川省·凉山彝族自治州·冕宁县等）

【出处】刘世旭：《冕宁等县藏族的白石崇拜辨析》，载《西南民族学院学报》1989年第4期。

W1110.6.2
持续造天地

实例

景颇族 娃袤能退腊和能星农锐木占一对天鬼来到这个世界之后，就继续造天造地。

【流传】（无考）

【出处】斋瓦贡退干唱，李向前、木然瑶都搜集整理，木子改写：《穆脑斋瓦——宁冠瓦》，见姚宝瑄主编《中国各民族神话》（白族、拉祜族、景颇族），太原：山西出版传媒集团·书海出版社2014年版，第225页。

W1110.6.3
造天地任务繁重

实例

哈尼族 天神造出天地、日月和万事万物后，十二个乌摩（即管神的神或专司管理的神）来到神王烟沙的面前说："高能的大神，万神的大王，造天造地的事情三分只完成了一分。"

【流传】云南省·（红河哈尼族彝族自治州）·元阳（元阳县）、红河（红河县）、绿春（绿春县）、金平（金平苗族瑶族傣族自治县）

【出处】朱小和讲唱，史军超搜集整理：《查牛补天地》（1983），原载云南省民间文学集成办公室编《哈尼族神话传说集成》，中国民间文艺出版社1990年版，见姚宝瑄主编《中国各民族神话》（哈尼族、傣族），太原：山西出版传媒集团·书海出版社2014年版，第49页。

W1110.6.4
造天地多次重复

实例

彝族 混沌最早变化产生的索恒哲（原书解释为哲人名字，本书认为是最早产生的天神的名称），终于造出天地后，发现天地黑暗，他丈量之后，决心把天地重新来打造。他翻翻造造，造造翻翻。

【流传】（贵州省彝族地区）
【出处】《索恒哲》，见王富慧（珠尼阿依）译著，贵州省民族古籍整理办公室编《彝族神话史诗选》，北京：民族出版社2013年版，第8~9页。

❋ W1111
天地是生育产生的（生天地）

实例

（实例待考）

W1112
神生天地

实例

（参见下级母题实例）

W1112.1
女神生天地

【关联】［W2137］女神生人

实例

（实例待考）

W1112.2
神婆生天地

实例

侗族 祖婆萨天巴是天地的亲娘。

【流传】（无考）
【出处】
（a）《开天辟地》，见杨保愿《嘎茫莽道时嘉》（《侗族远祖歌》），北京：中国民间文艺出版社1986年版，第6页。
（b）《嘎茫莽道时嘉》，北京：中国民间文艺出版社1986年版，第29~44页。

W1112.3
天地是神生的卵

实例

汉族 （实例待考）

W1112.4
巨人生天地

实例

彝族 身高9万尺，肚子9万层的巨人阿黑西尼摩喝了金海水，生下天和地。

【流传】云南省·红河（红河哈尼族彝族自治州）
【出处】《阿黑西尼摩》，见王松《论神话及其他》，昆明：云南民族出版社2006年版，第18页。

W1113
特定的神或神性人物生天地

【关联】

① ［W1544.1］神或神性人物生日月

② ［W1790a.3.1］女始祖为生天地造天宫

实例

（实例待考）

W1114
人生天地

实例

（实例待考）

W1115
卵生天地

【汤普森】A641.1

【关联】［W1101.2］混沌中产生天地

实例

（参见下级母题实例）

W1115.1
盘古的卵生天地

实例

彝族 古时候，盘古最大，有一天，盘古下了一个蛋，变成天地。

【流传】云南省·（楚雄彝族自治州）·楚雄（楚雄市）、南华（南华县）、双柏（双柏县）等地

【出处】《查姆·鲁查姆》，见杨继中、芮增瑞、左玉堂编《楚雄彝族文学简史》，北京：中国民间文艺出版社1986年版，第43~44页。

W1115.1.1
盘古的妻子的卵生天地

【关联】［W0725.4］盘古的妻子

实例

汉族 盘古的妻子生下的大圆球，被盘古用土斧劈开，成为天地。

【流传】广西壮族自治区·玉林市·（兴业县）·葵阳乡（葵阳镇）等

【出处】麦树华讲，梁业兰搜集：《盘古开天地》，见曹廷伟编著《广西民间故事辞典》，南宁：广西教育出版社1993年版，第23页。

W1115.2
其他神或神性人物的卵生天地

实例

（参见下级母题实例）

W1115.2.1
修狃老公公生的卵生天地

实例

苗族 最初出现的修狃老公公（神性人物）生的修狃蛋，两块薄片（天地雏形）是它生。一块跳起高升去，一块掉落矮下来。

【流传】原文无流传地，据文本及注释推测该神话流传于贵州省·黔东南苗

族侗族自治州·凯里市、台江县等地。

【出处】张启庭、张荣光、张正玉、张启德演唱，张明搜集，燕宝整理译注：《创造宇宙·开天辟地》，见贵州省少数民族古籍整理出版规划小组办公室编，燕宝整理译注《苗族古歌》，贵阳：贵州民族出版社1993年版，第17页。

W1115.2.2
黑埃罗波赛神生的卵生天地

实 例

彝族 黑埃罗波赛神产一卵，卵中有天地。

【流传】（无考）

【出处】《黑埃罗波赛神》（原名《查姆·万物起源歌》），原载毛星主编《中国少数民族文学》（下册），见袁珂《中国神话大词典》，北京：华夏出版社2015年版，第436页。

W1115.3
白卵生天地

实 例

纳西族 露凝出白蛋，白蛋孵开，出现了天地。

【流传】（a）云南省·（丽江市）·丽江县（原丽江纳西族自治县，今归属为丽江市古城区和玉龙纳西族自治县）

【出处】

(a) 和正才等讲，杨世光采录，李即善翻译者：《东术争战记》，见中国民间文学集成全国编辑委员会编《中国民间故事集成》（云南卷），北京：中国ISBN中心2003年版，第378页。

(b) 李即善翻译，杨世光整理：《东术争战记》，见谷德明编《中国少数民族神话》，北京：中国民间文艺出版社1987年版，第435页。

W1115.4
2个卵分别生出天地

实 例

（参见下级母题实例）

W1115.4.1
最早的2个大卵相撞生出天地

实 例

珞巴族 混沌初开时，世上只有两个大得出奇的蛋，这些蛋皮软，没有硬壳，但会发出金光，而且还到处滚动。两个蛋相撞。一个蛋里钻出大地；从另一个蛋里又钻出来天空。

【流传】

（a）西藏自治区·下珞渝（泛指永木河、锡约尔河、巴恰西仁河流域）

（b）西藏自治区·下珞渝（又写作"下珞瑜"）西巴霞曲流域

【出处】

（a）维·埃尔温搜集：《天地的故事》，见中华民族故事大系编委会编《中华民族故事大系》第16卷（赫哲族、门巴族、珞巴族、基诺族），上海：上海文艺出版社 1995 年版，第 396 页。
（b）同（a），见李坚尚、刘芳贤编《珞巴族门巴族民间故事选》，上海：上海文艺出版社 1993 年版，第 9 页。

W1115.5
与卵生天地有关的其他母题
【关联】
① ［W1128.3.1］天地混沌如鸡子
② ［W1036.10.2］天地是一个三黄蛋

实 例

（参见下级母题实例）

W1115.5.1
一个大鸡蛋里生出天地

实 例

汉族 （实例待考）

W1115.5.2
龙王孵出天地

实 例

哈尼族 龙王孵出雏天雏地。

【流传】云南省·（红河哈尼族彝族自治州）·红河县
【出处】李期博翻译整理：《木地米地》，见《红河州哈尼族古籍资料丛刊》，内部发行，1985 年。

W1115.5.3
巨鸟孵出天地

实 例

苗族 云雾孵养出巨鸟科啼和乐啼，巨鸟孵养出来天和地。

【流传】贵州省·黔东南地区（黔东南苗族侗族自治州）
【出处】《开天辟地》，见田兵编选《苗族古歌》，贵阳：贵州人民出版社 1979 年版。

W1115.5.4
卵炸开生出天地

【关联】［W1123.1.1］五色气体形成的三黄神蛋炸开成为天界、地界和水域

实 例

壮族 蛋炸出天、水、地。

【流传】广西壮族自治区·（河池市）·大化县（大化瑶族自治县）·都阳镇
【出处】覃奶讲：《姆洛甲》，见中国民间文学集成全国编辑委员会编《中国民间故事集成》（广西卷），北京：中国 ISBN 中心 2001 年版，第 3~4 页。

W1115.5.5
气化生的卵生出天地

实 例

纳西族 声音和气息交合刮起三股白风。白风变出白云，白云酿出白露，

白露凝出白蛋。白蛋中孵出白、黑、红、黄、绿各色天地山川。

【流传】云南省·丽江地区（丽江市）

【出处】李即善翻译，杨世光整理：《东术争战记》，原载中共丽江地委宣传部编《纳西族民间故事选》，见陶阳、钟秀编《中国神话》（中），北京：商务印书馆 2008 年版，第 726～735 页。

W1115.5.6
盘古在混沌卵中拱出天地

实 例

汉族 盘古在混沌卵中一拱一拱，最后使劲一拱，卵一下开了。拱上去的是天，踩在下的是地。天地就成了。

【流传】河南省·（洛阳市）·栾川县·漫寺头（栾川乡漫子头村？）

【出处】赵某某（74 岁，7 年私塾）讲，陈连山采录：《盘古初分》（1987.02.27），见张振犁编著《中原神话通鉴》（第一卷），郑州：河南大学出版社 2017 年版，第 24 页。

W1116
动物生天地

【关联】[W1544.3] 动物生日月

实 例

（参见下级母题实例）

W1116.1
鱼生天地

【关联】

① [W1124.2.2a.1] 鱼先生天，后生地

② [W1513.2] 鱼生万物

③ [W1996.2.1] 世界最早产生的是鱼

实 例

哈尼族 混沌时，大鱼掀动双鳍，生出天地。

【流传】云南省

【出处】《大鱼与天地、人类》，见高明强编《创世的神话和传说》，上海：上海三联书店1988 年版，第 74 页。

W1116.1.1
祖先鱼生天地

实 例

哈尼族 祖先鱼生出天和地。

【流传】云南省·（红河哈尼族彝族自治州）·元阳县·（黄草岭乡）·树皮寨（树皮寨村）

【出处】杨批斗讲：《祖先鱼上山》，见中国民间文学集成全国编辑委员会编《中国民间故事集成》（云南卷），北京：中国 ISBN 中心 2003 年版，第 37～40 页。

哈尼族 神奇的祖先鱼生出天和地。

【流传】（无考）

【出处】《那突德取厄玛》，见中国各民族宗教与神话大词典编审委员会编

《中国各民族宗教与神话大词典》，北京：学苑出版社1990年版，第168页。

W1116.1.2
金鱼娘生天地

实例

哈尼族 最早的世上只有一条非常粗大的叫做密乌艾西艾玛的金鱼。金鱼娘生育出天和地。

【流传】云南省·红河哈尼族彝族自治州

【出处】《窝果策尼果》，见红河哈尼族彝族自治州人民政府编《哈尼族口传文化译注全集》第1卷，昆明：云南民族出版社2009年版，第8页。

W1116.2
龙生天地

实例

哈尼族 龙王孵卵生出雏天雏地。

【流传】云南省·（红河哈尼族彝族自治州）·红河县

【出处】李期博翻译整理：《木地米地》，见《红河州哈尼族古籍资料丛刊》，内部发行，1985年。

W1116.3
蜘蛛生天地

【关联】
① [W1168.8.2] 蜘蛛织天网
② [W1513.4.2] 蜘蛛生万物

实例

侗族 天外住着一只金斑大蜘蛛生下了天地。

【流传】广西壮族自治区·（柳州市）·三江（三江侗族自治县），（桂林市）·龙胜（龙胜各族自治县）

【出处】杨卜林喜、杨卜松林、杨明世讲，杨国仁、涛声搜集整理，菁紫改写：《创世女神萨天巴》，过伟改写自侗族创世史诗《嘎茫莽道时嘉——远祖歌》（未出版稿），见姚宝瑄主编《中国各民族神话》（土家族、毛南族、侗族、瑶族），太原：山西出版传媒集团·书海出版社2014年版，第72页。

W1117
与生育天地有关的其他母题

实例

（参见下级母题实例）

W1117.1
云生天地

【关联】[W1191.4] 云生地

实例

彝族（阿细） 有没有生天的？有没有生地的呢？生天的是云彩，生地的也是云彩。

【流传】(a) 云南省·红河哈尼族彝族自治州·弥勒县·（西山镇）

【出处】
(a) 潘正兴等唱述，云南省民族民间文

学红河调查队搜集翻译整理:《阿细的先基》,昆明:云南人民出版社1959年版。

(b) 云南省民族民间文学红河调查队搜集整理,古梅改写:《最古的时候》,见姚宝瑄主编《中国各民族神话》(羌族、彝族),太原:山西出版传媒集团·书海出版社2014年版,第131页。

W1117.2
婚生天地

【关联】[W1516] 婚生万物

实 例

(参见下级母题实例)

W1117.2.1
恒和汉婚生天地

实 例

彝族 恒是雾罩父,汉是雾罩母。恒和汉的结合,便产了大地,便生了苍天。

【流传】黔西(贵州省西部)与云南(云南省)接壤的彝族地区

【出处】阿候布代讲,王正贡、王子尧、王冶新、何积金搜集整理,蔷紫改写:《天生地产》,原载中国民间文艺研究会贵州分会编《民间文学资料》,内部资料,1986年,见姚宝瑄主编《中国各民族神话》(羌族、彝族),太原:山西出版传媒集团·书海出版社2014年版,第162页。

W1117.2.2
两种巨鸟婚生天地

实 例

苗族 科啼和乐啼两种巨鸟相抱,都怀孕了,它们生了天,生出地。天的母亲是科啼,地的父亲是乐啼。

【流传】贵州省·(黔东南苗族侗族自治州)·台江县、施秉县、凯里县(凯里市)等地

【出处】秦公、岩公、李普奶等苗族八歌手说唱,唐春芳、桂舟人搜集整理:《巨鸟生天地,众神辟地天》,见姚宝瑄主编《中国各民族神话》(布依族、仡佬族、苗族),太原:山西出版传媒集团·书海出版社2014年版,第114页。

W1117.2.3
神与气合生天地

实 例

彝族 神与气结合生出天地。

【流传】云南省·(大理白族自治州)·巍山县(巍山彝族回族自治县)·五印乡·岩子脚(岩子脚村)、紫马鹿村

【出处】王丽珠搜集:《无上虚空地母养生保命真经》,见吕大吉、何耀华总主编《中国各民族原始宗教资料集成》(彝族卷、白族卷、基诺族卷),北京:中国社会科学出版社1996年版,第63~64页。

W1117.3

阴阳生天地

【关联】［W1494.5.1］阴阳是天地的母亲

实 例

藏族 阴阳生育天地，是天地的母亲。

【流传】云南省·迪庆（迪庆藏族自治州）

【出处】才旦旺堆搜集，蔷紫整理《神蛋创世纪》，见姚宝瑄主编《中国各民族神话》（门巴族、珞巴族、怒族、藏族），太原：山西出版传媒集团·书海出版社2014年版，第77页。

※ **W1118**

天地是变化产生的

实 例

（实例待考）

W1119

神或神性人物变成天地

【关联】［W9591.1］垂死化生

实 例

（参见下级母题实例）

W1119.1

神的肢体变成天地

实 例

汉族 （实例待考）

瑶族 （实例待考）

W1119.1.1

神的头变天，心变地

实 例

彝族 黑埃波罗赛神死后，头变天，心变地。

【流传】（无考）

【出处】

（a）《黑埃波罗赛造天地》，见中国各民族宗教与神话大词典编审委员会编《中国各民族宗教与神话大词典》，北京：学苑出版社1990年版，第677页。

（b）《黑埃波罗赛神》，见云南省民族事务委员会编《彝族文化大观》，昆明：云南民族出版社1999年版，第320页。

W1119.2

盘古垂死化生天地

【关联】［W0720］盘古

实 例

（参见下级母题实例）

W1119.2.1

盘古、盘生变天地

实 例

白族 盘古、盘生分别变天变地。

【流传】（无考）

【出处】《天地的起源》，原载杨国政

讲，李杨亮才记录整理《开天辟地》注释，见姚宝瑄主编《中国各民族神话》（白族、拉祜族、景颇族），太原：山西出版传媒集团·书海出版社2014年版，第4页。

W1119.2.1.1
哥哥盘古变天，弟弟盘生变地

实　例

白族　盘古、盘生弟兄俩一个去变天，一个去变地。

【流传】

（a）云南省·（大理白族自治州）·大理（大理市）、洱源县等地

（b）云南省·（大理白族自治州）·洱源县

【出处】

（a）杨国政讲，杨亮才采录：《开天辟地》，见中国民间文学集成全国编辑委员会编《中国民间故事集成》（云南卷），北京：中国ISBN中心2003年版，第9页。

（b）同（a），见谷德明编《中国少数民族神话》，北京：中国民间文艺出版社1987年版，第293页。

白族　天崩地裂后，生出盘古、盘生两兄弟。盘生对盘古说："阿哥，你变天，我来变地好了！"

【流传】云南省·（大理白族自治州）·大理（大理市）、洱源（洱源县）、剑川（剑川县）等地

【出处】杨国政讲，杨亮才记录整理：《开天辟地》，原载《云南民间故事选》（不详），见姚宝瑄主编《中国各民族神话》（白族、拉祜族、景颇族），太原：山西出版传媒集团·书海出版社2014年版，第5页。

白族　盘古和盘生两弟兄，盘古在鼠年变成了天，盘生在牛年变成了地。

【流传】云南省·（大理白族自治州）·大理（大理市）、洱源（洱源县）、剑川（剑川县）

【出处】

（a）杨国政讲、杨亮才记录：《开天辟地》，见李缵绪主编《白族神话传说集成》，北京：中国民间文艺出版社1986年版。（b）杨国政讲，杨亮才记录整理：《开天辟地》，见中华民族故事大系编委会编《中华民族故事大系》第5卷（瑶族、白族、土家族），上海：上海文艺出版社1995年版，第317～318页。

白族　从前，有弟兄俩，一个叫盘古，一个叫盘生。盘古去变天，盘生去变地。

【流传】云南省·（大理白族自治州）·大理县（大理市）、洱源县、剑川县

【出处】杨国政讲述，杨亮才记录：《盘古开天辟地》，原载李缵绪主编《白族神话传说集成》，见陶阳、钟秀编《中国神话》（上），北京：商务印书馆2008年版，第13～18页。

W1119.2.2
盘古的头变成天，脚变成地

【关联】［W1146.3］盘古变成天

实 例

瑶族　五彩云生的盘古的头为天脚为地。

【流传】（无考）

【出处】《盘古》，见中央民族学院少数民族文艺研究所编《中国民族民间文学》，北京：中央民族学院出版社1987年版，第713页。

W1119.2.3
盘古覆为天，偃为地

实 例

汉族　盘古一日七十化，覆为天，偃为地，八万岁乃死。

【流传】（无考）

【出处】［唐］释澄观：《大方广佛华严经随疏演义钞》卷四二引东吴韦昭《洞纪》。

W1119.3
怪物的尸体变成天地

实 例

基诺族　（实例待考）

珞巴族　怪物的尸体变化为天地。

【流传】西藏自治区·下珞渝（又写作"下珞瑜"，泛指永木河、锡约尔河、巴恰西仁河流域）

【出处】B.K.舒克拉搜集：《肯库》，见中华民族故事大系编委会编《中华民族故事大系》第16卷（赫哲族、门巴族、珞巴族、基诺族），上海：上海文艺出版社1995年版，第394页。

W1119.3.1
怪物抱泥土变成天地

实 例

土族　最早世界是一片汪洋，一位智慧仙人用弓箭射穿了怪兽的身体，又从空中抓来一把土，让怪兽抱住，这样就形成了天地。

【流传】青海省·（海东市）·互助县（互助土族自治县）·东山乡·白牙毵村

【出处】李郄宝讲，李友楼等采录：《天地的形成》，见中国民间文学集成全国编辑委员会编《中国民间故事集成》（青海卷），北京：中国ISBN中心2007年版，第3页。

W1119.4
怪物的头变成天，皮变成地

实 例

纳西族　阳神与阴神杀了一个长着人脚板的怪物。头变为天，其皮变为地，其肉变为土。

【流传】（无考）

【出处】东巴经《崇般图》，见林向肖《对纳西族创世神话本来面目的探讨：〈创世纪、开天辟地〉校注札记》，见

《中国少数民族神话学术讨论会论文集》（下册），内部编印，1984年，第254页。

W1119.5
女娲垂死化生天地

【关联】

① [W0710] 女娲
② [W1104.2] 女娲造天地

实　例

汉族 女娲死后，身体成了天地。

【流传】四川省·德阳市·市中区

【出处】胡能才讲，胡世用采录：《女娲娘娘的眼泪》，见中国民间文学集成全国编辑委员会编《中国民间故事集成》（四川卷·上），北京：中国IS-BN中心1998年版，第56页。

W1120
动物变成天地

实　例

（参见下级母题实例）

W1120.1
鱼的肢体变成天地

实　例

（参见下级母题实例）

W1120.1.1
鱼的右鳍变成天，左鳍变成地

实　例

哈尼族 海生大鱼。鱼右鳍变成天，左鳍变成地。

【流传】（无考）

【出处】朱小和讲：《天、地、人的形成》，载《山茶》1983年第4期。

W1120.2
鹿的肢体变成天地

实　例

（参见下级母题实例）

W1120.2.1
鹿头变天，鹿皮变大地

实　例

普米族 巨人简剑祖猎到了马鹿。砍下鹿头，鹿头变成了蓝天；剥下鹿皮，皮变成了大地。

【流传】（无考）

【出处】《捉马鹿的故事》，见毛星主编《中国少数民族文学》（下），长沙：湖南人民出版社1983年版，第146页。

普米族 猎人吉赛米射死一只马鹿，鹿头变蓝天，鹿体变大地。

【流传】云南省·（怒江傈僳族自治州）·兰坪县（兰坪白族普米族自治县）

【出处】

（a）《杀鹿歌》，见陶阳、牟钟秀著《中国创世神话》，上海：上海人民出版社2006年版，第52页。

（b）《杀鹿歌》，见云南省民族事务委员会编《普米族文化大观》，昆明：云南民族出版社 1999 年版，第 123 页。

W1120.3
牛的肢体变成天地

实例

（参见下级母题实例）

W1120.3.1
宰牛后放不同地方形成天地

实例

藏族　宰牛后放不同地方，形成天和地。

【流传】（无考）

【出处】古歌《斯巴形成歌》异文和问答歌《斯巴宰牛歌》。

W1121
植物变成天地

【关联】
① ［W1148.1］树倒后树皮变天空
② ［W1524］植物变化为万物

实例

（参见下级母题实例）

W1121.1
荷花变成天地

【关联】［W3839.1］莲花（荷花）

实例

傣族　一朵大荷花变成天，四朵最美的荷花铺成地。

【流传】（无考）

【出处】《变扎贡帕》，见丘振声《壮族图腾考》，南宁：广西教育出版社 1996 年版，第 226 页。

W1121.1.1
天神撒种的荷花变成天地

实例

傣族　天神混散撒下许多荷花种籽，生根开花。荷花变成天、地。

【流传】云南省

【出处】岩峰、王松：《变扎贡帕》，见中国各民族宗教与神话大词典编审委员会编《中国各民族宗教与神话大词典》，北京：学苑出版社 1990 年版，第 82 页。

W1121.1.2
天神撒种荷花，其中一朵变成天，四朵铺成地

实例

傣族　天神撒下许多荷花种，生长出荷花。其中，一朵大荷花变成天，四朵最美的荷花铺成地。

【流传】（无考）

【出处】《变扎贡帕》，见丘振声《壮族图腾考》，南宁：广西教育出版社 1996 年版，第 226 页。

W1122
无生命物变成天地

实例

（参见下级母题实例）

W1122.1
被子变成天地

【关联】［W1138.15.1］神用蓝被铺天

实 例

（参见下级母题实例）

W1122.1.1
鸟举到天上的被子变成天

实 例

藏族 （实例待考）

W1122.1.2
被子顶在天柱上造出天

实 例

哈尼族 阿波摩米（天神）把大被子拿来顶在天柱上当做天。

【流传】云南省

【出处】王文清讲，毛佑全等搜集整理：《俄八美八》，见谷德明编《中国少数民族神话》，北京：中国民间文艺出版社1987年版，第332页。

哈尼族 洪水后，阿波摩米（天神名）看见天上地下都是空空荡荡的，就搬出四个大瓜摆在四方当作天柱脚，把大被子拿来顶在天柱上当作天。

【流传】（云南省）

【出处】王文清讲，毛佐全、傅光宇搜集整理：《俄八美八》，原载《玉溪文化》，见姚宝瑄主编《中国各民族神话》（哈尼族、傣族），太原：山西出版传媒集团·书海出版社2014年版，第88页。

W1122.2
云变成天地

【关联】［W1150a］云变成天

实 例

（参见下级母题实例）

W1122.2.1
轻云变成天，重云变成地

实 例

汉族 轻的雾气上升变成了天，重的雾气下沉变成了地。

【流传】四川省·奉节县（今属重庆市）·江南乡·观武村

【出处】谭开高讲，谭发斌采录：《盘古开天地》，见中国民间文学集成全国编辑委员会编《中国民间故事集成》（四川卷），北京：中国ISBN中心1998年版，第21页。

彝族 天由轻云变成，地由重云变成。

【流传】（无考）

【出处】《造天地、造人》，见云南省民族事务委员会编《彝族文化大观》，昆明：云南民族出版社1999年版，第320页。

W1122.2.2
云彩积聚成为天地

实 例

彝族 云彩造天地时，云彩从四面八

方聚集过来，越聚越多，愈聚愈厚，变成黑压压的一团。

【流传】云南省·楚雄彝族自治州

【出处】《门米间扎节》，古梅根据《楚雄民间文学资料》改写，见姚宝瑄主编《中国各民族神话》（羌族、彝族），太原：山西出版传媒集团·书海出版社2014年版，第82页。

W1122.2.3
白云上升为天，黑云下沉为地

【关联】［W1163.2.1.1］第2层天是白云

实例

彝族　最先出现风，风吹出白云和黑云，黑云白云炸开，白云上升为天，黑云下沉为地。

【流传】贵州省·（毕节市）·威宁（威宁彝族回族苗族自治县）

【出处】王海清讲，石磊采录：《诸神争大》，见燕宝、张晓编《贵州神话传说》，贵阳：贵州人民出版社1997年版，第33~38页。

W1122.3
云雾变成稀泥后产生天地

【关联】［W1041.2］最早的世界是雾

实例

景颇族　（实例待考）

W1122.3a
光和雾变成天地

实例

（参见下级母题实例）

W1122.3a.1
清光变成天，浊雾变成地

实例

满族　女天神阿布卡赫赫气生万物，光生万物，身生万物。形成的清光成天，浊雾成地，天地始分。

【流传】黑龙江省·黑河地区（黑河市）·孙吴县·（沿江满族达斡尔族乡）·四季屯（四季屯村）

【出处】吴纪贤、富希陆讲：《天宫大战——黑水女真人传世神话》（1939，选自富育光、郭淑云整理的手稿），见姚宝瑄主编《中国各民族神话》（满族、赫哲族、朝鲜族），太原：山西出版传媒集团·书海出版社2014年版，第22页。

W1122.4
上半片气包形成天，下半片形成地

实例

（参见下级母题实例）

W1122.4.1

盘古夫妻劈开的上半片气包形成天，下半片形成地

【关联】［W1104.1.4a］盘古爷和盘古奶开天辟地

实 例

汉族 盘古爷、盘古奶劈开的上半片气包形成天后，下半片成了地。

【流传】河南省·（南阳市）·桐柏县·二郎山乡·田口村

【出处】李新超讲，马卉欣整理：《盘古开天》，见 http://tongbai.01ny.cn（桐柏网），2001.01.26。

W1122.5

气变成天地

【关联】［W1127.2］最初的天地是气

实 例

（参见下级母题实例）

W1122.5.1

混沌中青气变成天，赤气变成地

实 例

彝族 混沌中产生的青气变为天，赤气变为地。

【流传】贵州省·毕节（毕节市）·赫章县

【出处】贵州省毕节地区民族事务委员会编，王子尧等译：《物始纪略》（第一集），成都：四川民族出版社1990年版，第1页。

W1122.5.2

阳气变成天，阴气变成地

实 例

汉族 一团雾气里生出的盘古长大后，感到生活在这团雾气里很不舒坦，就拿起一把开天大斧，猛地一下把雾气劈开来，阳气轻就慢慢上升变成了天，阴气重就逐渐下沉变成了地。

【流传】江苏省·（淮安市）·涟水（涟水县）各地

【出处】徐学尧讲，徐省生搜集整理：《开天辟地和人的由来》（1986.06），见姚宝瑄主编《中国各民族神话》（汉族），太原：山西出版传媒集团·书海出版社2014年版，第20~22页。

汉族 混混沌沌的一团雾气中生出盘古。盘古劈开雾气，有一半属阳气，轻飘飘的，慢慢上升，变成了天；有一半属阴气，混浊沉重，逐渐下沉，变成了地。

【流传】江苏省·（淮安市）·涟水县·南集乡·禹庄村

【出处】徐学尧讲，徐省生搜集整理：《世界的由来》（1983），见姚宝瑄主编《中国各民族神话》（汉族），太原：山西出版传媒集团·书海出版社2014年版，第24~28页。

W1122.5.3
清气变成天，浊气变成地

【关联】［W1123.1.3］混沌卵的清气变成天，浊气变成地

实 例

（参见下级母题实例）

W1122.5.3.1
清气上升变成天，浊气下沉变成地

实 例

<u>汉族</u> 很久以前，混沌里面住着两个大族。阳族首领杀死了阴族首领邪魔氏之后，又拿起石凿石斧，劈开混沌，阳光射进来后，混沌里的青气慢慢上升，变成了青天；浊气慢慢下沉，就是大地。

【流传】浙江省·宁波市·宁海县·（西店镇）·紫江村

【出处】邬荣绍讲，邬为国记录：《盘古开天辟地》（1987.03），见罗杨总主编，戴余金本卷主编《中国民间故事丛书·浙江宁波·宁海卷》，北京：知识产权出版社2015年版，第3页。

<u>汉族</u> 盘古氏，将身一伸，天即渐高，地便坠下。而天地更有相连者，左手执凿，右手持斧，或用斧劈，或以凿开。自是神力，久而天地乃分。二气升降，清者上为天，浊者下为地，自是而混茫开矣。

【流传】（无考）

【出处】［明］周游：《开辟衍绎通俗志传》第一回《盘古氏开天辟地》。

<u>彝族</u> 混沌世界中生出的四股云雾变成了一股气，一股气又分成了清气和浊气，清气往上升，便生下了天；浊气往下降，便产下了大地。

【流传】黔西（贵州省西部）与云南（云南省）接壤的彝族地区

【出处】阿候布代讲，王正贡、王子尧、王冶新、何积金搜集整理，蔷紫改写：《天生地产》，原载中国民间文艺研究会贵州分会编《民间文学资料》，内部资料，1986年，见姚宝瑄主编《中国各民族神话》（羌族、彝族），太原：山西出版传媒集团·书海出版社2014年版，第162页。

W1122.5.4
元气升降形成天地

实 例

<u>汉族</u> 元气先清，升上为天；元气后浊，降下为地。

【流传】（无考）

【出处】［北宋］张君房：《云笈七签》卷五六《诸家气法》。

W1122.5.5
阴、阳二气化生为天、地、人

实 例

<u>汉族</u> 大道化为宇宙混沌元气，宇宙元气化生为阴、阳二气，阴、阳二气又化生为天、地、人，并由此产生了

天下万事万物。

【流传】（无考）

【出处】《三清》，见乌丙安主编《中国民间神谱》，沈阳：辽宁人民出版社 2007 年版，第 245 页。

W1122.6
水塘的水气升高变成天，剩下的变成地

实例

哈尼族 古时，天和地是水塘。水变水气升高成了天。剩下的成了地。

【流传】云南省·（西双版纳傣族自治州）·勐腊县

【出处】李万福讲：《天与地》，载《山茶》1986 年第 6 期。

W1122.7
世界燃烧的火烟变成天，烟灰铺成地

实例

拉祜族 混沌年代，世界燃烧起来。火烟变成天，烟灰铺成地。

【流传】（无考）

【出处】《造天造地》，见云南省民族事务委员会编《拉祜族文化大观》，昆明：云南民族出版社 1999 年版，第 173 页。

拉祜族 混沌世界，一团烟火飞来燃烧世界，上升为天，灰下降为地。

【流传】（无考）

【出处】《天地日月的来历》，见孙敏等编《拉祜族苦聪人民间文学集成》，昆明：云南人民出版社 1990 年版，第 14 页。

W1122.8
石变成天地

【关联】
① ［W1151.8］岩石变成天
② ［W1197.13.2］下降的岩石变成地

实例

（参见下级母题实例）

W1122.8.1
分开的巨石成为天地

实例

（参见下级母题实例）

W1122.8.1.1
始祖布洛陀分开的巨石成为天地

【关联】［W1103.9.5.1］男始祖布洛陀造天地

实例

壮族 始祖布洛陀把巨石分开，一半举上高空为天，一半踩下底层为地。

【流传】广西壮族自治区红水河地区（红水河一带）

【出处】覃剑萍搜集整理：*《祭始祖布洛陀》（1990），见吕大吉、何耀华总主编《中国各民族原始宗教资料集成》（土家族卷、瑶族卷、壮族卷、黎族卷），北京：中国社会科学出版社 1998 年版，第 530～531 页。

W1123

与变化产生天地有关的其他母题

【关联】［W1272.9.1］天地像合在一起的2块板子由薄变厚

实例

（参见下级母题实例）

W1123.1

卵变化成天地（卵变成天地）

【关联】［W1115］卵生天地

实例

汉族　天地混沌如鸡子，盘古生其中。盘古一天天长大，阳清为天，阴浊为地。

【流传】（无考）

【出处】

（a）［三国·吴］徐整：*《盘古》，见［唐］欧阳询《艺文类聚》卷一引。

（b）［三国·吴］徐整：*《盘古》，见［清］马骕《绎史》卷一引。

W1123.1.1

五色气体形成的三黄神蛋炸开成为天界、地界和水域

【关联】［W1115.5.4］卵炸开生出天地

实例

壮族　五色气体冷却成三黄神蛋，屎壳郎滚动，蟆蚂子叮破，炸开成为天界、地界和水域。

【流传】（无考）

【出处】梁庭望、张公瑾：《中国少数民族文学概论》，北京：中央民族大学出版社1998年版，第138页。

W1123.1.2

混沌卵轻的变成天，重的变成地

实例

汉族　盘古抓来一把大板斧，朝着眼前的黑暗混沌用力一挥，把大鸡蛋砍破。其中有些轻而清的东西，冉冉上升，变成了天；另外有些重而浊的东西，沉沉下降，变成了地。

【流传】（无考）

【出处】袁珂译述：《盘古开天辟地》，原载袁珂编译《中国神话故事》，见陶阳、钟秀编《中国神话》（上），北京：商务印书馆2008年版，第7～8页。

W1123.1.2.1

盘古劈开混沌卵，轻的变成天，重的变成地

实例

汉族　盘古用巨掌劈黑暗的混沌，混沌黑暗被搅动起来，这里面轻的东西慢慢上升变成了天，重的东西沉下来变成了地。

【流传】河南省·（驻马店市）·汝南县

【出处】李建国（45岁，中专）讲，李超采录：《盘古开辟天地》（1987.06），

见张振犁编著《中原神话通鉴》（第一卷），郑州：河南大学出版社2017年版，第26页。

W1123.1.2a

混沌卵的上半为天下半为地

【关联】［W1197.1.7］盘古把生育自己的泥团砍出天地

【实例】

汉族 鳌鱼头上的一口烂泥生出盘古氏。盘古氏用手上拿的大斧在泥团子的四周砍了一圈，后来又用大斧拦腰一砍，泥团子就分了两半个，上头半个就是天，下面半个就是地。

【流传】江苏省·（盐城市）·大丰县·三渣乡·西渣村

【出处】杨广顺讲，沈澄、丁晗搜集整理：《一把大斧分天地》（1986.04），见姚宝瑄主编《中国各民族神话》（汉族），太原：山西出版传媒集团·书海出版社2014年版，第22~23页。

汉族 盘古撑破天地蛋，头上半片壳变成天，脚下半片壳变成地。

【流传】浙江省·舟山市

【出处】张才德讲，管文祖搜集整理：《盘古开天地》（1963），见姚宝瑄主编《中国各民族神话》（汉族），太原：山西出版传媒集团·书海出版社2014年版，第16~17页。

W1123.1.2a.1

真主把卵的一半变成天，另一半变成地

【关联】［W1104.4］真主造天地

【实例】

塔吉克族 真主将卵一分为二，一半作为大地，一半作为天空。

【流传】（无考）

【出处】《造人神话》，见中国各民族宗教与神话大词典编审委员会编《中国各民族宗教与神话大词典》，北京：学苑出版社1990年版，第568页。

W1123.1.2a.2

旁劈开的宇宙卵上半变成天，下半变成地

【实例】

汉族 盘古睡在大鸡蛋一样的宇宙中。醒后抓起脚下的一把大斧，朝四周狠狠地劈了一下，大鸡蛋裂开了一道缝。这缝越裂越大，上面的往上升，下面的往下沉。上升的成了天，下沉的成了地。

【流传】河南省·（焦作市）·武陟县·阳城乡·南关村

【出处】王百贞（1907年生）讲，王广先采录整理：《盘古开天辟地》，见张振犁编著《中原神话通鉴》（第一卷），郑州：河南大学出版社2017年版，第17~18页。

W1123.1.2b
巨卵破后轻者上升为天，重者下沉为地

【实例】

苗族 孕育在鸡卵状之物中的盘瓠王见上下四方俱黑，生气地挥拳踢足。巨卵破裂，轻者上升为天，重者下沉为地。

【流传】（无考）

【出处】《盘瓠王造天地》，原载《三套集成四川宜宾地区卷·苗族民间故事分册》，见袁珂《中国神话大词典》，北京：华夏出版社2015年版，第425页。

W1123.1.2c
宇宙卵中轻而清的东西上升变成天，重而浊的东西下沉变成地

【实例】

汉族 像一个大鸡蛋的宇宙中孕育出巨人盘古。他挥起巨掌猛力一劈，大鸡蛋破裂开来，其中轻而清的东西徐徐上升变成了天，重而浊的东西渐渐下沉，变成了地。

【流传】河南省·新乡市

【出处】马如心（50岁）讲，马安中采录整理：《盘古开天地》（1986.08），见张振犁编著《中原神话通鉴》（第一卷），郑州：河南大学出版社2017年版，第16页。

W1123.1.3
混沌卵的清气变成天，浊气变成地

【关联】

① ［W1051.2］最早的世界是清气和浊气

② ［W1122.5.3.1］清气上升变成天，浊气下沉变成地

③ ［W1124.2.1.1］轻的天先形成，重的地后形成

【实例】

汉族 盘古分开气一样的混沌卵。卵里面那些轻清的气慢慢向上浮，变成青青的天；那些混浊的杂渣，慢慢沉下来结成大块，变成了地。

【流传】浙江省·（温州市）·永嘉县各地

【出处】陈仁讲，谢圣铎搜集整理：《盘古开天地》（1985），见姚宝瑄主编《中国各民族神话》（汉族），太原：山西出版传媒集团·书海出版社2014年版，第13~14页。

W1123.1.3.1
混沌卵的清者变成天，浊者变成地

【实例】

汉族 盘古将身一伸，天即渐高，地便坠下。而天地更有相连者，左手执凿，右手持斧，或用斧劈，或以凿开。自是神力，久而天地乃分。二气

升降，清者上为天，浊者下为地，自是混沌开矣。

【流传】（无考）

【出处】［明末清初］徐道为：《历代神仙通鉴》卷一。

W1123.1.3.2
混沌卵的清而轻的气体变成天，浑而重的气体变成地

实例

汉族 盘古用利斧劈开混沌卵，产生两种气体。清而轻的升起来，变成了天；浑而重的沉下去，变成了地，天越升越高，地越沉越低。

【流传】河南省·登封市

【出处】《嵩山的来历》（据《述异记·盘古化物》整理），见张振犁编著《中原神话通鉴》（第一卷），郑州：河南大学出版社2017年版，第12页。

W1123.1.4
混沌卵的蛋清变成天，蛋黄变成地

【关联】［W1191.1］卵生地

实例

汉族 以前的世界像鸡卵。卵中的盘古日长大，蜷缩壳中，闷不能忍，乃伸身蹬腿，挺然起立，啄拱打踢，连闹七七四十九日，卵壳破碎，黄清流出。黄重清轻，轻者上升为天，重者下沉为地。

【流传】（浙江省东部一带）

【出处】
（a）《浙东神话》，载《民间文学》1986年第11期。
（b）《盘古王开天》，见袁珂《中国神话大词典》，北京：华夏出版社2015年版，第390页。

汉族 最早的世界像个硕大的鸡子。盘古孕育其中。盘古一连闹了七七四十九日，把鸡子壳给砸烂，鸡子清、鸡子黄都流了出来。鸡子清轻，浮在上面变成了天，鸡子黄重，沉在下面变作了地。

【流传】浙江省·（金华市）·东阳县（东阳市）

【出处】张宣元讲述，周耀明搜集整理：《盘古王开天》，载《民间文学》1986年第11期。

汉族 很久以前，世界好像个大鸡蛋，里头有清、有黄、有外壳。里面生出的鸡头龙身的盘古闷得实在受不了，猛地一站，把像鸡蛋一样的世界顶了个大窟窿，钻到外边拿了把斧子，劈开大鸡蛋，里边的清和黄都流出来了。清飘到了天上，变成了天空；黄落在了下面变成了土地。

【流传】河南省·（濮阳市）·濮阳县·（五星乡）·西八里庄村

【出处】魏世敏（60岁）讲，魏盼先采录：《盘古开天》（1990.06），见张振犁编著《中原神话通鉴》（第一卷），郑州：河南大学出版社2017年版，第14页。

W1123.1.4a
大鸡蛋的蛋清变成天，蛋黄变成地

实例

汉族　大鸡蛋中孕育盘古。盘古打破蛋壳时，鸡子清，很轻，就浮在上面，变成了天；鸡子黄重，沉下去，就变成了地。

【流传】浙江省·（金华市）·东阳县

【出处】
（a）张宣元讲，周耀明搜集整理：《盘古王开天》，载《民间文学》1986年第11期。
（b）同（a），见姚宝瑄主编《中国各民族神话》（汉族），太原：山西出版传媒集团·书海出版社2014年版，第6~7页。

W1123.1.5
蛋皮变成天，蛋黄变成地

实例

彝族　（实例待考）

W1123.1.6
混沌中阳物变成天，阴物变成地

实例

蒙古族　混沌中产生了明暗清浊之物。不久，属于"阳"的轻清之物，上浮成为天，属于"阴"的重浊之物，下凝成为地。

【流传】（无考）

【出处】《天地起源》，齐木道吉译自日本学者中田千亩著《蒙古神话》，原载谷德明编《中国少数民族神话》，见陶阳、钟秀编《中国神话》（上），北京：商务印书馆2008年版，第29~30页。

W1123.2
混沌经多次演化生出天地

实例

（参见下级母题实例）

W1123.2.1
混沌的黑暗生出黄与黑、阴与阳、红与绿、雾与气，然后产生天地

实例

彝族　混沌世界的黑暗中先产下黄沉沉和黑魆魆，一变变成阴沉沉和阳沉沉；先生了绿油油和红彤彤，一变变成雾茫茫和气清清。产了好多代才生出了天，产了好多代才产出了地。

【流传】黔西（贵州省西部）与云南（云南省）接壤的彝族地区

【出处】阿候布代讲，王正贡、王子尧、王冶新、何积金搜集整理，蔷紫改写：《天生地产》，原载中国民间文艺研究会贵州分会编《民间文学资料》，内部资料，1986年，见姚宝瑄主编《中国各民族神话》（羌族、彝族），太原：山西出版传媒集团·书海出版

社 2014 年版，第 162 页。

W1123.2.1.1
神生蛋，蛋变成天地

实 例

彝族 黑埃波罗赛神生蛋，蛋皮变天，蛋黄变地。

【流传】（无考）

【出处】

（a）《黑埃波罗赛造天地》，见中国各民族宗教与神话大词典编审委员会编《中国各民族宗教与神话大词典》，北京：学苑出版社 1990 年版，第 677 页。

（b）《黑埃波罗赛神》，见云南省民族事务委员会编《彝族文化大观》，昆明：云南民族出版社 1999 年版，第 320 页。

W1123.3
特定人物的分泌物化为天地

实 例

（参见下级母题实例）

W1123.3.1
天帝的唾液化生天地

【关联】［W1196.3］吐在水中的唾液变成地

实 例

苗族（黑苗） 天帝（原注：天地开辟神）吐唾于掌中，合掌后生出天地。

【流传】贵州省

【出处】［英］S. R. Clarke 采集：《苗族开辟民歌》，*A song of the Tribes in South-West China*，1911。

苗族 神人亡洗太（女）和公达公（男）吐了三泡口水，其中一泡造成天地。

【流传】贵州省·（黔东南苗族侗族自治州）·黄平县（原名旧州）·红梅乡

【出处】龙文秀唱，李德祥搜集整理：《开天辟地》，见贵州省民间文学工作组编《民间文学资料》第 6 集，内部资料，1985 年。

W1123.4
口袋变成天地

【关联】［W1127.1.1.1］口袋变成小天地

实 例

满族 天神阿布凯恩都哩手下有一个大神叫布星妈妈。她的一只鹿皮口袋里装着些小星星。这些小星星一出，鹿皮口袋就会越来越大，变成一个小的天地。

【流传】黑龙江省·（牡丹江市）·宁古塔（宁安县）；吉林省·长白山地区（长白山一带）

【出处】

（a）傅英仁讲述，张爱云记录整理：《天宫神魔大战》，见傅英仁讲述，张爱云记录整理《满族萨满神话》，哈尔滨：黑龙江人民出版社 2006 年版。

(b) 同（a），见陶阳、钟秀编《中国神话》（上），北京：商务印书馆 2008 年版，第 155～180 页。

W1123.5
胎盘变成天地

实例

（参见下级母题实例）

W1123.5.1
生女神的胎盘变成天地

实例

基诺族 阿嫫腰白（神名，创世女神）生出来后，把生她的大物一半踩在脚下，一半用手撑起。它下方的一半成了地。

【流传】云南省·（西双版纳傣族自治州）·景洪县（景洪市）

【出处】白桂林等讲，刘怡采录：《阿嫫腰白造天地》，见中国民间文学集成全国编辑委员会编《中国民间故事集成》（云南卷），北京：中国 ISBN 中心 2003 年版，第 77 页。

W1124
与天地产生有关的其他母题

实例

（参见下级母题实例）

W1124.1
天地产生的时间

【关联】

① ［W1139.3］造天使用的时间

② ［W1152.3a］天产生的时间

③ ［W1199.0］地产生的时间

实例

（参见下级母题实例）

W1124.1.0
混沌过后天地形成

实例

汉族 混沌过去后，天地组合成了。

【流传】河南省·（驻马店市）·汝南县·三门闸乡·周屯村

【出处】董清玉（70 岁，农民，私塾）讲，魏建国采录：《人祖爷和人祖奶奶》（1987.05.26），见张振犁编著《中原神话通鉴》（第一卷），郑州：河南大学出版社 2017 年版，第 327 页。

W1124.1.1
第一天造出天地

实例

回族 最初的一天，安拉创造了天和地。

【流传】黑龙江省·（牡丹江市）·绥芬河市

【出处】杨明岱讲，周爱民采录：《阿丹

1.2.1 天地的产生与特征 ‖W1124.1.2–W1124.1.4‖ 353

人祖》，见中国民间文学集成全国编辑委员会编《中国民间故事集成》（黑龙江卷），北京：中国 ISBN 中心 2005 年版，第 20 页。

W1124.1.2
先有日月星辰和雾露后出现天地

【关联】［W1541.3］天地分开时出现日月

实例

（实例待考）

W1124.1.3
先有人（神）后有天地

【关联】［W1103］神或神性人物造天地

实例

（参见下级母题实例）

W1124.1.3.1
天地产生前有天下翁和天下婆 2 位老人

【关联】［W1904.1.3.1.1］天下婆的眼泪变成江河湖海

实例

汉族　远古的时候，没有天和地，全天下只有天下翁和天下婆两位老人。

【流传】福建省・（宁德市）・周宁县・李墩乡・里东山村

【出处】章永红讲，陈风禧搜集整理：《天下翁与天下婆》（1987.08.05），见姚宝瑄主编《中国各民族神话》（汉族），太原：山西出版传媒集团・书海出版社 2014 年版，第 34~35 页。

W1124.1.3a
先有动物后有天地

实例

（参见下级母题实例）

W1124.1.3a.1
雁产生后才出生天地

实例

彝族　天还没有生的时候长脚雁就先生了；地还没有产的时候大鸣雁就先产了。

【流传】黔西（贵州省西部）与云南（云南省）接壤的彝族地区

【出处】阿候布代讲，王正贡、王子尧、王冶新、何积金搜集整理，蔷紫改写：《天生地产》，原载中国民间文艺研究会贵州分会编《民间文学资料》，内部资料，1986 年，见姚宝瑄主编《中国各民族神话》（羌族、彝族），太原：山西出版传媒集团・书海出版社 2014 年版，第 163 页。

W1124.1.4
洪水后造天地

【关联】［W1124.1］天地产生的时间

实例

（参见下级母题实例）

W1124.1.4.1
青蛙吸干洪水后出现天地

实 例

普米族 （实例待考）

W1124.1.4.2
洪水后盘古造天地

实 例

布依族 洪水后，盘古王造上、中、下三界。

【流传】（无考）

【出处】杨路塔：《日·月·星》，见曹文轩主编《中国神话故事精选》，北京：北京大学出版社 2004 年版，第 16~18 页。

W1124.1.4.3
洪水后幸存的 1 对兄妹造天地

实 例

瑶族 洪水后，侥幸逃生的刘三妹兄妹造天地。

【流传】湖南省·（郴州市）·临武县·西山林场·桃源坪村

【出处】盘廷远讲，杜爱平等采录：《刘三妹史妹再造世界》，见中国民间文学集成全国编辑委员会编《中国民间故事集成》（湖南卷），北京：中国ISBN 中心 2002 年版，第 33 页。

W1124.1.5
造天地经历很长时间

实 例

土家族 经过了八千八百八十八回飞雪和八千八百八十八回落雨，阳龙造好了天，阴龙造好了地。

【流传】湖北省·（宜昌市）·长阳县（长阳土家族自治县）·贺家坪区（贺家坪镇）·火麦溪村

【出处】郑文仕讲，杜荣东采录：《神龙造天造地造人》，见中国民间文学集成全国编辑委员会编《中国民间故事集成》（湖北卷），北京：中国 ISBN 中心 1999 年版，第 7 页。

W1124.1.6
冬天造天，春天造地

【关联】［W4770］季节

实 例

纳西族 冬天冬三月，青龙不劈雷，开天开成了；春天春三月，树叶不枯萎，辟地辟成了！

【流传】云南省·丽江（丽江市）

【出处】和芳（东巴）读经，和志武翻译整理：《崇邦统》（人类迁徙记）（1954），见吕大吉、何耀华总主编《中国各民族原始宗教资料集成》（纳西族卷、羌族卷、独龙族卷、傈僳族卷、怒族卷），北京：中国社会科学出版社 2000 年版，第 329 页。

W1124.1.7
鼠年产生天，牛年产生地

实 例

白族 盘古和盘生两弟兄，盘古在鼠年变成了天，盘生在牛年变成了地。

【流传】云南省·（大理白族自治州）·大理（大理市）、洱源（洱源县）、剑川（剑川县）

【出处】

(a) 杨国政讲、杨亮才记录：《开天辟地》，见李缵绪主编《白族神话传说集成》，北京：中国民间文艺出版社1986年版。

(b) 杨国政讲，杨亮才记录整理：《开天辟地》，见中华民族故事大系编委会编《中华民族故事大系》第5卷（瑶族、白族、土家族），上海：上海文艺出版社1995年版，第317~318页。

白族 盘古和盘生弟兄俩分别变天地，天从东北方变起，地从西南方变起。盘古在鼠年变成了天，盘生在牛年变成了地。

【流传】云南省·（大理白族自治州）·大理县（大理市）、洱源县、剑川县

【出处】杨国政讲述，杨亮才记录：《盘古开天辟地》，原载李缵绪主编《白族神话传说集成》，见陶阳、钟秀编《中国神话》（上），北京：商务印书馆2008年版，第13~18页。

W1124.1.8
特定人物出现是天地起始

实 例

（参见下级母题实例）

W1124.1.8.1
盘古是天地起始的时代

实 例

彝族 天地的起始，万物产生的时代，彝家叫作"托得多查"，就是汉人说的"盘古与天地"。

【流传】（云南省·楚雄彝族自治州·双柏县，红河哈尼族彝族自治州等地）

【出处】

(a) 云南省民族民间文学楚雄、红河调查队搜集，郭思九、陶学良整理：《查姆》，昆明：云南人民出版社1981年版。

(b) 郭思九、陶学良整理，古梅改写：《彝家的古根》，选自《云南民族文学资料》第七集中的《查姆》上部前三章，见姚宝瑄主编《中国各民族神话》（羌族、彝族），太原：山西出版传媒集团·书海出版社2014年版，第59页。

W1124.1.8.2
盘古1万8千岁时天地开辟

实 例

汉族 天地浑沌如鸡子，盘古生在其

中。盘古万八千岁，天地开辟。

【流传】（无考）

【出处】

(a) ［三国·吴］徐整：*《盘古》，见［唐］欧阳询《艺文类聚》卷一引。

(b) ［三国·吴］徐整：*《盘古》，见［清］马骕《绎史》卷一引。

W1124.2
天地出现的顺序（天地产生的顺序）

【关联】［W1527.2］万物产生的顺序

实 例

（参见下级母题实例）

W1124.2.0
天地同时产生

【关联】［W1498.5.5］天地同时增长

实 例

汉族 最早的世界像个硕大的鸡子。盘古孕育其中。盘古一连闹了七七四十九日，把鸡子壳给砸烂，鸡子清、鸡子黄都流了出来。鸡子清轻，浮在上面变成了天，鸡子黄重，沉在下面变作了地。

【流传】浙江省·（金华市）·东阳县（东阳市）

【出处】张宣元讲述，周耀明搜集整理：《盘古王开天》，载《民间文学》1986年第11期。

W1124.2.0.1
同时造天地

实 例

回族 真主安拉在第一天创造了天和地。

【流传】黑龙江省·（牡丹江市）·绥芬河市

【出处】杨明岱讲，周爱民采录：《阿丹人祖》，见中国民间文学集成全国编辑委员会编《中国民间故事集成》（黑龙江卷），北京：中国ISBN中心2005年版，第20页。

壮族 造天造地是同时开始的。

【流传】云南省·（红河哈尼族彝族自治州）·金平县（金平苗族瑶族傣族自治县）·大寨（大寨乡）

【出处】黄金福讲，黄荣记录：《地为什么没有造平》，原载徐保国等主编《云南民间文学集成——金平故事卷》，内部资料，1989年，见姚宝瑄主编《中国各民族神话》（仫佬族、壮族、京族），太原：山西出版传媒集团·书海出版社2014年版，第129页。

W1124.2.1
先出现天，后出现地（先有天，后有地）

实 例

德昂族 很古的时候，天是开了，地没有开。

1.2.1 天地的产生与特征　　‖W1124.2.1.1–W1124.2.2.1‖　357

【流传】（无考）

【出处】赵备搜集整理：《茶叶变男女开创大地》，见姚宝瑄主编《中国各民族神话》（佤族、阿昌族、纳西族、普米族、德昂族），太原：山西出版传媒集团·书海出版社2014年版，第386页。

纳西族 世界先出现天，后出现地。

【流传】云南省·（迪庆藏族自治州）·中甸（香格里拉县）

【出处】《云南民族民俗和宗教调查》，昆明：云南民族出版社1985年版，第256页。

W1124.2.1.1

轻的天先形成，重的地后形成

实 例

汉族 气有涯垠，清阳者薄靡而为天，重浊者凝滞而为地。清妙之合专易，重浊之凝竭难，故天先成而地后定。

【流传】（无考）

【出处】［汉］刘安及门客：《淮南子·天文训》。

W1124.2.1.2

天产生3年后产生地

实 例

彝族 天体生出三年之后，大地才产生。

【流传】（无考）

【出处】蔷紫改写：《影与创世纪·扯

舍十代论》，原载贵州省民间文学工作组编《民间文学资料》，1986年，见姚宝瑄主编《中国各民族神话》（羌族、彝族），太原：山西出版传媒集团·书海出版社2014年版，第126页。

W1124.2.2

先造天，后造地

实 例

汉族 天先成而地后定。

【流传】（无考）

【出处】［汉］刘安及门客：《淮南子·天文训》。

W1124.2.2.1

男神女神先造天再造地

【关联】［W1103.5］男女2神造天地

实 例

羌族 男神和女神开天辟地，先造天后造地再造山川。

【流传】四川省·（阿坝藏族羌族自治州）·茂县·三龙乡

【出处】

（a）《羌族的祭山会》（1983.05），原载钱安靖《羌族宗教习俗调查资料》，见羌族社会历史调查四川省编写组编《羌族社会历史调查》，成都：四川省社会科学院出版社1986年版。

（b）同（a），见吕大吉、何耀华总主编《中国各民族原始宗教资料集成》（纳西族卷、羌族卷、独龙族卷、傈傈僳族卷、怒族卷），北京：中国社会科学出版社 2000 年版，第 552 页。

W1124.2.2.2
布洛陀先造天，后造地

实 例

壮族 布碌陀先造天，后造地。

【流传】（a）广西壮族自治区右江及红水河一带

【出处】

(a) 周朝珍讲，何承文整理：《布碌陀》，载广西民间文学研究会编印《广西民间文学丛刊》第 5 期。

(b)《布碌陀》（王松选定），见姚宝瑄主编《中国各民族神话》（仫佬族、壮族、京族），太原：山西出版传媒集团·书海出版社 2014 年版，第 76 页。

W1124.2.2.3
大神英叭先造天，后造地

【关联】

① ［W1103.2.6］天神英叭造天地

② ［W1103.10.8.1］大神英叭造天地

实 例

傣族 大神因叭的本领很大，他创造了十六层天空，接着又造了大地。

【流传】（无考）

【出处】《因叭止洪水》，原载毛星主编《中国少数民族文学》，湖南人民出版社 1983 年版，见姚宝瑄主编《中国各民族神话》（哈尼族、傣族），太

原：山西出版传媒集团·书海出版社 2014 年版，第 330 页。

W1124.2.2.4
女神密洛陀先造天，后造地

实 例

瑶族 密洛陀（女神名）造好了天空，又要造大地。

【流传】广西壮族自治区·（河池市）·都安瑶族自治县江水河一带瑶族地区

【出处】《密洛陀创世》，蓝田根据莎红整理的《密洛陀》和潘泉脉整理的《密洛陀》两部不同版本的长诗《密洛陀》改写，见姚宝瑄主编《中国各民族神话》（土家族、毛南族、侗族、瑶族），太原：山西出版传媒集团·书海出版社 2014 年版，第 154 页。

W1124.2.2.5
造物主能贯娃先造天，后造地

实 例

景颇族 能贯娃（造物主、创世神）花了很大气力先造好了天，接着又不辞劳苦地来造地。

【流传】

(a) 云南省

(b)（云南省·德宏傣族景颇族自治州）

【出处】

(a) 岳志明、杨国治翻译整理：《驾驭太阳的母亲》，见谷德明编《中国少

数民族神话》，北京：中国民间文艺出版社 1987 年版，第 468 页。

(b) 同（a），见姚宝瑄主编《中国各民族神话》（白族、拉祜族、景颇族），太原：山西出版传媒集团·书海出版社 2014 年版，第 204 页。

W1124.2.2.5
其他特定的人物先造天，后造地

实 例

（参见下级母题实例）

W1124.2.2.5.1
两个神先造天，另两个神再造地

实 例

侗族 颠光、柱谊造天在先，赐广、乐尉造地在后。

【流传】贵州省·（黔东南苗族侗族自治州）·从江（从江县）、黎平（黎平县）

【出处】梁普安讲，龙玉成采录：《天地的形成》，见燕宝、张晓编《贵州神话传说》，贵阳：贵州人民出版社 1997 年版，第 6 页。

W1124.2.2a
先生天，后生地

实 例

（参见下级母题实例）

W1124.2.2a.1
鱼先生天，后生地

【关联】[W1116.1]鱼生天地

实 例

哈尼族 祖先鱼第一天生出天，第二天生出地。

【流传】云南省·（红河哈尼族彝族自治州）·元阳县·（黄草岭乡）·树皮寨（树皮寨村）

【出处】杨批斗讲，史军超采录：《祖先鱼上山》，见中国民间文学集成全国编辑委员会编《中国民间故事集成》（云南卷），北京：中国 ISBN 中心 2003 年版，第 37 页。

W1124.2.3
先造地，后造天

实 例

哈尼族 沙罗阿龙（人名）把地造好了，于是开始造天。

【流传】云南省·（西双版纳傣族自治州）·勐腊（勐腊县）

【出处】张猴讲，杨万智搜集整理：《沙罗阿龙造天地》，原载云南省民间文学集成办公室编《哈尼族神话传说集成》，中国民间文艺出版社 1990 年版，见姚宝瑄主编《中国各民族神话》（哈尼族、傣族），太原：山西出版传媒集团·书海出版社 2014 年版，第 18 页。

汉族 先有地，后有天。

【流传】江苏省·（镇江市）·丹阳市·云林乡·伦地村

【出处】徐书明讲，康新民采录：《绿鸭淘沙造大地》，见中国民间文学集成全国编辑委员会编《中国民间故事集成》（江苏卷），北京：中国ISBN中心1998年版，第13页。

壮族　造天成于后，造地完在先。

【流传】广西壮族自治区·河池（河池市）

【出处】广西少数民族古籍整理出版规划办公室：《布洛陀经诗》，南宁：广西人民出版社1992年版，第1008页。

W1124.2.3.1
真主先造地和万物

实例

柯尔克孜族　真主（柯尔克孜族人称"安拉"或"胡大依"）先创造了大地和万物。

【流传】（新疆维吾尔自治区）

【出处】

(a)《创世的传说》，见毛星主编《中国少数民族文学》，长沙：湖南人民出版社1983年版。

(b) 同（a），见姚宝瑄主编《中国各民族神话》（乌孜别克族、哈萨克族、柯尔克孜族、俄罗斯族、维吾尔族、塔吉克族、塔塔尔族、锡伯族），太原：山西出版传媒集团·书海出版社2014年版，第144页。

W1124.2.3.2
巨人英叭先造地，后造天

实例

傣族　巨人英叭做完了大地，才按照地下那汪洋大海和花花草草去造天。

【流传】云南省·西双版纳（西双版纳傣族自治州）·（勐海县）

【出处】《阳光和风成婚生英叭》，原文本为叭补答讲，刀昌德记录《开天辟地的故事》，见姚宝瑄主编《中国各民族神话》（哈尼族、傣族），太原：山西出版传媒集团·书海出版社2014年版，第235页。

W1124.2.3.3
神王英叭先造地，后造天

实例

傣族　神王英叭造天时，先要造地。

【流传】云南省·西双版纳傣族地区（西双版纳傣族自治州）

【出处】《巴塔麻嘎捧尚罗》，王松据岩温炳翻译《巴塔麻晏》（开天辟地）改写，见姚宝瑄主编《中国各民族神话》（哈尼族、傣族），太原：山西出版传媒集团·书海出版社2014年版，第266页。

W1124.2.3.4
盘古先造地，后造天

【关联】［W1104.1］盘古造天地（盘古开天辟地）

实 例

汉族 盘古王把地造起好后，又慌忙造天。

【流传】四川省·巴县（今重庆市·巴南区）

【出处】王国珍讲，罗桂英采录：《盘古开天地》，见中国民间文学集成全国编辑委员会编《中国民间故事集成》（四川卷·上），北京：中国 ISBN 中心 1998 年版，第 22 页。

汉族 盘古王长了一万八千年，身体巨大后就开始造天地。他先造地，最初造出来的地是展展平的。

【汤普森】四川省·巴县（今重庆市·巴南区）

【出处】王国珍讲，罗桂英记录，金祥度搜集整理：《盘古王造天地》（1988.01），见姚宝瑄主编《中国各民族神话》（汉族），太原：山西出版传媒集团·书海出版社 2014 年版，第 29~30 页。

壮族 盘古最先造了地，然后才开始造天。

【流传】（无考）

【出处】张声震主编：《布洛陀经诗》，见张声震总主编，农冠品编注《壮族神话集成》，南宁：广西民族出版社 2007 年版，第 93 页。

W1124.2.3.5
扁古王先造地，后才有天

【关联】[W1104.1.3] 扁鼓王开天辟地（扁古王开天辟地）

实 例

汉族 扁古王先造好地，然后才造出天。

【流传】四川省·（宜宾市）·屏山县·屏边乡（屏边镇）·麻柳村

【出处】徐云华讲，徐登奎采录：《盘古开天地》，见中国民间文学集成全国编辑委员会编《中国民间故事集成》（四川卷·上），北京：中国 ISBN 中心 1998 年版，第 23 页。

W1124.3
天地产生的根基

实 例

（参见下级母题实例）

W1124.3.1
神鸟蛋是天地产生的根基

【关联】[W1115] 卵生天地

实 例

藏族 两只神鸟成婚，生下的十八个五彩蛋，成为天地形成的根基。

【流传】云南省·迪庆（迪庆藏族自治州）

【出处】才旦旺堆搜集，蔷紫整理《神蛋创世纪》，见姚宝瑄主编《中国各民族神话》（门巴族、珞巴族、怒族、藏族），太原：山西出版传媒集团·书海出版社 2014 年版，第 74 页。

W1124.4
第 2 次产生天地（再造天地、重造天地）

【关联】
① ［W1509.8］再造万物
② ［W1543.5.11］重造日月

实 例

汉族　天塌地陷后，天和地又重新长好。

【流传】河南省·（南阳市）·桐柏县·二郎山乡·黄楝沟村

【出处】马献占讲，河南大学"中原神话调查组"采录：《兄妹结婚》（桐柏县），见中国民间文学集成全国编辑委员会编《中国民间故事集成》（河南卷），北京：中国 ISBN 中心 2001 年版，第 4 页。

W1124.4.1
天地第 2 次产生的原因

实 例

（参见下级母题实例）

W1124.4.1.1
世界因人不善良被毁灭

实 例

白族　因为人不善良，天地被毁灭掉，盘古于是变成了天，变成了地。

【流传】云南省

【出处】《天地的起源》，见中国社会科学院云南少数民族文学研究所等编《云南少数民族文学资料》（第1辑），内部编印，1980 年，第 228 页。

汉族　（实例待考）

苗族　（实例待考）

彝族　（实例待考）

壮族　（实例待考）

W1124.4.1.2
洪水后重造天地

实 例

土家族　神人张古老和李古老造天制地不久，爆发洪水。洪水接连涨了七天七夜，把天地冲垮了。张果老又造天，李果老又制地，洪水才退下去了。

【流传】（无考）

【出处】
（a）《青蛙吞太阳》，见谷德明编《中国少数民族神话》，北京：中国民间文艺出版社 1987 年版。
（b）同（a），见姚宝瑄主编《中国各民族神话》（土家族、毛南族、侗族、瑶族），太原：山西出版传媒集团·书海出版社 2014 年版，第 20 页。

W1124.4.1.3
天塌地陷后天地再生

实 例

汉族　天塌地陷后，又重新长出的天地。

【流传】河南省·（周口市）·郸城县、淮阳县一带

【出处】张登科（男，汉族，45岁，高中）讲，张效连采录，任海萍采录整理：《人祖爷和人祖奶奶的来历》，见张振犁编著《中原神话通鉴》（第一卷），郑州：河南大学出版社2017年版，第335页。

W1124.4.2
重新开天辟地

【关联】［W1502.2］万物自然再生

实 例

（参见下级母题实例）

W1124.4.2.0
神重新开天辟地

实 例

傣族　第一次开天辟地后不久，便被一场大火给全部烧毁了，神们只得进行第二次开天辟地。

【流传】云南省·西双版纳（西双版纳傣族自治州）

【出处】屈永仙：《傣族洪水神话及其特点》，见《云南开远兄妹婚神话与信仰民俗国际学术研讨会会议论文》，昆明，2010.08。

W1124.4.2.0.1
2个神重新开天辟地

实 例

（参见下级母题实例）

W1124.4.2.0.1.1
利吉神和路安神重新开天辟地

实 例

佤族　天塌地陷后，利吉神和路安神（有的译为"俚神"和"伦神"，有的认为是天神和地神）重新开天辟地。

【流传】云南省·（普洱市）·西盟县（西盟佤族自治县）

【出处】包永红等讲，高登智采录：《佤族姓氏的形成》，见中国民间文学集成全国编辑委员会编《中国民间故事集成》（云南卷），北京：中国ISBN中心2003年版，第336页。

W1124.4.2.1
男女祖先重新开天辟地

实 例

纳西族　男祖先崇仁丽恩到天上娶了天女册恒布白命后回到人间，迁徙来到英古地以后，建下胜利的石碑，打下胜利的石桩；男的搭笆房，女的烧铁火；重新开辟新天地，重新筑墙建村寨。

【流传】云南省·丽江（丽江市）

【出处】和芳（东巴）读经，和志武翻译整理：《崇邦统》（人类迁徙记）（1954），见吕大吉、何耀华总主编《中国各民族原始宗教资料集成》（纳西族卷、羌族卷、独龙族卷、傈僳族卷、怒族卷），北京：中国社会科学出版社2000年版，第

W1124.4.3
姑侄重造天地

【实例】

瑶族 洪水退完以后，幸存者莎方三和房十六两姑侄重新造天地。

【流传】广东省·（清远市）·连南县（连南瑶族自治县）·寨岗镇

【出处】唐罗古三等讲，许文清等采录：《洪水淹天》，见中国民间文学集成全国编辑委员会编《中国民间故事集成》（广东卷），北京：中国ISBN中心2006年版，第8页。

W1124.4.4
两个神人重造天地

【实例】

（参见下级母题实例）

W1124.4.4.1
张古老和李古老重造天地

【关联】［W1104.6.2］张古老造天，李古老造地

【实例】

土家族 天地遭毁坏后，玉帝令神人张古老制天，李古老制地。

【流传】（无考）

【出处】《张古老与李古老》（原名《张古老制天李古老制地》），原载毛星主编《中国少数民族文学》（中册），见袁珂《中国神话大词典》，北京：华夏出版社2015年版，第488页。

土家族 神人张果老造天，李果老造地后，洪水连涨七昼夜，天地为之冲塌。然后张果老又造天，李果老又制地。

【流传】（无考）

【出处】《青蛙吞太阳》（原名《造天制地》），原载《中国少数民族神话选》，见袁珂《中国神话大词典》，北京：华夏出版社2015年版，第488页。

土家族 天地遭到破坏以后，玉帝就叫张古老和李古老（两个神人名）去制天制地。

【流传】湖南省土家族居住地区

【出处】《张古老制天，李古老制地》，苗风根据《中国少数民族文学》（湖南人民出版社1983年版）改写，见姚宝瑄主编《中国各民族神话》（土家族、毛南族、侗族、瑶族），太原：山西出版传媒集团·书海出版社2014年版，第4页。

W1124.4.5
女始祖重造天地

【关联】［W1103.9.6］女始祖造天地

【实例】

壮族 因为男始祖布洛陀造的天不高，造的地不平，造的山没有高低，造的河没有宽窄。女始祖姆六甲要重新造天地、山川。

【流传】

(a) 广西壮族自治区·(百色市)·西林县·那佐乡·那来村

(b) 广西壮族自治区

【出处】

(a) 黄公受讲，岑护双采录翻译：《巨人夫妻》，见中国民间文学集成全国编辑委员会编《中国民间故事集成》（广西卷），北京：中国 ISBN 中心 2001 年版，第 55~60 页。

(b) 黄公受讲，岑护双采录翻译：《巨人夫妻——姆洛甲与布洛陀》，原载中国民间文学集成全国编辑委员会编《中国民间故事集成》（广西卷），北京：中国 ISBN 中心 2001 年版，见陶阳、钟秀编《中国神话》（中），北京：商务印书馆 2008 年版，第 659~667 页。

W1124.4.6
观音重造天地

实例

彝族 以前，天上的 9 个太阳 7 个月亮被盘古全都凿落了，望天没有了天，望地没有了地。于是观音来造天，又是观音来造地。

【流传】云南省·楚雄彝族自治州

【出处】罗文荣演唱，李世忠翻译，蔷紫改写：《老人梅葛》，见姚宝瑄主编《中国各民族神话》（羌族、彝族），太原：山西出版传媒集团·书海出版社 2014 年版，第 124 页。

W1124.4.7
天地再生的时间

实例

（参见下级母题实例）

W1124.4.7.1
灾难后 1 万 8 千年天地重生

实例

汉族 天塌地陷后，过了一万八千年，天又长好了，上面还有云彩；地也长全了，上面还有草。

【流传】河南省·(周口市)·沈丘县·范营乡·董楼村

【出处】刘玉英（女，71 岁，农民，不识字）讲，孔祥金采录：《姐弟成婚》（1987.09），见张振犁编著《中原神话通鉴》（第一卷），郑州：河南大学出版社 2017 年版，第 329 页。

W1124.4.8
与第 2 次产生天地有关的其他母题

实例

（参见下级母题实例）

W1124.4.8.1
第二次造的天地仍然黑暗

实例

彝族 混沌最早变化产生的索恒哲（原书解释为哲人名字，本书认为是最早产生的天神的名称），第二次造出天地后，发现天地仍然黑暗。

【流传】（贵州省彝族地区）

【出处】《索恒哲》，见王富慧（珠尼阿依）译著，贵州省民族古籍整理办公室编《彝族神话史诗选》，北京：民族出版社2013年版，第9~10页。

W1124.5
三次创造天地

实例

傣族　世界总共进行了三次创世。

【流传】云南省·西双版纳（西双版纳傣族自治州）

【出处】屈永仙：《傣族洪水神话及其特点》，见《云南开远兄妹婚神话与信仰民俗国际学术研讨会会议论文》，昆明，2010.08。

W1124.5.1
神三次创造天地

实例

傣族　第二次开天辟地之后不久，洪水又把天地万物冲毁消灭了。神们又进行第三次创造天地。

【流传】云南省·西双版纳（西双版纳傣族自治州）

【出处】屈永仙：《傣族洪水神话及其特点》，见《云南开远兄妹婚神话与信仰民俗国际学术研讨会会议论文》，昆明，2010.08。

W1124.6
日月是造天地时的破坏者

【关联】[W1007.3.1] 创世的破坏者

实例

（参见下级母题实例）

W1124.6.1
太阳九姊妹和月亮十兄弟是造天地时的破坏者

实例

布朗族　太阳九姊妹和月亮十弟兄破坏顾米亚开辟的天地。

【流传】（a）云南省·（西双版纳傣族自治州）·勐海县

【出处】

（a）岩的兴讲，朱嘉禄采录：《顾米亚》，见中国民间文学集成全国编辑委员会编《中国民间故事集成》（云南卷），北京：中国ISBN中心2003年版，第150页。

（b）朱嘉禄整理：《顾米亚》，见谷德明编《中国少数民族神话》，北京：中国民间文艺出版社1987年版，第480页。

W1124.7
先有人（神）后有天

实例

（参见下级母题实例）

W1124.7.1
先有老子后有天

实例

汉族　世界上先出现了一个叫老子的人，后来才出现了天。

【流传】
（a）吉林省·（通化市）·集安县·头道镇
（b）吉林省·（通化市）·柳河县·柳河镇

【出处】
（a）于连才讲，黄绍文采录：《先有老子后有天》，见中国民间文学集成全国编辑委员会编《中国民间故事集成》（吉林卷），北京：中国文联出版公司1992年版，第2页。
（b）潘竹松讲，张月照采录：《先有老子后有天》，见中国民间文学集成全国编辑委员会编《中国民间故事集成》（吉林卷），北京：中国文联出版公司1992年版，第2页。

W1124.8
天地产生的见证者

实例

（参见下级母题实例）

W1124.8.1
特定的动物是天地产生的见证者

实例

（参见下级母题实例）

W1124.8.1.1
虫子是天地产生的见证者

实例

藏族　老母虫木日扎该看见罗拉甲伍（管地的皇帝）在绷天。

【流传】四川省·（绵阳市）·平武县·白马藏区（白马藏族乡）

【出处】
（a）＊《绷天绷地》，见《四川白玛藏族民族文学资料集》，四川藏族研究所内部编印，1991年，第80页。
（b）扎嘎才让讲，四川大学中文录采风队采录：《创世传说》，见中国民间文学集成全国编辑委员会编《中国民间故事集成》（四川卷·下），北京：中国ISBN中心1998年版，第934页。
（c）扎嘎才让等讲，谢世廉等搜集：《创世传说》，见陶立璠、赵桂芳等编《中国少数民族神话汇编》（开天辟地篇等），中央民族学院少数民族古籍整理出版规划领导小组办公室印（未署出版时间），第1页。

W1124.9
以前天地时有时无

实例

汉族　很久以前，天和地时有时无。

【流传】天津市·汉沽区
【出处】刘景玉讲，刘恩华采录：《洪钧老祖分天地》，见中国民间文学集成全国编辑委员会编《中国民间故事集成》（天津卷），北京：中国ISBN中心2004年版，第5页。

W1124.10
以前只有天没有地

实 例

傈僳族 叭英叭（世上第一个人，也是傣族最早的天神）骑着自己造的"猴宾"飞行了十万年，总找不到一个降落的地方。

【流传】云南省·西双版纳州（西双版纳傣族自治州）

【出处】岩英祁讲，仓霁华翻译，朱宜初等采录：《英叭开天辟地》，见中国民间文学集成全国编辑委员会编《中国民间故事集成》（云南卷），北京：中国ISBN中心2003年版，第82页。

傈僳族 在遥远的古代，只有天，没有地。

【流传】（a）云南省·（怒江傈僳族自治州）·泸水县

【出处】

（a）胡贵讲，刘辉豪采录：《木布帕造天地人》，见中国民间文学集成全国编辑委员会编《中国民间故事集成》（云南卷），北京：中国ISBN中心2003年版，第42页。

（b）刘辉豪、胡贵搜集整理：《天、地、人的形成》，见谷德明编《中国少数民族神话》，北京：中国民间文艺出版社1987年版，第370页。

傈僳族 很古的时候，只有天，没有地。

【流传】云南省·（怒江傈僳族自治州）·碧江县（1986年撤销县制，归入福贡县等）、泸水县

【出处】

（a）《木布帕捏地球》（原题为《天·地·人的形成》），原载祝发清、左玉堂、尚仲豪编《傈僳族民间故事选》，上海文艺出版社1985年版。

（b）同（a），见姚宝瑄主编《中国各民族神话》（水族、布朗族、独龙族、基诺族、傈僳族），太原：山西出版传媒集团·书海出版社2014年版，第187页。

傈僳族 在遥远的古代，只有天，没有地。

【流传】（无考）

【出处】刘辉豪等：《天、地、人的由来》，见祝发清、左玉堂、尚仲豪编《傈僳族民间故事选》，上海：上海文艺出版社1985年版，第1~3页。

苗族 （实例待考）

裕固族 以前，只有天没有地。

【流传】（无考）

【出处】托瓦讲，增才整理，钟进文辑：《阿斯哈斯》，见满都呼主编《中国阿尔泰语系诸民族神话故事》，北京：民族出版社1997年版，第121页。

1.2.1 天地的产生与特征

W1124.10.1
以前只有天和水

实 例

满族 以前没有地。天连着水，水连着天。

【流传】（无考）

【出处】《天神创世》，见姚宝瑄主编《中国各民族神话》（满族、赫哲族、朝鲜族），太原：山西出版传媒集团·书海出版社2014年版，第15～16页。

W1124.10.2
很早以前只有天

实 例

维吾尔族 很早以前，只有漫无边际的黑洞洞的天。

【流传】新疆维吾尔自治区·伊犁州（伊犁哈萨克自治州）·察布查尔县（察布查尔锡伯自治县）

【出处】牙库布讲，阿不都拉搜集翻译，姚宝瑄整理：《女天神创世》，见姚宝瑄主编《中国各民族神话》（乌孜别克族、哈萨克族、柯尔克孜族、俄罗斯族、维吾尔族、塔吉克族、塔塔尔族、锡伯族），太原：山西出版传媒集团·书海出版社2014年版，第225页。

W1124.10a
以前只有地

实 例

鄂温克族 在人类还没有出现以前，世上只有一个大地。

【流传】内蒙古自治区·呼伦贝尔盟（呼伦贝尔市）·（鄂温克族自治旗）·巴彦托海镇

【出处】

（a）阿拉诺海讲，马名超记录整理：《大地的传说》（1979.05.23），见马名超、王士媛、白衫编《鄂温克族民间故事选》，上海：上海文艺出版社1989年版，第21页。

（b）《大地的传说》，见吕大吉、何耀华总主编《中国各民族原始宗教资料集成》（鄂伦春族、鄂温克族、赫哲族、达斡尔族、锡伯族、满族、蒙古族、藏族），北京：中国社会科学出版社1999年版，第94页。

W1124.11
天地最早产生的是影子

【关联】

① ［W1039］最早的世界是影子

② ［W1057.1.6.7］混沌是世界的影子

实 例

彝族 天地还没有生的时候，天地的影形就产生了。有了天地的影形之后，才生出天体。

【流传】（无考）

【出处】蔷紫改写：《影与变创世纪·扯舍十代论》，原载贵州省民间文学工作组编《民间文学资料》，1986年，见姚宝瑄主编《中国各民族神话》（羌族、彝族），太原：山西出版传媒集团·书海出版社2014年版，第

126 页。

W1124.12
天地最早时是雾

【关联】[W1041.2] 最早的世界是雾

实 例

彝族 远古的时候，天地还是一团浓雾。

【流传】（无考）

【出处】《人类和石头的战争》，原载李子贤编《云南少数民族神话选》，云南人民出版社 1990 年版，见姚宝瑄主编《中国各民族神话》（羌族、彝族），太原：山西出版传媒集团·书海出版社 2014 年版，第 275 页。

彝族 远古的时候，天地是一团浓雾。

【流传】云南省·（昆明市）·路南（石林彝族自治县）·圭山（圭山镇）

【出处】
(a) 王伟收集：*《天神创世》，见谷德明编《中国少数民族神话》，北京：中国民间文艺出版社 1987 年版，第 309~310 页。
(b) 同（a），见吕大吉、何耀华总主编《中国各民族原始宗教资料集成》（彝族卷、白族卷、基诺族卷），北京：中国社会科学出版社 1996 年版，第 25 页

※ W1125
天地的特征

实 例

（实例待考）

W1126
天地的性别

实 例

（参见下级母题实例）

W1126.1
天地一阴一阳

【关联】[W4755] 阴阳的产生

实 例

汉族 （实例待考）

W1126.1.1
天地有阴的一面和阳的一面

实 例

藏族 斯巴（世界、天地）有阴的一面和阳的一面。

【流传】（无考）

【出处】才旦旺堆搜集，蔷紫整理：《大鹏分天地》，见姚宝瑄主编《中国各民族神话》（门巴族、珞巴族、怒族、藏族），太原：山西出版传媒集团·书海出版社 2014 年版，第 80 页。

W1126.2

天是公的，地是母的（天是男的，地是女的；天为雄，地为雌）

实 例

`珞巴族` 天空是男的，大地是女的。

【流传】

（a）西藏自治区·下珞渝（泛指永木河、锡约尔河、巴恰西仁河流域）

（b）西藏自治区·下珞渝（又写作"下珞瑜"）西巴霞曲流域

【出处】

（a）维·埃尔温搜集：《天地的故事》，见中华民族故事大系编委会编《中华民族故事大系》第16卷（赫哲族、门巴族、珞巴族、基诺族），上海：上海文艺出版社1995年版，第396页。

（b）同（a），见李坚尚、刘芳贤编《珞巴族门巴族民间故事选》，上海：上海文艺出版社1993年版，第9页。

`珞巴族` 天是男的，地是女的。

【流传】

（a）西藏自治区·下珞瑜（泛指永木河、锡约尔河、巴恰西仁河流域）。

（b）西藏自治区·下珞渝（又写作"下珞瑜"）·尼米金一带（米林县·甫龙村德根部落）

【出处】

（a）达大讲，达嘎译，李坚尚、裴富珍搜集整理：《天父地母和宁崩阿乃》，见中华民族故事大系编委会编《中华民族故事大系》第16卷（赫哲族、门巴族、珞巴族、基诺族），上海：上海文艺出版社1995年版，第403~404页。

（b）同（a），见李坚尚、刘芳贤编《珞巴族门巴族民间故事选》，上海：上海文艺出版社1993年版，第17~18页。

`傈僳族` 天为雄，地为雌。

【流传】（无考）

【出处】刘辉豪等：《天、地、人的由来》，见祝发清、左玉堂、尚仲豪编《傈僳族民间故事选》，上海：上海文艺出版社1985年版，第1~3页。

`傈僳族` 天为雄，地为雌，天地相配为夫妻矣。

【流传】（无考）

【出处】袁珂改编：《木布帕》（原名《天、地、人的形成》），原载《中国少数民族神话选》，见袁珂《中国神话大词典》，北京：华夏出版社2015年版，第513页。

`傈僳族` 地球虽然不满边，但是从此地球支架着天，天笼罩着地。天为雄，地为雌。

【流传】云南省·（怒江傈僳族自治州）·碧江县（1986年撤销县制，归入福贡县等）、泸水县

【出处】

（a）《木布帕捏地球》（原题为《天·地·人的形成》），原载祝发清、左玉

堂、尚仲豪编《傈僳族民间故事选》，上海文艺出版社 1985 年版。

（b）同（a），见姚宝瑄主编《中国各民族神话》（水族、布朗族、独龙族、基诺族、傈僳族），太原：山西出版传媒集团·书海出版社 2014 年版，第 189 页。

W1126.2.1
天是公的叫天公，地是母的叫地母

【关联】[W0142] 天公地母

实例

汉族 远古时候，天和地是两个神灵，天是公的叫天公，地是母的叫地母。

【流传】江苏省·（连云港）·灌南县

【出处】于兴达讲，陈如升搜集整理：《天地结婚》（1982.10），见姚宝瑄主编《中国各民族神话》（汉族），太原：山西出版传媒集团·书海出版社 2014 年版，第 41~42 页。

W1127
天地的雏形

【关联】[W1035] 世界最早的情形

实例

（参见下级母题实例）

W1127.0
最初天地混沌

【关联】

① [W1036.10.2] 天地原来是一个三黄蛋

② [W1040] 最早的世界是混沌

③ [W1057.1] 混沌（混沌卵）

④ [W1128.3.1] 天地混沌如鸡子

实例

德昂族 很古的时候，天空和大地一片混沌。

【流传】云南省·德宏州（德宏傣族景颇族自治州）

【出处】陈志鹏采录：《祖先创世纪》，见中国民间文学集成全国编辑委员会编《中国民间故事集成》（云南卷），北京：中国 ISBN 中心 2003 年版，第 106 页。

哈尼族 古时候，天地混沌，宇宙洪荒。

【流传】云南省·（普洱市）·墨江（墨江哈尼族自治县），（红河哈尼族彝族自治州）·元阳（元阳县）、金平（金平苗族瑶族傣族自治县）、红河县、绿春（绿春县）等地

【出处】《一个大蛋》，原载李子贤《云南少数民族神话选》，云南人民出版社 1990 年版，见姚宝瑄主编《中国各民族神话》（哈尼族、傣族），太原：山西出版传媒集团·书海出版社 2014 年版，第 82 页。

汉族 很久以前，天地是连在一起的，混沌一团。

【流传】河南省·（驻马店市）·汝南县

【出处】李建国（45 岁，中专）讲，李

1.2.1 天地的产生与特征 ‖W1127.0.1-W1127.0.1.1‖ 373

超采录：《盘古开辟天地》(1987.06)，见张振犁编著《中原神话通鉴》（第一卷），郑州：河南大学出版社2017年版，第26页。

<u>彝族</u> 以前，天地混沌。

【流传】（无考）

【出处】《支格阿鲁》，原载毛星主编《中国少数民族文学》（下册）（原名《勒乌特衣》），见袁珂《中国神话大词典》，北京：华夏出版社2015年版，第429页。

<u>彝族</u> 远古的时候，天和地连成一片，一片混沌。下面没有地，上面也没有天，天和地无法分。

【流传】（云南省·楚雄彝族自治州·双柏县，红河哈尼族彝族自治州等地）

【出处】

（a）云南省民族民间文学楚雄、红河调查队搜集，郭思九、陶学良整理：《查姆》，昆明：云南人民出版社1981年版。

（b）郭思九、陶学良整理，古梅改写：《彝家的古根》，选自《云南民族文学资料》第七集中的《查姆》上部前三章，见姚宝瑄主编《中国各民族神话》（羌族、彝族），太原：山西出版传媒集团·书海出版社2014年版，第52页。

<u>藏族</u> 斯巴（世界）形成的时候，天和地是混合在一起的。

【流传】（无考）

【出处】才旦旺堆搜集，蓍紫整理：《大鹏分天地》，见姚宝瑄主编《中国各民族神话》（门巴族、珞巴族、怒族、藏族），太原：山西出版传媒集团·书海出版社2014年版，第80页。

W1127.0.1

天是一团混沌，地是一堆泥巴

实 例

<u>汉族</u> 一开始，天是一团混沌，地是一堆泥巴。

【流传】

（a）湖北省

（b）湖北省·孝感市

【出处】

（a）杨明春讲，宋虎搜集整理：《女娲造六畜》，见姚宝瑄主编《中国各民族神话》（汉族），太原：山西出版传媒集团·书海出版社2014年版，第33~34页。

（b）同（a），载《民间文学》1986年第1期。

W1127.0.1.1

最早的地是混沌

【关联】［W1127.0］最初天地混沌

实 例

<u>撒拉族</u> 原来，大地上到处是一片混沌。

【流传】（无考）

【出处】韩占祥讲，大漠记录整理：《黄金为什么深埋地下》，见满都呼主编《中国阿尔泰语系诸民族神话故事》，北京：民族出版社1997年版，第102页。

W1127.0.2
天地再次混沌

实例

<u>彝族</u> 老鹰为报复格兹天神伸开翅膀遮住了太阳，天地立即变得一片黑暗，分不清是白天，也分不出是夜晚。天与地又变成一片混沌。

【流传】（云南省·楚雄彝族自治州·姚安县·官屯乡·马游村，大姚县·昙华乡等）

【出处】

（a）郭天元（马游村）、李申呼颇（昙华乡）、李福玉颇（苴）演唱，郭思九、许明学、龚维顺、张宝省、陈志群、胡炳文等搜集，刘德虎、龚维顺、陈志群、李树荣、郭天元等整理：《梅葛》（第一部"创世"），见云南省民族民间文学楚雄调查队《梅葛》（1959），昆明：云南人民出版社 2009 年版。

（b）《打虎开天辟地》，蔷紫据云南省民族民间文学楚雄调查队著《梅葛》（云南人民出版社 2009 年版）改写，见姚宝瑄主编《中国各民族神话》（羌族、彝族），太原：山西出版传媒集团·书海出版社 2014 年版，第 196~197 页。

W1127.0.3
天地混沌无间

实例

<u>侗族</u> 萨天巴（蜘蛛，女祖神，创世神）查看她生的天和地，发现天和地没有分开，混沌在一起，严丝合缝，没有一个孔，也没有一丝缝。

【流传】广西壮族自治区·（柳州市）·三江（三江侗族自治县），（桂林市）·龙胜（龙胜各族自治县）

【出处】杨卜林喜、杨卜松林、杨明世讲，杨国仁、涛声搜集整理，蔷紫改写：《创世女神萨天巴》，过伟改写自侗族创世史诗《嘎茫莽道时嘉——远祖歌》（未出版稿），见姚宝瑄主编《中国各民族神话》（土家族、毛南族、侗族、瑶族），太原：山西出版传媒集团·书海出版社 2014 年版，第 73 页。

<u>珞巴族</u> 最初，天和地是连在一起的，混沌一团。

【流传】西藏自治区·（林芝地区）·米林县·纳玉区（南伊乡）

【出处】

（a）东娘讲，于乃昌采录：《九个太阳》，见中国民间文学集成全国编辑委员会编《中国民间故事集成》（西藏卷），北京：中国 ISBN 中心 2001 年版，第 9 页。

（b）同（a），见《珞巴族民间故事》：http://www.tibet-web.com/old/minjian/ync/gushi/mulu.htm，2003.10.02。

<u>珞巴族</u> 最初，天地不分，混沌一团。

【流传】西藏自治区·林芝地区·米林县·纳玉区（南伊乡）

【出处】

（a）东娘、达牛讲，于乃昌搜集：《天地成婚》（1979.07），见毛星主编

1.2.1 天地的产生与特征　‖W1127.0.4-W1127.1.1.1‖　**375**

《中国少数民族文学》（上册），长沙：湖南人民出版社1983年版。
（b）同（a），见姚宝瑄主编《中国各民族神话》（门巴族、珞巴族、怒族、藏族），太原：山西出版传媒集团·书海出版社2014年版，第18页。

W1127.0.4
天地一片混浊

【实例】

汉族 以前，天地是混浊一片。

【流传】四川省·巴县（重庆·巴南区）·鱼洞镇

【出处】张文奎讲，李子硕记录整理：《太阳和星星的来历》（1988.04），见姚宝瑄主编《中国各民族神话》（汉族），太原：山西出版传媒集团·书海出版社2014年版，第207～209页。

W1127.0a
天地无定形

【实例】

汉族 天地未形，冯冯翼翼，洞洞灟灟，故曰太昭。

【流传】（无考）

【出处】［汉］刘安及门客撰：《淮南子·天文训》。

W1127.1
最初天地很小（以前天地很小）

【关联】
① ［W1057.2］最早的世界很小
② ［W1157.0.1］以前天很小
③ ［W1220］原来的地很小

【实例】

汉族 盘古撑破混沌卵后，天地初分，空间还不大，盘古连身子都站不直。

【流传】河南省·（南阳市）·新野县

【出处】曹学典讲，曹宝泉采录：《盘古爷开天》，见张振犁编著《中原神话通鉴》（第一卷），郑州：河南大学出版社2017年版，第34页。

W1127.1.1
小天地

【实例】

苗族 天地刚分开之后，天和地都不宽，天和地都不大。

【流传】贵州省·（黔东南苗族侗族自治州）·台江县、施秉县、凯里县（凯里市）等地

【出处】秦公、岩公、李普奶等苗族八歌手说唱，唐春芳、桂舟人搜集整理：《巨鸟生天地，众神辟地天》，见姚宝瑄主编《中国各民族神话》（布依族、仡佬族、苗族），太原：山西出版传媒集团·书海出版社2014年版，第115～116页。

W1127.1.1.1
口袋变成小天地

【关联】［W1123.4］口袋变成天地

【实例】

满族 阿布凯恩都哩（天神名）手下

有一个大神叫布星妈妈，她有一只鹿皮口袋，口袋里装着些小星星。这些小星星一出，鹿皮口袋就会越来越大，变成一个小的天地。

【流传】黑龙江省·（牡丹江市）·宁古塔（宁安县）；吉林省·长白山地区（长白山一带）

【出处】

（a）傅英仁讲述，张爱云记录整理：《天宫神魔大战》，见傅英仁讲述，张爱云记录整理《满族萨满神话》，哈尔滨：黑龙江人民出版社2006年版。

（b）同（a），见陶阳、钟秀编《中国神话》（上），北京：商务印书馆2008年版，第155~180页。

W1127.1.2

以前天地小得神难以安身

实例

满族 以前天地窄小，让宇宙大神没有安身之处。

【流传】（无考）

【出处】《阿布卡赫赫女神创世》，王松根据富育光、孟慧英、王宏刚撰写的《满族宗教与神话》改写，见姚宝瑄主编《中国各民族神话》（满族、赫哲族、朝鲜族），太原：山西出版传媒集团、书海出版社2014年版，第4~14页。

W1127.1.3

最初天帽子大，地巴掌宽

实例

苗族 最初古时悠悠远，天刚生来的时候，天上只有帽子大，地上只有巴掌宽。

【流传】原文无流传地，据文本及注释推测该神话流传于贵州省·黔东南苗族侗族自治州·凯里市、台江县等地。

【出处】张启庭、张荣光、张正玉、张启德演唱，张明搜集，燕宝整理译注：《创造宇宙·开天辟地》，见贵州省少数民族古籍整理出版规划小组办公室编，燕宝整理译注《苗族古歌》，贵阳：贵州民族出版社1993年版，第20页。

W1127.1.4

最初的天圆镜大，地像马蹄一样小

实例

哈萨克族 当初，天只有圆镜那么大，地只像马蹄一样小。

【流传】（a）新疆维吾尔自治区

【出处】

（a）《造物主创世》，见满都呼主编《中国阿尔泰语系诸民族神话故事》，北京：民族出版社1997年版，第63页。

（b）尼合迈德·蒙加尼搜集，校仲彝翻译整理：《迦萨甘创世》，见谷德明编《中国少数民族神话》，北京：中国民间文艺出版社1987年版，第727页。

哈萨克族 创世主迦萨甘先创造了天和地。最初，天只有圆镜那般大，地只像马蹄一样小。

【流传】

(ab)（新疆维吾尔自治区）

(c) 新疆维吾尔自治区

【出处】

(a) 尼哈迈提·蒙加尼整理，校仲彝记录整理：《迦萨甘创世》，见张越、姚宝瑄编《新疆民族神话故事选》，乌鲁木齐：新疆人民出版社1989年版。

(b) 同（a），见姚宝瑄主编《中国各民族神话》（乌孜别克族、哈萨克族、柯尔克孜族、俄罗斯族、维吾尔族、塔吉克族、塔塔尔族、锡伯族），太原：山西出版传媒集团·书海出版社2014年版，第22页。

(c) 同（a），载《新疆民族文学》1982年第2期。

W1127.1.5

最初天像圆镜，地像银元

实例

哈萨克族 原来天仅大如圆镜，地仅大如银元。

【流传】（无考）

【出处】 袁珂改编：《迦萨甘》，原载毛星主编《中国少数民族文学》（上册），见袁珂《中国神话大词典》，北京：华夏出版社2015年版，第495页。

W1127.2

最初的天地是气

【关联】

① [W1051] 最早的世界是气

② [W1122.5] 气变成天地

实例

壮族 从前天地没有分家的时候，先是在宇宙中旋转着一团大气。

【流传】（无考）

【出处】 《布洛陀与姆六甲·天地分家》，原载蓝鸿恩搜集整理《神弓宝剑》，中国民间文艺出版社1985年版，见吕大吉、何耀华总主编《中国各民族原始宗教资料集成》（土家族卷、瑶族卷、壮族卷、黎族卷），北京：中国社会科学出版社1998年版，第603页。

W1127.3

以前的天地像蛛网

实例

拉祜族 古时，天地黑暗，像蛛网。

【流传】 云南省

【出处】《勐呆密呆》，见陶阳、牟钟秀著《中国创世神话》，上海：上海人民出版社2006年版，第55页。

W1127.3.1

天经地纬像蜘蛛网

【关联】 [W1159.14.1] 天是蜘蛛网

实例

苗族 天经地纬纵横像蜘蛛网。

【流传】 贵州省·（毕节市）·大方县·瓢井（瓢井镇）、兴隆（兴隆乡）、八堡（八堡乡）一带的六寨苗族［六寨苗族指阿龚寨（今菱角塘、大寨、青杠林、樱桃）、青山寨（今青山、板板桥、石板、大沟）、仄垮寨（今下寨、新房子）、中寨（今中寨、五龙寨、三口塘）、铧匠寨（上寨、新寨）和新开田寨］

【出处】项文礼讲，项兴荣搜集记录：《偶佛补天》，见苗青主编《西部民间文学作品选》，贵阳：贵州民族出版社2003年版，第52页。

W1127.4
天地最初巨大无边

【关联】

① ［W1157］天的大小

② ［W1219］地的大小

实 例

（参见下级母题实例）

W1127.4.1
神最初造出的天地巨大无边

实 例

苗族 大神纳罗引勾拍造的天宽无边，地大无沿。

【流传】广西壮族自治区·融水（融水苗族自治县）·大年（大年乡）、拱洞（拱洞乡）等地

【出处】杨达香讲，梁彬搜集整理：《创世大神和神子神孙》，见曹廷伟编著《广西民间故事辞典》，南宁：广西教育出版社1993年版，第22页。

W1127.5
最初天地不平

【关联】

① ［W1129.8］歪斜的天地

② ［W1159.3］以前的天不平

③ ［W1217.0］以前地不平

实 例

哈尼族 最早时，大鱼虽然变化出天地，然凸凹不平。

【流传】（无考）

【出处】《大鱼开辟天地》（原名《天、地、人的传说》），原载谷德明编《中国少数民族神话》，见袁珂《中国神话大词典》，北京：华夏出版社2015年版，第489页。

哈尼族 世上最早的雾变成的海生出大鱼。鱼右鳍和左鳍分别变成天地。但天和地高低凸凹太大，一点儿也不平坦。

【流传】云南省·（红河哈尼族彝族自治州）·元阳县

【出处】

(a) 朱小和讲，芦朝贵等整理：《天、地、人的传说》，载《山茶》1983年第4期。

(b) 朱小和讲，芦朝贵、杨笛搜集整理：《大鱼脊背甩出的世界》，原载《山茶》1983年第4期（王松将原题目《天、地、人的传说》改为此题目），见姚宝瑄主编《中国各民族神话》（哈尼族、傣族），太原：山西出版传媒集

1.2.1 天地的产生与特征 ‖W1127.6–W1128.0.2‖ 379

团·书海出版社 2014 年版，第 26 页。

W1127.6
最早的天地不光滑

实 例

苗族 纳罗引勾（半人半兽的巨人）把天撑住了，天开出来了，地辟出来了。他摸天，天麻麻；摸地，地疙瘩。

【流传】广西壮族自治区·（柳州市）·融水苗族自治县

【出处】
（a）杨达香讲，梁彬搜集整理：《创世纪》（一、开天辟地，地始天初），见梁彬、王天若编《苗族民间故事选》，南宁：广西人民出版社 1986 年版。
（b）同（a），见姚宝瑄主编《中国各民族神话》（布依族、仡佬族、苗族），太原：山西出版传媒集团·书海出版社 2014 年版，第 170 页。

W1127.7
天地最初是 2 个薄片

实 例

苗族 天和地最初是薄薄的两块儿。

【流传】原文无流传地，据文本及注释推测该神话流传于贵州省·黔东南苗族侗族自治州·凯里市、台江县等地。

【出处】张启庭、张荣光、张正玉、张启德演唱，张明搜集，燕宝整理译注：《创造宇宙·开天辟地》，见贵州省少数民族古籍整理出版规划小组办公室编，燕宝整理译注《苗族古歌》，贵阳：贵州民族出版社 1993 年版，第 15 页。

W1128
天地的形状

【关联】[W1272.1.1] 天地像一块糍粑

实 例

（参见下级母题实例）

W1128.0
天地是圆的

实 例

（参见下级母题实例）

W1128.0.1
燕子鸟雀补天地时把天地踩圆

【关联】[W1381.2] 燕子补天地

实 例

拉祜族 燕子和点点雀把天地补了三年整，天地补好了，天地也踩圆了。

【流传】云南省·（普洱市）·澜沧县（澜沧拉祜族自治县）

【出处】李云保讲述，扎约采录：《牡帕密帕的故事》，见陶阳、钟秀编《中国神话》（上），北京：商务印书馆 2008 年版，第 129~139 页。

W1128.0.2
巨神把天地煮圆

实 例

苗族 最早的天地不完美。巨人往吾用一口大天锅，把天拿去煮，天才圆罗罗；又把地拿去煮，地才圆罗罗。

【流传】贵州省·（黔东南苗族侗族自治州）·台江县、施秉县、凯里县（凯里市）等地

【出处】秦公、岩公、李普奶等苗族八歌手说唱，唐春芳、桂舟人搜集整理：《巨鸟生天地，众神辟地天》，见姚宝瑄主编《中国各民族神话》（布依族、仡佬族、苗族），太原：山西出版传媒集团·书海出版社2014年版，第115页。

W1128.1
天地像个大桃子

实例

苗族 远古的时候，天地像一个大桃子。

【流传】贵州省·（安顺市）·镇宁县（镇宁布依族苗族自治县）·板阳乡

【出处】朱顺清讲，杨文金等采录：《杨亚射日月》，见中国民间文学集成全国编辑委员会编《中国民间故事集成》（贵州卷），北京：中国ISBN中心2003年版，第23页。

W1128.2
天地像个橄榄

实例

（参见下级母题实例）

W1128.2.1
盘古造的天地像个橄榄

【关联】［W1104.1］盘古造天地（盘古开天辟地）

实例

汉族 盘古开的天地像个橄榄，两头尖，中间大。

【流传】广西壮族自治区桂东南［包括玉林、贵县（贵港）、桂平、平南、北流、容县、博白、陆川等县市］

【出处】黎静芳等讲，陈玉昆等搜集整理：《伏羲祖的传说》，见曹廷伟编著《广西民间故事辞典》，南宁：广西教育出版社1993年版，第25页。

W1128.3
天地像蛋

【关联】［W1057.1］混沌（混沌卵）

实例

（参见下级母题实例）

W1128.3.1
天地混沌如鸡子

【关联】
① ［W1127.0］最初天地混沌
② ［W1036.10.2］天地是一个三黄蛋

实例

汉族 最初的天地混沌如鸡子。

【流传】（无考）

【出处】［三国］徐整：《三五历记》，

原书已佚，据《太平御览》引文。

汉族 从前，天地像鸡子。

【流传】浙江省·（金华市）·东阳县（东阳市）

【出处】张宣元讲：《盘古生开天》，载《民间文学》1986年第11期。

W1128.3a
天地像瓜

实例

（参见下级母题实例）

W1128.3a.1
天地像个大西瓜

实例

汉族 天地合闭，像个大西瓜，合得团团圆圆的。

【流传】（无考）

【出处】［明］周游：《开辟衍绎》。

W1128.4
天是白泥，地是黑泥

【关联】［W1184.6a］用白泥造地

实例

苗族 天是白泥，地是黑泥。

【流传】贵州省·黔东南（黔东南苗族侗族自治州）

【出处】《开天辟地歌》，见中央民族学院少数民族文艺研究所编《中国民族民间文学》，北京：中央民族学院出版社1987年版，第483页。

W1128.5
天像篾帽，地像簸箕

【关联】
① ［W1159.8］天像篾帽
② ［W1209］地像簸箕

实例

彝族 云彩造天地时，造的天像一顶篾帽，地像一扇簸箕。篾帽和簸箕合在一起，高高地悬挂在半空中。

【流传】云南省·楚雄彝族自治州

【出处】《门米间扎节》，古梅根据《楚雄民间文学资料》改写，见姚宝瑄主编《中国各民族神话》（羌族、彝族），太原：山西出版传媒集团·书海出版社2014年版，第82页。

彝族 神仙之王涅依倮佐颇要求地造成簸箕样，天造得篾帽圆。篾帽、簸箕合成地和天。

【流传】（无考）

【出处】《天地的起源》，见郭思九、陶学良整理《查姆》，昆明：云南人民出版社1994年版。

W1128.5.1
天像帽子，地像撮箕

实例

苗族 盘古把两片天地分开。上块就像顶帽子，下块就像只撮箕。

【流传】原文无流传地，据文本及注释推测该神话流传于贵州省·黔东南苗族侗族自治州·凯里市、台江县等地。

【出处】张启庭、张荣光、张正玉、张启德演唱，张明搜集，燕宝整理译注：《创造宇宙·开天辟地》，见贵州省少数民族古籍整理出版规划小组办公室编，燕宝整理译注《苗族古歌》，贵阳：贵州民族出版社 1993 年版，第 19~20 页。

W1128.6
天像斗篷，地像荞粑

实例

苗族　天像覆盖着的斗篷。地像圆滚滚的荞粑。

【流传】湖南省·（常德市）·武陵（武陵区）

【出处】吴凤满、唐求九唱：《板东辰》，见龙岳洲等编《武陵苗族古歌》，贵阳：贵州民族出版社 1994 年版，第 1 页。

W1128.7
天圆地方

【关联】
① ［W1159.2］天是圆的（天是圆形的）
② ［W1204］地是方的

实例

汉族　（实例待考）

W1128.8
天地一样大小

【关联】
① ［W1361］天小地大（地大天小）
② ［W1362］天大地小（地小天大）

实例

汉族　天和地是一样大的。

【流传】浙江省·（衢州市）·江山市·凤林镇

【出处】吴土讲，江都采录：《天造地合》，见中国民间文学集成全国编辑委员会编《中国民间故事集成》（浙江卷），北京：中国 ISBN 中心 1997 年版，第 20 页。

苗族　天究竟有多大，地究竟有多宽？就请老鹰把天地量一量。老鹰量来量去，天和地都是一样宽。

【流传】贵州省·（黔东南苗族侗族自治州）·台江县、施秉县、凯里县（凯里市）等地

【出处】秦公、岩公、李普奶等苗族八歌手说唱，唐春芳、桂舟人搜集整理：《巨鸟生天地，众神辟地天》，见姚宝瑄主编《中国各民族神话》（布依族、仡佬族、苗族），太原：山西出版传媒集团·书海出版社 2014 年版，第 116 页。

W1129
与天地特征有关的其他母题

【关联】［W1035］世界最早的情形

实例

（参见下级母题实例）

W1129.1
以前天和地都是黑的

【关联】［W1050］最早的世界是黑暗的

实例

彝族 远古的时候，天和地都是黑的。

【流传】（无考）

【出处】马海鸟黎讲，谷德明整理：《开天辟地》，见谷德明编《中国少数民族神话》，北京：中国民间文艺出版社 1987 年版，第 290 页。

W1129.2
以前天是黄的，地是白的

【关联】
① ［W1160.4b.1］以前天是黄的
② ［W1232.1］地以前是白的（白色的地）

实例

满族 天地初开时，水天相连，天黄地白。

【流传】（无考）

【出处】《白云格格》，原载富育光搜集整理《七彩神火》，见袁珂《中国神话大词典》，北京：华夏出版社 2015 年版，第 459 页。

W1129.2.1
天地初开时天是黄的，地是白的

实例

满族 天地初分时，天是黄的，地是白的。

【流传】（无考）

【出处】（a）孙玉清讲，王惠立搜集整理：《白云格格》，见谷德明谷德明编《中国少数民族神话》，北京：中国民间文艺出版社 1987 年版，第 9～14 页。

（b）《白云格格》，见满都呼主编《中国阿尔泰语系诸民族神话故事》，北京：民族出版社 1997 年版，第 253～255 页。

（c）《白云格格》，见乌丙安等《满族民间故事选》，上海：上海文艺出版社 1983 年版。

满族 天地初开的时候，天连水，水连天，天是黄的，地是白的。

【流传】黑龙江沿岸，黑龙江省·（黑河市）·孙吴县、瑷珲县（爱辉区）

【出处】赵瞎子、富郭氏等讲，育光搜集整理：《白云格格》，原载育光编《七彩神火》，见陶阳、钟秀编《中国神话》（中），北京：商务印书馆 2008 年版，第 763～767 页。

W1129.3
天地共 3 层

【关联】［W1067.2］世界分 3 层（宇宙分 3 层）

实例

（参见下级母题实例）

W1129.3.1
天地分地下层、地面层和天空层

实例

哈萨克族 创世主迦萨甘把天地做成三层：地下层、地面层和天空层。

【流传】（a）新疆维吾尔自治区

【出处】

（a）《造物主创世》，见满都呼主编《中国阿尔泰语系诸民族神话故事》，北京：民族出版社 1997 年版，第 63 页。

（b）尼合迈德·蒙加尼搜集，校仲彝翻译整理：《迦萨甘创世》，见谷德明编《中国少数民族神话》，北京：中国民间文艺出版社 1987 年版，第 727 页。

W1129.4

天地的层数相同

实 例

（参见下级母题实例）

W1129.4.1

天 3 层，地 3 层

实 例

哈萨克族 创世主迦萨甘把天地做成三层：地下层、地面层和天空层。

【流传】新疆维吾尔自治区

【出处】尼合迈德·蒙加尼搜集，校仲彝翻译整理：《迦萨甘创世》，载《新疆民族文学》1982 年第 2 期。

塔吉克族 最早造出的天有 3 层，地也是 3 层。

【流传】（无考）

【出处】那木吉拉：《中国阿尔泰语系诸民族神话比较研究》，北京：学习出版社 2010 年版，第 56~57 页。

W1129.4.2

天 7 层，地 7 层

【关联】

① ［W1163.7］天有 7 层

② ［W1228］地有 7 层

实 例

哈萨克族 天和地各增长成七层。

【流传】（a）新疆维吾尔自治区

【出处】

（a）《造物主创世》，见满都呼主编《中国阿尔泰语系诸民族神话故事》，北京：民族出版社 1997 年版，第 63 页。

（b）尼合迈德·蒙加尼搜集，校仲彝翻译整理：《迦萨甘创世》，见谷德明编《中国少数民族神话》，北京：中国民间文艺出版社 1987 年版，第 727 页。

哈萨克族 创世主迦萨甘把天地做成三层。后来天和地各增长成七层，而且在慢慢地长大。

【流传】新疆维吾尔自治区

【出处】尼合迈德·蒙加尼搜集，校仲彝翻译整理：《迦萨甘创世》，载《新疆民族文学》1982 年第 2 期。

W1129.4.3

天 16 层，地 16 层

实 例

（参见下级母题实例）

W1129.4.3.1
最早的16层天16层地是神的世界

实例

傣族（水傣） 最早时，只有神的世界。虽然十六层天的下面有十六层地，却没有人。

【流传】（云南省·西双版纳傣族自治州）

【出处】王松整理：《傣族——西双版纳的神谱》，见姚宝瑄主编《中国各民族神话》（哈尼族、傣族），太原：山西出版传媒集团·书海出版社2014年版，第230页。

W1129.5
天地的层数不同

实例

（参见下级母题实例）

W1129.5.0
天6层，地7层

【关联】
① [W1163.6.3] 六重天
② [W1228.5.2] 七重地

实例

哈萨克族 因为上帝花了六天的时间创造了天，于是在哈萨克语中，就有了"六重天"的说法。上帝花了七天的时间创造了地，于是在哈萨克语中，又有了"七重地"的说法。

【流传】新疆维吾尔自治区·（阿勒泰地区）·阿勒泰市·切尔齐西乡（切尔克齐乡）

【出处】毕达合买提·木海讲，呼扎依尔·沙德瓦哈斯采录，杨凌等译：《天与地的由来》，见中国民间文学集成全国编辑委员会编《中国民间故事集成》（新疆卷），北京：中国ISBN中心2008年版，第7页。

W1129.5.1
天9层，地7层

实例

怒族 天有九层、地有七层，同男子有魂九个、女子有魂七个的观念相一致。

【流传】（无考）

【出处】吕大吉、何耀华总主编：《中国各民族原始宗教资料集成》（纳西族卷、羌族卷、独龙族卷、傈僳族卷、怒族卷），北京：中国社会科学出版社2000年版，第837页。

W1129.5.2
天17层，地9层

实例

满族 天神创造世界，造出的天有17层，地有9层。

【流传】（a）黑龙江省·（牡丹江市）·宁安县

【出处】

(a) 傅英仁讲，余金整理：《天神创

世》，见谷德明编《中国少数民族神话》，北京：中国民间文艺出版社1987年版，第1~5页。

(b)《天神创世》，见陶立璠、赵桂芳等编《中国少数民族神话汇编》（开天辟地篇等），中央民族学院少数民族古籍整理出版规划领导小组办公室印（未署出版时间），第225~226页。

满族 天有17层，地9层。

【流传】（无考）

【出处】乌丙安：《满族神话探索——天地层·地震鱼·世界树》，载《满族研究》1985年第1期。

W1129.6
天地的重量

【关联】[W6984]度量（测量）的产生

实 例

（参见下级母题实例）

W1129.6.1
天地重量相同

实 例

（参见下级母题实例）

W1129.6.1.1
天和地都是有9个9的重量

实 例

哈尼族 天有九个九的重量，地也有九个九的重量，天地要匀匀地称好，太阳月亮才不会走歪走斜。

【流传】云南省·（红河哈尼族彝族自治州）·元阳（元阳县）、红河（红河县）、绿春（绿春县）、金平（金平苗族瑶族傣族自治县）

【出处】朱小和讲唱，史军超搜集整理：《查牛补天地》（1983），原载云南省民间文学集成办公室编《哈尼族神话传说集成》，中国民间文艺出版社1990年版，见姚宝瑄主编《中国各民族神话》（哈尼族、傣族），太原：山西出版传媒集团·书海出版社2014年版，第57页。

W1129.6.2
天地重量不同

实 例

（参见下级母题实例）

W1129.6.2.1
天重5钱，地重5斤

实 例

壮族 布洛陀（又译作"布碌陀"、"布洛朵"、"抱洛朵"等，壮族文化始祖、英雄、神话中的人王等）天地也拿来称，天有五钱，地有五斤，天轻天上升，地重地下沉。

【流传】云南省·（文山壮族苗族自治州）·西畴县

【出处】陆开富等讲，王明富采录：《布洛陀》，见中国民间文学集成全国编辑委员会编《中国民间故事集成》（云南卷），北京：中国ISBN中心2003年版，第86页。

W1129.7
天地的寿命

【关联】［W1545.7.5.1］地死后眼睛变成日月

实 例

（参见下级母题实例）

W1129.7.1
天神造的天地寿命不长

实 例

哈尼族　天神造的天地命不长。

【流传】

（a）云南省·（红河哈尼族彝族自治州）·元阳（元阳县）·攀枝花（攀枝花乡）·洞铺寨

（b）云南省

【出处】朱小和讲，史军超采录：《永生不死的姑娘》，见中国民间文学集成全国编辑委员会编《中国民间故事集成》（云南卷），北京：中国ISBN中心2003年版，第130页。

（b）同（a），原载《哈尼族神话传说集成》，见陶阳、钟秀编《中国神话》（下），北京：商务印书馆2008年版，第1095~1099页。

哈尼族　古远的时候，天神地神造天地。天地有了，天地命不长。

【流传】（云南省·红河哈尼族彝族自治州·元阳县）

【出处】朱小和讲，史军超搜集整理：《永生不死的姑娘》，原载云南省民间文学集成办公室编《哈尼族神话传说集成》，中国民间文艺出版社1990年版，见姚宝瑄主编《中国各民族神话》（哈尼族、傣族），太原：山西出版传媒集团·书海出版社2014年版，第166页。

W1129.8
歪斜的天地

【关联】［W1360］天地的缺陷（修整天地的原因）

实 例

（参见下级母题实例）

W1129.8.1
天柱不齐造成天地歪斜

实 例

（参见下级母题实例）

W1129.8.1.1
女娲用长短不齐的龟足支天造成天地歪斜

实 例

汉族　女娲用鳌鱼的脚撑天，鳌鱼的脚长短不齐，所以天地就歪斜了。

【流传】四川省·（资阳市）·简阳县（简阳市）·三岔湖乡（三岔湖镇）

【出处】何代刚讲，胡文武采录：《鳌脚撑天》，见中国民间文学集成全国编辑委员会编《中国民间故事集成》（四川卷·上），北京：中国ISBN中心1998年版，第26页。

W1129.8a
天地悬在空中

实例

彝族 云彩造天地时，造的天像一顶篾帽，地像一扇簸箕。篾帽和簸箕合在一起，高高地悬挂在半空中。

【流传】云南省·楚雄彝族自治州

【出处】《门米间扎节》，古梅根据《楚雄民间文学资料》改写，见姚宝瑄主编《中国各民族神话》（羌族、彝族），太原：山西出版传媒集团·书海出版社2014年版，第82页。

W1129.9
天地是特定的神的居所

【关联】[W095] 神的居所

实例

（参见下级母题实例）

W1129.9.1
天地分别是天神和地神的居所

实例

哈尼族 金鱼娘扇出的天地不是给人的，天是天神的在处，地是地神的在处。

【流传】云南省·（红河哈尼族彝族自治州）·元阳县

【出处】朱小和讲，史军超等采录：《神的古今》，见中国民间文学集成全国编辑委员会编《中国民间故事集成》（云南卷），北京：中国ISBN中心2003年版，第19页。

W1129.10
天地的成长

实例

（参见下级母题实例）

W1129.10.1
天地每天长1丈

【关联】[W1313.11] 天每天升高一定高度

实例

汉族 盘古怕天地再合起来，就手撑天，脚蹬地。盘古站直的身子一天长一丈，天地也一天离开一丈。

【流传】河南省

【出处】程玉林讲述，缪华、胡佳作搜集整理：《九重天的来历》，原载张振犁、程健君合编《中原神话专题资料》，见陶阳、钟秀编《中国神话》（上），北京：商务印书馆2008年版，第19~21页。

汉族 盘古开辟天地后，怕天地再次合拢，便脚踏地、头顶天，天地每天长一丈，盘古也随着长，过了一万八千年，天高地厚了，盘古也倒下死了。

【流传】河南省·（南阳市）·镇平县

【出处】

(a) 贺天祥讲，贺海成、姜典凯搜集整

理：《天为什么是蓝的》，见姚宝瑄主编《中国各民族神话》（汉族），太原：山西出版传媒集团·书海出版社2014年版，第66~67页。

(b) 同(a)，载《民间文学》1986年第1期。

W1129.10.2
天地自然长大

实 例

哈萨克族 天和地出现后，慢慢地长大。

【流传】（a）新疆维吾尔自治区

【出处】

(a)《造物主创世》，见满都呼主编《中国阿尔泰语系诸民族神话故事》，北京：民族出版社1997年版，第63页。

(b) 尼合迈德·蒙加尼搜集，校仲彝翻译整理：《迦萨甘创世》，见谷德明编《中国少数民族神话》，北京：中国民间文艺出版社1987年版，第727页。

哈萨克族 最初的天地做成三层，后来天和地各增长成七层，而且在慢慢地长大。

【流传】新疆维吾尔自治区·（乌鲁木齐市）·乌鲁木齐县（天山区）·白杨沟夏牧场

【出处】谢热亚孜旦·马尔萨克讲，尼合买提·蒙加尼采录：《迦萨甘创世》，见中国民间文学集成全国编辑委员会编《中国民间故事集成》（新疆卷），北京：中国ISBN中心2008年版，第3页。

W1129.11
天地的喂养

实 例

苗族 回头来看最远古，悠悠最初古时候，天上刚刚生出来，地上刚刚生出来，天地两块还很小。到底哪个热心肠，天上那块他去喂，地上这块他来养。

【流传】原文无流传地，据文本及注释推测该神话流传于贵州省·黔东南苗族侗族自治州·凯里市、台江县等地。

【出处】张启庭、张荣光、张正玉、张启德演唱，张明搜集，燕宝整理译注：《创造宇宙·开天辟地》，见贵州省少数民族古籍整理出版规划小组办公室编，燕宝整理译注《苗族古歌》，贵阳：贵州民族出版社1993年版，第22页。

W1129.12
天地怀孕

实 例

（参见下级母题实例）

W1129.12.1
天和地吃了怀胎水后怀孕

【关联】[W1897.1.7] 怀胎水

实 例

哈尼族 天和地吃了怀胎水，便都怀孕了。

【流传】云南省·（西双版纳傣族自治州）·勐海县

【出处】朗特讲，古梅搜集整理：《天怀孕，地怀孕》，见姚宝瑄主编《中国各民族神话》（哈尼族、傣族），太原：山西出版传媒集团·书海出版社2014年版，第16页。

W1129.13
天地的伤疤
实例

（参见下级母题实例）

W1129.13.1
天地的伤疤是特定动物踢出来的
实例

（参见下级母题实例）

W1129.13.1.1
天地的伤疤是猛犸踢出来的
实例

苗族　猛犸用脚踢，天地疤疤瘆。

【流传】广西壮族自治区·（柳州市）·融水苗族自治县

【出处】

（a）杨达香讲，梁彬搜集整理：《创世纪》（三、太阳打斗，人死草枯），见梁彬、王天若编《苗族民间故事选》，南宁：广西人民出版社1986年版。

（b）同（a），见姚宝瑄主编《中国各民族神话》（布依族、仡佬族、苗族），太原：山西出版传媒集团·书海出版社2014年版，第188页。

1.2.2　天的产生与特征
【W1130～W1169】

✱ W1130
天的产生[①]
【汤普森】①≈A700；②A701

实例

（参见下级母题实例）

W1130a
天产生的原因
实例

（参见下级母题实例）

W1130a.1
以前没有天
实例

（参见下级母题实例）

W1130a.1.1
太古时没有天
实例

彝族　在太古的时候，天地还没开辟

[①] 天的产生，在神话叙事中有时"天（天体）"与"世界、宇宙"的概念相互混杂，属于相同或相近的概念。具体区别可参见相关母题实例。

前，头上没有天。

【流传】云南省·（楚雄彝族自治州）·永仁县

【出处】

（a）曲木阿石等讲，罗有能整理：《更资天神》，见云南省楚雄州文教局、云南省楚雄州民委会编《楚雄民间文学资料》，内部资料，1979年。

（b）同（a），见姚宝瑄主编《中国各民族神话》（羌族、彝族），太原：山西出版传媒集团·书海出版社2014年版，第173页。

W1130a.1.2
远古时没有天

实例

彝族 远古的时候，上面没有天。

【流传】（四川省·凉山彝族自治州）

【出处】

（a）冯元蔚译：《勒俄特依》，成都：四川民族出版社1986年版。

（b）冯元蔚译，蔷紫改写：《勒俄特依》，见姚宝瑄主编《中国各民族神话》（羌族、彝族），太原：山西出版传媒集团·书海出版社2014年版，第145页。

W1131
天来源于某个地方或自然存在

实例

（参见下级母题实例）

W1131.1
天自然产生

【关联】[W1171] 地自然产生

实例

（参见下级母题实例）

W1131.1.1
水中造地后，土地把水和天隔开出现了天

实例

藏族 大神德绕高在水中造出地以后，土地把水和天隔开了，便出现了天。

【流传】（西藏自治区）

【出处】

（a）旺秋搜集：《僜人创世神话》，根据中国社科院民族研究所编《僜人社会历史调查》，云南人民出版社1990年版，西藏民间文艺研究会主办《邦锦梅朵》1984年第8期中的《僜人创世神话》整理。

（b）同（a），见姚宝瑄主编《中国各民族神话》（门巴族、珞巴族、怒族、藏族），太原：山西出版传媒集团·书海出版社2014年版，第87页。

W1131.2
混沌中产生天

实例

（参见下级母题实例）

W1131.2.1
混沌中的一部分形成天

【关联】［W1151.1.1］混沌中的清水上升变成天

实例

（参见下级母题实例）

W1131.2.1.1
混沌中间鼓出的部分形成天

实例

珞巴族 混沌中，天从中间凸了起来，形成天。

【流传】西藏自治区·（林芝地区）·米林县·纳玉区（南伊乡）

【出处】

(a) 东娘讲，于乃昌采录：《九个太阳》，见中国民间文学集成全国编辑委员会编《中国民间故事集成》（西藏卷），北京：中国 ISBN 中心 2001 年版，第 9 页。

(b) 同（a），见《珞巴族民间故事》：http：//www.tibet-web.com/old/minjian/ync/gushi/mulu.htm，2003.10.02。

W1131.2.1.2
混沌中清的和明亮的部分形成天

【关联】［W1072.3.1］轻气上浮为天

实例

蒙古族 混沌世界分出的清的和明亮的部分形成天。

【流传】（无考）

【出处】《天地之形成》，陈岗龙译自日本中田千亩编《蒙古神话》，见满都呼主编《中国阿尔泰语系诸民族神话故事》，北京：民族出版社 1997 年版，第 145 页。

W1131.3
与天自然存在有关的其他母题

实例

（参见下级母题实例）

W1131.3.1
青蛙吸干洪水后出现天

实例

普米族 青蛙吸干洪水后出现天。

【流传】云南省·（丽江市）·宁蒗（宁蒗彝族自治县），（怒江傈僳族自治州）·兰坪（兰坪白族普米族自治县）；四川省·（凉山彝族自治州）·木里县（木里藏族自治县）、盐源（盐源县）等

【出处】王震亚整理：《开天辟地》，见中华民族故事大系编委会编《中华民族故事大系》第 14 卷（普米族、塔吉克族、怒族、俄罗斯族、鄂温克族），上海：上海文艺出版社 1995 年版，第 5 页。

W1131.3.2
扫除海上面的雾露露出天

实例

哈尼族 世界最早出现的海里生出的大

金鱼。她右鳍一扇，把海上面的黑色的雾露扫干净，露出蓝汪汪的天。

【流传】云南省·（红河哈尼族彝族自治州）·元阳县、金平县（金平苗族瑶族傣族自治县）、红河县等地

【出处】朱小和讲，史军超、卢朝贵搜集整理：《烟本霍本》，原载刘辉豪、阿罗编《哈尼族民间故事选》，上海文艺出版社1989年版，见姚宝瑄主编《中国各民族神话》（哈尼族、傣族），太原：山西出版传媒集团·书海出版社2014年版，第33页。

❋ W1132
天是造出来的（造天）
【汤普森】A701

实 例

（参见下级母题实例）

W1132a
造天的原因

实 例

（参见下级母题实例）

W1132a.1
神为找落脚点造天

实 例

彝族　很古的时候，天空里住着一个名叫阿颠的大神。他悬吊在空中，没有一个落脚的地方，便决定要做个天。

【流传】云南省·（红河哈尼族彝族自治州）·弥勒县、泸西县，（昆明市）·路南县（石林彝族自治县）等地

【出处】毕荣亮讲，光未然采集整理，古梅改写：《创世纪》，见姚宝瑄主编《中国各民族神话》（羌族、彝族），太原：山西出版传媒集团·书海出版社2014年版，第90页。

W1133
神或神性人物造天
【关联】

① ［W1103.3］女神造天地

② ［W1103.5.2］女神造天，男神造地

③ ［W1163.12.1］神造16层天

实 例

（参见下级母题实例）

W1133.1
天神造天

实 例

汉族　（实例待考）

苗族　（实例待考）

羌族　（实例待考）

彝族　天神格兹造出了天。

【流传】（云南省·楚雄彝族自治州·姚安县·官屯乡·马游村，大姚县·昙华乡等）

【出处】

(a) 郭天元（马游村）、李申呼颇（昙华乡）、李福玉颇（苴）演唱，郭思九、许明学、龚维顺、张宝省、陈志群、胡炳文等搜集，刘德虎、龚维

顺、陈志群、李树荣、郭天元等整理：《梅葛》（第一部"创世"），见云南省民族民间文学楚雄调查队《梅葛》（1959），昆明：云南人民出版社 2009 年版。

(b)《打虎开天辟地》，薔紫据云南省民族民间文学楚雄调查队著《梅葛》（云南人民出版社 2009 年版）改写，见姚宝瑄主编《中国各民族神话》（羌族、彝族），太原：山西出版传媒集团·书海出版社 2014 年版，第 189 页。

W1133.1.1
特定名称的天神造天

【实例】

（参见下级母题实例）

W1133.1.1a
天神格兹造天

【实例】

彝族　格滋天神要造天。

【流传】云南省·楚雄彝族自治州·姚安县、大姚县等彝族地区

【出处】《创世·开天辟地》，见云南省民族民间文学楚雄调查队整理编写《梅葛》，昆明：云南人民出版社 2009 年版，第 1 页。

W1133.1.1b
天神布什格造天

【实例】

仡佬族　天是布什格（天神名）制的。

【流传】贵州省·（遵义市）·遵义县·平正公社（平正乡）

【出处】

(a) 陈保和讲，田兴才等搜集：《布什格制天，布比密制地》，见陶立璠、赵桂芳等编《中国少数民族神话汇编》（开天辟地篇等），中央民族学院少数民族古籍整理出版规划领导小组办公室印（未署出版时间），第 325 页。

(b) 同（a），见谷德明编《中国少数民族神话》，北京：中国民间文艺出版社 1987 年版，第 671 页。

(c) 陈保和讲，田兴才等采录：《制天制地》，见中国民间文学集成全国编辑委员会编《中国民间故事集成》（贵州卷），北京：中国 ISBN 中心 2003 年版，第 7 页。

W1133.1.2
天神的儿子造天

【关联】

① [W0202.2.1] 天神的儿子

② [W1103.10.2] 神的儿子开天辟地

③ [W1133.3.4] 天神的 5 个儿子造天

【实例】

彝族　格兹天神让金果变成 5 个儿子来造天。

【流传】云南省·（楚雄彝族自治州）·姚安（姚安县）、大姚（大姚县）、永仁（永仁县）等地

【出处】 *《格兹天神创世》，见杨继中、芮增瑞、左玉堂编《楚雄彝族文学简史》，北京：中国民间文艺出版

社 1986 年版，第 44~45 页。

彝族 格滋天神放下九个金果，变成九个儿子。其中五个来造天。

【流传】云南省·楚雄彝族自治州·姚安县、大姚县等彝族地区

【出处】《创世·开天辟地》，见云南省民族民间文学楚雄调查队整理编写《梅葛》，昆明：云南人民出版社 2009 年版，第 1~2 页。

W1133.1.3
天神九弟兄开天

【关联】［W0202.3］天神的兄弟

实例

纳西族 天神九弟兄做开天的匠师。

【流传】（云南省）

【出处】和芳、和志新编译：《崇邦统——人类迁徙记》，见姚宝瑄主编《中国各民族神话》（佤族、阿昌族、纳西族、普米族、德昂族），太原：山西出版传媒集团·书海出版社 2014 年版，第 139 页。

W1133.1.3a
天神九弟兄中的 5 个去造天

实例

彝族 格兹天神放到人间的 9 个金果变成 9 个儿子，让其中的 5 个来造天。

【流传】云南省·（楚雄彝族自治州）·姚安（姚安县）、大姚（大姚县）、永仁（永仁县）等地

【出处】*《格兹天神创世》，见扬继中、芮增瑞、左玉堂编《楚雄彝族文学简史》，北京：中国民间文艺出版社 1986 年版，第 44~45 页。

W1133.1.4
上界的天神造天

实例

藏族 上界的天神造了明亮的天。

【流传】云南省·迪庆（迪庆藏族自治州）

【出处】才旦旺堆搜集，蔷紫整理《神蛋创世纪》，见姚宝瑄主编《中国各民族神话》（门巴族、珞巴族、怒族、藏族），太原：山西出版传媒集团·书海出版社 2014 年版，第 75 页。

W1133.2
天王造天

【关联】［W0204］天帝（天王、天皇、天君）

实例

蒙古族 原来没有天，是天王造出了天。

【流传】吉林省·（松原市）·前郭尔罗斯（前郭尔罗斯蒙古族自治县）·乌兰敖都乡

【出处】《武当喇嘛创世》，见白庚胜总主编《中国民间故事全书》（吉林省·前郭尔罗斯县卷），北京：知识产权出版社 2009 年版，第 3 页。

壮族 布洛陀派天王氏造天。

【流传】（无考）

【出处】张声震主编：《布洛陀经诗》，见张声震总主编，农冠品编注《壮族

神话集成》，南宁：广西民族出版社2007年版，第96页。

W1133.2.1
玉皇大帝派天王造天

实例

蒙古族 以前没有天，玉皇大帝就下令叫天王造天。

【流传】（无考）

【出处】《日月之起源》，见中国各民族宗教与神话大词典编审委员会编《中国各民族宗教与神话大词典》，北京：学苑出版社1990年版，第454页。

W1133.2.2
老天爷造天

实例

羌族 阿补曲格（天爷）造天。

【流传】四川省·（阿坝藏族羌族自治州）·理县·桃坪乡·桃坪村

【出处】余青海讲，罗世泽采录：《开天辟地》，见中国民间文学集成全国编辑委员会编《中国民间故事集成》（四川卷·下），北京：中国ISBN中心1998年版，第1107页。

W1133.3
众神造天

实例

怒族 （实例待考）

W1133.3.1
3个大神造天

实例

哈尼族 3个大神造出了天。

【流传】云南省

【出处】

（a）熊兴祥搜集整理：《风姑娘》，载《山茶》1983年第4期。

（b）同（a），见谷德明编《中国少数民族神话》，北京：中国民间文艺出版社1987年版，第337页。

哈尼族 很古的时候，人世间不分天和地。突然来了三个大神造天。

【流传】云南省·（红河哈尼族彝族自治州）·金平县（金平苗族瑶族傣族自治县）·（大寨乡）·坡头乡（坡头村）

【出处】李文有讲，熊兴祥记录：《风姑娘》，原载《金平民间故事选》，见姚宝瑄主编《中国各民族神话》（哈尼族、傣族），太原：山西出版传媒集团·书海出版社2014年版，第29页。

W1133.3.1a
3个神人造天

实例

哈尼族 最早的两个大神十遮和戈则商量，派三个神人去造天。

【流传】（无考）

【出处】《杀牛龙，造天地》，根据张牛朗、杨批斗、李书周等演唱，杨保生、李家顺等翻译，杨笛、郭纯礼等整理

《十二奴局》和《奥色密色》翻译稿改写，见姚宝瑄主编《中国各民族神话》（哈尼族、傣族），太原：山西出版传媒集团·书海出版社2014年版，第9页。

W1133.3.2
众男神造天

实例

纳西族 开天的匠师，是九个能干的男神。

【流传】（云南省·丽江市）

【出处】和志武翻译整理：《人类迁徙记》，原载中共丽江地委宣传部编《纳西族民间故事选》，见陶阳、钟秀编《中国神话》（中），北京：商务印书馆2008年版，第856~876页。

W1133.3.3
9个同名的神造天

【关联】[W6870] 神或神性人物的命名

实例

壮族 造天造地的时候，造天的有九个神，都叫口麦。

【流传】云南省·（红河哈尼族彝族自治州）·金平县（金平苗族瑶族傣族自治县）·大寨（大寨乡）

【出处】黄金福讲，黄荣记录：《地为什么没有造平》，原载徐保国等主编《云南民间文学集成——金平故事卷》，内部资料，1989年，见姚宝瑄主编《中国各民族神话》（仫佬族、壮族、京族），太原：山西出版传媒

集团·书海出版社2014年版，第128页。

W1133.3.4
天神的5个儿子造天

【关联】[W1133.1.2] 天神的儿子造天

实例

彝族 昔天神格兹苦以金果九变为九子，以五子造天。

【流传】（无考）

【出处】《天神格兹苦》（原名《云南彝族史诗·梅葛》），原载毛星主编《中国少数民族文学》（下册），见袁珂《中国神话大词典》，北京：华夏出版社2015年版，第430页。

W1133.3.5
夫妻神造天

实例

汉族 勇力神夫妇用手托上去的那地方称为天。

【流传】四川省·（成都市）·大邑县·晋原镇

【出处】王绍华讲，寇天采录：《天和地的来历》，见中国民间文学集成全国编辑委员会编《中国民间故事集成》（四川卷·上），北京：中国ISBN中心1998年版，第24页。

W1133.3a
男神造天

【关联】[W1103.5.3] 男神造天，女神造地

实例

（参见下级母题实例）

W1133.3a.1
9个男神造天

实例

纳西族 开天的匠师，是9个能干的男神。

【流传】（a）云南省·（丽江市）·丽江县（原丽江纳西族自治县，今归属为丽江市古城区和玉龙纳西族自治县）

【出处】
(a) 和芳讲，和志武采录：《人类迁徙记》，见中国民间文学集成全国编辑委员会编《中国民间故事集成》（云南卷），北京：中国 ISBN 中心 2003 年版，第 49 页。

(b) 和志武翻译整理：《人类迁徙记》，见谷德明编《中国少数民族神话》，北京：中国民间文艺出版社 1987 年版，第 395 页。

W1133.3b
女神造天

实例

（参见下级母题实例）

W1133.3b.1
女神菠媸造天

实例

苗族 女神菠媸造天。一天造一层，连续造九天，造了九重天。

【流传】云南省·（文山壮族苗族自治州）·马关县

【出处】杨正方讲，刘德荣采录：《造天造地》，见中国民间文学集成全国编辑委员会编《中国民间故事集成》（云南卷），北京：中国 ISBN 中心 2003 年版，第 91 页。

W1133.4
神仙造天

实例

（参见下级母题实例）

W1133.4.1
男神仙祖帅和女神仙婷高造天

实例

汉族 两位开天神仙，男的叫祖帅，女的叫婷高。

【流传】吉林省·（辽源市）·梨树县·旱河乡

【出处】张学讲，唐洪源整理：《鸡的来历》，见辽源市民间文学集成编委会编《吉林民间文学集成·辽源市区卷》，内部编印，1988 年，第 62 页。

W1133.4.2
上帝派神仙造天

实例

怒族 上帝为了使天地分开，就派了 7 个神仙去造天。

【流传】云南省·（怒江傈僳族自治州）·福贡县·架怒村（不详）

【出处】此阿妹讲，叶世富等采录：《高山和平地的由来》，见中国民间文学集成全国编辑委员会编《中国民间故事集成》（云南卷），北京：中国ISBN中心2003年版，第79页。

W1133.5
祖先造天

实例

苗族 卓喏（祖先名，神）拿花斑竹做直线，用花斑竹织横线，编织的蓝天越走越远。

【流传】贵州省·（安顺市）·紫云县（紫云苗族布依族自治县）麻山苗区

【出处】杨再华唱诵，杨正江译：《亚鲁族源》，见中国民间文艺家协会主编《亚鲁王》，北京：中华书局2011年版，第41页。

W1133.6
其他神或神性人物造天

实例

（参见下级母题实例）

W1133.6.1
雾神造天

【关联】［W0372］雾神

实例

汉族 雾神造出天。

【流传】湖北省·神农架林区·盘水乡（松柏镇）·盘水村

【出处】贺久恒讲，胡崇峻采录：《盘古杀雾神》，见中国民间文学集成全国编辑委员会编《中国民间故事集成》（湖北卷），北京：中国ISBN中心1999年版，第4页。

W1133.6.1.1
雾神吐雾造天

【关联】［W1139.2］神吐雾造天

实例

汉族 以前没有天，雾神吐雾造出来天。

【流传】湖北省·神农架林区·盘水乡（松柏镇）·盘水村

【出处】贺久恒讲，胡崇峻采录：《盘古杀雾神》，见中国民间文学集成全国编辑委员会编《中国民间故事集成》（湖北卷），北京：中国ISBN中心1999年版，第4页。

W1133.6.2
男神开天

实例

纳西族 开天的匠师，是九个能干的男神。

【流传】（云南省·丽江市）

【出处】和志武翻译整理：《人类迁徙记》，原载中共丽江地委宣传部编《纳西族民间故事选》，见陶阳、钟秀编《中国神话》（中），北京：商务印书馆 2008 年版，第 856～876 页。

W1133.6.3
万能之神开天

【关联】[W0497.3] 万能神

实例

德昂族 开天的是万能之神帕达丝。

【流传】（无考）

【出处】赵备搜集整理：《茶叶变男女开创大地》，见姚宝瑄主编《中国各民族神话》（佤族、阿昌族、纳西族、普米族、德昂族），太原：山西出版传媒集团·书海出版社 2014 年版，第 386 页。

W1133.6.4
创世主造天

【关联】[W1175.1.1] 创世主造地

实例

哈萨克族 天是创世主迦萨甘创造的。

【流传】（新疆维吾尔自治区）

【出处】尼哈迈提·蒙加尼搜集，校仲彝翻译整理：《神与灵魂》，见姚宝瑄主编《中国各民族神话》（乌孜别克族、哈萨克族、柯尔克孜族、俄罗斯族、维吾尔族、塔吉克族、塔塔尔族、锡伯族），太原：山西出版传媒集团·书海出版社 2014 年版，第 31～32 页。

W1133.6.4a
创世神造天

实例

（参见下级母题实例）

W1133.6.4a.1
创世神老三星造天

【关联】[W1175.19.14] 老三星造地

实例

满族 创世神老三星让混元之气往上升成为灵气，造出了天宫，也就是第一层天。

【流传】（无考）

【出处】傅英仁讲述：《老三星创世》，见傅英仁讲述，张爱云整理《满族萨满神话》，哈尔滨：黑龙江人民出版社 2005 年版，第 10 页。

W1133.6.5
大神用手撑出天

【关联】[W1152.2.1] 盘古撑出九重天

实例

傈僳族 大神的手往上一撑，便出现了天。

【流传】（无考）

【出处】《横断山脉的传说》，原载左玉堂《傈僳族宗教与神话》，见姚宝瑄主编《中国各民族神话》（水族、布朗族、独龙族、基诺族、傈僳族），太原：山西出版传媒集团·书海出版社 2014 年版，第 189 页。

W1133.6.6
造人之神的女儿造天

实例

彝族 造人之神儿依得罗娃的女儿涅滨矮姑娘造山河，造蓝天。

【流传】（云南省·楚雄彝族自治州·双柏县，红河哈尼族彝族自治州等地）

【出处】
（a）云南省民族民间文学楚雄、红河调查队搜集，郭思九、陶学良整理：《查姆》，昆明：云南人民出版社1981年版。
（b）郭思九、陶学良整理，古梅改写：《彝家的古根》，选自《云南民族文学资料》第七集中的《查姆》上部前三章，见姚宝瑄主编《中国各民族神话》（羌族、彝族），太原：山西出版传媒集团·书海出版社2014年版，第56页。

W1133.6.7
天神的女侍从和女萨满造天

【关联】
① ［W0202.4］天神的侍从
② ［W9146］萨满

实例

满族 卧勒顿妈妈（天神女侍从、女萨满）敲了第一声神鼓，有了青色的天。

【流传】（无考）

【出处】王宏刚：《论萨满教创世神话中的文化精神》，载《萨满学术论坛》2006年第1期。

W1133.6.8
巨人造天

【关联】
① ［W1138.2.1］神巨人用犀牛皮造天
② ［W1138.14a.2］巨人哈气造天

实例

傣族 巨人英叭一哈气，天就造出来了。

【流传】云南省·西双版纳（西双版纳傣族自治州）·（勐海县）

【出处】《阳光和风成婚生英叭》，原文本为叭补答讲，刀昌德记录《开天辟地的故事》，见姚宝瑄主编《中国各民族神话》（哈尼族、傣族），太原：山西出版传媒集团·书海出版社2014年版，第235页。

W1133.6.9
日月的儿子造天

实例

普米族 日月的儿子开出了天。

【流传】云南省·（丽江市）·宁蒗（宁蒗彝族自治县），（怒江傈僳族自治州）·兰坪（兰坪白族普米族自治县）；四川省·（凉山彝族自治州）·木里县（木里藏族自治县）、盐源（盐源县）等

【出处】王震亚整理：《开天辟地》，见中华民族故事大系编委会编《中华民族故事大系》第14卷（普米族、塔

吉克族、怒族、俄罗斯族、鄂温克族），上海：上海文艺出版社1995年版，第5页。

W1133.6.10
造天之神造天

【关联】[W1134.6.4] 天造造天

实例

哈尼族　造天的神把天一片一片劈出来。

【流传】云南省·（玉溪市）·元江县（元江哈尼族彝族傣族自治县）·咪哩乡、羊岔街乡及因远镇一带

【出处】《开天辟地歌》，见元江县哈尼文化学会、元江县史志编纂办公室编《元江哈尼族古歌集》，内部编印，2005年，第9页。

W1134
特定的神或神性人物造天

实例

（参见下级母题实例）

W1134.1
盘古造天

实例

（参见下级母题实例）

W1134.1.0
盘古开天的原因

实例

（参见下级母题实例）

W1134.1.0.1
盘古为造的泥人成活开天

实例

汉族　盘古爷和盘古奶在混沌的大气球里觉得孤独，就开始用泥造人。因气球里见不到太阳，不透风，泥人不会干，盘古决定用斧子把包砍开，让泥人能晾干。

【流传】河南省·（南阳市）·桐柏县·二郎山乡·田口村，（驻马店市）·泌阳县·盘古村（盘古乡）·黑山沟组（？）（采录地点：桐柏山盘古庙会）

【出处】李新超（27岁，初中）、李明松（59岁，文盲）讲，马卉欣、殷润璞录音，马卉欣采录整理：《盘古不听老牛劝》（1989.04.08），见张振犁编著《中原神话通鉴》（第一卷），郑州：河南大学出版社2017年版，第71页。

W1134.1.1
巨人盘古开天

【关联】[W1162.2.1] 盘古开天时形成32个天

实例

苗族　盘古是开天巨神。

【流传】湖南省·湘西（湘西土家族苗族自治州）

【出处】过竹：《苗族神话研究》，南宁：广西人民出版社1988年版，第

1.2.2 天的产生与特征　　‖W1134.1.1a–W1134.1.3.1‖　403

220 页。

苗族 远古时，出了个巨人盘古开了天。

【流传】湖南省苗族地区

【出处】龙王六演唱，龙炳文翻译：《开天立地》，苗地根据《楚风》刊登的《苗族古歌》的第一部分《开天日立》改写，见姚宝瑄主编《中国各民族神话》（布依族、仡佬族、苗族），太原：山西出版传媒集团·书海出版社 2014 年版，第 127 页。

W1134.1.1a
盘古王开天

实例

汉族 盘古王开天，扁古王开地时，盘古以为自己比扁古能干，一定比扁古先完工，大哥是当定了的，就干一会儿睡一会儿。

【流传】河南省·（驻马店市）·新蔡县

【出处】杜程氏（68 岁，农民）讲，杜小喜采录，龚国强采录整理：《盘古王和扁古王》（1987.09.15），见张振犁编著《中原神话通鉴》（第一卷），郑州：河南大学出版社 2017 年版，第 42 页。

W1134.1.2
盘古劈雾造天

实例

布依族 盘古王一板斧劈开茫茫白雾，造出天庭。把仙人统统送上天庭。

【流传】贵州省·（黔南布依族苗族自治州）平塘县、罗甸县、惠水县三县交界地区

【出处】杨兴荣、杨再良讲，杨路塔记录整理：《日、月、星》，见姚宝瑄主编《中国各民族神话》（布依族、仡佬族、苗族），太原：山西出版传媒集团·书海出版社 2014 年版，第 76 页。

W1134.1.3
盘古的子女造天

【关联】［W0725.5］盘古的后代

实例

（参见下级母题实例）

W1134.1.3.1
盘颇的 9 个儿子造天

实例

彝族（俚颇） 天神盘颇的 9 个儿子挑来了岩石和地筋，把岩石和地筋敷在上面，天就造成了。

【流传】云南省·（楚雄彝族自治州）·大姚县·昙华山区（昙华乡）

【出处】
(a) 陆颇梭颇（毕摩）演唱，夏光辅、诺海阿苏翻译：《俚泼古歌》，见云南省社会科学院楚雄彝族文化研究所编《彝族民间文学》（第二辑），1985 年。

(b) 陆颇梭颇（毕摩）演唱，夏光辅、诺海阿苏翻译，古梅改写：《赤梅葛——俚泼古歌》，见姚宝瑄主编

《中国各民族神话》（羌族、彝族），太原：山西出版传媒集团·书海出版社2014年版，第95页。

W1134.2
女娲造天

【关联】

① ［W1159.2.7］女娲造圆的天
② ［W1386.2］女娲补天

实 例

（参见下级母题实例）

W1134.2.1
女娲拼石成天

实 例

汉族 女娲炼石拼成了天。

【流传】浙江省·舟山市·定海区·干览乡·南岙村

【出处】顾阿登讲，林胜强采录：《女娲造天地》，见中国民间文学集成全国编辑委员会编《中国民间故事集成》（浙江卷），北京：中国ISBN中心1997年版，第17页。

汉族 天小地大时，盘古氏东捻西抓致地隆起，但天仍有缺，由女娲炼石补造好天。

【流传】福建省·（泉州市）·永春县

【出处】张宏声采录：《盘古分天地》，见中国民间文学集成全国编辑委员会编《中国民间故事集成》（福建卷），北京：中国ISBN中心1998年版，第3页。

W1134.3
喇嘛造天

实 例

蒙古族 武当喇嘛造9重天。

【出处】满德胡：《蒙古族民间文学》，见中央民族学院少数民族文艺研究所编《中国民族民间文学》，北京：中央民族学院出版社1987年版，第464页。

W1134.4
真主造天

实 例

（参见下级母题实例）

W1134.4.1
安拉创造天空

实 例

塔吉克族 安拉创造天空。

【流传】新疆维吾尔自治区·（喀什地区）·塔什库尔干塔吉克自治县

【出处】马达里汗讲，西仁·库尔班等采录翻译：《关于地震的神话》，见中国民间文学集成全国编辑委员会编《中国民间故事集成》（新疆卷），北京：中国ISBN中心2008年版，第26页。

W1134.5
老子造天

【关联】［W0789］老子

1.2.2 天的产生与特征 ‖W1134.6–W1134.6.1‖ 405

实 例

汉族 老子吹出一口清气，清气慢慢上升散开，变成瓦蓝瓦蓝的天。

【流传】吉林省·（通化市）·柳河县·柳河镇

【出处】潘竹松讲，张月照采录：《先有老子后有天》，见中国民间文学集成全国编辑委员会编《中国民间故事集成》（吉林卷），北京：中国文联出版公司1992年版，第2页。

W1134.6
其他特定的神或神性人物造天

实 例

哈尼族 远古的时候，睡在大海里的密乌艾西艾玛金鱼娘扇出了天空。

【流传】
(ab) 云南省·（红河哈尼族彝族自治州）·元阳县·黄草岭区（黄草岭乡）·树皮寨。
(c) 云南省·（红河哈尼族彝族自治州）·元阳县

【出处】
(a) 杨批斗讲，史军超采录：《年月树》，见中国民间文学集成全国编辑委员会编《中国民间故事集成》（云南卷），北京：中国ISBN中心2003年版，第289页。
(b) 同（a），见云南省民间文学集成办公室编《哈尼族神话传说集成》，北京：中国民间文艺出版社1990年版。
(c) 朱小和讲，史军超等采录：《神的古今》，见中国民间文学集成全国编辑委员会编《中国民间故事集成》（云南卷），北京：中国ISBN中心2003年版，第19页。

苗族 远古的时候，没有天，菠媪造了天。

【流传】云南省·（文山壮族苗族自治州）·富宁县

【出处】罗正明讲，王忠林等采录：《谁来造人烟》，见中国民间文学集成全国编辑委员会编《中国民间故事集成》（云南卷），北京：中国ISBN中心2003年版，第92页。

水族 月妹用老奶奶给的丝线织出蓝天。

【流传】广西壮族自治区·（河池市）·宜山（宜州市）·龙头乡

【出处】李明讲，黄柳军搜集：《月妹》，见曹廷伟编著《广西民间故事辞典》，南宁：广西教育出版社1993年版，第9页。

W1134.6.1
天狼大王开天

实 例

普米族 天狼大王开天。

【流传】（云南省·丽江市·宁蒗彝族自治县）

【出处】宁蒗县《创世歌》，见中央民族学院少数民族文艺研究所编《中国民族民间文学》，北京：中央民族学院出版社1987年版，第536页。

W1134.6.2
盘神九兄弟开天

实例

纳西族 很古时候，盘神九兄弟开天。

【流传】云南省·（丽江市）·丽江县（古城区、玉龙纳西族自治县）

【出处】木丽春采集整理：《石蛙谋士》，见木丽春编著《纳西族民间故事集》，昆明：云南人民出版社2007年版，第16页。

W1134.6.3
观音菩萨造天

【关联】［W1138.2a.1］观音用牛皮造天

实例

彝族 观音杀牛来造天时杀了牛，用牛皮来做天。

【流传】云南省·楚雄彝族自治州

【出处】罗文荣演唱，李世忠翻译，蔷紫改写：《老人梅葛》，见姚宝瑄主编《中国各民族神话》（羌族、彝族），太原：山西出版传媒集团·书海出版社2014年版，第124页。

W1134.6.4
天造造天

【关联】［W1175.19.13］地合造地

实例

汉族 "天造"（神名）造天。

【流传】浙江省·（衢州市）·江山市·凤林镇

【出处】吴土讲，江都采录：《天造地合》，见中国民间文学集成全国编辑委员会编《中国民间故事集成》（浙江卷），北京：中国ISBN中心1997年版，第20页。

W1134.6.5
拨老造天

实例

苗族 一个叫"拨老"的神造天。

【流传】贵州省·（毕节市）·赫章县

【出处】杨质昌、王正义整理：《造天地人类歌》，见《贵州省赫章县故事卷》，内部编印。

W1135
人造天

实例

哈尼族 天王派来3个人造天。

【流传】（无考）

【出处】刘辉豪、白章福搜集整理：《奥色密色》，载《山茶》1980年第2期。

W1135.1
最早出现的一个人造天

实例

（实例待考）

W1135.2
洪水后幸存的人造天

实例

瑶族　尼托（洪水后幸存者）负责造天，他的妹妹负责造地。

【流传】广西壮族自治区·（来宾市）·金秀县（金秀瑶族自治县）

【出处】赵美流等讲，黄承辉整理：《天地山河的来历》，见曹廷伟编著《广西民间故事辞典》，南宁：广西教育出版社1993年版，第13页。

W1135.3
其他特定的人造天

实例

汉族　（实例待考）

畲族　（实例待考）

W1135.3.1
沙罗阿龙造天

实例

哈尼族　天地是谁造的？是沙罗阿龙（人名）。

【流传】云南省·（西双版纳傣族自治州）·勐腊（勐腊县）

【出处】张猴讲，杨万智搜集整理：《沙罗阿龙造天地》，原载云南省民间文学集成办公室编《哈尼族神话传说集成》，中国民间文艺出版社1990年版，见姚宝瑄主编《中国各民族神话》（哈尼族、傣族），太原：山西出版传媒集团·书海出版社2014年版，第17页。

W1136
动物造天

实例

（参见下级母题实例）

W1136.1
龙造天

【关联】[W3579]龙的能力（职能）

实例

（参见下级母题实例）

W1136.1.1
龙王造天

实例

仡佬族　张龙王制天。

【流传】
(a) 贵州省·（遵义市）·遵义县（播州区）·平正乡（平正仡佬族乡）
(b) 贵州省·（遵义市）·遵义县（播州区）·平正公社（平正仡佬族乡）·尖山（今属遵义市播州区三岔镇）

【出处】
(a) 陈保和讲，唐文新采录：《十弟兄》，见中国民间文学集成全国编辑委员会编《中国民间故事集成》（贵州卷），北京：中国ISBN中心2003年版，第64页。

(b) 熊文帮讲，葛镇亚搜集：《天与地》，见陶立璠、赵桂芳等编《中国少数民族神话汇编》（开天辟地篇等），中央民族学院少数民族古籍整理出版规划领导小组办公室印（未署出版时间），第324页。

W1136.1.2
阳龙造天

实 例

土家族 混沌中，清气化成造天的阳龙，阳龙造好了天。

【流传】

（a）湖北省·（宜昌市）·长阳县（长阳土家族自治县）·贺家坪区（贺家坪镇）·火麦溪村。

（b）湖北省·（宜昌市）·长阳（长阳土家族自治县）·贺家坪（贺家坪镇）·火麦溪（火麦溪村）

【出处】

（a）郑文仕讲，杜荣东采录：《神龙造天造地造人》，见中国民间文学集成全国编辑委员会编《中国民间故事集成》（湖北卷），北京：中国ISBN中心1999年版，第7页。

（b）《神龙造天、造地、造人》，见白庚胜总主编《中国民间故事全书》（湖北省·长阳卷），北京：知识产权出版社2007年版，第3页。

W1136.2
青蛙造天

【关联】［W1106.2］青蛙造天地

实 例

（实例待考）

W1136.2.1
海龙王派青蛙造天

实 例

哈尼族 （实例待考）

W1136.3
屎壳郎造天

实 例

壮族 （实例待考）

W1136.4
鸟造天

实 例

（参见下级母题实例）

W1136.4.1
天鹅造天

【关联】［W3362.1］天鹅造天地

实 例

傈僳族 最早时，葫芦生的天鹅往上飞，它用自己的口涎，把蓝羽毛粘连成蓝色的天。

【流传】四川省·（凉山彝族自治州）·德昌县·金沙乡（金沙傈僳族乡）·王家山（王家山村）

【出处】张长贵讲，李国才翻译采录：《冰天鹅、冰蚂蚁造天地》，见中国民间文学集成全国编辑委员会编《中国民间故事集成》（四川卷·下），北京：中国 ISBN 中心 1998 年版，第 1431 页。

W1136.4.2
天是鸟顶出来的

实例

藏族 （实例待考）

W1136.4.3
鸟煽动左翅形成天

实例

藏族 最早的混沌世界中出现的人面鸟身的马世纪（鸟名）把左边的翅膀一摇，就有了天空。

【流传】
（a）四川省·（凉山彝族自治州）·木里县（木里藏族自治县）·卡拉乡。
（b）（四川省·凉山彝族自治州·木里藏族自治县）

【出处】
（a）陈安礼讲，陈青贵翻译，四川省民协木里采风队采录：《天和地是怎样来的》，见中国民间文学集成全国编辑委员会编《中国民间故事集成》（四川卷·下），北京：中国 ISBN 中心 1998 年版，第 933 页。
（b）同（a），原载《中国民间故事集成·木里卷》，见吕大吉、何耀华总主编《中国各民族原始宗教资料集成》（鄂伦春族卷、鄂温克族卷、赫哲族卷、达斡尔族卷、锡伯族卷、满族卷、蒙古族卷、藏族卷），北京：中国社会科学出版社 1999 年版，第 938 页。

W1136.4.4
天鸟啄开天

实例

满族 原来的天没有开。天神阿布卡赫赫就叫天鸟啄开天。

【流传】（无考）

【出处】《阿布卡赫赫女神创世》，王松根据富育光、孟慧英、王宏刚撰写的《满族宗教与神话》改写，见姚宝瑄主编《中国各民族神话》（满族、赫哲族、朝鲜族），太原：山西出版传媒集团、书海出版社 2014 年版，第 4~14 页。

W1136.4.5
人面大鸟造天

实例

彝族 一只脸面像人的大鸟把左边的翅膀一摇，成了天空。

【流传】四川省·凉山州（凉山彝族自治州）·木里县（木里藏族自治县）

【出处】*《大鸟扇出天地》，见《藏族原始宗教资料丛编》，内部编印，第 53 页。

W1136.5
蜘蛛造天

【关联】［W1023.4.3］蜘蛛是创世者

实例

彝族 过去没有天，过去没有地。蜘蛛来造天，巴根草铺地。

【流传】（无考）

【出处】《西南彝志、老人梅葛》，见王松《论神话及其他》，昆明：云南民族出版社2006年版，第17页。

W1136.5.1
蜘蛛吐丝织天

【关联】[W1168.8.2] 蜘蛛织天网

实例

彝族 蜘蛛从嘴里吐出青丝织天。

【流传】云南省·楚雄彝族自治州

【出处】罗文荣演唱，李世忠翻译，蔷紫改写：《老人梅葛》，见姚宝瑄主编《中国各民族神话》（羌族、彝族），太原：山西出版传媒集团·书海出版社2014年版，第123页。

W1136.6
其他动物造天

实例

（参见下级母题实例）

W1136.6.1
巨鸭啄开天

【关联】
① [W1177.5.3] 野鸭造陆地
② [W1996.2.3] 世界最早产生的是鸭

实例

满族 冰海盖住了天穹，蔽盖了大地时，大嘴巨鸭又口喷烈火，用尖尖的嘴把冰天啄了千千万万个洞，从此，天空才又出现了日月星光，又有了光明温暖。

【流传】黑龙江省·黑河地区（黑河市）·孙吴县·（沿江满族达斡尔族乡）·四季屯（四季屯村）

【出处】吴纪贤、富希陆讲：《天宫大战——黑水女真人传世神话》（1939，选自富育光、郭淑云整理的手稿），见姚宝瑄主编《中国各民族神话》（满族、赫哲族、朝鲜族），太原：山西出版传媒集团·书海出版社2014年版，第27页。

W1136.6.2
蟆蛉子造天（蜾蠃造天）

【关联】
① [W1106.5.2] 蟆蛉子造天，拱屎虫造地
② [W1177.5.2] 蟆蛉子造地

实例

壮族 上界和下界分开时，蟆蛉子向天上飞去，开始造天。

【流传】广西壮族自治区·（河池市）·大化县（大化瑶族自治县）·都阳镇

【出处】
(a) 覃奶讲，蓝鸿恩采录翻译：《姆洛甲出世》，见中国民间文学集成全国编辑委员会编《中国民间故事集成》（广西卷），北京：中国ISBN中心2001年版，第3页。

(b) 同（a），见张声震总主编，农冠品编注《壮族神话集成》，南宁：广西民族出版社 2007 年版，第 21 页。

壮族 上界和下界分开时，螟蛉子向天上飞去了，于是，由它来造天。

【流传】（无考）

【出处】《姆六甲》，原载蓝鸿恩搜集整理《神弓宝剑》，中国民间文艺出版社 1985 年版，见吕大吉、何耀华总主编《中国各民族原始宗教资料集成》（土家族卷、瑶族卷、壮族卷、黎族卷），北京：中国社会科学出版社 1998 年版，第 603~604 页。

W1137
其他造天者

实 例

（参见下级母题实例）

W1137.1
月亮兄弟造天

实 例

傈僳族 头上的天，是月亮 9 弟兄做出来的，叫作"公子"。

【流传】四川省·（凉山彝族自治州）·德昌县·宽裕乡·赵家湾子

【出处】张国全讲，李文华等采录：《天管师和张古老》，见中国民间文学集成全国编辑委员会编《中国民间故事集成》（四川卷·下），北京：中国 ISBN 中心 1998 年版，第 1437 页。

W1137.2
不同身份的人物合作造天

实 例

（参见下级母题实例）

W1137.2.1
盘古夫妻和牛共同顶出天

【关联】
① ［W0725.4］盘古的妻子
② ［W1115.1.1］盘古的妻子的卵生天地

实 例

（实例待考）

W1137.2.2
仙和动物合作造天

实 例

苗族 有个叫务往葩的老仙婆在螃蟹和务宇（仙婆）的帮助下，把相连的两块板子甩上去那块变成了天。

【流传】贵州省·（黔东南苗族侗族自治州）·剑河县

【出处】张岩山讲，万必轩采录：《天和地是咋个来的》，见中国民间文学集成全国编辑委员会编《中国民间故事集成》（贵州卷），北京：中国 ISBN 中心 2003 年版，第 3 页。

W1137a
与造天者有关的其他母题

实 例

（参见下级母题实例）

W1137a.1
造天的负责人

实例

（参见下级母题实例）

W1137a.1.1
磨天之神负责磨天

实例

佤族 里（磨天之神）伸出巴掌不停地磨，终于把天磨得像山白鱼的肚皮，滑溜溜亮刷刷的。

【流传】云南省·（普洱市）·西盟县（西盟佤族自治县），（临沧市）·沧源县（沧源佤族自治县）

【出处】随戛、岩扫、岩瑞等讲述，艾荻、张开达搜集整理：《司岗里》，载《山茶》1988年第1期。

W1138
造天的材料

实例

（参见下级母题实例）

W1138.1
用巨兽皮造天

【关联】[W3047.7.2]巨兽

实例

苗族 造明之神果楼生冷猎，获巨大神兽崩苟达王，剥巨兽皮做天顶。

【流传】（无考）

【出处】石宗仁整理：《创天立地》，见高明强编《创世的神话和传说》，上海：上海三联书店1988年版，第63页。

W1138.2
用犀牛皮造天

实例

（参见下级母题实例）

W1138.2.1
神巨人用犀牛皮造天

【关联】[W1133.6.8]巨人造天

实例

布朗族 顾米亚（神巨人）剥下犀牛的皮做成天。

【流传】（a）云南省·（西双版纳傣族自治州）·勐海县

【出处】

（a）岩的兴讲，朱嘉禄采录：《顾米亚》，见中国民间文学集成全国编辑委员会编《中国民间故事集成》（云南卷），北京：中国ISBN中心2003年版，第150页。

（b）朱嘉禄整理：《顾米亚》，见谷德明编《中国少数民族神话》，北京：中国民间文艺出版社1987年版，第480页。

布朗族 神巨人顾米亚发现了世界上的最早出现的一只犀牛，剥下它的皮来造天。

【流传】（a）云南省·（红河哈尼族彝族自治

州）·金平县（金平苗族瑶族傣族自治县）。

(b) 云南省

【出处】

(a) 朱嘉禄整理：《顾米亚》，原载《中国民间故事选》第 2 集，人民文学出版社 1962 年版，见姚宝瑄主编《中国各民族神话》（水族、布朗族、独龙族、基诺族、傈僳族），太原：山西出版传媒集团·书海出版社 2014 年版，第 90 页。

(b) 同（a），见陶阳、钟秀编《中国神话》（上），北京：商务印书馆 2008 年版，第 38～44 页。

W1138.2a
用牛皮造天

【关联】

① ［W1382.5.1］用神牛补天地
② ［W1977.3.3］用牛肚造龙潭

实 例

（参见下级母题实例）

W1138.2a.1
观音用牛皮造天

【关联】［W0790.4］观音菩萨

实 例

彝族 观音杀牛来造天时杀了牛，用牛皮来做天。

【流传】云南省·楚雄彝族自治州

【出处】罗文荣演唱，李世忠翻译，蔷紫改写：《老人梅葛》，见姚宝瑄主编《中国各民族神话》（羌族、彝族），太原：山西出版传媒集团·书海出版社 2014 年版，第 124 页。

W1138.3
用动物牙齿造天

实 例

（实例待考）

W1138.3.1
用马的牙齿造天

【关联】

① ［W1138.9.3］用 3 颗马牙石造天
② ［W3183］马的牙齿

实 例

哈尼族 （实例待考）

W1138.4
用羽毛造天

实 例

傈僳族 （实例待考）

W1138.5
用金银造天

实 例

（参见下级母题实例）

W1138.5.1
神用金银造天

【关联】［W1133］神或神性人物造天

实例

哈尼族 大神们先用金子、银子造天。

【流传】云南省·（红河哈尼族彝族自治州）·元阳县

【出处】朱小和讲，史军超等采录：《神的古今》，见中国民间文学集成全国编辑委员会编《中国民间故事集成》（云南卷），北京：中国 ISBN 中心 2003 年版，第 19 页。

W1138.6

用珍珠玛瑙造天

【关联】［W1168.13.3.1］用珍珠造东方的天

实例

阿昌族 天公遮帕麻用珍珠造了东边的天，用玛瑙造了南边的天，用玉石造了西边的天，用翡翠造了北边的天。

【流传】（a）云南省·（德宏傣族景颇族自治州）·梁河县

【出处】

(a) 赵安贤讲，杨叶生智克采录：《遮帕麻与遮米麻》，见中国民间文学集成全国编辑委员会编《中国民间故事集成》（云南卷），北京：中国 ISBN 中心 2003 年版，第 69 页。

(b) 赵安贤讲，舟叶生译，智克整理：《遮帕麻与遮米麻》，见谷德明编《中国少数民族神话》，北京：中国民间文艺出版社 1987 年版，第 490 页。

(c) 同（b），见陶立璠、赵桂芳等编《中国少数民族神话汇编》（开天辟地

篇等），中央民族学院少数民族古籍整理出版规划领导小组办公室印（未署出版时间），第 330 页。

阿昌族 遮帕麻（男始祖名，被奉为"天公"）用珍珠造了东方的天，用玛瑙做了南方的天，用玉石造出西边的天，用翡翠做了北边的天。

【流传】（云南省）

【出处】赵安贤讲，智克整理：《遮帕麻与遮米麻》，见姚宝瑄主编《中国各民族神话》（佤族、阿昌族、纳西族、普米族、德昂族），太原：山西出版传媒集团·书海出版社 2014 年版，第 75 页。

W1138.7

用玉石翡翠造天

实例

（参见下级母题实例）

W1138.7.1

用翡翠做北边的天

【关联】［W1866.4a］翡翠

实例

阿昌族 天公遮帕麻用珍珠造了东边的天，用玛瑙造了南边的天，用玉石造了西边的天，用翡翠造了北边的天。

【流传】（ab）云南省·（德宏傣族景颇族自治州）·梁河县

【出处】

(a) 赵安贤讲，杨叶生智克采录：《遮帕麻与遮米麻》，见中国民间文学集

成全国编辑委员会编《中国民间故事集成》（云南卷），北京：中国 ISBN 中心 2003 年版，第 69 页。

（b）赵安贤讲述，杨叶生翻译，智克整理：《遮帕麻与遮米麻》，载《山茶》1981 年第 2 期。

（c）赵安贤讲，舟叶生译，智克整理：《遮帕麻与遮米麻》，见谷德明编《中国少数民族神话》，北京：中国民间文艺出版社 1987 年版，第 490 页。

（d）同（c），见陶立璠、赵桂芳等编《中国少数民族神话汇编》（开天辟地篇等），中央民族学院少数民族古籍整理出版规划领导小组办公室印（未署出版时间），第 330 页。

阿昌族 遮帕麻（男始祖名，被奉为"天公"）用珍珠造了东方的天，用玛瑙做了南方的天，用玉石造出西边的天，用翡翠做了北边的天。

【流传】（云南省）

【出处】赵安贤讲，智克整理：《遮帕麻与遮米麻》，见姚宝瑄主编《中国各民族神话》（佤族、阿昌族、纳西族、普米族、德昂族），太原：山西出版传媒集团·书海出版社 2014 年版，第 75 页。

W1138.8
用青石板造天

【关联】[W1160.3.3] 青石板造天造出青色的天

实 例

汉族 "天造"（神名）采了一块块青石板用铜钉钉牢，连成一片，形成天。

【流传】浙江省·（衢州市）·江山市·凤林镇

【出处】吴土讲，江都采录：《天造地合》，见中国民间文学集成全国编辑委员会编《中国民间故事集成》（浙江卷），北京：中国 ISBN 中心 1997 年版，第 20 页。

羌族 阿补曲格（天爷）用青石板造天。

【流传】四川省·（阿坝藏族羌族自治州）·理县·桃坪乡·桃坪村

【出处】余青海讲，罗世泽采录：《开天辟地》，见中国民间文学集成全国编辑委员会编《中国民间故事集成》（四川卷·下），北京：中国 ISBN 中心 1998 年版，第 1107 页。

W1138.8.1
女娲用 3330 万块青石板造天

【关联】[W1159.2.7.1] 女娲用 3330 万块青石把天拼成圆的

实 例

汉族 大神女娲炼了三千三百三十万块青石，拼成了天，拼得圆圆的、滑滑的，无缝无隙，青光晶亮。

【流传】浙江省·舟山市·（定海区）·干览乡（干览镇）·南岙村

【出处】顾阿登讲，林胜强记录，周明搜集整理：《女娲补天》（1987.06.15），见姚宝瑄主编《中国各民族神话》（汉族），太原：山西出版传媒集团·书海出版社 2014 年版，第 57~58 页。

W1138.9
用石头造天

【实例】

拉祜族（苦聪） 阿娜用石头造天，天便有白又有蓝，十分好看。

【流传】云南省·红河地区（红河哈尼族彝族自治州）的深山老林

【出处】杨老三讲，樊晋波、陈继陆、韩延搜集，韩延整理，古木改写：《阿罗阿娜造天地》，原载《红河文艺》，原题目为《苦聪创世歌》，见姚宝瑄主编《中国各民族神话》（白族、拉祜族、景颇族），太原：山西出版传媒集团·书海出版社 2014 年版，第 173 页。

W1138.9.1
用绿石头造天

【关联】[W1138.15.5] 用绿松石铺天

【实例】

哈尼族 造天还要用绿石头。

【流传】云南省·（红河哈尼族彝族自治州）·元阳县

【出处】朱小和讲，史军超等采录：《神的古今》，见中国民间文学集成全国编辑委员会编《中国民间故事集成》（云南卷），北京：中国 ISBN 中心 2003 年版，第 19 页。

W1138.9.2
用无色岩石造天

【实例】

土家族 张古老以五色岩石制天平整如一。

【流传】（无考）

【出处】《张古老与李古老》（原名《张古老制天李古老制地》），原载毛星主编《中国少数民族文学》（中册），见袁珂《中国神话大词典》，北京：华夏出版社 2015 年版，第 488 页。

W1138.9.3
用 3 颗马牙石造天

【关联】[W1867.4.8a] 马牙石

【实例】

哈尼族（爱尼） 加波俄郎神（造天地的神）用三颗马牙石造了天。

【流传】云南省·西双版纳（西双版纳傣族自治州）

【出处】飘马讲：《奥颠米颠》（造天造地），见李子贤编《云南少数民族神话选》，昆明：云南人民出版社 1990 年版，第 115~118 页。

哈尼族 加波俄郎（神名）用三颗马牙石造天。

【流传】云南省·西双版纳（西双版纳傣族自治州）

【出处】飘马讲，白章富搜集整理：《奥颠米颠》，见姚宝瑄主编《中国各民族神话》（哈尼族、傣族），太原：山西出版传媒集团·书海出版社 2014 年版，第 79 页。

W1138.10
炼石拼合后成为天

实 例

（参见下级母题实例）

W1138.10.1
女娲炼青石造天

实 例

汉族 女娲炼了 3333 万块青石，拼成了天

【流传】浙江省·舟山市·定海区·干览乡·南岙村

【出处】顾阿登讲，林胜强采录：《女娲造天地》，见中国民间文学集成全国编辑委员会编《中国民间故事集成》（浙江卷），北京：中国 ISBN 中心 1997 年版，第 17 页。

W1138.11
用布料造天

【关联】［W6122］织布的产生

实 例

（参见下级母题实例）

W1138.11.1
被子顶在天柱上造天

【关联】［W1122.1］被子变成天地

实 例

哈尼族 阿波摩米（天神）把大被子拿来顶在天柱上当做天。

【流传】云南省

【出处】王文清讲，毛佑全等搜集整理：《俄八美八》，见谷德明编《中国少数民族神话》，北京：中国民间文艺出版社 1987 年版，第 332 页。

W1138.12
用帽子造天

实 例

（参见下级母题实例）

W1138.12.1
女始祖用师傅的雨帽造天

【关联】［W1159.8.2］天像雨帽

实 例

瑶族 几万年以前，女始祖密洛陀用师傅的雨帽造成天。

【流传】广西壮族自治区·（河池市）·巴马县（巴马瑶族自治县）

【出处】

（a）蓝有荣讲，黄书光等搜集：《密洛陀》，见苏胜兴、刘保元等编《瑶族民间故事选》，上海：上海文艺出版社 1980 年版，第 15 页。

（b）同（a），见谷德明编《中国少数民族神话》，北京：中国民间文艺出版社 1987 年版，第 123 页。

（c）同（a），见陶立璠、赵桂芳等编《中国少数民族神话汇编》（开天辟地

篇等），中央民族学院少数民族古籍整理出版规划领导小组办公室印（未署出版时间），第 235 页。

(d) 蓝有荣讲：《密洛陀》，见陶阳、钟秀编《中国神话》，上海：上海文艺出版社 1996 年版，第 91 页。

瑶族 几万年以前，密洛陀（创世者，女始祖，瑶族最高神）用师傅的雨帽造成天。

【流传】广西壮族自治区·（河池市）·巴马瑶族自治县

【出处】

(a) 蓝有荣讲，黄书光、覃光群搜集，韦编联整理：《密洛陀》，原载苏胜兴等编《瑶族民间故事选》，见陶阳、钟秀编《中国神话》（上），北京：商务印书馆 2008 年版，第 365~368 页。

(b) 同(a)，见姚宝瑄主编《中国各民族神话》（土家族、毛南族、侗族、瑶族），太原：山西出版传媒集团·书海出版社 2014 年版，第 140 页。

瑶族 昔密洛陀（女神）之师死，密洛陀以师之雨帽造天。

【流传】（无考）

【出处】《密洛陀》，原载《瑶族民间故事选》，见袁珂《中国神话大词典》，北京：华夏出版社 2015 年版，第 472 页。

W1138.13
用体液或排泄物造天

实例

哈尼族 青蛙的儿子纳得屙出的屎铺开，形成了天。

【流传】云南省·（普洱市）·墨江县（墨江哈尼族自治县）

【出处】金开兴讲，蓝明红采录：《青蛙造天地》，见中国民间文学集成全国编辑委员会编《中国民间故事集成》（云南卷），北京：中国 ISBN 中心 2003 年版，第 34 页。

W1138.13.1
用口水和泥造天

实例

苗族 告妮自（制造万物的女郎）和召立自（制造万物的男儿）吐口水来和泥尘，捏来揉去，越堆越大，中间成了大地。四周软乎乎的，变成了天身。

【流传】云南省·（昭通市）·彝良县

【出处】王建英讲，杨忠伦采录者：《造天造地》，见中国民间文学集成全国编辑委员会编《中国民间故事集成》（云南卷），北京：中国 ISBN 中心 2003 年版，第 91 页。

W1138.14
用混沌物造天

实例

侗族 张古和盘古（巨人）把混沌一团的世界的一条大裂缝撕开，用其中一块盖在另一块上面，形成天。

【流传】贵州省·（黔东南苗族侗族自治州）·三穗县·款场（款场乡）

【出处】杨引兰讲，周昌武采录：《开天

辟地》，见中国民间文学集成全国编辑委员会编《中国民间故事集成》（贵州卷），北京：中国ISBN中心2003年版，第5页。

W1138.14.1
用混沌的上截造天

【关联】［W1057.1］混沌（浑沌、昆屯、混沌卵）

实例

拉祜族 天神厄莎把混沌世界分开时，把大雾截成两截，一截上去做天。

【流传】云南省大拉祜及黄拉祜中部一带

【出处】小八讲，古木整理：《天神厄莎》，（整理中参照了《牡帕密帕》和《古根》），见姚宝瑄主编《中国各民族神话》（白族、拉祜族、景颇族），太原：山西出版传媒集团·书海出版社2014年版，第158~159页。

W1138.14a
用气造天

【关联】［W4570］气的产生（空气的产生）

实例

（参见下级母题实例）

W1138.14a.1
神汇集动物吐出的气造天

实例

哈尼族 天下的各种小动物一个个都使劲朝天空中吐出口白气。沙罗阿龙（人名）伸手把大家吐的气团扯在一起，让轻的气团飞不远，重的气团掉不下来，挂在半空中盖着地，造出来天。

【流传】云南省·（西双版纳傣族自治州）·勐腊（勐腊县）

【出处】张猴讲，杨万智搜集整理：《沙罗阿龙造天地》，原载云南省民间文学集成办公室编《哈尼族神话传说集成》，中国民间文艺出版社1990年版，见姚宝瑄主编《中国各民族神话》（哈尼族、傣族），太原：山西出版传媒集团·书海出版社2014年版，第18页。

W1138.14a.2
巨人哈气造天

【关联】［W1103.8］巨人开辟天地（巨人造天地）

实例

傣族 巨人英叭用他的气去造天，他一哈气，天就出来了，蓝蓝的天，云彩飘来飘去。

【流传】云南省·西双版纳（西双版纳傣族自治州）·（勐海县）

【出处】《阳光和风成婚生英叭》，原文本为叭补答讲，刀昌德记录《开天辟地的故事》，见姚宝瑄主编《中国各民族神话》（哈尼族、傣族），太原：山西出版传媒集团·书海出版社2014年版，第235页。

W1138.15
造天的其他材料

实例

（参见下级母题实例）

W1138.15.1
神用蓝被铺天

【关联】［W1122.1］被子变成天地

实例

哈尼族 善神摩咪把他的蓝被铺在天上，作新天的天面。

【流传】云南省·（玉溪市）·元江县（元江哈尼族彝族傣族自治县）·因远镇·卡腊一带

【出处】《造天地歌》，见元江县哈尼文化学会、元江县史志编纂办公室编《元江哈尼族古歌集》，内部编印，2005年，第17页。

W1138.15.2
动物破碎的肢体拼凑成天

实例

基诺族 最早的创世母亲跳进蛤蟆口内，癞蛤蟆被母亲越撑越大，被撑爆裂后，肢体便飘落四方。母亲把飘在空中的散裂物并在一起就成了天。

【流传】云南省·（西双版纳傣族自治州·景洪市）·（基诺山基诺族乡）·巴亚寨

【出处】巴卡老四等讲，杜玉亭调查整理：《创世母亲造天地万物》（1958~1981），见吕大吉、何耀华总主编《中国各民族原始宗教资料集成》（彝族卷、白族卷、基诺族卷），北京：中国社会科学出版社1996年版，第879页。

W1138.15.3
神用马鹿的头做天

【关联】

① ［1147.1.1］马鹿的头变天

② ［W1572.2.8.4］马鹿的左眼变成太阳

实例

普米族 巨神简剑祖射死马鹿后，看鹿头最庄严、最美丽，就割下鹿头做天。鹿头冉冉而上，上面就出现了蓝蓝的天。

【流传】（普米族广大地区）

【出处】杨祖德、杨学胜讲：《简剑祖射马鹿创天地》，据杨庆文《普米族文学简介》中的《捷巴鹿的故事》和季志超《藏族普米族创世神话比较》中的《吉赛叽》等编写，见姚宝瑄主编《中国各民族神话》（佤族、阿昌族、纳西族、普米族、德昂族），太原：山西出版传媒集团·书海出版社2014年版，第303页。

W1138.15.4
用树藤铺天

实例

彝族（罗鲁泼）用什么来铺天呢？用

树藤来铺天。

【流 传】云南省·（楚雄彝族自治州）·永仁县

【出 处】

（a）（李德宝演唱，李必荣、李荣才搜集，夏光辅、诺海阿苏翻译）《冷斋调》（1984），见云南省社会科学院楚雄彝族文化研究所编《彝族民间文学》第2辑，1985年。

（b）夏光辅、诺海阿苏翻译，古梅改写：《冷斋调》，见姚宝瑄主编《中国各民族神话》（羌族、彝族），太原：山西出版传媒集团·书海出版社2014年版，第114页。

W1138.15.5
用绿松石铺天

【关 联】［W1864.4］绿石（碧石、绿松石）

实 例

纳西族 开天辟地的九兄弟与七姊妹用绿松石铺天。

【流 传】（无考）

【出 处】《人祖利恩》，见姚宝瑄主编《中国各民族神话》（佤族、阿昌族、纳西族、普米族、德昂族），太原：山西出版传媒集团·书海出版社2014年版，第174页。

W1138.15.6
用铺天石铺天

实 例

哈尼族 大神俄玛把铺天石铺到天边，想与大地合缝。

【流 传】云南省·（红河哈尼族彝族自治州）·元阳县

【出 处】朱小和讲，卢朝贵搜集整理：《三个世界》，单超选自《哈尼族神话传说选》，见姚宝瑄主编《中国各民族神话》（哈尼族、傣族），太原：山西出版传媒集团·书海出版社2014年版，第64页。

W1138.15.7
用粪便铺天

实 例

（参见下级母题实例）

W1138.15.7.1
用青蛙的屎铺成天

实 例

哈尼族 青蛙的儿子纳得屙出的屎铺开，形成了天。

【流 传】云南省·（普洱市）·墨江县（墨江哈尼族自治县）

【出 处】金开兴讲，蓝明红采录：《青蛙造天地》，见中国民间文学集成全国编辑委员会编《中国民间故事集成》（云南卷），北京：中国ISBN中心2003年版，第34页。

哈尼族 造天地的青蛙让巨人儿子纳得造天时，坐在青蛙的手掌上，一下子就往上蹿了几十万丈高，增粗几十万倍大。纳得屙了一泡屎，顺着做擎柱的青蛙的手铺开，霎时，就成了一块蓝天。

【流传】云南省·（普洱市）·墨江县（墨江哈尼族自治县）

【出处】金开兴讲，蓝明红搜集整理：《青蛙造天造地》，单超选自云南省民间文学集成办公室编《哈尼族神话传说集成》，中国民间文艺出版社 1990 年，见姚宝瑄主编《中国各民族神话》（哈尼族、傣族），太原：山西出版传媒集团·书海出版社 2014 年版，第 5～6 页。

W1138.15.8
用多种物质造天

实 例

（参见下级母题实例）

W1138.15.8.1
天神用岩石和地筋造天

实 例

彝族（俚颇）天神盘颇的 9 个儿子挑来了岩石和地筋，把岩石和地筋敷在上面，天就造成了。

【流传】云南省·（楚雄彝族自治州）·大姚县·昙华山区（昙华乡）

【出处】

（a）陆颇梭颇（毕摩）演唱，夏光辅、诺海阿苏翻译：《俚泼古歌》，见云南省社会科学院楚雄彝族文化研究所编《彝族民间文学》第 2 辑，1985 年。

（b）陆颇梭颇（毕摩）演唱，夏光辅、诺海阿苏翻译，古梅改写：《赤梅葛——俚泼古歌》，见姚宝瑄主编《中国各民族神话》（羌族、彝族），

太原：山西出版传媒集团·书海出版社 2014 年版，第 95 页。

W1138.15.8.2
神仙用一碗白土和一碗水造天

实 例

畲族 玉皇大帝派两个神仙兄弟造天地时，哥哥端一碗白土和一碗水造天。

【流传】福建省·（漳州市）·华安（华安县）

【出处】钟国姓讲，钟武艺采录：《兄弟俩造天地》，原载《中国民间故事集成·福建卷·漳州市分卷》，漳州市民间文学集成编委会 1991 年编印，见《福建省少数民族古籍丛书》编委会编《畲族卷·民间故事》，福州：海峡出版发行集团·海峡书局 2013 年版，第 2 页。

W1139
与造天有关的其他母题

实 例

（参见下级母题实例）

W1139.0
造天的方法

【关联】[W1109] 造天地的方法

实 例

（参见下级母题实例）

W1139.0.1
造天方法的获得

实 例

（参见下级母题实例）

W1139.0.1.1
仿照蜘蛛织网造天

实 例

彝族（罗罗泼） 混沌世界中产生的一对兄妹阿傈、阿界造天地时，看见头上有一只小蜘蛛正在结网。哥哥阿傈便学蜘蛛织网来做天。

【流传】云南省·（楚雄彝族自治州）·南华县·五街（五街镇）

【出处】李发彪等演唱，吉厚培、夏光辅搜集整理：《青棚调——彝族支系罗罗泼古歌》，原载云南省社会科学院楚雄彝族文化研究所编《彝族民间文学》第2辑，1985年，见姚宝瑄主编《中国各民族神话》（羌族、彝族），太原：山西出版传媒集团·书海出版社2014年版，第169页。

W1139.0.1.2
神商议造天方法

【关联】［W1110.0.1］众人商议开天辟地

实 例

哈尼族 三个造天的神人叫达俄、姐玛和艾波，他们一起商量着造天的办法。

【流传】（无考）

【出处】《杀牛龙，造天地》，根据张牛朗、杨批斗、李书周等演唱，杨保生、李家顺等翻译，杨笛、郭纯礼等整理《十二奴局》和《奥色密色》翻译稿改写，见姚宝瑄主编《中国各民族神话》（哈尼族、傣族），太原：山西出版传媒集团·书海出版社2014年版，第10页。

W1139.1
造天的模子

实 例

（参见下级母题实例）

W1139.1.1
按照地的大小造天

实 例

汉族 红君道人照地的大小造天。

【流传】上海市·松江县（松江区）·九亭乡（九亭镇）·三星村

【出处】朱国民讲，顾青采录：《海斗老祖造天地》，见中国民间文学集成全国编辑委员会编《中国民间故事集成》（上海卷），北京：中国ISBN中心2007年版，第3页。

W1139.1.2
用伞做造天的模子

实 例

彝族 天神的儿子造天时，用伞做造

天的模子。

【流传】云南省·（楚雄彝族自治州）·姚安（姚安县）、大姚（大姚县）、永仁（永仁县）等地

【出处】＊《格兹天神创世》，见杨继中、芮增瑞、左玉堂编《楚雄彝族文学简史》，北京：中国民间文艺出版社1986年版，第44～45页。

彝族　天神格兹让自己的5个儿子造天时说："天就像一把伞，你们就把伞当作天的模子吧！"

【流传】（云南省·楚雄彝族自治州·姚安县·官屯乡·马游村，大姚县·昙华乡等）

【出处】

(a) 郭天元（马游村）、李申呼颇（昙华乡）、李福玉颇（苴）演唱，郭思九、许明学、龚维顺、张宝省、陈志群、胡炳文等搜集，刘德虎、龚维顺、陈志群、李树荣、郭天元等整理：《梅葛》（第一部"创世"），见云南省民族民间文学楚雄调查队《梅葛》（1959），昆明：云南人民出版社2009年版。

(b)《打虎开天辟地》，蓍紫据云南省民族民间文学楚雄调查队著《梅葛》（云南人民出版社2009年版）改写，见姚宝瑄主编《中国各民族神话》（羌族、彝族），太原：山西出版传媒集团·书海出版社2014年版，第190页。

彝族　格兹天神的五个儿子造天时，造天没有模子，就拿伞做造天的模子。

【流传】云南省·楚雄彝族自治州·姚安县、大姚县等彝族地区

【出处】《开天辟地》，见云南省民族民间文学楚雄调查队整理编写《梅葛》，昆明：云南人民出版社2009年版，第3页。

W1139.1.3
仿照棚子造天

【关联】[W1159.10] 天像帐篷

实　例

苗族　住在天河边上的神婆婆务罗务素告诉纳罗引勾（半人半兽的巨人）："拿地作地垌，拿天当天棚。"

【流传】广西壮族自治区·（柳州市）·融水苗族自治县

【出处】

(a) 杨达香讲，梁彬搜集整理：《创世纪》（一、开天辟地，地始天初），见梁彬、王天若编《苗族民间故事选》，南宁：广西人民出版社1986年版。

(b) 同(a)，见姚宝瑄主编《中国各民族神话》（布依族、仡佬族、苗族），太原：山西出版传媒集团·书海出版社2014年版，第170页。

W1139.1.4
仿照篾帽造天

【关联】[W1159.8] 天像帽子

实　例

彝族　群神造天地时，仿照篾帽的样

1.2.2 天的产生与特征 ‖W1139.2-W1139.3.1.1‖ 425

子，把天造成篾帽样。

【流传】云南省·（楚雄彝族自治州）·双柏（双柏县）

【出处】＊《众神创世》，见杨继中、芮增瑞、左玉堂编《楚雄彝族文学简史》，北京：中国民间文艺出版社1986年版，第45页。

W1139.2
神吐雾造天

【关联】［W1151.4a］雾变成天

实 例

汉族 以前没有天，雾神吐雾造出来天。

【流传】湖北省·神农架林区·盘水乡（松柏镇）·盘水村

【出处】贺久恒讲，胡崇峻采录：《盘古杀雾神》，见中国民间文学集成全国编辑委员会编《中国民间故事集成》（湖北卷），北京：中国 ISBN 中心1999年版，第4页。

W1139.3
造天使用的时间

实 例

（参见下级母题实例）

W1139.3.0
造天很快完成

实 例

壮族 造天的有九个神，都叫口麦。口麦的人多，又一心一意地造，所以造得很快，没多久，天就造好了。

【流传】云南省·（红河哈尼族彝族自治州）·金平县（金平苗族瑶族傣族自治县）·大寨（大寨乡）

【出处】黄金福讲，黄荣记录：《地为什么没有造平》，原载徐保国等主编《云南民间文学集成——金平故事卷》，内部资料，1989年，见姚宝瑄主编《中国各民族神话》（仫佬族、壮族、京族），太原：山西出版传媒集团·书海出版社2014年版，第129页。

W1139.3.1
造天用了6天

实 例

彝族 6天造好了天。

【流传】云南省·（红河哈尼族彝族自治州）·弥勒县（弥勒市）·罗多村

【出处】陈文有讲：《礼拜天的来历》，见李德君《彝族阿细人民间文学作品采集实录》，北京：中央民族大学出版社2009年版，第348页。

W1139.3.1.1
天神造天用了6天

实 例

柯尔克孜族 天神用6天时间造了天。

【流传】（无考）

【出处】满都呼主编《中国阿尔泰语系诸民族神话故事》，北京：民族出版社1997年版，第57页。

W1139.3.1.2
上帝造天用了6天

实例

哈萨克族 上帝用6天的时间创造了天。

【流传】（无考）

【出处】比达尔克买提·木海讲，胡扎依尔·萨杜瓦哈斯搜集，安蕾、毕桐译：《神牛支撑大地》，见满都呼主编《中国阿尔泰语系诸民族神话故事》，北京：民族出版社1997年版，第57页。

W1139.3.2
造天用了9天

实例

（参见下级母题实例）

W1139.3.2.1
月亮兄弟造天用了9天

【关联】[W1137.1]月亮兄弟造天

实例

傈僳族 月亮9弟兄用9天时间做出来天。

【流传】四川省·（凉山彝族自治州）·德昌县·宽裕乡·赵家湾子

【出处】张国全讲，李文华等采录：《天管师和张古老》，见中国民间文学集成全国编辑委员会编《中国民间故事集成》（四川卷·下），北京：中国ISBN中心1998年版，第1437页。

W1139.3.2a
造天用了9天9夜

实例

苗族 女神菠补整整造了九天，整整生了九夜，天就造出来了。

【流传】云南省·文山（文山壮族苗族自治州）一带

【出处】邓光北、闪永仙说唱，项保昌、刘德荣搜集：《开天补天，辟地补地》，见姚宝瑄主编《中国各民族神话》（布依族、仡佬族、苗族），太原：山西出版传媒集团·书海出版社2014年版，第125页。

W1139.3.3
造天用了99天

实例

怒族 造天的7个神仙，又勤劳又心齐，99天就造成了宽广无边的美丽蓝天。

【流传】云南省·（怒江傈僳族自治州）·福贡县·架怒村（不详）

【出处】此阿妹讲，叶世富等采录：《高山和平地的由来》，见中国民间文学集成全国编辑委员会编《中国民间故事集成》（云南卷），北京：中国ISBN中心2003年版，第79页。

彝族（俚颇） 天神盘颇的九个儿子去造天，造了九十九天，才把天造出来。

【流传】云南省·（楚雄彝族自治

州）·大姚县·昙华山区（昙华乡）

【出处】

（a）陆颇梭颇（毕摩）演唱，夏光辅、诺海阿苏翻译：《俚泼古歌》，见云南省社会科学院楚雄彝族文化研究所编《彝族民间文学》第2辑，1985年。

（b）陆颇梭颇（毕摩）演唱，夏光辅、诺海阿苏翻译，古梅改写：《赤梅葛——俚泼古歌》，见姚宝瑄主编《中国各民族神话》（羌族、彝族），太原：山西出版传媒集团·书海出版社2014年版，第95页。

W1139.3.4

造天用了999天

实　例

哈尼族 天神用九万块蓝色的大砖铺天，用了九百九十九天。

【流传】云南省·（玉溪市）·元江县（元江哈尼族彝族傣族自治县）·羊街乡、那诺乡及因远镇清水河流域一带

【出处】《修天补地歌》，见元江县哈尼文化学会、元江县史志编纂办公室编《元江哈尼族古歌集》，内部编印，2005年，第22页。

W1139.3.5

造天地用了9年

实　例

拉祜族 厄莎（有多种说法，如天神、天帝、创世女神、始祖等）搓手搓脚做了一对扎倮、娜倮（祖先，兄妹名），扎倮造天，娜倮造地，造天造地造了九年。

【流传】云南省·（普洱市）·澜沧县（澜沧拉祜族自治县）

【出处】李云保讲述，扎约采录：《牡帕密帕的故事》，见陶阳、钟秀编《中国神话》（上），北京：商务印书馆2008年版，第129~139页。

W1139.3.6

造天用了999年

【关联】[W1186.3.4a]造地用了9999年

实　例

哈尼族 三大神造天时，共造九千九百九十九年。

【流传】（无考）

【出处】《风姑娘》，原载谷德明编《中国少数民族神话选》，见袁珂《中国神话大词典》，北京：华夏出版社2015年版，第490页。

哈尼族 三个大神造了九千九百九十九年，造出天。

【流传】云南省

【出处】熊兴祥搜集整理：《风姑娘》，载《山茶》1983年第4期。

W1139.3.7

造天用了9999年

实　例

哈尼族 三个大神造天，造了九千九百九十九年。

【流传】云南省·（红河哈尼族彝族自治州）·金平县（金平苗族瑶族傣族自治县）·（大寨乡）·坡头乡（坡头村）

【出处】李文有讲，熊兴祥记录：《风姑娘》，原载《金平民间故事选》，见姚宝瑄主编《中国各民族神话》（哈尼族、傣族），太原：山西出版传媒集团·书海出版社2014年版，第29页。

W1139.3.8
造天用了1万年

实 例

汉族 "天造"（神名）造天花了一万年。

【流传】浙江省·（衢州市）·江山市·凤林镇

【出处】吴土讲，江都采录：《天造地合》，见中国民间文学集成全国编辑委员会编《中国民间故事集成》（浙江卷），北京：中国ISBN中心1997年版，第20页。

W1139.4
造天开始的特定时间

实 例

（参见下级母题实例）

W1139.4.1
龙日造天

实 例

哈尼族 天是八个大神在属龙那天造的。

【流传】云南省·（玉溪市）·元江县（元江哈尼族彝族傣族自治县）·咪哩乡、羊岔街乡及因远镇一带

【出处】《开天辟地歌》，见元江县哈尼文化学会、元江县史志编纂办公室编《元江哈尼族古歌集》，内部编印，2005年，第9页。

哈尼族 三个神人要造天了。造天要有天大的力气，造天要选择最吉利的时辰。大神十遮传下命令：让三个神人选择属龙的好日子造天。

【流传】（无考）

【出处】《杀牛龙，造天地》，根据张牛朗、杨批斗、李书周等演唱，杨保生、李家顺等翻译，杨笛、郭纯礼等整理《十二奴局》和《奥色密色》翻译稿改写，见姚宝瑄主编《中国各民族神话》（哈尼族、傣族），太原：山西出版传媒集团·书海出版社2014年版，第10页。

W1139.4.2
几万年前造天

实 例

瑶族 几万年以前，密洛陀（瑶族最高神）用师父的雨帽造成天。

【流传】广西壮族自治区·（河池市）·巴马瑶族自治县

【出处】
(a) 蓝有荣讲，黄书光、覃光群搜集，韦编联整理：《密洛陀》，见苏胜兴、

刘保元、韦文俊、王矿新等编《瑶族民间故事选》，上海：上海文艺出版社 1980 年版。

（b）同（a），见姚宝瑄主编《中国各民族神话》（土家族、毛南族、侗族、瑶族），太原：山西出版传媒集团·书海出版社 2014 年版，第 140 页。

W1139.5
造天时的装饰物
实 例

（参见下级母题实例）

W1139.5.1
造天用绿石装饰
【关联】［W1864.4］绿石（碧石、绿松石）

实 例

哈尼族 造天还需要绿石头，不然造出的天不会蓝汪汪地好看，大神们赶紧扛着金撬杆，去撬来大块大块的绿石头。

【流传】云南省·（红河哈尼族彝族自治州）·元阳县、金平县（金平苗族瑶族傣族自治县）、红河县等地

【出处】朱小和讲，史军超、卢朝贵搜集整理：《烟本霍本》，原载刘辉豪、阿罗编《哈尼族民间故事选》，上海文艺出版社 1989 年版，见姚宝瑄主编《中国各民族神话》（哈尼族、傣族），太原：山西出版传媒集团·书海出版社 2014 年版，第 36 页。

W1139.5a
造天的衍生品
实 例

（参见下级母题实例）

W1139.5a.1
造天时造出日月星辰
实 例

侗族 萨天巴（蜘蛛，女祖神，创世神）让众神创新改天换地，要求天上要有日月星辰。

【流传】广西壮族自治区·（柳州市）·三江（三江侗族自治县），（桂林市）·龙胜（龙胜各族自治县）

【出处】杨卜林喜、杨卜松林、杨明世讲，杨国仁、涛声搜集整理，蒉紫改写：《创世女神萨天巴》，过伟改写自侗族创世史诗《嘎茫莽道时嘉——远祖歌》（未出版稿），见姚宝瑄主编《中国各民族神话》（土家族、毛南族、侗族、瑶族），太原：山西出版传媒集团·书海出版社 2014 年版，第 76 页。

W1139.6
造天不成功
实 例

彝族 混沌最早变化产生的索恒哲（原书解释为哲人名字，本书认为是最早产生的天神的名称），起初造天

时，造天天不成。

【流传】（贵州省彝族地区）

【出处】《索恒哲》，见王富慧（珠尼阿依）译著，贵州省民族古籍整理办公室编《彝族神话史诗选》，北京：民族出版社2013年版，第3~7页。

W1139.6.1
刚造出的天飘荡不定

【关联】[W1383.0.1] 天不稳固

实例

哈尼族 加波俄郎（神名）虽然把天造好了，但没有支撑的东西，天就像一个空背箩悬在半空中，摇来晃去，很不稳当。

【流传】云南省·西双版纳（西双版纳傣族自治州）

【出处】飘马讲，白章富搜集整理：《奥颠米颠》，见姚宝瑄主编《中国各民族神话》（哈尼族、傣族），太原：山西出版传媒集团·书海出版社2014年版，第79页。

✳ W1140
天是生育产生的

实例

（实例待考）

W1141
神或神性人物生天

实例

（参见下级母题实例）

W1141.1
天是最高神王的女儿

【关联】[W0122] 至高无上的神

实例

哈尼族 最高的神王阿匹梅烟生的大姑娘是永生不死的烟姒天姑娘。

【流传】云南省·（红河哈尼族彝族自治州）·元阳（元阳县）·攀枝花（攀枝花乡）·洞铺寨

【出处】朱小和讲，史军超采录：《永生不死的姑娘》，见中国民间文学集成全国编辑委员会编《中国民间故事集成》（云南卷），北京：中国ISBN中心2003年版，第130页。

W1141.2
鬼姐弟婚生天

实例

景颇族 一对鬼姐弟结婚后生出天。

【流传】（无考）

【出处】何峨整理：《万物诞生》，见中华民族故事大系编委会编《中华民族故事大系》第10卷（景颇族、柯尔克孜族、土族），上海：上海文艺出版社1995年版，第6页。

W1141.3
女神生天

【关联】[W1112.1] 女神生天地

实例

（参见下级母题实例）

W1141.3.1
女神菠补生天

实例

苗族 有一个女神叫菠补，她是天的亲娘。

【流传】云南省·文山（文山壮族苗族自治州）一带

【出处】邓光北、闪永仙说唱，项保昌、刘德荣搜集：《开天补天，辟地补地》，见姚宝瑄主编《中国各民族神话》（布依族、仡佬族、苗族），太原：山西出版传媒集团·书海出版社2014年版，第125页。

W1141.3.1.1
女神菠嫲生天

实例

苗族 有个大神叫菠嫲，是天的亲娘。

【流传】（无考）

【出处】陶春保讲，刘永鸿整理：《生天养地的爹娘》，见姚宝瑄主编《中国各民族神话》（布依族、仡佬族、苗族），太原：山西出版传媒集团·书海出版社2014年版，第132页。

W1142
人生天

实例

（实例待考）

W1143
动物生天

【关联】［W6290］动物图腾

实例

（参见下级母题实例）

W1143.1
鸟生天

实例

（实例待考）

W1143.2
鱼生天

【关联】［W1116.1.1］祖先鱼生天地

实例

哈尼族 祖先鱼头一天生出天，所以天很大，是老大。

【流传】云南省·（红河哈尼族彝族自治州）·元阳县·（黄草岭乡）·树皮寨（树皮寨村）

【出处】杨批斗讲，史军超采录：《祖先鱼上山》，见中国民间文学集成全国编辑委员会编《中国民间故事集成》（云南卷），北京：中国ISBN中心2003年版，第37页。

W1144
与生育产生天有关的其他母题

实例

（参见下级母题实例）

W1144.1
卵生天
实例

（参见下级母题实例）

W1144.1.1
混沌卵中出现天
【关联】[W1191.1.2] 混沌卵中生出地

实例

蒙古族 （实例待考）

W1144.1.2
以前天是一个白鸡蛋

实例

羌族 以前天是一个白鸡蛋。

【流传】四川省·（阿坝藏族羌族自治州）·理县

【出处】余青海讲，罗世泽搜集：《阿补曲格创世》，见中华民族故事大系编委会编《中华民族故事大系》第11卷（达斡尔族、仫佬族、羌族），上海：上海文艺出版社1995年版，第633页。

W1144.1.3
浮在水中的卵生天
【汤普森】A701.1

实例

（实例待考）

W1144.2
婚生天
【关联】[W1152.7.1] 雾露和云团夫妻孕育野天

实例

（参见下级母题实例）

W1144.2.1
鬼神婚生天
【关联】[W1188.4] 鬼姐弟婚生地

实例

景颇族 一对鬼姐弟结婚后生出天。

【流传】（无考）

【出处】何峨整理：《万物诞生》，见中华民族故事大系编委会编《中华民族故事大系》第10卷（景颇族、柯尔克孜族、土族），上海：上海文艺出版社1995年版，第6页。

W1144.3
云生天
【关联】[W1117.1] 云生天地

实例

彝族（阿细） 有没有生天的？生天的是云彩。

【流传】（a）云南省·红河哈尼族彝族自治州·弥勒县·（西山镇）

【出处】

（a）潘正兴等唱述，云南省民族民间文学红河调查队搜集翻译整理：《阿细的先基》，昆明：云南人民出版社1959年版。

（b）云南省民族民间文学红河调查队搜集整理，古梅改写：《最古的时候》，见姚宝瑄主编《中国各民族神话》（羌族、彝族），太原：山西出版传媒集团·书海出版社2014年版，第131页。

W1144.4
云生天
实 例

（实例待考）

W1144.5
其他特定物生天
实 例

（实例待考）

W1144.6
生天的时间
实 例

（参见下级母题实例）

W1144.6.1
一万零八百年生天
实 例

汉族 一万零八百年才生出了天。

【流传】湖北省·（十堰市）·丹江口市·（六里坪镇）·狮子沟（狮子沟村）

【出处】葛朝荣讲，李征康采录：《风云雷雨雾的来历》，见中国民间文学集成全国编辑委员会编《中国民间故事集成》（湖北卷），北京：中国ISBN中心1999年版，第25页。

※ W1145
天是变化产生的
实 例

（实例待考）

W1146
神或神性人物变成天
实 例

（参见下级母题实例）

W1146.1
怪物身体变成天
实 例

基诺族 阿嫫腰白（创世女神）生出来后，把生她的大物一半踩在脚下，一半用手撑起。上方的一半成了天。

【流传】云南省·（西双版纳傣族自治州）·景洪县（景洪市）

【出处】白桂林等讲，刘怡采录：《阿嫫腰白造天地》，见中国民间文学集成全国编辑委员会编《中国民间故事集成》（云南卷），北京：中国ISBN中心2003年版，第77页。

W1146.2
怪物的头变成天

实例

纳西族 一个怪物的头变成天。

【流传】（无考）

【出处】东巴经《崇般图》，见林向肖《对纳西族创世神话本来面目的探讨——〈创世纪、开天辟地〉校注札记》，原载《中国少数民族神话学术讨论会论文集》（下册），1984年，第254页。

W1146.3
盘古变成天

【关联】［W1152.3.2.1］盘古变天从东方开始产生

实例

白族 天地毁灭后，盘古变成天。

【流传】云南省

【出处】《天地的起源》，见中国社会科学院云南少数民族文学研究所等编《云南少数民族文学资料》第1辑，内部编印，1980年，第228页。

W1146.3.1
盘古在鼠年变成天

【关联】［W1152.3a.1］天在鼠年产生

实例

白族 以前没有天，盘古在鼠年变成天之后，才有了天。

【流传】

（a）云南省·（大理白族自治州）·大理（大理市）、洱源县等地。

（b）云南省·（大理白族自治州）·洱源县

【出处】

（a）杨国政讲，杨亮才采录：《开天辟地》，见中国民间文学集成全国编辑委员会编《中国民间故事集成》（云南卷），北京：中国ISBN中心2003年版，第9页。

（b）同（a），见谷德明编《中国少数民族神话》，北京：中国民间文艺出版社1987年版，第293页。

W1146.3.2
盘古的头变成天

【关联】［W1119.2.2］盘古的头变成天，脚变成地

实例

彝族 盘古死后，头变成了天。

【流传】云南省·（楚雄彝族自治州）·楚雄（楚雄市）、南华（南华县）、双柏（双柏县）等地

【出处】《查姆·鲁查姆》，见杨继中、芮增瑞、左玉堂编《楚雄彝族文学简史》，北京：中国民间文艺出版社1986年版，第43~44页。

W1146.4
其他神或神性人物变成天

实例

（参见下级母题实例）

W1146.4.1
神树变成天

实例

彝族 阿颠大神种的一棵神树长得飞快，长得今天的天那么无际又无边。送到高高的太空之中。阿颠神把神树送到空中，向神树吹了口气，神树就变成了今天这个蓝蓝的天。

【流传】云南省·（红河哈尼族彝族自治州）·弥勒县、泸西县，（昆明市）·路南县（石林彝族自治县）等地

【出处】毕荣亮讲，光未然采集整理，古梅改写：《创世纪》，见姚宝瑄主编《中国各民族神话》（羌族、彝族），太原：山西出版传媒集团·书海出版社2014年版，第90页。

W1147
动物变成天

实例

（参见下级母题实例）

W1147.1
动物的头变成天

实例

（参见下级母题实例）

W1147.1.1
马鹿的头变成天

实例

普米族 简锦祖（巨人）杀死了作恶的马鹿，把鹿头变成天。

【流传】云南省·（怒江傈僳族自治州）·兰坪县（兰坪白族普米族自治县），（丽江市）·宁蒗县（宁蒗彝族自治县）

【出处】王震亚采录：《简锦祖杀马鹿》，见中国民间文学集成全国编辑委员会编《中国民间故事集成》（云南卷），北京：中国ISBN中心2003年版，第386页。

普米族 吉赛米（杀鹿人）砍下鹿头，鹿头变成了蓝天。

【流传】云南省·丽江（丽江市）·宁蒗县（宁蒗彝族自治县）

【出处】《吉赛米》（杀鹿人），见宁蒗彝族自治县志编委会编《宁蒗彝族自治县志》，昆明：云南民族出版社1993年版，第239页。

普米族 马鹿头变成蓝天。

【流传】云南省·（怒江傈僳族自治州）·兰坪（兰坪白族普米族自治县）

【出处】《杀鹿歌》，见云南省民族事务委员会编《普米族文化大观》，昆明：云南民族出版社1999年版，第123页。

W1147.2
动物的皮变成天

实例

（参见下级母题实例）

W1147.2.1
牛皮变成天

实例

（参见下级母题实例）

W1147.2.1.1
龙牛皮化为天

实例

哈尼族 天王让众人造天地时，他们杀掉一头如山大的龙牛，其中牛皮化为天。

【流传】（无考）

【出处】《开天辟地》（原名《奥色密色》），原载毛星主编《中国少数民族文学》（下册），见袁珂《中国神话大词典》，北京：华夏出版社 2015 年版，第 490 页。

W1147.2.2
犀牛皮变成天

【关联】［W1798.1.1］杀死的犀牛皮变成天幕

实例

布朗族 巨神顾米亚杀死犀牛，犀牛皮变成了天幕。

【流传】（无考）

【出处】《顾米亚造天地》，见高明强编《创世的神话和传说》，上海：上海三联书店 1988 年版，第 87 页。

W1147.3
鱼鳍变成天

【关联】［W1194.5.2］鱼鳍变成地

实例

（参见下级母题实例）

W1147.3.1
大鱼的右鳍变成天

实例

哈尼族 最早出现的大鱼右鳍往上一甩，变成天。

【流传】云南省

【出处】

（a）朱小和讲，芦朝贵等整理：《天、地、人的传说》，载《山茶》1983 年第 4 期。

（b）同（a），见谷德明编《中国少数民族神话》，北京：中国民间文艺出版社 1987 年版，第 313 页。

（c）朱小和讲，芦朝贵等整理：《天、地、人的传说》，见陶立璠、赵桂芳等编《中国少数民族神话汇编》（开天辟地篇等），中央民族学院少数民族古籍整理出版规划领导小组办公室印（未署出版时间），第 261 页。

哈尼族 海中生的大鱼见世间上无天，下无地，冷清空荡，乃以右鳍上甩为天。

【流传】（无考）

【出处】《大鱼开辟天地》（原名《天、地、人的传说》），原载谷德明编《中国少数民族神话》，见袁珂《中国神话大词典》，北京：华夏出版社2015年版，第489页。

哈尼族 最早雾变成的海生出大鱼。鱼见世间上无天，下无地，空荡荡，冷清清，便把右鳍往上一甩，变成天。

【流传】云南省·（红河哈尼族彝族自治州）·元阳县

【出处】朱小和讲，芦朝贵、杨笛搜集整理：《大鱼脊背甩出的世界》，原载《山茶》1983年第4期（王松将原题目《天、地、人》改为此题目），见姚宝瑄主编《中国各民族神话》（哈尼族、傣族），太原：山西出版传媒集团·书海出版社2014年版，第26页。

W1148
植物变成天

实 例

（参见下级母题实例）

W1148.1
树皮变成天空

实 例

珞巴族 树倒后树皮变天空。

【流传】西藏自治区·下珞渝（又写作"下珞瑜"，泛指永木河、锡约尔河、巴恰西仁河流域）

【出处】维·埃尔温搜集：《德日雅木拉》，见中华民族故事大系编委会编《中华民族故事大系》第16卷（赫哲族、门巴族、珞巴族、基诺族），上海：上海文艺出版社1995年版，第395页。

W1148.1.1
水中一棵大树的树皮变成天空

实 例

珞巴族 以前，水中生的一棵大树倒下了。它上边的树皮变成天空。

【流传】
（a）西藏自治区·下珞渝（泛指永木河、锡约尔河、巴恰西仁河流域）
（b）西藏自治区·下珞渝（又写作"下珞瑜"）西巴霞曲流域

【出处】
（a）维·埃尔温搜集：《德日雅木拉》，见中华民族故事大系编委会编《中华民族故事大系》第16卷（赫哲族、门巴族、珞巴族、基诺族），上海：上海文艺出版社1995年版，第395页。
（b）同（a），见李坚尚、刘芳贤编《珞巴族门巴族民间故事选》，上海：上海文艺出版社1993年版，第9页。

W1149
卵变成天

实 例

（参见下级母题实例）

W1149.1
蛋壳变成天

实 例

汉族 破裂的巨蛋壳的上端做了天。

【流传】山西省·（运城市）·闻喜县（旧称桐乡）·（桐城镇）·峪堡村

【出处】王有山讲，王更元采录：《盘古出生》，见中国民间文学集成全国编辑委员会编《中国民间故事集成》（山西卷），北京：中国ISBN中心1999年版，第3页。

彝族 古时候，盘古下了一个蛋，蛋分为三层，蛋皮变成天。

【流传】云南省·（楚雄彝族自治州）·楚雄（楚雄市）、南华（南华县）、双柏（双柏县）等地

【出处】《查姆·鲁查姆》，见杨继中、芮增瑞、左玉堂《楚雄彝族文学简史》，北京：中国民间文艺出版社1986年版，第43~44页。

W1149.1.1
神蛋的蛋壳变成天

【关联】［W0926.5］神蛋

实 例

彝族 黑埃罗波赛神产一卵卵共三层，其中卵皮成天。

【流传】（无考）

【出处】《黑埃罗波赛神》（原名《查姆·万物起源歌》），原载毛星主编《中国少数民族文学》（下册），见袁珂《中国神话大词典》，北京：华夏出版社2015年版，第436页。

W1149.2
蛋黄变成天

【关联】［W1195.5］蛋黄变成地

实 例

彝族 （实例待考）

W1149.3
蛋清变成天

实 例

汉族 盘古把个鸡子壳砸破，鸡子清轻，浮在上面成为天。

【流传】浙江省·（金华市）·东阳县（东阳市）·青联乡·雅坑村

【出处】张宣元讲，周耀明采录：《盘古开天》，见中国民间文学集成全国编辑委员会编《中国民间故事集成》（浙江卷），北京：中国ISBN中心1997年版，第15页。

汉族 以前的世界像鸡卵。卵中的盘古日长大，蜷缩壳中，闷不能忍，乃伸身蹬腿，挺然起立，啄拱打踢，连闹七七四十九日，卵壳破碎，黄清流出。黄重清轻，轻者上升为天，重者下沉为地。

【流传】（浙江省东部一带）

【出处】

(a) 《浙东神话》，载《民间文学》1986年第11期。

(b) 《盘古王开天》，见袁珂《中国神话大词典》，北京：华夏出版社2015年版，第390页。

汉族 盘古氏睡在蛋窠瓢里。醒来伸胳膊蹬腿，蛋窠瓢破了。盘古氏立起身，蛋青上去，成了天。

1.2.2 天的产生与特征

【流传】河南省·（三门峡市）·陕县（陕州区）·张茅乡·白土坡村

【出处】刘小锁（1929年生，农民，小学）讲，刘邦项采录整理：《盘古氏造世界》，见张振犁编著《中原神话通鉴》（第一卷），郑州：河南大学出版社2017年版，第22页。

W1149.3.1
混沌卵的清上升变成天

实例

汉族 盘古在混沌卵中睡醒后，闷得不得了，伸了个懒腰，一下子把鸡蛋壳儿撑破了。鸡蛋清儿轻些，慢慢地分离出来升上去，成了蓝天。

【流传】河南省·（南阳市）·新野县

【出处】曹学典讲，曹宝泉采录：《盘古爷开天》，见张振犁编著《中原神话通鉴》（第一卷），郑州：河南大学出版社2017年版，第34页。

W1149.3.2
混沌卵中的阳清变成天

实例

汉族 天地混沌如鸡子，盘古生其中。盘古一天天长大，天地开辟时阳清为天。

【流传】（无考）

【出处】
（a）［三国·吴］徐整：*《盘古》，见［唐］欧阳询《艺文类聚》卷一引。

（b）［三国·吴］徐整：*《盘古》，见［清］马骕《绎史》卷一引。

W1149.4
蛋的一片变成天

实例

（参见下级母题实例）

W1149.4.1
蛋爆开后飞到上面的一片变成天

实例

汉族 气体旋转形成的蛋形的东西，被螟蛉子钻洞后爆为三片，其中的一片飞到上边成为天空。

【流传】辽宁省·（大连市）·瓦房店市·炮台镇·长岭村、老染房村一带

【出处】秦淑慧讲，孙波搜集整理：《姝六甲》（1986.03），见姚宝瑄主编《中国各民族神话》（汉族），太原：山西出版传媒集团·书海出版社2014年版，第36~38页。

W1150
气变成天（气变化成天）

【关联】

① ［W1122.5］混沌中青气变成天，赤气变成地

② ［W1138.14a］用气造天

③ ［W1160.3a.2］清气变成蓝天

实例

（参见下级母题实例）

W1150.1
清气变成天

【关联】[W1161.11a] 天空是清气

实例

彝族　万物有生机，清气变为天，浊气变为地。

【流传】贵州省·（毕节市）·威宁县（威宁彝族回族苗族自治县）、赫章县一带

【出处】罗正清翻译，黄建明摘录：《弥神与觉神》（未刊稿），见吕大吉、何耀华总主编《中国各民族原始宗教资料集成》（彝族卷、白族卷、基诺族卷），北京：中国社会科学出版社1996年版，第280页。

W1150.1.1
祖先使清气变成天

实例

布依族　翁戛老祖把天空的清气捏在左手的掌心，又将凡尘间的浊气握在右手心。然后，用力一挣，运足了气，向空中吹了口气。猛的刮起一阵大风；又向下吹了口气，只见下面也刮起一股大风。接着清气"呼呼"往上冒，浊气"卟卟"往下沉。清气上升变青天。

【流传】贵州省布依族地区

【出处】杨正荣、祝登壅讲，岭玉清、汛河搜集整理，古梅改写：《翁戛造万物》，见姚宝瑄主编《中国各民族神话》（布依族、仡佬族、苗族），太原：山西出版传媒集团·书海出版社2014年版，第7~8页。

W1150.1.2
清气上升变成天

实例

彝族　很古的时候，只有飘飘的清气和沉沉的浊气。清气上升变成天，

【流传】贵州省西部、云南省东北部、四川省西南部彝族地区

【出处】阿危·热默讲，阿乍·莴芝整理：《人祖的由来》，见姚宝瑄主编《中国各民族神话》（羌族、彝族），太原：山西出版传媒集团·书海出版社2014年版，第185页。

W1150.2
三种气体合成天

【关联】
① [W1197.9.5] 三种气体变成地
② [W1198.5] 气体、烟雾和狂风合成地球

实例

（实例待考）

W1150.3
青气上飘变成天

实例

汉族　宇宙中的一股青气朝上飘，成了天。

1.2.2 天的产生与特征 ‖W1150.4–W1150.5.1‖ 441

【流传】湖北省·黄冈县（黄冈市）·（团风县）·马庙（马庙镇）

【出处】周海山讲，徐再跃采录：《盘古斩蟒开天地》，见中国民间文学集成全国编辑委员会编《中国民间故事集成》（湖北卷），北京：中国 ISBN 中心 1999 年版，第 5 页。

W1150.4
清阳之气变成天

实例

汉族　宇宙生气，气有涯垠，清阳者薄靡而为天。

【流传】（无考）

【出处】《淮南子·天文训》，见［汉］刘安及门客撰，陈广忠译注《淮南子译注》，长春：吉林文史出版社 1990 年版，第 101 页。

蒙古族　世间混沌的胎动中产生了明暗清浊之物。属于"阳"的轻清之物，上浮成为天。

【流传】（无考）

【出处】齐木道吉翻译：《天地起源》，见谷德明编《中国少数民族神话》，北京：中国民间文艺出版社 1987 年版，第 31～32 页。

W1150.4.1
混沌卵清气上升变成蓝天

实例

汉族　盘古撑破混沌卵后，清气慢慢上升，就成了蓝天；灰尘渐渐下沉，就结成了大地。

【流传】河南省·（驻马店市）·新蔡县·裳村乡

【出处】刘义（76 岁，农民）讲，刘国富采录，龚国强采录整理：《盘古开天地的来历》（1987.09.05），见张振犁编著《中原神话通鉴》（第一卷），郑州：河南大学出版社 2017 年版，第 25 页。

W1150.5
蒸汽变成天

【关联】［W1196.8］水上的蒸汽凝结成地

实例

（参见下级母题实例）

W1150.5.1
两块石头中间冒出的蒸汽变成天

【关联】［W1122.2］轻云变成天，重云变成地

实例

哈萨克族　天神迦萨甘把河水中捞起一块一半红色、一半青色像鸡蛋一般的圆石掰成两半，变成水和火，然后把两半石重新合并，中间就冒出一股浓浓的蒸汽，这气冉冉上升，就变成了天。

【流传】新疆维吾尔自治区哈萨克族居住地区

【出处】《迦萨甘创世》，斯丝据别克苏勒坦、佟中明撰写的《哈萨克族宗教

与神话》改写，见姚宝瑄主编《中国各民族神话》（乌孜别克族、哈萨克族、柯尔克孜族、俄罗斯族、维吾尔族、塔吉克族、塔塔尔族、锡伯族），太原：山西出版传媒集团·书海出版社2014年版，第25~26页。

W1150.6

热气变成天

实例

（参见下级母题实例）

W1150.6.1

以前的天是笼罩世界的热气

实例

苗族　远古的时候，天只是一团混沌的气，像一锅开水似的，热浪滚滚，把整个世界都笼罩住了。

【流传】云南省·文山（文山壮族苗族自治州）一带

【出处】邓光北、闪永仙说唱，项保昌、刘德荣搜集：《开天补天，辟地补地》，见姚宝瑄主编《中国各民族神话》（布依族、仡佬族、苗族），太原：山西出版传媒集团·书海出版社2014年版，第124页。

W1150.7

蛋中冒出的气变成天

实例

汉族　混混沌沌像鸡蛋样的东西破开后，上升的是气，人们叫它"天"。

【流传】湖北省·（黄冈市）·浠水县·清泉镇·关山村

【出处】廖康成讲，詹承宗采录：《天父地母》，见中国民间文学集成全国编辑委员会编《中国民间故事集成》（湖北卷），北京：中国ISBN中心1999年版，第6页。

W1150.7.1

圆球中冒出的气上升成为天

实例

汉族　盘古劈开妻子生下的大圆球，冒出来的气上升成为"天"。

【流传】广西壮族自治区·玉林市·（兴业县）·葵阳乡（葵阳镇）等

【出处】麦树华讲，梁业兰搜集：《盘古开天地》，见曹廷伟编著《广西民间故事辞典》，南宁：广西教育出版社1993年版，第23页。

W1150.7.2

像鸡蛋样的东西上升的气成为天

实例

汉族　混混沌沌像鸡蛋样的东西破开后，上升的是气，人们叫它"天"。

【流传】湖北省·（黄冈市）·浠水县·清泉镇·关山村

【出处】廖康成讲，詹承宗采录：《天父地母》，见中国民间文学集成全国编辑委员会编《中国民间故事集成》（湖北卷），北京：中国ISBN中心

W1150.7.3
蛋中轻的东西变成天

实 例

（参见下级母题实例）

W1150.7.3.1
盘瓠踢碎的蛋中轻的东西上升变成天

实 例

苗族　盘瓠王把大鸡蛋踢破了，轻的东西升上去变成了天。

【流传】四川省·（宜宾市）·筠连县

【出处】熊凤祥讲，刘宇仁采录：《盘瓠王造天地》，见中国民间文学集成全国编辑委员会编《中国民间故事集成》（四川卷·下），北京：中国ISBN中心1998年版，第1315页。

W1150.7.3.2
混沌中轻的东西飘升变成蓝天

实 例

汉族　盘古从大鸡蛋中出来后，发现周围一片黑暗，他拳打脚踢缠着他的混沌和黑暗，结果轻的东西就慢慢地飘动起来，变成了蓝天。

【流传】河南省·济源市·（城关）

【出处】程玉林讲，缪华、胡佳作采录：《盘古寺》，见张振犁编著《中原神话通鉴》（第一卷），郑州：河南大学出版社2017年版，第3页。

W1150.7.3.3
黑色宇宙卵轻的东西飘升变成天

实 例

汉族　黑色的宇宙卵生的人（盘古）越长越大，有一天，他伸胳膊伸腿，使劲地往外撑，"砰"的编一声炸开了，轻的东西向上飘，形成了天。

【流传】河南省·汝州市薛庄乡·徐洼村

【出处】工欢进采录：《盘古创世》（1989.10.07），见张振犁编著《中原神话通鉴》（第一卷），郑州：河南大学出版社2017年版，第23页。

W1150.8
女神吹气形成天

【关联】

① ［W068.1］创世女神
② ［W1103.3］女神造天地

实 例

壮族　女神姆六甲造天地时，吹气一口，上升即为天空。

【流传】（无考）

【出处】《姆六甲》，原载欧阳若修等著《壮族文学史》，见袁珂《中国神话大词典》，北京：华夏出版社2015年版，第442页。

W1150.9
水气挂在石头顶上变成天

【实例】

哈尼族 最早的时候，地下有个大水塘。水塘边有三块大石头，随着气候越来越干燥，水塘里的水渐渐变成水气升高，挂在石头顶上，变成了天。

【流传】云南省·（西双版纳傣族自治州）·勐腊县

【出处】李万福讲，杨万智搜集整理：《天、地的来源》，原载云南省民间文学集成办公室编《哈尼族神话传说集成》，中国民间文艺出版社1990年版，见姚宝瑄主编《中国各民族神话》（哈尼族、傣族），太原：山西出版传媒集团·书海出版社2014年版，第24页。

W1150.9.1
水汽落在巨石上形成天

【实例】

哈尼族（僾尼） 古昔天与地乃一大水塘，水塘边有三巨石。后因气候日益干燥，塘中水渐化为水汽不断升高，悬巨石上，遂成为天。

【流传】（无考）

【出处】《天与地》，原载陶阳、钟秀编《中国神话》，见袁珂《中国神话大词典》，北京：华夏出版社2015年版，第489页。

W1150.10
与气变成天有关的其他母题

【实例】

（参见下级母题实例）

W1150.10.1
以前的天是混沌的气

【关联】［W1127.0］最初天地混沌

【实例】

苗族 远古的时候，天混混沌沌，既像一团气，翻翻滚滚，又像一泡鸡屎，湿漉漉的。

【流传】云南省·（文山壮族苗族自治州）·马关县

【出处】杨正方讲，刘德荣采录：《造天造地》，见中国民间文学集成全国编辑委员会编《中国民间故事集成》（云南卷），北京：中国ISBN中心2003年版，第91页。

苗族 远古的时候，无所谓天，只是一团混沌的气。

【流传】云南省·文山（文山壮族苗族自治州）一带

【出处】邓光北、闪永仙说唱，项保昌、刘德荣搜集：《开天补天，辟地补地》，见姚宝瑄主编《中国各民族神话》（布依族、仡佬族、苗族），太原：山西出版传媒集团·书海出版社2014年版，第124页。

W1150.10.2
以前的天是混沌的热气

实例

苗族 远古的时候，天是一团混混沌沌的气，到处都翻滚着热气腾腾的气浪。

【流传】（无考）

【出处】陶春保讲，刘永鸿整理：《生天养地的爹娘》，见姚宝瑄主编《中国各民族神话》（布依族、仡佬族、苗族），太原：山西出版传媒集团·书海出版社 2014 年版，第 131 页。

W1150a
云变成天

【关联】[W1159.13] 天像一块云彩

实例

（参见下级母题实例）

W1150a.1
轻云上升变成天

【关联】[W1122.2] 轻云变成天，重云变成地

实例

彝族（阿细） 云彩有两张，一张是轻云，一张是重云。那一张轻的飞上去了，便变成了天。

【流传】（a）云南省·红河哈尼族彝族自治州·弥勒县·（西山镇）

【出处】

（a）潘正兴等唱述，云南省民族民间文学红河调查队搜集翻译整理：《阿细的先基》，昆明：云南人民出版社 1959 年版。

（b）云南省民族民间文学红河调查队搜集整理，古梅改写：《最古的时候》，见姚宝瑄主编《中国各民族神话》（羌族、彝族），太原：山西出版传媒集团·书海出版社 2014 年版，第 131 页。

W1150a.2
彩云上浮变成天

实例

苗族 盘皇（祖先）头顶的彩云上浮为天。

【流传】海南省·（三亚市）·陵水县（陵水黎族自治县）·祖关镇（本号镇）·白水岭苗村

【出处】邓文安讲，潘先榉采录：《盘皇造万物》，见中国民间文学集成全国编辑委员会编《中国民间故事集成》（海南卷），北京：中国 ISBN 中心 2002 年版，第 3 页。

W1150a.3
天是 12 堆云

实例

壮族 布洛陀（男始祖，神）用顶天柱一顶，把沉沉的天变成了轻轻的十二堆云，把龙王压得钻到地底下去了。

【流传】广西壮族自治区右江、红河

一带

【出处】周朝珍口述，何承文整理：《布洛陀》，原载蓝鸿恩编《壮族民间故事选》，见陶阳、钟秀编《中国神话》（上），北京：商务印书馆 2008 年版，第 67～86 页。

W1150a.4
白云上升变成天

实 例

彝族　白云上升为天。

【流传】贵州省·（毕节市）·威宁县（威宁彝族回族苗族自治县）

【出处】王海清讲，石磊采录：《诸神争大》，见中国民间文学集成全国编辑委员会编《中国民间故事集成》（贵州卷），北京：中国 ISBN 中心 2003 年版，第 28 页。

W1150b
光变成天

实 例

（参见下级母题实例）

W1150b.1
支地的动物发光形成天

【关联】[W1344] 动物支撑地

实 例

傣族　巨人天神英叭用他的汗垢捏出了地球，捏出了地球的神柱，捏出了顶住地球的大象。由于象发光，便出现了天。

【流传】（无考）

【出处】傣族创世史诗《巴诺玛嘎捧尚罗》，原载《水里浮起的尧白阿媄》注释，见姚宝瑄主编《中国各民族神话》（水族、布朗族、独龙族、基诺族、傈僳族），太原：山西出版传媒集团·书海出版社 2014 年版，第 155 页。

W1151
其他特定的物变成天

实 例

（参见下级母题实例）

W1151.1
清水上升变成天

实 例

（参见下级母题实例）

W1151.1.1
混沌中的清水上升变成天

【关联】[W1131.2] 混沌中产生天

实 例

汉族　像一团稀泥巴汤汤的混沌世界，慢慢澄清，澄清的水就往上升，变成了天。

【流传】四川省·（德阳市）·绵竹县（绵竹市）·遵道乡

【出处】叶青云讲，王仲齐采录：《无极老祖造人》，见中国民间文学集成全国编辑委员会编《中国民间故事集成》（四川卷·上），北京：中国 IS-BN 中心 1998 年版，第 27 页。

W1151.2
清的东西变成天

实例

蒙古族 太古，宇宙生出了黑白和清浊，清的变成天。

【流传】（无考）

【出处】《天地之形成》，陈岗龙译自日本中田千亩编《蒙古神话》，东京郁文社，昭和十六年（1941）。

蒙古族 混沌中生出明暗清浊，属于"阳"的清轻之物上浮成天。

【流传】内蒙古自治区

【出处】《天神之战》，见中国民间文学集成全国编辑委员会编《中国民间故事集成》（内蒙古卷），北京：中国 ISBN 中心 2007 年版，第 4 页。

W1151.3
手帕变成天

实例

（参见下级母题实例）

W1151.3.1
玉帝的蓝手帕变成天

实例

汉族 盘古把玉帝的蓝手帕抛出去，变成天。

【流传】河南省·（南阳市）·桐柏县

【出处】《盘古开天地》，见 http://tongbai.01ny.cn（桐柏网），2001.01.26。

W1151.4
烟变成天

实例

布朗族 大火球燃烧的烟变成了苍天。

【流传】云南省·（西双版纳傣族自治州）·勐海（勐海县）

【出处】艾扬整理：《天和地的起源》，见中华民族故事大系编委会编《中华民族故事大系》第 12 卷（布朗族、撒拉族、毛南族），上海：上海文艺出版社 1995 年版，第 5 页。

W1151.4.1
烟上升形成天

实例

拉祜族 以前世界混沌。一团仙火飞来，把空荡荡的世界燃烧起来了，到处烟雾腾腾。后来，火烟上升以后，就变成了天。天就这样造出来了。

【流传】云南省·（普洱市）·镇沅（镇沅彝族哈尼族拉祜族自治县）

【出处】

（a）范清连讲，自力搜集：《造天造地》，见中华民族故事大系编委会编《中华民族故事大系》第 8 卷（畲族、高山族、拉祜族），上海：上海文艺出版社 1995 年版，第 695 页。

（b）同（a），见中国民间文学集成全国编辑委员会编《中国民间故事集成》（云南卷），北京：中国 ISBN 中心 2003 年版，第 47 页。

W1151.4.1.1
混沌中仙火的烟上升形成天

实例

拉祜族 世界混沌时，一团仙火飞来，到处烟雾腾腾，火烟上升以后，就变成了天。

【流传】云南省·（普洱市）·镇源县（镇沅彝族哈尼族拉祜族自治县）

【出处】范清莲讲，自力采录：《天地日月的来历》，见中国民间文学集成全国编辑委员会编《中国民间故事集成》（云南卷），北京：中国 ISBN 中心 2003 年版，第 47 页。

W1151.4a
雾变成天

【关联】
① ［W1133.6.1.1］雾神吐雾造天
② ［W1139.2］神吐雾造天

实例

（参见下级母题实例）

W1151.4a.1
积雾成天

实例

哈尼族 远古时上无天下无地，雾气层层增厚，就有了天。

【流传】（无考）

【出处】阿蒂演唱，阿嘎翻译，阿流记录整理：《天地人鬼》，见西双版纳傣族自治州民族事务委员会编《哈尼族古歌》，昆明：云南民族出版社 1992 年版。

W1151.5
地的盖子变成天

实例

（参见下级母题实例）

W1151.5.1
地的盖子被鸟举高变成天

实例

藏族 大地盖子被一只共命鸟举了上去，形成了天。

【流传】四川省·（阿坝藏族羌族自治州）·若尔盖县·求吉乡·下王则村

【出处】大夺戈讲，阿强等采录：《开天辟地》，见中国民间文学集成全国编辑委员会编《中国民间故事集成》（四川卷·下），北京：中国 ISBN 中心 1998 年版，第 933 页。

W1151.6
某种碎片或分裂物变成天

实例

（参见下级母题实例）

W1151.6.1
神把天一片一片劈出来

实例

哈尼族 造天的神把天一片一片劈出来。

【流传】云南省·（玉溪市）·元江县（元江哈尼族彝族傣族自治县）·咪哩乡、羊岔街乡及因远镇一带

【出处】《开天辟地歌》，见元江县哈尼文化学会、元江县史志编纂办公室编《元江哈尼族古歌集》，内部编印，2005年，第9页。

W1151.6.2
石鼓破后的上片变成天

实例

（参见下级母题实例）

W1151.6.2.1
盘古撞破的石鼓破的上片变成天

【关联】

① ［W1283.1］盘古分开天地
② ［W1152.2.1.1］盘古撑天9万里形成九重天

实例

汉族 盘古在石鼓中闷得难受，就把石鼓撞成两爿，上半成天。

【流传】浙江省·（金华市）·兰溪（兰溪市）

【出处】王阿英讲述、蔡斌采录：《石鼓响，天地开》，见中国民间文学集成全国编辑委员会编《中国民间故事集成》（浙江卷），北京：中国ISBN中心1997年版，第16页。

汉族 世界最早是个石鼓，困在里面的盘古用力向上一举，把半片石鼓顶到天上起，变做天公。

【流传】（无考）

【出处】王阿英讲，蔡斌搜集整理：《盘古开天地》，见姚宝瑄主编《中国各民族神话》（汉族），太原：山西出版传媒集团·书海出版社2014年版，第17~18页。

W1151.6.3
太阳的碎片变成天

【关联】

① ［W1197.12］太阳的碎片变成地
② ［W3645.1］太阳碎片变植物果实
③ ［W9796.6.5］太阳被射碎成数块

实例

藏族 哈拉（旱獭，草原上一种鼠类）射日，散落在大地上的太阳碎片，闪烁着斑斓的色彩：蓝色变成了高阔的天空。

【流传】青海省·黄南州（黄南藏族自治州）·同仁县

【出处】加毛泽讲，仁青侃卓等采录：《哈拉射日》，见中国民间文学集成全国编辑委员会编《中国民间故事集成》（青海卷），北京：中国ISBN中心2007年版，第8页。

W1151.6.4
宇宙卵的碎片变成天

实例

壮族 宇宙卵被一个螟蛉子钻出一个洞，这个蛋爆为三片，一片飞到上边成为天。

【流传】广西壮族自治区·（河池市）·大化县（大化瑶族自治县）·都阳镇

【出处】

（a）覃奶讲，蓝鸿恩采录翻译：《姆洛甲出世》，见中国民间文学集成全国编辑委员会编《中国民间故事集成》（广西卷），北京：中国 ISBN 中心 2001 年版，第 3 页。

（b）同（a），见张声震总主编，农冠品编注《壮族神话集成》，南宁：广西民族出版社 2007 年版，第 21 页。

W1151.6.5
岩石的碎片变成天

实例

壮族 一声霹雳把大岩石（以前天地相连为岩石）裂成了两大片，上面的一片往上升，就成了住雷公的天。

【流传】广西壮族自治区右江，云南省红河一带

【出处】周朝珍讲，何承文整理：《布碌陀》，见谷德明编《中国少数民族神话》，北京：中国民间文艺出版社 1987 年版，第 68 页。

W1151.7
帽子变成天

【关联】

① ［W1138.12］用帽子造天

② ［W1159.8］天像箩帽

实例

（参见下级母题实例）

W1151.7.1
草帽抛出后变成天空

实例

瑶族 世上产生的聪明的女神看到死去的师父头上戴了顶雨帽，就拿来朝上一抛，于是出现了天空。

【流传】广西壮族自治区·（河池市）·都安瑶族自治县江水河一带瑶族地区

【出处】《密洛陀创世》，蓝田根据莎红整理的《密洛陀》和潘泉脉整理的《密洛陀》两部不同版本的长诗《密洛陀》改写，见姚宝瑄主编《中国各民族神话》（土家族、毛南族、侗族、瑶族），太原：山西出版传媒集团·书海出版社 2014 年版，第 152 页。

W1151.8
岩石变成天

实例

（参见下级母题实例）

W1151.8.1
上升的一片岩石成为天

实例

壮族 远古的时候，天地重叠在一起结成岩石，后来霹雳把岩石炸成两大片。上面的一片往上升，就成了住雷公的天。

【流传】（a）广西壮族自治区右江及红

水河一带

【出处】

（a）周朝珍讲，何承文整理：《布碌陀》，载广西民间文学研究会编印《广西民间文学丛刊》第5期。

（b）《布碌陀》（王松选定），见姚宝瑄主编《中国各民族神话》（仫佬族、壮族、京族），太原：山西出版传媒集团·书海出版社2014年版，第74页。

壮族 以前天地是重叠的岩石。忽然一声霹雳，"轰隆"翻身，裂为二大片，上片渐往上升，成为雷公之天。

【流传】（无考）

【出处】《布碌陀造天地》（原名《布碌陀》），原载谷德明编《中国少数民族神话选》，见袁珂《中国神话大词典》，北京：华夏出版社2015年版，第439页。

W1151.9

天上诸物形成天

实例

（参见下级母题实例）

W1151.9.1

天上的日月星辰风雨雷电形成天

实例

哈尼族 有了日月星辰、风雨雷电和白云彩霞之后，天就成为天了。

【流传】云南省·（西双版纳傣族自治州）·勐海县

【出处】朗特讲，古梅搜集整理：《天怀孕，地怀孕》，见姚宝瑄主编《中国各民族神话》（哈尼族、傣族），太原：山西出版传媒集团·书海出版社2014年版，第16页。

W1151.10

多次演化变成天空

实例

彝族 恒都周（原文注释不详，根据上下文疑为"影形"、"气"或"虚无"之意）又变化，一变变成九，九变九千九，九千分九处。九处又在变，一变变成八，八变八万八。八万分八方，八方又在变，一变分成雾，变成雾根和罩根，两者又在变，一变变成天空。

【流传】（无考）

【出处】蔷紫改写：《影与变创世纪·影形与明论》，原载贵州省民间文学工作组编《民间文学资料》，1986年，见姚宝瑄主编《中国各民族神话》（羌族、彝族），太原：山西出版传媒集团·书海出版社2014年版，第129页。

W1152

与天的产生有关的其他母题

【关联】［W1124.10.2］很早以前只有天

实例

（参见下级母题实例）

W1152.0

天的发现

【关联】[W1199.7] 地的发现

实 例

(参见下级母题实例)

W1152.0.1

蛇发现天

实 例

彝族（罗鲁泼）是哪个先看见天呢？是长蛇先看见天。

【流传】云南省·（楚雄彝族自治州）·永仁县

【出处】

(a) 李德宝演唱，李必荣、李荣才搜集，夏光辅、诺海阿苏翻译：《冷斋调》(1984)，见云南省社会科学院楚雄彝族文化研究所编《彝族民间文学》第2辑，1985年。

(b) 夏光辅、诺海阿苏翻译，古梅改写：《冷斋调》，见姚宝瑄主编《中国各民族神话》（羌族、彝族），太原：山西出版传媒集团·书海出版社2014年版，第114页。

W1152.1

天刚形成时不美观

【关联】[W1159.3.1] 最形成的天像癞蛤蟆的背

实 例

佤族 天刚形成的时候，像癞蛤蟆的脊背，疙里疙瘩，很不好看。

【流传】云南省·（普洱市）·西盟县（西盟佤族自治县），（临沧市）·沧源县（沧源佤族自治县）

【出处】隋嘎、岩扫等讲，艾荻等搜集整理：《司岗里》，见尚仲豪、郭九思等编《佤族民间故事选》，上海：上海文艺出版社1989年版，第1页。

佤族 天刚形成的时候，像个癞蛤蟆的背，疙里疙瘩，很难看。

【流传】（无考）

【出处】随夏、岩扫、岩瑞等讲，艾荻、张天达搜集整理：《司岗里》，见姚宝瑄主编《中国各民族神话》（佤族、阿昌族、纳西族、普米族、德昂族），太原：山西出版传媒集团·书海出版社2014年版，第11页。

W1152.2

九重天的来历

【关联】[W1163.9.1] 九重天的产生

实 例

(参见下级母题实例)

W1152.2.1

盘古撑出九重天

实 例

(参见下级母题实例)

W1152.2.1.1

盘古撑天9万里形成九重天

实 例

汉族 盘古身高九万里，天也升高九

万里。这就是人们说的"九重天"的来历。

【流传】河南省·济源市郊区

【出处】程玉林讲,缪华采录:《开天辟地》,见中国民间文学集成全国编辑委员会编《中国民间故事集成》(河南卷),北京:中国 ISBN 中心 2001 年版,第 3 页。

汉族 盘古蹬破孕育大鸡蛋(混沌)后,盘古长成了一个高九万里的巨人,天地也被他撑开了九万里。这就是人们常说的"九重天"的来历。

【流传】河南省尾山一带

【出处】程玉林讲,缪华、胡佳作搜集整理:《盘古寺》,原载张振犁、程健君编《中原神话专题资料》,见姚宝瑄主编《中国各民族神话》(汉族),太原:山西出版传媒集团·书海出版社 2014 年版,第 4~6 页。

W1152.2.2
九重天是因天地相距 9 万里

实 例

汉族 天地被盘古他撑开了九万里。这就是人们说的"九重天"的来历。

【流传】河南省·济源市·(城关)

【出处】程玉林讲,缪华、胡佳作采录:《盘古寺》,见张振犁编著《中原神话通鉴》(第一卷),郑州:河南大学出版社 2017 年版,第 3 页。

W1152.3
天产生的方位

实 例

(参见下级母题实例)

W1152.3.1
天从中间鼓起来

实 例

珞巴族 混沌时代,9 个太阳使天从中间鼓起来。

【流传】(无考)

【出处】陶阳、牟钟秀著:《中国创世神话》,上海:上海人民出版社 2006 年版,第 45 页。

W1152.3.2
天从东方开始产生

实 例

(参见下级母题实例)

W1152.3.2.1
盘古变天从东方开始产生

【关联】[W1146.3] 盘古变成天

实 例

白族 盘古变天时,天从东北方变起。

【流传】

(a) 云南省·(大理白族自治州)·大理(大理市)、洱源县等地

(b) 云南省·(大理白族自治州)·

洱源县

【出处】

（a）杨国政讲，杨亮才采录：《开天辟地》，见中国民间文学集成全国编辑委员会编《中国民间故事集成》（云南卷），北京：中国 ISBN 中心 2003 年版，第 9 页。

（b）同（a），见谷德明编《中国少数民族神话》，北京：中国民间文艺出版社 1987 年版，第 293 页。

W1152.3.3
天从东北方产生

实 例

（参见下级母题实例）

W1152.3.3.1
盘古变天从东北方变起

实 例

白族　盘古、盘生弟兄俩一个去变天，一个去变地。其中，天。

【流传】云南省·（大理白族自治州）·大理（大理市）、洱源（洱源县）、剑川（剑川县）等地

【出处】杨国政讲，杨亮才记录整理：《开天辟地》，原载《云南民间故事选》（不详），见姚宝瑄主编《中国各民族神话》（白族、拉祜族、景颇族），太原：山西出版传媒集团·书海出版社 2014 年版，第 5~6 页。

W1152.3a
天产生的时间

【关联】

①［W1152.8.2］开天的时间

②［W1577.4.5］特定属相日出现太阳

实 例

（参见下级母题实例）

W1152.3a.1
天在鼠年产生

【关联】

①［W1146.3.1］盘古在鼠年变成天

②［W4649］以生肖命名年份

实 例

白族　盘古、盘生弟兄俩一个去变天，一个去变地。其中，盘古在鼠年变成了天。

【流传】云南省·（大理白族自治州）·大理（大理市）、洱源（洱源县）、剑川（剑川县）等地

【出处】杨国政讲，杨亮才记录整理：《开天辟地》，原载《云南民间故事选》（不详），见姚宝瑄主编《中国各民族神话》（白族、拉祜族、景颇族），太原：山西出版传媒集团·书海出版社 2014 年版，第 5~6 页。

W1152.3a.2
天在鼠年鼠月鼠日产生

实 例

彝族（阿细）　云彩生天是在属鼠的那

一年，属鼠的那一月和属鼠的那一天。

【流传】（a）云南省·红河哈尼族彝族自治州·弥勒县·（西山镇）

【出处】

（a）潘正兴等唱述，云南省民族民间文学红河调查队搜集翻译整理：《阿细的先基》，昆明：云南人民出版社1959年版。

（b）云南省民族民间文学红河调查队搜集整理，古梅改写：《最古的时候》，见姚宝瑄主编《中国各民族神话》（羌族、彝族），太原：山西出版传媒集团·书海出版社2014年版，第131页。

W1152.3a.3
天在甲子月产生

实例

彝族　很古的时候，天开是乙巳年。用彝族话说，是甲子年生天，甲子月生天，甲子日生天，甲子时生天。子年和子月，子日和子时，就把天生出。

【流传】黔西（贵州省西部）与云南（云南省）接壤的彝族地区

【出处】阿候布代讲，王正贡、王子尧、王治新、何积金搜集整理，蕾紫改写：《天生地产》，原载中国民间文艺研究会贵州分会编《民间文学资料》，内部资料，1986年，见姚宝瑄主编《中国各民族神话》（羌族、彝族），太原：山西出版传媒集团·书海出版社2014年版，第163页。

W1152.4
始祖把天加大

实例

壮族　因为地上的人多了，布洛陀嫌天地小了，就把天加大加高。

【流传】

（ab）广西壮族自治区·（百色市）·西林县·八达镇

（c）广西壮族自治区·（百色市）·西林县

【出处】

（a）岑水钦讲，岑隆业采录翻译：《地上的星星》，见中国民间文学集成全国编辑委员会编《中国民间故事集成》（广西卷），北京：中国ISBN中心2001年版，第86页。

（b）同（a），见张声震总主编，农冠品编注《壮族神话集成》，南宁：广西民族出版社2007年版，第373页。

（c）岑永钦等讲，岑隆业等搜集整理：《铜鼓的传说》，见谷德明编《中国少数民族神话》，北京：中国民间文艺出版社1987年版，第116页。

W1152.5
天是特定的物

【关联】

① [W1144.1.2] 以前天是一个白鸡蛋

② [W1159.2.2] 天以前是一个白鹅蛋

实例

羌族　以前，天是一个白色的大

鸡蛋。

【流传】四川省·（阿坝藏族羌族自治州）·理县

【出处】余青海讲，罗世泽搜集：《阿补曲格创世》，见中华民族故事大系编委会编《中华民族故事大系》第11卷（达斡尔族、仫佬族、羌族），上海：上海文艺出版社1995年版，第633页。

W1152.5.1
天是雷婆的肚皮

【关联】[W0312] 女雷神（雷婆）

实例

壮族　天空是雷婆的肚皮。

【流传】广西壮族自治区·（河池市）·东兰县

【出处】胡仲实：《试论雷神形象的历史演变》，见农冠品等《岭南文化与百越民风——广西民间文学论文选》，南宁：广西教育出版社1992年版。

W1152.5.2
天空是树的阴影

【汤普森】A652.4

实例

（实例待考）

W1152.5.3
天是白色的泥

【关联】

① [W1128.4] 天是白泥，地是黑泥

② [W1160.4.1] 以前天是白色的

实例

苗族　天刚刚生来时是白色的泥。

【流传】贵州省·（黔东南苗族侗族自治州）·台江县、施秉县、凯里县（凯里市）等地

【出处】秦公、岩公、李普奶等苗族八歌手说唱，唐春芳、桂舟人搜集整理：《巨鸟生天地，众神辟地天》，见姚宝瑄主编《中国各民族神话》（布依族、仫佬族、苗族），太原：山西出版传媒集团·书海出版社2014年版，第114页。

W1152.5a
天是特定的神

实例

（参见下级母题实例）

W1152.5a.1
迦萨甘是天

实例

哈萨克族　创世主迦萨甘住在天的最上层，所以，迦萨甘就是天，天也就是迦萨甘。

【流传】（无考）

【出处】尼合迈德·蒙加尼搜集，校仲彝翻译整理：《迦萨甘创世》，见谷德明编《中国少数民族神话》，北京：中国民间文艺出版社1987年版，第727页。

W1152.6
天通过不断增长产生出来

【关联】［W1168.19.1］天会增长

实 例

鄂温克族 神通博大的萨满每敲打一下神鼓，天地就往大长一次。

【流传】内蒙古自治区·（呼伦贝尔市）·鄂温克族自治旗·辉苏木

【出处】巴图讲，耐登采录，白杉翻译：《天天地是怎么变大的——萨满鼓的来历》，见中国民间文学集成全国编辑委员会编《中国民间故事集成》（内蒙古卷），北京：中国 ISBN 中心 2007 年版，第 10 页。

W1152.6.1
天日高一丈最后成为现在的天

实 例

汉族 天日高一丈。

【流传】（无考）

【出处】［三国］徐整：《三五历记》，原书已佚，据《太平御览》引文。

W1152.7
野天的产生

实 例

（参见下级母题实例）

W1152.7.1
雾露和云团夫妻孕育野天

实 例

景颇族 雾露和云团是一对夫妻，孕育了野天。

【流传】云南省·（德宏傣族景颇族自治州）·盈江县·支丹山吾寨

【出处】萧家成译著：《勒包斋娃——景颇族创世史诗》，北京：民族出版社 1992 年版，第 2 页。

W1152.8
天产生的特定时间

实 例

（参见下级母题实例）

W1152.8.1
特定的日子产生天

【关联】

① ［W1146.3.1］盘古在鼠年变成天

② ［W1152.3a.1］天在鼠年产生

实 例

白族 盘古在鼠年变成了天。

【流传】

（a）云南省·（大理白族自治州）·大理（大理市）、洱源县等地

（b）云南省·（大理白族自治州）·洱源县

【出处】

（a）杨国政讲，杨亮才采录：《开天辟地》，见中国民间文学集成全国编辑委员会编《中国民间故事集成》（云南卷），北京：中国 ISBN 中心 2003 年版，第 9 页。

（b）同（a），见谷德明编《中国少数民族神话》，北京：中国民间文艺出

版社 1987 年版，第 293 页。

W1152.8.2
开天的时间
实例

（参见下级母题实例）

W1152.8.2.1
冬天开天
【关联】[W1124.1.6]冬天造天，春天造地

实例

纳西族　崇仁丽恩（祖先名）冬天冬三月，青龙不劈雷，开天开成了。

【流传】（云南省）

【出处】和芳、和志新编译：《崇邦统——人类迁徙记》，见姚宝瑄主编《中国各民族神话》（佤族、阿昌族、纳西族、普米族、德昂族），太原：山西出版传媒集团·书海出版社 2014 年版，第 163 页。

※ W1155
天的特征
【汤普森】A702

实例

（实例待考）

W1156
天的性别
实例

（参见下级母题实例）

W1156.1
天是男的（男天）
实例

珞巴族　天是男的。

【流传】西藏自治区·下珞渝（又写作"下珞瑜"，泛指永木河、锡约尔河、巴恰西仁河流域）

【出处】维·埃尔温搜集：《天地的故事》，见中华民族故事大系编委会编《中华民族故事大系》第 16 卷（赫哲族、门巴族、珞巴族、基诺族），上海：上海文艺出版社 1995 年版，第 396 页。

珞巴族　天是男的，地是女的。

【流传】西藏自治区·下珞渝（又写作"下珞瑜"，泛指永木河、锡约尔河、巴恰西仁河流域）

【出处】达大讲，李坚尚等搜集，达嘎翻译：《天父地母和宁崩阿乃》，见中华民族故事大系编委会编《中华民族故事大系》第 16 卷（赫哲族、门巴族、珞巴族、基诺族），上海：上海文艺出版社 1995 年版，第 403 页。

苗族　董冬穹（男性人名，祖先）造成的上半空是公的。

【流传】贵州省·（安顺市）·紫云县（紫云苗族布依族自治县）麻山苗区

【出处】杨再华唱诵，杨正江译：《亚鲁族源》，见中国民间文艺家协会主编《亚鲁王》，北京：中华书局 2011 年版，第 34~35 页。

W1156.1.1
父天

实例

达斡尔族 天分为父天、母天。

【流传】（内蒙古自治区·呼伦贝尔市·陈巴尔虎旗）

【出处】
(a) 满都尔图：《达斡尔鄂温克蒙古（陈巴尔虎）鄂伦春族萨满教调查》，中国社会科学院民族研究所民族学研究室1992年，内部资料，第7页。
(b)《天》，见吕大吉、何耀华总主编《中国各民族原始宗教资料集成》（鄂伦春族卷、鄂温克族卷、赫哲族卷、达斡尔族卷、锡伯族卷、满族卷、蒙古族卷、藏族卷），北京：中国社会科学出版社1999年版，第293页。

W1156.2
天是女的（女天）

实例

苗族 波彤（女性人名，祖先）造的天是女人的天。

【流传】贵州省·（安顺市）·紫云县（紫云苗族布依族自治县）麻山苗区

【出处】杨再华唱诵，杨正江译：《亚鲁族源》，见中国民间文艺家协会主编《亚鲁王》，北京：中华书局2011年版，第33页。

W1156.2.1
母天

实例

达斡尔族 祭祀的"天"包括"父天"（阿查·腾格日）、"母天"（额倭·腾格日）、"公主天"（达列·喀托）及"官人天"（诺托尔·诺颜）等。

【流传】内蒙古自治区·（呼伦贝尔市）·莫力达瓦（莫力达瓦达斡尔族自治旗）、阿荣（阿荣旗）、布特哈八旗全境及鄂伦春自治旗；黑龙江省·（齐齐哈尔市）·讷河县、克山县、克东县、甘南县，（黑河市）德都县等地

【出处】
(a) 珠荣嘎、额尔登泰、满都尔图、包鹤亭调查编著：《达斡尔族情况——达斡尔族调查材料之一》，全国人民代表大会民族委员会办公室1957年编印，第29页。
(b)《腾格日神祭仪之一》，见吕大吉、何耀华总主编《中国各民族原始宗教资料集成》（鄂伦春族卷、鄂温克族卷、赫哲族卷、达斡尔族卷、锡伯族卷、满族卷、蒙古族卷、藏族卷），北京：中国社会科学出版社1999年版，第301页。

W1156.3
与天的性别有关的其他母题

实例

（参见下级母题实例）

W1156.3.1
天的上半是母，下半是公

实例

苗族 董冬穹（男性人名，祖先）造成的上半空是公的，做出的下半空是母的。

【流传】 贵州省·（安顺市）·紫云县（紫云苗族布依族自治县）麻山苗区

【出处】 杨再华唱诵，杨正江译：《亚鲁族源》，见中国民间文艺家协会主编《亚鲁王》，北京：中华书局2011年版，第34~35页。

W1157
天的大小

【关联】

① ［W1128.8］天地一样大小
② ［W1383.1］天的变大

实例

（参见下级母题实例）

W1157.0
天很小

【关联】 ［W1361］天小地大（地大天小）

实例

（参见下级母题实例）

W1157.0.1
以前天很小

实例

哈萨克族 最初，天和地都很小，天只有圆镜子般大。

【流传】 新疆维吾尔自治区哈萨克族居住地区

【出处】 《迦萨甘创世》，斯丝据别克苏勒坦、佟中明撰写的《哈萨克族宗教与神话》改写，见姚宝瑄主编《中国各民族神话》（乌孜别克族、哈萨克族、柯尔克孜族、俄罗斯族、维吾尔族、塔吉克族、塔塔尔族、锡伯族），太原：山西出版传媒集团·书海出版社2014年版，第25~26页。

W1157.1
天无限大

【关联】 ［W1383.1.2.1］天神把天变得无限大

实例

苗族 （实例待考）

W1157.1.1
天漫无边际

实例

彝族（阿细） 天究竟有多宽？阿沙男神去出巡的时候，天有多宽，他就游多宽，他游到东边，东边一片茫茫的红云；游到南边，南边也一片白茫茫；游到西边，西边一片灰茫茫；他又游到北边，北边黑沉沉，看不见有人的影子。

【流传】 （a）云南省·红河哈尼族彝族自治州·弥勒县·（西山镇）

【出处】

(a) 潘正兴等唱述，云南省民族民间文

1.2.2 天的产生与特征 ‖W1157.1.2–W1157.4.1‖

学红河调查队搜集翻译整理：《阿细的先基》，昆明：云南人民出版社1959年版。

（b）云南省民族民间文学红河调查队搜集整理，古梅改写：《最古的时候》，见姚宝瑄主编《中国各民族神话》（羌族、彝族），太原：山西出版传媒集团·书海出版社2014年版，第140页。

W1157.1.2
天无法测量

【关联】［W6984.8］与度量有关的其他母题

实 例

纳西族 崇仁丽恩（祖先名）带白银丈杆，又去丈天空；天空不能丈，不丈又转来。

【流传】（云南省）

【出处】和芳、和志新编译：《崇邦统——人类迁徙记》，见姚宝瑄主编《中国各民族神话》（佤族、阿昌族、纳西族、普米族、德昂族），太原：山西出版传媒集团·书海出版社2014年版，第159页。

W1157.2
天不知大小

实 例

汉族 （实例待考）

W1157.3
鸟能测量天的大小

【汤普森】A702.6

【关联】［W1396.1］天地的测量（丈量世界）

实 例

（实例待考）

W1157.4
天有7分宽

【关联】［W1361.3.1］天有7分宽，地有9分大

实 例

（参见下级母题实例）

W1157.4.1
飞蛾量出天有7分宽

实 例

彝族 格兹天神让飞蛾量天结果是天有七分宽。

【流传】（云南省·楚雄彝族自治州·姚安县·官屯乡·马游村，大姚县·昙华乡等）

【出处】

（a）郭天元（马游村）、李申呼颇（昙华乡）、李福玉颇（甴）演唱，郭思九、许明学、龚维顺、张宝省、陈志群、胡炳文等搜集，刘德虎、龚维顺、陈志群、李树荣、郭天元等整理：《梅葛》（第一部"创世"），见云南省民族民间文学楚雄调查队《梅

葛》（1959），昆明：云南人民出版社2009年版。

（b）《打虎开天辟地》，蔷紫据云南省民族民间文学楚雄调查队著《梅葛》（云南人民出版社2009年版）改写，见姚宝瑄主编《中国各民族神话》（羌族、彝族），太原：山西出版传媒集团·书海出版社2014年版，第191页。

W1157a
天的重量

【关联】［W6984.7］秤的来历

实例

（参见下级母题实例）

W1157a.1
天重7万斤

实例

彝族（阿细） 天不补好后，阿沙男神去称天。他用太阳当秤砣，用月亮做秤盘，用银河当秤杆，用星星做秤花，用云彩做秤索。就这样称了，称出天足足有七万斤。

【流传】（a）云南省·红河哈尼族彝族自治州·弥勒县·（西山镇）

【出处】

（a）潘正兴等唱述，云南省民族民间文学红河调查队搜集翻译整理：《阿细的先基》，昆明：云南人民出版社1959年版。

（b）云南省民族民间文学红河调查队搜

集整理，古梅改写：《最古的时候》，见姚宝瑄主编《中国各民族神话》（羌族、彝族），太原：山西出版传媒集团·书海出版社2014年版，第139页。

W1158
天的高低

实例

（参见下级母题实例）

W1158.1
原来的天很低（以前天很低）

【关联】

① ［W1300］天的升高

② ［W1317］天地原来离得很近

③ ［W1317.1］天地相距3尺3寸

实例

高山族 远古的时候，天空是很低很低的。

【流传】福建省·福州市

【出处】金原金讲，陈炜萍采录：《月亮和太阳》，见中国民间文学集成全国编辑委员会编《中国民间故事集成》（福建卷），北京：中国ISBN中心1998年版，第12页。

高山族 古时的天空很低。

【流传】（无考）

【出处】陈炜萍搜集整理：《天体的传说》，见陶阳、钟秀编《中国神话》（上），北京：商务印书馆2008年版，第219~221页。

1.2.2 天的产生与特征 ‖W1158.1‖ 463

达斡尔族 世界刚形成时，天很低。

【流传】（无考）

【出处】

（a）奇克热讲：《天为什么下雨降雪》，见萨音塔娜《达斡尔民间故事选》，呼和浩特：内蒙古人民出版社1987年版。

（b）奇克热讲：《天为什么下雨降雪》，见满都呼主编《中国阿尔泰语系诸民族神话故事》，北京：民族出版社1997年版，第179页。

汉族 古时候的天很矮，没有现在这么高。

【流传】湖北省·（荆门市）·京山县一带

【出处】冯家才讲，冯本林搜集整理：《天是怎样变高的》，原载中国民间文艺研究会湖北分会编《湖北民间故事传说集》，见姚宝瑄主编《中国各民族神话》（汉族），太原：山西出版传媒集团·书海出版社2014年版，第71~72页。

汉族 在远古时候，天空特别低。

【流传】山西省·（吕梁市）·交城县·革村（疑为会立乡·白草庄村）

【出处】高钟璋讲，王真才采录：《女娲补天留冠山》，见中国民间文学集成全国编辑委员会编《中国民间故事集成》（山西卷），北京：中国ISBN中心1999年版，第6页。

拉祜族 天本来很低，像大铁锅一样罩着大地。

【流传】（云南省）

【出处】杨铜搜集整理：《地子扎努扎别》，见姚宝瑄主编《中国各民族神话》（白族、拉祜族、景颇族），太原：山西出版传媒集团·书海出版社2014年版，第186页。

仫佬族 从前，天很低。

【流传】广西壮族自治区·（河池市）·罗城（仫佬族自治）县·东门一带

【出处】

（a）龙华新讲，龙殿保搜集整理：《天是怎样升高的》，见谷德明编《中国少数民族神话》，北京：中国民间文艺出版社1987年版，第150页。

（b）同（a），见曹廷伟编著《广西民间故事辞典》，南宁：广西教育出版社1993年版，第12页。

瑶族 早先，天很矮。

【流传】广东省·（清远市）·连山壮族瑶族自治县（疑为连南瑶族自治县）·（三排镇）·油岭寨（油岭千户瑶寨）

【出处】

（a）唐丁、乔二公讲，广西民族调查组搜集，廖国柱整理：《开天辟地的传说》，见苏胜兴、刘保元、韦文俊、王矿新等编《瑶族民间故事选》，上海：上海文艺出版社1980年版。

（b）同（a），见姚宝瑄主编《中国各民族神话》（土家族、毛南族、侗族、瑶族），太原：山西出版传媒集团·书海出版社2014年版，第143页。

1.2.2 天的产生与特征

壮族 重叠在一起天地被霹雳劈开时，天很低，爬到山顶上，伸手可以摘下星星，扯下云彩。

【流传】广西壮族自治区右江、红河一带

【出处】周朝珍口述，何承文整理：《布洛陀》，原载蓝鸿恩编《壮族民间故事选》，见陶阳、钟秀编《中国神话》（上），北京：商务印书馆 2008 年版，第 67~86 页。

W1158.1.1
以前，人可以用手摸着天

实例

怒族 古时，天地相连，举手可以触天。

【流传】云南省

【出处】李卫才采录：《腊普和亚妞》，见中国民间文学集成全国编辑委员会编《中国民间故事集成》（云南卷），北京：中国 ISBN 中心 2003 年版，第 186 页。

怒族 古时，天地相连，人一举手就可以触到天。

【流传】（无考）

【出处】

(a)《射太阳月亮》，见毛星主编《中国少数民族文学》，长沙：湖南人民出版社 1983 年。

(b) 同（a），见姚宝瑄主编《中国各民族神话》（门巴族、珞巴族、怒族、藏族），太原：山西出版传媒集团·书海出版社 2014 年版，第 59 页。

瑶族 以前，天很低，人站在山顶，两手可以摸着天。

【流传】广西壮族自治区·（来宾市）·金秀县（金秀瑶族自治县）

【出处】谭石生等讲，农冠品搜集，曹廷伟整理：《天高由来》，见曹廷伟编著《广西民间故事辞典》，南宁：广西教育出版社 1993 年版，第 13 页。

瑶族 远古时，天很矮，伸手可及。

【流传】

(a) 广西壮族自治区·连南油岭一带。

(b) 广东省·（清远市）·连南县（连南瑶族自治县）·（三排镇）·油岭（油岭村）

【出处】

(a) 唐丁乔二公讲，广西少数民族社会历史调查组搜集：《水仙姑》，见曹廷伟编著《广西民间故事辞典》，南宁：广西教育出版社 1993 年版，第 14 页。

(b) 唐丁乔二公讲，少数民族社会历史调查组搜集，廖国柱整理：《开天辟地》，见谷德明编《中国少数民族神话》，北京：中国民间文艺出版社 1987 年版，第 126 页。

壮族 远古时，天很矮，用手可以摸到。

【流传】广西壮族自治区·（柳州市）·融安县·大良乡

【出处】陈氏讲，罗文贤搜集整理：《月亮和太阳的来历》，见曹廷伟编著

《广西民间故事辞典》，南宁：广西教育出版社1993年版，第4页。

W1158.1.2
以前，人走路头能碰着天

实例

达斡尔族 世界刚形成的时候，天很低，人们一抬头就要碰到天。

【流传】内蒙古自治区·（呼伦贝尔市）·莫力达瓦达斡尔族自治旗

【出处】奇克热讲，萨音塔娜采录：《天为什么下雨降雪》，见中国民间文学集成全国编辑委员会编《中国民间故事集成》（内蒙古卷），北京：中国ISBN中心2007年版，第7页。

高山族（排湾） 远古的时候，天空是很低，人走路时头就能碰着天。

【流传】（台湾）

【出处】

（a）巴克奥罗·莫拉隆·巴吉列达·卡拉尤普讲：《捅天的夫妻》，载《民间文学》1982年第12期。

（b）同（a），见姚宝瑄主编《中国各民族神话》（高山族、黎族、畲族），太原：山西出版传媒集团·书海出版社2014年版，第4页。

傈僳族 以前，人们背着柴走路，一不小心，柴便会碰着天。

【流传】（无考）

【出处】*《兄妹成婚》，见《傈僳族简史》编写组编《傈僳族简史》，昆明：云南人民出版社1983年版，第

5~7页。

W1158.1.2.1
以前，人坐起来头就碰着天

实例

苗族 以前，天压着地，地顶着天，坐起要低头，脑壳要靠膝盖，否则头会碰着天，脑壳会碰出血。

【流传】贵州省·（黔东南苗族侗族自治州）·台江县、施秉县、凯里县（凯里市）等地

【出处】秦公、岩公、李普奶等苗族八歌手说唱，唐春芳、桂舟人搜集整理：《巨鸟生天地，众神辟地天》，见姚宝瑄主编《中国各民族神话》（布依族、仡佬族、苗族），太原：山西出版传媒集团·书海出版社2014年版，第116页。

W1158.1.3
以前人劳动时会碰着天

实例

布依族 很古老的时候，天地距离很近。春碓时，碓脑壳碰着天，挖地时，只要轻轻一用力，锄头也碰着天；挑水的扁担，只能横着放，不能立着拿，不然也要碰着天

【流传】各地布依族地区

【出处】王燕、春甫、班告爷讲，汛河记录整理：《力戛创世》，见姚宝瑄主编《中国各民族神话》（布依族、仡佬族、苗族），太原：山西出版传媒

‖W1158.1.4–W1158.1.6‖　1.2.2　天的产生与特征

集团·书海出版社 2014 年版，第 4 页。

布依族　以前天地很近，人们舂碓挖地，碓杵锄柄皆与天撞。

【流传】（无考）

【出处】《力戛撑天》，原载谷德明编《中国少数民族神话选》，见袁珂《中国神话大词典》，北京：华夏出版社 2015 年版，第 445 页。

壮族　布伯夫妻到中界管理者保洛陀那里诉苦："天太矮了，我劈柴时，斧头每次碰着天，撞着云，上界的人日夜骂我。"

【流传】（无考）

【出处】覃建才搜集整理：《保洛陀》，原载刘德荣等编《壮族民间故事》，云南人民出版社 1988 年版，见姚宝瑄主编《中国各民族神话》（仫佬族、壮族、京族），太原：山西出版传媒集团·书海出版社 2014 年版，第 100 页。

W1158.1.4
以前天低得人可以摘星星

【关联】［W1774.1］以前人可以摘星星

实例

壮族　刚分开天地时，天很低，爬到山顶上，伸手可以摘下星星，装到篮里，也可以扯下云彩玩耍。

【流传】（a）广西壮族自治区右江及红水河一带

【出处】
（a）周朝珍讲，何承文整理：《布碌陀》，载广西民间文学研究会编印《广西民间文学丛刊》第 5 期。

（b）《布碌陀》（王松选定），见姚宝瑄主编《中国各民族神话》（仫佬族、壮族、京族），太原：山西出版传媒集团·书海出版社 2014 年版，第 74 页。

壮族　天地刚分开时，天很低，人登山顶，伸手可以摘星星，盛于篮中，亦可撕下云彩而嬉弄之。

【流传】（无考）

【出处】《布碌陀造天地》（原名《布碌陀》），原载谷德明编《中国少数民族神话选》，见袁珂《中国神话大词典》，北京：华夏出版社 2015 年版，第 439 页。

W1158.1.5
以前天低得用竹子可以捅天

实例

汉族　从前的天，是老低老低的，低得几乎可以用竹竿去捅它。

【流传】浙江省·（台州市）·玉环县

【出处】谢保松讲，谢雨苗搜集整理：《天为什么这么高》，见姚宝瑄主编《中国各民族神话》（汉族），太原：山西出版传媒集团·书海出版社 2014 年版，第 70 页。

W1158.1.6
以前天低得竹子被天阻挡

实例

仫佬族　从前，天很低。竹子都会被天

挡住。

【流传】广西壮族自治区·（河池市）·罗城仫佬族地区（罗城仫佬族自治县）

【出处】龙华新讲，龙殿宝搜集整理：《天是怎样升高起来的》，见姚宝瑄主编《中国各民族神话》（仫佬族、壮族、京族），太原：山西出版传媒集团·书海出版社 2014 年版，第 4 页。

W1158.1.7
以前天低得竹子被压弯腰

【关联】［W3795.2］竹子弯腰的来历

实例

拉祜族（苦聪）刚造好天地时，天太低了，竹子被压得长不高，只好低下了头。

【流传】云南省·红河地区（红河哈尼族彝族自治州）的深山老林

【出处】杨老三讲，樊晋波、陈继陆、韩延搜集，韩延整理，古木改写：《阿罗阿娜造天地》，原载《红河文艺》，原题目为《苦聪创世歌》，见姚宝瑄主编《中国各民族神话》（白族、拉祜族、景颇族），太原：山西出版传媒集团·书海出版社 2014 年版，第 173 页。

拉祜族 天很矮，很低，像一块石板一样压着，把竹子也压得弯弯的，人的头常常碰着天壳。

【流传】云南省·（普洱市）·镇沅县（镇沅彝族哈尼族拉祜族自治县）

【出处】何正才等讲，自力采录：《洪水后幸存的两兄妹》，见中国民间文学集成全国编辑委员会编《中国民间故事集成》（云南卷），北京：中国 ISBN 中心 2003 年版，第 178 页。

W1158.1.8
以前天低得人可以从树上上天

【关联】［W1433.1］通过树上天

实例

瑶族 古时天低，中大人（即凡人）常沿大树上攀至天嬉戏。

【流传】（无考）

【出处】《水仙姑》（原名《开天辟地的传说》），原载苏胜兴编《瑶族民间故事选》，见袁珂《中国神话大词典》，北京：华夏出版社 2015 年版，第 469 页。

W1158.1.9
以前天只有 3 尺 3 寸

【关联】［W1317.1］天地相距 3 尺 3 寸

实例

汉族 原来天和地差不多高，只有三尺三。

【流传】浙江省·（丽水市）·缙云县·舒洪镇·分水坑村

【出处】上官旭昌讲，上官支友整理：《扁鼓王劈地》，见缙云县民间文学征集办公室编《中国民间文学集成浙江省·缙云县故事、歌谣、谚语卷》，内部编印，1988 年，第 1 页。

壮族 古时候，天只有 3 尺 3 寸高。

【流传】广西壮族自治区·（来宾市）·象州县·水晶乡

【出处】韦仕林讲：《陆振公公》（即布洛陀），见张声震总主编，农冠品编注《壮族神话集成》，南宁：广西民族出版社2007年版，第58页。

W1158.1.10
天没有几丈高

实例

汉族 盘古开辟天地后，天没有几丈高。

【流传】浙江省·宁波市·宁海县

【出处】叶丙标讲，叶柱记录：《玉帝分天地》，见罗杨总主编，戴余金本卷主编《中国民间故事丛书·浙江宁波·宁海卷》，北京：知识产权出版社2015年版，第4页。

W1158.2
天很高

实例

（参见下级母题实例）

W1158.2.1
天每层183万丈

【关联】［W1318］天地原来离得很远（天地距离很远）

实例

侗族 大汉姜夫把天改造成四层。分为四隔，每一隔都要达到一百八十三万丈。

【流传】广西壮族自治区·（柳州市）·三江（三江侗族自治县），（桂林市）·龙胜（龙胜各族自治县）

【出处】杨卜林喜、杨卜松林、杨明世讲，杨国仁、涛声搜集整理，蔷紫改写：《创世女神萨天巴》，过伟改写自侗族创世史诗《嘎茫莽道时嘉——远祖歌》（未出版稿），见姚宝瑄主编《中国各民族神话》（土家族、毛南族、侗族、瑶族），太原：山西出版传媒集团·书海出版社2014年版，第78页。

W1158.2.2
用33根楠木顶不到天

实例

壮族 天上地下的人发生争吵，布洛陀吩咐天上的人把天盖往高处扯，扯到三十三根楠木顶不到，三十三人的头发连在一起吊不到。这样，天上的人把天盖扯得老高老高的。

【流传】（无考）

【出处】《天地吵闹》，原载蓝鸿恩搜集整理《神弓宝剑》，中国民间文艺出版社1985年版，见吕大吉、何耀华总主编《中国各民族原始宗教资料集成》（土家族卷、瑶族卷、壮族卷、黎族卷），北京：中国社会科学出版社1998年版，第615~616页。

W1158.2.3
天高 99999 丈

【关联】[W1318.1] 天地相距 99999 丈

实例

布依族 天九万九千九百九十九丈高。

【流传】（无考）

【出处】王燕等讲，汛河整理：《力戛承天》，见中华民族故事大系编委会编《中华民族故事大系》第3卷（彝族、壮族、布依族），上海：上海文艺出版社 1995 年版，第 690 页。

W1158.3
天东高西低

【关联】[W4927] 太阳东升西落

实例

（参见下级母题实例）

W1158.3.1
女娲支天时东面支高造成天东高西低

实例

藏族 女娲补天时，拿来大虾鱼的四只脚后，长的那两只顶在东边的天上，短的那两只顶在西边天上。

【流传】云南省·迪庆藏族自治州·（香格里拉县·尼西乡）·汤美村（汤满村）

【出处】(a) 马龙祥、李子贤记录：《女娲娘娘补天》(1960s)，见钟敬文《钟敬文民间文学论集》（上），上海：上海文艺出版社 1982 年版。

(b) 同 (a)，见姚宝瑄主编《中国各民族神话》（门巴族、珞巴族、怒族、藏族），太原：山西出版传媒集团·书海出版社 2014 年版，第 83 页。

W1158.3.2
女娲用虾的后脚支东边天，前脚支西面天造成天东高西低

【关联】[W1324.8] 虾的脚支天

实例

汉族 女娲娘娘用虾的后脚撑住了东边，前脚撑在西边。因为后脚长，东边的天就撑得高，前脚短，西边的山就离天低了。

【流传】浙江省·（丽水市）·遂昌县

【出处】毛广寿讲，廖恒民搜集整理：《女娲补天》(1987.05)，见姚宝瑄主编《中国各民族神话》（汉族），太原：山西出版传媒集团·书海出版社 2014 年版，第 53~54 页。

W1158.3.3
女娲用不同的鳌鱼腿顶天造成东高西低

实例

汉族 女娲补天前，先用鳌鱼的四条腿做了顶天柱。鳌鱼后腿长，前腿短，两只前腿做了西半拉天的顶天

柱，两只后腿做了东半拉天的顶天柱。这样一来东边的天高，西边的天低。

【流传】河南省·（驻马店市）·确山县·盘龙镇

【出处】杨永兴讲，杨建军采录：《日月为啥东升西落》（1987.03），见张振犁编著《中原神话通鉴》（第一卷），郑州：河南大学出版社 2017 年版，第 149 页。

W1158.4
西边的天矮

实例

汉族 共工撞破支撑西边的天的不周山，西边的天比东边的天矮了。

【流传】四川省·巴县（今重庆市·巴南区）·土主乡·伏善村

【出处】张文奎讲，李子硕采录：《女娲补天》，见中国民间文学集成全国编辑委员会编《中国民间故事集成》（四川卷·上），北京：中国 ISBN 中心 1998 年版，第 25 页。

W1158.5
天和地一样厚

实例

拉祜族 穿山甲去看天地，告诉天神："天和地都一样厚。"

【流传】（无考）

【出处】《牡帕密帕》（创世纪），见娜朵主编《拉祜族民间文学集》，昆明：云南人民出版社 1996 年版。

拉祜族 穿山甲测量天地后对天神厄莎说："天和地的厚薄都一样。"

【流传】云南省大拉祜及黄拉祜中部一带

【出处】小八讲，古木整理：《天神厄莎》（整理中参照了《牡帕密帕》和《古根》），见姚宝瑄主编《中国各民族神话》（白族、拉祜族、景颇族），太原：山西出版传媒集团·书海出版社 2014 年版，第 160 页。

W1158.6
天的特定高度

【关联】

① ［W1163.9.6］九重天的高度

② ［W1316］天地的距离

实例

（参见下级母题实例）

W1158.6.1
天高万丈

实例

黎族 远古时，天很低。有一个大力神把天空拱高了一万多丈。

【流传】海南省五指山一带

【出处】

(a) 林大陆讲，龙敏、林树勇、陈大平整理：《大力神》，见广东民族学院中文系编《黎族民间故事选》，上海：上海文艺出版社 1983 年版。

(b) 同（a），见姚宝瑄主编《中国各

民族神话》（高山族、黎族、畲族），太原：山西出版传媒集团·书海出版社 2014 年版，第 48 页。

W1158.6.2
天 9 万 9 千 9 百里

实例

畲族 很久以前，有个高辛国。高辛国的天，有九万九千九百里宽。

【流传】广东省·潮州市

【出处】李国俊　王华兵采录：《龙犬驸马》，见中国民间文学集成全国编辑委员会编《中国民间故事集成》（广东卷），北京：中国 ISBN 中心 2006 年版，第 15 页。

W1158.7
最高的天

实例

（参见下级母题实例）

W1158.7.1
最高的天是长生天

实例

蒙古族 最高的腾格里天神是蒙客·腾格里（长生天），其王是霍尔穆兹达腾格里。

【流传】（无考）

【出处】蒙古谚语《智慧集》，见吕大吉、何耀华总主编《中国各民族原始宗教资料集成》（鄂伦春族卷、鄂温克族卷、赫哲族卷、达斡尔族卷、锡伯族卷、满族卷、蒙古族卷、藏族卷），北京：中国社会科学出版社 1999 年版，第 588 页。

W1158a
天的倾斜

【关联】

① ［W1338.3.2］天柱长短不齐造成天的倾斜

② ［W1391.3］地的倾斜

实例

（参见下级母题实例）

W1158a.1
天向西倾斜

实例

汉族 伏羲女娲把天缝补好了，地水吸干了，可是天仍向西倾斜，天却斜而不倒，这又是什么原因呢？因为当年女娲捉了一只神龟，断下四足，作为天柱，已经把天撑住了。

【流传】江苏省·（淮安市）·涟水县·南集乡·禹庄村

【出处】徐学尧讲，徐省生搜集整理：《世界的由来》（1983），见姚宝瑄主编《中国各民族神话》（汉族），太原：山西出版传媒集团·书海出版社 2014 年版，第 24~28 页。

W1159

天的形状

实 例

（参见下级母题实例）

W1159.1

天无定型

【关联】［W1150.10.1］以前的天是混沌的气

实 例

汉族 天是一团混沌。

【流传】湖北省·孝感市·（孝南区）·朋兴乡·联合村

【出处】杨明春讲，宋虎采录：《女娲造六畜》，见中国民间文学集成全国编辑委员会编《中国民间故事集成》（湖北卷），北京：中国 ISBN 中心 1999 年版，第 9 页。

汉族 很早以前，天是糊塌塌的一片。

【流传】浙江省·舟山市·定海区·干览乡·南岙村

【出处】顾阿登讲，林胜强采录：《女娲造天地》，见中国民间文学集成全国编辑委员会编《中国民间故事集成》（浙江卷），北京：中国 ISBN 中心 1997 年版，第 17 页。

苗族 远古的时候，天混混沌沌，既像一团气，翻翻滚滚，又像一泡鸡屎，湿漉漉的。

【流传】云南省·（文山壮族苗族自治州）·马关县

【出处】杨正方讲，刘德荣采录：《造天造地》，见中国民间文学集成全国编辑委员会编《中国民间故事集成》（云南卷），北京：中国 ISBN 中心 2003 年版，第 91 页。

W1159.1.1

以前天是一团混沌

实 例

汉族 很早以前，天是一团混沌。

【流传】河南省·（濮阳市）·范县·王楼乡·赵菜园村

【出处】崔金甲（男，65 岁，初中）讲，赵红儒采录：《女娲造六畜》（1990.03.20），见张振犁编著《中原神话通鉴》（第一卷），郑州：河南大学出版社 2017 年版，第 181 页。

W1159.2

天是圆的（天是圆形的）

实 例

达斡尔族 古代达斡尔人认为天体是圆的。

【流传】（无考）

【出处】

(a)《仙鹤支地》，见毛星主编：《中国少数民族文学》，长沙：湖南人民出版社 1983 年版。

(b) 同 (a)，见姚宝瑄主编《中国各民族神话》（达斡尔族、鄂伦春族、鄂温

1.2.2　天的产生与特征　　‖W1159.2.1–W1159.2.4‖　473

汉族　天道曰圆，地道曰方。

【流传】（无考）

【出处】［汉］刘安及门客：《淮南子·天文训》。

W1159.2.1
地上笼罩一个半圆的天体

实例

达斡尔族　（实例待考）

W1159.2.2
天以前是一个白鹅蛋

实例

羌族　古时，天是一个白鹅蛋。

【流传】四川省·（阿坝藏族羌族自治州）·理县·桃坪乡·桃坪村

【出处】余青海讲，罗世泽采录：《开天辟地》，见中国民间文学集成全国编辑委员会编《中国民间故事集成》（四川卷·下），北京：中国ISBN中心1998年版，第1107页。

W1159.2.3
把方帐一样的天改成圆顶天篷

【关联】［W1205.4］把方地改成圆形

实例

侗族　萨天巴（蜘蛛，女祖神，创世神）让众神创新改天换地，说："给天改个形状，我要给地换个模样。方的天帐不好看，要把它改成圆顶天篷。"

【流传】广西壮族自治区·（柳州市）·三江（三江侗族自治县），（桂林市）·龙胜（龙胜各族自治县）

【出处】杨卜林喜、杨卜松林、杨明世讲，杨国仁、涛声搜集整理，蔷紫改写：《创世女神萨天巴》，过伟改写自侗族创世史诗《嘎茫莽道时嘉——远祖歌》（未出版稿），见姚宝瑄主编《中国各民族神话》（土家族、毛南族、侗族、瑶族），太原：山西出版传媒集团·书海出版社2014年版，第75页。

蒙古族　（实例待考）

W1159.2.4
天神把方天撑成圆天

实例

拉祜族　天神厄莎亲自动手修整天地。他把天的中间往上用力一撑，天高了，天大了，四四方方的天便变成了圆圆的，就像一口铁锅一般。

【流传】云南省大拉祜及黄拉祜中部一带

【出处】小八讲，古木整理：《天神厄莎》（整理中参照了《牡帕密帕》和《古根》），见姚宝瑄主编《中国各民族神话》（白族、拉祜族、景颇族），太原：山西出版传媒集团·书海出版社2014年版，第160页。

藏族（白马） 罗拉甲伍（天老爷）绷天，绷好的天，是圆拱形的，在上方。

【流传】四川省

【出处】扎嘎才让、小石桥、顶专讲述，谢世廉、周益华、姜志成、周贤中搜集：《天、地、人的起源》，原载中国民间文艺研究会四川分会编《四川白马藏族民间文学资料集》，见陶阳、钟秀编《中国神话》（上），北京：商务印书馆2008年版，第35~37页。

藏族 天是拱圆形的，在上方，光亮就是从那里露出来的。

【流传】四川省白马藏族地区

【出处】扎嘎才让、小石桥、顶专讲，谢世廉、周善华、姜志成、周贡中搜集：《绷天绷地》，见姚宝瑄主编《中国各民族神话》（门巴族、珞巴族、怒族、藏族），太原：山西出版传媒集团·书海出版社2014年版，第78页。

W1159.2.5
天是圆拱形的

实例

藏族、藏族（白马） 罗拉甲伍绷天，绷好后是圆拱形的，在上方。

【流传】四川省·（绵阳市）·平武县·白马藏区（白马藏族乡）

【出处】

（a）*《绷天绷地》，见《四川白玛藏族民族文学资料集》，四川藏族研究所内部编印，1991年，第80页。

（b）扎嘎才让讲，四川大学中文录采风队采录：《创世传说》，见中国民间文学集成全国编辑委员会编《中国民间故事集成》（四川卷·下），北京：中国ISBN中心1998年版，第934页。

（c）扎嘎才让等讲，谢世廉等搜集：《创世传说》，见陶立璠、赵桂芳等编《中国少数民族神话汇编》（开天辟地篇等），中央民族学院少数民族古籍整理出版规划领导小组办公室印（未署出版时间），第1页。

W1159.2.6
圆天中间高四周低

实例

蒙古族 天是圆的，中间最高，四周越来越低。

【流传】（无考）

【出处】那木吉拉翻译，姚宝瑄整理：《乌龟驮地球》，见姚宝瑄主编《中国各民族神话》（达斡尔族、鄂伦春族、鄂温克族、蒙古族），太原：山西出版传媒集团·书海出版社2014年版，第166页。

W1159.2.7
女娲造圆的天

【关联】[W1134.2] 女娲造天

实例

汉族 女娲造的天是圆的。

【流传】浙江省·舟山市·定海区·干览乡·南岙村

【出处】顾阿登讲,林胜强采录:《女娲造天地》,见中国民间文学集成全国编辑委员会编《中国民间故事集成》(浙江卷),北京:中国ISBN中心1997年版,第17页。

汉族 天是圆的,是因为大神女娲造天时,用三千三百三十万块青石,拼成了圆圆的、滑滑的天。

【流传】浙江省·舟山市·(定海区)·干览乡(干览镇)·南岙村

【出处】顾阿登讲,林胜强记录,周明搜集整理:《女娲补天》(1987.06.15),见姚宝瑄主编《中国各民族神话》(汉族),太原:山西出版传媒集团·书海出版社2014年版,第57~58页。

W1159.2.7.1
女娲用3330万块青石把天拼成圆的

实例

汉族 大神女娲炼了三千三百三十万块青石,拼成了天,拼得圆圆的、滑滑的,无缝无隙,青光晶亮。

【流传】浙江省·舟山市·(定海区)·干览乡(干览镇)·南岙村

【出处】顾阿登讲,林胜强记录,周明搜集整理:《女娲补天》(1987.06.15),见姚宝瑄主编《中国各民族神话》(汉族),太原:山西出版传媒集团·书海出版社2014年版,第57~58页。

W1159.2.8
天皇氏、地皇氏和女娲氏把天补成圆的

实例

汉族 天皇氏、地皇氏和女娲氏为了补天,补了好几千年,才把天补好,补得圆圆的。所以,直到现在,天还是圆的。

【流传】浙江省·舟山市·(定海区·岑港镇)·烟墩(烟墩村)、马目(马目村)一带

【出处】张友夫讲,于海辰、林海峰记录整理:《兄妹分天地》(1987.05.15),见姚宝瑄主编《中国各民族神话》(汉族),太原:山西出版传媒集团·书海出版社2014年版,第38~39页。

W1159.3
以前的天不平

【关联】[W1383.0.2]天不平整修天

实例

(参见下级母题实例)

W1159.3.1
最早形成的天像癞蛤蟆的背

【关联】[W1159.14.5]以前的天像癞蛤蟆的脊背

实例

佤族 天刚形成的时候,像癞蛤蟆的

脊背，疙里疙瘩。

【流传】云南省·（普洱市）·西盟县（西盟佤族自治县），（临沧市）·沧源县（沧源佤族自治县）

【出处】隋嘎、岩扫等讲，艾荻等搜集整理：《司岗里》，见尚仲豪、郭九思等编《佤族民间故事选》，上海：上海文艺出版社1989年版，第1页。

佤族 天刚形成的时候，像个癞蛤蟆的背，疙里疙瘩，很难看。

【流传】（云南省·普洱市·西盟佤族自治县）

【出处】随戛、岩扫、岩瑞等讲，艾荻、张天达搜集整理：《司岗里》，见姚宝瑄主编《中国各民族神话》（佤族、阿昌族、纳西族、普米族、德昂族），太原：山西出版传媒集团·书海出版社2014年版，第11页。

W1159.4
天是平的

【关联】
① ［W1161.3］天光滑
② ［W1383.2.2］众神用犁耙把天犁平

实例

彝族 天是平平的。

【流传】云南省·（玉溪市）·新平（新平彝族傣族自治县）

【出处】普学旺搜集翻译：《洪水泛滥史》，见云南省少数民族古籍整理出版规划办公室编《洪水泛滥》，昆明：云南民族出版社1987年版，第58页。

W1159.4.0
造出平的天

实例

（参见下级母题实例）

W1159.4.0.1
造天者造成平坦的天

实例

壮族 造天的有九个神，都叫口麦。口麦的人多，又一心一意地造，所以天造得平坦坦的。

【流传】云南省·（红河哈尼族彝族自治州）·金平县（金平苗族瑶族傣族自治县）·大寨（大寨乡）

【出处】黄金福讲，黄荣记录：《地为什么没有造平》，原载徐保国等主编《云南民间文学集成——金平故事卷》，内部资料，1989年，见姚宝瑄主编《中国各民族神话》（仫佬族、壮族、京族），太原：山西出版传媒集团·书海出版社2014年版，第129页。

W1159.4.1
神把天磨平

实例

佤族 原来天不平，俚（最大的天神）伸出巴掌不停地磨，终于把天磨得像白鱼的肚皮滑溜溜亮刷刷的。

1.2.2 天的产生与特征

【流传】云南省·（普洱市）·西盟县（西盟佤族自治县）

【出处】达老屈等讲，隋嘎等采录：《司岗里》，见中国民间文学集成全国编辑委员会编《中国民间故事集成》（云南卷），北京：中国 ISBN 中心 2003 年版，第 96 页。

佤族 以前的天像癞蛤蟆的背脊，里（天神名，旧译利吉神）伸出巴掌不停地磨，不知磨了多少年，终于把天磨得像山白鱼的肚皮，滑溜溜亮刷刷的。

【流传】

（a）云南省·（普洱市）·西盟县（西盟佤族自治县），（临沧市）·沧源县（沧源佤族自治县）

（b）（云南省·普洱市·西盟佤族自治县）

【出处】

（a）随戛、岩扫、岩瑞等讲述，艾荻、张开达搜集整理：《司岗里》，载《山茶》1988 年第 1 期。

（b）随戛、岩扫、岩瑞等讲、艾荻、张天达搜集整理：《司岗里》，见姚宝瑄主编《中国各民族神话》（佤族、阿昌族、纳西族、普米族、德昂族），太原：山西出版传媒集团·书海出版社 2014 年版，第 11 页。

W1159.4.2
神把天铺平

实 例

彝族（阿细） 最古的时候，云彩生出了天之后，天还不平，一个叫叫朵热的神去把天铺平。

【流传】（a）云南省·红河哈尼族彝族自治州·弥勒县·（西山镇）

【出处】

（a）潘正兴等唱述，云南省民族民间文学红河调查队搜集翻译整理：《阿细的先基》，昆明：云南人民出版社 1959 年版。

（b）云南省民族民间文学红河调查队搜集整理，古梅改写：《最古的时候》，见姚宝瑄主编《中国各民族神话》（羌族、彝族），太原：山西出版传媒集团·书海出版社 2014 年版，第 138 页。

W1159.4.3
神性人物把天摩擦平

实 例

苗族 养优（神性人物名）跑来自东方，伸开手掌去摩挲，去抚了呵又去摩，天上那块摩得好，九掌就做一次摩，天上平整又光滑。

【流传】原文无流传地，据文本及注释推测该神话流传于贵州省·黔东南苗族侗族自治州·凯里市、台江县等地。

【出处】张启庭、张荣光、张正玉、张启德演唱，张明搜集，燕宝整理译注：《创造宇宙·开天辟地》，见贵州省少数民族古籍整理出版规划小组办公室编，燕宝整理译注《苗族古歌》，贵阳：贵州民族出版社 1993 年版，第 65~66 页。

W1159.4.4
文化英雄用刀把天削平

【关联】[W0560] 文化英雄

实例

苗族　蒋沙尹（半神半人，神性人物）来自东方，拿着一把弯长刀，就像一把弯弓样，千尺半长刀一把，他见天上不平整，窣窣削着那天上，碎石灰尘纷纷落。

【流传】原文无流传地，据文本及注释推测该神话流传于贵州省·黔东南苗族侗族自治州·凯里市、台江县等地。

【出处】张启庭、张荣光、张正玉、张启德演唱，张明搜集，燕宝整理译注：《创造宇宙·开天辟地》，见贵州省少数民族古籍整理出版规划小组办公室编，燕宝整理译注《苗族古歌》，贵阳：贵州民族出版社1993年版，第62页。

W1159.4.5
天平得可以赛马跑马

实例

苗族　雷公在天上，地方宽平，是跑马赛马的好地方。

【流传】原文无流传地，据文本及注释推测该神话流传于贵州省·黔东南苗族侗族自治州·凯里市、台江县等地。

【出处】耇富演唱，苗丁搜集，燕宝整理译注：《枫木生人·十二个蛋》注释，见贵州省少数民族古籍整理出版规划小组办公室编，燕宝整理译注《苗族古歌》，贵阳：贵州民族出版社1993年版，第509页。

W1159.4.6
牛把天犁平

实例

哈尼族　三头黄牛犁天，把天犁平了。

【流传】（云南省）

【出处】刘辉豪、白章富搜集整理，昌文根据古梅改写的《奥色密色》中的一节改写：《塔婆、模米生儿女》，见姚宝瑄主编《中国各民族神话》（哈尼族、傣族），太原：山西出版传媒集团·书海出版社2014年版，第69页。

W1159.4.7
牛把天耙平

实例

哈尼族　三个造天的神人开始造出的天不平。他们驾起神耙，赶着三头粗壮的黄牛开始耙天，从东边耙向西边，又从西边耙回东边，从南边耙向北边，又从北边耙回南边，终于把浩瀚的天庭耙平了。

【流传】（无考）

【出处】《杀牛龙，造天地》，根据张牛朗、杨批斗、李书周等演唱，杨保生、李家顺等翻译，杨笛、郭纯礼等整理《十二奴局》和《奥色密色》

翻译稿改写，见姚宝瑄主编《中国各民族神话》（哈尼族、傣族），太原：山西出版传媒集团·书海出版社 2014 年版，第 11 页。

W1159.4.8
与天是平的有关的其他母题

实 例

（参见下级母题实例）

W1159.4.8.1
天平的像青石板

【关联】[W1159.14.4] 以前的天像青石板

实 例

汉族　远古的天像一块青石板，很平。

【流传】宁夏回族自治区·（固原市）·西吉县·平峰乡

【出处】高世民讲，杨登峰采录：《黄土高原是怎样形成的》，见中国民间文学集成全国编辑委员会编《中国民间故事集成》（宁夏卷），北京：中国 ISBN 中心 1999 年版，第 23 页。

W1159.4.8.2
天又匀又平

实 例

畲族　玉皇大帝派两个神仙兄弟造天地。哥哥端一碗白土和一碗水造天时，很勤奋，发现哪儿有了裂缝，就用泥巴糊好。所以造的天又匀又平。玉皇大帝限九九八十一天内造好，结果八八六十四天就造好了。

【流传】福建省·（漳州市）·华安（华安县）

【出处】钟国姓讲，钟武艺采录：《兄弟俩造天地》，原载《中国民间故事集成·福建卷·漳州市分卷》，漳州市民间文学集成编委会 1991 年编印，见《福建省少数民族古籍丛书》编委会编《畲族卷·民间故事》，福州：海峡出版发行集团·海峡书局 2013 年版，第 2~3 页。

W1159.5
天像圆镜

实 例

畲族　在很古很古的时候，天空好像一面蓝宝石的大圆镜。

【流传】浙江省

【出处】

（a）王国全搜集整理：《天眼重开》，见谷德明编《中国少数民族神话》，北京：中国民间文艺出版社 1987 年版，第 209 页。

（b）同（a），见姚宝瑄主编《中国各民族神话》（高山族、黎族、畲族），太原：山西出版传媒集团·书海出版社 2014 年版，第 113 页。

W1159.6
天像伞

【汤普森】A653

实例

瑶族（布努） 密洛陀造出的天在上，像把张开的大伞。

【流传】广西壮族自治区·（河池市）·都安县（都安瑶族自治县）、巴马县（巴马瑶族自治县）、南丹县，（百色市）·田东县、平果县等地

【出处】桑布郎等传，蒙凤标（83岁）、罗仁祥（73岁）等唱：《密洛陀》（1983），见蓝怀昌、蓝书京、蒙通顺搜集翻译整理《密洛陀》，北京：中国民间文艺出版社1988年版，第12页。

壮族 布罗陀造出来的天的形状像伞。

【流传】广西壮族自治区右江、红水河一带

【出处】周朝珍讲，何承文整理：《布罗陀》，见中华民族故事大系编委会编《中华民族故事大系》第3卷（彝族、壮族、布依族），上海：上海文艺出版社1995年版，第351页。

壮族 布碌陀先造天，后造地，天的样子像把伞。

【流传】（a）广西壮族自治区右江及红水河一带

【出处】

（a）周朝珍讲，何承文整理：《布碌陀》，载广西民间文学研究会编印《广西民间文学丛刊》第5期。

（b）《布碌陀》（王松选定），见姚宝瑄主编《中国各民族神话》（仫佬族、壮族、京族），太原：山西出版传媒集团·书海出版社2014年版，第76页。

壮族 因为布洛陀先造天，后造地，天的样子像把伞，盖不住大地。

【流传】广西壮族自治区右江、红河一带

【出处】周朝珍口述，何承文整理：《布洛陀》，原载蓝鸿恩编《壮族民间故事选》，见陶阳、钟秀编《中国神话》（上），北京：商务印书馆2008年版，第67~86页。

W1159.6a
天像宝盖

实例

汉族 女娲从东南向西北补天时，没有补的西北角，是个偏天，下雨时大水就从上面倾倒下来。女娲急忙捡起地上的冰块，向西北方天上填补起来。就这样，整个上空被女娲神补成了像宝盖一样的苍天。

【流传】河南省·（济源市）王屋山一带

【出处】王生伟讲，河南大学中原神话调查组搜集整理：《天的西北角来的雨》，见姚宝瑄主编《中国各民族神话》（汉族），太原：山西出版传媒集团·书海出版社2014年版，第67~68页。

汉族 整个天空被女娲神补成了今天我们头顶上像宝盖一样的苍天。

【流传】河南省·济源市·济源县·王屋乡

【出处】王生伟（30岁，小学教师）讲，河南大学"中原神话调查组"采录：《女娲补天（一）》（1986.06.28），见张振犁编著《中原神话通鉴》（第一卷），郑州：河南大学出版社2017年版，第122页。

W1159.6b
天像盖子

实例

藏族 一只力大无穷的共命鸟把大地盖子举了上去，就成了天。

【流传】四川省·（阿坝藏族羌族自治州）·若尔盖县·求吉乡·下王则村

【出处】大夺戈讲，阿强等采录：《开天辟地》，见中国民间文学集成全国编辑委员会编《中国民间故事集成》（四川卷·下），北京：中国ISBN中心1998年版，第933页。

W1159.6b.1
天形如巨盖

实例

汉族 昔二气未分，螟涬鸿蒙，未有成形，天地日月未具，状如鸡子，混沌玄黄，已有盘古真人，天地之精，自号元始天王，游乎其中。复经四劫，天形如巨盖。

【流传】（无考）

【出处】《路史·前纪一》罗苹注。

W1159.7
天像簸箕

【关联】
① ［W1209］地像簸箕
② ［W6082］簸箕

实例

（参见下级母题实例）

W1159.7.1
天刚生出时像簸箕

实例

苗族 天刚生出来，像个大撮箕。

【流传】（无考）

【出处】《苗族古歌》，见巴略、王秀盛《苗族文学概论》，北京：中国文史出版社2006年版，第14页。

苗族 天刚刚生下来的时候，像个大撮箕。

【流传】贵州省·（黔东南苗族侗族自治州）·台江县、施秉县、凯里县（凯里市）等地

【出处】秦公、岩公、李普奶等苗族八歌手说唱，唐春芳、桂舟人搜集整理：《巨鸟生天地，众神辟地天》，见姚宝瑄主编《中国各民族神话》（布依族、仡佬族、苗族），太原：山西出版传媒集团·书海出版社2014年版，第115页。

W1159.8
天像帽子

【关联】[W1138.12] 用帽子造天

实 例

苗族 （实例待考）

W1159.8.1
天像箕帽

【关联】[W1139.1.4] 仿照箕帽造天

实 例

彝族 群神造天地时，把天造成箕帽样。

【流传】云南省·（楚雄彝族自治州）·双柏（双柏县）

【出处】*《众神创世》，见杨继中、芮增瑞、左玉堂编《楚雄彝族文学简史》，北京：中国民间文艺出版社1986年版，第45页。

彝族 远古时，云彩和雾露混在一起形成混沌世界。云彩造天的时候，天就像一顶箕帽。

【流传】云南省·楚雄彝族自治州

【出处】《门米间扎节》，古梅根据《楚雄民间文学资料》改写，见姚宝瑄主编《中国各民族神话》（羌族、彝族），太原：山西出版传媒集团·书海出版社2014年版，第82页。

W1159.8.2
天像雨帽

【关联】[W1138.12.1] 女始祖用师傅的雨帽造天

实 例

瑶族 天空像一顶雨帽似的，是因为天空是世上第一个女神密洛陀抛出的师父头上戴的一顶雨帽变成的。

【流传】广西壮族自治区·（河池市）·都安瑶族自治县江水河一带瑶族地区

【出处】《密洛陀创世》，蓝田根据莎红整理的《密洛陀》和潘泉脉整理的《密洛陀》两部不同版本的长诗《密洛陀》改写，见姚宝瑄主编《中国各民族神话》（土家族、毛南族、侗族、瑶族），太原：山西出版传媒集团·书海出版社2014年版，第152页。

彝族（罗罗泼） 最早产生的一对兄妹阿倮、阿界造天地时，哥哥阿倮造的天像一顶雨帽。

【流传】云南省·（楚雄彝族自治州）·南华县·五街（五街镇）

【出处】李发彪等演唱，吉厚培、夏光辅搜集整理：《青棚调——彝族支系罗罗泼古歌》，原载云南省社会科学院楚雄彝族文化研究所编《彝族民间文学》第2辑，1985年，见姚宝瑄主编《中国各民族神话》（羌族、彝族），太原：山西出版传媒集团·书海出版社2014年版，第169页。

W1159.9
天像斗篷

【实 例】

苗族 天像覆盖着的斗篷，地像圆滚滚的荞粑。

【流传】湖南省·（常德市）·武陵（武陵区）

【出处】吴凤满、唐求九唱：《板东辰》，见龙岳洲等编《武陵苗族古歌》，贵阳：贵州民族出版社1994年版，第1页。

W1159.10
天像帐篷

【汤普森】A702.2

【实 例】

（参见下级母题实例）

W1159.10.1
天像棚子

【关联】［W1159.10.1］天像棚子

【实 例】

苗族 住在天河边上的神婆婆务罗务素告诉纳罗引勾（半人半兽的巨人）："拿地作地坰，拿天当天棚。"

【流传】广西壮族自治区·（柳州市）·融水苗族自治县

【出处】

（a）杨达香讲，梁彬搜集整理：《创世纪》（一、开天辟地，地始天初），见梁彬、王天若编《苗族民间故事选》，南宁：广西人民出版社1986年版。

（b）同（a），见姚宝瑄主编《中国各民族神话》（布依族、仡佬族、苗族），太原：山西出版传媒集团·书海出版社2014年版，第170页。

W1159.10.2
最早的天是大方帐

【实 例】

侗族 萨天巴（蜘蛛，女祖神，创世神）生的最早的天，是一床大大的方帐。

【流传】广西壮族自治区·（柳州市）·三江（三江侗族自治县），（桂林市）·龙胜（龙胜各族自治县）

【出处】杨卜林喜、杨卜松林、杨明世讲，杨国仁、涛声搜集整理，蔷紫改写：《创世女神萨天巴》，过伟改写自侗族创世史诗《嘎茫莽道时嘉——远祖歌》（未出版稿），见姚宝瑄主编《中国各民族神话》（土家族、毛南族、侗族、瑶族），太原：山西出版传媒集团·书海出版社2014年版，第75页。

W1159.10.3
天是巨大天篷

【实 例】

汉族 天是由四根大柱子撑起来的巨大天篷。

【流传】河南省·（开封市）·杞县·邢口乡·何寨村［采录地点：杞县·苏木乡·苏木村］

【出处】何萍的外祖父讲，何萍采录整理：《杞人忧天的传说》（1986），见张振犁编著《中原神话通鉴》（第一卷），郑州：河南大学出版社 2017 年版，第 163 页。

W1159.11
天像大锅

实 例

壮族 古时候的天像锅头一样，圆圆地盖着大地。

【流传】广西（广西壮族自治区）西部

【出处】广西壮族文学史编辑室采录，农冠品翻译：《母子找天边》，见中国民间文学集成全国编辑委员会编《中国民间故事集成》（广西卷），北京：中国 ISBN 中心 2001 年版，第 48 页。

W1159.11.1
天像倒扣的锅

实 例

高山族（排弯） 远古时，天空像一口倒扣着的大锅。

【流传】福建省·福州市

【出处】金原金讲，陈炜萍采录：《月亮和太阳》，见中国民间文学集成全国编辑委员会编《中国民间故事集成》（福建卷），北京：中国 ISBN 中心 1998 年版，第 12 页。

高山族（排弯） 远古的时候，天空像一口倒扣着的大锅。

【流传】（台湾）

【出处】

（a）巴克奥罗·莫拉隆·巴吉列达·卡拉尤普讲：《捅天的夫妻》，载《民间文学》1982 年第 12 期。

（b）同（a），见姚宝瑄主编《中国各民族神话》（高山族、黎族、畲族），太原：山西出版传媒集团·书海出版社 2014 年版，第 4 页。

高山族 以前天空像倒扣的大锅。

【流传】（无考）

【出处】陈炜萍整理：《太阳与月亮》，见中华民族故事大系编委会编《中华民族故事大系》第 8 卷（畲族、高山族、拉祜族），上海：上海文艺出版社 1995 年版，第 407 页。

汉族 天像倒挂着的锅。

【流传】广东省·（茂名市）·电白县·羊角镇·柏屋村

【出处】李德才讲，陈明心采录：《盘古开天辟地》，见中国民间文学集成全国编辑委员会编《中国民间故事集成》（广东卷），北京：中国 ISBN 中心 2006 年版，第 3 页。

拉祜族 天本来很低，像大铁锅一样罩着大地。

【流传】云南省

【出处】李晓邨等搜集整理：《扎努扎别》，载《民间文学》1960 年第 10 期。

拉祜族 天本来很低，像大铁锅一般罩

1.2.2 天的产生与特征 ‖W1159.11.2–W1159.11.3‖

着大地。

【流传】（a）云南省·（普洱市）·澜沧县（澜沧拉祜族自治县）

【出处】

（a）扎法、扎拉讲，晓村、王松采录：《札努札别》，见中国民间文学集成全国编辑委员会编《中国民间故事集成》（云南卷），北京：中国 ISBN 中心 2003 年版，第 366 页。

（b）杨铜搜集整理：《扎努扎别》，载《山茶》1982 年第 4 期。

（c）同（b），见谷德明编《中国少数民族神话》，北京：中国民间文艺出版社 1987 年版，第 389 页。

W1159.11.2
天像锅盖

实 例

<u>汉族</u> 盘古王把地造好后，又慌忙火气去造天，把天造得像个甑盖子一样，中间朝上拱，周围团转矮，罩在地上。

【流传】四川省·巴县（今重庆市·巴南区）

【出处】王国珍讲，罗桂英记录，金祥度搜集整理：《盘古王造天地》（1988.01），见姚宝瑄主编《中国各民族神话》（汉族），太原：山西出版传媒集团·书海出版社 2014 年版，第 29～30 页。

W1159.11.2.1
天像大黑锅盖

实 例

<u>水族</u> 太阳落山后，天空像个大黑锅盖。

【流传】广西壮族自治区·（河池市）·宜山（宜州市）·龙头乡

【出处】李明讲，黄柳军搜集：《月妹》，见曹廷伟编著《广西民间故事辞典》，南宁：广西教育出版社 1993 年版，第 9 页。

W1159.11.3
天像锅底

实 例

<u>拉祜族</u> 天变成锅底一样。

【流传】（无考）

【出处】《牡帕密帕》（创世纪），见娜朵主编《拉祜族民间文学集》，昆明：云南人民出版社 1996 年版。

<u>拉祜族</u> 天造成了锅底一样的天。

【流传】云南省·（普洱市）·澜沧县（澜沧拉祜族自治县）

【出处】李云保讲述，扎约采录：《牡帕密帕的故事》，见陶阳、钟秀编《中国神话》（上），北京：商务印书馆 2008 年版，第 129～139 页。

W1159.11.4
天像一口大锅扣在地上

实例

达斡尔族 天和地原先粘在一起，天就像一口大锅扣在大地上。

【流传】（无考）

【出处】《仙鹤顶天》，见姚宝瑄主编《中国各民族神话》（达斡尔族、鄂伦春族、鄂温克族、蒙古族），太原：山西出版传媒集团·书海出版社2014年版，第4页。

达斡尔族 天体为圆形，如一大锅罩于方形之大地上。

【流传】（无考）

【出处】袁珂改编：《仙鹤支地》，原载毛星主编《中国少数民族文学》（中册），见袁珂《中国神话大词典》，北京：华夏出版社2015年版，第559页。

壮族 古时人望苍天，圆如锅镬，覆盖大地。

【流传】（无考）

【出处】《妈勒访天边》，原载谷德明编《中国少数民族神话》，见袁珂《中国神话大词典》，北京：华夏出版社2015年版，第440页。

W1159.11a
天像鼓

实例

（参见下级母题实例）

W1159.11a.1
天像一面蒙皮大鼓

实例

畲族 天是男人造的。因为男人很懒，结果把天造小了，只好将它绷得紧紧的，像一面蒙皮大鼓。

【流传】福建省·（宁德市）·福安（福安市）

【出处】钟瑞珠讲，郑万生采录：《男造天，女造地》，原载《中国少数民族民间文学丛书·畲族民间故事选》，上海：上海文艺出版社1993年版，见《福建省少数民族古籍丛书》编委会编《畲族卷·民间故事》，福州：海峡出版发行集团·海峡书局2013年版，第2页。

W1159.12
天像浆糊（混沌的天）

实例

（参见下级母题实例）

W1159.12.1
以前天是浆糊

实例

汉族 很早以前，天是糊塌塌的一片。

【流传】浙江省·舟山市·定海区·干览乡·南岙村

【出处】顾阿登讲，林胜强采录：《女娲

造天地》，见中国民间文学集成全国编辑委员会编《中国民间故事集成》（浙江卷），北京：中国 ISBN 中心 1997 年版，第 17 页。

<u>汉族</u> 以前，天是糊塌塌的一片。

【流传】浙江省·舟山市·（定海区）·干览乡（干览镇）·南岙村

【出处】顾阿登讲，林胜强记录，周明搜集整理：《女娲补天》（1987.06.15），见姚宝瑄主编《中国各民族神话》（汉族），太原：山西出版传媒集团·书海出版社 2014 年版，第 57~58 页。

W1159.13
天像一块云彩

【关联】［W1150a］云变成天

实 例

<u>傈僳族</u> 在遥远的古代，只有天。天没有柱子，就像一块云彩浮动着。

【流传】（a）云南省·（怒江傈僳族自治州）·泸水县

【出处】

（a）胡贵讲，刘辉豪采录：《木布帕造天地人》，见中国民间文学集成全国编辑委员会编《中国民间故事集成》（云南卷），北京：中国 ISBN 中心 2003 年版，第 42 页。

（b）刘辉豪、胡贵搜集整理：《天、地、人的形成》，见谷德明编《中国少数民族神话》，北京：中国民间文艺出版社 1987 年版，第 370 页。

W1159.13.1
天似云非云

实 例

<u>彝族</u> 远古的时候，上面没有天，要说混混沌沌就是天的话，这样的天，都没有太阳，没有星星，似云不是云，散又散不开。

【流传】（四川省·凉山彝族自治州）

【出处】

（a）冯元蔚译：《勒俄特依》，成都：四川民族出版社 1986 年版。

（b）冯元蔚译，蔷紫改写：《勒俄特依》，见姚宝瑄主编《中国各民族神话》（羌族、彝族），太原：山西出版传媒集团·书海出版社 2014 年版，第 145 页。

W1159.14
与天的形状有关的其他母题

实 例

（参见下级母题实例）

W1159.14.1
天是蜘蛛网

实 例

<u>彝族</u> 天神的儿子造天时，用蜘蛛网做造天的底子。

【流传】云南省·（楚雄彝族自治州）·姚安（姚安县）、大姚（大姚县）、永仁（永仁县）等地

【出处】*《格兹天神创世》，见杨继中、芮增瑞、左玉堂编《楚雄彝族文学简史》，北京：中国民间文艺出版社1986年版，第44~45页。

彝族 古时候，说有天，蜘蛛网就是天。

【流传】云南省·楚雄彝族自治州

【出处】罗文荣演唱，李世忠翻译，蔷紫改写：《老人梅葛》，见姚宝瑄主编《中国各民族神话》（羌族、彝族），太原：山西出版传媒集团·书海出版社2014年版，第123页。

W1159.14.2
天像鸡屎

实例

苗族 天上是湿漉漉的，就像鸡屎一样。

【流传】云南省·文山（文山壮族苗族自治州）一带

【出处】邓光北、闪永仙说唱，项保昌、刘德荣搜集：《开天补天，辟地补地》，见姚宝瑄主编《中国各民族神话》（布依族、仡佬族、苗族），太原：山西出版传媒集团·书海出版社2014年版，第124页。

W1159.14.2.1
以前的天像鸡屎

实例

苗族 远古的时候，天上是湿漉漉的，就像一团鸡屎。

【流传】（无考）

【出处】陶春保讲，刘永鸿整理：《生天养地的爹娘》，见姚宝瑄主编《中国各民族神话》（布依族、仡佬族、苗族），太原：山西出版传媒集团·书海出版社2014年版，第131页。

W1159.14.3
天像张开的布幕

实例

阿昌族 遮帕麻（男始祖、天公）造的天像张开的布幕。

【流传】

（a）云南省·（德宏傣族景颇族自治州）·梁河县

（b）（云南省）

【出处】

（a）赵安贤讲述，杨叶生翻译，智克整理：《遮帕麻与遮米麻》，载《山茶》1981年第2期。

（b）赵安贤讲，智克整理：《遮帕麻与遮米麻》，见姚宝瑄主编《中国各民族神话》（佤族、阿昌族、纳西族、普米族、德昂族），太原：山西出版传媒集团·书海出版社2014年版，第75页。

W1159.14.3a
天是一块布

实例

汉族 天是一块布，是用柱子撑着。

【流传】河南省·（濮阳市）·范县

【出处】董天备（56岁，中专）讲，崔金钊采录：《女娲补天（八）》（1989.11.03），见张振犁编著《中原神话通鉴》（第一卷），郑州：河南大学出版社2017年版，第137页。

W1159.14.4
以前的天像青石板
【关联】［W1138.8］用青石板造天

实 例

纳西族 圆圆的天刚刚开创的时候，就像一块青石板，灰沉沉的，还没有磨光。

【流传】（无考）

【出处】和东光、和正才讲，桑文浩翻译整理：《人和龙的争斗》，成林木根据《东巴经》和民间口头流传的故事改写，见姚宝瑄主编《中国各民族神话》（佤族、阿昌族、纳西族、普米族、德昂族），太原：山西出版传媒集团·书海出版社2014年版，第114页。

W1159.14.5
以前的天像癞蛤蟆的脊背

实 例

佤族 天刚形成的时候，像癞蛤蟆的脊背，疙里疙瘩。

【流传】
（a）云南省·（普洱市）·西盟县（西盟佤族自治县），（临沧市）·沧源县（沧源佤族自治县）

(b) 云南省·（普洱市）·西盟县（西盟佤族自治县）

【出处】
(a) 隋嘎岩妇等讲，艾荻等搜集整理：《司岗里》，见尚仲豪、郭九思等编《佤族民间故事选》，上海：上海文艺出版社1989年版，第1页。

(b) 达老屈等讲，隋嘎等采录：《司岗里》，见中国民间文学集成全国编辑委员会编《中国民间故事集成》（云南卷），北京：中国ISBN中心2003年版，第96页。

W1160
天的颜色
【关联】
① ［W1129.2］以前天是黄的，地是白的
② ［W4007］天为什么是蓝色（青色）的

实 例

（参见下级母题实例）

W1160.1
特定的服饰变成天的颜色
【关联】［W1168.18.1］天的衣裳

实 例

（参见下级母题实例）

W1160.1.1
神用云粉给天做衣裳

实 例

布朗族 顾米亚（神巨人）用美丽的云粉给天做衣裳。

【流传】（a）云南省·（西双版纳傣族自治州）·勐海县

【出处】

（a）岩的兴讲，朱嘉禄采录：《顾米亚》，见中国民间文学集成全国编辑委员会编《中国民间故事集成》（云南卷），北京：中国ISBN中心2003年版，第150页。

（b）朱嘉禄整理：《顾米亚》，见谷德明编《中国少数民族神话》，北京：中国民间文艺出版社1987年版，第480页。

W1160.1.2
天神的战裙变成现在天的颜色

实 例

满族 天神阿布卡赫赫穿上新的战裙，天空才变成现在这种颜色。

【流传】黑龙江省·（黑河市）·爱辉县（爱辉区）

【出处】富希陆讲，富育光采录：《天宫大战》，见中国民间文学集成全国编辑委员会编《中国民间故事集成》（吉林卷），北京：中国文联出版公司1992年版，第4~5页。

满族 巴那姆赫赫女神把自己身上生息的虎、豹、熊、鹿、蟒、蛇、野猪、蜥蜴、鹰、雕、江海牛鱼、百虫等身上各取下一块魂骨，由昆哲勒神鸟在太阳河边用彩羽重新为天神阿布卡赫赫编织成护腰战裙。天神阿布卡赫赫穿上新的战裙，天空才变成现在这种颜色。

【流传】（无考）

【出处】富希陆讲，富育光采录：《天宫大战》，原载富育光编《满族神话选》，见陶阳、钟秀编《中国神话》（中），北京：商务印书馆2008年版，第736~737页。

W1160.2
黑色的天

实 例

（参见下级母题实例）

W1160.2.1
以前天是黑的

【关联】[W1035] 世界最早的情形

实 例

哈尼族 原来的天是黑漆漆的颜色。

【流传】云南省·（玉溪市）·元江县（元江哈尼族彝族傣族自治县）·因远镇·卡腊一带

【出处】《造天地歌》，见元江县哈尼文化学会、元江县史志编纂办公室编《元江哈尼族古歌集》，内部编印，2005年，第13页。

畲族 不知多少年以前，天是黑黝黝的。

【流传】福建省·福安（福安市）、（宁德市）·霞浦（霞浦县）；浙江省畲族地区

【出处】

（a）陈玮君记录：《高辛与龙王》，见

蒋风等编：《畲族民间故事选》，上海：上海文艺出版社1983年版。

（b）陈玮君记录：《高辛造万物》，见姚宝瑄主编《中国各民族神话》（高山族、黎族、畲族），太原：山西出版传媒集团·书海出版社2014年版，第87页。

维吾尔族　很早以前，没有日月星辰，只有漫无边际的黑洞洞的天，看不见摸不着。

【流传】新疆维吾尔自治区·伊犁州（伊犁哈萨克自治州）·察布查尔县（察布查尔锡伯自治县）

【出处】牙库布讲，阿不都拉搜集翻译，姚宝瑄整理：《女天神创世》，见姚宝瑄主编《中国各民族神话》（乌孜别克族、哈萨克族、柯尔克孜族、俄罗斯族、维吾尔族、塔吉克族、塔塔尔族、锡伯族），太原：山西出版传媒集团·书海出版社2014年版，第225页。

W1160.3
青色的天（青天）

实例

满族　卧勒顿妈妈（天神女侍从、女萨满）敲了第一声神鼓，有了青色的天。

【流传】（无考）

【出处】王宏刚：《论萨满教创世神话中的文化精神》，载《萨满学术论坛》2006年第1期。

W1160.3.1
以前天是青色的

实例

汉族　（实例待考）

W1160.3.2
气变成青天

实例

汉族　盘古爷和盘古奶搭起人梯又站到了牛角尖上使劈开的气包飘上去了，成了青天。

【流传】河南省·（南阳市）·桐柏县·二郎山乡·田口村

【出处】李新超讲，马卉欣整理：《盘古开天》，见 http://tongbai.01ny.cn（桐柏网），2001.01.26。

W1160.3.2.1
女娲吹气形成青天

实例

汉族　女娲奶奶发现补好的天不完美，就朝天上吹了口气，把天全给遮起来。从那儿以后，地上的人再也看不见天空那吓人的样子，只能看见满天青气。

【流传】河北省·（邯郸市）·涉县

【出处】李光藩、赵德崇讲：《女娲炼石补天的传说》，见张振犁编著《中原神话通鉴》（第一卷），郑州：河南大学出版社2017年版，第151页。

W1160.3.3
青石板造天造出青色的天

【关联】[W1138.8]用青石板造天

实例

汉族 因为造天用的石板是青的,所以天也就是青的。

【流传】浙江省·(衢州市)·江山市·凤林镇

【出处】吴土讲,江都采录:《天造地合》,见中国民间文学集成全国编辑委员会编《中国民间故事集成》(浙江卷),北京:中国 ISBN 中心 1997 年版,第 20 页。

W1160.3a
蓝色的天(蓝天)

实例

(参见下级母题实例)

W1160.3a.1
天女扫出蓝天

实例

彝族 九个天女便拿了铜铁扫帚去扫天扫地。她们一扫天,天便升上去了显出蓝莹莹的天。

【流传】(四川省·凉山彝族自治州)

【出处】
(a) 冯元蔚译:《勒俄特依》,成都:四川民族出版社 1986 年版。
(b) 冯元蔚译,蔷紫改写:《勒俄特依》,见姚宝瑄主编《中国各民族神话》(羌族、彝族),太原:山西出版传媒集团·书海出版社 2014 年版,第 151 页。

W1160.3a.2
清气变成蓝天

【关联】
① [W1150]气变成天(气变化成天)
② [W1161.11a]天空是清气

实例

水族 女神伢俣见天地间一片混沌,就放出一阵风,风把混沌吹出两层,一层清气,还有一层是浊气。清气冉冉向上,一直升到天上,成为蓝天。

【流传】(无考)

【出处】潘静流唱,燕宝记译,化斯改写:《伢俣开创世界》(原名《造天造地》),见姚宝瑄主编《中国各民族神话》(水族、布朗族、独龙族、基诺族、傈僳族),太原:山西出版传媒集团·书海出版社 2014 年版,第 5 页。

W1160.3a.2.1
女娲用清气补天形成蓝天

实例

汉族 女娲娘娘吹了一口青气就把天给补上了。所以底下的人,往上一瞅就是蓝瓦瓦的天。

【流传】辽宁省·抚顺市

【出处】李凤英的母亲讲,李凤英记录,常葆恕搜集整理:《北方为什么冷》,

见姚宝瑄主编《中国各民族神话》（汉族），太原：山西出版传媒集团·书海出版社2014年版，第69页。

W1160.3a.3
祖先用蓝靛把天染蓝

【关联】［W6279.2］染料

实 例

布依族 祖先翁戛用蓝靛把天空染成蓝色。

【流传】（无考）

【出处】《辟地撑天》，见何积全、陈立浩主编《布依族文学史》，贵阳：贵州民族出版社1992年版，第34页。

布依族 祖先翁戛开天辟地造出日月后，又用蓝靛去染天空，天空便变成蓝茵茵的。

【流传】贵州省布依族地区

【出处】杨正荣、祝登壅讲，岭玉清、汛河搜集整理，古梅改写：《翁戛造万物》，见姚宝瑄主编《中国各民族神话》（布依族、仡佬族、苗族），太原：山西出版传媒集团·书海出版社2014年版，第8页。

W1160.3a.4
天是蓝的是因为天姑娘穿蓝衣裳

实 例

哈尼族 最高的神王阿匹梅烟女神生九个姑娘，并给九个姑娘取名字。其中，给头一个姑娘叫做永生不死的烟姒天姑娘，给烟姒姑娘穿上了蓝衣裳。

【流传】

（a）云南省·（红河哈尼族彝族自治州）·元阳（元阳县）·攀枝花（攀枝花乡）·洞铺寨

（b）云南省·（红河哈尼族彝族自治州·元阳县·攀枝花乡·硐蒲寨）

【出处】

（a）朱小和讲，史军超采录：《永生不死的姑娘》，见中国民间文学集成全国编辑委员会编《中国民间故事集成》（云南卷），北京：中国ISBN中心2003年版，第130页。

（b）朱小和讲，史军超搜集整理：《永生不死的姑娘》，原载《哈尼族神话传说集成》，见陶阳、钟秀编《中国神话》（下），北京：商务印书馆2008年版，第1095~1099页。

W1160.3a.5
目母婆甩裙上天形成碧蓝天

实 例

瑶族 盘古王开天辟地，天开得丁丁吊吊不平整，他的母亲目母婆甩裙上天，形成碧蓝天。

【流传】广西壮族自治区·（桂林市）·全州县·东山瑶族乡

【出处】

（a）盘振松、盘日新讲，王矿新、刘保元采录翻译：《盘瓠王》（1979）附记，见中国民间文学集成全国编辑委员会编《中国民间故事集成》（广西卷），北京：中国ISBN中心2001年版，第 93 页。

（b）同（a），见陶阳、钟秀编《中国神话》（中），北京：商务印书馆 2008 年版，第 541～546 页。

W1160.3a.6
太上老君罩在天上的蓝衫变成天的蓝色

【实例】

汉族 盘古开天后，太上老君用冰块补的天西北角，与自然生成的天不合体。老君便脱下自己的蓝衫，遮在整个天上。此后，天也就变成蓝颜色了。

【流传】河南省·（南阳市）·振平县

【出处】

（a）贺天祥讲，贺海成、姜典凯搜集整理：《天为什么是蓝的》，载《民间文学》1986 年第 1 期。

（b）同（a），见姚宝瑄主编《中国各民族神话》（汉族），太原：山西出版传媒集团·书海出版社 2014 年版，第 66～67 页。

汉族 开天辟地后，太上老君用蓝衫遮在天上。

【流传】（无考）

【出处】贺海成：《天为什么是蓝的》，见曹文轩主编《中国神话故事精选》，北京：北京大学出版社 2004 年版，第 12～13 页。

W1160.3a.7
与蓝天有关的其他母题

【关联】[W1151.3.1]玉帝的蓝手帕变成天

【实例】

汉族 盘古把玉帝的蓝手帕抛出去，变成了现在的蓝天。

【流传】河南省·（南阳市）·桐柏县

【出处】《盘古开天地》，见 http://tongbai.01ny.cn（桐柏网），2001.01.26。

W1160.3a.7.1
月亮用蓝丝线织出蓝天

【实例】

水族 月妹用骑着白兔的老奶奶给的浅蓝丝线织出蓝天。

【流传】广西壮族自治区·（河池市）·宜山（宜州市）·龙头乡

【出处】李明讲，黄柳军搜集：《月妹》，见曹廷伟编著《广西民间故事辞典》，南宁：广西教育出版社 1993 年版，第 9 页。

W1160.3a.7.2
洪水时天被绿叶和青草染蓝

【实例】

哈尼族 洪水时，地上的绿叶和青草漂到了天上，白色的天空被染蓝了。

【流传】云南省·（普洱市）·墨江县（墨江哈尼族自治县）

1.2.2 天的产生与特征   ‖W1160.3a.7.3—W1160.4.2‖ 495

【出处】

(a) 李恒忠讲，李灿伟采录：《兄妹传人》，见中国民间文学集成全国编辑委员会编《中国民间故事集成》（云南卷），北京：中国 ISBN 中心 2003 年版，第 165 页。

(b) 李灿伟搜集整理：《兄妹传人种》，见《哈尼族民间故事》编辑组编《哈尼族民间故事》，昆明：云南人民出版社 1984 年版。

W1160.3a.7.3
天蓝色是撒到天上的青灰变成的

实 例

汉族 伏羲用树枝和青草堆成了一个柴山，从不周山下的森林里取来了天火，点着了柴山。一忽儿，风起云涌，烧得西北天空通红。火灭了，地上卷起了漫天的狂风，把青灰撒在了西北烧红的天上。风停了，西北天空也蓝湛湛的了。

【流传】河南省·（周口市）·淮阳县·（王店乡·棠棣村）

【出处】李国争（63 岁，农民）讲，杨复俊采录：《女娲娘娘》（1985.01.06），见张振犁编著《中原神话通鉴》（第一卷），郑州：河南大学出版社 2017 年版，第 146 页。

W1160.4
白色的天

实 例

（参见下级母题实例）

W1160.4.1
以前天是白色的

实 例

哈尼族 以前，天是白色的。

【流传】云南省·（普洱市）·墨江县（墨江哈尼族自治县）

【出处】

(a) 李恒忠讲，李灿伟采录：《兄妹传人》，见中国民间文学集成全国编辑委员会编《中国民间故事集成》（云南卷），北京：中国 ISBN 中心 2003 年版，第 165 页。

(b) 李灿伟搜集整理：《兄妹传人种》，见《哈尼族民间故事》编辑组编《哈尼族民间故事》，昆明：云南人民出版社 1984 年版。

W1160.4.2
风吹出白色的天

实 例

哈尼族 以前的世界是黑暗的混沌。混沌中产生大风，九十九天之后，黑暗被大风吹得无影无踪，属龙的那一日，白生生的天出现了。

【流传】云南省·（普洱市）·孟连县（孟连傣族拉祜族佤族自治县）

【出处】李格、王富帮讲，张犁翻译，李灿伟、莫非搜集整理：《天、地、人和万物的起源》，原载云南省民间文学集成办公室编《哈尼族神话传说集成》，中国民间文艺出版社 1990 年版，见姚宝瑄主编《中国各民族神话》（哈尼族、傣族），太原：山西出版传媒集团·书海出版社 2014 年版，第 58 页。

W1160.4a
绿色的天（天是绿的）

实例

（参见下级母题实例）

W1160.4a.1
最早的天是绿色

【关联】［W1051.4］最早的世界是绿气

实例

纳西族 最早产生的天是绿茵茵的。

【流传】（无考）

【出处】

（a）《石猴生人类》，见雷宏安《云南省中甸县三坝公社纳西族宗教调查》，中国社会科学院世界宗教研究所昆明工作站、云南民族学院民族研究所民族宗教研究室编印，1986 年。

（b）同（a），见姚宝瑄主编《中国各民族神话》（佤族、阿昌族、纳西族、普米族、德昂族），太原：山西出版传媒集团·书海出版社 2014 年版，第 173 页。

W1160.4b
黄色的天

【关联】［W1232.2］地是黄色的（黄色的地）

实例

（参见下级母题实例）

W1160.4b.1
以前天是黄的

实例

满族 传说天地初分的时候，天连水，水连天，天是黄的。

【流传】（无考）

【出处】

（a）孙玉清讲，王惠立搜集整理：《白云格格》，见乌丙安等编《满族民间故事选》，上海：上海文艺出版社 1983 年版，第 9~14 页。

（b）同（a），见姚宝瑄主编《中国各民族神话》（满族、赫哲族、朝鲜族），太原：山西出版传媒集团·书海出版社 2014 年版，第 45~49 页。

W1160.5
天色彩斑斓（天五彩缤纷）

实例

（参见下级母题实例）

W1160.5.1
补天的五彩石使天色彩斑斓

实例

藏族 因为补天的五彩石结实光滑，色彩美观，所以天空不仅光滑明朗，而且色彩斑斓。

【流传】

（a）云南省·（迪庆藏族自治州）·

中甸（香格里拉县）县

（b）云南省·迪庆州（迪庆藏族自治州）·（香格里拉县·尼西乡）·汤美村（汤满村）

【出处】

（a）马祥龙采录，谷子等整理：《女娲娘娘》，见中国民间文学集成全国编辑委员会编《中国民间故事集成》（云南卷），北京：中国 ISBN 中心 2003 年版，第 67 页。

（b）马祥龙记录：《女娲娘娘补天》，见谷德明编《中国少数民族神话》，北京：中国民间文艺出版社 1987 年版，第 699 页。

藏族 女娲到大山上、海底下找来许多五彩石，把它们炼后来补天。这种五彩石又结实，又光滑，又漂亮，所以，当女娲把天补好后，天空不仅光滑明朗，而且色彩斑斓。

【流传】云南省·迪庆藏族自治州

【出处】马龙祥、李子贤搜集整理：《女娲娘娘》，载《民间文学》1985 年第 4 期。

W1160.5.2
张古老用五彩石造天形成五彩缤纷的天

实 例

土家族 神人张古老用五彩石制白天，所以，天空才五彩缤纷，又平平展展，很叫人喜欢。

【流传】湖南省土家族居住地区

【出处】《张古老制天，李古老制地》，苗风根据《中国少数民族文学》（湖南人民出版社 1983 年版）改写，见姚宝瑄主编《中国各民族神话》（土家族、毛南族、侗族、瑶族），太原：山西出版传媒集团·书海出版社 2014 年版，第 4 页。

W1160.6
天的颜色由多变少

实 例

满族 天的颜色由九色变成七色。

【流传】（无考）

【出处】罗绮：《满族神话的民族特点》，载《满族研究》1993 年第 1 期。

W1160.6.1
恶魔弄走一些天马后天由 9 色变成 7 色

实 例

满族 天神阿布卡赫赫的贴身侍女奥朵西将七彩云马赶进了恶魔耶鲁里的眼睛，耶鲁里疼痛难忍，只好逃跑。因为耶鲁里逃走时，眼睛里裹走了许多天马，所以天的颜色也由原来的九色减为七色。

【流传】（无考）

【出处】《奥朵西》，见姚宝瑄主编《中国各民族神话》（满族、赫哲族、朝鲜族）之《〈天宫大战〉的其他版本》，太原：山西出版传媒集团·书海出版社 2014 年版，第 38~39 页。

满族　耶鲁里的眼睛里裹走了许多天马，天的颜色才从此不再是九个颜色，而变成七色了。

【流传】黑龙江省·（黑河市）·孙吴县

【出处】关锁之的父亲讲，富希陆搜集：《女战神奥朵西玛玛》（1939），见吕大吉、何耀华总主编《中国各民族原始宗教资料集成》（鄂伦春族卷、鄂温克族卷、赫哲族卷、达斡尔族卷、锡伯族卷、满族卷、蒙古族卷、藏族卷），北京：中国社会科学出版社 1999 年版，第 484 页。

W1160.7

与天的颜色有关的其他母题

【关联】［W1129.2］以前天是黄的，地是白的

实　例

（参见下级母题实例）

W1160.7.1

天除了蓝色外为什么还有其他颜色

实　例

（参见下级母题实例）

W1160.7.1.1

女娲用五彩石补天形成天的蓝色以外的其他颜色

【关联】

① ［W0710］女娲

② ［W1179.3.1］女娲用五彩石填地

③ ［W1387.1.1.1］女娲用五彩石补天

实　例

汉族　因为女娲娘娘是用五彩石补的天，所以天除了青蓝颜色以外，还有其他颜色。

【流传】上海市·黄浦区

【出处】顾剑峰讲，方卡采录：《女娲补天治水》，见中国民间文学集成全国编辑委员会编《中国民间故事集成》（上海卷），北京：中国 ISBN 中心 2007 年版，第 14 页。

W1160.7.2

天以前的颜色与现在不同

实　例

汉族　（实例待考）

W1160.7.3

伏羲改变西北天的颜色

实　例

汉族　女娲娘娘补天累得躺在地上，看着补好的西北天，五颜六色，跟整个蓝天的颜色很不协调。她很不满意，叫伏羲快去改变西北天空的颜色。

【流传】河南省·（周口市）·淮阳县·（王店乡·棠棣村）

【出处】李国争（63 岁，农民）讲，杨复俊采录：《女娲娘娘》（1985.01.06），见张振犁编著《中原神话通鉴》（第一

卷），郑州：河南大学出版社 2017 年版，第 146 页。

W1161
与天的特征有关的其他母题

实例

（参见下级母题实例）

W1161.1
天的寿命

实例

（实例待考）

W1161.2
天不会死（长生天）

实例

汉族　天地之间，宇宙之内，莫能夭遏。夫化生者（天）不死，而化物者不化。

【流传】（无考）

【出处】《淮南子·俶真训》，见［汉］刘安等著，陈广忠译注《淮南子译注》，长春：吉林文史出版社 1990 年版，第 91 页。

蒙古族　（实例待考）

W1161.3
天光滑

【关联】
① ［W1127.6］最早的天地不光滑
② ［W1159.4］天是平的

实例

（参见下级母题实例）

W1161.3.1
神用耙把天耙光滑

实例

哈尼族　五个大神用牛拉耙，把不整齐的天耙得整齐光滑。

【流传】云南省·（玉溪市）·元江县（元江哈尼族彝族傣族自治县）·咪哩乡、羊岔街乡及因远镇一带

【出处】《开天辟地歌》，见元江县哈尼文化学会、元江县史志编纂办公室编《元江哈尼族古歌集》，内部编印，2005 年，第 9~10 页。

哈尼族　最早时天地不平坦。众神改天换地时，有的拖着金犁犁，有的拉着银耙耙。犁天的时候，他们劲头大，干得认认真真的，结果犁得好，耙得好，整个天都变光滑了。

【流传】云南省·（红河哈尼族彝族自治州）·元阳县

【出处】

(a) 朱小和讲，芦朝贵等整理：《天、地、人的传说》，载《山茶》1983 年第 4 期。

(b) 朱小和讲，芦朝贵、杨笛搜集整理：《大鱼脊背甩出的世界》，原载《山茶》1983 年第 4 期（王松将原题目《天、地、人的传说》改为此题目），见姚宝瑄主编《中国各民族神话》（哈尼族、傣族），太原：山西出版传媒集

团·书海出版社 2014 年版，第 26 页。

W1161.3.2
神把天磨光滑

实例

佤族 里（天神，又译"利吉神"）用手掌把天磨光滑。

【流传】云南省·（普洱市）·西盟县（西盟佤族自治县），（临沧市）·沧源县（沧源佤族自治县）

【出处】隋嘎、岩扫等讲，艾荻等搜集整理：《司岗里》，见尚仲豪、郭九思等编《佤族民间故事选》，上海：上海文艺出版社 1989 年版，第 1 页。

W1161.4
天明亮

实例

（参见下级母题实例）

W1161.4.1
风雨使黑暗的天地变光明

实例

彝族 最早造出的天地黑暗，袭来一阵暴风和一阵瓢泼大雨，使天旋地转。眨眼间暴风把云彩吹开了，大雨把黑暗洗净了。

【流传】云南省·楚雄彝族自治州

【出处】《门米间扎节》，古梅根据《楚雄民间文学资料》改写，见姚宝瑄主编《中国各民族神话》（羌族、彝族），太原：山西出版传媒集团·书海出版社 2014 年版，第 82~83 页。

W1161.4.2
天很明亮是仙女扫出来的

【关联】[W0826] 仙女

实例

彝族 天地分开后，司子低尼仙子让九个仙女拿了铜铁扫帚，去扫净天，天被扫干净了，天便成为蓝莹莹的天。

【流传】（无考）

【出处】《天神造天地》，见姚宝瑄主编《中国各民族神话》（羌族、彝族），太原：山西出版传媒集团·书海出版社 2014 年版，第 88 页。

W1161.4.3
天明亮是被神撒尿冲出来的

实例

汉族 混沌的世界被老天爷的老小儿的尿一冲，天地就变得清亮了。

【流传】天津市·河西区

【出处】黄老太太讲，李昶采录：《土虫变人》，见中国民间文学集成全国编辑委员会编《中国民间故事集成》（天津卷），北京：中国 ISBN 中心 2004 年版，第 5 页。

W1161.5
天上不长草木

实例

珞巴族（崩如部落） 天上不长树木百

草，许多动物都饿得活不下去。

【流传】（无考）

【出处】阿岗讲，于乃昌整理：《列德罗登》，见《珞巴族民间故事》：http://www.tibet-web.com/old/minjian/ync/gushi/mulu.htm，2003.10.02。

W1161.6
天上到处都是藤

实 例

土家族 上古洪荒时候，天上到处都是黄葛藤。

【流传】湖南省、湖北省、贵州省等地

【出处】田建柏讲，彭勃等搜集整理：《补天补地》，见中华民族故事大系编委会编《中华民族故事大系》第5卷（瑶族、白族、土家族），上海：上海文艺出版社1995年版，第657页。

W1161.7
天是石头

实 例

（参见下级母题实例）

W1161.7.1
天是飞腾的石块

实 例

普米族 以前的天上到处都是飞腾着石块。

【流传】云南省·（丽江市）·宁蒗县（宁蒗彝族自治县）；四川省·（凉山彝族自治州）·西昌（西昌市）、木里（木里藏族自治县）等普米族地区

【出处】编玛讲，章虹宇整理：《巴弄明和巴弄姆》，见中华民族故事大系编委会编《中华民族故事大系》第14卷（普米族、塔吉克族、怒族、俄罗斯族、鄂温克族），上海：上海文艺出版社1995年版，第35页。

W1161.7.2
以前天上是石头

【关联】［W1385.5.1］因天上落石头补天

实 例

汉族 以前，天上尽是些大石头。

【流传】四川省·（宜宾市）·屏山县·夏溪乡

【出处】徐云华讲，徐登奎、陈越采录：《天为什么是青的》，见中国民间文学集成全国编辑委员会编《中国民间故事集成》（四川卷·上），北京：中国ISBN中心1998年版，第37页。

W1161.8
天是特定的神

【关联】［W1168.13.11.1］天又叫天公

实 例

蒙古族 最高的腾格里天神是蒙客·腾格里（长生天），其王是霍尔穆兹达·腾格里。

【流传】（无考）

【出处】蒙古谚语《智慧集》，见吕大吉、何耀华总主编《中国各民族原始宗教资料集成》（鄂伦春族卷、鄂温克族卷、赫哲族卷、达斡尔族卷、锡伯族卷、满族卷、蒙古族卷、藏族卷），北京：中国社会科学出版社1999年版，第588页。

哈萨克族（实例待考）

W1161.9

以前的天很美丽

实 例

布朗族 顾米亚（神巨人）用美丽的云粉给天做衣裳。所以天很好看。

【流传】（a）云南省·（西双版纳傣族自治州）·勐海县

【出处】

(a) 岩的兴讲，朱嘉禄采录：《顾米亚》，见中国民间文学集成全国编辑委员会编《中国民间故事集成》（云南卷），北京：中国ISBN中心2003年版，第150页。

(b) 朱嘉禄整理：《顾米亚》，见谷德明编《中国少数民族神话》，北京：中国民间文艺出版社1987年版，第480页。

W1161.10

以前的天很难看

实 例

佤族 天刚形成的时候，像个癞蛤蟆的背脊，疙里疙瘩，很难瞧。

【流传】云南省·（普洱市）·西盟县（西盟佤族自治县），（临沧市）·沧源县（沧源佤族自治县）

【出处】随戛、岩扫、岩瑞等讲述，艾荻、张开达搜集整理：《司岗里》，载《山茶》1988年第1期。

W1161.11

天上什么也没有

【关联】［W1798］天上的其他诸物

实 例

彝族 最早造出的天光秃秃的，什么都没有。

【流传】（云南省·楚雄彝族自治州·姚安县·官屯乡·马游村，大姚县·昙华乡等）

【出处】

(a) 郭天元（马游村）、李申呼颇（昙华乡）、李福玉颇（苴）演唱，郭思九、许明学、龚维顺、张宝省、陈志群、胡炳文等搜集，刘德虎、龚维顺、陈志群、李树荣、郭天元等整理：《梅葛》（第一部"创世"），见云南省民族民间文学楚雄调查队《梅葛》（1959），昆明：云南人民出版社2009年版。

(b)《打虎开天辟地》，蓍紫据云南省民族民间文学楚雄调查队著《梅葛》（云南人民出版社2009年版）改写，见姚宝瑄主编《中国各民族神话》（羌族、彝族），太原：山西出版传媒集团·书海出版社2014年版，第193页。

W1161.11.1
以前天上什么也没有

【关联】［W1235.2.2］以前地上什么也没有

实 例

彝族 远古时，云彩把天造成了，把地造成了，可是天上空旷旷的，什么也没有

【流传】云南省·楚雄彝族自治州

【出处】《门米间扎节》，古梅根据《楚雄民间文学资料》改写，见姚宝瑄主编《中国各民族神话》（羌族、彝族），太原：山西出版传媒集团·书海出版社2014年版，第83页。

彝族 天神的五个儿子造天后，天上没有太阳，天上没有月亮，天上没有星星，天上没有白云彩，天上没有红云彩，天上没有虹，天上什么也没有。

【流传】云南省·楚雄彝族自治州·姚安县、大姚县等彝族地区

【出处】《创世·开天辟地》，见云南省民族民间文学楚雄调查队整理编写《梅葛》，昆明：云南人民出版社2009年版，第12页。

W1161.11.2
最早的天是空的

【关联】
① ［W1038.1］最早的世界是空的
② ［W1235.2］以前的地是空的

实 例

拉祜族 天神厄莎刚分开天地时，天是空的，地是空的，天还没有成为天，地还没有成为地。

【流传】云南省大拉祜及黄拉祜中部一带

【出处】小八讲，古木整理：《天神厄莎》（整理中参照了《牡帕密帕》和《古根》），见姚宝瑄主编《中国各民族神话》（白族、拉祜族、景颇族），太原：山西出版传媒集团·书海出版社2014年版，第159页。

W1161.11a
天空是清气

【关联】［W1160.3a.2］清气变成蓝天

实 例

布依族 古老的时候，天空只有清清的气。

【流传】贵州省布依族地区

【出处】杨正荣、祝登壅讲，岭玉清、汛河搜集整理，古梅改写：《翁戛造万物》，见姚宝瑄主编《中国各民族神话》（布依族、仡佬族、苗族），太原：山西出版传媒集团·书海出版社2014年版，第7页。

W1161.12
天是运动的

实 例

彝族 天在空中飘，一会儿东变西，

一会儿南转北。

【流传】贵州省·毕节(毕节市)·赫章县

【出处】贵州省毕节地区民族事务委员会编,王子尧等译:《物始纪略》(第一集),成都:四川民族出版社1990年版,第67页。

W1161.13
天是静止的

实例

(参见下级母题实例)

W1161.13.1
以前天是静止的

实例

哈萨克族 以前,天在地的上面,凝然不动。

【流传】(新疆维吾尔自治区)

【出处】
(a) 尼哈迈提·蒙加尼整理,校仲彝记录整理:《迦萨甘创世》,见张越、姚宝瑄编《新疆民族神话故事选》,乌鲁木齐:新疆人民出版社1989年版。
(b) 同(a),见姚宝瑄主编《中国各民族神话》(乌孜别克族、哈萨克族、柯尔克孜族、俄罗斯族、维吾尔族、塔吉克族、塔塔尔族、锡伯族),太原:山西出版传媒集团·书海出版社2014年版,第22页。

W1161.14
最早的天倒挂

【关联】[W1064] 世界的错乱(颠倒的世界)

实例

纳西族 天神九弟兄,来做开天的匠师,天又不会开,把天开成峥嵘倒挂着。

【流传】(云南省)

【出处】和芳、和志新编译:《崇邦统——人类迁徙记》,见姚宝瑄主编《中国各民族神话》(佤族、阿昌族、纳西族、普米族、德昂族),太原:山西出版传媒集团·书海出版社2014年版,第139页。

W1161.15
天是产生光阴变化之处

实例

侗族 萨天巴(蜘蛛,女始祖)生下天,那是会产生光阴变化的地方

【流传】广西壮族自治区·(柳州市)·三江(三江侗族自治县),(桂林市)·龙胜(龙胜各族自治县)

【出处】杨卜林喜、杨卜松林、杨明世讲,杨国仁、涛声搜集整理,蔷紫改写:《创世女神萨天巴》,原文为过伟改写自侗族创世史诗《嘎茫莽道时嘉——远祖歌》(未出版稿),见姚宝瑄主编《中国各民族神话》(土家族、毛南族、侗族、瑶族),太原:山西

出版传媒集团·书海出版社 2014 年版，第 72 页。

W1162
天的数量

实 例

（参见下级母题实例）

W1162.0
2 个天

实 例

（参见下级母题实例）

W1162.0.1
天分父天、母天 2 个天

实 例

达斡尔族 天分为父天、母天。

【流传】（内蒙古自治区·呼伦贝尔市·陈巴尔虎旗）

【出处】
(a) 满都尔图：《达斡尔鄂温克蒙古（陈巴尔虎）鄂伦春族萨满教调查》，中国社会科学院民族研究所民族学研究室 1992 年，内部资料，第 7 页。
(b)《天》，见吕大吉、何耀华总主编《中国各民族原始宗教资料集成》（鄂伦春族卷、鄂温克族卷、赫哲族卷、达斡尔族卷、锡伯族卷、满族卷、蒙古族卷、藏族卷），北京：中国社会科学出版社 1999 年版，第 293 页。

W1162.0a
4 个天

实 例

古民族（塞种人） 四天王天，即忉利天、须焰摩天、兜率陀天、化乐天。

【流传】唐代于阗国

【出处】[唐] 实叉难陀译：《地藏菩萨本愿经·忉利天宫神通品第一》。

W1162.1
9 个天（九天）

实 例

鄂温克族 有 9 个天神分管 9 个天。

【流传】内蒙古自治区·（呼伦贝尔市·陈巴尔虎旗）莫尔格河地区（莫尔格勒河一带）

【出处】《莫尔格河地区供祭的天神》，见吕大吉、何耀华总主编《中国各民族原始宗教资料集成》（鄂伦春族卷、鄂温克族卷、赫哲族卷、达斡尔族卷、锡伯族卷、满族卷、蒙古族卷、藏族卷），北京：中国社会科学出版社 1999 年版，第 112~113 页。

W1162.1.1
天有九天

实 例

汉族 乃至神农、黄帝，剖判大宗，窃领天地，袭九窾。

【流传】（无考）

【出处】《淮南子·俶真训》，见［汉］刘安等著，陈广忠译注《淮南子译注》，长春：吉林文史出版社 1990 年版，第 83 页。

汉族　天有九天。

【流传】（无考）

【出处】

（a）《吕氏春秋·有始》。

（b）同（a），见袁珂《中国神话大词典》，北京：华夏出版社 2015 年版，第 页。

W1162.1.2
九天是九方之天

实 例

汉族　九天是中央及四正四隅、九方之天。

【流传】（无考）

【出处】《九天》，见袁珂《中国神话大词典》，北京：华夏出版社 2015 年版，第 8 页。

汉族　九天，东方曰皞天，东南方阳天，南方赤天，西南方朱天，西方成天，西北方幽天，北方玄天，东北方变天，中央钧天。（皞一作昊；变一作栾，一作鸾。）

【流传】（无考）

【出处】

（a）［战国］屈原：《楚辞·天问》王逸注。

（b）同（a），见袁珂《中国神话大词典》，北京：华夏出版社 2015 年版，

第 8 页。

W1162.1.3
九天又称九野

【关联】［W1163.9.3］天有九野

实 例

汉族　九天又称"九野"。

【流传】（无考）

【出处】《九天》，见袁珂《中国神话大词典》，北京：华夏出版社 2015 年版，第 8 页。

W1162.1.3.1
九野是 9 个天的统称

【关联】［W1163.9.3.1］九野

实 例

汉族　天有九野。何谓九野？中央曰钧天，东方曰苍天，东北曰变天，北方曰玄天，西北曰幽天，西方曰颢天，西南曰朱天，南方曰炎天，东南曰阳天。

【流传】（无考）

【出处】

（a）《吕氏春秋·有始》。

（b）《九野》，见袁珂《中国神话大词典》，北京：华夏出版社 2015 年版，第 9 页。

W1162.2
32 个天

实 例

（参见下级母题实例）

W1162.2.1
盘古开天时形成 32 个天

实例

土族 盘古开天时形成 32 天。

【流传】（无考）

【出处】《混沌周末歌》，见满都呼主编《中国阿尔泰语系诸民族神话故事》，北京：民族出版社 1997 年版，第 205 页。

W1162.3
33 个天

实例

土族 女娲娘娘割下金蛤蟆的舌头补天，补齐 33 天界。

【流传】（无考）

【出处】《混沌周末歌》，见满都呼主编《中国阿尔泰语系诸民族神话故事》，北京：民族出版社 1997 年版，第 205 页。

W1162.4
55 个天

实例

（参见下级母题实例）

W1162.4.1
西方有 55 个天

实例

蒙古族 罕豁儿姆斯塔·腾格里总管西方 55 个天。

【流传】（无考）

【出处】额尔德木图：《蒙古族英雄史诗与孛额唱词中的"腾格里"》，载《蒙古社会科学》1995 年第 5 期。

W1162.5
99 个天

【关联】［W0193.5］99 个天神

实例

蒙古族 天以七星天为中心，分成 99 个天。

【流传】（无考）

【出处】《天地之形成》，陈岗龙译自日本中田千亩编《蒙古神话》，见满都呼主编《中国阿尔泰语系诸民族神话故事》，北京：民族出版社 1997 年版，第 145 页。

蒙古族（布里亚特） 布里亚特神话中的天神总数为 99 腾格里。

【流传】（无考）

【出处】［苏联］И.А.曼日格耶夫著，宋长宏译，佟德富校：《布里亚特萨满教和前萨满教辞典》（俄文版），莫斯科：科学出版社 1978 年版，第 49 页，见吕大吉、何耀华总主编《中国各民族原始宗教资料集成》（鄂伦春族卷、鄂温克族卷、赫哲族卷、达斡尔族卷、锡伯族卷、满族卷、蒙古族卷、藏族卷），北京：中国社会科学出版社 1999 年版，第 624 页。

W1162.6
与天的数量与关的其他母题

实 例

（参见下级母题实例）

W1162.6.1
天有9块

实 例

彝族（罗鲁泼）长蛇抬起头的时候，就看见头上有九块天。

【流传】云南省·（楚雄彝族自治州）·永仁县

【出处】

（a）李德宝演唱，李必荣、李荣才搜集，夏光辅、诺海阿苏翻译：《冷斋调》（1984），见云南省社会科学院楚雄彝族文化研究所编《彝族民间文学》第2辑，1985年。

（b）夏光辅、诺海阿苏翻译，古梅改写：《冷斋调》，见姚宝瑄主编《中国各民族神话》（羌族、彝族），太原：山西出版传媒集团·书海出版社2014年版，第114页。

W1162.6.2
天的西北角有1个特定名称的天

实 例

蒙古族 天界北部的一角有一个叫做策根·策布德格腾格里的天。

【流传】（无考）

【出处】陈岗龙译：《天神之战》，见满都呼主编《中国阿尔泰语系诸民族神话故事》，北京：民族出版社1997年版，第150~156页。

W1162.6.3
天外有天

实 例

汉族 天地以前，还有个天地。

【流传】河南省·（周口市）·沈丘县·范营乡·董楼村

【出处】刘玉英（女，71岁，农民，不识字）讲，孔祥金采录：《姐弟成婚》（1987.09），见张振犁编著《中原神话通鉴》（第一卷），郑州：河南大学出版社2017年版，第329页。

W1163
天的层数

实 例

（参见下级母题实例）

W1163.1
天有许多层

【汤普森】A651.1

【关联】［W1073.6］上界的层数（天堂的层数）

实 例

鄂伦春族 天为多层。

【流传】黑龙江省·（大兴安岭地区）·塔河县·十八站乡

【出处】孟秀春调查整理：《天穹观念》（1991），见吕大吉、何耀华总主编《中国各民族原始宗教资料集成》（鄂伦春族卷、鄂温克族卷、赫哲族卷、达斡尔族卷、锡伯族卷、满族卷、蒙古族卷、藏族卷），北京：中国社会科学出版社1999年版，第14页。

W1163.1a
天有1层

实例

（参见下级母题实例）

W1163.1a.1
第1层天

【关联】[W1791.2.1]天宫是第1层天

实例

满族 创世神老三星让混元之气往上升成为灵气，造出了天宫，也就是第一层天。

【流传】（无考）

【出处】傅英仁讲述：《老三星创世》，见傅英仁讲述，张爱云整理《满族萨满神话》，哈尔滨：黑龙江人民出版社2005年版，第10页。

W1163.1a.1.1
第1层天是雾

实例

布依族 第一层天什么也看不见，只见厚厚的一层雾罩。

【流传】（无考）

【出处】岭老荣唱，岭玉清翻译整理，古梅改写：《漫游十二层天和十二层海》，见姚宝瑄主编《中国各民族神话》（布依族、仡佬族、苗族），太原：山西出版传媒集团·书海出版社2014年版，第22页。

W1163.1a.1.2
混元灵气成为第1层天

实例

满族 混元之气往上升成为灵气，造出了天宫，也就是第一层天。

【流传】黑龙江省·（牡丹江市）·宁古塔（宁安县）

【出处】傅英仁讲：《老三星创世》，见傅英仁讲述，张爱云整理《满族萨满神话》，哈尔滨：黑龙江人民出版社2006年版，第10页。

W1163.2
天有2层

实例

（参见下级母题实例）

W1163.2.1
第2层天

实例

（参见下级母题实例）

W1163.2.1.1
第 2 层天是白云

【实例】

布依族　第二层天晴朗朗、蓝茵茵，天上飞白云。

【流传】（无考）

【出处】岭老荣唱，岭玉清翻译整理，古梅改写：《漫游十二层天和十二层海》，见姚宝瑄主编《中国各民族神话》（布依族、仡佬族、苗族），太原：山西出版传媒集团·书海出版社2014年版，第23页。

W1163.3
天有 3 层

【关联】

① [W1070.3.3.2] 创世主迦萨甘把天地做成3层

② [W1318.4] 天地之间隔着3层天

【实例】

独龙族　天有三层。上层是"格孟"居住的"格孟默里"。中层是"木达"，是"南木"（天鬼）们居住的地方。"木达"以下是下层，即人间的"恰义当木"。

【流传】云南省·（怒江傈僳族自治州）·贡山（贡山独龙族怒族自治县）·独龙江公社（独龙江乡）·巴坡村

【出处】木然当木廷讲，蔡家麒调查整理：《三位巫师谈"天的结构"》（1982），见吕大吉、何耀华总主编《中国各民族原始宗教资料集成》（纳西族卷、羌族卷、独龙族卷、傈僳族卷、怒族卷），北京：中国社会科学出版社2000年版，第623页。

哈尼族　天有三层高。

【流传】云南省·（红河哈尼族彝族自治州）·元阳县

【出处】卢朝贵讲，史军超采录：《神和人的家谱》，见中国民间文学集成全国编辑委员会编《中国民间故事集成》（云南卷），北京：中国ISBN中心2003年版，第23页。

W1163.3.1
第 3 层天

【关联】 [W1486.2] 通天树穿过了3层天

【实例】

满族　阿布凯赫赫（第一代天神，天母）领着海兰妈妈（榆树神）到第三层天的老三星（大神名，创世神）那里。

【流传】黑龙江省·（牡丹江市）·宁古塔（宁安县）；吉林省·长白山地区（长白山一带）

【出处】傅英人（疑"人"为"仁"）讲述，张爱云整理：《阿布凯赫赫创造天地人》，原载《满族萨满神话》，见陶阳、钟秀编《中国神话》（上），北京：商务印书馆2008年版，第140~154页。

W1163.3.1.1
第3层天是天鹅的居所

实例

布依族 第三层天是个美丽的乐园，只见鸭子挤成堆，只见天鹅拢成群。

【流传】（无考）

【出处】岭老荣唱，岭玉清翻译整理，古梅改写：《漫游十二层天和十二层海》，见姚宝瑄主编《中国各民族神话》（布依族、仡佬族、苗族），太原：山西出版传媒集团·书海出版社2014年版，第24页。

W1163.3.1.2
第3层天由神蟒主宰

实例

满族 神蟒统辖着九层天中的三层天，是百虫中最高的神主。

【流传】吉林省·（长春市）·九台县（九台市）·莽卡满族乡

【出处】萨满杨世昌讲唱，富育光、王宏刚记录：《尼玛察氏野神祭》，见吕大吉、何耀华总主编《中国各民族原始宗教资料集成》（鄂伦春族卷、鄂温克族卷、赫哲族卷、达斡尔族卷、锡伯族卷、满族卷、蒙古族卷、藏族卷），北京：中国社会科学出版社1999年版，第528页。

W1163.4
天有4层

实例

（参见下级母题实例）

W1163.4.1
第4层天

实例

布依族 第四层天上是彩虹打井造雨的地方。

【流传】贵州省

【出处】

（a）《十二层天·十二层海》，见贵州省社会科学院文学研究所、黔南布依族苗族自治州文艺研究室编《布依族古歌叙事歌选》，贵阳：贵州人民出版社1982年版。

（b）同（a），见何积全、陈立浩主编《布依族文学史》，贵阳：贵州民族出版社1992年版，第42页。

W1163.4.1.1
第4层天是彩虹

实例

布依族 第四层天住着彩虹姑娘

【流传】（无考）

【出处】岭老荣唱，岭玉清翻译整理，古梅改写：《漫游十二层天和十二层海》，见姚宝瑄主编《中国各民族神话》（布依族、仡佬族、苗族），太原：山西出版传媒集团·书海出版社2014年版，第25页。

W1163.4.2
大汉把天造成4层

实例

侗族 大汉姜夫修天时，计算出造天要造四层天，改天要改为四隔。

【流传】广西壮族自治区·（柳州市）·三江（三江侗族自治县），（桂林市）·龙胜（龙胜各族自治县）

【出处】杨卜林喜、杨卜松林、杨明世讲，杨国仁、涛声搜集整理，蔷紫改写：《创世女神萨天巴》，原文为过伟改写自侗族创世史诗《嘎茫莽道时嘉——远祖歌》（未出版稿），见姚宝瑄主编《中国各民族神话》（土家族、毛南族、侗族、瑶族），太原：山西出版传媒集团·书海出版社2014年版，第78页。

W1163.5
天有5层

实例

（参见下级母题实例）

W1163.5.1
第5层天

实例

（参见下级母题实例）

W1163.5.1.1
第5层天是天帝的大门

实例

布依族 第五层天是天帝的大门。

【流传】（无考）

【出处】岭老荣唱，岭玉清翻译整理，古梅改写：《漫游十二层天和十二层海》，见姚宝瑄主编《中国各民族神话》（布依族、仡佬族、苗族），太原：山西出版传媒集团·书海出版社2014年版，第26页。

W1163.6
天有6层

实例

哈萨克族 （实例待考）

W1163.6.1
第6层天

实例

（参见下级母题实例）

W1163.6.1.1
第6层天是银河

【关联】
① ［W1780］天河（银河）
② ［W1789.3.1］银河在第6层天

实例

布依族 第六层天"达哈"（银河）是仙女们买卖粮食的市场。

【流传】贵州省

【出处】

(a)《十二层天·十二层海》,见贵州省社会科学院文学研究所、黔南布依族苗族自治州文艺研究室编《布依族古歌叙事歌选》,贵阳:贵州人民出版社1982年版。

(b)同(a),见何积全、陈立浩主编《布依族文学史》,贵阳:贵州民族出版社1992年版,第42页。

布依族 第六层天是银河。银河,我们叫"达哈"。

【流传】(无考)

【出处】岭老荣唱,岭玉清翻译整理,古梅改写:《漫游十二层天和十二层海》,见姚宝瑄主编《中国各民族神话》(布依族、仡佬族、苗族),太原:山西出版传媒集团·书海出版社2014年版,第27页。

W1163.6.2
六层天中有六颗星星

实 例

彝族 六层天空中,有六颗星,六星照六海,六海透光明。

【流传】黔西(贵州省西部)与云南(云南省)接壤的彝族地区

【出处】阿候布代讲,王正贡、王子尧、王冶新、何积金搜集整理,蔷紫改写:《天生地产》,原载中国民间文艺研究会贵州分会编《民间文学资料》,内部资料,1986年,见姚宝瑄主编《中国各民族神话》(羌族、彝族),太原:山西出版传媒集团·书海出版社2014年版,第167页。

W1163.6.3
六重天

【关联】[W1228.5.2]七重地

实 例

哈萨克族 上帝用六天的时间创造了天,所以称为"六重天"。

【流传】(无考)

【出处】比达尔克买提·木海讲,胡扎依尔·萨杜瓦哈斯搜集,安蕾、毕柯译:《神牛支撑大地》,见满都呼主编《中国阿尔泰语系诸民族神话故事》,北京:民族出版社1997年版,第57页。

哈萨克族 因为上帝花了六天的时间创造了天,于是在哈萨克语中,就有了"六重天"的说法。

【流传】新疆维吾尔自治区·(阿勒泰地区)·阿勒泰市·切尔齐西乡(切尔克齐乡)

【出处】毕达合买提·木海讲,呼扎依尔·沙德瓦哈斯采录,杨凌等译:《天与地的由来》,见中国民间文学集成全国编辑委员会编《中国民间故事集成》(新疆卷),北京:中国ISBN中心2008年版,第7页。

W1163.7
天有7层

实 例

赫哲族 (实例待考)

W1163.7.1
第7层天

【关联】［W1163.15.3.2］第7层天是最高天

实　例

（参见下级母题实例）

W1163.7.1.1
第7层天住着织女

实　例

布依族　第七层天里住着织绫罗的七姊妹，她们正忙着织绫罗。

【流传】（无考）

【出处】岭老荣唱，岭玉清翻译整理，古梅改写：《漫游十二层天和十二层海》，见姚宝瑄主编《中国各民族神话》（布依族、仡佬族、苗族），太原：山西出版传媒集团·书海出版社2014年版，第27页。

W1163.7.1.2
第7层天有7颗亮星

【关联】［W1719.3.2］7颗亮星是7兄弟在天上盖楼房

实　例

彝族　天空有七层，七层天空中有七颗星星，七星明亮亮，明明映七山，七山闪晶晶。

【流传】黔西（贵州省西部）与云南（云南省）接壤的彝族地区

【出处】阿候布代讲，王正贡、王子尧、王冶新、何积金搜集整理，蔷紫改写：《天生地产》，原载中国民间文艺研究会贵州分会编《民间文学资料》，内部资料，1986年，见姚宝瑄主编《中国各民族神话》（羌族、彝族），太原：山西出版传媒集团·书海出版社2014年版，第167页。

W1163.7.2
创世主把天增加为7层

实　例

哈萨克族　创世主迦萨甘创造了天和地后，天和地各增长成七层。

【流传】（新疆维吾尔自治区）

【出处】

(a) 尼哈迈提·蒙加尼整理，校仲彝记录整理：《迦萨甘创世》，见张越、姚宝瑄编《新疆民族神话故事选》，乌鲁木齐：新疆人民出版社1989年版。

(b) 同(a)，见姚宝瑄主编《中国各民族神话》（乌孜别克族、哈萨克族、柯尔克孜族、俄罗斯族、维吾尔族、塔吉克族、塔塔尔族、锡伯族），太原：山西出版传媒集团·书海出版社2014年版，第22页。

W1163.7.3
天帝分出7层天

实　例

柯尔克孜族　天帝创造宇宙时，把它分

为七层。

【流传】（无考）

【出处】张彦平摘译：《火神》，见满都呼主编《中国阿尔泰语系诸民族神话故事》，北京：民族出版社1997年版，第80页。

W1163.8
天有8层

实例

（实例待考）

W1163.9
天有9层（九重天）

【汤普森】A651.1.6

【关联】

① [W1073.6.2] 上界（天堂）有9层

② [W1163.9] 天有9层（九重天）

实例

鄂温克族 9个天神分管着9个天。

【流传】内蒙古自治区·（呼伦贝尔市·陈巴尔虎旗）莫尔格河地区（莫尔格勒河一带）

【出处】《莫尔格河地区供祭的天神》，见吕大吉、何耀华总主编《中国各民族原始宗教资料集成》（鄂伦春族卷、鄂温克族卷、赫哲族卷、达斡尔族卷、锡伯族卷、满族卷、蒙古族卷、藏族卷），北京：中国社会科学出版社1999年版，第112~113页。

汉族 天圆而九重。

【流传】（无考）

【出处】

（a）《楚辞·天问》王逸注。

（b）同（a），见袁珂《中国神话大词典》，北京：华夏出版社2015年版，第8页。

汉族 飞流直下三千尺，疑是银河落九天。

【流传】（无考）

【出处】

（a）[唐] 李白：《望庐山瀑布》。

汉族 天有九重。

【流传】河南省·（南阳市·桐柏县·二郎山乡）

【出处】刘太举、姚义亮讲述，马卉欣录音整理：《盘古出世》，原载马卉欣编著《盘古之神》，见陶阳、钟秀编《中国神话》（上），北京：商务印书馆2008年版，第11~12页。

汉族 天有九重。

【流传】河南省·（南阳市）·桐柏县·二郎山乡（再述地点：桐柏县朱庄乡）

【出处】刘太举（29岁，初中）讲，姚义亮（66岁，私塾两年）再述，马卉欣录音整理：《龙生盘古》（1989.06），见张振犁编著《中原神话通鉴》（第一卷），郑州：河南大学出版社2017年版，第53页。

满族 宇宙高天分为九层。

【流传】（无考）

【出处】富育光：《满族灵禽崇拜祭俗与神话探考》，见富育光《富育光民俗文化论集》，长春：吉林大学出版社

2005年版。

苗族 大神菠媳（天的母亲）造了九重天。

【流传】（无考）

【出处】陶春保讲，刘永鸿整理：《生天养地的爹娘》，见姚宝瑄主编《中国各民族神话》（布依族、仡佬族、苗族），太原：山西出版传媒集团·书海出版社2014年版，第132页。

怒族 很久以前，上有九层天。

【流传】（无考）

【出处】《天地的由来》，编者根据叶世富的《怒族民间故事》（云南人民出版社1988年版）重新整理，见吕大吉、何耀华总主编《中国各民族原始宗教资料集成》（纳西族卷、羌族卷、独龙族卷、傈僳族卷、怒族卷），北京：中国社会科学出版社2000年版，第899页。

普米族 （实例待考）

彝族 毕摩招迎丰魂时，走到人未到过处，到了九重天，高声请丰魂。

【流传】云南省·（昆明市）·路南（石林彝族自治县）

【出处】黄建明、罗希吾戈编译：《普兹楠兹——彝族祭祀词》，见吕大吉、何耀华总主编《中国各民族原始宗教资料集成》（彝族卷、白族卷、基诺族卷），北京：中国社会科学出版社1996年版，第290页。

W1163.9.1
九重天的产生

实例

（参见下级母题实例）

W1163.9.1.1
开天时顶了9次形成九重天

实例

汉族 （实例待考）

W1163.9.1.2
龙主开出九重天

【关联】[W1228.4.1]龙主造7层地

实例

纳西族 龙主左那里赤，不让人类开辟新的天，他自己却开了九重天。

【流传】云南省·丽江（丽江市）

【出处】和芳（东巴）读经，和志武翻译整理：《休曲苏埃》（1962），见吕大吉、何耀华总主编《中国各民族原始宗教资料集成》（纳西族卷、羌族卷、独龙族卷、傈僳族卷、怒族卷），北京：中国社会科学出版社2000年版，第331页。

W1163.9.1.3
女神造九重天

实例

苗族 女神菠补整整造了九天九夜，造出了九重天。

【流传】云南省·文山（文山壮族苗族自治州）一带

【出处】邓光北、闪永仙说唱，项保昌、刘德荣搜集：《开天补天，辟地补地》，见姚宝瑄主编《中国各民族神话》（布依族、仡佬族、苗族），太原：山西出版传媒集团·书海出版社2014年版，第125页。

W1163.9.1.3.1
女神9天造出九重天

实 例

苗族 女神菠媚造天，一天造一层，连续造九天，造了九重天。

【流传】云南省·（文山壮族苗族自治州）·马关县

【出处】杨正方讲，刘德荣采录：《造天造地》，见中国民间文学集成全国编辑委员会编《中国民间故事集成》（云南卷），北京：中国ISBN中心2003年版，第91页。

苗族 大神菠媚（天的母亲）整整造了九天九夜，一下子就造了九重天。

【流传】（无考）

【出处】陶春保讲，刘永鸿整理：《生天养地的爹娘》，见姚宝瑄主编《中国各民族神话》（布依族、仡佬族、苗族），太原：山西出版传媒集团·书海出版社2014年版，第132页。

W1163.9.1.4
玉帝造九重天

实 例

汉族 玉帝把天升上九重。

【流传】浙江省·（宁波市）·宁海县·（力洋镇）·力洋村

【出处】叶丙标讲，叶柱采录：《玉帝分开地》，见中国民间文学集成全国编辑委员会编《中国民间故事集成》（浙江卷），北京：中国ISBN中心1997年版，第22页。

W1163.9.1.5
喇嘛造九重天

实 例

蒙古族 创造万物的喇嘛创造了九重天。

【流传】新疆维吾尔自治区·（巴音郭楞蒙古自治州）·和硕县·布尔图一牧场

【出处】根登讲，布·孟克采录，乌恩奇译：《乌旦喇嘛创造了世界》，见中国民间文学集成全国编辑委员会编《中国民间故事集成》（新疆卷），北京：中国ISBN中心2008年版，第6页。

W1163.9.1.6
天王造九重天

实 例

（参见下级母题实例）

W1163.9.1.6.1
喇嘛让天王造九重天

实例

蒙古族 扎萨喇嘛让天王造了九重天。

【流传】内蒙古自治区·哲里木盟（通辽市）·（科尔沁左翼右旗）·甘旗卡镇

【出处】哈拉巴拉讲，徐少义采录：《扎萨喇嘛》，见中国民间文学集成全国编辑委员会编《中国民间故事集成》（内蒙古卷），北京：中国 ISBN 中心 2007 年版，第 6 页。

蒙古族 武当喇嘛叫天王造九重天。

【流传】(ab) 吉林省·（松原市）·前郭尔罗斯内蒙古自治县·乌兰敖都乡

【出处】
(a) 宝音特古斯讲：《人和国家》，见本县编《吉林省民间文学集成·前郭尔罗斯卷》，内部资料，1988 年，第 5 页。

(b) 宝音特古斯讲，苏赫巴鲁采录翻译：《武当喇嘛创世》，见中国民间文学集成全国编辑委员会编《中国民间故事集成》（吉林卷），北京：中国文联出版公司 1992 年版，第 3 页。

(c) 宝音特古斯讲，苏赫巴鲁、苏伦巴根搜集：《人和国家》，载《吉林民间文学》1982 年第 3~4 期。

W1163.9.1.7
怪物拱出九重天

实例

汉族 驮着支天柱的怪物身子向上拱，拱一拱，天就向上升了升，一连拱了九次，天就变成了九重。

【流传】浙江省·（杭州市）·临安县（临安市）·青山镇

【出处】印国珍讲，印振武采录：《天柱撑天》，见中国民间文学集成全国编辑委员会编《中国民间故事集成》（浙江卷），北京：中国 ISBN 中心 1997 年版，第 22 页。

W1163.9.1.8
天将把天升到九重

实例

汉族 玉帝见地上的人经常到天宫，闹得天宫不得安宁，就派天将用宝剑斩断了地上的人上天的天萝藤，把天升到九重。

【流传】浙江省·宁波市·宁海县

【出处】叶丙标讲，叶柱记录：《玉帝分天地》，见罗杨总主编，戴余金本卷主编《中国民间故事丛书·浙江宁波·宁海卷》，北京：知识产权出版社 2015 年版，第 4 页。

W1163.9.2
天划为 9 部分

【关联】［W1162.6.1］天有 9 块

实例

汉族 （实例待考）

W1163.9.3
天有九野

实例

汉族 天有九野，九千九百九十九隅，去地五亿万里。

【流传】（无考）

【出处】[汉]刘安及门客：《淮南子·天文训》。

W1163.9.3.1
九野

【关联】[W1162.1.3]九天又称九野

实例

汉族 龙鱼陵居在其（诸夭之野）北，即有神圣乘此以行九野。

【流传】（无考）

【出处】

(a)《山海经·海外西经》。

(b)《九野》，见袁珂《中国神话大词典》，北京：华夏出版社2015年版，第9页。

W1163.9.3.1.1
九野即九域之野

实例

汉族 九野即"九域之野"。

【流传】（无考）

【出处】

(a)《山海经·海外西经》郭璞注。

(b)《九野》，见袁珂《中国神话大词典》，北京：华夏出版社2015年版，第9页。

W1163.9.3.2
天的九野地域广阔

实例

汉族 天有九野，九千九百九十九隅，去地五亿万里。

【流传】（无考）

【出处】

(a)[汉]刘安及门客：《淮南子·天文训》。

(b)《九野》，见袁珂《中国神话大词典》，北京：华夏出版社2015年版，第9页。

W1163.9.3a
天有九方

实例

普米族 天划分为九方。

【流传】云南省·（丽江市）·宁蒗（宁蒗彝族自治县），（怒江傈僳族自治州）·兰坪（兰坪白族普米族自治县）；四川省·（凉山彝族自治州）·木里县（木里藏族自治县）、盐源（盐源县）等

【出处】王震亚整理：《开天辟地》，见中华民族故事大系编委会编《中华民族故事大系》第14卷（普米族、塔吉克族、怒族、俄罗斯族、鄂温克族），上海：上海文艺出版社1995年版，第5页。

W1163.9.4
9层天层层相通

实例

满族 那姓满族的宇宙大神为一椭圆形桦皮盒。桦皮盒底部正中有一孔洞，意味着此形只为九层天中的一层宇宙，各层之间上下相通、相同。

【流传】吉林省·（延边朝鲜族自治州）·珲春地区（珲春市）

【出处】

（a）富育光、孟慧英：《满族萨满教研究》，北京：北京大学出版社1991年版，第120~122页。

（b）《神偶的主要分布地域》，见吕大吉、何耀华总主编《中国各民族原始宗教资料集成》（鄂伦春族卷、鄂温克族卷、赫哲族卷、达斡尔族卷、锡伯族卷、满族卷、蒙古族卷、藏族卷），北京：中国社会科学出版社1999年版，第490页。

W1163.9.5
第9层天

实例

（参见下级母题实例）

W1163.9.5.1
第9层天上有化香树、马桑树和乌鸦

实例

布依族 第九层天上长了一对化香树，九层天上长着一对马桑树，两棵树上住着黑乌鸦。

【流传】（无考）

【出处】岭老荣唱，岭玉清翻译整理，古梅改写：《漫游十二层天和十二层海》，见姚宝瑄主编《中国各民族神话》（布依族、仡佬族、苗族），太原：山西出版传媒集团·书海出版社2014年版，第29页。

W1163.9.5.2
第9层天住着福神

【关联】［W0457］福神

实例

彝族 福神在天上，在天九层上。

【流传】云南省·（昆明市）·禄劝县（禄劝彝族苗族自治县）·云龙乡·卡问村

【出处】张仲仁（彝族）翻译：*《禄劝彝族的祈福经》，见吕大吉、何耀华总主编《中国各民族原始宗教资料集成》（彝族卷、白族卷、基诺族卷），北京：中国社会科学出版社1996年版，第288~290页。

W1163.9.6
九重天的高度

【关联】［W1158.6］天的特定高度

实例

（参见下级母题实例）

W1163.9.6.1
九重天很高

实例

汉族 善攻者动乎九天之上。

【流传】（无考）

【出处】

（a）《孙子·形篇》。

（b）同（a），见袁珂《中国神话大词典》，北京：华夏出版社2015年版，第8页。

W1163.9.6.2
九重天为9万里

实例

（参见下级母题实例）

W1163.9.6.2.1
盘古撑出9万里的九重天

【关联】［W1318.2.1］身高9万里的盘古把天地撑开9万里

实例

汉族 天地被盘古撑开了九万里，这就是人们说的"九重天"的来历。

【流传】河南省

【出处】程玉林讲述，缪华、胡佳作搜集整理：《九重天的来历》，原载张振犁、程健君合编《中原神话专题资料》，见陶阳、钟秀编《中国神话》（上），北京：商务印书馆2008年版，第19~21页。

W1163.9.7
九重天为灵魂居所

实例

（参见下级母题实例）

W1163.9.7.1
天帝的祖先葬九重天

【关联】［W6660］葬俗

实例

蒙古族 天帝的爷爷、父亲死后都埋在九层天上的最北面。

【流传】新疆维吾尔自治区·伊犁哈萨克自治州

【出处】阿不都拉搜集翻译，姚宝瑄整理：《长翅膀的神马》，见姚宝瑄主编《中国各民族神话》（达斡尔族、鄂伦春族、鄂温克族、蒙古族），太原：山西出版传媒集团·书海出版社2014年版，第222页。

W1163.9.8
九重天为神的居所

实例

（参见下级母题实例）

W1163.9.8.1
天神居九重天

【关联】［W095］神的居所

实例

满族 洪荒远古，天神阿布卡恩都里居九重天。

【流传】（无考）

【出处】

（a）《拖亚拉哈》，原载富育光《天宫大战》，载《民间文学论坛》1986年第4期。

（b）同（a），见袁珂《中国神话大词典》，北京：华夏出版社2015年版，第462页。

W1163.9.9

与天有9层有关的其他母题

实例

（参见下级母题实例）

W1163.9.9.1

上有9层天，下有7层地

【关联】［W1228］地有7层

实例

怒族 很久以前，上有九层天，下有七层地。

【流传】（无考）

【出处】《天地的由来》，编者根据叶世富的《怒族民间故事》（云南人民出版社1988年版）重新整理，见吕大吉、何耀华总主编《中国各民族原始宗教资料集成》（纳西族卷、羌族卷、独龙族卷、傈僳族卷、怒族卷），北京：中国社会科学出版社2000年版，第899页。

W1163.9.9.2

第9层天在各家火塘上方

实例

独龙族 天有九层。第一层称"南木年各若"：住着众鬼的总头目"木佩朋"。第二层称"木代"："格孟"（天鬼、人和畜禽的总头目）所居。第三层称"南木那卡"：即鬼山，是"南木"（天鬼）的头头们上下往来之处。第四层称"木达"：众"南木"居处。第五层称"嘎尔哇"：是世间铁匠们"阿细"的住地。第六层称"大让不拉"：是"格孟"的牲畜的"卜拉"住地。第七层称"恰日松"：是"南木"们往返于天地之间的必经之地。第八层称"赫尔木"：人间屋顶以上的天。第九层称"当木卡"：人间各家火塘上方。

【流传】云南省·（怒江傈僳族自治州）·贡山（贡山独龙族怒族自治县）·独龙江公社（独龙江乡）·熊当村

【出处】克伦（女巫师）讲，蔡家麒调查整理：《三位巫师谈"天的结构"》（1982），见吕大吉、何耀华总主编《中国各民族原始宗教资料集成》（纳西族卷、羌族卷、独龙族卷、傈僳族卷、怒族卷），北京：中国社会科学出版社2000年版，第623页。

W1163.9.9.3
九重天下面是海

实例

哈萨克族 九重天的底下是个海洋。

【流传】新疆维吾尔自治区·（阿勒泰地区）·福海县

【出处】苏力唐·阿曼讲，黑扎提·阿吾巴克尔采录，杨凌等译：《天仙》，见中国民间文学集成全国编辑委员会编《中国民间故事集成》（新疆卷），北京：中国 ISBN 中心 2008 年版，第 21 页。

W1163.9.9.4
九重天上生雷雨

实例

怒族 九重天上打雷下雨。

【流传】（无考）

【出处】金阿友讲，叶世昌整理：《天上为什么闪电打雷下雨》，见中华民族故事大系编委会编《中华民族故事大系》第 14 卷（普米族、塔吉克族、怒族、俄罗斯族、鄂温克族），上海：上海文艺出版社 1995 年版，第 524 页。

W1163.10
天有 10 层

实例

（参见下级母题实例）

W1163.10.1
第 10 层天

实例

（参见下级母题实例）

W1163.10.1.1
第 10 层天是雷公的住所

【关联】［W0328］雷神的居所

实例

布依族 人到了第十层天，那里住着雷公。人们找雷公去讲理。

【流传】（无考）

【出处】岭老荣唱，岭玉清翻译整理，古梅改写：《漫游十二层天和十二层海》，见姚宝瑄主编《中国各民族神话》（布依族、仡佬族、苗族），太原：山西出版传媒集团·书海出版社 2014 年版，第 30 页。

W1163.10.1.2
第 10 层天在各户火塘上方

【关联】[W1163.9.9.2] 第 9 层天在各家火塘上方

实例

独龙族 天有十层。第一层称"南木年各若"：住着鬼的总头目"木佩朋"；第二层称"木代"：是"格孟"居住的地方；第三层称"南木郎木松"：是"南木"（天鬼）们居住的地方；第四层称"南木嘎尔哇"：是人间打铁人的亡魂"阿细"居所；第五层称"南木夺木里"：居住着世间品行最好的人以及尚不会讲话的婴儿的亡魂；第六层称"大让不拉"：是地上人畜的灵魂"卜拉"常窜游到达的地方；第七层称"兹力木当木"：是"木卜郎"和"渗卜郎"等鬼把人畜的"卜拉"掠来关押之处；第八层称"木达"：是众鬼居处；第九层称"赫尔木"：是人间屋顶以上的天，众鬼来到人间，都要经此；第十层称"当木卡"：是各户的火塘上方。

【流传】云南省·（怒江傈僳族自治州）·贡山（贡山独龙族怒族自治县）·独龙江公社（独龙江乡）·立木当村

【出处】孔千杜里讲，蔡家麒调查整理：《三位巫师谈"天的结构"》(1982)，见吕大吉、何耀华总主编《中国各民族原始宗教资料集成》（纳西族卷、羌族卷、独龙族卷、傈僳族卷、怒族卷），北京：中国社会科学出版社2000年版，第623页。

W1163.10a
天有 11 层

实例

（参见下级母题实例）

W1163.10a.1
第 11 层天

实例

（参见下级母题实例）

W1163.10a.1.1
第 11 层天是月宫

【关联】[W1696] 月宫（广寒宫）

实例

布依族 第十一层天是月亮娘娘住的宫殿。

【流传】（无考）

【出处】岭老荣唱，岭玉清翻译整理，古梅改写：《漫游十二层天和十二层海》，见姚宝瑄主编《中国各民族神话》（布依族、仡佬族、苗族），太原：山西出版传媒集团·书海出版社2014年版，第30页。

W1163.11
天有 12 层

实例

布依族 天有 12 层。

【流传】贵州省

【出处】

(a)《十二层天·十二层海》，见贵州省社会科学院文学研究所、黔南布依族苗族自治州文艺研究室编《布依族古歌叙事歌选》，贵阳：贵州人民出版社1982年版。

(b) 同（a），见何积全、陈立浩主编《布依族文学史》，贵阳：贵州民族出版社1992年版，第42页。

布依族 开天辟地的时候，造下了十二层天，造下了十二层雾。

【流传】（无考）

【出处】岭老荣唱，岭玉清翻译整理，古梅改写：《漫游十二层天和十二层海》，见姚宝瑄主编《中国各民族神话》（布依族、仡佬族、苗族），太原：山西出版传媒集团·书海出版社2014年版，第22页。

瑶族（布努） 12 对日月同时出现，它们要烧坏十二层天，它们要烤焦十二层地。

【流传】广西壮族自治区·（河池市）·都安县（都安瑶族自治县）、巴马县（巴马瑶族自治县）、南丹县，（百色市）·田东县、平果县等地

【出处】桑布郎等传，蒙凤标（83岁）、罗仁祥（73岁）等唱：《密洛陀》（1983），见蓝怀昌、蓝书京、蒙通顺搜集翻译整理《密洛陀》，北京：中国民间文艺出版社1988年版，第175页。

彝族 大影形生万物之前，天下十二层，十二个影子先生，天下十二层，十二个形体先生。

【流传】（无考）

【出处】蔷紫改写：《影与变创世纪·扯舍十代论》，原载贵州省民间文学工作组编《民间文学资料》，1986年，见姚宝瑄主编《中国各民族神话》（羌族、彝族），太原：山西出版传媒集团·书海出版社2014年版，第127页。

W1163.11.1
第 12 层天

实 例

（参见下级母题实例）

W1163.11.1.1
第 12 层天金光灿烂

实 例

布依族 十二层天是太阳所在的地方。整整一层天，到处都是金光灿烂。

【流传】（无考）

【出处】岭老荣唱，岭玉清翻译整理，古梅改写：《漫游十二层天和十二层海》，见姚宝瑄主编《中国各民族神话》（布依族、仡佬族、苗族），太原：山西出版传媒集团·书海出版社2014年版，第31页。

W1163.11.1.2
第 12 层天是太阳宫

【关联】［W1693］太阳宫

实 例

布依族 十二层天是最高层，是太阳住的宫殿。

【流传】（无考）

【出处】岭老荣唱，岭玉清翻译整理，古梅改写：《漫游十二层天和十二层海》，见姚宝瑄主编《中国各民族神话》（布依族、仡佬族、苗族），太原：山西出版传媒集团·书海出版社

2014年版，第31页。

W1163.11.1.3
第12层天是最高天

实例

布依族 十二层天是天的最高层。

【流传】（无考）

【出处】岭老荣唱，岭玉清翻译整理，古梅改写：《漫游十二层天和十二层海》，见姚宝瑄主编《中国各民族神话》（布依族、仡佬族、苗族），太原：山西出版传媒集团·书海出版社2014年版，第31页。

W1163.12
天有16层

实例

（参见下级母题实例）

W1163.12.1
神造16层天

【关联】［W1133］神或神性人物造天

实例

（参见下级母题实例）

W1163.12.1.1
天神英叭造16层天

实例

傣族 大神因叭造了16层的天。

【流传】云南省·西双版纳（西双版纳傣族自治州）

【出处】《关于开天辟地的神话》，见王松、朱宜初等《傣族文学概况》，中国社会科学院云南少数民族文学研究所等编《云南少数民族文学资料》第3辑，内部编印，1981年，第124页。

傣族 水和气化生的大神因叭造十六层天空。

【流传】（云南省？）

【出处】袁珂改编：《因叭造天地》（原名《开天辟地神话》），原载毛星主编《中国少数民族文学》（下册），见袁珂《中国神话大词典》，北京：华夏出版社2015年版，第502页。

傣族 大神因叭本领很大，创造了十六层天空。

【流传】（无考）

【出处】《因叭止洪水》，原载毛星主编《中国少数民族文学》，湖南人民出版社1983年版，见姚宝瑄主编《中国各民族神话》（哈尼族、傣族），太原：山西出版传媒集团·书海出版社2014年版，第330页。

傣族 大神英叭把罗宗补（地球）以上的高空，分成一层又一层，一共划出十六层。最低的一层叫巴里沙扎，依次上去叫达娃丁沙、麻哈捧、巴里达沙阿嘎、阿巴玛纳阿嘎、阿帕沙腊阿嘎、巴里达苏帕、阿搭玛纳苏帕、苏批几哈、月哈巴腊、阿月巴腊、阿底巴、苏达沙、苏达西、加嘎瓦底、阿嘎尼塔捧。

【流传】云南省·西双版纳傣族地区（西双版纳傣族自治州）

【出处】《巴塔麻嘎捧尚罗》，王松据岩温炳翻译《巴塔麻晏》（开天辟地）改写，见姚宝瑄主编《中国各民族神话》（哈尼族、傣族），太原：山西出版传媒集团·书海出版社2014年版，第282~283页。

W1163.12.2
第 16 层天

实 例

傣族　英叭神王住在第 16 层天上。

【流传】云南省·（西双版纳傣族自治州）·景洪（景洪市）

【出处】《太阳的传说》，见岩香《傣族民间故事》，昆明：云南出版集团2009年版，第19页。

W1163.12.2.1
第 16 层天是最高天

实 例

傣族　英叭把地球以上的天空划分成 16 层天。英叭自己住在十六层天的最顶层"阿戛纳塔捧"。

【流传】（无考）

【出处】《开天辟地》，见谷德明编《中国少数民族神话》，北京：中国民间文艺出版社1987年版，第341页。

W1163.13
天有 17 层

【关联】

① ［W1067.5.1］宇宙分 17 层

② ［W1129.5.2］天 17 层，地 9 层

实 例

布朗族　天有 17 层。

【流传】云南省·（西双版纳傣族自治州）·勐海（勐海县）

【出处】艾扬整理：《天和地的起源》，见中华民族故事大系编委会编《中华民族故事大系》第 12 卷（布朗族、撒拉族、毛南族），上海：上海文艺出版社1995年版，第5页。

汉族　（实例待考）

满族　天有 17 层，地 9 层。

【流传】（无考）

【出处】乌丙安：《满族神话探索——天地层·地震鱼·世界树》，载《满族研究》1985 的第 1 期。

满族　天神阿布凯恩都哩住在 17 层天。

【流传】（无考）

【出处】《佛赫妈妈和乌申阔玛发》，见傅英仁口述，张爱云整理《傅英仁满族故事》（上），哈尔滨：黑龙江人民出版社2006年版，第4页。

满族　天有十七层。

【流传】（无考）

【出处】《天神创世》，见姚宝瑄主编

《中国各民族神话》（满族、赫哲族、朝鲜族），太原：山西出版传媒集团·书海出版社2014年版，第15~16页。

W1163.13.1
玉帝管17层天

实 例

汉族 玉帝以前管十七层天。

【流传】河南省·（南阳市）·桐柏县

【出处】《盘古开天地》，见 http://tongbai.01ny.cn（桐柏网），2001.01.26。

W1163.14
天有18层

实 例

纳西族 丁巴什罗坐在18层天之上。

【流传】云南省·丽江（丽江市）

【出处】和正才讲：《拯救什罗祖师经》，见《东巴经文资料》（1963—1964），中国社科院图书馆单册复印云南丽江县文化馆资料合订本，第1页。

纳西族 丁巴什罗神（非凡的神人，东巴教的开山鼻祖）和神勇的大鹏鸟共同住在十八层的天上，共同管理着是与非。

【流传】（无考）

【出处】和东光、和正才讲，桑文浩翻译整理：《人和龙的争斗》，成林木根据《东巴经》和民间口头流传的故事改写，见姚宝瑄主编《中国各民族神话》（佤族、阿昌族、纳西族、普米族、德昂族），太原：山西出版传媒集团·书海出版社2014年版，第114页。

纳西族 人派遣了黑腮麻雀和花斑鸽子到十八层天上寻找盘珠沙美女神。

【流传】云南省·（丽江市）·丽江县（古城区、玉龙纳西族自治县）

【出处】木丽春采集整理：《护身服饰羊皮的来历》，见木丽春编著《纳西族民间故事集》，昆明：云南人民出版社2007年版，第13页。

纳西族 崇仁丽恩（祖先名）变一朵白花；册恒布白命，变一只白鹤。那朵白花系在鹤翅上，飞到上天十八层，来到住着天神的国度。

【流传】云南省·丽江（丽江市）

【出处】和芳（东巴）读经，和志武翻译整理：《崇邦统》（人类迁徙记）（1954），见吕大吉、何耀华总主编《中国各民族原始宗教资料集成》（纳西族卷、羌族卷、独龙族卷、傈僳族卷、怒族卷），北京：中国社会科学出版社2000年版，第324~325页。

土家族 盘古开天地，天有18层。

【流传】湖北省·（宜昌市）·长阳（长阳土家族自治县）·（都镇湾镇）·椿树坪（椿树坪村）

【出处】《瘪古是盘古的妈》，见白庚胜总主编《中国民间故事全书》（湖北省·长阳卷），北京：知识产权出版社 2007 年版，第 4 页。

W1163.14.1
18 层天是天神的国度

实例

纳西族 崇仁丽恩（祖先名）变一朵白花；册恒布白命（天女名）变一只白鹤。那朵白花寄在鹤翅上，飞到上天十八层，来到住着天神的国度。

【流传】（云南省）

【出处】和芳、和志新编译：《崇邦统——人类迁徙记》，见姚宝瑄主编《中国各民族神话》（佤族、阿昌族、纳西族、普米族、德昂族），太原：山西出版传媒集团·书海出版社 2014 年版，第 149 页。

W1163.14.2
盘古开辟 18 层天

实例

土家族 盘古开天辟地，开出了十八重天。

【流传】湖北省·（宜昌市）·长阳县（长阳土家族自治县）·都镇湾镇·杜家冲村

【出处】孙家香讲：《瘪古是盘古的妈》，见长阳土家族网：http://www.cy-tujia.com/list_body.php?id，2005.12.08。

W1163.14.3
盘古顶出 18 层天

实例

汉族 盘古站在天地之间，猛力往上顶了十八顶，往下蹬了十八蹬，顶一顶多出现一层天，蹬一蹬多出现一层地，这就是上有十八层天的来历，最上层的叫天堂，最下层的叫地狱。

【流传】河南省·新乡市

【出处】马如心（50 岁）讲，马安中采录整理：《盘古开天地》（1986.08），见张振犁编著《中原神话通鉴》（第一卷），郑州：河南大学出版社 2017 年版，第 16 页。

W1163.15
与天的层数有关的其他母题

实例

（参见下级母题实例）

W1163.15.0
天有 28 层

实例

（参见下级母题实例）

W1163.15.0.1
三界之内共有 28 重天

实例

汉族 欲界六重天，色界十八重，无色界四重，三界之内共有二十八重天。

【流传】（无考）

【出处】《三清》，见乌丙安主编《中国民间神谱》，沈阳：辽宁人民出版社2007年版，第245页。

W1163.15.0a
天有36层

实例

（参见下级母题实例）

W1163.15.0a.1
仙界共有36重天

实例

汉族 仙界共有三十六重天，众多神仙依照其等级差别分别住在各重天中。

【流传】（无考）

【出处】《三清》，见乌丙安主编《中国民间神谱》，沈阳：辽宁人民出版社2007年版，第245页。

W1163.15.1
天有33层

实例

白族 上照三十三天界，下照十八地狱门。

【流传】云南省·（大理白族自治州）·鹤庆县

【出处】张海福等调查整理：《鹤庆白族日月祭》，见吕大吉、何耀华总主编《中国各民族原始宗教资料集成》（彝族卷、白族卷、基诺族卷），北京：中国社会科学出版社1996年版，第464页。

白族 上通三十三天，下游十八层地狱。

【流传】云南省·（大理白族自治州）·鹤庆县

【出处】章虹宇调查整理：《鹤庆朵西薄的开祭仪式》，见吕大吉、何耀华总主编《中国各民族原始宗教资料集成》（彝族卷、白族卷、基诺族卷），北京：中国社会科学出版社1996年版，第610页。

汉族 天上有33层天。

【流传】重庆市·巴县（巴南区）·鱼洞镇

【出处】《太阳和月亮》，见李子硕《民间故事集成》（重庆巴县），内部编印，1989年，第5页。

汉族 盘古王来到33层天。

【流传】甘肃省·（陇南市）·徽县·城关（城关镇）

【出处】杨世荣讲，田雪采录：《盘古王开天地》，见中国民间文学集成全国编辑委员会编《中国民间故事集成》（甘肃卷），北京：中国ISBN中心2001年版，第4页。

蒙古族 三十三层昊天，三尊婷婷神女，八方水中龙王，各方守护神祇。

【流传】（无考）

【出处】乌兰杰：《蒙古族古代音乐舞蹈初探》，呼和浩特：内蒙古人民出版

1.2.2 天的产生与特征

社 1985 年版，第 143~144 页。

纳西族 上有三十三层天，下有十八层地狱。

【流传】云南省

【出处】吕大吉、何耀华总主编：《中国各民族原始宗教资料集成》（纳西族卷、羌族卷、独龙族卷、傈僳族卷、怒族卷），北京：中国社会科学出版社 2000 年版，第 30 页。

土族 水妖勒瓦札轻轻吹了一口气，把大鹏神雕吹上了 33 层天。

【流传】青海省·（海东市）·互助县（互助土族自治县）·东山乡

【出处】才旦讲，李永丛采录：《镇服水魔勒瓦札》，见中国民间文学集成全国编辑委员会编《中国民间故事集成》（青海卷），北京：中国 ISBN 中心 2007 年版，第 4 页。

裕固族 天有 33 层。

【流传】（无考）

【出处】《三十三层天》，见杨进智《裕固族研究论文集》，兰州：兰州大学出版社 1996 年版，第 353~354 页。

W1163.15.1.1
威严的 33 层天

实例

蒙古族 三十三层天，有震撼三世的威严。

【流传】内蒙古自治区·哲里木盟（今通辽市）

【出处】宝音贺喜格唱：《祭天》（1984.11），原载白翠英、邢源、福宝琳、王笑《科尔沁博艺术初探》，哲里木盟文化处编印，内部资料，1986 年，见吕大吉、何耀华总主编《中国各民族原始宗教资料集成》（鄂伦春族卷、鄂温克族卷、赫哲族卷、达斡尔族卷、锡伯族卷、满族卷、蒙古族卷、藏族卷），北京：中国社会科学出版社 1999 年版，第 600 页。

W1163.15.1.2
盘古劈出 33 层天

实例

汉族 盘古劈开妻子生下的大圆球形成的天有 33 层。

【流传】广西壮族自治区·玉林市·（兴业县）·葵阳乡（葵阳镇）等

【出处】麦树华讲，梁业兰搜集：《盘古开天地》，见曹廷伟编著《广西民间故事辞典》，南宁：广西教育出版社 1993 年版，第 23 页。

W1163.15.1a
天有 77 层

实例

蒙古族 向七十七层天祈祷，努恩塔拉有家乡。

【流传】内蒙古自治区·哲里木盟（今通辽市）

【出处】宝音贺喜格唱：《祭天》（1984.11），原载白翠英、邢源、福宝琳、王笑《科尔沁博艺术初探》，哲里木盟文化处编印，内部资料，1986年，见吕大吉、何耀华总主编《中国各民族原始宗教资料集成》（鄂伦春族卷、鄂温克族卷、赫哲族卷、达斡尔族卷、锡伯族卷、满族卷、蒙古族卷、藏族卷），北京：中国社会科学出版社1999年版，第600页。

W1163.15.1b
天有99层

实例

蒙古族 九十九层天啊，住着神采奕奕的帖恨——三位女神。

【流传】（内蒙古自治区·通辽市）

【出处】李青（甘珠尔扎布，萨满）讲：*《宝木勒祈祷辞》，原载白翠英、邢源、福宝琳、王笑《科尔沁博艺术初探》，哲里木盟文化处编印，内部资料，1986年，见吕大吉、何耀华总主编《中国各民族原始宗教资料集成》（鄂伦春族卷、鄂温克族卷、赫哲族卷、达斡尔族卷、锡伯族卷、满族卷、蒙古族卷、藏族卷），北京：中国社会科学出版社1999年版，第667~668页。

蒙古族 九十九层天，有记号的三个都海天。

【流传】内蒙古自治区·哲里木盟（今通辽市）

【出处】宝音贺喜格唱：《祭天》（1984.11），原载白翠英、邢源、福

W1163.15.2
天有500层

实例

（参见下级母题实例）

W1163.15.2.1
500层天是天的最高层

【关联】［W1163.15.3］天的最高层

实例

白族 板古、板梅（男女始祖名）为子孙降妖除害时，从百层天上的害人虎妖杀起，板古剥下虎皮缝坎肩穿，以镇虎狼；渐次杀到二百层天上害人的类羊魔王，板梅剥下羊皮披在肩上，一镇羊精，二御风寒；一直斗到三百层天上怪兽，砍除四百层天上恶神；之后，飞到最高最高的五百层天上住下，日夜守望天宫地界。

【流传】云南省·（大理白族自治州）·剑川（剑川县）

【出处】
(a) 李恩发讲，李绍尼整理：《"五百天"神》，见陶立璠、李耀宗编《中

国少数民族神话传说选》，成都：四川民族出版社1985年版，第94页。

（b）李恩发讲，李绍尼整理：《"五百天"神》，原载陶立璠、李耀宗《中国少数民族神话传说选》，四川民族出版社1985年版，见姚宝瑄主编《中国各民族神话》（白族、拉祜族、景颇族），太原：山西出版传媒集团·书海出版社2014年版，第122～123页。

W1163.15.2a
天有1000层

实例

彝族　众神之王涅依傈佐颇让长子撒赛萨若埃到一千层天空去种一棵梭罗树。

【流传】（云南省·楚雄彝族自治州·双柏县，红河哈尼族彝族自治州等地）

【出处】

（a）云南省民族民间文学楚雄、红河调查队搜集，郭思九、陶学良整理：《查姆》，昆明：云南人民出版社1981年版。

（b）郭思九、陶学良整理，古梅改写：《彝家的古根》，选自《云南民族文学资料》第七集中的《查姆》上部前三章，见姚宝瑄主编《中国各民族神话》（羌族、彝族），太原：山西出版传媒集团·书海出版社2014年版，第54页。

W1163.15.3
天的最高层

【关联】

① ［W1163.11.1.3］第12层天是最高天

② ［W1163.15.2.1］500层天是天的最高层

实例

傣族　阿戛纳塔捧为天的最高一层。

【流传】（无考）

【出处】《开天辟地》注释，见谷德明编《中国少数民族神话》，北京：中国民间文艺出版社1987年版，第341页。

哈萨克族　创世主迦萨甘住在天的最上层。

【流传】（a）新疆（新疆维吾尔自治区）

【出处】

（a）《造物主创世》，见满都呼主编《中国阿尔泰语系诸民族神话故事》，北京：民族出版社1997年版，第63页。

（b）尼合迈德·蒙加尼搜集，校仲彝翻译整理：《迦萨甘创世》，见谷德明编《中国少数民族神话》，北京：中国民间文艺出版社1987年版，第727页。

W1163.15.3.1
第3层是最高天

实例

哈萨克族　（实例待考）

W1163.15.3.2
第7层天是最高天

实例

（参见下级母题实例）

W1163.15.3.2a
造物主住7层天的最高之天

实例

赫哲族 造物主住7层天的最高之天。

【流传】（无考）

【出处】吕大吉、何耀华总主编《中国各民族原始宗教资料集成》（鄂伦春族卷、鄂温克族卷、赫哲族卷、达斡尔族卷、锡伯族卷、满族卷、蒙古族卷、藏族卷），北京：中国社会科学出版社1999年版，第199页。

W1163.15.3.3
第9层为最高天

实例

汉族 （实例待考）

W1163.15.3.4
天堂是世界的最上层

【关联】[W1073.5] 上界是天堂

实例

达斡尔族 世界的上层世界是圣洁的天堂世界。

【流传】（内蒙古自治区、黑龙江省等地）

【出处】

（a）塔娜：《达斡尔族的神话和萨满教》，见《达斡尔族研究》第二辑，内蒙古达斡尔历史语言文字学会1987年编印。

（b）《阴间世界及追魂（二）》，见吕大吉、何耀华总主编《中国各民族原始宗教资料集成》（鄂伦春族卷、鄂温克族卷、赫哲族卷、达斡尔族卷、锡伯族卷、满族卷、蒙古族卷、藏族卷），北京：中国社会科学出版社1999年版，第299页。

W1163.15.3.4.1
天堂是18层天的最上层

实例

汉族 盘古站在天地之间，顶出十八层天，蹬出十八层地。最上层的叫天堂，最下层的叫地狱。

【流传】河南省·新乡市

【出处】马如心（50岁）讲，马安中采录整理：《盘古开天地》（1986.08），见张振犁编著《中原神话通鉴》（第一卷），郑州：河南大学出版社2017年版，第16页。

W1163.15.3.5
与最高天有关的其他母题

【关联】

① [W1163.11.1.3] 第12层天是最高天

② [W1163.12.2.1] 第16层天是最高天

1.2.2 天的产生与特征　‖W1163.15.4-W1164‖　535

【实 例】

（实例待考）

W1163.15.4
天的最下层

【关联】［W1494.4］地是天的最底层

【实 例】

（参见下级母题实例）

W1163.15.4.1
天的最低层是各户火塘的上方

【关联】

① ［W1163.9.9.2］第9层天在各家火塘上方
② ［W1163.10.1.2］第10层天在各户火塘上方

【实 例】

独龙族 天的最低层是各户火塘的上方，所以火塘被视作各家当中最大的主人。

【流传】云南省·（怒江傈僳族自治州）·贡山（贡山独龙族怒族自治县）·独龙江公社（独龙江乡）·巴坡村

【出处】木然当木廷讲，蔡家麒调查整理：《三位巫师谈"天的结构"》（1982），见吕大吉、何耀华总主编《中国各民族原始宗教资料集成》（纳西族卷、羌族卷、独龙族卷、傈僳族卷、怒族卷），北京：中国社会科学出版社2000年版，第623页。

W1163.15.5
天的各层有山相连

【实 例】

独龙族 从"木达"（天的中层，天鬼居处）下到人间（天的下层），当中隔着一座又高又陡险的"南木那卡"山，有能耐的"南木"（天鬼）能够翻过这座大山，来到人间，没有能耐的却翻越不过来。

【流传】云南省·（怒江傈僳族自治州）·贡山（贡山独龙族怒族自治县）·独龙江公社（独龙江乡）·巴坡村

【出处】木然当木廷讲，蔡家麒调查整理：《三位巫师谈"天的结构"》（1982），见吕大吉、何耀华总主编《中国各民族原始宗教资料集成》（纳西族卷、羌族卷、独龙族卷、傈僳族卷、怒族卷），北京：中国社会科学出版社2000年版，第623页。

W1164
天的中心

【关联】

① ［W1063］世界的中心
② ［W1165］天心（天的心脏）

【实 例】

汉族 日中无景，呼而无响，盖天地之中也。

【流传】（无考）

【出处】《淮南子·地形训》，见［汉］

刘安等著，陈广忠译注《淮南子译注》，长春：吉林文史出版社1990年版，第187页。

W1164.1
七星天是天的中心
【关联】[W1168.13.11.2]七星天

实例

蒙古族　天以七星天（Dolonoduntengri）为中心。

【流传】（无考）

【出处】《天地之形成》，陈岗龙译自日本中田千亩编《蒙古神话》，见满都呼主编《中国阿尔泰语系诸民族神话故事》，北京：民族出版社1997年版，第145页。

W1164.2
玉京山是天的中心

实例

汉族　元始天王（盘古）在天中心之上，名曰玉京山。

【流传】（无考）

【出处】《路史·前纪一》罗苹注。

W1165
天心（天的心脏）
【关联】[W1164]天的中心

实例

（参见下级母题实例）

W1165.1
天地之心5寸

实例

汉族　有5寸天地之心。

【流传】（无考）

【出处】《天文玉历精异赋》，见刘永明主编《四库未收术数类古籍大全》（占候集成）第二集（1），黄山书社（无影印时间），第402页。

W1165.2
天心在昆仑山的中心
【关联】[W1850.3.6]昆仑山是天心地胆所在

实例

汉族　天心地胆在昆仑山的中心。

【流传】（无考）

【出处】陶阳根据《黑暗传》资料重述：《盘古老祖是龙之子》，见陶阳、钟秀编《中国神话》（中），北京：商务印书馆2008年版，第539~540页。

W1165.3
天的心脏是星星

实例

哈尼族　天的心脏是亮晶晶的，我们现在看到空中闪闪发光的星星，就是天的心肝五脏。

【流传】云南省·（西双版纳傣族自治

州)·勐腊县

【出处】李万福讲，杨万智搜集整理：《天、地的来源》，原载云南省民间文学集成办公室编《哈尼族神话传说集成》，中国民间文艺出版社1990年版，见姚宝瑄主编《中国各民族神话》(哈尼族、傣族)，太原：山西出版传媒集团·书海出版社2014年版，第25页。

W1165.4
虎的脊梁骨撑天心

【关联】[W1337.8]天柱支撑着天的中央

实 例

彝族 没有撑天柱，天还在摇摆。格滋天神说："山上有老虎，世间的东西要算虎最猛。用虎的脊梁骨撑天心，用虎的脚杆骨撑四边。"

【流传】云南省·楚雄彝族自治州·姚安县、大姚县等彝族地区

【出处】《创世·开天辟地》，见云南省民族民间文学楚雄调查队整理编写《梅葛》，昆明：云南人民出版社2009年版，第10页。

W1165a
天胆

【关联】[W1236a]地胆

实 例

(参见下级母题实例)

W1165a.1
用虎心做天胆

实 例

彝族 格兹天神让5个儿子捉住老虎并杀掉，分虎肉时，格兹天神吩咐："虎心也不要分，虎心可以做天和地的胆。"

【流传】(云南省·楚雄彝族自治州·姚安县·官屯乡·马游村，大姚县·昙华乡等)

【出处】

(a) 郭天元(马游村)、李申呼颇(昙华乡)、李福玉颇(苴)演唱，郭思九、许明学、龚维顺、张宝省、陈志群、胡炳文等搜集，刘德虎、龚维顺、陈志群、李树荣、郭天元等整理：《梅葛》(第一部"创世")，见云南省民族民间文学楚雄调查队《梅葛》(1959)，昆明：云南人民出版社2009年版。

(b)《打虎开天辟地》，蔷紫据云南省民族民间文学楚雄调查队著《梅葛》(云南人民出版社2009年版)改写，见姚宝瑄主编《中国各民族神话》(羌族、彝族)，太原：山西出版传媒集团·书海出版社2014年版，第195页。

W1166
天边(天的边际)

【关联】

① [W1237]地边

② ［W1438.1.2］人从天边能上天

③ ［W9932.3］寻找天边

实例

苗族 太阳姑娘找到天边和地边的连接处。

【流传】云南省·（曲靖市）·宣威市

【出处】张树民讲，张绍祥采录：《太阳月亮守天边》，见中国民间文学集成全国编辑委员会编《中国民间故事集成》（云南卷），北京：中国 ISBN 中心 2003 年版，第 144 页。

壮族 母子二人历尽艰难找天边。

【流传】广西壮族自治区桂西地区（主要指河池市、百色市、崇左市所辖县市区）

【出处】

（a）农冠品整理：《妈勒访天边》，见张声震总主编，农冠品编注《壮族神话集成》，南宁：广西民族出版社 2007 年版，第 205～208 页。

（b）蓝鸿恩整理：《妈勒访天脚》，见张声震总主编，农冠品编注《壮族神话集成》，南宁：广西民族出版社 2007 年版，第 208～209 页。

W1166.1
最早时没有天边地沿

实例

景颇族 最早时天地模糊，没有天边地沿。

【流传】（无考）

【出处】何峨整理：《万物诞生》，见中华民族故事大系编委会编《中华民族故事大系》第 10 卷（景颇族、柯尔克孜族、土族），上海：上海文艺出版社 1995 年版，第 6 页。

W1166.2
天边在天与地的交界处

实例

裕固族 有一名恰威叫的人，一直走到了天与地的交界处。

【流传】（无考）

【出处】钟进文：《裕固族神话》，见满都呼主编《中国阿尔泰语系诸民族神话故事》，北京：民族出版社 1997 年版，第 116 页。

W1166.3
天边是红铜做的

实例

裕固族 有一名恰威叫的人发现天边是红铜做的，发现地边是黄铜做的。

【流传】（无考）

【出处】钟进文：《裕固族神话》，见满都呼主编《中国阿尔泰语系诸民族神话故事》，北京：民族出版社 1997 年版，第 116 页。

W1166.4
天有 4 个边（天有 4 边）

【关联】

① ［W1168.1.1］天有 4 角

② ［W1242.1］地有 4 角（4 个地角）

③ ［W1313.10.1a］用虎的四只脚杆骨撑天的四边

实 例

（参见下级母题实例）

W1166.4.1
不同的柱子顶天的4边

【关联】［W1313.10.1a］用虎的四只脚杆骨撑天的四边

实 例

阿昌族 遮帕麻（男始祖、天公）用珍珠造了东边的天，用玛瑙造了南边的天，用玉石造了西边的天，用翡翠造了北边的天。

【流传】云南省·（德宏傣族景颇族自治州）·梁河县

【出处】赵安贤讲述，杨叶生翻译，智克整理：《遮帕麻与遮米麻》，载《山茶》1981年第2期。

彝族（阿细） 天上的阿底神便拿四四一十六根柱子去稳固漂浮不定的天，他先来到东边，在东边竖起一根铜柱子；又到南边竖起一根金柱子；到西边竖起一根铁柱子；最后到北边竖起一根银柱子。用四根柱子去撑天。

【流传】（a）云南省·红河哈尼族彝族自治州·弥勒县·（西山镇）

【出处】（a）潘正兴等唱述，云南省民族民间文学红河调查队搜集翻译整理：《阿细的先基》，昆明：云南人民出版社1959年版。

（b）云南省民族民间文学红河调查队搜集整理，古梅改写：《最古的时候》，见姚宝瑄主编《中国各民族神话》（羌族、彝族），太原：山西出版传媒集团·书海出版社2014年版，第132页。

W1166.5
日月看守天边

实 例

苗族 爷里比（大地上的第一个人）让太阳姑娘和月亮小伙日夜看守天边和地边。

【流传】云南省·（曲靖市）·宣威市

【出处】张树民讲，张绍祥采录：《太阳月亮守天边》，见中国民间文学集成全国编辑委员会编《中国民间故事集成》（云南卷），北京：中国ISBN中心2003年版，第144页。

W1166.6
天边的景象

实 例

（参见下级母题实例）

W1166.6.1
天边像棕榈编的大网

实 例

苗族 地边像筛子往上连，天边像提棕往下串，穿来穿去像大网，天边和地边就是这样连起来。

【流传】云南省·（曲靖市）·宣威市

【出处】张树民讲，张绍祥采录：《太阳月亮守天边》，见中国民间文学集成全国编辑委员会编《中国民间故事集成》（云南卷），北京：中国 ISBN 中心 2003 年版，第 144 页。

W1166.7
与天边有关的其他母题

【关联】［W1396.3.4.2］蚂蚱修天边地边

实例

（参见下级母题实例）

W1166.7.1
天涯海角

实例

汉族　钦州有天涯亭，廉州有海角亭，二郡盖南辕之穷途也。钦远于廉，则天涯之名甚于海角之可悲矣。

【流传】（无考）

【出处】

(a)［宋］周去非：《岭外代答》卷一。

(b)《天涯海角》，见袁珂《中国神话大词典》，北京：华夏出版社 2015 年版，第 58 页。

汉族　彭枰翁窗，广东琼州海边（今海南省最南端，三亚市西 24 公里），有一白石大牌坊，上书"天涯海角"四字。

【流传】（无考）

【出处】

(a)［清］褚人获：《坚瓠广集》卷五。

(b)《天涯海角》，见袁珂《中国神话大词典》，北京：华夏出版社 2015 年版，第 58 页。

汉族　成都有天涯、海（地）角二石。天涯石在中兴寺，故老传云："人坐其上，则脚肿不能行。"至今人不敢践履。

【流传】（无考）

【出处】

(a)［明］谢肇淛：《五杂俎》卷四。

(b)《天涯海角》，见袁珂《中国神话大词典》，北京：华夏出版社 2015 年版，第 58 页。

W1167
天的端点（天头、天的头）

实例

（参见下级母题实例）

W1167.1
虎头作天头

实例

彝族　五弟兄杀死一只巨虎，虎头作天头，虎尾作地尾。

【流传】（无考）

【出处】云南省民族民间文学楚雄调查队搜集：《梅葛》，昆明：云南人民出版社 1978 年版，第 12~14 页。

W1167.1.1
天神造天时用虎头作天头

实例

彝族 格兹天神为撑天，让5个儿子捉住老虎并杀掉，分虎肉时，格兹天神吩咐："虎头莫要分，虎头拿来做天头。"

【流传】（云南省·楚雄彝族自治州·姚安县·官屯乡·马游村，大姚县·昙华乡等）

【出处】

（a）郭天元（马游村）、李申呼颇（昙华乡）、李福玉颇（苴）演唱，郭思九、许明学、龚维顺、张宝省、陈志群、胡炳文等搜集，刘德虎、龚维顺、陈志群、李树荣、郭天元等整理：《梅葛》（第一部"创世"），见云南省民族民间文学楚雄调查队《梅葛》（1959），昆明：云南人民出版社2009年版。

（b）《打虎开天辟地》，蔷紫据云南省民族民间文学楚雄调查队著《梅葛》（云南人民出版社2009年版）改写，见姚宝瑄主编《中国各民族神话》（羌族、彝族），太原：山西出版传媒集团·书海出版社2014年版，第194页。

彝族 天神的儿女造天地后，天上和地上什么也没有。于是他们捉住老虎。用虎头作天头。

【流传】云南省·楚雄彝族自治州·姚安县、大姚县等彝族地区

【出处】《创世·开天辟地》，见云南省民族民间文学楚雄调查队整理编写《梅葛》，昆明：云南人民出版社2009年版，第13页。

W1167.2
天有四极（天的四极）

【关联】[W1324.5]鳌足支四极

实例

汉族 览相观于四极兮，周流乎天余乃下。

【流传】（无考）

【出处】

（a）[战国]屈原：《楚辞·离骚》。

（b）《四极》，见袁珂《中国神话大词典》，北京：华夏出版社2015年版，第103页。

W1167.2.1
天公定四极

实例

阿昌族 天公遮帕麻定四极。

【流传】（无考）

【出处】赵安贤讲，杨叶生翻译，智克整理：《遮帕麻与遮米麻》，见梁河县民族民间文学调查组采集《阿昌族民间文学资料》（第一辑），梁河县文化馆内部编印，1987年，第4~18页。

阿昌族 遮帕麻（男始祖、天公）定下了天的四极。

【流传】云南省·（德宏傣族景颇族自

治州）·梁河县

【出处】赵安贤讲述，杨叶生翻译，智克整理：《遮帕麻与遮米麻》，载《山茶》1981年第2期。

W1167.2.2
盘古的四肢化为四极

【关联】［W1348.2.1.1］盘古的四肢变成地柱

实例

汉族 盘古垂死化身，四肢五体为四极五岳。

【流传】（无考）

【出处】

（a）《五运历年记》，见［清］马骕《绎史》卷一。

（b）《五运历年记》，见［明］董斯张《广博物志》卷九。

壮族 （实例待考）

W1167.2.3
男始祖定天的四极

实例

阿昌族 遮帕麻（男始祖名，被奉为"天公"）创造了日月，定下了天的四极。

【流传】（云南省）

【出处】赵安贤讲，智克整理：《遮帕麻与遮米麻》，见姚宝瑄主编《中国各民族神话》（佤族、阿昌族、纳西族、普米族、德昂族），太原：山西出版传媒集团·书海出版社2014年版，

第75页。

W1167.2.4
与四极有关的其他母题

实例

（参见下级母题实例）

W1167.2.4.1
四极废

实例

汉族 往古之时，四极废，九州裂，天不兼覆。

【流传】（无考）

【出处】［汉］刘安及门客：《淮南子·览冥训》。

W1167.3
天有八极

【关联】

① ［W1167.4］天的终点在北方
② ［W4714］八方的确定

实例

汉族 天地之间，九州八极。

【流传】（无考）

【出处】［汉］刘安及门客：《淮南子·地形训》。

汉族 空桑之苍苍，八极之既张，乃有夫羲和，是主日月出入，以为晦明。

【流传】（无考）

【出处】［清］马国翰：《玉函山房辑佚

书》辑《归藏·启筮》。

W1167.3.1
八极之门

实例

汉族 八纮之外，乃有八极。自东北方曰方土之山，曰苍门；东方曰东极之山，曰开明之门；东南方曰波母之山，曰阳门；南方曰南极之山，曰暑门；西南方曰编驹之山，曰白门；西方曰西极之山，曰阊阖之门；西北方曰不周之山，曰幽都之门；北方曰北极之山，曰寒门。

【流传】（无考）

【出处】

（a）[汉] 刘安及门客：《淮南子·地形训》。

（b）同（a），见袁珂《中国神话大词典》，北京：华夏出版社 2015 年版，第 7 页。

W1167.3.1.1
八极的阳门

实例

汉族 八纮之外，乃有八极。其中东南方曰波母之山，曰阳门。

【流传】（无考）

【出处】

（a）[汉] 刘安及门客：《淮南子·地形训》。

（b）同（a），见袁珂《中国神话大词典》，北京：华夏出版社 2015 年版，

第 7 页。

W1167.4
天的终点在北方

实例

汉族 天之道终而复始，故北方者天之所终也。

【流传】（无考）

【出处】[汉] 董仲舒：《春秋繁露》，见《北京图书馆古籍珍本丛刊》（卷2），北京：书目文献出版社 1988 年版，第 572 页。

W1168
与天有关的其他母题

【关联】[W4866.6] 魔物（法）控制着天体

实例

（参见下级母题实例）

W1168.1
天角

实例

（参见下级母题实例）

W1168.1.1
天有 4 角

【关联】

① [W1062.1] 世界的 4 个角
② [W1242.1] 地有 4 角（4 个地角）
③ [W1332.1.2] 4 个神顶着天的 4

个角

④ [W1365.4] 天塌一角

⑤ [W1403] 天地的 4 个角相连

实例

侗族　盘古用手把天的四角撑住。

【流传】贵州省·（黔东南苗族侗族自治州）·三穗县·款场（款场乡）

【出处】杨引兰讲，周昌武采录：《开天辟地》，见中国民间文学集成全国编辑委员会编《中国民间故事集成》（贵州卷），北京：中国 ISBN 中心 2003 年版，第 5 页。

苗族　花斑雷公张开四脚四手撑住天的四角。

【流传】云南省·（曲靖市）·宣威市

【出处】张树成等讲，张绍祥采录：《洪水漫天下》，见中国民间文学集成全国编辑委员会编《中国民间故事集成》（云南卷），北京：中国 ISBN 中心 2003 年版，第 196 页。

瑶族　昔密洛陀（女神）之师死，密洛陀用其手脚为四柱撑天的四角。

【流传】（无考）

【出处】《密洛陀》，原载《瑶族民间故事选》，见袁珂《中国神话大词典》，北京：华夏出版社 2015 年版，第 472 页。

瑶族　密洛陀（创世者，女始祖）用师傅的两只手和两只脚做四条柱，顶着天的四个角。

【流传】广西壮族自治区·（河池市）·巴马瑶族自治县

【出处】蓝有荣讲，黄书光、覃光群搜集，韦编联整理：《密洛陀》，原载苏胜兴等编《瑶族民间故事选》，见陶阳、钟秀编《中国神话》（上），北京：商务印书馆 2008 年版，第 365~368 页。

瑶族　密洛陀（瑶族最高神）用师父的四肢作四条柱，顶着天的四个角。

【流传】广西壮族自治区·（河池市）·巴马瑶族自治县

【出处】

（a）蓝有荣讲，黄书光、覃光群搜集，韦编联整理：《密洛陀》，见苏胜兴、刘保元、韦文俊、王矿新等编《瑶族民间故事选》，上海：上海文艺出版社 1980 年版。

（b）同（a），见姚宝瑄主编《中国各民族神话》（土家族、毛南族、侗族、瑶族），太原：山西出版传媒集团·书海出版社 2014 年版，第 140 页。

W1168.1.1.1

天有东南西北 4 个角

实例

布朗族　（实例待考）

W1168.1.1.2

以前天的 4 角没有高低

实例

苗族　12 根天柱立起来后，12 根柱子一般高，一般齐，把天撑得平平展展，天的四角没高低。

【流传】贵州省·（黔东南苗族侗族自

1.2.2　天的产生与特征　　‖W1168.1.2—W1168.2.1.1‖　545

治州）·台江县、施秉县、凯里县（凯里市）等地

【出处】宝久老、岩公、李普奶等八位歌手演唱，桂舟人、唐春芳搜集，苗地改写：《打柱撑天》，见姚宝瑄主编《中国各民族神话》（布依族、仡佬族、苗族），太原：山西出版传媒集团·书海出版社 2014 年版，第 123 页。

W1168.1.2
天有 6 角

实 例

壮族　（实例待考）

W1168.1.3
天有 13 个角

实 例

瑶族　以前，天分为 13 个角。

【流传】广东省·（清远市）·连南县（连南瑶族自治县）·寨岗镇

【出处】唐罗古三等讲，许文清等采录：《洪水淹天》，见中国民间文学集成全国编辑委员会编《中国民间故事集成》（广东卷），北京：中国 ISBN 中心 2006 年版，第 8 页。

W1168.1.4
天角的垮塌

【关联】[W1365.4] 天塌一角

实 例

（参见下级母题实例）

W1168.1.4.1
天角被射垮

【关联】[W1365] 天塌

实 例

苗族　仡射、仡箭二人射日月时，他们射落了日月，但天角被射垮了。

【流传】湖南省苗族地区

【出处】龙王六演唱，龙炳文翻译：《开天立地》，苗地根据《楚风》刊登的《苗族古歌》的第一部分《开天日立》改写，见姚宝瑄主编《中国各民族神话》（布依族、仡佬族、苗族），太原：山西出版传媒集团·书海出版社 2014 年版，第 128 页。

W1168.2
天顶

实 例

（参见下级母题实例）

W1168.2.1
用巨兽皮做天顶

实 例

（参见下级母题实例）

W1168.2.1.1
神用巨兽皮做天顶

实 例

苗族　造明之神果楼生冷猎，获巨大神兽崩苟达王，剥巨兽皮做天顶。

【流传】（无考）

【出处】石宗仁整理：《创天立地》，见高明强编《创世的神话和传说》，上海：上海三联书店1988年版，第63页。

W1168.3
天的窗子

【汤普森】F56

实例

（参见下级母题实例）

W1168.4
天维（天经、天纲）

实例

汉族 尔乃振天维。（维即"纲"。）

【流传】（无考）

【出处】

（a）[南朝·梁]萧统：《文选》辑东汉张衡《西京赋》。

（b）《天维》，见袁珂《中国神话大词典》，北京：华夏出版社2015年版，第56页。

苗族 天母的女儿偶佛心灵手巧，拿岩石油接上天经。

【流传】贵州省·（毕节市）·大方县·瓢井（瓢井镇）、兴隆（兴隆乡）、八堡（八堡乡）一带的六寨苗族【六寨苗族指阿龚寨（今菱角塘、大寨、青杠林、樱桃）、青山寨（今青山、板板桥、石板、大沟）仄垮寨（今下寨、新房子），中寨（今中寨、五龙寨、三口塘）、铧匠寨（上寨、新寨）和新开田寨）】

【出处】项文礼讲，项兴荣搜集记录：《偶佛补天》，见苗青主编《西部民间文学作品选》，贵阳：贵州民族出版社2003年版，第52页。

W1168.4.1
天维被毁

实例

（参见下级母题实例）

W1168.4.1.1
神的争斗造成天维绝

实例

汉族 昔者共工与颛顼争帝，怒而触不周之山，天维绝，地柱折。

【流传】（无考）

【出处】

（a）《山海经·大荒西经》郭璞注引古本《淮南子》。

（b）《天维》，见袁珂《中国神话大词典》，北京：华夏出版社2015年版，第56页。

汉族 共工赫怒，天维中摧。

【流传】（无考）

【出处】

（a）[唐]李白：《上崔相百忧章》。

（b）《天维》，见袁珂《中国神话大词典》，北京：华夏出版社2015年版，第56页。

W1168.5
天梁
实 例

（参见下级母题实例）

W1168.5.1
天梁的产生
实 例

（参见下级母题实例）

W1168.5.1.1
牛脊梁做支天地的天梁
【关联】
① ［W1319］天的支撑
② ［W1330］天柱（顶天的柱子）

实 例

哈尼族 众神用查牛（天地神专养的神牛）的脊梁做成支天支地的天梁地梁。

【流传】
（a）云南省·（红河哈尼族彝族自治州）·元阳县
（bc）云南省·（红河哈尼族彝族自治州）·元阳（元阳县）、红河（红河县）、绿春（绿春县）、金平（金平苗族瑶族傣族自治县）等

【出处】
（a）朱小和讲，史军超采录：《查牛补天地》，见中国民间文学集成全国编辑委员会编《中国民间故事集成》（云南卷），北京：中国 ISBN 中心 2003 年版，第 29 页。

（b）同（a），见云南省民间文学集成办公室编《哈尼族神话传说集成》，北京：中国民间文艺出版社 1990 年版。

（c）朱小和讲唱，史军超搜集整理：《查牛补天地》（1983），原载云南省民间文学集成办公室编《哈尼族神话传说集成》，中国民间文艺出版社 1990 年版，见姚宝瑄主编《中国各民族神话》（哈尼族、傣族），太原：山西出版传媒集团·书海出版社 2014 年版，第 56 页。

W1168.5.1.2
天神用龙牛的脊骨做天梁的大梁
实 例

哈尼族 天神们杀掉塔婆的龙牛铺设天地造万物时，大神让把龙牛的脊骨做了天梁的大梁。

【流传】（云南省）

【出处】《杀牛龙，造天地》，根据张牛朗、杨批斗、李书周等演唱，杨保生、李家顺等翻译，杨笛、郭纯礼等整理《十二奴局》和《奥色密色》翻译稿改写，见姚宝瑄主编《中国各民族神话》（哈尼族、傣族），太原：山西出版传媒集团·书海出版社 2014 年版，第 15 页。

W1168.5.1.3
天神用龙做天梁
实 例

拉祜族 厄莎（天神）用造的四条龙放

在天地的四边四角做天梁。

【流传】云南省·（普洱市）·澜沧县（澜沧拉祜族自治县）

【出处】胡札克讲，雷波采录：《厄雅莎雅造天地》，见中国民间文学集成全国编辑委员会编《中国民间故事集成》（云南卷），北京：中国ISBN中心2003年版，第47页。

W1168.5.2
天梁的数量

实 例

（参见下级母题实例）

W1168.5.2.1
4根天梁

实 例

拉祜族 天有四根天梁。

【流传】云南省·（普洱市）·澜沧县（澜沧拉祜族自治县）、孟连县（孟连傣族拉祜族佤族自治县）

【出处】扎袜等讲，苏敬梅等搜集，苏敬梅等整理：《牡帕密帕》，见中华民族故事大系编委会编《中华民族故事大系》第8卷（畲族、高山族、拉祜族），上海：上海文艺出版社1995年版，第683页。

彝族 神造出四根拉天梁。

【流传】（无考）

【出处】＊《用铜铁造天地》，见吕大吉、何耀华总主编《中国各民族原始宗教资料集成》（彝族卷、白族卷、基诺族卷），北京：中国社会科学出版社1996年版，第16～17页。

W1168.5.2.2
12根天梁

实 例

瑶族（布努） 密洛陀（万物之母，女始祖，女神）害怕天会塌下地会陷底，就叫风变成十二根天梁，叫气变成十二根地柱。

【流传】广西壮族自治区·（河池市）·都安县（都安瑶族自治县）、巴马县（巴马瑶族自治县）、南丹县，（百色市）·田东县、平果县等地

【出处】桑布郎等传，蒙凤标（83岁）、罗仁祥（73岁）等唱：《密洛陀》（1983），见蓝怀昌、蓝书京、蒙通顺搜集翻译整理《密洛陀》，北京：中国民间文艺出版社1988年版，第12～13页。

W1168.5.3
天梁的放置

实 例

（参见下级母题实例）

W1168.5.3.1
天梁支在鱼的上面

实 例

拉祜族 天梁支在鱼的上面。

【流传】云南省·（普洱市）·澜沧县

（澜沧拉祜族自治县）、孟连县（孟连傣族拉祜族佤族自治县）

【出处】扎袜等讲，苏敬梅等搜集，苏敬梅等整理：《牡帕密帕》，见中华民族故事大系编委会编《中华民族故事大系》第 8 卷（畲族、高山族、拉祜族），上海：上海文艺出版社 1995 年版，第 683 页。

W1168.5.3.2
天梁置于天地的四方

实 例

彝族 四根拉天梁，扣在天地的四方。

【流传】（无考）

【出处】＊《用铜铁造天地》，见吕大吉、何耀华总主编《中国各民族原始宗教资料集成》（彝族卷、白族卷、基诺族卷），北京：中国社会科学出版社 1996 年版，第 16~17 页。

W1168.5.3.3
天梁架在天柱上

实 例

拉祜族 天神厄莎在四根天柱的上面架起四根天梁。

【流传】云南省大拉祜及黄拉祜中部一带

【出处】小八讲，古木整理：《天神厄莎》（整理中参照了《牡帕密帕》和《古根》），见姚宝瑄主编《中国各民族神话》（白族、拉祜族、景颇族），太原：山西出版传媒集团·书海出版社 2014 年版，第 159 页。

W1168.5.4
天梁不稳

实 例

哈尼族 七十七个工匠神补天补地，可以天神造出的天梁补不稳，打出的地柱不牢靠，天地还是补不好。

【流传】云南省·（红河哈尼族彝族自治州）·元阳（元阳县）、红河（红河县）、绿春（绿春县）、金平（金平苗族瑶族傣族自治县）

【出处】朱小和讲唱，史军超搜集整理：《查牛补天地》（1983），原载云南省民间文学集成办公室编《哈尼族神话传说集成》，中国民间文艺出版社 1990 年版，见姚宝瑄主编《中国各民族神话》（哈尼族、傣族），太原：山西出版传媒集团·书海出版社 2014 年版，第 49~50 页。

W1168.5a
天椽

【关联】[W1239a] 地椽

实 例

（参见下级母题实例）

W1168.5a.1
天椽放在天梁上

实 例

拉祜族 天神厄莎在四根天柱的上面架

起四根天梁，再在四根柱子的下面架起四根地梁，天椽架在天梁上，地椽架在地梁上。

【流传】云南省大拉祜及黄拉祜中部一带

【出处】小八讲，古木整理：《天神厄莎》（整理中参照了《牡帕密帕》和《古根》），见姚宝瑄主编《中国各民族神话》（白族、拉祜族、景颇族），太原：山西出版传媒集团·书海出版社2014年版，第159页。

W1168.5a.1.1
天梁上有360万根天椽

实例

拉祜族 厄莎（有多种说法，如天神、天帝、创世女神、始祖等）架上四根天梁，三百六十万根天椽放在天梁上。

【流传】云南省·（普洱市）·澜沧县（澜沧拉祜族自治县）

【出处】李云保讲述，扎约采录：《牡帕密帕的故事》，见陶阳、钟秀编《中国神话》（上），北京：商务印书馆2008年版，第129~139页。

W1168.5a.2
龙牛的肋骨做天庭的椽子

【关联】[W1332.9.1] 牛的肋巴骨做支天的椽子

实例

哈尼族 天神们杀掉塔婆的龙牛铺设天地造万物时，龙牛的肋骨做了天庭的椽子。

【流传】（无考）

【出处】《杀牛龙，造天地》，根据张牛朗、杨批斗、李书周等演唱，杨保生、李家顺等翻译，杨笛、郭纯礼等整理《十二奴局》和《奥色密色》翻译稿改写，见姚宝瑄主编《中国各民族神话》（哈尼族、傣族），太原：山西出版传媒集团·书海出版社2014年版，第15页。

W1168.6
天架

实例

（参见下级母题实例）

W1168.6.1
用金银做天架

实例

（参见下级母题实例）

W1168.6.1.1
众神造天时用金银做天架

实例

哈尼族 大神们用金银做天架。

【流传】云南省·（红河哈尼族彝族自治州）·元阳县

【出处】朱小和讲，史军超等采录：《神的古今》，见中国民间文学集成全国编辑委员会编《中国民间故事集成》（云南卷），北京：中国 ISBN 中心

2003年版，第19页。

哈尼族 众神造天地时，用金银做天架，因为金银不怕被蚂蚁啃，被蛀虫蛀。

【流传】云南省·（红河哈尼族彝族自治州）·元阳县、金平县（金平苗族瑶族傣族自治县）、红河县等地

【出处】朱小和讲，史军超、卢朝贵搜集整理：《烟本霍本》，原载刘辉豪、阿罗编《哈尼族民间故事选》，上海文艺出版社1989年版，见姚宝瑄主编《中国各民族神话》（哈尼族、傣族），太原：山西出版传媒集团·书海出版社2014年版，第35页。

W1168.7
天骨（天的骨头）

实例

（参见下级母题实例）

W1168.7.0
最早的天没有骨头

实例

拉祜族 天神厄莎最早造成的天没有骨头，是软软的。

【流传】云南省大拉祜及黄拉祜中部一带

【出处】小八讲，古木整理：《天神厄莎》（整理中参照了《牡帕密帕》和《古根》），见姚宝瑄主编《中国各民族神话》（白族、拉祜族、景颇族），太原：山西出版传媒集团·书海出版社2014年版，第160页。

W1168.7.1
天神的手骨变成天骨

实例

拉祜族 天神厄莎抽下自己的手骨放在天上成了天骨。

【流传】云南省·（普洱市）·澜沧县（澜沧拉祜族自治县）、孟连县（孟连傣族拉祜族佤族自治县）、双江县（双江拉祜族佤族布朗族傣族自治县）等地

【出处】昆明师范学院中文系1957级部分学生搜集，刘辉豪整理《牡帕密帕》，昆明：云南民族出版社1979年版，第4页。

拉祜族 天神厄莎忍痛抽出自己身上的骨头，手骨架在天上成天骨。

【流传】（无考）

【出处】刘辉豪整理：《造天造地》，见陶立璠、赵桂芳等编《中国少数民族神话汇编》（开天辟地篇等），中央民族学院少数民族古籍整理出版规划领导小组办公室印（未署出版时间），第283页。

W1168.8
天网

实例

（参见下级母题实例）

W1168.8.1
天神造天网

【关联】［W1240.1］天神造地网

实 例

（参见下级母题实例）

W1168.8.1.1
天神厄莎用7万7千个泥团抛到天上造成天网

实 例

拉祜族 天神厄莎用手脚的汗揉成的7万7千个泥巴团做天网。

【流传】云南省·（普洱市）·澜沧县（澜沧拉祜族自治县）、孟连县（孟连傣族拉祜族佤族自治县）、双江县（双江拉祜族佤族布朗族傣族自治县）等地

【出处】昆明师范学院中文系1957级部分学生搜集，刘辉豪整理《牡帕密帕》，昆明：云南民族出版社1979年版，第4页。

拉祜族 天神厄莎揉呀揉呀，揉了许多许多泥巴团，把七万七千个泥团抛往天上，便做成了天网。

【流传】云南省大拉祜及黄拉祜中部一带

【出处】小八讲，古木整理：《天神厄莎》（整理中参照了《牡帕密帕》和《古根》），见姚宝瑄主编《中国各民族神话》（白族、拉祜族、景颇族），太原：山西出版传媒集团·书海出版社2014年版，第159页。

W1168.8.1a
女始祖织天网

实 例

（参见下级母题实例）

W1168.8.1a.1
女始祖萨天巴吐出玉蛛丝织天网

【关联】［W1168.8.2］蜘蛛织天网

实 例

侗族 萨天巴（蜘蛛，女祖神，创世神）吐出玉蛛丝，把玉丝一掰一掰抛甩向四方。玉蛛丝便绞成银丝线，一层一层地绕在天柱上。然后萨天巴抛起玉飞梭，很快织起拦天网，把天篷高高托起在天上。

【流传】广西壮族自治区·（柳州市）·三江（三江侗族自治县），（桂林市）·龙胜（龙胜各族自治县）

【出处】杨卜林喜、杨卜松林、杨明世讲，杨国仁、涛声搜集整理，蕾紫改写：《创世女神萨天巴》，原文为过伟改写自侗族创世史诗《嘎茫莽道时嘉——远祖歌》（未出版稿），见姚宝瑄主编《中国各民族神话》（土家族、毛南族、侗族、瑶族），太原：山西出版传媒集团·书海出版社2014年版，第81页。

W1168.8.2
蜘蛛织天网

实例

拉祜族 扎多、娜多（一对天神）搓下手汗脚汗，做成一对大蜘蛛，其中一个去织天网。

【流传】（无考）

【出处】《牡帕密帕》（创世纪），见娜朵主编《拉祜族民间文学集》，昆明：云南人民出版社1996年版。

W1168.8.2.1
蜘蛛网做天的底子

实例

彝族 格滋天神的五个儿子造天时，蜘蛛网做天的底子。

【流传】云南省·楚雄彝族自治州·姚安县、大姚县等彝族地区

【出处】《创世·开天辟地》，见云南省民族民间文学楚雄调查队整理编写《梅葛》，昆明：云南人民出版社2009年版，第3页。

W1168.8.3
仿照蜘蛛织天网

【关联】[W1136.5.1] 蜘蛛吐丝织天

实例

拉祜族 厄莎（神名）仿照蜘蛛在空中织网的模样，织出天网和地网。

【流传】云南省·（普洱市）·澜沧县（澜沧拉祜族自治县）

【出处】胡札克讲，雷波采录：《厄雅莎雅造天地》，见中国民间文学集成全国编辑委员会编《中国民间故事集成》（云南卷），北京：中国ISBN中心2003年版，第47页。

W1168.8.4
祖先织出369万个天网

实例

拉祜族 厄莎（有多种说法，如天神、天帝、创世女神、始祖等）搓手搓脚做了一对阿朵、阿嘎（祖先，兄妹名），阿朵织天网，织了三百六十万个网。

【流传】云南省·（普洱市）·澜沧县（澜沧拉祜族自治县）

【出处】李云保讲述，扎约采录：《牡帕密帕的故事》，见陶阳、钟秀编《中国神话》（上），北京：商务印书馆2008年版，第129~139页。

W1168.8.5
天网像罩子

实例

拉祜族 天网像个罩子，罩在地上；地网像一块木板，平平展展铺在地上。

【流传】云南省大拉祜及黄拉祜中部一带

【出处】小八讲，古木整理：《天神厄莎》（整理中参照了《牡帕密帕》和《古根》），见姚宝瑄主编《中国各民族神话》（白族、拉祜族、景颇族），

W1168.9
天基

实例

哈尼族 龙王寻天基地基。

【流传】云南省·（红河哈尼族彝族自治州）·红河县

【出处】李期博翻译整理：《木地米地》，见《红河州哈尼族古籍资料丛刊》，内部发行，1985年。

W1168.10
天眼（天的眼睛）

【关联】
① ［W1168.10.1］日月是天的眼睛
② ［W1168.10.4］天眼被遮蔽

实例

畲族 斗恶龙的勇囝和妮囝结成了公婆俩后，一直住在天上，替大家看守天眼了。

【流传】（无考）

【出处】《天眼重开》，见谷德明编《中国少数民族神话》，北京：中国民间文艺出版社1987年版，第209页。

W1168.10.1
日月是天的眼睛

【关联】
① ［W1545.7］无生命物或自然物变成日月

② ［W1760］星星是天眼

实例

鄂温克族 太阳是天的左眼，月亮是天的右眼。

【流传】黑龙江省·嫩江地区（今大部分归属齐齐哈尔市）

【出处】汪立珍：《鄂温克族神话研究》，北京：中央民族大学出版社2006年版，第122页。

W1168.10.2
天的睁眼闭眼

实例

彝族 天一睁眼，太阳就露笑脸；天一闭眼，月亮、星星笑做一团。

【流传】（云南省·楚雄彝族自治州·双柏县，红河哈尼族彝族自治州等地）

【出处】
（a）云南省民族民间文学楚雄、红河调查队搜集，郭思九、陶学良整理：《查姆》，昆明：云南人民出版社1981年版。

（b）郭思九、陶学良整理，古梅改写：《彝家的古根》，选自《云南民族文学资料》第七集中的《查姆》上部前三章，见姚宝瑄主编《中国各民族神话》（羌族、彝族），太原：山西出版传媒集团·书海出版社2014年版，第59页。

W1168.10.3
天眼的守护者

实 例

（参见下级母题实例）

W1168.10.3.1
1 对夫妻守护天眼

实 例

畲族　勇団（英雄名）和妮囡（凤凰山神的女儿）结为夫妻后，一直住在天上，替大家看守天眼了。

【流传】浙江省

【出处】

（a）王国全搜集整理：《天眼重开》，见谷德明编《中国少数民族神话》，北京：中国民间文艺出版社 1987 年版，第 209~224 页。

（b）同（a），见姚宝瑄主编《中国各民族神话》（高山族、黎族、畲族），太原：山西出版传媒集团·书海出版社 2014 年版，第 127 页。

W1168.10.4
天眼被遮蔽

【关联】［W1168.10］天眼（天的眼睛）

实 例

（参见下级母题实例）

W1168.10.4.1
妖魔用乌烟遮住天眼

实 例

畲族　西天角出了喷烟妖怪，拿乌烟遮住天眼，像天翳一样，害得天眼疼痛得眼泪直流，一旦眼泪水流干，天眼就要瞎掉，凡间的一切都要毁灭。

【流传】浙江省

【出处】

（a）王国全搜集整理：《天眼重开》，见谷德明编《中国少数民族神话》，北京：中国民间文艺出版社 1987 年版，第 209~224 页。

（b）同（a），见姚宝瑄主编《中国各民族神话》（高山族、黎族、畲族），太原：山西出版传媒集团·书海出版社 2014 年版，第 114 页。

W1168.10a
天鼻（天的鼻子）

实 例

（参见下级母题实例）

W1168.10a.1
虎鼻作天鼻

实 例

彝族　格兹天神为撑天，让 5 个儿子捉住老虎并杀掉，分虎肉时，格兹天神吩咐："虎鼻莫要分，虎鼻拿来做天鼻。"

【流传】（云南省·楚雄彝族自治州·姚安县·官屯乡·马游村，大姚县·昙华乡等）

【出处】

（a）郭天元（马游村）、李申呼颇（昙华乡）、李福玉颇（苴）演唱，郭思九、许明学、龚维顺、张宝省、陈志群、胡炳文等搜集，刘德虎、龚维顺、陈志群、李树荣、郭天元等整理：《梅葛》（第一部"创世"），见云南省民族民间文学楚雄调查队《梅葛》（1959），昆明：云南人民出版社2009年版。

（b）《打虎开天辟地》，蔷紫据云南省民族民间文学楚雄调查队著《梅葛》（云南人民出版社2009年版）改写，见姚宝瑄主编《中国各民族神话》（羌族、彝族），太原：山西出版传媒集团·书海出版社2014年版，第194页。

彝族　天神的儿女造天地后，天上和地上什么也没有。于是他们捉住老虎，用虎鼻作天鼻。

【流传】云南省·楚雄彝族自治州·姚安县、大姚县等彝族地区

【出处】《创世·开天辟地》，见云南省民族民间文学楚雄调查队整理编写《梅葛》，昆明：云南人民出版社2009年版，第13页。

W1168.10b
天耳（天的耳朵）

实例

（参见下级母题实例）

W1168.10b.1
虎耳作天耳

实例

彝族　格兹天神为撑天，让5个儿子捉住老虎并杀掉，分虎肉时，格兹天神吩咐："虎耳莫要分，虎耳拿来做天耳。"

【流传】（云南省·楚雄彝族自治州·姚安县·官屯乡·马游村，大姚县·昙华乡等）

【出处】

（a）郭天元（马游村）、李申呼颇（昙华乡）、李福玉颇（苴）演唱，郭思九、许明学、龚维顺、张宝省、陈志群、胡炳文等搜集，刘德虎、龚维顺、陈志群、李树荣、郭天元等整理：《梅葛》（第一部"创世"），见云南省民族民间文学楚雄调查队《梅葛》（1959），昆明：云南人民出版社2009年版。

（b）《打虎开天辟地》，蔷紫据云南省民族民间文学楚雄调查队著《梅葛》（云南人民出版社2009年版）改写，见姚宝瑄主编《中国各民族神话》（羌族、彝族），太原：山西出版传媒集团·书海出版社2014年版，第194页。

彝族　天神的儿女造天地后，天上和地上什么也没有。于是他们捉住老虎，用虎耳作天耳。

【流传】云南省·楚雄彝族自治州·姚

安县、大姚县等彝族地区

【出处】《创世·开天辟地》，见云南省民族民间文学楚雄调查队整理编写《梅葛》，昆明：云南人民出版社2009年版，第13页。

W1168.10c
天种

【关联】
① ［W1387.11.8］撒天种补天
② ［W1567.3］特定的种子生太阳

实 例

彝族 什么是天种？罗列就是天种。

【流传】云南省·楚雄彝族自治州

【出处】罗文荣演唱，李世忠翻译，蔷紫改写：《老人梅葛》，见姚宝瑄主编《中国各民族神话》（羌族、彝族），太原：山西出版传媒集团·书海出版社2014年版，第124页。

W1168.10d
天盖

实 例

苗族 洪水泡了山头，淹没了树梢，亨英（人名）把棕绳缠在葫芦柄上钻进葫芦里，同自己的一对儿女殷略、埋耶一起漂流。不知熬过了多少年，葫芦最后浮到了天盖底。

【流传】广西壮族自治区·（柳州市）·融水苗族自治县

【出处】
（a）杨达香讲，梁彬搜集整理：《创世纪》（六、再造世人，接烟接烛），见梁彬、王天若编《苗族民间故事选》，南宁：广西人民出版社1986年版。
（b）同（a），见姚宝瑄主编《中国各民族神话》（布依族、仡佬族、苗族），太原：山西出版传媒集团·书海出版社2014年版，第207页。

W1168.10d.1
天盖很重

实 例

壮族 布洛陀（男始祖）把洛陀山当柱脚，竖起铁木柱，抵着天，用力一顶，硬把重重的天盖顶上去了。

【流传】广西壮族自治区右江、红河一带

【出处】周朝珍口述，何承文整理：《布洛陀》，原载蓝鸿恩编《壮族民间故事选》，见陶阳、钟秀编《中国神话》（上），北京：商务印书馆2008年版，第67~86页。

W1168.10d.2
天盖的打开

实 例

（参见下级母题实例）

W1168.10d.2.1
昆屯第一个揭开天盖

【关联】［W1290］揭开天盖分开大地

实 例

毛南族 在地上有很多根天柱中，昆屯

第一个把天盖揭开。

【流传】广西壮族自治区·（河池市）·环江毛南族自治县·上南（上南乡）、中南（中南乡）、下南（下南乡）·上纳屯

【出处】（a）蒙贵章讲，蒙国荣、韦志华、谭贻生记录翻译，蒙国荣整理：《昆屯开天盖》（1984.07），见姚宝瑄主编《中国各民族神话》（土家族、毛南族、侗族、瑶族），太原：山西出版传媒集团·书海出版社 2014 年版，第 61 页。

W1168.11
天的特定功能

实 例

（参见下级母题实例）

W1168.11.1
天是阴阳之所

【关联】
① ［W4755］阴阳的产生
② ［W4757.1］天生阴阳

实 例

（参见下级母题实例）

W1168.11.2
天是天神居住的地方

【关联】［W1244.11.1］地是地神居住的地方

实 例

哈尼族 海里生出的大金鱼用鳍扫除天地。但天地不是给人住的，天是天神的住处。

【流传】云南省·（红河哈尼族彝族自治州）·元阳县、金平县（金平苗族瑶族傣族自治县）、红河县等地

【出处】朱小和讲，史军超、卢朝贵搜集整理：《烟本霍本》，原载刘辉豪、阿罗编《哈尼族民间故事选》，上海文艺出版社 1989 年版，见姚宝瑄主编《中国各民族神话》（哈尼族、傣族），太原：山西出版传媒集团·书海出版社 2014 年版，第 33 页。

W1168.12
天有特殊的分类

实 例

（参见下级母题实例）

W1168.12.1
天分为父天、母天、公主天和官人天等

实 例

达斡尔族 天分为父天、母天、公主天和官人天等几类。

【流传】（无考）

【出处】《论鄂伦春族、达斡尔族、鄂温克族萨满教的发展》，见吕光天《北方民族原始社会形态研究》，银川：宁夏人民出版社 1981 年版，第 314 页。

W1168.13
特定的天

实 例

（参见下级母题实例）

W1168.13.1
天界北部的一角有一个特定的天

实 例

蒙古族 （实例待考）

W1168.13.2
智慧之天

【关联】

① ［W0496］智慧神（知识神）

② ［W6784］与智慧有关的其他母题

实 例

蒙古族 苏腾格里是智慧之天。

【流传】（无考）

【出处】额尔德木图：《蒙古族英雄史诗与孛额唱词中的"腾格里"》，载《蒙古社会科学》1995年第5期。

W1168.13.3
东方的天（东天）

实 例

（参见下级母题实例）

W1168.13.3.1
用珍珠造东方的天

实 例

阿昌族 遮帕麻（男始祖、天公）用珍珠造了东边的天，用玛瑙造了南边的天，用玉石造了西边的天，用翡翠造了北边的天。

【流传】云南省·（德宏傣族景颇族自治州）·梁河县

【出处】赵安贤讲述，杨叶生翻译，智克整理：《遮帕麻与遮米麻》，载《山茶》1981年第2期。

阿昌族 遮帕麻（男始祖名，被奉为"天公"）用珍珠造了东方的天。

【流传】（云南省）

【出处】赵安贤讲，智克整理：《遮帕麻与遮米麻》，见姚宝瑄主编《中国各民族神话》（佤族、阿昌族、纳西族、普米族、德昂族），太原：山西出版传媒集团·书海出版社2014年版，第75页。

W1168.13.3.2
东方天是苍天

实 例

汉族 天有九野。即中央曰钧天，其星角、亢、氐；东方曰苍天，其星房、心、尾。

【流传】（无考）

【出处】［汉］刘安及门客：《淮南子·天文训》。

汉族 天有九野。其中，中央曰钧天，东方曰苍天。

【流传】（无考）

【出处】

(a) ［秦］吕不韦及门客：《吕氏春

秋·有始》。

（b）《九野》，见袁珂《中国神话大词典》，北京：华夏出版社2015年版，第9页。

W1168.13.4
南方的天（南天）

【关联】［W1168.21.1.2］南天门

【实例】

汉族　天有九野。其中，南方曰炎天。

【流传】（无考）

【出处】

（a）［秦］吕不韦及门客：《吕氏春秋·有始》。

（b）《九野》，见袁珂《中国神话大词典》，北京：华夏出版社2015年版，第9页。

W1168.13.4.1
用玛瑙做南方的天

【关联】［W1866.3］玛瑙（玛瑙石）

【实例】

阿昌族　天公遮帕麻用珍珠造了东边的天，用玛瑙造了南边的天。

【流传】（a）云南省·（德宏傣族景颇族自治州）·梁河县

【出处】

（a）赵安贤讲，杨叶生智克采录：《遮帕麻与遮米麻》，见中国民间文学集成全国编辑委员会编《中国民间故事集成》（云南卷），北京：中国ISBN中心2003年版，第69页。

（b）赵安贤讲，舟叶生译，智克整理：《遮帕麻与遮米麻》，见谷德明编《中国少数民族神话》，北京：中国民间文艺出版社1987年版，第490页。

（c）同（b），见陶立璠、赵桂芳等编《中国少数民族神话汇编》（开天辟地篇等），中央民族学院少数民族古籍整理出版规划领导小组办公室印（未署出版时间），第330页。

阿昌族　遮帕麻（男始祖名，被奉为"天公"）用珍珠造了东方的天，用玛瑙做了南方的天。

【流传】（云南省）

【出处】赵安贤讲，智克整理：《遮帕麻与遮米麻》，见姚宝瑄主编《中国各民族神话》（佤族、阿昌族、纳西族、普米族、德昂族），太原：山西出版传媒集团·书海出版社2014年版，第75页。

W1168.13.4.2
南方天是炎天

【实例】

汉族　天有九野。其中，南方曰炎天。

【流传】（无考）

【出处】

（a）［秦］吕不韦及门客：《吕氏春秋·有始》。

（b）《九野》，见袁珂《中国神话大词典》，北京：华夏出版社2015年版，第 9 页。

汉族　天有九野。即中央曰钧天，其星角、亢、氐……南方曰炎天，其星舆鬼、柳、七星。

【流传】（无考）

【出处】［汉］刘安及门客：《淮南子·天文训》。

W1168.13.5
西方的天（西天）

【关联】［W1168.21.1.3］西天门

实　例

侗族　（实例待考）

汉族　（实例待考）

W1168.13.5.1
用玉石造出西边的天

【关联】［W1866.4］玉石（玉、宝石）

实　例

阿昌族　遮帕麻（男始祖，又称"天公"）用珍珠造了东方的天，用玛瑙做了南方的天，用玉石造出西边的天。

【流传】（云南省）

【出处】赵安贤讲，智克整理：《遮帕麻与遮米麻》，见姚宝瑄主编《中国各民族神话》（佤族、阿昌族、纳西族、普米族、德昂族），太原：山西出版传媒集团·书海出版社 2014 年版，第 75 页。

W1168.13.5.2
西方天是颢天

实　例

汉族　天有九野。西方曰颢天。

【流传】（无考）

【出处】

(a)　［秦］吕不韦及门客：《吕氏春秋·有始》。

(b)　《九野》，见袁珂《中国神话大词典》，北京：华夏出版社 2015 年版，第 9 页。

汉族　天有九野。即中央曰钧天，其星角、亢、氐……西方曰颢天，其星胃、昴、毕。

【流传】（无考）

【出处】［汉］刘安及门客：《淮南子·天文训》。

W1168.13.6
北方的天（北天）

实　例

（参见下级母题实例）

W1168.13.6.1
北方天是玄天

实　例

汉族　天有九野。即中央曰钧天，其星角、亢、氐；东方曰苍天，其星房、心、尾；东北曰变天，其星箕、斗、牵牛；北方曰玄天，其星须女、虚、危、营室。

【流传】（无考）

【出处】［汉］刘安及门客：《淮南子·天文训》。

汉族　天有九野。其中，中央曰钧天，东方曰苍天，东北曰变天，北方曰玄天。

【流传】（无考）

【出处】

(a)　［秦］吕不韦及门客：《吕氏春秋·有始》。

(b)《九野》，见袁珂《中国神话大词典》，北京：华夏出版社2015年版，第9页。

W1168.13.7
东北天

实例

（参见下级母题实例）

W1168.13.7.1
东北天是变天

实例

汉族　天有九野。即中央曰钧天，其星角、亢、氐；东方曰苍天，其星房、心、尾；东北曰变天，其星箕、斗、牵牛。

【流传】（无考）

【出处】［汉］刘安及门客：《淮南子·天文训》。

汉族　天有九野。其中中央曰钧天，东方曰苍天，东北曰变天。

【流传】（无考）

【出处】

(a)　［秦］吕不韦及门客：《吕氏春秋·有始》。

(b)《九野》，见袁珂《中国神话大词典》，北京：华夏出版社2015年版，第9页。

W1168.13.8
东南天

实例

（参见下级母题实例）

W1168.13.8.1
东南方天是阳天

实例

汉族　天有九野。即中央曰钧天，其星角、亢、氐……东南方曰阳天，其星张、翼、轸。

【流传】（无考）

【出处】［汉］刘安及门客：《淮南子·天文训》。

汉族　天有九野。中央曰钧天……南方曰炎天，东南曰阳天。

【流传】（无考）

【出处】

(a)　［秦］吕不韦及门客：《吕氏春秋·有始》。

(b)《九野》，见袁珂《中国神话大词典》，北京：华夏出版社2015年版，第9页。

W1168.13.9
西北天

【关联】[W1365.5.2] 西北天塌掉

实例

汉族 阿布凯恩都哩（天神名）委任金翅大鹏把守西北半边天。

【流传】黑龙江省·（牡丹江市）·宁古塔（宁安县）；吉林省·长白山地区（长白山一带）

【出处】
(a) 傅英仁讲述，张爱云记录整理：《天宫神魔大战》，见傅英仁讲述，张爱云记录整理《满族萨满神话》，哈尔滨：黑龙江人民出版社2006年版。
(b) 同（a），见陶阳、钟秀编《中国神话》（上），北京：商务印书馆2008年版，第155～180页。

W1168.13.9.1
西北方天是幽天

实例

汉族 天有九野。即中央曰钧天，其星角、亢、氐……西北方曰幽天，其星东壁、奎、娄。

【流传】（无考）

【出处】[汉]刘安及门客：《淮南子·天文训》。

汉族 天有九野。其中，中央曰钧天，东方曰苍天，东北曰变天，北方曰玄天，西北曰幽天。

【流传】（无考）

【出处】
(a) [秦]吕不韦及门客：《吕氏春秋·有始》。
(b) 《九野》，见袁珂《中国神话大词典》，北京：华夏出版社2015年版，第9页。

汉族 西北，金之季也，将即太阴，故曰幽天。

【流传】（无考）

【出处】[秦]吕不韦及门客：《吕氏春秋·有始》高诱注。

W1168.13.9.2
西北天是偏天

实例

汉族 女娲从东南向西北补天时，没有补的西北角，是个偏天，大水就从上面倾倒下来。

【流传】河南省·（济源市）王屋山一带

【出处】王生伟讲，河南大学中原神话调查组搜集整理：《天的西北角来的雨》，见姚宝瑄主编《中国各民族神话》（汉族），太原：山西出版传媒集团·书海出版社2014年版，第67～68页。

W1168.13.10
西南天

实例

（参见下级母题实例）

W1168.13.10.1
西南方天是朱天

实例

汉族　天有九野。其中，中央曰钧天，东方曰苍天，东北曰变天，北方曰玄天，西北曰幽天，西方曰颢天，西南曰朱天。

【流传】（无考）

【出处】

（a）［秦］吕不韦及门客：《吕氏春秋·有始》。

（b）《九野》，见袁珂《中国神话大词典》，北京：华夏出版社2015年版，第9页。

汉族　天有九野。即中央曰钧天，其星角、亢、氐；东方曰苍天，其星房、心、尾；东北曰变天，其星箕、斗、牵牛；北方曰玄天，其星须女、虚、危、营室；西北方曰幽天，其星东壁、奎、娄；西方曰颢天，其星胃、昴、毕；西南方曰朱天，其星觜嶲、参、东井。

【流传】（无考）

【出处】［汉］刘安及门客：《淮南子·天文训》。

W1168.13.11
中央天

实例

（参见下级母题实例）

W1168.13.11.1
中央天是钧天

实例

汉族　天有九野。何谓九野？中央曰钧天。

【流传】（无考）

【出处】

（a）［秦］吕不韦及门客：《吕氏春秋·有始》。

（b）《九野》，见袁珂《中国神话大词典》，北京：华夏出版社2015年版，第9页。

汉族　天有九野。即中央曰钧天，其星角、亢、氐。

【流传】（无考）

【出处】［汉］刘安及门客：《淮南子·天文训》。

W1168.13.12
其他名称的天

实例

（参见下级母题实例）

W1168.13.12.1
天又叫天公

【关联】

① ［W0206］天公

② ［W1161.8］天是特定的神

实例

汉族　世界最早是个石鼓，困在里面

的盘古用力向上一举，把半片石鼓顶到天上，变做天公。

【流传】（无考）

【出处】王阿英讲，蔡斌搜集整理：《盘古开天地》，见姚宝瑄主编《中国各民族神话》（汉族），太原：山西出版传媒集团·书海出版社 2014 年版，第 17~18 页。

W1168.13.12.2

七星天

【关联】［W1164.1］七星天是天的中心

实 例

蒙古族 很久以前，混沌中产生的清明之物上浮而形成的天上（上界）出现了以"多伦敖敦腾格日（即七星天）"为中心的九十九柱天神（以最高神特凡昆察干为首，东方神四十四，加上西南北诸神共九十九柱）。

【流传】（无考）

【出处】《天地起源》，齐木道吉译自日本学者中田千亩著《蒙古神话》，原载谷德明编《中国少数民族神话》，见陶阳、钟秀编《中国神话》（上），北京：商务印书馆 2008 年版，第 29~30 页。

W1168.13.12.3

三清天

实 例

（参见下级母题实例）

W1168.13.12.3.1

三清天是道教神仙的最高住所

实 例

汉族 三清天是道教神仙的最高住所。

【流传】（无考）

【出处】《三清》，见乌丙安主编《中国民间神谱》，沈阳：辽宁人民出版社 2007 年版，第 245 页。

W1168.13.13

与特定的天有关的其他母题

实 例

（参见下级母题实例）

W1168.13.13.1

万能之神分出四方天

【关联】

① ［W0497.3］万能神

② ［W1133.6.3］万能之神开天

实 例

德昂族 万能的神帕达说："天要分东西南北，地要有河谷山川，四时要分寒热暖凉，人也要有个洗澡的地方。"

【流传】云南省·德宏州（德宏傣族景颇族自治州）

【出处】

(a) 陈志鹏搜集整理：《祖先创世纪》，见李子贤编《云南少数民族神话选》，昆明：云南人民出版社 1990 年版。

(b) 同（a），见姚宝瑄主编《中国各民族神话》（佤族、阿昌族、纳西族、普米族、德昂族），太原：山西出版传媒集团·书海出版社 2014 年版，第 395 页。

W1168.14
天体的惊人之举

【汤普森】F961

实 例

汉族 天去地五亿万里。

【流传】（无考）

【出处】《淮南子·天文训》，见［汉］刘安等著，陈广忠译注《淮南子译注》，长春：吉林文史出版社 1990 年版，第 107 页。

W1168.15
最早天上只有日月

实 例

裕固族（实例待考）

W1168.15.1
以前天上只有太阳

【关联】
① ［W1540.1.2］以前没有月亮
② ［W1548.1.1］以前只有太阳，没有月亮

实 例

佤族 从前，天上没有星星，也没有月亮，只有一个不会落下的太阳。

【流传】云南省·（普洱市）·西盟县（西盟佤族自治县）

【出处】岩米讲，宁默采录：《射日》，见中国民间文学集成全国编辑委员会编《中国民间故事集成》（云南卷），北京：中国 ISBN 中心 2003 年版，第 402 页。

维吾尔族 很久以前没有月亮，只有太阳在天上孤独地生活着。

【流传】新疆维吾尔自治区·（阿克苏地区）·库车县·比依西巴克乡

【出处】马合木提·阿尤甫讲，米吉提·艾沙采录：《公主变成了月亮》，见中国民间文学集成全国编辑委员会编《中国民间故事集成》（新疆卷），北京：中国 ISBN 中心 2008 年版，第 5 页。

壮族 以前，天上只有太阳，没有月亮和星星。

【流传】广西壮族自治区·（桂林市）·龙胜县（龙胜各族自治县）

【出处】陈且旧搜集整理：《月亮妹》，见曹廷伟编著《广西民间故事辞典》，南宁：广西教育出版社 1993 年版，第 8 页。

W1168.15.2
以前天上只有太阳、月亮和星星

实 例

珞巴族 很久以前，天是空空的，只有太阳、月亮和星星。

【流传】西藏自治区

【出处】达牛、东娘、达农讲，于乃昌整

理：《斯金金巴巴娜达明和金尼麦包》注，见《珞巴族民间故事》：http://www.tibet-web.com/old/minjian/ync/gushi/mulu.htm，2003.10.02。

W1168.16
以前天上布满石头
【关联】
① ［W1161.7］天是石头
② ［W1499.3］天上落石头

实 例

汉族 以前，天上尽是些大石头。

【流传】四川省·（宜宾市）·屏山县·夏溪乡

【出处】徐云华讲，徐登奎采录：《天为什么是青的》，见中国民间文学集成全国编辑委员会编《中国民间故事集成》（四川卷·上），北京：中国ISBN中心1998年版，第37页。

满族 很早以前的天龇牙咧嘴，大块小块的石头一个劲儿地往下掉。

【流传】(a) 辽宁省岫岩县（岫岩满族自治县）·城南蓝旗堡子（不详）

【出处】
(a) 李成明讲，张其卓采录：《海伦格格补天》，见《中国民间故事集成》（辽宁卷），1994年版，第3页。
(b) 《海伦格格补天》，见《满族三老故事集·李成明的故事》，沈阳：春风文艺出版社1984年版。
(c) 《海伦格格补天》，见满都呼主编《中国阿尔泰语系诸民族神话故事》，北京：民族出版社1997年版，第259页。

W1168.16.1
以前天上的石头会飞

实 例

普米族 天上飞腾着石块。

【流传】云南省·（丽江市）·宁蒗县（宁蒗彝族自治县）；四川省·（凉山彝族自治州）·西昌（西昌市）、木里（木里藏族自治县）等普米族地区

【出处】编玛讲，章虹宇整理：《巴弄明和巴弄姆》，见中华民族故事大系编委会编《中华民族故事大系》第14卷（普米族、塔吉克族、怒族、俄罗斯族、鄂温克族），上海：上海文艺出版社1995年版，第35页。

W1168.17
天不会塌的原因
【关联】
① ［W1319］天的支撑
② ［W1365］天塌
③ ［W8570］天塌地陷

实 例

（参见下级母题实例）

W1168.17.1
神王的妹妹天姑娘嫁天神后天不再塌

实 例

哈尼族 神王阿匹梅烟生的永生不死的

烟姒天姑娘嫁给天，让天永远不会坍塌。

【流传】云南省·（红河哈尼族彝族自治州）·元阳（元阳县）·攀枝花（攀枝花乡）·洞铺寨

【出处】朱小和讲，史军超采录：《永生不死的姑娘》，见中国民间文学集成全国编辑委员会编《中国民间故事集成》（云南卷），北京：中国ISBN中心2003年版，第130页。

哈尼族 第一代神王阿匹梅烟女神生九个姑娘，他的儿子第二代神王烟沙把头一个妹子烟姒天姑娘去嫁天神，永远不要给天坍塌。

【流传】云南省·（红河哈尼族彝族自治州·元阳县·攀枝花乡·硐蒲寨）

【出处】朱小和讲，史军超搜集整理：《永生不死的姑娘》，原载《哈尼族神话传说集成》，见陶阳、钟秀编《中国神话》（下），北京：商务印书馆2008年版，第1095~1099页。

W1168.18
遮天之物

实例

（参见下级母题实例）

W1168.18.1
天的衣裳

【关联】[W1160.1]特定的服饰变成天的颜色

实例

（参见下级母题实例）

W1168.18.1.1
神用云粉给天做衣裳

实例

布朗族 神巨人顾米亚用美丽的云粉给天做衣裳。

【流传】云南省·（红河哈尼族彝族自治州）·金平县（金平苗族瑶族傣族自治县）

【出处】朱嘉禄整理：《顾米亚》，原载《中国民间故事选》第2集，人民文学出版社1962年版，见姚宝瑄主编《中国各民族神话》（水族、布朗族、独龙族、基诺族、傈僳族），太原：山西出版传媒集团·书海出版社2014年版，第90页。

W1168.18.2
皇帝造遮天之物

实例

壮族 皇帝造出遮天之物。

【流传】（无考）

【出处】张声震主编：《布洛陀经诗》，见张声震总主编，农冠品编注《壮族神话集成》，南宁：广西民族出版社2007年版，第82页。

W1168.19
天会变化

实例

（参见下级母题实例）

W1168.19.1
天会增长

实例

汉族 天日高一丈。

【流传】（无考）

【出处】［三国］徐整：《三五历记》，原书已佚，据《太平御览》引文。

W1168.19.1.1
敲击神鼓使天增长

实例

鄂温克族 神通博大的萨满每敲打一下神鼓，天地就往大长一次。

【流传】内蒙古自治区·（呼伦贝尔市）·鄂温克族自治旗·辉苏木

【出处】巴图讲，耐登采录，白杉翻译：《天天地是怎么变大的——萨满鼓的来历》，见中国民间文学集成全国编辑委员会编《中国民间故事集成》（内蒙古卷），北京：中国ISBN中心2007年版，第10页。

W1168.20
海天

实例

蒙古族 九十九层天，有记号的三个都海天。

【流传】内蒙古自治区·哲里木盟（今通辽市）

【出处】宝音贺喜格唱：《祭天》（1984.11），原载白翠英、邢源、福宝琳、王笑《科尔沁博艺术初探》，哲里木盟文化处编印，内部资料，1986年，见吕大吉、何耀华总主编《中国各民族原始宗教资料集成》（鄂伦春族卷、鄂温克族卷、赫哲族卷、达斡尔族卷、锡伯族卷、满族卷、蒙古族卷、藏族卷），北京：中国社会科学出版社1999年版，第600页。

W1168.21
天门

【关联】

① ［W1243.14.1］地户是天门

② ［W1438.5］上天的门

③ ［W1438.5.1］阊阖是升天之门

实例

（参见下级母题实例）

W1168.21.0
天门的产生

实例

（参见下级母题实例）

W1168.21.0.1
神造天门

实例

（参见下级母题）

W1168.21.0.2
神用金银造天门

实例

彝族 用金用银造成天门。

【流传】（无考）

【出处】《天门地门论》，原载王松编写《影与变创世纪》附记，见姚宝瑄主编《中国各民族神话》（羌族、彝族），太原：山西出版传媒集团·书海出版社2014年版，第130页。

W1168.21.0.3
数字变化产生天门

实例

彝族 九千九变成天门和地门。

【流传】（无考）

【出处】《天门地门论》，原载王松编写《影与变创世纪》附记，见姚宝瑄主编《中国各民族神话》（羌族、彝族），太原：山西出版传媒集团·书海出版社2014年版，第130页。

W1168.21.0.4
天的缝隙成为天门

【关联】［W1367］天上出现裂缝（天缝、天裂）

实例

汉族 （实例待考）

W1168.21.1
4个天门

实例

畲族 天皇下旨把两个阴阳神砍成4片，从东西南北四个天门丢落凡间。

【流传】福建省·（宁德市）·福鼎（福鼎市）

【出处】李圣回讲，蓝清盛采录：《人·肤色·语言》，原载《中国民间故事集成·福建卷·闽东畲族故事》，宁德地区民间文学集成编委会1990年编印，见《福建省少数民族古籍丛书》编委会编《畲族卷·民间故事》，福州：海峡出版发行集团·海峡书局2013年版，第21页。

W1168.21.1.0
神造4道天门

实例

哈尼族 众神造天时，留下了四道天门。

【流传】云南省·（红河哈尼族彝族自治州）·元阳县、金平县（金平苗族瑶族傣族自治县）、红河县等地

【出处】朱小和讲，史军超、卢朝贵搜集整理：《烟本霍本》，原载刘辉豪、阿罗编《哈尼族民间故事选》，上海文艺出版社1989年版，见姚宝瑄主编《中国各民族神话》（哈尼族、傣族），太原：山西出版传媒集团·书海出版社2014年版，第36页。

W1168.21.1.1
东天门

实例

（参见下级母题实例）

W1168.21.1.1.1
青龙把守东天门

实例

汉族 伏羲到了东天门,被青龙拦住。

【流传】河南省·(周口市)·淮阳县·城关

【出处】刘王氏(82岁,农民,不识字)讲,杨复俊采录:《天地分》(1985.08),见张振犁编著《中原神话通鉴》(第一卷),郑州:河南大学出版社2017年版,第282页。

W1168.21.1.2
南天门

实例

阿昌族 遮帕麻(男始祖、天公)和遮米麻(女始祖、地母)商议,决定在拉涅旦造一座南天门,来挡住从南边吹来的风雨。

【流传】云南省·(德宏傣族景颇族自治州)·梁河县

【出处】赵安贤讲述,杨叶生翻译,智克整理:《遮帕麻与遮米麻》,载《山茶》1981年第2期。

汉族 南天门失火,大火没水来救,越烧越旺,眼看就要烧到天宫。

【流传】中原一带

【出处】雷文杰搜集:《共工和祝融》,原载张楚北编《中原神话》,见陶阳、钟秀编《中国神话》(上),北京:商务印书馆2008年版,第389~390页。

苗族 洪水时,阿陪果本(人名)父子各坐木船与南瓜中,顺水飘荡至南天门。

【流传】(无考)

【出处】《日月树》,原载燕宝编《苗族民间故事选》(原名《阿陪果本》),见袁珂《中国神话大词典》,北京:华夏出版社2015年版,第416~417页。

W1168.21.1.2.1
从南天门可以看到人间

实例

白族 玉帝来到南天门外,吩咐云神拨开云头,观看人间。

【流传】(无考)

【出处】阿唐波讲,陆家瑞整理:《大黑天神》,原载李子贤编《云南少数民族神话选》,见陶阳、钟秀编《中国神话》(中),北京:商务印书馆2008年版,第761~762页。

W1168.21.1.2.2
南天门是进出天地的门户

【关联】[W1438]上天的路径

实例

布依族 布杰(祖先名)在天上玩够了,就打开了南天门大摇大摆地回到地上来。

【流传】(a)整个布依族地区

【出处】

（a）班琅王、王鲁文、刘阿季讲，汛河记录整理：《洪水滔天》（1955），见陶立璠等编《中国少数民族神话汇编·洪水篇》，中央民族学院少数民族古籍整理出版规划领导小组办公室印（内部资料），第133～139页。

（b）同（a），汛河搜集整理：《布依族民间故事集》，北京：中国民间文艺出版社1982年版。

（c）同（a），见姚宝瑄主编《中国各民族神话》（布依族、仡佬族、苗族），太原：山西出版传媒集团·书海出版社2014年版，第64页。

W1168.21.1.2.3
狮子把守南天门

实例

汉族　南天门有金狮把大门。进二门有银狮子把守。

【流传】（无考）

【出处】秦地女原述，孙剑水重述：《天牛郎配夫妻》，原载孙剑水编《天牛郎配夫妻》，见陶阳、钟秀编《中国神话》（中），北京：商务印书馆2008年版，第845～855页。

W1168.21.1.2.4
天狗把守南天门

【关联】
① ［W3074.3］天狗
② ［W3074.3.6］天狗看守天宫门

实例

汉族　老天爷命天兵天将去捉来吞吃月亮的黑狗，王母娘娘发现是后羿的猎狗黑耳，就发了慈悲，封它为天狗，让它守护南天门。

【流传】豫鄂边（河南省湖北省交界处）一带

【出处】王氏讲，甘心田记录整理：《天狗吞月》，见姚宝瑄主编《中国各民族神话》（汉族），太原：山西出版传媒集团·书海出版社2014年版，第230～232页。

W1168.21.1.2.5
土地神把守南天门

【关联】［W0236］土地神（土神）

实例

汉族　织女趁守南天门的土地爷打瞌睡的时候，偷偷下了凡。

【流传】四川省·巴县（今重庆市·巴南区）·鱼洞镇

【出处】张文奎讲，李子硕记录整理：《天河的来历》（1988.04），见姚宝瑄主编《中国各民族神话》（汉族），太原：山西出版传媒集团·书海出版社2014年版，第77～81页。

W1168.21.1.2.6
吴刚把守南天门

【关联】［W1795.3.4］天门由吴刚守护

实例

汉族　南天门守将吴刚。

【流传】浙江省·（宁波市）·宁海县·麻山乡·长田头村

【出处】麻彩云讲，麻承照记录整理：《吴刚砍娑婆树》（1986.12），见姚宝瑄主编《中国各民族神话》（汉族），太原：山西出版传媒集团·书海出版社2014年版，第265～277页。

汉族 吴刚是南天门的守将。

【流传】浙江省·宁波市·宁海县·麻山乡·田头村

【出处】麻彩云讲，麻承照记录：《兄妹结婚》（1986.12），见罗杨总主编，戴余金本卷主编《中国民间故事丛书·浙江宁波·宁海卷》，北京：知识产权出版社2015年版，第5页。

W1168.21.1.2.7
仙人把守南天门

【关联】［W0800］仙人

实 例

汉族 从前，白龙大仙和灰牛大仙，在南天门外白云堨边看门。

【出处】

（a）孙长生讲，钟伟今搜集整理：《白龙和灰牛》，载《民间文学》1980年5期。

（b）孙长生讲，钟伟今搜集整理：《天虫》，见姚宝瑄主编《中国各民族神话》（汉族），太原：山西出版传媒集团·书海出版社2014年版，第352～356页。

W1168.21.1.2.7a
天兵天将把守南天门宫阙

实 例

汉族 南天门宫阙巍峨，有十八个天兵天将把守，看来不易进去。

【流传】河南省·（焦作市）·武陟县·阳城乡·郭下村

【出处】李待见（那农民，小学）讲，王广先采录整理：《四大怀药》，见张振犁编著《中原神话通鉴》（第一卷），郑州：河南大学出版社2017年版，第196页。

W1168.21.1.2.7b
朱雀把守南天门

实 例

汉族 伏羲到天上取长生果时，被把守南天门的朱雀拦住去路。

【流传】河南省·（周口市）·淮阳县·城关

【出处】刘王氏（82岁，农民，不识字）讲，杨复俊采录：《天地分》（1985.08），见张振犁编著《中原神话通鉴》（第一卷），郑州：河南大学出版社2017年版，第281～282页。

W1168.21.1.2.8
南天门挡风雨

实 例

阿昌族 天公遮帕麻和地母遮米麻商

议，决定在拉涅旦造一座南天门，来挡住从南边吹来的风雨。

【流传】（云南省）

【出处】赵安贤讲，智克整理：《遮帕麻与遮米麻》，见姚宝瑄主编《中国各民族神话》（佤族、阿昌族、纳西族、普米族、德昂族），太原：山西出版传媒集团·书海出版社2014年版，第79页。

W1168.21.1.2.9
南天门有日月树

【关联】［W1448.2］日月树是天梯

实例

苗族 南天门有日月树，高与天齐。

【流传】（无考）

【出处】《日月树》，原载燕宝编《苗族民间故事选》（原名《阿陪果本》），见袁珂《中国神话大词典》，北京：华夏出版社2015年版，第417页。

W1168.21.1.2.10
到南天门须经过天梯

实例

汉族 在没有"天门石"以前，从彩云缭绕的天宫到人间来，要出南天门，经过天梯。

【流传】四川省·成都市

【出处】张承业搜集整理：《天门石》，见姚宝瑄主编《中国各民族神话》（汉族），太原：山西出版传媒集团·书海出版社2014年版，第82~

84页。

W1168.21.1.3
西天门

实例

侗族 （实例待考）

W1168.21.1.3.1
西天门白虎把守

实例

汉族 西天门有白虎把守。白虎张牙舞爪拦住伏羲。

【流传】河南省·（周口市）·淮阳县·城关

【出处】刘王氏（82岁，农民，不识字）讲，杨复俊采录：《天地分》（1985.08），见张振犁编著《中原神话通鉴》（第一卷），郑州：河南大学出版社2017年版，第281页。

W1168.21.1.4
北天门

实例

汉族 凡间两个皇臣争天下时，打斗碰倒了天柱，使天上裂了很宽的一条缝，从北天门一直连到南天门。

【流传】浙江省·（丽水市）·庆元县

【出处】赖善卿讲，兰志龙搜集整理：《补天穿》，见姚宝瑄主编《中国各民族神话》（汉族），太原：山西出版传媒集团·书海出版社2014年版，第

52~53 页。

汉族 天河的南方、北方，各有一座关卡，叫作南天门和北天门。

【流传】河南省·（驻马店市）·正阳县

【出处】代星（男，56 岁，农民，私塾）讲，代胜利采录整理《伏羲和女娲（一）》（1987.09），见张振犁编著《中原神话通鉴》（第一卷），郑州：河南大学出版社 2017 年版，第 314 页。

W1168.21.1.4.1
西北天门

实例

汉族 天不足西北，地不足东南；西北为天门，东南为地户。

【流传】（无考）

【出处】
(a)《周礼·大司徒》贾公彦疏引《河图括地象》。
(b)《地户》，见袁珂《中国神话大词典》，北京：华夏出版社 2015 年版，第 123 页。

W1168.21.1.4.2
北天门乌龟把守

实例

汉族 伏羲先来到北天门，一只大乌龟拦住了去路。

【流传】河南省·（周口市）·淮阳县·城关

【出处】刘王氏（82 岁，农民，不识字）讲，杨复俊采录：《天地分》（1985.08），见张振犁编著《中原神话通鉴》（第一卷），郑州：河南大学出版社 2017 年版，第 281 页。

W1168.21.1a
其他数量的天门

实例

（参见下级母题实例）

W1168.21.1a.1
3 道天门

实例

独龙族 天的高层"南木"（天鬼）们的居处，这里有三座天门。

【流传】云南省·（怒江傈僳族自治州）·贡山（贡山独龙族怒族自治县）·独龙江公社（独龙江乡）·、巴坡村

【出处】木然当木廷讲，蔡家麒调查整理：《三位巫师谈"天的结构"》（1982），见吕大吉、何耀华总主编《中国各民族原始宗教资料集成》（纳西族卷、羌族卷、独龙族卷、傈僳族卷、怒族卷），北京：中国社会科学出版社 2000 年版，第 623 页。

W1168.21.1a.2
9 道天门

实例

（参见下级母题实例）

W1168.21.1a.2.1
天门有九重

实 例

汉族 （侃）梦生八翼，飞而上天，见天门九重，已登其八，惟一门不得入。

【流传】（无考）

【出处】
（a）[唐]房玄龄等：《晋书·陶侃传》。
（b）《天门》，见袁珂《中国神话大词典》，北京：华夏出版社2015年版，第52页。

W1168.21.1a.2.2
9道天门中有树

实 例

彝族 天的九门树在中间。

【流传】（无考）

【出处】蔷紫改写：《影与变创世纪·扎舍十代论》，原载贵州省民间文学工作组编《民间文学资料》，1986年，见姚宝瑄主编《中国各民族神话》（羌族、彝族），太原：山西出版传媒集团·书海出版社2014年版，第127页。

W1168.21.1a.3
12道天门

实 例

瑶族 桑勒山上天去寻找射日月的桑勒耶、桑勒宜兄弟俩时，只见十二层天门关得紧紧的，便用十二支箭射开了十二层天门。

【流传】（无考）

【出处】《密洛陀神谱》，蓝田根据农学冠等撰写的《瑶族神话传说中的人物》编写，见姚宝瑄主编《中国各民族神话》（土家族、毛南族、侗族、瑶族），太原：山西出版传媒集团·书海出版社2014年版，第150页。

瑶族（布努） 桑勒山（女始祖密洛陀最小的儿子）到天上找射日月的两个哥哥，抵达了天庭，发现十二层天门紧关闭。

【流传】广西壮族自治区·（河池市）·都安县（都安瑶族自治县）、巴马县（巴马瑶族自治县）、南丹县，（百色市）·田东县、平果县等地

【出处】桑布郎等传，蒙凤标（83岁）、罗仁祥（73岁）等唱：《密洛陀》（1983），见蓝怀昌、蓝书京、蒙通顺搜集翻译整理《密洛陀》，北京：中国民间文艺出版社1988年版，第196~197页。

W1168.21.1a.4
天门有90个门

实 例

彝族 天门有九十门，东南西北各一门。

【流传】（无考）

【出处】《天门地门论》，原载王松编写

《影与变创世纪》附记，见姚宝瑄主编《中国各民族神话》（羌族、彝族），太原：山西出版传媒集团·书海出版社 2014 年版，第 130 页。

W1168.21.2
天门的特征

实例

（参见下级母题实例）

W1168.21.2.1
天门无上

实例

汉族　西北为天门，东南为地户。天门无上，地户无下。

【流传】（无考）

【出处】

（a）《周礼·大司徒》贾公彦疏引《河图括地象》。

（b）《地户》，见袁珂《中国神话大词典》，北京：华夏出版社 2015 年版，第 123 页。

W1168.21.2.2
气派的天门

实例

布依族　天帝的大门好阔气，左边的门扇雕着一对凤，右边的门扇雕的是一对龙，龙凤呈祥好风光。

【流传】（无考）

【出处】岭老荣唱，岭玉清翻译整理，古梅改写：《漫游十二层天和十二层海》，见姚宝瑄主编《中国各民族神话》（布依族、仡佬族、苗族），太原：山西出版传媒集团·书海出版社 2014 年版，第 26 页。

W1168.21.2.3
天门五彩缤纷

实例

彝族　在天地的各个方向，进入天地的各个门，都打扮得五颜六色，都打扮得五彩缤纷。彩色饰天门，天门放五光。彩色挂天空，天空十色新。

【流传】（无考）

【出处】蔷紫改写：《影与变创世纪·扯舍十代论》，原载贵州省民间文学工作组编《民间文学资料》，1986 年，见姚宝瑄主编《中国各民族神话》（羌族、彝族），太原：山西出版传媒集团·书海出版社 2014 年版，第 128 页。

W1168.21.2.4
天门是天神进出的路口

实例

哈尼族　众神造天时留下了四道天门，是天神进出的路口。

【流传】云南省·（红河哈尼族彝族自治州）·元阳县、金平县（金平苗族瑶族傣族自治县）、红河县等地

【出处】朱小和讲，史军超、卢朝贵搜集整理：《烟本霍本》，原载刘辉豪、

阿罗编《哈尼族民间故事选》，上海文艺出版社1989年版，见姚宝瑄主编《中国各民族神话》（哈尼族、傣族），太原：山西出版传媒集团·书海出版社2014年版，第36页。

W1168.21.3
天门的看守（司天门者）

【关联】［W1795.3］天门的守护者

实 例

汉族　吾令帝阍开关兮，倚阊阖而望予。注曰：帝谓天帝；阍，主门者也。

【流传】（无考）

【出处】

(a)［战国］屈原：《楚辞·离骚》，王逸注。

(b)《帝阍》，见袁珂《中国神话大词典》，北京：华夏出版社2015年版，第247页。

汉族　命天阍（即司天门者）其开关兮，排阊阖（即天门）而望予。

【流传】（无考）

【出处】

(a)［战国］屈原：《楚辞·远游》。

(b)《帝阍》，见袁珂《中国神话大词典》，北京：华夏出版社2015年版，第247页。

W1168.21.3.1
雷母娘娘看守天门

【关联】

①［W0312］女雷神（雷婆）

②［W1795.3.1］天门由神守护

实 例

侗族　看守天门的雷母娘娘慢腾腾地打开天门。

【流传】（无考）

【出处】

(a) 培光、卜宪讲，华谋整理：《找歌的传说》（1963），见杨通山、蒙光朝、过伟等《侗族民间故事选》，上海：上海文艺出版社1982年版。

(b) 同(a)，见姚宝瑄主编《中国各民族神话》（土家族、毛南族、侗族、瑶族），太原：山西出版传媒集团·书海出版社2014年版，第133页。

侗族　金必（人名）到天上讨些歌，需要看守天门的雷母娘娘打开天门。

【流传】广西壮族自治区·胜平（不详）；贵州省·（黔东南苗族侗族自治州·黎平县）·肇兴（肇兴镇）

【出处】培光、卜宪讲，华谋搜集整理：《找歌的传说》，原载杨通山等编《侗族民间故事选》，见陶阳、钟秀编《中国神话》（下），北京：商务印书馆2008年版，第1267~1270页。

W1168.21.3.2
虎神看守天门

【关联】［W1795.3.2］天门由神兽守护

实 例

纳西族（摩梭）　喇（虎）是天界中最不惹格尔美注意的神。他一年到头为天神把守天门。

【流传】云南省·（丽江市）·宁蒗县（宁蒗彝族自治县）

【出处】巴采若、桑绒尼搓讲，章虹宇搜集整理：《喇氏族的来源》，载《民间文学》1986年第3期。

W1168.21.3.3
神狗看守天门

实例

纳西族（摩梭）神牛驮着摩梭人的女始祖昂姑咪同她的伙伴到天宫取火种。守天门的神狗拦住去路，不让昂姑咪进去。

【流传】云南省·（丽江市）·宁蒗县（宁蒗彝族自治县）

【出处】
（a）桑直若史、益依关若讲，章天锡、章天铭搜集，章虹宇整理：《昂姑咪》，载《山茶》1986年第3期。
（b）《昂姑咪》，原载《山茶》1986年第3期，见姚宝瑄主编《中国各民族神话》（佤族、阿昌族、纳西族、普米族、德昂族），太原：山西出版传媒集团·书海出版社2014年版，第108页。

W1168.21.3.4
神虎豹看守天门

实例

汉族 天门凡有九重，使神虎豹执其关闭。

【流传】（无考）

【出处】
（a）《招魂》王逸注。
（b）《天门》，见袁珂《中国神话大词典》，北京：华夏出版社2015年版，第52页。

W1168.21.3.5
女神看守天门

实例

满族 看守天门的凯女神时时关好天门。

【流传】黑龙江省·黑河地区（黑河市）·孙吴县·（沿江满族达斡尔族乡）·四季屯（四季屯村）

【出处】吴纪贤、富希陆讲：《天宫大战——黑水女真人传世神话》（1939，选自富育光、郭淑云整理的手稿），见姚宝瑄主编《中国各民族神话》（满族、赫哲族、朝鲜族），太原：山西出版传媒集团·书海出版社2014年版，第25页。

W1168.21.3.6
天兵把守天门

【关联】[W8739.1]天兵天将

实例

布依族 天帝的大门有天兵把守，他们手里拿着大刀，不准前去的不准谁去敲门。

【流传】（无考）

【出处】岭老荣唱，岭玉清翻译整理，古梅改写：《漫游十二层天和十二层海》，见姚宝瑄主编《中国各民族神话》（布依族、仡佬族、苗族），太原：山西出版传媒集团·书海出版社2014年版，第26页。

W1168.21.3.7
老鼠守护天门

实例

朝鲜族　耗子把守着天宫的大门，专吃人间来的凡人，不管是谁，见了人就抓，抓了人就扒皮，扒了皮就吃肉。

【流传】（辽宁省·沈阳市郊区）

【出处】金德顺讲，裴永镇整理：《牧童和仙女》，原载《金德顺故事集》，见陶阳、钟秀编《中国神话》（中），北京：商务印书馆2008年版，第920～930页。

W1168.21.4
天门的开合

【关联】［W1293.3］天门打开后天地分开

实例

（参见下级母题实例）

W1168.21.4.1
每年正月初一打开天门1次

实例

纳西族（摩梭）　以前，地上没有光亮，黑咕隆咚的，只在每年正月初一天神的生日那天，天门才打开一次，天上的光亮才照到大地上，大地才有光亮。

【流传】云南省·（丽江市）·宁蒗县（宁蒗彝族自治县）

【出处】桑直若史、益依关若讲，章天锡、章天铭搜集，章虹宇整理：《昂姑咪》，载《山茶》1986年第3期。

W1168.21.4.1a
每年天神的生日那天打开天门1次

实例

纳西族（摩梭）　每年天神的生日那天，天神要看地下的景色，天门才打开一次。

【流传】云南省·（丽江市）·宁蒗县（宁蒗彝族自治县）

【出处】

（a）《昂姑咪》，载《山茶》1986年第3期。

（b）同（a），见姚宝瑄主编《中国各民族神话》（佤族、阿昌族、纳西族、普米族、德昂族），太原：山西出版传媒集团·书海出版社2014年版，第104页。

W1168.21.4.2
八月十六开天门

实例

汉族　很久以前，每年八月十六晚上，天就会裂开一条缝，缝中露出七彩的光，一直照到地上，这就是开天门。

【流传】浙江省·舟山市·（定海区）·金塘（金塘镇）、盘峙（盘峙乡）一带

【出处】翁国安讲，朱亚萍记录整理：《开天门》（1987.11.20），见姚宝瑄主编《中国各民族神话》（汉族），太原：山西出版传媒集团·书海出版社2014年版，第264~265页。

W1168.21.4.3
天将破晓天门开

【关联】[W4030] 白天

实例

<u>羌族</u> 天将破晓天门开，天门开了谁知道？神灵知道鸡知道，鸡将啼端公知道！

【流传】四川省·（阿坝藏族羌族自治州）·汶川县·绵池乡·沟头寨

【出处】

（a）王治国（释比，64岁）唱，汪有伦翻译，钱安靖整理：《上坛经》（1983.11~1984.11），见钱安靖《羌族和羌语支各居民集团宗教习俗调查报告》，四川大学宗教研究所油印本，1987年12月。

（b）同（a），见吕大吉、何耀华总主编《中国各民族原始宗教资料集成》（纳西族卷、羌族卷、独龙族卷、傈僳族卷、怒族卷），北京：中国社会科学出版社2000年版，第541页。

W1168.21.4.4
封天门

实例

<u>藏族</u> 有些家庭在门框的上方放置一只由咒师放置的羊头，羊头上缠以五色羊毛，叫做"封天门地门"。

【流传】（无考）

【出处】恰白·次旦平措著，达瓦次仁译：《论藏族的焚香祭神习俗》，载《中国藏学》1989年第4期。

W1168.21.4.5
关天门

实例

<u>汉族</u> 天狗吃月亮造成黑暗，地上的人祈求玉皇大帝："只可天狗食月试人心，不要让天狗食了月亮关天门。"

【流传】浙江省·（丽水市）·缙云县·（槐花街）

【出处】潘奶儿讲，蔡杏芳记录：《天狗食月试人心》（1987.08），见姚宝瑄主编《中国各民族神话》（汉族），太原：山西出版传媒集团·书海出版社2014年版，第225~226页。

W1168.21.4.6
神箭射开天门

【关联】[W0963.2] 神箭

实例

<u>彝族</u> 阿朵（英雄名）向天公讨回粮

食种子时，对着银河射出第二支神箭，一声霹雳，天门开了。

【流传】（云南省·昆明市）

【出处】飞崇义讲，灌玉搜集整理：《阿朵变的云雀》，原载昆明市民间文学集成办编《昆明民间故事》，见姚宝瑄主编《中国各民族神话》（羌族、彝族），太原：山西出版传媒集团·书海出版社2014年版，第304页。

W1168.21.4.7
天王的儿子打开天门

实 例

哈尼族 天王的三个儿子醒了，打开了天门

【流传】（云南省）

【出处】刘辉豪、白章富搜集整理，昌文根据古梅改写的《奥色密色》中的一节改写：《塔婆、模米生儿女》，见姚宝瑄主编《中国各民族神话》（哈尼族、傣族），太原：山西出版传媒集团·书海出版社2014年版，第69页。

W1168.21.4.8
与天门开合有关的其他母题

【关联】［W1477.4.1.1］开天门时放下天梯

实 例

（实例待考）

W1168.21.5
特定名称的天门

实 例

（参见下级母题实例）

W1168.21.5.1
天门是居紫微宫门

【关联】［W1792.8.3］紫微宫

实 例

汉族 天门，上帝所居紫微宫门也。

【流传】（无考）

【出处】

(a)《楚辞·九歌·大司命》洪兴祖补注。

(b)《天门》，见袁珂《中国神话大词典》，北京：华夏出版社2015年版，第52页。

W1168.21.5.2
吴姖天门

实 例

汉族 大荒之中，有山，名曰日月山，天枢也。吴姖天门，日月所入。

【流传】（无考）

【出处】

(a)《山海经·大荒西经》。

(b)《绝地天通》，见袁珂《中国神话大词典》，北京：华夏出版社2015年版，第254页。

W1168.21.5.3
风门

实例

（参见下级母题实例）

W1168.21.5.3.1
7道风门

实例

彝族 天门除东南西北各一门外，还有其他门，如云星门，风门七道。

【流传】（无考）

【出处】《天门地门论》，原载王松编写《影与变创世纪》附记，见姚宝瑄主编《中国各民族神话》（羌族、彝族），太原：山西出版传媒集团·书海出版社2014年版，第130页。

W1168.21.5.4
雨门

【关联】［W1366.10.6.1］天洞是用了下雨的地方

实例

（参见下级母题实例）

W1168.21.5.4.1
6道雨门

实例

彝族 天门除东南西北各一门外，还有雨门六道。

【流传】（无考）

【出处】《天门地门论》，原载王松编写《影与变创世纪》附记，见姚宝瑄主编《中国各民族神话》（羌族、彝族），太原：山西出版传媒集团·书海出版社2014年版，第130页。

W1168.21.5.5
雾门

实例

（参见下级母题实例）

W1168.21.5.5.1
3道雾门

实例

彝族 天门除东南西北各一门外，还有雾门三道。

【流传】（无考）

【出处】《天门地门论》，原载王松编写《影与变创世纪》附记，见姚宝瑄主编《中国各民族神话》（羌族、彝族），太原：山西出版传媒集团·书海出版社2014年版，第130页。

W1168.21.5.6
云星门

实例

彝族 天门除东南西北各一门外，还有云星门。

【流传】（无考）

【出处】《天门地门论》，原载王松编写《影与变创世纪》附记，见姚宝瑄主编《中国各民族神话》（羌族、彝族），太原：山西出版传媒集团·书海出版社2014年版，第130页。

W1168.21.5.7
日门

实 例

（参见下级母题实例）

W1168.21.5.7.1
3道日门

实 例

彝族　天门除东南西北各一门外，还有日月星辰等其他门，其中日门有三道。

【流传】（无考）

【出处】《天门地门论》，原载王松编写《影与变创世纪》附记，见姚宝瑄主编《中国各民族神话》（羌族、彝族），太原：山西出版传媒集团·书海出版社2014年版，第130页。

W1168.21.5.8
月门

【关联】

① ［W4147］月亮打开不同的门形成圆缺

② ［W4947］月亮的运行

实 例

（参见下级母题实例）

W1168.21.5.8.1
3道月门

实 例

彝族　天门除东南西北各一门外，还有云星门，风门七道，雨门六道，雾门三道，日门三道，月门三道。

【流传】（无考）

【出处】《天门地门论》，原载王松编写《影与变创世纪》附记，见姚宝瑄主编《中国各民族神话》（羌族、彝族），太原：山西出版传媒集团·书海出版社2014年版，第130页。

W1168.21.5.9
天上的风水之门

实 例

彝族　混沌世界中，神王涅侬倮佐颇打开风水之门，只见缥缈之雾露一阵又一阵朝他涌来。

【流传】（云南省·楚雄彝族自治州·双柏县，红河哈尼族彝族自治州等地）

【出处】

(a) 云南省民族民间文学楚雄、红河调查队搜集，郭思九、陶学良整理：《查姆》，昆明：云南人民出版社1981年版。

(b) 郭思九、陶学良整理，古梅改写：《彝家的古根》，选自《云南民族文学资料》第七集中的《查姆》上部前三章，见姚宝瑄主编《中国各民族神话》（羌族、彝族），太原：山西出版传媒集团·书海出版社 2014 年版，第 55 页。

W1168.21.6
特定位置的天门

实例

（参见下级母题实例）

W1168.21.6.1
天门在西北

实例

汉族　天不足西北，地不足东南；西北为天门，东南为地户；天门无上，地户无下。

【流传】（无考）

【出处】

（a）《周礼·大司徒》贾公彦疏引《河图括地象》。

（b）《天门》，见袁珂《中国神话大词典》，北京：华夏出版社 2015 年版，第 52 页。

（c）《地户》，见袁珂《中国神话大词典》，北京：华夏出版社 2015 年版，第 123 页。

汉族　西北荒中有二金阙，高百丈，二阙相去百丈，上有明月珠，径三丈，光照千里。中有金阶，西北入两阙中，名曰天门。

【流传】（无考）

【出处】

（a）《神异经·西北荒经》。

（b）《天门》，见袁珂《中国神话大词典》，典》，北京：华夏出版社 2015 年版，第 52 页。

W1168.21.6.2
天门在天边

【关联】［W1166］天边（天的边际）

实例

（参见下级母题实例）

W1168.21.7
天门石

【关联】［W1867.4］特定名称的石头

实例

汉族　女娲氏炼石补天的时候，有一块石头从炉里掉了出来，成为峨眉山上有两块石头。人爬到上面就能摸到南天门，所以人们叫它"天门石"。

【流传】四川省·成都市

【出处】张承业搜集整理：《天门石》，见姚宝瑄主编《中国各民族神话》（汉族），太原：山西出版传媒集团·书海出版社 2014 年版，第 82～84 页。

W1168.22
太空

实例

（参见下级母题实例）

W1168.22.1

太空的最底层是大海

实例

傣族 大神英叭终于发现，在太空的最底层，有一片浩瀚的茫茫大海。

【流传】云南省·西双版纳傣族地区（西双版纳傣族自治州）

【出处】《巴塔麻嘎捧尚罗》，王松据岩温炳翻译《巴塔麻晏》（开天辟地）改写，见姚宝瑄主编《中国各民族神话》（哈尼族、傣族），太原：山西出版传媒集团·书海出版社 2014 年版，第 269 页。

W1168.23

天的看守

实例

（参见下级母题实例）

W1168.23.1

特定的神看守天

实例

（参见下级母题实例）

W1168.23.1.1

大力神看守九层天的下三层

实例

满族 地神巴那吉额姆的女儿福特锦大力神身局齐天，负责守视九层天穹的下三层，她的四头分视四方，眼睛能看穿岩土峦岳，观察到鸟儿也飞不到的地方。

【流传】黑龙江省·黑河地区（黑河市）·孙吴县·（沿江满族达斡尔族乡）·四季屯（四季屯村）

【出处】吴纪贤、富希陆讲：《天宫大战——黑水女真人传世神话》（1939，选自富育光、郭淑云整理的手稿），见姚宝瑄主编《中国各民族神话》（满族、赫哲族、朝鲜族），太原：山西出版传媒集团·书海出版社 2014 年版，第 34 页。

W1168.24

天的关系

【关联】[W1490] 天地的关系

实例

（参见下级母题实例）

W1168.24.1

天的父母

【关联】[W1140] 天是生育产生的

实例

（实例待考）

W1168.24.2

天的舅父

实例

（参见下级母题实例）

W1168.24.2.1
柏树是天的舅父

【关联】[W3752] 与柏树有关的其他母题

实 例

纳西族 白脚柏树是天的舅父，柏树没有被雷劈。

【流传】（云南省）

【出处】和芳、和志新编译：《崇邦统——人类迁徙记》，见姚宝瑄主编《中国各民族神话》（佤族、阿昌族、纳西族、普米族、德昂族），太原：山西出版传媒集团·书海出版社2014年版，第146页。

W1168.24.3
天的岳母

【关联】[W5144] 岳母

实 例

（参见下级母题实例）

W1168.24.3.1
宽叶杉树是天的岳母

实 例

纳西族 宽叶杉树是天妻之母，杉树没有被地炸。

【流传】（云南省）

【出处】和芳、和志新编译：《崇邦统——人类迁徙记》，见姚宝瑄主编《中国各民族神话》（佤族、阿昌族、纳西族、普米族、德昂族），太原：山西出版传媒集团·书海出版社2014年版，第146页。

W1168.24.4
天的妻子

实 例

纳西族 宽叶杉树是天妻之母。

【流传】（云南省）

【出处】和芳、和志新编译：《崇邦统——人类迁徙记》，见姚宝瑄主编《中国各民族神话》（佤族、阿昌族、纳西族、普米族、德昂族），太原：山西出版传媒集团·书海出版社2014年版，第146页。

W1168.24.5
天的子女

实 例

（参见下级母题实例）

W1168.24.5.1
天的儿子（天子）

实 例

仡佬族 老天的儿子仡佬祖先的大哥天仙老祖派玉书领金角、沙达开天辟地。

【流传】贵州省·（六盘水市）·六枝特区·店子乡（新窑乡）·那义村·青桐林

【出处】程少先等讲，叶正乾采录：《盘

古王和他的儿孙们》，见中国民间文学集成全国编辑委员会编《中国民间故事集成》（贵州卷），北京：中国ISBN中心2003年版，第62页。

汉族 （实例待考）

W1168.24.5.2
天的女儿（天女）

实例 （实例待考）

1.2.3 地的产生与特征[①]
【W1170～W1269】

✿ W1170
地的产生

【汤普森】①A800；②A950
【关联】［W1100］天地的产生

实例

（参见下级母题实例）

W1170a
以前没有地

【关联】［W1124.10］以前只有天没有地

实例

彝族 远古的时候，下面没有地。

【流传】（四川省·凉山彝族自治州）
【出处】
（a）冯元蔚译：《勒俄特依》，成都：四川民族出版社1986年版。
（b）冯元蔚译，蔷紫改写：《勒俄特依》，见姚宝瑄主编《中国各民族神话》（羌族、彝族），太原：山西出版传媒集团·书海出版社2014年版，第145页。

彝族 最早时，混沌的世界，没有大地，万物长不成。

【流传】（贵州省彝族地区）
【出处】《索恒哲》，见王富慧（珠尼阿依）译著，贵州省民族古籍整理办公室编《彝族神话史诗选》，北京：民族出版社2013年版，第6页。

W1170a.1
太古时没有地

实例

彝族 在太古的时候，脚下没有地，没有生灵草木。

【流传】云南省·（楚雄彝族自治州）·永仁县
【出处】
（a）曲木阿石等讲，罗有能整理：《更资天神》，见云南省楚雄州文教局、云南省楚雄州民委会编《楚雄民间文学资料》，内部资料，1979年。

---

① 地的产生与特征，该母题包括地球、土、陆地、地面等内容。此处为表述简洁，重复性母题不再一一标出。

（b）同（a），见姚宝瑄主编《中国各民族神话》（羌族、彝族），太原：山西出版传媒集团·书海出版社 2014 年版，第 173 页。

W1170a.2
以前地球上没有陆地

【实 例】

土族　远古时候，地球上没有陆地。

【流传】（无考）

【出处】

（a）《陆地的形成》，载《青海民族学院学报》1981 年第 4 期。

（b）同（a），见姚宝瑄主编《中国各民族神话》（土族、东乡族、回族、保安族、裕固族、撒拉族），太原：山西出版传媒集团·书海出版社 2014 年版，第 4 页。

W1170a.3
没有地的原因

【实 例】

（参见下级母题实例）

W1170a.3.1
以前没有地是因为地被水淹掉了

【实 例】

汉族　老早以前，天上没日，日被雾遮住了；天下没地，地被水淹掉了。

【流传】浙江省·（金华市）·东阳县（东阳市）

【出处】

（a）徐移根讲，周中帆搜集整理：《天和地合》，见姚宝瑄主编《中国各民族神话》（汉族），太原：山西出版传媒集团·书海出版社 2014 年版，第 42～43 页。

（b）徐移根讲，周中帆记录整理：《天和地合》，见陶阳、钟秀编《中国神话》（上），北京：商务印书馆 2008 年版，第 193～194 页。

W1171
地自然产生

【实 例】

（参见下级母题实例）

W1171.1
地自然生成

【实 例】

（参见下级母题实例）

W1171.1.1
混沌中自然形成地

【实 例】

珞巴族　混沌中，地渐渐凹了下去，形成地。

【流传】西藏自治区·（林芝地区）·米林县·纳玉区（南伊乡）

【出处】

（a）东娘讲，于乃昌采录：《九个太阳》，见中国民间文学集成全国编辑委员会编《中国民间故事集成》（西藏卷），北京：中国 ISBN 中心 2001 年版，第 9 页。
（b）同（a），见《珞巴族民间故事》：http：//www.tibet-web.com/old/minjian/ync/gushi/mulu.htm，2003.10.02。

W1171.2
世上最早出现的陆地
【关联】［W1172.3.2］海水退后出现陆地

实例

（实例待考）

W1171.2.1
中国是世上最早出现的陆地
【汤普森】A802

实例

（实例待考）

W1172
地来源于某个地方（地球源于某个地方）

实例

（参见下级母题实例）

W1172.1
地源于混沌（地球源于混沌）
【汤普森】A801

实例

德昂族 古时后，大地是混浊的。
【流传】云南省德昂山一带

【出处】《先祖的传说》，见颜其香《中国少数民族风土漫记》，北京：农村读物出版社 2001 年版，第 196~197 页。

门巴族 远古时，在茫茫的大地上一片混混沌沌，分不出白天和黑夜。
【流传】西藏自治区·（林芝地区）·墨脱县·东布村（东布街）
【出处】伊西平措讲，于乃昌等整理：《猴子变人》，见《门巴族民间故事》：http：//www.tibet-web.com/old/minjian/ync/gushi/mulu.htm，2003.10.02。

W1172.2
地从天上来（地球从天上来）
【汤普森】①A817；②A953

实例

（参见下级母题实例）

W1172.2.1
女神造的地球从天上掉下

实例

维吾尔族 女天神吐出的尘土变成地球后，地球从天上往下掉。因为它特别大、特别重，所以掉得特别快，离天越来越远了。
【流传】新疆维吾尔自治区·伊犁州（伊犁哈萨克自治州）
【出处】
（a）亚库甫讲，阿不都拉搜集翻译，姚宝瑄整理：《顶地球的公牛站在哪里》，见张越、姚宝瑄编《新疆民族神话故事选》，乌鲁木齐：新疆人民出版社1989年版。

（b）同（a），见姚宝瑄主编《中国各民族神话》（乌孜别克族、哈萨克族、柯尔克孜族、俄罗斯族、维吾尔族、塔吉克族、塔塔尔族、锡伯族），太原：山西出版传媒集团·书海出版社2014年版，第222页。

W1172.3
地从水的底部出现
【汤普森】A811

实 例

（参见下级母题实例）

W1172.3.1
地从海中出来
【汤普森】①A816；②A952

实 例

汉族　涂山这地方，早先都是海水。

【流传】浙江省·（杭州市）·萧山市·欢坛乡·涂里坞村

【出处】孙金发讲，吴桑梓采录：《禹王搬涂山》，见中国民间文学集成全国编辑委员会编《中国民间故事集成》（浙江卷），北京：中国ISBN中心1997年版，第65页。

藏族　原来，大地在海洋里沉浮不定。

【流传】四川省

【出处】刘尚乐整理：《大地和庄稼的由来》，见BBS水木清华站：http：//www.smth.edu.cn，2006.07.20。

W1172.3.1.1
地是海里升起的
实 例

佤族　（实例待考）

W1172.3.1.2
地球源于大海
实 例

傣族　地球未形成之前，天下是一片白茫茫的海水。

【流传】云南省·西双版纳傣族地区（西双版纳傣族自治州）

【出处】胜能搜集：《巴阿嫩神鱼》，原载《巴塔麻晏》（开天辟地），见姚宝瑄主编《中国各民族神话》（哈尼族、傣族），太原：山西出版传媒集团·书海出版社2014年版，第241页。

W1172.3.2
海水退后出现地
【关联】

① ［W1179.2.2］挤海成地

② ［W1197.7.2］水蒸发形成地

实 例

白族　肉核小伙子（男首领）带领着人们去同蛟龙搏斗。蛟龙降伏后，海水退了，现出了大片大片的陆地。

【流传】云南省·（大理白族自治州）·鹤庆县·城郊（城郊乡）、西

山区（西山一带）

【出处】朱二爷、徐元讲，章虹宇、傅光宇整理：《人类是从哪里来的》，见谷德明编《中国少数民族神话》，北京：中国民间文艺出版社1987年版，第299~302页。

白族　海子里的水从缺口流下去后，现出了一大片坝子来。

【流传】云南省·（大理白族自治州）·大理市

【出处】杨国宪采录：《开辟大理的故事》，见中国民间文学集成全国编辑委员会编《中国民间故事集成》（云南卷），北京：中国ISBN中心2003年版，第216页。

藏族　西藏地区原是大海。所有的水都流入贡吉曲拉山洞，陆地显现出来。

【流传】西藏自治区

【出处】

(a)《西藏王统世系明鉴》。

(b)《贤者喜宴》。

(c)《柱下遗教》。

W1172.3.2.1
观音退海水后出现陆地

实例

白族　观音下凡制服海中恶魔罗刹，海水向东退去，苍山下现出一片陆地。

【流传】云南省·（大理白族自治州）·大理市

【出处】*《"绕三灵"的来历》，见大理白族自治州《白族民间故事》编辑组编《白族民间故事》，昆明：云南人民出版社1982年版，第23~25页。

W1172.3.2.2
万能神退海水后出现陆地

实例

德昂族　万能的帕达丝使出法术，叫大地裂开，海水便不断往地下流淌，慢慢出现了干燥的地方。

【流传】（无考）

【出处】赵备搜集整理：《茶叶变男女开创大地》，见姚宝瑄主编《中国各民族神话》（佤族、阿昌族、纳西族、普米族、德昂族），太原：山西出版传媒集团·书海出版社2014年版，第387页。

W1172.3.3
海里露出的平原丘陵形成地

实例

珞巴族　原来世界是一片大水，天上有9个太阳把水晒得减少后，露出了好多平原和丘陵，形成了大地。

【流传】西藏自治区·（林芝地区）·墨脱县·（达木珞巴族乡）·卡布村

【出处】安布讲，冀文正采录：《珞巴五兄弟》，见中国民间文学集成全国编辑委员会编《中国民间故事集成》（西藏卷），北京：中国ISBN中心

2001 年版，第 16 页。

W1172.3.4
原始大水干后出现地

【汤普森】 A827

实 例

珞巴族 （实例待考）

W1172.3.4.1
水落后出现黄色的地

实 例

哈尼族 最早的世上只有一条非常粗大的叫做密乌艾西艾玛的金鱼。金鱼娘用左鳍把茫茫大水扇落千丈，露出黄生生的地。

【流传】云南省·红河哈尼族彝族自治州

【出处】红河哈尼族彝族自治州人民政府：《哈尼族口传文化译注全集》，昆明：云南人民出版社 2009 年版，第 8 页。

W1172.3.5
洪水退去出现地

【关联】
① [W1247.1.1] 以前土全在水底
② [W1260.1] 洪水退去形成高原

实 例

德昂族 狂风带着茶叶驱赶洪水，茶叶到的地方，洪水就逃跑，就现出了大地。

【流传】云南省·德宏州（德宏傣族景颇族自治州）

【出处】

(a) 陈志鹏搜集整理：《祖先创世纪》，见李子贤编《云南少数民族神话选》，昆明：云南人民出版社 1990 年版。

(b) 同（a），见姚宝瑄主编《中国各民族神话》（佤族、阿昌族、纳西族、普米族、德昂族），太原：山西出版传媒集团·书海出版社 2014 年版，第 395 页。

壮族 洪水自由地流，最后汇集到一处，形成大海，洪水退去的地方便是陆地。

【流传】（无考）

【出处】《盘和古》，原载陶立璠、李耀宗编《中国少数民族神话传说选》，四川民族出版社 1985 年版，见姚宝瑄主编《中国各民族神话》（仫佬族、壮族、京族），太原：山西出版传媒集团·书海出版社 2014 年版，第 133 页。

W1172.3.5.1
青蛙吸干洪水后出现地

实 例

普米族 青蛙吸干洪水后出现了陆地。

【流传】云南省·（丽江市）·宁蒗（宁蒗彝族自治县），（怒江傈僳族自治州）·兰坪（兰坪白族普米族自治县）；四川省·（凉山彝族自治州）·木里县（木里藏族自治县）、

盐源（盐源县）等

【出处】王震亚整理：《开天辟地》，见中华民族故事大系编委会编《中华民族故事大系》第 14 卷（普米族、塔吉克族、怒族、俄罗斯族、鄂温克族），上海：上海文艺出版社 1995 年版，第 5 页。

W1172.3.5.2
天神降低洪水后出现陆地

实　例

傣族　大神因叭的汗水造成洪水后，他用一水勺把地面的水舀了几瓢倒在天上，水位就降低了，水退后，出现了陆地和海洋。

【流传】（无考）

【出处】《因叭止洪水》，原载毛星主编《中国少数民族文学》，湖南人民出版社 1983 年版，见姚宝瑄主编《中国各民族神话》（哈尼族、傣族），太原：山西出版传媒集团·书海出版社 2014 年版，第 330 页。

W1172.3.5.3
水神疏导洪水后出现地

实　例

珞巴族　最初时，大地一片汪洋，住在水中的萨嘎拉乌佑（乌佑，珞巴语音译，泛指珞巴族崇拜的各种精灵）用力挖沟筑渠让水流走，大地渐渐显露了出来。

【流传】西藏自治区·林芝市·墨脱县·达木珞巴民族乡、旁辛乡、甘登乡（讲述地点：墨脱县·达木珞巴民族乡·达木村）

【出处】仁真刀杰讲：《珞巴族神话（八）》（1957.09），见冀文正《珞巴族民间故事》，成都：四川民族出版社 2011 年版，第 7 页。

珞巴族　以前的世界到处都是水，一个像大额牛的乌佑（珞巴语，鬼、精灵，也可指神、神灵）用角挖了个深坑，地面逐渐露出来。

【流传】西藏自治区·下珞渝（又写作"下珞瑜"，泛指永木河、锡约尔河、巴恰西仁河流域）·民荣部落日乌村

【出处】维·埃尔温搜集：《波隆索波和依杜木·波特》，见李坚尚、刘芳贤编《珞巴族门巴族民间故事选》，上海：上海文艺出版社 1993 年版，第 37 页。

W1172.3.6
水塘的水蒸发出现地

实　例

哈尼族（僾尼）　古昔天与地乃一大水塘，水塘边有三巨石。后因气候日益干燥，塘中水渐化为水汽，水塘里面的土，遂成为地。

【流传】（无考）

【出处】《天与地》，原载陶阳、钟秀编《中国神话》，见袁珂《中国神话大词典》，北京：华夏出版社 2015 年版，第 489 页。

1.2.3 地的产生与特征

哈尼族 最早的时候，地下有个大水塘。后来水塘里的水都变成了气，剩下的土就变成了地。

【流传】云南省·（西双版纳傣族自治州）·勐腊县

【出处】李万福讲，杨万智搜集整理：《天、地的来源》，原载云南省民间文学集成办公室编《哈尼族神话传说集成》，中国民间文艺出版社 1990 年版，见姚宝瑄主编《中国各民族神话》（哈尼族、傣族），太原：山西出版传媒集团·书海出版社 2014 年版，第 24 页。

W1172.4
地被挖出
实 例

（实例待考）

W1172.4.1
精灵用角挖出地面
【关联】[W0907.2] 精灵

实 例

珞巴族（实例待考）

W1172.5
地从雾露中出现
实 例

（参见下级母题实例）

W1172.5.1
扫除雾露露出地
实 例

哈尼族 世界最早出现的海里生出的大金鱼。她左鳍一扇，把下面的雾露扫干净了，露出黄生生的地。

【流传】云南省·（红河哈尼族彝族自治州）·元阳县、金平县（金平苗族瑶族傣族自治县）、红河县等地

【出处】朱小和讲，史军超、卢朝贵搜集整理：《烟本霍本》，原载刘辉豪、阿罗编《哈尼族民间故事选》，上海文艺出版社 1989 年版，见姚宝瑄主编《中国各民族神话》（哈尼族、傣族），太原：山西出版传媒集团·书海出版社 2014 年版，第 33 页。

✳ W1173
地是造出来的（造地）
【汤普森】A800

实 例

（实例待考）

W1174
造地的原因
实 例

（参见下级母题实例）

W1174.1
因为孤独造地

【实例】

（参见下级母题实例）

W1174.1.1
神或神性人物因孤独造了地（地球）

【汤普森】A832

【关联】［W1011.1］创世者因为孤独创造了世界

【实例】

傣族 叭英叭（世上第一个人，也是傣族神话中早期的天神）为有一个落脚点，就将身上的汗泥搓下来捏了座塔，才落到地上。

【流传】云南省·西双版纳州（西双版纳傣族自治州）

【出处】岩英祁讲，仓霁华翻译，朱宜初等采录：《英叭开天辟地》，见中国民间文学集成全国编辑委员会编《中国民间故事集成》（云南卷），北京：中国ISBN中心2003年版，第82页。

W1174.2
为有落脚点造地

【关联】［W1102.1.5］为落脚造天地

【实例】

（参见下级母题实例）

W1174.2.1
创世者为了找到落脚造地

【汤普森】A5.1

【实例】

傣族 叭英叭（世上第一个人，也是傣族神话中早期的天神）为有一个落脚点，就将身上的汗泥搓下来捏了座塔，才落到地上。

【流传】云南省·西双版纳州（西双版纳傣族自治州）

【出处】岩英祁讲，仓霁华翻译，朱宜初等采录：《英叭开天辟地》，见中国民间文学集成全国编辑委员会编《中国民间故事集成》（云南卷），北京：中国ISBN中心2003年版，第82页。

藏族 最早的世界是茫茫大水。大神德绕高看到四处都没有个落脚的地方，就决心造块地。

【流传】（西藏自治区）

【出处】

(a) 旺秋搜集：《僜人创世神话》，根据中国社会科学院民族研究所编《僜人社会历史调查》，云南人民出版社1990年版，西藏民间文艺研究会主办《邦锦梅朵》1984年第8期中的《僜人创世神话》整理。

(b) 同(a)，见姚宝瑄主编《中国各民族神话》（门巴族、珞巴族、怒族、藏族），太原：山西出版传媒集团·书海出版社2014年版，第87页。

W1174.2.2
大神为了找到落脚造地

实 例

彝族 远古的时候，空中住着一个名字叫作阿志的大神，她被悬吊在空中，没有一个落脚的地方，生活很不安逸，她便决心要造一块地。

【流传】云南省·（红河哈尼族彝族自治州）·弥勒县、泸西县，（昆明市）·路南县（石林彝族自治县）等地

【出处】毕荣亮讲，光未然采集整理，古梅改写：《创世纪》，见姚宝瑄主编《中国各民族神话》（羌族、彝族），太原：山西出版传媒集团·书海出版社2014年版，第91页。

W1174.2.3
始祖为了找到落脚造地

实 例

基诺族 以前只有太阳和大水。水中生出始祖尧白之后，她感到寂寞，觉得没有落脚的地盘。于是，她想造一个落脚的地方。

【流传】（无考）

【出处】《水里浮起的尧白阿嫫》，见姚宝瑄主编《中国各民族神话》（水族、布朗族、独龙族、基诺族、傈僳族），太原：山西出版传媒集团·书海出版社2014年版，第154页。

W1174.3
为人类的产生造地

【关联】［W2000］人类的产生（人的产生）

实 例

（参见下级母题实例）

W1174.3.1
为人类生存造地

实 例

满族 天神阿布卡恩都里为给自己造的人生活的地方，就做了个很大的地。

【流传】（无考）

【出处】《天神创世》，见姚宝瑄主编《中国各民族神话》（满族、赫哲族、朝鲜族），太原：山西出版传媒集团·书海出版社2014年版，第15~16页。

W1174.3.2
为繁衍人类造地

实 例

德昂族 万能的帕达丝告诉茶树叶变成的50对男女，要开创大地，就要繁衍人类，依靠子子孙孙去开创。

【流传】（无考）

【出处】赵备搜集整理：《茶叶变男女开创大地》，见姚宝瑄主编《中国各民族神话》（佤族、阿昌族、纳西族、

普米族、德昂族），太原：山西出版传媒集团·书海出版社 2014 年版，第 387 页。

W1174.4
其他特定的目的造地

【实例】

（参见下级母题实例）

W1174.4.1
上帝为阻止骚乱就创造了地

【实例】

哈萨克族 天仙和水仙争夺权位，引起了骚乱，为阻止骚乱，上帝就创造了地。

【流传】新疆维吾尔自治区·（阿勒泰地区）·福海县

【出处】苏力唐·阿曼讲，黑扎提·阿吾巴克尔采录，杨凌等译：《天仙》，见中国民间文学集成全国编辑委员会编《中国民间故事集成》（新疆卷），北京：中国 ISBN 中心 2008 年版，第 22 页。

W1174.4.2
为繁衍生命造地

【实例】

布依族 翁戛老祖造成地来生千样，造成地来生万物。

【流传】贵州省布依族地区

【出处】杨正荣、祝登銮讲，岭玉清、汛河搜集整理，古梅改写：《翁戛造万物》，见姚宝瑄主编《中国各民族神话》（布依族、仡佬族、苗族），太原：山西出版传媒集团·书海出版社 2014 年版，第 9 页。

傣族 男神桑戛西对妻子雅桑戛赛说："我们的脚下，全是白茫茫的一片海水，没有一块落脚的地方，生命无法繁衍，我要以我的智慧和本领，开创出一片土地。"

【流传】云南省·西双版纳（西双版纳傣族自治州）

【出处】*《桑戛西造世界》，原载岩峰三讲，毕光尖记录《桑戛西与桑戛赛造天地，创人类》，见姚宝瑄主编《中国各民族神话》（哈尼族、傣族），太原：山西出版传媒集团·书海出版社 2014 年版，第 252 页。

W1174.4.3
为万物生长造地

【实例】

藏族 最早的世界是茫茫大水。大神德绕高看到四处都没有个落脚的地方，就决心造块地，让万物有个生长的地方。

【流传】（西藏自治区）

【出处】

(a) 旺秋搜集：《僜人创世神话》，根据中国社会科学院民族研究所编《僜人社会历史调查》，云南人民出版社 1990 年版，西藏民间文艺研究会主办

《邦锦梅朵》1984 年第 8 期中的《僜人创世神话》整理。

（b）同（a），见姚宝瑄主编《中国各民族神话》（门巴族、珞巴族、怒族、藏族），太原：山西出版传媒集团·书海出版社 2014 年版，第 87 页。

W1174.4.4

为稳定天造地

【关联】[W1375] 天的稳固

实　例

哈尼族　为了让天有个依托的地方，加波俄郎（神名）又开始造地。大地造好了，天有了支撑的地方，天不再摇摇晃晃，大地也稳稳当当。

【流传】云南省·西双版纳（西双版纳傣族自治州）

【出处】飘马讲，白章富搜集整理：《奥颠米颠》，见姚宝瑄主编《中国各民族神话》（哈尼族、傣族），太原：山西出版传媒集团·书海出版社 2014 年版，第 79 页。

W1174.4.5

为支撑天造地

实　例

傈僳族　天神木布帕看到天没有东西托着，随时都有掉下来的危险，决心捏个地来支撑天，使天不摇不晃、稳稳当当。

【流传】（无考）

【出处】刘辉豪等：《天、地、人的由来》，见祝发清、左玉堂、尚仲豪编《傈僳族民间故事选》，上海：上海文艺出版社 1985 年版，第 1~3 页。

傈僳族　天神木布帕见天不稳，就捏个地球来支撑天，使天不摇不晃、稳稳当当。

【流传】云南省·（怒江傈僳族自治州）·碧江县（1986 年撤销县制，归入福贡县等）、泸水县

【出处】

（a）《木布帕捏地球》（原题为《天·地·人的形成》），原载祝发清、左玉堂、尚仲豪编《傈僳族民间故事选》，上海：上海文艺出版社 1985 年版。

（b）同（a），见姚宝瑄主编《中国各民族神话》（水族、布朗族、独龙族、基诺族、傈僳族），太原：山西出版传媒集团·书海出版社 2014 年版，第 187 页。

W1175

神或神性人物造地

实　例

（参见下级母题实例）

W1175.1

创世者造地球

【汤普森】A830

【关联】[W1184.0.1] 创世者用泥土造地

实　例

仡佬族　创世神"布什客"造地。

【流传】（无考）

【出处】《开天辟地》，见贵州仡佬族学会编《仡佬族歌谣选》，贵阳：贵州人民出版社2004年版，第1~2页。

W1175.1.1
创世主造地

实　例

哈萨克族 地是创世主迦萨甘创造的。

【流传】（新疆维吾尔自治区）

【出处】尼哈迈提·蒙加尼搜集，校仲彝翻译整理：《神与灵魂》，见姚宝瑄主编《中国各民族神话》（乌孜别克族、哈萨克族、柯尔克孜族、俄罗斯族、维吾尔族、塔吉克族、塔塔尔族、锡伯族），太原：山西出版传媒集团·书海出版社2014年版，第31~32页。

W1175.1.1a
创世神造地

【关联】［W1184.6c.1］创世神用红土黑土造地

实　例

（实例待考）

W1175.2
天神造地

【关联】

① ［W1186.3.1］天神造地用了7天
② ［W1184.1.1］天神用天泥来捏地球
③ ［W1235.3.2.1］天神造地时形成地的凹陷
④ ［W1240.1］天神造地网

实　例

鄂温克族 第一个大地是叫腾格勒的天神给造成的。

【流传】内蒙古自治区·呼伦贝尔盟（呼伦贝尔市）·（鄂温克族自治旗）·巴彦托海镇

【出处】

（a）阿拉诺海讲，马名超记录整理：《大地的传说》（1979.05.23），见马名超、王士媛、白衫编《鄂温克族民间故事选》，上海：上海文艺出版社1989年版，第21页。

（b）《大地的传说》，见吕大吉、何耀华总主编《中国各民族原始宗教资料集成》（鄂伦春族、鄂温克族、赫哲族、达斡尔族、锡伯族、满族、蒙古族、藏族），北京：中国社会科学出版社1999年版，第94页。

傈僳族 天神木布帕捏地。

【流传】（无考）

【出处】李国才讲，禾青搜集：《木布帕捏地》，见刘江华《中国神话故事》（天、地、人物卷），北京：中国世界语出版社1999年版，第1~2页。

傈僳族 远古，没有地，只有天，天神木布帕用天泥捏地。

【流传】（无考）

【出处】《天、地、人的形成》，见中国各民族宗教与神话大词典编审委员会编《中国各民族宗教与神话大词典》，

1.2.3 地的产生与特征 ‖W1175.2.1-W1175.2.3‖

北京：学苑出版社 1990 年版，第 386 页。

满族 天神阿布卡恩都里造了个很大的地。

【流传】（无考）

【出处】《天神创世》，见姚宝瑄主编《中国各民族神话》（满族、赫哲族、朝鲜族），太原：山西出版传媒集团·书海出版社 2014 年版，第 15~16 页。

土族 天神看到一只蛤蟆漂游在水面上，便从空中拿来一把土放在金蛤蟆的背上，造陆地。

【流传】（a）青海省·（海东市）·民和县（民和回族土族自治县）·官亭一带

【出处】

（a）马永喜福讲，马光星搜集整理：《阳世的形成》见满都呼主编《中国阿尔泰语系诸民族神话故事》，北京：民族出版社 1997 年版，第 207 页。

（b）《阳世的形成》，见谷德明编《中国少数民族神话》，北京：中国民间文艺出版社 1987 年版，第 714 页。

（c）《阳世的形成》，载《青海民族学院学报》1981 年第 4 期。

W1175.2.1

天神下凡造地

实 例

哈尼族 天神下凡到地上，开辟住的地方。

【流传】云南省·（红河哈尼族彝族自治州）·金平县（金平苗族瑶族傣族自治县）

【出处】

（a）批则讲，杨万智搜集整理：《地下人》，载《山茶》1986 年第 6 期。

（b）同（a），见姚宝瑄主编《中国各民族神话》（哈尼族、傣族），太原：山西出版传媒集团·书海出版社 2014 年版，第 66 页。

W1175.2.2

天神三兄弟下凡造地

实 例

珞巴族 都姑、隆姑、贡姑天神三兄弟，从上界见到大地上是一片茫茫汪洋，从上界来到下界造地。

【流传】西藏自治区·珞渝地区（包括上珞渝，泛指古称的白马岗即今林芝市墨脱县、马尼岗、梅楚卡一带，下珞渝则泛指永木河、锡约尔河、巴恰西仁河流域）

【出处】布洛（60 多岁）讲，于乃昌、张力凤、陈理明整理：《天神三兄弟》，原载于乃昌《西藏民间故事——珞巴族、门巴族专辑》，见陶阳、钟秀编《中国神话》（上），北京：商务印书馆 2008 年版，第 48~49 页。

W1175.2.3

天神在地球上造地

实 例

土族 远古时候，地球上没有陆地。

有一个天神在地球上造一块陆地。

【流传】（无考）

【出处】

(a)《陆地的形成》，载《青海民族学院学报》1981年第4期。

(b) 同（a），见姚宝瑄主编《中国各民族神话》（土族、东乡族、回族、保安族、裕固族、撒拉族），太原：山西出版传媒集团·书海出版社2014年版，第4页。

W1175.2.4

天神造地球

【关联】[W1220.1.1] 神最早造的地球很小

实 例

鄂温克族 世上有两个地球。第一个地球是腾格勒造的。

【流传】内蒙古自治区·呼伦贝尔市·辉河一带

【出处】阿拉诺海讲，马名超记录整理：《两个地球》，见姚宝瑄主编《中国各民族神话》（达斡尔族、鄂伦春族、鄂温克族、蒙古族），太原：山西出版传媒集团·书海出版社2014年版，第118页。

W1175.2.5

天神吐出地球

实 例

维吾尔族 女天神把宇宙间所有的尘土和空气全都吸进肚子里，然后吐出日月。她很高兴地又使劲一吐，吐出来的唾沫变成了地球，有高高的山，有平平的地，只是不会发光。

【流传】新疆维吾尔自治区·伊犁州（伊犁哈萨克自治州）·察布查尔县（察布查尔锡伯自治县）

【出处】牙库布讲，阿不都拉搜集翻译，姚宝瑄整理：《女天神创世》，见姚宝瑄主编《中国各民族神话》（乌孜别克族、哈萨克族、柯尔克孜族、俄罗斯族、维吾尔族、塔吉克族、塔塔尔族、锡伯族），太原：山西出版传媒集团·书海出版社2014年版，第225页。

W1175.2.6

天神混散造地

实 例

傣族 古时候，有个叫混散的天神造地。

【流传】云南省·德宏（德宏傣族景颇族自治州）·潞西（芒市）

【出处】依示讲，岩坎记录：《荷花变成四大洲》，见姚宝瑄主编《中国各民族神话》（哈尼族、傣族），太原：山西出版传媒集团·书海出版社2014年版，第240页。

W1175.2a

地神造地

【关联】

① [W0230] 地神

② [W0235.2] 地神是工匠

实例

（参见下级母题实例）

W1175.2a.1
地神九姐妹辟地

【实例】

纳西族 地神九姐妹，来做辟地的师傅。

【流传】（云南省）

【出处】和芳、和志新编译：《崇邦统——人类迁徙记》，见姚宝瑄主编《中国各民族神话》（伌族、阿昌族、纳西族、普米族、德昂族），太原：山西出版传媒集团·书海出版社2014年版，第139页。

W1175.2b
上帝造地

【关联】［W1186.3.1.2］上帝造地用7天

【关联】

① ［W1110.1.1.1］上帝用6天造天7天造地

② ［W1186.3.1.2］上帝造地用7天

【实例】

哈萨克族（实例待考）

W1175.3
天母造地

【关联】

① ［W0207］天母

② ［W1183.1.1］天母用鳌鱼搭成地

【实例】

羌族 红满西（天母）搭地。

【流传】四川省·（阿坝藏族羌族自治州）·理县·桃坪乡·桃坪村

【出处】余青海讲，罗世泽采录：《开天辟地》，见中国民间文学集成全国编辑委员会编《中国民间故事集成》（四川卷·下），北京：中国ISBN中心1998年版，第1107页。

W1175.3a
地母造地

【关联】［W0238］地母

【实例】

汉族 地母属阴力气小，去开地。

【流传】浙江省·（温州市）·苍南县·南宋乡

【出处】林道进讲，林子周采录：《天公地母开天地》，见中国民间文学集成全国编辑委员会编《中国民间故事集成》（浙江卷），北京：中国ISBN中心1997年版，第19页。

满族 地母神巴那吉额姆创造了大地。

【流传】（无考）

【出处】《阿布卡赫赫女神创世》，王松根据富育光、孟慧英、王宏刚撰写的《满族宗教与神话》改写，见姚宝瑄主编《中国各民族神话》（满族、赫哲族、朝鲜族），太原：山西出版传媒集团、书海出版社2014年版，第

4～14页。

W1175.4
天神的女儿造地

实例

彝族 格兹天神放到人间的7个银果变成7个女儿，让其中的4个来造地。

【流传】云南省·（楚雄彝族自治州）·姚安（姚安县）、大姚（大姚县）、永仁（永仁县）等地

【出处】＊《格兹天神创世》，见扬继中、芮增瑞、左玉堂编《楚雄彝族文学简史》，北京：中国民间文艺出版社1986年版，第44～45页。

W1175.5
女神造地

实例

水族 （实例待考）

维吾尔族 远古，女神吐出地球。

【流传】新疆维吾尔自治区·喀什（喀什地区）一带

【出处】伊犁自治州查布察尔锡伯自治县老人讲：《女天神创世》，见陶阳、牟钟秀著《中国创世神话》，上海：上海人民出版社2006年版，第115页。

维吾尔族 女天神吸了宇宙间的空气和尘土，然后使劲一吐，尘土就变成一个大大的地球，从嘴里滚了出来。

【流传】新疆维吾尔自治区·（伊犁哈萨克自治州）·伊宁市

【出处】亚库甫讲，阿不都拉采录，姚宝瑄译：《顶地球的公牛站在哪里》，见中国民间文学集成全国编辑委员会编《中国民间故事集成》（新疆卷），北京：中国ISBN中心2008年版，第6页。

W1175.5.1
天女造地

【关联】

① ［W0215］天女

② ［W1103.10.4］天女开天辟地

实例

彝族 天神的儿女造天地后，但天上和地上什么也没有。

【流传】云南省·楚雄彝族自治州·姚安县、大姚县等彝族地区

【出处】《创世·开天辟地》，见云南省民族民间文学楚雄调查队整理编写《梅葛》，昆明：云南人民出版社2009年版，第13页。

W1175.5.1.1
天神的4个女儿造地

实例

彝族 昔天神格兹苦以银果七变为七女，以四女造地。

【流传】（无考）

【出处】《天神格兹苦》（原名《云南彝族史诗·梅葛》），原载毛星主编《中

国少数民族文学》（下册），见袁珂《中国神话大词典》，北京：华夏出版社 2015 年版，第 430 页。

<u>彝族</u> 格兹天神要造地时，丢下的 4 个银果变成 4 个姑娘。天神就让这 4 个姑娘去造地。格兹天神造地的四个姑娘都很喜欢造地，都很喜欢干活，个个都很认真、很细致地造地。

【流传】（云南省·楚雄彝族自治州·姚安县·官屯乡·马游村，大姚县·昙华乡等）

【出处】

（a）郭天元（马游村）、李申呼颇（昙华乡）、李福玉颇（苴）演唱，郭思九、许明学、龚维顺、张宝省、陈志群、胡炳文等搜集，刘德虎、龚维顺、陈志群、李树荣、郭天元等整理：《梅葛》（第一部"创世"），见云南省民族民间文学楚雄调查队《梅葛》（1959），昆明：云南人民出版社 2009 年版。

（b）《打虎开天辟地》，蔷紫据云南省民族民间文学楚雄调查队著《梅葛》（云南人民出版社 2009 年版）改写，见姚宝瑄主编《中国各民族神话》（羌族、彝族），太原：山西出版传媒集团·书海出版社 2014 年版，第 189~191 页。

W1175.5.2
7 个女神造地

【关联】［W1103.7.3.1］9 个男神开天，7 个女神辟地

实例

<u>纳西族</u> 劈地的匠师是 7 个聪明的女神。

【流传】（a）云南省·（丽江市）·丽江县（原丽江纳西族自治县，今归属为丽江市古城区和玉龙纳西族自治县）

【出处】

（a）和芳讲，和志武采录：《人类迁徙记》，见中国民间文学集成全国编辑委员会编《中国民间故事集成》（云南卷），北京：中国 ISBN 中心 2003 年版，第 49 页。

（b）和志武翻译整理：《人类迁徙记》，见谷德明编《中国少数民族神话》，北京：中国民间文艺出版社 1987 年版，第 395 页。

<u>纳西族</u> 辟地的匠师，是七个聪明的女神。

【流传】（云南省·丽江市）

【出处】 和志武翻译整理：《人类迁徙记》，原载中共丽江地委宣传部编《纳西族民间故事选》，见陶阳、钟秀编《中国神话》（中），北京：商务印书馆 2008 年版，第 856~876 页。

W1175.5.3
天神的 7 个女儿中的 4 个去造地

实例

<u>彝族</u> 格滋天神要造地，他放下七个银果，变成七个姑娘，七个姑娘中，四个来造地。

【流传】云南省·楚雄彝族自治州·姚安县、大姚县等彝族地区

【出处】《创世·开天辟地》，见云南省民族民间文学楚雄调查队整理编写《梅葛》，昆明：云南人民出版社2009年版，第2页。

W1175.5a
男神造地

实 例

苗族 男神佑聪造地，一夜造一层。连续造十二夜，造了12层地。

【流传】云南省·（文山壮族苗族自治州）·马关县

【出处】杨正方讲，刘德荣采录：《造天造地》，见中国民间文学集成全国编辑委员会编《中国民间故事集成》（云南卷），北京：中国ISBN中心2003年版，第91页。

W1175.6
神鸟造地

【关联】

① ［W0924］神鸟
② ［W1177.2］鸟造地

实 例

彝族 一只脸面像人的大鸟，把右边的翅膀一摇，成了大地。

【流传】四川省·凉山州（凉山彝族自治州）·木里县（木里藏族自治县）

【出处】*《大鸟扇出天地》，见《藏族原始宗教资料丛编》，内部编印，第53页。

W1175.7
夫妻神造地

【关联】［W0141］对偶神（夫妻神）

实 例

（参见下级母题实例）

W1175.7.1
夫妻神夫妇踩出地

【关联】

① ［W1256.1］神踩出平地（神踩出坝子）
② ［W1315.1］地被踩低

实 例

汉族 勇力神夫妇踩着的地方成为地。

【流传】四川省·（成都市）·大邑县·晋原镇

【出处】王绍华讲，寇天采录：《天和地的来历》，见中国民间文学集成全国编辑委员会编《中国民间故事集成》（四川卷·上），北京：中国ISBN中心1998年版，第24页。

W1175.8
地王造地

实 例

蒙古族 地王造地。

【流传】吉林省·（松原市）·前郭尔罗斯（前郭尔罗斯蒙古族自治县）·

乌兰敖都乡

【出处】《武当喇嘛创世》，见白庚胜总主编《中国民间故事全书》（吉林省·前郭尔罗斯县卷），北京：知识产权出版社2009年版，第3页。

W1175.8.1
玉帝让地王造地

【关联】［W1104.6.2.1］玉帝让张古老造天，李古老造地

实 例

蒙古族 玉皇大帝叫地王造地。

【流传】（无考）

【出处】《日月之起源》，见中国各民族宗教与神话大词典编审委员会编《中国各民族宗教与神话大词典》，北京：学苑出版社1990年版，第454页。

W1175.8.2
喇嘛让地王造地

实 例

蒙古族 扎萨喇嘛叫地王造了九层地。

【流传】内蒙古自治区·哲里木盟（通辽市）·（科尔沁左翼右旗）·甘旗卡镇

【出处】哈拉巴拉讲，徐少义采录：《扎萨喇嘛》，见中国民间文学集成全国编辑委员会编《中国民间故事集成》（内蒙古卷），北京：中国ISBN中心2007年版，第6页。

W1175.9
神仙造地

实 例

汉族 两个神仙，一个造天，一个造地。

【流传】浙江省·（杭州市）·淳安县·上梧乡·陈家门村

【出处】陈南生讲，王水根记录整理：《天为什么比地大》，见淳安县民间文学征集办公室编《中国民间文学集成浙江省淳安县故事、歌谣、谚语卷》，内部编印，1988年，第3页。

W1175.9.0
玉帝让神仙造地

实 例

侗族 神仙姜古受玉皇大帝的旨意，造大地。

【流传】湖南省

【出处】《姜古造地》，见中国各民族宗教与神话大词典编审委员会编《中国各民族宗教与神话大词典》，北京：学苑出版社1990年版，第111页。

W1175.9.1
仙子造地

实 例

彝族 天神恩体古兹曾遣儒子古达、署子尔达、司子低尼和阿俄署布四仙子开辟东西南北四方的土地。

【流传】（无考）

【出处】吕大吉、何耀华总主编：《中国各民族原始宗教资料集成》（彝族卷、白族卷、基诺族卷），北京：中国社会科学出版社1996年版，第51页。

W1175.9.2
9个神仙造地

实例

怒族 上帝为了使天地分开，就派9个神仙去造地。

【流传】云南省·（怒江傈僳族自治州）·福贡县·架怒村（不详）

【出处】此阿妹讲，叶世富等采录：《高山和平地的由来》，见中国民间文学集成全国编辑委员会编《中国民间故事集成》（云南卷），北京：中国ISBN中心2003年版，第79页。

W1175.9a
神人造地

实例

（参见下级母题实例）

W1175.9a.1
9个神人造地

实例

哈尼族 最早的两个大神十遮和戈则商量，派九个神人去造地，派三个神人去造天。

【流传】（无考）

【出处】《杀牛龙，造天地》，根据张牛朗、杨批斗、李书周等演唱，杨保生、李家顺等翻译，杨笛、郭纯礼等整理《十二奴局》和《奥色密色》翻译稿改写，见姚宝瑄主编《中国各民族神话》（哈尼族、傣族），太原：山西出版传媒集团·书海出版社2014年版，第9页。

W1175.10
仙女造地

【关联】
① ［W0826］仙女
② ［W0826.3］仙女的本领

实例

（参见下级母题实例）

W1175.10.1
9个仙女造地

实例

水族 九位仙女分别从天上降到凡间，为水族先民造山造田。

【流传】贵州省·（黔南布依族苗族自治州）·三都县（三都水族自治县）·九阡镇、周覃镇；荔波县·玉屏镇、茂兰镇

【出处】《九仙下凡》，见中国民间文学集成全国编辑委员会编《中国民间故事集成》（贵州卷），北京：中国ISBN中心2003年版，第59页。

W1175.11
祖先造地

实例

汉族 （实例待考）

苗族 赛杜（祖先名，神）抛着肥厚的黄土黑土，铺撒大地无限延展。

【流传】贵州省·（安顺市）·紫云县（紫云苗族布依族自治县）麻山苗区

【出处】杨再华唱诵，杨正江译：《亚鲁族源》，见中国民间文艺家协会主编《亚鲁王》，北京：中华书局2011年版，第41页。

普米族 （实例待考）

水族 殷公造地。

【流传】（无考）

【出处】《开天辟地造人烟》，见中央民族学院少数民族文艺研究所编《中国民族民间文学》，北京：中央民族学院出版社1987年版，第593页。

W1175.11.1
男女始祖造地

【关联】［W0143］始祖对偶神

实例

阿昌族 （实例待考）

W1175.11.2
男始祖造地

实例

（参见下级母题实例）

W1175.11.2.1
男始祖简剑祖造地

实例

普米族 简剑祖带着神弓宝箭和天神赐给的金狗、银狗、铜狗及铁狗，征服雾海火海，开辟大地。

【流传】（无考）

【出处】《吉赛叽》，见中国各民族宗教与神话大词典编审委员会编《中国各民族宗教与神话大词典》，北京：学苑出版社1990年版，第519页。

W1175.11.3
女始祖造地

实例

基诺族 尧白阿嫫（女始祖名）造了大地，又做出了人。

【流传】（无考）

【出处】老三讲，古木记录：《阿奶额额放出人类》，见姚宝瑄主编《中国各民族神话》（水族、布朗族、独龙族、基诺族、傈僳族），太原：山西出版传媒集团·书海出版社2014年版，第155页。

水族 天上有了太阳、月亮和星星，可是，地上什么都没有，十分荒凉。伢俁始祖婆决心造地。

【流传】（无考）

【出处】潘静流唱，燕宝记译，化斯改写：《伢俁开创世界》（原名《造天造地》），见姚宝瑄主编《中国各民族神话》（水族、布朗族、独龙族、基诺族、傈僳族），太原：山西出版传媒集团·书海出版社2014年版，第7页。

W1175.11.3.1
女始祖密洛陀造地

【关联】［W0704］密洛陀

实 例

瑶族 密洛陀（人类始祖，女神）造田地。

【流传】广西壮族自治区·（河池市）·巴马县（巴马瑶族自治县）·东山乡

【出处】蒙老三讲，蒙灵记录翻译：《密洛陀》，见中国民间文学集成全国编辑委员会编《中国民间故事集成》（广西卷），北京：中国ISBN中心2001年版，第22页。

W1175.11.3.2
女始祖姆六甲造地

【关联】［W0705］姆六甲

实 例

壮族 姆洛甲（女始祖）造田地。

【流传】

(a) 广西壮族自治区·（河池市）·东兰县

(b) 广西壮族自治区·（河池市）·东兰县·三石乡·长筒村

【出处】
(a) 覃鼎琨讲，覃承勤采录翻译：《姆洛甲造三批人》附记，见中国民间文学集成全国编辑委员会编《中国民间故事集成》（广西卷），北京：中国ISBN中心2001年版，第4页。

(b) 覃剑萍搜集：《姆洛甲》，见张声震总主编，农冠品编注《壮族神话集成》，南宁：广西民族出版社2007年版，第17页。

W1175.12
巨人造地

实 例

（参见下级母题实例）

W1175.12.1
2个巨人造地

实 例

侗族 张古和盘古（巨人）把混沌一团的世界的一条大裂缝撕开，留一块来做底，形成地。

【流传】贵州省·（黔东南苗族侗族自治州）·三穗县·款场（款场乡）

【出处】杨引兰讲，周昌武采录：《开天辟地》，见中国民间文学集成全国编辑委员会编《中国民间故事集成》（贵州卷），北京：中国ISBN中心2003年版，第5页。

W1175.13
众神造地

实 例

汉族 通天教祖、原始天祖和太乙真

人把陆鸭从水下取来的泥土盘成圆珠，圆珠在原始天祖手里十万八千年长出一个地球。

【流传】江苏省·（镇江市）·丹阳市·云林乡·伦地村

【出处】徐书明讲，康新民采录：《绿鸭淘沙造大地》，见中国民间文学集成全国编辑委员会编《中国民间故事集成》（江苏卷），北京：中国ISBN中心1998年版，第13页。

W1175.13.1
众女神造地

实　例

纳西族　（实例待考）

W1175.13.2
天神三兄弟造地

【关联】［W0202.3］天神的兄弟

实　例

珞巴族　都姑、隆姑和贡姑天神三兄弟造地。

【流传】西藏自治区·（林芝地区）·墨脱县·达木乡（达木珞巴族乡）

【出处】

(a) 布洛讲，于乃昌等整理：《天神三兄弟》，见中国民间文学集成全国编辑委员会编《中国民间故事集成》（西藏卷），北京：中国ISBN中心2001年版，第6页。

(b) 同 (a)，见《珞巴族民间故事》：http://www.tibet-web.com/old/min-jian/ync/gushi/mulu.htm, 2003.10.02。

W1175.13.3
7个神造地

【关联】［W1175.5.2］7个女神造地

实　例

哈尼族　（实例待考）

壮族　造天造地的时候，造地的神有七个，名字都叫口朝。

【流传】云南省·（红河哈尼族彝族自治州）·金平县（金平苗族瑶族傣族自治县）·大寨（大寨乡）

【出处】黄金福讲，黄荣记录：《地为什么没有造平》，原载徐保国等主编《云南民间文学集成——金平故事卷》，内部资料，1989年，见姚宝瑄主编《中国各民族神话》（仫佬族、壮族、京族），太原：山西出版传媒集团·书海出版社2014年版，第128~129页。

W1175.13.3a
8个神造地

实　例

哈尼族　地是八个大神在属蛇那天造的。

【流传】云南省·（玉溪市）·元江县（元江哈尼族彝族傣族自治县）·咪哩乡、羊岔街乡及因远镇一带

【出处】《开天辟地歌》，见元江县哈尼文化学会、元江县史志编纂办公室编《元江哈尼族古歌集》，内部编印，

2005年，第9页。

W1175.13.4
9个大神造地

实例

哈尼族 9个大神造出地。

【流传】云南省

【出处】

（a）熊兴祥搜集整理：《风姑娘》，载《山茶》1983年第4期。

（b）同（a），见谷德明编《中国少数民族神话》，北京：中国民间文艺出版社1987年版，第337页。

哈尼族 很古的时候，人世间不分天和地。造地的大神来了9个。

【流传】云南省·（红河哈尼族彝族自治州）·金平县（金平苗族瑶族傣族自治县）·（大寨乡）·坡头乡（坡头村）

【出处】李文有讲，熊兴祥记录：《风姑娘》，原载《金平民间故事选》，见姚宝瑄主编《中国各民族神话》（哈尼族、傣族），太原：山西出版传媒集团·书海出版社2014年版，第30页。

W1175.13.5
9个男神造地

实例

瑶族 密洛陀（女神名）召来九个儿子，说："我要创造新天地，还要你们共出力。"

【流传】广西壮族自治区·（河池市）·都安瑶族自治县江水河一带瑶族地区

【出处】《密洛陀创世》，蓝田根据莎红整理的《密洛陀》和潘泉脉整理的《密洛陀》两部不同版本的长诗《密洛陀》改写，见姚宝瑄主编《中国各民族神话》（土家族、毛南族、侗族、瑶族），太原：山西出版传媒集团·书海出版社2014年版，第156页。

W1175.13.6
龙神和蛇王造地

【关联】

① ［W0535］龙神
② ［W3534.3.3］蛇王

实例

哈尼族 罗梭梭海的大神、龙宫的龙神、地下的蛇王等大神造地。

【流传】云南省·（红河哈尼族彝族自治州）·元阳县

【出处】朱小和讲，史军超等采录：《神的古今》，见中国民间文学集成全国编辑委员会编《中国民间故事集成》（云南卷），北京：中国ISBN中心2003年版，第19页。

W1175.13.7
3个地神和9个天神造地

实例

哈尼族 造地是三个地神王的功劳，是九个天神的功劳，是三条牛的功劳。

【流传】云南省·（红河哈尼族彝族自治州）·元阳县、金平县（金平苗族瑶族傣族自治县）、红河县等地

【出处】朱小和讲，史军超、卢朝贵搜集整理：《烟本霍本》，原载刘辉豪、阿罗编《哈尼族民间故事选》，上海文艺出版社1989年版，见姚宝瑄主编《中国各民族神话》（哈尼族、傣族），太原：山西出版传媒集团·书海出版社2014年版，第38页。

W1175.13.8
敖钦大神和巴纳姆妈妈造地

实 例

满族　敖钦大神和巴纳姆妈妈造出大地，并且长满了会走的树。

【流传】黑龙江省·（牡丹江市）·宁古塔（宁安县）；吉林省·长白山地区（长白山一带）

【出处】傅英人（疑"人"为"仁"）讲述，张爱云整理：《阿布凯赫赫创造天地人》，原载《满族萨满神话》，见陶阳、钟秀编《中国神话》（上），北京：商务印书馆2008年版，第140~154页。

W1175.14
盘古造地

【关联】[W1104.1]盘古造天地（盘古开天辟地）

实 例

瑶族　盘古皇用右脚一划就成了一块大田。

【流传】云南省

【出处】《盘古皇》，见中国社会科学院云南少数民族文学研究所等编《云南少数民族文学资料》第3辑，内部编印，1981年，第95页。

W1175.14a
盘生造地

【关联】

① [W1104.1.2]盘古氏盘生氏开天辟地

② [W1109.5.1]盘古、盘生一人编天，一人编地

③ [W1119.2.1]盘古、盘生变天地

实 例

（参见下级母题实例）

W1175.14a.1
盘生画出地

实 例

汉族　大地上的田地是盘古的儿子盘生画出来的。

【流传】湖北省·（荆州市）·洪湖市·郑道湖镇

【出处】蓝德财讲，龚达雄采录：《盘生划地》，见中国民间文学集成全国编辑委员会编《中国民间故事集成》（湖北卷），北京：中国ISBN中心1999年版，第7页。

W1175.15
佛祖造地

【关联】
① ［W1179.8.2.1］佛祖支天造地
② ［W1196.2.1］佛祖撒在水上的沙子变成地

实例

汉族　如来佛在手掌里用水、沙土和成泥浆朝洪水上一撒，沙泥浆撒到哪块，哪块就是平地。

【流传】江苏省·（盐城市）·阜宁县·古河乡（古河镇）·古河村

【出处】张俊之讲，孙友光采录：《绿鸭淘沙造大地》，见中国民间文学集成全国编辑委员会编《中国民间故事集成》（江苏卷），北京：中国ISBN中心1998年版，第13页。

裕固族　释迦牟尼造出大地。

【流传】甘肃省

【出处】托瓦讲：《阿斯哈斯》，安建均、安清萍等《裕固族民间文学作品选》，北京：民族出版社1984年版，第56~58页。

W1175.15.1
佛祖让动物造地

【关联】［W1186.1］按佛的旨意造地

实例

裕固族　释迦牟尼请青龙、白象在天的四角立四根柱子，出现了地面。

【流传】（无考）

【出处】
（a）托瓦讲，增才整理：《阿斯哈斯》，见满都呼主编《中国阿尔泰语系诸民族神话故事》，北京：民族出版社1997年版，第121~123页。
（b）托瓦口述，增才整理：《阿斯哈斯》，载《陇苗》1981年第12期。

W1175.16
真主造地

实例

柯尔克孜族　真主（柯尔克孜族人称"安拉"或"胡大依"）先创造了大地和万物。

【流传】（新疆维吾尔自治区）

【出处】
（a）《创世的传说》，见毛星主编《中国少数民族文学》，长沙：湖南人民出版社1983年版。
（b）同（a），见姚宝瑄主编《中国各民族神话》（乌孜别克族、哈萨克族、柯尔克孜族、俄罗斯族、维吾尔族、塔吉克族、塔塔尔族、锡伯族），太原：山西出版传媒集团·书海出版社2014年版，第144页。

塔吉克族　安拉创造大地。

【流传】新疆维吾尔自治区·（喀什地区）·塔什库尔干塔吉克自治县

【出处】马达里汗讲，西仁·库尔班等采录翻译：《关于地震的神话》，见中国民间文学集成全国编辑委员会编《中国民间故事集成》（新疆卷），北京：中国 ISBN 中心 2008 年版，第 26 页。

W1175.17
喇嘛造地

实 例

蒙古族 武当喇嘛造 9 层地。

【流传】（无考）

【出处】满德胡：《蒙古族民间文学》，见中央民族学院少数民族文艺研究所编《中国民族民间文学》，北京：中央民族学院出版社 1987 年版，第 464 页。

W1175.18
道士造地

实 例

汉族 绿鸭道士造大地。

【流传】江苏省·（盐城市）·阜宁县

【出处】张俊之讲：《绿鸭淘沙造大地》，见中国民间文学集成全国编辑委员会编《中国民间故事集成》（江苏卷），北京：中国 ISBN 中心 1998 年版，第 13 页。

W1175.18.1
2 个道士造地

实 例

汉族 红君老祖和绿鸭道人合力造陆地。

【流传】上海市·卢湾区·打浦桥街道

【出处】孙忠和讲，陈秀珠等采录：《大陆的来历》，见中国民间文学集成全国编辑委员会编《中国民间故事集成》（上海卷），北京：中国 ISBN 中心 2007 年版，第 15 页。

W1175.19
其他神或神性人物造地

实 例

（参见下级母题实例）

W1175.19.1
女娲造地

实 例

汉族 （实例待考）

W1175.19.2
天神的女侍从造地

实 例

满族 勒顿妈妈（天神女侍从、女萨满）敲了第二声神鼓，有了黄色的地。

【流传】（无考）

【出处】王宏刚：《论萨满教创世神话中的文化精神》，载《萨满学术论坛》2006 年第 1 期。

W1175.19.3
扁古王造地

实 例

汉族 地是扁古王辟的。

【流传】四川省·（宜宾市）·屏山县·屏边乡（屏边镇）·麻柳村

【出处】徐云华讲，徐登奎采录：《盘古开天地》，见中国民间文学集成全国编辑委员会编《中国民间故事集成》（四川卷·上），北京：中国 ISBN 中心 1998 年版，第 23 页。

汉族　天是盘古王开的，地是扁古王开的。

【流传】河南省·（驻马店市）·新蔡县

【出处】杜程氏（68 岁，农民）讲，杜小喜采录，龚国强采录整理：《盘古王和扁古王》（1987.09.15），见张振犁编著《中原神话通鉴》（第一卷），郑州：河南大学出版社 2017 年版，第 42 页。

苗族　（实例待考）

W1175.19.4
龙神造地

【关联】［W1175.13.6］龙神和蛇王造地

实　例

藏族　下界的龙神造出了大地。

【流传】云南省·迪庆（迪庆藏族自治州）

【出处】才旦旺堆搜集，蔷紫整理《神蛋创世纪》，见姚宝瑄主编《中国各民族神话》（门巴族、珞巴族、怒族、藏族），太原：山西出版传媒集团·书海出版社 2014 年版，第 75 页。

W1175.19.5
神鱼造地

【关联】［W1177.5.1］鱼造地

实　例

傣族　四条巴阿嫩神鱼（主宰海的神鱼）在天下的大海里横行，就用身上的污垢做了大地球。

【流传】云南省·西双版纳傣族地区（西双版纳傣族自治州）

【出处】胜能搜集：《巴阿嫩神鱼》，原载《巴塔麻晏》（开天辟地），见姚宝瑄主编《中国各民族神话》（哈尼族、傣族），太原：山西出版传媒集团·书海出版社 2014 年版，第 242 页。

W1175.19.6
宇宙之神造地

【关联】［W0203.1］宇宙神

实　例

柯尔克孜族　宇宙神造大地。

【流传】（无考）

【出处】《创世纪》，见中国各民族宗教与神话大词典编审委员会编《中国各民族宗教与神话大词典》，北京：学苑出版社 1990 年版，第 369～370 页。

柯尔克孜族　最初宇宙之神创造了七层大地。

【流传】新疆维吾尔自治区·柯尔克孜地区（克孜勒苏柯尔克孜自治州）

【出处】《火神》，斯丝根据多里昆·吐

尔地、阿地力·朱玛吐尔地撰写的《柯尔克孜族宗教与神话》改写，见姚宝瑄主编《中国各民族神话》（乌孜别克族、哈萨克族、柯尔克孜族、俄罗斯族、维吾尔族、塔吉克族、塔塔尔族、锡伯族），太原：山西出版传媒集团·书海出版社 2014 年版，第 146 页。

W1175.19.7
神王造地球

【实例】

傣族 无限宽阔、无限大的地球，是由神王英叭开创出来的。

【流传】云南省·西双版纳傣族地区（西双版纳傣族自治州）

【出处】《巴塔麻嘎捧尚罗》，王松据岩温炳翻译《巴塔麻晏》（开天辟地）改写，见姚宝瑄主编《中国各民族神话》（哈尼族、傣族），太原：山西出版传媒集团·书海出版社 2014 年版，第 272 页。

W1175.19.8
祝融辟地

【关联】[W0767] 祝融

【实例】

苗族 远古时，出了个南火，他就是管火的祝融，是他立了大地。

【流传】湖南省苗族地区

【出处】龙王六演唱，龙炳文翻译：《开天立地》，苗地根据《楚风》刊登的

《苗族古歌》的第一部分《开天日立》改写，见姚宝瑄主编《中国各民族神话》（布依族、仡佬族、苗族），太原：山西出版传媒集团·书海出版社 2014 年版，第 127 页。

W1175.19.9
姜古造地

【实例】

侗族 天地混沌之时有个大神姜古。他受玉皇大帝的旨意，塑造大地。

【流传】（无考）

【出处】杨锡光提供：《姜古造地》，见姚宝瑄主编《中国各民族神话》（土家族、毛南族、侗族、瑶族），太原：山西出版传媒集团·书海出版社 2014 年版，第 114 页。

W1175.19.10
翁嘎造地

【关联】[W1104.6.4a.1] 翁嘎造天地

【实例】

布依族 翁嘎造田地。

【流传】（无考）

【出处】古歌《造千种万物》，见中国各民族宗教与神话大词典编审委员会编《中国各民族宗教与神话大词典》，北京：学苑出版社 1990 年版，第 44 页。

W1175.19.11
腾格日神造地

实例

鄂温克族 第一个地球很小，是一位叫腾格日的尊神造的。

【流传】（无考）

【出处】

（a）阿拉诺海讲，道尔吉翻译：《萨满神鼓的来历》，见满都呼主编《中国阿尔泰语系诸民族神话故事》，北京：民族出版社1997年版，第304页。

（b）《萨满神鼓的来历》，见《鄂伦春族民间故事选》，上海：上海文艺出版社1989年版。

W1175.19.12
朱比拉沙造地

实例

哈尼族 造地的神是朱比拉沙。

【流传】云南省·红河州（红河哈尼族彝族自治州）一带

【出处】张牛郎、涂伙沙等演唱，赵官禄等搜集整理：《十二奴局》，昆明：云南人民出版社1989年版，第2页。

W1175.19.13
地合造地

【关联】

① [W1134.6.4] 天造造天

② [W1186.3.5.1] 地合造地用了1万年

实例

汉族 "地合"（神名）造地。

【流传】浙江省·（衢州市）·江山市·凤林镇

【出处】吴土讲，江都采录：《天造地合》，见中国民间文学集成全国编辑委员会编《中国民间故事集成》（浙江卷），北京：中国 ISBN 中心1997年版，第20页。

W1175.19.14
老三星造地

【关联】[W1133.6.4a.1] 创世神老三星造天

实例

满族 人类居住的大地是老三星创造的。

【流传】黑龙江省·（牡丹江市）·宁安县·宁安镇

【出处】关振川讲，傅英仁采录：《阿不凯恩都哩创世》，见中国民间文学集成全国编辑委员会编《中国民间故事集成》（黑龙江卷），北京：中国ISBN中心2005年版，第17~18页。

W1175.19.15
佑聪造地

【关联】[W1103.5.7] 菠嬎造天，佑聪造地

实例

苗族 远古的时候，没有地，佑聪造

1.2.3 地的产生与特征 ‖W1175.19.16–W1175.19.18‖

了地。

【流传】云南省·（文山壮族苗族自治州）·富宁县

【出处】罗正明讲，王忠林等采录：《谁来造人烟》，见中国民间文学集成全国编辑委员会编《中国民间故事集成》（云南卷），北京：中国ISBN中心2003年版，第92页。

W1175.19.16
佑劳造地

实 例

苗族　佑劳（神名）造地。

【流传】贵州省·（毕节市）·赫章县

【出处】杨质昌、王正义整理：《造天地人类歌》，见《贵州省赫章县故事卷》，内部编印。

W1175.19.16a
南火造地

实 例

苗族　盘古开天，南火（火神名）立地。

【流传】（无考）

【出处】龙炳文整理：《古老话》，见苏晓星《苗族文学史》，成都：四川出版集团、四川民族出版社2003年版，第62页。

苗族　此前，南火（火神名，居火正之职）立地。

【流传】（无考）

【出处】龙王六诵，龙炳文翻译：《开天立地》，见陶立璠、赵桂芳等编《中国少数民族神话汇编》（开天辟地篇等），中央民族学院少数民族古籍整理出版规划领导小组办公室印（未署出版时间），第42页。

W1175.19.17
恩公造地

实 例

水族　恩公开辟地方。

【流传】（无考）

【出处】《开天地造人烟》，见范禹主编《水族文学史》，贵阳：贵州人民出版社1987年版，第42页。

水族　古恩公，从天上来。下人间，开田开土。

【流传】贵州省

【出处】《恩公开辟地方》，见陶立璠、赵桂芳等编《中国少数民族神话汇编》（开天辟地篇等），中央民族学院少数民族古籍整理出版规划领导小组办公室印（未署出版时间），第291页。

W1175.19.18
亚雨造地

实 例

壮族　盘古开天后，亚雨造地。

【流传】广西壮族自治区·（百色市）·靖西（靖西市）

【出处】《盘古歌》，见张声震总主编，农冠品编注《壮族神话集成》，南宁：

广西民族出版社 2007 年版，第 3 页。

W1175.19.19
布比密神造地

【关联】[W1104.6.3] 布什格造天，布比密造地

实例

仡佬族 布比密（神名）造出了地。

【流传】贵州省·（遵义市）·遵义县·平正公社（平正乡）

【出处】

（a）陈保和讲，田兴才等搜集：《布什格制天，布比密制地》，见陶立璠、赵桂芳等编《中国少数民族神话汇编》（开天辟地篇等），中央民族学院少数民族古籍整理出版规划领导小组办公室印（未署出版时间），第 325 页。

（b）同（a），见谷德明编《中国少数民族神话》，北京：中国民间文艺出版社 1987 年版，第 671 页。

（c）陈保和讲，田兴才等采录：《制天制地》，见中国民间文学集成全国编辑委员会编《中国民间故事集成》（贵州卷），北京：中国 ISBN 中心 2003 年版，第 7 页。

W1176
人造地

实例

（参见下级母题实例）

W1176.1
一对夫妻踩出了地

实例

（参见下级母题实例）

W1176.2
两兄弟造地

【关联】[W5183.3] 两兄弟

实例

俄罗斯族（雅库特）最初，只有汪洋大水和兄弟二人。兄弟二人造地。

【流传】（无考）

【出处】http：//www.chinesefolklore.org.cn/xrwc/xrzj/cgl/mgzqs.htm。

W1176.2a
两姐弟造地

实例

壮族 洪水后，幸存姐弟俩，弟弟用树枝拖行造田地。

【流传】广西壮族自治区·（南宁市）·横县·云表乡（云表镇）

【出处】黄家香讲：《姐弟造人伦》，见张声震总主编，农冠品编注《壮族神话集成》，南宁：广西民族出版社 2007 年版，第 347 页。

W1176.3
众人造地

实例

（参见下级母题实例）

W1176.3.1
天王派 9 个人造地

实 例

哈尼族 天王派来 9 个人造地。

【流传】（无考）

【出处】刘辉豪、白章福搜集整理：《奥色密色》，载《山茶》1980 年第 2 期。

W1176.3.2
众姐妹造地

实 例

（参见下级母题实例）

W1176.3.2.1
7 姐妹造地

实 例

纳西族 辟地的七姊妹由善神生的白蛋变成。

【流传】（无考）

【出处】《崇搬图》，见中国各民族宗教与神话大词典编审委员会编《中国各民族宗教与神话大词典》，北京：学苑出版社 1990 年版，第 509 页。

W1176.4
与人造地有关的其他母题

实 例

（参见下级母题实例）

W1176.4.1
一个男子铺地

实 例

彝族（阿细） 最古的时候，有个人叫乃渥白，他就是铺地的人。

【流传】（a）云南省·红河哈尼族彝族自治州·弥勒县·（西山镇）

【出处】

（a）潘正兴等唱述，云南省民族民间文学红河调查队搜集翻译整理：《阿细的先基》，昆明：云南人民出版社 1959 年版。

（b）云南省民族民间文学红河调查队搜集整理，古梅改写：《最古的时候》，见姚宝瑄主编《中国各民族神话》（羌族、彝族），太原：山西出版传媒集团·书海出版社 2014 年版，第 139 页。

W1176.4.2
一个大力青年造地

实 例

傈僳族 古时候，一个力大无比的青年给人类造大地。

【流传】云南省

【出处】《怒江为什么山多箐多》，见中国社会科学院云南少数民族文学研究所等编《云南少数民族文学资料》第 1 辑，内部编印，1980 年，第 151 页。

W1177

动物造地

实 例

（参见下级母题实例）

W1177.1

龙造地

实 例

（参见下级母题实例）

W1177.1.1

阴龙造地

实 例

土家族 古时候，阴龙造地。

【流传】湖北省·（宜昌市）·长阳（长阳土家族自治县）·贺家坪（贺家坪镇）·火麦溪（火麦溪村）

【出处】《神龙造天、造地、造人》，见白庚胜总主编《中国民间故事全书》（湖北省·长阳卷），北京：知识产权出版社2007年版，第3页。

W1177.1.1.1

浊气化成的阴龙造地

实 例

土家族 混沌中，浊气化成造地的阴龙。阴龙造好了地。

【流传】湖北省·（宜昌市）·长阳县（长阳土家族自治县）·贺家坪区（贺家坪镇）·火麦溪村

【出处】郑文仕讲，杜荣东采录：《神龙造天造地造人》，见中国民间文学集成全国编辑委员会编《中国民间故事集成》（湖北卷），北京：中国ISBN中心1999年版，第7页。

W1177.1.2

青龙造地

【关联】［W3583.12］青龙

实 例

（参见下级母题实例）

W1177.1.2.1

佛祖让青龙造地

实 例

裕固族 释迦牟尼请青龙造地。

【流传】（无考）

【出处】托瓦口述，增才整理：《阿斯哈斯》，载《陇苗》1981年第12期。

W1177.1.3

李龙王造地

【关联】［W1106.1.1］张龙王造天，李龙王造地

实 例

仡佬族 造天地时，由李龙王来制地。

【流传】（a）贵州省·（遵义市）·遵义县（播州区）·平正乡（平正仡佬族乡）。

（b）贵州省·（遵义市）·遵义县（播州区）·平正公社（平正仡佬族

乡）·尖山（今属遵义市播州区三岔镇）

【出处】

（a）陈保和讲，唐文新采录：《十弟兄》，见中国民间文学集成全国编辑委员会编《中国民间故事集成》（贵州卷），北京：中国 ISBN 中心 2003 年版，第 64 页。

（b）熊文帮讲，葛镇亚搜集：《天与地》，见陶立璠、赵桂芳等编《中国少数民族神话汇编》（开天辟地篇等），中央民族学院少数民族古籍整理出版规划领导小组办公室印（未署出版时间），第 324 页。

W1177.1.4
母龙造地

实 例

拉祜族 母龙在地上滚 9 下，变成 9 块地。

【流传】云南省
【出处】《雅卜和乃卜》，见中国社会科学院云南少数民族文学研究所等编《云南少数民族文学资料》第 1 辑，内部编印，1980 年，第 192 页。

W1177.2
鸟造地

实 例

（参见下级母题实例）

W1177.2.1
鸟衔石造地

实 例

（参见下级母题实例）

W1177.2.1.1
白水鸟衔石造地

实 例

满族 洪水后，白水鸟等衔石造地，人类万物得以繁衍。

【流传】（无考）
【出处】富育光：《论萨满教的天穹观》，载《世界宗教研究》1987 年第 4 期。

W1177.2.2
鸟用翅膀扇出地

实 例

藏族 混沌中出现一只大飞鸟，它右翅膀一摇，就有了地球。

【流传】四川省·（凉山彝族自治州）·木里县（木里藏族自治县）·卡拉乡
【出处】陈安礼讲，陈青贵翻译，四川省民协木里采风队采录：《天和地是怎样来的》，见中国民间文学集成全国编辑委员会编《中国民间故事集成》（四川卷·下），北京：中国 IS-BN 中心 1998 年版，第 933 页。

藏族 最早的混沌世界中出现的人面鸟身的马世纪（鸟名）把右边的翅膀

一摇，就有了大地。

【流传】（四川省·凉山彝族自治州·木里藏族自治县）

【出处】陈安礼讲，陈青贵等译：《天和地怎样来的》，原载《中国民间故事集成·木里卷》，见吕大吉、何耀华总主编《中国各民族原始宗教资料集成》（鄂伦春族卷、鄂温克族卷、赫哲族卷、达斡尔族卷、锡伯族卷、满族卷、蒙古族卷、藏族卷），北京：中国社会科学出版社1999年版，第938页。

W1177.2.3
水鸟在海中造出地

实例

满族 白水神鸟召集所有的白水鸟，请来了所有的野鸭和天鹅。所有的水上居民们一面啄食水中的虫子，一面又把水中的泥沙碎石衔啄起来，堆积在浅滩上，大地就慢慢出现了。

【流传】（无考）

【出处】《阿布卡赫赫女神创世》，王松根据富育光、孟慧英、王宏刚撰写的《满族宗教与神话》改写，见姚宝瑄主编《中国各民族神话》（满族、赫哲族、朝鲜族），太原：山西出版传媒集团、书海出版社2014年版，第4~14页。

W1177.2.4
白水鸟、野鸭、天鹅衔泥造地

实例

满族 天地初开时，遍地洪水，生灵无法栖居，群群白水鸟、野鸭、天鹅飞降水泽，啄食水中沙泥碎石，又吐到一些浅滩上堆出了大地。

【流传】（无考）

【出处】富育光、孟慧英、王宏刚整理：《白水鸟神》，见姚宝瑄主编《中国各民族神话》（满族、赫哲族、朝鲜族），太原：山西出版传媒集团·书海出版社2014年版，第72页。

W1177.3
青蛙造地

【关联】［W1199.3.3.1］青蛙把地增大

实例

（参见下级母题实例）

W1177.3.1
海龙王派青蛙造地

实例

哈尼族 （实例待考）

W1177.3.2
青蛙在水面上造地

实例

哈尼族 青蛙浮到水面造地。

【流传】云南省·（普洱市）·墨江县（墨江哈尼族自治县）

【出处】金开兴讲，蓝明红采录：《青蛙造天地》，见中国民间文学集成全国编辑委员会编《中国民间故事集成》（云南卷），北京：中国ISBN中心

2003 年版，第 34 页。

W1177.4
蜘蛛造地

【关联】

① ［W1023.4.3］蜘蛛是创世者
② ［W1106.3］蜘蛛造天地

实 例

（参见下级母题实例）

W1177.4.1
蜘蛛在水上结网形成地

实 例

德昂族 洪水淹没大地后，蜘蛛在水上织网，天上的尘土就落在大网上，变成了大地。

【流传】（a）云南省·德宏州（德宏傣族景颇族自治州）

【出处】

（a）李来岩等讲，李岩牙等翻译，朱宜初采录：《葫芦传人种》，见中国民间文学集成全国编辑委员会编《中国民间故事集成》（云南卷），北京：中国ISBN 中心 2003 年版，第 208 页。

（b）李志崖讲，朱宜初搜集，谷德明整理：《大火和洪水》，见谷德明编《中国少数民族神话》，北京：中国民间文艺出版社 1987 年版，第 515 页。

德昂族 大洪水时，大地没于洪水，蜘蛛结网水上，网大而密。天上尘土落于网上，复变大地。

【流传】（云南省？）

【出处】袁珂改编：《大火与洪水》，原载谷德明编《中国少数民族神话选》，见袁珂《中国神话大词典》，北京：华夏出版社 2015 年版，第 582 页。

W1177.5
其他动物造地

实 例

（参见下级母题实例）

W1177.5.1
鱼造地

【关联】

① ［W1175.19.5］神鱼造地
② ［W1190.1］鱼生地

实 例

（参见下级母题实例）

W1177.5.1.1
金鱼娘用鳍扇出地

实 例

哈尼族 远古的时候，睡在大海里的密乌艾西艾玛金鱼娘扇出了大地。

【流传】

（ab）云南省·（红河哈尼族彝族自治州）·元阳县·黄草岭区（黄草岭乡）·树皮寨

（c）云南省·（红河哈尼族彝族自治州）·元阳县

【出处】

（a）杨批斗讲，史军超采录：《年月树》，见中国民间文学集成全国编辑委员会编《中国民间故事集成》（云南卷），北京：中国 ISBN 中心 2003 年版，第 289 页。

(b) 同 (a)，见云南省民间文学集成办公室编《哈尼族神话传说集成》，北京：中国民间文艺出版社 1990 年版。

(c) 朱小和讲，史军超等采录：《神的古今》，见中国民间文学集成全国编辑委员会编《中国民间故事集成》（云南卷），北京：中国 ISBN 中心 2003 年版，第 19 页。

W1177.5.2
螺蛉子造地

【关联】［W1136.6.2］螺蛉子造天（螺蠃造天）

实　例

汉族 （实例待考）

W1177.5.3
鸭造地

【关联】

① ［W1136.6.1］巨鸭啄开天
② ［W1177.2.4］白水鸟、野鸭、天鹅衔泥造地

实　例

（参见下级母题实例）

W1177.5.3.1
鸭在龟背上撒土造地

【关联】

① ［W1196.5.2］佛在巨龟身上造地
② ［W1199.1.1］地在龟背上形成

实　例

汉族 最早世界只有大水，一只陆鸭从水下含了一口土，撒到鳖鱼背，随着就长出了陆地。

【流传】江苏省·镇江（镇江市）

【出处】赵万楼讲：《绿鸭淘沙造大地》，见中国民间文学集成全国编辑委员会编《中国民间故事集成》（江苏卷），北京：中国 ISBN 中心 1998 年版，第 13 页。

W1177.5.3.2
野鸭在水上撒土造地

实　例

柯尔克孜族 野鸭鲁弗尔落到水面上，从自己的胸脯上啄下一些羽毛，筑了一个窝。自从有了这个漂浮在水面上的窝以后，才开始形成了陆地。

【流传】（无考）

【出处】

(a)《野鸭鲁弗尔》，见满都呼主编《中国阿尔泰语系诸民族神话故事》，北京：民族出版社 1997 年版，第 79 页。

(b)《野鸭鲁弗尔》，见《艾特玛托夫小说集》（下），北京：外国文学出版社 1981 年版，第 422~423 页。

W1177.5.4
蚂蚁造地

【关联】

① ［W1199.3.3.2］蚂蚁把地增大

② ［W1237.3］蚂蚁咬齐地边

实例

傈僳族 最早时，葫芦生的蚂蚁造绿地。

【流传】四川省·（凉山彝族自治州）·德昌县·金沙乡（金沙傈僳族乡）·王家山（王家山村）

【出处】张长贵讲，李国才翻译采录：《冰天鹅、冰蚂蚁造天地》，见中国民间文学集成全国编辑委员会编《中国民间故事集成》（四川卷·下），北京：中国 ISBN 中心 1998 年版，第 1431 页。

W1177.5.5
拱屎虫造地（屎壳郎造地）

【关联】［W1136.3］屎壳郎造天

实例

壮族 上界和下界分开时，留在地下的拱屎虫造地。

【流传】广西壮族自治区·（河池市）·大化县（大化瑶族自治县）·都阳镇

【出处】

（a）覃奶讲，蓝鸿恩采录翻译：《姆洛甲出世》，见中国民间文学集成全国编辑委员会编《中国民间故事集成》（广西卷），北京：中国 ISBN 中心 2001 年版，第 3 页。

（b）同（a），见张声震总主编，农冠品编注《壮族神话集成》，南宁：广西民族出版社 2007 年版，第 21 页。

壮族 上界和下界分开时，螟蛉子向天上飞去了，地下留的是拱屎虫，于是拱屎虫造地。

【流传】（无考）

【出处】《姆六甲》，原载蓝鸿恩搜集整理《神弓宝剑》，中国民间文艺出版社 1985 年版，见吕大吉、何耀华总主编《中国各民族原始宗教资料集成》（土家族卷、瑶族卷、壮族卷、黎族卷），北京：中国社会科学出版社 1998 年版，第 604 页。

W1178
其他造地者造地

实例

（参见下级母题实例）

W1178.1
太阳造地

实例

裕固族 天上的太阳创造了陆地。

【流传】（无考）

【出处】钟进文整理：《日母月父》，见满都呼主编《中国阿尔泰语系诸民族神话故事》，北京：民族出版社 1997 年版，第 116 页。

W1178.1.1
太阳 7 姐妹造地

【关联】［W1186.3.1.3］太阳姐妹造地用了 7 天

实例

傈僳族 人住的这个大地，是太阳七姊

妹做出来的，叫作"母子"。

【流传】四川省·（凉山彝族自治州）·德昌县·宽裕乡·赵家湾子

【出处】张国全讲，李文华等采录：《天管师和张古老》，见中国民间文学集成全国编辑委员会编《中国民间故事集成》（四川卷·下），北京：中国ISBN中心1998年版，第1437页。

W1178.2
神与神性人物合作造地

实 例

（实例待考）

W1178.2.1
天神与萨满合作造地球

【关联】[W9146.8] 萨满的本领

实 例

满族 （实例待考）

W1178.3
神与动物合作造地

实 例

哈尼族 大神造地时，蚂蚁、土狗、蚯蚓、草鞋虫都来抬土。

【流传】云南省·（红河哈尼族彝族自治州）·元阳县

【出处】朱小和讲，史军超等采录：《神的古今》，见中国民间文学集成全国编辑委员会编《中国民间故事集成》（云南卷），北京：中国ISBN中心2003年版，第19页。

W1178.3.1
佛与潜水鸟在海上创造大地

实 例

蒙古族 佛与潜水鸟在海上创造大地。

【流传】（无考）

【出处】［蒙古］Д.策仁苏德那木编：《蒙古神话》（基利尔蒙古文），转引自那木吉拉《中国阿尔泰语系诸民族神话比较研究》，北京：学习出版社2010年版，第22页。

W1178.3.2
海神、龙神与蛇王造地

实 例

哈尼族 造地时请来了罗梭梭海的大神，龙宫的龙神和地下的蛇王。

【流传】云南省·（红河哈尼族彝族自治州）·元阳县、金平县（金平苗族瑶族傣族自治县）、红河县等地

【出处】朱小和讲，史军超、卢朝贵搜集整理：《烟本霍本》，原载刘辉豪、阿罗编《哈尼族民间故事选》，上海文艺出版社1989年版，见姚宝瑄主编《中国各民族神话》（哈尼族、傣族），太原：山西出版传媒集团·书海出版社2014年版，第36页。

W1178.4
植物造地
实例

（参见下级母题实例）

W1178.4.1
茶树开辟大地
【关联】［W3753］茶树的产生（茶的产生）

实例

德昂族 天堂里又小又焦黄的茶树决定到混沌黑暗的大地上开辟大地。

【流传】（无考）

【出处】赵备搜集整理：《茶叶变男女开创大地》，见姚宝瑄主编《中国各民族神话》（佤族、阿昌族、纳西族、普米族、德昂族），太原：山西出版传媒集团·书海出版社2014年版，第386页。

W1178a
与造地者有关的其他母题
【关联】［W1915.1.7］造地者造河

实例

（参见下级母题实例）

W1178a.1
女神因年老无法造地
【关联】［W1175.5］女神造地

实例

瑶族 密洛陀（女神名）要造大地比造天更艰难。她已老了，没有力气去开辟大地了。

【流传】广西壮族自治区·（河池市）·都安瑶族自治县江水河一带瑶族地区

【出处】《密洛陀创世》，蓝田根据莎红整理的《密洛陀》和潘泉脉整理的《密洛陀》两部不同版本的长诗《密洛陀》改写，见姚宝瑄主编《中国各民族神话》（土家族、毛南族、侗族、瑶族），太原：山西出版传媒集团·书海出版社2014年版，第154页。

W1178a.2
造地时遇到干扰

实例

傈僳族 大神造大地造到滇西北边的时候，有人带信给他，说他家里的牛马都死光了，要他回去。他不在意，没有回去。

【流传】（无考）

【出处】《横断山脉的传说》，原载左玉堂《傈僳族宗教与神话》，见姚宝瑄主编《中国各民族神话》（水族、布朗族、独龙族、基诺族、傈僳族），太原：山西出版传媒集团·书海出版社2014年版，第190页。

W1178a.2.1
造地时的干扰者
【关联】

① ［W1007.3.1］创世的破坏者

② ［W1107b］造天地的破坏者

【实 例】

（参见下级母题实例）

W1178a.2.1.1
特定的神干扰造地

【实 例】

哈尼族 加波俄郎（神名）在造地时，一连三次接到女天神阿波米淹的传话。第一次传话说，他的嫂嫂病死了，要他赶快回去料理丧事。

【流传】云南省·西双版纳（西双版纳傣族自治州）

【出处】飘马讲，白章富搜集整理：《奥颠米颠》，见姚宝瑄主编《中国各民族神话》（哈尼族、傣族），太原：山西出版传媒集团·书海出版社 2014 年版，第 79 页。

W1179
造地的方法

【实 例】

（参见下级母题实例）

W1179.1
地是织出来的（织地）

【关联】[W1179.8.9.5] 仿照藤爬的样子织地

【实 例】

阿昌族 在天公造天的同时，地母（女祖先遮米麻）也开始织地。

【流传】（云南省）

【出处】赵安贤讲，智克整理：《遮帕麻与遮米麻》，见姚宝瑄主编《中国各民族神话》（佤族、阿昌族、纳西族、普米族、德昂族），太原：山西出版传媒集团·书海出版社 2014 年版，第 75 页。

W1179.1.1
用梭子织地

【实 例】

（参见下级母题实例）

W1179.1.1.1
女始祖用梭子织地

【实 例】

阿昌族 女始祖遮米麻拔下脸上的毛后，用梭子织地。

【流传】云南省·（德宏傣族景颇族自治州）·梁河县

【出处】赵安贤讲述，杨叶生翻译，智克整理：《遮帕麻与遮米麻》，载《山茶》1981 年第 2 期。

W1179.1.1.2
地母用喉头当梭用脸毛当线织地

【关联】[W2786] 女人为什么没有喉头和胡子

【实 例】

阿昌族 天公遮帕麻创造天空。地母遮米麻用喉头当梭子，拔下脸上的汗毛织大地。

【流传】（无考）

【出处】

（a）《遮帕麻与遮米麻》，见中国各民族宗教与神话大词典编审委员会编《中国各民族宗教与神话大词典》，北京：学苑出版社1990年版，第3页。

（b）赵安贤讲、杨叶生翻译、智克整理：《遮帕麻与遮米麻》，见梁河县民族民间文学调查组采集《阿昌族民间文学资料》（第一辑），梁河县文化馆内部编印，1987年，第4～18页。

阿昌族 地母遮米麻以前长着一个比芒果还要大的喉头，她摘下喉头当梭子，拔下脸毛织大地。

【流传】（云南省）

【出处】赵安贤讲，智克整理：《遮帕麻与遮米麻》，见姚宝瑄主编《中国各民族神话》（佤族、阿昌族、纳西族、普米族、德昂族），太原：山西出版传媒集团·书海出版社2014年版，第75页。

W1179.1.1.2
女神用梭子织地

实 例

傈僳族 造地的女神采用了用梭子织地的办法。

【流传】云南省·（德宏傣族景颇族自治州）·陇川县·（陇把镇）·邦外公社（邦外村）

【出处】李有华讲，黄云松等采录：《天地人的来历》，见中国民间文学集成全国编辑委员会编《中国民间故事集成》（云南卷），北京：中国ISBN中心2003年版，第44页。

W1179.1.2
用土填地网造地

【关联】[W1240] 地网

实 例

拉祜族 （实例待考）

W1179.1.3
用体毛织地

实 例

（参见下级母题实例）

W1179.1.3.1
女始祖遮米麻用体毛织地

实 例

阿昌族 遮米麻（女始祖、地母）拔下右脸的毛，织出了东边的大地；拔下左脸的毛，织出了西边的大地；拔下额的毛，织出了南边的大地；拔下额头的毛，织出了北边的大地。东、南、西、北都织好了。

【流传】云南省·（德宏傣族景颇族自治州）·梁河县

【出处】赵安贤讲述，杨叶生翻译，智克整理：《遮帕麻与遮米麻》，载《山茶》1981年第2期。

W1179.2
填海成地

【关联】[W9007.2] 赶山填海

实 例

（参见下级母题实例）

W1179.2.1
用土填海造地

实 例

（参见下级母题实例）

W1179.2.1.1
天神用土填海造地

【关联】［W1184.0.3］天神用土造地

实 例

裕固族 天神用黄土填海造地。

【流传】（无考）

【出处】钟进文：《裕固族神话》，见满都呼主编《中国阿尔泰语系诸民族神话故事》，北京：民族出版社1997年版，第115页。

W1179.2.2
挤海成地

【关联】
① ［W1172.3.2］海水退后出现地
② ［W1179.8.8］通过按压造地

实 例

（参见下级母题实例）

W1179.2.2.1
盘古用怪物挤海造地

实 例

汉族 盘古收拾了怪物，把它掀到大坑里使高山加宽，把海挤到一边去了，形成大地。

【流传】湖北省·神农架林区·盘水乡（松柏镇）·盘水村

【出处】贺久恒讲，胡崇峻采录：《盘古杀雾神》，见中国民间文学集成全国编辑委员会编《中国民间故事集成》（湖北卷），北京：中国ISBN中心1999年版，第4页。

W1179.2.2.2
人用山挡海造地

实 例

壮族 龙州这个地方原来周围是海，小伙天武化作山堵住海水，经过太阳照射，海洋慢慢变成陆地。

【流传】广西壮族自治区·（崇左市）·龙州县·龙州镇·营街

【出处】李峰玉讲：《天武填海》，见张声震总主编，农冠品编注《壮族神话集成》，南宁：广西民族出版社2007年版，第462~463页。

W1179.2.3
与填海造地有关的奇特母题

实 例

（参见下级母题实例）

W1179.2.3.1
填海造地不成功

实 例

裕固族 释迦牟尼从天上请来了青龙，

在青龙身上披上青绸子，驮上黄金，又从林间请来了白象，在白象身上披上了白绸子，驮上白土，每天不停地往海洋里撒，但没有造成地。

【流传】（无考）

【出处】

（a）《释迦牟尼创世》，见武文《宇宙建构的奇妙幻想——裕固族创世神话漫议》，载《民族文学研究》1996年第1期。

（b）托瓦讲，增才整理，钟进文辑：《阿斯哈斯》，见满都呼主编《中国阿尔泰语系诸民族神话故事》，北京：民族出版社1997年版，第121页。

W1179.3
填石造地

实 例

（参见下级母题实例）

W1179.3.1
女娲用五彩石填地

【关联】

① ［W0710］女娲

② ［W1387.1.1.1］女娲用五彩石补天

实 例

藏族 （实例待考）

W1179.4
潜水取土造地

【汤普森】A812

【关联】

① ［W1247.1］潜水取土

② ［W1809.7］潜水取泥造山

实 例

（参见下级母题实例）

W1179.4.0
神潜水取土造地

实 例

鄂伦春族 冰河时期，玛尼神（古代猛犸一类巨兽）钻到水下，掘土造地。

【流传】（无考）

【出处】王宏刚：《论萨满教创世神话中的文化精神》，载《萨满学术论坛》2006年第1期。

W1179.4.1
龟潜水取土造地

实 例

（实例待考）

W1179.4.2
鱼潜水取土造地

【汤普森】A811.1

【关联】［W1807.5.1］鱼潜水取泥造山

实 例

（参见下级母题实例）

W1179.4.3
魔鬼潜水取土造地

【汤普森】A812.1

【实例】

（实例待考）

W1179.4.4
鸭潜水取土造地

【实例】

（参见下级母题实例）

W1179.4.4.1
绿鸭道士淘沙造地

【关联】［W0782.7］绿鸭道人

【实例】

汉族 绿鸭道人从水中衔了满满一口沙土，吐到如来佛的只手掌心里，造大地。

【流传】江苏省·（盐城市）·阜宁县·古河乡（古河镇）·古河村

【出处】张俊之讲，孙友光采录：《绿鸭淘沙造大地》，见中国民间文学集成全国编辑委员会编《中国民间故事集成》（江苏卷），北京：中国ISBN中心1998年版，第13页。

汉族 最早时世界全是水，洪兴祖陆鸭沉到水底衔上一口泥土。

【流传】江苏省·（镇江市）·丹阳市·云林乡·伦地村

【出处】徐书明讲，康新民采录：《绿鸭淘沙造大地》，见中国民间文学集成全国编辑委员会编《中国民间故事集成》（江苏卷），北京：中国ISBN中心1998年版，第13页。

W1179.4.4.1.1
佛祖让绿鸭道士淘沙造地

【实例】

汉族 洪水中，如来佛让无处立身的绿鸭道人钻到水底掏些石子沙泥造地。

【流传】江苏省·（盐城市）·阜宁县·古河乡（古河镇）·古河村

【出处】张俊之讲，孙友光采录：《绿鸭淘沙造大地》，见中国民间文学集成全国编辑委员会编《中国民间故事集成》（江苏卷），北京：中国ISBN中心1998年版，第13页。

W1179.4.4.2
大鹏金翅鸟让鸭子潜水取泥

【实例】

汉族 大鹏金翅鸟见地上全是水，没得落脚的地方。让鸭子从水底给它衔来一口烂泥。

【流传】江苏省·（盐城市）·大丰县·三渣乡·西渣村

【出处】杨广顺讲，沈澄、丁晗搜集整理：《一把大斧分天地》（1986.04），见姚宝瑄主编《中国各民族神话》（汉族），太原：山西出版传媒集团·书海出版社2014年版，第22~23页。

W1179.4.4.3
野鸭潜水取土造地

【实例】

蒙古族（布里亚特） 野鸭潜入水底找

到创造大地的泥土。

【流传】（无考）

【出处】［蒙古］曾·杜拉姆：《蒙古神话学形象》，［蒙古］国家出版社1989年版，第129页，转引自陈岗龙等《蒙古民间文学》，银川：宁夏人民出版社2008年版，第33页。

蒙古族 在黑暗的混沌中，创造神额和·布日罕（母亲神）为了分离天地，就最初创造了野鸭。野鸭潜入水底，找来了造地的泥土。

【流传】（无考）

【出处】陈岗龙、乌日古木勒：《蒙古民间文学》，银川：宁夏人民出版社2008年版，第33页。

W1179.4.4.4
黄鸭潜水取土造地

实 例

蒙古族 黄鸭潜水捞出黑色、红色泥土和一些沙子泥后，佛把它洒在水面上形成大地。

【流传】（无考）

【出处】［蒙古］Д.策仁苏德那木编：《蒙古神话》（基利尔蒙古文），转引自那木吉拉《中国阿尔泰语系诸民族神话比较研究》，北京：学习出版社2010年版，第22~23页。

W1179.4.5
青蛙潜水取土造地

实 例

鄂温克族 （实例待考）

W1179.4.6
其他动物潜水取土造地

实 例

（参见下级母题实例）

W1179.4.6.1
白鸟潜水取土造地

实 例

塔塔尔族 创造神用白鸟潜水找来的泥土创造世界。

【流传】（无考）

【出处】陈岗龙：《蒙古族潜水神话研究》，载《民族艺术》2000年第2期。

W1179.4.7
与潜水取土造地有关的其他母题

实 例

（参见下级母题实例）

W1179.4.7.1
潜水取土放置在手掌上造地

实 例

汉族 （实例待考）

W1179.4.7.2
潜水取土放置在龟背上造地

【关联】

① ［W1177.5.3.1］鸭在龟背上撒土造地

② ［W1196.5.2］佛在巨龟身上造地

③ ［W1199.1.1］地在龟背上形成

实例

（参见下级母题实例）

W1179.4.7.3
潜水取土造地不成功

实例

（参见下级母题实例）

W1179.4.7.3.1
绿鸭潜水取土在龟背上造地不成功

【关联】［W1179.4.7.2］潜水取土放置在龟背上造地

实例

汉族　绿鸭沉到水底衔泥土放在鳌鱼背上，结果没有形成大地。

【流传】江苏省·（镇江市）·丹阳市·云林乡·伦地村

【出处】徐书明讲，康新民采录：《绿鸭淘沙造大地》，见中国民间文学集成全国编辑委员会编《中国民间故事集成》（江苏卷），北京：中国ISBN中心1998年版，第13页。

W1179.5
掘土造地

【关联】［W1184］用土造地（用泥巴造地）

实例

（参见下级母题实例）

W1179.5.1
神掘土造地

实例

鄂伦春族　冰河时期，玛尼神钻到水下，掘土造地。

【流传】（无考）

【出处】王宏刚：《论萨满教创世神话中的文化精神》，载《萨满学术论坛》2006年第1期。

W1179.6
找土造地

【关联】［W1184］用土造地（用泥巴造地）

实例

（参见下级母题实例）

W1179.6.1
让动物找土造地

实例

（参见下级母题实例）

W1179.6.1.1
创造神用白鸟潜水找来的泥土创造地

实例

塔吉克族　创造神用白鸟潜水找来的泥土创造世界。

【流传】（无考）

【出处】陈岗龙：《蒙古族潜水神话研

究》，载《民族艺术》2000 年第 2 期。

W1179.6.2
用身上的泥造地

实例

（参见下级母题实例）

W1179.6.2.1
天神用身上的泥造地

实例

傣族 世上第一个人叭英叭（其他神话说"英叭"为最早的天神）将身上的汗泥搓下来，捏了座塔，这个塔变成他落脚的大地。

【流传】云南省·西双版纳州（西双版纳傣族自治州）

【出处】岩英祁讲，仓霁华翻译，朱宜初等采录：《英叭开天辟地》，见中国民间文学集成全国编辑委员会编《中国民间故事集成》（云南卷），北京：中国 ISBN 中心 2003 年版，第 82 页。

W1179.7
用特定的工具造地（造地工具）

实例

（参见下级母题实例）

W1179.7.1
用斧子打造地面

【关联】[W1110.4] 用斧子造天地

实例

（参见下级母题实例）

W1179.7.1.1
造物主用开山巨斧打造地面

实例

布依族 洪水后，盘古王用大板斧造上、中、下三界。

【流传】（无考）

【出处】杨路塔：《日·月·星》，见曹文轩主编《中国神话故事精选》，北京：北京大学出版社 2004 年版，第 16~18 页。

景颇族 能贯娃（造物主、创世神）手持一柄开山巨斧打造地面。

【流传】云南省

【出处】岳志明、杨国治翻译整理：《驾驭太阳的母亲》，见谷德明编《中国少数民族神话》，北京：中国民间文艺出版社 1987 年版，第 468 页。

景颇族 造物主能贯娃手持一柄开山巨斧造地。

【流传】（云南省·德宏傣族景颇族自治州）

【出处】岳志明、杨国治翻译整理：《驾驭太阳的母亲》，见姚宝瑄主编《中国各民族神话》（白族、拉祜族、景颇族），太原：山西出版传媒集团·书海出版社 2014 年版，第 204 页。

W1179.7.1.2
仙人用铜铁斧开山造地

【实例】

彝族 九个仙青年同司惹约祖去造地，用铜铁斧遇高山就劈，遇深谷就打。一处打成坡，做种荞的地方。

【流传】（无考）

【出处】＊《用铜铁造天地》，见吕大吉、何耀华总主编《中国各民族原始宗教资料集成》（彝族卷、白族卷、基诺族卷），北京：中国社会科学出版社1996年版，第16～17页。

W1179.7.2
造地时使用风箱

【关联】［W6088］风箱

【实例】

哈尼族 大神们造地时，扛来一个最大的风箱，拉出七十七股狂风，拉出百种颜色的浓烟。

【流传】云南省·（红河哈尼族彝族自治州）·元阳县、金平县（金平苗族瑶族傣族自治县）、红河县等地

【出处】朱小和讲，史军超、卢朝贵搜集整理：《烟本霍本》，原载刘辉豪、阿罗编《哈尼族民间故事选》，上海文艺出版社1989年版，见姚宝瑄主编《中国各民族神话》（哈尼族、傣族），太原：山西出版传媒集团·书海出版社2014年版，第37页。

W1179.8
与造地方法有关的其他母题

【关联】［W1179.5］掘土造地

【实例】

（参见下级母题实例）

W1179.8.1
造地方法的获得

【实例】

（参见下级母题实例）

W1179.8.1.1
神向蜂学习造地方法

【实例】

哈尼族 大神们起先不会造地，从蜂子那里学会造地有高有低，有高山河坝，有洼崖平地的道理。

【流传】云南省·（红河哈尼族彝族自治州）·元阳县、金平县（金平苗族瑶族傣族自治县）、红河县等地

【出处】朱小和讲，史军超、卢朝贵搜集整理：《烟本霍本》，原载刘辉豪、阿罗编《哈尼族民间故事选》，上海：上海文艺出版社1989年版，见姚宝瑄主编《中国各民族神话》（哈尼族、傣族），太原：山西出版传媒集团·书海出版社2014年版，第37页。

W1179.8.1.2
佛祖向天神学习造地方法

实 例

裕固族 释迦牟尼到天上求教拉依尔昂迦神，然后造出大地。

【流传】甘肃省

【出处】

(a) 托瓦讲，增才整理：《阿斯哈斯》，安建均、安清萍等《裕固族民间文学作品选》，北京：民族出版社1984年版，第56~58页。

(b) 同（a），见满都呼主编《中国阿尔泰语系诸民族神话故事》，北京：民族出版社1997年版，第121页。

W1179.8.2
支天造地

【关联】[W1319] 天的支撑

实 例

（参见下级母题实例）

W1179.8.2.1
佛祖支天造地

【关联】[W1175.15] 佛祖造地

实 例

裕固族 古时候，只有天堂和大海，释迦牟尼请青龙、白象填海失败，然后用像马的柱子支天，海变小，出现陆地。

【流传】（无考）

【出处】《阿斯哈斯》，见杨进智《裕固族研究论文集》，兰州：兰州大学出版社1996年版，第346~347页。

W1179.8.3
地是一步步造出来的

【汤普森】A837

实 例

（实例待考）

W1179.8.4
特定人物滚出地

实 例

（实例待考）

W1179.8.4.1
母龙在地上滚9下变成9块地

【关联】[W3561.3] 母龙

实 例

拉祜族 （实例待考）

W1179.8.5
特定人物推出地

实 例

（实例待考）

W1179.8.5.1
堆地之神堆出地

实 例

佤族 （实例待考）

W1179.8.6
劈开特定物造出地

实例

（实例待考）

W1179.8.6.1
劈开的气包形成地

实例

（实例待考）

W1179.8.7
凭意念造出地

【关联】［W1104a.1］上帝的意志产生天地

实例

（实例待考）

W1179.8.7.1
神凭借意念造地

实例

回族　（实例待考）

W1179.8.8
通过按压造地

【关联】［W1179.2.2］挤海成地

实例

（参见下级母题实例）

W1179.8.8.1
神用手按出地

实例

傈僳族　以前没有天地。大神的手往上一撑，便出现了天；左手往下一按，就出现了地。

【流传】（无考）

【出处】《横断山脉的传说》，原载左玉堂《傈僳族宗教与神话》，见姚宝瑄主编《中国各民族神话》（水族、布朗族、独龙族、基诺族、傈僳族），太原：山西出版传媒集团·书海出版社2014年版，第189页。

W1179.8.9
造地的参照物（造地的模子）

实例

（参见下级母题实例）

W1179.8.9.1
仿照簸箕造地

【关联】［W1209］地像簸箕

实例

彝族　神王涅侬保佐颇让造人之神的女儿涅滨矮姑娘造地时，要造成簸箕一样团。

【流传】（云南省·楚雄彝族自治州·双柏县，红河哈尼族彝族自治州等地）

【出处】

(a) 云南省民族民间文学楚雄、红河调

查队搜集，郭思九、陶学良整理：《查姆》，昆明：云南人民出版社1981年版。
(b) 郭思九、陶学良整理，古梅改写：《彝家的古根》，选自《云南民族文学资料》第七集中的《查姆》上部前三章，见姚宝瑄主编《中国各民族神话》（羌族、彝族），太原：山西出版传媒集团·书海出版社2014年版，第56页。

W1179.8.9.2
仿照轿子造地

实 例

彝族 格兹天神让自己的4个姑娘造地时说："地就像一座轿，你们就拿轿做造地的模子吧。"

【流传】（云南省·楚雄彝族自治州·姚安县·官屯乡·马游村，大姚县·昙华乡等）

【出处】
(a) 郭天元（马游村）、李申呼颇（昙华乡）、李福玉颇（苴）演唱，郭思九、许明学、龚维顺、张宝省、陈志群、胡炳文等搜集，刘德虎、龚维顺、陈志群、李树荣、郭天元等整理：《梅葛》（第一部"创世"），见云南省民族民间文学楚雄调查队《梅葛》(1959)，昆明：云南人民出版社2009年版。
(b) 《打虎开天辟地》，蔷紫据云南省民族民间文学楚雄调查队著《梅葛》（云南人民出版社2009年版）改写，见姚宝瑄主编《中国各民族神话》（羌族、彝族），太原：山西出版传媒集团·书海出版社2014年版，第190页。

彝族 格滋天神的四个女儿造地没有模子，就拿轿做造地的模子。

【流传】云南省·楚雄彝族自治州·姚安县、大姚县等彝族地区

【出处】《创世·开天辟地》，见云南省民族民间文学楚雄调查队整理编写《梅葛》，昆明：云南人民出版社2009年版，第3页。

W1179.8.9.2.1
天女仿照轿子造地

实 例

彝族 天神的女儿造地时，用轿做造地的模子。

【流传】云南省·（楚雄彝族自治州）·姚安（姚安县）、大姚（大姚县）、永仁（永仁县）等地

【出处】*《格兹天神创世》，见杨继中、芮增瑞、左玉堂编《楚雄彝族文学简史》，北京：中国民间文艺出版社1986年版，第44~45页。

W1179.8.9.3
仿照天上的样子造地

实 例

鄂伦春族 到地上创世的巨灵鄂尔德穆奉命来到地面，他决心要把地面按照天上的模样造出个新世界。

【流传】（中国东北部地区）
【出处】《鄂尔德穆》，见姚宝瑄主编《中国各民族神话》（达斡尔族、鄂伦春族、鄂温克族、蒙古族），太原：山西出版传媒集团·书海出版社2014年版，第20页。

W1179.8.9.4
仿照建房子造地
【关联】［W6204］房屋的建造

实例

藏族 大神德绕高在水中造地时，在水中立起九根柱子，柱子上架上八根横梁，又在横梁上铺上石块，挑来许多土铺在石块上面，这才出现了土地。

【流传】（西藏自治区）
【出处】
（a）旺秋搜集：《僜人创世神话》，根据中国社会科学院民族研究所编《僜人社会历史调查》，云南人民出版社1990年版，西藏民间文艺研究会主办《邦锦梅朵》1984年第8期中的《僜人创世神话》整理。
（b）同（a），见姚宝瑄主编《中国各民族神话》（门巴族、珞巴族、怒族、藏族），太原：山西出版传媒集团·书海出版社2014年版，第87页。

W1179.8.9.5
仿照藤爬的样子织地
【关联】［W1179.1］地是织出来的（织地）

实例

彝族（罗罗泼） 混沌世界中产生的一对兄妹阿倮、阿界造天地时，妹妹阿界看见地板藤正在地下爬，便学地板藤来造地。

【流传】云南省·（楚雄彝族自治州）·南华县·五街（五街镇）
【出处】李发彪等演唱，吉厚培、夏光辅搜集整理：《青棚调——彝族支系罗罗泼古歌》，原载云南省社会科学院楚雄彝族文化研究所编《彝族民间文学》第2辑，1985年，见姚宝瑄主编《中国各民族神话》（羌族、彝族），太原：山西出版传媒集团·书海出版社2014年版，第169页。

✽ W1180
造地的材料

实例

（参见下级母题实例）

W1181
用神或神性人物的身体造地

实例

（参见下级母题实例）

W1181.1
神用自己的儿子的身体造地
【汤普森】A831.1

实例

（实例待考）

W1181.2
用巨人的身体造地

【汤普森】A831.2

实例

（实例待考）

W1181.3
用创世者的指甲造地

【汤普森】A828

实例

（参见 W1185.0.1 母题实例）

W1182
用人的身体造地

【汤普森】A831

实例

（实例待考）

W1182.1
用最早的一对兄妹的身体造地

【汤普森】A831.4

实例

（实例待考）

W1183
用动物的身体造地

【汤普森】A831

【关联】［W1250.3］肉变化为土

实例

（参见下级母题实例）

W1183.1
用鳌鱼造地

实例

（参见下级母题实例）

W1183.1.1
天母用鳌鱼搭成地

【关联】［W1175.3］天母造地

实例

羌族　红满西（天母）把大鳌鱼弄来搭成了地。

【流传】四川省·（阿坝藏族羌族自治州）·理县·桃坪乡·桃坪村

【出处】余青海讲，罗世泽采录：《开天辟地》，见中国民间文学集成全国编辑委员会编《中国民间故事集成》（四川卷·下），北京：中国ISBN中心1998年版，第1107页。

W1183.2
用牛造地

实例

（参见下级母题实例）

W1183.2.1
用龙牛肉造地

实例

哈尼族　9个人杀了一头龙牛，用牛肉做土地。

【流传】（无考）

【出处】刘辉豪、白章福搜集整理：《奥色密色》，载《山茶》1980年第2期。

W1183.3
动物破碎的肢体拼凑成大地

实 例

（参见下级母题实例）

W1183.3.1
创世母亲把蛤蟆破碎的肢体拼凑成大地

实 例

基诺族 最早的创世母亲跳进蛤蟆口内，癞蛤蟆被母亲越撑越大，被撑爆裂后，肢体便飘落四方。母亲把落在水中的细小物体集拢在一起，就拼凑成大地

【流传】云南省·（西双版纳傣族自治州·景洪市）·（基诺山基诺族乡）·巴亚寨

【出处】巴卡老四等讲，杜玉亭调查整理：《创世母亲造天地万物》（1958~1981），见吕大吉、何耀华总主编《中国各民族原始宗教资料集成》（彝族卷、白族卷、基诺族卷），北京：中国社会科学出版社1996年版，第879页。

W1184
用土造地（用泥造地）

【关联】［W1179.4］潜水取泥造地

实 例

（参见下级母题实例）

W1184.0
用泥土造地

实 例

土族 天神在浮在水上的金蛤蟆身上撒土造地。

【流传】（无考）

【出处】
（a）《陆地的形成》，载《青海民族学院学报》1981年第4期。
（b）同（a），见姚宝瑄主编《中国各民族神话》（土族、东乡族、回族、保安族、裕固族、撒拉族），太原：山西出版传媒集团·书海出版社2014年版，第4页。

W1184.0.1
创世者用泥土造地

【关联】［W1175.1］创世者造地球

实 例

蒙古族 在黑暗的混沌中，创造神额和·布日罕（母亲神）为了分离天地，就最初创造了野鸭。野鸭潜入水底，找来了泥土。创造神用这块泥土创造了大地乌日根。

【流传】（无考）

【出处】陈岗龙、乌日古木勒：《蒙古民间文学》，银川：宁夏人民出版社2008年版，第33页。

1.2.3 地的产生与特征

W1184.0.2
神用泥巴造地

实 例

哈尼族 加波俄郎（神名）用三坨泥巴造地。

【流传】云南省·西双版纳（西双版纳傣族自治州）

【出处】飘马讲，白章富搜集整理：《奥颠米颠》，见姚宝瑄主编《中国各民族神话》（哈尼族、傣族），太原：山西出版传媒集团·书海出版社2014年版，第79页。

W1184.0.2.1
神用三坨泥巴造地

实 例

哈尼族（爱尼） 加波俄郎神（造天地的神）用三坨泥巴造了地。

【流传】云南省·西双版纳（西双版纳傣族自治州）

【出处】飘马讲：《奥颠米颠》，见李子贤编《云南少数民族神话选》，昆明：云南人民出版社1990年版，第115~118页。

W1184.0.3
天神用土造地

实 例

满族 天神阿布卡恩用土做地。

【流传】（无考）

【出处】刘江华编：《中国神话故事》（天、地、人物卷），北京：中国世界语出版社1999年版，第9页。

W1184.1
用天泥造地

实 例

（参见下级母题实例）

W1184.1.1
天神用天泥捏地球

实 例

傈僳族 天神木布帕用天泥来捏地。

【流传】（a）云南省·（怒江傈僳族自治州）·泸水县

【出处】

（a）胡贵讲，刘辉豪采录：《木布帕造天地人》，见中国民间文学集成全国编辑委员会编《中国民间故事集成》（云南卷），北京：中国ISBN中心2003年版，第42页。

（b）刘辉豪、胡贵搜集整理：《天、地、人的形成》，见谷德明编《中国少数民族神话》，北京：中国民间文艺出版社1987年版，第370页。

傈僳族 天神木布帕辞别父母妻儿，背了天泥，穿云破雾，来到蓝天底下捏地。

【流传】（无考）

【出处】刘辉豪等：《天、地、人的由来》，见祝发清、左玉堂、尚仲豪编《傈僳族民间故事选》，上海：上海文艺出版社1985年版，第1~3页。

傈僳族 天神木布帕辞别了父母妻儿，背上天泥昼夜不停地捏地球。

【流传】云南省·（怒江傈僳族自治州）·碧江县（1986年撤销县制，归入福贡县等）、泸水县

【出处】

（a）《木布帕捏地球》（原题为《天·地·人的形成》），原载祝发清、左玉堂、尚仲豪编《傈僳族民间故事选》，上海：上海文艺出版社1985年版。

（b）同（a），见姚宝瑄主编《中国各民族神话》（水族、布朗族、独龙族、基诺族、傈僳族），太原：山西出版传媒集团·书海出版社2014年版，第187页。

W1184.2
用神土造地

【关联】［W1508.3］用水和神土造万物

实例

（参见下级母题实例）

W1184.2.1
天神3兄弟撒神土造地

实例

珞巴族 天神三兄弟在石板上撒神土造地。

【流传】西藏自治区·（林芝地区）·墨脱县·达木乡（达木珞巴族乡）

【出处】

（a）布洛讲，于乃昌等整理：《天神三兄弟》，见中国民间文学集成全国编辑委员会编《中国民间故事集成》（西藏卷），北京：中国ISBN中心2001年版，第6页。

（b）同（a），见《珞巴族民间故事》：http://www.tibet-web.com/old/minjian/ync/gushi/mulu.htm，2003.10.02。

珞巴族 以前大地是一片茫茫汪洋。都姑、隆姑、贡姑天神三兄弟来到下界，一同跳入汪洋大海，一直钻到海底的下面，从海的底下，一人抱出一块巨石，成三角形的垒在海的中央，成了三块灶石。石锅架了上去。这时天神三兄弟一口气把海水统统吸进肚子里，又很快吐进石锅里，海水全盛入了石锅。他们又在石锅上面盖了大石板，在石板上开始撒神土造地。

【流传】西藏自治区·珞渝地区（包括上珞渝，泛指古称的白马岗即今林芝市墨脱县、马尼岗、梅楚卡一带，下珞渝则泛指永木河、锡约尔河、巴恰西仁河流域）

【出处】布洛（60多岁）讲，于乃昌、张力凤、陈理明整理：《天神三兄弟》，原载于乃昌《西藏民间故事——珞巴族、门巴族专辑》，见陶阳、钟秀编《中国神话》（上），北京：商务印书馆2008年版，第48~49页。

W1184.2.2
天神用神土造地

实例

满族 阿布卡恩都里用神土造了一块

很大很大的地。

【流传】（无考）

【出处】乌丙安：《满族神话探索——天地层、地震鱼、世界树》，见袁珂主编《中国神话》第 1 集，北京：中国民间文艺出版社 1987 年版，第 36 页。

W1184.3
用胶泥造地

【汤普森】≈ A821

实 例

（实例待考）

W1184.4
用动物身上的泥造地

【汤普森】≈ A822

实 例

（实例待考）

W1184.5
用黑土造世界（用黑土造地）

实 例

蒙古族 （实例待考）

W1184.6
用黄土造地

实 例

（参见下级母题实例）

W1184.6.1
释迦牟尼在水上撒黄土造地

实 例

蒙古族 释迦牟尼把天神给他的黄土撒在水面上，大地开始形成。

【流传】（无考）

【出处】陈岗龙、乌日古木勒：《蒙古民间文学》，银川：宁夏人民出版社 2008 年版，第 40 页。

W1184.6.2
神仙用一碗黄土和一碗水造地

实 例

畲族 玉皇大帝派两个神仙兄弟造天地时，弟弟领了一碗黄土和一碗水造地。

【流传】福建省·（漳州市）·华安（华安县）

【出处】钟国姓讲，钟武艺采录：《兄弟俩造天地》，原载《中国民间故事集成·福建卷·漳州市分卷》，漳州市民间文学集成编委会 1991 年编印，见《福建省少数民族古籍丛书》编委会编《畲族卷·民间故事》，福州：海峡出版发行集团·海峡书局 2013 年版，第 2 页。

W1184.6a
用白泥造地

【关联】［W1128.4］天是白泥，地是黑泥

实例

（参见下级母题实例）

W1184.6a.1
天女用白泥造地

实例

彝族（俚颇）天神盘颇的7个姑娘挑来了白泥，把白泥铺在下面，就把地造出来了。

【流传】云南省·（楚雄彝族自治州）·大姚县·昙华山区（昙华乡）

【出处】
（a）陆颇梭颇（毕摩）演唱，夏光辅、诺海阿苏翻译：《俚泼古歌》，见云南省社会科学院楚雄彝族文化研究所编《彝族民间文学》第2辑，1985年。
（b）陆颇梭颇（毕摩）演唱，夏光辅、诺海阿苏翻译，古梅改写：《赤梅葛——俚泼古歌》，见姚宝瑄主编《中国各民族神话》（羌族、彝族），太原：山西出版传媒集团·书海出版社2014年版，第95页。

W1184.6b
用瓦泥造地

实例

（参见下级母题实例）

W1184.6b.1
用瓦泥造出软绵绵的地

【关联】［1233.3.1］地以前是软的

实例

拉祜族（苦聪）阿罗用瓦泥来造地，地便有黑又有黄，软绵绵。

【流传】云南省·红河地区（红河哈尼族彝族自治州）的深山老林

【出处】杨老三讲，樊晋波、陈继陆、韩延搜集，韩延整理，古木改写：《阿罗阿娜造天地》，原载《红河文艺》，原题目为《苦聪创世歌》，见姚宝瑄主编《中国各民族神话》（白族、拉祜族、景颇族），太原：山西出版传媒集团·书海出版社2014年版，第173页。

W1184.6c
用红土黑土造地

实例

（参见下级母题实例）

W1184.6c.1
创世神用红土黑土造地

【关联】［W1175.1.1a］创世神造地

实例

蒙古族（布里亚特）创造神用红土做地盘，在它的上面用黑土创造了世界。

【流传】（无考）

【出处】［蒙古］曾·杜拉姆：《蒙古神话学形象》，原载［蒙古］国家出版社1989年版，第121~123页，见陈岗龙等《蒙古民间文学》，银川：宁夏人民出版社2008年版，第34页。

W1184.7
用特定物和泥造地

实例

（参见下级母题实例）

W1184.7.1
用泥土沙石造地

实例

侗族 大神姜古造地时，用自己的双手双脚将天下的泥土沙石，聚拢造地。

【流传】（无考）

【出处】杨锡光提供：《姜古造地》，见姚宝瑄主编《中国各民族神话》（土家族、毛南族、侗族、瑶族），太原：山西出版传媒集团·书海出版社 2014 年版，第 115 页。

汉族 "地合"（神名）把石头、泥沙扒扒平平，也连成一大片，形成地。

【流传】浙江省·（衢州市）·江山市·凤林镇

【出处】吴土讲，江都采录：《天造地合》，见中国民间文学集成全国编辑委员会编《中国民间故事集成》（浙江卷），北京：中国 ISBN 中心 1997 年版，第 20 页。

W1184.7.2
用唾液和土石造地

实例

哈尼族 青蛙生兄妹时，吐了很多很多的沫子，兄妹俩把这些沫子掺进石土里，捏成团团，从海底浮凸出海面，变成了陆地。

【流传】云南省·（普洱市）·墨江县（墨江哈尼族自治县）

【出处】金开兴讲，蓝明红采录：《青蛙造天地》，见中国民间文学集成全国编辑委员会编《中国民间故事集成》（云南卷），北京：中国 ISBN 中心 2003 年版，第 34 页。

W1184.7.3
用唾液和泥尘造地

实例

苗族 告妮自（制造万物的女郎）和召立自（制造万物的男儿）吐口水来和泥尘，捏来揉去，越堆越大，中间干团融成一坨，成了大地。

【流传】云南省·（昭通市）·彝良县

【出处】王建英讲，杨忠伦采录者：《造天造地》，见中国民间文学集成全国编辑委员会编《中国民间故事集成》（云南卷），北京：中国 ISBN 中心 2003 年版，第 91 页。

W1184.8
用泥垢造地

实例

（参见下级母题实例）

W1184.8.1
神鱼用身上的污垢造地

【关联】[W1175.19.5] 神鱼造地

实例

傣族 至高无上的大神英叭见宇宙中四条巴阿嫩神鱼（主宰海的神鱼）在天下的大海里横行，他就用身上的污垢做出了一个大地球。

【流传】云南省·西双版纳傣族地区（西双版纳傣族自治州）

【出处】胜能搜集：《巴阿嫩神鱼》，原载《巴塔麻晏》（开天辟地），见姚宝瑄主编《中国各民族神话》（哈尼族、傣族），太原：山西出版传媒集团·书海出版社2014年版，第242页。

W1184.8.2
神搓泥造地球

实例

傣族 世上第一个人叭英叭将身上的汗泥搓下来，捏了座塔，这个塔变成他落脚的大地。

【流传】云南省·西双版纳州（西双版纳傣族自治州）

【出处】岩英祁讲，仓霁华翻译，朱宜初等采录：《英叭开天辟地》，见中国民间文学集成全国编辑委员会编《中国民间故事集成》（云南卷），北京：中国ISBN中心2003年版，第82页。

傣族 大神英叭伸开巨大的双手，用力搓身上的污垢，污垢像山塌地陷似的往下落。他一边揉，一边掺进海水，一直搓得软软的，像蜂蜡一般。他又把漂浮在水面上的泡沫和渣滓合拢在污垢里，再揉再搓，然后，把它糊在那天然形成的圆体上面。圆体投到水面上，随着烟波起伏，随着水浪旋转，最后形成地球。

【流传】云南省·西双版纳傣族地区（西双版纳傣族自治州）

【出处】《巴塔麻嘎捧尚罗》，王松据岩温炳翻译《巴塔麻晏》（开天辟地）改写，见姚宝瑄主编《中国各民族神话》（哈尼族、傣族），太原：山西出版传媒集团·书海出版社2014年版，第270～271页。

W1185
其他造地的材料

实例

（参见下级母题实例）

W1185.0
用特定的肢体造地

实例

（参见下级母题实例）

W1185.0.1
巨人用指甲造地

实例

傣族 巨人英叭（又为创世的天神）的汗水形成水之后，他用他的指甲去做大地。

【流传】云南省·西双版纳（西双版纳傣族自治州）·（勐海县）

【出处】《阳光和风成婚生英叭》，原文本为叭补答讲，刀昌德记录《开天辟

1.2.3 地的产生与特征 ‖W1185.1—W1185.3.1‖ 651

地的故事》，见姚宝瑄主编《中国各民族神话》（哈尼族、傣族），太原：山西出版传媒集团·书海出版社2014年版，第235页。

W1185.1
用特殊的布料造地

【汤普森】≈A825

实 例

（参见下级母题实例）

W1185.2
用空气和尘土造地球

实 例

（参见下级母题实例）

W1185.2.1
女天神用空气和尘土造地球

实 例

维吾尔族 女天神吸收了宇宙中的空气和尘土，然后使劲一吐，就从嘴里滚出来一个大球，这就是地球。

【流传】新疆维吾尔自治区

【出处】

（a）《地球与神牛》，见满都呼主编《中国阿尔泰语系诸民族神话故事》，北京：民族出版社1997年版，第30页。

（b）《顶地球的公牛站在哪里》，见张越、姚宝瑄编《新疆民族神话故事选》，乌鲁木齐：新疆人民出版社1989年版。

维吾尔族 女天神吸了宇宙间的空气和尘土，然后使劲一吐，尘土就变成一个大大的地球

【流传】新疆维吾尔自治区·伊犁地区（伊犁哈萨克自治州）

【出处】亚库甫讲，阿不都拉、姚宝瑄采录翻译：《顶地球的公牛站在哪里》，原载马昌仪编《中国神话故事》，见陶阳、钟秀编《中国神话》（上），北京：商务印书馆2008年版，第199～200页。

W1185.3
用水泡造地

实 例

（参见下级母题实例）

W1185.3.1
造物主用水泡造地

【关联】［W1103.1］造物主造天地

实 例

柯尔克孜族 神圣的造物主用水泡创造了大地。

【流传】新疆维吾尔自治区·（克孜勒苏柯尔克孜自治州）·阿合奇县·哈拉奇乡

【出处】苏力坦阿里·包尔布代讲，夏依拉西采录，依斯哈别克·别克别克等译：《大山的由来》，见中国民间文学集成全国编辑委员会编《中国民间故事集成》（新疆卷），北京：中国

ISBN 中心 2008 年版，第 25 页。

W1185.4
青蛙的呕吐物掺石土造地

实例

哈尼族 青蛙生兄妹时，吐了很多很多的沫子，兄妹俩把这些沫子掺进石土里，捏成团团，从海底浮凸出海面，变成了陆地。

【流传】云南省·（普洱市）·墨江县（墨江哈尼族自治县）

【出处】金开兴讲，蓝明红采录：《青蛙造天地》，见中国民间文学集成全国编辑委员会编《中国民间故事集成》（云南卷），北京：中国 ISBN 中心 2003 年版，第 34 页。

W1185.5
金丹碎成粉造地

实例

（参见下级母题实例）

W1185.5.1
佛把金丹碎成粉撒在水上造地

【关联】[W1196.7.4.1.1]虫子咬的树的粉末掉到水里变成地

实例

蒙古族 金刚勇识佛从上乐金刚那里得到 3 粒金丹，打碎成粉末后放到原初的汪洋上，形成了大地。

【流传】（无考）

【出处】［蒙古］巴·格日勒图：《异草集》（蒙古文），转引自那木吉拉《中国阿尔泰语系诸民族神话比较研究》，北京：学习出版社 2010 年版，第 23 页。

W1185.6
用混沌的下截做地

实例

（参见下级母题实例）

W1185.6.1
天神用混沌的下截做地

实例

拉祜族 天神厄莎把混沌世界分开时，把大雾截成两截，用混沌的下截做地。

【流传】云南省大拉祜及黄拉祜中部一带

【出处】小八讲，古木整理：《天神厄莎》（整理中参照了《牡帕密帕》和《古根》），见姚宝瑄主编《中国各民族神话》（白族、拉祜族、景颇族），太原：山西出版传媒集团·书海出版社 2014 年版，第 158～159 页。

W1185.7
用松毛铺地

【关联】[W1388.2.3.2]补天时松毛作针，蜘蛛网作线

实例

彝族（罗鲁泼）用什么来铺地呢？用松毛来铺地。

【流传】云南省·（楚雄彝族自治州）·永仁县

【出处】

（a）李德宝演唱，李必荣、李荣才搜集，夏光辅、诺海阿苏翻译：《冷斋调》（1984），见云南省社会科学院楚雄彝族文化研究所编《彝族民间文学》第2辑，1985年。

（b）夏光辅、诺海阿苏翻译，古梅改写：《冷斋调》，见姚宝瑄主编《中国各民族神话》（羌族、彝族），太原：山西出版传媒集团·书海出版社2014年版，第114页。

W1185.7a

用草叶铺地

【关联】［W1259.3.1］茶叶铺地薄的地方成为坝子

实 例

彝族 以前没有地，巴根草长出叶子来铺地。

【流传】云南省·楚雄彝族自治州

【出处】罗文荣演唱，李世忠翻译，蓄紫改写：《老人梅葛》，见姚宝瑄主编《中国各民族神话》（羌族、彝族），太原：山西出版传媒集团·书海出版社2014年版，第123页。

W1185.7b

蕨菜根作为造地的底子

实 例

彝族 格兹天神让自己的4个姑娘造地时说："你们把蕨菜根作为造地的底子。"

【流传】（云南省·楚雄彝族自治州·姚安县·官屯乡·马游村，大姚县·昙华乡等）

【出处】

（a）郭天元（马游村）、李申呼颇（昙华乡）、李福玉颇（苴）演唱，郭思九、许明学、龚维顺、张宝省、陈志群、胡炳文等搜集，刘德虎、龚维顺、陈志群、李树荣、郭天元等整理：《梅葛》（第一部"创世"），见云南省民族民间文学楚雄调查队《梅葛》（1959），昆明：云南人民出版社2009年版。

（b）《打虎开天辟地》，蔷紫据云南省民族民间文学楚雄调查队著《梅葛》（云南人民出版社2009年版）改写，见姚宝瑄主编《中国各民族神话》（羌族、彝族），太原：山西出版传媒集团·书海出版社2014年版，第190页。

彝族 格滋天神的四个女儿造地时，蕨菜根做地的底子。

【流传】云南省·楚雄彝族自治州·姚安县、大姚县等彝族地区

【出处】《创世·开天辟地》，见云南省民族民间文学楚雄调查队整理编写《梅葛》，昆明：云南人民出版社2009年版，第3页。

W1185.7c

用花造地

实例

（参见下级母题实例）

W1185.7c.1

在水上种荷花造地

【关联】［W1121.1］荷花变成天地

实例

傣族　天神撒下许多荷花种，生长出荷花。其中，一朵大荷花变成天，四朵最美的荷花铺成地。

【流传】（无考）

【出处】《变扎贡帕》，见丘振声《壮族图腾考》，南宁：广西教育出版社1996年版，第226页。

傣族　天神混散造地时，找来了荷花种子，把荷花种子撒在下界的水面上。

【流传】云南省·德宏（德宏傣族景颇族自治州）·潞西（芒市）

【出处】依示讲，岩坎记录：《荷花变成四大洲》，见姚宝瑄主编《中国各民族神话》（哈尼族、傣族），太原：山西出版传媒集团·书海出版社2014年版，第240页。

W1185.8

用体垢和海水造地球

实例

（参见下级母题实例）

W1185.8.1

神用体垢和海水造地球

实例

傣族　男神桑戛西伸开他那有六千约扎拿（傣族计量单位，四十五里至五十里为一"约"，"扎拿"是单位名称，类似汉族的"里"）宽的巨手，在自己的身上搓下污垢，堆积成几座大山一般。然后他又伸手舀来海水，拌和着污垢，一面拌，一面捏，搓搓捏捏，就捏成一个大大的圆球。

【流传】云南省·西双版纳（西双版纳傣族自治州）

【出处】*《桑戛西造世界》，原载岩峰三讲，毕光尖记录《桑戛西与桑戛赛造天地，创人类》，见姚宝瑄主编《中国各民族神话》（哈尼族、傣族），太原：山西出版传媒集团·书海出版社2014年版，第252~253页。

W1185.9

用球造地

实例

（参见下级母题实例）

W1185.9.1

女娲用从玉帝那里偷来的球造地

【关联】［W9950］偷盗

实例

汉族　女娲从玉帝那里偷来一只球，

一甩甩在天的中央,造出了地球。

【流传】浙江省·舟山市·(定海区)·干览乡(干览镇)·南岙村

【出处】顾阿登讲,林胜强记录,周明搜集整理:《女娲补天》(1987.06.15),见姚宝瑄主编《中国各民族神话》(汉族),太原:山西出版传媒集团·书海出版社2014年版,第57~58页。

W1186

与造地有关的其他母题

实 例

(参见下级母题实例)

W1186.1

按佛的旨意造地

【关联】[W1175.15.1] 佛祖让动物造地

实 例

蒙古族 释迦牟尼、麦德尔(据那木吉拉解释,汉语的弥勒佛和额其格·保如很(父佛)看见黄鸭在水中游,就让它潜水捞泥造地。

【流传】(无考)

【出处】[蒙古] Д. 策仁苏德那木编:《蒙古神话》(基利尔蒙古文),见那木吉拉《中国阿尔泰语系诸民族神话比较研究》,北京:学习出版社2010年版,第22~23页。

W1186.2

造地的准备

实 例

(参见下级母题实例)

W1186.2.1

祖先造地前先做出地的形状

实 例

布依族 祖先翁戛做出了地的形状,后人便学着翁戛造田,学着翁戛造地。

【流传】贵州省布依族地区

【出处】杨正荣、祝登銮讲,岭玉清、汛河搜集整理,古梅改写:《翁戛造万物》,见姚宝瑄主编《中国各民族神话》(布依族、仡佬族、苗族),太原:山西出版传媒集团·书海出版社2014年版,第12页。

W1186.3

造地的时间

实 例

(参见下级母题实例)

W1186.3.1

造地用了7天

【关联】[W1012.2.7] 天创造出世界

实 例

(参见下级母题实例)

W1186.3.1.1
天神造地用了7天

实例

柯尔克孜族 天神用7天时间造了地。

【流传】（无考）

【出处】满都呼主编《中国阿尔泰语系诸民族神话故事》，北京：民族出版社1997年版，第57页。

W1186.3.1.2
上帝造地用了7天

【关联】［W1175.2b］上帝造地

实例

哈萨克族 上帝用7天的时间创造了地。

【流传】（无考）

【出处】比达尔克买提·木海讲，胡扎依尔·萨杜瓦哈斯搜集，安蕾、毕桪译：《神牛支撑大地》，见满都呼主编《中国阿尔泰语系诸民族神话故事》，北京：民族出版社1997年版，第57页。

W1186.3.1.3
太阳姐妹造地用了7天

【关联】［W1178.1.1］太阳7姐妹造地

实例

傈僳族 大地是太阳7姊妹用七天时间做出来的。

【流传】四川省·（凉山彝族自治州）·德昌县·宽裕乡·赵家湾子

【出处】张国全讲，李文华等采录：《天管师和张古老》，见中国民间文学集成全国编辑委员会编《中国民间故事集成》（四川卷·下），北京：中国ISBN中心1998年版，第1437页。

W1186.3.1a
造地用了12天12夜

实例

苗族 男神佑聪整整造了十二天，养了十二夜。地就造出来了，造了十二层地。

【流传】云南省·文山（文山壮族苗族自治州）一带

【出处】邓光北、闪永仙说唱，项保昌、刘德荣搜集：《开天补天，辟地补地》，见姚宝瑄主编《中国各民族神话》（布依族、仡佬族、苗族），太原：山西出版传媒集团·书海出版社2014年版，第125页。

W1186.3.2
天女造地用了77天

【关联】

① ［W0215］天女
② ［W1175.5.1］天女造地

实例

彝族（俚颇） 天神盘颇的七个姑娘去造地，造了七十七天，才把地造出来。

【流传】云南省·（楚雄彝族自治

1.2.3 地的产生与特征 ‖W1186.3.3-W1186.3.5.1‖ 657

州）·大姚县·昙华山区（昙华乡）

【出处】

(a) 陆颇梭颇（毕摩）演唱，夏光辅、诺海阿苏翻译：《俚泼古歌》，见云南省社会科学院楚雄彝族文化研究所编《彝族民间文学》第2辑，1985年。

(b) 陆颇梭颇（毕摩）演唱，夏光辅、诺海阿苏翻译，古梅改写：《赤梅葛——俚泼古歌》，见姚宝瑄主编《中国各民族神话》（羌族、彝族），太原：山西出版传媒集团·书海出版社2014年版，第95页。

W1186.3.3

绿鸭道人造地用了九九八十一天

【关联】[W1179.4.4.1] 绿鸭道士淘沙造大地

实 例

汉族 绿鸭道人连造了九九八十一天。

【流传】上海市·松江县（松江区）·九亭乡（九亭镇）·三星村

【出处】朱国民讲，顾青采录：《海斗老祖造天地》，见中国民间文学集成全国编辑委员会编《中国民间故事集成》（上海卷），北京：中国ISBN中心2007年版，第3页。

W1186.3.4

造地用了9999年

实 例

哈尼族 九大神造地，亦造九千九百九十九年。

【流传】（无考）

【出处】《风姑娘》，原载谷德明编《中国少数民族神话选》，见袁珂《中国神话大词典》，北京：华夏出版社2015年版，第490页。

哈尼族 9个造地的大神造地造了九千九百九十九年。

【流传】云南省·（红河哈尼族彝族自治州）·金平县（金平苗族瑶族傣族自治县）·（大寨乡）·坡头乡（坡头村）

【出处】李文有讲，熊兴祥记录：《风姑娘》，原载《金平民间故事选》，见姚宝瑄主编《中国各民族神话》（哈尼族、傣族），太原：山西出版传媒集团·书海出版社2014年版，第30页。

哈尼族 九个大神造地，也造了九千九百九十九年。

【流传】云南省

【出处】熊兴祥搜集整理：《风姑娘》，载《山茶》1983年第4期。

W1186.3.5

造地用了**1**万年

实 例

（参见下级母题实例）

W1186.3.5.1

地合造地用了**1**万年

【关联】[W1175.19.13] 地合造地

> 实　例

> 汉族　"地合"（神名）造地花了一万年。

【流传】浙江省·（衢州市）·江山市·凤林镇

【出处】吴士讲，江都采录：《天造地合》，见中国民间文学集成全国编辑委员会编《中国民间故事集成》（浙江卷），北京：中国 ISBN 中心 1997 年版，第 20 页。

W1186.3.6
春天辟地

【关联】
① ［W1124.1.6］冬天造天，春天造地
② ［W1152.8.2.1］冬天开天

> 实　例

> 纳西族　冬天冬三月，青龙不劈雷，开天开成了；春天春三月，树叶不枯萎，辟地辟成了！

【流传】云南省·丽江（丽江市）

【出处】和芳（东巴）读经，和志武翻译整理：《崇邦统》（人类迁徙记）（1954），见吕大吉、何耀华总主编《中国各民族原始宗教资料集成》（纳西族卷、羌族卷、独龙族卷、傈僳族卷、怒族卷），北京：中国社会科学出版社 2000 年版，第 329 页。

> 纳西族　崇仁丽恩（祖先名）春天春三月，树叶不枯萎，辟地辟成了。

【流传】（云南省）

【出处】和芳、和志新编译：《崇邦统——人类迁徙记》，见姚宝瑄主编《中国各民族神话》（佤族、阿昌族、纳西族、普米族、德昂族），太原：山西出版传媒集团·书海出版社 2014 年版，第 163 页。

W1186.3.7
天神造人之前先造地

> 实　例

> 满族　天神造人之前先造地。

【流传】（无考）

【出处】《托佛妈妈》，见傅英仁口述，张爱云整理：《傅英仁满族故事》（上），哈尔滨：黑龙江人民出版社 2006 年版，第 10 页。

W1186.3.8
牛日造地

> 实　例

> 哈尼族　众神造地时，老虎、兔子、大公鸡都不会犁地，只有长角宽身子的牛会犁会耙，所以，造地就选在属牛的日子。

【流传】云南省·（红河哈尼族彝族自治州）·元阳县、金平县（金平苗族瑶族傣族自治县）、红河县等地

【出处】朱小和讲，史军超、卢朝贵搜集整理：《烟本霍本》，原载刘辉豪、阿罗编《哈尼族民间故事选》，上海文艺出版社 1989 年版，见姚宝瑄主编《中国各民族神话》（哈尼族、傣族），太原：山西出版传媒集团·

书海出版社 2014 年版，第 37～38 页。

W1186.3.9
蛇日造地

实 例

哈尼族 造地时，大神戈则传下命令：选择属蛇的日子造地。

【流传】（无考）

【出处】《杀牛龙，造天地》，根据张牛朗、杨批斗、李书周等演唱，杨保生、李家顺等翻译，杨笛、郭纯礼等整理《十二奴局》和《奥色密色》翻译稿改写，见姚宝瑄主编《中国各民族神话》（哈尼族、傣族），太原：山西出版传媒集团·书海出版社 2014 年版，第 10 页。

W1186.3a
造地的地点

实 例

（参见下级母题实例）

W1186.3a.0
在水中造地

【关联】
① ［W1185.7c.1］在水上种荷花造地
② ［W1196.3］吐在水中的唾液变成地

实 例

（参见下级母题实例）

W1186.3a.0.1
神在水中造地

实 例

藏族 最早的世界是茫茫大水。大神德绕高在水面上架出个大地。

【流传】（西藏自治区）

【出处】
(a) 旺秋搜集：《僜人创世神话》，根据中国社会科学院民族研究所编《僜人社会历史调查》，云南人民出版社 1990 年版，西藏民间文艺研究会主办《邦锦梅朵》1984 年第 8 期中的《僜人创世神话》整理。
(b) 同 (a)，见姚宝瑄主编《中国各民族神话》（门巴族、珞巴族、怒族、藏族），太原：山西出版传媒集团·书海出版社 2014 年版，第 87 页。

W1186.3a.0.2
在海中造地

实 例

哈尼族 以前，只有大海。青蛙造大地时，吃的骨头变成大石头，从海底冒出来；屙出的屎眨眼变成土，紧紧地粘住石头，渐渐长大起来，铺盖了一部分海面。

【流传】云南省·（普洱市）·墨江县（墨江哈尼族自治县）

【出处】金开兴讲，蓝明红搜集整理：《青蛙造天造地》，单超选自云南省民间文学集成办公室编《哈尼族神话传说集成》，中国民间文艺出版社 1990 年，见姚宝瑄主编《中国各民族神话》（哈尼族、傣族），太原：山西出版传媒集团·书海出版社 2014 年版，第 5 页。

W1186.3a.0.2.1
青蛙生的巨人在海中造地

【实例】

哈尼族 青蛙生纳得、阿依一对巨人兄妹时，吐了很多很多的沫子，变得像牛皮胶一样黏糊。兄妹俩就把这些沫子掺进石土里，捏成糯米粑粑一样的团团，像个大气球，从海底浮凸出海面，占去了大海的一小半，变成了陆地。

【流传】云南省·（普洱市）·墨江县（墨江哈尼族自治县）

【出处】金开兴讲，蓝明红搜集整理：《青蛙造天造地》，单超选自云南省民间文学集成办公室编《哈尼族神话传说集成》，中国民间文艺出版社 1990 年，见姚宝瑄主编《中国各民族神话》（哈尼族、傣族），太原：山西出版传媒集团·书海出版社 2014 年版，第 5 页。

W1186.3a.1
在天的中央造地

【关联】[W1164] 天的中心

【实例】

（参见下级母题实例）

W1186.3a.1.1
女娲在天的中央造地

【实例】

汉族 女娲从玉帝那里偷来一只球，甩在天的中央后，这球骨碌碌地滚，把黏渍渍的东西统滚雪球样滚上了，变成了个圆圆的地，便是地球。

【流传】浙江省·舟山市·（定海区）·干览乡（干览镇）·南岙村

【出处】顾阿登讲，林胜强记录，周明搜集整理：《女娲补天》（1987.06.15），见姚宝瑄主编《中国各民族神话》（汉族），太原：山西出版传媒集团·书海出版社 2014 年版，第 57~58 页。

W1186.3a.2
在蛤蟆背上造地

【实例】

（参见下级母题实例）

W1186.3a.2.1
天神在金蛤蟆背上造地

【实例】

土族 天神在浮在水上的金蛤蟆身上撒土造地时，金蛤蟆立刻沉下水底，土被水冲得无影无踪。天神取来弓箭，把金蛤蟆射穿了。造的地才稳固下来，形成后来的陆地。

【流传】（无考）

【出处】

(a)《陆地的形成》，载《青海民族学

院学报》1981年第4期。

（b）同（a），见姚宝瑄主编《中国各民族神话》（土族、东乡族、回族、保安族、裕固族、撒拉族），太原：山西出版传媒集团·书海出版社2014年版，第4页。

土族　远古地球上无陆地，唯一片汪洋而已。有天神思造一陆地，然既无落脚之处，亦无支撑陆地之物。后见一金蛤蟆浮水上，乃从空中以一捧土置金蛤蟆之背。

【流传】（无考）

【出处】袁珂改编：《金蛤蟆》（原名《阳性——地球——的形成》），原载谷德明编《中国少数民族神话选》，见袁珂《中国神话大词典》，北京：华夏出版社2015年版，第558页。

W1186.3a.3
把泥放在鱼头上造地

【关联】［W1344.1］鱼支撑地

实　例

（参见下级母题实例）

W1186.3a.3.1
鹏鸟把泥放在鱼头上造地

实　例

汉族　以前地上全是水，大鹏金翅鸟让鸭子从水底给它衔来一口烂泥。它就把这块泥放在这个鱼头上。这块泥丢到鱼头上之后，就越长越大，长得把鱼头压下去了。这条鱼就是条鳌鱼。

【流传】江苏省·（盐城市）·大丰县·三渣乡·西渣村

【出处】杨广顺讲，沈澄、丁晗搜集整理：《一把大斧分天地》（1986.04），见姚宝瑄主编《中国各民族神话》（汉族），太原：山西出版传媒集团·书海出版社2014年版，第22~23页。

W1186.3a.4
在黑影中造出地

实　例

（参见下级母题实例）

W1186.3a.4.1
天神在黑影中造出地

实　例

哈尼族　力大无比的波牛天神来做地时，用尽全力使出神力，宇宙骤然一片墨黑，在黑影之中显出一片宽广的大地。

【流传】（无考）

【出处】《杀牛龙，造天地》，根据张牛朗、杨批斗、李书周等演唱，杨保生、李家顺等翻译，杨笛、郭纯礼等整理《十二奴局》和《奥色密色》翻译稿改写，见姚宝瑄主编《中国各民族神话》（哈尼族、傣族），太原：山西出版传媒集团·书海出版社2014年版，第10页。

W1186.4
两次造地（再造地）

实例

鄂温克族 （实例待考）

W1186.4.1
洪水后再造地

【关联】［W2531］洪水后再造人类

实例

满族 洪水退下去后，巴纳姆恩都哩再次造出了大地。

【流传】黑龙江省·（牡丹江市）·宁古塔（宁安县）；吉林省·长白山地区（长白山一带）

【出处】傅英人（疑"人"为"仁"）讲述，张爱云整理：《阿布凯赫赫创造天地人》，原载《满族萨满神话》，见陶阳、钟秀编《中国神话》（上），北京：商务印书馆2008年版，第140~154页。

W1186.5
造地的帮助者

【关联】［W9987］帮助者

实例

（参见下级母题实例）

W1186.5.1
蚂蚁、土狗、蚯蚓等动物帮助造地

实例

哈尼族 （实例待考）

W1186.5.2
赶牛造地

实例

（参见下级母题实例）

W1186.5.2.1
赶龙牛造地

实例

哈尼族 九位造地的大神只顾睡懒觉，听说造天的神已把天造好，慌了神，咪沙（神名）拉起龙牛，舞着金鞭，其他几位大神有的拿起金耙，有的舞动锄头，犁的犁，耙的耙，刮的刮。

【流传】云南省·（红河哈尼族彝族自治州）·元阳县

【出处】朱小和讲，卢朝贵搜集整理：《三个世界》，单超选自《哈尼族神话传说选》，见姚宝瑄主编《中国各民族神话》（哈尼族、傣族），太原：山西出版传媒集团·书海出版社2014年版，第64页。

W1186.5.2.2
3头牛造地

实例

哈尼族 造地是三条牛的功劳。

【流传】云南省·（红河哈尼族彝族自治州）·元阳县、金平县（金平苗族瑶族傣族自治县）、红河县等地

【出处】朱小和讲，史军超、卢朝贵搜

集整理：《烟本霍本》，原载刘辉豪、阿罗编《哈尼族民间故事选》，上海文艺出版社 1989 年版，见姚宝瑄主编《中国各民族神话》（哈尼族、傣族），太原：山西出版传媒集团·书海出版社 2014 年版，第 38 页。

W1186.5.3
马和象是造地的帮助者

实例

拉祜族 厄莎（神名）造一对白马和白象帮助运土造地。

【流传】云南省·（普洱市）·澜沧县（澜沧拉祜族自治县）

【出处】胡札克讲，雷波采录：《厄雅莎雅造天地》，见中国民间文学集成全国编辑委员会编《中国民间故事集成》（云南卷），北京：中国ISBN中心 2003 年版，第 47 页。

W1186.6
检验造地结果

【关联】［W1396.1.2］地的测量

实例

哈尼族 沙罗阿龙（人名）把地造好了，就叫大家来试试地造得牢不牢。

【流传】云南省·（西双版纳傣族自治州）·勐腊（勐腊县）

【出处】张猴讲，杨万智搜集整理：《沙罗阿龙造天地》，原载云南省民间文学集成办公室编《哈尼族神话传说集成》，中国民间文艺出版社 1990 年版，见姚宝瑄主编《中国各民族神话》（哈尼族、傣族），太原：山西出版传媒集团·书海出版社 2014 年版，第 18 页。

W1186.7
造地失败（造地不成功）

【关联】

① ［W1110.4］造天地不成功

② ［W1179.2.3.1］填海造地不成功

实例

裕固族 释迦牟尼从天上请来了青龙，在青龙身上披上青绸子，驮上黄金，又从林间请来了白象，在白象身上披上了白绸子，驮上白土，每天不停地往海洋里撒，但没有造成地。

【流传】（无考）

【出处】

（a）《释迦牟尼创世》，见武文《宇宙建构的奇妙幻想——裕固族创世神话漫议》，载《民族文学研究》1996 年第 1 期。

（b）托瓦讲，增才整理，钟进文辑：《阿斯哈斯》，见满都呼主编《中国阿尔泰语系诸民族神话故事》，北京：民族出版社 1997 年版，第 121 页。

※ W1187
地是生育产生的

实例

（参见下级母题实例）

W1188

神或神性人物生地

实例

（参见下级母题实例）

W1188.1

地是最高的神王的女儿

实例

哈尼族 最高的神王阿匹梅烟生的第二姑娘是永生不死的玛白地姑娘。

【流传】云南省·（红河哈尼族彝族自治州）·元阳（元阳县）·攀枝花（攀枝花乡）·洞铺寨

【出处】朱小和讲，史军超采录：《永生不死的姑娘》，见中国民间文学集成全国编辑委员会编《中国民间故事集成》（云南卷），北京：中国ISBN中心2003年版，第130页。

W1188.2

女神生大地

【汤普森】A954

实例

（实例待考）

W1188.3

巨鸟生地（神鸟生地）

【关联】［W3328.1］巨鸟

实例

（实例待考）

W1188.4

鬼姐弟婚生地

【关联】［W1144.2.1］鬼神婚生天

实例

景颇族 一对鬼姐弟结婚生出大地。

【流传】（无考）

【出处】何峨整理：《万物诞生》，见中华民族故事大系编委会编《中华民族故事大系》第10卷（景颇族、柯尔克孜族、土族），上海：上海文艺出版社1995年版，第5页。

W1188.5

神是地的父亲

实例

苗族 有个大神叫佑聪是地的父亲。

【流传】（无考）

【出处】陶春保讲，刘永鸿整理：《生天养地的爹娘》，见姚宝瑄主编《中国各民族神话》（布依族、仡佬族、苗族），太原：山西出版传媒集团·书海出版社2014年版，第132页。

苗族 有个男神叫佑聪，他是地的父亲。

【流传】云南省·文山（文山壮族苗族自治州）一带

【出处】邓光北、闪永仙说唱，项保昌、刘德荣搜集：《开天补天，辟地补地》，见姚宝瑄主编《中国各民族神话》（布依族、仡佬族、苗族），太原：山西出版传媒集团·书海出版社

2014年版，第125页。

W1189
人生地

实例

汉族（实例待考）

W1190
动物生地

实例

（参见下级母题实例）

W1190.1
鱼生地

【关联】

① ［W1177.5.1］鱼造地

② ［W1513.2］鱼生万物

实例

哈尼族 祖先鱼第二天生出地。

【流传】云南省·（红河哈尼族彝族自治州）·元阳县·（黄草岭乡）·树皮寨（树皮寨村）

【出处】杨批斗讲，史军超采录：《祖先鱼上山》，见中国民间文学集成全国编辑委员会编《中国民间故事集成》（云南卷），北京：中国ISBN中心2003年版，第37页。

W1191
与生育产生地有关的其他母题

实例

（参见下级母题实例）

W1191.1
卵生地

【关联】

① ［W1205.1］地是一个黑鸡蛋

② ［W1250.1］蛋变成土壤

实例

（参见下级母题实例）

W1191.1.1
精灵生的蛋中生出地

实例

珞巴族 女乌佑（珞巴语，鬼、精灵，也可指神、神灵）生的卵中生出了石基，即现在的大地。

【流传】

（a）西藏自治区·下珞瑜（泛指永木河、锡约尔河、巴恰西仁河流域）

（b）西藏自治区·下珞渝（又写作"下珞瑜"）·西巴霞曲一带（山区米里部落切米尔村）

【出处】

（a）维·埃尔温搜集：《重刚义如木夫妇》，见中华民族故事大系编委会编《中华民族故事大系》第16卷（赫哲族、门巴族、珞巴族、基诺族），上海：上海文艺出版社1995年版，第401页。

（b）同（a），见李坚尚、刘芳贤编《珞巴族门巴族民间故事选》，上海：上海文艺出版社1993年版，第15页。

W1191.1.1.1
精灵感露珠生的蛋中生出地

实例

珞巴族 精灵感水珠生的蛋中生出地。

【流传】西藏自治区·下珞渝（又写作"下珞瑜"，泛指永木河、锡约尔河、巴恰西仁河流域）

【出处】维·埃尔温搜集：《重刚义如木夫妇》，见中华民族故事大系编委会编《中华民族故事大系》第16卷（赫哲族、门巴族、珞巴族、基诺族），上海：上海文艺出版社1995年版，第401页。

W1191.1.2
混沌卵中生出地

【关联】
① ［W1144.1.1］混沌卵中出现天
② ［W1277.2］混沌中分开天地

实例

汉族 （参见 W1289.1.2 母题实例）

W1191.2
天地婚生地

实例

珞巴族 天和地结婚生大地。

【流传】（无考）

【出处】《斯金金巴巴娜达明和金尼麦包》，见谷德明编《中国少数民族神话》，北京：中国民间文艺出版社 1987年版，第252页。

W1191.2a
云与雾婚生地

【关联】［W1199.6.1］雾露和云团夫妻孕育了野地

实例

景颇族 雾露和云团是一对夫妻，孕育了野地。

【流传】云南省·（德宏傣族景颇族自治州）·盈江县·支丹山吾寨

【出处】萧家成译著：《勒包斋娃——景颇族创世史诗》，北京：民族出版社1992年版，第2页。

W1191.3
海生地

【关联】［W1199.3.4.1］地球在海中逐渐变大

实例

珞巴族 （实例待考）

W1191.3.1
风和雾使海中产生陆地

实例

藏族 大风和雾气使大海中积起许多硬块、硬块积成陆地。

【流传】（云南省·迪庆藏族自治州）

【出处】*《猕猴变人》，见吕大吉、何耀华总主编《中国各民族原始宗教资料集成》（鄂伦春族卷、鄂温克族卷、赫哲族卷、达斡尔族卷、锡伯族卷、满族卷、蒙古族卷、藏族卷），北京：中国社会科学出版社 1999 年版，第 979 页。

W1191.4
云生地

实 例

彝族（阿细） 有没有生天的？有没有生地的呢？生天的是云彩，生地的也是云彩。

【流传】（a）云南省·红河哈尼族彝族自治州·弥勒县·（西山镇）

【出处】
（a）潘正兴等唱述，云南省民族民间文学红河调查队搜集翻译整理：《阿细的先基》，昆明：云南人民出版社 1959 年版。
（b）云南省民族民间文学红河调查队搜集整理，古梅改写：《最古的时候》，见姚宝瑄主编《中国各民族神话》（羌族、彝族），太原：山西出版传媒集团·书海出版社 2014 年版，第 131 页。

W1191.4.1
重的云生地

实 例

彝族（阿细） 云彩有两张，一张是轻云，一张是重云。那重的一张云彩落下去了，生出了地。

【流传】（a）云南省·红河哈尼族彝族自治州·弥勒县·（西山镇）

【出处】
（a）潘正兴等唱述，云南省民族民间文学红河调查队搜集翻译整理：《阿细的先基》，昆明：云南人民出版社 1959 年版。
（b）云南省民族民间文学红河调查队搜集整理，古梅改写：《最古的时候》，见姚宝瑄主编《中国各民族神话》（羌族、彝族），太原：山西出版传媒集团·书海出版社 2014 年版，第 131 页。

❋ W1192
地是变化产生的

实 例

（参见下级母题实例）

W1193
神或神性人物变成地

【关联】［W1250.3］肉变成土

实 例

（参见下级母题实例）

W1193.1
创世者的皮肤变成地

【汤普森】A833

实 例

（实例待考）

W1193.2
被杀死的神的尸体变成地

【汤普森】A831.7

实例

（参见下级母题实例）

W1193.2.1
被杀死的神的尸体先变成山，山再变成地

实例

汉族　江沽神把徒弟浪荡砍成五块，变成五座大山，总称"昆仑"，于是产生大地。

【流传】（无考）

【出处】《混沌初开》，见高明强编《创世的神话和传说》，上海：上海三联书店1988年版，第3页。

W1193.3
神死后心变成地

【关联】［W1193.6.2］盘古的心变成地

实例

彝族　（实例待考）

W1193.4
祖先的肉体变成泥土

实例

彝族　（实例待考）

W1193.5
怪物的身体变成地

【关联】
① ［W1197.3.2］怪物的皮变成地
② ［W1250.3.2］怪物的肉变成土

实例

（实例待考）

W1193.6
盘古变成地

【关联】
① ［W1146.3］盘古变成天
② ［W1193a.1.2］盘古死后肉变成土地

实例

（参见下级母题实例）

W1193.6.1
盘古的五腑变地

实例

瑶族　（实例待考）

W1193.6.2
盘古的心变成地

【关联】［W1193.3］神死后心变成地

实例

彝族　盘古死后，心变成了地。

【流传】云南省·（楚雄彝族自治州）·楚雄（楚雄市）、南华（南华县）、双柏（双柏县）等地

【出处】《查姆·鲁查姆》，见杨继中、芮增瑞、左玉堂编《楚雄彝族文学简史》，北京：中国民间文艺出版社1986年版，第43~44页。

W1193.6a

盘生变成地

实例

白族 天地毁灭后,盘生变成地。

【流传】云南省

【出处】《天地的起源》,见中国社会科学院云南少数民族文学研究所等编《云南少数民族文学资料》第 1 辑,内部编印,1980 年,第 228 页。

W1193.7

与神或神性人物变地有关的其他母题

实例

(参见下级母题实例)

W1193.7.1

鬼死后腿变成大地

实例

珞巴族 一个叫"禅图"的乌佑(珞巴语,鬼、精灵,也可指神、神灵)死后,大腿变成大地。

【流传】

(a) 西藏自治区·下珞渝(泛指永木河、锡约尔河、巴恰西仁河流域)

(b) 西藏自治区·下珞渝(又写作"下珞瑜")·阿帕塔尼部落日如村

【出处】

(a) B.K. 舒克拉搜集:《肯库》,见中华民族故事大系编委会编《中华民族故事大系》第 16 卷(赫哲族、门巴族、珞巴族、基诺族),上海:上海文艺出版社 1995 年版,第 394 页。

(b) 同(a),见李坚尚、刘芳贤编《珞巴族门巴族民间故事选》,上海:上海文艺出版社 1993 年版,第 8 页。

W1193.7.2

巨人的手变成大地

实例

汉族 盘古撑开天地,力气用尽,累死的时节,他的手脚向四方摊开,变成大地。

【流传】浙江省·(温州市)·永嘉县各地

【出处】陈仁讲,谢圣铎搜集整理:《盘古开天地》(1985),见姚宝瑄主编《中国各民族神话》(汉族),太原:山西出版传媒集团·书海出版社 2014 年版,第 13~14 页。

W1193.7.3

日月的女儿的身体变成地

实例

白族 下界是一片汪洋。为了让弟妹们有立足之地,日月的大女儿吾庚用自己的身体覆盖在大海上,变成了陆地。

【流传】云南省·(大理白族自治州)·鹤庆县

【出处】章虹宇:《云南鹤庆白族的地母节》,载《民俗》1990 年第 1 期。

W1193a

人变成地

实 例

（参见下级母题实例）

W1193a.1

特定的人死后肉变成地

【关联】[W1264.8.2.1] 巨人的肉化为良田

实 例

（参见下级母题实例）

W1193a.1.1

弟弟被哥哥杀死后变成地

实 例

珞巴族　在世界上只有哥哥波宁和弟弟达宁两兄弟。兄弟相残，达宁死后肉变成了大地。

【流传】

（a）西藏自治区·下珞渝（泛指永木河、锡约尔河、巴恰西仁河流域）

（b）西藏自治区·下珞渝（又写作"下珞瑜"）·博日部落嘎升村

【出处】

（a）维·埃尔温搜集：《波宁和达宁》，见中华民族故事大系编委会编《中华民族故事大系》第16卷（赫哲族、门巴族、珞巴族、基诺族），上海：上海文艺出版社1995年版，第393页。

（b）同（a），见李坚尚、刘芳贤编《珞巴族门巴族民间故事选》，上海：上海文艺出版社1993年版，第7页。

W1193a.1.2

盘古死后肉变成土地

【关联】

① [W1119.2] 盘古垂死化生天地

② [W1193.6] 盘古变成地

③ [W1193.6.2] 盘古的心变成地

实 例

白族　盘古氏的耳鼻化为山峰与山脉，骨化岩石，肉化土地。

【流传】（无考）

【出处】《开天辟地》，原载谷德明编《中国少数民族神话》，见袁珂《中国神话大词典》，北京：华夏出版社2015年版，第475页。

汉族　盘古死后，他身上的肉，变成了土地。

【流传】河南省尾山一带

【出处】程玉林讲，缪华、胡佳作搜集整理：《盘古寺》，原载张振犁、程健君编《中原神话专题资料》，见姚宝瑄主编《中国各民族神话》（汉族），太原：山西出版传媒集团·书海出版社2014年版，第4~6页。

汉族　盘古死后，身上的肉，变成了土地。

【流传】河南省·济源市·（城关）

【出处】程玉林讲，缪华、胡佳作采录：《盘古寺》，见张振犁编著《中原神话通鉴》（第一卷），郑州：河南大学出版社 2017 年版，第 4 页。

<u>汉族</u> 盘古因长久支撑天地死去了。他的肉变成了土地。

【流传】河南省·（驻马店市）·汝南县

【出处】李建国（45 岁，中专）讲，李超采录：《盘古开辟天地》（1987.06），见张振犁编著《中原神话通鉴》（第一卷），郑州：河南大学出版社 2017 年版，第 26 页。

W1193a.1.3
世界第一个人死后肉变成土地

实 例

<u>珞巴族</u> 世界上最早的人死后的肉变成地。

【流传】西藏自治区·下珞渝（又写作"下珞瑜"，泛指永木河、锡约尔河、巴恰西仁河流域）

【出处】维·埃尔温搜集：《波宁和达宁》，见中华民族故事大系编委会编《中华民族故事大系》第 16 卷（赫哲族、门巴族、珞巴族、基诺族），上海：上海文艺出版社 1995 年版，第 393 页。

W1194
动物变成地

实 例

（参见下级母题实例）

W1194.1
被杀死的动物变成地

【汤普森】A831.6

实 例

（实例待考）

W1194.2
动物的肉变成地

实 例

（参见下级母题实例）

W1194.2.1
犀牛的肉变成地

【关联】

① ［W1194.4a.1］犀牛的毛骨血肉变成地

② ［W1984.2.1］犀牛死后化为锡

实 例

<u>布朗族</u> 顾米亚（神巨人）把犀牛肉变成地。

【流传】（a）云南省·（西双版纳傣族自治州）·勐海县

【出处】

（a）岩的兴讲，朱嘉禄采录：《顾米亚》，见中国民间文学集成全国编辑委员会编《中国民间故事集成》（云南卷），北京：中国 ISBN 中心 2003 年版，第 150 页。

（b）朱嘉禄整理：《顾米亚》，见谷德明编《中国少数民族神话》，北京：中国民间文艺出版社 1987 年版，第

480页。

布朗族 神巨人顾米亚把犀牛的肉变成地。

【流传】云南省

【出处】朱嘉禄整理：《顾米亚》，原载《中国民间故事选》第2集，见陶阳、钟秀编《中国神话》（上），北京：商务印书馆2008年版，第38～44页。

布朗族 神巨人顾米亚把世界上的最早出现的一只犀牛杀死后，把犀牛肉变成大地。

【流传】云南省·（红河哈尼族彝族自治州）·金平县（金平苗族瑶族傣族自治县）

【出处】朱嘉禄整理：《顾米亚》，原载《中国民间故事选》第2集，人民文学出版社1962年版，见姚宝瑄主编《中国各民族神话》（水族、布朗族、独龙族、基诺族、傈僳族），太原：山西出版传媒集团·书海出版社2014年版，第90页。

W1194.2.2
龙牛肉化为地

实例

哈尼族 天王让众人造天地时，他们杀掉一头如山大的龙牛，其中牛肉化为地。

【流传】（无考）

【出处】《开天辟地》（原名《奥色密色》），原载毛星主编《中国少数民族文学》（下册），见袁珂《中国神话大词典》，北京：华夏出版社2015年版，第490页。

W1194.2.3
大鸟的肌肉变成地上的泥巴

实例

彝族 （实例待考）

W1194.2.4
马鹿的肉变成大地

【关联】［W3286.2］马鹿的产生

实例

普米族 巨神简剑祖射死马鹿后，剥开了皮毛，砍开了鹿体，把鹿肉撒向下面，鹿体立刻化成了大地。

【流传】（普米族广大地区）

【出处】杨祖德、杨学胜讲：《简剑祖射马鹿创天地》，据杨庆文《普米族文学简介》中的《捷巴鹿的故事》和季志超《藏族普米族创世神话比较》中的《吉赛叽》等编写，见姚宝瑄主编《中国各民族神话》（佤族、阿昌族、纳西族、普米族、德昂族），太原：山西出版传媒集团·书海出版社2014年版，第303页。

W1194.3
动物的皮变成地

实例

（参见下级母题实例）

W1194.3.1
蛇皮化为田地

实 例

汉族 （实例待考）

W1194.3.2
蛇的肚皮化为田地

【关联】
① ［W1851.3.1］盘古的肚皮化生中岳嵩山
② ［W1977.3.1］神死后肚皮变龙潭

实 例

汉族 羲男和羲女兄妹成婚后生的1条怪蛇，蛇的肚皮化为田地。

【流传】浙江省·（嘉兴市）·海盐（海盐县）

【出处】《伏羲王》，载《民间文学论坛》1983年第3期。

W1194.3.3
马鹿的皮变大地

实 例

普米族 简锦祖（巨人）杀死了作恶的马鹿，鹿皮子变成了辽阔的大地。

【流传】云南省·（怒江傈僳族自治州）·兰坪县（兰坪白族普米族自治县），（丽江市）·宁蒗县（宁蒗彝族自治县）

【出处】王震亚采录：《简锦祖杀马鹿》，见中国民间文学集成全国编辑委员会编《中国民间故事集成》（云南卷），北京：中国ISBN中心2003年版，第386页。

W1194.4
动物的血变成地

实 例

（参见下级母题实例）

W1194.4.1
巨兽的血变成地

【关联】［W3047.7.2］巨兽

实 例

怒族 巨人砍掉巨兽后，巨兽的血变成土地。

【流传】云南省

【出处】*《氏族的来源》，见中国社会科学院云南少数民族文学研究所等编《云南少数民族文学资料》第2辑，内部编印，1981年，第124页。

W1194.4.2
牛血变成地

实 例

彝族 观音杀牛来造天地时，把牛血变成了地。

【流传】云南省·楚雄彝族自治州

【出处】罗文荣演唱，李世忠翻译，蔷紫改写：《老人梅葛》，见姚宝瑄主编《中国各民族神话》（羌族、彝族），太原：山西出版传媒集团·书海出版社 2014 年版，第 124 页。

W1194.4.3
蛤蟆的血变成地

实 例

怒族 地洞里有只癞蛤蟆活动造成地动。仙人把它捉来杀了，癞蛤蟆的血淌出来，就变成了大地。

【流传】（云南省）

【出处】

（a）《天地来源》（1958），见中国作家协会昆明分会民间文学工作部编《云南民族文学资料》第十九集，中国作家协会编印，1963 年。

（b）《仙人造天地》（1958），见姚宝瑄主编《中国各民族神话》（门巴族、珞巴族、怒族、藏族），太原：山西出版传媒集团·书海出版社 2014 年版，第 54 页。

W1194.4a
动物的毛骨血肉变成地

实 例

（参见下级母题实例）

W1194.4a.1
犀牛的毛骨血肉变成地

实 例

布朗族 犀牛被杀死后，血肉毛骨变大地。

【流传】（无考）

【出处】《顾米亚造天地》，见高明强编《创世的神话和传说》，上海：上海三联书店 1988 年版，第 87 页。

W1194.5
动物的其他肢体变成地

实 例

（参见下级母题实例）

W1194.5.1
巨鸟的翅膀变大地

【关联】

① ［W1188.3］巨鸟（神鸟）生地

② ［W3328.1］巨鸟

实 例

彝族 （实例待考）

W1194.5.2
鱼鳍变成地

【关联】［W1147.3］鱼鳍变成天

实 例

哈尼族 最早出现的大鱼把左鳍向下一甩，变成地。

【流传】云南省

【出处】

（a）朱小和讲，芦朝贵等整理：《天、地、人的传说》，载《山茶》1983 年第 4 期。

（b）同（a），见谷德明编《中国少数民族神话》，北京：中国民间文艺出版社 1987 年版，第 313 页。

（c）朱小和讲，芦朝贵等整理：《天、

地、人的传说》，见陶立璠、赵桂芳等编《中国少数民族神话汇编》（开天辟地篇等），中央民族学院少数民族古籍整理出版规划领导小组办公室印（未署出版时间），第261页。

W1194.5.2.1
鱼的左鳍变成地

实 例

哈尼族 海中生的大鱼见世间上无天，下无地，冷清空荡，乃以左鳍下甩为地。

【流传】（无考）

【出处】《大鱼开辟天地》（原名《天、地、人的传说》），原载谷德明编《中国少数民族神话》，见袁珂《中国神话大词典》，北京：华夏出版社2015年版，第489页。

哈尼族 世上最早的雾变成的海生出大鱼。鱼见世间上无天，下无地，就把左鳍向下一甩，变成了地。

【流传】云南省·（红河哈尼族彝族自治州）·元阳县

【出处】

（a）朱小和讲，芦朝贵等整理：《天、地、人的传说》，载《山茶》1983年第4期。

（b）朱小和讲，芦朝贵、杨笛搜集整理：《大鱼脊背甩出的世界》，原载《山茶》1983年第4期（王松将原题目《天、地、人的传说》改为此题目），见姚宝瑄主编《中国各民族神话》（哈尼族、傣族），太原：山西出版传媒集团·书海出版社2014年版，第26页。

W1194.5.3
地是野猪的耳朵

实 例

蒙古族（布里亚特） 土地是野猪（以野猪为图腾）的耳朵。

【流传】（无考）

【出处】［苏联］Г.P. 加尔达诺娃著，宋长宏译，佟德富校：《喇嘛教前的布里亚特宗教信仰》（俄文版），诺沃西比尔斯克：科学出版社西伯利亚分社1987年版，第38～39页，见吕大吉、何耀华总主编《中国各民族原始宗教资料集成》（鄂伦春族卷、鄂温克族卷、赫哲族卷、达斡尔族卷、锡伯族卷、满族卷、蒙古族卷、藏族卷），北京：中国社会科学出版社1999年版，第647页。

W1195
卵变成地（蛋变成地球）

实 例

（参见下级母题实例）

W1195.1
特定的球变成地（特定的球变成地球）

实 例

（参见下级母题实例）

W1195.1.1

石球变成地（地球）

实 例

（参见下级母题实例）

W1195.1.1.1

盘古撞破的石球下片变成地

实 例

汉族　盘古在石鼓中闷得难受，就把石鼓撞成两爿，下爿成地。

【流传】浙江省·（金华市）·兰溪（兰溪市）

【出处】王阿英讲述、蔡斌采录：《石鼓响，天地开》，见中国民间文学集成全国编辑委员会编《中国民间故事集成》（浙江卷），北京：中国 ISBN 中心 1997 年版，第 16 页。

W1195.1.2

如意球变成地

实 例

（参见下级母题实例）

W1195.1.2.1

盘古兄妹偷的玉帝的如意球变成地

实 例

汉族　盘古兄妹偷来玉帝的如意球。这个如意球变成了大地。

【流传】河南省·（南阳市）·桐柏县

【出处】《盘古开天地》，见 http://tongbai.01ny.cn（桐柏网），2001.01.26。

W1195.1.3

女娲从玉帝那里偷的球变成地球

实 例

汉族　女娲从玉帝那里偷来一只球，向原来粘渍渍的东西上滚去，变成了个圆圆的地，成为地球。

【流传】浙江省·舟山市·定海区·干览乡·南岙村

【出处】顾阿登讲，林胜强采录：《女娲造天地》，见中国民间文学集成全国编辑委员会编《中国民间故事集成》（浙江卷），北京：中国 ISBN 中心 1997 年版，第 17 页。

W1195.2

蛋的重的部分变成地

实 例

苗族　盘瓠王把大鸡蛋踢破了，重的东西沉下去变成了地。

【流传】四川省·（宜宾市）·筠连县

【出处】熊凤祥讲，刘宇仁采录：《盘瓠王造天地》，见中国民间文学集成全国编辑委员会编《中国民间故事集成》（四川卷），北京：中国 ISBN 中心 1998 年版，第 1315 页。

W1195.2.1

混沌中重的东西下沉变成地

实 例

汉族　盘古从大鸡蛋中出来后，发现

周围一片黑暗,他拳打脚踢缠着他的混沌和黑暗,结果轻的东西就慢慢地飘动起来,变成了蓝天;重的东西慢慢下降,变成了大地。

【流传】河南省·济源市·(城关)

【出处】程玉林讲,缪华、胡佳作采录:《盘古寺》,见张振犁编著《中原神话通鉴》(第一卷),郑州:河南大学出版社2017年版,第3页。

W1195.2.1.1
黑色的宇宙卵重的东西朝下沉变成地

实例

汉族 黑色的宇宙卵生的人(盘古)越长越大,有一天,他伸胳膊伸腿,使劲地往外撑,"砰"的编一声炸开了,轻的东西向上飘,形成了天,重的东西朝下沉,变成了地。

【流传】河南省·汝州市薛庄乡·徐洼村

【出处】王欢进采录:《盘古创世》(1989.10.07),见张振犁编著《中原神话通鉴》(第一卷),郑州:河南大学出版社2017年版,第23页。

W1195.2.2
混沌卵中灰尘下沉变成大地

实例

汉族 盘古撑破混沌卵后,清气慢慢上升,就成了蓝天;灰尘渐渐下沉,就结成了大地。

【流传】河南省·(驻马店市)·新蔡县·裳村乡

【出处】刘义(76岁,农民)讲,刘国富采录,龚国强采录整理:《盘古开天地的来历》(1987.09.05),见张振犁编著《中原神话通鉴》(第一卷),郑州:河南大学出版社2017年版,第25页。

W1195.2.3
混沌卵中的阴浊变成地

实例

汉族 天地混沌如鸡子,盘古生其中。盘古一天天长大,天地开辟。阳清为天,阴浊为地。

【流传】(无考)

【出处】

(a) [三国·吴]徐整:*《盘古》,见[唐]欧阳询《艺文类聚》卷一引。

(b) [三国·吴]徐整:*《盘古》,见[清]马骕《绎史》卷一引。

W1195.3
蛋的中间部分变成地

实例

壮族 宇宙卵被一个螟蛉子钻出一个洞,这个蛋爆为三片,留在中间的一片,就成为我们中界的大地。

【流传】广西壮族自治区·(河池市)·大化县(大化瑶族自治县)·都阳镇

【出处】

(a) 覃奶讲,蓝鸿恩采录翻译:《姆洛甲出世》,见中国民间文学集成全国编辑委员会编《中国民间故事集成》（广西卷），北京：中国 ISBN 中心 2001 年版，第 3 页。
（b）同（a），见张声震总主编，农冠品编注《壮族神话集成》，南宁：广西民族出版社 2007 年版，第 21 页。

W1195.3.1
蛋炸开后中间一片变成地

实 例

汉族 气体旋转形成的蛋形的东西，最终爆为三片，一片飞到上边成为天空；一片落到地下成为水；留在中间的一片，就成为我们今天中界大地。

【流传】辽宁省·（大连市）·瓦房店市·炮台镇·长岭村、老染房村一带

【出处】秦淑慧讲，孙波搜集整理：《姝六甲》（1986.03），见姚宝瑄主编《中国各民族神话》（汉族），太原：山西出版传媒集团·书海出版社 2014 年版，第 36～38 页。

W1195.4
蛋壳变成地

实 例

（参见下级母题实例）

W1195.4.1
鸡蛋的蛋壳变成地

实 例

汉族 以前，天和地在一个大鸡蛋里，鸡蛋壳变成了地。

【流传】甘肃省·（平凉市）·静宁县·李店乡·李店村

【出处】
（a）李进财讲，王知三整理：《盘古制世》，见静宁县民间文学三套集成编辑组编《中国民间故事集成甘肃卷·静宁民间故事》，内部编印，1989 年，第 3 页。
（b）同（a），见中国民间文学集成全国编辑委员会编《中国民间故事集成》（湖北卷），北京：中国 ISBN 中心 1999 年版，第 3 页。

W1195.4.2
巨卵的蛋壳变成地

实 例

汉族 破裂的巨蛋的壳的下端做了地。

【流传】山西省·（运城市）·闻喜县（旧称桐乡）·（桐城镇）·峪堡村

【出处】王有山讲，王更元采录：《盘古出生》，见中国民间文学集成全国编辑委员会编《中国民间故事集成》（山西卷），北京：中国 ISBN 中心 1999 年版，第 3 页。

W1195.5
蛋黄变成地

【关联】[W1149.2] 蛋黄变成天

实 例

苗族 （实例待考）

汉族 天地像个鸡蛋一样，鸡蛋黄就是现在的地。

【流传】湖南省·（怀化市）·洪江市·贮木场

【出处】向培风讲，向艺采录：《盘古开天辟地》，见中国民间文学集成全国编辑委员会编《中国民间故事集成》（湖南卷），北京：中国 ISBN 中心 2002 年版，第 3 页。

汉族 以前的世界像鸡卵。卵中的盘古日长大，蜷缩壳中，闷不能忍，乃伸身蹬腿，挺然起立，啄拱打踢，连闹七七四十九日，卵壳破碎，黄清流出。黄重清轻，轻者上升为天，重者下沉为地。

【流传】（浙江省东部一带）

【出处】

（a）《浙东神话》，载《民间文学》1986 年第 11 期。

（b）《盘古王开天》，见袁珂《中国神话大词典》，北京：华夏出版社 2015 年版，第 390 页。

W1195.5.1
神生的蛋的蛋黄变成地

实 例

彝族 黑埃罗波赛神产一卵卵共三层，卵皮成天，卵白成日月星辰，卵黄成地。

【流传】（无考）

【出处】《黑埃罗波赛神》（原名《查姆·万物起源歌》），原载毛星主编《中国少数民族文学》（下册），见袁珂《中国神话大词典》，北京：华夏出版社 2015 年版，第 436 页。

W1195.5.2
盘古打碎蛋的蛋黄变成地

实 例

汉族 土地是盘古打碎的蛋的蛋黄变成的。所以地变成了黄黄混混的。

【流传】山东省·（济宁市）·梁山县·（韩垓镇）·开河东村

【出处】刘建山讲，樊兆阳采录：《盘古开天地》，见中国民间文学集成全国编辑委员会编《中国民间故事集成》（山东卷），北京：中国 ISBN 中心 2007 年版，第 3 页。

汉族 盘古氏睡在蛋窠瓢里。醒来伸胳膊蹬腿，蛋窠瓢破了。盘古氏立起身，蛋青上去，成了天，成了云。蛋黄沉下，成了地。

【流传】河南省·（三门峡市）·陕县（陕州区）·张茅乡·白土坡村

【出处】刘小锁（1929 年生，农民，小学）讲，刘邦项采录整理：《盘古氏造世界》，见张振犁编著《中原神话通鉴》（第一卷），郑州：河南大学出版社 2017 年版，第 22 页。

汉族 盘古把个鸡子壳砸破，鸡子黄重，沉在下面变作地。

【流传】浙江省·（金华市）·东阳县（东阳市）·青联乡·雅坑村

【出处】张宣元讲，周耀明采录：《盘古

开天》，见中国民间文学集成全国编辑委员会编《中国民间故事集成》（浙江卷），北京：中国 ISBN 中心1997年版，第 15 页。

W1195.5.3
盘古生的蛋的蛋黄变成地

实例

彝族 古时候，盘古下了一个蛋，蛋分为三层，蛋黄变成地。

【流传】云南省·（楚雄彝族自治州）·楚雄（楚雄市）、南华（南华县）、双柏（双柏县）等地

【出处】《查姆·鲁查姆》，见杨继中、芮增瑞、左玉堂编《楚雄彝族文学简史》，北京：中国民间文艺出版社1986年版，第 43~44 页。

W1195.5.4
混沌卵的黄下沉变成大地

实例

汉族 盘古在混沌卵中睡醒后，闷得不得了，伸了个懒腰，一下子把鸡蛋壳儿撑破了。鸡蛋清儿轻些，慢慢地分离出来升上去，成了蓝天；鸡蛋黄儿重些，沉到下边成了大地。

【流传】河南省·（南阳市）·新野县

【出处】曹学典讲，曹宝泉采录：《盘古爷开天》，见张振犁编著《中原神话通鉴》（第一卷），郑州：河南大学出版社2017年版，第 34 页。

W1195.6
石蛋的一半变成地

实例

汉族 （实例待考）

W1195.7
与卵变地有关的其他母题

【关联】

① ［W1123.1.4］ 混沌卵的蛋清变成天，蛋黄变成地

② ［W1191.1］ 卵生地

实例

（参见下级母题实例）

W1195.7.1
蛋的胎血变成地

实例

（参见下级母题实例）

W1195.7.1.1
混沌卵下沉的胎血变成地

实例

汉族 混混沌沌像鸡蛋样的东西破开后，下沉的是胎血，人们叫它"地"。

【流传】湖北省·（黄冈市）·浠水县·清泉镇·关山村

【出处】廖康成讲，詹承宗采录：《天父地母》，见中国民间文学集成全国编辑委员会编《中国民间故事集成》（湖北卷），北京：中国 ISBN 中心

1.2.3 地的产生与特征　‖W1195.7.2–W1196.3‖　681

1999年版，第6页。

W1195.7.2
盘古劈开妻子生的圆球下沉的一半变成地

实例

汉族　盘古劈开妻子生下的大圆球，下沉的一半成为"地"。

【流传】广西壮族自治区·玉林市·（兴业县）·葵阳乡（葵阳镇）等

【出处】麦树华讲，梁业兰搜集：《盘古开天地》，见曹廷伟编著《广西民间故事辞典》，南宁：广西教育出版社1993年版，第23页。

W1195.7.3
气泡变成地

【关联】[W1197.9] 气变成地

实例

汉族　大气包变成了地。

【流传】河南省·（南阳市）·桐柏县·二郎山乡·黄楝沟

【出处】刘国山讲，马卉欣采录：《开天辟地》，见中国民间文学集成全国编辑委员会编《中国民间故事集成》（河南卷），北京：中国ISBN中心2001年版，第3页。

W1196
抛撒在水上的物质（泥土、沙石等）变成地

【汤普森】A814

实例

（参见下级母题实例）

W1196.1
抛在水上的石块变成地

【汤普森】A814.1

【关联】[W1197.10] 海里露出的石头变成地

实例

（实例待考）

W1196.2
撒在水上的沙子变成地

【汤普森】A814.2

实例

（参见下级母题实例）

W1196.2.1
佛祖撒在水上的沙子变成地

【关联】[W1175.15] 佛祖造地

实例

蒙古族　天神把黄土交给世界的主人释迦牟尼，释迦牟尼把土撒在水面上，形成大地。

【流传】（无考）

【出处】陈岗龙等：《蒙古民间文学》，银川：宁夏人民出版社2008年版，第35页。

W1196.3
吐在水中的唾液变成地

【汤普森】A814.10

【关联】［W1981.4a.1］唾液变成黄金

实例

（实例待考）

W1196.4
水面鸟巢上堆积灰尘变成地

【关联】

① ［W1197.6］积灰成地
② ［W1809.4b］积灰成山

实例

蒙古族 神鸟勒嘎宾嘎每万年产一颗巨蛋。它从天而降后到汪洋大水之上，拔下一根羽毛在水面上筑巢，然后在它上面下蛋。后来在鸟巢上堆积灰尘，渐成大地。

【流传】（无考）

【出处】《嘎勒宾嘎创世》，原载［蒙古］Д.策仁苏德那木编《蒙古神话》（基利尔蒙古文），见那木吉拉《中国阿尔泰语系诸民族神话比较研究》，北京：学习出版社 2010 年版，第 28~29 页。

W1196.5
泥撒在巨龟肚子上形成大地

实例

（参见下级母题实例）

W1196.5.1
神仙在大鳖身上创造了阳世

实例

土族 （实例待考）

W1196.5.2
佛在巨龟身上造地

【关联】

① ［W1177.5.3.1］鸭在龟背上撒土造地
② ［W1179.4.7.2］潜水取土放置在龟背上造地
③ ［W1199.1.1］地在龟背上形成

实例

蒙古族 瓦其尔巴尼佛先把巨龟仰翻在水面，然后潜入水底捞泥，把泥洒在巨龟的肚子上，逐渐形成大地。

【流传】（无考）

【出处】［蒙古］Д.策仁苏德那木编：《蒙古神话》（基利尔蒙古文），见那木吉拉《中国阿尔泰语系诸民族神话比较研究》，北京：学习出版社 2010 年版，第 22 页。

W1196.6
海上的漂浮物变成地

【汤普森】A813

实例

（实例待考）

W1196.7
水里长出的树变成地

【汤普森】A814.4

【关联】［W1250.7］树叶变成土

实例

（实例待考）

W1196.8
水上的蒸汽凝结成地

【汤普森】A814.5

实 例

哈尼族（实例待考）

W1197
其他特定的物质变成地

【关联】[W1235.4.1] 地漂浮在大海上

实 例

（参见下级母题实例）

W1197.1
泥土变成地

【关联】[W1247.3] 动物潜水取土

实 例

（参见下级母题实例）

W1197.1.1
黄气化成的泥土变成地

实 例

汉族　宇宙中的那股黄气，化成了泥土，直往下坠，成了地。

【流传】湖北省·黄冈县（黄冈市）·（团风县）·马庙（马庙镇）

【出处】周海山讲，徐再跃采录：《盘古斩蟒开天地》，见中国民间文学集成全国编辑委员会编《中国民间故事集成》（湖北卷），北京：中国ISBN中心1999年版，第5页。

W1197.1.2
潜水取得的泥土变成地

实 例

（参见下级母题实例）

W1197.1.2.1
洪钧老祖把潜水取得的泥土变成地

【关联】[W1199.1.6.1] 洪钧道人地造在鳌鱼头上

实 例

汉族　红君老祖把绿鸭道人潜水取的泥土在手掌心搓搓，然后往四面八方掼出去。泥块一碰到水面，水立刻退下去，露出一大块一大块的陆地。

【流传】上海市·卢湾区·打浦桥街道

【出处】孙忠和讲，陈秀珠等采录：《大陆的来历》，见中国民间文学集成全国编辑委员会编《中国民间故事集成》（上海卷），北京：中国ISBN中心2007年版，第15页。

W1197.1.3
泥巴灰尘堆积成地

【关联】[W1197.6] 积灰成地

实 例

傣族　天神混雪加造地时，撒在大水上面的蜘蛛网上先长出水皮，又长出青苔，青苔上面长出的杂草变成泥巴，灰尘不断落在泥巴上，天长日久，便凝结成一层又一层厚厚的泥巴，慢慢就出现了地面。

【流传】云南省·果谷一带（不详。疑为"普洱市景谷傣族彝族自治县"）

【出处】周一文改写：《蜘蛛网织成地面》，见姚宝瑄主编《中国各民族神话》（哈尼族、傣族），太原：山西出版传媒集团·书海出版社2014年版，第239页。

W1197.1.4
神搓的泥变成地

实 例

满族　地母神巴那吉额姆从身上搓下的细泥和软毛，化作大地。

【流传】（无考）

【出处】《阿布卡赫赫女神创世》，王松根据富育光、孟慧英、王宏刚撰写的《满族宗教与神话》改写，见姚宝瑄主编《中国各民族神话》（满族、赫哲族、朝鲜族），太原：山西出版传媒集团·书海出版社2014年版，第4~14页。

W1197.1.5
始祖的汗泥变成大地

实 例

基诺族　水中生出的女始祖尧白把身上的汗腻搓成一个圆团团，然后，用力地抛出去，便变成了今天的大地。

【流传】（无考）

【出处】《水里浮起的尧白阿嫫》，见姚宝瑄主编《中国各民族神话》（水族、布朗族、独龙族、基诺族、傈僳族），太原：山西出版传媒集团·书海出版社2014年版，第155页。

W1197.1.6
女神喷出的尘土变成地球

实 例

维吾尔族　女天神吸了宇宙的空气和尘土，然后使劲一吐，尘土就变成一个大大的地球。

【流传】新疆维吾尔自治区·伊犁州（伊犁哈萨克自治州）

【出处】
（a）亚库甫讲，阿不都拉搜集翻译，姚宝瑄整理：《顶地球的公牛站在哪里》，见张越、姚宝瑄编《新疆民族神话故事选》，乌鲁木齐：新疆人民出版社1989年版。
（b）同（a），见姚宝瑄主编《中国各民族神话》（乌孜别克族、哈萨克族、柯尔克孜族、俄罗斯族、维吾尔族、塔吉克族、塔塔尔族、锡伯族），太原：山西出版传媒集团·书海出版社2014年版，第222页。

W1197.1.7
盘古把生育自己的泥团砍出天地

实 例

汉族　鳌鱼头上的一口烂泥生出盘古氏。他手上拿了把大斧，就像个鸡子要出壳似的，他就在泥团子的四周砍了一圈，后来他又用大斧拦腰一砍，泥团子就分了两半个，上头半个就是天，下面半个就是地。

【流传】江苏省·（盐城市）·大丰县·三渣乡·西渣村

【出处】杨广顺讲，沈澄、丁晗搜集整理：《一把大斧分天地》（1986.04），见姚宝瑄主编《中国各民族神话》（汉族），太原：山西出版传媒集团·书海出版社 2014 年版，第 22 ~ 23 页。

W1197.2
被杀死的小孩的尸体变成地

【汤普森】A831.5

实 例

（实例待考）

W1197.3
特定的肢体变成地（肉变成地）

实 例

珞巴族 （实例待考）

W1197.3.1
怪物的皮变为地

实 例

纳西族 （实例待考）

W1197.4
植物变成地

【关联】［W1196.7］水里长出的树变成地

实 例

（参见下级母题实例）

W1197.4.1
树的粉末掉到水里变成地

【关联】［W1185.5.1］佛把金丹碎成粉撒在水上造地

实 例

（参见下级母题实例）

W1197.4.1.1
虫子咬的树的粉末掉到水里变成地

实 例

珞巴族 虫子咬出的树的粉末掉到水里变成地。

【流传】西藏自治区·下珞渝（又写作"下珞瑜"，泛指永木河、锡约尔河、巴恰西仁河流域）

【出处】维·埃尔温搜集：《德日雅木拉》，见中华民族故事大系编委会编《中华民族故事大系》第 16 卷（赫哲族、门巴族、珞巴族、基诺族），上海：上海文艺出版社 1995 年版，第 395 页。

珞巴族 水中生出的树上长出了一条软乎乎的虫子，虫子咬树咬下的树木粉末掉到水里，逐渐变成了大地。

【流传】西藏自治区·下珞渝（又写作"下珞瑜"）西巴霞曲流域

【出处】）维·埃尔温搜集：《德日雅木

拉》，见李坚尚、刘芳贤编《珞巴族门巴族民间故事选》，上海：上海文艺出版社 1993 年版，第 9 页。

W1197.4.2
树皮变成地

【实例】

珞巴族 以前，水中生的一棵大树倒下了。它下边的树皮变成地面。

【流传】

(a) 西藏自治区·下珞渝（泛指永木河、锡约尔河、巴恰西仁河流域）

(b) 西藏自治区·下珞渝（又写作"下珞瑜"）西巴霞曲流域

【出处】

(a) 维·埃尔温搜集：《德日雅木拉》，见中华民族故事大系编委会编《中华民族故事大系》第 16 卷（赫哲族、门巴族、珞巴族、基诺族），上海：上海文艺出版社 1995 年版，第 395 页。

(b) 同（a），见李坚尚、刘芳贤编《珞巴族门巴族民间故事选》，上海：上海文艺出版社 1993 年版，第 9 页。

W1197.4.3
地是巴根草

【实例】

彝族 古时候，要说有地，巴根草就是地。

【流传】云南省·楚雄彝族自治州

【出处】罗文荣演唱，李世忠翻译，蔷紫改写：《老人梅葛》，见姚宝瑄主编《中国各民族神话》（羌族、彝族），太原：山西出版传媒集团·书海出版社 2014 年版，第 123 页。

W1197.4.4
神树变成地

【关联】[W0930] 神树

【实例】

彝族 聪明的阿志神（女神名）变成巨人坐在长得很大的神树上，这棵神树直喘气，不断不断往下垂，一直垂到底。阿志神又向神树吹了一口气，神树就成了黄色的大地。

【流传】云南省·（红河哈尼族彝族自治州）·弥勒县、泸西县、（昆明市）·路南县（石林彝族自治县）等地

【出处】毕荣亮讲，光未然采集整理，古梅改写：《创世纪》，见姚宝瑄主编《中国各民族神话》（羌族、彝族），太原：山西出版传媒集团·书海出版社 2014 年版，第 91 页。

W1197.4.5
花变成地

【实例】

（参见下级母题实例）

W1197.4.5.1
荷花变成地

【关联】

① [W1121.1.2] 天神撒种荷花，其中

一朵变成天，四朵铺成地

② ［W1185.7c.1］在水上种荷花造地

实 例

傣族 大地是天神撒的四朵荷花变成的。

【流传】云南省

【出处】王松、朱宜初等：《傣族文学概况》，见中国社会科学院云南少数民族文学研究所等编《云南少数民族文学资料》第3辑，内部编印，1981年，第124页。

W1197.5
一块板子变成地

实 例

苗族 （实例待考）

W1197.6
积灰成地

【关联】［W1250.10］水上生的微尘成为土

实 例

（参见下级母题实例）

W1197.6.1
世界燃烧的灰变成地

实 例

拉祜族 世界混沌时，一团仙火飞来，到处烟雾腾腾。升上天的烟灰慢慢飘落下来，四处铺开，变成了地。

【流传】云南省·（普洱市）·镇源县（镇沅彝族哈尼族拉祜族自治县）

【出处】

（a）范清莲讲，自力采录：《天地日月的来历》，见中国民间文学集成全国编辑委员会编《中国民间故事集成》（云南卷），北京：中国ISBN中心2003年版，第47页。

（b）同（a），见中华民族故事大系编委会编《中华民族故事大系》第8卷（畲族、高山族、拉祜族），上海：上海文艺出版社1995年版，第695页。

W1197.6.2
燃烧的尘土灰堆积成地

实 例

蒙古族 麦德尔女神骑着神马奔驰在蓝色的水面上，马蹄溅踏水波放射出的火星燃烧空中的尘埃，灰烬在水中越积越多，渐渐形成一块无边无际的大地。

【流传】内蒙古自治区

【出处】《麦德尔娘娘开天辟地》，见中国民间文学集成全国编辑委员会编《中国民间故事集成》（内蒙古卷），北京：中国ISBN中心2007年版，第3页。

蒙古族 洪水后，麦德尔神女骑其白色神马，亦往来奔驰于蓝色水面上，神马两蹄踏水，射出耀眼火星。火星燃烧成灰，撒落水面，愈积愈厚，渐渐形成无边无际之大地。

【流传】（无考）

【出处】＊《麦德尔神女》，原载陶阳、钟秀编《中国神话》，见袁珂《中国神话大词典》，北京：华夏出版社2015年版，第399页。

蒙古族 麦德尔神女骑神马在水面上奔驰，马蹄击打出的火星燃烧尘土。尘土被燃烧后变成了灰，便散落在水面上。灰越积越厚，渐渐形成了一块无边无际的大地。

【流传】新疆维吾尔自治区蒙古族居住地区

【出处】姚宝瑄搜集整理：《麦德尔神女开天辟地》，见姚宝瑄主编《中国各民族神话》（达斡尔族、鄂伦春族、鄂温克族、蒙古族），太原：山西出版传媒集团·书海出版社2014年版，第134页。

W1197.6.3
灰在水上变成地

实例

蒙古族 神女麦德尔骑着白色神马，往来奔驰在蓝色的水面上，神马的四蹄踏动水面，放射出耀眼的火星。尘土被燃烧后变成了灰，便撒落在水面上。后来灰越积越厚，渐渐形成了一块无边无际的大地。

【流传】新疆维吾尔自治区蒙古族居住区

【出处】姚宝瑄搜集整理：《麦德尔娘娘开天辟地》，载《民间文学》1986年第3期。

W1197.6.4
水上生的灰尘变成地

实例

蒙古族 水上生微尘，形成土。

【流传】（无考）

【出处】
（a）《外相世界由三坛而定》，见萨囊彻辰著，道润梯步译校《蒙古源流》，呼和浩特：内蒙古人民出版社1981年版。

（b）《外相世界由三坛而定》，见满都呼主编《中国阿尔泰语系诸民族神话故事》，北京：民族出版社1997年版，第146页。

W1197.7
水变成地

实例

（参见下级母题实例）

W1197.7.1
浑水下沉变地

实例

汉族 像一团稀泥巴汤汤的混沌世界，慢慢澄清，澄到下面浑的，就变成了地。

【流传】四川省·（德阳市）·绵竹县（绵竹市）·遵道乡

【出处】叶青云讲，王仲齐采录：《无极老祖造人》，见中国民间文学集成全

1.2.3 地的产生与特征　　‖W1197.7.1.1–W1197.8.1‖ 689

国编辑委员会编《中国民间故事集成》（四川卷），北京：中国ISBN中心1998年版，第27页。

W1197.7.1.1
盘古劈出的泥巴水下沉变地

实例

汉族　盘古劈开的圆的东西，一半像黄泥巴水一样的往下沉，一日沉下一丈，成了地。

【流传】湖南省·（衡阳市）·衡山县

【出处】彭祥三讲，彭玉成采录：《盘古与衡山》，见中国民间文学集成全国编辑委员会编《中国民间故事集成》（湖南卷），北京：中国ISBN中心2002年版，第4页。

W1197.7.2
水蒸发形成地

【关联】［W1172.3.2］海水退后出现地

实例

珞巴族　（实例待考）

W1197.7.3
海变硬的部分成为大地

实例

藏族　世界最早出现大海。大海空荡，上浮灰蒙雾气，四面刮大风。大风与雾气相摩，令大海积为若干硬块，始渐聚为大地。

【流传】（云南省·迪庆藏族自治州）

【出处】《大地及人类由来》，原载迪庆藏族自治州文联编《藏族民间故事》（原名《大地和人类的由来》），见袁珂《中国神话大词典》，北京：华夏出版社2015年版，第407页。

W1197.7.4
水花海浪凝聚成地

实例

哈尼族　最早时，大海生出的大鱼见没天没地，就用左鳍往横一扫，只见黑浪滚滚，水花四溅，就造成了地。

【流传】云南省·（西双版纳傣族自治州）·勐海县

【出处】朗特讲，古梅搜集整理：《天怀孕，地怀孕》，见姚宝瑄主编《中国各民族神话》（哈尼族、傣族），太原：山西出版传媒集团·书海出版社2014年版，第15~16页。

W1197.8
云变成地

【关联】［W1122.2.1］轻云变成天，重云变成地

实例

（参见下级母题实例）

W1197.8.1
黑云下沉为地

实例

彝族　黑云下沉成为地。

【流传】贵州省·（毕节市）·威宁县（威宁彝族回族苗族自治县）

【出处】王海清讲，石磊采录：《诸神争大》，见中国民间文学集成全国编辑委员会编《中国民间故事集成》（贵州卷），北京：中国 ISBN 中心 2003 年版，第 28 页。

W1197.8.2
云丝凝结成地

实例

苗族 盘皇（祖先）足下的云丝下沉凝为地。

【流传】海南省·（三亚市）·陵水县（陵水黎族自治县）·祖关镇（本号镇）·白水岭苗村

【出处】邓文安讲，潘先樗采录：《盘皇造万物》，见中国民间文学集成全国编辑委员会编《中国民间故事集成》（海南卷），北京：中国 ISBN 中心 2002 年版，第 3 页。

W1197.9
气变成地

【关联】[W1195.7.3] 气泡变成地

实例

（参见下级母题实例）

W1197.9.1
浊气凝结成地

【关联】
① [W4008.1] 浊气变成黄色的大地

② [W4572.2] 浊气的产生

实例

布朗族 （实例待考）

布依族 翁戛老祖把天空的清气捏在左手的掌心，又将凡尘间的浊气握在右手心。然后，用力一挣，运足了气，向空中吹了口气。猛的刮起一阵大风；又向下吹了口气，只见下面也刮起一股大风。接着清气"呼呼"往上冒，浊气"卟卟"往下沉。清气上升变青天。

【流传】贵州省布依族地区

【出处】杨正荣、祝登壑讲，岭玉清、汛河搜集整理，古梅改写：《翁戛造万物》，见姚宝瑄主编《中国各民族神话》（布依族、仡佬族、苗族），太原：山西出版传媒集团·书海出版社 2014 年版，第 7~8 页。

汉族 气有涯垠，清阳者薄靡而为天，重浊者凝滞而为地。

【流传】（无考）

【出处】[汉] 刘安及门客：《淮南子·天文训》。

蒙古族 （实例待考）

彝族 气又变土，浊气又变地。

【流传】贵州省·（毕节市）·威宁县（威宁彝族回族苗族自治县）、赫章县一带

【出处】罗正清翻译，黄建明摘录：《弥神与觉神》（未刊稿），见吕大吉、何耀华总主编《中国各民族原始宗教资

1.2.3 地的产生与特征

料集成》（彝族卷、白族卷、基诺族卷），北京：中国社会科学出版社1996年版，第280页。

W1197.9.2
浊气下沉变成地

实例

汉族　宇宙生气，气有涯垠……重浊者凝滞而为地。

【流传】（无考）
【出处】[汉]刘安及门客：《淮南子·天文训》。

汉族　盘古开天辟地，浊气下沉为地。

【流传】江苏省·（淮安市）·涟水县·南集乡·禹庄村
【出处】徐学尧讲，徐省生搜集整理：《世界的由来》（1983），见姚宝瑄主编《中国各民族神话》（汉族），太原：山西出版传媒集团·书海出版社2014年版，第24~28页。

彝族　很古的时候，只有飘飘的清气和沉沉的浊气。浊气下沉变为地。

【流传】贵州省西部、云南省东北部、四川省西南部彝族地区
【出处】阿危·热默讲，阿乍·莴芝整理：《人祖的由来》，见姚宝瑄主编《中国各民族神话》（羌族、彝族），太原：山西出版传媒集团·书海出版社2014年版，第185页。

W1197.9.2.1
混沌中的浊气下沉变成地

实例

汉族　鹿用尖锐的大角挑开混沌，清气上升化为天，浊气沉下去变作地。

【流传】上海市·虹口区·广中路街道
【出处】刘曼芳讲，吴本雄采录：《喉节与乳房》，见中国民间文学集成全国编辑委员会编《中国民间故事集成》（上海卷），北京：中国ISBN中心2007年版，第7页。

W1197.9.3
黑色的雾气变成地

实例

布朗族　大火球黑色的雾气变地。

【流传】云南省·（西双版纳傣族自治州）·勐海（勐海县）
【出处】艾扬整理：《天和地的起源》，见中华民族故事大系编委会编《中华民族故事大系》第12卷（布朗族、撒拉族、毛南族），上海：上海文艺出版社1995年版，第5页。

W1197.9.4
两种气交配产生的血凝结成地

实例

哈尼族　（实例待考）

W1197.9.5
三种气体变成地

实例

傣族 地球是三种气体组成的圆球体。

【流传】（无考）

【出处】《开天辟地》，见谷德明编《中国少数民族神话》，北京：中国民间文艺出版社1987年版，第341页。

傣族 亿亿年前，三种气体合为地球。

【流传】云南省

【出处】《巴塔麻戛捧尚罗》（经书），见祜巴勐《论傣族诗歌》，北京：中国民间文艺出版社1981年版，第15~16页。

W1197.9.6
与变成地有关的其他母题

【关联】［W1197.1.1］黄气化成的泥土变成地

实例

（参见下级母题实例）

W1197.9.6.1
浊的东西变成地

【关联】［W1151.2］清的东西变成天

实例

蒙古族 太古，宇宙生出了黑白和清浊，浊的变地。

【流传】（无考）

【出处】《天地之形成》，陈岗龙译自日本中田千亩编《蒙古神话》，东京郁文社，昭和十六年（1941年）。

W1197.9.6.2
气体变成地球

实例

傣族 最早的世界是雾气和风。过了万亿年，乃渐靠拢，凝成一团，终成三种气体组合之大圆球，即今日之地球。

【流传】（云南省？）

【出处】袁珂改编：《英叭由来》（原名《地球和"英叭"的由来》），原载谷德明编《中国少数民族神话选》，见袁珂《中国神话大词典》，北京：华夏出版社2015年版，第502页。

W1197.10
海里露出的石头变成地

【汤普森】A816.1

实例

（参见下级母题实例）

W1197.10.1
地是浮在水面上的青石板

【关联】［W1070.4.5.1］地的下面是水

实例

汉族 地是一块浮在水面上的青石板。

【流传】湖北省·（荆门市）·京山县

【出处】

（a）冯家才讲，冯本林搜集整理：《鳌鱼和地震》，原载湖北省群众艺术馆等编《民间故事传说集》，见陶阳、钟秀编《中国神话》（上），北京：商务印书馆 2008 年版，第 205 页。

（b）同（a），见姚宝瑄主编《中国各民族神话》（汉族），太原：山西出版传媒集团·书海出版社 2014 年版，第 44～45 页。

W1197.10.2

地最早是浮在水面的一块平板

【关联】［W1376.0.3.4］最初的地浮在水面上会摇晃

实 例

蒙古族 最初形成之大地，为一大平板，浮于水面。

【流传】（无考）

【出处】＊《麦德尔神女》，原载陶阳、钟秀编《中国神话》，见袁珂《中国神话大词典》，北京：华夏出版社 2015 年版，第 399 页。

W1197.10.3

海里露出的石头长草变成地

实 例

珞巴族 海的中间突出了一块大石头，大石头上长出了许多草，草越长越茂密，石头也越来越大，变成了陆地。

【流传】西藏自治区·（林芝地区）·墨脱县

【出处】宾珠讲，于乃昌等整理：《人的诞生》，见《珞巴族民间故事》：http://www.tibet-web.com/old/minjian/ync/gushi/mulu.htm，2003.10.02。

W1197.11

海里露出的山变成地

实 例

（参见下级母题实例）

W1197.11.1

挤压海底露出的山变成地

实 例

汉族 山压鳌进入海底，露在水面的山成为地。

【流传】浙江省·（金华市）·东阳县（东阳市）

【出处】徐移根讲：《天和地合》，见陶阳、钟秀编《中国神话》，上海：上海文艺出版社 1996 年版，第 124 页。

汉族 大山把鳌鱼压进了海底，永远翻不得身，露出水面的山便成了地。

【流传】浙江省·（金华市）·东阳县（东阳市）

【出处】

（a）徐移根讲，周中帆记录整理：《天和地合》，见陶阳、钟秀编《中国神话》（上），北京：商务印书馆 2008 年版，第 193～194 页。

（b）同（a），见姚宝瑄主编《中国各民族神话》（汉族），太原：山西出版

W1197.12
太阳的碎片变成地

【关联】［W1151.6.3］太阳的碎片变天

实例

（参见下级母题实例）

W1197.12.1
射日落下的太阳的黄色碎片变成地

实例

藏族 哈拉（旱獭，草原上一种鼠类）射日，散落在大地上的太阳碎片，闪烁着斑斓的色彩，黄色的碎片变成了肥沃的土地。

【流传】青海省·黄南州（黄南藏族自治州）·同仁县

【出处】加毛泽讲，仁青侃卓等采录：《哈拉射日》，见中国民间文学集成全国编辑委员会编《中国民间故事集成》（青海卷），北京：中国ISBN中心2007年版，第8页。

W1197.13
石头变成地

【关联】
① ［W1248.1］石头上面生土
② ［W1250.8］石头变成土

实例

（参见下级母题实例）

W1197.13.1
岩石的一半变成地

实例

壮族 一声霹雳把大岩石（以前天地相连为岩石）裂成了两大片。下面的一片往下落，就成了住人类的大地。

【流传】广西壮族自治区右江，云南省红河一带

【出处】周朝珍讲，何承文整理：《布碌陀》，见谷德明编《中国少数民族神话》，北京：中国民间文艺出版社1987年版，第68页。

壮族 远古的时候，天地重叠在一起结成岩石，后来霹雳把岩石炸成两大片。上面的一片往上升，就成了住雷公的天。下面的一片往下落，就成了住人类的大地。

【流传】（a）广西壮族自治区右江及红水河一带

【出处】
（a）周朝珍讲，何承文整理：《布碌陀》，载广西民间文学研究会编印《广西民间文学丛刊》第5期。

（b）《布碌陀》（王松选定），见姚宝瑄主编《中国各民族神话》（仫佬族、壮族、京族），太原：山西出版传媒集团·书海出版社2014年版，第74页。

W1197.13.2
下降的岩石变成地

实 例

壮族 以前天地是重叠的岩石。忽然一声霹雳，"轰隆"翻身，裂为二大片，上片渐往上升，成为雷公之天。下片渐往下落，成为人类所住大地。

【流传】（无考）

【出处】《布碌陀造天地》（原名《布碌陀》），原载谷德明编《中国少数民族神话选》，见袁珂《中国神话大词典》，北京：华夏出版社 2015 年版，第 439 页。

W1197.13.3
石渣变成地

实 例

哈萨克族 天神迦萨甘把河水中捞起一块一半红色、一半青色像鸡蛋一般的圆石掰成两半，变成水和火。然后两半石重新合并，中间就冒出一股浓浓的蒸汽变成了天，剩下的渣渣落下去，就变成了地。

【流传】新疆维吾尔自治区哈萨克族居住地区

【出处】《迦萨甘创世》，斯丝据别克苏勒坦、佟中明撰写的《哈萨克族宗教与神话》改写，见姚宝瑄主编《中国各民族神话》（乌孜别克族、哈萨克族、柯尔克孜族、俄罗斯族、维吾尔族、塔吉克族、塔塔尔族、锡伯族），太原：山西出版传媒集团·书海出版社 2014 年版，第 25~26 页。

W1197.14
粪便变成地

【关联】[W1250.4] 粪便变成土

实 例

（实例待考）

W1197.14.1
青蛙屙的屎变成土地

实 例

哈尼族 （实例待考）

W1197.15
积血变成地

实 例

（参见下级母题实例）

W1197.15.1
气体交配产生的积血变成地

实 例

哈尼族 远古时上无天下无地，只有上下气，上下气交配产生又红又稠的血。后来血积成的地。

【流传】（无考）

【出处】阿蒂演唱，阿嘎翻译，阿流记录整理：《天地人鬼》，见西双版纳傣族自治州民族事务委员会编《哈尼族古歌》，昆明：云南民族出版社 1992 年版。

W1197.16
与特定物质变地有关的其他母题

实例

（参见下级母题实例）

W1197.16.1
宝物变成地

实例

侗族　（实例待考）

W1197.16.2
烟降落形成地

实例

拉祜族　以前世界混沌。一团仙火飞来燃烧的烟，升上天又慢慢飘落下来，四处铺开去，又变成了地。地就这样造出来了。

【流传】云南省·（普洱市）·镇沅县（镇沅彝族哈尼族拉祜族自治县）

【出处】范清莲讲，自力采录：《天地日月的来历》，见中国民间文学集成全国编辑委员会编《中国民间故事集成》（云南卷），北京：中国ISBN中心2003年版，第47页。

W1197.16.3
旋转的云雾变成地球

【关联】［W1041.1.1］世界最早只有旋转的云雾

实例

景颇族　宇宙最早出现的小小的云雾团越滚越大，慢慢地，这雾团便变成了稀泥和岩石的圆球。

【流传】（无考）

【出处】斋瓦贡退干唱，李向前、木然瑶都搜集整理，木子改写：《穆脑斋瓦——宁冠瓦》，见姚宝瑄主编《中国各民族神话》（白族、拉祜族、景颇族），太原：山西出版传媒集团·书海出版社2014年版，第224页。

W1197.16.4
风与雾在海中结成的硬块成为陆地

实例

藏族　大风和雾气使大海中结成了许多硬块，硬块积成陆地。

【流传】（云南省·迪庆藏族自治州）

【出处】＊《猕猴变人》，原载丹珠昂奔：《藏族神灵论》，中国社会科学出版社1990年版，见吕大吉、何耀华总主编《中国各民族原始宗教资料集成》（鄂伦春族卷、鄂温克族卷、赫哲族卷、达斡尔族卷、锡伯族卷、满族卷、蒙古族卷、藏族卷），北京：中国社会科学出版社1999年版，第939页。

W1197.16.5
神造的物变成地

实例

（参见下级母题实例）

W1197.16.5.1
天神造的塔变成地

实例

傣族 叭英叭（世上第一个人，其他神话说"英叭"为最早的天神）将身上的汗泥搓下来，捏了座塔。这个塔变成他落脚的大地。

【流传】云南省·西双版纳州（西双版纳傣族自治州）

【出处】岩英祁讲，仓霁华翻译，朱宜初等采录：《英叭开天辟地》，见中国民间文学集成全国编辑委员会编《中国民间故事集成》（云南卷），北京：中国ISBN中心2003年版，第82页。

W1198
与变地有关的其他母题

实例

（参见下级母题实例）

W1198.1
变地有特定的时间

实例

（参见下级母题实例）

W1198.1.1
盘生牛年变成地

实例

白族 盘生（盘古的兄弟）在牛年变成了地。

【流传】
(a) 云南省·（大理白族自治州）·大理（大理市）、洱源县等地
(b) 云南省·（大理白族自治州）·洱源县

【出处】
(a) 杨国政讲，杨亮才采录：《开天辟地》，见中国民间文学集成全国编辑委员会编《中国民间故事集成》（云南卷），北京：中国ISBN中心2003年版，第9页。
(b) 同（a），见谷德明编《中国少数民族神话》，北京：中国民间文艺出版社1987年版，第293页。

W1198.2
混沌的一部分变成地

实例

（参见下级母题实例）

W1198.2.1
盘古的妻子把混沌的下部变成地

实例

汉族 盘古王的妻子扯混沌的半砣沉下来变成了地。

【流传】四川省·（宜宾市）·宜宾县·光明乡（龙池乡）

【出处】廖伯康讲：《天地、太阳、白天、黑夜的由来》，见中国民间文学集成全国编辑委员会编《中国民间故事集成》（四川卷·上），北京：中国

ISBN 中心 1998 年版，第 23 页。

W1198.3
混沌中属"阴"的重浊之物凝结为地

实例

蒙古族 混沌中产生了明暗清浊之物，属于"阴"的重浊之物，下凝成为地。

【流传】（无考）

【出处】齐木道吉翻译：《天地起源》，见谷德明编《中国少数民族神话》，北京：中国民间文艺出版社 1987 年版，第 31～32 页。

蒙古族 混沌中生出明暗清浊，属于"阴"的浊重之物沉凝为地。

【流传】内蒙古自治区

【出处】《天神之战》，见中国民间文学集成全国编辑委员会编《中国民间故事集成》（内蒙古卷），北京：中国 ISBN 中心 2007 年版，第 4 页。

W1198.4
盘古开天地时重的下沉变成泥土

实例

布依族 （实例待考）

W1198.5
气体、烟雾和狂风合成地球

【关联】［W1235.8］地球被气体、烟雾、风和浪花紧裹

实例

傣族 最早的世界充满着翻腾的气体、烟雾和狂风。它们相互间无限期地翻腾、滚动了大约一万亿年，这些东西相互靠拢，凝结成一团，最后形成一个三种气体组合的大圆球，就是今天的地球。

【流传】（无考）

【出处】《地球和"英叭"的由来》，见姚宝瑄主编《中国各民族神话》（哈尼族、傣族），太原：山西出版传媒集团·书海出版社 2014 年版，第 332 页。

W1198.6
气浪、烟雾、大风与水汽凝成地球

实例

傣族 远古的时候，辽阔的太空中气浪、烟雾和大风，还有水汽相互争斗，经过了一亿年的动荡、翻滚和撞击，却出现了一个怪物，气浪慢慢形成一团气体，冷风把它凝结成一个像蜂窝一般巨大的圆球。

【流传】云南省·西双版纳傣族地区（西双版纳傣族自治州）

【出处】《巴塔麻嘎捧尚罗》，王松据岩温炳翻译《巴塔麻晏》（开天辟地）改写，见姚宝瑄主编《中国各民族神话》（哈尼族、傣族），太原：山西出版传媒集团·书海出版社 2014 年版，第 264 页。

W1199
与地的产生有关的其他母题

【汤普森】A820

【关联】[W1991.1] 有了地后自然产生生物

实例

（参见下级母题实例）

W1199.0
地产生的时间

【关联】[W1124.1] 天地产生的时间

实例

（参见下级母题实例）

W1199.0.1
地在牛年产生

实例

白族　盘古、盘生弟兄俩一个去变天，一个去变地。盘古在鼠年变成了天，盘生在牛年变成了地。

【流传】云南省·（大理白族自治州）·大理（大理市）、洱源（洱源县）、剑川（剑川县）等地

【出处】杨国政讲，杨亮才记录整理：《开天辟地》，原载《云南民间故事选》（不详），见姚宝瑄主编《中国各民族神话》（白族、拉祜族、景颇族），太原：山西出版传媒集团·书海出版社2014年版，第5~6页。

W1199.0.1.1
牛年牛月牛日生出地

实例

彝族（阿细）　云彩生地是属牛的那一年，属牛的那一月，属牛的那一日。

【流传】（a）云南省·红河哈尼族彝族自治州·弥勒县·（西山镇）

【出处】

（a）潘正兴等唱述，云南省民族民间文学红河调查队搜集翻译整理：《阿细的先基》，昆明：云南人民出版社1959年版。

（b）云南省民族民间文学红河调查队搜集整理，古梅改写：《最古的时候》，见姚宝瑄主编《中国各民族神话》（羌族、彝族），太原：山西出版传媒集团·书海出版社2014年版，第131~132页。

W1199.0.1.2
乙丑年生地

实例

彝族　产地是乙丑年，乙丑年产地，乙丑月产地，乙丑日产地，乙丑时产地。丑年与丑月，丑日与丑时，产下了大地。

【流传】黔西（贵州省西部）与云南（云南省）接壤的彝族地区

【出处】阿候布代讲，王正贡、王子尧、王冶新、何积金搜集整理，蔷紫改写：《天生地产》，原载中国民间文艺

研究会贵州分会编《民间文学资料》，内部资料，1986年，见姚宝瑄主编《中国各民族神话》（羌族、彝族），太原：山西出版传媒集团·书海出版社2014年版，第163页。

W1199.0.2
地产生在蛇日

实例

哈尼族 以前的世界是黑暗的混沌。混沌中产生大风，九十九天之后，属蛇的那一日，红通通的地出现了。

【流传】云南省·（普洱市）·孟连县（孟连傣族拉祜族佤族自治县）

【出处】李格、王富帮讲，张犁翻译，李灿伟、莫非搜集整理：《天、地、人和万物的起源》，原载云南省民间文学集成办公室编《哈尼族神话传说集成》，中国民间文艺出版社1990年版，见姚宝瑄主编《中国各民族神话》（哈尼族、傣族），太原：山西出版传媒集团·书海出版社2014年版，第58页。

W1199.0.3
地球产生在许多亿年前

实例

傣族 亿亿年前，三种气体合为地球。

【流传】云南省

【出处】《巴塔麻戛捧尚罗》（经书），见祜巴勐《论傣族诗歌》，北京：中国民间文艺出版社1981年版，第15~16页。

傣族 巨大的地球已经产生了，谁也说不清，它离现在究竟有多少亿年。

【流传】云南省·西双版纳傣族地区（西双版纳傣族自治州）

【出处】《巴塔麻嘎捧尚罗》，王松据岩温炳翻译《巴塔麻晏》（开天辟地）改写，见姚宝瑄主编《中国各民族神话》（哈尼族、傣族），太原：山西出版传媒集团·书海出版社2014年版，第272页。

W1199.0.4
地球经历10万年才形成

实例

傣族 远古的时候，辽阔的太空中气浪、烟雾和大风，还有水汽相互争斗，凝结成一个像蜂窝一般巨大的圆球。这个圆球轻飘飘地随着风势游动，又随着烟雾沉浮。它飘游了十万年，从没有停息过，最后才逐渐形成。

【流传】云南省·西双版纳傣族地区（西双版纳傣族自治州）

【出处】《巴塔麻嘎捧尚罗》，王松据岩温炳翻译《巴塔麻晏》（开天辟地）改写，见姚宝瑄主编《中国各民族神话》（哈尼族、傣族），太原：山西出版传媒集团·书海出版社2014年版，第264页。

1.2.3 地的产生与特征

W1199.1
地形成的地点

实例

（参见下级母题实例）

W1199.1.1
地在龟背上形成

【汤普森】A815

【关联】

① ［W1196.5.2］佛在巨龟身上造地

② ［W1199.1.4.1］天神把土放在金蛤蟆背上形成地

实例

蒙古族 释迦牟尼抓出一把土撒在金龟身上。从此，世界就形成了。

【流传】新疆维吾尔自治区·（巴音郭楞蒙古自治州）·和硕县·布尔图一牧场

【出处】根登讲，布·孟克采录，乌恩奇译：《世界是这样形成的》，见中国民间文学集成全国编辑委员会编《中国民间故事集成》（新疆卷），北京：中国 ISBN 中心2008年版，第9页。

W1199.1.2
地在海面形成

【汤普森】A816.2

【关联】［W1235.4.1］地漂浮在大海上

实例

汉族 地形成后是漂在海面上的。

【流传】湖北省·（咸宁市）·通城县·隽水镇

【出处】黎云英讲，李学文采录：《鳌鱼抬地》，见中国民间文学集成全国编辑委员会编《中国民间故事集成》（湖北卷），北京：中国 ISBN 中心1999年版，第8页。

藏族 从前，大地是飘浮在汪洋大海上面的。

【流传】四川省·（凉山彝族自治州）·木里县（木里藏族自治县）·宁朗（宁朗乡）

【出处】杜基翁丁讲，鲁绒亨扎翻译，四川省民协木里采风队采录：《大地和庄稼的产生》，见中国民间文学集成全国编辑委员会编《中国民间故事集成》（四川卷），北京：中国 ISBN 中心1998年版，第935页。

W1199.1.3
地在蜘蛛网上形成

【汤普森】≈A823

【关联】［W1265.3.2］蜘蛛结网成岛

实例

（参见下级母题实例）

W1199.1.3.1
天神把蜘蛛网铺在水上造地

实例

傣族 大火后，发生洪水，天神混雪加撒下个蜘蛛网，蜘蛛网在水面上长出水皮、青苔、杂草，天长日久沾上许多泥，慢慢形成了大地。

【流传】云南省

【出处】《关于开天辟地的神话》，见王松、朱宜初等：《傣族文学概况》，中国社会科学院云南少数民族文学研究所等编《云南少数民族文学资料》第3辑，内部编印，1981年，第124页。

傣族 天神混雪加造地时，往大水上撒下一张巨大的蜘蛛网。网上面慢慢地先长出水皮，后来慢慢出现了地面。

【流传】云南省·果谷一带（不详。疑为"普洱市景谷傣族彝族自治县"）

【出处】周一文改写：《蜘蛛网织成地面》，见姚宝瑄主编《中国各民族神话》（哈尼族、傣族），太原：山西出版传媒集团·书海出版社2014年版，第239页。

W1199.1.3.2
尘土落在蜘蛛网上形成地

实 例

德昂族 洪水淹没大地后，蜘蛛在水上织网，天上的尘土就落在大网上，变成了大地。

【流传】（ab）云南省·德宏州（德宏傣族景颇族自治州）

【出处】

（a）李来岩等讲，李岩牙等翻译，朱宜初采录：《葫芦传人种》，见中国民间文学集成全国编辑委员会编《中国民间故事集成》（云南卷），北京：中国ISBN中心2003年版，第208页。

（b）李来岩等讲，李岩牙等翻译，朱宜初搜集：《葫芦的故事》，见中华民族故事大系编委会编《中华民族故事大系》第15卷（德昂族、保安族、裕固族、京族、塔塔尔族、独龙族、鄂伦春族），上海：上海文艺出版社1995年版，第22页。

（c）李志崖讲，朱宜初搜集，谷德明整理：《大火和洪水》，见谷德明编《中国少数民族神话》，北京：中国民间文艺出版社1987年版，第515页。

W1199.1.3.3
神往蜘蛛网上填土形成地

实 例

拉祜族 厄莎（神名）用土把地网填起来，形成大地。

【流传】云南省·（普洱市）·澜沧县（澜沧拉祜族自治县）

【出处】胡札克讲，雷波采录：《厄雅莎雅造天地》，见中国民间文学集成全国编辑委员会编《中国民间故事集成》（云南卷），北京：中国ISBN中心2003年版，第47页。

W1199.1.4
陆地在蛤蟆背上形成

【关联】

① [W1199.1.1] 地在龟背上形成

② [W1247.3.2] 青蛙潜水取土造地

实例

（参见下级母题实例）

W1199.1.4.1
天神把土放在金蛤蟆背上形成地

【关联】［W1196.5.2］佛在巨龟身上造地

实例

土族　远古时候汪洋一片，天神把土放在金蛤蟆的背上，形成陆地。

【流传】
（a）青海省·（海东市）·民和县（民和回族土族自治县）·官亭（官亭镇）一带
（b）青海省

【出处】
（a）马永喜福讲，马光星搜集整理：《阳世的形成》，见满都呼主编《中国阿尔泰语系诸民族神话故事》，北京：民族出版社1997年版，第207页。
（b）《阳世的形成》，见谷德明编《中国少数民族神话》，北京：中国民间文艺出版社1987年版，第714页。
（b）《阳世的形成》，载《青海民族学院学报》1981年第4期。

W1199.1.5
地球悬挂在牛角上

【关联】
①［W1376.2.2.1］创世主把地固定在牛角上
②［W8567］大地的支撑者造成地震

实例

柯尔克孜族　天帝为了防止大地再次遭到火神的侵害，它就把地球挂到自己（天帝变的一头巨大的青牛）的角上，骑在一条大鱼的背上，在一条叫作"凯木"（即今天的叶尼塞河）的河上漂游。

【流传】（无考）

【出处】张彦平摘译：《火神》，见满都呼主编《中国阿尔泰语系诸民族神话故事》，北京：民族出版社1997年版，第80页。

W1199.1.5.1
真主把地球悬放在公牛角上

实例

塔吉克族　安拉把创造的地面安放在一只巨大无比强健有劲的公牛的犄角上。

【流传】新疆维吾尔自治区·（喀什地区）·塔什库尔干塔吉克自治县

【出处】马达里汗讲，西仁·库尔班等采录翻译：《关于地震的神话》，见中国民间文学集成全国编辑委员会编《中国民间故事集成》（新疆卷），北京：中国ISBN中心2008年版，第26页。

W1199.1.5.2
萨迦甘把地钉在巨牛角上

实例

哈萨克族　迦萨甘为固定地之位置，以高山为钉，将地钉于巨牛之一角。

【流传】（无考）

【出处】袁珂改编：《迦萨甘》，原载毛星主编《中国少数民族文学》（上册），见袁珂《中国神话大词典》，北京：华夏出版社2015年版，第495页。

W1199.1.6
地造在鳌鱼头上

【关联】［W1186.3a.3］把泥放在鱼头上造地

实例

（参见下级母题实例）

W1199.1.6.1
洪钧道人地造在鳌鱼头上

【关联】［W1197.1.2.1］洪钧老祖把潜水取得的泥土变成地

实例

汉族 红君道人把地造在鳌鱼头上的一撮泥土上。

【流传】上海市·松江县（松江区）·九亭乡（九亭镇）·三星村

【出处】朱国民讲，顾青采录：《海斗老祖造天地》，见中国民间文学集成全国编辑委员会编《中国民间故事集成》（上海卷），北京：中国ISBN中心2007年版，第3页。

W1199.1.7
地最早生成的方位

实例

（实例待考）

W1199.1.8
东西南北四个方位的地的产生

实例

阿昌族 地母遮米麻拔下右边脸上的毛，织出东边的大地；拔下左边脸上的毛织出了西边的大地；拔下下颏的毛，织出了南边的大地；拔下额头的毛，织出了北边的大地。

【流传】（云南省）

【出处】赵安贤讲，智克整理：《遮帕麻与遮米麻》，见姚宝瑄主编《中国各民族神话》（佤族、阿昌族、纳西族、普米族、德昂族），太原：山西出版传媒集团·书海出版社2014年版，第75页。

W1199.1.8.1
地从西南方产生

实例

白族 盘生变地时，地从西南方变起。

【流传】

(a) 云南省·（大理白族自治州）·大理（大理市）、洱源县等地

(b) 云南省·（大理白族自治州）·洱源县

【出处】

(a) 杨国政讲，杨亮才采录：《开天辟地》，见中国民间文学集成全国编辑委员会编《中国民间故事集成》（云南卷），北京：中国ISBN中心2003

年版，第 9 页。

（b）同（a），见谷德明编《中国少数民族神话》，北京：中国民间文艺出版社 1987 年版，第 293 页。

白族 盘古、盘生弟兄俩一个去变天，一个去变地。天从东北方变起，地从西南方变起。

【流传】云南省·（大理白族自治州）·大理（大理市）、洱源（洱源县）、剑川（剑川县）等地

【出处】杨国政讲，杨亮才记录整理：《开天辟地》，原载《云南民间故事选》（不详），见姚宝瑄主编《中国各民族神话》（白族、拉祜族、景颇族），太原：山西出版传媒集团·书海出版社 2014 年版，第 5~6 页。

W1199.2
大地始于一元

实例

汉族 一元者，大地始也。

【流传】（无考）

【出处】［汉］董仲舒：《春秋繁露》，《北京图书馆古籍珍本丛刊》（卷 2），书目文献出版社 1988 年版，第 520 页。

W1199.3
地的增大

实例

（参见下级母题实例）

W1199.3.1
陆地自然变大

实例 野鸭鲁弗尔在汪洋上筑的窝形成陆地。陆地逐渐变大，以后又逐渐出现了各种生物。

【流传】（无考）

【出处】《野鸭鲁弗尔》，见满都呼主编《中国阿尔泰语系诸民族神话故事》，北京：民族出版社 1997 年版，第 79 页。

W1199.3.2
神或神性人物把地增大

实例

（参见下级母题实例）

W1199.3.2.1
天神把地增大

实例

傣族 英叭天神使地球增大。

【流传】（无考）

【出处】《开天辟地》，见谷德明编《中国少数民族神话》，北京：中国民间文艺出版社 1987 年版，第 341 页。

W1199.3.2.2
萨满把地增大

实例

鄂温克族 神通广大的萨满用法力把地球变大。

【流传】（无考）

【出处】

（a）阿拉诺海讲，道尔吉翻译：《萨满神鼓的来历》，见满都呼主编《中国阿尔泰语系诸民族神话故事》，北京：民族出版社1997年版，第304页。

（b）同（a），见《鄂温克族民间故事选》，上海：上海文艺出版社1989年版。

（c）《萨满神鼓的来历》，见《鄂伦春族民间故事选》，上海：上海文艺出版社1989年版。

W1199.3.2.3

祖先把地增大

实例

（参见下级母题实例）

W1199.3.2.3.1

祖先布洛陀因地上人多把地增大

实例

壮族　因为地上的人多了，布洛陀嫌天地小了，就把天加大加高，把地加宽加厚，把山岭削低削小。天和地离得远了。

【流传】

（ab）广西壮族自治区·（百色市）·西林县·八达镇

（c）广西壮族自治区·（百色市）·西林县

【出处】

（a）岑水钦讲，岑隆业采录翻译：《地上的星星》，见中国民间文学集成全国编辑委员会编《中国民间故事集成》（广西卷），北京：中国ISBN中心2001年版，第86页。

（b）同（a），见张声震总主编，农冠品编注《壮族神话集成》，南宁：广西民族出版社2007年版，第373页。

（c）岑永钦等讲，岑隆业等搜集整理：《铜鼓的传说》，见谷德明编《中国少数民族神话》，北京：中国民间文艺出版社1987年版，第116页。

W1199.3.3

动物把地增大

实例

（参见下级母题实例）

W1199.3.3.1

青蛙把地增大

【关联】［W1177.3］青蛙造地

实例

哈尼族　青蛙吃出的骨头变成大石头，屙变成土，土紧紧地粘在石头上，渐渐长大起来，铺盖了一部分海面，使地面增大。

【流传】云南省·（普洱市）·墨江县（墨江哈尼族自治县）

【出处】金开兴讲，蓝明红采录：《青蛙造天地》，见中国民间文学集成全国编辑委员会编《中国民间故事集成》（云南卷），北京：中国ISBN中心2003年版，第34页。

W1199.3.3.2
蚂蚁把地增大
【关联】[W1177.5.4] 蚂蚁造地

实例

藏族 以前天地相盖像酥油盒，有只蚂蚁从里面钻出一个洞来，外面的空气不停地从这个小洞灌进去，大地开始膨胀。

【流传】四川省·（阿坝藏族羌族自治州）·若尔盖县·求吉乡·下王则村

【出处】大夺戈讲，阿强等采录：《开天辟地》，见中国民间文学集成全国编辑委员会编《中国民间故事集成》（四川卷·下），北京：中国ISBN中心1998年版，第933页。

W1199.3.3.3
龙王把地增大

实例

壮族 保洛陀（又译"布洛陀"等）让龙王把地加厚。

【流传】广西壮族自治区·（南宁市）·武鸣县

【出处】覃月初讲：《保洛陀》（即"布洛陀"），见张声震总主编，农冠品编注《壮族神话集成》，南宁：广西民族出版社2007年版，第60页。

W1199.3.4
地增大的情形

实例

（参见下级母题实例）

W1199.3.4.1
地球在海中逐渐变大
【关联】[W1191.3] 海生地

实例

傣族 四条巴阿嫩神鱼（主宰海的神鱼）在天下的大海里横行，就用身上的污垢做了大地球，把它投到大海中，地球就在茫茫的大海里变宽变大，成为人类的大地。

【流传】云南省·西双版纳傣族地区（西双版纳傣族自治州）

【出处】胜能搜集：《巴阿嫩神鱼》，原载《巴塔麻晏》（开天辟地），见姚宝瑄主编《中国各民族神话》（哈尼族、傣族），太原：山西出版传媒集团·书海出版社2014年版，第242页。

W1199.3.4.2
地吃奶后增大

实例

哈尼族 原先没有地，阿妈祖先鱼生下地，喂饱奶后，地越长越高越大，把祖先鱼顶上来了。

【流传】云南省·（红河哈尼族彝族自治州）·元阳县·（黄草岭乡）·树皮寨（树皮寨村）

【出处】杨批斗讲，史军超采录：《祖先鱼上山》，见中国民间文学集成全国编辑委员会编《中国民间故事集成》（云南卷），北京：中国ISBN中心2003年版，第37页。

W1199.3.4.3
神让地长大

【实例】

壮族 布洛陀让人把地加到33座石山那么厚。

【流传】（无考）

【出处】欧阳若修等：《布洛陀》，见张声震总主编，农冠品编注《壮族神话集成》，南宁：广西民族出版社2007年版，第504页。

W1199.3.4.4
地每天长1丈

【实例】

汉族 地日厚一丈，形成现在的地。

【流传】（无考）

【出处】[三国·吴]徐整：《三五历记》，原书已佚，据《太平御览》引文。

W1199.3.4.5
地球增大万亿倍

【实例】

傣族 英叭神使地球比原来增大了一千个亿、一万个亿倍，成为由气体、烟雾、风、水和污垢组合而成的坚固的大球体。

【流传】（无考）

【出处】《开天辟地》，见谷德明编《中国少数民族神话》，北京：中国民间文艺出版社1987年版，第341页。

W1199.4
地的变小

【关联】

① [W1361] 天小地大（地大天小）

② [W1383.1a] 天的变小

【实例】

（实例待考）

W1199.5
地产生比天晚

【实例】

（参见下级母题实例）

W1199.5.1
天产生之后过一万零八百年生地

【实例】

汉族 生天之后，过一万零八百年生地。

【流传】湖北省·（十堰市）·丹江口市·（六里坪镇）·狮子沟（狮子沟村）

【出处】葛朝荣讲·李征康采录：《风云雷雨雾的来历》，见中国民间文学集成全国编辑委员会编《中国民间故事集成》（湖北卷），北京：中国ISBN中心1999年版，第25页。

W1199.6
野地的产生

【实例】

（参见下级母题实例）

W1199.6.1
雾露和云团夫妻孕育了野地

实 例

景颇族 雾露和云团是一对夫妻，孕育了野地。

【流传】云南省·（德宏傣族景颇族自治州）·盈江县·支丹山吾寨

【出处】萧家成译著：《勒包斋娃——景颇族创世史诗》，北京：民族出版社1992年版，第2页。

W1199.7
地的发现

实 例

（参见下级母题实例）

W1199.7.1
鹰最早发现地

实 例

彝族（罗鲁泼） 是谁先见到地呢？是鹞鹰先见到地。

【流传】云南省·（楚雄彝族自治州）·永仁县

【出处】
(a) 李德宝演唱，李必荣、李荣才搜集，夏光辅、诺海阿苏翻译：《冷斋调》（1984），见云南省社会科学院楚雄彝族文化研究所编《彝族民间文学》第2辑，1985年。

(b) 夏光辅、诺海阿苏翻译，古梅改写：《冷斋调》，见姚宝瑄主编《中国各民族神话》（羌族、彝族），太原：山西出版传媒集团·书海出版社2014年版，第114页。

W1199.8
地的五形的产生

实 例

（参见下级母题实例）

W1199.8.1
特定人物的尸体化生为地的五形

实 例

汉族 最早的世界一片黑暗。天忽萌芽露珠一滴，乃又被浪荡子吞去。浪荡子吞露珠立死，尸分为五，因有五形。大地乃有实体。

【流传】（湖北省·神农架林区）

【出处】张树艺、曹坤良唱：《黑暗传》，原载中国民间文艺研究会湖北分会编《神农架·黑暗传》序言（多种版本汇编本），见袁珂《中国神话大词典》，北京：华夏出版社2015年版，第393页。

❀ W1200
地的特征

【汤普森】①A870；②A900

实 例

（实例待考）

W1201

地的性别

实例

（参见下级母题实例）

W1201.1

地是男的

实例

【苗族】博咚（男性人名，祖先）到天外的下方又造了地，造的是男人的地。

【流传】贵州省·（安顺市）·紫云县（紫云苗族布依族自治县）麻山苗区

【出处】杨再华唱诵，杨正江译：《亚鲁族源》，见中国民间文艺家协会主编《亚鲁王》，北京：中华书局2011年版，第33页。

W1201.2

地是女的

实例

【珞巴族】地是女的。

【流传】西藏自治区·下珞渝（又写作"下珞瑜"，泛指永木河、锡约尔河、巴恰西仁河流域）

【出处】

（a）维·埃尔温搜集：《天地的故事》，见中华民族故事大系编委会编《中华民族故事大系》第16卷（赫哲族、门巴族、珞巴族、基诺族），上海：上海文艺出版社1995年版，第396页。

（b）达大讲，李坚尚等搜集，达嘎翻译：《天父地母和宁崩阿乃》，见中华民族故事大系编委会编《中华民族故事大系》第16卷（赫哲族、门巴族、珞巴族、基诺族），上海：上海文艺出版社1995年版，第403页。

※ W1202

地的形状（地貌）

实例

（参见下级母题实例）

W1203

地原来没有一定的形状

【关联】[W1057.1] 混沌（混沌卵）

实例

【苗族】以前，地稀稀糊糊，既像一塘泥；摇摇晃晃，又像一坨鸭屎，软绵绵的。

【流传】云南省·（文山壮族苗族自治州）·马关县

【出处】杨正方讲，刘德荣采录：《造天造地》，见中国民间文学集成全国编辑委员会编《中国民间故事集成》（云南卷），北京：中国ISBN中心2003年版，第91页。

【佤族】以前大地没有一定的形状。

【流传】（无考）

【出处】

（a）埃戛搜集整理：《谁敢做天下万物之王》，见谷德明编《中国少数民族神话》，北京：中国民间文艺出版社1987年版，第378页。

(b) 同（a），见中华民族故事大系编委会编《中华民族故事大系》第7卷（黎族、傈僳族、佤族），上海：上海文艺出版社1995年版，第629页。

佤族 古时大地无定形，变化无常。

【流传】（云南省？）

【出处】袁珂改编：《万物之王》（原名《谁做天下万物之王》），原载谷德明编《中国少数民族神话选》，见袁珂《中国神话大词典》，北京：华夏出版社2015年版，第518页。

W1204

地是方的

【汤普森】A871

【关联】［W1237.4］地有4边

实 例

达斡尔族 天就像一口大锅扣在四四方方的大地上。

【流传】（无考）

【出处】《仙鹤顶天》，见姚宝瑄主编《中国各民族神话》（达斡尔族、鄂伦春族、鄂温克族、蒙古族），太原：山西出版传媒集团·书海出版社2014年版，第4页。

达斡尔族 天像一口大锅一样扣在方形的大地上。

【流传】（无考）

【出处】

(a)《仙鹤支地》，见毛星主编《中国少数民族文学》，长沙：湖南人民出版社1983年版。

(b) 同（a），见姚宝瑄主编《中国各民族神话》（达斡尔族、鄂伦春族、鄂温克族、蒙古族），太原：山西出版传媒集团·书海出版社2014年版，第5页。

汉族 人住的地四四方方。

【流传】湖北省·（咸宁市）·通城县·隽水镇

【出处】黎云英讲，李学文采录：《鳌鱼抬地》，见中国民间文学集成全国编辑委员会编《中国民间故事集成》（湖北卷），北京：中国 ISBN 中心1999年版，第8页。

汉族 天道曰圆，地道曰方。

【流传】（无考）

【出处】［汉］刘安及门客：《淮南子·天文训》。

W1204.1

最早的地是个大方框

实 例

侗族 萨天巴（蜘蛛，女祖神，创世神）领着儿女众神巡视刚生出的天地。透过千层万重的冰雪，详细观看，发现地是个大大的四方框框。

【流传】广西壮族自治区·（柳州市）·三江（三江侗族自治县），（桂林市）·龙胜（龙胜各族自治县）

【出处】杨卜林喜、杨卜松林、杨明世

讲，杨国仁、涛声搜集整理，蔷紫改写：《创世女神萨天巴》，原文为过伟改写自侗族创世史诗《嘎茫莽道时嘉——远祖歌》（未出版稿），见姚宝瑄主编《中国各民族神话》（土家族、毛南族、侗族、瑶族），太原：山西出版传媒集团·书海出版社 2014 年版，第 75 页。

W1205
地是圆的（地球是圆的）

【汤普森】A851

【关联】

① ［W1062.3］世界是圆的
② ［W1233.6］地的变圆

实 例

哈尼族 一个人围着世界走了不知多少年，又回到原处。

【流传】云南省

【出处】《想到天边去的人》，见中国社会科学院云南少数民族文学研究所等编《云南少数民族文学资料》第 2 辑，内部编印，1981 年，第 7 页。

汉族 女娲造的地是圆的。

【流传】浙江省·舟山市·定海区·干览乡·南岙村

【出处】顾阿登讲，林胜强采录：《女娲造天地》，见中国民间文学集成全国编辑委员会编《中国民间故事集成》（浙江卷），北京：中国 ISBN 中心 1997 年版，第 17 页。

藏族 老杀拉甲伍又绷地。地是圆球形的，在天底下。

【流传】四川省·（绵阳市）·平武县·白马藏区（白马藏族乡）

【出处】

（a）＊《绷天绷地》，见《四川白玛藏族民族文学资料集》，四川藏族研究所内部编印，1991 年，第 80 页。

（b）扎嘎才让讲，四川大学中文录采风队采录：《创世传说》，见中国民间文学集成全国编辑委员会编《中国民间故事集成》（四川卷·下），北京：中国 ISBN 中心 1998 年版，第 934 页。

（c）扎嘎才让等讲，谢世廉等搜集：《创世传说》，见陶立璠、赵桂芳等编《中国少数民族神话汇编》（开天辟地篇等），中央民族学院少数民族古籍整理出版规划领导小组办公室印（未署出版时间），第 1 页。

W1205.1
地是一个黑鸡蛋

【关联】［W1191.1］卵生地

实 例

羌族 古时，地是一个黑鸡蛋。

【流传】四川省·（阿坝藏族羌族自治州）·理县·桃坪乡·桃坪村

【出处】余青海讲，罗世泽采录：《开天辟地》，见中国民间文学集成全国编辑委员会编《中国民间故事集成》（四川卷·下），北京：中国 ISBN 中心 1998 年版，第 1107 页。

羌族 以前，地是一个黑鸡蛋。

【流传】四川省·（阿坝藏族羌族自治州）·理县

【出处】余青海讲，罗世泽搜集：《阿补曲格创世》，见中华民族故事大系编委会编《中华民族故事大系》第11卷（达斡尔族、仫佬族、羌族），上海：上海文艺出版社1995年版，第633页。

W1205.2
地球圆形是焚烧缩成的

实 例

柯尔克孜族　宇宙之神造的七层大地由于火神不断焚烧，后来竟缩成为一个球形。

【流传】新疆维吾尔自治区·柯尔克孜地区（克孜勒苏柯尔克孜自治州）

【出处】《火神》，斯丝根据多里昆·吐尔地、阿地力·朱玛吐尔地撰写的《柯尔克孜族宗教与神话》改写，见姚宝瑄主编《中国各民族神话》（乌孜别克族、哈萨克族、柯尔克孜族、俄罗斯族、维吾尔族、塔吉克族、塔塔尔族、锡伯族），太原：山西出版传媒集团·书海出版社2014年版，第147页。

W1205.3
地是圆的与球有关

实 例

（参见下级母题实例）

W1205.3.1
女娲把众物粘在球上把地造成圆的

实 例

汉族　地是圆的，是因为女娲造地时，从玉帝那里偷来一只球，甩在天的中央，把黏渍渍的东西统滚雪球样滚在球上，变成了个圆圆的地。

【流传】浙江省·舟山市·（定海区）·干览乡（干览镇）·南岙村

【出处】顾阿登讲，林胜强记录，周明搜集整理：《女娲补天》（1987.06.15），见姚宝瑄主编《中国各民族神话》（汉族），太原：山西出版传媒集团·书海出版社2014年版，第57~58页。

W1205.4
把方地改成圆形

实 例

（参见下级母题实例）

W1205.4.1
众神把方地改成圆形

实 例

侗族　萨天巴（蜘蛛，女祖神，创世神）让众神创新改天换地，说："方方的地块也难看，我要把它改得像有皱裙，圆而能转动，又有色彩的姑娘们穿的雯（侗族妇女穿的一种圆形的裙）一样。"

【流传】广西壮族自治区·（柳州市）·三江（三江侗族自治县），（桂林市）·龙胜（龙胜各族自治县）

【出处】杨卜林喜、杨卜松林、杨明世讲，杨国仁、涛声搜集整理，蔷紫改写：《创世女神萨天巴》，原文为过伟改写自侗族创世史诗《嘎茫莽道时嘉——远祖歌》（未出版稿），见姚宝瑄主编《中国各民族神话》（土家族、毛南族、侗族、瑶族），太原：山西出版传媒集团·书海出版社2014年版，第75页。

W1206

地是平的

【关联】［W1254］平原（平地、平坝）的产生

实　例

布朗族 地原来很平坦。

【流传】云南省·（西双版纳傣族自治州）·景洪（景洪市）

【出处】波尔帕讲，岩温扁整理：《征服太阳神》，见中华民族故事大系编委会编《中华民族故事大系》第12卷（布朗族、撒拉族、毛南族），上海：上海文艺出版社1995年版，第11页。

高山族（泰雅） 以前，大地是一片不着边际的平坦平原。

【流传】台湾

【出处】《创世纪洪水》，载《原报》，第15期。

哈尼族 原来的地到处平平坦坦。

【流传】云南省·（玉溪市）·元江县（元江哈尼族彝族傣族自治县）·因远镇·卡腊一带

【出处】《造天地歌》，见元江县哈尼文化学会、元江县史志编纂办公室编《元江哈尼族古歌集》，内部编印，2005年，第13页。

蒙古族 地是平的，特别长，特别宽。

【流传】（无考）

【出处】那木吉拉翻译，姚宝瑄整理：《乌龟驮地球》，见姚宝瑄主编《中国各民族神话》（达斡尔族、鄂伦春族、鄂温克族、蒙古族），太原：山西出版传媒集团·书海出版社2014年版，第166页。

W1206.0

以前地是平的

实　例

汉族 很多年以前，人间没有高山，只有无边无际平坦坦的大地。

【流传】宁夏回族自治区·（固原市）·西吉县·新营乡

【出处】张甫讲，张宗琪采录：《地面为啥有山有沟》，见中国民间文学集成全国编辑委员会编《中国民间故事集成》（宁夏卷），北京：中国ISBN中心1999年版，第22页。

汉族 盘古开天地后，天下很平，无

沟无河。

【流传】浙江省·宁波市·宁海县·（西店镇）·紫江村

【出处】邬荣绍讲，麻承照记录：《鲧山禹河》（1987.05），见罗杨总主编，戴余金本卷主编《中国民间故事丛书·浙江宁波·宁海卷》，北京：知识产权出版社2015年版，第8页。

傈僳族 很久以前，地很平。

【流传】云南省·（怒江傈僳族自治州）·福贡县

【出处】都玛恒讲，和四海采录：《天地分开》，见中国民间文学集成全国编辑委员会编《中国民间故事集成》（云南卷），北京：中国ISBN中心2003年版，第161页。

傈僳族 远古之时，天地相连，大地平坦，已有人类。

【流传】（无考）

【出处】袁珂改编：《开天辟地》，原载毛星主编《中国少数民族文学》（下册），见袁珂《中国神话大词典》，北京：华夏出版社2015年版，第512页。

蒙古族 上古时，大地是一片平坦，没有山峦和沟壑。

【流传】内蒙古自治区·（通辽市）·扎鲁特旗·巴雅尔图古硕镇（巴雅尔图胡硕镇）

【出处】来小子讲，桑普勒诺日布采录整理，乌恩奇翻译：《造山》，见中国民间文学集成全国编辑委员会编《中国民间故事集成》（内蒙古卷），北京：中国ISBN中心2007年版，第5页。

羌族 古时候，地面是平展展的，没得沟，也没得山。

【流传】四川省·（阿坝藏族羌族自治州）·汶川县·威州乡（威州镇）·牛老寨

【出处】倪明富讲，周辉枝采录：《太阳和月亮》，见中国民间文学集成全国编辑委员会编《中国民间故事集成》（四川卷·下），北京：中国ISBN中心1998年版，第1109页。

羌族 在很早以前，地面是平平展展的，没有沟壑，也没有山峰。

【流传】（四川省）

【出处】

（a）朱文仙讲，倪明高记录整理：《太阳和月亮》，见四川阿坝州文化局主编《羌族民间故事集》，北京：中国民间文艺出版社1988年版。

（b）同（a），见姚宝瑄主编《中国各民族神话》（羌族、彝族），太原：山西出版传媒集团·书海出版社2014年版，第11页。

羌族 原来的地是平的。

【流传】四川省·（阿坝藏族羌族自治州）·汶川（汶川县）

【出处】陈兴云讲，蓝寿清等搜集：《山和树的来历》，见中华民族故事大系编委会编《中华民族故事大系》第11卷（达斡尔族、仫佬族、羌族），

W1206.0.0

天地初分时地是平的

实　例

满族　最初，地是很平很平的。

【流传】（无考）

【出处】傅英仁、余金讲述整理：《耶路里》，见姚宝瑄主编《中国各民族神话》（满族·赫哲族·朝鲜族），太原：山西出版传媒集团·书海出版社2014年版，第86~88页。

蒙古族　天地初分时，诸神加固土壤，使土地变得平整。

【流传】（无考）

【出处】《蒙古神话》，见赵永铣《蒙古族创世神话与萨满教九十九天说探新》，载《内蒙古社会科学》1989年第4期。

W1206.0.1

盘古最初造出的地是平的

实　例

汉族　盘古开天辟地，天下刷刷平。

【流传】浙江省·（宁波市）·宁海县·柴溪乡·铁江村

【出处】邬荣绍讲，麻承照采录：《鳌山禹河》，见中国民间文学集成全国编辑委员会编《中国民间故事集成》（浙江卷），北京：中国ISBN中心1997年版，第63页。

汉族　盘古王最初造出来的地是展展平的。

【流传】四川省·巴县（今重庆市·巴南区）

【出处】王国珍讲，罗桂英记录，金祥度搜集整理：《盘古王造天地》（1988.01），见姚宝瑄主编《中国各民族神话》（汉族），太原：山西出版传媒集团·书海出版社2014年版，第29~30页。

汉族　盘古王最造初出来的地是展展平的。

【流传】四川省·巴县（今重庆市·巴南区）

【出处】王国珍讲，罗桂英采录：《盘古开天地》，见中国民间文学集成全国编辑委员会编《中国民间故事集成》（四川卷·上），北京：中国ISBN中心1998年版，第22页。

W1206.0.1.1

盘古用斧子把地砍平

实　例

汉族　盘古开天辟地的时候，用一把斧头把地面砍平。

【流传】宁夏回族自治区·（吴忠市）·盐池县·大水坑乡·段头沟村

【出处】崔喜讲：张树林采录：《地面为啥有山有沟》，见中国民间文学集成全国编辑委员会编《中国民间故事集成》（宁夏卷），北京：中国ISBN中心1999年版，第22页。

1.2.3 地的产生与特征

W1206.0.2
女始祖造出的地是平的

实 例

阿昌族　遮米麻（女始祖、地母）拔下右脸的毛，织出的大地比簸箕还要平。

【流传】云南省·（德宏傣族景颇族自治州）·梁河县

【出处】赵安贤讲述，杨叶生翻译，智克整理：《遮帕麻与遮米麻》，载《山茶》1981 年第 2 期。

W1206.0.3
灰尘积成平地

实 例

蒙古族　灰越积越厚渐渐形成的一块无边无际的大地，是一块大大的平板。

【流传】新疆维吾尔自治区蒙古族居住地区

【出处】姚宝瑄搜集整理：《麦德尔神女开天辟地》，见姚宝瑄主编《中国各民族神话》（达斡尔族、鄂伦春族、鄂温克族、蒙古族），太原：山西出版传媒集团·书海出版社 2014 年版，第 134 页。

W1206.0.4
以前地是平的，只有一些小土岗

实 例

苗族　很久以前，地是平的，没有山坡，只有一些小小的土岗子。

【流传】贵州省

【出处】

（a）罗亮臣讲，王春德搜集整理：《阿各林和葫芦兄妹》，见中国作家协会贵阳分会筹委会等编《民间文学资料》第十五集（苗族传说故事），内部资料，1959 年编印。

（b）同（a），见姚宝瑄主编《中国各民族神话》（布依族、仡佬族、苗族），太原：山西出版传媒集团·书海出版社 2014 年版，第 302 页。

W1206.1
地像席子

实 例

（参见下级母题实例）

W1206.1.1
以前的地像席子

实 例

苗族　地刚生出来，像张大晒席。

【流传】（无考）

【出处】《苗族古歌》，见巴略、王秀盛《苗族文学概论》，北京：中国文史出版社 2006 年版，第 14 页。

苗族　地刚刚生下来的时候，就像一张大晒席。

【流传】贵州省·（黔东南苗族侗族自治州）·台江县、施秉县、凯里县（凯里市）等地

【出处】秦公、岩公、李普奶等苗族八

歌手说唱，唐春芳、桂舟人搜集整理：《巨鸟生天地，众神辟地天》，见姚宝瑄主编《中国各民族神话》（布依族、仡佬族、苗族），太原：山西出版传媒集团·书海出版社2014年版，第115页。

W1206.1.2
地像张铺开的垫席

实 例

瑶族（布努） 天在上，地在下。地像张铺开的垫席。

【流传】广西壮族自治区·（河池市）·都安县（都安瑶族自治县）、巴马县（巴马瑶族自治县）、南丹县，（百色市）·田东县、平果县等地

【出处】桑布郎等传，蒙凤标（83岁）、罗仁祥（73岁）等唱：《密洛陀》（1983），见蓝怀昌、蓝书京、蒙通顺搜集翻译整理《密洛陀》，北京：中国民间文艺出版社1988年版，第12页。

W1206.1.3
神仙赶山后地平如席

实 例

苗族 神仙赶山后，地方平展像席子，广阔平原宽无垠，没有山岭和山坡，只有江河与湖泊。

【流传】原文无流传地，据文本及注释推测该神话流传于贵州省·黔东南苗族侗族自治州·凯里市、台江县等地。

【出处】张启庭、张荣光、张正玉、张启德演唱，张明搜集，燕宝整理译注：《创造宇宙·开天辟地》，见贵州省少数民族古籍整理出版规划小组办公室编，燕宝整理译注《苗族古歌》，贵阳：贵州民族出版社1993年版，第38页。

W1206.2
神抽陀螺把地整平

实 例

高山族（阿美） 依勒克（天神名）做了一只大陀螺放在地上，抽一下，田地平整了。

【流传】台湾

【出处】汪梅田搜集整理：《彩虹》，原载蔡铁民编《高山族民间故事选》，见陶阳、钟秀编《中国神话》（上），北京：商务印书馆2008年版，第215~217页。

W1206.2.1
神仙抽陀螺把地整平

实 例

高山族 神仙依勒克做了一只大陀螺放在地上，抽一下，田地平整了。

【流传】（无考）

【出处】

（a）汪梅田搜集整理：《彩虹的传说》，见陈国强编《高山族民间故事选》，福州：福建人民出版社1980年版。

（b）同（a），见姚宝瑄主编《中国各民族神话》（高山族、黎族、畲族），

太原：山西出版传媒集团·书海出版社 2014 年版，第 41 页。

W1206.3
神用锤把地锤平

实　例

彝族　支格阿龙父子决定在一天内把人世间不平的地都捶平。

【流　传】四川省·（凉山彝族自治州）·西昌市

【出　处】吉拉马恼讲，沈伍己采录：《平地》，见中国民间文学集成全国编辑委员会编《中国民间故事集成》（四川卷·上），北京：中国 ISBN 中心 1998 年版，第 776 页。

W1206.4
怪物把地弄平

【关　联】［W0860］怪物

实　例

（参见下级母题实例）

W1206.4.1
怪鸡把地抓平

实　例

纳西族　蛋生的怪鸡以爪踏地，地面就平坦。

【流　传】（无考）

【出　处】《人祖利恩》，见谷德明编《中国少数民族神话》，北京：中国民间文艺出版社 1987 年版，第 415 页。

纳西族　一只头无冠、面生角、足无爪而有蹄的怪鸡以蹄踏地，地面就平坦了。

【流　传】（无考）

【出　处】《人祖利恩》，见姚宝瑄主编《中国各民族神话》（佤族、阿昌族、纳西族、普米族、德昂族），太原：山西出版传媒集团·书海出版社 2014 年版，第 174 页。

W1206.5
老蛤蟆使大地变平整

实　例

佤族　老蛤蟆面对着模糊无形的大地大声喊："大地，愿你的形状定下来，像我的脊背一样，平滑无边。"话音一落，大地果然变成平平整整的了。

【流　传】（无考）

【出　处】埃戛搜集整理：《谁敢做天下万物之王》，见谷德明编《中国少数民族神话》，北京：中国民间文艺出版社 1987 年版，第 378 页。

W1206.6
撒草木后地变平

实　例

（参见下级母题实例）

W1206.6.1
天神撒草木后地变平

实　例

蒙古族　以前的大地好似游鱼在水中浮

游。诸天神造固土壤，从天上撒下了草木和生物，使土壤逐渐成为平整的形态。

【流传】（无考）

【出处】《天地起源》，齐木道吉译自日本学者中田千亩著《蒙古神话》，原载谷德明编《中国少数民族神话》，见陶阳、钟秀编《中国神话》（上），北京：商务印书馆2008年版，第29~30页。

W1206.7
把地犁平

【关联】［W1259.3.4］造地时犁平的地方成为坝子

实 例

（参见下级母题实例）

W1206.7.1
神把地犁平

实 例

哈尼族 最早造出来的地坑坑洼洼，于是大神戈则命令天神波卑带着九个造地的父子快去犁地，要把大地翻深，要把大地犁平。

【流传】（无考）

【出处】《杀牛龙，造天地》，根据张牛朗、杨批斗、李书周等演唱，杨保生、李家顺等翻译，杨笛、郭纯礼等整理《十二奴局》和《奥色密色》翻译稿改写，见姚宝瑄主编《中国各民族神话》（哈尼族、傣族），太原：

山西出版传媒集团·书海出版社2014年版，第10页。

W1206.8
特定人物把地削平

实 例

（参见下级母题实例）

W1206.8.1
神人把地削平

实 例

苗族 蒋沙尹（半神半人，神性人物）来自东方，拿着一把弯长刀，就像一把弯弓样，千尺半长刀一把，他看地上不平整，霍霍割着那地上，这样地上才平整。

【流传】原文无流传地，据文本及注释推测该神话流传于贵州省·黔东南苗族侗族自治州·凯里市、台江县等地。

【出处】张启庭、张荣光、张正玉、张启德演唱，张明搜集，燕宝整理译注：《创造宇宙·开天辟地》，见贵州省少数民族古籍整理出版规划小组办公室编，燕宝整理译注《苗族古歌》，贵阳：贵州民族出版社1993年版，第62~63页。

W1206.8.2
神仙用斧子把地削平

实 例

彝族 众神仙开天辟地后，天神恩体古兹看到地面还没有平整，就让阿尔师傅制造了九把铜铁斧，交给九个青年仙子，随同司惹约祖去平整地面。

【流传】（无考）

【出处】伍精忠整理：《大地是怎样形成的》，见姚宝瑄主编《中国各民族神话》（羌族、彝族），太原：山西出版传媒集团·书海出版社2014年版，第278页。

W1206.9
地被洪水冲成平的

实 例

哈尼族 大地经洪水一冲，成了平平的一大块，什么也没有。

【流传】（云南省）

【出处】王文清讲，毛佐全、傅光宇搜集整理：《俄八美八》，原载《玉溪文化》，见姚宝瑄主编《中国各民族神话》（哈尼族、傣族），太原：山西出版传媒集团·书海出版社2014年版，第88页。

W1206.10
地的上下都是平的

实 例

蒙古族 又大又宽的大地上面是平的，下面也是平的。

【流传】（无考）

【出处】那木吉拉翻译，姚宝瑄整理：《乌龟驮地球》，见姚宝瑄主编《中国各民族神话》（达斡尔族、鄂伦春族、鄂温克族、蒙古族），太原：山西出版传媒集团·书海出版社2014年版，第166页。

W1206.11
地是牛皮铺的所以平坦

实 例

藏族 斯巴（神或祭师）杀了小牛，把剩下的牛皮铺成大地，所以大地平坦坦。

【流传】（无考）

【出处】《斯巴宰牛造万物》，见才旦旺堆搜集，蔷紫整理《神蛋创世纪》注释，见姚宝瑄主编《中国各民族神话》（门巴族、珞巴族、怒族、藏族），太原：山西出版传媒集团·书海出版社2014年版，第76页。

W1206.12
与地的平整有关的其他母题

实 例

（参见下级母题实例）

W1206.12.1
地母造出的地是平的

实 例

汉族 地母最早开出的地是纸一样的平。

【流传】浙江省·（温州市）·苍南县·南宋乡

【出处】林道进讲，林子周采录：《天公地母开天地》，见中国民间文学集成全国编辑委员会编《中国民间故事集成》（浙江卷），北京：中国ISBN中心1997年版，第19页。

W1206.12.2
天神造出的地是平的

实例

蒙古族 诸天神使土壤逐渐成为平整的形态。

【流传】（无考）

【出处】齐木道吉翻译：《天地起源》，见谷德明编《中国少数民族神话》，北京：中国民间文艺出版社1987年版，第31~32页。

W1207
地像盘子

实例

汉族 盘古开辟的大地像一只大盘，四沿高中间低凹，雨水积盛在中间。

【流传】浙江省·丽水市·城关镇（不详）

【出处】吴玉生讲，唐宗龙采录：《禹土封巨灵神》，见中国民间文学集成全国编辑委员会编《中国民间故事集成》（浙江卷），北京：中国ISBN中心1997年版，第64页。

W1208
地（地球）像轮子

【汤普森】A873

实例

土族 大地形成后像一个车轮，被气、风、水撑着，震荡不定。

【流传】
(a) 青海省·（海东市）·互助县（互助土族自治县）·东山乡·白牙崖村
(b) 青海省·（海东市）·互助县（互助土族自治县）

【出处】
(a) 李郅宝讲，李友楼等采录：《天地的形成》，见中国民间文学集成全国编辑委员会编《中国民间故事集成》（青海卷），北京：中国ISBN中心2007年版，第3页。
(b) 同(a)，见满都呼主编《中国阿尔泰语系诸民族神话故事》，北京：民族出版社1997年版，第208页。

W1209
地像簸箕

【关联】
① ［W1128.5］天像篾帽，地像簸箕
② ［W1179.8.9.1］仿照簸箕造地

实例

（参见下级母题实例）

W1209.1
最早的地比簸箕还平

实例

阿昌族 地母遮米麻摘下自己的喉头当梭子，拔下脸毛织大地。东、南、西、北都织好了，大地比簸箕还要平。

【流传】（云南省）

【出处】赵安贤讲，智克整理：《遮帕麻与遮米麻》，见姚宝瑄主编《中国各民族神话》（佤族、阿昌族、纳西族、普米族、德昂族），太原：山西出版传媒集团·书海出版社 2014 年版，第 75~76 页。

W1209.2

把地造得像簸箕

实　例

苗族　盘古把两片天地分开。上块就像顶帽子，下块就像只撮箕。

【流传】原文无流传地，据文本及注释推测该神话流传于贵州省·黔东南苗族侗族自治州·凯里市、台江县等地。

【出处】张启庭、张荣光、张正玉、张启德演唱，张明搜集，燕宝整理译注：《创造宇宙·开天辟地》，见贵州省少数民族古籍整理出版规划小组办公室编，燕宝整理译注《苗族古歌》，贵阳：贵州民族出版社 1993 年版，第 19~20 页。

彝族　群神造天地时，把地造成簸箕样。

【流传】云南省·（楚雄彝族自治州）·双柏（双柏县）

【出处】＊《众神创世》，见杨继中、芮增瑞、左玉堂编《楚雄彝族文学简史》，北京：中国民间文艺出版社 1986 年版，第 45 页。

彝族　远古时，云彩和雾露混在一起形成混沌世界。云彩造天的时候，天就像一顶篾帽；造地的时候，地造的像一扇簸箕。

【流传】云南省·楚雄彝族自治州

【出处】《门米间扎节》，古梅根据《楚雄民间文学资料》改写，见姚宝瑄主编《中国各民族神话》（羌族、彝族），太原：山西出版传媒集团·书海出版社 2014 年版，第 82 页。

彝族（罗罗泼）　最早产生的一对兄妹阿倮、阿界造天地时，妹妹阿界造的地就像一个簸箕。

【流传】云南省·（楚雄彝族自治州）·南华县·五街（五街镇）

【出处】李发彪等演唱，吉厚培、夏光辅搜集整理：《青棚调——彝族支系罗罗泼古歌》，原载云南省社会科学院楚雄彝族文化研究所编《彝族民间文学》第 2 辑，1985 年，见姚宝瑄主编《中国各民族神话》（羌族、彝族），太原：山西出版传媒集团·书海出版社 2014 年版，第 169 页。

W1209a

地像帽子

【关联】[W1159.8] 天像帽子

实　例

（实例待考）

W1209a.1

地像篾帽

实　例

彝族　（实例待考）

W1210

与地的形状有关的其他母题

实 例

（参见下级母题实例）

W1210.1

地以前的样子像人

实 例

珞巴族 以前地的样子像人，会行走。

【流传】西藏自治区·下珞渝（又写作"下珞瑜"，泛指永木河、锡约尔河、巴恰西仁河流域）

【出处】维·埃尔温搜集：《库朱木·禅图》，见中华民族故事大系编委会编《中华民族故事大系》第16卷（赫哲族、门巴族、珞巴族、基诺族），上海：上海文艺出版社1995年版，第400页。

珞巴族 很久以前，库朱木·禅图（珞巴语，阿帕塔尼部落方言，意为"大地"）长的样子十分像人。

【流传】西藏自治区·下珞渝（又写作"下珞瑜"）·阿帕塔尼部落日如村

【出处】维·埃尔温搜集整理：《库朱木·禅图》，见李坚尚、刘芳贤编《珞巴族门巴族民间故事选》，上海：上海文艺出版社1993年版，第14页。

W1210.1.1

大地有人一样的肢体

实 例

珞巴族 库朱木·禅图（珞巴语，阿帕塔尼部落方言，意为"大地"）有头，也有手臂、大腿和肥大的肚子。

【流传】

（a）西藏自治区·下珞瑜（泛指永木河、锡约尔河、巴恰西仁河流域）

（b）西藏自治区·下珞渝（又写作"下珞瑜"）·阿帕塔尼部落日如村

【出处】

（a）维·埃尔温搜集：《库朱木·禅图》，见中华民族故事大系编委会编《中华民族故事大系》第16卷（赫哲族、门巴族、珞巴族、基诺族），上海：上海文艺出版社1995年版，第400页。

（b）同（a），见李坚尚、刘芳贤编《珞巴族门巴族民间故事选》，上海：上海文艺出版社1993年版，第14页。

W1210.2

地是一块粘稠物体

实 例

（参见下级母题实例）

W1210.2.1

地以前像鸭粪

【关联】［W1197.14］粪便变成地

实 例

苗族 远古的时候，地下像一坨鸭屎，稀巴烂，软乎乎。

【流传】（无考）

【出处】陶春保讲，刘永鸿整理：《生

天养地的爹娘》，见姚宝瑄主编《中国各民族神话》（布依族、仡佬族、苗族），太原：山西出版传媒集团·书海出版社2014年版，第131页。

苗族 以前的地上是软绵绵的，像鸭粪一般。

【流传】云南省·文山（文山壮族苗族自治州）一带

【出处】邓光北、闪永仙说唱，项保昌、刘德荣搜集：《开天补天，辟地补地》，见姚宝瑄主编《中国各民族神话》（布依族、仡佬族、苗族），太原：山西出版传媒集团·书海出版社2014年版，第124页。

W1210.2.2
地是黏渍渍的一块

实例

汉族 很早以前，地是粘渍渍的一块。

【流传】浙江省·舟山市·定海区·干览乡·南岙村

【出处】顾阿登讲，林胜强采录：《女娲造天地》，见中国民间文学集成全国编辑委员会编《中国民间故事集成》（浙江卷），北京：中国ISBN中心1997年版，第17页。

汉族 以前，地是黏渍渍的一块。

【流传】浙江省·舟山市·（定海区）·干览乡（干览镇）·南岙村

【出处】顾阿登讲，林胜强记录，周明搜集整理：《女娲补天》（1987.06.15），见姚宝瑄主编《中国各民族神话》（汉族），太原：山西出版传媒集团·书海出版社2014年版，第57~58页。

W1210.3
大地变化无常

【关联】［W1376.2.6.1］蛤蟆的叫声使大地不再变化

实例

佤族 大地开始出现于天下的时候，并没有一定的形状，宽阔的地面今天是高山，明天是平原，后天是大海。

【流传】（无考）

【出处】

（a）埃戛搜集整理：《谁敢做天下万物之王》，见谷德明编《中国少数民族神话》，北京：中国民间文艺出版社1987年版，第378页。

（b）同（a），见中华民族故事大系编委会编《中华民族故事大系》第7卷（黎族、傈僳族、佤族），上海：上海文艺出版社1995年版，第629页。

佤族 人和动物对千变万化的大地忧心忡忡。

【流传】（无考）

【出处】挨嘎搜集整理：《谁做天下万物之王》，原载中国少数民族文学学会编《中国少数民族民间故事选》，中国民间文艺出版社1981年版，见姚宝瑄主编《中国各民族神话》（佤族、阿昌族、纳西族、普米族、德昂族），太原：山西出版传媒集团·书海出版社2014年版，第7页。

W1210.4
地以前是混沌

【关联】［W1040］最早的世界是混沌

实例

<德昂族> 万能之神开天后，大地都没有开，仍旧是一片混沌，没有人，没有动物，没有树木花草，是个黑暗世界，一会儿狂风大作，一会儿又电闪雷鸣。

【流传】（无考）

【出处】赵备搜集整理：《茶叶变男女开创大地》，见姚宝瑄主编《中国各民族神话》（佤族、阿昌族、纳西族、普米族、德昂族），太原：山西出版传媒集团·书海出版社2014年版，第386页。

<彝族> 远古的时候，要说混混沌沌就是地，那么这样的地也不刮风，这样的地都不长草，也没有飞禽走兽。

【流传】（四川省·凉山彝族自治州）

【出处】

(a) 冯元蔚译：《勒俄特依》，成都：四川民族出版社1986年版。

(b) 冯元蔚译，蕾紫改写：《勒俄特依》，见姚宝瑄主编《中国各民族神话》（羌族、彝族），太原：山西出版传媒集团·书海出版社2014年版，第145页。

W1210.4.1
以前的地浑浊

【关联】

① ［W1127.2］天地之初为混沌

② ［W1198.2］混沌的一部分变为地

实例

<汉族> 伏羲兄妹造出人烟时，地上还是浑浊浊的。

【流传】四川省·（成都市）·灌县（今都江堰市）·胥家乡

【出处】卿上伦讲，兰字尧搜集整理：《为啥有白天黑夜》（1987.06.28），见姚宝瑄主编《中国各民族神话》（汉族），太原：山西出版传媒集团·书海出版社2014年版，第73~74页。

W1210.4.2
最早的地没有固定形状

实例

<佤族> 大地开始出现于天下的时候并没有一定的形状。

【流传】（无考）

【出处】挨嘎搜集整理：《谁做天下万物之王》，原载中国少数民族文学学会编《中国少数民族民间故事选》，中国民间文艺出版社1981年版，见姚宝瑄主编《中国各民族神话》（佤族、阿昌族、纳西族、普米族、德昂族），太原：山西出版传媒集团·书海出版社2014年版，第7页。

W1210.4.3
地球最早是稀泥和岩石

【关联】［W1235.11.2］以前的地泥石不分

实 例

景颇族 宇宙最早出现的小小的云雾团越滚越大，慢慢地，这雾团便变成了稀泥和岩石的圆球。

【流传】（无考）

【出处】斋瓦贡退干唱，李向前、木然瑶都搜集整理，木子改写：《穆脑斋瓦——宁冠瓦》，见姚宝瑄主编《中国各民族神话》（白族、拉祜族、景颇族），太原：山西出版传媒集团·书海出版社2014年版，第224页。

W1210.4a
最早的地是沼泽

实 例

汉族 原先，普天下并没有生物，更没有人，到处是一片片的沼泽，沼泽里是白茫茫的水，长着杂草和树木。

【流传】河南省·（驻马店市）·遂平县

【出处】李耀东的祖母讲，李耀东采录：《女娲造人（一）》（1988.02），见张振犁编著《中原神话通鉴》（第一卷），郑州：河南大学出版社2017年版，第164页。

W1210.5
地像特定的动物

实 例

（参见下级母题实例）

W1210.5.1
地像马鬃蛇的身体

【关联】［W1215.2］地貌是马鬃蛇造成的

实 例

佤族 地刚形成时是空的。伦（地神，旧译"路安神"）堆出山河后，地变得像马鬃蛇的身子，有高有低，有沟有坎，很顺眼了。

【流传】（云南省·普洱市·西盟佤族自治县）

【出处】随夏、岩扫、岩瑞等讲，艾荻、张天达搜集整理：《司岗里》，见姚宝瑄主编《中国各民族神话》（佤族、阿昌族、纳西族、普米族、德昂族），太原：山西出版传媒集团·书海出版社2014年版，第11~12页。

✳ W1211
地貌的成因

实 例

（参见下级母题实例）

W1212
地貌源于神的安排（地貌源于神的制造）

【汤普森】A902

实例

（参见下级母题实例）

W1212.1
盘古安置出现在的地貌

实例

瑶族　盘古置山河与田园。

【流传】湖南省·永州（永州市）、郴州（郴州市）；广东省粤北（南雄市、始兴县、仁化县、乐昌市、乳源瑶族自治县、曲江区、翁源县、新丰县、浈江区、武江区等）

【出处】郑德宏、李本高整理译释：《盘王大歌》，长沙：岳麓书社 1988 年版。

W1212.2
众神女造出现在的地貌

实例

苗族　女神雷鲁和男神朱幂米帮忙造成湖河、山坡。

【流传】云南省·文山地区（文山壮族苗族自治州）

【出处】刘德荣等整理：《苗族古歌》（文山本），内部编印，第 71 页。

W1212.3
天女造出现在的地貌

实例

满族　天地初分时水天相连，天神阿布卡恩都里的小女儿白云格格盗阿玛的宝匣从天上撒土，形成江河、平川、山丘。

【流传】（无考）

【出处】孙玉清讲，王惠立搜集：《白云格格》，见乌丙安等《满族民间故事选》，上海：上海文艺出版社 1983 年版。

W1212.4
巨人造出现在的地貌

实例

水族　巨人拱恩开辟湖海、坝子、山峰。

【流传】贵州省·（黔南布依族苗族自治州）·三都县（三都水族自治县）、荔波县、榕江县

【出处】刘恒虽讲，潘朝霖 1979 年搜集整理：《拱恩点恒》，燕宝、张晓编《贵州神话传说》，贵阳：贵州人民出版社 1997 年版，第 8～9 页。

W1212.5
祖先造出现在的地貌

实例

瑶族　发枚（始祖名）带领大家把用

簸条箍地时，地上凸起很多皱皱，高的地方就变成高山，低的地方就变成河沟，平的地方就开成田地。

【流传】贵州省·（黔东南苗族侗族自治州）·从江县·（翠里乡）·高芒乡（高芒村）

【出处】赵金荣讲，杨路塔采录：《发枚造天地》，见中国民间文学集成全国编辑委员会编《中国民间故事集成》（贵州卷），北京：中国 ISBN 中心 2003 年版，第 9 页。

W1212.5.1

女祖先造出现在的地貌

实 例

壮族 姆洛甲（女始祖）在地上造山河田地。

【流传】广西壮族自治区·（河池市）·东兰县·大同乡·和龙村

【出处】覃凤平等，讲覃剑萍采录翻译：《姆洛甲断案》，见中国民间文学集成全国编辑委员会编《中国民间故事集成》（广西卷），北京：中国 ISBN 中心 2001 年版，第 8 页。

W1212.6

佛祖造出现在的地貌

实 例

（参见下级母题实例）

W1212.6.1

佛祖让动物造出现在的地貌

实 例

裕固族 释迦牟尼请青龙、白象在天的四角立四根柱子，出现了地面后，形成山川河流。

【流传】（无考）

【出处】托瓦讲，增才整理：《阿斯哈斯》，见满都呼主编《中国阿尔泰语系诸民族神话故事》，北京：民族出版社 1997 年版，第 121~123 页。

W1212a

地貌源于神的化生

实 例

汉族 盘古筋脉为地理，肌肉为田土。

【流传】（无考）

【出处】［清］马骕：《绎史》卷一引《五运历年纪》。

W1213

地貌源于神或神性人物的活动

【汤普森】A901

实 例

汉族 （实例待考）

满族 （实例待考）

W1213.1
地貌是神耕地形成的
【汤普森】A951

实 例

哈尼族 三个地神王架起牛，把地犁耙得高高低低的。

【流传】云南省·（红河哈尼族彝族自治州）·元阳县

【出处】朱小和讲，史军超等采录：《神的古今》，见中国民间文学集成全国编辑委员会编《中国民间故事集成》（云南卷），北京：中国ISBN中心2003年版，第19页。

W1213.2
地貌是文化英雄耙出来的
【汤普森】A951.3

实 例

（实例待考）

W1213.3
神缩地形成不同地貌
【关联】［W1393.1］地的缩小（缩地）

实 例

傈僳族 太阳和月亮造出的天小地大，俄沙扒莫（神名）只好把大地拉皱，弄小点，跟天相配。结果，天变得平平整整，地上到处疙疙包包的。

【流传】四川省·（凉山彝族自治州）·德昌县·宽裕乡·赵家湾子

【出处】张国全讲，李文华等采录：《天管师和张古老》，见中国民间文学集成全国编辑委员会编《中国民间故事集成》（四川卷·下），北京：中国ISBN中心1998年版，第1437页。

傈僳族 天神缩地时，变成了皱巴巴的一块，高的地方形成了高山峻岭。

【流传】云南省·（德宏傣族景颇族自治州）·陇川县·（陇把镇）·邦外公社（邦外村）

【出处】李有华讲，黄云松等采录：《天地人的来历》，见中国民间文学集成全国编辑委员会编《中国民间故事集成》（云南卷），北京：中国ISBN中心2003年版，第44页。

W1213.4
雷公槌地造成凹凸不平

实 例

畲族 雷公的舂臼槌掉在地上，天摇地动，原来平铺铺的大地，被舂槌震得裂成凹凸不平，变成高山深谷。

【流传】福建省·（宁德市）·福鼎县（福鼎市）

【出处】蓝开雅讲，蓝振河采录：《雷公与雷婆》，见中国民间文学集成全国编辑委员会编《中国民间故事集成》（福建卷），北京：中国ISBN中心1998年版，第15页。

W1213.5
神修地不认真造成各种地貌

实例

哈尼族 三个神因为粗心，劈出来的大地粗粗糙糙不光滑。

【流传】云南省·（玉溪市）·元江县（元江哈尼族彝族傣族自治县）·咪哩乡、羊岔街乡及因远镇一带

【出处】《开天辟地歌》，见元江县哈尼文化学会、元江县史志编纂办公室编《元江哈尼族古歌集》，内部编印，2005年，第9～10页。

哈尼族 众神改换不平整的大地时，渐生懈怠，作乃粗疏，犁或深或浅，耙或着或漏，因成山岳、平坝、河谷、湖泊等。

【流传】（无考）

【出处】《大鱼开辟天地》（原名《天、地、人的传说》），原载谷德明编《中国少数民族神话》，见袁珂《中国神话大词典》，北京：华夏出版社2015年版，第489页。

W1214
地貌源于人的活动

实例

（实例待考）

W1215
地貌源于动物的活动

【汤普森】A903

实例

（参见下级母题实例）

W1215.1
地貌是猪拱出来的

【汤普森】A951.2

实例

（实例待考）

W1215.2
地貌是马鬃蛇造成的

实例

（实例待考）

W1215.2.1
马鬃蛇使大地有了高山、平原、河流、湖泊

实例

佤族 （实例待考）

W1215.3
地貌是屎壳郎造成的

实例

壮族 姆六甲命拱屎虫去修整地。

【流传】（无考）

【出处】《故事琼林》，见张声震总主编，农冠品编注《壮族神话集成》，南宁：广西民族出版社2007年版，第99页。

W1216
地貌源于特定的语言
【关联】[W9119.1] 魔力的语言

实例

（实例待考）

W1216.1
蛤蟆的语言使大地定型为现在的样子

实例

佤族 （实例待考）

W1217
地势的高低

实例

（参见下级母题实例）

W1217.0
以前地不平
【关联】
① [W1159.3] 原来的天不平
② [W1213.4] 雷公槌地造成凹凸不平
③ [W1369.5] 天地有凹凸

实例

汉族 盘古王刚把天地分开那阵，地下到处是坑坑洼洼的，没得几处平顺的地方。
【流传】四川省·巴县（今重庆市·巴南区）
【出处】杜志榜讲，李子硕搜集整理：《巴子石的来历》（1988.05），见姚宝瑄主编《中国各民族神话》（汉族），太原：山西出版传媒集团·书海出版社2014年版，第47~51页。

W1217.1
地高低不平的来历

实例

（参见下级母题实例）

W1217.1.1
大地被水冲得高低不平

实例

哈尼族 洪水慢慢地退下去后，天和地不再像原来那样平坦。
【流传】云南省·（玉溪市）·元江县（元江哈尼族彝族傣族自治县）·因远镇·卡腊一带
【出处】《造天地歌》，见元江县哈尼文化学会、元江县史志编纂办公室编《元江哈尼族古歌集》，内部编印，2005年，第17页。

哈尼族 天神呼风唤雨，疏松的大地被雨水冲垮，出现了高高低低。
【流传】云南省·（玉溪市）·元江县（元江哈尼族彝族傣族自治县）·羊街乡、那诺乡及因远镇清水河流城一带
【出处】《修天补地歌》，见元江县哈尼文化学会、元江县史志编纂办公室编《元江哈尼族古歌集》，内部编印，2005年，第23~24页。

W1217.1.2
洪水使天和地不再像原来平坦

实例

哈尼族 （实例待考）

W1217.1.3
大地有高低是缩地时形成的

【关联】［W1393.1］地的缩小（缩地）

实例

彝族 格兹天神的儿女造出的天地天小地大。阿夫（神名）放下三对麻蛇缩地。麻蛇围着地的边沿拼命地箍，拼命地缩，地动了，地面皱起来了，慢慢地分出高低来了。

【流传】（云南省·楚雄彝族自治州·姚安县·官屯乡·马游村，大姚县·昙华乡等）

【出处】

(a) 郭天元（马游村）、李申呼颇（昙华乡）、李福玉颇（苴）演唱，郭思九、许明学、龚维顺、张宝省、陈志群、胡炳文等搜集，刘德虎、龚维顺、陈志群、李树荣、郭天元等整理：《梅葛》（第一部"创世"），见云南省民族民间文学楚雄调查队《梅葛》（1959），昆明：云南人民出版社2009年版。

(b) 《打虎开天辟地》，蔷紫据云南省民族民间文学楚雄调查队著《梅葛》（云南人民出版社2009年版）改写，见姚宝瑄主编《中国各民族神话》（羌族、彝族），太原：山西出版传媒集团·书海出版社2014年版，第192页。

W1217.1.3.1
缩地时造成地的凹凸

【关联】［W1260.2］缩地时鼓出来的地方形成高地

实例

拉祜族 天神厄莎亲自动手修整天地。他拉起地角，用力一抖，地便缩小了，却变得凸凹不平，就像许许多多田螺一般，皱皱巴巴的。

【流传】云南省大拉祜及黄拉祜中部一带

【出处】小八讲，古木整理：《天神厄莎》（整理中参照了《牡帕密帕》和《古根》），见姚宝瑄主编《中国各民族神话》（白族、拉祜族、景颇族），太原：山西出版传媒集团·书海出版社2014年版，第160页。

W1217.1.3.2
拉地脉用力不均形成地的高低不平

实例

怒族 九个神仙造地时慌慌忙忙，每人拉一根地脉，胡乱合在一起后便急忙赶回家去了。结果九根地脉，有的拉平了，有的没拉平。所以今天的大地就成了坑坑凹凹，高低不平，有高山，也有平地。

【流传】（无考）

【出处】《天地的由来》，编者根据叶世富的《怒族民间故事》（云南人民出版社 1988 年版）重新整理，见吕大吉、何耀华总主编《中国各民族原始宗教资料集成》（纳西族卷、羌族卷、独龙族卷、傈僳族卷、怒族卷），北京：中国社会科学出版社 2000 年版，第 899 页。

W1217.1.4
地神用泥土堆地造成高低不平

【关联】［W1179.8.5.1］堆地之神堆出地

实例

佤族 伦（地神，旧译"路安神"）用泥土堆地后，地变得像马鬃蛇的身子，有高有低，有沟有坎。

【流传】云南省·（普洱市）·西盟县（西盟佤族自治县），（临沧市）·沧源县（沧源佤族自治县）

【出处】随戛、岩扫、岩瑞等讲述，艾荻、张开达搜集整理：《司岗里》，载《山茶》1988 年第 1 期。

W1217.1.5
天神把地锤得高低不平

【关联】［W1213.4］雷公槌地造成凹凸不平

实例

景颇族 天神的儿子宁冠瓦用麻蛇做量地的尺子，边量边用石锤一锤一锤地敲打大地，大地就变得凸凹不平了。

【流传】（无考）

【出处】斋瓦贡退干唱，李向前、木然瑶都搜集整理，木子改写：《穆脑斋瓦——宁冠瓦》，见姚宝瑄主编《中国各民族神话》（白族、拉祜族、景颇族），太原：山西出版传媒集团·书海出版社 2014 年版，第 225 页。

景颇族 太阳神的儿女婚生的孩子宁冠哇以石锤敲击大地，地遂凸凹不平。

【流传】（无考）

【出处】袁珂改编：《宁冠哇》，原载谷德明编《中国少数民族神话选》，见袁珂《中国神话大词典》，北京：华夏出版社 2015 年版，第 554 页。

W1217.1.6
牛犁地没有把地犁平

实例

哈尼族 三头黄牛犁地，地却没有完全耙平。

【流传】（云南省）

【出处】刘辉豪、白章富搜集整理，昌文根据古梅改写的《奥色密色》中的一节改写：《塔婆、模米生儿女》，见姚宝瑄主编《中国各民族神话》（哈尼族、傣族），太原：山西出版传媒集团·书海出版社 2014 年版，第 69 页。

W1217.1.7
神造地时形成高低不平

实例

拉祜族 牡帕密帕把地造成了凸凹不平

1.2.3 地的产生与特征　　‖W1217.1.7.1-W1217.2.0.1‖　735

的地。

【流传】云南省·（普洱市）·澜沧县（澜沧拉祜族自治县）

【出处】李云保讲述，扎约采录：《牡帕密帕的故事》，见陶阳、钟秀编《中国神话》（上），北京：商务印书馆2008年版，第129~139页。

W1217.1.7.1

9个神造地时形成高低不平

实　例

哈尼族　九位大神造地时非常忙乱，簸箕抬起土来，东边撒一簸箕，西边倒一簸箕，北边用手抓，南边用脚蹬。造了三天，地还没有造完，样子很难看，有些地方是平的，有些地方坑坑洼洼、七高八低

【流传】云南省·（红河哈尼族彝族自治州）·元阳县

【出处】朱小和讲，卢朝贵搜集整理：《三个世界》，单超选自《哈尼族神话传说选》，见姚宝瑄主编《中国各民族神话》（哈尼族、傣族），太原：山西出版传媒集团·书海出版社2014年版，第64~65页。

W1217.1.8

青蛙挤压地形成高低不平

【关联】［W1498.5.4］挤压使天地变大

实　例

哈尼族　现在陆地上出现的高山、河谷、丘陵、平川、箐沟、山坳等凸凸凹凹、高低不平的地方，是青蛙阿依用劲推压的结果。

【流传】云南省·（普洱市）·墨江县（墨江哈尼族自治县）

【出处】金开兴讲，蓝明红搜集整理：《青蛙造天造地》，单超选自云南省民间文学集成办公室编《哈尼族神话传说集成》，中国民间文艺出版社1990年，见姚宝瑄主编《中国各民族神话》（哈尼族、傣族），太原：山西出版传媒集团·书海出版社2014年版，第6页。

W1217.2

地西高东低

【关联】

① ［W1896.2.3］水为什么向东流
② ［W1938.2］河水为什么向东流

实　例

（参见下级母题实例）

W1217.2.0

开天辟地时造成西高东低

实　例

（参见下级母题实例）

W1217.2.0.1

盘古开天辟地时踢踏出高东低

实　例

汉族　盘古在天地相接的缝中展手踢脚开辟了天地。当时往东边踢得重，故东边地低。

【流传】浙江省·（衢州市）·江山（江山市）

【出处】吴土讲述、江都采录：《盘古开天辟地》，见中国民间文学集成全国编辑委员会编《中国民间故事集成》（浙江卷），北京：中国ISBN中心1997年版，第16页。

W1217.2.1
地的西部是治水时垫高的

实　例

（参见下级母题实例）

W1217.2.1.1
大禹治水造成地势西高东低

实　例

汉族　大禹为治水用许多石头把西北那一头地势支高，形成我国地势西北高，东南低。

【流传】陕西省·（宝鸡市）·千阳县·上店乡·上店村

【出处】张来祥讲，武向阳采录：《天下江水向东流》，见中国民间文学集成全国编辑委员会编《中国民间故事集成》（陕西卷），北京：中国ISBN中心1996年版，第18页。

W1217.2.2
地势东边低是被砸造成的

实　例

布依族　力戛（人名，大力士）在天上忙了九九八十一天终于把天建好。从天上跳了下来时，整个大地像船在水上一样，被震得晃晃荡荡的。他落的地点是东方，东方的地势就倾斜了九尺九寸九分。

【流传】各地布依族地区

【出处】王燕、春甫、班告爷讲，汛河记录整理：《力戛创世》，见姚宝瑄主编《中国各民族神话》（布依族、仡佬族、苗族），太原：山西出版传媒集团·书海出版社2014年版，第5~6页。

W1217.2.2.1
地西高东低是特定人物从天上跳落在东方形成的

实　例

布依族　后生力戛钉好天后，从天上跳下，落地偏东，东方地势因倾斜九尺九寸九分，故水向东流。

【流传】（无考）

【出处】《力戛撑天》，原载谷德明编《中国少数民族神话选》，见袁珂《中国神话大词典》，北京：华夏出版社2015年版，第445页。

W1217.2.3
地西高东低是被神掀出来的

实　例

瑶族　密洛陀（女神名）的二儿子罗班治水时，双手抓住地壳猛的一掀，地盘立刻向东一倾，漫天的洪水就向东流去，顿时就使大地变得平展展，出现了平原和沙洲。

【流传】广西壮族自治区·（河池市）·都安瑶族自治县江水河一带瑶族地区

【出处】《密洛陀创世》，蓝田根据莎红整理的《密洛陀》和潘泉脉整理的《密洛陀》两部不同版本的长诗《密洛陀》改写，见姚宝瑄主编《中国各民族神话》（土家族、毛南族、侗族、瑶族），太原：山西出版传媒集团·书海出版社2014年版，第157页。

W1217.2.4
神把东方的天柱砍短形成西高东低

【关联】[W1339.2.7.1] 为降雨砍短东方的天柱

实例

苗族 以前，造的12根天柱一般高，造成干旱。四个大神就把东方的金柱子砍短了三尺三；又把西方的银柱子加高了一尺半，形成西高东低。

【流传】贵州省·（黔东南苗族侗族自治州）·台江县、施秉县、凯里县（凯里市）等地

【出处】宝久老、岩公、李普奶等八位歌手演唱，桂舟人、唐春芳搜集，苗地改写：《打柱撑天》，见姚宝瑄主编《中国各民族神话》（布依族、仡佬族、苗族），太原：山西出版传媒集团·书海出版社2014年版，第123页。

W1217.2.5
东边土地松动造成西高东低

实例

汉族 盘古用力撑天，天地便分开了。他双手撑住的是天，双脚踏住的是地。松动塌陷使他滑了一下的地方是东边，坚实的地方是西边，地便西高东低了。

【流传】浙江省·（丽水市）·景宁县（景宁畲族自治县）·（鹤溪镇）一带

【出处】潘德超讲，沈毅搜集整理：《盘扁和盘古》，见姚宝瑄主编《中国各民族神话》（汉族），太原：山西出版传媒集团·书海出版社2014年版，第10～11页。

W1217.2.6
天河水冲出西高东低

实例

汉族 高辛氏养了两个儿子阏伯和实沉，他们打架打到天河上，谁也不肯认输。结果把天河踢穿了一个大窟窿，河水涌了出来，冲垮天下无数地方，西边高了起来，东边冲出一个大海。

【流传】浙江省·（温州市）·永嘉县·瓯北各地

【出处】金学益讲，金崇柳记录整理：《参商二星》（1985.05），见姚宝瑄主编《中国各民族神话》（汉族），太

原：山西出版传媒集团·书海出版社2014年版，第305页。

W1217.2.7

地西高东低源于支天鳌足的东边长西边短

实 例

汉族 女娲用鳌的两条长腿放在东边，把两条短腿放在西边，撑住了天。从此，形成了西高东低的地势。

【流传】河南省·（南阳市）·西峡县·米坪乡·羊沟村

【出处】王金山（农民，不识字）讲，曹丰勤采录，杨平采录整理：《太阳为什么东出西落》（1986.04），见张振犁编著《中原神话通鉴》（第一卷），郑州：河南大学出版社2017年版，第150页。

W1217.3

地北高南低

实 例

（参见下级母题实例）

W1217.3.1

补地时南方石头少造成地北高南低

实 例

藏族 女娲把天补好后，又用所余五彩石填地。由北而南，填至南方，五彩石用毕，南方遂未填。因此形成今之地势北高南低，水不断向南流。

【流传】（无考）

【出处】《女娲娘娘补天》，原载谷德明编《中国少数民族神话选》，见袁珂《中国神话大词典》，北京：华夏出版社2015年版，第407页。

藏族 女娲把补天剩下的五彩石填地时，是由北边向南边开始的。填到南边后，五彩石没有了就没有填，因此形成了现在的北边高、南边低。

【流传】云南省·迪庆藏族自治州·（香格里拉县·尼西乡）·汤美村（汤满村）

【出处】

（a）马龙祥、李子贤记录：《女娲娘娘补天》（1960s），见钟敬文《钟敬文民间文学论集》（上），上海：上海文艺出版社1982年版。

（b）同（a），见姚宝瑄主编《中国各民族神话》（门巴族、珞巴族、怒族、藏族），太原：山西出版传媒集团·书海出版社2014年版，第83页。

W1217.4

地西北高东南低

实 例

汉族 盘古大仙以为把世界造好了，站在高处四方瞭望，发现世界东南低，西北高。

【流传】新疆维吾尔自治区·哈密市·（伊州区）·陶家宫乡·沙枣园村

【出处】马耀辉讲，韩爱荣等采录：《人

1.2.3 地的产生与特征 ‖W1217.4.1–W1217.6‖ 739

是怎么来的》，见中国民间文学集成全国编辑委员会编《中国民间故事集成》（新疆卷），北京：中国 ISBN 中心 2008 年版，第 31 页。

W1217.4.1
天塌造成地倾东南

【关联】［W1365］天塌

实 例

汉族 大地是撑在鳌鱼身上的。有一次鳌鱼翻身，西北角天塌了下来，东南角地凹了下去。

【流传】江苏省·（淮安市）·涟水（涟水县）各地

【出处】徐学尧讲，徐省生搜集整理：《开天辟地和人的由来》（1986.06），见姚宝瑄主编《中国各民族神话》（汉族），太原：山西出版传媒集团·书海出版社 2014 年版，第 20～22 页。

W1217.4.2
大禹治水时地西北高东南低

实 例

汉族 大禹治水时，进行实地踏勘，发现大地是西北高，东南低。

【流传】江苏省·张家港市

【出处】赵忠良、乐予搜集整理：《大禹治水遇神仙》，见陈世海《张家港曲艺丛书：张家港故事选集》，南京：江苏凤凰文艺出版社 2016 年版，第 2 页。

W1217.5
女神把地踏低

实 例

水族 女神伢俣用手掰开相连的天地后，猛飞一脚朝下面那块踢了过去，下面那一块一下子被踢去七万丈，这就是地。

【流传】（无考）

【出处】潘静流唱，燕宝记译，化斯改写：《伢俣开创世界》（原名《造天造地》），见姚宝瑄主编《中国各民族神话》（水族、布朗族、独龙族、基诺族、傈僳族），太原：山西出版传媒集团·书海出版社 2014 年版，第 4 页。

W1217.6
海浪使地面变低

实 例

白族 九万层海涛，把地冲陷得往下降落。

【流传】云南省·（大理白族自治州）·鹤庆（鹤庆县），丽江（丽江市）及（丽江市）·永胜（永胜县）

【出处】李剑飞讲，李缵绪、章虹宇记录：《人类和万物的起源》（又名《劳谷与劳泰》、《古干古洛创世记》），原载李缵绪主编《白族神话传说集成》，中国民间文艺出版社 1986 年版，见姚宝瑄主编《中国各民族神话》（白族、拉祜族、景颇族），太原：山西出版传媒集团·书海出版社

2014年版，第18页。

W1218
与地貌成因有关的其他母题

实例

（参见下级母题实例）

W1218.0
为什么坡多平坝少

实例

（参见下级母题实例）

W1218.0.1
坡多平坝少是特定人物说话造成的

实例

（参见下级母题实例）

W1218.0.1.1
坡多平坝少是耕地的犀牛回答神的提问造成的

实例

布依族 祖先翁戛撑山时，神仙爷爷问人类："地面拿做十股分，你们拿几股来造田"时，耕地的犀牛抢先回答："十股拿一股造田，十股拿两股造地，七股拿去成坡；坡去长草长树。"于是，从那时起，坡多平坝少。

【流传】贵州省布依族地区

【出处】杨正荣、祝登銮讲，岭玉清、汛河搜集整理，古梅改写：《翁戛造万物》，见姚宝瑄主编《中国各民族神话》（布依族、仡佬族、苗族），太原：山西出版传媒集团·书海出版社2014年版，第12页。

W1218.1
三山六水一分田的来历

【关联】

① ［W1080.11］地下是三山六水一分田

② ［W1264.7］田少的来历

实例

（参见下级母题实例）

W1218.1.1
红君道人造地造成三山六水一分田

实例

汉族 红君道人造地时，造成三山六水一分田。

【流传】上海市·松江县（松江区）·九亭乡（九亭镇）·三星村

【出处】朱国民讲，顾青采录：《海斗老祖造天地》，见中国民间文学集成全国编辑委员会编《中国民间故事集成》（上海卷），北京：中国ISBN中心2007年版，第3页。

W1218.1.2
大鹏造地造成三山六水一分田

实例

汉族 大鹏把驮的土砂石水堆扔到地

上，造成了世上的三山六水一分田。

【流传】黑龙江省·（哈尔滨市）·五常县（五常市）·拉林镇

【出处】李录讲，赵广礼采录：《五挡神、洪钧老祖和托骨佛》，见中国民间文学集成全国编辑委员会编《中国民间故事集成》（黑龙江卷），北京：中国 ISBN 中心 2005 年版，第 6 页。

W1218.1a
三分地四分坡一厘田的来历

实　例

布依族　神仙曾派一个叫独半埃的神童到凡间，叫他传令："散份里、细份纳、立播朵（三分地、四分田、一厘坡）。"独半埃来到凡间以后，忘记原话，而说成了："散份里、细份播、立纳朵（三分地、四分坡、一厘田）。"

【流传】贵州省·（黔南布依族苗族自治州）·独山县·麻尾区·坝望乡

【出处】郭氏讲，黎以忠采录：《拱屎虫的来历》，见中国民间文学集成全国编辑委员会编《中国民间故事集成》（贵州卷），北京：中国 ISBN 中心 2003 年版，第 31 页。

W1218.2
地改变了原貌

实　例

（参见下级母题实例）

W1218.2.1
因灾难地改变了原貌

实　例

瑶族　地上发生火灾后，密洛陀（创世者，女始祖）用白布黑布铺盖地面，但已不像原来的样子了。

【流传】广西壮族自治区·（河池市）·巴马瑶族自治县

【出处】蓝有荣讲，黄书光、覃光群搜集，韦编联整理：《密洛陀》，原载苏胜兴等编《瑶族民间故事选》，见陶阳、钟秀编《中国神话》（上），北京：商务印书馆 2008 年版，第 365～368 页。

W1218a
与地貌有关的其他母题

【关联】[W1233.1] 大地的形状时常变化

实　例

（实例待考）

W1218a.1
神奇的地貌

【汤普森】D930

实　例

（实例待考）

W1218a.1.1
使人返老还童的土地

【汤普森】D1338.7

【关联】［W2968.4］人的返老还童

实例

（实例待考）

❋ W1219
地的大小

实例

（参见下级母题实例）

W1220
原来的地很小

【关联】［W1393.2］地的变大（地变大）

实例

（参见下级母题实例）

W1220.1
神原来造的地很小

实例

藏族　大神德绕高在水中造的地开始时很小。

【流传】（西藏自治区）

【出处】

(a) 旺秋搜集：《僜人创世神话》，根据中国社会科学院民族研究所编《僜人社会历史调查》，云南人民出版社1990年版，西藏民间文艺研究会主办《邦锦梅朵》1984年第8期中的《僜人创世神话》整理。

(b) 同(a)，见姚宝瑄主编《中国各民族神话》（门巴族、珞巴族、怒族、藏族），太原：山西出版传媒集团·书海出版社2014年版，第87页。

W1220.1.1
神最早造的地球很小

实例

傣族　英叭（神王名）造出天地。从天上望下来，地球就像浮在水面上的一叶浮萍，很小很小，小到几乎连蜻蜓的尾巴也可以把它打沉。

【流传】（云南省）

【出处】《破仙葫芦进人间，开创世道人类》，原载祜巴勐《论傣族诗歌》，中国民间文学出版社1981年版，见姚宝瑄主编《中国各民族神话》（哈尼族、傣族），太原：山西出版传媒集团·书海出版社2014年版，第260页。

W1220.1.1.1
天神腾格里造的地很小

实例

鄂温克族　人出现前，有一个天神腾格勒造的大地，但很小，山也很低。后来又造出一个山高水长的大地。

【流传】内蒙古自治区·（呼伦贝尔市）·鄂温克旗（鄂温克族自治旗）·巴彦托海镇

【出处】阿拉诺海讲：《大地的传说》，见吕大吉、何耀华总主编《中国各民族原始宗教资料集成》（鄂伦春族卷、鄂温克族卷、赫哲族卷、达斡尔族卷、锡伯族卷、满族卷、蒙古族卷、藏族卷），北京：中国社会科学出版社1999年版，第94页。

W1220.1.2
神仙造的地很小

实例

（参见下级母题实例）

W1220.1.2.1
神仙因为懒造的地很小

实例

怒族 造地的9个神仙，又懒惰又贪吃，只造成几块小小的平地。

【流传】云南省·（怒江傈僳族自治州）·福贡县·架怒村（不详）

【出处】此阿妹讲，叶世富等采录：《高山和平地的由来》，见中国民间文学集成全国编辑委员会编《中国民间故事集成》（云南卷），北京：中国ISBN中心2003年版，第79页。

W1220.2
地原来只有鞍鞯大

实例

哈萨克族 最初，地只有鞍鞯般大。

【流传】新疆维吾尔自治区哈萨克族居住地区

【出处】《迦萨甘创世》，斯丝据别克苏勒坦、佟中明撰写的《哈萨克族宗教与神话》改写，见姚宝瑄主编《中国各民族神话》（乌孜别克族、哈萨克族、柯尔克孜族、俄罗斯族、维吾尔族、塔吉克族、塔塔尔族、锡伯族），太原：山西出版传媒集团·书海出版社2014年版，第25~26页。

W1220.3
造出的第一个地很小

实例

（参见下级母题实例）

W1220.3.1
造出的第一个地球很小

实例

鄂温克族 最早造出的第一个大地很小。

【流传】内蒙古自治区·呼伦贝尔盟（呼伦贝尔市）·（鄂温克族自治旗）·巴彦托海镇

【出处】

(a) 阿拉诺海讲，马名超记录整理：《大地的传说》（1979.05.23），见马名超、王士媛、白衫编《鄂温克族民间故事选》，上海：上海文艺出版社1989年版，第21页。

(b)《大地的传说》，见吕大吉、何耀华总主编《中国各民族原始宗教资料集成》（鄂伦春族卷、鄂温克族卷、赫哲族卷、达斡尔族卷、锡伯族卷、满族卷、蒙古族卷、藏族卷），北京：中国社会科学出版社1999年版，第94页。

鄂温克族 腾格勒造的第一个地球很小，山也矮，江河又窄又细，水也稀稀拉拉。

【流传】内蒙古自治区·呼伦贝尔市·辉河一带

【出处】阿拉诺海讲，马名超记录整理：《两个地球》，见姚宝瑄主编《中国各民族神话》（达斡尔族、鄂伦春族、鄂温克族、蒙古族），太原：山西出版传媒集团·书海出版社 2014 年版，第 118 页。

W1220.4
地有九分大

实 例

彝族 格兹天神让蜻蜓去量地，结果是地有九分大。

【流传】（云南省·楚雄彝族自治州·姚安县·官屯乡·马游村，大姚县·昙华乡等）

【出处】

(a) 郭天元（马游村）、李申呼颇（昙华乡）、李福玉颇（苴）演唱，郭思九、许明学、龚维顺、张宝省、陈志群、胡炳文等搜集，刘德虎、龚维顺、陈志群、李树荣、郭天元等整理：《梅葛》（第一部"创世"），见云南省民族民间文学楚雄调查队《梅葛》（1959），昆明：云南人民出版社 2009 年版。

(b)《打虎开天辟地》，蔷紫据云南省民族民间文学楚雄调查队著《梅葛》（云南人民出版社 2009 年版）改写，见姚宝瑄主编《中国各民族神话》（羌族、彝族），太原：山西出版传媒集团·书海出版社 2014 年版，第 191 页。

W1220.5
地原来像蚂蚁堆一样大

实 例

（参见下级母题实例）

W1220.5.1
水面上露出的地像蚂蚁堆一样大

实 例

基诺族 古时天地茫茫，一片汪洋，只在水面上露出蚂蚁堆大小的星星点点的土地。

【流传】云南省·（西双版纳傣族自治州·景洪市）·（基诺山基诺族乡）·巴亚寨

【出处】巴卡老四等讲，杜玉亭调查整理：《创世母亲造天地万物》（1958～1981），见吕大吉、何耀华总主编《中国各民族原始宗教资料集成》（彝族卷、白族卷、基诺族卷），北京：中国社会科学出版社 1996 年版，第 879 页。

W1221
地巨大无比

【汤普森】A853.1

【关联】[W1396.1.2] 地的测量

实 例

苗族 （实例待考）

W1222

与地的大小有关的其他母题

实 例

（参见下级母题实例）

W1222.1

地厚 4 万多里，宽 28 万多里

实 例

傣族　男神桑戛西造出的圆球（地球）又厚又宽，厚达一千个约扎拿（傣族计量单位，四十五里至五十里为一"约"，"扎拿"是单位名称，类似汉族的"里"），宽达七千个约扎拿。

【流传】云南省·西双版纳（西双版纳傣族自治州）

【出处】*《桑戛西造世界》，原载岩峰三讲，毕光尖记录《桑戛西与桑戛赛造天地，创人类》，见姚宝瑄主编《中国各民族神话》（哈尼族、傣族），太原：山西出版传媒集团·书海出版社 2014 年版，第 253 页。

W1222.2

地很辽远

实 例

（参见下级母题实例）

W1222.2.1

鸟走一步拍地球三下需要 5 千年

实 例

傣族　一只名字叫"诺列领"（滴水鸟）的小鸟每走一步就拍打地球三下。经书说，它要继续拍打五千年。

【流传】（云南省）

【出处】《破仙葫芦进人间，开创世道人类》，原载祜巴勐《论傣族诗歌》，中国民间文学出版社 1981 年版，见姚宝瑄主编《中国各民族神话》（哈尼族、傣族），太原：山西出版传媒集团·书海出版社 2014 年版，第 261 页。

W1222.2.2

特定地方的地很辽阔

实 例

（参见下级母题实例）

W1222.2.2.1

高辛国的地 9 万 9 千里

实 例

畲族　很久以前，有个高辛国。高辛国的地，有九万九千里长。

【流传】广东省·潮州市

【出处】李国俊、王华兵采录：《龙犬驸马》，见中国民间文学集成全国编辑委员会编《中国民间故事集成》（广东卷），北京：中国 ISBN 中心 2006 年版，第 15 页。

W1222.2.3

地两极的长度

实 例

（参见下级母题实例）

W1222.2.3.1
东极到西极五亿十选九千八百步

实例

汉族 帝命竖亥步，自东极至于西极，五亿十万九千八百步。竖亥右手把算，左手指青丘北。一曰禹令竖亥。一曰五亿十万九千八百步。

【流传】（无考）

【出处】《山海经·海外东经》。

W1222.3
地的重量

【关联】[W1129.6] 天地的重量

实例

（参见下级母题实例）

W1222.3.1
地重9万斤

实例

彝族（阿细） 地补好后，阿兹女神。去称地。她用大山当秤砣，用陷塘做秤盘，用大路当秤杆，灰石头做秤花，用长藤做秤索。地称下来，足足有九万斤。

【流传】（a）云南省·红河哈尼族彝族自治州·弥勒县·（西山镇）

【出处】
（a）潘正兴等唱述，云南省民族民间文学红河调查队搜集翻译整理：《阿细的先基》，昆明：云南人民出版社1959年版。

（b）云南省民族民间文学红河调查队搜集整理，古梅改写：《最古的时候》，见姚宝瑄主编《中国各民族神话》（羌族、彝族），太原：山西出版传媒集团·书海出版社2014年版，第139~140页。

※ W1223
地的厚度

实例

（参见下级母题实例）

W1224
地很薄

【关联】[W1253.4] 地壳很薄（地皮很薄）

实例

（参见下级母题实例）

W1224.1
地厚3尺3寸

实例

壮族 地只有3尺3寸厚。

【流传】广西壮族自治区右江流域

【出处】覃建才搜集整理：《保洛陀》，见曹廷伟编著《广西民间故事辞典》，南宁：广西教育出版社1993年版，第17页。

壮族 以前，天只有三尺三寸高，地只有三尺三寸厚。

【流传】（无考）

【出处】覃建才搜集整理：《保洛陀》，原载刘德荣等编《壮族民间故事》，云南人民出版社 1988 年版，见姚宝瑄主编《中国各民族神话》（仫佬族、壮族、京族），太原：山西出版传媒集团·书海出版社 2014 年版，第 97 页。

壮族 以前，天地俱窄，天高三尺三，地厚三尺三。

【流传】（无考）

【出处】《陆驮公公》，原载胡仲实《壮族文学概论》，见袁珂《中国神话大词典》，北京：华夏出版社 2015 年版，第 442 页。

W1225

地很厚

实 例

（参见下级母题实例）

W1225.1

地有 33 座山的厚度

实 例

壮族 布洛陀让人把地加到 33 座石山那么厚。

【流传】（无考）

【出处】张声震总主编，农冠品编注《壮族神话集成》，南宁：广西民族出版社 2007 年版，第 504 页。

壮族 天上地下的人发生争吵，布洛陀吩咐地下人把地皮加厚。厚到三十三座石山那么厚，三十三个根的黄藤穿不透。

【流传】（无考）

【出处】《天地吵闹》，原载蓝鸿恩搜集整理《神弓宝剑》，中国民间文艺出版社 1985 年版，见吕大吉、何耀华总主编《中国各民族原始宗教资料集成》（土家族卷、瑶族卷、壮族卷、黎族卷），北京：中国社会科学出版社 1998 年版，第 616 页。

✻ W1226

地的层数

实 例

（参见下级母题实例）

W1227

地有 3 层

【关联】［W1163.3］天有 3 层

实 例

傣族（水傣） 以前，地球只有薄薄的三层，像一片残叶，漂浮在水面上。

【流传】（云南省·西双版纳傣族自治州）

【出处】王松整理：《傣族——西双版纳的神谱》，见姚宝瑄主编《中国各民族神话》（哈尼族、傣族），太原：山西出版传媒集团·书海出版社 2014 年版，第 232 页。

傈僳族 这个大地有上层、中层和下层。

【流传】四川省·（凉山彝族自治州）·德昌县

【出处】谷万才讲，李文华等翻译采录：《人类的起源》，见中国民间文学集成全国编辑委员会编《中国民间故事集成》（四川卷·下），北京：中国ISBN中心1998年版，第1432页。

塔吉克族（实例待考）

W1228

地有7层

【关联】

① ［W1067.3］世界有7层

② ［W1129.4.2］天7层，地7层

③ ［W1163.9.9.1］上有9层天，下有7层地

实　例

怒族　很久以前，上有九层天，下有七层地。

【流传】（无考）

【出处】《天地的由来》，编者根据叶世富的《怒族民间故事》（云南人民出版社1988年版）重新整理，见吕大吉、何耀华总主编《中国各民族原始宗教资料集成》（纳西族卷、羌族卷、独龙族卷、傈僳族卷、怒族卷），北京：中国社会科学出版社2000年版，第899页。

W1228.1

宇宙神造出7层地

实　例

柯尔克孜族　宇宙神造的大地有7层。

【流传】（无考）

【出处】《创世纪》，见中国各民族宗教与神话大词典编审委员会编《中国各民族宗教与神话大词典》，北京：学苑出版社1990年版，第369~370页。

柯尔克孜族　宇宙之神创造了七层大地。

【流传】新疆维吾尔自治区·柯尔克孜地区（克孜勒苏柯尔克孜自治州）

【出处】《火神》，斯丝根据多里昆·吐尔地、阿地力·朱玛吐尔地撰写的《柯尔克孜族宗教与神话》改写，见姚宝瑄主编《中国各民族神话》（乌孜别克族、哈萨克族、柯尔克孜族、俄罗斯族、维吾尔族、塔吉克族、塔塔尔族、锡伯族），太原：山西出版传媒集团·书海出版社2014年版，第146页。

W1228.2

神造7层地

实　例

纳西族　（神）手持银丈杆，划量九重天，开天无差错；手握金营尺，比造七层地，辟地无空隙。

【流传】云南省·丽江县（丽江市）·长水乡（不详）

【出处】和泗泉读经，周汝诚调查记录，和志武翻译整理：经书《动丁》（1989），见吕大吉、何耀华总主编《中国各民族原始宗教资料集成》（纳西族卷、羌族卷、独龙族卷、傈僳族

卷、怒族卷），北京：中国社会科学出版社 2000 年版，第 84 页。

W1228.3
创世主造 7 层地

实例

哈萨克族 创世主迦萨甘创造了天和地后，天和地各增长成七层。

【流传】（新疆维吾尔自治区）

【出处】
（a）尼哈迈提·蒙加尼整理，校仲彝记录整理：《迦萨甘创世》，见张越、姚宝瑄编《新疆民族神话故事选》，乌鲁木齐：新疆人民出版社 1989 年版。
（b）同（a），见姚宝瑄主编《中国各民族神话》（乌孜别克族、哈萨克族、柯尔克孜族、俄罗斯族、维吾尔族、塔吉克族、塔塔尔族、锡伯族），太原：山西出版传媒集团·书海出版社 2014 年版，第 22 页。

W1228.3a
上帝主造 7 层地

实例

哈萨克族 上帝用七天的时间创造了地，所以有"七重地"。

【流传】（无考）

【出处】比达尔克买提·木海讲，胡扎依尔·萨杜瓦哈斯搜集，安蕾、毕桦译：《神牛支撑大地》，见满都呼主编《中国阿尔泰语系诸民族神话故事》，北京：民族出版社 1997 年版，第 57 页。

W1228.4
其他人物造 7 层地

实例

（参见下级母题实例）

W1228.4.1
龙主造 7 层地

实例

纳西族 龙主左那里赤不让人类建造新的地，他自己却建了七层地。

【流传】云南省·丽江（丽江市）

【出处】和芳（东巴）读经，和志武翻译整理：《休曲苏埃》（1962），见吕大吉、何耀华总主编《中国各民族原始宗教资料集成》（纳西族卷、羌族卷、独龙族卷、傈僳族卷、怒族卷），北京：中国社会科学出版社 2000 年版。

W1228.5
与 7 层地有关的其他母题

实例

（参见下级母题实例）

W1228.5.1
7 层黑土

【关联】[W1232.3] 地是黑色的（黑色的地）

实例

纳西族 红粟被地炸，炸成亿万块。丽

恩垮古（人名）被掷入七层黑土中。

【流传】（云南省）

【出处】和芳、和志新编译：《崇邦统——人类迁徙记》，见姚宝瑄主编《中国各民族神话》（佤族、阿昌族、纳西族、普米族、德昂族），太原：山西出版传媒集团·书海出版社 2014 年版，第 146 页。

W1228.5.2
七重地

【关联】[W1163.6.3] 六重天

实例

哈萨克族 因为上帝花了七天的时间创造了地，于是在哈萨克语中，就有了"七重地"的说法。

【流传】新疆维吾尔自治区·（阿勒泰地区）·阿勒泰市·切尔齐西乡（切尔克齐乡）

【出处】毕达合买提·木海讲，呼扎依尔·沙德瓦哈斯采录，杨凌等译：《天与地的由来》，见中国民间文学集成全国编辑委员会编《中国民间故事集成》（新疆卷），北京：中国 ISBN 中心 2008 年版，第 7 页。

W1229
地有 9 层

实例

傈僳族 土地有九层，分给人去住。

【流传】（无考）

【出处】鲁福昌唱，辛一记译整理：《祭龙神调》，载《怒江》1984 年第 3 期。

满族 地有 9 层。

【流传】（无考）

【出处】乌丙安：《满族神话探索——天地层·地震鱼·世界树》，载《满族研究》1985 年第 1 期。

满族 地有九层。

【流传】（无考）

【出处】《天神创世》，见姚宝瑄主编《中国各民族神话》（满族、赫哲族、朝鲜族），太原：山西出版传媒集团·书海出版社 2014 年版，第 15~16 页。

W1229.1
地王造 9 层地

实例

蒙古族 武当喇嘛叫地王造 9 层地。

【流传】（ab）吉林省·（松原市）·前郭尔罗斯内蒙古自治县·乌兰敖都乡

【出处】

（a）宝音特古斯讲：《人和国家》，见本县编《吉林省民间文学集成·前郭尔罗斯卷》，内部资料，1988 年，第 5 页。

（b）宝音特古斯讲，苏赫巴鲁采录翻译：《武当喇嘛创世》，见中国民间文学集成全国编辑委员会编《中国民间故事集成》（吉林卷），北京：中国文联出版公司 1992 年版，第 3 页。

(c) 宝音特古斯讲，苏赫巴鲁、苏伦巴根搜集：《人和国家》，载《吉林民间文学》1982 年第 3~4 期。

W1229.2
喇嘛造 9 层地

实 例

蒙古族 创造万物的喇嘛创造了九层地。

【流传】新疆维吾尔自治区·（巴音郭楞蒙古自治州）·和硕县·布尔图一牧场

【出处】根登讲，布·孟克采录，乌恩奇译：《乌旦喇嘛创造了世界》，见中国民间文学集成全国编辑委员会编《中国民间故事集成》（新疆卷），北京：中国 ISBN 中心 2008 年版，第 6 页。

W1230
地有 18 层

实 例

汉族 地一共有 18 层。

【流传】重庆市·巴县（巴南区）·鱼洞镇

【出处】《太阳和月亮》，见李子硕《民间故事集成》（重庆巴县），内部编印，1989 年，第 5 页。

纳西族 （实例待考）

裕固族 地有 18 层。

【流传】（无考）

【出处】《三十三层天》，见杨进智《裕固族研究论文集》，兰州：兰州大学出版社 1996 年版，第 353~354 页。

W1230.1
盘古开辟 18 层地

实 例

土家族 盘古开天辟地时，开出下面的 18 层地。

【流传】
(a) 湖北省·（宜昌市）·长阳县（长阳土家族自治县）·都镇湾镇·杜家冲村
(b) 湖北省·（宜昌市）·长阳（长阳土家族自治县）·（都镇湾镇）·椿树坪（椿树坪村）

【出处】
(a) 孙家香讲：《瘪古是盘古的妈》，长阳土家族网：http://www.cy-tujia.com/list_body.php? id, 2005.12.08。
(b) 《瘪古是盘古的妈》，见白庚胜总主编《中国民间故事全书》（湖北省·长阳卷），北京：知识产权出版社 2007 年版，第 4 页。

W1230.2
盘古蹬出 18 层地

实 例

汉族 盘古站在天地之间，猛力往上顶了十八顶，往下蹬了十八蹬，顶一顶多出现一层天，蹬一蹬多出现一层地，这就是上有十八层天，下有十八层地的来历。

【流传】河南省·新乡市

【出处】马如心（50岁）讲，马安中采录整理：《盘古开天地》（1986.08），见张振犁编著《中原神话通鉴》（第一卷），郑州：河南大学出版社2017年版，第16页。

W1231
地的其他层数

实例

（参见下级母题实例）

W1231.1
地有12层

实例

瑶族（布努） 12对日月同时出现，它们要烧坏十二层天，它们要烤焦十二层地。

【流传】广西壮族自治区·（河池市）·都安县（都安瑶族自治县）、巴马县（巴马瑶族自治县）、南丹县、（百色市）·田东县、平果县等地

【出处】桑布郎等传，蒙凤标（83岁）、罗仁祥（73岁）等唱：《密洛陀》（1983），见蓝怀昌、蓝书京、蒙通顺搜集翻译整理《密洛陀》，北京：中国民间文艺出版社1988年版，第175页。

W1231.1.1
神用12个昼夜造出12层地

实例

苗族 男神佑聪造地，整整造了十二天，养了十二夜。地就造出来了，造了十二层地。

【流传】云南省·文山（文山壮族苗族自治州）一带

【出处】邓光北、闪永仙说唱，项保昌、刘德荣搜集：《开天补天，辟地补地》，见姚宝瑄主编《中国各民族神话》（布依族、仡佬族、苗族），太原：山西出版传媒集团·书海出版社2014年版，第125页。

苗族 大神佑聪（地的父亲）造了12天12夜，一刻也不停造出了十二层地。

【流传】（无考）

【出处】陶春保讲，刘永鸿整理：《生天养地的爹娘》，见姚宝瑄主编《中国各民族神话》（布依族、仡佬族、苗族），太原：山西出版传媒集团·书海出版社2014年版，第132页。

W1231.1.2
神用12夜造出12层地

实例

苗族 男神佑聪造地，一夜造一层，造了12层地。

【流传】云南省·（文山壮族苗族自治州）·马关县

【出处】杨正方讲，刘德荣采录：《造天造地》，见中国民间文学集成全国编辑委员会编《中国民间故事集成》（云南卷），北京：中国ISBN中心2003年版，第91页。

W1231.2
地有 16 层

实 例

傣族 四个守护神终日飞腾在天与地之间，保护着十六层天，保护着十六层地。

【流传】云南省·西双版纳傣族地区（西双版纳傣族自治州）

【出处】《巴塔麻嘎捧尚罗》，王松据岩温炳翻译《巴塔麻晏》（开天辟地）改写，见姚宝瑄主编《中国各民族神话》（哈尼族、傣族），太原：山西出版传媒集团·书海出版社 2014 年版，第 290 页。

W1231.2.1
地原来有 16 层

实 例

傣族 宇宙大火足足烧了十万年，地下的十六层被烧了十三层，只剩下薄薄的三层。

【流传】（无考）

【出处】岩峰、王松搜集整理：《射神惟鲁塔》，原载《中国各民族宗教与神话大词典》编审委员会编《中国各民族宗教与神话大词典》，学苑出版社 1990 年版，见姚宝瑄主编《中国各民族神话》（哈尼族、傣族），太原：山西出版传媒集团·书海出版社 2014 年版，第 380 页。

W1231.2.2
神把地划分为 16 层

实 例

傣族 天地形成以后，英叭神把天和地都划分为十六层。

【流传】（无考）

【出处】《开天辟地》注释，见谷德明编《中国少数民族神话》，北京：中国民间文艺出版社 1987 年版，第 341 页。

W1231.3
地有 28 层

实 例

（参见下级母题实例）

W1231.3.1
盘古把地劈出 28 层

实 例

汉族 盘古劈开妻子生下的大圆球形成的地有 28 层。

【流传】（无考）

【出处】麦树华讲，梁业兰搜集：《盘古开天地》，见曹廷伟编著《广西民间故事辞典》，南宁：广西教育出版社 1993 年版，第 23 页。

W1231.4
地有 77 层

【关联】［W1163.15.1a］天有 77 层

实 例

蒙古族 祭灶经中云："你有上至九十九重蓝天之霭气,有下达七十七层大地之热能。"

【流传】(无考)

【出处】策·札木查拉诺搜集,博·仁钦整理,云志忠译:《蒙古萨满资料》,西德威斯巴登1959年版,见吕大吉、何耀华总主编《中国各民族原始宗教资料集成》(鄂伦春族卷、鄂温克族卷、赫哲族卷、达斡尔族卷、锡伯族卷、满族卷、蒙古族卷、藏族卷),北京:中国社会科学出版社1999年版,第740页。

W1232
地的颜色

【关联】[W4005] 天地的颜色

实 例

(参见下级母题实例)

W1232.1
以前地是白的(白色的地)

【关联】[W1129.2] 以前天是黄的,地是白的

实 例

(参见下级母题实例)

W1232.1.1
天地初分时因水天相连地是白的

实 例

满族 传说天地初分的时候,天连水,水连天,地是白的。

【流传】(无考)

【出处】

(a) 孙玉清讲,王惠立搜集整理:《白云格格》,见乌丙安等编《满族民间故事选》,上海:上海文艺出版社1983年版,第9~14页。

(b) 同(a),见姚宝瑄主编《中国各民族神话》(满族、赫哲族、朝鲜族),太原:山西出版传媒集团·书海出版社2014年版,第45~49页。

W1232.2
地是黄色的(黄色的地)

【关联】
① [W1160.4b] 黄色的天
② [W1252.4.2] 黄土的来历

实 例

满族 (实例待考)

纳西族 最早产生的地是黄澄澄的。

【流传】(无考)

【出处】

(a)《石猴生人类》,见雷宏安《云南省中甸县三坝公社纳西族宗教调查》,中国社会科学院世界宗教研究所昆明工作站、云南民族学院民族研究所民族宗教研究室编印,1986年。

(b) 同(a),见姚宝瑄主编《中国各民族神话》(佤族、阿昌族、纳西族、普米族、德昂族),太原:山西出版传媒集团·书海出版社2014年版,第173页。

1.2.3 地的产生与特征

W1232.2.1

地是黄色的来历

实 例

(参见下级母题实例)

W1232.2.1.1

地是蛋黄变的所以呈现黄色

实 例

(参见下级母题实例)

W1232.2.1.1.1

盘古打碎的蛋黄变成黄色的地

实 例

汉族 土地是盘古打碎的蛋的蛋黄变成的，所以土地黄黄混混的。

【流传】山东省·（济宁市）·梁山县·（韩垓镇）·开河东村

【出处】刘建山讲，樊兆阳采录：《盘古开天地》，见中国民间文学集成全国编辑委员会编《中国民间故事集成》（山东卷），北京：中国 ISBN 中心 2007 年版，第 3 页。

W1232.2.1.2

土地分开后形成黄色的地

实 例

彝族 典尼（神人名）用四根铜柱支天把天和地分开后，并把四方的天扫高，天和地分得更远了。天变成了蓝蓝的天，地变成了黄澄澄的地。

【流传】（无考）

【出处】

（a）马海乌黎讲，谷德明整理：《开天辟地》，见谷德明编《中国少数民族神话选》，西北民族学院研究所编印，内部资料，1983 年。

（b）同（a），见姚宝瑄主编《中国各民族神话》（羌族、彝族），太原：山西出版传媒集团·书海出版社 2014 年版，第 117 页。

W1232.3

地是黑色的（黑色的地）

【关联】［W1228.5.1］7 层黑土

实 例

(参见下级母题实例)

W1232.3.1

地是黑色的来历

实 例

(参见下级母题实例)

W1232.3.1.1

地姑娘穿黑衣裳所以地成黑色

实 例

哈尼族 永生不死的玛白地姑娘穿上了黑衣裳，所以出现黑色的地。

【流传】云南省·（红河哈尼族彝族自治州）·元阳（元阳县）·攀枝花（攀枝花乡）·洞铺寨

【出处】朱小和讲，史军超采录：《永生不死的姑娘》，见中国民间文学集成全国编辑委员会编《中国民间故事集成》（云南卷），北京：中国 ISBN 中心 2003 年版，第 130 页。

哈尼族 最高的神王阿匹梅烟女神生九个姑娘，并给九个姑娘取名字。其中，给第二姑娘取名永生不死的玛白地姑娘。她给玛白姑娘穿上了黑衣裳。

【流传】云南省·（红河哈尼族彝族自治州·元阳县·攀枝花乡·硐蒲寨）

【出处】朱小和讲，史军超搜集整理：《永生不死的姑娘》，原载《哈尼族神话传说集成》，见陶阳、钟秀编《中国神话》（下），北京：商务印书馆 2008 年版，第 1095~1099 页。

W1232.3.2
地是黑色的泥

实 例

（参见下级母题实例）

W1232.3.2.1
地最初是黑色的泥

实 例

苗族 地刚刚生来时是黑色的泥。

【流传】贵州省·（黔东南苗族侗族自治州）·台江县、施秉县、凯里县（凯里市）等地

【出处】秦公、岩公、李普奶等苗族八歌手说唱，唐春芳、桂舟人搜集整理：《巨鸟生天地，众神辟地天》，见姚宝瑄主编《中国各民族神话》（布

依族、仡佬族、苗族），太原：山西出版传媒集团·书海出版社 2014 年版，第 114 页。

W1232.4
与地的颜色有关的其他母题

实 例

（参见下级母题实例）

W1232.4.1
红色的地

【关联】［W1252.4.1］红土（红泥）

实 例

（参见下级母题实例）

W1232.4.1.1
天女用铜铁扫帚扫出红色地

实 例

彝族 九个天女便拿了铜铁扫帚去扫天扫地。她们一扫天，天便升上去了显出蓝莹莹的天；她们又一扫，就把地扫下去了，下面便显出红艳艳的大地。

【流传】（四川省·凉山彝族自治州）

【出处】

(a) 冯元蔚译：《勒俄特依》，成都：四川民族出版社 1986 年版。

(b) 冯元蔚译，蔷紫改写：《勒俄特依》，见姚宝瑄主编《中国各民族神话》（羌族、彝族），太原：山西出版传媒集团·书海出版社 2014 年版，第 151 页。

彝族 天地分开后，司子低尼仙子让

九个仙女拿了铜铁扫帚去打扫大地。大地上污浊的脏东西被扫掉了，大地便变成了红艳艳的大地。

【流传】（无考）

【出处】《天神造天地》，见姚宝瑄主编《中国各民族神话》（羌族、彝族），太原：山西出版传媒集团·书海出版社2014年版，第88页。

W1232.4.1.2
风吹出红色的地

实　例

哈尼族 以前的世界是黑暗的混沌。混沌中产生大风，九十九天之后，属蛇的那一日，红通通的地出现了。

【流传】云南省·（普洱市）·孟连县（孟连傣族拉祜族佤族自治县）

【出处】李格、王富帮讲，张犁翻译，李灿伟、莫非搜集整理：《天、地、人和万物的起源》，原载云南省民间文学集成办公室编《哈尼族神话传说集成》，中国民间文艺出版社1990年版，见姚宝瑄主编《中国各民族神话》（哈尼族、傣族），太原：山西出版传媒集团·书海出版社2014年版，第58页。

W1232.4.2
最早的地是无边无际的五色土

实　例

畲族 上古的时候，天和地刚刚分开。地的上面是一片平平的无边无际的五色土。

【流传】福建省·（宁德市）·福鼎市

【出处】蓝升兴讲，蓝俊德、蓝清盛采录：《皇天爷和皇天姆造人》，原载《中国民间故事集成·福建卷·闽东畲族故事》，宁德地区民间文学集成编委会1990年编印，见《福建省少数民族古籍丛书》编委会编《畲族卷·民间故事》，福州：海峡出版发行集团·海峡书局2013年版，第5~6页。

W1233
地会变化（陆地会变化）
【汤普森】A850

实　例

（参见下级母题实例）

W1233.1
大地的形状时常变化

实　例

（参见下级母题实例）

W1233.1.1
最早的地千变万化

实　例

（参见下级母题实例）

W1233.1.1.1
最早的地在高山、平原与大海之间互相变化

实　例

佤族 大地刚开始出现时，宽阔的地

面今天是高山，明天是平原，后天是大海。

【流传】（无考）

【出处】埃戛搜集整理：《谁敢做天下万物之王》，见谷德明编《中国少数民族神话》，北京：中国民间文艺出版社1987年版，第378页。

佤族　大地开始出现于天下的时候并没有一定的形状，宽阔的地面今天是高山，明天是平原，后天是大海。

【流传】（无考）

【出处】挨嘎搜集整理：《谁做天下万物之王》，原载中国少数民族文学学会编《中国少数民族民间故事选》，中国民间文艺出版社1981年版，见姚宝瑄主编《中国各民族神话》（佤族、阿昌族、纳西族、普米族、德昂族），太原：山西出版传媒集团·书海出版社2014年版，第7页。

W1233.2
原来的地与现在相反

【汤普森】A855

【关联】[W9959.7] 相反的事物

实　例

（参见下级母题实例）

W1233.2.1
以前的土地很硬

实　例

哈尼族　以前，地上土较今硬，天神犁地一日，累弯其腰，仅犁得数沟。

【流传】（云南省？）

【出处】袁珂改编：《地下人》，原载陶阳、钟秀编《中国神话》，见袁珂《中国神话大词典》，北京：华夏出版社2015年版，第492页。

W1233.3
地由软变硬

【汤普森】A856

实　例

（参见下级母题实例）

W1233.3.1
地以前是软的

【关联】[W1057.8] 最早的世界是软的

实　例

汉族　盘古开天的时候，天地软绵绵的，动不动就陷进一个坑，裂开一道口子。

【流传】浙江省·（丽水市）·庆元县

【出处】赖善卿讲，兰志龙搜集整理：《补天穿》，见姚宝瑄主编《中国各民族神话》（汉族），太原：山西出版传媒集团·书海出版社2014年版，第52~53页。

W1233.3.2
日月照晒使软的大地变硬

实　例

珞巴族　洪水刚退去时，土地很软，日月的照晒使大地变硬。

【流传】西藏自治区·下珞渝·迦龙部落顿村

【出处】维·埃尔温搜集：《普克和如克》，见李坚尚、刘芳贤编《珞巴族门巴族民间故事选》，上海：上海文艺出版社1993年版，第35页。

W1233.3.3
风把软的地吹硬

【汤普森】A856.1

实 例

（实例待考）

W1233.4
日月把大地晒软

实 例

珞巴族　原来的地是硬的，日月把大地晒软了。

【流传】西藏自治区·下珞渝（又写作"下珞瑜"，泛指永木河、锡约尔河、巴恰西仁河流域）

【出处】维·埃尔温搜集：《普克和如克》，见中华民族故事大系编委会编《中华民族故事大系》第16卷（赫哲族、门巴族、珞巴族、基诺族），上海：上海文艺出版社1995年版，第421页。

W1233.5
地每天都在变化

实 例

满族　（实例待考）

W1233.6
地的变圆

【关联】

① ［W1395.2.1］用神锄和神斧把地修圆

② ［W1496］天地的变圆

实 例

（参见下级母题实例）

W1233.6.1
地磨掉4个角变圆

实 例

侗族　马王（治地的神王）运足了全身的气，张开大口，向方形的大地猛吹一口热气，大地震动摇晃起来，四个地角被震裂了，那巨大的冰块崩塌后向四面溃落。一股股马王的热流推动着大地迅速旋转，那地角不断摩擦，很快就磨去了棱角，大地变得圆了。

【流传】广西壮族自治区·（柳州市）·三江（三江侗族自治县），（桂林市）·龙胜（龙胜各族自治县）

【出处】杨卜林喜、杨卜松林、杨明世讲，杨国仁、涛声搜集整理，蔷紫改写：《创世女神萨天巴》，过伟改写自侗族创世史诗《嘎茫莽道时嘉——远祖歌》（未出版稿），见姚宝瑄主编《中国各民族神话》（土家族、毛南族、侗族、瑶族），太原：山西出版传媒集团·书海出版社2014年版，第 83 页。

W1234
地的生育
实例

（参见下级母题实例）

W1234.1
大地感光而孕
实例

（参见下级母题实例）

W1234.1.1
大地母亲感阳光孕生1万8千
实例

哈萨克族 大地母亲在阳光之下同渴望已久的光友好相处，怀中一万八千子孙。

【流传】（无考）

【出处】玛丽娅·科别杰讲，穆哈买提拜·拜吉格铁甫搜集，安蕾等译：《大地母亲》，见满都呼主编《中国阿尔泰语系诸民族神话故事》，北京：民族出版社1997年版，第58页。

W1235
与地的特征有关的其他母题
【汤普森】A990
实例

（参见下级母题实例）

W1235.0
地的周围是特定物
实例

（参见下级母题实例）

W1235.0.1
地的上面是神土，下面是石盖，再下面是海水
【关联】[W1070.4.5] 地的下面是海
实例

珞巴族 地球的上面是神土，下面是石盖，最下面是海水。

【流传】西藏自治区·珞渝地区（包括上珞渝，泛指古称的白马岗即今林芝市墨脱县、马尼岗、梅楚卡一带，下珞渝则泛指永木河、锡约尔河、巴恰西仁河流域）

【出处】布洛（60多岁）讲，于乃昌、张力凤、陈理明整理：《天神三兄弟》，原载于乃昌《西藏民间故事——珞巴族、门巴族专辑》，见陶阳、钟秀编《中国神话》（上），北京：商务印书馆2008年版，第48~49页。

W1235.1
以前的大地很安宁
实例

汉族 上古时，大地一直很安宁。

【流传】湖北省·（荆门市）·京山县

【出处】冯家才讲，冯本林搜集整理：《鳖鱼和地震》，原载湖北省群众艺术馆等编《民间故事传说集》，见陶阳、钟秀编《中国神话》（上），北京：商务印书馆2008年版，第205页。

汉族 在上古时，大地一直是很安宁的，没有地震。

【流传】湖北省·（荆门市）·京山县一带

【出处】冯家才讲，冯本林搜集整理：《鳖鱼和地震》，原载中国民间文艺研究会湖北分会编《湖北民间故事传说集》，见姚宝瑄主编《中国各民族神话》（汉族），太原：山西出版传媒集团·书海出版社2014年版，第44～45页。

W1235.2

以前的地是空的

【关联】［W1503a.3］因大地空然无物造万物

实例

（参见下级母题实例）

W1235.2.1

地刚形成时是空的

实例

佤族 地成之初，像知了的肚子空空的，很别扭。

【流传】
(a) 云南省·（普洱市）·西盟县（西盟佤族自治县）

(b) 云南省·（普洱市）·西盟县（西盟佤族自治县），（临沧市）·沧源县（沧源佤族自治县）

【出处】
(a) 达老屈等讲，隋嘎等采录：《司岗里》，见中国民间文学集成全国编辑委员会编《中国民间故事集成》（云南卷），北京：中国ISBN中心2003年版，第96页。

(b) 隋嘎、岩扫等讲，艾荻等搜集整理：《司岗里》，见尚仲豪、郭九思等编《佤族民间故事选》，上海：上海文艺出版社1989年版，第1页。

佤族 地刚形成的时候，像个知了的肚囊，空落落的，很别扭。

【流传】云南省·（普洱市）·西盟县（西盟佤族自治县），（临沧市）·沧源县（沧源佤族自治县）

【出处】随戛、岩扫、岩瑞等讲述，艾荻、张开达搜集整理：《司岗里》，载《山茶》1988年第1期。

佤族 地刚形成的时候，像个知了的肚囊，空落落的，很别扭。

【流传】（云南省·普洱市·西盟佤族自治县）

【出处】随戛、岩扫、岩瑞等讲，艾荻、张天达搜集整理：《司岗里》，见姚宝瑄主编《中国各民族神话》（佤族、阿昌族、纳西族、普米族、德昂族），太原：山西出版传媒集团·书海出版社2014年版，第11页。

W1235.2.2
以前地上什么也没有

【关联】［W1161.11.1］以前天上什么也没有

实 例

哈尼族 沙罗阿龙（人名，生活在半空中）乘着风来到地下，四处光秃秃的，什么也没有。

【流传】云南省·（西双版纳傣族自治州）·勐腊（勐腊县）

【出处】张猴讲，杨万智搜集整理：《沙罗阿龙造天地》，原载云南省民间文学集成办公室编《哈尼族神话传说集成》，中国民间文艺出版社1990年版，见姚宝瑄主编《中国各民族神话》（哈尼族、傣族），太原：山西出版传媒集团·书海出版社2014年版，第17页。

彝族 远古时，云彩把天造成了，把地造成了，可是地上空旷旷的，什么也不见，是个光地。

【流传】云南省·楚雄彝族自治州

【出处】《门米间扎节》，古梅根据《楚雄民间文学资料》改写，见姚宝瑄主编《中国各民族神话》（羌族、彝族），太原：山西出版传媒集团·书海出版社2014年版，第83页。

彝族 天神的四个姑娘造地后，地上没有树木，地上没有树根，地上没有大江，地上没有大海，地上没有飞禽，地上没有走兽，地上什么也没有。

【流传】云南省·楚雄彝族自治州·姚安县、大姚县等彝族地区

【出处】《创世·开天辟地》，见云南省民族民间文学楚雄调查队整理编写《梅葛》，昆明：云南人民出版社2009年版，第12~13页。

W1235.2.3
以前地球光秃秃

【关联】［W1053.5］最早的世界只有光秃秃的土地和茫茫无际的海水

实 例

傣族 以前，整个地球还是光秃秃的，看不见一棵树。

【流传】云南省·西双版纳（西双版纳傣族自治州）

【出处】杨胜能搜集：《宗补神树》，见姚宝瑄主编《中国各民族神话》（哈尼族、傣族），太原：山西出版传媒集团·书海出版社2014年版，第312页。

傣族 大神英叭最早造出的天也差，地又不美。宽阔的罗宗补（地球）光秃秃的，什么也不见，看去是一个模样儿。

【流传】云南省·西双版纳傣族地区（西双版纳傣族自治州）

【出处】《巴塔麻嘎捧尚罗》，王松据岩温炳翻译《巴塔麻晏》（开天辟地）改写，见姚宝瑄主编《中国各民族神话》（哈尼族、傣族），太原：山西出

版传媒集团·书海出版社 2014 年版，第 281 页。

W1235.3
地不会陷
【关联】［W1239.6.1］地没有骨头会塌陷

实　例

（参见下级母题实例）

W1235.3.1
地不会陷的原因

实　例

（参见下级母题实例）

W1235.3.1.1
地不会塌是因为有无数石柱支撑着大地

【关联】
① ［W1168.17］天不会塌的原因
② ［W1347］地柱（支地的柱子）

实　例

布依族　大地不会塌下去，是因为在第十二层海底，有无数石柱支撑着大地。

【流传】（无考）

【出处】岭老荣唱，岭玉清翻译整理，古梅改写：《漫游十二层天和十二层海》，见姚宝瑄主编《中国各民族神话》（布依族、仡佬族、苗族），太原：山西出版传媒集团·书海出版社 2014 年版，第 39 页。

W1235.3.1.2
女子嫁给地神后地不会陷

实　例

哈尼族　神王阿匹梅烟生的永生不死的地姑娘嫁给地后，让地再也不会陷。

【流传】云南省·（红河哈尼族彝族自治州）·元阳（元阳县）·攀枝花（攀枝花乡）·洞铺寨

【出处】朱小和讲，史军超采录：《永生不死的姑娘》，见中国民间文学集成全国编辑委员会编《中国民间故事集成》（云南卷），北京：中国 ISBN 中心 2003 年版，第 130 页。

哈尼族　第一代神王阿匹梅烟女神生九个姑娘，他的儿子第二代神王烟沙把二个妹子玛白地姑娘去嫁地神，使地永远不要陷。

【流传】云南省·（红河哈尼族彝族自治州·元阳县·攀枝花乡·硐蒲寨）

【出处】朱小和讲，史军超搜集整理：《永生不死的姑娘》，原载《哈尼族神话传说集成》，见陶阳、钟秀编《中国神话》（下），北京：商务印书馆 2008 年版，第 1095～1099 页。

W1235.3.2
地的凹陷

实　例

（参见下级母题实例）

W1235.3.2.1
天神造地时形成地的凹陷

实 例

傈僳族 因为天神木布帕来不及捏完地，匆匆回天上去，所以直到现在地还缺着一小块边，水就直往那缺凹的边上流淌。

【流传】（无考）

【出处】刘辉豪等：《天、地、人的由来》，见祝发清、左玉堂、尚仲豪编《傈僳族民间故事选》，上海：上海文艺出版社1985年版，第1~3页。

W1235.3.3
地的塌陷

实 例

（参见下级母题实例）

W1235.3.3.1
人多把地压塌

实 例

汉族 因为地上人多压塌地。

【流传】河南省·（南阳市）·唐河县

【出处】申凤芝讲，张明理采录，马卉欣采录整理：《盘古兄妹婚（九）》（1986.07.14），见张振犁编著《中原神话通鉴》（第一卷），郑州：河南大学出版社2017年版，第105页。

W1235.4
地浮在水面上

【关联】
① ［W1070.4.5.1］地的下面是水
② ［W1197.10.1］地是浮在水面上的青石板

实 例

汉族 大地是一个浮在水面上的青石板，有五条鳌鱼顶着。

【流传】湖北省·（荆门市）·京山县一带

【出处】冯家才讲，冯本林搜集整理：《鳌鱼和地震》，原载中国民间文艺研究会湖北分会编《湖北民间故事传说集》，见姚宝瑄主编《中国各民族神话》（汉族），太原：山西出版传媒集团·书海出版社2014年版，第44~45页。

柯尔克孜族 最早时制造出的大地在水面上漂浮不定。

【流传】新疆维吾尔自治区·（克孜勒苏柯尔克孜自治州）·阿合奇县·哈拉奇乡

【出处】苏力坦阿里·包尔布代讲，夏依拉西采录，依斯哈别克·别克别克等译：《大山的由来》，见中国民间文学集成全国编辑委员会编《中国民间故事集成》（新疆卷），北京：中国ISBN中心2008年版，第25页。

满族 阿布卡恩都里造的很大很大的地浮在水面上。

【流传】（无考）

【出处】乌丙安：《满族神话探索——天地层、地震鱼、世界树》，见袁珂主编《中国神话》第1集，北京：中国民间文艺出版社1987年版，第36页。

W1235.4.1
地漂浮在大海上

实例

傣族　大神英叭把天没有造好，地也没有牢靠。十万年过去了，可怜的罗宗补（地球）仍然漂浮在大海里动荡。

【流传】云南省·西双版纳傣族地区（西双版纳傣族自治州）

【出处】《巴塔麻嘎捧尚罗》，王松据岩温炳翻译《巴塔麻晏》（开天辟地）改写，见姚宝瑄主编《中国各民族神话》（哈尼族、傣族），太原：山西出版传媒集团·书海出版社2014年版，第277页。

W1235.4.1.1
地球漂在大海上

实例

傣族　男神桑戛西捏好圆球（地球）后，把它从高空中投掷下去，那圆球不断地滚动着，慢慢地就落在那茫茫的海水上面，像个黑葫芦漂在海中一般。

【流传】云南省·西双版纳（西双版纳傣族自治州）

【出处】＊《桑戛西造世界》，原载岩峰三讲，毕光尖记录《桑戛西与桑戛赛造天地，创人类》，见姚宝瑄主编《中国各民族神话》（哈尼族、傣族），太原：山西出版传媒集团·书海出版社2014年版，第253页。

W1235.4.1.2
地在海上漂浮不定

实例

藏族　原来，大地在海洋里沉浮不定。

【流传】四川省

【出处】刘尚乐整理：《大地和庄稼的由来》，见BBS水木清华站：http：//www.smth.edu.cn，2006.07.20。

W1235.4.2
地似游鱼浮在水中

实例

蒙古族　以前，地上（下界）处在好似游鱼在水中浮游的状态。

【流传】（无考）

【出处】齐木道吉翻译：《天地起源》，见谷德明编《中国少数民族神话》，北京：中国民间文艺出版社1987年版，第31～32页。

蒙古族　以前的大地好似游鱼在水中浮游。

【流传】（无考）

【出处】《天地起源》，齐木道吉译自日本学者中田千亩著《蒙古神话》，原载谷德明编《中国少数民族神话》，见陶阳、钟秀编《中国神话》（上），北京：商务印书馆 2008 年版，第 29～30 页。

W1235.4.3
地如水上之船

实例

布依族 后生力戛钉天，诸事已毕，然后跃下，大地被震飘动，如船在水。

【流传】（无考）

【出处】《力戛撑天》，原载谷德明编《中国少数民族神话选》，见袁珂《中国神话大词典》，北京：华夏出版社 2015 年版，第 445 页。

W1235.4.4
地如平板浮在水面上

实例

蒙古族 大地形成了，是一块大大的平板，因为浮在水面上，不稳定，经常晃动。

【流传】新疆维吾尔自治区蒙古族居住地区

【出处】姚宝瑄搜集整理：《麦德尔神女开天辟地》，载《民间文学》1986 年第 3 期。

W1235.4.5
天神把造的地放在水面上

实例

满族 天神阿布卡恩都里做了个很大的地，把地放在水面上。

【流传】（无考）

【出处】《天神创世》，见姚宝瑄主编《中国各民族神话》（满族、赫哲族、朝鲜族），太原：山西出版传媒集团·书海出版社 2014 年版，第 15～16 页。

W1235.4.6
地球浮在水中

实例

傣族 天地形成之后，地球上没有植物和动物。从天上望下来，地球就像浮在水上面的一叶浮萍，很小很小。

【流传】云南省

【出处】《布桑戛西与雅桑戛赛》，原载谷德明编《中国少数民族神话》，见陶阳、钟秀编《中国神话》（上），北京：商务印书馆 2008 年版，第 45～47 页。

W1235.5
以前的地上都是水

【关联】
① ［W1053］最早的世界是水
② ［W1053.0］最早地球上都是水

实例

德昂族 （实例待考）

汉族 以前，天底下全是一片汪洋，没一块陆地。

【流传】上海市·卢湾区·打浦桥街道

【出处】孙忠和讲，陈秀珠等采录：《大陆的来历》，见中国民间文学集成全国编辑委员会编《中国民间故事集

1.2.3 地的产生与特征　　‖W1235.5.1–W1235.5.2‖　767

成》（上海卷），北京：中国 ISBN 中心 2007 年版，第 14 页。

汉族　西天佛祖打发大鹏金翅鸟绕空飞三转，它在空中看到下面处处总是水，没得落脚的地方。

【流传】江苏省·（盐城市）·大丰县·三渣乡·西渣村

【出处】杨广顺讲，沈澄、丁晗搜集整理：《一把大斧分天地》（1986.04），见姚宝瑄主编《中国各民族神话》（汉族），太原：山西出版传媒集团·书海出版社 2014 年版，第 22~23 页。

W1235.5.1

天地初开时地上都是水

实　例

珞巴族　天地初开之时，大地上是一片汪洋大海。

【流传】西藏自治区·（林芝地区）·墨脱县·达木乡（达木珞巴族乡）

【出处】

（a）布洛讲，于乃昌等整理：《天神三兄弟》，见中国民间文学集成全国编辑委员会编《中国民间故事集成》（西藏卷），北京：中国 ISBN 中心 2001 年版，第 6 页。

（b）同（a），见《珞巴族民间故事》：http://www.tibet-web.com/old/minjian/ync/gushi/mulu.htm，2003.10.02。

珞巴族　混沌初开时，大地一片汪洋。

【流传】西藏自治区·（林芝市）·墨脱县·达木珞巴民族乡、旁辛乡、甘登乡

【出处】仁真刀杰讲，冀文正采集：《天和地》，见冀文正《珞巴族民间故事》，成都：四川民族出版社 2011 年版，第 7 页。

珞巴族　土地初开时，到处都是水，无边无沿。

【流传】西藏自治区·下珞渝（又写作"下珞瑜"，泛指永木河、锡约尔河、巴恰西仁河流域）·民荣部落日乌村

【出处】维·埃尔温搜集：《波隆索波和依杜木·波特》，见李坚尚、刘芳贤编《珞巴族门巴族民间故事选》，上海：上海文艺出版社 1993 年版，第 37 页。

瑶族　密洛陀（女神名）刚分开的地不像地，到处是水连天、天连水，没有树木，没有生物。

【流传】广西壮族自治区·（河池市）·都安瑶族自治县江水河一带瑶族地区

【出处】《密洛陀创世》，蓝田根据莎红整理的《密洛陀》和潘泉脉整理的《密洛陀》两部不同版本的长诗《密洛陀》改写，见姚宝瑄主编《中国各民族神话》（土家族、毛南族、侗族、瑶族），太原：山西出版传媒集团·书海出版社 2014 年版，第 154 页。

W1235.5.2

以前的大地白浪滔滔

实　例

德昂族　以前，大地一片白茫茫，这里

是白浪滔滔，那里又是滚滚波涛，整个世界都是茫茫的海洋，找不出一块陆地。

【流传】（无考）

【出处】赵备搜集整理：《茶叶变男女开创大地》，见姚宝瑄主编《中国各民族神话》（佤族、阿昌族、纳西族、普米族、德昂族），太原：山西出版传媒集团·书海出版社2014年版，第387页。

W1235.5.3
以前地上只有沸腾的洪水

实例

壮族　以前，因为12个太阳暴晒大地，大地上除了一片沸腾的洪水外，什么也没有。

【流传】云南省·文山壮族苗族自治州

【出处】黎之整理：《从宗爷爷造人烟》，原载李子贤编《云南少数民族神话选》，云南人民出版社1990年版，见姚宝瑄主编《中国各民族神话》（仫佬族、壮族、京族），太原：山西出版传媒集团·书海出版社2014年版，第120页。

W1235.5a
以前的地上地少水多

实例

（参见下级母题实例）

W1235.5a.0
地上九分水一分地

【关联】［W1264.7］田少的来历

实例

彝族　有了天地之后，宽宽的地面上，九分是大海，大海水汪汪，一分是陆地，陆地绿茵茵。

【流传】云南省·楚雄彝族自治州

【出处】《门米间扎节》，古梅根据《楚雄民间文学资料》改写，见姚宝瑄主编《中国各民族神话》（羌族、彝族），太原：山西出版传媒集团·书海出版社2014年版，第84页。

W1235.5a.1
以前的地上一分地二分水

实例

哈尼族　天和地只占世间三分里的一分，三分里的两分还是大水。

【流传】云南省·（红河哈尼族彝族自治州）·元阳县、金平县（金平苗族瑶族傣族自治县）、红河县等地

【出处】朱小和讲，史军超、卢朝贵搜集整理：《烟本霍本》，原载刘辉豪、阿罗编《哈尼族民间故事选》，上海文艺出版社1989年版，见姚宝瑄主编《中国各民族神话》（哈尼族、傣族），太原：山西出版传媒集团·书海出版社2014年版，第33~34页。

W1235.5a.2

世上为什么水多

实例

（参见下级母题实例）

W1235.5a.2.1

世上水多是造地者粗心造成的

实例

土家族 世上山多、洞多、天坑多，海大、湖泊大，河流弯弯曲曲地流，都是造地的神人李古老毛手毛脚造成的。

【流传】湖南省土家族居住地区

【出处】《张古老制天，李古老制地》，苗风根据《中国少数民族文学》（湖南人民出版社 1983 年版）改写，见姚宝瑄主编《中国各民族神话》（土家族、毛南族、侗族、瑶族），太原：山西出版传媒集团·书海出版社 2014 年版，第 4 页。

W1235.5a.3

世上为什么有无尽的水

实例

（参见下级母题实例）

W1235.5a.3.1

神把妹妹嫁给水后世上有了无尽的水

实例

哈尼族 第一代神王阿匹梅烟女神生九个姑娘，他的儿子第二代神王烟沙把第五个妹子戚妣水姑娘嫁给水，要让世上水源不断。

【流传】云南省·（红河哈尼族彝族自治州·元阳县·攀枝花乡·硐蒲寨）

【出处】朱小和讲，史军超搜集整理：《永生不死的姑娘》，原载《哈尼族神话传说集成》，见陶阳、钟秀编《中国神话》（下），北京：商务印书馆 2008 年版，第 1095~1099 页。

W1235.6

以前的地是湿的

实例

黎族 自从大地发生了滔天洪水之后，土地都是湿漉漉的，人们生活很困难。

【流传】海南省·琼中县（琼中黎族苗族自治县）·五指山公社·番龙村（今属五指山市·水满乡·番龙村）

【出处】王克福讲，冯秀梅采录：《山区与平原的由来》，见中国民间文学集成全国编辑委员会编《中国民间故事集成》（海南卷），北京：中国 ISBN 中心 2002 年版，第 5 页。

W1235.6.1

排水使地变干燥

【关联】［W1172.3.4］原始大水干后出现地

实例

（参见下级母题实例）

W1235.6.1.1
大力神疏导水后地变干燥

实例

苗族 最早造的地有十二层。四个大力神一拖，立刻起了一条条皱纹，就像一笼石裙裙，凹处形成了河流和湖泊，地上的水淌走了，地上干燥了。

【流传】云南省·文山（文山壮族苗族自治州）一带

【出处】邓光北、闪永仙说唱，项保昌、刘德荣搜集：《开天补天，辟地补地》，见姚宝瑄主编《中国各民族神话》（布依族、仫佬族、苗族），太原：山西出版传媒集团·书海出版社2014年版，第125~126页。

W1235.7
以前的地像冰

【关联】
① [W1048] 最早的世界是冰冷的
② [W1048.1] 最早的世界到处是冰雪

实例

满族 天刚初开的时候，大地像一包冰块。

【流传】（无考）

【出处】富育光：《满族灵禽崇拜祭俗与神话探考》，见富育光《富育光民俗文化论集》，长春：吉林大学出版社2005年版。

W1235.7.1
最早的大地像一包冰块

实例

满族 天地初开的时候，大地像一包冰块。

【流传】（无考）

【出处】郭淑云：《满族古文化遗存探考》，载《满族研究》1991年第3期。

W1235.8
地球被气体、烟雾、风和浪花紧裹

【关联】[W1035] 世界最早的情形

实例

傣族 英叭神开始时修整的地球体仍然浮在水面上，四周被气体、烟雾、巨风和浪花泡沫紧紧裹卷着。

【流传】（无考）

【出处】《开天辟地》，见谷德明编《中国少数民族神话》，北京：中国民间文艺出版社1987年版，第341页。

W1235.9
以前大地黑暗

【关联】
① [W1050.1] 以前地上是黑暗的
② [W1056.6] 最早的世界黑暗寒冷
③ [W1091.6] 以前有个黑洞时代
④ [W1499.2] 地刚出现后充满黑暗

实例

白族 古时候，没有太阳，也没有月

1.2.3 地的产生与特征　　‖W1235.9.1‖　771

亮，只有像撒满芝麻一样的星星，地上昏暗昏暗的。

【流传】云南省·（大理白族自治州）·剑川县

【出处】施美祥讲，瑞鸿、瑞林记录，乐夫整理：《日月从哪里来》，见姚宝瑄主编《中国各民族神话》（白族、拉祜族、景颇族），太原：山西出版传媒集团·书海出版社2014年版，第43页。

W1235.9.1
黑暗之地

【汤普森】F706

【关联】［W1050］最早的世界是黑暗的

实　例

汉族　辟地以后，人烟稀少，漆黑一片。

【流传】吉林省·（通化市）·柳河县·柳河镇

【出处】潘竹松讲，张月照采录：《先有老子后有天》，见中国民间文学集成全国编辑委员会编《中国民间故事集成》（吉林卷），北京：中国文联出版公司1992年版，第2页。

汉族　很久以前，大地上没有亮光，伸手不见五指。

【流传】江苏省·常州市

【出处】蒋寿元讲，冯爱娟记录整理：《太阳和月亮的来历》（1988.05），见姚宝瑄主编《中国各民族神话》（汉族），太原：山西出版传媒集团·书海出版社2014年版，第179～180页。

汉族　很早以前，大地一片黑暗，没得一点光明。

【流传】四川省·巴县（今重庆市·巴南区）

【出处】杨仲良讲，李子硕、罗桂英等记录，金祥度整理：《太阳和月亮》（1988.07），见姚宝瑄主编《中国各民族神话》（汉族），太原：山西出版传媒集团·书海出版社2014年版，第194～195页。

门巴族　以前，整个大地黑洞洞的。

【流传】西藏自治区·（林芝地区）·墨脱县

【出处】益西平措讲，冀文正采录：《创世说》，见中国民间文学集成全国编辑委员会编《中国民间故事集成》（西藏卷），北京：中国ISBN中心2001年版，第4页。

纳西族（摩梭）　以前，地上没有光亮，黑咕隆咚的。

【流传】云南省·（丽江市）·宁蒗县（宁蒗彝族自治县）

【出处】

（a）《昂姑咪》，载《山茶》1986年第3期。

（b）同（a），见姚宝瑄主编《中国各民族神话》（佤族、阿昌族、纳西族、普米族、德昂族），太原：山西出版传媒集团·书海出版社2014年版，第104页。

W1235.9.2
以前地上只有短时间出现光亮

实 例

（参见下级母题实例）

W1235.9.2.1
以前地上只有天神打开天门时才出现光亮

实 例

纳西族（摩梭） 以前，地上没有光亮，黑咕隆咚的，只在每年天神的生日那天，天神要看地下的景色，天门才打开一次，这时天上的光亮才会照到大地上，大地才有光亮。

【流传】云南省·（丽江市）·宁蒗县（宁蒗彝族自治县）

【出处】

（a）《昂姑咪》，载《山茶》1986年第3期。

（b）同（a），见姚宝瑄主编《中国各民族神话》（佤族、阿昌族、纳西族、普米族、德昂族），太原：山西出版传媒集团·书海出版社2014年版，第104页。

W1235.9.2a
以前地上只有很小的太阳找出的光亮

实 例

白族 很早以前，天上只有很小的太阳，没有月亮，山脚下的一个个山寨云遮雾障，不但夜晚看不见，白天也是天昏地暗阴森森的。

【流传】云南省·（大理白族自治州）·洱源县

【出处】李永志讲，李华龙、王立智记录，李佩玖翻译：《石明月》，见姚宝瑄主编《中国各民族神话》（白族、拉祜族、景颇族），太原：山西出版传媒集团·书海出版社2014年版，第41页。

W1235.9.3
太阳照不到的地方

实 例

汉族 大神鲧被杀戮的地方，叫做羽山，在北极之阴，是太阳照不到的地方。

【流传】（无考）

【出处】袁珂重述：《鲧偷取息壤平治洪水》，原载袁珂编译《中国神话故事》，见陶阳、钟秀编《中国神话》（上），北京：商务印书馆2008年版，第407~411页。

W1235.9.4
大地昏昏沉沉

实 例

汉族 盘古造了人，大地还是昏昏沉沉的，说黑又不黑，说亮也不亮。

【流传】河南省·（南阳市）·桐柏县·毛集镇·王湾村

【出处】王明菊讲，王玲采录：《盘古请日月》（1986.03），见张振犁编著《中原神话通鉴》（第一卷），郑州：河南大学出版社 2017 年版，第 45 页。

W1235.10
以前地上很亮

实例

（参见下级母题实例）

W1235.10.1
以前地上亮得昼夜不分

实例

鄂伦春族 早先，地上比现在亮堂多了，也没有什么黑天白天的。

【流传】黑龙江省·黑河市·（爱辉区）·新生乡（新生鄂伦春族乡）

【出处】莫庆云讲：《白天和黑天是怎么分开的》，见中国民间文学集成全国编辑委员会编《中国民间故事集成》（黑龙江卷），北京：中国 ISBN 中心 2005 年版，第 28 页。

W1235.11
地是一堆泥巴

实例

汉族 地是一堆泥巴。

【流传】湖北省·孝感市·（孝南区）·朋兴乡·联合村

【出处】杨明春讲，宋虎采录：《女娲造六畜》，见中国民间文学集成全国编辑委员会编《中国民间故事集成》（湖北卷），北京：中国 ISBN 中心 1999 年版，第 9 页。

汉族 很早以前，天是一团混沌，地是一堆泥巴。

【流传】河南省·（濮阳市）·范县·王楼乡·赵菜园村

【出处】崔金甲（男，65 岁，初中）讲，赵红儒采录：《女娲造六畜》（1990.03.20），见张振犁编著《中原神话通鉴》（第一卷），郑州：河南大学出版社 2017 年版，第 181 页。

W1235.11.1
以前的地是烂泥巴

实例

苗族 远古的时候，地是一团模模糊糊的泥巴捏的什么东西。

【流传】（无考）

【出处】陶春保讲，刘永鸿整理：《生天养地的爹娘》，见姚宝瑄主编《中国各民族神话》（布依族、仡佬族、苗族），太原：山西出版传媒集团·书海出版社 2014 年版，第 131 页。

苗族 远古的时候，无所谓地，只见一团糊糊涂涂的泥巴。

【流传】云南省·文山（文山壮族苗族自治州）一带

【出处】邓光北、闪永仙说唱，项保昌、刘德荣搜集：《开天补天，辟地补地》，见姚宝瑄主编《中国各民族神话》（布依族、仡佬族、苗族），太原：山西出版传媒集团·书海出版社2014年版，第124页。

W1235.11.2
以前的地泥石不分

【关联】［W1210.4.3］地球最早是稀泥和岩石

实 例

德昂族 很古的时候，大地上没有人，水和泥巴搅在一起，土和石头分不清楚。

【流传】云南省·德宏州（德宏傣族景颇族自治州）

【出处】

（a）陈志鹏搜集整理：《祖先创世纪》，见李子贤编《云南少数民族神话选》，昆明：云南人民出版社1990年版。

（b）同（a），见姚宝瑄主编《中国各民族神话》（佤族、阿昌族、纳西族、普米族、德昂族），太原：山西出版传媒集团·书海出版社2014年版，第391页。

W1235.11.3
最早的地松软湿烂

【关联】［W1235.6］以前的地是湿的

实 例

（参见下级母题实例）

W1235.11.3.1
地神造出的地松软湿烂

实 例

纳西族 地神九姐妹，来做辟地的师傅，地又不会辟，把地辟成松软湿烂的。

【流传】（云南省）

【出处】和芳、和志新编译：《崇邦统——人类迁徙记》，见姚宝瑄主编《中国各民族神话》（佤族、阿昌族、纳西族、普米族、德昂族），太原：山西出版传媒集团·书海出版社2014年版，第139页。

W1235.11.3.2
虎女造出的地松软湿烂

实 例

纳西族 天神九弟兄，来做开天的匠师；天又不会开，把天开成峥嵘倒挂着。虎女七姐妹，来做辟地的师傅；地又不会辟，把地辟成松软湿烂的。

【流传】云南省·丽江（丽江市）

【出处】和芳（东巴）读经，和志武翻译整理：《崇邦统》（人类迁徙记）（1954），见吕大吉、何耀华总主编《中国各民族原始宗教资料集成》（纳西族卷、羌族卷、独龙族卷、傈僳族卷、怒族卷），北京：中国社会科学出版社2000年版，第321页。

W1235.12

地分九种

实例

（参见下级母题实例）

W1235.12.1

炎黄把地分九种

实例

汉族 乃至神农、黄帝，剖判大宗，窍领天地，重九垠。

【流传】（无考）

【出处】[汉] 刘安及门客：《淮南子·俶真训》。

W1235.12a

地有 7 块

实例

彝族（罗鲁泼） 鹞鹰在天上飞的时候，看见下面有七块地。

【流传】云南省·（楚雄彝族自治州）·永仁县

【出处】

（a）李德宝演唱，李必荣、李荣才搜集，夏光辅、诺海阿苏翻译：《冷斋调》（1984），见云南省社会科学院楚雄彝族文化研究所编《彝族民间文学》第 2 辑，1985 年。

（b）夏光辅、诺海阿苏翻译，古梅改写：《冷斋调》，见姚宝瑄主编《中国各民族神话》（羌族、彝族），太原：山西出版传媒集团·书海出版社 2014 年版，第 114 页。

W1235.13

以前的地不适合人生存

实例

（参见下级母题实例）

W1235.13.1

最早的地因为太平难以居住

【关联】[W1206.0] 以前地是平的

实例

拉祜族（苦聪） 刚造好天地时，地太平了，到处都是水，湿漉漉的，很是难住。

【流传】云南省·红河地区（红河哈尼族彝族自治州）的深山老林

【出处】杨老三讲，樊晋波、陈继陆、韩延搜集，韩延整理，古木改写：《阿罗阿娜造天地》，原载《红河文艺》，原题目为《苦聪创世歌》，见姚宝瑄主编《中国各民族神话》（白族、拉祜族、景颇族），太原：山西出版传媒集团·书海出版社 2014 年版，第 173 页。

W1235.13.2

最早的地因为不稳难以居住

实例

藏族 原来的大地不稳固，人们不能在上面生存。

【流传】四川省·（凉山彝族自治州）·木里县（木里藏族自治县）·宁朗（宁朗乡）

【出处】杜基翁丁讲，鲁绒亨扎翻译，四川省民协木里采风队采录：《大地和庄稼的产生》，见中国民间文学集成全国编辑委员会编《中国民间故事集成》（四川卷·下），北京：中国ISBN中心1998年版，第935页。

W1235.14
以前的地不适合种庄稼

实 例

（参见下级母题实例）

W1235.14.1
以前的地因不稳定不适合种庄稼

实 例

藏族 原来的大地不稳固，人们不能在上面种庄稼，也不能生产粮食。

【流传】四川省·（凉山彝族自治州）·木里县（木里藏族自治县）·宁朗（宁朗乡）

【出处】杜基翁丁讲，鲁绒亨扎翻译，四川省民协木里采风队采录：《大地和庄稼的产生》，见中国民间文学集成全国编辑委员会编《中国民间故事集成》（四川卷·下），北京：中国ISBN中心1998年版，第935页。

藏族 从前，大地在海洋里沉浮不定，不能种庄稼，人不能生存。

【流传】（无考）

【出处】刘尚乐搜集整理：《大地和庄稼的由来》，见姚宝瑄主编《中国各民族神话》（门巴族、珞巴族、怒族、藏族），太原：山西出版传媒集团·书海出版社2014年版，第97页。

W1235.15
天下属土地最厉害

实 例

鄂温克族 天下属土地最厉害。

【流传】内蒙古自治区·呼伦贝尔（呼伦贝尔市）

【出处】那校搁讲，文展整理，戴福祥翻译：《天下属土地最厉害》，见中华民族故事大系编委会编《中华民族故事大系》第14卷（普米族、塔吉克族、怒族、俄罗斯族、鄂温克族），上海：上海文艺出版社1995年版，第807页。

W1235.16
以前的地比现在硬

实 例

哈尼族 地上的土比现在的硬，天神们犁了一整天地，累弯了腰，才犁出几条沟沟来。

【流传】云南省·（红河哈尼族彝族自治州）·金平县（金平苗族瑶族傣族自治县）

【出处】批则讲，杨万智搜集整理：《地下人》，载《山茶》1986年第6期。

哈尼族 以前，地上的土比现在的硬，

1.2.3 地的产生与特征 ‖W1235.17–W1235.18.1‖ 777

开地的天神们犁了一整天的地，累弯了腰，才犁出几条沟沟。

【流传】云南省·（红河哈尼族彝族自治州）·金平县（金平苗族瑶族傣族自治县）

【出处】批则讲，杨万智搜集整理：《地下人》见姚宝瑄主编《中国各民族神话》（哈尼族、傣族），太原：山西出版传媒集团·书海出版社 2014 年版，第 66 页。

W1235.17

以前的地到处是洞

【关联】[W1244.4] 地洞

实 例

彝族 有个叫赌乃仇耐的神从天上下到地下，看到地下到处都是洞。

【流传】黔西（贵州省西部）与云南（云南省）接壤的彝族地区

【出处】阿候布代讲，王正贡、王子尧、王冶新、何积金搜集整理，蔷紫改写：《天生地产》，原载中国民间文艺研究会贵州分会编《民间文学资料》，内部资料，1986 年，见姚宝瑄主编《中国各民族神话》（羌族、彝族），太原：山西出版传媒集团·书海出版社 2014 年版，第 163 页。

W1235.18

以前地上都是森林

【关联】

① [W1996.3.1] 世界最早出现的是树

② [W1996.3.1.2] 世界最早出现的是森林

实 例

独龙族 很古的时候，大地上是一片茫茫的大森林。

【流传】云南省怒江独龙族地区

【出处】

（a）以利亚讲，祝发清、左玉堂搜集翻译整理：《聪明勇敢的朋更朋》，载《山茶》1984 年第 4 期。

（b）以羽（疑为"利"）亚讲，祝发清翻译整理：《人类始神朋更朋》，斯林选自《山茶》，见姚宝瑄主编《中国各民族神话》（水族、布朗族、独龙族、基诺族、傈僳族），太原：山西出版传媒集团·书海出版社 2014 年版，第 117 页。

怒族 摩英充（女子，怒族语，又译为"茂英充"，即"从天上来的人"之意）从天上来到地上，到处都是树木，阴森森的。

【流传】（云南省）

【出处】鲁绒西纳讲，张化文翻译，杨秉礼、杨开应记录：《从天上来的人》，见姚宝瑄主编《中国各民族神话》（门巴族、珞巴族、怒族、藏族），太原：山西出版传媒集团·书海出版社 2014 年版，第 55 页。

W1235.18.1

远古时的大地是荒凉的森林

【关联】[W1038.2] 最早的世界是荒

凉的

实例

汉族 远古时代，世上到处都是森林，一片荒凉。

【出处】
（a）茆文斗搜集整理：《祝融胜共工》，载《民间文学》1986年第6期。
（b）同（a），见姚宝瑄主编《中国各民族神话》（汉族），太原：山西出版传媒集团·书海出版社2014年版，第418~419页。

W1235.19
最早的地像璞玉

【关联】［W1866.4］玉石（玉、宝石）

实例

纳西族 方方的大地辟出来了，像一块绿璞玉，绿茵茵的，还没有雕琢。

【流传】（无考）

【出处】和东光、和正才讲，桑文浩翻译整理：《人和龙的争斗》，成林木根据《东巴经》和民间口头流传的故事改写，见姚宝瑄主编《中国各民族神话》（佤族、阿昌族、纳西族、普米族、德昂族），太原：山西出版传媒集团·书海出版社2014年版，第114页。

W1235.20
地球与太阳的距离

实例

（参见下级母题实例）

W1235.20.1
地球与太阳距离的变远

实例

（参见下级母题实例）

W1235.20.1.1
地球被烧掉一半后与太阳的距离变远

实例

傣族 大火把地烧去了一半，地离天上七个太阳的距离变远了许多。

【流传】（云南省）

【出处】岩温扁、杨胜能、吴军搜集整理：《太阳的传说》，原载李子贤编《云南少数民族神话选》，云南人民出版社1990年版，见姚宝瑄主编《中国各民族神话》（哈尼族、傣族），太原：山西出版传媒集团·书海出版社2014年版，第326页。

W1236
地的中心（地心）

实例

鄂温克族 荷日穆斯塔腾格里（天神）用九尺铁绳将尼桑萨满捆住，将她扔进地心里。

【流传】内蒙古自治区·（呼伦贝尔市）·鄂温克族自治旗

【出处】鲁勒利那讲，郭永明翻译：《尼桑萨满》，见中国民间文学集成全国编辑委员会编《中国民间故事集成》

（内蒙古卷），北京：中国 ISBN 中心 2007 年版，第 30 页。

纳西族（摩梭） 虎神下凡造人时遇到一座大山，山尖连着云天，山根扎在地心，爬不过去，绕不过去。

【流传】云南省·（丽江市）·宁蒗县（宁蒗彝族自治县）

【出处】巴采若、桑绒尼搓讲，章虹宇搜集整理：《喇氏族的来源》，载《民间文学》1986 年第 3 期。

佤族 人和怪兽死后的尸体的臭肉全部掉进地心里面。

【流传】云南省·（普洱市）·西盟佤族自治县、澜沧拉祜族自治县等地

【出处】毕登程、隋嘎编著：《司岗里——佤族创世史诗》，昆明：云南出版集团公司·云南人民出版社 2009 年版，第 87 页。

W1236.1
地心是圆饼状
【汤普森】A836

实例

（参见下级母题实例）

W1236.2
山在地的中心
【汤普森】A875.1.1

实例

（参见下级母题实例）

W1236.2.1
泰山居地的中心
【关联】［W1851.1］泰山（东岳）

实例

汉族 中央之美者，有岱岳以生五谷桑麻，鱼盐出焉。

【流传】（无考）

【出处】［汉］刘安及门客：《淮南子·地形训》。

W1236.2.2
无量山是地的中心

实例

阿昌族 在大地的中央，在高高的无量山上，天公遮帕麻和地母遮米麻相遇了。

【流传】（云南省）

【出处】赵安贤讲，智克整理：《遮帕麻与遮米麻》，见姚宝瑄主编《中国各民族神话》（佤族、阿昌族、纳西族、普米族、德昂族），太原：山西出版传媒集团·书海出版社 2014 年版，第 77 页。

W1236.2.3
中皇山是地的中心

实例

汉族 中皇山在九州中心。

【流传】河北省·（邯郸市）·涉县（凤凰山）娲皇宫（娲皇宫旅游区）

【出处】赵德崇讲，李亮采录：《炼石补

天》，见中国民间文学集成全国编辑委员会编《中国民间故事集成》（河北卷），北京：中国 ISBN 中心 2003 年版，第 15 页。

W1236.3
地心最早形成

实 例

蒙古族 很久以前，最早形成地心。

【流传】（无考）

【出处】满都呼译：《为什么狗有毛而人无毛》，见满都呼主编《中国阿尔泰语系诸民族神话故事》，北京：民族出版社 1997 年版，第 155 页。

W1236.3.1
用牛心做地心

实 例

（参见下级母题实例）

W1236.3.1.1
天神用龙牛心做地心

实 例

哈尼族 天神造地时，杀了一头龙牛，用牛心做地心。

【流传】（无考）

【出处】刘辉豪、白章福搜集整理：《奥色密色》，载《山茶》1980 年第 2 期。

哈尼族 天神们杀翻塔婆的龙牛铺设天地造万物时，牛心就是地心，地有了地心，天和地才会稳当。

【流传】（无考）

【出处】《杀牛龙，造天地》，根据张牛朗、杨批斗、李书周等演唱，杨保生、李家顺等翻译，杨笛、郭纯礼等整理《十二奴局》和《奥色密色》翻译稿改写，见姚宝瑄主编《中国各民族神话》（哈尼族、傣族），太原：山西出版传媒集团·书海出版社 2014 年版，第 14 页。

W1236.3.2
蛋黄变成地心

实 例

（参见下级母题实例）

W1236.3.2.1
盘瓠打破的蛋黄变成地心

实 例

苗族 盘瓠王把大鸡蛋踢破了，蛋黄变成了地心。

【流传】四川省·（宜宾市）·筠连县

【出处】熊凤祥讲，刘宇仁采录：《盘瓠王造天地》，见中国民间文学集成全国编辑委员会编《中国民间故事集成》（四川卷·下），北京：中国 ISBN 中心 1998 年版，第 1315 页。

苗族 孕育在鸡卵状之物中的盘瓠王见上下四方俱黑，生气地挥拳踢足。巨卵破裂。卵白为大海，卵黄为地心。

【流传】（无考）

【出处】《盘瓠王造天地》，原载《三套

集成四川宜宾地区卷·苗族民间故事分册》，见袁珂《中国神话大词典》，北京：华夏出版社 2015 年版，第 425 页。

W1236.4
与地心有关的其他母题

【关联】[W1376.4.3.4.5] 造地心稳固大地

实例

(参见下级母题实例)

W1236.4.1
穿山甲拱地心

【关联】[W3278] 穿山甲

实例

彝族（罗鲁泼） 斑鸠来量天地，穿山甲来拱地心。

【流传】云南省·（楚雄彝族自治州）·永仁县

【出处】
(a) 李德宝演唱，李必荣、李荣才搜集，夏光辅、诺海阿苏翻译：《冷斋调》(1984)，见云南省社会科学院楚雄彝族文化研究所编《彝族民间文学》第 2 辑，1985 年。
(b) 夏光辅、诺海阿苏翻译，古梅改写：《冷斋调》，见姚宝瑄主编《中国各民族神话》（羌族、彝族），太原：山西出版传媒集团·书海出版社 2014 年版，第 114 页。

W1236.4.2
地面到地心 2500 万里

实例

傣族 "宗补神树"（即东方的神树）主根直插到地球的中心，长达五十万约扎拿（傣族计量单位，四十五里至五十里为一"约"，"扎拿"是单位名称，类似汉族的"里"）。

【流传】云南省·西双版纳（西双版纳傣族自治州）

【出处】杨胜能搜集：《宗补神树》，见姚宝瑄主编《中国各民族神话》（哈尼族、傣族），太原：山西出版传媒集团·书海出版社 2014 年版，第 312 页。

W1236.4.3
地心冒火

【关联】[W1840] 火山

实例

柯尔克孜族 地心里忽然冒出了熊熊的火焰。火焰冲出地面高达几十套绳高。

【流传】（新疆维吾尔自治区）

【出处】玛沙托克托逊讲，《玛纳斯》工作组搜集，张运隆整理，朱玛拉依翻译：《达尼格尔神游地府》，见姚宝瑄主编《中国各民族神话》（乌孜别克族、哈萨克族、柯尔克孜族、俄罗斯族、维吾尔族、塔吉克族、塔塔尔族、锡伯族），太原：山西出版传媒

W1236.4.4
地心是地神的肚脐眼

实例

满族 地心是地神巴那吉额姆的肚脐眼。

【流传】黑龙江省·黑河地区（黑河市）·孙吴县·（沿江满族达斡尔族乡）·四季屯（四季屯村）

【出处】吴纪贤、富希陆讲：《天宫大战——黑水女真人传世神话》（1939，选自富育光、郭淑云整理的手稿），见姚宝瑄主编《中国各民族神话》（满族、赫哲族、朝鲜族），太原：山西出版传媒集团·书海出版社 2014 年版，第 34 页。

W1236.4.5
用铁棍撑住地心

实例

水族 女神伢俣把天地分开后，拿了根铁撑住地心。

【流传】（无考）

【出处】潘静流唱，燕宝记译，化斯改写：《伢俣开创世界》（原名《造天造地》），见姚宝瑄主编《中国各民族神话》（水族、布朗族、独龙族、基诺族、傈僳族），太原：山西出版传媒集团·书海出版社 2014 年版，第 4 页。

W1236.4.6
地心漆黑

实例

满族 耶鲁里（恶魔）被讷玛玛（地母）埋在地心之内，所以地心里是非常漆黑的。

【流传】（无考）

【出处】《天母与恶魔相斗》，原载富育光搜集摘录《天宫大战》，见吕大吉、何耀华总主编《中国各民族原始宗教资料集成》（鄂伦春族卷、鄂温克族卷、赫哲族卷、达斡尔族卷、锡伯族卷、满族卷、蒙古族卷、藏族卷），北京：中国社会科学出版社 1999 年版，第 482 页。

W1236a
地胆

【关联】［W1850.3.6］昆仑山是天心地胆所在

实例

（参见下级母题实例）

W1236a.1
虎心作地胆

实例

（参见下级母题实例）

W1236a.1.1
天神的儿子用虎心作地胆

实例

彝族 格兹天神让 5 个儿子捉住老虎

并杀掉，分虎肉时，格兹天神吩咐："虎心也不要分，虎心可以做天和地的胆。"

【流传】（云南省·楚雄彝族自治州·姚安县·官屯乡·马游村，大姚县·昙华乡等）

【出处】

（a）郭天元（马游村）、李申呼颇（昙华乡）、李福玉颇（苴）演唱，郭思九、许明学、龚维顺、张宝省、陈志群、胡炳文等搜集，刘德虎、龚维顺、陈志群、李树荣、郭天元等整理：《梅葛》（第一部"创世"），见云南省民族民间文学楚雄调查队《梅葛》（1959），昆明：云南人民出版社2009年版。

（b）《打虎开天辟地》，蔷紫据云南省民族民间文学楚雄调查队著《梅葛》（云南人民出版社2009年版）改写，见姚宝瑄主编《中国各民族神话》（羌族、彝族），太原：山西出版传媒集团·书海出版社2014年版，第195页。

W1236a.1.2

天神的儿女用虎心作地胆

实 例

彝族 天神的儿女造天地后，天上和地上什么也没有。于是他们捉住老虎，用虎心作天心地胆。

【流传】云南省·楚雄彝族自治州·姚安县、大姚县等彝族地区

【出处】《创世·开天辟地》，见云南省民族民间文学楚雄调查队整理编写《梅葛》，昆明：云南人民出版社2009年版，第14页。

W1237

地边

【关联】［W1166］天边（天的边际）

实 例

（参见下级母题实例）

W1237.1

地边是黄铜做的

实 例

裕固族 有一名恰威叫的人，到天上去看个究竟。他一直走到了天与地的交界处，发现地边是黄铜做的。

【流传】（无考）

【出处】钟进文：《裕固族神话》，见满都呼主编《中国阿尔泰语系诸民族神话故事》，北京：民族出版社1997年版，第116页。

W1237.2

鱼支撑地边

实 例

彝族 以前地动摇不定，要找撑地时，格滋天神说："水里面有鱼，公鱼三千斤，母鱼七百斤；公鱼捉来撑地角，母鱼捉来撑地边。"

【流传】云南省·楚雄彝族自治州·姚安县、大姚县等彝族地区

【出处】《创世·开天辟地》，见云南省民族民间文学楚雄调查队整理编写《梅葛》，昆明：云南人民出版社2009年版，第9页。

W1237.2.1
母鱼撑地边

【关联】
① [W1344.1] 鱼支撑地
② [W1376.4.2a.1] 支地的四边稳固大地

实例

彝族 （实例待考）

W1237.2.2
天女造地时用鱼支撑地边

实例

彝族 天神的女儿造地时，格兹天神让造地的姑娘捉了母鱼撑地边。

【流传】云南省·（楚雄彝族自治州）·姚安（姚安县）、大姚（大姚县）、永仁（永仁县）等地

【出处】*《格兹天神创世》，见杨继中、芮增瑞、左玉堂编《楚雄彝族文学简史》，北京：中国民间文艺出版社1986年版，第44~45页。

W1237.3
蚂蚁咬齐地边

【关联】[W1177.5.4] 蚂蚁造地

实例

彝族 缩地时，地边箍得不齐。于是放三对蚂蚁咬地边，把地边咬得整整齐齐。

【流传】云南省·楚雄彝族自治州·姚安县、大姚县等彝族地区

【出处】《创世·开天辟地》，见云南省民族民间文学楚雄调查队整理编写《梅葛》，昆明：云南人民出版社2009年版，第7页。

W1237.3.1
缩地时让蚂蚁咬齐地边

实例

彝族 格兹天神的儿女造出的天地天小地大。让麻蛇缩地之后，地边还箍得不齐，阿夫（神名）又放出三对蚂蚁下去咬地，把地的边边咬得整整齐齐。

【流传】（云南省·楚雄彝族自治州·姚安县·官屯乡·马游村，大姚县·昙华乡等）

【出处】
(a) 郭天元（马游村）、李申呼颇（昙华乡）、李福玉颇（苴）演唱，郭思九、许明学、龚维顺、张宝省、陈志群、胡炳文等搜集，刘德虎、龚维顺、陈志群、李树荣、郭天元等整理：《梅葛》（第一部"创世"），见云南省民族民间文学楚雄调查队《梅葛》（1959），昆明：云南人民出版社2009年版。

(b)《打虎开天辟地》，蔷紫据云南省民族民间文学楚雄调查队著《梅葛》（云南人民出版社2009年版）改写，

见姚宝瑄主编《中国各民族神话》（羌族、彝族），太原：山西出版传媒集团·书海出版社 2014 年版，第 192 页。

W1237.4
地有 4 边

【关联】[W1204] 地是方的

实 例

（参见下级母题实例）

W1237.4.1
四隅

实 例

彝族 混沌最早变化产生的索恒哲（原书解释为哲人名字，本书认为是最早产生的天神的名称）造出许多星星。选出八颗星，一颗管东南，一颗管西南，一颗管东北，一颗管西北。前面四颗星，称之为四方，后面四颗星，称之为四隅。

【流传】（贵州省彝族地区）

【出处】《索恒哲》，见王富慧（珠尼阿依）译著，贵州省民族古籍整理办公室编《彝族神话史诗选》，北京：民族出版社 2013 年版，第 18~22 页。

W1237a
地极

实 例

（参见下级母题实例）

W1237a.1
地的四极

【关联】[W1167.2] 天有四极

实 例

（参见下级母题实例）

W1237a.1.1
盘古的四肢变成地的四极

实 例

汉族 盘古死的时候，他的手足和身躯变成了大地的四极和五方的名山。

【流传】（无考）

【出处】袁珂译述：《盘古开天辟地》，原载袁珂编译《中国神话故事》，见陶阳、钟秀编《中国神话》（上），北京：商务印书馆 2008 年版，第 7~8 页。

汉族 盘古垂死化身，四肢五体为四极五岳。

【流传】（无考）

【出处】

(a) [清] 马骕撰：《绎史》卷一引《五运历年记》。

(b)《四极》，见袁珂《中国神话大词典》，北京：华夏出版社 2015 年版，第 103 页。

W1237b
地门

【关联】

① [W1087.1] 下界之门（阴间之门、

地狱之门）

② ［W1168.21］天门

实 例

（参见下级母题实例）

W1237b.1
地门的产生

实 例

（参见下级母题实例）

W1237b.1.1
地门是造出来的

实 例

（实例待考）

W1237b.1.2
地门是变化产生的

实 例

（参见下级母题实例）

W1237b.1.2.1
数字变成地门

实 例

彝族　九千九变成天门和地门。

【流传】（无考）

【出处】《天门地门论》，原载王松编写《影与变创世纪》附记，见姚宝瑄主编《中国各民族神话》（羌族、彝族），太原：山西出版传媒集团·书海出版社2014年版，第130页。

W1237b.2
地门的特征

实 例

（参见下级母题实例）

W1237b.2.0
地有四门

实 例

（参见下级母题实例）

W1237b.2.0.1
地的东门

实 例

蒙古族（布里亚特）　柯布（多位神名称）守护着西方三重门，蓝山的长老库柯垂王腾格里守护东方大门。

【流传】（无考）

【出处】浦泽都尼夫著，嘎日达译：《布里亚特萨满教记述》（英文版），赫尔辛基1941年版，见吕大吉、何耀华总主编《中国各民族原始宗教资料集成》（鄂伦春族卷、鄂温克族卷、赫哲族卷、达斡尔族卷、锡伯族卷、满族卷、蒙古族卷、藏族卷），北京：中国社会科学出版社1999年版，第630页。

W1237b.2.0.2
地的南门

【关联】［W1744.10］启明星守护大地中层大门

1.2.3 地的产生与特征

实例

（实例待考）

W1237b.2.0.3
地的西门

实例

傣族 （实例待考）

W1237b.2.0.4
地的北门

实例

（参见下级母题实例）

W1237b.2.1
地的西方有三重门

实例

（参见下级母题实例）

W1237b.2.1.1
地的西方有内层、中层、外层三重门

实例

蒙古族（布里亚特） 守护大地两方位大门的腾格里叫柯布，其中守护西方三重门的柯布分别是：（1）守护内层大门的是萨克腾格里（sakirtegri）的儿子——松库德王腾格里；（2）守护中层大门的是罗斯特山（RussetHill）的长老、皇帝的儿子；（3）守护外层大门的是俄库里玛王腾格里。

【流传】（无考）

【出处】浦泽都尼夫著，嘎日达译：《布里亚特萨满教记述》（英文版），赫尔辛基1941年版，见吕大吉、何耀华总主编《中国各民族原始宗教资料集成》（鄂伦春族卷、鄂温克族卷、赫哲族卷、达斡尔族卷、锡伯族卷、满族卷、蒙古族卷、藏族卷），北京：中国社会科学出版社1999年版，第630页。

W1237b.2.2
地门有特定物看守

实例

（参见下级母题实例）

W1237b.2.2.1
地的四门由不同动物看守

实例

傣族 大神英叭用身上的泥垢捏成狮子、象和黄牛几种动物。他把雌狮放在地的西门，把雄狮放在南门，北门放上大象，让黄牛看守东门。

【流传】云南省·西双版纳傣族地区（西双版纳傣族自治州）

【出处】《巴塔麻嘎捧尚罗》，王松据岩温炳翻译《巴塔麻晏》（开天辟地）改写，见姚宝瑄主编《中国各民族神话》（哈尼族、傣族），太原：山西出版传媒集团·书海出版社2014年版，第280页。

W1237b.2.2.2
狮子看守地门

【关联】［W3292］狮子

实例

<u>傣族</u> 大神英叭用身上的泥垢捏成一对狮子，一只是雄狮，一只是母狮。接着又捏成一只大象，又捏出二条黄牛。他把雌狮放在地的西门，西边的雌狮管辖的土地，就命名为"乌峦柯"。

【流传】云南省·西双版纳傣族地区（西双版纳傣族自治州）

【出处】《巴塔麻嘎捧尚罗》，王松据岩温炳翻译《巴塔麻晏》（开天辟地）改写，见姚宝瑄主编《中国各民族神话》（哈尼族、傣族），太原：山西出版传媒集团·书海出版社 2014 年版，第 280 页。

W1237b.2.2.3
神和仙人看管地门

实例

<u>彝族</u> 地门九十道。每一个门都有神和"仙人"管。

【流传】（无考）

【出处】《天门地门论》，原载王松编写《影与变创世纪》附记，见姚宝瑄主编《中国各民族神话》（羌族、彝族），太原：山西出版传媒集团·书海出版社 2014 年版，第 130 页。

W1237b.3
与地门有关的其他母题

实例

（参见下级母题实例）

W1237b.3.1
地门的打开

实例

<u>鄂伦春族</u> 天门地门雅戈呀，全打开，敬神供神雅戈呀，请神来。

【流传】黑龙江省·黑河地区（黑河市）

【出处】孟淑珍调查整理：《请神歌》，见吕大吉、何耀华总主编《中国各民族原始宗教资料集成》（鄂伦春族卷、鄂温克族卷、赫哲族卷、达斡尔族卷、锡伯族卷、满族卷、蒙古族卷、藏族卷），北京：中国社会科学出版社 1999 年版，第 57 页。

W1237b.3.1.1
狗打开地门

【关联】［W3126］狗看门的来历

实例

<u>汉族</u> 女娲娘娘造万物。第一天，她把泥巴摔来摔去，摔出一只狗子。狗子一跑，地门开了。

【流传】湖北省

【出处】杨明春讲，宋虎搜集整理：《女娲造六畜》，见姚宝瑄主编《中国各民族神话》（汉族），太原：山西出版传媒集团·书海出版社 2014 年版，第 33～34 页。

W1237b.3.1.2
地神的女儿打开地门

实例

哈尼族 地神的姑娘打开地门。

【流传】（云南省）

【出处】刘辉豪、白章富搜集整理，昌文根据古梅改写的《奥色密色》中的一节改写：《塔婆、模米生儿女》，见姚宝瑄主编《中国各民族神话》（哈尼族、傣族），太原：山西出版传媒集团·书海出版社 2014 年版，第 69 页。

W1237b.3.2
地门上锁

实例

（参见下级母题实例）

W1237b.3.2.1
金锁银锁锁地门

实例

彝族 地门九十道，都锁上了金锁、银锁、铜锁。

【流传】（无考）

【出处】《天门地门论》，原载王松编写《影与创世纪》附记，见姚宝瑄主编《中国各民族神话》（羌族、彝族），太原：山西出版传媒集团·书海出版社 2014 年版，第 130 页。

W1237b.3.3
地门 90 道

实例

彝族 地门有九十道。

【流传】（无考）

【出处】《天门地门论》，原载王松编写《影与创世纪》附记，见姚宝瑄主编《中国各民族神话》（羌族、彝族），太原：山西出版传媒集团·书海出版社 2014 年版，第 130 页。

W1237b.3.4
地有 9 门

实例

彝族 地有九门，人立在中央。

【流传】（无考）

【出处】蔷紫改写：《影与创世纪·扯舍十代论》，原载贵州省民间文学工作组编《民间文学资料》，1986 年，见姚宝瑄主编《中国各民族神话》（羌族、彝族），太原：山西出版传媒集团·书海出版社 2014 年版，第 127 页。

W1237c
地的中央

【关联】[W1850.3.6.1] 昆仑山在地中央

实例

（参见下级母题实例）

W1237c.1
地中央的居民

实例

阿昌族　遮帕麻（男始祖名，被封为"天公"）和遮米麻（女始祖名，被奉为"地母"）结合了，他们就安身在大地的中央。

【流传】（云南省）

【出处】赵安贤讲，智克整理：《遮帕麻与遮米麻》，见姚宝瑄主编《中国各民族神话》（佤族、阿昌族、纳西族、普米族、德昂族），太原：山西出版传媒集团·书海出版社2014年版，第77页。

W1238
地脉（地维、地筋、地线、地理）

实例

（参见下级母题实例）

W1238.1
特定人物的筋脉变地脉

实例

（参见下级母题实例）

W1238.1.1
盘古的筋脉变地脉

实例

汉族　盘古死后，他的筋脉变成地脉。

【流传】福建省·（泉州市）·永春县（古称桃源）·蓬壶乡

【出处】林烈火讲，林绥国采录：《盘古分天地》，见中国民间文学集成全国编辑委员会编《中国民间故事集成》（福建卷），北京：中国ISBN中心1998年版，第3页。

汉族　天气蒙鸿，萌芽兹始，遂分天地。首生盘古。垂死化身，筋脉为地里。

【流传】（无考）

【出处】

(a) 《五运历年记》，见［清］马骕《绎史》卷一。

(b) 《五运历年记》，见［明］董斯张：《广博物志》卷九。

W1238.1.2
盘古用自己的筋脉造地理

实例

畲族　盘古用他的筋脉，造出了地理。

【流传】畲族地区

【出处】《盘古》，钟后根据畲族蓝国运、蓝国根《畲族古老神话传说及人物》改写，见姚宝瑄主编《中国各民族神话》（高山族、黎族、畲族），太原：山西出版传媒集团·书海出版社2014年版，第84页。

W1238.2

天帝布四维

【关联】[W0204.9] 天帝的职能

实 例

汉族 帝张四维，运之以斗。

【流传】（无考）

【出处】[汉] 刘安及门客：《淮南子·天文训》。

W1238.2a

月亮管四维

实 例

彝族 四方和四维，统由月亮管。

【流传】（贵州省彝族地区）

【出处】《索恒哲》，见王富慧（珠尼阿依）译著，贵州省民族古籍整理办公室编《彝族神话史诗选》，北京：民族出版社2013年版，第22页。

W1238.3

动物的骨架变地脉

实 例

（参见下级母题实例）

W1238.3.1

鹿的骨架变成地脉

【关联】[W3286] 与鹿有关的其他母题

实 例

普米族 吉赛米（杀鹿人）猎杀鹿后，鹿的骨架变成了地脉。

【流传】云南省·丽江（丽江市）·宁蒗县（宁蒗彝族自治县）

【出处】《吉赛米》（杀鹿人），见宁蒗彝族自治县志编委会编《宁蒗彝族自治县志》，昆明：云南民族出版社1993年版，第239页。

普米族 鹿的骨架变地脉。

【流传】云南省·（怒江傈僳族自治州）·兰坪（兰坪白族普米族自治县）

【出处】《杀鹿歌》，见云南省民族事务委员会编《普米族文化大观》，昆明：云南民族出版社1999年版，第123页。

普米族 巨神简剑祖射死马鹿造天地万物时，把马鹿的骨架丢进了大地，马鹿的骨架立刻便化成大地的地脉。

【流传】（普米族广大地区）

【出处】杨祖德、杨学胜讲：《简剑祖射马鹿创天地》，据杨庆文《普米族文学简介》中的《捷巴鹿的故事》和季志超《藏族普米族创世神话比较》中的《吉赛叽》等编写，见姚宝瑄主编《中国各民族神话》（伍族、阿昌族、纳西族、普米族、德昂族），太原：山西出版传媒集团·书海出版社2014年版，第303~304页。

W1238.3.1.1

马鹿的骨架变成地脉

实 例

（实例待考）

W1238.4
树根做地筋

实例

彝族 格兹神造地用石头做骨头，泥土做肉，树根做筋。

【流传】云南省·（昆明市）·石林彝族自治县·圭山乡·海宜村

【出处】黄志发讲：《洪水和人类起源神话》，见李德君采录：《彝族撒尼人民间文学作品采集实录》，中央民族大学2009，第499页。

W1238.4a
用藤做地筋

实例

拉祜族 天神厄莎的助手札罗、娜罗分别造天地，结果天小地大，不能相合，厄莎以藤为地筋，始将地收陇。

【流传】（无考）

【出处】袁珂改编：《造天造地》（原名《牡帕密帕·勐呆密呆》），原载毛星主编《中国少数民族文学》（下册），见袁珂《中国神话大词典》，北京：华夏出版社2015年版，第534页。

W1238.5
地脉的数量

实例

（参见下级母题实例）

W1238.5.1
9根地脉

实例

怒族 造地的9个神仙每人拉了一根地脉，胡乱合在一起。

【流传】云南省·（怒江傈僳族自治州）·福贡县·架怒村（不详）

【出处】此阿妹讲，叶世富等采录：《高山和平地的由来》，见中国民间文学集成全国编辑委员会编《中国民间故事集成》（云南卷），北京：中国ISBN中心2003年版，第79页。

怒族 九个神仙造地时慌慌忙忙，每人拉一根地脉。

【流传】（无考）

【出处】《天地的由来》，编者根据叶世富的《怒族民间故事》（云南人民出版社1988年版）重新整理，见吕大吉、何耀华总主编《中国各民族原始宗教资料集成》（纳西族卷、羌族卷、独龙族卷、傈僳族卷、怒族卷），北京：中国社会科学出版社2000年版，第899页。

W1238.5.2
多根地线

实例

（参见下级母题实例）

W1238.5.2.1
缩地时抽去3根地线

【关联】［W1393.1.1］拉地的筋脉缩地

实　例

阿昌族 天公遮帕麻和地母遮米麻造出的天小地大。遮帕麻拉天盖地盖不严时，遮米麻连忙抽去三根地线。

【流传】（云南省）

【出处】赵安贤讲，智克整理：《遮帕麻与遮米麻》，见姚宝瑄主编《中国各民族神话》（佤族、阿昌族、纳西族、普米族、德昂族），太原：山西出版传媒集团·书海出版社2014年版，第76页。

W1238.6
地维的断裂

实　例

汉族 昔者共工与颛顼争为帝，怒而触不周之山，天柱折，地维绝。

【流传】（无考）

【出处】

（a）［汉］刘安及门客：《淮南子·天文训》。

（b）《地柱》，见袁珂《中国神话大词典》，北京：华夏出版社2015年版，第124页。

W1238.6.1
地维的修补

实　例

苗族 （实例待考）

W1238.7
与地脉有关的其他母题

【关联】［W1244.10.2］地绳

实　例

（参见下级母题实例）

W1238.7.1
洞通地脉

实　例

汉族 南浔之国，有洞穴阴源，其下通地脉。

【流传】（无考）

【出处】《虞舜》，见［晋］王嘉撰，［梁］萧绮录，齐治平校注《拾遗记》卷一，中华书局1981年版，第30页。

W1238.7.2
地脉通海与山

实　例

汉族 "不句之山，海水入焉。"盖海水所泻处，必有归墟尾闾为之孔穴，地脉潜通，故曰入也。下又有天台高山，为海水所入。

【流传】（无考）

【出处】

（a）《山海经·大荒北经》郝懿行注。

（b）《融天山》，见袁珂《中国神话大词典》，北京：华夏出版社2015年版，第354~355页。

W1238.7.3
地线是特定的土

实例

（参见下级母题实例）

W1238.7.3.1
地线是戊己土

实例

【彝族】地线本是戊己土，包养先天与后天。

【流传】云南省·（大理白族自治州）·巍山县（巍山彝族回族自治县）·五印乡·岩子脚（岩子脚村）、紫马鹿村

【出处】王丽珠搜集：《无上虚空地母养生保命真经》，转引自吕大吉、何耀华总主编：《中国各民族原始宗教资料集成》（彝族卷、白族卷、基诺族卷），北京：中国社会科学出版社1996年版，第63~64页。

W1239
地梁（地骨）

实例

（参见下级母题实例）

W1239.1
神造地梁

实例

（参见下级母题实例）

W1239.1.1
神用神牛的脊梁做地梁

实例

【哈尼族】众神杀查牛（天地神专养的神牛）补天补地时，脊梁做成支天支地的天梁地梁，肋巴骨做成撑天撑地的大椽子。

【流传】云南省·（红河哈尼族彝族自治州）·元阳（元阳县）、红河（红河县）、绿春（绿春县）、金平（金平苗族瑶族傣族自治县）

【出处】朱小和讲唱，史军超搜集整理：《查牛补天地》（1983），原载云南省民间文学集成办公室编《哈尼族神话传说集成》，中国民间文艺出版社1990年版，见姚宝瑄主编《中国各民族神话》（哈尼族、傣族），太原：山西出版传媒集团·书海出版社2014年版，第56页。

W1239.1.2
神用金珠、银珠造地梁

实例

（参见下级母题实例）

W1239.1.2.1
神用龙王头上的金珠、银珠造地梁

实例

【哈尼族】大神们用龙王头上的金珠和蛇

王下巴上的银珠打成地梁。

【流传】云南省·（红河哈尼族彝族自治州）·元阳县

【出处】朱小和讲，史军超等采录：《神的古今》，见中国民间文学集成全国编辑委员会编《中国民间故事集成》（云南卷），北京：中国 ISBN 中心 2003 年版，第 19 页。

哈尼族 众神造地时造的地梁用龙王头上的金珠和蛇王下巴上的银珠打成。

【流传】云南省·（红河哈尼族彝族自治州）·元阳县、金平县（金平苗族瑶族傣族自治县）、红河县等地

【出处】朱小和讲，史军超、卢朝贵搜集整理：《烟本霍本》，原载刘辉豪、阿罗编《哈尼族民间故事选》，上海文艺出版社 1989 年版，见姚宝瑄主编《中国各民族神话》（哈尼族、傣族），太原：山西出版传媒集团·书海出版社 2014 年版，第 37 页。

W1239.2
地梁的支撑

实 例

（参见下级母题实例）

W1239.2.1
牛脊梁做支地的地梁

实 例

哈尼族 九个人造地，用牛骨做地梁地橡。

【流传】（无考）

【出处】刘辉豪、白章福搜集整理：《奥色密色》，载《山茶》1980 年第 2 期。

W1239.2.2
地梁放在地柱上面

【关联】［W1239.6.2］地梁放在天柱下

实 例

哈尼族 众神造地时，金珠银珠打成的地梁放在地柱上面。

【流传】云南省·（红河哈尼族彝族自治州）·元阳县、金平县（金平苗族瑶族傣族自治县）、红河县等地

【出处】朱小和讲，史军超、卢朝贵搜集整理：《烟本霍本》，原载刘辉豪、阿罗编《哈尼族民间故事选》，上海文艺出版社 1989 年版，见姚宝瑄主编《中国各民族神话》（哈尼族、傣族），太原：山西出版传媒集团·书海出版社 2014 年版，第 37 页。

W1239.3
地梁的数量

实 例

（参见下级母题实例）

W1239.3.0
4 根地梁

实 例

拉祜族 四棵地柱上，架四棵地梁。

【流传】（无考）

【出处】《牡帕密帕》（创世纪），见娜

朵主编《拉祜族民间文学集》，昆明：云南人民出版社1996年版。

W1239.3.1
16根地梁

实　例

苗族　巨人仍雍古罗有16根大横梁，大梁架地地不歪。

【流传】广西壮族自治区·（柳州市）·融水县（融水苗族自治县）

【出处】杨达香讲，梁彬搜集整理：《创世记》，见谷德明编《中国少数民族神话》，北京：中国民间文艺出版社1987年版，第545页。

苗族　巨人仍雍古罗有八根大柱，还有十六根大横梁。大柱顶天天不塌，大梁架地地不歪。

【流传】广西壮族自治区·（柳州市）·融水苗族自治县

【出处】

（a）杨达香讲，梁彬搜集整理：《创世纪》（一、开天辟地，地始天初），见梁彬、王天若编《苗族民间故事选》，南宁：广西人民出版社1986年版。

（b）同（a），见姚宝瑄主编《中国各民族神话》（布依族、仡佬族、苗族），太原：山西出版传媒集团·书海出版社2014年版，第168页。

W1239.4
天神的脚骨架变成地骨

实　例

拉祜族　天神厄莎抽下自己的脚骨架在地上成了地骨。

【流传】云南省·（普洱市）·澜沧县（澜沧拉祜族自治县）、孟连县（孟连傣族拉祜族佤族自治县）、双江县（双江拉祜族佤族布朗族傣族自治县）等地

【出处】昆明师范学院中文系1957级部分学生搜集，刘辉豪整理《牡帕密帕》，昆明：云南民族出版社1979年版，第4页。

拉祜族　天神厄莎忍痛抽出自己身上的骨头，脚骨架在地上成地骨。

【流传】（无考）

【出处】刘辉豪整理：《造天造地》，见陶立璠、赵桂芳等编《中国少数民族神话汇编》（开天辟地篇等），中央民族学院少数民族古籍整理出版规划领导小组办公室印（未署出版时间），第283页。

W1239.5
用石头做地骨

【关联】［W1243.10.1］岩石是地的骨头

实　例

（参见下级母题实例）

W1239.5.1
神用石头做地骨

实　例

彝族　格兹神造地时，用石头做骨头，泥土做肉，树根做筋。

【流传】云南省·（昆明市）·石林彝族自治县·圭山乡·海宜村

【出处】黄志发讲：《洪水和人类起源神话》，见李德君采录：《彝族撒尼人民间文学作品采集实录》，北京：中央民族大学出版社2009年版，第499页。

彝族 天神造出石头后，以石头为大地之骨干。

【流传】（无考）

【出处】《人与石头》，原载谷德明编《中国少数民族神话选》（原名《人类和石头的战争》），见袁珂《中国神话大词典》，北京：华夏出版社2015年版，第427页。

W1239.6
与地梁（地骨）有关的其他母题

实 例

（参见下级母题实例）

W1239.6.1
地没有骨头会塌陷

【关联】［W1235.3］地不会陷

实 例

拉祜族 天神厄莎最早造成的地也没有骨头，会陷下去。

【流传】云南省大拉祜及黄拉祜中部一带

【出处】小八讲，古木整理：《天神厄莎》（整理中参照了《牡帕密帕》和《古根》），见姚宝瑄主编《中国各民族神话》（白族、拉祜族、景颇族），太原：山西出版传媒集团·书海出版社2014年版，第160页。

W1239.6.2
地梁放在天柱下

【关联】［W6207］建筑方法

实 例

拉祜族 天神厄莎在四根天柱的上面架起四根天梁，再在四根柱子的下面架起四根地梁。

【流传】云南省大拉祜及黄拉祜中部一带

【出处】小八讲，古木整理：《天神厄莎》（整理中参照了《牡帕密帕》和《古根》），见姚宝瑄主编《中国各民族神话》（白族、拉祜族、景颇族），太原：山西出版传媒集团·书海出版社2014年版，第159页。

W1239a
地椽

【关联】［W1168.5a］天椽

实 例

（参见下级母题实例）

W1239a.1
地椽架在地梁上

实 例

拉祜族 天神厄莎在四根天柱的上面架

起四根天梁，再在四根柱子的下面架起四根地梁，天椽架在天梁上，地椽架在地梁上。

【流传】云南省大拉祜及黄拉祜中部一带

【出处】小八讲，古木整理：《天神厄莎》（整理中参照了《牡帕密帕》和《古根》），见姚宝瑄主编《中国各民族神话》（白族、拉祜族、景颇族），太原：山西出版传媒集团·书海出版社2014年版，第159页。

W1239a.2
地椽有360万根

实 例

拉祜族 厄莎（有多种说法，如天神、天帝、创世女神、始祖等）架上四根地梁，三百六十万根地椽放在地梁上。

【流传】云南省·（普洱市）·澜沧县（澜沧拉祜族自治县）

【出处】李云保讲述，扎约采录：《牡帕密帕的故事》，见陶阳、钟秀编《中国神话》（上），北京：商务印书馆2008年版，第129~139页。

W1240
地网

实 例

（参见下级母题实例）

W1240.1
天神造地网

实 例

拉祜族 扎多、娜多（一对天神）搓下手汗脚汗，做成一对大蜘蛛，其中一个去织地网。

【流传】（无考）

【出处】《牡帕密帕》（创世纪），见娜朵主编《拉祜族民间文学集》，昆明：云南人民出版社1996年版。

W1240.1.1
天神厄莎用7万7千个泥团造成地网

实 例

拉祜族 天神厄莎用手脚的汗揉成的7万7千个泥巴团做地网。

【流传】云南省·（普洱市）·澜沧县（澜沧拉祜族自治县）、孟连县（孟连傣族拉祜族佤族自治县）、双江县（双江拉祜族佤族布朗族傣族自治县）等地

【出处】昆明师范学院中文系1957级部分学生搜集，刘辉豪整理《牡帕密帕》，昆明：云南民族出版社1979年版，第4页。

拉祜族 天神厄莎把七万七千个泥团丢到地上，便做出了地网。

【流传】云南省大拉祜及黄拉祜中部一带

【出处】小八讲，古木整理：《天神厄

莎》（整理中参照了《牧帕密帕》和《古根》），见姚宝瑄主编《中国各民族神话》（白族、拉祜族、景颇族），太原：山西出版传媒集团·书海出版社 2014 年版，第 159~160 页。

W1240.2
神织地网

【关联】［W1179.1.2］用土填地网造地

实例

（参见下级母题实例）

W1240.2.1
女神织 360 万个地网

实例

拉祜族 厄莎（有多种说法，如天神、天帝、创世女神、始祖等）搓手搓脚做了一对阿朵、阿嘎（祖先，兄妹名）（祖先，兄妹神），阿嘎织地网，织了三百六十万个网。

【流传】云南省·（普洱市）·澜沧县（澜沧拉祜族自治县）

【出处】李云保讲述，扎约采录：《牧帕密帕的故事》，见陶阳、钟秀编《中国神话》（上），北京：商务印书馆 2008 年版，第 129~139 页。

W1240.3
地网的特征

实例

（参见下级母题实例）

W1240.3.1
地网像一块木板

【关联】［W1197.10.1］地是浮在水面上的青石板

实例

拉祜族 地网像一块木板，平平展展铺在地上。

【流传】云南省大拉祜及黄拉祜中部一带

【出处】小八讲，古木整理：《天神厄莎》（整理中参照了《牧帕密帕》和《古根》），见姚宝瑄主编《中国各民族神话》（白族、拉祜族、景颇族），太原：山西出版传媒集团·书海出版社 2014 年版，第 160 页。

W1241
地的经纬

【关联】［W8957.4］水与陆地之争

实例

（参见下级母题实例）

W1241.1
地由东西南北四部分造成

实例

阿昌族 遮米麻用右边脸上的毛织出东边的大地，用左边脸上的毛织出西边的大地，用下颌的毛织出南边的大地；用额头的毛织出北边的大地。

【流传】（a）云南省·（德宏傣族景颇

族自治州）·梁河县

【出处】

（a）赵安贤讲，杨叶生智克采录：《遮帕麻与遮米麻》，见中国民间文学集成全国编辑委员会编《中国民间故事集成》（云南卷），北京：中国ISBN中心2003年版，第69页。

（b）赵安贤讲，舟叶生译，智克整理：《遮帕麻与遮米麻》，见谷德明编《中国少数民族神话》，北京：中国民间文艺出版社1987年版，第490页。

（c）同（b），见陶立璠、赵桂芳等编《中国少数民族神话汇编》（开天辟地篇等），中央民族学院少数民族古籍整理出版规划领导小组办公室印（未署出版时间），第330页。

W1241.2
女神用梭子织出地的经纬分明

实例

傈僳族 女神用梭子织地，织得经纬分明，平坦整齐。

【流传】云南省·（德宏傣族景颇族自治州）·陇川县·（陇把镇）·邦外公社（邦外村）

【出处】李有华讲，黄云松等采录：《天地人的来历》，见中国民间文学集成全国编辑委员会编《中国民间故事集成》（云南卷），北京：中国ISBN中心2003年版，第44页。

W1242
地角

【关联】[W1376] 地的稳固

实例

（参见下级母题实例）

W1242.1
地有4角（4个地角）

实例

水族 女神伢俣分开天地分开后，用四根鳌鱼的骨头，撑天四边，支地四角。

【流传】（无考）

【出处】潘静流唱，燕宝记译，化斯改写：《伢俣开创世界》（原名《造天造地》），见姚宝瑄主编《中国各民族神话》（水族、布朗族、独龙族、基诺族、傈僳族），太原：山西出版传媒集团·书海出版社2014年版，第4页。

汉族 地之形方，故地维者，即地之四角。

【流传】（无考）

【出处】《地柱》，见袁珂《中国神话大词典》，北京：华夏出版社2015年版，第124页。

土家族 地有四个角，是四个鳌鱼。

【流传】湖北省·（宜昌市）·长阳县（长阳土家族自治县）·都镇湾镇·杜家冲村

【出处】孙家香讲：《鳌鱼把地顶起在》，见长阳土家族网：http://www.cy-tujia.com/list_body.php? id, 2005.12.08。

彝族 公鱼捉来撑地角，母鱼捉来撑地边。地的四角撑起来，大地稳实了。

【流传】云南省·楚雄彝族自治州·姚安县、大姚县等彝族地区

【出处】《创世·开天辟地》，见云南省民族民间文学楚雄调查队整理编写《梅葛》，昆明：云南人民出版社2009年版，第10页。

W1242.2
固定地的4角

【关联】[W1337.0.1] 4根天柱支在东南西北4个地角

实例

蒙古族 天地分开后，天上众神固定了大地的四角。

【流传】（无考）

【出处】《天地之形成》，陈岗龙译自日本中田千亩编《蒙古神话》，东京郁文社，昭和十六年（1941年）。

W1242.2.1
用石压地的四角

实例

彝族 （实例待考）

W1242.2.2
用铜钉钉地的四角

实例

壮族 （实例待考）

W1242.2.3
公鱼支撑地角

【关联】
① [W1340] 地的支撑
② [W1344.1.5] 母鱼撑地边

实例

彝族 天神的女儿造地时，格兹天神让造地的姑娘捉公鱼来撑地角。

【流传】云南省·（楚雄彝族自治州）·姚安（姚安县）、大姚（大姚县）、永仁（永仁县）等地

【出处】*《格兹天神创世》，见杨继中、芮增瑞、左玉堂编《楚雄彝族文学简史》，北京：中国民间文艺出版社1986年版，第44~45页。

彝族 格兹天神告诉补地者说："水里面有鱼，是世间最大的东西了。你们去捉公鱼母鱼去，用公鱼来撑地角，用母鱼来撑地边。"

【流传】（云南省·楚雄彝族自治州·姚安县·官屯乡·马游村，大姚县·昙华乡等）

【出处】
(a) 郭天元（马游村）、李申呼颇（昙华乡）、李福玉颇（苴）演唱，郭思九、许明学、龚维顺、张宝省、陈志

群、胡炳文等搜集，刘德虎、龚维顺、陈志群、李树荣、郭天元等整理：《梅葛》（第一部"创世"），见云南省民族民间文学楚雄调查队《梅葛》（1959），昆明：云南人民出版社2009年版。

（b）《打虎开天辟地》，蔷紫据云南省民族民间文学楚雄调查队著《梅葛》（云南人民出版社2009年版）改写，见姚宝瑄主编《中国各民族神话》（羌族、彝族），太原：山西出版传媒集团·书海出版社2014年版，第193页。

彝族 以前地动摇不定，要找撑地时，格滋天神说："水里面有鱼，公鱼三千斤，公鱼捉来撑地角。"

【流传】云南省·楚雄彝族自治州·姚安县、大姚县等彝族地区

【出处】《创世·开天辟地》，见云南省民族民间文学楚雄调查队整理编写《梅葛》，昆明：云南人民出版社2009年版，第9页。

W1242.2.3.1
补地者捉公鱼支撑地角

实 例

彝族 格兹天神告诉补地者说："水里面有鱼，是世间最大的东西了。你们去捉公鱼母鱼去，用公鱼来撑地角。"

【流传】（云南省·楚雄彝族自治州·姚安县·官屯乡·马游村，大姚县·昙华乡等）

【出处】

（a）郭天元（马游村）、李申呼颇（昙华乡）、李福玉颇（苴）演唱，郭思九、许明学、龚维顺、张宝省、陈志群、胡炳文等搜集，刘德虎、龚维顺、陈志群、李树荣、郭天元等整理：《梅葛》（第一部"创世"），见云南省民族民间文学楚雄调查队《梅葛》（1959），昆明：云南人民出版社2009年版。

（b）《打虎开天辟地》，蔷紫据云南省民族民间文学楚雄调查队著《梅葛》（云南人民出版社2009年版）改写，见姚宝瑄主编《中国各民族神话》（羌族、彝族），太原：山西出版传媒集团·书海出版社2014年版，第193页。

W1242.3
缝地的四角

实 例

（参见下级母题实例）

W1242.3.1
洪水幸存者缝地的四角

实 例

瑶族 尼托（洪水后幸存者）负责造天，尼托妹的地造得宽。天盖不严地，尼托妹出了一个主意，用缝地的四个角的方法，往中间拉拢。

【流传】广西壮族自治区·（来宾

市）·金秀县（金秀瑶族自治县）

【出处】赵美流等讲，黄承辉整理：《天地山河的来历》，见曹廷伟编著《广西民间故事辞典》，南宁：广西教育出版社1993年版，第13页。

W1242.4
与地角有关的其他母题

实 例

（参见下级母题实例）

W1242.4.1
天上众神固定了大地的四角

实 例

蒙古族 （实例待考）

W1242.4.2
地脚在河流汇合处

实 例

哈尼族 众神造地时要造地脚，地脚下在十条大江汇合的江尾，下在十条大水汇合的水尾。

【流传】云南省·（红河哈尼族彝族自治州）·元阳县、金平县（金平苗族瑶族傣族自治县）、红河县等地

【出处】朱小和讲，史军超、卢朝贵搜集整理：《烟本霍本》，原载刘辉豪、阿罗编《哈尼族民间故事选》，上海文艺出版社1989年版，见姚宝瑄主编《中国各民族神话》（哈尼族、傣族），太原：山西出版传媒集团·书海出版社2014年版，第36页。

W1242.4.3
地脚在天地接头处

实 例

哈尼族 众神造的地脚在天和地接头。

【流传】云南省·（红河哈尼族彝族自治州）·元阳县、金平县（金平苗族瑶族傣族自治县）、红河县等地

【出处】朱小和讲，史军超、卢朝贵搜集整理：《烟本霍本》，原载刘辉豪、阿罗编《哈尼族民间故事选》，上海文艺出版社1989年版，见姚宝瑄主编《中国各民族神话》（哈尼族、傣族），太原：山西出版传媒集团·书海出版社2014年版，第36页。

W1242.4.4
地角石

【关联】［W1866.6］压地石

实 例

汉族 地角石在罗城内西北隅，旧有庙，王均之乱，为守门者所坏，今不复存矣。

【流传】（无考）

【出处】

（a）［明］谢肇淛：《五杂俎》卷四。

（b）《天涯海角》，见袁珂《中国神话大词典》，北京：华夏出版社2015年版，第58页。

W1243
地的其他构成

实例

（参见下级母题实例）

W1243.1
地尾

实例

（参见下级母题实例）

W1243.1.1
虎尾作地尾

实例

（参见下级母题实例）

W1243.1.1.1
天女用虎尾作地尾

【关联】［W1175.5.1］天女造地

实例

彝族 （实例待考）

W1243.1.1.2
天神的5个儿子用虎尾作地尾

实例

彝族 天神的儿子五弟兄杀死一只巨虎，用虎头作天头，用虎尾作地尾。

【流传】（无考）

【出处】云南省民族民间文学楚雄调查队搜集：《梅葛》，昆明：云南人民出版社 1978 年版，第 12~14 页。

彝族 格兹天神为撑天，让 5 个儿子捉住老虎并杀掉，分虎肉时，格兹天神吩咐："虎尾莫要分，虎尾拿来做地尾。"

【流传】（云南省·楚雄彝族自治州·姚安县·官屯乡·马游村，大姚县·昙华乡等）

【出处】

（a）郭天元（马游村）、李申呼颇（昙华乡）、李福玉颇（苴）演唱，郭思九、许明学、龚维顺、张宝省、陈志群、胡炳文等搜集，刘德虎、龚维顺、陈志群、李树荣、郭天元等整理：《梅葛》（第一部"创世"），见云南省民族民间文学楚雄调查队《梅葛》（1959），昆明：云南人民出版社 2009 年版。

（b）《打虎开天辟地》，蔷紫据云南省民族民间文学楚雄调查队著《梅葛》（云南人民出版社 2009 年版）改写，见姚宝瑄主编《中国各民族神话》（羌族、彝族），太原：山西出版传媒集团·书海出版社 2014 年版，第 194 页。

W1243.1.1.3
天神的儿女用虎尾作地尾

实例

彝族 天神的儿女造天地后，天上和地上什么也没有。于是他们捉住老虎，用虎尾作地尾。

【流传】云南省·楚雄彝族自治州·姚安县、大姚县等彝族地区

【出处】《创世·开天辟地》，见云南省民族民间文学楚雄调查队整理编写《梅葛》，昆明：云南人民出版社2009年版，第13页。

W1243.2
地的头（地头）

实 例

（参见下级母题实例）

W1243.2.1
山坡是地的头

【关联】[W1847] 山坡

实 例

仡佬族 地的脑壳是那些高高低低的坡头。

【流传】贵州省·（遵义市）·遵义县·平正公社（平正仡佬族乡）

【出处】

（a）陈保和讲，田兴才等搜集：《布什格制天，布比密制地》，见陶立璠、赵桂芳等编《中国少数民族神话汇编》（开天辟地篇等），中央民族学院少数民族古籍整理出版规划领导小组办公室印（未署出版时间），第325页。

（b）同（a），见谷德明编《中国少数民族神话》，北京：中国民间文艺出版社1987年版，第671页。

W1243.2.2
虎头做地头

实 例

彝族（罗鲁泼） 虎头拿来做地头。

【流传】云南省·（楚雄彝族自治州）·永仁县

【出处】

（a）李德宝演唱，李必荣、李荣才搜集，夏光辅、诺海阿苏翻译：《冷斋调》（1984），见云南省社会科学院楚雄彝族文化研究所编《彝族民间文学》第2辑，1985年。

（b）夏光辅、诺海阿苏翻译，古梅改写：《冷斋调》，见姚宝瑄主编《中国各民族神话》（羌族、彝族），太原：山西出版传媒集团·书海出版社2014年版，第115页。

W1243.3
地的眼睛

【关联】[W1244.4.3.2] 地眼

实 例

（参见下级母题实例）

W1243.3.1
水坑是地的眼睛

【关联】[W1976.4] 消水坑

实 例

仡佬族 地的眼睛是那些大大小小的消水坑。

【流传】贵州省·（遵义市）·遵义县·平正公社（平正仡佬族乡）

【出处】

（a）陈保和讲，田兴才等搜集：《布什格制天，布比密制地》，见陶立璠、赵桂芳等编《中国少数民族神话汇编》（开天辟地篇等），中央民族学院少数民族古籍整理出版规划领导小组办公室印（未署出版时间），第325页。

（b）同（a），见谷德明编《中国少数民族神话》，北京：中国民间文艺出版社1987年版，第671页。

W1243.4
地的耳朵

实 例

（参见下级母题实例）

W1243.4.1
岩洞是地的耳朵

实 例

仡佬族 岩洞是地的耳朵。

【流传】（无考）

【出处】《开天辟地》，见贵州仡佬族学会编《仡佬族歌谣选》，贵阳：贵州人民出版社2004年版，第1~2页。

W1243.5
地的鼻子

实 例

仡佬族 （实例待考）

W1243.5.1
岩洞是地的鼻子

实 例

仡佬族 岩洞是地的鼻子。

【流传】（无考）

【出处】《开天辟地》，见贵州仡佬族学会编《仡佬族歌谣选》，贵阳：贵州人民出版社2004年版，第1~2页。

W1243.6
地的嘴

实 例

（参见下级母题实例）

W1243.6.1
山洞是地的嘴

实 例

仡佬族 地的嘴是那些大大小小的山洞。

【流传】贵州省·（遵义市）·遵义县·平正公社（平正仡佬族乡）

【出处】

（a）陈保和讲，田兴才等搜集：《布什格制天，布比密制地》，见陶立璠、赵桂芳等编《中国少数民族神话汇编》（开天辟地篇等），中央民族学院少数民族古籍整理出版规划领导小组办公室印（未署出版时间），第325页。

（b）同（a），见谷德明编《中国少数

民族神话》，北京：中国民间文艺出版社1987年版，第671页。

W1243.6a
地的嘴唇
实 例

（参见下级母题实例）

W1243.6a.1
岩脚口是地的嘴唇
实 例

仡佬族 岩脚口是地的嘴唇。

【流传】（无考）

【出处】《开天辟地》，见贵州仡佬族学会编《仡佬族歌谣选》，贵阳：贵州人民出版社2004年版，第1~2页。

W1243.7
地的四肢
实 例

（参见下级母题实例）

W1243.7.1
山坡是地的手
实 例

仡佬族 地的手是那些分枝发岔的山坡。

【流传】贵州省·（遵义市）·遵义县·平正公社（平正仡佬族乡）

【出处】

（a）陈保和讲，田兴才等搜集：《布什格制天，布比密制地》，见陶立璠、赵桂芳等编《中国少数民族神话汇编》（开天辟地篇等），中央民族学院少数民族古籍整理出版规划领导小组办公室印（未署出版时间），第325页。

（b）同（a），见谷德明编《中国少数民族神话》，北京：中国民间文艺出版社1987年版，第671页。

W1243.8
地的肚子
【关联】[W1414.2] 天地由脐带相连

实 例

（参见下级母题实例）

W1243.8.1
龙潭是地的肚皮
实 例

仡佬族 地的肚皮是那些龙潭。

【流传】贵州省·（遵义市）·遵义县·平正公社（平正仡佬族乡）

【出处】

（a）陈保和讲，田兴才等搜集：《布什格制天，布比密制地》，见陶立璠、赵桂芳等编《中国少数民族神话汇编》（开天辟地篇等），中央民族学院少数民族古籍整理出版规划领导小组办公室印（未署出版时间），第325页。

（b）同（a），见谷德明编《中国少数民族神话》，北京：中国民间文艺出版社1987年版，第671页。

W1243.8a
地的肚脐

实例

（参见 W1236.4.4 母题实例）

W1243.9
地的毛发

实例

（参见下级母题实例）

W1243.9.1
草木是地的头发

实例

仡佬族 地的头发是那些漫山遍野的树木和草。

【流传】贵州省·（遵义市）·遵义县·平正公社（平正仡佬族乡）

【出处】

（a）陈保和讲，田兴才等搜集：《布什格制天，布比密制地》，见陶立璠、赵桂芳等编《中国少数民族神话汇编》（开天辟地篇等），中央民族学院少数民族古籍整理出版规划领导小组办公室印（未署出版时间），第325 页。

（b）同（a），见谷德明编《中国少数民族神话》，北京：中国民间文艺出版社1987 年版，第 671 页。

W1243.9.2
草木是地的汗毛

实例

仡佬族 地的汗毛是那些漫山遍野的树木和草。

【流传】贵州省·（遵义市）·遵义县·平正公社（平正仡佬族乡）

【出处】

（a）陈保和讲，田兴才等搜集：《布什格制天，布比密制地》，见陶立璠、赵桂芳等编《中国少数民族神话汇编》（开天辟地篇等），中央民族学院少数民族古籍整理出版规划领导小组办公室印（未署出版时间），第325 页。

（b）同（a），见谷德明编《中国少数民族神话》，北京：中国民间文艺出版社1987 年版，第 671 页。

W1243.10
地的骨头

实例

（参见下级母题实例）

W1243.10.1
岩石是地的骨头

【关联】［W1239.5］用石头做地骨

实例

仡佬族 地的骨头是那些又重又硬的石头。地的肋巴骨是那些又高又大的

1.2.3 地的产生与特征

大岩。

【流传】贵州省·（遵义市）·遵义县·平正公社（平正仡佬族乡）

【出处】

（a）陈保和讲，田兴才等搜集：《布什格制天，布比密制地》，见陶立璠、赵桂芳等编《中国少数民族神话汇编》（开天辟地篇等），中央民族学院少数民族古籍整理出版规划领导小组办公室印（未署出版时间），第325页。

（b）同（a），见谷德明编《中国少数民族神话》，北京：中国民间文艺出版社1987年版，第671页。

彝族 天神造出的石头是大地的骨干。

【流传】（无考）

【出处】《人类和石头的战争》，原载李子贤编《云南少数民族神话选》，云南人民出版社1990年版，见姚宝瑄主编《中国各民族神话》（羌族、彝族），太原：山西出版传媒集团·书海出版社2014年版，第276页。

W1243.11
地的肉

实例

（参见下级母题实例）

W1243.11.1
泥巴是地的肉

【关联】［W1250.3］肉变化为土

实例

仡佬族 地的肉是那遍坡遍地的泥巴。

【流传】贵州省·（遵义市）·遵义县·平正公社（平正仡佬族乡）

【出处】

（a）陈保和讲，田兴才等搜集：《布什格制天，布比密制地》，见陶立璠、赵桂芳等编《中国少数民族神话汇编》（开天辟地篇等），中央民族学院少数民族古籍整理出版规划领导小组办公室印（未署出版时间），第325页。

（b）同（a），见谷德明编《中国少数民族神话》，北京：中国民间文艺出版社1987年版，第671页。

W1243.11.2
地脂（地膏）

实例

汉族 高展为并州判官，一日见砌间味出，以手撮之，试涂一老吏面上，皱皮顿改如少年。展以为必神药，问承天道士。答曰："此名地脂，食之不死。"展乃发甃，已无所睹。

【流传】（无考）

【出处】［唐］冯贽：《云仙杂记》"地脂"条。

W1243.12
地的生殖器

实例

（参见下级母题实例）

W1243.12.1
地的阴户

【实例】

珞巴族 在天和地的边缘，有一个叫米弄英的地方，是大地母的阴户。

【流传】西藏自治区

【出处】《金岗岗日》，转引自于乃昌：《珞巴族神话与生殖崇拜》，见 http://www.tibet-web.com，2003.10.06。

珞巴族 莲花生大师将他的僧帽放在莲花天湖的湖边，变成圆石。圆石不远处有一块椭圆形的石板，石板中间有一个深深的凹沟，据说是大地母的阴部。

【流传】西藏自治区·林芝市·墨脱县·达木珞巴民族乡、加拉萨乡、甘登乡（讲述地点：墨脱县·达木珞巴民族乡·达木村）

【出处】江措、安布、嘎项、顿加讲：《寻找开启神门的胡匙》（1956.07），见冀文正《珞巴族民间故事》，成都：四川民族出版社 2011 年版，第 60 页。

W1243.12.2
地的男根

【实例】

汉族 （实例待考）

W1243.12a
地乳

【实例】

（参见下级母题实例）

W1243.12a.1
特定的山是地乳

【关联】［W2784.4］巨大的乳房

【实例】

（参见下级母题实例）

W1243.12a.1.1
岐山是地乳

【实例】

汉族 岐山在昆仑山东南，为地乳，上多白金。

【流传】（无考）

【出处】
(a)《汉学堂丛书》辑《河图括地象》。
(b)《凤凰堆》，见袁珂《中国神话大词典》，北京：华夏出版社 2015 年版，第 75~76 页。

W1243.13
地上的坑

【实例】

（参见下级母题实例）

W1243.13.1
地上的天坑

【实例】

（参见下级母题实例）

W1243.13.2
造地者用杖戳出天坑

【实例】

土家族 神人李古老慌忙中造地时，以

杖戳之,遂成天坑。

【流传】(无考)

【出处】《张古老与李古老》(原名《张古老制天李古老制地》),原载毛星主编《中国少数民族文学》(中册),见袁珂《中国神话大词典》,北京:华夏出版社 2015 年版,第 488 页。

土家族 制地的神人李古老举起棒棒,用力往地下一戳,大地上便出现了天坑、大海和湖泊。

【流传】湖南省土家族居住地区

【出处】《张古老制天,李古老制地》,苗风根据《中国少数民族文学》(湖南人民出版社 1983 年版)改写,见姚宝瑄主编《中国各民族神话》(土家族、毛南族、侗族、瑶族),太原:山西出版传媒集团·书海出版社 2014 年版,第 4 页。

W1243.14
地户

实 例

汉族 天运历纪,千岁一至,黄帝之元,执辰破巳,霸王之气,见于地户。

【流传】(无考)

【出处】[汉]袁康:《越绝书·外传记越地传》。

W1243.14.1
地户是天门

【关联】[W1168.21] 天门

实 例

汉族 天门兮地户。

【流传】(无考)

【出处】

(a)《楚辞·九怀·通路》。

(b)《地户》,见袁珂《中国神话大词典》,北京:华夏出版社 2015 年版,第 123 页。

W1243.14.2
地户无底

实 例

汉族 天不足西北,地不足东南;西北为天门,东南为地户;天门无上,地户无下。

【流传】(无考)

【出处】

(a)《周礼·大司徒》贾公彦疏引《河图括地象》。

(b)《地户》,见袁珂《中国神话大词典》,北京:华夏出版社 2015 年版,第 123 页。

W1243.14.3
地户在东南

实 例

汉族 河图括地象曰,东南为地户。

【流传】(无考)

【出处】[明]杨慎:《升庵外集》。

汉族 天不足西北,地不足东南;西北为天门,东南为地户。

‖W1244-W1244.1.1‖ 1.2.3 地的产生与特征

【流传】（无考）

【出处】

(a)《周礼·大司徒》贾公彦疏引《河图括地象》。

(b)《地户》，见袁珂《中国神话大词典》，北京：华夏出版社2015年版，第123页。

汉族 东南有石井，其方百丈，上有二石阙，夹东南面，上有蹲熊，有榜著阙，曰地户。

【流传】（无考）

【出处】

(a)《神异经·东南荒经》。

(b)《地户》，见袁珂《中国神话大词典》，北京：华夏出版社2015年版，第123页。

W1244

与地有关的其他母题

实 例

（参见下级母题实例）

W1244.1

原来有2个地球

【关联】[W1067.1] 地球有地上、地下两个世界

实 例

（参见下级母题实例）

W1244.1.1

人类产生前有2个地球

实 例

鄂温克族 人类还没有出现以前，世上只有一个地球。后来，又造出另一个地球。

【流传】（无考）

【出处】阿拉诺海讲，道尔吉翻译：《萨满神鼓的来历》，见满都呼主编《中国阿尔泰语系诸民族神话故事》，北京：民族出版社1997年版，第304页。

鄂温克族 在人类还没有出现以前，世上只有一个大地，后来，又造出另一个大地。

【流传】内蒙古自治区·呼伦贝尔盟（呼伦贝尔市）·（鄂温克族自治旗）·巴彦托海镇

【出处】

(a) 阿拉诺海讲，马名超记录整理：《大地的传说》（1979.05.23），见马名超、王士媛、白衫编《鄂温克族民间故事选》，上海：上海文艺出版社1989年版，第21页。

(b)《大地的传说》，见吕大吉、何耀华总主编《中国各民族原始宗教资料集成》（鄂伦春族卷、鄂温克族卷、赫哲族卷、达斡尔族卷、锡伯族卷、满族卷、蒙古族卷、藏族卷），北京：中国社会科学出版社1999年版，第94页。

鄂温克族 在人类出现以前，世界上只有一个地球。后来，天神又造出一个，于是世上有了两个地球。

【流传】内蒙古自治区·呼伦贝尔市·辉河一带

【出处】阿拉诺海讲，马名超记录整理：《两个地球》，见姚宝瑄主编《中国各民族神话》（达斡尔族、鄂伦春族、

W1244.2
四大洲

实 例

（参见下级母题实例）

W1244.2.1
世界有四洲

实 例

门巴族 门巴人认为世界有四个洲。

【流传】西藏自治区·（林芝地区）·墨脱县

【出处】益西平措讲，冀文正采录：《创世说》，见中国民间文学集成全国编辑委员会编《中国民间故事集成》（西藏卷），北京：中国 ISBN 中心 2001 年版，第 4 页。

W1244.2.2
花朵变成四大洲

【关联】[W1121.1] 荷花变成天地

实 例

（参见下级母题实例）

W1244.2.2.1
天神往种的荷花撒土造地四个荷花瓣变成四大洲

实 例

傣族 混散战胜洪水后，做了一个大荷花，四个荷花瓣变成了四大洲。

【流传】云南省

【出处】《变扎戛帕》（古老的荷花），中国社会科学院云南少数民族文学研究所等编《云南少数民族文学资料》第 3 辑，内部编印，1981 年，第 124 页。

傣族 天神混散在水上种荷花造地。荷花越来越大，也越来越好看。天长地久，就变成四块陆地，这就是世上的四大洲。

【流传】云南省·德宏（德宏傣族景颇族自治州）·潞西（芒市）

【出处】依示讲，岩坎记录：《荷花变成四大洲》，见姚宝瑄主编《中国各民族神话》（哈尼族、傣族），太原：山西出版传媒集团·书海出版社 2014 年版，第 240 页。

傣族 混散撒下荷花种子，荷花朵朵开放，混散将开遍荷花之地分为四大洲，世界即由此四大洲组成。

【流传】（云南省？）

【出处】袁珂改编：《混散造荷花成大地》，原载毛星主编《中国少数民族文学（下册）》，见袁珂《中国神话大词典》，北京：华夏出版社 2015 年版，第 505 页。

W1244.2.3
特定人物划分四大洲

实 例

（参见下级母题实例）

W1244.2.3.1
天神划分四大洲

实例

傣族 大神英叭最早造出的地球光秃秃的，他认为应该划成四瓣，就叫"戏梯立"（四大洲）。

【流传】云南省·西双版纳傣族地区（西双版纳傣族自治州）

【出处】《巴塔麻嘎捧尚罗》，王松据岩温炳翻译《巴塔麻晏》（开天辟地）改写，见姚宝瑄主编《中国各民族神话》（哈尼族、傣族），太原：山西出版传媒集团·书海出版社2014年版，第280页。

W1244.2.3.2
圣母分开四大洲

【关联】［W0794.4］圣母

实例

毛南族（实例待考）

W1244.2.4
四只动物代表四大洲

实例

傣族 大神英叭用身上的泥垢捏成雄狮、母狮、象和黄牛四只动物。四只动物就代表四大洲，它们管辖着四大洲的广阔土地。

【流传】云南省·西双版纳傣族地区（西双版纳傣族自治州）

【出处】《巴塔麻嘎捧尚罗》，王松据岩温炳翻译《巴塔麻晏》（开天辟地）改写，见姚宝瑄主编《中国各民族神话》（哈尼族、傣族），太原：山西出版传媒集团·书海出版社2014年版，第280页。

W1244.2.5
与四大洲有关的其他母题

实例

（参见下级母题实例）

W1244.2.5.1
十洲

实例

（参见下级母题实例）

W1244.2.5.1.1
十洲即祖、瀛、炎、玄、长、元、流、生、凤麟、聚窟等洲

实例

汉族 十洲谓祖、瀛、炎、玄、长、元、流、生、凤麟、聚窟。后又附以沧海岛、方丈洲、蓬丘（即蓬莱山）、扶桑、昆仑。

【流传】（无考）

【出处】

(a)［汉］东方朔撰：《海内十洲记》。

(b) 同 (a)，见袁珂《中国神话大词典》，北京：华夏出版社2015年版，

第 3 页。

W1244.2.5.2
九州

实 例

（参见下级母题实例）

W1244.2.5.2.1
盘古的九窍变成九州

实 例

汉族 盘古死，目为日月，髭为星辰，眉为斗枢，九窍为九州。

【流传】（无考）

【出处】［唐］释澄观：《大方广佛华严经随疏演义钞》卷四二引《三王历》。

W1244.2.5.2.2
盘古与8个儿子分成九州

实 例

汉族 盘古兄妹成亲后，先后生了八个儿子，取名东、西、南、北、东南、西南、东北、西北。八个儿子长大了，盘古叫他们到八个方向去过日子。八个儿子去八方，盘古在中间，一共九个地方，划分出天下为九州。

【流传】河南省·（南阳市）·桐柏县·（安棚乡、固县镇、大河乡、二郎山乡、月河镇金桥村等地）；（湖北省·随州市·随县·小林镇）

【出处】姚义雨、郑昌寿、黄发美、陈鸣声、刘太举、胡安辰、方家义、曹衔玉等讲，马卉欣采录整理：《盘古开天》，见张振犁编著《中原神话通鉴》（第一卷），郑州：河南大学出版社2017年版，第58页。

W1244.2.5.2.3
盘古与8个儿子管九州

实 例

汉族 盘古生了八个儿子，分为八方之主，盘古为中州之主，共为九州之主。

【流传】河南省·（南阳市）·桐柏县

【出处】陈鸣声（40岁，文化干部）讲，马卉欣采录：《盘古生子》（1982），见张振犁编著《中原神话通鉴》（第一卷），郑州：河南大学出版社2017年版，第107页。

W1244.2.5.2.4
人皇九兄弟管九州

实 例

汉族 人皇兄弟九人，分长九州，各立城邑，凡一百五十世，合四万五千六百年。

【流传】（无考）

【出处】［唐］司马贞：《三皇本纪》。

W1244.2a
其他特定名称的洲

实 例

（参见下级母题实例）

W1244.2a.0
长洲

实例

（参见下级母题实例）

W1244.2a.0.1
长洲在南海

实例

汉族　长洲，在南海辰巳之地，地方各五千里，去岸二十五万里，上饶山川，及多大树，树乃有二千围者。一洲之上，专是林木，故一名青邱。

【流传】（无考）

【出处】

（a）［汉］东方朔撰：《海内十洲记》。

（b）《长洲》，见袁珂《中国神话大词典》，北京：华夏出版社 2015 年版，第 76 页。

W1244.2a.1
方丈洲

实例

（实例待考）

W1244.2a.1.1
方丈洲在东海中心

实例

汉族　（实例待考）

W1244.2a.2
凤麟洲

实例

（参见下级母题实例）

W1244.2a.2.1
凤麟洲在西海中央

实例

汉族　凤麟洲，在西海之中央，地方一千五百里，上多凤、麟，数万各为群。

【流传】（无考）

【出处】

（a）［汉］东方朔撰：《海内十洲记》。

（b）《凤麟洲》，见袁珂《中国神话大词典》，北京：华夏出版社 2015 年版，第 76 页。

W1244.2a.3
火洲

实例

汉族　火洲在南海中，火燃洲，其木不死更鲜。

【流传】（无考）

【出处】

（a）《艺文类聚》卷八〇引《广志》。

（b）《火洲》，见袁珂《中国神话大词典》，北京：华夏出版社 2015 年版，第 79 页。

W1244.2a.3.1
火洲有自生之火

【关联】[W4585] 火的产生

实 例

汉族　南海之中，萧丘之中，有自生之火，常以春起而秋灭。丘方千里。当火起时，此丘上纯生一种木，火起正着此木。木虽为火所着，但小燋黑。人或以为薪者，如常薪，但不成炭。

【流传】（无考）
【出处】
（a）《艺文类聚》卷八〇引《抱朴子》。
（b）《火洲》，见袁珂《中国神话大词典》，北京：华夏出版社2015年版，第79页。

W1244.2a.4
流洲

实 例

（参见下级母题实例）

W1244.2a.4.1
流洲在西海

实 例

汉族　流洲，在西海中，地方三千里，去东岸十九万里，上多山川积石，名为昆吾。冶其石成铁作剑，光明洞照，烟水精状，割玉物如割泥。亦饶仙家。

【流传】（无考）
【出处】
（a）[汉]东方朔：《海内十洲记》。
（b）《流洲》，见袁珂《中国神话大词典》，北京：华夏出版社2015年版，第278页。

W1244.2a.5
玄洲

实 例

（参见下级母题实例）

W1244.2a.5.1
玄洲在北海

实 例

汉族　玄洲，在北海之中，戌亥之地，方七千二百里，去两岸三十六万里，上有大玄都，对天西北门，上多太玄仙官宫室，宫室各异，饶金芝玉带，乃是三天君下治之处，甚肃肃也。

【流传】（无考）
【出处】
（a）[汉]东方朔：《海内十洲记》。
（b）《玄洲》，见袁珂《中国神话大词典》，北京：华夏出版社2015年版，第114页。

W1244.2a.6
炎洲

实 例

（参见下级母题实例）

W1244.2a.6.1
炎洲在南海

【关联】[W0253.3] 炎帝是南方神

实 例

汉族　炎洲，在南海中，地方二千里，去北岸九万里，上有风生兽；又有火林山，山中有火光兽，取其兽毛，以绩为布，号为火浣布。

【流传】（无考）

【出处】

(a) [汉] 东方朔：《海内十洲记》。

(b) 《炎洲》，见袁珂《中国神话大词典》，北京：华夏出版社 2015 年版，第 210 页。

W1244.2a.7
瀛洲

实 例

（参见下级母题实例）

W1244.2a.7.1
瀛洲在东海

实 例

汉族　瀛洲在东海中，地方四千里，上生神芝仙草。又有玉石，高且千丈。出泉如酒，味甘，客之为玉醴泉，饮之数升辄醉，令人长生。洲上多仙家，讽俗似吴人，山川如中国也。

【流传】（无考）

【出处】

(a) [汉] 东方朔：《海内十洲记》。

(b) 《瀛洲》，见袁珂《中国神话大词典》，北京：华夏出版社 2015 年版，第 365 页。

W1244.2a.8
郁洲

实 例

（参见下级母题实例）

W1244.2a.8.1
郁洲在东北海

实 例

汉族　东北海中有大洲，谓之郁洲，《山海经》所谓"郁山在海中"者也。言是山自苍梧徙此，云山上犹有南方草木。

【流传】（无考）

【出处】

(a) [北魏] 郦道元：《水经注·淮水》。

(b) 《郁洲》，见袁珂《中国神话大词典》，北京：华夏出版社 2015 年版，第 184 页。

W1244.2a.9
元洲在北海

实 例

（参见下级母题实例）

W1244.2a.9.1
元洲在北海

实 例

汉族　元洲，在北海中，地方三千里，去南岸十万里。上有五芝玄涧，涧水如蜜浆，饮之长生，与天地相毕；服此五芝，亦得长生不死。亦多仙家。

【流传】（无考）

【出处】

（a）[汉] 东方朔：《海内十洲记》。

（b）《元洲》，见袁珂《中国神话大词典》，北京：华夏出版社 2015 年版，第 39 页。

W1244.2a.10
祖洲在东海

实 例

（参见下级母题实例）

W1244.2a.10.1
祖洲在东海

实 例

汉族　祖洲，近在东海之中，地方五百里，去西岸七万里，上有不死之草，草形如菰苗，长三四尺。人已死三日者，以草覆之，皆当时活也。服之令人长生。

【流传】（无考）

【出处】

（a）[汉] 东方朔：《海内十洲记》。

(b)《祖洲》，见袁珂《中国神话大词典》，北京：华夏出版社 2015 年版，第 247 页。

W1244.2b
奇特的洲

实 例

（参见下级母题实例）

W1244.2b.1
会移动的洲

【关联】

① [W1091.8.1] 以前有个河水会说话，大山会走路的时代

② [W1265.6.3] 会移动的岛

实 例

（参见下级母题实例）

W1244.2b.1.1
迁来之州

实 例

汉族　都州在海中。一曰郁州。今在东海朐县界；世传此山自苍梧（从南）徙来，上皆有南方物也。

【流传】（无考）

【出处】

(a)《山海经·海内东经》郭璞注。

(b)《郁州》，见袁珂《中国神话大词典》，北京：华夏出版社 2015 年版，第 192 页。

W1244.2c
与洲有关的其他母题

实例

（参见下级母题实例）

W1244.2c.1
渚

实例

（参见下级母题实例）

W1244.2c.1.1
特定的人物化为渚

实例

（参见下级母题实例）

W1244.2c.1.1.1
大禹的父亲化为渚

实例

汉族　青要之山，实惟帝之密都。是多驾鸟。南望墠渚，禹父之所化。

【流传】（无考）

【出处】

（a）《山海经·中次三经》。

（b）《墠渚》，见袁珂《中国神话大词典》，北京：华夏出版社 2015 年版，第 346 页。

W1244.2c.1.2
积水成渚

【关联】［W1976.5.2］积水成塘

实例

汉族　渭水之右，磻溪水注之。溪中有泉，谓之兹泉。泉水潭积，自成渊渚。

【流传】（无考）

【出处】

（a）［北魏］郦道元：《水经注·渭水》。

（b）《磻溪》，见袁珂《中国神话大词典》，北京：华夏出版社 2015 年版，第 360 页。

W1244.3
人是土地主人的来历

实例

回族　安拉告诉阿丹和好娲，你们是土上来的，归回土上去，做土地的主人。

【流传】黑龙江省·（牡丹江市）·绥芬河市

【出处】杨明岱讲，周爱民采录：《阿丹人祖》，见中国民间文学集成全国编辑委员会编《中国民间故事集成》（黑龙江卷），北京：中国 ISBN 中心 2005 年版，第 20 页。

W1244.4
地洞

【关联】［W1391.4］地上出现窟窿

实例

（参见下级母题实例）

1.2.3 地的产生与特征 ‖W1244.4.1–W1244.4.1.1.1.1‖ 821

W1244.4.1
地洞的产生

实 例

（参见下级母题实例）

W1244.4.1.0
自然产生地洞

实 例

彝族 刚造好日月之后，大地之上，又出现了许多洞。

【流传】黔西（贵州省西部）与云南（云南省）接壤的彝族地区

【出处】阿候布代讲、王正贡、王子尧、王冶新、何积金搜集整理，蕾紫改写：《天生地产》，原载中国民间文艺研究会贵州分会编《民间文学资料》，内部资料，1986 年，见姚宝瑄主编《中国各民族神话》（羌族、彝族），太原：山西出版传媒集团·书海出版社 2014 年版，第 164 页。

W1244.4.1.1
造地时留下地洞

实 例

（参见下级母题实例）

W1244.4.1.1.0
神造地时留下地洞

实 例

哈尼族 九个大神造地，他们偏要留下脚巴掌大的窟窿不给补上，就走了。

【流传】云南省

【出处】熊兴祥搜集整理：《风姑娘》，载《山茶》1983 年第 4 期。

哈尼族 九大神造地，亦造九千九百九十九年，尚留一窟如掌大未补足。

【流传】（无考）

【出处】《风姑娘》，原载谷德明编《中国少数民族神话选》，见袁珂《中国神话大词典》，北京：华夏出版社 2015 年版，第 490 页。

哈尼族 造地的 9 个大神造地时，偏要留下脚掌大的窟窿不给补上。

【流传】云南省·（红河哈尼族彝族自治州）·金平县（金平苗族瑶族傣族自治县）·（大寨乡）·坡头乡（坡头村）

【出处】李文有讲，熊兴祥记录：《风姑娘》，原载《金平民间故事选》，见姚宝瑄主编《中国各民族神话》（哈尼族、傣族），太原：山西出版传媒集团·书海出版社 2014 年版，第 30 页。

W1244.4.1.1.1
造地者戳出地洞

实 例

（参见下级母题实例）

W1244.4.1.1.1.1
李古老造地戳出地洞

实 例

土家族 今日所见山多、洞多、天坑多

及河流弯曲之地，都是神人李古老造地时手粗足糙戳出来的。

【流传】（无考）

【出处】《张古老与李古老》（原名《张古老制天李古老制地》），原载毛星主编《中国少数民族文学》（中册），见袁珂《中国神话大词典》，北京：华夏出版社 2015 年版，第 488 页。

W1244.4.1.1.1.2
天女造地戳出地洞

实例

彝族（俚颇） 天神的七个姑娘去做地的时候，在地上戳了七个孔。

【流传】云南省·（楚雄彝族自治州）·大姚县·昙华山区（昙华乡）

【出处】

（a）陆颇梭颇（毕摩）演唱，夏光辅、诺海阿苏翻译：《俚泼古歌》，见云南省社会科学院楚雄彝族文化研究所编《彝族民间文学》第 2 辑，1985 年。

（b）陆颇梭颇（毕摩）演唱，夏光辅、诺海阿苏翻译，古梅改写：《赤梅葛——俚泼古歌》，见姚宝瑄主编《中国各民族神话》（羌族、彝族），太原：山西出版传媒集团·书海出版社 2014 年版，第 106 页。

W1244.4.1.2
地洞是铺地时留下的排水洞

实例

彝族（阿细） 乃渥白（人名）铺地的时候，到处都铺好了，只剩下脚后跟那么宽的地方没有铺，他不敢铺；只有土洞口，乃渥白不敢铺；只有石洞口，乃渥白不敢铺。要是都铺了，水就流不出去了，水就会漫上天去了。

【流传】（a）云南省·红河哈尼族彝族自治州·弥勒县·（西山镇）

【出处】

（a）潘正兴等唱述，云南省民族民间文学红河调查队搜集翻译整理：《阿细的先基》，昆明：云南人民出版社 1959 年版。

（b）云南省民族民间文学红河调查队搜集整理，古梅改写：《最古的时候》，见姚宝瑄主编《中国各民族神话》（羌族、彝族），太原：山西出版传媒集团·书海出版社 2014 年版，第 139 页。

W1244.4.1.2a
地洞是补地时留下的洞

【关联】［W1390］地的修补（补地）

实例

彝族（阿细） 补地时到处都补了，只剩脚后跟宽的地方没有补，不敢补，只有土洞不敢补，只有石洞不敢补。

【流传】（a）云南省·红河哈尼族彝族自治州·弥勒县·（西山镇）

【出处】

（a）潘正兴等唱述，云南省民族民间文学红河调查队搜集翻译整理：《阿细的先基》，昆明：云南人民出版社 1959 年版。

1.2.3 地的产生与特征 ‖W1244.4.1.2b–W1244.4.1.4.1‖ 823

（b）云南省民族民间文学红河调查队搜集整理，古梅改写：《最古的时候》，见姚宝瑄主编《中国各民族神话》（羌族、彝族），太原：山西出版传媒集团·书海出版社 2014 年版，第 139 页。

W1244.4.1.2b
地洞是造地时留下的风洞

实 例

拉祜族（苦聪） 阿罗（男神名）造地的时候，有意留下了三步宽的口子，那是透气的洞，风就是从这洞口吹进大地来的。

【流传】云南省·红河地区（红河哈尼族彝族自治州）的深山老林

【出处】杨老三讲，樊晋波、陈继陆、韩延搜集，韩延整理，古木改写：《阿罗阿娜造天地》，原载《红河文艺》，原题目为《苦聪创世歌》，见姚宝瑄主编《中国各民族神话》（白族、拉祜族、景颇族），太原：山西出版传媒集团·书海出版社 2014 年版，第 173 页。

W1244.4.1.3
地震造成地洞

【关联】［W8569］与地震有关的其他母题

实 例

彝族 格兹天神的儿女造出的天地后，要用地震来试地。结果试地的时候，地一震，地就通了洞。

【流传】（云南省·楚雄彝族自治州·姚安县·官屯乡·马游村，大姚县·昙华乡等）

【出处】

（a）郭天元（马游村）、李申呼颇（昙华乡）、李福玉颇（苴）演唱，郭思九、许明学、龚维顺、张宝省、陈志群、胡炳文等搜集，刘德虎、龚维顺、陈志群、李树荣、郭天元等整理：《梅葛》（第一部"创世"），见云南省民族民间文学楚雄调查队《梅葛》（1959），昆明：云南人民出版社 2009 年版。

（b）《打虎开天辟地》，蔷紫据云南省民族民间文学楚雄调查队著《梅葛》（云南人民出版社 2009 年版）改写，见姚宝瑄主编《中国各民族神话》（羌族、彝族），太原：山西出版传媒集团·书海出版社 2014 年版，第 192 页。

W1244.4.1.4
雷公用锤砸出地洞

实 例

苗族 （实例待考）

W1244.4.1.4.1
雷公的铜锤砸出地洞

实 例

苗族 枉生（有的说是星王"北斗星"）用枪射中一个太阳（雷公），

它的铜锤甩到涧底，涧底陷了一个大洞。

【流传】

（a）广西壮族自治区·（柳州市）·融水县（融水苗族自治县）·滚贝乡。

（b）广西壮族自治区·（柳州市）·融水县（融水苗族自治县）

【出处】

（a）杨达香讲，梁彬采录翻译：《枉生射太阳》，见中国民间文学集成全国编辑委员会编《中国民间故事集成》（广西卷），北京：中国 ISBN 中心 2001 年版，第 42 页。

（b）杨达香讲，梁彬搜集整理：《创世记》，见谷德明编《中国少数民族神话》，北京：中国民间文艺出版社 1987 年版，第 545 页。

苗族 枉生（星王，指的是北斗星）用枪射太阳，奸猾的雷公（太阳之一）被射落下来，它的铜锤甩到涧底，涧底陷了一个大洞。

【流传】广西壮族自治区·（柳州市）·融水苗族自治县

【出处】

（a）杨达香讲，梁彬搜集整理：《创世纪》（四、降服太阳，枉生求助），见梁彬、王天若编《苗族民间故事选》，南宁：广西人民出版社 1986 年版。

（b）同（a），见姚宝瑄主编《中国各民族神话》（布依族、仡佬族、苗族），太原：山西出版传媒集团·书海出版社 2014 年版，第 191 页。

W1244.4.1.5
地洞是老鼠打出来的

【关联】[W3228.7] 老鼠打洞的来历

实例

布依族 洪水时，耗子钻进水底去打洞，使水全部消下去了。现在到处都可以看见大大小小的消水洞，就是那时耗子打的。

【流传】（无考）

【出处】

（a）赵司义讲：《迪进、迪颖造人烟》，见谷德明编《中国少数民族神话选》，西北民族学院研究所 1983 年编印，内部资料。

（b）同（a），见陶立璠等编《中国少数民族神话汇编·洪水篇》，中央民族学院少数民族古籍整理出版规划领导小组办公室印（内部资料），第 144 页。

（c）同（a），《布依族民间文学》1982 年第 1 期

（d）同（a），见姚宝瑄主编《中国各民族神话》（布依族、仡佬族、苗族），太原：山西出版传媒集团·书海出版社 2014 年版，第 62 页。

W1244.4.2
地洞的特征

实例

（参见下级母题实例）

W1244.4.2.1
地洞流干地上的水

实例

彝族　日月造好后，地上出现很多洞，地下的水都流干了，只剩下一股甘苦侯泉水。

【流传】黔西（贵州省西部）与云南（云南省）接壤的彝族地区

【出处】阿候布代讲，王正贡、王子尧、王冶新、何积金搜集整理，蔷紫改写：《天生地产》，原载中国民间文艺研究会贵州分会编《民间文学资料》，内部资料，1986 年，见姚宝瑄主编《中国各民族神话》（羌族、彝族），太原：山西出版传媒集团·书海出版社 2014 年版，第 164 页。

W1244.4.2.2
地洞通地下世界

实例

蒙古族（布里亚特）　嘎札里·乌尔亥即神话中的地洞，通过它人们似乎可以来到地下世界（googoЗauцбu）。

【流传】（无考）

【出处】［苏联］И. А. 曼日格耶夫著，宋长宏译，佟德富校：《布里亚特萨满教和前萨满教辞典》（俄文版），莫斯科：科学出版社 1978 年版，第 36 页，见吕大吉、何耀华总主编《中国各民族原始宗教资料集成》（鄂伦春族卷、鄂温克族卷、赫哲族卷、达斡尔族卷、锡伯族卷、满族卷、蒙古族卷、藏族卷），北京：中国社会科学出版社 1999 年版，第 636 页。

W1244.4.3
与地洞有关的其他母题

【关联】
① ［W1235.17］以前的地到处是洞
② ［W1846］山洞

实例

（参见下级母题实例）

W1244.4.3.0
地洞有 7 个

实例

（参见下级母题实例）

W1244.4.3.0.1
造地者戳出 7 个地洞

【关联】［W1244.4.1.1.1］造地者戳出地洞

实例

彝族（俚颇）　天神的七个姑娘去做地的时候，在地上戳了七个孔。

【流传】云南省·（楚雄彝族自治州）·大姚县·昙华山区（昙华乡）

【出处】
（a）陆颇梭颇（毕摩）演唱，夏光辅、诺海阿苏翻译：《俚颇古歌》，见云南省社会科学院楚雄彝族文化研究所编《彝族民间文学》第 2 辑，1985 年。

（b）陆颇梭颇（毕摩）演唱，夏光辅、

诺海阿苏翻译，古梅改写：《赤梅葛——俚泼古歌》，见姚宝瑄主编《中国各民族神话》（羌族、彝族），太原：山西出版传媒集团·书海出版社 2014 年版，第 106 页。

W1244.4.3.1
地洞有 4 个

实 例

（参见下级母题实例）

W1244.4.3.1.1
东西南北各有一个地洞

实 例

彝族　四位神仙分开天地时，分别到东西南北四个方位撬地，撬出了东、西、南、北四方的四个洞。

【流传】（无考）

【出处】《天神造天地》，见姚宝瑄主编《中国各民族神话》（羌族、彝族），太原：山西出版传媒集团·书海出版社 2014 年版，第 87 页。

W1244.4.3.2
地眼

【关联】

① ［W1243.3］地的眼睛
② ［W1244.4］地洞

实 例

（参见下级母题实例）

W1244.4.3.2.1
神造地时留下许多地眼

实 例

哈尼族　众神造地时还留下了很多地眼，给地气走路。

【流传】云南省·（红河哈尼族彝族自治州）·元阳县、金平县（金平苗族瑶族傣族自治县）、红河县等地

【出处】朱小和讲，史军超、卢朝贵搜集整理：《烟本霍本》，原载刘辉豪、阿罗编《哈尼族民间故事选》，上海文艺出版社 1989 年版，见姚宝瑄主编《中国各民族神话》（哈尼族、傣族），太原：山西出版传媒集团·书海出版社 2014 年版，第 37 页。

W1244.4.3.3
土洞

实 例

（参见下级母题实例）

W1244.4.3.3.1
土洞是特定人物戳出的伤口

实 例

（参见下级母题实例）

W1244.4.3.3.1.1
天兵天将在龙身上戳出许多地洞

实 例

汉族　葬龙的土堆上有许多洞口。这

些洞口是当年天兵天将在乌龙身上戳出来的伤口。

【流传】江苏省·(无锡市)·宜兴县(宜兴市)

【出处】牟祥义讲,鲍建南搜集整理:《龙窑的来历》,原载江苏省宜兴县文化局编《陶都宜兴的传说》,见陶阳、钟秀编《中国神话》(下),北京:商务印书馆2008年版,第1222~1223页。

W1244.5

地的背面

实 例

(参见下级母题实例)

W1244.5.1

穿过大袋可到地的背面

实 例

苗族 赛鲁(男性人名)到远方开辟集市,穿过大海去到大地背面。

【流传】贵州省·(安顺市)·紫云县(紫云苗族布依族自治县)麻山苗区

【出处】杨光东唱诵,杨正江译:《亚鲁族谱》,见中国民间文艺家协会主编《亚鲁王》,北京:中华书局2011年版,第60页。

W1244.6

地气

【关联】[W1263.1]地眼是给地气的路

实 例

瑶族 说不清那阳风吹了多久,也记不住那阴风刮了多久,吹得天气地气卷成团。

【流传】广西壮族自治区·(河池市)·大化县(大化瑶族自治县)·七百□乡

【出处】蓝阿勇(72岁)讲,蒙冠雄采录翻译:《密洛陀》(1982),见中国民间文学集成全国编辑委员会编《中国民间故事集成》(广西卷),北京:中国ISBN中心2001年版,第11~22页。

W1244.6.1

地气从地眼冒出

【关联】

① [W1244.4.3.2]地眼
② [W1263.1]地眼是给地气的路

实 例

哈尼族 众神造地时还留下了很多地眼,给地气走路。

【流传】云南省·(红河哈尼族彝族自治州)·元阳县、金平县(金平苗族瑶族傣族自治县)、红河县等地

【出处】朱小和讲,史军超、卢朝贵搜集整理:《烟本霍本》,原载刘辉豪、阿罗编《哈尼族民间故事选》,上海文艺出版社1989年版,见姚宝瑄主编《中国各民族神话》(哈尼族、傣族),太原:山西出版传媒集团·书海出版社2014年版,第37页。

W1244.6.2
神拉风箱产生地气

实例

哈尼族 众神造地时拉风箱，地上才有气。

【流传】云南省·（红河哈尼族彝族自治州）·元阳县、金平县（金平苗族瑶族傣族自治县）、红河县等地

【出处】朱小和讲，史军超、卢朝贵搜集整理：《烟本霍本》，原载刘辉豪、阿罗编《哈尼族民间故事选》，上海文艺出版社1989年版，见姚宝瑄主编《中国各民族神话》（哈尼族、傣族），太原：山西出版传媒集团·书海出版社2014年版，第37页。

W1244.7
地种

【关联】［W1394.9］撒地种补地

实例

彝族 什么是地种？勒黑就是地种。

【流传】云南省·楚雄彝族自治州

【出处】罗文荣演唱，李世忠翻译，蔷紫改写：《老人梅葛》，见姚宝瑄主编《中国各民族神话》（羌族、彝族），太原：山西出版传媒集团·书海出版社2014年版，第124页。

W1244.8
宝地

实例

（参见下级母题实例）

W1244.8.1
宝地有金凤凰光顾

实例

仫佬族 金凤凰过去常来的地方，一定是宝地。

【流传】广西壮族自治区·（河池市）·罗城县（罗城仫佬族自治县）·四把（四把乡）、东门（东门镇）

【出处】杨小妹讲，潘琦、包玉堂搜集整理：《凤凰山和鬼龙潭》，见姚宝瑄主编《中国各民族神话》（仫佬族、壮族、京族），太原：山西出版传媒集团·书海出版社2014年版，第25页。

W1244.9
地遭到毁坏

【关联】［W8573］地陷（地的塌陷）

实例

（参见下级母题实例）

W1244.9.1
地被风吹破

实例

彝族 蜘蛛网织的天不牢，巴根草造的地不实。有一天刮起一阵大风，把天吹破了，把地吹烂了。

【流传】云南省·楚雄彝族自治州

【出处】罗文荣演唱，李世忠翻译，蔷

紫改写：《老人梅葛》，见姚宝瑄主编《中国各民族神话》（羌族、彝族），太原：山西出版传媒集团·书海出版社 2014 年版，第 123 页。

W1244.9.2
地球的破坏者

【关联】［W1007.3.1］创世的破坏者

实 例

（参见下级母题实例）

W1244.9.2.1
鸟啄坏地球

实 例

傣族（水傣）神王英叭看见一只"诺列领"（滴水鸟）在啄他开创的地球。

【流传】（云南省·西双版纳傣族自治州）

【出处】王松整理：《傣族——西双版纳的神谱》，见姚宝瑄主编《中国各民族神话》（哈尼族、傣族），太原：山西出版传媒集团·书海出版社 2014 年版，第 232 页。

W1244.10
地球的装束

实 例

（参见下级母题实例）

W1244.10.1
地球的腰带

实 例

（参见下级母题实例）

W1244.10.1.1
金绳子是地球的腰带

实 例

蒙古族 海龙王的金绳子是缠在地球肚子上的腰带，地球离不了它。离开它地球就会散。

【流传】（无考）

【出处】哈扎搜集，巴音巴图、姚宝瑄记录整理：《郭拉斯青和七仙女》，见姚宝瑄主编《中国各民族神话》（达斡尔族、鄂伦春族、鄂温克族、蒙古族），太原：山西出版传媒集团·书海出版社 2014 年版，第 224 页。

W1244.10.2
地绳

【关联】［W1238］地脉（地维、地筋、地线、地理）

实 例

（参见下级母题实例）

W1244.10.2.1
9 根地绳系地

实 例

基诺族 创世母亲创世时，用创造天地的癞蛤蟆的九根筋作绳，牢牢地系住了大地，由天鬼主管这系地的九根绳。

【流传】云南省·（西双版纳傣族自治州·景洪市）·基诺山（基诺山基诺

族乡）·巴亚中寨、亚诺寨

【出处】沙车等讲，杜玉亭调查整理：《天鬼与雷鬼》（1979～1990），见吕大吉、何耀华总主编《中国各民族原始宗教资料集成》（彝族卷、白族卷、基诺族卷），北京：中国社会科学出版社 1996 年版，第 945 页。

W1244.11
地有特定的功用

【实例】

（参见下级母题实例）

W1244.11.1
地是地神居住的地方

【关联】[W0233] 地神的生活

【实例】

哈尼族 海里生出的大金鱼用鳍扫除天地。但天地不是给人住的，天是天神的住处。地是地神的住处，人住的天地还没有。

【流传】云南省·（红河哈尼族彝族自治州）·元阳县、金平县（金平苗族瑶族傣族自治县）、红河县等地

【出处】朱小和讲，史军超、卢朝贵搜集整理：《烟本霍本》，原载刘辉豪、阿罗编《哈尼族民间故事选》，上海文艺出版社 1989 年版，见姚宝瑄主编《中国各民族神话》（哈尼族、傣族），太原：山西出版传媒集团·书海出版社 2014 年版，第 33 页。

W1244.12
荒野

【关联】[W1199.6] 野地的产生

【实例】

（参见下级母题实例）

W1244.12.1
四荒

【实例】

汉族 觚竹、北户、西王母、日下，谓之四荒。

【流传】（无考）

【出处】

（a）《尔雅·释地》。

（b）《北户》，见袁珂《中国神话大词典》，北京：华夏出版社 2015 年版，第 102 页。

汉族 忽反顾以游目兮，将往观乎四荒。

【流传】（无考）

【出处】

（a）[战国] 屈原：《楚辞·离骚》。

（b）《四荒》，见袁珂《中国神话大词典》，北京：华夏出版社 2015 年版，第 103 页。

W1244.13
滩地（湿地）

【实例】

（参见下级母题实例）

W1244.13.1
湖泊变成滩地

【关联】［W1950］与湖有关的其他母题

实　例

东乡族 从前原本没有一分滩地的一个绿波似镜的淖尔（东乡语，湖泊、池塘的意思），后来成为赤滩，也叫赤孜拉妩滩。

【流传】（无考）

【出处】

（a）自祥搜集整理：《赤孜拉妩的传说》，见郝苏民、马自祥编《东乡族民间故事集》，北京：中国民间文艺出版社1981年版

（b）自祥搜集整理：《赤孜拉妩》，见姚宝瑄主编《中国各民族神话》（土族、东乡族、回族、保安族、裕固族、撒拉族），太原：山西出版传媒集团·书海出版社2014年版，第16页。

❀ W1245
土（泥土、土壤）

实　例

（参见下级母题实例）

❋ W1246
土的产生

【汤普森】A998

实　例

（参见下级母题实例）

W1247
土来源于某个地方

实　例

（参见下级母题实例）

W1247.1
潜水取土

【关联】

① ［W1179.4］潜水取泥造地
② ［W1251.5］泥土的发现

实　例

俄罗斯族（实例待考）

塔吉克族（实例待考）

W1247.1.1
以前土全在水底

【关联】［W1172.3.5］洪水退去出现地

实　例

汉族 大鹏金翅鸟见地上全是水，没得落脚的地方。问鸭子时，鸭子说："这个水里一点泥土总没得，想找泥土，深哩，全在水底下。"

【流传】江苏省·（盐城市）·大丰县·三渣乡·西渣村

【出处】杨广顺讲，沈澄、丁晗搜集整理：《一把大斧分天地》（1986.04），见姚宝瑄主编《中国各民族神话》（汉族），太原：山西出版传媒集团·书海出版社2014年版，第22~23页。

W1247.2
神或神性人物潜水取土
实例

汉族 （实例待考）

W1247.3
动物潜水取土
【关联】［W1179.4］潜水取土造地
实例

（参见下级母题实例）

W1247.3.1
鸭潜水取土造地
实例

蒙古族 （实例待考）

W1247.3.2
青蛙潜水取土造地
【关联】［W1199.1.4］陆地在蛤蟆背上形成
实例

鄂温克族 青蛙潜入水底取泥土，然后把这些泥土放水面上。
【流传】（无考）
【出处】《青蛙造大地》，见姚风《鄂温克与鄂伦春人的某些自然崇拜》，载《黑龙江民族丛刊》1990年第1期。

W1247.4
动物衔来泥土
实例

（参见 W1252.6.4.1 母题实例）

W1248
土自然产生
实例

（参见下级母题实例）

W1248.1
石头上面生土
实例

藏族 太阳曝晒，山岩碎石与海水混合，结成石头，石头上积了土。
【流传】（无考）
【出处】《柱下遗教》、《西藏王统记》和《贤者喜宴》等。

藏族 世界一片大海，7个太阳暴晒，山岩崩裂，碎石与海水结合，风吹雨淋又结成石头，石头上积了土。
【流传】西藏自治区·（那曲地区）·黑河地区（那曲县）
【出处】佟锦华：《藏族文学研究》，北京：中国藏学出版社1992年版，第388页。

W1249
土是造出来的
实例

（参见下级母题实例）

W1249.1
用汗垢造土

实例

（参见下级母题实例）

W1249.1.1
天神用汗垢造土

实例

拉祜族 厄莎整天忙着搓汗垢造土。

【流传】云南省·（普洱市）·澜沧县（澜沧拉祜族自治县）

【出处】胡札克讲，雷波采录：《厄雅莎雅造天地》，见中国民间文学集成全国编辑委员会编《中国民间故事集成》（云南卷），北京：中国 ISBN 中心 2003 年版，第 47 页。

W1249.2
祖先造五色泥

【关联】［W1252.4.3］五色土（五彩土、五土）

实例

布依族 原来天下只有一种泥，翁杰（文化英雄）造成五色泥。

【流传】贵州省·黔南（黔南布依族苗族自治州）各地

【出处】（a）《造万物歌》，见贵州省社会科学院文学研究所，黔南布依族苗族自治州文艺研究室编《布依族古歌叙事歌选》，贵阳：贵州人民出版社 1982 年版。

（b）同（a），见何积全、陈立浩主编《布依族文学史》，贵阳：贵州民族出版社 1992 年版，第 49 页。

布依族 祖先翁杰造五色泥。

【流传】（无考）

【出处】《混沌王和盘果王》，见贵州省社会科学院文学研究所主编《布依族文学史》，内部编印，1983 年，第 55 页。

W1249.3
神铺出土壤

实例

景颇族 天神的儿子宁冠瓦修整大地时，在地上铺上肥沃的土壤，庄稼可以生长了。

【流传】（无考）

【出处】斋瓦贡退干唱，李向前、木然瑶都搜集整理，木子改写：《穆脑斋瓦——宁冠瓦》，见姚宝瑄主编《中国各民族神话》（白族、拉祜族、景颇族），太原：山西出版传媒集团·书海出版社 2014 年版，第 226 页。

W1249.4
与造土有关的其他母题

实例

（参见下级母题实例）

W1249.4.1
造地的帮助者

【关联】[W9987] 帮助者

实 例

（参见 W1392.5.1 母题实例）

W1250
土是变化产生的

实 例

（参见下级母题实例）

W1250.1
蛋变为土壤

【关联】[W1191.1] 卵生地

实 例

（参见 W1289.1.1a 母题实例）

W1250.2
尸体化生为土

实 例

苗族 佑劳（神）用皮肉做泥土，拿骨头当岩石。

【流传】贵州省·（毕节市）·赫章县

【出处】杨质昌、王正义整理：《造天地人类歌》，见《贵州省赫章县故事卷》，内部编印。

W1250.2.1
神死后肉变成泥土

实 例

仡佬族 （实例待考）

W1250.2.2
盘古死后肉变成泥土

实 例

汉族 天气蒙鸿，萌芽兹始，遂分天地。首生盘古。垂死化身，肌肉为田土。

【流传】（无考）

【出处】

（a）《五运历年记》，见［清］马骕《绎史》卷一。

（b）《五运历年记》，见［明］董斯张《广博物志》卷九。

汉族 盘古死的时候，他的肌肉变成了田土。

【流传】（无考）

【出处】袁珂译述：《盘古开天辟地》，原载袁珂编译《中国神话故事》，见陶阳、钟秀编《中国神话》（上），北京：商务印书馆 2008 年版，第 7～8 页。

汉族 盘古死后，他的肌肉变成供人耕种的土壤。

【流传】江苏省·（淮安市）·涟水（涟水县）各地

【出处】徐学尧讲，徐省生搜集整理：《开天辟地和人的由来》（1986.06），见姚宝瑄主编《中国各民族神话》（汉族），太原：山西出版传媒集团·书海出版社 2014 年版，第 20～22 页。

汉族 盘古顶天立地后，肌肉变成了泥土。

【流传】河南省·（驻马店市）·新蔡县·裳村乡

【出处】刘义（76岁，农民）讲，刘国富采录，龚国强采录整理：《盘古开天地的来历》（1987.09.05），见张振犁编著《中原神话通鉴》（第一卷），郑州：河南大学出版社2017年版，第25页。

W1250.2.3
蚩尤的身体化生土

【关联】［W0672］蚩尤

实例

汉族 蚩尤躯体很大，横放在湖水以北，日久化为黄土。

【流传】山西省·运城市

【出处】王省三讲，王永年采录：《黄帝战蚩尤》，见中国民间文学集成全国编辑委员会编《中国民间故事集成》（山西卷），北京：中国 ISBN 中心1999年版，第23页。

W1250.2.4
始祖死后变成泥土

实例

景颇族 （实例待考）

彝族 先祖阿卜多莫死后，肉体变泥土。

【流传】（无考）

【出处】《阿卜多莫石》，见《楚雄民间文学资料》第1辑，内部编印。

W1250.3
肉变成土

【关联】［W1193.5］怪物的身体化为地

实例

仡佬族 神死后，肉变成了泥巴。

【流传】贵州省·（遵义市）·遵义县·平正公社（平正仡佬族乡）

【出处】陈保和讲，田兴才搜集：《布什格制天、布比密制地》，见贵州民研会、贵州民族学院编《民间文学资料》第49集，内部资料，1982年。

纳西族 （实例待考）

W1250.3.1
神的血肉变成泥土

实例

（参见下级母题实例）

W1250.3.1.1
太阳神儿女的血肉变成泥土

实例

景颇族 太阳神有一对儿女，他们的血肉变成泥土。

【流传】（无考）

【出处】木然瑙都整理：《宁冠哇》，载《山茶》1983年第3期。

W1250.3.1.2
1对夫妻神的血肉变成泥土

实例

景颇族 一对天神夫妻死后，血肉变成

泥土。

【流传】（无考）

【出处】斋瓦贡退干唱，李向前、木然瑶都搜集整理，木子改写：《穆脑斋瓦——宁冠瓦》，见姚宝瑄主编《中国各民族神话》（白族、拉祜族、景颇族），太原：山西出版传媒集团·书海出版社2014年版，第226页。

W1250.3.2
怪物的肉变成土

实 例

纳西族（实例待考）

W1250.3.3
鸟的肉变成泥巴

实 例

（参见下级母题实例）

W1250.3.3.1
人面大鸟的肉变成泥土

实 例

藏族 混沌世界中最早出现一个人面鸟身的马世纪（鸟名），它身上的肉，成了大地上的泥巴。

【流传】（四川省·凉山彝族自治州·木里藏族自治县）

【出处】陈安礼讲，陈青贵等译：《天和地怎样来的》，原载《中国民间故事集成·木里卷》，见吕大吉、何耀华总主编《中国各民族原始宗教资料集成》（鄂伦春族卷、鄂温克族卷、赫哲族卷、达斡尔族卷、锡伯族卷、满族卷、蒙古族卷、藏族卷），北京：中国社会科学出版社1999年版，第938页。

藏族 世界最早出现的一只人面大鸟，它的肉成了泥土。

【流传】（无考）

【出处】刘尚乐搜集整理：《天和地是怎样来的》，见姚宝瑄主编《中国各民族神话》（门巴族、珞巴族、怒族、藏族），太原：山西出版传媒集团·书海出版社2014年版，第84页。

W1250.3.3.2
大鸟的肉变成泥土

实 例

彝族 一只大鸟身上的肌肉成了地上的泥巴。

【流传】四川省·凉山彝族自治州·木里藏族自治县

【出处】＊《大鸟扇出天地》，见《藏族原始宗教资料丛编》，内部编印，第53页。

W1250.3.3.3
混沌中一只大鸟的肉变成泥土

实 例

藏族 混沌中出现一只大飞鸟，它身上的肉，成了地球上的泥巴

【流传】

（a）四川省·（凉山彝族自治州）·

1.2.3 地的产生与特征 ‖W1250.3.4–W1250.3.5‖ 837

木里县（木里藏族自治县）·卡拉乡
(b) 四川省

【出处】

(a) 陈安礼讲，陈青贵翻译，四川省民协木里采风队采录：《天和地是怎样来的》，见中国民间文学集成全国编辑委员会编《中国民间故事集成》（四川卷·下），北京：中国 ISBN 中心 1998 年版，第 933 页。

(b) 刘尚乐整理：《天和地是怎样来的》，见中国各民族宗教与神话大词典编审委员会编《中国各民族宗教与神话大词典》，北京：学苑出版社 1990 年版，第 749 页。

W1250.3.4
天父地母的儿子死后肉变成泥土

实 例

珞巴族 天父、地母的大儿子德宁阳死后，它身上的肉变成了泥土。

【流传】

(a) 西藏自治区·（林芝市）·米林（米林县）

(b) 西藏自治区·（林芝市）·米林县、马尼岗（现为印占区）一带

【出处】

(a) 达让讲，高前译，李坚尚、裴富珍搜集整理：《德宁阳之死》，见中华民族故事大系编委会编《中华民族故事大系》第 16 卷（赫哲族、门巴族、珞巴族、基诺族），上海：上海文艺出版社 1995 年版，第 397~399 页。

(b) 同 (a)，见李坚尚、刘芳贤编《珞巴族门巴族民间故事选》，上海：上海文艺出版社 1993 年版，第 11~13 页。

W1250.3.5
盘古死后肉变成土

【关联】

① ［W1119.2］盘古垂死化生天地
② ［W1193a.1.2］盘古死后肉变成土地

实 例

白族 盘古死后，观音的手指到哪里，他就变到哪里，他的肉变成了土。

【流传】

(a) 云南省·（大理白族自治州）·大理（大理市）、洱源县等地

(b) 云南省·（大理白族自治州）·洱源县

【出处】

(a) 杨国政讲，杨亮才采录：《开天辟地》，见中国民间文学集成全国编辑委员会编《中国民间故事集成》（云南卷），北京：中国 ISBN 中心 2003 年版，第 9 页。

(b) 同 (a)，见谷德明编《中国少数民族神话》，北京：中国民间文艺出版社 1987 年版，第 293 页。

白族 盘古死后，按观音的指点变万物。他的肉变成了土。

【流传】云南省·（大理白族自治州）·大理（大理市）、洱源（洱源县）、剑川（剑川县）

【出处】杨国政讲，杨亮才记录整理：

《开天辟地》，见中华民族故事大系编委会编《中华民族故事大系》第5卷（瑶族、白族、土家族），上海：上海文艺出版社1995年版，第319~320页。

白族 盘古死时，肉变成土，骨头变成大岩石。

【流传】云南省·（大理白族自治州）·大理（大理市）、洱源（洱源县）、剑川（剑川县）等地

【出处】杨国政讲，杨亮才记录整理：《开天辟地》，原载《云南民间故事选》（不详），见姚宝瑄主编《中国各民族神话》（白族、拉祜族、景颇族），太原：山西出版传媒集团·书海出版社2014年版，第6页。

苗族 盘古死后的肉变泥土。

【流传】贵州省

【出处】袁玉芬讲：《盘古开天地》，见燕宝、张晓编《贵州神话传说》，贵阳：贵州人民出版社1997年版，第5页。

W1250.3.6
与肉变成土有关的其他母题

实例

（参见下级母题实例）

W1250.3.6.1
神把牛的肉变成土

实例

哈尼族 众神用查牛（天地神专养的神牛）的肉做成箐沟山凹里的黑土。

【流传】
(a) 云南省·（红河哈尼族彝族自治州）·元阳县
(b) 云南省·（红河哈尼族彝族自治州）·元阳（元阳县）、红河（红河县）、绿春（绿春县）、金平（金平苗族瑶族傣族自治县）等

【出处】
(a) 朱小和讲，史军超采录：《查牛补天地》，见中国民间文学集成全国编辑委员会编《中国民间故事集成》（云南卷），北京：中国ISBN中心2003年版，第29页。
(b) 同(a)，见云南省民间文学集成办公室编《哈尼族神话传说集成》，北京：中国民间文艺出版社1990年版。

W1250.4
粪便变成土

【关联】［W1197.14］粪便变成地

实例

（参见下级母题实例）

W1250.4.0
神或神性人物的粪便变成土

实例

（参见下级母题实例）

W1250.4.0.1
怪人的粪便变成土

实例

侗族 天地形成后生出的怪人星郎被

杀死后，他的大便变成泥土。

【流传】

（a）贵州省·（黔东南苗族侗族自治州）·从江县·高增乡

（b）贵州省·（黔东南苗族侗族自治州）·从江、黎平等侗族地区

【出处】

（a）梁普安等讲，龙玉成采录：《物种的起源》，见中国民间文学集成全国编辑委员会编《中国民间故事集成》（贵州卷），北京：中国ISBN中心2003年版，第31页。

（b）同（a），见燕宝、张晓编《贵州神话传说》，贵阳：贵州人民出版社1997年版，第71页。

W1250.4.1

动物的粪便变成土

实 例

（参见下级母题实例）

W1250.4.1.1

青蛙屙的屎变成土

【关联】［W1197.14.1］青蛙屙的屎变成土地

实 例

哈尼族 青蛙屙出来的屎变成土。

【流传】云南省·（普洱市）·墨江县（墨江哈尼族自治县）

【出处】金开兴讲，蓝明红采录：《青蛙造天地》，见中国民间文学集成全国编辑委员会编《中国民间故事集成》（云南卷），北京：中国ISBN中心2003年版，第34页。

哈尼族 以前，世上只有大海。海龙王对派去造天地的青蛙说："我为你施加法术，你产仔会吐沫子，吐出的沫子就能变成造地的材料，吃饱后屙出的屎就能变成土，啃剩的大骨做大料，小骨做小料。"

【流传】云南省·（普洱市）·墨江县（墨江哈尼族自治县）

【出处】金开兴讲，蓝明红搜集整理：《青蛙造天地》，单超选自云南省民间文学集成办公室编《哈尼族神话传说集成》，中国民间文艺出版社1990年，见姚宝瑄主编《中国各民族神话》（哈尼族、傣族），太原：山西出版传媒集团·书海出版社2014年版，第4~5页。

W1250.5

脑髓变成土

实 例

（参见下级母题实例）

W1250.5.1

神牛的脑髓变成土

实 例

哈尼族 众神用查牛（天地神专养的神牛）的脑髓做成地上栽田种谷子的黄土。

【流传】

（a）云南省·（红河哈尼族彝族自治

州）·元阳县

（b）云南省·（红河哈尼族彝族自治州）·元阳（元阳县）、红河（红河县）、绿春（绿春县）、金平（金平苗族瑶族傣族自治县）等

【出处】

（a）朱小和讲，史军超采录：《查牛补天地》，见中国民间文学集成全国编辑委员会编《中国民间故事集成》（云南卷），北京：中国 ISBN 中心 2003 年版，第 29 页。

（b）同（a），见云南省民间文学集成办公室编《哈尼族神话传说集成》，北京：中国民间文艺出版社 1990 年版。

W1250.6
龙鳞变成土

【关联】［W3566］龙的鳞（龙鳞）

实 例

（参见下级母题实例）

W1250.6.1
阴龙的龙鳞变成土

实 例

土家族 阴龙在地里行动，它脱落在地面的龙鳞甲化成了泥土。

【流传】湖北省·（宜昌市）·长阳县（长阳土家族自治县）·贺家坪区（贺家坪镇）·火麦溪村

【出处】郑文仕讲，杜荣东采录：《神龙造天造地造人》，见中国民间文学集成全国编辑委员会编《中国民间故事集成》（湖北卷），北京：中国 ISBN 中心 1999 年版，第 7 页。

W1250.7
树叶变成土

实 例

彝族 （实例待考）

W1250.7.1
茶叶化为泥土

实 例

德昂族 茶叶只要停住脚步躺下来歇息的，再也站不起来，化作泥土铺在地上。

【流传】云南省·德宏州（德宏傣族景颇族自治州）

【出处】

（a）陈志鹏搜集整理：《祖先创世纪》，见李子贤编《云南少数民族神话选》，昆明：云南人民出版社 1990 年版。

（b）同（a），见姚宝瑄主编《中国各民族神话》（佤族、阿昌族、纳西族、普米族、德昂族），太原：山西出版传媒集团·书海出版社 2014 年版，第 396 页。

W1250.7.2
梭罗树叶变成泥土

实 例

彝族 天上梭罗树的叶子掉在地上变

成土。

【流传】（无考）

【出处】杨森、李映权译：《梅葛》，见中国作家协会昆明分会民族民间文学编委会《云南民族民间资料》第 2 辑，内部资料，第 22 页。

W1250.7a
草变成泥

实 例

（参见下级母题实例）

W1250.7a.1
青苔上长出的草变成泥

实 例

傣族　天神混雪加往大水上撒下一张巨大的蜘蛛网。网上面先长出水皮，又长出青苔，青苔上长出杂草，杂草枯了又长，长了又枯，后来便变成了泥巴。

【流传】云南省·果谷一带（不详。疑为"普洱市景谷傣族彝族自治县"）

【出处】周一文改写：《蜘蛛网织成地面》，见姚宝瑄主编《中国各民族神话》（哈尼族、傣族），太原：山西出版传媒集团·书海出版社 2014 年版，第 239 页。

W1250.8
石头变成土

【关联】[W1248.1] 石头上面生土

实 例

（参见下级母题实例）

W1250.8.1
石头旋转万年变成土

实 例

汉族　石头蛋没黑没明地转了几万万年，里面的石头慢慢变成了土。

【流传】陕西省·宝鸡县（宝鸡市）·（渭滨区）·马营镇·永清村

【出处】张世爱讲，李淳采录：《开天辟地》，见中国民间文学集成全国编辑委员会编《中国民间故事集成》（陕西卷），北京：中国 ISBN 中心 1996 年版，第 4 页。

W1250.9
其他特定物变成土

实 例

（参见下级母题实例）

W1250.9.1
水上生的微尘成为土

实 例

蒙古族　（实例待考）

W1250.9.2
雾变成泥土

实 例

布依族　祖先吹气成云，云化为雾。雾气往下落，慢慢凝结，重的落下地，变成了石头，另一部分重的又变成泥。

【流传】贵州省布依族地区

【出处】杨正荣、祝登瓮讲，岭玉清、汛河搜集整理，古梅改写：《翁戛造万物》，见姚宝瑄主编《中国各民族神话》（布依族、仡佬族、苗族），太原：山西出版传媒集团·书海出版社2014年版，第8页。

W1250.9.3
浊气变成泥土

实例

水族　女神伢俣见天地间一片混沌，就放出一阵风，风把混沌吹出两层，一层清气，还有一层是浊气。她又吹了口气，只见那浊气慢慢往下沉，沉落到地上，变成了泥土。

【流传】（无考）

【出处】潘静流唱，燕宝记译，化斯改写：《伢俣开创世界》（原名《造天造地》），见姚宝瑄主编《中国各民族神话》（水族、布朗族、独龙族、基诺族、傈僳族），太原：山西出版传媒集团·书海出版社2014年版，第5页。

W1251
与土的产生有关的其他母题

【关联】

① ［W1252.3］会自己增大的土（息壤）

② ［W1252.4.1］红土的来历

实例

（参见下级母题实例）

W1251.1
神的意志产生土

【关联】［W1104a.1］上帝的意志产生天地

实例

（参见下级母题实例）

W1251.1.1
天神用意念把雾凝结成土

实例

傣族　天神英叭看到世界到处是大雾茫茫，就说："大雾能结成泥巴就好了！"果然大雾就凝结成了泥巴。

【流传】云南省·西双版纳州（西双版纳傣族自治州）

【出处】岩英祁讲，仓雾华翻译，朱宜初等采录：《英叭开天辟地》，见中国民间文学集成全国编辑委员会编《中国民间故事集成》（云南卷），北京：中国ISBN中心2003年版，第82页。

W1251.2
重的物质变成泥土

实例

布依族　盘古开天地，重的下沉变成泥土。

【流传】贵州省·贵阳（贵阳市）

【出处】陈素兰讲，张羽超等搜集，夏云昆整理：《开天辟地》，见中华民族故事大系编委会编《中华民族故事大系》第 3 卷（彝族、壮族、布依族），上海：上海文艺出版社 1995 年版，第 687 页。

W1251.2.1
重的雾气变成泥土

【关联】［W1250.9.2］雾变成泥土

实　例

布依族 祖先吹气成云，云化为雾。雾气往下落，慢慢凝结，重的落下地，变成了石头，另一部分重的又变成泥。

【流传】贵州省布依族地区

【出处】杨正荣、祝登瑄讲，岭玉清、汛河搜集整理，古梅改写：《翁戛造万物》，见姚宝瑄主编《中国各民族神话》（布依族、仡佬族、苗族），太原：山西出版传媒集团·书海出版社 2014 年版，第 8 页。

W1251.3
土产生的条件

实　例

（实例待考）

W1251.4
土地每天都在生长

实　例

（参见 W1252.3 母题实例）

W1251.5
泥土的发现

【关联】［W1247.1］潜水取土

实　例

（参见下级母题实例）

W1251.5.1
屎壳郎找来泥

【关联】［W1177.5.5］拱屎虫造地（屎壳郎造地）

实　例

哈尼族 沙罗阿龙（人名）让屎壳郎找来泥巴，大头蜂拱来石头，豆夹虫抬来沙粒。

【流传】云南省·（西双版纳傣族自治州）·勐腊（勐腊县）

【出处】张猴讲，杨万智搜集整理：《沙罗阿龙造天地》，原载云南省民间文学集成办公室编《哈尼族神话传说集成》，中国民间文艺出版社 1990 年版，见姚宝瑄主编《中国各民族神话》（哈尼族、傣族），太原：山西出版传媒集团·书海出版社 2014 年版，第 17 页。

W1252
与土有关的其他母题

实　例

（参见下级母题实例）

W1252.1
神奇（魔力）之土
【汤普森】D935

实例

（参见 W1252.3.3.3 母题实例）

W1252.2
以前天下只有一种泥

实例

布依族 原来天下只有一种泥。

【流传】贵州省·黔南（黔南布依族苗族自治州）各地

【出处】

（a）《造万物歌》，见贵州省社会科学院文学研究所，黔南布依族苗族自治州文艺研究室编《布依族古歌叙事歌选》，贵阳：贵州人民出版社 1982 年版。

（b）同（a），见何积全、陈立浩主编《布依族文学史》，贵阳：贵州民族出版社 1992 年版，第 48 页。

W1252.3
会自己增大的土（息壤、息土）

实例

汉族 息壤能随人所欲地生为堤堰、土山。

【流传】（无考）

【出处】《治水英雄鲧》，见王德恒等《造神史话》，天津：百花文艺出版社 2002 年版，第 48 页。

汉族 禹乃以息土填洪水，以为名山。注曰："息土不耗减，掘之益多，故以填洪水。"

【流传】（无考）

【出处】

（a）［汉］刘安及门客：《淮南子·地形训》高诱注。

（b）《息土》，见袁珂《中国神话大词典》，北京：华夏出版社 2015 年版，第 269 页。

柯尔克孜族 天神把手中的一把泥土放在了德赫纳（神话中的地名）和他依帕（神话中的地名）的中间，瞬间那一把泥土就变成了一大堆土丘。

【流传】新疆维吾尔自治区·（克孜勒苏柯尔克孜自治州）·阿合奇县·哈拉奇乡

【出处】苏力坦阿里·包尔布代讲，阿布都克热木·阿山采录，依斯哈别克·别克别克等翻译：《人的由来》，见中国民间文学集成全国编辑委员会编《中国民间故事集成》（新疆卷），北京：中国 ISBN 中心 2008 年版，第 33 页。

W1252.3.1
息壤在天帝处

实例

（参见下级母题实例）

W1252.3.1.1
天庭有息壤

【关联】

① ［W1792.0］天庭

② ［W1792.8］天宫中的物件

实例

汉族 天庭中有一种叫做"息壤"的宝物，是一种生长不息的土壤，只要弄一点来投向大地，马上就会生长加多，积成山，堆成堤。

【流传】（无考）

【出处】袁珂重述：《鲧偷取息壤平治洪水》，原载袁珂编译《中国神话故事》，见陶阳、钟秀编《中国神话》（上），北京：商务印书馆 2008 年版，第 407～411 页。

W1252.3.2
息壤在昆仑山

【关联】［W1850］昆仑山

实例

汉族 西方昆仑山上有一所天帝的行宫，在行宫的宝库里藏有一种宝贝叫息壤。

【流传】淮河流域

【出处】常山讲述：《鲧王治水》，原载茆文斗搜集整理《河蚌姑娘》，见陶阳、钟秀编《中国神话》（上），北京：商务印书馆 2008 年版，第 412～418 页。

W1252.3.3
与息壤有关的其他母题

【关联】

① ［W1252.4.5.2］青泥是息壤

② ［W1252.4.6.1］色土见水就长

实例

（参见下级母题实例）

W1252.3.3.1
息壤可堵洪水

实例

汉族 息壤者，言土自长息无限，故可以塞洪水也。

【流传】（无考）

【出处】

（a）《山海经·海内经》郭璞注。

（b）《息壤》，见袁珂《中国神话大词典》，北京：华夏出版社 2015 年版，第 269 页。

汉族 禹乃以息土填洪水，以为名山。掘昆仑虚以下地，中有增城九重，其高万一千里百一十四步二尺六寸。

【流传】（无考）

【出处】

（a）［汉］刘安及门客：《淮南子·地形训》。

（b）《昆仑》，见袁珂《中国神话大词典》，北京：华夏出版社 2015 年版，第 197 页。

W1252.3.3.2
鲧窃息壤

【关联】[W0686] 鲧

实例

汉族 鲧窃帝之息壤以堙洪水，不待帝命，帝令祝融杀鲧于羽（羽山）郊。

【流传】（无考）

【出处】

（a）《山海经·海内经》。

（b）《羽山》，见袁珂《中国神话大词典》，北京：华夏出版社2015年版，第146页。

汉族 鲧窃帝之息壤以堙洪水。

【流传】（无考）

【出处】《息壤》，见袁珂《中国神话大词典》，北京：华夏出版社2015年版，第269页。

W1252.3.3.3
息壤是神土

实例

汉族 息壤是神土，撒一点在地上，便会生长不息。

【流传】淮河流域

【出处】常山讲述：《鲧王治水》，原载茚文斗搜集整理《河蚌姑娘》，见陶阳、钟秀编《中国神话》（上），北京：商务印书馆2008年版，第412~418页。

汉族 西方昆仑山上天帝的行宫的宝库里藏有一种宝贝叫息壤。息壤是神土，撒一点在地上，便会生长不息。

【流传】淮河流域

【出处】常山讲：《鲧王治水》，原载茚文斗搜集整理《河蚌姑娘》，见姚宝瑄主编《中国各民族神话》（汉族），太原：山西出版传媒集团·书海出版社2014年版，第100~106页。

W1252.3.3.4
息石

实例

汉族 大禹袖子一抖，取出一块小小的五彩息石，放在玄龟的尾尖上，那息石便立即成为一块斗大的巨石。五彩息石无时无刻不在膨胀变大。不一会儿，便把蛮龙的两只龙角撑紧了，疼得它直摇头。

【流传】（无考）

【出处】虞金寿讲，宗一搜集整理：《蛮龙归正》，载《山海经》1981年第4期。

汉族 滔滔洪水，无所止极，伯鲧乃以息石息壤，以填洪水。

【流传】（无考）

【出处】

（a）《山海经·海内经》郭璞注引《开筮》。

（b）《息壤》，见袁珂《中国神话大词典》，北京：华夏出版社2015年版，第269页。

W1252.3.3.5
息土即色土

实例

汉族 天帝有色土，遇水即长，可治洪水，王鲧与防风二人思往天宫窃其土。

【流传】（无考）

【出处】袁珂改编：《王鲧与防风》，原载《民间文学》1986 年第 11 期，见袁珂《中国神话大词典》，北京：华夏出版社 2015 年版，第 376 页。

W1252.3.3.6
息壤即天土

实例

汉族 地王派鲧去治水时，鲧偷来天帝的天土，从北向南四处筑堤堵水。

【流传】浙江省·宁波市·宁海县·（西店镇）·紫江村

【出处】邬荣绍讲，麻承照记录：《鲧山禹河》（1987.05），见罗杨总主编，戴余金本卷主编《中国民间故事丛书·浙江宁波·宁海卷》，北京：知识产权出版社 2015 年版，第 8 页。

W1252.4
土的颜色

【关联】[W1232] 地的颜色

实例

（参见下级母题实例）

W1252.4.1
红土（红泥）

【关联】
① [W1232.4.1] 红色的地
② [W1826.1.2] 红土山

实例

赫哲族 （实例待考）

W1252.4.1.1
祖先造红土

实例

布依族 翁戛老祖造五彩泥土时，因为红泥用处少，便造得少。

【流传】贵州省布依族地区

【出处】杨正荣、祝登壅讲，岭玉清、汛河搜集整理，古梅改写：《翁戛造万物》，见姚宝瑄主编《中国各民族神话》（布依族、仡佬族、苗族），太原：山西出版传媒集团·书海出版社 2014 年版，第 9 页。

W1252.4.1.2
血染出红土地

【关联】[W1826.1.1] 山的红色是血液染成的

实例

畲族 英雄将两条九角旱龙头碎腰断，红猩猩的鲜血冲下山去。岩土浸透了鲜血，从此就变得殷红了。

【流传】浙江省

【出处】

(a) 王国全搜集整理：《天眼重开》，见谷德明编《中国少数民族神话》，北京：中国民间文艺出版社1987年版，第209~224页。

(b) 同（a），见姚宝瑄主编《中国各民族神话》（高山族、黎族、畲族），太原：山西出版传媒集团·书海出版社2014年版，第125页。

W1252.4.1.2.1
红土是被日月的血染红的

实 例

（参见下级母题实例）

W1252.4.1.2.2
太阳的血染出红土

实 例

布朗族 太阳月亮被射落时血落到土上，土染红了。

【流传】（a）云南省·（西双版纳傣族自治州）·勐海县

【出处】

(a) 岩的兴讲，朱嘉禄采录：《顾米亚》，见中国民间文学集成全国编辑委员会编《中国民间故事集成》（云南卷），北京：中国ISBN中心2003年版，第150页。

(b) 朱嘉禄整理：《顾米亚》，见谷德明编《中国少数民族神话》，北京：中国民间文艺出版社1987年版，第480页。

布朗族 神巨人顾米亚射日月时，太阳月亮的血落到土上，土染红了。

【流传】云南省·（红河哈尼族彝族自治州）·金平县（金平苗族瑶族傣族自治县）

【出处】朱嘉禄整理：《顾米亚》，原载《中国民间故事选》第2集，人民文学出版社1962年版，见姚宝瑄主编《中国各民族神话》（水族、布朗族、独龙族、基诺族、傈僳族），太原：山西出版传媒集团·书海出版社2014年版，第92页。

W1252.4.1.3
神仙的胭脂变成红泥

实 例

汉族 王母与诸仙女游山返洞，汗水淋漓，引天河水沐发浣面，弃其胭脂水粉于地，积久渐多，渗入山腹，成为今所见洞中厚软红泥。

【流传】（无考）

【出处】《王母洞》，原载《河南民间故事集》，见袁珂《中国神话大词典》，北京：华夏出版社2015年版，第376页。

W1252.4.1.4
红土是太阳烤红的

实 例

赫哲族 黑龙江边的地底下挖出的通红的沙土是早先天上日头多的时候烤红的。

1.2.3 地的产生与特征 ‖W1252.4.2–W1252.4.2a.1‖ **849**

【流传】（无考）

【出处】

（a）龙树林等讲，龙志贤等搜集整理：《射太阳》，见《赫哲族民间故事选》，上海：上海文艺出版社1986年版。

（b）《射太阳》，见满都呼主编《中国阿尔泰语系诸民族神话故事》，北京：民族出版社1997年版，第333页。

赫哲族 黑龙江江边常常能从地底下挖出通红的石头和沙土，这是早先天上太阳多烤红的。

【流传】黑龙江省·（佳木斯市）·同江市

【出处】龙树林、吴连贵讲，龙志贤、黄任远记录整理：《射太阳》，见姚宝瑄主编《中国各民族神话》（满族、赫哲族、朝鲜族），太原：山西出版传媒集团·书海出版社2014年版，第109~111页。

W1252.4.2
黄土

【关联】［W1232.2］地是黄色的来历

实 例

（参见下级母题实例）

W1252.4.2.1
用牛的脑髓做黄土

实 例

哈尼族 众神杀查牛（天地神专养的神牛）修补天地日月时，查牛身上的千百样东西都一样一样地分了。脑髓分出来，做成地上栽田种谷子的黄土。

【流传】云南省·（红河哈尼族彝族自治州）·元阳（元阳县）、红河（红河县）、绿春（绿春县）、金平（金平苗族瑶族傣族自治县）

【出处】朱小和讲唱，史军超搜集整理：《查牛补天地》（1983），原载云南省民间文学集成办公室编《哈尼族神话传说集成》，中国民间文艺出版社1990年版，见姚宝瑄主编《中国各民族神话》（哈尼族、傣族），太原：山西出版传媒集团·书海出版社2014年版，第55页。

W1252.4.2a
黄泥

实 例

（参见下级母题实例）

W1252.4.2a.1
天仙用铜去焊接大地形成黄泥

实 例

壮族 天仙用铜去焊接大地，变成了红泥和黄泥。

【流传】（无考）

【出处】张声震主编：《布洛陀经诗》，见张声震总主编，农冠品编注《壮族神话集成》，南宁：广西民族出版社2007年版，第85页。

W1252.4.2a.2
黄泥有黏性

实例

布依族 祖先翁戛为了让大地牢实，又有黏性，就先做了黄泥。黄泥有黏性，他便用黄泥粘连住大地。

【流传】贵州省布依族地区

【出处】杨正荣、祝登壅讲，岭玉清、汛河搜集整理，古梅改写：《翁戛造万物》，见姚宝瑄主编《中国各民族神话》（布依族、仡佬族、苗族），太原：山西出版传媒集团·书海出版社2014年版，第9页。

W1252.4.3
五色土（五彩土、五土）

【关联】[W1249.2] 祖先造五色泥

实例

（参见下级母题实例）

W1252.4.3.1
祖先为种庄稼造五彩泥

实例

布依族 翁杰（文化英雄）为种庄稼造成五色泥，用黄泥粘大地，用黑泥造田，用沙泥做坡，用灰泥开荒，红泥没用造的少。

【流传】贵州省·黔南（黔南布依族苗族自治州）各地

【出处】

（a）《造万物歌》，见贵州省社会科学院文学研究所，黔南布依族苗族自治州文艺研究室编《布依族古歌叙事歌选》，贵阳：贵州人民出版社1982年版。

（b）同（a），见何积全、陈立浩主编《布依族文学史》，贵阳：贵州民族出版社1992年版，第49页。

布依族 祖先翁戛造好天地后，地下只有一种泥，地上的泥巴只有一种颜色。只有一种颜色，不能生长万物，翁戛于是决定再造五彩泥。

【流传】贵州省布依族地区

【出处】杨正荣、祝登壅讲，岭玉清、汛河搜集整理，古梅改写：《翁戛造万物》，见姚宝瑄主编《中国各民族神话》（布依族、仡佬族、苗族），太原：山西出版传媒集团·书海出版社2014年版，第9页。

W1252.4.3.2
盘古的肌肉变成五色土

【关联】[W1250.3.5] 盘古死后肉变成土

实例

汉族 盘古神的肌肉，变为大地上的五色土；而他全身成数不清的汗毛，就变了各种各样的树木花草了。

【流传】浙江省·（丽水市·莲都区·万象街道）·刘祠堂背

【出处】孙华仙讲，唐宗龙搜集整理：《盘古造化天地》（1963），见姚宝瑄主编《中国各民族神话》（汉族），太原：山西出版传媒集团·书海出版社2014年版，第9~10页。

W1252.4.3.3
五土是青、赤、白、黑、黄五色土

实 例

白族 立春后五戊日为春社，祭五土。（五土，有不同说法，如有的说指青、赤、白、黑、黄五色土。《孔子家语·相鲁》中说"乃别五土之性，而物各得其所生之宜。"王肃注："五土，一曰山林，二曰川泽，三曰丘陵，四曰坟衍，五曰原隰。"）

【流传】云南省·（大理白族自治州·洱源县）·邓川州（邓川镇）

【出处】[明]艾自修纂，王云校勘：《重修邓川州志》卷一二，洱源县志办公室翻印，1986年。

W1252.4.3.4
五色石泥

实 例

汉族 天地卵中生出一个盘古氏，左手执凿，右手执斧，犹如剖瓜相似，辟为两半。上半渐高为天，含青黄赤白黑，为五色祥云；下半渐低为地，亦含青黄赤白黑，为五色石泥。

【流传】（无考）

【出处】[明]周游：《开辟衍绎》。

W1252.4.4
黑土

【关联】

① [W1232.3] 地是黑色的（黑色的地）

② [W1228.5.1] 7层黑土

实 例

（参见下级母题实例）

W1252.4.4.1
黑土是灰形成的

实 例

汉族 以前地上发生洪水。女娲用芦草灰铺在地上，把水吸干，据说现在华北地区有大片平原就是女娲铺成的。一些地方能从地下挖到黑土，那就是当年用来吸水的芦草灰。

【流传】江苏省·（淮安市）·涟水县·南集乡·禹庄村

【出处】徐学尧讲，徐省生搜集整理：《世界的由来》（1983），见姚宝瑄主编《中国各民族神话》（汉族），太原：山西出版传媒集团·书海出版社2014年版，第24~28页。

W1252.4.4.2
杀的神牛的肉变成黑土

实 例

布依族 众神杀查牛（天地神专养的神牛）修补天地日月时，查牛身上的千百样东西都一样一样地分了。牛肉分出来，做成箐沟山坳里的黑土。

【流传】云南省·（红河哈尼族彝族自治州）·元阳（元阳县）、红河（红河县）、绿春（绿春县）、金平（金平苗族瑶族傣族自治县）

【出处】朱小和讲唱，史军超搜集整理：《查牛补天地》（1983），原载云南省民间文学集成办公室编《哈尼族神话传说集成》，中国民间文艺出版社1990年版，见姚宝瑄主编《中国各民族神话》（哈尼族、傣族），太原：山西出版传媒集团·书海出版社2014年版，第55页。

W1252.4.4.3
祖先造黑土

实 例

布依族 祖先翁戛为了让人能种庄稼，造出了黑土。

【流传】贵州省布依族地区

【出处】杨正荣、祝登壅讲，岭玉清、汛河搜集整理，古梅改写：《翁戛造万物》，见姚宝瑄主编《中国各民族神话》（布依族、仡佬族、苗族），太原：山西出版传媒集团·书海出版社2014年版，第9页。

哈尼族 （实例待考）

W1252.4.4.4
黑土适宜种庄稼

【关联】[W1252.6]有的土地为什么肥沃（沃土）

实 例

布依族 祖先翁戛为了让人能种庄稼，造出的黑土黑油油，庄稼长得好，年年丰收，过好日子。

【流传】贵州省布依族地区

【出处】杨正荣、祝登壅讲，岭玉清、汛河搜集整理，古梅改写：《翁戛造万物》，见姚宝瑄主编《中国各民族神话》（布依族、仡佬族、苗族），太原：山西出版传媒集团·书海出版社2014年版，第9页。

W1252.4.5
青泥

实 例

（参见下级母题实例）

W1252.4.5.1
青泥是龙食

实 例

汉族 姚生瓶火负囊，入义兴张公洞，见二道士对弈，馁甚求食，予青泥数斗，食之芳馨。密怀其余，出询胡贾，惊曰："此龙食也，何方而得？"再往寻之，但黑巨穴，不复有路；青泥出外，已便如石，不复可食。

【流传】（无考）

【出处】

（a）《旧小说》乙集四《逸史》。

（b）《青泥》，见袁珂《中国神话大词典》，北京：华夏出版社2015年版，第 190 页。

W1252.4.5.2
青泥是息壤

【关联】［W1252.3.3］与息壤有关的其他母题

实例

汉族　禹尽力沟洫，导川夷岳，黄龙曳尾于前，玄龟负青泥于后。

【流传】（无考）

【出处】

（a）［晋］王嘉：《拾遗记》卷一。

（b）《青泥》，见袁珂《中国神话大词典》，北京：华夏出版社 2015 年版，第 190 页。

W1252.4.6
色土

实例

（参见下级母题实例）

W1252.4.6.1
色土见水就长

实例

汉族　王鲧和防风治水时，听说天帝有色土，见水就长，只要偷一点来治水就省事了。

【流传】浙江省·（金华市）·东阳县（东阳市）

【出处】张永茂讲，周耀明整理：《王鲧和防风》，载《民间文学》1986 年第 11 期。

W1252.5
陶土

【关联】［W6251］陶器的产生

实例

（参见下级母题实例）

W1252.5.1
特定的肢体变成陶土

实例

（参见下级母题实例）

W1252.5.1.1
天父地母的儿子死后肝变成陶土

实例

珞巴族　天父、地母的大儿子德宁阳死后，肝变成了一种做锅的陶土。

【流传】

（a）西藏自治区·（林芝市）·米林（米林县）

（b）西藏自治区·（林芝市）·米林县、马尼岗（现为印占区）一带

【出处】

（a）达让讲，高前译，李坚尚、裴富珍搜集整理：《德宁阳之死》，见中华民族故事大系编委会编《中华民族故事大系》第 16 卷（赫哲族、门巴族、珞巴族、基诺族），上海：上海文艺出版社 1995 年版，第 397~399 页。

（b）同（a），见李坚尚、刘芳贤编《珞巴族门巴族民间故事选》，上海：

上海文艺出版社 1993 年版，第 11 ~ 13 页。

W1252.5a
灰土（灰泥）
实例

（参见下级母题实例）

W1252.5a.1
祖先为开荒造灰泥
【关联】［W6048］开荒造田

实例

布依族 翁戛老祖造成了灰泥，灰泥好开荒。

【流传】贵州省布依族地区

【出处】杨正荣、祝登壅讲，岭玉清、汛河搜集整理，古梅改写：《翁戛造万物》，见姚宝瑄主编《中国各民族神话》（布依族、仡佬族、苗族），太原：山西出版传媒集团·书海出版社 2014 年版，第 9 页。

W1252.5b
沙
实例

（参见下级母题实例）

W1252.5b.1
沙的产生
实例

（实例待考）

W1252.5b.2
流沙
实例

汉族 流沙出钟山，西行又南行昆仑之虚，西南入海，黑水之山。

【流传】（无考）

【出处】
(a)《山海经·海内西经》。
(b)《流沙》，见袁珂《中国神话大词典》，北京：华夏出版社 2015 年版，第 278 页。

W1252.5b.3
沙滩
实例

（参见下级母题实例）

W1252.5b.3.1
龙回头造成沙滩
实例

汉族 吴忌（人名）吃蛟蛋变成龙后，随河水离开家乡时，一连回头十八次看望母亲，出现了十八个沙滩。

【流传】河南省·（南阳市）·桐柏县

【出处】陈连山整理：《淮河的来历》，见姚宝瑄主编《中国各民族神话》（汉族），太原：山西出版传媒集团·书海出版社 2014 年版，第 346 页。

W1252.5b.4
沙洲

实例

（参见下级母题实例）

W1252.5b.4.1
洪水退去形成沙洲

实例

瑶族 密洛陀（女神名）的儿子罗班治水时，双手抓住地壳猛力一掀，地盘立刻向东一倾，漫天的洪水向东流去，顿时就使大地变得平展展，出现了平原和沙洲。

【流传】广西壮族自治区·（河池市）·都安瑶族自治县江水河一带瑶族地区

【出处】《密洛陀创世》，蓝田根据莎红整理的《密洛陀》和潘泉脉整理的《密洛陀》两部不同版本的长诗《密洛陀》改写，见姚宝瑄主编《中国各民族神话》（土家族、毛南族、侗族、瑶族），太原：山西出版传媒集团·书海出版社2014年版，第157页。

W1252.6
有的土地为什么肥沃（沃土）

【关联】

① [W1252.4.4.4] 黑土适宜种庄稼
② [W1264.8.2] 良田

实例

（参见下级母题实例）

W1252.6.0
以前土地很肥沃

实例

彝族 以前，土地肥得很，一锄头挖下去，就挖起一大块黑油油的鸡粪土。随便用木棍戳个洞，丢下几粒谷子，谷棵就长得很高，谷粒也很大，颗粒有鸡蛋大。

【流传】云南省·（曲靖市）·罗平（罗平县）、宣威（宣威市）

【出处】

（a）李育才讲，陶学良记录：《葫芦里出来的人》，载《山茶》1966年第4期。

（b）同（a），见陶阳、钟秀编《中国神话》（中），北京：商务印书馆2008年版，第911~919页。

W1252.6.1
肉变成肥沃的土地

【关联】

① [W1250.3] 肉变化为土
② [W6051.11.3] 腐肉作为肥料

实例

（参见下级母题实例）

W1252.6.1.1
臀部的肉变成肥沃的土地

实例

珞巴族 大地死后，臀部变成了当今的

阿萨姆地区。由于她臀部的肉又厚又肥，所以阿萨姆地区的土地那么肥沃。

【流传】

（a）西藏自治区·下珞瑜（泛指永木河、锡约尔河、巴恰西仁河流域）

（b）西藏自治区·下珞渝（又写作"下珞瑜"）·阿帕塔尼部落日如村

【出处】

（a）维·埃尔温搜集整理：《库朱木·禅图》，见中华民族故事大系编委会编《中华民族故事大系》第16卷（赫哲族、门巴族、珞巴族、基诺族），上海：上海文艺出版社1995年版，第400页。

（b）同（a），见李坚尚、刘芳贤编《珞巴族门巴族民间故事选》，上海：上海文艺出版社1993年版，第14页。

W1252.6.1.2
牛的瘦肉成为肥土

实 例

哈尼族 天神们杀翻塔婆的龙牛铺设天地造万物时，牛的瘦肉成为最好的肥土。

【流传】（无考）

【出处】《杀牛龙，造天地》，根据张牛朗、杨批斗、李书周等演唱，杨保生、李家顺等翻译，杨笛、郭纯礼等整理《十二奴局》和《奥色密色》翻译稿改写，见姚宝瑄主编《中国各民族神话》（哈尼族、傣族），太原：

山西出版传媒集团·书海出版社2014年版，第13页。

W1252.6.1.3
盘古死后肉变成沃土

实 例

汉族 （盘古）由于劳累过度，倒下了。他身上的肉成了肥沃的土壤，他的左眼，变成了明亮的太阳，右眼成了皎洁的月亮，他的汗毛，变成花草树木，汗水成了雨露，他的精灵，变成了人畜鸟兽鱼虫。

【流传】河南省·汝州市薛庄乡·徐洼村

【出处】王欢进采录：《盘古创世》（1989.10.07），见张振犁编著《中原神话通鉴》（第一卷），郑州：河南大学出版社2017年版，第23页。

W1252.6.1.4
盘古的身体变成沃土

实 例

汉族 盘古死了，倒在地上，身子化作沃土。

【流传】河南省·（南阳市）·新野县

【出处】曹学典讲，曹宝泉采录：《盘古爷开天》，见张振犁编著《中原神话通鉴》（第一卷），郑州：河南大学出版社2017年版，第34页。

W1252.6.1.5
盘古的肌肤变成沃土

实 例

汉族 盘古开辟天地后，全身突然起了大变化。他的肌肤变成了肥沃的田地。

【流传】河南省·新乡市

【出处】马如心（50岁）讲，马安中采录整理：《盘古开天地》（1986.08），见张振犁编著《中原神话通鉴》（第一卷），郑州：河南大学出版社2017年版，第16~17页。

汉族 盘古临死时，血液变成江河，筋脉变成道路，肌肤变成沃土。

【流传】河南省·登封市

【出处】《嵩山的来历》（据《述异记·盘古化物》整理），见张振犁编著《中原神话通鉴》（第一卷），郑州：河南大学出版社2017年版，第12页。

W1252.6.2
血化为沃土

实 例

（参见下级母题实例）

W1252.6.2.1
始祖的血浇灌出沃土

实 例

基诺族 始祖尧白在崇山峻岭中挑土造澜沧江时，因为扁担着肩处被鬼按上了利刃。利刃把尧白的肩膀割破了，尧白的血如泉涌，喷射到数十里外的巴卡。这个寨子的土地因为是始祖的鲜血浇灌的，所以土地特别肥沃，物产丰富。

【流传】（无考）

【出处】《水里浮起的尧白阿嬷》，见姚宝瑄主编《中国各民族神话》（水族、布朗族、独龙族、基诺族、傈僳族），太原：山西出版传媒集团·书海出版社2014年版，第154页。

W1252.6.3
土地肥沃是神撒下油沙土造成的

实 例

满族 白云格格从阿玛的聚宝宫中盗取一个金黄色和一个黑黄色宝匣，撒下治洪水时，黑黄色宝匣装的是油沙土。后来人们都说兴安岭山不陡，土质肥，就是白云格格留下的。

【流传】黑龙江沿岸，黑龙江省·（黑河市）·孙吴县、瑷珲县（爱辉区）

【出处】赵瞎子、富郭氏等讲，育光搜集整理：《白云格格》，原载育光编《七彩神火》，见陶阳、钟秀编《中国神话》（中），北京：商务印书馆2008年版，第763~767页。

W1252.6.4
黑土变成沃土

实 例

（参见下级母题实例）

W1252.6.4.1
鸟从远方衔来的黑土变成沃土

【实 例】

白族　白鹤衔来黑黝黝的泥巴，成为种庄稼的肥土。

【流传】（a）云南省·大理（大理白族自治州）

【出处】

（a）邓英鹦采录：《鹤拓》，见中国民间文学集成全国编辑委员会编《中国民间故事集成》（云南卷），北京：中国ISBN中心2003年版，第215页。

（b）同（a）见谷德明编《中国少数民族神话》，北京：中国民间文艺出版社1987年版，第302页。

W1252.6.5
地的肚脐眼处土地很肥沃

【实 例】

汉族　新野县就处在这个大肚脐眼儿的中间，所以土地又平展又肥沃，成了有名的贵地。

【流传】河南省·（南阳市）·新野县

【出处】曹学典讲，曹宝泉采录：《盘古爷开天》，见张振犁编著《中原神话通鉴》（第一卷），郑州：河南大学出版社2017年版，第35页。

W1252.7
贫瘠的天地

【实 例】

仫佬族　很早以前，仫佬山乡到处是高的山，深深的谷，人们生活在云雾缭绕的群山之上，耕种着碗一块瓢一块的石缝地。

【流传】广西壮族自治区·（河池市）·罗城县（罗城仫佬族自治县）·东门乡（东门镇）

【出处】潘代球讲，潘琦搜集整理：《侬达搬山》，原载包玉堂等编《仫佬族民间故事选》，上海文艺出版社1988年版，见姚宝瑄主编《中国各民族神话》（仫佬族、壮族、京族），太原：山西出版传媒集团·书海出版社2014年版，第36页。

W1252.8
净土

【实 例】

汉族　盘古快死时，拿出一包百花种子交给女儿花神。让她往西走二万二千二百二十二里，取那里一座净土山上的净土一担，摊在天石上，把这百花种子种在净土里。

【流传】

（a）河南省·（南阳市）·社旗县

（b）河南省·驻马店市·汝南县

（c）河南省·（新乡市）·封丘县

【出处】

（a）杨东来搜集整理：《天女散花》，见张振犁编著《中原神话通鉴》（第一卷），郑州：河南大学出版社2017年版，第38页。

（b）申汪让讲，张丽卿采录整理：《天女散花》，同上，第39页。

（c）王又凡（50多岁，教师）讲，王海燕采录：《花神》（1989.12.16），同上，第40页。

W1253
地壳的产生（地皮的生产）

【关联】

① ［W1170］地的产生
② ［W1246］土的产生

实　例

（参见下级母题实例）

W1253.1
地壳是变化产生的

实　例

（实例待考）

W1253.1.1
神的脑壳变成地壳

实　例

汉族 （实例待考）

W1253.2
地壳是造出来的

实　例

哈尼族 众神用黄土、黑土来造地壳。

【流传】云南省·（红河哈尼族彝族自治州）·元阳县、金平县（金平苗族瑶族傣族自治县）、红河县等地

【出处】朱小和讲，史军超、卢朝贵搜集整理：《烟本霍本》，原载刘辉豪、阿罗编《哈尼族民间故事选》，上海文艺出版社1989年版，见姚宝瑄主编《中国各民族神话》（哈尼族、傣族），太原：山西出版传媒集团·书海出版社2014年版，第37页。

W1253.2.1
神土造地壳

实　例

（参见下级母题实例）

W1253.2.1.1
神用黄土黑土造地壳

【关联】［W1232.2］地是黄色的来历

实　例

哈尼族 以前没有地壳。大神们用黄土黑土来造地壳。

【流传】云南省·（红河哈尼族彝族自治州）·元阳县

【出处】朱小和讲，史军超等采录：《神的古今》，见中国民间文学集成全国编辑委员会编《中国民间故事集成》（云南卷），北京：中国ISBN中心2003年版，第19页。

哈尼族 天神地神们用黄土黑土来造地壳。

【流传】（无考）

【出处】《俄拔密拨》，见中国各民族宗教与神话大词典编审委员会编《中国各民族宗教与神话大词典》，北京：学苑出版社1990年版，第168页。

W1253.2.2
用动物皮造地壳

实 例

（参见下级母题实例）

W1253.2.2.1
神用虎皮作地皮

【关联】［W1394.2.1］用牛皮补地

实 例

彝族　格兹天神让5个儿子捉住老虎并杀掉，分虎肉时，格兹天神吩咐："虎皮莫要分，把虎皮做成大地的皮。"

【流传】（云南省·楚雄彝族自治州·姚安县·官屯乡·马游村，大姚县·昙华乡等）

【出处】
（a）郭天元（马游村）、李申呼颇（昙华乡）、李福玉颇（苴）演唱，郭思九、许明学、龚维顺、张宝省、陈志群、胡炳文等搜集，刘德虎、龚维顺、陈志群、李树荣、郭天元等整理：《梅葛》（第一部"创世"），见云南省民族民间文学楚雄调查队《梅葛》（1959），昆明：云南人民出版社2009年版。
（b）《打虎开天辟地》，蕾紫据云南省民族民间文学楚雄调查队著《梅葛》（云南人民出版社2009年版）改写，见姚宝瑄主编《中国各民族神话》（羌族、彝族），太原：山西出版传媒集团·书海出版社2014年版，第195页。

彝族　天神的儿女造天地后，天上和地上什么也没有。于是他们捉住老虎，用虎皮作地皮。

【流传】云南省·楚雄彝族自治州·姚安县、大姚县等彝族地区

【出处】《创世·开天辟地》，见云南省民族民间文学楚雄调查队整理编写《梅葛》，昆明：云南人民出版社2009年版，第14页。

W1253.3
地壳的变化

实 例

（参见下级母题实例）

W1253.3.1
因烧特定物引起地壳变化

实 例

（参见下级母题实例）

W1253.3.1.1
因烧蛤蟆皮引起地壳变化

实 例

羌族　有个女人生了一个蛤蟆投胎的女儿。她趁女儿脱下癞蛤蟆皮上天时，就把癞蛤蟆皮烧了。天上的女儿对妈妈说："你把我的皮烧了不好，地壳要起变化，你赶快下去用棒槌捶地皮，不要让地皮拱起来。"

【流传】（无考）

【出处】

(a) 《山沟平坝的形成》，见杨亮才、陶立璠、邓敏文著《中国少数民族文学》（上册），北京：人民出版社1985年版。

(b) 林忠亮：《试析羌族的古老神话》，载《西南民族学院学报》1981年第2期。

(c) 同（a），见姚宝瑄主编《中国各民族神话》（羌族、彝族），太原：山西出版传媒集团·书海出版社2014年版，第4页。

(d) 同（b），见姚宝瑄主编《中国各民族神话》（羌族、彝族），太原：山西出版传媒集团·书海出版社2014年版，第18页。

羌族　女儿的蛤蟆皮被母亲烧掉，引起地壳变化。

【流传】（无考）

【出处】袁珂改编：《癞蛤蟆皮》（原名《山沟平坝的形成》），原载毛星主编《中国少数民族文学》（上册），见袁珂《中国神话大词典》，北京：华夏出版社2015年版，第566页。

W1253.4
地壳很薄（地皮很薄）

【关联】[W1224] 地很薄

实　例

（参见下级母题实例）

W1253.4.1
人打桩会凿穿地皮

实　例

壮族　布伯的妻子到中界管理者保洛陀那里诉苦："地太薄了，我打桩纺线时，常常凿穿地皮，下界的人会骂我。"

【流传】（无考）

【出处】覃建才搜集整理：《保洛陀》，原载刘德荣等编《壮族民间故事》，云南人民出版社1988年版，见姚宝瑄主编《中国各民族神话》（仫佬族、壮族、京族），太原：山西出版传媒集团·书海出版社2014年版，第100~101页。

※ W1254
平原的产生（平地的产生、平坝的产生）

【关联】[W1206] 地是平的

实　例

（参见下级母题实例）

W1255
特定人物造出平原

实　例

（参见下级母题实例）

W1255.0
神或神性人物造平原

实　例

侗族　萨天巴（蜘蛛，女祖神，创世

神）让众神创新改天换地，要求地上要有平原山岗。

【流传】广西壮族自治区·（柳州市）·三江（三江侗族自治县），（桂林市）·龙胜（龙胜各族自治县）

【出处】杨卜林喜、杨卜松林、杨明世讲，杨国仁、涛声搜集整理，蓸紫改写：《创世女神萨天巴》，原文为过伟改写自侗族创世史诗《嘎茫莽道时嘉——远祖歌》（未出版稿），见姚宝瑄主编《中国各民族神话》（土家族、毛南族、侗族、瑶族），太原：山西出版传媒集团·书海出版社2014年版，第76页。

W1255.0.1
神造出平原

实例

汉族 （实例待考）

W1255.0.2
仙人造出平原

实例

彝族 九个仙青年同司惹约祖去造地，用铜铁斧遇高山就劈，遇深谷就打。一处打成平原，做栽秧的地方。

【流传】（无考）

【出处】*《用铜铁造天地》，见吕大吉、何耀华总主编《中国各民族原始宗教资料集成》（彝族卷、白族卷、基诺族卷），北京：中国社会科学出版社1996年版，第16~17页。

W1255.0.3
神按出大平原

实例

彝族 洪水后，恒哲和佳鲁（均为天神名）重整大地时，左手向下按，按出大平原。

【流传】（贵州省彝族地区）

【出处】《索恒哲》，见王富慧（珠尼阿依）译著，贵州省民族古籍整理办公室编《彝族神话史诗选》，北京：民族出版社2013年版，第77页。

W1255.1
神或神性人物修整大地时形成平原

【关联】[W1255.5.1] 神修整大地时捶出平地

彝族 （实例待考）

W1255.1.0
创世神缩地时形成平原

实例

基诺族 阿嫫腰白（神名，创世女神）把天地合拢时，地太宽，她就把地抓起来抖了一下，大地起了皱，形成了平原和江河。

【流传】云南省·（西双版纳傣族自治州）·景洪县（景洪市）

【出处】白桂林等讲，刘怡采录：《阿嫫

腰白造天地》，见中国民间文学集成全国编辑委员会编《中国民间故事集成》（云南卷），北京：中国 ISBN 中心 2003 年版，第 77 页。

W1255.1.1
神修整大地时形成平原

【关联】［W1396.3.0］神修整天地

实 例

珞巴族 大地生下石迪麦洛（神或神性人物的名字）把一些地方夷为平地。

【流传】

（a）西藏自治区·下珞渝（泛指永木河、锡约尔河、巴恰西仁河流域）

（b）西藏自治区·下珞渝（又写作"下珞瑜"）·博日部落嘎升村

【出处】

（a）维·埃尔温搜集：《波宁和达宁》，见中华民族故事大系编委会编《中华民族故事大系》第 16 卷（赫哲族、门巴族、珞巴族、基诺族），上海：上海文艺出版社 1995 年版，第 393 页。

（b）同（a），见李坚尚、刘芳贤编《珞巴族门巴族民间故事选》，上海：上海文艺出版社 1993 年版，第 7 页。

W1255.1.1.1
善神修整大地时扫出坝子

实 例

哈尼族 善神摩咪重整大地时，打扫干净的地方成了平平坦坦的坝子。

【流传】云南省·（玉溪市）·元江县（元江哈尼族彝族傣族自治县）·因远镇·卡腊一带

【出处】《造天地歌》，见元江县哈尼文化学会、元江县史志编纂办公室编《元江哈尼族古歌集》，内部编印，2005 年，第 18 页。

W1255.1.2
巨人修整天地时形成平地

实 例

苗族 纳罗引勾（半人半兽的巨人）修整天地时，把天心抠下来，把地掏空，落到地上的粉尘，堆积多的聚了山，牵条条的铺山梁，疏疏落落成地块，不洒不填是平疆。

【流传】广西壮族自治区·（柳州市）·融水苗族自治县

【出处】

（a）杨达香讲，梁彬搜集整理：《创世纪》（一、开天辟地，地始天初），见梁彬、王天若编《苗族民间故事选》，南宁：广西人民出版社 1986 年版。

（b）同（a），见姚宝瑄主编《中国各民族神话》（布依族、仡佬族、苗族），太原：山西出版传媒集团·书海出版社 2014 年版，第 170 页。

W1255.1.3
造物主造地时用斧子打得轻的地方成为平地

实 例

景颇族 造物主能贯娃手持一柄开山巨

斧，东边打打，西边劈劈，有时打得重，有时打得轻，打得重的地方成了平地。

【流传】（云南省·德宏傣族景颇族自治州）

【出处】岳志明、杨国治翻译整理：《驾驭太阳的母亲》，见姚宝瑄主编《中国各民族神话》（白族、拉祜族、景颇族），太原：山西出版传媒集团·书海出版社2014年版，第204页。

W1255.1.4
仙子平整地面时造出平原

实例

彝族　开天辟地后修整大地时，九个青年仙子随同司惹约祖去平整地面时，遇着高山就劈，遇见深谷就打，结果有的地方打成平原。

【流传】（无考）

【出处】伍精忠整理：《大地是怎样形成的》，见姚宝瑄主编《中国各民族神话》（羌族、彝族），太原：山西出版传媒集团·书海出版社2014年版，第278页。

W1255.2
神或神性人物拉平地脉形成平地

【关联】[W1238]地脉（地维、地筋）

实例

（参见下级母题实例）

W1255.2.1
9个神仙拉平地脉形成平地

实例

怒族　造地的9个神仙拉9根地脉，有的拉平了，有的没有拉平。拉平了的地脉就成了平地。

【流传】云南省·（怒江傈僳族自治州）·福贡县·架怒村（不详）

【出处】此阿妹讲，叶世富等采录：《高山和平地的由来》，见中国民间文学集成全国编辑委员会编《中国民间故事集成》（云南卷），北京：中国ISBN中心2003年版，第79页。

怒族　九个神仙造地时慌慌忙忙，每人拉一根地脉，胡乱合在一起后便急忙赶回家去了。结果九根地脉，有的拉平了，有的没拉平。拉平的便成了平地。

【流传】（无考）

【出处】《天地的由来》，编者根据叶世富的《怒族民间故事》（云南人民出版社1988年版）重新整理，见吕大吉、何耀华总主编《中国各民族原始宗教资料集成》（纳西族卷、羌族卷、独龙族卷、傈僳族卷、怒族卷），北京：中国社会科学出版社2000年版，第899页。

W1255.3
造地者推压大地形成平川

实例

汉族　（实例待考）

基诺族 （实例待考）

W1255.3.1
造地的张龙王、李龙王推压大地形成平地

实例

仡佬族 天包不住地，张、李二位龙王把地抱起来估倒箍，箍出一些皱皱、包包。形成的现在的平川。

【流传】贵州省·（遵义市）·遵义县（播州区）·平正公社（平正仡佬族乡）·尖山（今属遵义市播州区三岔镇）

【出处】熊文帮讲，葛镇亚搜集：《天与地》，见陶立璠、赵桂芳等编《中国少数民族神话汇编》（开天辟地篇等），中央民族学院少数民族古籍整理出版规划领导小组办公室印（未署出版时间），第324页。

W1255.3.2
造地的青蛙推压大地形成平地

实例

哈尼族 造地的青蛙阿依用劲推压刚造好的大地，形成现在陆地上的平川。

【流传】云南省·（普洱市）·墨江县（墨江哈尼族自治县）

【出处】金开兴讲，蓝明红采录：《青蛙造天地》，见中国民间文学集成全国编辑委员会编《中国民间故事集成》（云南卷），北京：中国ISBN中心 2003年版，第34页。

W1255.4
神或神性人物推平高山形成平地

实例

彝族 （实例待考）

W1255.4.1
把山赶走形成平原

【关联】［W1258.4.2］人赶山形成平原

实例

（参见下级母题实例）

W1255.4.1.1
杨二郎把山赶走形成平原

【关联】［W1258.5.1］二郎担山压出平地

实例

汉族 平原地方是杨二郎用鞭子把山给赶走的结果。

【流传】辽宁省·（抚顺市）·清原县（清原满族自治县）·斗虎屯镇

【出处】何忠良讲，周世新采录：《张天师与二郎神》，见中国民间文学集成全国编辑委员会编《中国民间故事集成》（辽宁卷），北京：中国ISBN中心1994年版，第8页。

W1255.4.1.2
蚂蚁推平大山形成平地

实例

藏族 天神夏都（蚂蚁变成）用双手

推平大山，使大地出现了平坝。

【流传】四川省·（阿坝藏族羌族自治州）·若尔盖县·求吉乡·下王则村

【出处】大夺戈讲，阿强等采录：《开天辟地》，见中国民间文学集成全国编辑委员会编《中国民间故事集成》（四川卷·下），北京：中国 ISBN 中心 1998 年版，第 933 页。

汉族 大黑（天王造的人）用赶山鞭把石头一堆一堆地赶拢。石头赶拢成堆的地方，就成了平坝。

【流传】云南省·（大理白族自治州）·鹤庆县

【出处】杨五一、李鸿钧讲：《地母三姑造万物》，见中国民间文学集成全国编辑委员会编《中国民间故事集成》（云南卷），北京：中国 ISBN 中心 2003 年版，第 113 页。

W1255.5
特定的人物捶出平地

【关联】［W1259.3.11］1 个女人捶出平坝

实例

（参见下级母题实例）

W1255.5.0
创世者捶出平地

实例

（参见下级母题实例）

W1255.5.0.1
造物主用石锤捶出平地

实例

景颇族 能贯娃（又作"宁冠哇"，造物主、创世神）用石锤（又作"开山巨斧"）打造地面，打得重的地方成了平坝。

【流传】云南省

【出处】

（a）木然瑙都搜集整理：《宁冠娃》，载《山茶》1983 年第 3 期。

（b）同（a）见谷德明编《中国少数民族神话》，北京：中国民间文艺出版社 1987 年版，第 465 页。

（c）岳志明、杨国治翻译整理：《驾驭太阳的母亲》，见谷德明编《中国少数民族神话》，北京：中国民间文艺出版社 1987 年版，第 468 页。

W1255.5.1
神修整大地时捶出平地

实例

彝族 司惹约祖（人神名）领着九个男神到大地上整地时，见高山就劈，见深谷就打。打一锤成坝，做放牛的地方。

【流传】（四川省·凉山彝族自治州）

【出处】

（a）冯元蔚译：《勒俄特依》，成都：四川民族出版社 1986 年版。

（b）冯元蔚译，蔷紫改写：《勒俄特依》，见姚宝瑄主编《中国各民族神话》（羌族、彝族），太原：山西出版传媒集团·书海出版社2014年版，第151页。

W1255.5.2
英雄父子锤出平地

实 例

彝族 支格阿龙父子二人各举了一只铜锤、一只铁锤去把地捶平。

【流 传】四川省·（凉山彝族自治州）·西昌市

【出 处】吉拉马恼讲，沈伍己采录：《平地》，见中国民间文学集成全国编辑委员会编《中国民间故事集成》（四川卷·下），北京：中国ISBN中心1998年版，第776页。

彝族 支格阿龙（文化英雄名）和儿子二人各举了一只铜锤一只铁锤去平地。在一天中把人世间不平的地都捶平。

【流 传】四川省·凉山州（凉山彝族自治州）

【出 处】沈伍己整理：《平地》，原载李德君、陶学良编《彝族民间故事选》，见陶阳、钟秀编《中国神话》（中），北京：商务印书馆2008年版，第675~686页。

W1255.5.3
张古和盘古锤出平地

实 例

侗族 张古和盘古各拿一个大槌子，分头去平整山坡，形成平地。

【流 传】贵州省·（黔东南苗族侗族自治州）·三穗县·款场（款场乡）

【出 处】杨引兰讲，周昌武采录：《开天辟地》，见中国民间文学集成全国编辑委员会编《中国民间故事集成》（贵州卷），北京：中国ISBN中心2003年版，第5页。

W1255.5.4
祖先打出平地

实 例

（参见下级母题实例）

W1255.5.4.1
祖先用拳打出平地

实 例

苗族 赛杜（祖先名，神）急忙挥一拳头成一片平地。

【流 传】贵州省·（安顺市）·紫云县（紫云苗族布依族自治县）麻山苗区

【出 处】杨再华唱诵，杨正江译：《亚鲁族源》，见中国民间文艺家协会主编《亚鲁王》，北京：中华书局2011年版，第42页。

W1255.5.5
天母捶出平地

实 例

（参见下级母题实例）

W1255.5.5.1
天母用棒槌捶出平地

实例

羌族 发生了大地震时，红满西（天母）和女儿忙用棒槌砸地面，把地捶得高一梗低一梗的，平处就成了平原。

【流传】四川省·（阿坝藏族羌族自治州）·理县·桃坪乡·桃坪村

【出处】余青海讲，罗世泽采录：《开天辟地》，见中国民间文学集成全国编辑委员会编《中国民间故事集成》（四川卷·下），北京：中国ISBN中心1998年版，第1107页。

W1255.6
神用耙耙出平原

实例

布依族 神用耙耙出平原。

【流传】贵州省·（安顺市）·镇宁（镇宁布依族苗族自治县）

【出处】韦绍珍等讲，何积全等整理：《阿祖犁土》，见中华民族故事大系编委会编《中华民族故事大系》第3卷（彝族、壮族、布依族），上海：上海文艺出版社1995年版，第704页。

黎族 万家（神名）用造的很大的耙和很大的牛，先在文昌、琼山一带耙地，造出了许多平原。

【流传】海南省·琼中县（琼中黎族苗族自治县）·五指山公社·番龙村（今属五指山市·水满乡·番龙村）

【出处】王克福讲，冯秀梅采录：《山区与平原的由来》，见中国民间文学集成全国编辑委员会编《中国民间故事集成》（海南卷），北京：中国ISBN中心2002年版，第5页。

W1255.6.1
神犁天耙天时耙着的地方形成平地（平坝）

实例

布依族 （实例待考）

W1255.6.2
大神用牛耙地耙出平地

实例

哈尼族 三个大神用牛拉耙，把不平整的地耙得平整。

【流传】云南省·（玉溪市）·元江县（元江哈尼族彝族傣族自治县）·咪哩乡、羊岔街乡及因远镇一带

【出处】《开天辟地歌》，见元江县哈尼文化学会、元江县史志编纂办公室编《元江哈尼族古歌集》，内部编印，2005年，第10页。

W1255.6.3
神用金犁银耙犁地时耙出平地

实例

哈尼族 天地产生后，神们拖着金犁，拉着银耙犁天耙天，耙着的地方成了

平坝。

【流传】云南省

【出处】

（a）朱小和讲，芦朝贵等整理：《天、地、人的传说》，载《山茶》1983年第4期。

（b）同（a），见谷德明编《中国少数民族神话》，北京：中国民间文艺出版社1987年版，第313页。

（c）朱小和讲，芦朝贵等整理：《天、地、人的传说》，见陶立璠、赵桂芳等编《中国少数民族神话汇编》（开天辟地篇等），中央民族学院少数民族古籍整理出版规划领导小组办公室印（未署出版时间），第261页。

W1255.6a

特定人物犁出平地

【关联】［W1206.7］把地犁平

实 例

（参见下级母题实例）

W1255.6a.0

盘古犁出平地

实 例

汉族 盘古驾一对牛，套了一张犁，想把地平整一番。

【流传】宁夏回族自治区·（固原市）·西吉县·平峰乡

【出处】高世民讲，杨登峰采录：《黄土高原是怎样形成的》，见中国民间文学集成全国编辑委员会编《中国民间故事集成》（宁夏卷），北京：中国ISBN中心1999年版，第23页。

W1255.6a.1

平地是神人犁地犁出的沟底

实 例

哈尼族 最早造出来的地坑坑洼洼。九个神人转动着金犁，赶着三头彪悍的牯子牛修整大地时，从东犁到西，又从西犁到东；从南犁到北，又从北犁到南。犁地犁出的墒沟变成了深谷，沟底就成了平地。

【流传】（无考）

【出处】《杀牛龙，造天地》，根据张牛朗、杨批斗、李书周等演唱，杨保生、李家顺等翻译，杨笛、郭纯礼等整理《十二奴局》和《奥色密色》翻译稿改写，见姚宝瑄主编《中国各民族神话》（哈尼族、傣族），太原：山西出版传媒集团·书海出版社2014年版，第10~11页。

W1255.6a.2

人用水牛犁地犁出平地

实 例

布依族 后生阿祖用大水牛犁出平地。

【流传】贵州省·（安顺市）·镇宁县（镇宁布依族苗族自治县）·扁担山（扁担山乡）

【出处】韦绍珍等讲：《阿祖辈土》，见燕宝、张晓编《贵州神话传说》，贵阳：贵州人民出版社1997年版，第11页。

W1255.6a.3
人用神牛犁地犁出平地

实例

布依族　阿祖驾驭神牛犁大地，犁出平地。

【流传】贵州省

【出处】《阿祖犁土》，见何积全、陈立浩主编《布依族文学史》，贵阳：贵州民族出版社1992年版，第53页。

W1255.7
特定人物劈出平地

实例

（参见下级母题实例）

W1255.7.1
雷公劈出平地

【关联】

① [W0342] 雷神手持斧子
② [W1416.5.3] 雷公劈掉上天的山绝地天通

实例

苗族　喝（雷公）的三板斧根本没有碰到嘎波（蛤蟆精）的一根毫毛，却在山里劈出了一大块坪坝。

【流传】贵州省·（黔东南苗族侗族自治州）·雷山（雷山县）·西江地区（西江镇）

【出处】

（a）杨正光、侯昌德讲，杨正光、侯昌德搜集整理：《雷公坪》，载《南风》1981年第1期。

（b）同（a），见姚宝瑄主编《中国各民族神话》（布依族、仡佬族、苗族），太原：山西出版传媒集团·书海出版社2014年版，第136页。

W1255.8
神或神性人物抛物时薄的地方变成平地

实例

彝族　（实例待考）

W1255.8.1
神撒沙治水撒的薄的地方变成平地

实例

羌族　天神为镇住洪水向地上撒金子、石头、泥巴的时候，用力不均，撒得薄的地方就成了平坝。

【流传】四川省·（阿坝藏族羌族自治州）·松潘县·小姓乡

【出处】林波讲，西南民院中文系采风队采录者：《山是咋个来的》，见中国民间文学集成全国编辑委员会编《中国民间故事集成》（四川卷·下），北京：中国ISBN中心1998年版，第1109页。

羌族　天神撒金子、石头、泥土治洪水的时候，用力不均，其中，撒得薄的地方成了平原，没有撒到的地方成了海。

【流传】（无考）
【出处】
（a）《大地生成神话》，见西南民族学院《羌族文学简史》编写组编《羌族民间文学资料集》（一），1987年4月。
（b）同（a），见吕大吉、何耀华总主编《中国各民族原始宗教资料集成》（纳西族卷、羌族卷、独龙族卷、傈僳族卷、怒族卷），北京：中国社会科学出版社2000年版，第579页。

W1255.8.2
天女撒土薄的地方变成平地

实 例

满族 白云格格（天帝的小女儿）把万宝匣的土倒向大地，因为撒得不匀，土多的地方凸成一条条山丘，土少的地方成了平川。

【流传】（无考）
【出处】
（a）孙玉清讲，王惠立搜集整理：《白云格格》，见谷德明谷德明编《中国少数民族神话》，北京：中国民间文艺出版社1987年版，第9~14页。
（b）《白云格格》，见满都呼主编《中国阿尔泰语系诸民族神话故事》，北京：民族出版社1997年版，第253~255页。
（c）《白云格格》，见乌丙安等《满族民间故事选》，上海：上海文艺出版社1983年版。

W1255.9
特定人物铺出平原

【关联】
① ［W1185.7a］用草叶铺地
② ［W1259.3.1］茶叶铺地薄的地方成为坝子

实 例

（参见下级母题实例）

W1255.9.1
女娲用芦草灰铺出平原

实 例

汉族 以前地上发生洪水。女娲用芦草灰铺在地上，把水吸干。据说现在华北地区有大片平原就是女娲铺成的。

【流传】江苏省·（淮安市）·涟水县·南集乡·禹庄村
【出处】徐学尧讲，徐省生搜集整理：《世界的由来》（1983），见姚宝瑄主编《中国各民族神话》（汉族），太原：山西出版传媒集团·书海出版社2014年版，第24~28页。

W1255.10
特定人物擀山形成平地

实 例

（参见下级母题实例）

W1255.10.1
金姑娘搋山形成坝子

【关联】［W1259.3］平坝（坝子）

实 例

彝族（阿细） 以前山不圆，山不尖。有个漂亮的金姑娘把山搋圆搋尖后，就分出了坝子和山区。

【流传】（a）云南省·红河哈尼族彝族自治州·弥勒县·（西山镇）

【出处】

（a）潘正兴等唱述，云南省民族民间文学红河调查队搜集翻译整理：《阿细的先基》，昆明：云南人民出版社1959年版。

（b）云南省民族民间文学红河调查队搜集整理，古梅改写：《最古的时候》，见姚宝瑄主编《中国各民族神话》（羌族、彝族），太原：山西出版传媒集团·书海出版社2014年版，第133页。

W1255.11
特定人物捏出平地

实 例

（参见下级母题实例）

W1255.11.1
天神捏出平地

实 例

傈僳族 天神木布帕用天泥捏地球时，捏出一块平地。

【流传】云南省·（怒江傈僳族自治州）·碧江县（1986年撤销县制，归入福贡县等）、泸水县

【出处】

（a）《木布帕捏地球》（原题为《天·地·人的形成》），原载祝发清、左玉堂、尚仲豪编《傈僳族民间故事选》，上海文艺出版社1985年版。

（b）同（a），见姚宝瑄主编《中国各民族神话》（水族、布朗族、独龙族、基诺族、傈僳族），太原：山西出版传媒集团·书海出版社2014年版，第187页。

W1256
特定人物踩踏出平原

【关联】［W1175.7.1］夫妻神夫妇踩出地

实 例

哈尼族 （实例待考）

彝族 （实例待考）

W1256.1
神踩出平地（神踩出坝子）

【关联】［W1259.2］山间平地是巨人的足印

实 例

（参见下级母题实例）

W1256.1.1
雷公踏出平地

实例

苗族 喝（雷公）纵步一跳，双脚正好落在尿上，摔了一跤，把地荡成了一块又长又宽的坪子。

【流传】贵州省·（黔东南苗族侗族自治州）·雷山（雷山县）·西江地区（西江镇）

【出处】
(a) 杨正光、侯昌德讲，杨正光、侯昌德搜集整理：《雷公坪》，载《南风》1981 年第 1 期。
(b) 同（a），见姚宝瑄主编《中国各民族神话》（布依族、仡佬族、苗族），太原：山西出版传媒集团·书海出版社 2014 年版，第 136 页。

W1256.1.2
马踏出平地

实例

苗族 则福老（人名，女子感生的人）骑着草白马飞奔。草白马到资主迤那（苗语地名）歇脚时，把山脚踩成像大簸箕一样平展展的大坝子。

【流传】云南省·（昭通市）·昭通、彝良县，（曲靖市）·宣威（宣威市），（昆明市）·寻甸（寻甸回族彝族自治县）；贵州省·（毕节市）·威宁（威宁彝族回族苗族自治县）

【出处】
(a) 杨秀、杨芝、张新民、王友清讲，陆兴凤、张绍祥记录整理，里晴、景山校正：《则福老》，见杨光汉主编《云南苗族民间故事集成》，北京：中国民间文艺出版社 1988 年版。
(b) 同（a），见姚宝瑄主编《中国各民族神话》（布依族、仡佬族、苗族），太原：山西出版传媒集团·书海出版社 2014 年版，第 296 页。

W1256.1.3
人神踩出坝子

实例

佤族 达能（人神）一脚踩下去，踩下去的地方变成了今天的坝子。

【流传】云南省·（普洱市）·西盟县（西盟佤族自治县）

【出处】达老屈等讲，隋嘎等采录：《司岗里》，见中国民间文学集成全国编辑委员会编《中国民间故事集成》（云南卷），北京：中国 ISBN 中心 2003 年版，第 96 页。

W1256.1.4
补地的李古老踩出平地

实例

土家族 李古老急急忙忙补地，他南边踩一踩，变成一块土坪。

【流传】四川省·秀山县（今重庆市·秀山土家族苗族自治县）·海洋乡

【出处】彭国然讲，李绍明采录：《依罗

娘娘造人》，见中国民间文学集成全国编辑委员会编《中国民间故事集成》（四川卷·下），北京：中国ISBN中心1998年版，第1211页。

W1256a
特定人物拖擦出平地

【关联】［W1294.4］用扫帚扫开天地

实 例

（参见下级母题实例）

W1256a.1
女地神的裤子拖刷出平地

实 例

哈尼族 管地的乌摩（神的名号）的裤脚拖在地上，她走过的地方地就平。

【流传】云南省·（红河哈尼族彝族自治州）·元阳县

【出处】卢朝贵讲，史军超采录：《神和人的家谱》，见中国民间文学集成全国编辑委员会编《中国民间故事集成》（云南卷），北京：中国ISBN中心2003年版，第23页。

哈尼族 十二个乌摩（即管神的神或专司管理的神）里面管地的二姐，裤脚拖在地上，走起来唰唰响，她走过的地方地就平。

【流传】云南省·（红河哈尼族彝族自治州）·元阳（元阳县）、红河（红河县）、金平（金平苗族瑶族傣族自治县）

（采集于元阳县·胜村乡·全福庄）

【出处】卢朝贵讲，史军超搜集整理：《神和人的家谱》，原载云南省民间文学集成办公室编《哈尼族神话传说集成》，中国民间文艺出版社1990年版，见姚宝瑄主编《中国各民族神话》（哈尼族、傣族），太原：山西出版传媒集团·书海出版社2014年版，第41页。

W1256a.2
仙人用脚在地上抹蹭出平地

实 例

水族 恩公（水语为"拱恩"，踩踏大地的仙人，为父系之祖）在海洋四周的地方来回踩踏，轻轻用脚板在地上抹几下，这一带地方就成了望不到边的平坝子。

【流传】贵州省·（黔南布依族苗族自治州）·三都县（三都水族自治县）

【出处】刘恒虽讲，潘朝霖采录：《恩公开辟大地》，见中国民间文学集成全国编辑委员会编《中国民间故事集成》（贵州卷），北京：中国ISBN中心2003年版，第8页。

W1256b
特定人物舔出平地

实 例

（参见下级母题实例）

W1256b.1
神舔出平地

实 例

佤族 "伦"（神名）把地堆厚实

后，"列"（神名）又来舔出平原。

【流传】云南省·（普洱市）·西盟佤族自治县、澜沧拉祜族自治县等地

【出处】毕登程、隋嘎编著：《司岗里——佤族创世史诗》，昆明：云南出版集团公司·云南人民出版社 2009 年版，第 8 页。

W1257
动物的活动形成平原

实 例

（参见下级母题实例）

W1257.1
龙在地上滚出平地（龙在地上滚出坝子）

【关联】
① ［W3578］龙的行走
② ［W1935.7］龙的脚印形成江河

实 例

（参见下级母题实例）

W1257.1.1
公龙在地上滚 9 下滚出 9 个坝子

实 例

拉祜族 公龙在地上滚九下，变成 9 个坝子。

【流传】云南省

【出处】《雅卜和乃卜》，见中国社会科学院云南少数民族文学研究所等编《云南少数民族文学资料》第 1 辑，内部编印，1980 年，第 192 页。

W1257.2
鸟衔石堆出平地

【关联】［W1265.3.6］神堆出岛

实 例

（参见下级母题实例）

W1257.2.1
白水鸟在水中衔石堆出平地

实 例

满族 大地洪涛不落，白水鸟从远地衔石堆山，有了一块平地。

【流传】（无考）

【出处】王宏刚：《论萨满教创世神话中的文化精神》，载《萨满学术论坛》2006 年第 1 期。

W1257.3
鱼用尾巴扇出平地

实 例

哈尼族 金鱼娘醒后，扇动尾巴，扇出一块宽平的土地。

【流传】云南省·（红河哈尼族彝族自治州）·元阳县·黄草岭区（黄草岭乡）·树皮寨（树皮寨村）

【出处】

（a）杨批斗讲，史军超采录：《年月树》，见中国民间文学集成全国编辑委员会编《中国民间故事集成》（云南卷），北京：中国 ISBN 中心 2003

年版，第 289 页。
（b）同（a），见云南省民间文学集成办公室编《哈尼族神话传说集成》，北京：中国民间文艺出版社 1990 年版。

W1258
平原产生的其他方式

实例

（参见下级母题实例）

W1258.1
往石块上撒土形成了平原

【关联】
① [W1248.1] 石头上面生土
② [W1261.1.1] 天神往石板上撒土形成草原

实例

（参见下级母题实例）

W1258.1.1
天神往石板上撒土形成了平原

实例

珞巴族 天神三兄弟大把大把地往石板上撒土，土层又厚又匀，就形成了平原。

【流传】西藏自治区·（林芝地区）·墨脱县·达木乡（达木珞巴族乡）

【出处】
（a）布洛讲，于乃昌等整理：《天神三兄弟》，见中国民间文学集成全国编辑委员会编《中国民间故事集成》（西藏卷），北京：中国 ISBN 中心 2001 年版，第 6 页。
（b）同（a），见《珞巴族民间故事》：http://www.tibet-web.com/old/minjian/ync/gushi/mulu.htm，2003.10.02。

W1258.1.2
精灵往石块上撒土形成了平原

实例

珞巴族 乌佑三兄弟往石块上撒土，形成了平原和草原。

【流传】（无考）

【出处】《乌佑三兄弟》，见中国各民族宗教与神话大词典编审委员会编《中国各民族宗教与神话大词典》，北京：学苑出版社 1990 年版，第 390 页。

W1258.2
水消退后出现平原

实例

傣族 英叭用汗水浇灭地上火灾时，造成洪水泛滥成灾。英叭又驱狂风吹干洪水，始出现高山与平原。

【流传】（云南省？）

【出处】袁珂改编：《英叭止水火》，原载江应樑《傣族史》，见袁珂《中国神话大词典》，北京：华夏出版社 2015 年版，第 502 页。

珞巴族 9 个太阳烤地上的大水，水不断减少，慢慢露出了好多平原和丘陵，形成了后来的世界。

【流传】西藏自治区·（林芝市）·墨

脱县·达木珞巴民族乡、墨脱乡

【出处】安布讲，冀文正采集：《五兄弟的传说》，见冀文正《珞巴族民间故事》，成都：四川民族出版社 2011 年版，第 18 ~ 19 页。

W1258.2.1
大海后退形成平原

【关联】［W1259.3.2a］海水退去形成平坝

实 例

<u>佤族</u> 大海后退，大地随着改变了模样，有了平原。

【流传】（无考）

【出处】埃戞搜集整理：《谁敢做天下万物之王》，见谷德明编《中国少数民族神话》，北京：中国民间文艺出版社 1987 年版，第 378 页。

W1258.2.1.1
观音退海水形成平坝

【关联】［W1259.3.2a］大水退去形成平坝

实 例

<u>白族</u> 观音菩萨在海南边用手指一划大海，水就从手指划过的地方流出去，海水干了，现出了一个大坝。

【流传】云南省·（大理白族自治州）·洱源（洱源县）

【出处】阿五爹讲，施灿等搜集整理：《开辟凤羽坝》，见中华民族故事大系编委会编《中华民族故事大系》第 5 卷（瑶族、白族、土家族），上海：上海文艺出版社 1995 年版，第 347 ~ 349 页。

W1258.3
争斗的痕迹形成平地

【关联】

① ［W1810.4］争斗时形成山
② ［W1845.1.11.2］人妖争斗时脚蹬出沟

实 例

（参见下级母题实例）

W1258.3.1
神的争斗形成平地

实 例

<u>柯尔克孜族</u> 宇宙之神和火神在大地上长时间扭打、搏斗，留下了许多痕迹。有凹凸不平的山川、河流、湖泊，也有平地。

【流传】新疆维吾尔自治区·柯尔克孜地区（克孜勒苏柯尔克孜自治州）

【出处】《火神》，斯丝根据多里昆·吐尔地、阿地力·朱玛吐尔地撰写的《柯尔克孜族宗教与神话》改写，见姚宝瑄主编《中国各民族神话》（乌孜别克族、哈萨克族、柯尔克孜族、俄罗斯族、维吾尔族、塔吉克族、塔塔尔族、锡伯族），太原：山西出版传媒集团·书海出版社 2014 年版，第 147 页。

W1258.4
移走大山变平地
实例

（参见下级母题实例）

W1258.4.1
人挑走大山形成平地
【关联】［W9779.6］担山射日

实例

仫佬族 青年人依达不知挑了多少山头，也不知挑了多少日子，山地挑出平坝地。

【流传】广西壮族自治区·（河池市）·罗城县（罗城仫佬族自治县）·东门乡（东门镇）

【出处】潘代球讲，潘琦搜集整理：《依达搬山》，原载包玉堂等编《仫佬族民间故事选》，上海文艺出版社 1988 年版，见姚宝瑄主编《中国各民族神话》（仫佬族、壮族、京族），太原：山西出版传媒集团·书海出版社 2014 年版，第 40 页。

W1258.4.2
人赶山形成平原
【关联】
① ［W1255.4.1］把山赶走形成平原
② ［W1264.4.1］撑山造田

实例

毛南族 九官（人名）赶山造平原时，中途法术失灵，只有毛南山乡下南、波川、仪凤、中南、堂八一带的部分山被赶走，成了一些山间小平原，其余地方还是山连着山。

【流传】广西壮族自治区·（河池市）·环江毛南族自治县

【出处】
（a）蒙国荣整理：《九官》，见《中国各民族宗教与神话大词典》，北京：学苑出版社 1990 年版。
（b）同（a），见姚宝瑄主编《中国各民族神话》（土家族、毛南族、侗族、瑶族），太原：山西出版传媒集团·书海出版社 2014 年版，第 67 页。

W1258.5
山压出平地
实例

（参见下级母题实例）

W1258.5.1
二郎担山压出平地
【关联】［W1255.4.1.1］杨二郎把山赶走形成平原

实例

汉族 盂县东部的平原是二郎担的阴山压成的。

【流传】山西省·（阳泉市）·盂县·（仙人乡）·仙人村

【出处】高二讲：《阴山压平原》，见盂县民间文学集成编委会编《中国民间文学集成山西卷·盂县民间文学集

W1258.6
填海填出平地

实例

(参见下级母题实例)

W1258.6.1
巨人搓泥填海填出平地

实例

基诺族 女巨人搓泥使大海变平地。

【流传】云南省·（西双版纳傣族自治州）·景洪（景洪市）

【出处】白腊赛等讲，陈平整理：《阿嫫尧白的故事》，见中华民族故事大系编委会编《中华民族故事大系》第16卷（赫哲族、门巴族、珞巴族、基诺族），上海：上海文艺出版社1995年版，第798页。

W1258.7
河造出平原

实例

珞巴族 狮泉河、象泉河和孔雀河按它们商议时说定的，边修平原边流淌。这些河流过的地方，都成了开阔的大平原。

【流传】西藏自治区·林芝市·墨脱县·背崩乡、德兴乡、达木珞巴民族乡（讲述地点：墨脱县·达木珞巴民族乡·米日村）

【出处】益西平措、扎西巴、平措讲：《雅鲁藏布江为什么钻火山沟》（1989.07），见冀文正《珞巴族民间故事》，成都：四川民族出版社2011年版，第78页。

W1259
与平原有关的其他母题

【关联】［W1498.1.9］岛以前是平原

实例

(参见下级母题实例)

W1259.1
神奇的平地

【汤普森】D937

实例

(参见下级母题实例)

W1259.2
山间平地是巨人的足印

【关联】［W1256］特定人物踩踏出平原

实例

独龙族 山间的平坎是巨人留下的足印。

【流传】（无考）

【出处】孔志清等讲，段伶整理：《巨人的脚印》，见中华民族故事大系编委会编《中华民族故事大系》第15卷（德昂族、保安族、裕固族、京族、塔塔尔族、独龙族、鄂伦春族），上海：上海文艺出版社1995年版，第617页。

W1259.3

平坝（坝子）

【关联】［W1254］平原的产生（平地的产生、平坝的产生）

实例

（参见下级母题实例）

W1259.3.1

茶叶铺地薄的地方成为坝子

【关联】［W1255.9］特定人物铺出平原

实例

德昂族 茶叶化为铺地的泥土。有的地方薄些，就是平展展的坝子。

【流传】云南省·德宏州（德宏傣族景颇族自治州）

【出处】

（a）陈志鹏搜集整理：《祖先创世纪》，见李子贤编《云南少数民族神话选》，昆明：云南人民出版社1990年版。

（b）同（a），见姚宝瑄主编《中国各民族神话》（佤族、阿昌族、纳西族、普米族、德昂族），太原：山西出版传媒集团·书海出版社2014年版，第396页。

W1259.3.2

地上不积水的地方成为坝子

【关联】［W1498.1.2.3］平坝以前是湖泊

实例

景颇族 大地没积水的地方，就成了坝子和平地。

【流传】（无考）

【出处】斋瓦贡退干唱，李向前、木然瑶都搜集整理，木子改写：《穆脑斋瓦——宁冠瓦》，见姚宝瑄主编《中国各民族神话》（白族、拉祜族、景颇族），太原：山西出版传媒集团·书海出版社2014年版，第225～226页。

W1259.3.2a

大水退去形成平坝

【关联】

① ［W8500］洪水的消除
② ［W1498.1.2］平坝以前是海洋

实例

白族 大海的水就向观音菩萨手指划过的地方流出去，海水干后出现了一个大坝。

【流传】云南省·（大理白族自治州）·洱源（洱源县）

【出处】阿五爹讲，施灿等搜集整理：《开辟凤羽坝》，见中华民族故事大系编委会编《中华民族故事大系》第5卷（瑶族、白族、土家族），上海：上海文艺出版社1995年版，第347～349页。

白族 以前天水相连。水退去后，大地展现出来，有高山、有平坝、有峡谷、有河川。

【流传】云南省·（大理白族自治州）·剑川（剑川县）

【出处】李恩发讲，李绍尼整理：《"五

百天"神》，原载陶立璠、李耀宗《中国少数民族神话传说选》，四川民族出版社1985年版，见姚宝瑄主编《中国各民族神话》（白族、拉祜族、景颇族），太原：山西出版传媒集团·书海出版社2014年版，第117页。

【白族】 洪水就退了，一望无涯的海水变成了大坝子。从此，也才有了鹤庆坝。

【流传】云南省·（大理白族自治州）·鹤庆县

【出处】庄根富记录：《赞陀倔多开辟鹤庆》，见姚宝瑄主编《中国各民族神话》（白族、拉祜族、景颇族），太原：山西出版传媒集团·书海出版社2014年版，第106页。

W1259.3.2b
海水退去形成平坝

实 例

【白族】 在海水退去的地方，从上关到下关、从海西向海东，出现了一大片肥沃的土地，这就是今天美丽富饶的大理坝。

【流传】云南省·大理（大理白族自治州·喜州区·庆洞村）

【出处】杨宗元、段圭讲，许天侠、周百里搜集整理：《爱民皇帝段宗堂——喜州区庆洞村神都本主》，原载大理市文化局编《白族本主神话》，中国民间文艺出版社1988年版，见

姚宝瑄主编《中国各民族神话》（白族、拉祜族、景颇族），太原：山西出版传媒集团·书海出版社2014年版，第141页。

【白族】 大理古时候是一片汪洋。海尾下关西南角上，出现了两条龙，一条是黄龙，一条是大黑龙，在那里厮打，把下关打了一个缺口，这海子里的水便从缺口流下去了，现出一大片坝子来。

【流传】（云南省·大理白族自治州·大理市）

【出处】杨国宪记录：《开辟大理的传说》，见姚宝瑄主编《中国各民族神话》（白族、拉祜族、景颇族），太原：山西出版传媒集团·书海出版社2014年版，第60~61页。

W1259.3.3
高山冲刷下来的土石成为坝子

实 例

【白族】 地陷时，小岛变成的高山上全是泥土、石头。后来水冲下来的土石，日积月累，堆成十八个扇子形状的小坝子，一扇一扇地伸入海里，慢慢地又连成个大坝子。

【流传】云南省·大理白族地区（大理白族自治州）

【出处】邓英鹦搜集整理：《鹤拓》，原载《大理民间故事选》，见姚宝瑄主编《中国各民族神话》（白族、拉祜族、景颇族），太原：山西出版传媒

集团·书海出版社2014年版，第30~31页。

W1259.3.4
神造地时犁平的地方成为坝子

实例

哈尼族 最早时天地不平坦。众神决定改天换地，他们犁地时劲头小，干得马马虎虎，结果犁得差，耙得差，有的地方犁得深，有的地方犁得浅，有的地方耙着了，有的地方耙漏了。耙着的地方成了平坝。

【流传】云南省·（红河哈尼族彝族自治州）·元阳县

【出处】

（a）朱小和讲，芦朝贵等整理：《天、地、人的传说》，载《山茶》1983年第4期。

（b）朱小和讲，芦朝贵、杨笛搜集整理：《大鱼脊背甩出的世界》，原载《山茶》1983年第4期（王松将原题目《天、地、人的传说》改为此题目），见姚宝瑄主编《中国各民族神话》（哈尼族、傣族），太原：山西出版传媒集团·书海出版社2014年版，第26页。

哈尼族 造地时，三个地神王架起牛，把地犁耙得高低不平，耙平的地方，变成坝子。

【流传】云南省·（红河哈尼族彝族自治州）·元阳县、金平县（金平苗族瑶族傣族自治县）、红河县等地

【出处】朱小和讲，史军超、卢朝贵搜集整理：《烟本霍本》，原载刘辉豪、阿罗编《哈尼族民间故事选》，上海文艺出版社1989年版，见姚宝瑄主编《中国各民族神话》（哈尼族、傣族），太原：山西出版传媒集团·书海出版社2014年版，第38页。

W1259.3.5
仙子锤出坝子

【关联】［W1255.5］特定的人物捶出平地

实例

彝族 九个年轻的仙子每人一把铜铁斧平整大地时，她们打一锤，就出来个坝子。

【流传】（无考）

【出处】《天神造天地》，见姚宝瑄主编《中国各民族神话》（羌族、彝族），太原：山西出版传媒集团·书海出版社2014年版，第89页。

W1259.3.5.1
仙子平整地面打造出平坝

实例

彝族 开天辟地后修整大地时，九个青年仙子随同司惹约祖去平整地面时，遇着高山就劈，遇见深谷就打，结果有的地方打成坝，成为放牛之地。

【流传】（无考）

【出处】伍精忠整理：《大地是怎样形成

的》，见姚宝瑄主编《中国各民族神话》（羌族、彝族），太原：山西出版传媒集团·书海出版社 2014 年版，第 278 页。

W1259.3.6
人造坝子

【实例】

哈尼族 沙罗阿龙（人名）造地时，把泥巴、石头和沙粒捏成一团一团的，把它们放在一起，就造成了山，两座山中间的空地，宽的成了坝子，窄的成了河谷。

【流传】云南省·（西双版纳傣族自治州）·勐腊（勐腊县）

【出处】张猴讲，杨万智搜集整理：《沙罗阿龙造天地》，原载云南省民间文学集成办公室编《哈尼族神话传说集成》，中国民间文艺出版社 1990 年版，见姚宝瑄主编《中国各民族神话》（哈尼族、傣族），太原：山西出版传媒集团·书海出版社 2014 年版，第 18 页。

W1259.3.6.1
人用泥造平坝

【实例】

傈僳族 大力青年以泥捏成高山、平坝、河谷。

【流传】（无考）

【出处】袁珂改编：《造天地》（原名《怒江为什么山多箐多》），原载毛星主编《中国少数民族文学》（下册），见袁珂《中国神话大词典》，北京：华夏出版社 2015 年版，第 516 页。

W1259.3.7
鹿皮变成坝子

【实例】

普米族 巨神简剑祖射死马鹿造天地万物时，把马鹿的皮铺在大地上，大地出现了绿茵茵的牧场、平坦坦的坝子和大川。

【流传】（普米族广大地区）

【出处】杨祖德、杨学胜讲：《简剑祖射马鹿创天地》，据杨庆文《普米族文学简介》中的《捷巴鹿的故事》和季志超《藏族普米族创世神话比较》中的《吉赛叽》等编写，见姚宝瑄主编《中国各民族神话》（佤族、阿昌族、纳西族、普米族、德昂族），太原：山西出版传媒集团·书海出版社 2014 年版，第 304 页。

W1259.3.8
马踏出坝子

【关联】[W1256.1.2] 马踏出平地

【实例】

苗族 则福老（神人名）的神马驰过、踩过的地方，都变了样。草白马从长抚着跑一趟，踩得那里凹了一塘一塘的；从母底（地名）山脚下顺着走一圈，就出现了母底大长坝。从资主米玉路过，这里也成了又宽又长的坝子；到了资主迤那（地名）歇歇脚，草白马把山脚踩成像大簸箕一样平展展的大坝子。

【流传】云南省

【出处】杨秀、杨芝、张新民、王友清讲，张绍祥、陆兴风记录翻译：《则福老》，原载《云南苗族民间故事集成》，见陶阳、钟秀编《中国神话》（下），北京：商务印书馆2008年版，第1428~1435页。

苗族 则福老（人名，女子感生的人）骑着草白马飞奔。草白马从从母底（苗语地名）山脚下顺着走一圈，就出现了母底大长坝；从资主米玉（苗语地名）路过，这里成了又宽又长的坝子。

【流传】云南省·（昭通市）·昭通、彝良县，（曲靖市）·宣威（宣威市），（昆明市）·寻甸（寻甸回族彝族自治县）；贵州省·（毕节市）·威宁（威宁彝族回族苗族自治县）

【出处】
(a) 杨秀、杨芝、张新民、王友清讲，陆兴风、张绍祥记录整理，里晴、景山校正：《则福老》，见杨光汉主编《云南苗族民间故事集成》，北京：中国民间文艺出版社1988年版。
(b) 同（a），见姚宝瑄主编《中国各民族神话》（布依族、仡佬族、苗族），太原：山西出版传媒集团·书海出版社2014年版，第296页。

W1259.3.8a
野猪拱出平坝

实 例

彝族 最早造出的天地天小地大。麻蛇缩地之后，为箍齐地边，阿夫（神名）放出三对野猪和三对大象去拱地。它们拱了七十七昼夜，大地上便出现了平坝。

【流传】（云南省·楚雄彝族自治州·姚安县·官屯乡·马游村，大姚县·昙华乡等）

【出处】
(a) 郭天元（马游村）、李申呼颇（昙华乡）、李福玉颇（苴）演唱，郭思九、许明学、龚维顺、张宝省、陈志群、胡炳文等搜集，刘德虎、龚维顺、陈志群、李树荣、郭天元等整理：《梅葛》（第一部"创世"），见云南省民族民间文学楚雄调查队《梅葛》（1959），昆明：云南人民出版社2009年版。
(b)《打虎开天辟地》，蔷紫据云南省民族民间文学楚雄调查队著《梅葛》（云南人民出版社2009年版）改写，见姚宝瑄主编《中国各民族神话》（羌族、彝族），太原：山西出版传媒集团·书海出版社2014年版，第192页。

W1259.3.9
树倒地造成坝子

实 例

哈尼族 遮天大树倒地时，树枝打出了

许许多多的坑坑洼洼，那就是现在大大小小的菁沟和坝子。

【流传】云南省·红河地区（红河哈尼族彝族自治州）·红河县

【出处】李克郎讲，黄世荣整理：《砍大树》，原载云南省民间文学集成办公室编《哈尼族神话传说集成》，中国民间文艺出版社1990年，见姚宝瑄主编《中国各民族神话》（哈尼族、傣族），太原：山西出版传媒集团·书海出版社2014年版，第123页。

W1259.3.10
盘古王用板斧劈出平坝

【关联】［W0724.2］盘古的斧子

实　例

布依族　盘古王举起手中的大板斧，猛劈三下，其中一斧劈开森林草莽，让人们到平坝河川上来学种庄稼。

【流传】贵州省·（黔南布依族苗族自治州）·平塘（平塘县）、罗甸（罗甸县）、惠水（惠水县）三县交界地区

【出处】杨兴荣、杨再良讲，杨路塔搜集整理：《日、月、星》，载《山茶》1987年第2期。

W1259.3.11
一个女人捶出平坝

实　例

羌族　一位母亲因烧掉女儿的蛤蟆皮，造成地皮拱了起来，她便赶紧用棒槌捶，捶到的地方就成了平坝。

【流传】（无考）

【出处】

（a）《山沟平坝的形成》见杨亮才、陶立璠、邓敏文著《中国少数民族文学》（上册），北京：人民出版社1985年版。

（b）林忠亮：《试析羌族的古老神话》，载《西南民族学院学报》1981第2期。

（c）同（a），见姚宝瑄主编《中国各民族神话》（羌族、彝族），太原：山西出版传媒集团·书海出版社2014年版，第4页。

（d）同（b），见姚宝瑄主编《中国各民族神话》（羌族、彝族），太原：山西出版传媒集团·书海出版社2014年版，第18页。

W1259.3.12
神挑石填土造平坝

实　例

瑶族　密洛陀（女神名）的大儿子卡亨拿起扁担，挑石填土造平坝。

【流传】广西壮族自治区·（河池市）·都安瑶族自治县江水河一带瑶族地区

【出处】《密洛陀创世》，蓝田根据莎红整理的《密洛陀》和潘泉脉整理的《密洛陀》两部不同版本的长诗《密洛陀》改写，见姚宝瑄主编《中国各民族神话》（土家族、毛南族、侗族、瑶族），太原：山西出版传媒集团·

彝族 （实例待考）

W1259.3.13
水中的水沫变成平坝

实例

傣族 最早的大地上只有水，看不见土地。雪落在水面上变成了水沫，风吹水沫使之连成一片，水沫高的地方就成了高山，水沫低的地方就成了坝子。

【流传】（无考）

【出处】《水沫造地》，原文本为仓齐华翻译，周开学记录，谷德明整理《开天辟地》，原载谷德明《中国少数民族神话选》，西北民族学院研究所编印，内部发行，1983年，见姚宝瑄主编《中国各民族神话》（哈尼族、傣族），太原：山西出版传媒集团·书海出版社2014年版，第238页。

傣族 宇宙大火毁灭万物，持续燃烧，同时天降大雪，雷降水面成水沫，风吹水沫，连成一片，沫高者为高山，沫低者为平坝，自是大地乃有高山与平坝。

【流传】（云南省？）

【出处】袁珂改编：《开天辟地》，原载谷德明编《中国少数民族神话选》，见袁珂《中国神话大词典》，北京：华夏出版社2015年版，第498页。

W1259.4
平川

【关联】［W1255.3］造地者推压大地形成平川

实例

（参见下级母题实例）

W1259.4.1
填海成平川

实例

汉族 杨二郎肩上挑着山，手里提着山，到了海边一扔，大海立时变成了平川地。

【流传】辽宁省·（丹东市）·东沟县（东港市），（大连市）·庄河县（庄河市）一带

【出处】王锦函讲，王荷清记录整理：《杨二郎填海追太阳》，见姚宝瑄主编《中国各民族神话》（汉族），太原：山西出版传媒集团·书海出版社2014年版，第123~130页。

W1260
高原的产生

实例

（参见下级母题实例）

W1260.1
洪水退去形成高原

【关联】［W1261.2］洪水退去出现草原

实 例

（参见下级母题实例）

W1260.1.1
劈山泄洪形成高原

实 例

藏族 一个人登上被洪水围绕的喜马拉雅山，并用神斧将高山劈开，使洪水倾泻而下，出现了高原。

【流传】西藏（西藏自治区）西南部地区

【出处】《人的由来》，见谷德明编《中国少数民族神话》，北京：中国民间文艺出版社 1987 年版，第 672 页。

藏族 喜马拉雅山以前被洪水包围。忽有一人登山巅大呼，以神斧劈开高山，使洪水倾泻而下，始出现大草原与高原。

【流传】（无考）

【出处】＊《人之由来》，原载谷德明编《中国少数民族神话选》（原名《人的由来》），见袁珂《中国神话大词典》，北京：华夏出版社 2015 年版，第 407 页。

W1260.2
缩地时鼓出来的地方形成高地

【关联】
① ［W1217.1.3.1］缩地时造成地的凹凸
② ［W1393.1.7.5］神推高地上的土缩地

实 例

藏族 造天地时，天小地大，罗拉甲伍只好使劲挤地在挤的时候，地面上有些地方鼓了出来，有的地方陷了下去，鼓出的地方形成高地。

【流传】四川省·（绵阳市）·平武县·白马藏区（白马藏族乡）

【出处】
（a）＊《绷天绷地》，见《四川白玛藏族民族文学资料集》，四川藏族研究所内部编印，1991 年，第 80 页。

（b）扎嘎才让讲，四川大学中文录采风队采录：《创世传说》，见中国民间文学集成全国编辑委员会编《中国民间故事集成》（四川卷·下），北京：中国 ISBN 中心 1998 年版，第 934 页。

（c）扎嘎才让等讲，谢世廉等搜集：《创世传说》，见陶立璠、赵桂芳等编《中国少数民族神话汇编》（开天辟地篇等），中央民族学院少数民族古籍整理出版规划领导小组办公室印（未署出版时间），第 1 页。

W1260.3
修地时鼓出来的地方形成高地

实 例

（参见下级母题实例）

W1260.3.1
女始祖修地时鼓出来的地方形成高地

实 例

壮族 姆六甲（女始祖）让天地吻合时，把大地一把抓起来，把地皮扯得鼓胀起来，于是大地上鼓起来的地方，就成为山包高地。

【流传】（无考）

【出处】《姆六甲》，原载蓝鸿恩搜集整理《神弓宝剑》，中国民间文艺出版社1985年版，见吕大吉、何耀华总主编《中国各民族原始宗教资料集成》（土家族卷、瑶族卷、壮族卷、黎族卷），北京：中国社会科学出版社1998年版，第604页。

W1260.4
特定人物的身体变成高原

实例

（参见下级母题实例）

W1260.4.1
盘古的身体变成高原

【关联】［W1193.6］盘古变成地

实例

汉族　盘古为改造世界仆地而死，将自己的身体变成高原。

【流传】江苏省·（淮安市）·涟水县·南集乡·禹庄村

【出处】徐学尧讲，徐省生搜集整理：《世界的由来》（1983），见姚宝瑄主编《中国各民族神话》（汉族），太原：山西出版传媒团·书海出版社2014年版，第24~28页。

W1260.5
特定人物推出高原

实例

（参见下级母题实例）

W1260.5.1
盘古推出高原

实例

汉族　为解决天小地大，西部、北部被盘古推出一片片高原。

【流传】浙江省·（温州市）·苍南县·南宋乡

【出处】林道进讲，林子周采录：《天公地母开天地》，见中国民间文学集成全国编辑委员会编《中国民间故事集成》（浙江卷），北京：中国ISBN中心1997年版，第19页。

W1261
草原的产生

实例

（参见下级母题实例）

W1261.1
撒土造出草原

【关联】［W1258.1］往石块上撒土形成了平原

实例

（参见下级母题实例）

W1261.1.1
天神往石板上撒土形成草原

实例

珞巴族 天神三兄弟大把大把地往石板上撒土，土层又厚又匀，就形成了草原。

【流传】西藏自治区·（林芝地区）·墨脱县·达木乡（达木珞巴族乡）

【出处】

（a）布洛讲，于乃昌等整理：《天神三兄弟》，见中国民间文学集成全国编辑委员会编《中国民间故事集成》（西藏卷），北京：中国 ISBN 中心 2001 年版，第 6 页。

（b）同（a），见《珞巴族民间故事》：http：//www.tibet-web.com/old/min-jian/ync/gushi/mulu.htm，2003.10.02。

珞巴族 天神三兄弟在大海中支起石锅，又在石锅上面盖了大石板，在石板上开始撒神土造地。大把大把地往石板上撒土，土层又厚又匀，就形成了平原和草原。

【流传】西藏自治区·珞渝地区（包括上珞渝，泛指古称的白马岗即今林芝市墨脱县、马尼岗、梅楚卡一带，下珞渝则泛指永木河、锡约尔河、巴恰西仁河流域）

【出处】布洛（60 多岁）讲，于乃昌、张力凤、陈理明整理：《天神三兄弟》，原载于乃昌《西藏民间故事——珞巴族、门巴族专辑》，见陶阳、钟秀编《中国神话》（上），北京：商务印书馆 2008 年版，第 48~49 页。

W1261.2
洪水退去出现草原

【关联】［W1260.1］洪水退去形成高原

实例

藏族 一个人登上喜马拉雅山大呼一声，并用神斧将高山劈开，使洪水倾泻而下，出现了大草原。

【流传】西藏（西藏自治区）西南部地区

【出处】《人的由来》，见谷德明编《中国少数民族神话》，北京：中国民间文艺出版社 1987 年版，第 672 页。

藏族 远古时候，喜马拉雅山为洪水所困。一个人登上喜马拉雅山用神斧将高山劈开，使洪水倾流而下，才出现了大草原和高原。

【流传】（无考）

【出处】

（a）《人的由来》，见谷德明编《中国少数民族神话选》，西北民族学院研究所编印，内部资料，1983 年。

（b）同（a），见姚宝瑄主编《中国各民族神话》（门巴族、珞巴族、怒族、藏族），太原：山西出版传媒集团·书海出版社 2014 年版，第 84 页。

W1261.3
与草原有关的其他母题

实例

（参见下级母题实例）

W1261.3.1
射落的月亮变成草坪

【关联】［W9790］射日月的结果

实例

纳西族 射落的 8 个月亮，变成 8 个草坪。

【流传】（无考）

【出处】

（a）云南省民族事务委员会编：《纳西族文化大观》，昆明：云南民族出版社 1999 年版，第 327 页。

（b）周汝诚讲，王思宁、牛相奎、阿华记录，牛相奎整理：《靴顶力士》，见谷德明编《中国少数民族神话》，北京：中国民间文艺出版社 1987 年版，第 419～420 页。

W1261.3.2
鹿皮变成草原

实例

普米族 巨神简剑祖射死马鹿造天地万物时，把马鹿的皮铺在大地上，大地出现了绿茵茵的牧场。

【流传】（普米族广大地区）

【出处】杨祖德、杨学胜讲：《简剑祖射马鹿创天地》，据杨庆文《普米族文学简介》中的《捷巴鹿的故事》和季志超《藏族普米族创世神话比较》中的《吉赛叽》等编写，见姚宝瑄主编《中国各民族神话》（佤族、阿昌族、纳西族、普米族、德昂族），太原：山西出版传媒集团·书海出版社 2014 年版，第 304 页。

W1262
沙漠的产生

【汤普森】A957

实例

（实例待考）

W1262.1
神没撒种子的地方变成沙漠

实例

汉族 （实例待考）

W1263
地上的洞的来历

【汤普森】A983

【关联】［W1244.4］地洞

实例

（参见下级母题实例）

W1263.1
地眼是给地气的路

【关联】［W1244.6］地气

实例

哈尼族 造地还留下多多的地眼，给地

气走路。

【流传】云南省·（红河哈尼族彝族自治州）·元阳县

【出处】朱小和讲，史军超等采录：《神的古今》，见中国民间文学集成全国编辑委员会编《中国民间故事集成》（云南卷），北京：中国ISBN中心2003年版，第19页。

哈尼族 众神造地时还留下了很多地眼，给地气走路。

【流传】云南省·（红河哈尼族彝族自治州）·元阳县、金平县（金平苗族瑶族傣族自治县）、红河县等地

【出处】朱小和讲，史军超、卢朝贵搜集整理：《烟本霍本》，原载刘辉豪、阿罗编《哈尼族民间故事选》，上海文艺出版社1989年版，见姚宝瑄主编《中国各民族神话》（哈尼族、傣族），太原：山西出版传媒集团·书海出版社2014年版，第37页。

W1263.2
地上的洞是造地时戳出来的

实 例

（参见下级母题实例）

W1263.2.1
李郎造地时造出地上的洞

实 例

汉族 李郎造地时，在地上打些洞。所以现在凡是低凹的地方都有洞。

【流传】四川省·（宜宾市）·筠连县·高坪苗族乡·英雄村

【出处】刘公品讲，四川大学中文系85级采风队采录：《张郎治天、李郎治地》，见中国民间文学集成全国编辑委员会编《中国民间故事集成》（四川卷·上），北京：中国ISBN中心1998年版，第24页。

W1263.3
地上的窟窿用来刮风

【关联】［W1391.4.3］大神在地上留下窟窿用来刮风

实 例

（参见下级母题实例）

W1263.3.1
大神造地时留下窟窿用来刮风

实 例

哈尼族 很古，九个大神造地，造了九千九百九十九年，留下脚巴掌大的窟窿，用来刮风。

【流传】（无考）

【出处】熊兴祥整理：《风姑娘》，载《山茶》1983年第4期。

W1264
田地的来历

【关联】
① ［W1170］地的产生
② ［W6045.1］耕田的产生

实 例

（参见下级母题实例）

W1264.0
田地自然存在

实例

（参见下级母题实例）

W1264.0.1
洪水退后露出田地

实例

（参见下级母题实例）

W1264.0.1.1
大禹疏水泄洪后露出田地

实例

汉族 大禹疏通洪水，伊河、洛河、瀍河、涧河也都是他治的。他一治下，水一流，土都露出来，这才开始种地了。

【流传】河南省·（洛阳市）·滦川县

【出处】赵医生讲，陈连山记录：《大禹王》，原载张振犁、程健君编《中原神话专题资料》，见陶阳、钟秀编《中国神话》（上），北京：商务印书馆 2008 年版，第 431 页。

W1264.1
田地是造出来的

【关联】
① ［W1173］地是造出来的（造地）
② ［W6048］开荒造田

实例

（参见下级母题实例）

W1264.1.1
男神造田

实例

瑶族 密洛陀（女神名）派儿子老大卡亨去治山造良田。

【流传】广西壮族自治区·（河池市）·都安瑶族自治县江水河一带瑶族地区

【出处】《密洛陀创世》，蓝田根据莎红整理的《密洛陀》和潘泉脉整理的《密洛陀》两部不同版本的长诗《密洛陀》改写，见姚宝瑄主编《中国各民族神话》（土家族、毛南族、侗族、瑶族），太原：山西出版传媒集团·书海出版社 2014 年版，第 158 页。

瑶族 大神卡亨造山造田。

【流传】广西壮族自治区·（河池市）·大化县（大化瑶族自治县）·七百弄乡

【出处】蓝阿勇（72 岁）讲，蒙冠雄采录翻译：《密洛陀》（1982），见中国民间文学集成全国编辑委员会编《中国民间故事集成》（广西卷），北京：中国 ISBN 中心 2001 年版，第 11～22 页。

W1264.1.1.1
男神搬山造田

【关联】［W1953.8］搬山造海

实例

瑶族 密洛陀（女神名）的大儿子卡

亨治山造田时，千万座大山被砸倒了，千万座土岭被踢翻了，卡亨又拿起扁担，挑石填土造平坝。

【流传】广西壮族自治区·（河池市）·都安瑶族自治县江水河一带瑶族地区

【出处】《密洛陀创世》，蓝田根据莎红整理的《密洛陀》和潘泉脉整理的《密洛陀》两部不同版本的长诗《密洛陀》改写，见姚宝瑄主编《中国各民族神话》（土家族、毛南族、侗族、瑶族），太原：山西出版传媒集团·书海出版社2014年版，第158页。

彝族 （实例待考）

W1264.1.2
神锤出田

实例

彝族 司惹约祖（人神名）领着九个男神到大地上整地时，见高山就劈，见深谷就打。打一锤成田，做栽秧的地方。

【流传】（四川省·凉山彝族自治州）

【出处】
(a) 冯元蔚译：《勒俄特依》，成都：四川民族出版社1986年版。
(b) 冯元蔚译，蔷紫改写：《勒俄特依》，见姚宝瑄主编《中国各民族神话》（羌族、彝族），太原：山西出版传媒集团·书海出版社2014年版，第152页。

W1264.1.3
祖先造田

实例

（参见下级母题实例）

W1264.1.3.1
始祖为种稻造田

实例

苗族 姜央（始祖名）造田来种稻，才生下你和我，做活养老小。

【流传】贵州省·（黔东南苗族侗族自治州）·台江县、施秉县、凯里县（凯里市）等地

【出处】秦公、岩公、李普奶等苗族八歌手说唱，唐春芳、桂舟人搜集整理：《巨鸟生天地，众神辟地天》，见姚宝瑄主编《中国各民族神话》（布依族、仡佬族、苗族），太原：山西出版传媒集团·书海出版社2014年版，第118页。

W1264.1.3.2
女始祖造田

实例

（参见下级母题实例）

W1264.1.3.2.1
女始祖密洛陀造田

实例

瑶族 密洛陀（人类始祖，女神）造

田地。

【流传】广西壮族自治区·（河池市）·巴马县（巴马瑶族自治县）·东山乡

【出处】蒙老三讲，蒙灵记录翻译：《密洛陀》，见中国民间文学集成全国编辑委员会编《中国民间故事集成》（广西卷），北京：中国 ISBN 中心2001 年版，第 22 页。

W1264.1.3.2.2
女始祖姆六甲造田

实例

壮族 女始祖姆洛甲造田地。

【流传】广西壮族自治区·（河池市）·东兰县·三石乡·长筒村

【出处】覃剑萍搜集：《姆洛甲》，见张声震总主编，农冠品编注《壮族神话集成》，南宁：广西民族出版社 2007 年版，第 17 页。

W1264.1.3.3
男始祖造田

实例

（实例待考）

W1264.1.3.3a
男女始祖造田

实例

（参见下级母题实例）

W1264.1.3.3a.1
男女始祖开山造田

实例

壮族 祖公布洛陀和祖婆姆六甲下凡后，在广西田阳县的敢壮山，他们开山造田造地。

【流传】广西壮族自治区·百色市·田阳县·坡洪镇

【出处】黄明标主编：《壮族麽经布洛陀遗本影印译注》（上卷），南宁：广西人民出版社 2016 年版，第 2 页。

W1264.1.3.4
其他特定名称的始祖造田

实例

（参见下级母题实例）

W1264.1.3.4.1
始祖发枚造田

实例

瑶族 发枚（始祖名）带领大家把用篾条箍地时，平的地方就开成田地。

【流传】贵州省·（黔东南苗族侗族自治州）·从江县·（翠里乡）·高芒乡（高芒村）

【出处】赵金荣讲，杨路塔采录：《发枚造天地》，见中国民间文学集成全国编辑委员会编《中国民间故事集成》（贵州卷），北京：中国 ISBN 中心2003 年版，第 9 页。

W1264.1.3.4.2
始祖翁嘎造田

实例

布依族　布依族祖先翁嘎经过千辛万苦，造了田地。

【流传】（无考）

【出处】《造千种万物》，见 BBS 水木清华站：http://www.smth.edu.cn，2006.07.20。

布依族　祖先翁戛对人们说："我只造出个田的模样，只做出个地的形状，要造多少田和地，你们自己去定吧！"

【流传】贵州省布依族地区

【出处】杨正荣、祝登壅讲，岭玉清、汛河搜集整理，古梅改写：《翁戛造万物》，见姚宝瑄主编《中国各民族神话》（布依族、仡佬族、苗族），太原：山西出版传媒集团·书海出版社 2014 年版，第 12 页。

W1264.1.4
仙人造田坝

实例

彝族　九个仙青年同司惹约祖去造地，用铜铁斧遇高山就劈，遇深谷就打。一处打成坝，做放牛的地方。

【流传】（无考）

【出处】*《用铜铁造天地》，见吕大吉、何耀华总主编《中国各民族原始宗教资料集成》（彝族卷、白族卷、基诺族卷），北京：中国社会科学出版社 1996 年版，第 16~17 页。

W1264.1.5
盘古造田地

【关联】[W1175.14]盘古造地

实例

瑶族　盘古皇造田地，不须锄铲，但以右脚刮之，便成大田一块，左脚一刮，复成大地一块。

【流传】（无考）

【出处】《盘古皇》，原载《云南少数民族文学资料》（第三辑），见袁珂《中国神话大词典》，北京：华夏出版社 2015 年版，第 472 页。

彝族　（实例待考）

W1264.1.5.1
盘古用肌肉造田地

实例

畲族　盘古用他的肌肉，造出了大地上的田和地。

【流传】畲族地区

【出处】《盘古》，钟后根据畲族蓝国运、蓝国根《畲族古老神话传说及人物》改写，见姚宝瑄主编《中国各民族神话》（高山族、黎族、畲族），太原：山西出版传媒集团·书海出版社 2014 年版，第 84 页。

W1264.1.5.2
盘古用脚划出田地

实例

瑶族　盘古皇用右脚一划就成了一块

大田。

【流传】云南省

【出处】《盘古皇》，见中国社会科学院云南少数民族文学研究所等编《云南少数民族文学资料》第3辑，内部编印，1981年，第95页。

W1264.1.6
神公神婆造田

实例

苗族 神公公、神婆婆整好上方土，修好下方河，填好平子地，砌好斜土坡，才有土开田，才有地做活。

【流传】贵州省·（黔东南苗族侗族自治州）·台江县、施秉县、凯里县（凯里市）等地

【出处】秦公、岩公、李普奶等苗族八歌手说唱，唐春芳、桂舟人搜集整理：《巨鸟生天地，众神辟地天》，见姚宝瑄主编《中国各民族神话》（布依族、仡佬族、苗族），太原：山西出版传媒集团·书海出版社2014年版，第117页。

W1264.1.7
土地神造田

【关联】［W0236.2］土地神的职能

实例

瑶族 土地之神勒则勒郎为人类一口气干了十二年，并出了一片片良田。

【流传】（无考）

【出处】《密洛陀神谱》，蓝田根据农学冠等撰写的《瑶族神话传说中的人物》编写，见姚宝瑄主编《中国各民族神话》（土家族、毛南族、侗族、瑶族），太原：山西出版传媒集团·书海出版社2014年版，第149页。

W1264.2
特定的人物开辟田地

实例

仡佬族 无人烟时，告佬（仡佬）开荒辟草。

【流传】贵州省·安顺（安顺市）

【出处】《兄弟赶山》，见贵州省安顺地区民族事务委员会编《仡佬族古歌》，贵阳：贵州民族出版社1991年版，第5页。

W1264.2.1
祖先开山造田

实例

瑶族 （实例待考）

W1264.2.2
造物主开辟田地

实例

景颇族 造物主能贯娃手持一柄开山巨斧造了高山平坝后，又在其中开辟了九条大江和九块平平整整的田地。

【流传】（云南省·德宏傣族景颇族自治州）

【出处】岳志明、杨国治翻译整理：《驾

驭太阳的母亲》,见姚宝瑄主编《中国各民族神话》(白族、拉祜族、景颇族),太原:山西出版传媒集团·书海出版社 2014 年版,第 204 页。

W1264.3
田地是变化产生的

实 例

(参见下级母题实例)

W1264.3.1
水面变成田

实 例

哈尼族 杰姒(女子名)来到多娘(地名),把波颇木杖龙潭边上,拨开水上的枯叶喝泉水,拨过的水面一圈一圈地扩大,变成了望不到边的多娘大田。

【流传】云南省·(红河哈尼族彝族自治州)·元阳(元阳县)、红河(红河县)、绿春(绿春县)、金平(金平苗族瑶族傣族自治县)

【出处】朱小和等讲,史军超、卢朝贵搜集整理:《遮天树王》,杨知勇选自云南省民间文学集成办公室编《哈尼族神话传说集成》,中国民间文艺出版社 1990 年版,见姚宝瑄主编《中国各民族神话》(哈尼族、傣族),太原:山西出版传媒集团·书海出版社 2014 年版,第 130 页。

W1264.3.2
巨人的肉变成田

实 例

布依族 撑天的后生力戛死了以后,肉变成田坝。

【流传】贵州省

【出处】王燕、春甫等讲,汛河记录整理:《力戛撑天》,见谷德明编《中国少数民族神话》,北京:中国民间文艺出版社 1987 年版,第 611 页。

布依族 撑天修天的力戛(人名,大力士)死了以后,肉变成了田坝。

【流传】各地布依族地区

【出处】王燕、春甫、班告爷讲,汛河记录整理:《力戛创世》,见姚宝瑄主编《中国各民族神话》(布依族、仡佬族、苗族),太原:山西出版传媒集团·书海出版社 2014 年版,第 6 页。

布依族 力戛(巨人名)把天撑高钉稳后累死了。他死后,肉变成了田坝。

【流传】贵州省

【出处】王燕、春甫、班告爷等讲,汛河搜集整理:《力戛撑天》,原载陶立璠、李耀宗编《中国少数民族神话传说选》,见陶阳、钟秀编《中国神话》(中),北京:商务印书馆 2008 年版,第 773~775 页。

布依族 撑天的力戛死后,他的肉为田坝。

【流传】（无考）

【出处】《力戛撑天》，原载谷德明编《中国少数民族神话选》，见袁珂《中国神话大词典》，北京：华夏出版社2015年版，第445页。

汉族　天气蒙鸿，萌芽兹始，遂分天地。首生盘古。（盘古）垂死化身，筋脉为地里，肌肉为田土。

【流传】（无考）

【出处】

（a）《五运历年记》，见［清］马骕《绎史》卷一。

（b）《五运历年记》，见［明］董斯张《广博物志》卷九。

W1264.3.3
盘古的肢体变田地

实例

（参见下级母题实例）

W1264.3.3.1
盘古的五腑变田地

实例

瑶族　盘古的五腑变田地。

【流传】（无考）

【出处】《盘古造天地》，见中国各民族宗教与神话大词典编审委员会编《中国各民族宗教与神话大词典》，北京：学苑出版社1990年版，第654页。

W1264.3.4
怪物变成田

实例

（参见下级母题实例）

W1264.3.4.1
羲男和羲女生的怪蛇的肚皮变成田地

实例

汉族　羲男和羲女兄妹成婚后生的1条怪蛇，蛇的肚皮化为田地。

【流传】浙江省·（嘉兴市）·海盐（海盐县）

【出处】希佳整理：《伏羲王》，载《民间文学论坛》1983年第3期。

W1264.4
田地产生的其他方式

实例

（参见下级母题实例）

W1264.4.1
撵山造田

实例

布依族　翁杰（文化英雄）撵山造田。

【流传】贵州省·黔南（黔南布依族苗族自治州）各地

【出处】

（a）《造万物歌》，见贵州省社会科学院文学研究所，黔南布依族苗族自治州文艺研究室编《布依族古歌叙事歌选》，贵阳：贵州人民出版社1982年版。
(b) 同（a），见何积全、陈立浩主编《布依族文学史》，贵阳：贵州民族出版社1992年版，第50页。

W1264.4.2
放湖水造田
【实　例】

【汉族】禹王治水至晋阳湖，捞湖泥观之，见泥土肥沃，泥心尚有禾苗嫩叶，因返江南，率八百青壮男女，拟治湖为田。不得其法时，渔女以石投酒杯，破一缺口，不顾而去。禹愕视桌上杯，见酒浆从缺口外溢，流现杯底，因悟治水之理。

【流传】（山西省·太原市）
【出处】袁珂改编：《晋阳湖》（原名《禹王治水的传说》），原载《民间文学》1961年第4期，见袁珂《中国神话大词典》，北京：华夏出版社2015年版，第388页。

W1264.5
梯田的来历
【关联】[W6048] 开荒造田
【实　例】
（参见下级母题实例）

W1264.5.1
用牛肋骨造梯田
【实　例】

【哈尼族】天王杀掉塔婆的龙牛，用龙牛的肋骨做成高山平地和梯田。

【流传】（无考）
【出处】
(a) 中央民族学院少数民族文艺研究所编《中国民族民间文学》，北京：中央民族学院出版社1987年版，第238页。
(b) 刘辉豪、白章福搜集整理：《奥色密色》，载《山茶》1980年第2期。

W1264.6
水田的来历
【实　例】
（参见下级母题实例）

W1264.6.1
舜教人划分水田
【实　例】

【汉族】舜叫人一格一丘划分谷塘，这便是现在的水田。

【流传】浙江省·（金华市）·武义县·后树乡·黄泥坑村
【出处】张舍图讲，吴钟文采录：《虞舜开田》，见中国民间文学集成全国编辑委员会编《中国民间故事集成》（浙江卷），北京：中国ISBN中心1997年版，第51页。

W1264.7
田少的来历
【关联】[W1235.5a.0] 地上九分水一分地

> 实 例

（参见下级母题实例）

W1264.7.1
造地时形成今天的田地少

> 实 例

（参见下级母题实例）

W1264.7.1.1
大鹏造地撒土不均形成今天的田地少

【关联】［W1218.1.2］大鹏造地造成三山六水一分田

> 实 例

汉族　大鹏把驮的土砂石水堆扔到地上，造成了世上的三山六水一分田。

【流传】黑龙江省·（哈尔滨市）·五常县（五常市）·拉林镇

【出处】李录讲，赵广礼采录：《五挡神、洪钧老祖和托骨佛》，见中国民间文学集成全国编辑委员会编《中国民间故事集成》（黑龙江卷），北京：中国 ISBN 中心 2005 年版，第 6 页。

W1264.7.2
传错话形成今天的田地变少

【关联】［W9953.1.1］传错话

> 实 例

（参见下级母题实例）

W1264.7.2.1
天使传错话使有的地方山多田少

> 实 例

水族　（实例待考）

W1264.7.2.2
神童传错话使有的地方山多田少

> 实 例

布依族　神仙曾派一个叫独半埃的神童到凡间，叫他传令："散份里、细份纳、立播朵（三分地、四分田、一厘坡）。"独半埃来到凡间以后，忘记原话，而说成了："散份里、细份播、立纳朵（三分地、四分坡、一厘田）。"

【流传】贵州省·（黔南布依族苗族自治州）·独山县·麻尾区·坝望乡

【出处】郭氏讲，黎以忠采录：《拱屎虫的来历》，见中国民间文学集成全国编辑委员会编《中国民间故事集成》（贵州卷），北京：中国 ISBN 中心 2003 年版，第 31 页。

W1264.8
与田地有关的其他母题

> 实 例

（参见下级母题实例）

W1264.8.1
田地的边界

实 例

(参见下级母题实例)

W1264.8.1.1
以前的田地没有边界

实 例

壮族 古代的田没有什么来挡，四周没有什么东西来围，牛进地里吃东西很随便。

【流传】(a) 广西壮族自治区右江及红水河一带

【出处】
(a) 周朝珍讲，何承文整理：《布碌陀》，载广西民间文学研究会编印《广西民间文学丛刊》第5期。
(b)《布碌陀》(王松选定)，见姚宝瑄主编《中国各民族神话》(仫佬族、壮族、京族)，太原：山西出版传媒集团·书海出版社2014年版，第88页。

W1264.8.1.2
用射箭划定地的边界

实 例

珞巴族 会打造农具的阳色、嘎嘎和休德三兄弟根据预言向南方迁徙时，因山上的青枫树挡住了去路，只好原路折返。三人在旅途中朝南方射箭，大哥的箭落在安池拉（今墨脱县达木珞巴民族乡朱村），箭杆落地后长成一丛翠竹，至今这里的山上翠竹满山遍野，后来这里成了波觉氏族的居住地。二哥的箭落在卡布（今墨脱县达木珞巴民族乡乡政府所在地），至今村头巨石上还有箭头落下的深坑，这里后来成为嘎吾氏族的居住地。三弟的箭落在洛果村（今甘登乡洛果村），这里后来成为休巴氏族的居住地。兄弟三人后来各自在自己落箭的地方筑房、狩猎。

【流传】西藏自治区·林芝市·墨脱县·达木珞巴民族乡、墨脱乡、甘登乡（讲述地点：墨脱县·达木珞巴民族乡·达木村）

【出处】吉如、平措讲：《珞巴族的传说》（1997.02），见冀文正《珞巴族民间故事》，成都：四川民族出版社2011年版，第15页。

W1264.8.2
良 田

【关联】[W1252.6] 有的土地为什么肥沃（沃土）

实 例

(参见下级母题实例)

W1264.8.2.1
巨人的肉化为良田

【关联】[W1193a.1] 特定的人死后肉变成地

实 例

汉族 盘古撑开天地，力气用尽，累

死的时节，他身上的肉化成田地。

【流传】浙江省·（温州市）·永嘉县各地

【出处】陈仁讲，谢圣铎搜集整理：《盘古开天地》（1985），见姚宝瑄主编《中国各民族神话》（汉族），太原：山西出版传媒集团·书海出版社2014年版，第13~14页。

W1264.8.3
碧空是天上的田地

实例

<u>黎族</u> 玉帝把万里碧空作为田地，让到天上后下不去的七兄弟耕种。

【流传】海南省·（三亚市）·乐东县（乐东黎族自治县）

【出处】龙敏记录整理：《兄弟星座》，见姚宝瑄主编《中国各民族神话》（高山族、黎族、畲族），太原：山西出版传媒集团·书海出版社2014年版，第60页。

W1264.8.4
田野

【关联】［W1244.12］荒野

实例

（参见下级母题实例）

W1264.8.4.0
田野的产生

实例

（参见下级母题实例）

W1264.8.4.0.1
盘古四肢身体变成田野

实例

<u>汉族</u> 盘古临死时，四肢身体变为广阔的田野。

【流传】河南省·登封市

【出处】《嵩山的来历》（据《述异记·盘古化物》整理），见张振犁编著《中原神话通鉴》（第一卷），郑州：河南大学出版社2017年版，第12页。

W1264.8.4.1
大乐野

实例

<u>汉族</u> 大乐之野，夏后启于此儛《九代》。一曰大遗之野。

【流传】（无考）

【出处】

(a)《山海经·海外西经》。

(b)《大乐野》，见袁珂《中国神话大词典》，北京：华夏出版社2015年版，第21页。

W1264.8.4.2
沃野

实例

<u>汉族</u> 西方曰金丘、曰沃野。

【流传】（无考）

【出处】

(a)［汉］刘安及门客：《淮南子·地形训》。
(b)《沃野》，见袁珂《中国神话大词典》，北京：华夏出版社 2015 年版，第 175 页。

W1264.8.5
田埂
实 例

（参见下级母题实例）

W1264.8.5.1
为划分田地造田埂
实 例

傣族 天神因留恋地上土香下凡留在地上的越来越多，因分配不均引发争斗，乃推一沙摩底以理众人之事。其后沙摩底以为应各有其田埂、界限，所种山地菜园亦应围之以物，从此大地遂出现田埂、地埂及篱笆。

【流传】（云南省？）
【出处】袁珂改编：《开天辟地》，原载谷德明编《中国少数民族神话选》，见袁珂《中国神话大词典》，北京：华夏出版社 2015 年版，第 498 页。

W1265
岛的产生（岛屿的产生）
【汤普森】A955
【关联】［W1265.6.2］半岛的产生
实 例

（参见下级母题实例）

W1265.0
岛自然产生
实 例

（参见下级母题实例）

W1265.0.1
海中自然产生岛
实 例

纳西族 天上下的霜变成地上的海。大海出现后的第七天，海中出现了一个岛。

【流传】云南省·（迪庆藏族自治州）·中甸县（香格里拉县）·三坝公社（三坝纳西族乡）
【出处】
(a)《石猴生人类》，见雷宏安《云南省中甸县三坝公社纳西族宗教调查》，中国社会科学院世界宗教研究所昆明工作站、云南民族学院民族研究所民族宗教研究室编印，1986 年。
(b)同（a），见姚宝瑄主编《中国各民族神话》（佤族、阿昌族、纳西族、普米族、德昂族），太原：山西出版传媒集团·书海出版社 2014 年版，第 173 页。

W1265.0.2
水退后出现岛
实 例

白族 很久以前，大理一带只有茫茫

无际的水。海水渐渐降下来，水中央突起一个小岛。

【流传】云南省·大理白族地区（大理白族自治州）

【出处】邓英鹦搜集整理：《鹤拓》，原载《大理民间故事选》，见姚宝瑄主编《中国各民族神话》（白族、拉祜族、景颇族），太原：山西出版传媒集团·书海出版社 2014 年版，第 30 页。

W1265.1
岛是从某处搬来的

实例

（参见下级母题实例）

W1265.1.1
文化英雄把岛搬到现在位置

【汤普森】A955.3.2.1

实例

（实例待考）

W1265.1.2
神或神性人物从水里钓出岛

【汤普森】A955.8

实例

（实例待考）

W1265.2
岛是生育产生的

实例

（实例待考）

W1265.2.1
岛是从水里（海中）出来的

【汤普森】F735

实例

（实例待考）

W1265.2.2
神的命令产生岛

【汤普森】A955.0.1

实例

（实例待考）

W1265.2.3
女神生岛

【汤普森】A955.9

实例

（实例待考）

W1265.3
岛是造出来的

实例

（参见下级母题实例）

W1265.3.1
巨神造海岛

实例

（参见下级母题实例）

W1265.3.1.1
巨神老夫妻造海岛

实 例

朝鲜族 巨神老头、老妪造海岛。

【流传】（无考）

【出处】中国各民族宗教与神话大词典编审委员会编：《中国各民族宗教与神话大词典》，北京：学苑出版社1990年版，第60页。

W1265.3.2
蜘蛛结网成岛

【汤普森】A955.7

实 例

（实例待考）

W1265.3.3
移山成岛

【关联】[W1835.4] 山的移动

实 例

（参见下级母题实例）

W1265.3.3.1
大力神锯下的山头变成岛

实 例

苗族 大力神将顶鼓山锯去了几千几百丈，送给了东海龙王作岛屿。

【流传】四川省·（宜宾市）·筠连县

【出处】熊凤祥讲，刘宇仁采录：《盘老大偷天火》，见中国民间文学集成全国编辑委员会编《中国民间故事集成》（四川卷·下），北京：中国ISBN中心1998年版，第1325页。

W1265.3.4
积土成岛

【关联】[W1809.4] 积土成山

实 例

（参见下级母题实例）

W1265.3.4.1
大雁积土成岛

实 例

满族 东海龙王的三孙女尼雅死后，每年春天就有雁儿成群成群地飞到小岛上，围着尼雅的坟头转，衔泥叼土，给它添坟，小岛也跟着越来越高，慢慢就成了一个大岛。为了纪念尼雅，那岛也叫成了尼雅岛。

【流传】（无考）

【出处】武维斌、白文讲述整理：《尼雅岛》，见姚宝瑄主编《中国各民族神话》（满族、赫哲族、朝鲜族），太原：山西出版传媒集团·书海出版社2014年版，第79~81页。

W1265.3.5
撒土成岛

【关联】
① [W1833.8.3.2.2] 天神撒土形成山脉
② [W1843.2.4] 天女撒土变成丘陵

实 例

（参见下级母题实例）

W1265.3.5.1
特定的人物撒土成岛

【实例】

汉族 宝俶（人名）寻太阳来到东洋大海，忽地记起路上乡亲们送给他的那袋泥土。于是他解开口袋，把泥土往海上撒去，一阵狂风吹过，海上立刻出现了许多大大小小的岛屿。

【流传】浙江省·杭州市·拱墅区

【出处】陶金海讲，周樟林记录，申屠奇整理：《寻太阳》，见姚宝瑄主编《中国各民族神话》（汉族），太原：山西出版传媒集团·书海出版社2014年版，第163~170页。

W1265.3.6
神堆出岛

【关联】
① ［W1257.2］鸟衔石堆出平地
② ［W1804.2.2］地神堆出山

【实例】

（参见下级母题实例）

W1265.3.6.1
虎神堆泥成岛

【实例】

纳西族（摩梭） 喇神（虎神）在扫平挖坑堆积的泥土时，用力过猛，把一小堆泥土扫进"喇沽"（泸沽湖）中去，成了湖中的小岛，即今天泸沽湖中的里格岛。

【流传】云南省·（丽江市）·宁蒗县（宁蒗彝族自治县）

【出处】巴采若、桑绒尼搓讲，章虹宇搜集整理：《喇氏族的来源》，载《民间文学》1986年第3期。

W1265.3.7
抓地成岛

【实例】

（参见下级母题实例）

W1265.3.7.1
女娲从地上抓出岛

【实例】

汉族 女娲造好天地后，又用五个指头在地上乱七八糟地抓，抓出蛮多皱脊，长出草，便成了山岭礁岛。

【流传】浙江省·舟山市·（定海区）·干览乡（干览镇）·南岙村

【出处】顾阿登讲，林胜强记录，周明搜集整理：《女娲补天》（1987.06.15），见姚宝瑄主编《中国各民族神话》（汉族），太原：山西出版传媒集团·书海出版社2014年版，第57~58页。

W1265.4
岛是变化形成的

【汤普森】A955.10

【实例】

（参见下级母题实例）

W1265.4.0
神或神性人物化身为岛

实例

（参见下级母题实例）

W1265.4.0.1
精怪化身为岛

【关联】[W0854] 精怪

实例

（参见下级母题实例）

W1265.4.0.1.1
蜈蚣精尸体变成岛

实例

京族 蜈蚣精的三截尸体变成三个岛。

【流传】（无考）

【出处】阮进如讲，龙旦城整理：《三岛的来历》，见中华民族故事大系编委会编《中华民族故事大系》第 15 卷（德昂族、保安族、裕固族、京族、塔塔尔族、独龙族、鄂伦春族），上海：上海文艺出版社 1995 年版，第 318 页。

京族 一位神仙化作乞丐搭船，将一滚烫南瓜投入蜈蚣精口中，蜈蚣尸断为三，化成巫头、山心、万尾三个小岛。

【流传】（无考）

【出处】韦坚平搜集整理：《镇海大王》，见姚宝瑄主编《中国各民族神话》（仫佬族、壮族、京族），太原：山西出版传媒集团·书海出版社 2014 年版，第 198 页。

W1265.4.1
牛变成岛

【汤普森】≈ A955.5

实例

（实例待考）

W1265.4.2
荷花须变成岛

实例

傣族 混散战胜洪水后，做了一个大荷花，荷花须变成了二千个小岛。

【流传】云南省

【出处】《变扎戛帕》（古老的荷花），中国社会科学院云南少数民族文学研究所等编《云南少数民族文学资料》第 3 辑，内部编印，1981 年，第 124 页。

傣族 混散战胜洪水后，造一大荷花，荷花四瓣化为四大洲、荷花之须化作两千小岛。

【流传】（云南省？）

【出处】袁珂据《变札戛帕》改编：《混散造荷花成大地》，见袁珂《中国神话大词典》，北京：华夏出版社 2015 年版，第 505 页。

W1265.4.2.1
荷秆的节须变成岛

【实例】

傣族 天神混散在水上种荷花造地时，荷秆上的节节须须就成了两千个小岛。

【流传】云南省·德宏（德宏傣族景颇族自治州）·潞西（芒市）

【出处】依示讲，岩坎记录：《荷花变成四大洲》，见姚宝瑄主编《中国各民族神话》（哈尼族、傣族），太原：山西出版传媒集团·书海出版社2014年版，第240页。

W1265.4.3
石头变岛屿
【汤普森】D452.1.8

【实例】

（实例待考）

W1265.4.4
神扔的石块变成岛
【汤普森】A955.6

【实例】

（实例待考）

W1265.4.5
其他特定的物变为岛

【实例】

（参见下级母题实例）

W1265.4.5.1
镇海珠变成岛
【关联】［W9686］宝珠

【实例】

京族 镇海珠变成了海岛。

【流传】广西壮族自治区·防城（防城港市）

【出处】阮秀珍讲，邓弦整理：《三岛的来历》，见中华民族故事大系编委会编《中华民族故事大系》第15卷（德昂族、保安族、裕固族、京族、塔塔尔族、独龙族、鄂伦春族），上海：上海文艺出版社1995年版，第316页。

W1265.4.5.2
扁担变成岛

【实例】

基诺族 始祖尧白在崇山峻岭中挑土造澜沧江时，因为扁担着肩处被鬼按上了利刃，走到小勐养的时候，扁担突然断了，筐里的土掉下了地，这就是像乳房一样的俄节阿鲁；那断了的扁担往南飞出一大截，这就是澜沧江里的那个长岛。

【流传】（无考）

【出处】《水里浮起的尧白阿嬷》，见姚宝瑄主编《中国各民族神话》（水族、布朗族、独龙族、基诺族、傈僳族），太原：山西出版传媒集团·书海出版社2014年版，第154页。

1.2.3 地的产生与特征

基诺族 创世母亲的扁担飞出数十里外，落在澜沧江中形成景洪附近澜沧江中的长岛

【流传】云南省·（西双版纳傣族自治州·景洪市）·基诺山（基诺山基诺族乡）·巴亚寨、巴卡寨、戛里果箐

【出处】白腊约等讲，杜玉亭调查整理：《创世母亲遇难》（1958~1981），见吕大吉、何耀华总主编《中国各民族原始宗教资料集成》（彝族卷、白族卷、基诺族卷），北京：中国社会科学出版社1996年版，第880页。

W1265.4.5.3
人撒泥化为岛屿

实例

汉族 保俶（人名）寻找太阳时，以乡亲所赠泥撒向海中化成大小岛屿无数。

【流传】（浙江省·杭州市）

【出处】袁珂改编：《保俶寻太阳》（原名《寻太阳》），原载杭州市文化局编《西湖民间故事》，见袁珂《中国神话大词典》，北京：华夏出版社2015年版，第387页。

W1265.5
岛的形状的产生

【汤普森】A955.3.1

实例

（实例待考）

W1265.6
与岛有关的其他母题

【关联】
① ［W8957.6］岛之间的争斗
② ［W9697］宝岛

实例

（参见下级母题实例）

W1265.6.1
神奇（魔力）之岛

【汤普森】①D936；②F730

实例

（实例待考）

W1265.6.2
半岛的产生

【汤普森】A956

实例

（实例待考）

W1265.6.3
会移动的岛

【汤普森】F737

【关联】［W1244.2b.1］会移动的洲

实例

（实例待考）

W1265.6.4
岛的增大

实例

蒙古族 很久以前，北疆是内陆湖的一

个小岛，不知经历了多少个岁月，太阳暴晒，风沙填埋，湖的面积逐渐地缩小了，岛屿的面积相应地扩大。

【流传】内蒙古自治区

【出处】乌塔搜集整理：《敖包的传说》，见中国民间文学集成全国编辑委员会编《中国民间故事集成》（内蒙古卷），北京：中国ISBN中心2007年版，第401页。

W1265.6.5
岛的支撑物

【汤普森】F736

实例

（实例待考）

W1265.6.6
原来在一起的岛后来分开

【汤普森】A955.11

实例

黎族 （实例待考）

W1265.6.7
仙岛

【关联】［W0812］仙的居所

实例

汉族 （实例待考）

W1265.6.8
浮岛

实例

（参见下级母题实例）

W1265.6.8.1
岛浮在水中

实例

高山族（阿美） 太古时，在浩瀚渺茫的东海海面上，浮着一个叫波拉图的小岛。

【流传】台湾·花莲县、台东县等地

【出处】

（a）《神鸟的启示》，见谷德明编《中国少数民族神话》，北京：中国民间文艺出版社1987年版，第238~240页。

（b）同（a），见姚宝瑄主编《中国各民族神话》（高山族、黎族、畲族），太原：山西出版传媒集团·书海出版社2014年版，第6页。

W1265.6.9
孤岛

实例

（参见下级母题实例）

W1265.6.9.1
洪水淹漫形成孤岛

实例

高山族 寻找火种的人在一座高山的山顶，看到远处有一座因为洪水淹漫而成的孤岛。

【流传】（无考）

【出处】《瘦羌勇冠群兽》，见姚宝瑄主编

《中国各民族神话》（高山族、黎族、畲族），太原：山西出版传媒集团·书海出版社 2014 年版，第 37 页。

W1265.6.9.2
海中孤岛

实　例

珞巴族　很早以前，世界上到处都是水，浩瀚的海洋中有一座顶天的孤岛，叫"白马岗"，是"隐秘的莲花蕊"的意思。

【流传】西藏自治区·林芝市·墨脱县·达木珞巴民族乡、墨脱乡（讲述地点：墨脱县·达木珞巴民族乡·卡布村）

【出处】安布讲：《五兄弟的传说》（1955.08），见冀文正《珞巴族民间故事》，成都：四川民族出版社 2011 年版，第 18 页。

W1265.6.10
特定名称的岛

实　例

（参见下级母题实例）

W1265.6.10.1
沧海岛

实　例

汉族　沧海岛在北海中，地方三千里，去岸二十一万里，海四面绕岛，各广二千里，水皆苍色，仙人谓之沧海也。岛上俱是大山，积石至多，石象八石、石脑、石桂、英流丹黄子、石膽之辈百余种，皆生于岛石，服之神仙长生。

【流传】（无考）

【出处】

（a）［汉］东方朔《海内十洲记》。

（b）《沧海岛》，见袁珂《中国神话大词典》，北京：华夏出版社 2015 年版，第 174 页。

W1265.6.10.2
海南岛

实　例

黎族　很久以前，海南岛是一片无边的平原。

【流传】（海南省）

【出处】

（a）王知会讲，谢盛圻搜集整理：《五指山与七指岭》，见广东民族学院中文系编《黎族民间故事选》，上海：上海文艺出版社 1983 年版。

（b）同（a），见姚宝瑄主编《中国各民族神话》（高山族、黎族、畲族），太原：山西出版传媒集团·书海出版社 2014 年版，第 52 页。

W1265.6.10.3
黑瞎子岛

实　例

满族　狗熊沉到江里，在二水汇合的江心，还慢慢隆起了一座岛，人们就叫它"黑瞎子岛"。

【流传】黑龙江省

【出处】
(a) 赵书搜集整理：《女真定水》，见乌丙安等编《满族民间故事选》，上海：上海文艺出版社1983年版，第66~76页。
(b) 同(a)，见姚宝瑄主编《中国各民族神话》（满族、赫哲族、朝鲜族），太原：山西出版传媒集团·书海出版社2014年版，第50~60页。

W1266
其他特定地貌的产生
【关联】
① [W1843] 丘陵（山岭、山丘）
② [W1845] 山谷（沟壑、峡谷）

实 例

（参见下级母题实例）

W1266.1
盆地的产生

实 例

（参见下级母题实例）

W1266.1.1
刨土形成盆地

实 例

（参见下级母题实例）

W1266.1.1.1
虎神刨土形成盆地
【关联】[W0502] 虎神

实 例

纳西族（摩梭） 喇神（虎神）下凡造人时遇到沙漠，它刨土找水时，刨出黑油油的泥土，用泥土掩盖的地方，就是今天宁蒗县的永宁盆地。
【流传】云南省·（丽江市）·宁蒗县（宁蒗彝族自治县）
【出处】巴采若、桑绒尼搓讲，章虹宇搜集整理：《喇氏族的来源》，载《民间文学》1986年第3期。

W1266.1.2
盘古的肚脐眼儿化成盆地

实 例

汉族 南阳盆地就是盘古的肚脐眼儿化成的，所以圆圈儿高，中间低。
【流传】河南省·（南阳市）·新野县
【出处】曹学典讲，曹宝泉采录：《盘古爷开天》，见张振犁编著《中原神话通鉴》（第一卷），郑州：河南大学出版社2017年版，第35页。

W1266.2
洼地

实 例

（参见下级母题实例）

W1266.2.1
洼地是大雨冲出的

实 例

彝族 聪明的龙王罗阿玛按神王的指点，来到开阔的平原。她吐出倾盆大雨，大雨便拍打着平原，大雨形成洪流，汹涌的洪流冲刷着泥土，使平原出现了低洼和高坝。

【流传】（云南省·楚雄彝族自治州·双柏县，红河哈尼族彝族自治州等地）

【出处】

（a）云南省民族民间文学楚雄、红河调查队搜集，郭思九、陶学良整理：《查姆》，昆明：云南人民出版社1981年版。

（b）郭思九、陶学良整理，古梅改写：《彝家的古根》，选自《云南民族文学资料》第七集中的《查姆》上部前三章，见姚宝瑄主编《中国各民族神话》（羌族、彝族），太原：山西出版传媒集团·书海出版社2014年版，第57页。

W1266.2.2

洼地是神踩出来的

实　例

瑶族（布努）密洛陀（万物之母，女始祖，女神）的二儿子波防密龙挖沟造河时，右脚踩过的地方，地面陷下数万丈。陷下的地方，就是他的足迹。他留下的足迹，成了无数的洼地。

【流传】广西壮族自治区·（河池市）·都安县（都安瑶族自治县）、巴马县（巴马瑶族自治县）、南丹县，（百色市）·田东县、平果县等地

【出处】桑布郎等传，蒙凤标（83岁）、罗仁祥（73岁）等唱：《密洛陀》（1983），见蓝怀昌、蓝书京、蒙通顺搜集翻译整理《密洛陀》，北京：中国民间文艺出版社1988年版，第73页。

1.2.4　天地的合离与支撑
【W1270 ~ W1359】

✻ W1270

天地相连[①]

【关联】

① ［W1074.0］以前天界与人间不分

② ［W1400 ~ W1424］天地通

③ ［W1400］天地相通

实　例

白族　远古时代，天和地连在一起。

【流传】云南省·（大理白族自治州）·鹤庆（鹤庆县），丽江（丽江市）及（丽江市）·永胜（永胜县）

【出处】李剑飞讲，李缵绪、章虹宇记录：《人类和万物的起源》（又名《劳谷与劳泰》、《古干古洛创世记》），原载李缵绪主编《白族神话传说集成》，中国民间文艺出版社1986年版，见姚宝瑄主编《中国各民族神话》（白族、拉祜族、景颇族），太原：山西出版传媒集团·书海出版社

---

① 天地相连，此类母题与"天地通"母题较为接近，但表达的含义不同。"天地相连"主要强调的是天地通过某种物体连接在一起，消除这个连接天地的特定物后，天地分开；而"天地通"母题强调的则是人神之间、人间和天界之间可以通过某个通道相互交往，最后的结果是"绝地天通"，消除了人神之间的来往。有些神话的表述有时可以兼有这两种含义。

독룡족(独龙族) 古老的时代，天和地紧紧相连。

【流传】云南省怒江独龙族地区

【出处】

（a）当色·顶、孔英金、卜松、鲁腊·顶讲，李子贤、张文臣、李承明记录，孟国才、张联华、和诠翻译，李子贤整理：《大蚂蚁分天地》，见陶立璠、朱桂元等编《中国少数民族神话汇编》，中央民族学院少数民族古籍整理出版规划领导小组办公室编，内部资料，1984年。

（b）同（a），见姚宝瑄主编《中国各民族神话》（水族、布朗族、独龙族、基诺族、傈僳族），太原：山西出版传媒集团·书海出版社2014年版，第111页。

独龙族 从前，天和地连在一起。

【流传】（无考）

【出处】《蚂蚁把天地分开》，见《独龙族文化大观》，昆明：云南民族出版社1999年版，第191页。

哈尼族 很久以前，天和地紧紧相连。

【流传】云南省·（玉溪市）·元江县（元江哈尼族彝族傣族自治县）·因远镇·卡腊一带

【出处】《造天地歌》，见元江县哈尼文化学会、元江县史志编纂办公室编《元江哈尼族古歌集》，内部编印，2005年，第13页。

汉族 古时候，天和地连在一起。

【流传】湖南省·常德县（常德市）·（鼎城区）·灌溪乡（灌溪镇）

【出处】唐万顺讲，唐孟元采录：《盘古开天辟地》，见中国民间文学集成全国编辑委员会编《中国民间故事集成》（湖南卷），北京：中国ISBN中心2002年版，第3页。

汉族 以前，天上地下是连在一起的。

【流传】湖南省·（怀化市）·洪江市·贮木场

【出处】向培风讲，向艺采录：《盘古开天辟地》，见中国民间文学集成全国编辑委员会编《中国民间故事集成》（湖南卷），北京：中国ISBN中心2002年版，第3页。

汉族 从前，天地是相连的。

【流传】河南省·（驻马店市）·正阳县

【出处】代星（男，56岁，农民，私塾）讲，代胜利采录整理《伏羲和女娲（一）》（1987.09），见张振犁编著《中原神话通鉴》（第一卷），郑州：河南大学出版社2017年版，第314页。

景颇族 以前，天地相连在一起。

【流传】（无考）

【出处】何峨整理：《万物诞生》，见中华民族故事大系编委会编《中华民族故事大系》第10卷（景颇族、柯尔克孜族、土族），上海：上海文艺出版社1995年版，第10页。

傈僳族 原来天与地相连。

【流传】（无考）

【出处】《洪荒劫世》，见《傈僳族简史》编写组编《傈僳族简史》，昆明：云南人民出版社1983年版，第5~7页。

珞巴族 （实例待考）

苗族 （实例待考）

水族 远古时候，天连着地，地连着天，天地相连。

【流传】（无考）

【出处】潘静流唱，燕宝记译，化斯改写：《伢俣开创世界》（原名《造天造地》），见姚宝瑄主编《中国各民族神话》（水族、布朗族、独龙族、基诺族、傈僳族），太原：山西出版传媒集团·书海出版社2014年版，第4页。

土家族 上古洪荒的时候，天和地挨在一起。

【流传】湖南省、湖北省、贵州省等地

【出处】田建柏讲，彭勃等搜集整理：《补天补地》，见中华民族故事大系编委会编《中华民族故事大系》第5卷（瑶族、白族、土家族），上海：上海文艺出版社1995年版，第657页。

瑶族 很古的时候，天和地是粘连在一起的。

【流传】贵州省·（黔东南苗族侗族自治州）·从江县·（翠里乡）·高芒乡（高芒村）

【出处】赵金荣讲，杨路塔采录：《发枚造天地》，见中国民间文学集成全国编辑委员会编《中国民间故事集成》（贵州卷），北京：中国ISBN中心2003年版，第9页。

裕固族 有一名恰威叫的人，到天上去看个究竟时，发现天地边几乎连在了一起。

【流传】（无考）

【出处】钟进文：《裕固族神话》，见满都呼主编《中国阿尔泰语系诸民族神话故事》，北京：民族出版社1997年版，第116页。

藏族 远古时候，天地连成一片。

【流传】（四川省·凉山彝族自治州·冕宁县等）

【出处】刘世旭：《冕宁等县藏族的白石崇拜辨析》，载《西南民族学院学报》1989年第4期。

壮族 在远古，天和地相连。

【流传】云南省·（文山壮族苗族自治州）·西畴县

【出处】陆开富等讲，王明富采录：《布洛陀》，见中国民间文学集成全国编辑委员会编《中国民间故事集成》（云南卷），北京：中国ISBN中心2003年版，第86页。

W1271

天地相连的原因

实 例

（参见下级母题实例）

W1271.1
神把天地合在一起

【关联】［W1272.3.2］神把天地扣严

实 例

（参见下级母题实例）

W1271.2
天地因结婚合在一起

【关联】［W7532］天地婚

实 例

珞巴族 天向地求婚成功后，天就降到地上，与地紧密地贴在一起。

【流传】西藏自治区·（林芝地区）·米林县·马尼岗·（南伊乡）·穷林村

【出处】亚如、亚崩讲，高前译，李坚尚等搜集整理：《天和地》，见中国民间文学集成全国编辑委员会编《中国民间故事集成》（西藏卷），北京：中国ISBN中心2001年版，第8页。

珞巴族 天地结婚后合在一起。

【流传】西藏自治区·下珞渝（又写作"下珞瑜"，泛指永木河、锡约尔河、巴恰西仁河流域）

【出处】达大讲，李坚尚等搜集，达嘎翻译：《天父地母和宁崩阿乃》，见中华民族故事大系编委会编《中华民族故事大系》第16卷（赫哲族、门巴族、珞巴族、基诺族），上海：上海文艺出版社1995年版，第403页。

W1271.3
与天地相连原因有关的其他母题

实 例

（参见下级母题实例）

W1271.3.1
盘古造的天地没有完全分开

实 例

汉族 （盘古）把天地造成了，但天和地并没有完全分开，有些地方还是连着的，而且天也不够高。

【流传】河南省·汝州市薛庄乡·徐洼村

【出处】王欢进采录：《盘古创世》（1989.10.07），见张振犁编著《中原神话通鉴》（第一卷），郑州：河南大学出版社2017年版，第23页。

W1272
天地相连的情形

实 例

（参见下级母题实例）

W1272.1
以前天地不分（天地合一）

【关联】

① ［W1043］最早的世界天地相抱
② ［W1127.0.3］天地混沌无间

实 例

布依族 以前，天地不分，东南西北

莫辨。

【流传】贵州省黔西南及黔南大部分地区

【出处】《混沌王与盘果王》，原载贵州省社会科学院文学研究所编《布依族文学史》，见袁珂《中国神话大词典》，北京：华夏出版社2015年版，第451页。

仡佬族 很古的时候，天地不分，到处都是箐林。

【流传】贵州省·（六盘水市）·六枝特区·店子乡（新窑乡）·那义村·青桐林

【出处】程少先等讲，叶正乾采录：《盘古王和他的儿孙们》，见中国民间文学集成全国编辑委员会编《中国民间故事集成》（贵州卷），北京：中国ISBN中心2003年版，第62页。

哈尼族 很古的时候，人世间不分天和地。

【流传】云南省

【出处】熊兴祥搜集整理：《风姑娘》，载《山茶》1983年第4期。

哈尼族 很古的时候，人世间不分天和地。

【流传】云南省·（红河哈尼族彝族自治州）·金平县（金平苗族瑶族傣族自治县）·（大寨乡）·坡头乡（坡头村）

【出处】李文有讲，熊兴祥记录：《风姑娘》，原载《金平民间故事选》，见姚宝瑄主编《中国各民族神话》（哈尼族、傣族），太原：山西出版传媒集团·书海出版社2014年版，第29页。

汉族 很多年以前，天和地没有分开。

【流传】（无考）

【出处】袁珂译述：《盘古开天辟地》，原载袁珂编译《中国神话故事》，见陶阳、钟秀编《中国神话》（上），北京：商务印书馆2008年版，第7~8页。

汉族 古时候，这个天地是合在一起的。

【流传】江苏省·（淮安市）·涟水（涟水县）各地

【出处】徐学尧讲，徐省生搜集整理：《开天辟地和人的由来》（1986.06），见姚宝瑄主编《中国各民族神话》（汉族），太原：山西出版传媒集团·书海出版社2014年版，第20~22页。

汉族 传说古时候，天和地是合在一起的。

【流传】江苏省·（淮安市）·涟水县·南集乡·禹庄村

【出处】徐学尧讲，徐省生搜集整理：《世界的由来》（1983），见姚宝瑄主编《中国各民族神话》（汉族），太原：山西出版传媒集团·书海出版社2014年版，第24~28页。

汉族 很早以前，天地没分。

【流传】河南省·（南阳市）·桐柏县·（安棚乡、固县镇、大河乡、二

郎山乡、月河镇金桥村等地）；（湖北省·随州市·随县·小林镇）

【出处】姚义雨、郑昌寿、黄发美、陈鸣声、刘太举、胡安辰、方家义、曹衍玉等讲，马卉欣采录整理：《盘古开天》，见张振犁编著《中原神话通鉴》（第一卷），郑州：河南大学出版社2017年版，第56页。

汉族 很早的时候，天地还没有分开。

【流传】河南省·（焦作市）·武陟县·阳城乡·南关村

【出处】王百贞（1907年生）讲，王广先采录整理：《盘古开天辟地》，见张振犁编著《中原神话通鉴》（第一卷），郑州：河南大学出版社2017年版，第17页。

土家族 上古洪荒之世，天地连成一片。

【流传】湖南省·（湘西土家族苗族自治州）·龙山县·（湾塘乡）·坡脚（坡脚村）

【出处】向廷龙讲，彭勃翻译整理：《造天造地》，见谷德明编《中国少数民族神话》，北京：中国民间文艺出版社1987年版，第165页。

瑶族 很古的时候，天地没有分开。

【流传】广西壮族自治区·（河池市）·大化县（大化瑶族自治县）·七百弄乡

【出处】蓝阿勇（72岁）讲，蒙冠雄采录翻译：《密洛陀》（1982），见中国民间文学集成全国编辑委员会编《中国民间故事集成》（广西卷），北京：中国ISBN中心2001年版，第11~22页。

彝族 从前，人们都说天和地是相连的。

【流传】（无考）

【出处】吉木吉哈讲，沈伍己口译，萧崇素记录：《支格阿龙寻找天界》，见姚宝瑄主编《中国各民族神话》（羌族、彝族），太原：山西出版传媒集团·书海出版社2014年版，第282页。

彝族 从前，人们都说天和地是相连的。

【流传】四川省·凉山州（凉山彝族自治州）

【出处】吉木吉哈讲，萧崇素记录：《寻找天界》，节选自《英雄支格阿龙》，原载李德君、陶学良编《彝族民间故事选》，见陶阳、钟秀编《中国神话》（中），北京：商务印书馆2008年版，第675~686页。

彝族 昔人皆谓往古天与地相连。

【流传】（无考）

【出处】《支格阿鲁寻天界》，原载李德君编《彝族民间故事选·英雄支格阿鲁的传说》（原名《寻找天界》），见袁珂《中国神话大词典》，北京：华夏出版社2015年版，第429页。

彝族 以前天地还没有分开。

【流传】（无考）

1.2.4 天地的合离与支撑 ‖W1272.1.1–W1272.1.2‖

【出处】《天神造天地》，见姚宝瑄主编《中国各民族神话》（羌族、彝族），太原：山西出版传媒集团·书海出版社 2014 年版，第 86 页。

藏族 最初天地本相合。

【流传】（无考）

【出处】佟锦华等：《藏族文学史》，四川民族出版社 1985 年版，见吕大吉、何耀华总主编《中国各民族原始宗教资料集成》（鄂伦春族卷、鄂温克族卷、赫哲族卷、达斡尔族卷、锡伯族卷、满族卷、蒙古族卷、藏族卷），北京：中国社会科学出版社 1999 年版，第 938 页。

W1272.1.1
天地像一块糍粑

实例

苗族 远古的时候，天地像糍粑一块。

【流传】广西壮族自治区·（柳州市）·融水苗族自治县

【出处】

(a) 杨达香讲，梁彬搜集整理：《创世纪》（一、开天辟地，地始天初），见梁彬、王天若编《苗族民间故事选》，南宁：广西人民出版社 1986 年版。

(b) 同 (a)，见姚宝瑄主编《中国各民族神话》（布依族、仡佬族、苗族），太原：山西出版传媒集团·书海出版社 2014 年版，第 168 页。

W1272.1.2
以前天接地，地接天

实例

布依族 古老的时候，天连着大地，大地顶着天。

【流传】贵州省布依族地区

【出处】杨正荣、祝登壅讲，岭玉清、汛河搜集整理，古梅改写：《翁戛造万物》，见姚宝瑄主编《中国各民族神话》（布依族、仡佬族、苗族），太原：山西出版传媒集团·书海出版社 2014 年版，第 7 页。

汉族 很古的时候，天地不分，天接地，地接天。

【流传】江苏省·（淮安市）·淮安县（淮安区）

【出处】李正杨讲，王习耕记录：《磨子星和灯草星》（1986.09），见姚宝瑄主编《中国各民族神话》（汉族），太原：山西出版传媒集团·书海出版社 2014 年版，第 293～295 页。

汉族 以前因为天地不分，天连着地，地连着天。

【流传】重庆市·（九龙坡区）·专马镇

【出处】谢志忠讲：《夏禹王疏通九河》，原载联合国教科文组织、中国民间文艺家协会、四川省民间文艺家协会编《专马镇民间故事》，见陶阳、钟秀编《中国神话》（中），北京：商务印书馆 2008 年版，第 834 页。

W1272.1.3
世界之初天地不分

实例

佤族 世界之初天地未分。

【流传】云南省·（普洱市）·西盟佤族自治县、澜沧拉祜族自治县等地

【出处】毕登程、隋嘎编著：《司岗里——佤族创世史诗》，昆明：云南出版集团公司·云南人民出版社2009年版，第7页。

W1272.1.4
以前天地混沌合在一起

实例

汉族 远古时候，天地不分，一片混沌。

【流传】宁夏回族自治区·（固原市）·西吉县·平峰乡

【出处】高世民讲，杨登峰采录：《黄土高原是怎样形成的》，见中国民间文学集成全国编辑委员会编《中国民间故事集成》（宁夏卷），北京：中国ISBN中心1999年版，第23页。

汉族 以前，天地是合拢的，混混沌沌。

【流传】浙江省·舟山市·（定海区·岑港镇）·烟墩（烟墩村）、马目（马目村）一带

【出处】张友夫讲，于海辰、林海峰记录整理：《兄妹分天地》（1987.05.15），见姚宝瑄主编《中国各民族神话》（汉族），太原：山西出版传媒集团·书海出版社2014年版，第38~39页。

汉族 很久以前，天地是连在一起的，混沌一团。

【流传】河南省·（驻马店市）·汝南县

【出处】李建国（45岁，中专）讲，李超采录：《盘古开辟天地》（1987.06），见张振犁编著《中原神话通鉴》（第一卷），郑州：河南大学出版社2017年版，第26页。

W1272.1.5
以前不知哪是天哪是地

实例

汉族 很古的时候，天和地是连在一块儿的，分不清哪儿是天，哪儿是地。神仙们也常把地当作天，把天当作地。

【流传】河南省·安阳市·安阳县·磊口乡·目明村

【出处】赵庆士（农民）讲，左兵采录：《女娲造人（四）》（原名《下雨时为啥起黑云》），见张振犁编著《中原神话通鉴》（第一卷），郑州：河南大学出版社2017年版，第169页。

W1272.2
天地粘在一起

实例

达斡尔族 天和地原先是粘在一起的。

【流传】（无考）

【出处】《仙鹤顶天》，见姚宝瑄主编《中国各民族神话》（达斡尔族、鄂伦春族、鄂温克族、蒙古族），太原：山西出版传媒集团·书海出版社2014年版，第4页。

德昂族 很久以前，天和地紧紧粘在一起。

【流传】云南省·（保山市）·保山县（隆阳区）

【出处】李仁光、姚世清讲述，杨玉骧收集整理：《百片树叶百个人》，载《山茶》1985年第6期。

独龙族 很久以前，天和地是粘连在一起的。

【流传】（a）云南省·（怒江傈僳族自治州）·贡山县（贡山独龙族怒族自治县）·独龙江乡

【出处】

(a) 孔志清、伊里亚讲，巴子采录：《天地是怎么分开的》，见中国民间文学集成全国编辑委员会编《中国民间故事集成》（云南卷），北京：中国ISBN中心2003年版，第81页。

(b) 同（a），见陶立璠、赵桂芳等编《中国少数民族神话汇编》（开天辟地篇等），中央民族学院少数民族古籍整理出版规划领导小组办公室印（未署出版时间），第379页。

怒族 很古的时候，天和地是合在一起的。

【流传】云南省·（怒江傈僳族自治州）·福贡县·架怒村（不详）

【出处】此阿妹讲，叶世富等采录：《高山和平地的由来》，见中国民间文学集成全国编辑委员会编《中国民间故事集成》（云南卷），北京：中国ISBN中心2003年版，第79页。

瑶族 很古的时候，天和地是粘连在一起的。

【流传】贵州省·（黔东南苗族侗族自治州）·从江县·（翠里乡）·高芒乡（高芒村）

【出处】赵金荣讲，杨路塔采录：《发枚造天地》，见中国民间文学集成全国编辑委员会编《中国民间故事集成》（贵州卷），北京：中国ISBN中心2003年版，第9页。

瑶族 密洛陀（女神名）刚刚造好的天，下面紧紧地粘着一层地。

【流传】广西壮族自治区·（河池市）·都安瑶族自治县江水河一带瑶族地区

【出处】《密洛陀创世》，蓝田根据莎红整理的《密洛陀》和潘泉脉整理的《密洛陀》两部不同版本的长诗《密洛陀》改写，见姚宝瑄主编《中国各民族神话》（土家族、毛南族、侗族、瑶族），太原：山西出版传媒集团·书海出版社2014年版，第154页。

W1272.3

天地抱在一起

实 例

汉族 从前，天包住地，地包住天，

连在一起。

【流传】浙江省·（杭州市）·淳安县·姜家镇·姜家村

【出处】姜引军讲，姜曹诰采录：《盘古生囡囝》，见中国民间文学集成全国编辑委员会编《中国民间故事集成》（浙江卷），北京：中国 ISBN 中心 1997 年版，第 38 页。

汉族　早先，天包住地，地包住天，天地没分开，混混浊浊，是个囫囵滚圆的东西。

【流传】（无考）

【出处】姜引军讲，姜曾诰搜集整理：《天地分开出盘古》，见姚宝瑄主编《中国各民族神话》（汉族），太原：山西出版传媒集团·书海出版社 2014 年版，第 15~16 页。

W1272.3.1

天包着地

实例

毛南族　（实例待考）

W1272.3.2

神把天地扣严

【关联】［W1363］天地不相合（天地不吻合）

实例

藏族　开始时天小地大，撒拉甲伍拉起地用劲一抖，那地往中间一挤，地被挤小后，天和地才扣严了。

【流传】四川省白马藏族地区

【出处】扎嘎才让、小石桥、顶专讲，谢世廉、周善华、姜志成、周贡中搜集：《绷天绷地》，见姚宝瑄主编《中国各民族神话》（门巴族、珞巴族、怒族、藏族），太原：山西出版传媒集团·书海出版社 2014 年版，第 78~79 页。

W1272.4

天地叠在一起

实例

（参见下级母题实例）

W1272.4.1

以前天地重叠不能分开

实例

苗族　天和地两个东西同时生下来。一生下来两个就重叠在一起，咋也不分离，筷子都戳不进去。

【流传】贵州省·（黔东南苗族侗族自治州）·台江县、施秉县、凯里县（凯里市）等地

【出处】秦公、岩公、李普奶等苗族八歌手说唱，唐春芳、桂舟人搜集整理：《巨鸟生天地，众神辟地天》，见姚宝瑄主编《中国各民族神话》（布依族、仡佬族、苗族），太原：山西出版传媒集团·书海出版社 2014 年版，第 115 页。

壮族　以前，天地叠在一起。

【流传】广西壮族广西壮族自治区·（河池市）·巴马县（巴马瑶族自治

县）·所略乡·所略村

【出处】周朝珍讲：《布洛陀》，见张声震总主编，农冠品编注《壮族神话集成》，南宁：广西民族出版社 2007 年版，第 35 页。

壮族 远古的时候，天和地紧紧地重叠在一起，结成一块，不能分开。

【流传】广西壮族自治区右江、红河一带

【出处】周朝珍口述，何承文整理：《布洛陀》，原载蓝鸿恩编《壮族民间故事选》，见陶阳、钟秀编《中国神话》（上），北京：商务印书馆 2008 年版，第 67~86 页。

W1272.5
天盖着地

实 例

苗族 一片绿茵茵的大地粘着天，像窝簸一样的蓝天盖着地。

【流传】云南省·（曲靖市）·宣威市

【出处】张树民讲，张绍祥采录：《太阳月亮守天边》，见中国民间文学集成全国编辑委员会编《中国民间故事集成》（云南卷），北京：中国 ISBN 中心 2003 年版，第 144 页。

藏族 很早的时候，大地好像一个圆圆的酥油盒子，上面的盖子把下面盖得严严实实的。

【流传】四川省·（阿坝藏族羌族自治州）·若尔盖县·求吉乡·下王则村

【出处】大夺戈讲，阿强等采录：《开天辟地》，见中国民间文学集成全国编辑委员会编《中国民间故事集成》（四川卷·下），北京：中国 ISBN 中心 1998 年版，第 933 页。

W1272.6
天地被藤条绑在一起

实 例

佤族 天地是一根藤条绑在一起，有脐带相连。神用刀砍断藤条，天地分开。

【流传】（无考）

【出处】李子贤：《论佤族神话》，载《思想战线》（云南大学）1987 年第 6 期。

W1272.6.1
有一条拴天地的锁链

【关联】［W1434.4］通过链子上天

实 例

佤族 （实例待考）

W1272.6.2
天萝藤把天地连在一起

实 例

汉族 盘古开辟天地后，天没有几丈高。地上的百姓种天萝，天萝藤长到天上，把天地连在一起。

【流传】浙江省·宁波市·宁海县

【出处】叶丙标讲，叶柱记录：《玉帝分天地》，见罗杨总主编，戴余金本卷主编《中国民间故事丛书·浙江宁波·宁海卷》，北京：知识产权出版社2015年版，第4页。

W1272.7
天地像蛋壳一样扣在一起
【关联】［W1115］卵生天地

实 例

基诺族 阿嫫腰白（神名，创世女神）让天地合拢来，像蛋壳一样扣在一起，成为不用支撑的整体。

【流传】云南省·（西双版纳傣族自治州）·景洪县（景洪市）

【出处】白桂林等讲，刘怡采录：《阿嫫腰白造天地》，见中国民间文学集成全国编辑委员会编《中国民间故事集成》（云南卷），北京：中国ISBN中心2003年版，第77页。

W1272.8
天地是合在一起的2块石头

实 例

汉族 远古时候，天和地是合在一起的两块大石头。

【流传】河北省·（张家口市）·赤城县·（后城镇）·后城村

【出处】赵子英讲，郝云飞采录：《鱼为啥没有腿》，见中国民间文学集成全国编辑委员会编《中国民间故事集成》（河北卷），北京：中国ISBN中心2003年版，第6页。

壮族 古时候，天地是一块大石头，紧紧粘连在一起。

【流传】广西壮族自治区·（河池市）·东兰县·大同乡·和龙村

【出处】覃凤平等，讲覃剑萍采录翻译：《姆洛甲断案》，见中国民间文学集成全国编辑委员会编《中国民间故事集成》（广西卷），北京：中国ISBN中心2001年版，第8页。

W1272.8.1
以前天地是重叠的岩石
【关联】
① ［W1122.8.1］分开的巨石成为天地
② ［W1272.4］天地叠在一起
③ ［W1287.4.1］霹雳劈开2块岩石变成天地

实 例

壮族 远古的时候，天和地紧紧地重叠在一起，结成了一块坚硬的岩石，不能分开。

【流传】广西壮族自治区右江，云南省红河一带

【出处】周朝珍讲，何承文整理：《布碌陀》，见谷德明编《中国少数民族神话》，北京：中国民间文艺出版社1987年版，第68页。

壮族 远古的时候，天和地紧紧地重叠在一起，结成了一块坚硬的岩石，不能分开。

【流传】（a）广西壮族自治区右江及红水河一带

【出处】

(a) 周朝珍讲，何承文整理：《布碌陀》，载广西民间文学研究会编印《广西民间文学丛刊》第5期。

(b)《布碌陀》（王松选定），见姚宝瑄主编《中国各民族神话》（仫佬族、壮族、京族），太原：山西出版传媒集团·书海出版社2014年版，第74页。

壮族 远古时天地重叠，结成坚硬岩石。

【流传】（无考）

【出处】《布碌陀造天地》（原名《布碌陀》），原载谷德明编《中国少数民族神话选》，见袁珂《中国神话大词典》，北京：华夏出版社2015年版，第439页。

W1272.9
天地是合在一起的2块板子

实例

苗族 很古的时候，天和地是两块板子粘叠在一起。

【流传】贵州省·（黔东南苗族侗族自治州）·剑河县

【出处】张岩山讲，万必轩采录：《天和地是咋个来的》，见中国民间文学集成全国编辑委员会编《中国民间故事集成》（贵州卷），北京：中国ISBN中心2003年版，第3页。

W1272.9.1
天地像合在一起的2块板子由薄变厚

实例

苗族 世界最早产生的两块小薄板儿，风一吹就微微颤抖，科帝和劳帝（两个兽神，又一说是鸟神）来吻抱，就长成厚冬冬的两大块。

【流传】原文无流传地，据文本及注释推测该神话流传于贵州省·黔东南苗族侗族自治州·凯里市、台江县等地。

【出处】《译者述评》，见贵州省少数民族古籍整理出版规划小组办公室编，燕宝整理译注《苗族古歌》，贵阳：贵州民族出版社1993年版，第1~2页。

W1272.10
天用牙齿衔住地，地用牙齿咬紧天

实例

苗族 天用牙齿衔住地，地用牙齿咬紧天。

【流传】
(a) 广西壮族自治区·（柳州市）·融水县（融水苗族自治县）·滚贝乡

(b) 广西壮族自治区·（柳州市）·融水县（融水苗族自治县）

【出处】
(a) 杨达香讲，梁彬采录翻译：《纳罗

引勾开天辟地造人》，见中国民间文学集成全国编辑委员会编《中国民间故事集成》（广西卷），北京：中国ISBN中心2001年版，第24页。

（b）杨达香讲，梁彬搜集整理：《创世记》，见谷德明编《中国少数民族神话》，北京：中国民间文艺出版社1987年版，第545页。

W1272.11
天地相连有缝隙

【关联】［W1367］天上出现裂缝（天缝、天裂）

实例

汉族 盘古从大鸡蛋中出来后，发现周围一片黑暗，他拳打脚踢缠着他的混沌和黑暗，结果天和地裂开了一条缝。

【流传】河南省·济源市·（城关）

【出处】程玉林讲，缪华、胡佳作采录：《盘古寺》，见张振犁编著《中原神话通鉴》（第一卷），郑州：河南大学出版社2017年版，第3页。

怒族 古时，天地相连，举手可以触天。

【流传】云南省

【出处】李卫才采录：《腊普和亚妞》，见中国民间文学集成全国编辑委员会编《中国民间故事集成》（云南卷），北京：中国ISBN中心2003年版，第186页。

W1272.12
天地雾蒙蒙地相连

实例

彝族 远古的时候，天地间雾蒙蒙地相连着。

【流传】四川省·（凉山彝族自治州）·雷波县

【出处】

（a）保木和铁讲，芦芙阿梅译，白芝采录：《开天辟地》，见中国民间文学集成全国编辑委员会编《中国民间故事集成》（四川卷·下），北京：中国ISBN中心1998年版，第749页。

（b）《开天辟地》，见陶立璠、赵桂芳等编《中国少数民族神话汇编》（开天辟地篇等），中央民族学院少数民族古籍整理出版规划领导小组办公室印（未署出版时间），第85~95页。

W1272.13
与天地相连情形有关的其他母题

【关联】［W1050.6］远古时天地相连一片黑暗

实例

（参见下级母题实例）

W1272.13.1
天地不分高低，合在一起

实例

怒族 古时候，天地不分高低，合在一起。

【流传】（云南省）

【出处】

(a) 杨秉礼、杨开应记录：《天地来源》（1958），见中国作家协会昆明分会民间文学工作部编《云南民族文学资料》第十九集，中国作家协会编印，1963年。

(b) 同（a），见姚宝瑄主编《中国各民族神话》（门巴族、珞巴族、怒族、藏族），太原：山西出版传媒集团·书海出版社2014年版，第54页。

W1272.13.2
天地在很远的地方相连

实 例

蒙古族 天和地在离我们很远很远的地方连在了一起。

【流传】（无考）

【出处】那木吉拉翻译，姚宝瑄整理：《乌龟驮地球》，见姚宝瑄主编《中国各民族神话》（达斡尔族、鄂伦春族、鄂温克族、蒙古族），太原：山西出版传媒集团·书海出版社2014年版，第166页。

W1272.13.3
天地不分时伴随着大洪水

【关联】［W1272.1］以前天地不分（天地合一）

实 例

彝族 远古时候，无地分不清，上下分不明，洪水也还没有消退。

【流传】（四川省·凉山彝族自治州）

【出处】

(a) 冯元蔚译：《勒俄特依》，成都：四川民族出版社1986年版。

(b) 冯元蔚译，蔷紫改写：《勒俄特依》，见姚宝瑄主编《中国各民族神话》（羌族、彝族），太原：山西出版传媒集团·书海出版社2014年版，第146页。

W1272.13.4
太极之初天地相合

实 例

汉族 太极之初，天地混沌相合。

【流传】（无考）

【出处】

(a) ［三国］徐整：《三五历记》。

(b) 《艺文类聚》（玉函本）。

W1273
天地相连处（天地的连接物）

【关联】

① ［W1296.4］天地没有相连的地方

② ［W1400］天地相通

实 例

（参见下级母题实例）

W1273.1
天边与地边相连

【关联】［W1068.5］人界和世界交界处

实 例

哈尼族 （实例待考）

苗族 （实例待考）

W1273.1.1
天的周边与地相连

实例

珞巴族 最初，天地混沌一团，后来天从中间鼓起逐渐离开了地之后，周围还是和地连在一起。

【流传】（西藏自治区·林芝地区·米林县·纳玉区（南伊乡）

【出处】

（a）东娘、达牛讲，于乃昌搜集：《天地成婚》（1979.07），见毛星主编《中国少数民族文学》（上册），长沙：湖南人民出版社1983年版。

（b）同（a），见姚宝瑄主编《中国各民族神话》（门巴族、珞巴族、怒族、藏族），太原：山西出版传媒集团·书海出版社2014年版，第18页。

W1273.2
天地在海的边缘相接

实例

哈尼族 涅嵯嵯海的边是天和地接头的地方。

【流传】云南省·（红河哈尼族彝族自治州）·元阳县

【出处】朱小和讲，史军超等采录：《神的古今》，见中国民间文学集成全国编辑委员会编《中国民间故事集成》（云南卷），北京：中国 ISBN 中心 2003年版，第19页。

W1273.3
天地有4根柱子相连

【关联】［W1411］通天的柱子

实例

彝族 天地有四根柱子相连。

【流传】四川省·凉山（凉山彝族自治州）

【出处】沈伍己讲，邹志诚整理：《洪水潮天的故事》，见中华民族故事大系编委会编《中华民族故事大系》第3卷（彝族、壮族、布依族），上海：上海文艺出版社1995年版，第27页。

W1273.4
天梯连接天地

【关联】［W1412］连接天地的梯子

实例

汉族 很早以前，天和地相距不远，有天梯相连。

【流传】湖北省·天门县（天门市）

【出处】

（a）郭明雄讲：《野草的来历》，见天门县文化馆编《天门民间故事》第1集，内部编印，1985年。

（b）郭明雄讲，陈默整理：《天梯与野草》，原载天门县文化馆编《天门民间故事》第1集，见陶阳、钟秀编《中国神话》（上），北京：商务印书馆2008年版，第187页。

苗族 古时，天上人间有梯相连，人欲登天游玩，即可缘梯而上，实甚方便。

【流传】（无考）

【出处】《天梯》，原载燕宝编《苗族民间故事选》（原名《天上人间》），见袁珂《中国神话大词典》，北京：华夏出版社 2015 年版，第 416 页。

壮族 巴赤山的日月树作天梯，成为沟通天上地下的通路。

【流传】（无考）

【出处】

（a）《卜伯的故事》，载《民间文学》1979 年第 10 期。

（b）同（a），《日月树》（原名《卜伯的故事》），见袁珂《中国神话大词典》，北京：华夏出版社 2015 年版，第 436 页。

W1273.4.1
天梯连南天门

实 例

汉族 伏羲女娲的孩子有熊是个孝子。他为了给母亲女娲治好眼疾，走了九九八十一天的路，爬了七七四十九天的天梯，才来到了南天门。

【流传】河南省·（焦作市）·武陟县·阳城乡·郭下村

【出处】李待见（那农民，小学）讲，王广先采录整理：《四大怀药》，见张振犁编著《中原神话通鉴》（第一卷），郑州：河南大学出版社 2017 年版，第 196 页。

W1273.5
虹连接天地

【关联】[W4507.1.2] 虹是上天的路

实 例

（参见下级母题实例）

W1273.5.1
山和月亮有虹桥相连

实 例

高山族 以前，山和月亮有虹桥相连。

【流传】（无考）

【出处】汪梅田整理：《月亮为什么这么亮》，见中华民族故事大系编委会编《中华民族故事大系》第 8 卷（畲族、高山族、拉祜族），上海：上海文艺出版社 1995 年版，第 405 页。

W1273.6
天地的其他连接物

【关联】

① [W1409] 天地有土台相连

② [W1410] 通天的树（通天的植物）

③ [W1413] 天地之间有路相连

④ [W1414.1] 葫芦秧连接天地

⑤ [W1414.2] 天地由脐带相连

实 例

（参见下级母题实例）

W1273.6.1
天地有金丝银线相连

实例

苗族　天边与地边有金丝银线相连接。

【流传】云南省·（曲靖市）·宣威市

【出处】张树民讲，张绍祥采录：《太阳月亮守天边》，见中国民间文学集成全国编辑委员会编《中国民间故事集成》（云南卷），北京：中国 ISBN 中心 2003 年版，第 144 页。

W1273.6.2
天地有银线相连

实例

哈尼族　查牛的眨了三下眼睛成为三道闪电；三道闪电是缝起天边和地边的银线。

【流传】

（a）云南省·（红河哈尼族彝族自治州）·元阳县

（b）云南省·（红河哈尼族彝族自治州）·元阳（元阳县）、红河（红河县）、绿春（绿春县）、金平（金平苗族瑶族傣族自治县）等

【出处】

（a）朱小和讲，史军超采录：《查牛补天地》，见中国民间文学集成全国编辑委员会编《中国民间故事集成》（云南卷），北京：中国 ISBN 中心 2003 年版，第 29 页。

（b）同（a），见云南省民间文学集成办公室编《哈尼族神话传说集成》，北京：中国民间文艺出版社 1990 年版。

W1273.6.3
天地由通天树相连

实例

汉族　很古以前，天和地有一棵大树连着，这棵树名叫通天树。

【流传】河南省·（周口市）·淮阳县·城关

【出处】刘王氏（82 岁，农民，不识字）讲，杨复俊采录：《天地分》（1985.08），见张振犁编著《中原神话通鉴》（第一卷），郑州：河南大学出版社 2017 年版，第 281 页。

W1274
与天地相连有关的其他母题

实例

（参见下级母题实例）

W1274.1
天地通过巨石相连

实例

（参见下级母题实例）

W1274.1.1
天地通过巨石混元相连

实例

汉族　连接天地的是一个混元巨石。

【流传】湖北省·神农架林区·松柏镇·堂房村

【出处】曹良坤讲，胡崇峻采录：《江沽养天育地》，见中国民间文学集成全国编辑委员会编《中国民间故事集成》（湖北卷），北京：中国 ISBN 中心 1999 年版，第 3 页。

W1274.1a
天地通过神山相连

【关联】

① ［W1450］山是天梯

② ［W1833.4］通天的山

实　例

纳西族　居那什罗神山使天和地相连。

【流传】云南省·（丽江市）·丽江县（古城区、玉龙纳西族自治县）

【出处】木丽春采录整理：《鹰蛋女寻找火种》，见木丽春编著《纳西族民间故事集》，昆明：云南人民出版社 2007 年版，第 127 页。

W1274.1b
天地通过铜铁球相连

实　例

彝族　天地混沌时，东西南北每个方向分别生出一个人神。他们在东西南北四个方向各把天地撬开了四个眼，但没有完全分开，这是因为地下还埋着四个很大的铜铁球。只要把这四个铜铁球撬出来，天地便开了。

【流传】（四川省·凉山彝族自治州）

【出处】

（a）冯元蔚译：《勒俄特依》，成都：四川民族出版社 1986 年版。

（b）冯元蔚译，蔷紫改写：《勒俄特依》，见姚宝瑄主编《中国各民族神话》（羌族、彝族），太原：山西出版传媒集团·书海出版社 2014 年版，第 150 页。

W1274.1c
天地通过隆起处相连

实　例

（参见下级母题实例）

W1274.1c.1
天地通过盘古抓出的隆起处相连

实　例

汉族　盘古开出的天小地大，盘古氏东捻西抓致地隆起，便天地相合。

【流传】福建省·（泉州市）·永春县

【出处】张宏声采录：《盘古分天地》，见中国民间文学集成全国编辑委员会编《中国民间故事集成》（福建卷），北京：中国 ISBN 中心 1998 年版，第 3 页。

W1274.2
天地交界处

【关联】［W1166.2］天边在天与地的交界处

实　例

（参见下级母题实例）

W1274.2.1
特定的山峰是天地交界处

实例

苗族 一对恋人被拖上了高高的马鞍峰。这里是天地交界的峭壁险崖。

【流传】广西壮族自治区·（柳州市）·融水苗族自治县·白云乡、香粉乡

【出处】莫总清、梁老岩、贾老绍讲，覃桂清、过伟记录整理：《天上仙女的女儿》（又名《哈迈》、《哈迈与米加达》）（1957），见姚宝瑄主编《中国各民族神话》（布依族、仡佬族、苗族），太原：山西出版传媒集团·书海出版社2014年版，第266页。

W1274.2.2
天地相连处有一道云墙

【关联】［W1294.10］用墙把天地分开

实例

纳西族（摩梭） 天地相连处，隔着厚厚的云墙。

【流传】云南省·（丽江市）·宁蒗县（宁蒗彝族自治县）

【出处】
（a）《昂姑咪》，载《山茶》1986年第3期。
（b）同（a），见姚宝瑄主编《中国各民族神话》（佤族、阿昌族、纳西族、普米族、德昂族），太原：山西出版传媒集团·书海出版社2014年版，第106页。

W1274.3
天地没有相连处（天地不相连）

实例

彝族 一个须发雪白的老人告诉寻找天地相连处的英雄支格阿龙说："天地没有真正相连的地方，只有你闭着眼那一刻是天地相连的时候。你一睁开眼，天地就又不相连了。"

【流传】（无考）

【出处】吉木吉哈讲，沈伍己口译，萧崇素记录：《支格阿龙寻找天界》，见姚宝瑄主编《中国各民族神话》（羌族、彝族），太原：山西出版传媒集团·书海出版社2014年版，第284~285页。

彝族 支格阿鲁（文化英雄名）骑马找天地下来呢处。老人告以天地无真相连处，只有眨眼瞬刻为天地相连时，若张目则又分开矣。

【流传】（无考）

【出处】《支格阿鲁寻天界》，原载李德君编《彝族民间故事选·英雄支格阿鲁的传说》（原名《寻找天界》），见袁珂《中国神话大词典》，北京：华夏出版社2015年版，第429页。

W1274.4
天地相连万物不能繁衍

实例

苗族 天地刚出生时连在一起，万物和人类都无法生息和繁殖。

【流传】贵州省·（黔东南苗族侗族自治州）·台江县、施秉县、凯里县（凯里市）等地

【出处】秦公、岩公、李普奶等苗族八歌手说唱，唐春芳、桂舟人搜集整理：《巨鸟生天地，众神辟地天》，见姚宝瑄主编《中国各民族神话》（布依族、仡佬族、苗族），太原：山西出版传媒集团·书海出版社2014年版，第115页。

W1274.5
天地相连的时间

实 例

（参见下级母题实例）

W1274.5.1
天地刚开辟后仍连在一起

实 例

汉族 盘古开天辟地之后，天和地差不多还是连在一起。

【流传】贵州省·贵阳市·云岩区·黔灵乡

【出处】万康华讲，吴树雄采录：《鱼腿撑天》，见中国民间文学集成全国编辑委员会编《中国民间故事集成》（贵州卷），北京：中国ISBN中心2003年版，第6页。

✿ W1275
天地的分开

【关联】
① ［W1040.0］最早的世界是天地不分的混沌

② ［W1415］绝地天通

实 例

（参见下级母题实例）

✿ W1276
天地分开的原因

【关联】［W1301］天升高的原因

实 例

（参见下级母题实例）

W1277
天地自然分开

实 例

德昂族 以前，天和地紧紧粘在一起，又过了很久，天和地才慢慢分开。

【流传】云南省·（保山市）·保山县（隆阳区）

【出处】李仁光、姚世清讲述，杨玉骧收集整理：《百片树叶百个人》，载《山茶》1985年第6期。

珞巴族（博嘎尔、崩尼部落） 天和地慢慢分开了。

【流传】（无考）

【出处】于乃昌：《珞巴族文学史》，拉萨：西藏人民出版社·南京：江苏教育出版社2001年版，第139页。

苗族 天地像一个大桃子，从中间裂开成两半，上面的一半是天，下面的一半是地。

【流传】贵州省·（安顺市）·镇宁县

（镇宁布依族苗族自治县）·板阳乡

【出处】朱顺清讲，杨文金等采录：《杨亚射日月》，见中国民间文学集成全国编辑委员会编《中国民间故事集成》（贵州卷），北京：中国ISBN中心2003年版，第23页。

土族　很久以前，既没有天地，也没有日、月、星斗。不知过了多少万年，天地分开。

【流传】青海省·（海东市）·互助县（互助土族自治县）

【出处】李郄宝讲，李友楼等采录：《天地的形成》，见满都呼主编《中国阿尔泰语系诸民族神话故事》，北京：民族出版社1997年版，第208页。

W1277.1
原来天地是分离的

实　例

珞巴族　原来天地是分离的。

【流传】西藏自治区·下珞渝（又写作"下珞瑜"，泛指永木河、锡约尔河、巴恰西仁河流域）

【出处】达大讲，李坚尚等搜集，达嘎翻译：《天父地母和宁崩阿乃》，见中华民族故事大系编委会编《中华民族故事大系》第16卷（赫哲族、门巴族、珞巴族、基诺族），上海：上海文艺出版社1995年版，第403页。

W1277.2
混沌中分开天地

【关联】［W1101.2］混沌中产生天地

实　例

汉族　混沌分离后上为天，下为地。

【流传】山西省·（阳泉市）·平定县·（锁簧镇）·东锁簧村

【出处】朱翠兰讲，冯富国采录：《兄妹神婚与东西磨山》，见中国民间文学集成全国编辑委员会编《中国民间故事集成》（山西卷），北京：中国ISBN中心1999年版，第12页。

蒙古族　混沌自然分开。

【流传】（无考）

【出处】满德胡：《蒙古族民间文学》，见中央民族学院少数民族文艺研究所编《中国民族民间文学》，北京：中央民族学院出版社1987年版，第464页。

W1277.2.1
创世者的活动在混沌中分开天地

实　例

苗族　告妮自（制造万物的女郎）和召立自（制造万物的男儿）吐口水来和泥尘，捏来揉去，揉成的天地是混混沌沌的一团。他俩又在天地间钻来走去，不久，天地之间出现了一条缝隙。

【流传】云南省·（昭通市）·彝良县

【出处】王建英讲，杨忠伦采录者：《造天造地》，见中国民间文学集成全国编辑委员会编《中国民间故事集成》（云南卷），北京：中国ISBN中心2003年版，第91页。

W1277.3
粘着的天地过了很久慢慢分开

实例

德昂族 很久以前，天和地紧紧粘在一起，又过了很久，天和地才慢慢分开。

【流传】（无考）

【出处】李仁光、姚世清讲，杨玉骧搜集整理：《百片树叶百个人》，见姚宝瑄主编《中国各民族神话》（佤族、阿昌族、纳西族、普米族、德昂族），太原：山西出版传媒集团·书海出版社 2014 年版，第 389 页。

德昂族 以前，天和地紧紧粘在一起，又过了很久，天和地才慢慢分开。

【流传】云南省·保山县（保山市）

【出处】李仁光、姚世清讲，杨玉骧搜集整理：《百片树叶百个人》，载《山茶》1985 年第 6 期。

德昂族 古昔天与地紧相粘，经长时，天地始渐分。

【流传】（无考）

【出处】袁珂改编：《生人树》（原名《百片树时百个人》），原载陶阳、钟秀编《中国神话》，见袁珂《中国神话大词典》，北京：华夏出版社 2015 年版，第 583 页。

W1277.4
天升地降天地分开

【关联】［W1300］天的升高（天的增高）

实例

藏族 最初天地本相合，后来才升天降地，两相分开。

【流传】（无考）

【出处】佟锦华等：《藏族文学史》，四川民族出版社 1985 年版，见吕大吉、何耀华总主编《中国各民族原始宗教资料集成》（鄂伦春族卷、鄂温克族卷、赫哲族卷、达斡尔族卷、锡伯族卷、满族卷、蒙古族卷、藏族卷），北京：中国社会科学出版社 1999 年版，第 938 页。

W1277.5
地球降落离开了天

实例

维吾尔族 地球被女天神吐出来以后，就从天上往下落，因为它特别大，特别重，所以落得特别快，离天越来越远了。

【流传】新疆维吾尔自治区

【出处】

（a）《地球与神牛》，见满都呼主编《中国阿尔泰语系诸民族神话故事》，北京：民族出版社 1997 年版，第 30 页。

（b）《顶地球的公牛站在哪里》，见张越、姚宝瑄编《新疆民族神话故事选》，乌鲁木齐：新疆人民出版社 1989 年版。

W1278
毁掉天地连接物使天地分开

【关联】［W1270］天地相连

实例

（参见下级母题实例）

W1278.1
劈断马桑树把天地分开

实例

（参见下级母题实例）

W1278.1.1
雷公劈断马桑树把天地分开

实例

仡佬族　雷公奉命劈断了马桑树，从此，天上地上永远分开。

【流传】贵州省·（六盘水市）·六枝特区·店子乡（新窑乡）·那义村·青桐林

【出处】程少先等讲，叶正乾采录：《盘古王和他的儿孙们》，见中国民间文学集成全国编辑委员会编《中国民间故事集成》（贵州卷），北京：中国ISBN中心2003年版，第62页。

水族　作恶的雷公把齐天高的马桑树劈倒了，从此天地分开。

【流传】（无考）

【出处】韦免低等讲，潘朝霖搜集整理：《月亮山》，见谷德明编《中国少数民族神话》，北京：中国民间文艺出版社1987年版，第654页。

W1278.2
砍断拴天地的铁链后天地分开

实例

（参见下级母题实例）

W1278.2.1
神用巨斧砍断拴天地的铁链分开天地

实例

佤族　俚（天神名）和伦（天神名）派达能（人神名）用巨斧砍断了拴着天地的铁链。天高高地升上去，地低低地降下来。从此，天地分开了。

【流传】云南省·（普洱市）·西盟县（西盟佤族自治县）

【出处】达老屈等讲，隋嘎等采录：《司岗里》，见中国民间文学集成全国编辑委员会编《中国民间故事集成》（云南卷），北京：中国ISBN中心2003年版，第96页。

佤族　以前，天和地是用铁链拴在一起。里（天神名，旧译"利吉神"）和伦（地神，旧译"路安神"）派达能（动物神名）用巨斧砍断了拴着天地的铁链。天高高地升上去，地低低地降下来。从此，天地分开了。

【流传】云南省·（普洱市）·西盟县（西盟佤族自治县），（临沧市）·沧源县（沧源佤族自治县）

【出处】随戛、岩扫、岩瑞等讲述，艾

获、张开达搜集整理：《司岗里》，载《山茶》1988 年第 1 期。

W1278.3
连接天地的土台塌掉后天地分开
【关联】
① ［W1406］连接天地的土台在山上
② ［W1409］天地有土台相连

实例

独龙族 连接天和地的九道土台倒塌后，天和地便分开了。

【流传】（无考）

【出处】《大蚂蚁分开地》，见谷德明编《中国少数民族神话》，北京：中国民间文艺出版社 1987 年版，第 532 页。

W1278.3.1
蚂蚁挖塌连接天地的土台后天地分开

实例

独龙族 小蚂蚁把连接天和地的九道土台挖塌了。从此，天和地分开，天变得高高的，人再也上不去了。

【流传】云南省

【出处】李子贤等搜集整理：《创世纪神话故事六则·大蚂蚁把天地分开》，见中国作家协会云南分会编《云南民族民间故事选》，昆明：云南人民出版社 1981 年版，第 583~585 页。

W1278.4
天柱倒塌后天地分开

实例

毛南族 昆屯的本事很大，一来到地上，就把所有的顶天柱全都摇倒，从那以后，天和地才远远地隔开。

【流传】广西壮族自治区·（河池市）·环江毛南族自治县·上南（上南乡）、中南（中南乡）、下南（下南乡）·上纳屯

【出处】
(a) 蒙贵章讲，蒙国荣、韦志华、谭贻生记录翻译，蒙国荣整理：《昆屯开天盖》（1984.07），见姚宝瑄主编《中国各民族神话》（土家族、毛南族、侗族、瑶族），太原：山西出版传媒集团·书海出版社 2014 年版，第 61 页。

W1279
支天使天地分离
【关联】
① ［W1287.5］出现天柱后天地分开
② ［W1319］天的支撑

实例

傣族 大神英叭造出支撑天地的神象稳定天地后，天慢慢与大地分开，徐徐往上升腾，中间便出现了广阔的宇宙。

【流传】云南省·西双版纳傣族地区（西双版纳傣族自治州）

【出处】《巴塔麻嘎捧尚罗》，王松据岩温炳翻译《巴塔麻晏》（开天辟地）改写，见姚宝瑄主编《中国各民族神话》（哈尼族、傣族），太原：山西出版传媒集团·书海出版社 2014 年版，第 278~279 页。

W1279.1
白石支天将天地分开

【关联】［W1864.3］白石

实例

藏族 远古时候，有两位大神几经周折，最后终于想出了用白石支天的办法，将天地分离。

【流传】四川省

【出处】＊《白石支天》，见《藏族原始宗教资料丛编》，四川藏族研究所内部编印，1991 年，第 35 页

藏族 两位大神开天辟地时，用白石支天的办法，将天地分离。

【流传】（四川省·凉山彝族自治州·冕宁县等）

【出处】刘世旭：《冕宁等县藏族的白石崇拜辨析》，载《西南民族学院学报》1989 年第 4 期。

W1279.2
造天柱使天地分开（天柱分开天地）

实例

侗族 天柱高高把天和地分开，从此，分出了地下和天上。

【流传】广西壮族自治区·（柳州市）·三江（三江侗族自治县），（桂林市）·龙胜（龙胜各族自治县）

【出处】杨卜林喜、杨卜松林、杨明世讲，杨国仁、涛声搜集整理，蓄紫改写：《创世女神萨天巴》，原文为过伟改写自侗族创世史诗《嘎茫莽道时嘉——远祖歌》（未出版稿），见姚宝瑄主编《中国各民族神话》（土家族、毛南族、侗族、瑶族），太原：山西出版传媒集团·书海出版社 2014 年版，第 79 页。

W1279.2.1
立起天柱后天地分开

实例

傣族 栽完顶天柱后，圆球（地球）稳固了，天与地也分开了。

【流传】云南省·西双版纳（西双版纳傣族自治州）

【出处】＊《拔牙制作顶天柱》，原载岩峰三讲，毕光尖记录《桑夏西与桑夏赛造天地，创人类》，见姚宝瑄主编《中国各民族神话》（哈尼族、傣族），太原：山西出版传媒集团·书海出版社 2014 年版，第 255 页。

W1279.2.1.1
壮士立起天柱后天地分开

实例

侗族 壮士姜央造天柱，把天地

分开。

【流传】（无考）

【出处】《开天辟地》，见杨保愿《嘎茫莽道时嘉》（《侗族远祖歌》），北京：中国民间文艺出版社1986年版，第12页。

W1279.3
4根天柱顶天分开天地

实 例

（参见下级母题实例）

W1279.3.1
4根天柱顶4方分开天地

实 例

彝族　典尼（神人名）用第一根铜柱子顶开了东方的天；用第二根铜柱子敲开了西方的天和地；用第三根铜柱子敲开了北方的天和地，顶住了北方的天和地；又用第四根铜柱子敲开南方的天和地，顶住了南方的天和地。这样，天和地分开了，天和地也就造成了。

【流传】（无考）

【出处】

（a）马海鸟黎讲，谷德明整理：《开天辟地》，见谷德明编《中国少数民族神话选》，西北民族学院研究所编印，内部资料，1983年。

（b）同（a），见姚宝瑄主编《中国各民族神话》（羌族、彝族），太原：山西出版传媒集团·书海出版社2014

年版，第117页。

W1279.3.2
神的4肢变成的4根天柱顶天分开天地

实 例

鄂温克族　尼桑萨满射神龟，神龟四脚成柱，分开天地。

【流传】

（a）黑龙江省·（黑河市）·嫩江县·（前进乡）·二十里屯

（b）内蒙古自治区·（呼伦贝尔市）·陈巴尔虎旗·鄂温克苏木（鄂温克民族乡）·必鲁图村（毕鲁图嘎查村）

【出处】

（a）杜拉尔瑞依讲：《保鲁根巴格西造人》，见中国民间文学集成全国编辑委员会编《中国民间故事集成》（黑龙江卷），北京：中国ISBN中心2005年版，第22页。

（b）《天神用泥土造人》，见中国各民族宗教与神话大词典编审委员会编《中国各民族宗教与神话大词典》，北京：学苑出版社1990年版，第136页。

鄂温克族　神龟的四肢变成天柱把天撑上去后，天和地也就慢慢分清了界线。

【流传】内蒙古自治区·呼伦贝尔市·陈巴尔虎旗

【出处】赛金苏龙讲，马名超记录整理：《天神保鲁根巴格西造万物》，见姚宝瑄主编《中国各民族神话》（达斡尔族、鄂伦春族、鄂温克族、蒙古族），太原：山西出版传媒集团·书海出版社 2014 年版，第 120 页。

W1279.4
5 根天柱顶天分开天地

实例

（参见下级母题实例）

W1279.4.1
女娲用 5 根大柱分开天地

实例

汉族　很古的时候，天地不分，神仙和鬼怪常常打得头破血流。女娲就把天用五根大柱子顶开，这样一来，神仙和鬼怪再也不打架了，神仙住天上，鬼怪住地狱，都平平和和地过生活。

【流传】河南省·安阳市·安阳县·磊口乡·目明村

【出处】赵庆士（农民）讲，左兵采录：《女娲造人（四）》（原名《下雨时为啥起黑云》），见张振犁编著《中原神话通鉴》（第一卷），郑州：河南大学出版社 2017 年版，第 169 页。

W1280
与天地分开原因有关的其他母题

实例

（参见下级母题实例）

W1280.1
特定的人物发脾气分开天地

实例

（参见下级母题实例）

W1280.1.1
盘古发脾气劈开天地

【关联】[W1292.1.1] 盘古发脾气抡起板斧把天地分开

实例

汉族　盘古发脾气抡起板斧东砍西砸，把块天地分开了。

【流传】湖南省·常德县（常德市）·（鼎城区）·灌溪乡（灌溪镇）

【出处】唐万顺讲，唐孟元采录：《盘古开天辟地》，见中国民间文学集成全国编辑委员会编《中国民间故事集成》（湖南卷），北京：中国 ISBN 中心 2002 年版，第 3 页。

W1280.2
地球从天上掉落后分开天地

实例

蒙古族　大地沉落到水中后，天与地慢慢地被分开了。

【流传】内蒙古自治区

【出处】《麦德尔娘娘开天辟地》，见中国民间文学集成全国编辑委员会编《中国民间故事集成》（内蒙古卷），北京：中国 ISBN 中心 2007 年版，第

3 页。

维吾尔族 地球被女天神吐出来后，从天上往下掉。掉得特别快，离天越来越远了。

【流传】新疆维吾尔自治区·（伊犁哈萨克自治州）·伊宁市

【出处】亚库甫讲，阿不都拉采录，姚宝瑄译：《顶地球的公牛站在哪里》，见中国民间文学集成全国编辑委员会编《中国民间故事集成》（新疆卷），北京：中国 ISBN 中心 2008 年版，第 6 页。

维吾尔族 女天神吐出地球后，地球就从天上往下掉。因为它特别大，特别重，所以掉得特别快，离天越来越远了。

【流传】新疆维吾尔自治区·伊犁地区（伊犁哈萨克自治州）

【出处】亚库甫讲，阿不都拉、姚宝瑄采录翻译：《顶地球的公牛站在哪里》，原载马昌仪编《中国神话故事》，见陶阳、钟秀编《中国神话》（上），北京：商务印书馆 2008 年版，第 199~200 页。

W1280.3

天地为了给孩子玩的空间分开天地

实 例

珞巴族 大地和天空婚生两个孩子后，为了使孩子有地方玩耍，大地就离开天空妻子一些距离。

【流传】

(a) 西藏自治区·下珞瑜（泛指永木河、锡约尔河、巴恰西仁河流域）

(b) 西藏自治区·下珞渝（又写作"下珞瑜"）·博日部落嘎盛村

【出处】

(a) 维·埃尔温搜集：《太阳为什么那样红》，见中华民族故事大系编委会编《中华民族故事大系》第 16 卷（赫哲族、门巴族、珞巴族、基诺族），上海：上海文艺出版社 1995 年版，第 416~417 页。

(b) 同 (a)，见李坚尚、刘芳贤编《珞巴族门巴族民间故事选》，上海：上海文艺出版社 1993 年版，第 30~31 页。

W1280.4

人的罪恶导致天地分离

【关联】［W9907］遭受惩罚的行为（原因）

实 例

汉族 （实例待考）

W1280.5

为看地上有什么分开天地

实 例

（参见下级母题实例）

W1280.5.1

巨人为看地上有什么分开天地

实 例

苗族 神婆婆问纳罗引勾（半人半兽

的巨人）为什么要分开天地时，他回答："地是锅，天是盖，锅里藏酒藏肉又腌菜。"

【流传】广西壮族自治区·（柳州市）·融水苗族自治县

【出处】

（a）杨达香讲，梁彬搜集整理：《创世纪》（一、开天辟地，地始天初），见梁彬、王天若编《苗族民间故事选》，南宁：广西人民出版社1986年版。

（b）同（a），见姚宝瑄主编《中国各民族神话》（布依族、仡佬族、苗族），太原：山西出版传媒集团·书海出版社2014年版，第170页。

W1280.6

神为找落脚点分开天地

【关联】

① ［W1132a.1］神为找落脚点造天

② ［W1174.2.1］创世者为了找到落脚造地

实例

彝族 天神云游四海时，觉得四周空洞洞的没有一点着力之处，就挥动了他那万能之手，把天和地隔开。

【流传】云南省·（昆明市）·路南（石林彝族自治县）·圭山（圭山镇）

【出处】

（a）王伟收集：＊《天神创世》，见谷德明编《中国少数民族神话》，北京：中国民间文艺出版社1987年版，第309~310页。

（b）同（a），见吕大吉、何耀华总主编《中国各民族原始宗教资料集成》（彝族卷、白族卷、基诺族卷），北京：中国社会科学出版社1996年版，第25页。

W1280.7

天的鼓起导致天地分离

实例

珞巴族 最初，天地不分，混沌一团。后来，天从中间鼓了起来，逐渐离开了地，但周围还是和地连在一起。

【流传】西藏自治区·林芝地区·米林县·纳玉区（南伊乡）

【出处】

（a）东娘、达牛讲，于乃昌搜集：《天地成婚》（1979.07），见毛星主编《中国少数民族文学》（上册），长沙：湖南人民出版社1983年版。

（b）同（a），见姚宝瑄主编《中国各民族神话》（门巴族、珞巴族、怒族、藏族），太原：山西出版传媒集团·书海出版社2014年版，第18页。

W1280.8

劫难造成天地分开

实例

（参见下级母题实例）

W1280.8.1

数劫过后天地分开

实例

纳西族 洪荒时代，混沌未开，天地不

分，历经多劫，天地始分。

【流传】（无考）

【出处】袁珂改编：《人祖利恩》，原载谷德明编《中国少数民族神话选》，见袁珂《中国神话大词典》，北京：华夏出版社 2015 年版，第 544 页。

W1280.8.2
4 次劫难后天地分开

实例

汉族　昔二仪未分，瞑涬鸿蒙，未有成形。混沌玄黄，已有盘古真人，天地之精，自号元始天王，游乎其中。复经四劫，二仪始分，相去三万六千里。

【流传】（无考）

【出处】[东晋] 葛洪：《枕中书》。

※ W1281
天地的分开者

实例

（参见下级母题实例）

W1282
神或神性人物分开天地

【关联】[W1100] 天地的产生

实例

珞巴族　（实例待考）

W1282.1
天神分开天地

【关联】[W1294.0.1] 天神用万能的手把天地隔开

实例

土族　（实例待考）

彝族　天地相连时，坎下的蛇和坎上的蛙商量，请天神把天地分开。

【流传】四川省 ·（凉山彝族自治州）· 雷波县

【出处】

(a)　保木和铁讲，芦芙阿梅译，白芝采录：《开天辟地》，见中国民间文学集成全国编辑委员会编《中国民间故事集成》（四川卷·下），北京：中国 ISBN 中心 1998 年版，第 749 页。

(b)《开天辟地》，见陶立璠、赵桂芳等编《中国少数民族神话汇编》（开天辟地篇等），中央民族学院少数民族古籍整理出版规划领导小组办公室印（未署出版时间），第 85~95 页。

W1282.1.1
天王分开天地

实例

汉族　天王把天地分开。

【流传】云南省 ·（大理白族自治州）· 鹤庆县

【出处】杨五一、李鸿钧讲：《地母三姑造万物》，见中国民间文学集成全国编辑委员会编《中国民间故事集成》

W1282.2
女神分开天地

实例

苗族 女神务往葩得到螃蟹的帮助，把天抛上去，把地踩下来。

【流传】贵州省·（黔东南苗族侗族自治州）·剑河县

【出处】万必轩整理：《天和地是怎样分开的》，见剑河民间文学三套集成办公室《中国民间故事集成·贵州黔东南苗族侗族自治州剑河县卷》，剑河民间文学三套集成办公室内部编印，1989年。

瑶族 女神密洛陀分开天地。

【流传】（无考）

【出处】刘江华：《中国神话故事》（天、地、人物卷），北京：中国世界语出版社1999年版，第37~43页。

瑶族 密洛陀（女神名）找到了相粘的天地的裂缝，走到裂缝的中间，双肩往上一顶，两脚往下一踩，双手一掰，把天地分开。

【流传】广西壮族自治区·（河池市）·都安瑶族自治县江水河一带瑶族地区

【出处】《密洛陀创世》，蓝田根据莎红整理的《密洛陀》和潘泉脉整理的《密洛陀》两部不同版本的长诗《密洛陀》改写，见姚宝瑄主编《中国各民族神话》（土家族、毛南族、侗族、瑶族），太原：山西出版传媒集团·书海出版社2014年版，第154页。

W1282.2.1
母亲神分开天地

实例

蒙古族（布里亚特） 母亲神额和·布尔罕分离天地。

【流传】（无考）

【出处】[蒙古]曾·杜拉姆：《蒙古神话学形象》，[蒙古]国家出版社1989年版，第129页，转引自陈岗龙等《蒙古民间文学》，银川：宁夏人民出版社2008年版，第33页。

蒙古族 原初，世界混沌一片，在黑暗中创造神额和·布日罕（母亲神）漂浮在空中。创造神决定分离天地。

【流传】（无考）

【出处】陈岗龙、乌日古木勒：《蒙古民间文学》，银川：宁夏人民出版社2008年版，第33页。

W1282.2.2
女始祖神分开天地

实例

土家族 人类始神是"卵玉娘娘"用箭射开相粘在一起的天与地。

【流传】（无考）

【出处】杨昌鑫：《土家族风俗志》，北京：中央民族学院出版社，第10~12页。

W1282.3
雷神分开天地

实例

仡佬族 （实例待考）

W1282.3.1
雷神分开天地夫妻

实例

汉族 天地结婚，合在一起。雷神见了这种情况非常生气，怒吼一声，天地分开，从此它们再也不易见面了。

【流传】江苏省·（连云港）·灌南县

【出处】于兴达讲，陈如升搜集整理：《天地结婚》（1982.10），见姚宝瑄主编《中国各民族神话》（汉族），太原：山西出版传媒集团·书海出版社2014年版，第41~42页。

W1282.4
巨神分开天地

实例

苗族 以前，天地相连，巨神剖帕拿了一把斧子从东方走来，朝天与地接合处猛地砍了一斧，天和地才分开。天上去了，地下来了。

【流传】贵州省·（黔东南苗族侗族自治州）·台江县、施秉县、凯里县（凯里市）等地

【出处】秦公、岩公、李普奶等苗族八歌手说唱，唐春芳、桂舟人搜集整理：《巨鸟生天地，众神辟地天》，见姚宝瑄主编《中国各民族神话》（布依族、仡佬族、苗族），太原：山西出版传媒集团·书海出版社2014年版，第115页。

W1282.4a
巨人分开天地

【关联】［W1294.0.2］巨人用手掌分开天地

实例

傈僳族 葫芦中出现的巨人俄沙扒莫分开天地。

【流传】四川省·（凉山彝族自治州）·德昌县·金沙乡（金沙傈僳族乡）·王家山（王家山村）

【出处】张长贵讲，李国才翻译采录：《冰天鹅、冰蚂蚁造天地》，见中国民间文学集成全国编辑委员会编《中国民间故事集成》（四川卷·下），北京：中国ISBN中心1998年版，第1431页。

黎族 （实例待考）

怒族 以前，天地很近。巨人分开天地。

【流传】（无考）

【出处】袁珂改编：《怒族来源》，原载《云南少数民族文学资料》（第二辑），见袁珂《中国神话大词典》，北京：华夏出版社2015年版，第579页。

怒族 巨人将天地分开。

【流传】（a）云南省七条江畔

【出处】

（a）《射太阳月亮》，见中央民族学院少数民族文艺研究所编《中国民族民间文学》，北京：中央民族学院出版社1987年版，第520页。

（b）《射太阳月亮》，见攸延春《怒族文学简史》，昆明：云南民族出版社2003年版，第18～21页。

（c）《射太阳月亮》，见毛星主编《中国少数民族文学》（下），长沙：湖南人民出版社1983年版，第543～544页。

怒族　古时候天地相连，巨人将天地分开。

【流传】（无考）

【出处】《射太阳月亮》，见姚宝瑄主编《中国各民族神话》（门巴族、珞巴族、怒族、藏族），太原：山西出版传媒集团·书海出版社2014年版，第59页。

W1282.4a.1
巨人张古和盘古分开天地

实 例

侗族　张古和盘古两个巨人分开天地。

【流传】贵州省·（黔东南苗族侗族自治州）·三穗县·款场（款场乡）

【出处】杨引兰讲，周昌武采录：《开天辟地》，见中国民间文学集成全国编辑委员会编《中国民间故事集成》（贵州卷），北京：中国ISBN中心2003年版，第5页。

W1282.4a.2
半人半兽的巨人分开天地

实 例

苗族　混沌中出现半人半兽的巨人纳罗引勾，巨人分开天地。

【流传】广西壮族自治区·（柳州市）·融水县（融水苗族自治县）·滚贝乡

【出处】杨达香讲：《纳罗引勾开天辟地造人》，见中国民间文学集成全国编辑委员会编《中国民间故事集成》（广西卷），北京：中国ISBN中心2001年版，第24～30页。

W1282.5
祖先分开天地

实 例

布依族　盘果王（祖先名）用鞭子把宇宙劈成两半，上浮者为天，下沉者为地。

【流传】贵州省·黔西南（黔西南布依族苗族自治州）和黔南（黔南布依族苗族自治州）大部

【出处】《混沌王和盘果王》，见王清士等编写《布依族文学史》，贵阳：贵州人民出版社1983年版，第35页。

苗族　纳罗引勾粗臂做柄，手掌当刀，把相黏的天地劈开。

【流传】（无考）

【出处】《开天辟地》，见梁彬整理本《创世纪》。

水族 古恩公开辟天下。

【流传】（无考）

【出处】《开天地造人烟》，见范禹主编《水族文学史》，贵阳：贵州人民出版社1987年版，第42页。

W1282.5.1
男祖先分开天地

【关联】[W0654.1]男祖先

实 例

布依族 男祖先翁嘎劈地撑天。

【流传】（无考）

【出处】《混沌王和盘果王》，见贵州省社会科学院文学研究所主编《布依族文学史》，内部编印，1983年，第50页。

W1282.5.2
女祖先分开天地

【关联】[W0654.2]女祖先

实 例

瑶族 万物之母密洛陀在天地裂缝的边缘，双臂顶上边，两脚踩下缘把天地分开。

【流传】广西壮族自治区·（河池市）·大化县（大化瑶族自治县）·七百弄乡

【出处】蓝阿勇（72岁）讲，蒙冠雄采录翻译：《密洛陀》（1982），见中国民间文学集成全国编辑委员会编《中国民间故事集成》（广西卷），北京：中国ISBN中心2001年版，第11~22页。

W1282.5.3
男女祖先分开天地

【关联】[W1291.1]男始祖擎天，女始祖压地分开天地

实 例

壮族 开天辟地时，女始祖布洛陀擎起天，女始祖姆六甲压平地，分开了天地。

【流传】广西壮族自治区·（百色市）·平果县

【出处】李山讲：《开天辟地》，王宪昭采集，2009.12。

W1282.6
其他神或神性人物分开天地

实 例

（参见下级母题实例）

W1282.6.1
人神分开天地

实 例

彝族 天地混沌时，东西南北每个方向分别生出一个人神。他们用铜铁叉到东西南北四个方向把天撬上去，把地掀下来，四方开了四个眼。

【流传】（四川省·凉山彝族自治州）

【出处】

(a) 冯元蔚译：《勒俄特依》，成都：

四川民族出版社 1986 年版。

（b）冯元蔚译，蔷紫改写：《勒俄特依》，见姚宝瑄主编《中国各民族神话》（羌族、彝族），太原：山西出版传媒集团·书海出版社 2014 年版，第 150 页。

W1282.6.2
山神分开天地

【关联】
① ［W0391］山神
② ［W0395］山神的职能

实例

藏族 "石八觉"（"觉"又称"鲁"，是"山菩萨"即山神的意思，"山菩萨"以白石为表示，也可说白石即"山菩萨"的化身）安排，分开天地。

【流传】（四川省·凉山彝族自治州·冕宁县·泸宁乡）

【出处】杨光甸：《冕宁县泸宁区藏族调查笔记》（打印稿），西南民族学院研究所编印，1982 年，见吕大吉、何耀华总主编《中国各民族原始宗教资料集成》（鄂伦春族卷、鄂温克族卷、赫哲族卷、达斡尔族卷、锡伯族卷、满族卷、蒙古族卷、藏族卷），北京：中国社会科学出版社 1999 年版，第 939 页。

W1282.6.3
动物神分开天地

【关联】［W0500］动物神

实例

（参见下级母题实例）

W1282.6.3.1
动物神砍断拴天地的铁链分开天地

实例

佤族 以前，天地离得很近。地上的万物不自在。里（天神，旧译"利吉神"）和伦（地神，旧译"路安神"）派达能（"达"即爷爷，"能"为名。传说中的动物神）用巨斧砍断了拴着天地的锁链。天高高地升上去，地低低地降下来。从此，天地分开了。

【流传】（云南省·普洱市·西盟佤族自治县）

【出处】随夏、岩扫、岩瑞等讲，艾荻、张天达搜集整理：《司岗里》，见姚宝瑄主编《中国各民族神话》（佤族、阿昌族、纳西族、普米族、德昂族），太原：山西出版传媒集团·书海出版社 2014 年版，第 12 页。

W1282.6.4
创世的兄弟姐妹分开天地

实例

纳西族 洪荒时代天地不分。开天辟地的九兄弟与七姊妹把天和地分开。

【流传】（无考）

【出处】《人祖利恩》，见姚宝瑄主编《中国各民族神话》（佤族、阿昌族、纳西族、普米族、德昂族），太原：

山西出版传媒集团·书海出版社 2014 年版，第 174 页。

W1282.6.5
天仙分开天地

实 例

水族　天仙牙娲把天地分开。

【流传】（无考）

【出处】刘恒虽讲，潘朝霖搜集整理：《拱恩点恒》（1979），燕宝、张晓编《贵州神话传说》，贵阳：贵州人民出版社 1997 年版，第 8~9 页。

水族　天仙牙娲（女神，水语"牙"即"婆"其名叫娲）把天地分开。

【流传】贵州省·（黔南布依族苗族自治州）·三都县（三都水族自治县）

【出处】刘恒虽讲，潘朝霖采录：《恩公开辟大地》，见中国民间文学集成全国编辑委员会编《中国民间故事集成》（贵州卷），北京：中国 ISBN 中心 2003 年版，第 8 页。

W1282.6.6
天将分开天地

实 例

（参见下级母题实例）

W1282.6.6.1
天将用宝剑斩断天萝藤分开天地

实 例

汉族　天将用宝剑斩断了地上的人上天的天萝藤，把天升到九重，离地十万八千里。

【流传】浙江省·宁波市·宁海县

【出处】叶丙标讲，叶柱记录：《玉帝分天地》，见罗杨总主编，戴余金本卷主编《中国民间故事丛书·浙江宁波·宁海卷》，北京：知识产权出版社 2015 年版，第 4 页。

W1283
特定名称的神或神性人物分开天地

实 例

（参见下级母题实例）

W1283.1
盘古分开天地

【关联】

① ［W1104.1］盘古造天地（盘古开天辟地）

② ［W1295.3.1］盘古用鞭分开天地

③ ［W1296.2.1］盘古分开天地用了 3 年半

④ ［W1296.2.1.2］盘古分开天地用了 4 万年

⑤ ［W1379.3］盘古补天地

实 例

汉族　太极之初，天地混沌相合，后来盘古天地开辟，天日高一丈，地日厚一丈。

【流传】（无考）

【出处】
（a）［三国］徐整：《三五历记》。
（b）《艺文类聚》（玉函本）。

汉族 盘古开天地。

【流传】（无考）

【出处】马卉欣：《盘古山》，见中国民间文艺研究会河南分会河南大学中文系编《河南民间故事集》，北京：中国民间文艺出版社1985年版，第8页。

汉族 盘古分开天地。

【流传】上海市·黄浦区

【出处】顾剑峰讲，方卡采录：《女娲补天治水》，见中国民间文学集成全国编辑委员会编《中国民间故事集成》（上海卷），北京：中国ISBN中心2007年版，第13页。

汉族 天地混沌时，有个盘扁（盘古）被压在天地之间。他用力撑天，天地便分开了。

【流传】浙江省·（丽水市）·景宁县（景宁畲族自治县）·（鹤溪镇）一带

【出处】潘德超讲，沈毅搜集整理：《盘扁和盘古》，见姚宝瑄主编《中国各民族神话》（汉族），太原：山西出版传媒集团·书海出版社2014年版，第10~11页。

汉族 分开天地的人是盘古

【流传】浙江省·舟山市

【出处】张才德讲，管文祖搜集整理：《盘古开天地》（1963），见姚宝瑄主编《中国各民族神话》（汉族），太原：山西出版传媒集团·书海出版社2014年版，第16~17页。

苗族 盘古分开了天、地、太阳和月亮。

【流传】四川省·（凉山彝族自治州）·木里县（木里藏族自治县）·李子坪乡

【出处】陶乔讲，孟燕等采录：《人的起源》，见中国民间文学集成全国编辑委员会编《中国民间故事集成》（四川卷·下），北京：中国ISBN中心1998年版，第1322页。

畲族 盘古开天地。

【流传】福建省·（宁德市）·寿宁（寿宁县）

【出处】钟石顺讲，肖孝正采录：《八仙教话》，原载《中国民间故事集成·福建卷·闽东畲族故事》，宁德地区民间文学集成编委会1990年编印，见《福建省少数民族古籍丛书》编委会编《畲族卷·民间故事》，福州：海峡出版发行集团·海峡书局2013年版，第7页。

土家族 一个叫盘古的仙人认为，天地相连，神仙和人分不清，天上的事和地上的事混成一团，太不成体统，必须分开。

【流传】湖南省·（湘西土家族苗族自治州）·吉首市

【出处】黄德裕讲，杨启良等采录：《盘古开天、女娲补天》，见中国民间文学集成全国编辑委员会编《中国民间故事集成》（湖南卷），北京：中国ISBN中心2002年版，第5页。

【彝族】 很古的时候，盘古分天地，日月也分清。

【流传】云南省·（普洱市）·江城（江城哈尼族彝族自治县）

【出处】白金恒等翻译，白生福等整理：《洪水连天》，见云南省少数民族古籍整理出版规划办公室编《洪水泛滥》，昆明：云南民族出版社1987年版，第27页。

W1283.1.1

盘古公公用斧子分开天地

【关联】［W0724.2.2］盘古的开天斧

实 例

【苗族】 盘古公公老人家，他从东方走过来，拿来一把大斧子，来劈（世界最早产生的）两块薄板儿，两块裂开去两边，天上得到了一块，地上也得了一块。

【流传】原文无流传地，据文本及注释推测该神话流传于贵州省·黔东南苗族侗族自治州·凯里市、台江县等地。

【出处】张启庭、张荣光、张正玉、张启德演唱，张明搜集，燕宝整理译注：《创造宇宙·开天辟地》，见贵州省少数民族古籍整理出版规划小组办公室编，燕宝整理译注《苗族古歌》，贵阳：贵州民族出版社1993年版，

第24页。

【苗族】 世界最早产生的两块小薄板儿，后来长成厚冬冬的两大块，神人友央和香妞婆来扒拉三下，又拍拍压压，就长成无边无际的两大块，但紧紧地粘叠着，耗子钻不进，巴掌插不入，盘古来劈开，把上块擎上去。这就成了天和地。

【流传】原文无流传地，据文本及注释推测该神话流传于贵州省·黔东南苗族侗族自治州·凯里市、台江县等地。

【出处】《译者述评》，见贵州省少数民族古籍整理出版规划小组办公室编，燕宝整理译注《苗族古歌》，贵阳：贵州民族出版社1993年版，第1~2页。

W1283.1.1a

盘古用斧子分开天地

实 例

【汉族】 盘古将身子一伸，天即渐高，地便坠下，而天地更有相连者。盘古左手执凿，右手执斧，或用斧劈，或以凿开，自是神力。

【流传】（无考）

【出处】［明］周游：《上古开辟演义》第一回《盘古氏开天辟地》。

W1283.1.2

盘古氏分开天地

实 例

【朝鲜族】 盘古氏分天地。

【流传】（无考）

【出处】巫歌《创世纪》，见中国各民族宗教与神话大词典编审委员会编《中国各民族宗教与神话大词典》，北京：学苑出版社 1990 年版，第 60 页。

汉族　盘古氏劈开蛋，浑浊的下凝为地。

【流传】福建省·（泉州市）·永春县

【出处】张宏声采录：《盘古分天地》，见中国民间文学集成全国编辑委员会编《中国民间故事集成》（福建卷），北京：中国 ISBN 中心 1998 年版，第 3 页。

W1283.1.3

盘古和地母分开天地

实例

汉族　盘古和地母把天地分开。

【流传】浙江省·（温州市）·苍南县·南宋乡

【出处】林道进讲，林子周采录：《天公地母开天地》，见中国民间文学集成全国编辑委员会编《中国民间故事集成》（浙江卷），北京：中国 ISBN 中心 1997 年版，第 19 页。

W1283.1.4

盘古王夫妻分开天地

实例

汉族　天地是盘古王夫妻扯开的。

【流传】四川省·（宜宾市）·宜宾县·光明乡（龙池乡）

【出处】廖伯康讲：《天地、太阳、白天、黑夜的由来》，见中国民间文学集成全国编辑委员会编《中国民间故事集成》（四川卷·上），北京：中国 ISBN 中心 1998 年版，第 23 页。

W1283.1.5

盘古奉命分开天地

实例

（参见下级母题实例）

W1283.1.5.1

盘古奉洪钧老祖之命分开天地

实例

汉族　洪钧老祖命盘古到下界开天辟地。

【流传】甘肃省·（陇南市）·徽县·城关（城关镇）

【出处】杨世荣讲，田雪采录：《盘古王开天地》，见中国民间文学集成全国编辑委员会编《中国民间故事集成》（甘肃卷），北京：中国 ISBN 中心 2001 年版，第 4 页。

W1283.1a

女娲分开天地

实例

（参见下级母题实例）

W1283.1a.1
女娲娘娘分开天地

实 例

汉族 女娲娘娘分开天地。

【流传】湖北省·（襄阳市）·（襄州区）·泥嘴镇（泥咀镇）·西乡村

【出处】司如秀讲，薛顺超采录：《北方为啥冷》，见中国民间文学集成全国编辑委员会编《中国民间故事集成》（湖北卷），北京：中国ISBN中心1999年版，第24页。

W1283.2
佛分开天地

【关联】[W1283.7.3] 盖天佛把天地顶开

实 例

汉族 接到佛祖法旨，盖天佛把天地顶开。

【流传】河北省·（张家口市）·赤城县·（后城镇）·后城村

【出处】赵子英讲，郝云飞采录：《鱼为啥没有腿》，见中国民间文学集成全国编辑委员会编《中国民间故事集成》（河北卷），北京：中国ISBN中心2003年版，第6页。

W1283.3
真主分开天地

实 例

回族 真主让天地分开。

【流传】宁夏回族自治区·银川（银川市）

【出处】《人是怎样来的》，见马乐群等编《银川民间故事》（上），内部编印，1988年，第2~3页。

撒拉族 创造宇宙万物的主胡大把天地分开。

【流传】（无考）

【出处】大漠、马英生搜集整理：《胡大吹出天地》，见满都呼主编《中国阿尔泰语系诸民族神话故事》，北京：民族出版社1997年版，第96页。

W1283.3.1
真主降令分开天地

实 例

回族 仁慈的真主降下了"口唤"（即"命令"、"允许"），天开地裂。

【流传】宁夏回族自治区·银川（银川市）

【出处】王甫成讲，谢荣搜集整理：《人祖阿旦》，见中华民族故事大系编委会编《中华民族故事大系》第1卷（汉族、蒙古族、回族），上海：上海文艺出版社1995年版，第745~746页。

W1283.3.2
真主吹气分开天地

实 例

撒拉族 胡达（真主）吹了6天6夜把

天地分开。

【流传】（无考）

【出处】 大漠等整理：《天、地、人的诞生》，见中华民族故事大系编委会编《中华民族故事大系》第12卷（布朗族、撒拉族、毛南族），上海：上海文艺出版社1995年版，第261页。

W1283.4
老子分开天地

实例

汉族　天王老子把天地分开。

【流传】 云南省·（大理白族自治州）·鹤庆县

【出处】 杨五一、李鸿钧讲：《地母三姑造万物》，见中国民间文学集成全国编辑委员会编《中国民间故事集成》（云南卷），北京：中国ISBN中心2003年版，第113页。

W1283.4a
太上老君分开天地

实例

土家族　太上老君鼓气一吹，天地间的雾全散了，天地分得清清楚楚。

【流传】 湖南省·（湘西土家族苗族自治州）·吉首市

【出处】 黄德裕讲，杨启良等采录：《盘古开天、女娲补天》，见中国民间文学集成全国编辑委员会编《中国民间故事集成》（湖南卷），北京：中国ISBN中心2002年版，第5页。

W1283.5
洪钧老祖分开天地

【关联】 ［W0687］洪钧老祖

实例

汉族　洪钧老祖把混沌分成天地两半。

【流传】 天津市·汉沽区

【出处】 刘景玉讲，刘恩华采录：《洪钧老祖分天地》，见中国民间文学集成全国编辑委员会编《中国民间故事集成》（天津卷），北京：中国ISBN中心2004年版，第5页。

汉族　洪钧老祖把天地撑了开来。

【流传】 浙江省·（杭州市）·临安县（临安市）·临安镇

【出处】 胡炳法讲，胡月耕采录：《先有洪钧后有天》，见中国民间文学集成全国编辑委员会编《中国民间故事集成》（浙江卷），北京：中国ISBN中心1997年版，第23页。

汉族　洪钧老祖便命盘古到下界来开天辟地。

【流传】 甘肃省·（陇南市）·徽县·城关（城关镇）

【出处】 杨世荣讲，田雪采录：《盘古王开天地》，见中国民间文学集成全国编辑委员会编《中国民间故事集成》（甘肃卷），北京：中国ISBN中心2001年版，第4页。

W1283.6
萨满分开天地

实例

（参见下级母题实例）

W1283.6.1
萨满射神龟分开天地

实例

鄂温克族 尼桑萨满射神龟，神龟四脚成柱，分开天地。

【流传】
（a）黑龙江省·（黑河市）·嫩江县·（前进乡）·二十里屯
（b）内蒙古自治区·（呼伦贝尔市）·陈巴尔虎旗·鄂温克苏木（鄂温克民族乡）·必鲁图村（毕鲁图嘎查村）

【出处】
（a）杜拉尔瑞依讲：《保鲁恨巴格西造人》，见中国民间文学集成全国编辑委员会编《中国民间故事集成》（黑龙江卷），北京：中国 ISBN 中心 2005 年版，第 22 页。
（b）《天神用泥土造人》，见中国各民族宗教与神话大词典编审委员会编《中国各民族宗教与神话大词典》，北京：学苑出版社 1990 年版，第 136 页。

W1283.7
其他特定名称的神或神性人物分开天地

实例

彝族 直待克兹及加结（皆神名）才把天和地划分开来。

【流传】（无考）

【出处】柯象峰：《猡猡文字之初步研究》，见吕大吉、何耀华总主编《中国各民族原始宗教资料集成》（彝族卷、白族卷、基诺族卷），北京：中国社会科学出版社 1996 年版，第 274~275 页。

彝族 杜米那确佐（神或神性人物名）伸出两只手，用力撑着大地，又用两脚把天顶了上去，把天地分开。

【流传】黔西（贵州省西部）与云南（云南省）接壤的彝族地区

【出处】阿候布代讲，王正贡、王子尧、王冶新、何积金搜集整理，蔷紫改写：《天生地产》，原载中国民间文艺研究会贵州分会编《民间文学资料》，内部资料，1986 年，见姚宝瑄主编《中国各民族神话》（羌族、彝族），太原：山西出版传媒集团·书海出版社 2014 年版，第 166 页。

W1283.7.1
天王老子分开天地

实例

汉族 原来天地不分。天王老子把天地分开。

【流传】云南省·（大理白族自治州）·鹤庆县

【出处】杨五一、李鸿钧讲：《地母三姑造万物》，见中国民间文学集成全国编辑委员会编《中国民间故事集成》（云南卷），北京：中国ISBN中心2003年版，第113页。

W1283.7.2
混沌分开天地

实 例

（参见下级母题实例）

W1283.7.2.1
混沌神用四根柱子把天地撑开

【关联】［W1333.1］4根天柱

实 例

毛南族 昆屯是开天辟地的第一代神，用四根柱子把天和地分开。

【流传】（无考）

【出处】《昆屯》，见中国各民族宗教与神话大词典编审委员会编《中国各民族宗教与神话大词典》，北京：学苑出版社1990年版，第417页。

W1283.7.3
盖天佛把天地顶开

实 例

汉族 接到佛祖法旨，盖天佛把天地顶开。

【流传】河北省·（张家口市）·赤城县·（后城镇）·后城村

【出处】赵子英讲，郝云飞采录：《鱼为啥没有腿》，见中国民间文学集成全国编辑委员会编《中国民间故事集成》（河北卷），北京：中国ISBN中心2003年版，第6页。

W1283.7.4
石八觉神分开天地

实 例

藏族 在敬山菩萨（山神）时巫师唱："石八觉（神名）安排分开天地。"

【流传】（四川省·凉山彝族自治州·冕宁县·泸宁乡）

【出处】杨光甸：《冕宁县泸宁区藏族调查笔记》（打印稿），西南民族学院研究所编印，1982年，见吕大吉、何耀华总主编《中国各民族原始宗教资料集成》（鄂伦春族卷、鄂温克族卷、赫哲族卷、达斡尔族卷、锡伯族卷、满族卷、蒙古族卷、藏族卷），北京：中国社会科学出版社1999年版，第837页。

W1283.7.5
大神纳罗引勾分开天地

实 例

苗族 大神纳罗引勾把天地分开。

【流传】广西壮族自治区·融水（融水苗族自治县）·大年（大年乡）、拱洞（拱洞乡）等地

【出处】杨达香讲，梁彬搜集整理：《创世大神和神子神孙》，见曹廷伟编著《广西民间故事辞典》，南宁：广西教育出版社1993年版，第22页。

W1283.7.6
网尼分开天地

实例

苗族　天地之初始，天地相连，网尼把地踩矮，沙相把天撑高。

【流传】贵州省·（黔东南苗族侗族自治州）·凯里（凯里市）、丹寨（丹寨县）、麻江（麻江县）的等地。

【出处】洋洛译：《说古歌》，见中国作家协会贵阳分会筹委会编印《民间文学资料》第六集，内部资料，1959年。

W1283.7.7
里和伦分开天地

实例

佤族　里和伦把天地分开。

【流传】云南省·（普洱市）·西盟（西盟佤族自治县），（临沧市）·沧源（沧源佤族自治县）

【出处】随夏等讲：《司岗里》，载《山茶》1988年第1期。

W1283.7.8
达昭崩布热分开天地

实例

佤族　达昭崩布热劈开天地。

【流传】（无考）

【出处】李子贤：《论佤族神话》，载《思想战线》（云南大学）1987年第6期。

W1284
人分开天地

实例

壮族　壮人始祖布洛陀把大石头分开成两片，天地才分离。

【流传】广西壮族自治区·（河池市）·东兰县·大同乡·和龙村

【出处】覃凤平等，讲覃剑萍采录翻译：《姆洛甲断案》，见中国民间文学集成全国编辑委员会编《中国民间故事集成》（广西卷），北京：中国ISBN中心2001年版，第8页。

W1284.1
特定的人分开天地

实例

（参见下级母题实例）

W1284.1.1
生活在半空中的人分开天地

【关联】［W2015.3.1］天上的人

实例

哈尼族　以前，挂在半空中的人凑在一起，认为应该把天和地分开，让天在上，地在下。

【流传】云南省·（西双版纳傣族自治

州）·勐腊（勐腊县）

【出处】张猴讲，杨万智搜集整理：《沙罗阿龙造天地》，原载云南省民间文学集成办公室编《哈尼族神话传说集成》，中国民间文艺出版社 1990 年版，见姚宝瑄主编《中国各民族神话》（哈尼族、傣族），太原：山西出版传媒集团·书海出版社 2014 年版，第 17 页。

W1284.1.2
织麻的女人分开天地

实例

怒族 以前，天地何在一起，有个织麻的女人，分开了天和地。

【流传】（云南省）

【出处】

（a）杨秉礼、杨开应记录：《天地来源》（1958），见中国作家协会昆明分会民间文学工作部编《云南民族文学资料》第十九集，中国作家协会编印，1963 年。

（b）同（a），见姚宝瑄主编《中国各民族神话》（门巴族、珞巴族、怒族、藏族），太原：山西出版传媒集团·书海出版社 2014 年版，第 54 页。

W1284.1.3
混沌卵中的古老分开天地

实例

侗族 以前，世界像个大鸡蛋，蛋里有个人名叫古老（人的始祖），古老慢慢地长大、长长、长高，伸直身子就把天和地顶开。

【流传】贵州省·（黔东南苗族侗族自治州）·从江县·高增公社（高增乡）

【出处】梁普安等讲，龙玉成采录：《古老和盘古》，见中国民间文学集成全国编辑委员会编《中国民间故事集成》（贵州卷），北京：中国 ISBN 中心 2003 年版，第 4 页。

W1285
动物分开天地

实例

（参见下级母题实例）

W1285.1
鸟分开天地

实例

藏族 （实例待考）

W1285.2
龟鳖撑开天地

【关联】[W1023.5.2] 龟是创世者

实例

鄂温克族 巨鳌阿尔丹巴雅尔朝天伸着四脚变成了攀天的柱子。

【流传】内蒙古自治区·（呼伦贝尔市）·陈巴尔虎旗·鄂温克苏木（鄂温克民族乡）

【出处】托玛讲，耐登采录，白杉翻译：《天神宝勒哈创世纪》，见中国民间文学集成全国编辑委员会编《中国民间故事集成》（内蒙古卷），北京：中国ISBN中心2007年版，第10页。

W1285.2.1
玉帝让龟鳖撑开天地

实 例

汉族 玉帝命龟鳖大力士把天和地分开。

【流传】江苏省

【出处】王美英讲，严金凤采录：《天地是怎样分开的》，见中国民间文学集成全国编辑委员会编《中国民间故事集成》（江苏卷），北京：中国ISBN中心1998年版，第15页。

W1285.3
大鹏分开天地

实 例

藏族 最初世界形成时，天地混合在一起，分开天地是大鹏。

【流传】（无考）

【出处】

（a）问答歌《斯巴形成歌》。

（b）《世界形成歌》，见中央民族学院《藏族文学史》编写组《藏族文学史》，成都：四川民族出版社1985年版，第10~11页。

（c）佟锦华：《藏族文学研究》，北京：中国藏学出版社1992年版，第386页。

藏族 最初什巴（藏语音译，"宇宙"、"世界"）形成时，天地混合在一起，分开天地是大鹏。

【流传】（无考）

【出处】佟锦华等：《藏族文学史》，四川民族出版社1985年版，见吕大吉、何耀华总主编《中国各民族原始宗教资料集成》（鄂伦春族卷、鄂温克族卷、赫哲族卷、达斡尔族卷、锡伯族卷、满族卷、蒙古族卷、藏族卷），北京：中国社会科学出版社1999年版，第936页。

W1285.3.1
大鹏顶天踩地把天地分开

【关联】［W1291］顶天踏地使天地分离

实 例

藏族 大鹏鸟飞到斯巴（天地、世界）的身边，用犄角挑开了天和地的口子。用它的无限的气力把天顶上去，把地踩下去，天和地就分开了。

【流传】（无考）

【出处】才旦旺堆搜集，蔷紫整理：《大鹏分天地》，见姚宝瑄主编《中国各民族神话》（门巴族、珞巴族、怒族、藏族），太原：山西出版传媒集团·书海出版社2014年版，第80~81页。

W1285.4
蚂蚁分开天地

【关联】［W1278.3.1］蚂蚁挖塌连接天地的土台后天地分开

实例

独龙族 古时，天地相连，蚂蚁把通天地的九道土台扒倒，天地分开。

【流传】（无考）

【出处】巴子整理：《大蚂蚁分开天地》，见刘城淮主编《世界神话集（1）·自然神话》，长沙：湖南大学出版社 1999 年版，第 180 页。

W1285.5
鹿分开天地

实例

汉族 在混沌世界里，寻草吃的鹿发狠劲用尖锐的大角一挑，把天地分开了。

【流传】上海市·虹口区·广中路街道

【出处】刘曼芳讲，吴本雄采录：《喉节与乳房》，见中国民间文学集成全国编辑委员会编《中国民间故事集成》（上海卷），北京：中国 ISBN 中心 2007 年版，第 7 页。

W1285.6
其他动物分开天地

【关联】[W1294.9] 鱼翻身把天地分开

实例

（参见下级母题实例）

W1285.6.1
狮子分天地

【关联】[W1388.4.3.1] 站在山顶石狮背上补天

实例

（实例待考）

W1285.6.2
猪拱开天地

实例

彝族 恩体古兹天神派黄猪和黑猪下到下界去拱连接天地的铜铁球，它们用嘴去拱，终于把铜铁球拱出来了。

【流传】（四川省·凉山彝族自治州）

【出处】

（a）冯元蔚译：《勒俄特依》，成都：四川民族出版社 1986 年版。

（b）冯元蔚译，蔷紫改写：《勒俄特依》，见姚宝瑄主编《中国各民族神话》（羌族、彝族），太原：山西出版传媒集团·书海出版社 2014 年版，第 150~151 页。

W1285.6.3
老鼠分开天地

【关联】[W3229] 与鼠有关的其他母题

实例

汉族 很古的时候，天地混沌，老鼠咬开天门后天地分开。

【流传】（山东省·泰安市徂徕山一带）

【出处】薛其万讲，张纯岭采录：《三太子复仇奈河岸》，原载张纯岭编《徂徕山传奇》，见陶阳、钟秀编《中国神话》（下），北京：商务印书馆 2008 年版，第 1299~1303 页。

W1285.6.4

鹤分开天地

实 例

达斡尔族 天和地原先粘在一起，一只长脖子的鹤把天顶了上去。从此，天和地就分开了。

【流传】（无考）

【出处】《仙鹤顶天》，见姚宝瑄主编《中国各民族神话》（达斡尔族、鄂伦春族、鄂温克族、蒙古族），太原：山西出版传媒集团·书海出版社2014年版，第4页。

达斡尔族 一只仙鹤头顶天、脚支地，才把天地分开。它换一次脚，便是一次地震。

【流传】黑龙江省·黑河市

【出处】敖瑞福讲，巴音托布采录：*《鳌鱼驮地球》（1986），见中国民间文学集成全国编辑委员会编《中国民间故事集成》（黑龙江卷），北京：中国ISBN中心2005年版，第4页。

W1285.6.5

牛和龙分开天地

实 例

土家族 玉皇大帝叫来三条犀牛，对它们去下界拱槽，叫来三条大龙让他们到下界放水，天和地就分开了。

【流传】

（a）湖北省·（宜昌市）·长阳县（长阳土家族自治县）·龙潭坪乡·杜家冲村

（b）湖北省·（宜昌市）·长阳县（长阳土家族自治县）·都镇湾镇·杜家冲村

【出处】

（a）罗青林讲，萧国松采录：《姐弟成亲》，见中国民间文学集成全国编辑委员会编《中国民间故事集成》（湖北卷），北京：中国ISBN中心1999年版，第12页。

（b）孙家香讲：《洪水泡天》，见长阳土家族网：http://www.cy-tujia.com/list_body.php? id, 2005.12.08。

W1286

其他特定的物分开天地

实 例

（参见下级母题实例）

W1286.1

树分开天地

实 例

傈僳族 尼帕（巫师，又兼创世神）的心变成的一棵岩桑树把天地隔开了。

【流传】云南省·（大理白族自治州）·鹤庆县·朵美（朵美乡）

【出处】唐三妹讲，鹤庆县集成办公室采录：《山神岩桑》，见中国民间文学集成全国编辑委员会编《中国民间故事集成》（云南卷），北京：中国ISBN中心2003年版，第364页。

W1286.2
石狮分开天地

【关联】［W3292.3.3］石狮

实 例

汉族 天地相合后，石狮子破开天地。

【流传】浙江省·（绍兴市）·诸暨县（诸暨市）·草塔镇·中央份村

【出处】杨和芬讲，赵维苗采录：《石狮破天》，见中国民间文学集成全国编辑委员会编《中国民间故事集成》（浙江卷），北京：中国ISBN中心1997年版，第42页。

W1287
特定事件分开天地

实 例

（参见下级母题实例）

W1287.1
浑沌的天地经一次火山爆发分开

实 例

布朗族 天地原来一片浑沌，飘来飘去的云雾，经过一次大的火山爆发，天地分开。

【流传】云南省·西双版纳（西双版纳傣族自治州）

【出处】（a）王国祥：《布朗族文学概况》，见中国社会科学院云南少数民族文学研究所编印《云南少数民族文学资料》第1集，内部编印，1980，第60页。
（b）《顾米亚造天造地》，见中国各民族宗教与神话大词典编审委员会编《中国各民族宗教与神话大词典》，北京：学苑出版社1990年版，第31页。

W1287.2
洪水分开天地

【关联】［W1312.3］洪水使天变高

实 例

怒族 （实例待考）

W1287.2.1
大雨造成的洪水分开天地

实 例

傈僳族 九天九夜的大雨造成洪水泛滥，大地上的人类都淹死了，但天和地也分开了。

【流传】（无考）

【出处】＊《兄妹成婚》，见《傈僳族简史》编写组编《傈僳族简史》，昆明：云南人民出版社1983年版，第5~7页。

W1287.3
巨浪分开天地

【关联】［W1217.6］海浪使地面变低

实 例

白族 小太阳被大太阳撞落进到大

海，大海掀起了滔天巨浪，巨浪把地冲陷得往下降落。

【流传】云南省·（大理白族自治州）·鹤庆县·城郊乡（草海镇）·新民村

【出处】李剑飞讲，李缵绪采录：《人和万物的起源》，见中国民间文学集成全国编辑委员会编《中国民间故事集成》（云南卷），北京：中国 ISBN 中心 2003 年版，第 13 页。

白族 巨浪分开天地。

【流传】（无考）

【出处】《劳谷与劳泰》，见中国各民族宗教与神话大词典编审委员会编《中国各民族宗教与神话大词典》，北京：学苑出版社 1990 年版，第 12 页。

白族 九万层海潮、海浪造成天升高，地降低，从此，天和地分开了。

【流传】云南省·（大理白族自治州）·鹤庆（鹤庆县），丽江（丽江市）及（丽江市）·永胜（永胜县）

【出处】李剑飞讲，李缵绪、章虹宇记录：《人类和万物的起源》（又名《劳谷与劳泰》、《古干古洛创世记》），原载李缵绪主编《白族神话传说集成》，中国民间文艺出版社 1986 年版，见姚宝瑄主编《中国各民族神话》（白族、拉祜族、景颇族），太原：山西出版传媒集团·书海出版社 2014 年版，第 18 页。

W1287.4
霹雳分开天地（雷电分开天地）

实 例

普米族 炸雷使天地分开。

【流传】云南省·（丽江市）·宁蒗（宁蒗彝族自治县）；四川省·（凉山彝族自治州）·木里（木里藏族自治县）

【出处】草木绒讲，章虹宇整理：《九木鲁》，见中华民族故事大系编委会编《中华民族故事大系》第 14 卷（普米族、塔吉克族、怒族、俄罗斯族、鄂温克族），上海：上海文艺出版社 1995 年版，第 24 页。

W1287.4.1
霹雳劈开 2 块岩石变成天地

【关联】［W1272.8］天地是合在一起的 2 块石头

实 例

壮族 一声霹雳把大岩石裂成了两大片。上面的一片往上升，就成了住雷公的天；下面的一片往下落，就成了住人类的大地。

【流传】

（a）广西壮族自治区·（河池市）·巴马县（巴马瑶族自治县）·所略乡·所略村

（b）广西壮族自治区右江，云南省红河一带

【出处】

（a）周朝珍讲，何承文采录翻译：《布

洛陀》，见中国民间文学集成全国编辑委员会编《中国民间故事集成》（广西卷），北京：中国 ISBN 中心 2001 年版，第 30 页。

（b）周朝珍讲，何承文整理：《布碌陀》，见谷德明编《中国少数民族神话》，北京：中国民间文艺出版社 1987 年版，第 68 页。

壮族 远古的时候，天地重叠在一起结成岩石，后来突然一声霹雳，大岩石"轰隆"一声翻身了，裂成了两大片。

【流传】（a）广西壮族自治区右江及红水河一带

【出处】

（a）周朝珍讲，何承文整理：《布碌陀》，载广西民间文学研究会编印《广西民间文学丛刊》第 5 期。

（b）《布碌陀》（王松选定），见姚宝瑄主编《中国各民族神话》（仫佬族、壮族、京族），太原：山西出版传媒集团·书海出版社 2014 年版，第 74 页。

壮族 远古的时候，天和地紧紧地重叠在一起，结成一块，突然一声霹雳，裂成了两大片。

【流传】广西壮族自治区右江、红河一带

【出处】周朝珍口述，何承文整理：《布洛陀》，原载蓝鸿恩编《壮族民间故事选》，见陶阳、钟秀编《中国神话》（上），北京：商务印书馆 2008 年版，第 67~86 页。

W1287.4.2
闪电劈开天地

【实例】

彝族 云彩积聚称的天地混沌在一起。天地之间扯起一道道绿色的闪电，像犀利的宝剑，把天和地辟开、辟开。

【流传】云南省·楚雄彝族自治州

【出处】《门米间扎节》，古梅根据《楚雄民间文学资料》改写，见姚宝瑄主编《中国各民族神话》（羌族、彝族），太原：山西出版传媒集团·书海出版社 2014 年版，第 82 页。

W1287.5
出现天柱后天地分开

【关联】［W1279］支天使天地分离

【实例】

鄂温克族 （实例待考）

W1287.5.1
天柱搭建的框架分开天地

【实例】

拉祜族 天神厄莎在四根天柱的上面架起四根天梁，再在四根柱子的下面架起四根地梁，天橡架在天梁上，地橡架在地梁上。从此，天和地便分开了，从此，上和下也分开了。

【流传】云南省大拉祜及黄拉祜中部一带

1.2.4 天地的合离与支撑 ‖W1287.5.2–W1289.0‖ 965

【出处】小八讲，古木整理：《天神厄莎》（整理中参照了《牡帕密帕》和《古根》），见姚宝瑄主编《中国各民族神话》（白族、拉祜族、景颇族），太原：山西出版传媒集团·书海出版社2014年版，第159页。

W1287.5.2
女娲斩龟足做天柱分开天地

实 例

汉族 女娲娘娘用四条鳌鱼腿支住天的四个角，天地分开了。

【流传】湖北省·（襄阳市）·（襄州区）·泥嘴镇（泥咀镇）·西乡村

【出处】司如秀讲，薛顺超采录：《北方为啥冷》，见中国民间文学集成全国编辑委员会编《中国民间故事集成》（湖北卷），北京：中国ISBN中心1999年版，第24页。

W1287.6
出现光后天地分开

实 例

（参见下级母题实例）

W1287.6.1
天洞来光把天地分开

实 例

汉族 以前天地合在一起。天皇氏、地皇氏和女娲氏三兄妹争帝位时打了起来，把天捅出个大洞，外面的光漏进来，从此天地便分开了。

【流传】浙江省·舟山市·（定海区·岑港镇）·烟墩（烟墩村）、马目（马目村）一带

【出处】张友夫讲，于海辰、林海峰记录整理：《兄妹分天地》（1987.05.15），见姚宝瑄主编《中国各民族神话》（汉族），太原：山西出版传媒集团·书海出版社2014年版，第38~39页。

※ W1288
天地分开的方法

【关联】[W1279] 支天使天地分离

实 例

（参见下级母题实例）

W1289
打碎天地卵后分开天地

实 例

（参见下级母题实例）

W1289.0
盘古打碎混沌卵分开天地

实 例

汉族 盘古把摸到的蛋一巴掌打碎，天和地分开了。

【流传】山东省·（济宁市）·梁山县·（韩垓镇）·开河东村

【出处】刘建山讲，樊兆阳采录：《盘古开天地》，见中国民间文学集成全国编辑委员会编《中国民间故事集成》（山东卷），北京：中国ISBN中心

2007年版，第3页。

W1289.1
混沌（卵、蛋等）中的轻的部分为天，重的部分为地

实例

汉族 盘古砸破蛋壳，蛋清上浮为天，蛋黄变为地。

【流传】浙江省·（金华市）·东阳县（东阳市）

【出处】张宣元讲：《盘古生开天》，载《民间文学》1986年第11期。

W1289.1.1
盘古在鸡蛋里蹬碎鸡蛋，轻的上升为天，重的下降为地

实例

汉族 盘古在鸡蛋里蹬碎鸡蛋，轻的上升为天，重的下降为地。

【流传】河南省·（济源市）王屋山一带

【出处】程玉林讲：《盘古寺》，见张振犁、程健君编《中原神话专题资料》，中国民间文艺家协会河南分会内部编印，1987年。

W1289.1.1a
盘古氏蹬碎蛋壳，蛋青上升变成天，蛋黄下沉变成地

实例

汉族 盘古氏睡在蛋窠瓢里。醒来伸胳膊蹬腿，蛋窠瓢破了。盘古氏立起身，蛋青上去，成了天，成了云。蛋黄沉下，成了地。

【流传】河南省·（三门峡市）·陕县（陕州区）·张茅乡·白土坡村

【出处】刘小锁（1929年生，农民，小学）讲，刘邦项采录整理：《盘古氏造世界》，见张振犁编著《中原神话通鉴》（第一卷），郑州：河南大学出版社2017年版，第22页。

W1289.1.2
盘古凿开混沌卵，轻者上升为天，浊者下降为地

实例

汉族 天地相连，盘古用斧凿久而乃分。二气升降，清者上为天，浊者下为地，天地在混沌中产生。

【流传】（无考）

【出处】
（a）［明］周游：《开辟衍绎通俗志传》第一回。
（b）《艺文类聚》（玉函本）。

W1290
揭开天盖分开大地

【关联】［W1168.10d］天盖

实例

（参见下级母题实例）

W1290.1
神揭开天盖分开大地

实 例

毛南族 神祖将天盖揭开，分开大地。

【流传】（无考）

【出处】《盘古兄妹和他们的神祖神孙》，见南宁师院广西民族民间文学研究室编《民歌与民间故事》（七）（下），内部资料，第660页。

W1291
顶天踏地使天地分离

【关联】[W1285.3.1]大鹏顶天踩地把天地分开

实 例

（参见下级母题实例）

W1291.0
巨人顶天踏地使天地分离

实 例

（参见下级母题实例）

W1291.0.1
巨人把天撑高5里，把地踩低千尺

实 例

苗族 纳罗引勾（半人半兽的巨人）劈开天地后，两脚踩地，两手撑天。脚踩地，地陷千尺；手撑天，天高五里。

【流传】广西壮族自治区·（柳州市）·融水苗族自治县

【出处】
(a) 杨达香讲，梁彬搜集整理：《创世纪》（一、开天辟地，地始天初），见梁彬、王天若编《苗族民间故事选》，南宁：广西人民出版社1986年版。
(b) 同（a），见姚宝瑄主编《中国各民族神话》（布依族、亿佬族、苗族），太原：山西出版传媒集团·书海出版社2014年版，第169页。

W1291.1
男始祖擎天，女始祖压地分开天地

【关联】[W1282.5.3]男女祖先分开天地

实 例

壮族 布洛陀擎起天，妻子姆洛甲压平地，于是分开了天地。

【流传】广西壮族自治区·（河池市）·东兰县

【出处】覃鼎琨讲，覃承勤采录翻译：《姆洛甲造三批人》附记，见中国民间文学集成全国编辑委员会编《中国民间故事集成》（广西卷），北京：中国ISBN中心2001年版，第4页。

W1291.2
把天背高，把地踩低分开天地

实 例

（参见下级母题实例）

W1291.2.1
盘古的父亲扁鼓王背天踩地分开天地

【关联】［W0725.1.1］盘古的父亲

实例

汉族 扁鼓王（盘古的父亲）竖了天，接着便要劈地。本来天和地差不多高，只空着三尺三。扁鼓王便将天背得老高老高，将地踏得老低老低。

【流传】浙江省·（丽水市）·缙云县一带

【出处】上官旭昌讲，上官新友搜集整理：《扁鼓王劈地》（1985），见姚宝瑄主编《中国各民族神话》（汉族），太原：山西出版传媒集团·书海出版社2014年版，第18~20页。

W1291.3
撑天压地使天地分离

实例

（参见下级母题实例）

W1291.3.1
4位神仙撑天压地分开天地

实例

彝族 四位神仙一起出力，把沉沉的天撑上去了；四位神仙又一起出力，把黑压压的地压了下去。天和地分开了。

【流传】（无考）

【出处】《天神造天地》，见姚宝瑄主编《中国各民族神话》（羌族、彝族），太原：山西出版传媒集团·书海出版社2014年版，第87页。

W1291.4
仙鹤顶天踏地使天地分离

【关联】［W1285.6.4］鹤分开天地

实例

达斡尔族 一只仙鹤头顶天、脚支地，才把天地分开。它换一次脚，便是一次地震。

【流传】黑龙江省·黑河市

【出处】敖瑞福讲，巴音托布采录：*《鳌鱼驮地球》（1986），见中国民间文学集成全国编辑委员会编《中国民间故事集成》（黑龙江卷），北京：中国ISBN中心2005年版，第4页。

W1291.5
通过舒展身体分开天地

实例

（参见下级母题实例）

W1291.5.1
盘古通过伸长身体分开天地

实例

汉族 盘古将身子一伸，天即渐高，地便坠下。

【流传】（无考）

【出处】［明］周游：《上古开辟演义》

第一回《盘古氏开天辟地》。

汉族 盘古在天地之间身高增加到九万里，把天顶得极高，把地踏得极厚。从此天地再也合不上了。

【流传】河南省·（驻马店市）·新蔡县·裳村乡

【出处】刘义（76岁，农民）讲，刘国富采录，龚国强采录整理：《盘古开天地的来历》（1987.09.05），见张振犁编著《中原神话通鉴》（第一卷），郑州：河南大学出版社2017年版，第25页。

汉族 天地卵中的盘古睡醒了，伸了个懒腰，把天地给撑开了。

【流传】河南省·（南阳市）·社旗县·饶良乡·崇子营村

【出处】王庚有（28岁，高中）讲述，乔天义采录：《盘古开天辟地的传说》（1986.02），见张振犁编著《中原神话通鉴》（第一卷），郑州：河南大学出版社2017年版，第30页。

W1292

砍（割、撬）开天地的连接物后天地分开

实例

（参见下级母题实例）

W1292.1

神用斧子劈开相连的天地

【关联】［W1278.2.1］神用巨斧砍断拴天地的铁链分开天地

实例

苗族 一个神仙用斧子劈相连的天地，天就往上升，地也往下落。

【流传】贵州省·（黔东南苗族侗族自治州）·黄平县（原名旧州）·红梅乡·波洞村

【出处】张其富讲，杨付昌等采录：《榜香猷》，见中国民间文学集成全国编辑委员会编《中国民间故事集成》（贵州卷），北京：中国ISBN中心2003年版，第78页。

W1292.1.1

盘古发脾气抡起板斧把天地分开

实例

（实例待考）

W1292.2

割断天地相连的脐带后天地分开

【关联】［W1414.2］天地由脐带相连

实例

珞巴族 （实例待考）

W1292.2.1

创世者割断天地相连的脐带后天地分开

实例

景颇族 宁贯娃（改天整地者）按照父母的吩咐，用长刀割断天地相连的脐带，天、地分开了。

【流传】云南省·（德宏傣族景颇族自

治州)·陇川县

【出处】施戛崩等讲，何峨采录：《宁贯娃改天整地》，见中国民间文学集成全国编辑委员会编《中国民间故事集成》（云南卷），北京：中国ISBN中心2003年版，第61页。

W1292.3
用铜叉铁叉撬开天地

实例

(参见下级母题实例)

W1292.3.1
用铜叉铁叉从东西南北4个方向撬开天地

实例

彝族　天地混沌时，东西南北每个方向分别生出一个人神。他们用铜铁叉到东西南北四个方向把天撬上去，把地掀下来，四方开了四个眼。

【流传】(四川省·凉山彝族自治州)
【出处】
(a) 冯元蔚译：《勒俄特依》，成都：四川民族出版社1986年版。
(b) 冯元蔚译，蔷紫改写：《勒俄特依》，见姚宝瑄主编《中国各民族神话》（羌族、彝族），太原：山西出版传媒集团·书海出版社2014年版，第150页。

W1292.4
砍掉通天树天地分开

实例

(参见下级母题实例)

W1292.4.1
天帝砍掉通天树天地分开

实例

汉族　伏羲没弄到长生果，倒惹天帝生了气，随即下令伐掉了通天树，断绝了天地相连的路，从那儿以后，天和地算是完全分开了。

【流传】河南省·(周口市)·淮阳县·城关
【出处】刘王氏（82岁，农民，不识字）讲，杨复俊采录：《天地分》(1985.08)，见张振犁编著《中原神话通鉴》（第一卷），郑州：河南大学出版社2017年版，第282页。

W1292.5
砍掉棘丛天地分开

实例

(参见下级母题实例)

W1292.5.1
兄妹砍掉棘丛天地分开

实例

汉族　人类毁灭后幸存的两兄妹婚生的一个丑陋的孩子，跑去悬崖找了一块大石头，"扑扑嚓嚓"就把棘丛砍了。荆丛一倒，眼前一亮，天和地分开了。

【流传】河南省·南阳市

【出处】邱海观（农民），李明才采录整理：《盘古的传说》，见张振犁编著《中原神话通鉴》（第一卷），郑州：河南大学出版社2017年版，第29页。

W1293
处置特定物后天地分开

【关联】

① ［W1480.1］蚂蚁咬塌天梯

② ［W1480.2］蛀虫咬断天梯

实 例

（参见下级母题实例）

W1293.1
天柱倒塌后天地分开

【关联】［W1339.2］天柱的倒塌

实 例

汉族 （实例待考）

W1293.2
山倒塌后天地分开

实 例

（实例待考）

W1293.3
天门打开后天地分开

【关联】

① ［W1168.21］天门

② ［W1168.21.4］天门的开合

实 例

（参见下级母题实例）

W1293.3.1
老鼠咬开天门后天地分开

【关联】［W1285.6.3］老鼠分开天地

实 例

汉族 很古的时候，天地混沌一气，是老鼠用牙咬开了天门，才使得天地分开。

【流传】（山东省·泰安市徂徕山一带）

【出处】薛其万讲，张纯岭采录：《三太子复仇奈河岸》，原载张纯岭编《徂徕山传奇》，见陶阳、钟秀编《中国神话》（下），北京：商务印书馆2008年版，第1299~1303页。

W1294
天地分开的其他方法

实 例

（参见下级母题实例）

W1294.0
用手把天地分开

【关联】［W1295.5］用手掌劈开天地

实 例

（参见下级母题实例）

W1294.0.1
天神用万能的手把天地隔开

实 例

彝族 一位天神挥动了他那万能的手

把天和地隔开。

【流传】（无考）

【出处】《人类和石头的战争》，原载谷德明编《中国少数民族神话选》，见陶阳、钟秀编《中国神话》（下），北京：商务印书馆2008年版，第1084~1085页。

`彝族` 天地还是一团浓雾的时候，有一位天神云游。他觉得四周空洞洞的没有一点着力之处，就挥动他那万能的手把天和地隔开。

【流传】（无考）

【出处】《人类和石头的战争》，原载李子贤编《云南少数民族神话选》，云南人民出版社1990年版，见姚宝瑄主编《中国各民族神话》（羌族、彝族），太原：山西出版传媒集团·书海出版社2014年版，第275页。

W1294.0.2
巨人用手掌分开天地

`实例`

`苗族` 纳罗引勾（半人半兽的巨人）用粗臂作柄，手掌当刀，把天地切成两半。从此天启了齿，地松了牙。

【流传】广西壮族自治区·（柳州市）·融水苗族自治县

【出处】
（a）杨达香讲，梁彬搜集整理：《创世纪》（一、开天辟地，地始天初），见梁彬、王天若编《苗族民间故事选》，南宁：广西人民出版社1986年版。

（b）同（a），见姚宝瑄主编《中国各民族神话》（布依族、仡佬族、苗族），太原：山西出版传媒集团·书海出版社2014年版，第169页。

W1294.1
用水把天地分开

`实例`

`白族` 小太阳被大太阳撞落进到大海，形成的海浪把天地分开。

【流传】云南省·（大理白族自治州）·鹤庆县·城郊乡（草海镇）·新民村

【出处】李剑飞讲，李缵绪采录：《人和万物的起源》，见中国民间文学集成全国编辑委员会编《中国民间故事集成》（云南卷），北京：中国ISBN中心2003年版，第13页。

`土家族` （实例待考）

W1294.2
地上出现山和树后天地分离

`实例`

`侗族` （实例待考）

`羌族` （实例待考）

W1294.3
撕开天地间的大裂缝把天地分开

`实例`

`侗族` 张古和盘古（巨人）发现天地

间一条大裂缝，他俩就把它撕开，分开了天地。

【流传】贵州省·（黔东南苗族侗族自治州）·三穗县·款场（款场乡）

【出处】杨引兰讲，周昌武采录：《开天辟地》，见中国民间文学集成全国编辑委员会编《中国民间故事集成》（贵州卷），北京：中国 ISBN 中心 2003 年版，第 5 页。

W1294.4
用扫帚扫开天地

【关联】
① ［W1256a］特定人物拖擦出平地
② ［W1313.7］把天扫高

实 例

（参见下级母题实例）

W1294.4.1
仙女用铁扫帚扫开天地

实 例

彝族 众神仙开天辟地后，天神恩体古兹派阿尔师傅打制九把铜铁帚，交给九个仙女去扫天扫地，把天扫上去，天成蓝莹莹，把地扫下来。

【流传】（无考）

【出处】伍精忠整理：《大地是怎样形成的》，见姚宝瑄主编《中国各民族神话》（羌族、彝族），太原：山西出版传媒集团·书海出版社 2014 年版，第 278 页。

W1294.4.2
天女用铁扫帚扫开天地

实 例

彝族 人神司惹低尼把铁匠神打制的九把铜铁扫帚交给九个天女，九个天女便拿了铜铁扫帚去扫天扫地。她们一扫天，天便升上去了。她们又一扫，把地扫下去了。

【流传】（四川省·凉山彝族自治州）

【出处】
（a）冯元蔚译：《勒俄特依》，成都：四川民族出版社 1986 年版。
（b）冯元蔚译，蔷紫改写：《勒俄特依》，见姚宝瑄主编《中国各民族神话》（羌族、彝族），太原：山西出版传媒集团·书海出版社 2014 年版，第 151 页。

W1294.5
吹气分开天地

实 例

撒拉族 天地不分时，创造宇宙万物的主胡大，延续了六天六夜，吹开了天地。

【流传】（无考）

【出处】大漠、马英生搜集：《胡大吹出天地》，见满都呼主编《中国阿尔泰语系诸民族神话故事》，北京：民族出版社 1997 年版，第 96 页。

W1294.5.1

风神吹开天地

【关联】［W0292］风神

实例

珞巴族（实例待考）

W1294.6

水下沉后分开天地

实例

蒙古族（卫拉特）大地压着水面往下沉落，天与地慢慢地被分开了。

【流传】（新疆维吾尔自治区）

【出处】姚玉瑄搜集整理：《麦德尔娘娘开天辟地》，见满都呼主编《中国阿尔泰语系诸民族神话故事》，北京：民族出版社1997年版，第147~148页。

W1294.6.1

地压水面下降使天地分开

【关联】

① ［W1315］地的下降
② ［W1393.2b.1］顶天时地面降落

实例

蒙古族 水上的灰烬形成的大地重压水面，水面往下沉落，天与地乃徐徐判分。

【流传】（无考）

【出处】*《麦德尔神女》，原载陶阳、钟秀编《中国神话》，见袁珂《中国神话大词典》，北京：华夏出版社2015年版，第399页。

蒙古族 大地压着水面往下沉落，天与地慢慢地被分开了。

【流传】新疆维吾尔自治区蒙古族居住地区

【出处】姚宝瑄搜集整理：《麦德尔神女开天辟地》，载《民间文学》1986年第3期。

蒙古族 世界一片大水时，尘土燃烧形成的灰越积越厚，渐渐形成了大地。大地压着水面往下沉落，天与地慢慢地被分开了。

【流传】新疆维吾尔自治区蒙古族居住地区

【出处】姚宝瑄搜集整理：《麦德尔神女开天辟地》，见姚宝瑄主编《中国各民族神话》（达斡尔族、鄂伦春族、鄂温克族、蒙古族），太原：山西出版传媒集团·书海出版社2014年版，第134页。

W1294.7

斩杀动物分开天地

实例

（参见下级母题实例）

W1294.7.1

盘古杀蟒后分开天地

实例

汉族 盘古杀死青气中的青蟒和黄气

中的黄蟒，天地分开。

【流传】湖北省·黄冈县（黄冈市）·（团风县）·马庙（马庙镇）

【出处】周海山讲，徐再跃采录：《盘古斩蟒开天地》，见中国民间文学集成全国编辑委员会编《中国民间故事集成》（湖北卷），北京：中国 ISBN 中心 1999 年版，第 5 页。

W1294.8
地把天踢开

实　例

（参见下级母题实例）

W1294.8.1
大地妻子把天空丈夫踢到天上

【汤普森】
① ［W1492］天地是夫妻
② ［W7532］天地婚

实　例

珞巴族　（实例待考）

W1294.9
鱼翻身把天地分开

实　例

毛南族　（实例待考）

W1294.10
用墙把天地分开

【关联】［W1274.2.2］天地相连处有一道云墙

实　例

（参见下级母题实例）

W1294.10.1
天神用云雾砌墙把天地分开

实　例

纳西族（摩梭）　天神用云雾砌起厚厚的墙壁，把天地隔开。

【流传】云南省·（丽江市）·宁蒗县（宁蒗彝族自治县）

【出处】桑直若史、益依关若讲，章天锡、章天铭搜集，章虹宇整理：《昂姑咪》，载《山茶》1986 年第 3 期。

纳西族（摩梭）　天地刚刚分开的时候，天上住着天神和他们的家族。天神用云雾砌起厚厚的墙壁，把天地隔开。

【流传】云南省·（丽江市）·宁蒗县（宁蒗彝族自治县）

【出处】《昂姑咪》，见姚宝瑄主编《中国各民族神话》（伍族、阿昌族、纳西族、普米族、德昂族），太原：山西出版传媒集团·书海出版社 2014 年版，第 104 页。

W1294.11
多法并举分开天地

实　例

（参见下级母题实例）

W1294.11.1
支天柱、补天压地把天地分离

【实例】

纳西族 九个男神和七个女神开天辟地。他们在东、南、西方、北和中央竖起天柱，用蓝宝石补天，取黄金镇地后，天和地方始分开了。

【流传】（云南省·丽江市）

【出处】和志武翻译整理：《人类迁徙记》，原载中共丽江地委宣传部编《纳西族民间故事选》，见陶阳、钟秀编《中国神话》（中），北京：商务印书馆 2008 年版，第 856~876 页。

W1295
分开天地的工具

【实例】

（参见下级母题实例）

W1295.1
用斧子分开天地

【关联】[W6089] 斧（斧子、斧头）

【实例】

苗族 天地刚生下，相叠在一起。剖帕用斧子将天地分开。

【流传】（无考）

【出处】《苗族史诗·开天辟地》，见过竹：《苗族神话研究》，南宁：广西人民出版社 1988 年版，第 99 页。

W1295.1.1
用神斧分开天地

【实例】

汉族 （实例待考）

W1295.1.2
用大斧分开天地

【实例】

（参见下级母题实例）

W1295.1.2.1
盘古用大斧分开天地

【关联】[W1283.1] 盘古分开天地

【实例】

汉族 盘古氏手拿大斧，开天劈地。

【流传】宁夏回族自治区·（固原市）·彭阳县·孟原乡·白阳庄村

【出处】高荣贵讲，梁志强采录：《拜天地》见中国民间文学集成全国编辑委员会编《中国民间故事集成》（宁夏卷），北京：中国 ISBN 中心 1999 年版，第 16 页。

汉族 盘古用斧子劈开了天地。

【流传】宁夏回族自治区·（固原市）·西吉县·平峰乡

【出处】高世民讲，杨登峰采录：《黄土高原是怎样形成的》，见《中国民间文学集成全国编辑委员会编《中国民间故事集成》（宁夏卷），北京：中国 ISBN 中心 1999 年版，第 23 页。

1.2.4 天地的合离与支撑 ‖ W1295.1.2.2–W1295.1.2.3 ‖ 977

汉族 盘古氏手上拿了把大斧，就像个鸡子要出壳似的，他就在泥团子的四周砍了一圈，后来他又用大斧拦腰一砍，泥团子就分成天和地。天地就是大斧砍的。

【流传】江苏省·（盐城市）·大丰县·三渣乡·西渣村

【出处】杨广顺讲，沈澄、丁晗搜集整理：《一把大斧分天地》（1986.04），见姚宝瑄主编《中国各民族神话》（汉族），太原：山西出版传媒集团·书海出版社 2014 年版，第 22~23 页。

汉族 （盘古）见造成的天地相连，就造了一把大斧，天天砍这些连着天和地的地方，经过好多好多的日子，终于把这些地方都砍断了。

【流传】河南省·汝州市·薛庄乡·徐洼村

【出处】王欢进采录：《盘古创世》（1989.10.07），见张振犁编著《中原神话通鉴》（第一卷），郑州：河南大学出版社 2017 年版，第 23 页。

W1295.1.2.2
盘古用神斧分开天地

实　例

汉族 盘古开天地。盘古挥动神斧，天慢慢上升，地逐渐下降，混混沌沌的有了空间。

【流传】河南省·（南阳市）·镇平县

【出处】贺天祥讲，贺海成、姜典凯搜集整理：《天为什么是蓝的》，见姚宝瑄主编《中国各民族神话》（汉族），太原：山西出版传媒集团·书海出版社 2014 年版，第 66~67 页。

W1295.1.2.2.1
盘古用开山神斧分开天地

实　例

汉族 盘古王拿起开山神斧开天辟地。

【流传】四川省·奉节县（今属重庆市）·江南乡·观武村

【出处】谭开高讲，谭发斌采录：《盘古开天地》，见中国民间文学集成全国编辑委员会编《中国民间故事集成》（四川卷·上），北京：中国 ISBN 中心 1998 年版，第 21 页。

W1295.1.2.3
盘古用板斧分开天地

实　例

汉族 盘古用板斧将"鸡蛋"劈裂。

【流传】黑龙江省·（哈尔滨市）·通河县·通河镇

【出处】张建恒讲，张景义采录：《盘古开天辟地》，见中国民间文学集成全国编辑委员会编《中国民间故事集成》（黑龙江卷），北京：中国 ISBN 中心 2005 年版，第 3 页。

W1295.1.2.4
盘古用土斧分开天地

实例

<u>汉族</u> 盘古的妻子生下的大圆球，被盘古用土斧劈开，成为天地。

【流传】广西壮族自治区·玉林市·（兴业县）·葵阳乡（葵阳镇）等

【出处】麦树华讲，梁业兰搜集：《盘古开天地》，见曹廷伟编著《广西民间故事辞典》，南宁：广西教育出版社1993年版，第23页。

W1295.2
用箭射开天地

实例

<u>土家族</u>（实例待考）

W1295.2.1
最早出现的男人用箭射开天地

实例

<u>高山族（鲁凯）</u> 古时，最早的男人做弓箭把天射开。

【流传】台湾·台东（台东县）·（卑南乡）·大南村

【出处】金荣华：《台东大南村鲁凯族口传文学》，台北：中国文化大学出版部1995年版，第7~9页。

W1295.3
用鞭分开天地

【关联】[W9687.2] 赶山鞭

实例

（参见下级母题实例）

W1295.3.1
盘古用鞭分开天地

实例

（参见下级母题实例）

W1295.3.1.1
盘果王用鞭分开天地

实例

<u>布依族</u> 盘果王用鞭子把宇宙分为两半。

【流传】贵州省·黔西南（黔西南布依族苗族自治州）、黔南（黔南布依族苗族自治州）

【出处】黄义仁等搜集：《盘果王》，见何积全、陈立浩主编《布依族文学史》，贵阳：贵州民族出版社1992年版，第33页。

<u>布依族</u> 以前的宇宙天地不分，东南西北莫辨。有盘果王者出，举鞭挥之，劈宇宙成两半，上浮者为天，下沉者为地。

【流传】贵州省黔西南及黔南大部分地区

【出处】《混沌王与盘果王》，原载贵州省社会科学院文学研究所编《布依族文学史》，见袁珂《中国神话大词典》，北京：华夏出版社2015年版，第451页。

W1295.3.2
天皇用鞭分开天地

实 例

黎族 原来天地连在一起，天皇一挥神鞭，便把天与地分开了。

【流传】海南省·崖县（今三亚市）·田独公社（田独镇）·安罗大队（安罗村）

【出处】李亚游讲，冠军采录：《天狗》，见中国民间文学集成全国编辑委员会编《中国民间故事集成》（海南卷），北京：中国ISBN中心2002年版，第18页。

W1295.4
用锤子、凿子分开天地

实 例

（参见下级母题实例）

W1295.4.1
盘古王用锤、凿开天地

【关联】[W0724] 盘古的工具

实 例

汉族 天地初分时，天和地当中还有些地方粘连不断，盘古找了一把凿子，左手执凿，右手拿斧，或用板斧砍，或拿凿子凿，一斧一凿地工作，把天和地完全划分开来。

【流传】（无考）

【出处】袁珂译述：《盘古开天辟地》，原载袁珂编译《中国神话故事》，见陶阳、钟秀编《中国神话》（上），北京：商务印书馆2008年版，第7~8页。

W1295.4.1.1
盘古王用开天圣母给的锤、凿开天地

实 例

瑶族 上母亲目母婆（又名开天圣母）授锤、凿给儿子盘古王开天辟地。

【流传】广西壮族自治区·（桂林市）·全州县·东山瑶族乡

【出处】

（a）盘振松、盘日新讲，王矿新、刘保元采录翻译：《盘瓠王》（1979）附记，见中国民间文学集成全国编辑委员会编《中国民间故事集成》（广西卷），北京：中国ISBN中心2001年版，第93页。

（b）同（a），见陶阳、钟秀编《中国神话》（中），北京：商务印书馆2008年版，第541~546页。

W1295.4.2
盘古用凿子分开天地

【关联】[W1104.1.8] 盘古从混沌中凿出天地

实 例

汉族 盘古用金光闪闪的凿子将天地相连处凿开。

【流传】黑龙江省·（哈尔滨市）·通河县·通河镇

【出处】张建恒讲，张景义采录：《盘古

开天辟地》，见中国民间文学集成全国编辑委员会编《中国民间故事集成》（黑龙江卷），北京：中国ISBN中心2005年版，第3页。

W1295.4a
用凿、斧分开天地
实例

（参见下级母题实例）

W1295.4a.1
盘古用凿、斧把天劈开
实例

汉族　天地合闭已久，若不得开，却得一个盘古氏，左手执凿，右手执斧，犹如剖瓜相似，辟为两半。

【流传】（无考）

【出处】［明］周游：《开辟衍绎》。

汉族　盘古将身一伸，天即渐高，地便坠下。而天地更有相连者，左手执凿，右手持斧，或用斧劈，或以凿开。自是神力，久而天地乃分。

【流传】（无考）

【出处】［明末清初］徐道为：《历代神仙通鉴》卷一。

W1295.5
用手掌劈开天地
实例

（参见下级母题实例）

W1295.5.1
盘古用手掌劈开天地
实例

汉族　盘古伸出手，猛力向前劈去，大鸡蛋（混沌）破裂了，出现天地。

【流传】福建省·晋江县（今泉州市）·鲤城（鲤城区）·（常泰街道）·大锦田村（锦田社区）

【出处】傅继扁讲，傅孙义采录：《盘古分天地》，见中国民间文学集成全国编辑委员会编《中国民间故事集成》（福建卷），北京：中国ISBN中心1998年版，第3页。

汉族　像一个大鸡蛋的宇宙中孕育出巨人盘古。他发现非常憋闷，愤怒地挥起巨掌猛力一劈，一声巨响分开天地。

【流传】河南省·新乡市

【出处】马如心（50岁）讲，马安中采录整理：《盘古开天地》（1986.08），见张振犁编著《中原神话通鉴》（第一卷），郑州：河南大学出版社2017年版，第16页。

W1295.5.1.1
盘古用巨掌劈开天地
实例

汉族　盘古在混沌的天地卵中过了十万八千年，睁眼看到四周漆黑一团，心里烦闷不安，就挥动巨臂，举起巨掌，向眼前的混沌黑暗猛劈过去。就听一声巨响，天和地慢慢裂开了。

【流传】河南省·（驻马店市）·汝南县

【出处】李建国（45岁，中专）讲，李超采录：《盘古开辟天地》（1987.06），见张振犁编著《中原神话通鉴》（第一卷），郑州：河南大学出版社2017年版，第26页。

W1295.5.2

神用手掌劈开天地

实 例

苗族 大神纳罗引勾用粗臂做柄，手掌当刀，把天地劈开。

【流传】广西壮族自治区·融水（融水苗族自治县）·大年（大年乡）、拱洞（拱洞乡）等地

【出处】杨达香讲，梁彬搜集整理：《创世大神和神子神孙》，见曹廷伟编著《广西民间故事辞典》，南宁：广西教育出版社1993年版，第22页。

W1295.5.3

祖先用手掌劈开天地

实 例

苗族 纳罗引勾（祖先，半人半兽巨人）用粗臂做柄，手掌当刀，把天地切成两半。

【流传】
(a) 广西壮族自治区·（柳州市）·融水县（融水苗族自治县）·滚贝乡
(b) 广西壮族自治区·（柳州市）·融水县（融水苗族自治县）

【出处】
(a) 杨达香讲，梁彬采录翻译：《纳罗引勾开天辟地造人》，见中国民间文学集成全国编辑委员会编《中国民间故事集成》（广西卷），北京：中国ISBN中心2001年版，第24页。
(b) 杨达香讲，梁彬搜集整理：《创世记》，见谷德明编《中国少数民族神话》，北京：中国民间文艺出版社1987年版，第545页。

W1295.6

用棍子分开天地

实 例

（参见下级母题实例）

W1295.6.1

巨人用舂米棍把天顶高后分开天地

【关联】［W1309.6.2］女人舂米把天顶高

实 例

拉祜族 以前，天很低，像大铁锅一样罩着大地。扎努扎别（巨人名）舂米的时候，他的柞棒举起来碰着天，就把天顶上去了。

【流传】云南省

【出处】杨铜搜集整理：《扎努扎别》，载《山茶》1982年第4期。

W1295.6.2
洪钧老祖用棍子分开天地

实例

汉族 洪钧老祖用一枝红藤做了根棍，用力把天地撑开。

【流传】浙江省·（杭州市）·临安县（临安市）·临安镇

【出处】胡炳法讲，胡月耕采录：《先有洪钧后有天》，见中国民间文学集成全国编辑委员会编《中国民间故事集成》（浙江卷），北京：中国ISBN中心1997年版，第23页。

W1295.7
与分开天地的工具有关的其他母题

实例

（参见下级母题实例）

W1295.7.1
开天地的工具用金属制造

【关联】［W1980］金属的产生（金属的获得）

实例

（参见下级母题实例）

W1295.7.1.1
四个开天辟地神器出自青铜乌铁

实例

佤族 四个开天辟地神器都出自青铜乌铁，青铜乌铁是最神奇、最厉害的东西。

【流传】云南省·（普洱市）·西盟佤族自治县、澜沧拉祜族自治县等地

【出处】毕登程、隋嘎编著：《司岗里——佤族创世史诗》，昆明：云南出版集团公司·云南人民出版社2009年版，第145页。

W1295.7.1.2
神用铜铁叉分开天地

实例

彝族 工匠的始祖格莫阿赫用手指当铁钳，用嘴当风箱打造出4根铜叉铁叉，撬开天地。

【流传】四川省·（凉山彝族自治州）·雷波县

【出处】

（a）保木和铁讲，芦芙阿梅译，白芝采录：《开天辟地》，见中国民间文学集成全国编辑委员会编《中国民间故事集成》（四川卷·下），北京：中国ISBN中心1998年版，第749页。

（b）《开天辟地》，见陶立璠、赵桂芳等编《中国少数民族神话汇编》（开天辟地篇等），中央民族学院少数民族古籍整理出版规划领导小组办公室印（未署出版时间），第85~95页。

彝族 以前，天地还没有分开的时候，天王大神恩梯古兹就令铁匠神阿尔师傅打四把铜铁叉，准备开天开地。

【流传】（无考）

【出处】《天神造天地》，见姚宝瑄主编《中国各民族神话》（羌族、彝族），太原：山西出版传媒集团·书海出版社 2014 年版，第 86 页。

W1295.7.2
铁分开天地

实 例

佤族 （实例待考）

W1295.7.3
火石分开天地

【关联】[W1866.2a] 火石

实 例

佤族 "司么迫"是分开天地的神奇的火石。

【流传】云南省·（普洱市）·西盟佤族自治县、澜沧拉祜族自治县等地

【出处】毕登程、隋嘎编著：《司岗里——佤族创世史诗》，昆明：云南出版集团公司·云南人民出版社 2009 年版，第 8 页。

W1295.7.4
用黄金把天地分开

实 例

（参见下级母题实例）

W1295.7.4.1
众神用黄金把天地分开

实 例

纳西族 众神用黄金镇地，于是天和地方始分。

【流传】（a）云南省·丽江县（丽江市）

【出处】

（a）和芳讲，和志武采录：《人类迁徙记》，见中国民间文学集成全国编辑委员会编《中国民间故事集成》（云南卷），北京：中国 ISBN 中心 2003 年版，第 49 页。

（b）和志武翻译整理：《人类迁徙记》，见谷德明编《中国少数民族神话》，北京：中国民间文艺出版社 1987 年版，第 395 页。

W1295.7.5
用梭分开天地

实 例

（参见下级母题实例）

W1295.7.5.1
织麻的女人把梭子用力往上一甩，分开天地

【关联】[W1284.1.2] 织麻的女人分开天地

实 例

怒族 以前，天地何在一起，有个织麻的女人织麻的时候，把手中的梭子用力往上一甩，把天和地分开了。

【流传】（云南省）

【出处】

（a）杨秉礼、杨开应记录：《天地来源》（1958），见中国作家协会昆明分会民间文学工作部编《云南民族文学

资料》第十九集，中国作家协会编印，1963年。
（b）同（a），见姚宝瑄主编《中国各民族神话》（门巴族、珞巴族、怒族、藏族），太原：山西出版传媒集团·书海出版社2014年版，第54页。

W1295.7.6
用石笋开天地

实 例

（参见下级母题实例）

W1295.7.6.1
英雄用石笋开天地

实 例

怒族 英雄搓海玩海用大石笋分开天地。

【流传】（无考）
【出处】《顶天造日》，见高明强编《创世的神话和传说》，上海：上海三联书店1988年版，第66页。

W1295.7.7
用石片分开天地

实 例

（参见下级母题实例）

W1295.7.7.1
盘古用石片分开天地

实 例

汉族 人类毁灭后幸存的两兄妹婚生的盘古抢起石片就砍。走着，砍着，终于把所有的荆棘全部砍光，使天和地重新分开，恢复了光明，复活了生灵。

【流传】河南省·南阳市
【出处】邱海观（农民），李明才采录整理：《盘古的传说》，见张振犁编著《中原神话通鉴》（第一卷），郑州：河南大学出版社2017年版，第29页。

W1296
与天地分开有关的其他母题

实 例

（参见下级母题实例）

W1296.1
天神的指甲延长把隔开天地

实 例

傣族 英叭的指甲延长变大，慢慢地衔接在一起，圆圆地把天和地隔开，形成了宇宙。

【流传】（无考）
【出处】《开天辟地》，见谷德明编《中国少数民族神话》，北京：中国民间文艺出版社1987年版，第341页。

W1296.2
分开天地的时间

实 例

（参见下级母题实例）

W1296.2.1

分开天地用了特定的时间

实 例

（参见下级母题实例）

W1296.2.1.0

盘古分开天地用了七七四十九天

实 例

汉族 盘古用了七七四十九天把天和地分开。

【流传】河北省·（沧州市）·青县·（盘古乡）·大盘古村

【出处】王锡英讲，王汝芳采录：《盘古造人》，见中国民间文学集成全国编辑委员会编《中国民间故事集成》（河北卷），北京：中国 ISBN 中心 2003 年版，第 4 页。

W1296.2.1.1

盘古分开天地用了 3 年半

【关联】[W1283.1] 盘古分开天地

实 例

土家族 仙人盘古拿了把大斧头砍了 3 年零 6 个月，把天地砍开了。

【流传】湖南省·（湘西土家族苗族自治州）·吉首市

【出处】黄德裕讲，杨启良等采录：《盘古开天、女娲补天》，见中国民间文学集成全国编辑委员会编《中国民间故事集成》（湖南卷），北京：中国 ISBN 中心 2002 年版，第 5 页。

W1296.2.1.2

盘古分开天地用了 800 年

实 例

汉族 盘古王用了 800 年才开出天地。

【出处】江苏省·（南通市）·海安县·建设乡

【出处】陈锦彪讲，钱瑞斌采录：《盘古造日月》，见中国民间文学集成全国编辑委员会编《中国民间故事集成》（江苏卷），北京：中国 ISBN 中心 1998 年版，第 3 页。

W1296.2.1.3

盘古分开天地用了 1 万 8 千年

实 例

汉族 经过一万八千年，盘古把天和地真正分开了。

【流传】浙江省·绍兴县·樊江乡·后堡（今绍兴市越城区·皋埠镇·后堡村）

【出处】胡大阿珍讲，柳坚明采录：《盘古开天辟地》，见中国民间文学集成全国编辑委员会编《中国民间故事集成》（浙江卷），北京：中国 ISBN 中心 1997 年版，第 15 页。

W1296.2.1.4

盘古分开天地用了 4 万年

实 例

汉族 盘古用了四万年将混沌的天地

分开。

【流传】浙江省·（丽水市）·景宁县（景宁畲族自治县）·（鹤溪镇）一带

【出处】潘德超讲，沈毅搜集整理：《盘扁和盘古》，见姚宝瑄主编《中国各民族神话》（汉族），太原：山西出版传媒集团·书海出版社 2014 年版，第 10 ~ 11 页。

W1296.2.2
特定事件后分开天地

实 例

（参见下级母题实例）

W1296.2.2.1
洪水滔天后天地分开

实 例

怒族 洪水滔天后，天地分离。

【流传】云南省

【出处】李卫才采录：《腊普和亚妞》，见中国民间文学集成全国编辑委员会编《中国民间故事集成》（云南卷），北京：中国 ISBN 中心 2003 年版，第 186 页。

W1296.2.2.2
补天后天地分开

【关联】［W1384］补天

实 例

苗族 谷佛（即女佛）以青石补天，日月从此放光明，天地从此分开。

【流传】贵州省西北部

【出处】

（a）《谷佛补天》，见贵州省民间文学工作组编《苗族文学史》，贵阳：贵州人民出版社 1981 年版。

（b）同（a），见袁珂《中国神话大词典》，北京：华夏出版社 2015 年版，第 419 页。

W1296.2.3
武当喇嘛 1 千多岁时天地分开

实 例

蒙古族 武当喇嘛 1 千多岁时，天和地分开。

【出处】吉林省·（松原市）·前郭尔罗斯内蒙古自治县·乌兰敖都乡

【出处】

（a）宝音特古斯讲：《人和国家》，见本县编《吉林省民间文学集成·前郭尔罗斯卷》，内部资料，1988 年，第 5 页。

（b）宝音特古斯讲，苏赫巴鲁采录翻译：《武当喇嘛创世》，见中国民间文学集成全国编辑委员会编《中国民间故事集成》（吉林卷），北京：中国文联出版公司 1992 年版，第 3 页。

蒙古族 创造万物的喇嘛一千岁的时候，他分开天和地。

【流传】新疆维吾尔自治区·（巴音郭楞蒙古自治州）·和硕县·布尔图一牧场

【出处】根登讲，布·孟克采录，乌恩奇译：《乌旦喇嘛创造了世界》，见中国民间文学集成全国编辑委员会编《中国民间故事集成》（新疆卷），北京：中国 ISBN 中心 2008 年版，第 6 页。

蒙古族 扎萨喇嘛一千岁的时候，他让天和地分了家。

【流传】内蒙古自治区·哲里木盟（通辽市）·（科尔沁左翼右旗）·甘旗卡镇

【出处】哈拉巴拉讲，徐少义采录：《扎萨喇嘛》，见中国民间文学集成全国编辑委员会编《中国民间故事集成》（内蒙古卷），北京：中国 ISBN 中心 2007 年版，第 6 页。

W1296.2.4
子时开辟苍天

实 例

毛南族 （实例待考）

W1296.2.5
丑时分出大地

实 例

毛南族 （实例待考）

W1296.3
分开天地时日月星辰在上，山川河流在下

实 例

布依族 天地形成时，上有日月星辰，下有河流山川。

【流传】贵州省·黔西南（黔西南布依族苗族自治州）和黔南（黔南布依族苗族自治州）大部

【出处】《混沌王》和《盘果王》，见王清士等编写《布依族文学史》，贵阳：贵州人民出版社 1983 年版，第 35 页。

W1296.4
天地没有相连的地方

【关联】[W1273]天地相连处（天地的连接物）

实 例

彝族 天地没有相连的地方。

【流传】四川省·（乐山市）·峨边县（峨边彝族自治县）·河西区

【出处】司徒波尔采录：《寻天地相连的地方》，见中国民间文学集成全国编辑委员会编《中国民间故事集成》（四川卷·下），北京：中国 ISBN 中心 1998 年版，第 779 页。

W1296.5
支天撑地造成天地分开

【关联】[W1357.0.2]支地撑天使天地分离

实 例

（参见下级母题实例）

W1296.5.1
鳄鱼撑天顶地

【关联】[W1168.5.2]牛脊梁做支天地

的天梁

实例

苗族 天生无极，无极立山四面，立坡四角，立了四大鳄鱼撑天，立了四大鳄鱼顶地。从此，天地才立稳。

【流传】湖南省苗族地区

【出处】龙王六演唱，龙炳文翻译：《开天立地》，苗地根据《楚风》刊登的《苗族古歌》的第一部分《开天日立》改写，见姚宝瑄主编《中国各民族神话》（布依族、仡佬族、苗族），太原：山西出版传媒集团·书海出版社 2014 年版，第 130 页。

W1296.6
天地分开的起点

实例

（参见下级母题实例）

W1296.6.1
天地分开时先裂开一条缝

【关联】
① ［W1272.11］天地相连有缝隙
② ［W1367.1］天地间自然存在裂缝

实例

汉族 盘古在混混沌沌的大鸡蛋中拳打脚踢，弄破后轻的东西就慢慢地飘动起来，变成了蓝天。重的慢慢下降，变成了大地。天和地裂开了一条缝。

【流传】河南省

【出处】程玉林讲述，缪华、胡佳作搜集整理：《九重天的来历》，原载张振犁、程健君合编《中原神话专题资料》，见陶阳、钟秀编《中国神话》（上），北京：商务印书馆 2008 年版，第 19～21 页。

汉族 盘古蹬破孕育大鸡蛋（混沌），用又粗又大的胳膊和脚一阵踢打，把打碎了紧紧缠住他的混沌黑暗，轻的东西就慢慢地飘动起来，变成了蓝天，重的慢慢下降，变成了大地，天和地裂开了一条缝。

【流传】河南省尾山一带

【出处】程玉林讲，缪华、胡佳作搜集整理：《盘古寺》，原载张振犁、程健君编《中原神话专题资料》，见姚宝瑄主编《中国各民族神话》（汉族），太原：山西出版传媒集团·书海出版社 2014 年版，第 4～6 页。

W1296.6.2
从天地的裂缝处分开天地

实例

（参见下级母题实例）

W1296.6.2.1
密洛陀在天地的裂缝处分开天地顶天踩地把天地分开

实例

瑶族 密洛陀（万物之母）高大无比，力大无穷，走到天地裂缝的边缘，双臂顶上边，两脚踩下缘，用力一挣，上半边徐徐上升，下半边缓缓下沉。上半边化为天，下半边化作地，天地分开了。

【流传】广西壮族自治区·（河池市）·大化县（大化瑶族自治县）·七百弄乡

【出处】蓝阿勇（72岁）讲，蒙冠雄采录翻译：《密洛陀》（1982），见中国民间文学集成全国编辑委员会编《中国民间故事集成》（广西卷），北京：中国ISBN中心2001年版，第11~22页。

❀ W1300
天的升高（天的增高）
【汤普森】①A625.2；②A625.3

实例

（参见下级母题实例）

❀ W1301
天升高的原因
【汤普森】A625.2.2

【关联】[W1276] 天地分开的原因

实例

（参见下级母题实例）

W1302
惩罚人类把天升高

实例

（参见下级母题实例）

W1302.1
天神①为惩罚浪费粮食的女人把天升高

实例

达斡尔族 天神恩都力看见一个女人在糟蹋粮食，很生气，就往高处飞走了。天一下就高了起来。

【流传】内蒙古自治区·（呼伦贝尔市）·莫力达瓦达斡尔族自治旗

【出处】奇克热讲，萨音塔娜采录：《天为什么下雨降雪》，见中国民间文学集成全国编辑委员会编《中国民间故事集成》（内蒙古卷），北京：中国ISBN中心2007年版，第8页。

W1303
因人间臭气熏天使天升高

实例

仫佬族 磨坊仙子传错了玉皇大帝的话，把三天吃一餐说成了一天吃三餐，人们吃的餐数多了，屙的也多了，大地上到处是屎尿，臭气熏天，于是把天升高了。

【流传】广西壮族自治区·（河池市）·罗城县（罗城仫佬族自治县）

【出处】龙华新讲，龙殿保搜集整理：

---

① 天神，这类母题所涉及的"天神"以"天帝"、"玉皇大帝"较多，也有一些说的是其他神或神性人物，在此表述为"天神"。具体情形参见本书具体实例描述。

《天是怎样升高起来的》，原载包玉堂等编《仫佬族民间故事》（"仫佬族"应为"仫佬族"），见陶阳、钟秀编《中国神话》（上），北京：商务印书馆 2008 年版，第 188~190 页。

W1303.1
天神厌恶人间的臭气把天升高

实例

傈僳族 人屙的屎多起来，臭气一直熏到天上，天神就把天升高。

【流传】云南省·（德宏傣族景颇族自治州）·陇川县·（陇把镇）·邦外公社（邦外村）

【出处】李有华讲，黄云松等采录：《天地人的来历》，见中国民间文学集成全国编辑委员会编《中国民间故事集成》（云南卷），北京：中国 ISBN 中心 2003 年版，第 44 页。

W1303.1.1
玉帝为躲避人间臭气把天升高

【关联】［W1307.5］玉帝把天升高

实例

仫佬族 为防避地上的臭气熏天，玉皇大帝把天升高起来。

【流传】广西壮族自治区·（河池市）·罗城县（罗城仫佬族自治县）·东门（东门镇）一带

【出处】(a) 龙华新讲，龙殿保搜集整理：《天是怎样升高的》，见谷德明编《中国少数民族神话》，北京：中国民间文艺出版社 1987 年版，第 150 页。

(b) 同 (a)，见曹廷伟编著《广西民间故事辞典》，南宁：广西教育出版社 1993 年版，第 12 页。

W1303.1.1.1
玉帝为躲避人间粪便的臭气把天升高

实例

汉族 玉帝为了闻不到地上粪便的臭气，把天升高。

【流传】广西壮族自治区·（贺州市）·钟山（钟山县）

【出处】李龙宾讲：《天为什么升高》，见刘魁立主编《玉皇大帝的传说》，北京：中国社会出版社 2008 年版，第 60~61 页。

瑶族 大仙多撒草种到人间，使人间粪便变多。玉皇大帝为了不闻到人间臭屎气，让天升高了。

【流传】（无考）

【出处】《天为什么这样高》，见中国各民族宗教与神话大词典编审委员会编《中国各民族宗教与神话大词典》，北京：学苑出版社 1990 年版，第 655 页。

瑶族 人吃得多屙得多，臭气熏天。玉皇大帝为了不再闻到人间的臭屎气，把天升高。

【流传】广西壮族自治区·（来宾市）·金秀县（金秀瑶族自治县）

【出处】谭石生等讲，农冠品搜集，曹廷伟整理：《天高由来》，见曹廷伟编著《广西民间故事辞典》，南宁：广西教育出版社1993年版，第13页。

W1304
怕人到天宫找麻烦把天升高

实 例

（参见下级母题实例）

W1304.1
天神怕人到天宫找麻烦把天升高

实 例

（实例待考）

W1304.2
天神害怕地神把天升高

【关联】［W1478a.1］怕人到天上闹事砍断天梯

实 例

汉族　天神怕被地神堆出的山峰扎，拼命往上飘，天离地越来越高。

【流传】浙江省·（杭州市）·临安县（临安市）·高桥镇（玲珑街道）·祥里村

【出处】陈光林讲，张涛采录：《山与海是怎样来的》，见中国民间文学集成全国编辑委员会编《中国民间故事集成》（浙江卷），北京：中国 ISBN 中心1997年版，第21页。

W1304.3
玉帝怕地上的人到天上找麻烦把天升高

实 例

瑶族　玉帝怕地面上的人再度上天来找麻烦，便把天升得高高的。

【流传】广东省·（清远市）·连山壮族瑶族自治县（疑为连南瑶族自治县）·（三排镇）·油岭寨（油岭千户瑶寨）

【出处】

（a）唐丁、乔二公讲，广西民族调查组搜集，廖国柱整理：《开天辟地的传说》，见苏胜兴、刘保元、韦文俊、王矿新等编《瑶族民间故事选》，上海：上海文艺出版社1980年版。

（b）同（a），见姚宝瑄主编《中国各民族神话》（土家族、毛南族、侗族、瑶族），太原：山西出版传媒集团·书海出版社2014年版，第145页。

瑶族　玉帝怕地上的人到天上找麻烦，就把天升高。

【流传】

（a）广西壮族自治区·连南油岭一带

（bc）广东省·（清远市）·连南县（连南瑶族自治县）·（三排镇）·油岭（油岭村）

【出处】

（a）唐丁乔二公讲，广西少数民族社会历史调查组搜集：《水仙姑》，见曹廷伟编著《广西民间故事辞典》，南宁：

广西教育出版社1993年版，第14页。

（b）唐丁乔二公讲，少数民族社会历史调查组搜集，廖国柱整理：《开天辟地》，见谷德明编《中国少数民族神话》，北京：中国民间文艺出版社1987年版，第126页。

（c）唐丁乔二公讲：《天地的分离》，见刘魁立主编《玉皇大帝的传说》，北京：中国社会出版社2008年版，第62~64页。

W1304.4

雷神怕人到天上捣乱把天升高

【关联】[W1307.3]雷神把天升高

实 例

壮族 雷王怕布伯带人再到天上捣乱，便把天升高起来。

【流传】

（a）广西壮族自治区·（南宁市）·马山县·加芳乡（加方乡）

（bc）广西壮族自治区红水河流域各县

【出处】

（a）韦公讲，蓝鸿恩采录翻译：《布伯斗雷王》，见中国民间文学集成全国编辑委员会编《中国民间故事集成》（广西卷），北京：中国ISBN中心2001年版，第49页。

（b）蓝鸿恩搜集整理：《布伯》，见谷德明编《中国少数民族神话》，北京：中国民间文艺出版社1987年版，第90页。

（c）同（b），载《民间文学》1979年第10期。

壮族 雷王怕卜伯（英雄名）带人到天上捣乱，便把天升高起来。

【流传】（无考）

【出处】《日月树》（原名《卜伯的故事》），见袁珂《中国神话大词典》，北京：华夏出版社2015年版，第436页。

壮族 雷神怕布伯带人再到天上捣乱，便把天升高起来。

【流传】广西壮族自治区红水河流域各县

【出处】王松选定：《布伯的故事》，原载《民间文学》1979年第10期；见姚宝瑄主编《中国各民族神话》（仫佬族、壮族、京族），太原：山西出版传媒集团·书海出版社2014年版，第104页。

W1304.4.1

雷神怕被捉让天王老子把天升高

实 例

侗族 雷公发洪水后，长手杆和长脚杆两兄弟乘木排到天上捉雷公。雷公吓得赶紧钻到天王老子的屁股底下，说："天王爷，不得了喽，你赶快把天升高吧。"天王老子一时没有办法，只好把天升得高高的。

【流传】贵州省·（黔东南苗族侗族自治州）·天柱县

【出处】

（a）杨引招讲，龙玉龙搜集整理：《捉雷公》，载《南风》1981年第2期。

（b）同（a），见姚宝瑄主编《中国各民族神话》（土家族、毛南族、侗族、瑶族），太原：山西出版传媒集团·书海出版社2014年版，第107页。

W1305
天升高的其他原因
【关联】［W1277.4］天升地降天地分开

实 例

（参见下级母题实例）

W1305.1
劝天使天升高

实 例

（参见下级母题实例）

W1305.1.1
为让地上能生活劝天使天升高

实 例

珞巴族 天地婚生的孩子渐渐长大，但天和地总是挨得很近，大家无法生活。就推选金足地育（一种蝴蝶蛹，传说中的精灵）跟天父、地母说情，天父同意了请求，离开了地母。

【流传】西藏自治区·（林芝地区）·米林县·马尼岗·（南伊乡）·穷林村（今南伊乡·琼林村）

【出处】亚如、亚崩讲，高前译，李坚尚等搜集整理：《天和地》，见中国民间文学集成全国编辑委员会编《中国民间故事集成》（西藏卷），北京：中国ISBN中心2001年版，第8页。

W1305.2
骂天使天升高

实 例

（参见下级母题实例）

W1305.2.1
人骂天使天升高

实 例

傈僳族 人对天骂道："天啊，你也太矮了，给我离远一些。"于是天离人变得老高老高的。

【流传】云南省·（怒江傈僳族自治州）·福贡县

【出处】都玛恒讲，和四海采录：《天地分开》，见中国民间文学集成全国编辑委员会编《中国民间故事集成》（云南卷），北京：中国ISBN中心2003年版，第161页。

壮族 地上的人骂天，使天升高。

【流传】广西壮族自治区·（崇左市）·龙州县

【出处】陆孔英讲：《天为什么这样高》，见张声震总主编，农冠品编注《壮族神话集成》，南宁：广西民族出版社2007年版，第182页。

W1305.2.2
女人骂天使天升高

实 例

哈萨克族 以前，天空和大地距离很近，有个叫玛拉依的女人瞪着天空嚷："你难道就不能呆到远处去吗！"并抄起扫把就打了天空一顿。天空受到羞辱，越升越高。

【流传】（无考）

【出处】雅克亚玛纳斯讲，安蕾、毕桪译：《天是怎样升高的》，见满都呼主编《中国阿尔泰语系诸民族神话故事》，北京：民族出版社1997年版，第57页。

W1305.3
因地上人多把天变高

实例

汉族　多一个人就多一分气，就高一尺天，人越来越多，天也就越来越高。

【流传】江苏省·（南通市）·海安县·建设乡

【出处】陈锦彪讲，钱瑞斌采录：《盘古造日月》，见中国民间文学集成全国编辑委员会编《中国民间故事集成》（江苏卷），北京：中国ISBN中心1998年版，第3页。

W1305.3.1
祖先因地上人变多把天升高

【关联】［W1307.8］祖先把天升高

实例

壮族　天下地上的人多了，保洛陀（男祖先名）嫌天地小了，就把天加大加高。

【流传】（无考）

【出处】岭隆业、杨荣杰、金稼民搜集、整理：《铜鼓的来历》，原载蓝鸿恩编：《壮族民间故事选》，上海文艺出版社1984年版，见姚宝瑄主编《中国各民族神话》（仫佬族、壮族、京族），太原：山西出版传媒集团·书海出版社2014年版，第149页。

W1305.4
药物使天变高

【关联】［W1313.9.1］不死药酒在天上使天升高

实例

纳西族　崇仁潘迪把药水洒在天上后，天变高了。

【流传】云南省·丽江（丽江市）

【出处】和正才讲：《崇仁潘迪找药》，见《东巴经文资料》（1963~1964），中国社会科学院图书馆单册复印云南丽江县文化馆资料合订本，第15页。

W1305.5
连接天地之物毁掉后天变高

实例

（参见下级母题实例）

W1305.5.1
连接天地的土台毁掉后天变高

实例

独龙族　连接天地的九道土台全倒塌

后，天变得高高的。

【流传】（无考）

【出处】《大蚂蚁分开地》，见谷德明编《中国少数民族神话》，北京：中国民间文艺出版社1987年版，第532页。

W1305.5.2
连接天地的铁链毁掉后天变高

实例

佤族　里（天神，又译"利吉神"）和伦（地神，又译"路安神"）派达能（动物神）砍断了拴着天和地的铁链，天慢慢升高了。

【流传】云南省·（普洱市）·西盟县（西盟佤族自治县），（临沧市）·沧源县（沧源佤族自治县）

【出处】

（a）隋嘎岩妇等讲，艾荻等搜集整理：《司岗里》，见尚仲豪、郭九思等编《佤族民间故事选》，上海：上海文艺出版社1989年版，第1页。

（b）随戛、岩打、岩瑞等讲：《司岗里》，载《山茶》1988年第1期。

W1305.6
天上雷公鼾声太响惹人烦，把天升高

实例

壮族　以前，因为天地靠近，雷公大吼大叫，就好像天地崩裂一样，使人听了又惊又烦，所以要天地离得远远的才行。

【流传】（a）广西壮族自治区右江及红水河一带

【出处】

（a）周朝珍讲，何承文整理：《布碌陀》，载广西民间文学研究会编印《广西民间文学丛刊》第5期。

（b）《布碌陀》（王松选定），见姚宝瑄主编《中国各民族神话》（仫佬族、壮族、京族），太原：山西出版传媒集团·书海出版社2014年版，第74页。

※ W1306
把天升高者

实例

（参见下级母题实例）

W1307
神或神性人物把天升高

实例

（参见下级母题实例）

W1307.1
天神把天升高

实例

（参见下级母题实例）

W1307.1.0
盘古让天神把天升高

实例

汉族　盘古爷爷让天神把天帐子轻轻

地提上去。

【流传】甘肃省·（兰州市）·皋兰县·西岔乡（西岔镇）·山字墩村

【出处】王老太太讲，曾城奎采录：《神牛翻身地就动》，见中国民间文学集成全国编辑委员会编《中国民间故事集成》（甘肃卷），北京：中国ISBN中心2001年版，第3页。

W1307.1.1
老天爷把天升高

实 例

侗族　长手杆和长脚杆两兄弟到天上捉雷公。在雷公的请求下，天王老子把天升高了。

【流传】贵州省·（黔东南苗族侗族自治州）·天柱县

【出处】
（a）杨引招讲，龙玉龙搜集整理：《捉雷公》，载《南风》1981年第2期。
（b）同（a），见姚宝瑄主编《中国各民族神话》（土家族、毛南族、侗族、瑶族），太原：山西出版传媒集团·书海出版社2014年版，第107页。

汉族　懒惰的人坐享其成喝天上的甘露的事让天老爷知道了，天老爷非常生气，就把天升得老高老高的。从此，天就跟现在一样高了。

【流传】浙江省·（台州市）·玉环县

【出处】谢保松讲，谢雨苗搜集整理：《天为什么这么高》，见姚宝瑄主编《中国各民族神话》（汉族），太原：山西出版传媒集团·书海出版社2014年版，第70页。

W1307.1.2
天神在天中央把天撑高

【关联】
① ［W1164］天的中心
② ［W1186.3a.1］在天的中央造地

实 例

拉祜族　天神厄莎亲自动手修整天地。他把天的中间往上用力一撑，天高了，天大了。

【流传】云南省大拉祜及黄拉祜中部一带

【出处】小八讲，古木整理：《天神厄莎》（整理中参照了《牡帕密帕》和《古根》），见姚宝瑄主编《中国各民族神话》（白族、拉祜族、景颇族），太原：山西出版传媒集团·书海出版社2014年版，第160页。

W1307.1.3
天王把天升高

实 例

侗族　洪水时，人间的四兄弟坐上木排随着洪水漂到了天上，碰着了南天门，要捉拿雷公。天王为保护雷公一时也没有好办法，只好把天升得高高的。从此，天变得很高很高的了。

【流传】（贵州省）

【出处】杨引招讲，龙玉成搜集整理：《捉雷公引起的故事》，原载《侗族民间故事选》，见陶阳、钟秀编《中国神话》（上），北京：商务印书馆2008年版，第465~471页。

侗族 长手杆和长脚杆两兄弟乘木排到天上捉雷公时，雷公让天王老子一把天升得高高的。

【流传】贵州省·（黔东南苗族侗族自治州）·天柱县

【出处】
（a）杨引招讲，龙玉龙搜集整理：《捉雷公》，载《南风》1981年第2期。
（b）同（a），见姚宝瑄主编《中国各民族神话》（土家族、毛南族、侗族、瑶族），太原：山西出版传媒集团·书海出版社2014年版，第107页。

W1307.2
风神把天升高（风神把天吹高）

【关联】［W1313.8］风把天吹高

实 例

珞巴族 风神把天吹高。

【流传】西藏自治区·下珞渝（又写作"下珞瑜"，泛指永木河、锡约尔河、巴恰西仁河流域）

【出处】达大讲，李坚尚等搜集，达嘎翻译：《天父地母和宁崩阿乃》，见中华民族故事大系编委会编《中华民族故事大系》第16卷（赫哲族、门巴族、珞巴族、基诺族），上海：上海文艺出版社1995年版，第403页。

珞巴族 东英阿乃就叫玉隆亚崩（风神名）朝紧连在一起的土地吹一口气，使天离开地面，有了高高的空间。

【流传】西藏自治区·下珞渝（又写作"下珞瑜"）·尼米金一带（米林县·甫龙村德根部落）

【出处】达大讲，达嘎译，李坚尚、裴富珍搜集整理：《天父地母和宁崩阿乃》，见李坚尚、刘芳贤编《珞巴族门巴族民间故事选》，上海：上海文艺出版社1993年版，第17~18页。

W1307.3
雷神把天升高

实 例

汉族 雷公把天升高。

【流传】浙江省·（温州市）·永嘉（永嘉市）

【出处】《雷公升天和天下身有残缺的人》，见《民间故事集成》（浙江永嘉县），内部油印本（无编印时间），第18页。

W1307.3.1
雷公到人间变换朝代使天升高

实 例

壮族 通过雷公到人间变换朝代使天升高。

【流传】广西壮族自治区·（崇左市）·崇左县（江州区）·（驮卢镇）·岜白（岜白村）

【出处】黄体正讲：《雷公换世》，见张声震总主编，农冠品编注《壮族神话集成》，南宁：广西民族出版社2007

年版，第 216 页。

W1307.3.2
雷王把天升高

【关联】［W1304.4］雷神怕人到天上捣乱把天升高

【实例】

壮族 雷王知道布伯（人间首领名）带人来打开天河的铜闸门，气得跳起来。他怕布伯带人再到天上捣乱，便把天升高起来，只留岜赤山上的日月树作为天梯，沟通天上地下的通路。

【流传】广西壮族自治区红水河流域各县

【出处】蓝鸿恩搜集整理：《布伯的故事》，原载蓝鸿恩编《壮族民间故事选》，见陶阳、钟秀编《中国神话》（上），北京：商务印书馆 2008 年版，第 498～508 页。

W1307.3.3
雷公子把天升高

【实例】

壮族 布罗托（即）布洛陀让雷公子把天升高。

【流传】广西壮族自治区·（河池市）·巴马县（巴马瑶族自治县）·所略乡

【出处】李浩搜集：《布罗托惩罚雷公子》（即布洛陀），见张声震总主编，农冠品编注《壮族神话集成》，南宁：广西民族出版社 2007 年版，第

62 页。

W1307.4
大力神把天升高

【关联】［W0131.2］大力神

【实例】

布依族 以前，天地距离很近，一位名叫力嘎（有"大力神"之意）的人把天撑高。

【流传】贵州省·（黔南布依族苗族自治州）·都匀市·洛邦镇

【出处】罗重恩讲，盖正刚采录：《力嘎撑天》，见中国民间文学集成全国编辑委员会编《中国民间故事集成》（贵州卷），北京：中国 ISBN 中心 2003 年版，第 71 页。

黎族 大力神把天拱高。

【流传】海南省五指山区

【出处】林大陆讲，广东民族学院中文系七七级采风组搜集，龙敏等整理：《大力神》，见中华民族故事大系编委会编《中华民族故事大系》第 7 卷（黎族、傈僳族、佤族），上海：上海文艺出版社 1995 年版，第 5 页。

W1307.4.1
大力神长高 1 万丈把天顶高

【关联】［W0131.2.1］大力神的身体能伸高万丈

【实例】

黎族 一个大力神把身躯伸高一万丈，把天空拱高一万丈。

【流传】

（a）海南省·（三亚市）·乐东县（乐东黎族自治县）·抱由镇

（bc）海南省五指山区

【出处】

（a）林大陆讲，广东民族学院中文系七七级采风组采录：《大力神》，见中国民间文学集成全国编辑委员会编《中国民间故事集成》（海南卷），北京：中国ISBN中心2002年版，第14页。

（b）同（a），见谷德明编《中国少数民族神话》，北京：中国民间文艺出版社1987年版，第191页。

（c）同（a），见广东民族学院中文系编《黎族民间故事选》，上海：上海文艺出版社1982年版，第1页。

黎族 远古时，天地相距只有几丈远。有一个大力神一夜之间，使他的身躯长高了一万丈，把天一顶，天空拱高了一万多丈。

【流传】海南省五指山一带

【出处】

（a）林大陆讲，龙敏、林树勇、陈大平整理：《大力神》，见广东民族学院中文系编《黎族民间故事选》，上海：上海文艺出版社1983年版。

（b）同（a），见姚宝瑄主编《中国各民族神话》（高山族、黎族、畲族），太原：山西出版传媒集团·书海出版社2014年版，第48页。

W1307.5

玉帝把天升高

【关联】[W1303.1.1] 玉帝为躲避人间臭气把天升高

实 例

仡佬族 玉帝把天升高。

【流传】广西壮族自治区·（河池市）·罗城县（罗城仡佬族自治县）

【出处】龙华新讲：《天是怎样升高起来的》，见包玉堂《仡佬族民间故事》，上海：上海文艺出版社1988年版。

汉族 （实例待考）

瑶族 玉皇大帝把天升高。

【流传】广西壮族自治区·（来宾市）·金秀县（金秀瑶族自治县）

【出处】谭石生等讲，农冠品搜集，曹廷伟整理：《天高由来》，见曹廷伟编著《广西民间故事辞典》，南宁：广西教育出版社1993年版，第13页。

W1307.6

神仙把天升高

实 例

（参见下级母题实例）

W1307.6.1

仙子把天撬高

实 例

彝族 四仙子把天撬上去，把地掀下来。

【流传】（无考）

【出处】《用铜铁造天地》，见吕大吉、何耀华总主编《中国各民族原始宗教资料集成》（彝族卷、白族卷、基诺

W1307.6.2
造天的神仙把天升高

实例

汉族　造天的神仙用手把天托高。

【流传】浙江省·（杭州市）·淳安县·上梧乡·陈家门村

【出处】陈南生讲，王水根记录整理：《天为什么比地大》，见淳安县民间文学征集办公室编《中国民间文学集成浙江省淳安县故事、歌谣、谚语卷》，内部编印，1988年，第3页。

W1307.6.2.1
造天的4个神仙把天升高

实例

彝族　四位神仙一起出力，把沉沉的天撑上去了；四位神仙又一起出力，把黑压压的地压了下去。于是分开了天和地。

【流传】（无考）

【出处】《天神造天地》，见姚宝瑄主编《中国各民族神话》（羌族、彝族），太原：山西出版传媒集团·书海出版社2014年版，第87页。

W1307.6.3
磨坊仙子把天升高

【关联】［W0827］其他特定的仙

实例

仫佬族　玉皇大帝封达伙（人名）到天上做了磨坊仙子，并把天升高起来，以防避地上的臭气熏天。

【流传】广西壮族自治区·（河池市）·罗城仫佬族地区（罗城仫佬族自治县）

【出处】龙华新讲，龙殿宝搜集整理：《天是怎样升高起来的》，见姚宝瑄主编《中国各民族神话》（仫佬族、壮族、京族），太原：山西出版传媒集团·书海出版社2014年版，第6页。

W1307.6.4
长脚大仙把天升高

实例

汉族　长脚大仙把天升高。

【流传】广西壮族自治区·南宁市

【出处】莫亦宽讲，吴荷丹记录：《天是怎样升高的》，见曹廷伟编著《广西民间故事辞典》，南宁：广西教育出版社1993年版，第12页。

W1307.7
巨人把天升高

实例

拉祜族　巨人把天顶高。

【流传】云南省·（普洱市）·镇沅（镇沅彝族哈尼族拉祜族自治县）

【出处】罗中荣讲，自力搜集：《苦聪人为什么扎包头》，见中华民族故事大系编委会编《中华民族故事大系》第8卷（畲族、高山族、拉祜族），上海：上海文艺出版社1995年版，第730页。

W1307.7.1
巨人用手把天撑高

实例

（参见下级母题实例）

W1307.7.1.1
巨人双手把天撑高

【关联】［W1322.4］盘瓠双手撑天

实例

高山族（雅美）巨人 Sikazozo 用双手撑着天，慢慢把天空往上顶高。

【流传】（无考）

【出处】施努来著：《八代湾的神话》，台中：晨星出版有限公司1992年版，第30页。

W1307.7.1.2
巨人一手撑天，一手干活

实例

苗族 有一个名叫府方的老公公，手像大树一样粗。他怕天塌下来，一手撑着天，一手做活路，天才没有塌下来。

【流传】贵州省·（黔东南苗族侗族自治州）·台江县、施秉县、凯里县（凯里市）等地

【出处】宝久老、岩公、李普奶等八位歌手演唱，桂舟人、唐春芳搜集，苗地改写：《打柱撑天》，见姚宝瑄主编《中国各民族神话》（布依族、仡佬族、苗族），太原：山西出版传媒集团·书海出版社2014年版，第119页。

W1307.7.2
巨人用棍棒把天顶高

实例

拉祜族 古时天本低，如铁锅之罩地，巨人扎努扎别舂米时，杵之所及触于天，遂顶天而上之。

【流传】（无考）

【出处】袁珂改编：《扎努扎别》，原载谷德明编《中国少数民族神话选》，见袁珂《中国神话大词典》，北京：华夏出版社2015年版，第531页。

拉祜族 天本来很低，巨人扎努扎别用杵棒把天顶了上去。

【流传】云南省

【出处】李晓邨等搜集整理：《扎努扎别》，载《民间文学》1960年第10期。

拉祜族 天本来很低，巨人札努札别舂米时，他的杵棒把天顶上去了。

【流传】(a) 云南省·（普洱市）·澜沧县（澜沧拉祜族自治县）

【出处】

(a) 扎法、扎拉讲，晓村、王松采录：《札努札别》，见中国民间文学集成全

国编辑委员会编《中国民间故事集成》（云南卷），北京：中国 ISBN 中心 2003 年版，第 366 页。

（b）杨铜搜集整理：《扎努扎别》，载《山茶》1982 年第 4 期。

（c）同（b），见谷德明编《中国少数民族神话》，北京：中国民间文艺出版社 1987 年版，第 389 页。

拉祜族 天本来很低。地生的巨人扎努扎别舂米的时候，他的杵棒举起来碰着天，就把天顶上去了。

【流传】（云南省）

【出处】杨铜搜集整理：《地子扎努扎别》，见姚宝瑄主编《中国各民族神话》（白族、拉祜族、景颇族），太原：山西出版传媒集团·书海出版社 2014 年版，第 186 页。

W1307.7.3
巨人用身体把天顶高

实例

拉祜族（苦聪） 以前天很低。巨人基比阿罗吃饱了饭，一用力，身子站起来了。他用身子一撑，天就被他顶高了。从此，天就高高地挂在了上面。

【流传】云南省·红河地区（红河哈尼族彝族自治州）的深山老林

【出处】杨老三讲，樊晋波、陈继陆、韩延搜集，韩延整理，古木改写：《阿罗阿娜造天地》，原载《红河文艺》，原题目为《苦聪创世歌》，见姚宝瑄主编《中国各民族神话》（白族、

拉祜族、景颇族），太原：山西出版传媒集团·书海出版社 2014 年版，第 173～174 页。

苗族 以前，天地距离很近。巨人府方用肩往上一顶，他用脚把地用力一踩，天才升上去，地才降下来。

【流传】贵州省·（黔东南苗族侗族自治州）·台江县、施秉县、凯里县（凯里市）等地

【出处】秦公、岩公、李普奶等苗族八歌手说唱，唐春芳、桂舟人搜集整理：《巨鸟生天地，众神辟地天》，见姚宝瑄主编《中国各民族神话》（布依族、仡佬族、苗族），太原：山西出版传媒集团·书海出版社 2014 年版，第 116 页。

W1307.7.4
巨人用石柱把天升高

实例

怒族 原来天地很近。巨人搓海玩海把坚硬的石柱向天一投，"轰隆隆"一声巨响，天幕显出五光十色，在剧烈的摇晃中渐渐上升。

【流传】云南省·（怒江傈僳族自治州）·贡山地区（贡山独龙族怒族自治县）

【出处】

（a）李兴民讲，李含生、杨春寿、周良智搜集整理：《搓海玩海》，见陶立璠、李耀宗编《中国少数民族神话传说选》，成都：四川民族出版社 1985

年版，第 28 页。

（b）同（a），见姚宝瑄主编《中国各民族神话》（门巴族、珞巴族、怒族、藏族），太原：山西出版传媒集团·书海出版社 2014 年版，第 67 页。

W1307.8
祖先把天升高

【关联】［W1318a.2.1］祖先把天地距离变大

实例

壮族 （实例待考）

W1307.8.1
始祖顶天盖把天升高

实例

瑶族 发枚（始祖名）使劲一撑，天盖就耸入云雾中去了。

【流传】贵州省·（黔东南苗族侗族自治州）·从江县·（翠里乡）·高芒乡（高芒村）

【出处】赵金荣讲，杨路塔采录：《发枚造天地》，见中国民间文学集成全国编辑委员会编《中国民间故事集成》（贵州卷），北京：中国 ISBN 中心 2003 年版，第 9 页。

W1307.9
其他神或神性人物把天升高

实例

（参见下级母题实例）

W1307.9.1
男神把天升高

实例

傣族 男神桑夏西跳到海水上面，把六颗牙齿栽在圆球（地球）的四周，同时又把天空顶撑了起来。

【流传】云南省·西双版纳（西双版纳傣族自治州）

【出处】＊《拔牙制作顶天柱》，原载岩峰三讲，毕光尖记录《桑夏西与桑夏赛造天地，创人类》，见姚宝瑄主编《中国各民族神话》（哈尼族、傣族），太原：山西出版传媒集团·书海出版社 2014 年版，第 254 页。

W1307.9.2
女神把天擎高

实例

水族 女神伢俣用手掰开相连的天地后，手往上一擎，往高空一顶，上面那一块就被顶上去，这就是天。

【流传】（无考）

【出处】潘静流唱，燕宝记译，化斯改写：《伢俣开创世界》（原名《造天造地》），见姚宝瑄主编《中国各民族神话》（水族、布朗族、独龙族、基诺族、傈僳族），太原：山西出版传媒集团·书海出版社 2014 年版，第 4 页。

W1307.9.3
创世主把天增高

【关联】［W1163.7.2］创世主把天增加为7层

实例

哈萨克族 创世主迦萨甘创造了天和地，并把天和地各增长成七层。

【流传】（新疆维吾尔自治区）

【出处】

（a）尼哈迈提·蒙加尼整理，校仲彝记录整理：《迦萨甘创世》，见张越、姚宝瑄编《新疆民族神话故事选》，乌鲁木齐：新疆人民出版社1989年版。

（b）同（a），见姚宝瑄主编《中国各民族神话》（乌孜别克族、哈萨克族、柯尔克孜族、俄罗斯族、维吾尔族、塔吉克族、塔塔尔族、锡伯族），太原：山西出版传媒集团·书海出版社2014年版，第22页。

W1307.9.4
动物神把天增高

实例

佤族 里（天神，又译"利吉神"）和伦（地神，又译"路安神"）派达能（动物神）砍断了拴着天和地的铁链，天慢慢升高了。

【流传】云南省·（普洱市）·西盟县（西盟佤族自治县），（临沧市）·沧源县（沧源佤族自治县）

【出处】

（a）隋嘎、岩扫等讲，艾荻等搜集整理：《司岗里》，见尚仲豪、郭九思等编《佤族民间故事选》，上海：上海文艺出版社1989年版，第1页。

（b）随戛、岩扫、岩瑞等讲：《司岗里》，载《山茶》1988年第1期。

W1308
特定名称的神或神性人物把天升高

实例

（参见下级母题实例）

W1308.1
盘古把天升高

【关联】［W1152.2.1］盘古撑出九重天

实例

壮族 盘古听取民意，把天擎高。

【流传】广西壮族自治区·（柳州市）·融安县·大良乡

【出处】陈氏讲，罗文贤搜集整理：《月亮和太阳的来历》，见曹廷伟编著《广西民间故事辞典》，南宁：广西教育出版社1993年版，第4页。

W1308.1.1
盘古用斧子把天顶高

【关联】［W1283.1］盘古分开天地

实例

汉族 盘古爷用斧子把天顶高。

【流传】

(a) 河北省·(沧州市)·青县·(清州镇)·南张庄(南张庄村)

(b) 河北省·(沧州市)·青县·(盘古乡)·大盘古村

【出处】

(a) 苟淑敏讲,王汝芳采录:《盘古爷坐井》,见中国民间文学集成全国编辑委员会编《中国民间故事集成》(河北卷),北京:中国 ISBN 中心 2003 年版,第 3 页。

(b) 王锡英讲,王汝芳采录:《盘古造人》,见中国民间文学集成全国编辑委员会编《中国民间故事集成》(河北卷),北京:中国 ISBN 中心 2003 年版,第 4 页。

W1308.1.2
盘古的生长使天变高

实 例

(参见下级母题实例)

W1308.1.2.1
盘古的伸展身体使天变高

实 例

汉族 盘古将身一伸,天即渐高,地便坠下。

【流传】(无考)

【出处】[明]周游:《开辟衍绎通俗志传》第一回。

汉族 盘古将身一伸,天即渐高,地便坠下。

【流传】(无考)

【出处】[明末清初]徐道为:《历代神仙通鉴》卷一。

汉族 天地卵中的盘古睡醒了,伸了个懒腰,把天地给撑开了。他嫌地方太小,就把身子往上伸。伸一回,天就往上升一丈,地就往下落一丈。他的身子越长越长,天就越来越高,地就越来越厚。

【流传】河南省·(南阳市)·社旗县·饶良乡·崇子营村

【出处】王庚有(28 岁,高中)讲述,乔天义采录:《盘古开天辟地的传说》(1986.02),见张振犁编著《中原神话通鉴》(第一卷),郑州:河南大学出版社 2017 年版,第 30 页。

W1308.1.2.2
盘皇日长 1 丈,天也日升 1 丈

实 例

苗族 盘皇每日长高一丈,天便每日升高一丈。

【流传】海南省·(三亚市)·陵水县(陵水黎族自治县)·祖关镇(本号镇)·白水岭苗村

【出处】邓文安讲,潘先樗采录:《盘皇造万物》,见中国民间文学集成全国编辑委员会编《中国民间故事集成》(海南卷),北京:中国 ISBN 中心 2002 年版,第 3 页。

W1308.1.2.3
盘古伸开胳膊把天升高

实例

【汉族】最初的天地不大。盘古伸开胳膊使劲一撑，就把天撑高一截子。

【流传】河南省·（南阳市）·新野县

【出处】曹学典讲，曹宝泉采录：《盘古爷开天》，见张振犁编著《中原神话通鉴》（第一卷），郑州：河南大学出版社2017年版，第34页。

W1308.1.3
扁鼓王把天背高

实例

【汉族】原来天和地差不多高，只有3尺3，扁鼓王把天背得很高，把地踏得很低。

【流传】浙江省·（丽水市）·缙云县·舒洪镇·分水坑村

【出处】上官旭昌讲，上官支友整理：《扁鼓王劈地》，见缙云县民间文学征集办公室编《中国民间文学集成浙江省·缙云县故事、歌谣、谚语卷》，内部编印，1988年，第1页。

【汉族】扁古王便将天背得很高。

【流传】浙江省·（丽水市）·缙云县·舒洪镇·分水坑村

【出处】上官旭昌讲，上官新友采录：《扁古盘古造生灵》，见中国民间文学集成全国编辑委员会编《中国民间故事集成》（浙江卷），北京：中国IS-BN中心1997年版，第48页。

W1308.1.4
盘古怕天地相合撑天

实例

【汉族】盘古怕天地再合起来，就手撑天，脚蹬地，猛一使劲，又把天撑开了一截。

【流传】河南省·济源市·（城关）

【出处】程玉林讲，缪华、胡佳作采录：《盘古寺》，见张振犁编著《中原神话通鉴》（第一卷），郑州：河南大学出版社2017年版，第3页。

W1308.2
真主把天升高

实例

【塔吉克族】安拉按鸡蛋的样子创造宇宙：这"鸡蛋"的一半是大地，另一半是天空，并将天空升高。

【流传】新疆维吾尔自治区·（喀什地区）·塔什库尔干塔吉克自治县·瓦尔西代乡

【出处】马达里汗讲，西仁·库尔班等采录翻译：《人类的来历》，见中国民间文学集成全国编辑委员会编《中国民间故事集成》（新疆卷），北京：中国ISBN中心2008年版，第34页。

W1308.3

其他特定的神或神性人物把天升高

实例

（参见下级母题实例）

W1308.3.1

长脚大仙把天升高

实例

汉族 （实例待考）

W1308.3.2

扁古王将天背得很高

实例

汉族 （实例待考）

W1308.3.3

重和黎二神把天托高

实例

汉族 大神重和大神黎遵颛顼的命令，各伸出一双毛氄氄的硕大无朋的手臂，一个去把天托起来，尽力往上掀；一个去把地按捺住，努力朝下按。这样，天渐渐更往上升，地渐渐更朝下降，本来是相隔不远的天地，经过大神重和大神黎的掀和按，就相隔很远了。

【流传】（无考）

【出处】《颛顼隔断天地的通路》，原载袁珂编译《中国神话故事》，见陶阳、钟秀编《中国神话》（上），北京：商务印书馆2008年版，第195～198页。

W1308.3.4

男始祖布洛陀下令把天升高

【关联】［W0670］布洛陀

实例

壮族 以前三界距离很近。陆驮公公（又译为布洛陀，男始祖）乃令上界人升高其天，下界人加厚其地，此后三界人语乃不相闻。

【流传】（无考）

【出处】《陆驮公公》，原载胡仲实《壮族文学概论》，见袁珂《中国神话大词典》，北京：华夏出版社2015年版，第442页。

W1309

人把天升高

实例

（参见下级母题实例）

W1309.1

人的活动把天升高

实例

（参见下级母题实例）

W1309.1.1

人做饭熏天把天升高

实例

壮族 地上的人做饭熏天，使天

升高。

【流传】广西壮族自治区·（崇左市）·龙州县

【出处】农尚义讲：《天地分离》，见张声震总主编，农冠品编注《壮族神话集成》，南宁：广西民族出版社 2007 年版，第 182 页。

W1309.2
天上的人把天升高

【关联】

① ［W1284.1.1］生活在半空中的人分开天地

② ［W2015.3.1］天上的人

实　例

（参见下级母题实例）

W1309.2.1
天上的人在南天门把天蹬高

实　例

汉族　天上的人看地下的人都走了，就关上南天门，站在上面蹬了几脚，天就升高了。

【流传】湖北省·（荆门市）·京山县一带

【出处】冯家才讲，冯本林搜集整理：《天是怎样变高的》，原载中国民间文艺研究会湖北分会编《湖北民间故事传说集》，见姚宝瑄主编《中国各民族神话》（汉族），太原：山西出版传媒集团·书海出版社 2014 年版，第 71~72 页。

W1309.2.2
上界的人把天升高

实　例

壮族　中界的管理者保洛陀叫上界的人把天往上升。上界的人问道："要升几丈几尺几寸高？"保洛陀说："三十三条楠竹那么高，三十三人头发吊不到！"于是，天升得很高很高。

【流传】（无考）

【出处】覃建才搜集整理：《保洛陀》，原载刘德荣等编《壮族民间故事》，云南人民出版社 1988 年版，见姚宝瑄主编《中国各民族神话》（仫佬族、壮族、京族），太原：山西出版传媒集团·书海出版社 2014 年版，第 100~101 页。

W1309.2.2.1
男始祖让上界的人把天升高

实　例

壮族　以前天很矮，上界和中界的人发生矛盾，保洛陀让上界的人把天升高。

【流传】广西壮族自治区右江流域

【出处】覃建才搜集整理：《保洛陀》，见曹廷伟编著《广西民间故事辞典》，南宁：广西教育出版社 1993 年版，第 17 页。

W1309.3
一个女人把天升高

【关联】[W1309.6.1]一个女人用舂棒把天顶高

实 例

哈萨克族 （参见 W1309.6 母题实例）

W1309.3.1
女人用长杵把天顶高

实 例

高山族（卑南） 从前天很低，一个孕妇舂米，边舂米边用长杵把天顶高。

【流传】（无考）

【出处】金荣华：《台东卑南族口传文学选》，中国文化大学中国文学研究所编印，1989年，第15页。

高山族（排湾） 以前天很低。有个叫嘎拉斯的女人，弓起背舂米，在丈夫的帮助下用长杵把天捅出个大洞，于是天慢慢地升起来了。

【流传】（台湾）

【出处】

(a) 巴克奥罗·莫拉隆·巴吉列达·卡拉尤普讲：《捅天的夫妻》，载《民间文学》1982年第12期。

(b) 同(a)，见姚宝瑄主编《中国各民族神话》（高山族、黎族、畲族），太原：山西出版传媒集团·书海出版社2014年版，第4页。

W1309.3.2
女人用舂棒顶天板把天升高

实 例

佤族 天板不断下降，一个妇女手握舂棒，不慌不忙地用力向上一顶，只听得"轰隆"一声，天板被弹了回去。

【流传】（无考）

【出处】埃夏搜集整理：《谁敢做天下万物之王》，见谷德明编《中国少数民族神话》，北京：中国民间文艺出版社1987年版，第378页。

佤族 天和地很接近，聪明的妹妹鹿埃松用臼棒将天撑了上去。

【流传】云南省·（临沧市）·沧源县（沧源佤族自治县）

【出处】白老大讲，张云采录：《兄妹神》，见中国民间文学集成全国编辑委员会编《中国民间故事集成》（云南卷），北京：中国ISBN中心2003年版，第334页。

佤族 以前天地夫妻离得很近。妇女舂米把天顶高了。

【流传】（无考）

【出处】岩洪搜集：《天为什么变脸》，见姚宝瑄主编《中国各民族神话》（佤族、阿昌族、纳西族、普米族、德昂族），太原：山西出版传媒集团·书海出版社2014年版，第4页。

佤族 一妇女方舂米，天板急降下，正欲压其头顶。妇女紧握舂杵，从容不迫，用力往上顶之，但闻轰隆巨响，天板被弹返固，至高无极，且永不再塌下。

【流传】（云南省？）

【出处】袁珂改编：《万物之王》（原名《谁做天下万物之王》），原载谷德明编《中国少数民族神话选》，见袁珂《中国神话大词典》，北京：华夏出版社2015年版，第518页。

W1309.4
一对夫妻把天升高

实例

高山族（排湾） 有个叫嘎拉斯的女人和大力士丈夫咖道用舂米的长杵把天捅高。

【流传】福建省·福州市

【出处】金原金讲，陈炜萍采录：《月亮和太阳》，见中国民间文学集成全国编辑委员会编《中国民间故事集成》（福建卷），北京：中国ISBN中心1998年版，第12页。

W1309.4.1
盘古夫妻把天升高

实例

（参见下级母题实例）

W1309.4.1.1
盘古爷和盘古奶搭人梯站在牛上把天升高

实例

汉族 盘古爷、盘古奶和怪牛在混沌的大气球里。后来盘古用斧子把气球砍开，上片搭在他仨身上。盘古爷和盘古奶搭起人梯，举着头上的那片气包往上送，让它飘上去。气包片太大，梯低，鼓不起风，飘不起。二人搭着人梯站到了牛背上，又站到牛角尖上。气包一鼓一鼓地飘上去了，成了青天，下半片成了地。

【流传】河南省·（南阳市）·桐柏县·二郎山乡·田口村，（驻马店市）·泌阳县·盘古村（盘古乡）·黑山沟组（？）［采录地点：桐柏山盘古庙会］

【出处】李新超（27岁，初中）、李明松（59岁，文盲）讲，马卉欣、殷润璞录音，马卉欣采录整理：《盘古不听老牛劝》（1989.04.08），见张振犁编著《中原神话通鉴》（第一卷），郑州：河南大学出版社2017年版，第71~72页。

W1309.5
众人撑天把天升高

实例

布依族 后生力戛带领大家把天撑高。

【流传】贵州省

【出处】王燕、春甫等讲，汛河记录整理：《力戛撑天》，见谷德明编《中国少数民族神话》，北京：中国民间文艺出版社1987年版，第611页。

布依族 力戛（人名，大力士）吃饱喝足撑天时，叫大家来帮助一齐撑天。

【流传】各地布依族地区

【出处】 王燕、春甫、班告爷讲，汛河记录整理：《力戛创世》，见姚宝瑄主编《中国各民族神话》（布依族、仡佬族、苗族），太原：山西出版传媒集团·书海出版社2014年版，第4页。

布依族 以前天地距离很近。有个后生名叫力戛，是个大力士。他叫大家来帮助一齐撑天。大家一齐用力往上撑，就把天撑高了三丈多。

【流传】 贵州省

【出处】 王燕、春甫、班告爷等讲，汛河搜集整理：《力戛撑天》，原载陶立璠、李耀宗编《中国少数民族神话传说选》，见陶阳、钟秀编《中国神话》（中），北京：商务印书馆2008年版，第773~775页。

W1309.5.1
众人用箭射散云后天变高

实例

景颇族 众人用箭射散云后天变高。

【流传】 （无考）

【出处】 何峨整理：《万物诞生》，见中华民族故事大系编委会编《中华民族故事大系》第10卷（景颇族、柯尔克孜族、土族），上海：上海文艺出版社1995年版，第13页。

W1309.5.2
众人用锄头扁担把天撑高

实例

布依族 大力神力嘎带领大家准备乐锄头、扁担等，把天往上撑高。

【流传】 贵州省·（黔南布依族苗族自治州）·都匀市·洛邦镇

【出处】 罗重恩讲，盖正刚采录：《力嘎撑天》，见中国民间文学集成全国编辑委员会编《中国民间故事集成》（贵州卷），北京：中国ISBN中心2003年版，第71页。

布依族 众人执锄头扁担，合力以撑天。原来三尺三寸三分的天瞬间被撑高至三丈余。

【流传】 （无考）

【出处】 《力戛撑天》，原载谷德明编《中国少数民族神话选》，见袁珂《中国神话大词典》，北京：华夏出版社2015年版，第445页。

W1309.5.3
6人抓天角把天升高

实例

壮族 六人抓住天的六角，把天往上撬。

【流传】 广西壮族自治区·河池（河池市）

【出处】 广西少数民族古籍整理出版规划办公室：《布洛陀经诗》，南宁：广西人民出版社1992年版，第1007页。

W1309.6
人在劳动中把天升高

实例

哈萨克族 有个叫玛拉依的干活的女

人，使天空越升越高。

【流传】（无考）

【出处】雅克亚玛纳斯讲，安蕾、毕栩译：《天是怎么升高的》，见满都呼主编《中国阿尔泰语系诸民族神话故事》，北京：民族出版社1997年版，第57~58页。

W1309.6.1
一个女人用舂棒把天顶高

【关联】[W1309.3.2] 女人用舂棒顶天板把天升高

实例

高山族（卑南） 从前天很低，一个孕妇舂米，边舂米边用长杵把天顶高。

【流传】（无考）

【出处】金荣华：《台东卑南族口传文学选》，中国文化大学中国文学研究所编印，1989年，第15页。

佤族 天板降落，向一个正在舂米的妇女头上压来。那妇女握紧舂棒不慌不忙地用力向上一顶，"轰隆"一声天板被弹了回去，弹得老高的，而且再也不会塌下来了。

【流传】（无考）

【出处】挨嘎搜集整理：《谁做天下万物之王》，原载中国少数民族文学学会编《中国少数民族民间故事选》，中国民间文艺出版社1981年版，见姚宝瑄主编《中国各民族神话》（佤族、阿昌族、纳西族、普米族、德昂族），太原：山西出版传媒集团·书海出版社2014年版，第10页。

W1309.6.2
女人舂米把天顶高

实例

高山族（排湾） 一个叫 Kulele 的人舂粟时用杵打天，天就高了。

【流传】（无考）

【出处】《古事：排湾人神话及民间故事，远东早期的世界观》，Zurich, Verlag Die Waage, 1989年，第36页。

W1309.7
人用人头祭天后天升高

【关联】[W6498.1] 祭天

实例

佤族 天地紧挨着，天神梅吉让人用人头祭神，于是天升高。

【流传】（无考）

【出处】李子贤：《论佤族神话》，载《思想战线》（云南大学）1987年第6期。

W1309.8
与人把天升高有关的其他母题

【关联】[W1313.10b.1] 众人向天上泼热水把天升高

实例

（参见下级母题实例）

W1309.8.0
大力士把天撑高

【关联】［W1323.2］大力士顶天

实例

布依族（实例待考）

W1309.8.1
人把天托高

实例

拉祜族（实例待考）

W1309.8.2
人用某种器物把天打（扫、推）高

实例

彝族（实例待考）

W1309.8.2.1
人用多种工具把天升高

实例

布依族 力嘎（有"大力神"之意）带领大家准备乐锄头、扁担、钉耙，砍来许多竹子、树子、藤藤和茅草等，约定辰时开始撑天，青壮年男女撑天，老年人敲击铜鼓，三通鼓后，把天往上撑高。

【流传】贵州省·（黔南布依族苗族自治州）·都匀市·洛邦镇

【出处】罗重恩讲，盖正刚采录：《力嘎撑天》，见中国民间文学集成全国编辑委员会编《中国民间故事集成》（贵州卷），北京：中国ISBN中心2003年版，第71页。

W1309.8.3
一对兄妹把天升高

【关联】［W1323.1.1］妹妹砍下哥哥的手足支天

实例

拉祜族 兄妹俩（洪水遗孤）用双手和头，使劲把天托起来。

【流传】云南省·（普洱市）·镇沅县（镇沅彝族哈尼族拉祜族自治县）

【出处】何正才等讲，自力采录：《洪水后幸存的两兄妹》，见中国民间文学集成全国编辑委员会编《中国民间故事集成》（云南卷），北京：中国ISBN中心2003年版，第178页。

W1310
动物把天升高

实例

（参见下级母题实例）

W1310.1
大鹏负天升高

实例

藏族 天有其主生大鹏，负天上升为大鹏。

【流传】（无考）

【出处】格明多杰整理：《创世古歌》，见 BBS 水木清华站：http：//www.smth.edu.cn，2006.07.20。

W1310.2
鸟振翼使天升高

实例

高山族（邹）古时天很低，然后有一只小鸟一振翼，天就升高了。

【流传】（无考）

【出处】尹建中编：《台湾山胞各族传统神话故事与传说文献编纂研究》，"内政部"，1994 年，第 307 页。

W1310.3
龟鳖把天升高

【关联】［W1313.3.1］神龟的四脚变成的天柱把天撑高

实例

（参见下级母题实例）

W1310.3.1
玉帝让龟鳖把天升高

实例

汉族 玉帝命龟鳖大力士把天撑得老高，从此天和地就被隔得很远。

【流传】江苏省

【出处】王美英讲，严金凤采录：《天地是怎样分开的》，见中国民间文学集成全国编辑委员会编《中国民间故事集成》（江苏卷），北京：中国 ISBN 中心 1998 年版，第 15 页。

W1310.4
动物在天极四方撑天

实例

傣族 大神因叭用汗泥搓成狮子、黄牛、大象等动物，将它们分别放在天极四方，头顶巨石撑住天，将天和地区别开来。

【流传】（无考）

【出处】《因叭止洪水》，原载毛星主编《中国少数民族文学》，湖南人民出版社 1983 版，见姚宝瑄主编《中国各民族神话》（哈尼族、傣族），太原：山西出版传媒集团·书海出版社 2014 年版，第 330 页。

W1310.5
鹤把天顶高

【关联】［W1285.6.4］鹤分开天地

实例

达斡尔族 以前，天和地粘在一起，一只长脖子的鹤把天顶了上去。

【流传】（无考）

【出处】《仙鹤顶天》，见姚宝瑄主编《中国各民族神话》（达斡尔族、鄂伦春族、鄂温克族、蒙古族），太原：山西出版传媒集团·书海出版社 2014 年版，第 4 页。

W1311
植物把天升高

实例

(参见下级母题实例)

W1311.1
树把天顶高

【关联】［W1286.1］树分开天地

实例

(参见下级母题实例)

W1311.1.1
天上的梭罗树把天顶高

实例

彝族 原来的天很窄。天上的梭罗树长大后把天撑高了。

【流传】云南省·楚雄彝族自治州

【出处】《门米间扎节》，古梅根据《楚雄民间文学资料》改写，见姚宝瑄主编《中国各民族神话》（羌族、彝族），太原：山西出版传媒集团·书海出版社2014年版，第8页。

W1311.1.2
大青树把天顶高

实例

景颇族 大青树、红栗树，把天顶得高高的。

【流传】云南省·（德宏傣族景颇族自治州）·陇川县

【出处】施戛崩等讲，何峨采录：《宁贯娃改天整地》，见中国民间文学集成全国编辑委员会编《中国民间故事集成》（云南卷），北京：中国ISBN中心2003年版，第61页。

W1312
自然物或无生命物把天升高

实例

(参见下级母题实例)

W1312.1
风浪把天吹高

实例

(实例待考)

W1312.2
海潮把天冲高

【关联】［W1964.12.4.2.1］9万层海潮

实例

白族 小太阳被大太阳撞落进到大海，大海掀起了滔天巨浪，九万层海潮把天冲抬得高高在上。

【流传】云南省·（大理白族自治州）·鹤庆县·城郊乡（草海镇）·新民村

【出处】李剑飞讲，李缵绪采录：《人和万物的起源》，见中国民间文学集成全国编辑委员会编《中国民间故事集成》（云南卷），北京：中国ISBN中心2003年版，第13页。

白族　九万层海潮，把天冲抬得高高在上。

【流传】云南省·（大理白族自治州）·鹤庆（鹤庆县），丽江（丽江市）及（丽江市）·永胜（永胜县）

【出处】李剑飞讲，李缵绪、章虹宇记录：《人类和万物的起源》（又名《劳谷与劳泰》、《古干古洛创世记》），原载李缵绪主编《白族神话传说集成》，中国民间文艺出版社1986年版，见姚宝瑄主编《中国各民族神话》（白族、拉祜族、景颇族），太原：山西出版传媒集团·书海出版社2014年版，第18页。

W1312.3
洪水使天变高

【关联】[W8540] 洪水的结果

实　例

壮族　洪水冒天门，洪水后天升高。

【流传】广西壮族自治区桂西地区（主要指河池市、百色市、崇左市所辖县市区）

【出处】唐来钟讲：《伏羲兄妹的传说》，见张声震总主编，农冠品编注《壮族神话集成》，南宁：广西民族出版社2007年版，第326页。

W1312.4
太阳掉下来后天升高

实　例

高山族（排湾）　舂粟用杵撞了天，一个太阳掉了下来，天就升高了。

【流传】（无考）

【出处】尹建中编：《台湾山胞各族传统神话故事与传说文献编纂研究》，"内政部"，1994年，第189页。

W1312.5
地把天升高

实　例

（参见下级母题实例）

W1312.5.1
地踢天丈夫后天升高

【关联】[W1294.8.1] 大地妻子把天空丈夫踢到天上

实　例

珞巴族　石金·克丁（大地）一脚就把天空丈夫踢上天空。

【流传】

（a）西藏自治区·下珞瑜（泛指永木河、锡约尔河、巴恰西仁河流域）

（b）西藏自治区·下珞渝（又写作"下珞瑜"）·博日部落嘎盛村

【出处】

（a）维·埃尔温搜集：《太阳为什么那样红》，见中华民族故事大系编委会编《中华民族故事大系》第16卷（赫哲族、门巴族、珞巴族、基诺族），上海：上海文艺出版社1995年版，第416~417页。

（b）同（a），见李坚尚、刘芳贤编《珞巴族门巴族民间故事选》，上海：

1.2.4 天地的合离与支撑 ‖W1312.6–W1313.0a.1‖

上海文艺出版社 1993 年版，第 30～31 页。

W1312.6
山把天升高

实 例

（参见下级母题实例）

W1312.6.1
山降低后天增高

【关联】［W1835.3］山的变低（山的变小）

实 例

苗族 （播种枫树种时）一犁下来山破碎，天下矮了一大截，枫树生长七大抱。

【流传】原文无流传地，据文本及注释推测该神话流传于贵州省·黔东南苗族侗族自治州·凯里市、台江县等地。

【出处】耇富演唱，苗丁搜集，燕宝整理译注：《枫木生人·犁东耙西》，见贵州省少数民族古籍整理出版规划小组办公室编，燕宝整理译注《苗族古歌》，贵阳：贵州民族出版社 1993 年版，第 436 页。

W1313
与天的升高有关的其他母题

【关联】
① ［W1168.19.1］天会增长
② ［W1835.2.1］天升高造成山的升高

实 例

（参见下级母题实例）

W1313.0
撑天前的准备

实 例

（参见下级母题实例）

W1313.0.1
为撑天吃饱喝足休息好

实 例

布依族 力戛（人名，大力士）为了有力气撑天，吃了三石三斗三升糯米饭，喝了三缸三壶三碗糯米酒，睡了三天搭三夜。

【流传】各地布依族地区

【出处】王燕、春甫、班告爷讲，汛河记录整理：《力戛创世》，见姚宝瑄主编《中国各民族神话》（布依族、仡佬族、苗族），太原：山西出版传媒集团·书海出版社 2014 年版，第 4 页。

W1313.0a
天升高的时间

实 例

（参见下级母题实例）

W1313.0a.1
特定的时辰把天升高

实 例

布依族 力嘎带领大家准备乐锄头、扁

担、钉耙，砍来许多竹子、树子、藤藤和茅草等，约定辰时开始撑天，青壮年男女撑天。

【流传】贵州省·（黔南布依族苗族自治州）·都匀市·洛邦镇

【出处】罗重恩讲，盖正刚采录：《力嘎撑天》，见中国民间文学集成全国编辑委员会编《中国民间故事集成》（贵州卷），北京：中国ISBN中心2003年版，第71页。

W1313.1
把天背高（把天抬高）

实例

汉族　（实例待考）

藏族　天有其主生大鹏，负天上升为大鹏。

【流传】（无考）

【出处】格明多杰整理：《创世古歌》，见BBS水木清华站：http://www.smth.edu.cn，2006.07.20。

W1313.2
提天帐把天升高

【关联】[W1798.1.5]天幕的开合

实例

（参见下级母题实例）

W1313.2.1
盘古提天帐把天升高

实例

汉族　盘古爷爷让天神把天帐子轻轻地提上去。

【流传】甘肃省·（兰州市）·皋兰县·西岔乡（西岔镇）·山字墩村

【出处】王老太太讲，曾城奎采录：《神牛翻身地就动》，见中国民间文学集成全国编辑委员会编《中国民间故事集成》（甘肃卷），北京：中国ISBN中心2001年版，第3页。

W1313.3
用天柱把天顶高

实例

毛南族　以前，地上有很多根天柱，把天盖高高地撑起来，是昆屯第一个把这个天盖揭开。

【流传】广西壮族自治区·（河池市）·环江毛南族自治县·上南（上南乡）、中南（中南乡）、下南（下南乡）·上纳屯

【出处】

（a）蒙贵章讲，蒙国荣、韦志华、谭贻生记录翻译，蒙国荣整理：《昆屯开天盖》（1984.07），见姚宝瑄主编《中国各民族神话》（土家族、毛南族、侗族、瑶族），太原：山西出版传媒集团·书海出版社2014年版，第61页。

彝族（阿细）　天上有个阿底神便拿四四一十六根柱子去稳固漂浮不定的天，他先来到东、南、西、北四边，分别用一根铜柱子、一根金柱子、一根铁柱子和一根银柱子把天撑得高

高的。

【流传】（a）云南省·红河哈尼族彝族自治州·弥勒县·（西山镇）

【出处】

（a）潘正兴等唱述，云南省民族民间文学红河调查队搜集翻译整理：《阿细的先基》，昆明：云南人民出版社1959年版。

（b）云南省民族民间文学红河调查队搜集整理，古梅改写：《最古的时候》，见姚宝瑄主编《中国各民族神话》（羌族、彝族），太原：山西出版传媒集团·书海出版社2014年版，第132页。

壮族 以前的天很低。布碌陀让人们到树林里去选一根最高最大的老棕木来做顶天柱，大家一起把天顶上去。

【流传】（a）广西壮族自治区右江及红水河一带

【出处】

（a）周朝珍讲，何承文整理：《布碌陀》，载广西民间文学研究会编印《广西民间文学丛刊》第5期。

（b）《布碌陀》（王松选定），见姚宝瑄主编《中国各民族神话》（仫佬族、壮族、京族），太原：山西出版传媒集团·书海出版社2014年版，第75页。

壮族 以前天地很近，布碌陀让人们觅最高最大老铁木以为顶天柱，大家齐力撑之，把天顶高。

【流传】（无考）

【出处】《布碌陀造天地》（原名《布碌陀》），原载谷德明编《中国少数民族神话选》，见袁珂《中国神话大词典》，北京：华夏出版社2015年版，第439页。

W1313.3.1

神龟的四脚变成的天柱把天撑高

【关联】［W1301.3］龟鳖把天升高

实 例

鄂温克族 神龟阿尔腾雨雅尔那的四只脚变成天柱后，把茫茫无边的苍天撑上去。

【流传】内蒙古自治区·呼伦贝尔市·陈巴尔虎旗

【出处】赛金苏龙讲，马名超记录整理：《天神保鲁根巴格西造万物》，见姚宝瑄主编《中国各民族神话》（达斡尔族、鄂伦春族、鄂温克族、蒙古族），太原：山西出版传媒集团·书海出版社2014年版，第120页。

W1313.3.2

天柱长高把天撑高

【关联】［W1338.1］天柱会生长

实 例

壮族 顶天的12根柱子浇水就会长高。天神从宗爷爷和妻子天天给这些柱子浇水，这12根柱子愈长愈高，天也慢慢地给撑高了。

【流传】云南省·文山（文山壮族苗族自治州）

【出处】《从宗爷爷造人烟》，见中国民

间文学集成全国编辑委员会编《中国民间故事集成》（云南卷），北京：中国ISBN中心2003年版，第203页。

壮族 天神从宗爷爷和妻子支天的12根柱子浇水，柱子就会长高。后来12根柱子愈长愈高，天也一天天地给撑高了。

【流传】云南省·文山壮族苗族自治州

【出处】黎之整理：《从宗爷爷造人烟》，原载李子贤编《云南少数民族神话选》，云南人民出版社1990年版，见姚宝瑄主编《中国各民族神话》（仫佬族、壮族、京族），太原：山西出版传媒集团·书海出版社2014年版，第121页。

W1313.4

天梯天柱倒掉后天升高

实 例

怒族 天梯天柱倒掉后，天就升高了。

【流传】云南省·（怒江傈僳族自治州）·贡山县（贡山独龙族怒族自治县）

【出处】

（a）彭兆清提供，攸延春整理：《创世纪》，见攸延春《怒族文学史》，昆明：云南民族出版社2003年版，第18页。

（b）庚松等讲，彭兆清整理：《创世记》，见中华民族故事大系编委会编《中华民族故事大系》第14卷（普米族、塔吉克族、怒族、俄罗斯族、鄂温克族），上海：上海文艺出版社1995年版，第517页。

W1313.4.1

天柱倒掉后天升高

实 例

（实例待考）

W1313.5

声音使天升高

实 例

（参见下级母题实例）

W1313.5.1

人的吼声使天升高

实 例

畲族 盘石郎发现雷神劈死妻子蓝禾姑，气得"啊呀呀"一声吼叫，蓝天听了都害怕，赶快离开地面三万丈。

【流传】（无考）

【出处】

（a）兰石女、钟伟琪、项次欣讲，唐宗龙记录：《桐油火和天洪》，见陶立璠、李耀宗编《中国少数民族神话传说选》，成都：四川民族出版社1985年版。

（b）同（a），见姚宝瑄主编《中国各民族神话》（高山族、黎族、畲族），太原：山西出版传媒集团·书海出版社2014年版，第98页。

彝族 古远，天地相连，洞中出来一对人，大吼使天升地降。

【流传】云南省·昭通（昭通市）·镇雄县

【出处】《创世歌天地是怎样分开的》，见云南民间文学集成编辑办公室编《云南彝族歌谣集成》，昆明：云南民族出版社1986年版，第16~19页。

W1313.5.2
天梯的巨响把天撑高

实 例

独龙族 天被天梯的巨响撑得老高。

【流传】（a）云南省·（怒江傈僳族自治州）·贡山县（贡山独龙族怒族自治县）·独龙江乡

【出处】

（a）孔志清、伊里亚讲，巴子采录：《天地是怎么分开的》，见中国民间文学集成全国编辑委员会编《中国民间故事集成》（云南卷），北京：中国ISBN中心2003年版，第81页。

（b）同（a），见陶立璠、赵桂芳等编《中国少数民族神话汇编》（开天辟地篇等），中央民族学院少数民族古籍整理出版规划领导小组办公室印（未署出版时间），第379页。

W1313.5.3
天被骂后升高（天被人诅咒后升高）

【关联】[W1305.2] 骂天使天升高

实 例

傈僳族 人背柴回家，柴顶着天。人对天骂道："天啊，你也太矮了，给我离远一些，我柴都背不成了。"于是天离人得老高老高的。

【流传】云南省·（怒江傈僳族自治州）·福贡县

【出处】都玛恒讲，和四海采录：《天地分开》（1988），见中国民间文学集成全国编辑委员会编《中国民间故事集成》（云南卷），北京：中国ISBN中心2003年版，第161页。

W1313.6
抬乌云使天升高

【关联】[W4468.3] 乌云

实 例

（参见下级母题实例）

W1313.6.1
乌云挤压把天升高

实 例

畲族 让乌云抬挤后，天空比先前升高了。

【流传】（无考）

【出处】王国全搜集整理：《天眼重开》，见谷德明编《中国少数民族神话》，北京：中国民间文艺出版社1987年版，第209页。

畲族 天空中勇团（英雄名）和凤凰姑娘把乌云驱散后，天空比先前升高了。

【流传】浙江省

【出处】王国全搜集整理：《天眼重开》，见姚宝瑄主编《中国各民族神话》（高山族、黎族、畲族），太原：山西出版传媒集团·书海出版社2014年版，第126页。

W1313.7

把天扫高

【关联】［W1160.3a.1］天女扫出蓝天

实例

（参见下级母题实例）

W1313.7.1

仙女用铜铁帚把天扫高

实例

彝族　9个仙女用铜扫帚和铁把帚把天往高处扫，天越升越高。

【流传】四川省·（凉山彝族自治州）·雷波县

【出处】

(a) 保木和铁讲，芦芙阿梅译，白芝采录：《开天辟地》，见中国民间文学集成全国编辑委员会编《中国民间故事集成》（四川卷·下），北京：中国ISBN中心1998年版，第749页。

(b)《开天辟地》，见陶立璠、赵桂芳等编《中国少数民族神话汇编》（开天辟地篇等），中央民族学院少数民族古籍整理出版规划领导小组办公室印（未署出版时间），第85~95页。

彝族　九个仙姑娘用铜铁帚把天扫上去，把地扫下来。

【流传】（无考）

【出处】*《用铜铁造天地》，见吕大吉、何耀华总主编《中国各民族原始宗教资料集成》（彝族卷、白族卷、基诺族卷），北京：中国社会科学出版社1996年版，第16页。

W1313.7.2

神人用铜铁帚把天扫高

实例

彝族　天地混沌时，出现的力气很大的人结支戛鲁打造铜扫把把天扫到上去。

【流传】（无考）

【出处】马海鸟黎讲，谷德明整理：《开天辟地》，见谷德明编《中国少数民族神话》，北京：中国民间文艺出版社1987年版，第290~293页。

彝族　典尼（神人名）用四根铜柱支天把天和地分开后，又用四把铜扫把分别扫天的东西南北，结果东西南北的天升高了。

【流传】（无考）

【出处】

(a) 马海鸟黎讲，谷德明整理：《开天辟地》，见谷德明编《中国少数民族神话选》，西北民族学院研究所编印，内部资料，1983年。

(b) 同(a)，见姚宝瑄主编《中国各民族神话》（羌族、彝族），太原：山西出版传媒集团·书海出版社 2014年版，第 117 页。

W1313.8
风把天吹高

【关联】［W1307.2］风神把天升高（风神把天吹高）

实 例

珞巴族 风把天吹高。

【流传】西藏自治区·下珞渝（又写作"下珞瑜"，泛指永木河、锡约尔河、巴恰西仁河流域）

【出处】维·埃尔温搜集：《列略》，见中华民族故事大系编委会编《中华民族故事大系》第 16 卷（赫哲族、门巴族、珞巴族、基诺族），上海：上海文艺出版社 1995 年版，第 439 页。

怒族 （实例待考）

W1313.9
撒药使天升高

实 例

（参见下级母题实例）

W1313.9.1
不死药洒在天上使天升高

【关联】［W0951］不死药

实 例

纳西族 （参见 W1305.4 母题实例）

W1313.10
用动物的肢体把天顶高

实 例

（参见下级母题实例）

W1313.10.1
用虎骨撑天

【关联】

① ［W1324.9.1］虎腿骨撑天
② ［W1332.2.6］虎骨做天柱
③ ［W1332.2.6.1］虎的脚骨做天柱

实 例

彝族 因新开之天地常摇晃，于是天神杀老虎，取虎骨以撑天，天始不摇。

【流传】（无考）

【出处】《天神格兹苦》（原名《云南彝族史诗·梅葛》），原载毛星主编《中国少数民族文学》（下册），见袁珂《中国神话大词典》，北京：华夏出版社 2015 年版，第 430 页。

W1313.10.1.1
用虎的四只脚杆骨撑天的四边

实 例

彝族 刚造出的天摇摆不定。格兹天神对五个儿子说："你们去捉老虎，杀虎后，用老虎的四只脚杆骨撑住天的四边。天就不会再摆动，天就不会塌了。"

【流传】（云南省·楚雄彝族自治州·姚安县·官屯乡·马游村，大姚县·昙华乡等）

【出处】

（a）郭天元（马游村）、李申呼颇（昙华乡）、李福玉颇（苴）演唱，郭思九、许明学、龚维顺、张宝省、陈志群、胡炳文等搜集，刘德虎、龚维顺、陈志群、李树荣、郭天元等整理：《梅葛》（第一部"创世"），见云南省民族民间文学楚雄调查队《梅葛》（1959），昆明：云南人民出版社2009年版。

（b）《打虎开天辟地》，蔷紫据云南省民族民间文学楚雄调查队著《梅葛》（云南人民出版社2009年版）改写，见姚宝瑄主编《中国各民族神话》（羌族、彝族），太原：山西出版传媒集团·书海出版社2014年版，第193页。

W1313.10.1.2
用虎脊梁骨撑天心

【关联】［W1164］天的中心

实 例

彝族 刚造出的天摇摆不定。格兹天神对五个儿子说："你们去捉老虎，用老虎的脊梁骨撑天的心。"

【流传】（云南省·楚雄彝族自治州·姚安县·官屯乡·马游村，大姚县·昙华乡等）

【出处】

（a）郭天元（马游村）、李申呼颇（昙华乡）、李福玉颇（苴）演唱，郭思九、许明学、龚维顺、张宝省、陈志群、胡炳文等搜集，刘德虎、龚维顺、陈志群、李树荣、郭天元等整理：《梅葛》（第一部"创世"），见云南省民族民间文学楚雄调查队《梅葛》（1959），昆明：云南人民出版社2009年版。

（b）《打虎开天辟地》，蔷紫据云南省民族民间文学楚雄调查队著《梅葛》（云南人民出版社2009年版）改写，见姚宝瑄主编《中国各民族神话》（羌族、彝族），太原：山西出版传媒集团·书海出版社2014年版，第193页。

W1313.10a
撞击使天升高

实 例

（参见下级母题实例）

W1313.10a.1
一个人用头撞到天把天升高

实 例

汉族 天地混沌中"彭"地炸出一个人，脑袋"彭"地一下撞着天，把天撞得升高了。

【流传】浙江省·（杭州市）·淳安县·姜家镇

【出处】姜引军讲，姜增浩记录整理：《天地分开是盘古》，见淳安县民间文学征集办公室编《中国民间文学集成浙江省淳安县故事、歌谣、谚语卷》，内部编印，1988年，第1页。

汉族 混沌的天地卵一声炸响，钻出了一个人来。他的脑壳一下顶撞着天，把个天撞得高高升了上去。

【流传】（无考）

【出处】姜引军讲，姜曾诰搜集整理：《天地分开出盘古》，见姚宝瑄主编《中国各民族神话》（汉族），太原：山西出版传媒集团·书海出版社 2014 年版，第 15~16 页。

W1313.10b
用水把天泼高

实 例

（参见下级母题实例）

W1313.10b.1
众人向天上泼热水把天升高

实 例

高山族 原来天很低，大伙一起朝天泼着被太阳晒热的热水，一桶接一桶地泼着，忽然"轰隆"一声巨响，天开了，升高了，升得好高好高，人间变成一片光亮。

【流传】（无考）

【出处】陈炜萍搜集整理：《天体的传说》，见陶阳、钟秀编《中国神话》（上），北京：商务印书馆 2008 年版，第 219~221 页。

W1313.11
天每天升高一定高度

实 例

（参见下级母题实例）

W1313.11.1
天每天升高 1 尺

实 例

苗族 （实例待考）

W1313.11.2
天每天升高 1 丈

实 例

汉族 （参见 W1308.1.2.2 母题实例）

W1313.11.3
天每年升高 1 尺

实 例

苗族 盘古公公擎着天向上，他撑着天多少年，天就升高多少尺，他撑着天千万年，天就升高千万尺。

【流传】原文无流传地，据文本及注释推测该神话流传于贵州省·黔东南苗族侗族自治州·凯里市、台江县等地。

【出处】张启庭、张荣光、张正玉、张启德演唱，张明搜集，燕宝整理译注：《创造宇宙·开天辟地》，见贵州省少数民族古籍整理出版规划小组办公室编，燕宝整理译注《苗族古歌》，贵阳：贵州民族出版社 1993 年版，第 29~30 页。

W1313.12
砍断天地相连处使天升高

实例

汉族 （盘古）见造成的天地相连，就造了一把大斧，天天砍这些连着天和地的地方，经过好多好多的日子，终于把这些地方都砍断了，天向上飘去，地朝下沉，成了现在的天和地。

【流传】河南省·汝州市薛庄乡·徐洼村

【出处】王欢进采录：《盘古创世》（1989.10.07），见张振犁编著《中原神话通鉴》（第一卷），郑州：河南大学出版社 2017 年版，第 23 页。

W1314
天升高的结果

实例

（参见下级母题实例）

W1314.1
天升高后草木生长

【汤普森】A625.5

实例

（实例待考）

W1314.2
天升高的数量

【关联】[W1316a] 天地距离的形成

实例

（参见下级母题实例）

W1314.2.1
天升高 3 丈

实例

布依族 在大力士力戛的招呼下，大家聚拢来了，都用锄头、扁担抵住天，力戛喊声"一二三！"众人"嗨哼"一声，同时用力往上一撑，就把天撑高三丈多。

【流传】各地布依族地区

【出处】王燕、春甫、班告爷讲，汛河记录整理：《力戛创世》，见姚宝瑄主编《中国各民族神话》（布依族、仡佬族、苗族），太原：山西出版传媒集团·书海出版社 2014 年版，第 4~5 页。

W1314.2.2
天升高百丈

实例

（实例待考）

W1314.2.3
天升高千丈

实例

（实例待考）

W1314.2.3.1
天升高 **1** 千 **8** 百丈

实例

（实例待考）

W1314.2.4
天升高万丈

实例

（实例待考）

W1314.2.4.1
天升高 **1** 万 **8** 千丈

实例

（实例待考）

W1314.2.5
天升高 **10** 万丈

实例

（实例待考）

W1314.2.5.1
天升高 **10** 万 **8** 千丈

实例

汉族 （实例待考）

W1314.2.5.2
天升高 **9999** 丈

实例

布依族 后生力戛使劲用两手把天往上一撑，天就被撑上去了九万九千九百九十九丈高。

【流传】贵州省

【出处】王燕、春甫等讲，汛河记录整理：《力戛撑天》，见谷德明编《中国少数民族神话》，北京：中国民间文艺出版社 1987 年版，第 611 页。

W1314.2.6
天升高其他数量的高度

实例

（参见下级母题实例）

W1314.2.6.1
天升高 **8** 千里

实例

（参见下级母题实例）

W1314.2.6.2
天升高 **9** 万里

实例

汉族 盘古撑开天地 9 万里。

【流传】河南省·（济源市）王屋山一带

【出处】程玉林讲：《盘古寺》，见张振犁、程健君编《中原神话专题资料》，中国民间文艺家协会河南分会内部编印，1987 年。

W1314.3
撑天不成功

实例

（参见下级母题实例）

W1314.3.1
撑天的柱子不稳撑天不成功

【关联】［W1339.2.5.1］不稳的天柱

实例

彝族（阿细）阿底神用柱子把天撑高了，但仍然没有撑稳当。

【流传】（a）云南省·红河哈尼族彝族自治州·弥勒县·（西山镇）

【出处】

（a）潘正兴等唱述，云南省民族民间文学红河调查队搜集翻译整理：《阿细的先基》，昆明：云南人民出版社1959年版。

（b）云南省民族民间文学红河调查队搜集整理，古梅改写：《最古的时候》，见姚宝瑄主编《中国各民族神话》（羌族、彝族），太原：山西出版传媒集团·书海出版社2014年版，第132页。

W1314.3.2
用植物和树木撑天不成功

【关联】［W1325.1］树木支天

实例

苗族 因为天太重，人们用蒿枝秆秆加上五倍子树虽然暂时撑住天，却无法把天地撑得稳笃笃。

【流传】贵州省·（黔东南苗族侗族自治州）·台江县、施秉县、凯里县（凯里市）等地

【出处】宝久老、岩公、李普奶等八位歌手演唱，桂舟人、唐春芳搜集，苗地改写：《打柱撑天》，见姚宝瑄主编《中国各民族神话》（布依族、仡佬族、苗族），太原：山西出版传媒集团·书海出版社2014年版，第119页。

W1314.3.3
人撑天没有成功

实例

（参见下级母题实例）

W1314.3.3.1
一个人撑天不成功

【关联】［W1309.5］众人撑天把天升高

实例

布依族 后生力戛竭力撑天地，天地但稍晃荡，亦未增高。于是力戛曰："一人力不足，当合众人之力以撑之。"

【流传】（无考）

【出处】《力戛撑天》，原载谷德明编《中国少数民族神话选》，见袁珂《中国神话大词典》，北京：华夏出版社2015年版，第445页。

W1314.3.4
天撑高后又塌落

【关联】［W1365］天塌

实例

布依族 后生力戛双手撑天，天虽升

高，不能持久，放手便复下塌。

【流传】（无考）

【出处】《力戛撑天》，原载谷德明编《中国少数民族神话选》，见袁珂《中国神话大词典》，北京：华夏出版社2015年版，第445页。

W1315

地的下降

【关联】[W1291] 顶天踏地使天地分离

实 例

（参见下级母题实例）

W1315.1

地被踩低

【关联】[W1175.7.1] 夫妻神夫妇踩出地

实 例

（参见下级母题实例）

W1315.1.1

地被踩低9999丈

实 例

布依族 后生力戛撑天时用力蹬地，地被蹬下去九万九千九百九十九丈深。

【流传】贵州省

【出处】王燕、春甫等讲，汛河记录整理：《力戛撑天》，见谷德明编《中国少数民族神话》，北京：中国民间文艺出版社1987年版，第611页。

W1315.2

特定的人物使地下降

实 例

（参见下级母题实例）

W1315.2.1

龟使地下降

实 例

藏族 地有其主生巨龟，镇地下沉是巨龟。

【流传】（无考）

【出处】格明多杰整理：《创世古歌》，见BBS水木清华站：http://www.smth.edu.cn，2006.07.20。

W1316

天地的距离

实 例

（参见下级母题实例）

W1316a

天地距离的形成

【关联】
① [W1314.2] 天升高的数量
② [W1336.2.1] 天柱的高度是天地的距离

实 例

（参见下级母题实例）

W1316a.1
支地后形成天地的距离

实例

（参见下级母题实例）

W1316a.1.1
公牛支地后形成天地现在的距离

【关联】［W1344.4.2］公牛支撑地

实例

维吾尔族 地球从天上很快往下掉时，公天牛用一只角把地球顶住，就形成了现在天地的距离。

【流传】新疆维吾尔自治区·（伊犁哈萨克自治州）·伊宁市

【出处】亚库甫讲，阿不都拉采录，姚宝瑄译：《顶地球的公牛站在哪里》，见中国民间文学集成全国编辑委员会编《中国民间故事集成》（新疆卷），北京：中国ISBN中心2008年版，第6页。

维吾尔族 地球从天上往下掉时，公牛用角支住地球。从此地球再不往下掉了。现在地球离天那么远，就是这样形成的。

【流传】新疆维吾尔自治区·伊犁州（伊犁哈萨克自治州）

【出处】
（a）亚库甫讲，阿不都拉搜集翻译，姚宝瑄整理：《顶地球的公牛站在哪里》，见张越、姚宝瑄编《新疆民族神话故事选》，乌鲁木齐：新疆人民出版社1989年版。

（b）同（a），见姚宝瑄主编《中国各民族神话》（乌孜别克族、哈萨克族、柯尔克孜族、俄罗斯族、维吾尔族、塔吉克族、塔塔尔族、锡伯族），太原：山西出版传媒集团·书海出版社2014年版，第222页。

W1317
天地原来离得很近（天地距离很近）

【关联】
① ［W1158.1］原来的天很低
② ［W1367.1］天地间自然存在裂缝
③ ［W1774.1］以前人可以摘星星

实例

达斡尔族 （实例待考）

高山族 （实例待考）

哈萨克族 很久以前，天空和大地之间的距离很小。

【流传】（无考）

【出处】雅克亚玛纳斯讲，安蕾、毕桪译：《天是怎样升高的》，见满都呼主编《中国阿尔泰语系诸民族神话故事》，北京：民族出版社1997年版，第57页。

汉族 很早以前，天和地相距不远，有天梯相连接。

【流传】湖北省·天门县（天门市）

【出处】郭明雄讲，陈默整理：《天梯与野草》，原载天门县文化馆编《天门民间故事》第1集，见陶阳、钟秀编《中国神话》（上），北京：商务印书馆2008年版，第187页。

苗族 远古的时候，天和地连在一起，天空和大地贴得很近。

【流传】湖南省苗族地区

【出处】龙王六演唱，龙炳文翻译：《开天立地》，苗地根据《楚风》刊登的《苗族古歌》的第一部分《开天日立》改写，见姚宝瑄主编《中国各民族神话》（布依族、仡佬族、苗族），太原：山西出版传媒集团·书海出版社2014年版，第127页。

怒族 以前，天地的距离很近。

【流传】云南省·（怒江傈僳族自治州）·贡山县（贡山独龙族怒族自治县）

【出处】彭兆清提供，攸延春整理：《创世纪》，见攸延春《怒族文学史》，昆明：云南民族出版社2003年版，第18页。

畲族 很古的时候，天空碧蓝明净，离我们地面比现在要近得多。

【流传】浙江省

【出处】

（a）王国全搜集整理：《天眼重开》，见谷德明编《中国少数民族神话》，北京：中国民间文艺出版社1987年版，第209~224页。

（b）同（a），见姚宝瑄主编《中国各民族神话》（高山族、黎族、畲族），太原：山西出版传媒集团·书海出版社2014年版，第113页。

土家族 在远古的洪荒年代，天和地挨得很近。

【流传】四川省·秀山县（今重庆市·秀山土家族苗族自治县）·海洋乡

【出处】彭国然讲，李绍明采录：《依罗娘娘造人》，见中国民间文学集成全国编辑委员会编《中国民间故事集成》（四川卷·下），北京：中国ISBN中心1998年版，第1211页。

佤族 天和地很接近，人们感到不方便。

【流传】云南省·（临沧市）·沧源县（沧源佤族自治县）

【出处】白老大讲，张云采录：《兄妹神》，见中国民间文学集成全国编辑委员会编《中国民间故事集成》（云南卷），北京：中国ISBN中心2003年版，第334页。

佤族 以前，天地离得很近。

【流传】云南省·（普洱市）·西盟县（西盟佤族自治县），（临沧市）·沧源县（沧源佤族自治县）

【出处】随戛、岩扫、岩瑞等讲述，艾荻、张开达搜集整理：《司岗里》，载《山茶》1988年第1期。

佤族 以前，天和地用铁链拴在一起，离得很近。

【流传】云南省·（普洱市）·西盟县（西盟佤族自治县）

【出处】达老屈等讲，隋嘎等采录：《司岗里》，见中国民间文学集成全国编辑委员会编《中国民间故事集成》（云南卷），北京：中国 ISBN 中心 2003 年版，第 96 页。

瑶族 远古的时候，天离地很近，人在地下说话的声音，天上都能听到。

【流传】广东省·（清远市）·连南县（连南瑶族自治县）·寨岗镇

【出处】唐罗古三等讲，许文清等采录：《洪水淹天》，见中国民间文学集成全国编辑委员会编《中国民间故事集成》（广东卷），北京：中国 ISBN 中心 2006 年版，第 8 页。

裕固族 以前，天地距离很近。

【流传】（无考）

【出处】钟进文：《裕固族神话》，见满都呼主编《中国阿尔泰语系诸民族神话故事》，北京：民族出版社 1997 年版，第 116 页。

壮族 以前，天地开始很近。

【流传】（无考）

【出处】《盘和古》，见陶立璠，李耀宗编《中国少数民族神话传说选》，成都：四川民族出版社 1985 年版，第 156～159 页。

壮族 从前，天和地隔得很近。

【流传】
（a）广西壮族自治区·（南宁市）·马山县·加芳乡（加方乡）
（bc）广西壮族自治区红水河流域各县

【出处】
（a）韦公讲，蓝鸿恩采录翻译：《布伯斗雷王》，见中国民间文学集成全国编辑委员会编《中国民间故事集成》（广西卷），北京：中国 ISBN 中心 2001 年版，第 49 页。
（b）蓝鸿恩搜集整理：《布伯》，见谷德明编《中国少数民族神话》，北京：中国民间文艺出版社 1987 年版，第 90 页。
（c）同（b），载《民间文学》1979 年第 10 期。

壮族 远古的时候，天和地离得很近。

【流传】云南省·文山（文山壮族苗族自治州）

【出处】《从宗爷爷造人烟》，见中国民间文学集成全国编辑委员会编《中国民间故事集成》（云南卷），北京：中国 ISBN 中心 2003 年版，第 203 页。

壮族 天地刚分开时，天地太近，人们度日很艰难。

【流传】（无考）

【出处】《布碌陀造天地》（原名《布碌陀》），原载谷德明编《中国少数民族神话选》，见袁珂《中国神话大词典》，北京：华夏出版社 2015 年版，第 439 页。

W1317.0
天地间有三个脚掌的空隙

实例

哈尼族 （实例待考）

W1317.0a
天地相距 1 个手臂的距离

实 例

傈僳族 很久以前，天和地很近，距离只有一人高，人伸手便可以摸着天。

【流传】云南省·（怒江傈僳族自治州）·福贡县

【出处】都玛恒讲，和四海采录：《天地分开》，见中国民间文学集成全国编辑委员会编《中国民间故事集成》（云南卷），北京：中国 ISBN 中心 2003 年版，第 161 页。

W1317.0a.1
以前可以举手触天

实 例

怒族 古时天地相连，举手可以触天。

【流传】（无考）

【出处】袁珂改编：《怒族来源》，原载《云南少数民族文学资料》（第二辑），见袁珂《中国神话大词典》，北京：华夏出版社 2015 年版，第 579 页。

W1317.1
天地相距 3 尺 3 寸（天高 3 尺 3）

实 例

汉族 扁鼓王（盘古的父亲）竖了天，接着便要劈地。本来天和地差不多高，只空着三尺三。

【流传】浙江省·（丽水市）·缙云县一带

【出处】上官旭昌讲，上官新友搜集整理：《扁鼓王劈地》（1985），见姚宝瑄主编《中国各民族神话》（汉族），太原：山西出版传媒集团·书海出版社 2014 年版，第 18~20 页。

壮族 天只有 3 尺 3 寸高。

【流传】广西壮族自治区右江流域

【出处】覃建才搜集整理：《保洛陀》，见曹廷伟编著《广西民间故事辞典》，南宁：广西教育出版社 1993 年版，第 17 页。

壮族 以前，天只有三尺三寸高。

【流传】（无考）

【出处】覃建才搜集整理：《保洛陀》，原载刘德荣等编《壮族民间故事》，云南人民出版社 1988 年版，见姚宝瑄主编《中国各民族神话》（仫佬族、壮族、京族），太原：山西出版传媒集团·书海出版社 2014 年版，第 97 页。

壮族 以前，天地俱窄，天高三尺三。

【流传】（无考）

【出处】《陆驮公公》，原载胡仲实《壮族文学概论》，见袁珂《中国神话大词典》，北京：华夏出版社 2015 年版，第 442 页。

W1317.1.1
天地相距3尺3寸3分

【实例】

布依族 很古的时候，天和地只相隔3尺3寸3分远。

【流传】贵州省

【出处】王燕、春甫等讲，汛河记录整理：《力戛撑天》，见谷德明编《中国少数民族神话》，北京：中国民间文艺出版社1987年版，第611页。

布依族 荒古之时，天地相距仅三尺三寸三分。

【流传】（无考）

【出处】《力戛撑天》，原载谷德明编《中国少数民族神话选》，见袁珂《中国神话大词典》，北京：华夏出版社2015年版，第445页。

布依族 很古老的时候，天和地只相隔三尺三寸三分远。

【流传】各地布依族地区

【出处】王燕、春甫、班告爷讲，汛河记录整理：《力戛创世》，见姚宝瑄主编《中国各民族神话》（布依族、仡佬族、苗族），太原：山西出版传媒集团·书海出版社2014年版，第4页。

布依族 很古老的时候，天和地只相隔三尺三寸三分远。人舂碓的时候，碓脑壳碰着天；挖地的时候，一举锄头也碰着天；挑水的扁担，只能横着放，不能立着拿，不然也要碰着天；人们去做活路，成天弓着身子，腰杆都不能伸一下。

【流传】贵州省

【出处】王燕、春甫、班告爷等讲，汛河搜集整理：《力戛撑天》，原载陶立璠、李耀宗编《中国少数民族神话传说选》，见陶阳、钟秀编《中国神话》（中），北京：商务印书馆2008年版，第773~775页。

W1317.1a
天地相距5尺6寸9分

【实例】

布依族 很久以前，天离地只有五尺六寸九分高。

【流传】贵州省·（黔南布依族苗族自治州）·都匀市·洛邦镇

【出处】罗重恩讲，盖正刚采录：《力嘎撑天》，见中国民间文学集成全国编辑委员会编《中国民间故事集成》（贵州卷），北京：中国ISBN中心2003年版，第71页。

W1317.1a.1
天地相距1人高

【关联】［W1158.1.1］以前，人可以用手摸着天

【实例】

傈僳族 很久以前，天和地很近，距离只有一人高。人伸手便可以摸着天。

【流传】云南省·（怒江傈僳族自治

州）·福贡县

【出处】都玛恒讲，和四海采录：《天地分开》（1988），见中国民间文学集成全国编辑委员会编《中国民间故事集成》（云南卷），北京：中国ISBN中心2003年版，第161页。

怒族　开天辟地的时候，天与地只有一人之隔。

【流传】云南省·（怒江傈僳族自治州）·贡山地区（贡山独龙族怒族自治县）

【出处】

（a）李兴民讲，李含生、杨春寿、周良智搜集整理：《搓海玩海》，见陶立璠、李耀宗编《中国少数民族神话传说选》，成都：四川民族出版社1985年版。

（b）同（a），见姚宝瑄主编《中国各民族神话》（门巴族、珞巴族、怒族、藏族），太原：山西出版传媒集团·书海出版社2014年版，第66~页。

W1317.2

天地相距只有几丈

实　例

黎族　远古时候，天地相距只有几丈远。

【流传】
（a）海南省·（三亚市）·乐东县（乐东黎族自治县）·抱由镇
（bc）海南省五指山区

【出处】
（a）林大陆讲，广东民族学院中文系七级采风组采录：《大力神》，见中国民间文学集成全国编辑委员会编《中国民间故事集成》（海南卷），北京：中国ISBN中心2002年版，第14页。
（b）同（a），见谷德明编《中国少数民族神话》，北京：中国民间文艺出版社1987年版，第191页。
（c）同（a），见广东民族学院中文系编《黎族民间故事选》，上海：上海文艺出版社1982年版，第1页。

黎族　远古时候，天地相距只有几丈远。

【流传】海南省五指山一带

【出处】
（a）林大陆讲，龙敏、林树勇、陈大平整理：《大力神》，见广东民族学院中文系编《黎族民间故事选》，上海：上海文艺出版社1983年版。
（b）同（a），见姚宝瑄主编《中国各民族神话》（高山族、黎族、畲族），太原：山西出版传媒集团·书海出版社2014年版，第48页。

黎族　远古之时，天地相距仅数丈。

【流传】（海南省?）

【出处】袁珂改编：《大力神》，原载谷德明编《中国少数民族神话选》，见袁珂《中国神话大词典》，北京：华夏出版社2015年版，第506页。

W1317.2.1

以前，地上的竹子能碰到天顶篷

【关联】［W3795.2］竹子弯腰的来历

【实例】

壮族 从前，天和地隔得很近。竹子向上长就碰到天顶篷；天上讲话，人间也都听得见。

【流传】广西壮族自治区红水河流域各县

【出处】蓝鸿恩搜集整理：《布伯的故事》，原载蓝鸿恩编《壮族民间故事选》，见陶阳、钟秀编《中国神话》（上），北京：商务印书馆2008年版，第498~508页。

壮族 从前，天和地隔得很近，竹子向上长就碰到天顶篷了，所以竹子老勾着腰，天上讲话人间都听得见。

【流传】广西壮族自治区红水河流域各县

【出处】

（a）《布伯的故事》，载《民间文学》1979年第10期。

（b）同（a），王松选定，见姚宝瑄主编《中国各民族神话》（仫佬族、壮族、京族），太原：山西出版传媒集团·书海出版社2014年版，第102页。

壮族 很古的时候，天和地离得很近，就连竹子长高了也能触着天。

【流传】云南省·文山壮族苗族自治州

【出处】黎之整理：《从宗爷爷造人烟》，原载李子贤编《云南少数民族神话选》，云南人民出版社1990年版，见姚宝瑄主编《中国各民族神话》（仫佬族、壮族、京族），太原：山西出版传媒集团·书海出版社2014年版，第120页。

W1317.3
天地相距几十尺

【实例】

汉族 以前，月亮离地面只有二三十尺的距离。

【流传】广西壮族自治区·南宁市

【出处】莫亦宽讲，吴荷丹记录：《天是怎样升高的》，见曹廷伟编著《广西民间故事辞典》，南宁：广西教育出版社1993年版，第12页。

W1317.4
天地有1条大河相隔

【实例】

回族 阿当（人名，寻找火种者）骑着野马来到了天地相隔的大河边上，对面是通红透亮的火焰山。

【流传】（无考）

【出处】

（a）贵州省民间文学工作组整理：《阿当寻火种》，见谷德明编《中国少数民族神话选》，西北民族学院研究所编印，内部资料，1983年。

（b）同（a），见姚宝瑄主编《中国各民族神话》（土族、东乡族、回族、保安族、裕固族、撒拉族），太原：山西出版传媒集团·书海出版社2014年版，第62~63页。

W1317.5
与天地距离近有关的其他母题

实例

（参见下级母题实例）

W1317.5.1
天的主宰者移动天地使天地只有1庹的距离

【关联】[W4866] 天的管理

实例

苗族 远古之时主宰天者宏效移动天地，使两者只有一庹（庹，两臂左右引长）的距离。

【流传】贵州省西北部

【出处】

（a）《谷佛补天》，见贵州省民间文学工作组编《苗族文学史》，贵阳：贵州人民出版社1981年版。

（b）同（a），见袁珂《中国神话大词典》，北京：华夏出版社2015年版，第419页。

W1317.5.2
天地刚形成时距离很近

【关联】[W1500.1.4] 天地刚形成时没有万物

实例

壮族 在天地刚成的时候，天同地离得很近。

【流传】（无考）

【出处】《盘和古》，原载陶立璠、李耀宗编《中国少数民族神话传说选》，四川民族出版社1985年版，见姚宝瑄主编《中国各民族神话》（仫佬族、壮族、京族），太原：山西出版传媒集团·书海出版社2014年版，第130页。

W1317.5.3
以前天地近得挥斧就碰到天

实例

壮族 以前，天地离得很近，地上人挥斧就碰着天，地上人舂米又震着地底下，地底下的人也很厌烦。

【流传】（无考）

【出处】《天地吵闹》，原载蓝鸿恩搜集整理《神弓宝剑》，中国民间文艺出版社1985年版，见吕大吉、何耀华总主编《中国各民族原始宗教资料集成》（土家族卷、瑶族卷、壮族卷、黎族卷），北京：中国社会科学出版社1998年版，第615页。

W1317.5.4
以前天地近得可以摘星星抓云彩

【关联】[W1774] 摘星星

实例

壮族 以前，天地离得很近。小孩子有时随便摘星星来玩，姑娘们随便抓一把云彩来做棉花，扯成线。

【流传】（无考）

【出处】《天地吵闹》，原载蓝鸿恩搜集

整理《神弓宝剑》，中国民间文艺出版社 1985 年版，见吕大吉、何耀华总主编《中国各民族原始宗教资料集成》（土家族卷、瑶族卷、壮族卷、黎族卷），北京：中国社会科学出版社 1998 年版，第 615 页。

W1317.5.5
天地很近是被山挤压造成的

实例

彝族 世界最早时天地很窄。因为太阳山、月亮山和地面山三座山在三方，把天和地都占满，使天地很窄。

【流传】云南省·楚雄彝族自治州

【出处】《门米间扎节》，古梅根据《楚雄民间文学资料》改写，见姚宝瑄主编《中国各民族神话》（羌族、彝族），太原：山西出版传媒集团·书海出版社 2014 年版，第 84 页。

W1317.5.6
天地之间没有盘古高

实例

汉族 盘古发现天地间的缝太小了，天在上边压着他的头，地在下边挤着他的屁股，站不起来。

【流传】河南省·济源市·（城关）

【出处】程玉林讲，缪华、胡佳作采录：《盘古寺》，见张振犁编著《中原神话通鉴》（第一卷），郑州：河南大学出版社 2017 年版，第 3 页。

W1318
天地原来离得很远（天地距离很远）

【关联】[W1158.2.1] 天每层 183 万丈

实例

汉族 天数极高，地数极深，盘古极长。

【流传】（无考）

【出处】

(a) [三国·吴] 徐整：*《盘古》，见 [唐] 欧阳询《艺文类聚》卷一引。

(b) [三国·吴] 徐整：*《盘古》，见 [清] 马骕《绎史》卷一引。

W1318.1
天地相距 99999 丈

实例

布依族 后生力戛使劲用两手把天往上一撑，天就被撑上去了九万九千九百九十九丈高。

【流传】贵州省

【出处】王燕、春甫等讲，汛河记录整理：《力戛撑天》，见谷德明编《中国少数民族神话》，北京：中国民间文艺出版社 1987 年版，第 611 页。

布依族 后生力戛吸气，把榕树叶、木棉树叶、茶花、夹竹桃等俱吸入肚中，遂眼鼓巨似海碗，脉胀粗如楠竹，两手托天，一举而撑之，天乃撑高至九万九千九百九十九丈，双足蹬地，地塌下之深，亦如天高之数。

【流传】（无考）

【出处】《力戛撑天》，原载谷德明编《中国少数民族神话选》，见袁珂《中国神话大词典》，北京：华夏出版社2015年版，第445页。

W1318.1.1

撑天踩地时天被顶起99999丈高，地被蹬去99999丈深

实 例

布依族 力戛（人名，大力士）撑天时，使尽平生吃奶的力气，往上一顶，天被撑去了九万九千九百九十九丈高，地就被蹬去九万九千九百九十九丈深。

【流传】各地布依族地区

【出处】王燕、春甫、班告爷讲，汛河记录整理：《力戛创世》，见姚宝瑄主编《中国各民族神话》（布依族、仡佬族、苗族），太原：山西出版传媒集团·书海出版社2014年版，第5页。

W1318.1a

天地相距1万2千尺

实 例

瑶族 密洛陀（女神名）走到天地间裂缝的中间，双肩往上一顶，两脚往下一踩，双手一掰，上缘的天便升高九千丈，下缘的地同时也下沉了三千尺。

【流传】广西壮族自治区·（河池市）·都安瑶族自治县江水河一带瑶族地区

【出处】《密洛陀创世》，蓝田根据莎红整理的《密洛陀》和潘泉脉整理的《密洛陀》两部不同版本的长诗《密洛陀》改写，见姚宝瑄主编《中国各民族神话》（土家族、毛南族、侗族、瑶族），太原：山西出版传媒集团·书海出版社2014年版，第154页。

W1318.2

天地相距9万里

【关联】[W1314.2.6.2] 天升高9万里

实 例

汉族 天去地九万里。

【流传】（无考）

【出处】[三国] 徐整：《三五历记》，原书已佚，据《太平御览》引文。

汉族 天地混沌如鸡子，盘古生其中。天日高一丈，地日厚一丈，盘古日长一丈，如此万八千岁，天去地九万里。

【流传】（无考）

【出处】

(a) [三国·吴] 徐整：*《盘古》，见 [唐] 欧阳询《艺文类聚》卷一引。

(b) [三国·吴] 徐整：*《盘古》，见 [清] 马骕《绎史》卷一引。

汉族 天地之间相距有9万里。

【流传】福建省·（泉州市）·永春县

（古称桃源）·蓬壶乡

【出处】林烈火讲，林绥国采录：《盘古分天地》，见中国民间文学集成全国编辑委员会编《中国民间故事集成》（福建卷），北京：中国 ISBN 中心 1998 年版，第 3 页。

汉族　天和地的距离 9 万里。

【流传】黑龙江省·（哈尔滨市）·通河县·通河镇

【出处】张建恒讲，张景义采录：《盘古开天辟地》，见中国民间文学集成全国编辑委员会编《中国民间故事集成》（黑龙江卷），北京：中国 ISBN 中心 2005 年版，第 3 页。

汉族　盘古蹬破孕育大鸡蛋（混沌）后，盘古长成了一个高九万里的巨人，天地也被他撑开了九万里。这就是人们常说的"九重天"的来历。

【流传】河南省尾山一带

【出处】程玉林讲，缪华、胡佳作搜集整理：《盘古寺》，原载张振犁、程健君编《中原神话专题资料》，见姚宝瑄主编《中国各民族神话》（汉族），太原：山西出版传媒集团·书海出版社 2014 年版，第 4~6 页。

汉族　天地被盘古他撑开了九万里。

【流传】河南省·济源市·（城关）

【出处】程玉林讲，缪华、胡佳作采录：《盘古寺》，见张振犁编著《中原神话通鉴》（第一卷），郑州：河南大学出版社 2017 年版，第 3 页。

汉族　盘古最后长了多高呢？据说是九万里，正好是天与地的距离。

【流传】河南省·新乡市

【出处】马如心（50 岁）讲，马安中采录整理：《盘古开天地》（1986.08），见张振犁编著《中原神话通鉴》（第一卷），郑州：河南大学出版社 2017 年版，第 16 页。

W1318.2.1
身高 9 万里的盘古把天地撑开 9 万里

【关联】[W1152.2.1.1] 盘古撑天 9 万里形成九重天

实　例

汉族　盘古怕天地再合起来，就手撑天，脚蹬地。盘古站直的身子一天长一丈，天地也一天离开一丈。过了一万八千年，盘古长成了一个高九万里的巨人，天地也被他撑开了九万里。

【流传】河南省

【出处】程玉林讲述，缪华、胡佳作搜集整理：《九重天的来历》，原载张振犁、程健君合编《中原神话专题资料》，见陶阳、钟秀编《中国神话》（上），北京：商务印书馆 2008 年版，第 19~21 页。

W1318.3
天地相距 10 万 8 千里

实　例

汉族　天地之间相距十万八千里。

【流传】陕西省·（榆林市）·绥德

县·白家界乡（白家硷乡）·海满坪村

【出处】杨进山讲，刘汉腾采录：《黎民百姓和九重天》，见中国民间文学集成全国编辑委员会编《中国民间故事集成》（陕西卷），北京：中国 ISBN 中心 1996 年版，第 3 页。

汉族　天离地有十万八千里。

【流传】浙江省·（宁波市）·宁海县·（力洋镇）·力洋村

【出处】叶丙标讲，叶柱采录：《玉帝分开地》，见中国民间文学集成全国编辑委员会编《中国民间故事集成》（浙江卷），北京：中国 ISBN 中心 1997 年版，第 22 页。

W1318.3.1
天地相隔 10 多万里

实　例

汉族　天地之间足足相隔十多万里。

【流传】河南省·（南阳市）·新野县

【出处】曹学典讲，曹宝泉采录：《盘古爷开天》，见张振犁编著《中原神话通鉴》（第一卷），郑州：河南大学出版社 2017 年版，第 34 页。

W1318.3a
天地相距几万里

实　例

汉族　盘古一次次拼命撑开天地。过了一万八千年光景，天和地大约距离几万里。这时节，天和地都变得稳定结实了，天不再升高，地也不再加厚。

【流传】浙江省·（温州市）·永嘉县各地

【出处】陈仁讲，谢圣铎搜集整理：《盘古开天地》（1985），见姚宝瑄主编《中国各民族神话》（汉族），太原：山西出版传媒集团·书海出版社 2014 年版，第 13～14 页。

W1318.3a.1
天地相距 3 万 6 千里

实　例

汉族　昔二仪未分，暝涬鸿蒙，未有成形。混沌玄黄，已有盘古真人，天地之精，自号元始天王，游乎其中。复经四劫，二仪始分，相去三万六千里。

【流传】（无考）

【出处】[东晋] 葛洪：《枕中书》。

汉族　天者，如龙旋回云中，复经四劫，二仪始分，相去三万六千里。

【流传】（无考）

【出处】《路史·前纪一》罗苹注。

W1318.3b
天地相距 48 万 8 千里

实　例

侗族　萨天巴（蜘蛛，女祖神，创世神）让众神创新改天换地时，要求他们把天篷撑上去，要撑到离地面有四十八万八千里的高处，才好让万物万类，都能在地上、空中好好生长。

【流传】广西壮族自治区·（柳州市）·三江（三江侗族自治县），（桂林市）·龙胜（龙胜各族自治县）

【出处】杨卜林喜、杨卜松林、杨明世讲，杨国仁、涛声搜集整理，蔷紫改写：《创世女神萨天巴》，原文为过伟改写自侗族创世史诗《嘎茫莽道时嘉——远祖歌》（未出版稿），见姚宝瑄主编《中国各民族神话》（土家族、毛南族、侗族、瑶族），太原：山西出版传媒集团·书海出版社2014年版，第76页。

W1318.3c
天地相距 5 亿万里

实 例

汉族　天去地五亿万里。

【流传】（无考）
【出处】［汉］《淮南子·天文训》。

W1318.4
天地之间隔着 3 层天

【关联】［W1163.3］天有3层

实 例

汉族　天与地之间裂开了三层天。

【流传】甘肃省·（陇南市）·徽县·城关（城关镇）
【出处】杨世荣讲，田雪采录：《盘古王开天地》，见中国民间文学集成全国编辑委员会编《中国民间故事集成》（甘肃卷），北京：中国 ISBN 中心2001年版，第4页。

W1318.5
从天上到地上需要 9 天

【汤普森】A658.1

实 例

（参见下级母题实例）

W1318.6
天上到地上鸟要飞 1 年零 3 个月

实 例

傣族　天上一只名字叫"诺列领"（滴水鸟）的小鸟，从天上望见地球很小，就试图把地球打沉到水里。它飞了一年零三个月，终于飞到了地球上。

【流传】（云南省）
【出处】《破仙葫芦进人间，开创世道人类》，原载祜巴勐《论傣族诗歌》，中国民间文学出版社1981年版，见姚宝瑄主编《中国各民族神话》（哈尼族、傣族），太原：山西出版传媒集团·书海出版社2014年版，第260～261页。

W1318.7
从天上到地上需要 900 年

【汤普森】A658.2

实 例

（实例待考）

W1318a

与天地距离有关的其他母题

【关联】

① ［W1127.0.3］天地混沌无间

② ［W1291.0.1］巨人把天撑高5里，把地踩低千尺

实　例

（参见下级母题实例）

W1318a.1

天地中间是空的

【关联】

① ［W1161.11.1］以前天上什么也没有

② ［W1235.2.2］以前地上什么也没有

实　例

哈尼族 最早的时候，金鱼娘扇出来的天，叫奔梭哈海，金鱼娘扇出来的地，叫罗梭梭海。这是天神和地神住的地方。中间空出来的这层，叫作涅嵯嵯海。这里什么也没有。

【流传】云南省·（红河哈尼族彝族自治州）·元阳县、金平县（金平苗族瑶族傣族自治县）、红河县等地

【出处】朱小和讲，史军超、卢朝贵搜集整理：《烟本霍本》，原载刘辉豪、阿罗编《哈尼族民间故事选》，上海文艺出版社1989年版，见姚宝瑄主编《中国各民族神话》（哈尼族、傣族），太原：山西出版传媒集团·书海出版社2014年版，第34页。

W1318a.2

天地中间有特定物

实　例

（参见下级母题实例）

W1318a.2.1

天地中间有些东西浮来浮去

实　例

汉族 以前，天和地很近，中间还有一些东西浮来浮去，盘古夹在里面，连气都透不出来。

【流传】浙江省·（温州市）·永嘉县各地

【出处】陈仁讲，谢圣铎搜集整理：《盘古开天地》（1985），见姚宝瑄主编《中国各民族神话》（汉族），太原：山西出版传媒集团·书海出版社2014年版，第13~14页。

W1318a.2.2

天地之间是水

【关联】［W1317.4］天地有1条大河相隔

实　例

汉族 （参见W1235.5母题实例）

苗族 远古时，天地相距很近，中间都是水，但没有船路，就连水獭也无法通行。

【流传】湖南省苗族地区

【出处】龙王六演唱，龙炳文翻译：《开

天立地》，苗地根据《楚风》刊登的《苗族古歌》的第一部分《开天日立》改写，见姚宝瑄主编《中国各民族神话》（布依族、仡佬族、苗族），太原：山西出版传媒集团·书海出版社2014年版，第127页。

W1318a.2.3
天地之间居住着特定的人

实 例

彝族　天上住着恩梯古兹（天神名），天和地的中间住着德布阿尔。地上住着曲布居木。

【流传】四川省·凉山州彝族自治州

【出处】沈伍己讲，邹志诚记录整理：《洪水滔天的故事》，原载李德君、陶学良编《彝族民间故事选》，上海文艺出版社1981年版，见姚宝瑄主编《中国各民族神话》（羌族、彝族），太原：山西出版传媒集团·书海出版社2014年版，第242页。

W1318a.3
天地距离变大

实 例

（参见下级母题实例）

W1318a.3.1
祖先把天地距离变大

【关联】［W1307.8］祖先把天升高

实 例

壮族　壮家的老祖布洛陀把天加大加高，把地加宽加厚，把山岭削低削小。这样一来，天和地离得远了，山岭也跟着离天远了。

【流传】广西壮族自治区·（百色市）·西林县

【出处】岑永钦、黎显春讲，岑隆业、杨荣杰、金稼民整理：《铜鼓的来历》，原载选自蓝鸿恩编《壮族民间故事选》，见陶阳、钟秀编《中国神话》（下），北京：商务印书馆2008年版，第1271~1274页。

W1318a.3.2
布洛陀用天柱把雷公顶上天，龙王压入地

实 例

壮族　以前，天地很近。布碌陀在碌陀山立起顶天柱。布碌陀再一顶，把雷公弹到高高的上面去了。柱脚压得龙王不得不往下面跑。

【流传】（a）广西壮族自治区右江及红水河一带

【出处】

（a）周朝珍讲，何承文整理：《布碌陀》，载广西民间文学研究会编印《广西民间文学丛刊》第5期。

（b）《布碌陀》（王松选定），见姚宝瑄主编《中国各民族神话》（仫佬族、壮族、京族），太原：山西出版传媒集团·书海出版社2014年版，第76页。

W1318a.3.3
布洛陀通过升天削山把天地距离增大

【关联】［W1830.1.1.3.1］布洛陀用鞭把山劈开

实 例

壮族　天下地上的人多了，保洛陀（男祖先名）嫌天地小了，就把天加大加高，把地加宽加厚，把山岭削低削小。这样天和地离得远了，山岭也跟着离天远了。

【流传】（无考）

【出处】岭隆业、杨荣杰、金稼民搜集、整理：《铜鼓的来历》，原载蓝鸿恩编：《壮族民间故事选》，上海文艺出版社1984年版，见姚宝瑄主编《中国各民族神话》（仫佬族、壮族、京族），太原：山西出版传媒集团·书海出版社2014年版，第149～150页。

W1318a.4
离天最近的地方

实 例

（参见下级母题实例）

W1318a.4.1
中天山上的中天镇离天只有3尺

【关联】［W1852.6.176］中天山

实 例

汉族　很久以前，杞县是天地的中心。杞县一带叫中天镇。中天镇坐落在中天山上，离天只有三尺来高。

【流传】河南省·（开封市）·杞县

【出处】王怀聚讲，王宪明搜集整理：《杞人忧天》，见姚宝瑄主编《中国各民族神话》（汉族），太原：山西出版传媒集团·书海出版社2014年版，第75～77页。

W1318a.4.2
中天镇离天3丈3尺3寸3厘3

实 例

汉族　很久以前，杞县叫中天镇。中天镇地处中天山峰顶上，离天只有三丈三尺三寸三厘三。

【流传】河南省·（开封市）·杞县

【出处】尹守礼（农民）讲，王怀聚采录整理：《杞人忧天（一）》，见张振犁编著《中原神话通鉴》（第一卷），郑州：河南大学出版社2017年版，第158页。

❀ W1319
天的支撑

【汤普森】A665

【关联】［W1179.8.2］支天造地

实 例

（参见下级母题实例）

W1319a
天以前没有支撑

实 例

（参见下级母题实例）

W1319a.1

以前的天高悬在空中

【实例】

布朗族 最早时的天，高悬在空中没有东西支撑着。

【流传】云南省·（红河哈尼族彝族自治州）·金平县（金平苗族瑶族傣族自治县）

【出处】朱嘉禄整理：《顾米亚》，原载《中国民间故事选》第 2 集，人民文学出版社 1962 年版，见姚宝瑄主编《中国各民族神话》（水族、布朗族、独龙族、基诺族、傈僳族），太原：山西出版传媒集团·书海出版社 2014 年版，第 90 页。

W1320

天的支撑物

【汤普森】A665.2

【实例】

（参见下级母题实例）

W1321

神支天（神支撑天）

【汤普森】A665.1

【实例】

珞巴族 （实例待考）

W1321.1

众神支天

【实例】

布依族 天帝让大力神们各自装起金钉、铜钉，来到指定地点，不到一个时辰，就把老天撑得高高的，钉得牢牢实实的，永远不会塌下来。

【流传】贵州省·（黔南布依族苗族自治州）·都匀市·洛邦镇

【出处】罗重恩讲，盖正刚采录：《力嘎撑天》，见中国民间文学集成全国编辑委员会编《中国民间故事集成》（贵州卷），北京：中国 ISBN 中心 2003 年版，第 71 页。

W1321.2

神龟天

【关联】［W0926.3］神龟

【实例】

鄂温克族 神龟撑开四脚撑住天。

【流传】内蒙古自治区·（呼伦贝尔市）·陈巴尔虎旗·鄂温克公社（鄂温克苏木）

【出处】汪立珍：《鄂温克族神话研究》，北京：中央民族大学出版社 2006 年版，第 71~72 页。

W1321.3

神的肢体支天

【实例】

（参见下级母题实例）

W1321.3.1

神剁下自己的脚支天

【实例】

苗族 大神纳罗引勾用木柱、石柱、

铁柱顶天都不成功时，用自己的四节脚撑住了天。

【流传】广西壮族自治区·融水（融水苗族自治县）·大年（大年乡）、拱洞（拱洞乡）等地

【出处】杨达香讲，梁彬搜集整理：《创世大神和神子神孙》，见曹廷伟编著《广西民间故事辞典》，南宁：广西教育出版社1993年版，第22页。

W1321.4
神象用鼻子支天

【关联】[W0926.4] 神象

实 例

傣族 英叭神造了一只神象"掌月朗宛"，让它用鼻子顶住了天。

【流传】云南省

【出处】《巴塔麻嘎捧尚罗》，见云南旅游信息网：http://www.yunnaninfo.com/chinesebig 5/yunnan，2005.11.07。

W1321.5
动物神支天

【关联】[W0500] 动物神

实 例

（参见下级母题实例）

W1321.5.1
动物神用双手托天

实 例

佤族 达能（达"即爷爷，"能"为名，传说中的动物神）砍断了拴着天地的铁链后，生怕天又掉下来，砸死大地上的生灵，就双手托着天。

【流传】（云南省·普洱市·西盟佤族自治县）

【出处】随戛、岩扫、岩瑞等讲，艾荻、张天达搜集整理：《司岗里》，见姚宝瑄主编《中国各民族神话》（佤族、阿昌族、纳西族、普米族、德昂族），太原：山西出版传媒集团·书海出版社2014年版，第12页。

佤族 达能（动物神名）砍断了拴着天地的铁链后，怕天又掉下来砸死大地上的生灵，就双手托着天。

【流传】云南省·（普洱市）·西盟县（西盟佤族自治县），（临沧市）·沧源县（沧源佤族自治县）

【出处】随戛、岩扫、岩瑞等讲述，艾荻、张开达搜集整理：《司岗里》，载《山茶》1988年第1期。

W1322
神性人物支天（神性人物支撑天）

实 例

（参见下级母题实例）

W1322.1
盘古用手撑天地

实 例

苗族 盘古公公劈开世界最早出现的两块薄板儿后，狠狠擎着天向上，擎

天高高到穹苍。盘古老人热心肠，狠狠擎着天向上，擎天高高到穹苍。

【流传】原文无流传地，据文本及注释推测该神话流传于贵州省·黔东南苗族侗族自治州·凯里市、台江县等地。

【出处】张启庭、张荣光、张正玉、张启德演唱，张明搜集，燕宝整理译注：《创造宇宙·开天辟地》，见贵州省少数民族古籍整理出版规划小组办公室编，燕宝整理译注《苗族古歌》，贵阳：贵州民族出版社1993年版，第29页。

W1322.1.1
盘古的4只手撑天

实例

彝族 地有盘古的4只手撑着天，天有盘古的4只手撑着地。

【流传】云南省·（楚雄彝族自治州）·楚雄（楚雄市）、南华（南华县）、双柏（双柏县）等地

【出处】《查姆·鲁查姆》，见杨继中、芮增瑞、左玉堂编《楚雄彝族文学简史》，北京：中国民间文艺出版社1986年版，第43~44页。

W1322.1a
盘瓠王用手掌天地

实例

苗族 盘瓠王害怕天垮下来，就用双手撑着天。

【流传】四川省·（宜宾市）·筠连县

【出处】熊凤祥讲，刘宇仁采录：《盘瓠王造天地》，见中国民间文学集成全国编辑委员会编《中国民间故事集成》（四川卷·下），北京：中国ISBN中心1998年版，第1315页。

W1322.2
盘古用身躯顶天

实例

汉族 盘古担心天地重新合拢，用自己的身躯撑在天和地之间。

【流传】

（a）福建省·（泉州市）·永春县（古称桃源）·蓬壶乡

（b）湖北（湖北省）西北一带。

【出处】

（a）林烈火讲，林绥国采录：《盘古分天地》，见中国民间文学集成全国编辑委员会编《中国民间故事集成》（福建卷），北京：中国ISBN中心1998年版，第3页。

（b）马卉欣整理：《盘古顶天》，见桐柏网，http://tongbai.01ny.cn，2001.01.26。

汉族 盘古天地开辟后，怕它再合上，就挺直腰杆站在当中顶着。

【流传】河南省·（驻马店市）·新蔡县·裳村乡

【出处】刘义（76岁，农民）讲，刘国富采录，龚国强采录整理：《盘古开天地的来历》（1987.09.05），见张振

犁编著《中原神话通鉴》（第一卷），郑州：河南大学出版社 2017 年版，第 25 页。

W1322.2.1
盘古在泰山上顶天

【关联】［W1851.1.9］泰山很高

实例

汉族　盘古跳上泰山，用自己的头撑住天。

【流传】甘肃省·（陇南市）·徽县·城关（城关镇）

【出处】杨世荣讲，田雪采录：《盘古王开天地》，见中国民间文学集成全国编辑委员会编《中国民间故事集成》（甘肃卷），北京：中国 ISBN 中心 2001 年版，第 4 页。

W1322.2.2
盘古支天 **1 万 8 千年**

实例

汉族　盘古天地开辟后，怕它再合上，就挺直腰杆站在当中顶着。他每天长高一丈，天地之间的距离也增加一丈。盘古在天地间顶了一万八千年，成了顶天立地的巨人。

【流传】河南省·（驻马店市）·新蔡县·裳村乡

【出处】刘义（76 岁，农民）讲，刘国富采录，龚国强采录整理：《盘古开天地的来历》（1987.09.05），见张振犁编著《中原神话通鉴》（第一卷），

郑州：河南大学出版社 2017 年版，第 25 页。

W1322.2.3
盘古支天 **10 万 8 千年**

实例

汉族　盘古在天地间越长越高，他日长一丈，天和地也日离一丈。这样过了十万八千年，天升得极高极高了，地也变得很厚很厚，盘古的身子也长得很高很高了。

【流传】河南省·（驻马店市）·汝南县

【出处】李建国（45 岁，中专）讲，李超采录：《盘古开辟天地》（1987.06），见张振犁编著《中原神话通鉴》（第一卷），郑州：河南大学出版社 2017 年版，第 26 页。

W1322.3
盘古变成支天柱子

实例

汉族　（实例待考）

W1322.4
盘瓠双手撑天

【关联】
① ［W0729］盘瓠（盘皇）
② ［W1307.7.1.1］巨人双手把天撑高

实例

苗族　盘瓠王撞破混沌卵后，生成天

地。他惧天坍堕，乃以双手撑天。

【流传】（无考）

【出处】《盘瓠王造天地》，原载《三套集成四川宜宾地区卷·苗族民间故事分册》，见袁珂《中国神话大词典》，北京：华夏出版社2015年版，第425页。

W1322.5
女始祖密洛陀用师父的四肢支撑天

实 例

瑶族　世上第一个女神密洛陀取了死去的师父的手和脚，把双手双脚变成四根顶天柱，拉到天的四个边角，把天撑住。

【流传】广西壮族自治区·（河池市）·都安瑶族自治县江水河一带瑶族地区

【出处】《密洛陀创世》，蓝田根据莎红整理的《密洛陀》和潘泉脉整理的《密洛陀》两部不同版本的长诗《密洛陀》改写，见姚宝瑄主编《中国各民族神话》（土家族、毛南族、侗族、瑶族），太原：山西出版传媒集团·书海出版社2014年版，第152页。

瑶族　密洛陀（瑶族最高神）用师父的两只手和两只脚作四条柱，顶着天的四个角。

【流传】广西壮族自治区·（河池市）·巴马瑶族自治县

【出处】

（a）蓝有荣讲，黄书光、覃光群搜集，韦编联整理：《密洛陀》，见苏胜兴、刘保元、韦文俊、王矿新等编《瑶族民间故事选》，上海：上海文艺出版社1980年版。

（b）同（a），见姚宝瑄主编《中国各民族神话》（土家族、毛南族、侗族、瑶族），太原：山西出版传媒集团·书海出版社2014年版，第140页。

W1322.6
神人支天

实 例

（参见下级母题实例）

W1322.6.1
2个神人支天

实 例

苗族　世界最早产生的两块小薄板儿，长成无边无际的两大块时，被盘古来劈开，把上块擎上去。这就成了天和地。盘古顶了千万年，天升高千万尺。盘古死后，长手臂高脚杆的神人甫方公和香妞婆轮流用手撑天。

【流传】原文无流传地，据文本及注释推测该神话流传于贵州省·黔东南苗族侗族自治州·凯里市、台江县等地。

【出处】《译者述评》，见贵州省少数民族古籍整理出版规划小组办公室编，燕宝整理译注《苗族古歌》，贵阳：贵州民族出版社1993年版，第1~2页。

W1323

人支天（人支撑天）

【关联】［W1724.2.3］撑天者的牙齿变成星星

实例

（参见下级母题实例）

W1323.1

用人的手足支天

实例

（参见下级母题实例）

W1323.1.1

妹妹砍下哥哥的手足支天

【关联】［W1309.8.3］一对兄妹把天升高

实例

汉族　妹妹砍下她哥哥的手和腿，撑住天的四个角。

【流传】广东省·湛江市·霞山区

【出处】林轩讲，林茂森采录：《女娲与海龟》，见中国民间文学集成全国编辑委员会编《中国民间故事集成》（广东卷），北京：中国 ISBN 中心2006年版，第4页。

W1323.2

大力士顶天

【关联】［W1309.8.0］大力士把天撑高

实例

布依族　大力士力戛狠狠地吸了一口气，榕树叶子、木棉树叶子、茶花、夹竹桃，都被他吸进肚子里。他眼睛鼓得像海碗大，浑身筋骨鼓得像楠竹那么粗，使尽平生的力气，两手猛力往上撑天，天就被他撑得九万九千九百九十九丈高，地就被他蹬得九万九千九百九十九丈深。

【流传】贵州省

【出处】王燕、春甫、班告爷等讲，汛河搜集整理：《力戛撑天》，原载陶立璠、李耀宗编《中国少数民族神话传说选》，见陶阳、钟秀编《中国神话》（中），北京：商务印书馆2008年版，第 773~775 页。

W1323.3

高脚杆和长手臂2人轮流支天

实例

苗族　撑天的盘古死后，有2个好心肠的人（神性人物），是九个节儿高脚杆和十个节儿手臂长，他们两个老人家，两个人来撑天上，你撑累了我来接，我累了来你就上，四只手来撑着天。

【流传】原文无流传地，据文本及注释推测该神话流传于贵州省·黔东南苗族侗族自治州·凯里市、台江县等地。

【出处】张启庭、张荣光、张正玉、张启德演唱，张明搜集，燕宝整理译

注：《创造宇宙·开天辟地》，见贵州省少数民族古籍整理出版规划小组办公室编，燕宝整理译注《苗族古歌》，贵阳：贵州民族出版社1993年版，第33~34页。

W1324
动物支天（动物支撑天）
实　例
（参见下级母题实例）

W1324.1
牛支天
实　例
（实例待考）

W1324.1.1
牛角支天
实　例
（实例待考）

W1324.1.2
牛骨支天
【关联】［W1344.4.2］公牛支撑地
实　例
（参见 W1324.9.2 母题实例）

W1324.2
犀牛的四条腿支天
实　例
（参见下级母题实例）

W1324.2.1
神把犀牛的四条腿变成天柱支天
实　例

布朗族　顾米亚（神巨人）把犀牛的四条腿变成四根大柱子，竖在地的东南西北四角上抵住天。

【流传】（a）云南省·（西双版纳傣族自治州）·勐海县

【出处】

（a）岩的兴讲，朱嘉禄采录：《顾米亚》，见中国民间文学集成全国编辑委员会编《中国民间故事集成》（云南卷），北京：中国ISBN中心2003年版，第150页。

（b）朱嘉禄整理：《顾米亚》，见谷德明编《中国少数民族神话》，北京：中国民间文艺出版社1987年版，第480页。

W1324.3
龟支天
【关联】
① ［W1337.2］天柱放在鱼身上
② ［W1344.2］龟支撑地（鳖鱼支撑地）

实　例

汉族　顶天柱下面各有个老鳖支着。

【流传】河南省·（安阳市）·安阳县·磊口乡·清凉山村

【出处】赵金和讲，牛化法采录：《女娲炼石补天》，见中国民间文学集成全国编辑委员会编《中国民间故事集成》（河南卷），北京：中国 ISBN 中心 2001 年版，第 17 页。

W1324.3.1
龟 4 条腿支天

【实　例】

鄂温克族　巨龟的四条腿正好撑住了天。

【流传】（无考）

【出处】

（a）松格布讲：《宝拉哈和尼桑创造人间》，满都呼主编《中国阿尔泰语系诸民族神话故事》，北京：民族出版社 1997 年版，第 302 页。

（b）松格布讲：《宝拉哈和尼桑创造人间》，见朝克、敖嫩等编《鄂温克族民间故事》，海拉尔：内蒙古文化出版社 1988 年版。

W1324.4
鳌鱼支天

【实　例】

汉族　天塌西北，地陷东南时，鳌鱼撑住了天。

【流传】黑龙江省·黑河地区（黑河市）

【出处】王运动采录：*《鳌鱼驮地球》，见中国民间文学集成全国编辑委员会编《中国民间故事集成》（黑龙江卷），北京：中国 ISBN 中心 2005 年版，第 4 页。

W1324.4.1
鳌骨撑天的四个边

【实　例】

水族　女神伢俣把天地分开后，立刻就拿了根铜棍撑住天的肚子，又拿了根铁撑住地心，再用四根鳌鱼的骨头，撑天四边。

【流传】（无考）

【出处】潘静流唱，燕宝记译，化斯改写：《伢俣开创世界》（原名《造天造地》），见姚宝瑄主编《中国各民族神话》（水族、布朗族、独龙族、基诺族、傈僳族），太原：山西出版传媒集团·书海出版社 2014 年版，第 4 页。

水族　伢俣（伢俣，水族语女娲）举天向上，踏地向下，以铜棍撑天肚，以铁棍支地心，用鳌骨撑天四边，支地四角，于是天地稳定。

【流传】（无考）

【出处】袁珂改编：《伢俣开天》（原名《开天立地》），原载毛星主编《中国少数民族文学》（中册），见袁珂《中国神话大词典》，北京：华夏出版社 2015 年版，第 539 页。

W1324.4.2
4 条鳌鱼各顶天的一角

【实　例】

汉族　天是由四条鳌鱼顶起来的，每条鳌鱼顶一个角。

【流传】湖南省·（衡阳市）·祁东县

【出处】刘贵福讲，王少磊采录：《太阳、月亮和星星的来历》，见中国民间文学集成全国编辑委员会编《中国民间故事集成》（湖南卷），北京：中国ISBN中心2002年版，第7页。

W1324.4.3
鳌鱼用背支天

实例

土家族 地上有个鳌鱼，鳌鱼的背顶住天。

【流传】湖南省、湖北省、贵州省等地

【出处】田建柏讲，彭勃等搜集整理：《补天补地》，见中华民族故事大系编委会编《中华民族故事大系》第5卷（瑶族、白族、土家族），上海：上海文艺出版社1995年版，第657页。

W1324.5
鳌足支四极

【关联】[W1167.2] 天有四极

实例

汉族 天的四角有四个鳌鱼支撑着。

【流传】江苏省·（连云港市）·东海县·房山乡·兴谷村

【出处】周朝行讲，黄运勤采录：《女娲娘娘炼冰补天》，见中国民间文学集成全国编辑委员会编《中国民间故事集成》（江苏卷），北京：中国ISBN中心1998年版，第4页。

汉族 混沌分离后，天由鳌足支四极。

【流传】山西省·（阳泉市）·平定县·（锁簧镇）·东锁簧村

【出处】朱翠兰讲，冯富国采录：《兄妹神婚与东西磨山》，见中国民间文学集成全国编辑委员会编《中国民间故事集成》（山西卷），北京：中国ISBN中心1999年版，第12页。

羌族 （实例待考）

W1324.5.1
巨龟的四条腿支天

【关联】[W1344.2.5a] 乌龟用四肢支地

实例

鄂温克族 （参见 W1324.3.1 母题实例）

W1324.5.2
女娲断鳌足支四极

【关联】[W1331.4.1] 女娲用龟的4只脚造成4根天柱

实例

汉族 （女娲）断鳌足以立四极。

【流传】（无考）

【出处】[汉] 刘安及门客：《淮南子·览冥训》。

汉族 往古之时，四极废，九州裂；天不兼覆，地不周载。于是女娲断鳌足以立四极。

【流传】（无考）

【出处】

（a）［汉］刘安及门客：《淮南子·览冥训》。

（b）《四极》，见袁珂《中国神话大词典》，北京：华夏出版社 2015 年版，第 103 页。

汉族 女娲把鳌鱼的脚砍下来撑天。

【流传】 四川省·（资阳市）·简阳县（简阳市）·三岔湖乡（三岔湖镇）

【出处】 何代刚讲，胡文武采录：《鳌脚撑天》，见中国民间文学集成全国编辑委员会编《中国民间故事集成》（四川卷·上），北京：中国 ISBN 中心 1998 年版，第 26 页。

W1324.5.3
女娲让鳌鱼支塌下的天

实 例

汉族 女娲把那条鳌鱼的尾鳍给接好，让它把塌下来的天撑起来。

【流传】 湖南省·（衡阳市）·祁东县

【出处】 刘贵福讲，王少磊采录：《太阳、月亮和星星的来历》，见中国民间文学集成全国编辑委员会编《中国民间故事集成》（湖南卷），北京：中国 ISBN 中心 2002 年版，第 7 页。

W1324.5.4
祝融的妹妹立鳌足支天

实 例

仡佬族 祝融的妹妹炼石补天，立 4 个鳌足顶住天。

【流传】（无考）

【出处】

（a）陶阳、牟钟秀著：《中国创世神话》，上海：上海人民出版社 2006 年版，第 49 页。

（b）《天与地》，陶立璠、赵桂芳等编《中国少数民族神话汇编》（开天辟地篇等），中央民族学院少数民族古籍整理出版规划领导小组办公室印（未署出版时间），第 324 页。

W1324.6
蛇支天

【汤普森】 A665.6

实 例

（实例待考）

W1324.6a
龙支天

实 例

（参见下级母题实例）

W1324.6a.1
女娲用龙王的 4 只脚支天

实 例

汉族 海龙王就把他的四只脚拿给女娲。女娲把龙王的四只脚拿去把天撑起，天才稳当。

【流传】 四川省·巴县（今重庆市·巴南区）

【出处】 钟丽碧讲，罗桂英记录，金祥度搜集整理：《女娲创世》（1988.04），见姚宝瑄主编《中国各民族神话》（汉族），太原：山西出版传媒集团·书海出版社2014年版，第30~31页。

W1324.7
鱼支天

【关联】[W1344.1] 鱼支撑地

实例

（参见下级母题实例）

W1324.7.1
鱼腿支天

实例

（参见下级母题实例）

W1324.7.1.1
女娲砍下鱼的腿支天

实例

汉族　女娲把鱼的四条腿分东、西、南、北立在地上，把天撑住。

【流传】贵州省·贵阳市·云岩区·黔灵乡

【出处】万康华讲，吴树雄采录：《鱼腿撑天》，见中国民间文学集成全国编辑委员会编《中国民间故事集成》（贵州卷），北京：中国ISBN中心2003年版，第6页。

W1324.7.1.1.1
女娲砍下鲤鱼的4条腿支天

实例

汉族　女娲娘娘取下了小鲤鱼的四条腿，四条腿变成了四根大柱子，支住了天。

【流传】河北省·（张家口市）·赤城县·（后城镇）·后城村

【出处】赵子英讲，郝云飞采录：《鱼为啥没有腿》，见中国民间文学集成全国编辑委员会编《中国民间故事集成》（河北卷），北京：中国ISBN中心2003年版，第6页。

W1324.7.2
兄妹用大鱼支天

实例

彝族　洪水后，兄妹用大鱼来撑天。

【流传】云南省·楚雄彝族自治州

【出处】罗文荣演唱，李世忠翻译，蔷紫改写：《老人梅葛》附记，见姚宝瑄主编《中国各民族神话》（羌族、彝族），太原：山西出版传媒集团·书海出版社2014年版，第126页。

W1324.8
虾的脚支天

【关联】[W1332.2.7] 虾的脚做天柱

实例

（参见下级母题实例）

W1324.8.1
女娲用虾的脚支天

【关联】[W1386.2] 女娲补天

实例

汉族　女娲娘娘用虾的后脚撑住了东

边，前脚撑在西边。

【流传】浙江省·（丽水市）·遂昌县

【出处】毛广寿讲，廖恒民搜集整理：《女娲补天》（1987.05），见姚宝瑄主编《中国各民族神话》（汉族），太原：山西出版传媒集团·书海出版社2014年版，第53~54页。

W1324.8.2
女娲用虾的 4 脚支塌的天角

实 例

藏族 女娲用大虾的四只脚做柱子顶天。

【流传】

(a) 云南省·（迪庆藏族自治州）·中甸县（香格里拉县）

(bc) 云南省·迪庆州（迪庆藏族自治州）·（香格里拉县·尼西乡）·汤美村（汤满村）

【出处】

(a) 马祥龙采录，谷子等整理：《女娲娘娘》，见中国民间文学集成全国编辑委员会编《中国民间故事集成》（云南卷），北京：中国 ISBN 中心 2003 年版，第 67 页。

(b) 马祥龙记录：《女娲娘娘补天》，见谷德明编《中国少数民族神话》，北京：中国民间文艺出版社 1987 年版，第 699 页。

(c) 马祥龙记录：《女娲娘娘补天》原始稿，见田兵等编《中国少数民族神话论文集》，南宁：广西民族出版社 1984 年版，第 113 页。

藏族 女娲砍大虾四只脚，用它去撑塌了一角的天。

【流传】云南省·迪庆藏族自治州

【出处】马龙祥、李子贤搜集整理：《女娲娘娘》，载《民间文学》1985 年第 4 期。

W1324.9
其他动物支天

实 例

（参见下级母题实例）

W1324.9.1
虎腿骨撑天

【关联】[W1313.10.1] 用虎骨撑天

实 例

彝族（罗鲁泼） 造天地时，杀死老虎，把肉分掉了，四根虎骨脚拿来撑天地，天才稳了，地才固定了。

【流传】云南省·（楚雄彝族自治州）·永仁县

【出处】

(a) 李德宝演唱，李必荣、李荣才搜集，夏光辅、诺海阿苏翻译：《冷斋调》（1984），见云南省社会科学院楚雄彝族文化研究所编《彝族民间文学》第 2 辑，1985 年。

(b) 夏光辅、诺海阿苏翻译，古梅改写：《冷斋调》，见姚宝瑄主编《中国各民族神话》（羌族、彝族），太原：山西出版传媒集团·书海出版社 2014 年版，第 115 页。

W1324.9.2
用牛的肋骨撑天

实例

哈尼族 众神用查牛（天地神专养的神牛）的肋巴骨做成撑天撑地的大椽子。

【流传】

（a）云南省·（红河哈尼族彝族自治州）·元阳县

（b）云南省·（红河哈尼族彝族自治州）·元阳（元阳县）、红河（红河县）、绿春（绿春县）、金平（金平苗族瑶族傣族自治县）等

【出处】

（a）朱小和讲，史军超采录：《查牛补天地》，见中国民间文学集成全国编辑委员会编《中国民间故事集成》（云南卷），北京：中国ISBN中心2003年版，第29页。

（b）同（a），见云南省民间文学集成办公室编《哈尼族神话传说集成》，北京：中国民间文艺出版社1990年版。

W1325
植物支天（植物支撑天）

实例

（参见下级母题实例）

W1325.1
树木支天

【汤普森】A665.4

【关联】[W1314.3.2] 用植物和树木撑天不成功

实例

（参见下级母题实例）

W1325.1.1
楠竹支撑天

实例

（参见下级母题实例）

W1325.1.1.1
祖先用楠竹支撑天

实例

布依族 祖先翁戛用大楠竹撑开了相连的天地。

【流传】（无考）

【出处】《辟地撑天》，见何积全、陈立浩主编《布依族文学史》，贵阳：贵州民族出版社1992年版，第34页。

W1325.1.2
用五倍子树撑天

实例

苗族 撑天时，大家都用蒿枝秆秆来撑，蒿枝秆撑不住。又砍来五倍子树，才把天撑稳，才把地支住。

【流传】贵州省·（黔东南苗族侗族自治州）·台江县、施秉县、凯里县（凯里市）等地

【出处】宝久老、岩公、李普奶等八位歌手演唱，桂舟人、唐春芳搜集，苗

地改写：《打柱撑天》，见姚宝瑄主编《中国各民族神话》（布依族、仫佬族、苗族），太原：山西出版传媒集团·书海出版社2014年版，第119页。

W1325.1.3
铁树支撑天

实 例

（参见下级母题实例）

W1325.1.3.1
祖先砍铁树支撑天

实 例

壮族　远古时，布洛陀砍铁树做成天柱把天顶高。

【流传】（无考）

【出处】

（a）周朝珍讲：《布洛陀》，见陶阳、钟秀编《中国神话》，上海：上海文艺出版社1996年版，第71页。

（b）周朝珍讲，何承文整理：《布碌陀》，见谷德明编《中国少数民族神话》，北京：中国民间文艺出版社1987年版，第68~89页。

壮族　布洛陀（c为"布碌陀"，壮族文化始祖、英雄、神话中的人王等）带领大家到树林里去选一根最高最大的老铁木来做顶天柱。

【流传】

（ab）广西壮族自治区·（河池市）·巴马县（巴马瑶族自治县）·所略乡·所略村

（c）广西壮族自治区右江，云南省红河一带

【出处】

（a）周朝珍讲，何承文采录翻译：《布洛陀》，见中国民间文学集成全国编辑委员会编《中国民间故事集成》（广西卷），北京：中国ISBN中心2001年版，第30页。

（b）周朝珍讲：《布洛陀》，见张声震总主编，农冠品编注《壮族神话集成》，南宁：广西民族出版社2007年版，第35页。

（c）周朝珍讲，何承文整理：《布碌陀》，见谷德明编《中国少数民族神话》，北京：中国民间文艺出版社1987年版，第68页。

W1325.2
通天树是天柱

【关联】[W1482]通天树（特定的天梯通天树）

实 例

满族　通天树是一根或多根天柱。

【流传】（无考）

【出处】乌丙安：《满族神话探索——天地层、地震鱼、世界树》，见袁珂主编《中国神话》第1集，北京：中国民间文艺出版社1987年版，第42页。

W1325.3
瓜支天

【关联】［W1332.3.3］瓜做天柱

实 例

（参见下级母题实例）

W1325.3.1
天神用4个瓜支天

实 例

哈尼族 阿波摩米（天神）搬出四个大瓜摆在四方当作天柱脚。

【流传】云南省

【出处】王文清讲，毛佑全等搜集整理：《俄八美八》，见谷德明编《中国少数民族神话》，北京：中国民间文艺出版社1987年版，第332页。

W1325.3.2
善神用4个南瓜支天

实 例

哈尼族 善神摩咪从天上拿来四个大南瓜，摆在四方当柱撑天。

【流传】云南省·（玉溪市）·元江县（元江哈尼族彝族傣族自治县）·因远镇·卡腊一带

【出处】《造天地歌》，见元江县哈尼文化学会、元江县史志编纂办公室编《元江哈尼族古歌集》，内部编印，2005年，第17页。

W1326
自然物支天（自然物支撑天）

实 例

（参见下级母题实例）

W1326.1
地支天

实 例

汉族 盘古开天辟地，天没几丈高，地挂着天。

【流传】浙江省·（宁波市）·宁海县·（力洋镇）·力洋村

【出处】叶丙标讲，叶柱采录：《玉帝分开地》，见中国民间文学集成全国编辑委员会编《中国民间故事集成》（浙江卷），北京：中国ISBN中心1997年版，第22页。

汉族 盘古开辟天地后，天没有几丈高，地挂着天。

【流传】浙江省·宁波市·宁海县

【出处】叶丙标讲，叶柱记录：《玉帝分天地》，见罗杨总主编，戴余金本卷主编《中国民间故事丛书·浙江宁波·宁海卷》，北京：知识产权出版社2015年版，第4页。

傈僳族 天神木布帕捏地来支撑天。

【流传】（a）云南省·（怒江傈僳族自治州）·泸水县

【出处】

（a）胡贵讲，刘辉豪采录：《木布帕造

天地人》，见中国民间文学集成全国编辑委员会编《中国民间故事集成》（云南卷），北京：中国 ISBN 中心 2003 年版，第 42 页。

（b）刘辉豪、胡贵搜集整理：《天、地、人的形成》，见谷德明编《中国少数民族神话》，北京：中国民间文艺出版社 1987 年版，第 370 页。

W1326.1.1
地的手支天

实例

彝族 地有四手撑天，天有四手拄地。

【流传】（无考）

【出处】《黑埃罗波赛神》（原名《查姆·万物起源歌》），原载毛星主编《中国少数民族文学》（下册），见袁珂《中国神话大词典》，北京：华夏出版社 2015 年版，第 436 页。

W1326.1.1.1
天神造地支天

实例

傈僳族 天神木布帕者，勤劳多能，见天摇晃，无物托之，时有坠下之忧，决心捏一大地以撑天，使天稳定不摇。

【流传】（无考）

【出处】袁珂改编：《木布帕》（原名《天、地、人的形成》），原载《中国少数民族神话选》，见袁珂《中国神话大词典》，北京：华夏出版社 2015 年版，第 512 页。

W1326.2
山支天

【汤普森】A655.3

实例

（参见下级母题实例）

W1326.2.1
神山支天

实例

纳西族 原来天由五个擎天柱支承的，后来神牛出世，撞坏了天柱，所以要重新建造一个神山来支撑。

【流传】（无考）

【出处】李例芬译，和开祥释读：《西东巴古籍经典译注全集》第 53 卷，昆明：云南人民出版社 2001 年版。

W1326.2.2
3 座大山支天

实例

彝族 水王罗塔纪姑娘为洗日月，先去到那撑天的三座大山，挑来了一挑蓝蓝的海水。

【流传】（云南省·楚雄彝族自治州·双柏县，红河哈尼族彝族自治州等地）

【出处】

（a）云南省民族民间文学楚雄、红河调查队搜集，郭思九、陶学良整理：

《查姆》，昆明：云南人民出版社1981年版。

（b）郭思九、陶学良整理，古梅改写：《彝家的古根》，选自《云南民族文学资料》第七集中的《查姆》上部前三章，见姚宝瑄主编《中国各民族神话》（羌族、彝族），太原：山西出版传媒集团·书海出版社2014年版，第58页。

W1326.2.2a
4座山支天

【汤普森】A655.3.1

实例

（参见W1337.5.2母题实例）

W1326.2.3
喇踏山支天

实例

纳西族（摩梭）天地刚分开时，只有一座山一个海。喇踏山的山尖撑着天，天才不会垮。

【流传】云南省·（丽江市）·宁蒗县（宁蒗彝族自治县）

【出处】

（a）《昂姑咪》，载《山茶》1986年第3期。

（b）同（a），见姚宝瑄主编《中国各民族神话》（佤族、阿昌族、纳西族、普米族、德昂族），太原：山西出版传媒集团·书海出版社2014年版，第104页。

W1326.2.4
不周山支天

【关联】

① [W1332.5.2.1] 不周山是天柱
② [W1852.6.21] 不周山

实例

汉族 不周山支天。

【流传】湖北省·（襄阳市）·（襄州区）·泥嘴镇（泥咀镇）·西乡村

【出处】司如秀讲，薛顺超采录：《北方为啥冷》，见中国民间文学集成全国编辑委员会编《中国民间故事集成》（湖北卷），北京：中国ISBN中心1999年版，第24页。

W1326.2.4a
布州山支天

实例

藏族 布州山是撑天的山。

【流传】

（a）云南省·（迪庆藏族自治州）·中甸县（香格里拉县）

（b）云南省·迪庆州（迪庆藏族自治州）·（香格里拉县·尼西乡）·汤美村（汤满村）

【出处】

（a）马祥龙采录，谷子等整理：《女娲娘娘》，见中国民间文学集成全国编辑委员会编《中国民间故事集成》（云南卷），北京：中国ISBN中心2003年版，第67页。

(b) 马祥龙记录：《女娲娘娘补天》，见谷德明编《中国少数民族神话》，北京：中国民间文艺出版社 1987 年版，第 699 页。

W1326.2a
石支天

实 例

（参见下级母题实例）

W1326.2a.1
巨石支天

实 例

哈尼族（僾尼） 天地为巨石所撑所压，全身赤裸。

【流传】（无考）
【出处】《天与地》，原载陶阳、钟秀编《中国神话》，见袁珂《中国神话大词典》，北京：华夏出版社 2015 年版，第 490 页。

W1326.2a.2
金刚石支天

实 例

（参见下级母题实例）

W1326.2a.2.1
金刚石顶着西北角的天

实 例

汉族 西北角的天，是金刚石顶着的。

【流传】河南省·（郑州市）·新郑市
【出处】袁固（63 岁，高师）讲，河南大学"中原神话调查组"录音，张振犁、蔡柏顺、程健君采录：《风后岭》（1983.11.26），见张振犁编著《中原神话通鉴》（第一卷），郑州：河南大学出版社 2017 年版，第 142 页。

W1326.3
特定的柱子支天

实 例

（参见下级母题实例）

W1326.3.1
冰柱支天

实 例

汉族 天被弄塌后，十兄弟急忙去用冰柱支撑起西北天。

【流传】辽宁省·（营口市）·盖县
【出处】翟升云讲，阎艳霞记录：《十兄弟撑天》，见姚宝瑄主编《中国各民族神话》（汉族），太原：山西出版传媒集团·书海出版社 2014 年版，第 74~75 页。

W1326.3.2
棍子支天

实 例

（参见下级母题实例）

W1326.3.2.1
撑天棍支天

实例

景颇族　宁贯娃（改天整地者）打成九十九庹（长度单位，一庹约5市尺）长的撑天棍。

【流传】云南省·（德宏傣族景颇族自治州）·陇川县

【出处】施戛崩等讲，何峨采录：《宁贯娃改天整地》，见中国民间文学集成全国编辑委员会编《中国民间故事集成》（云南卷），北京：中国ISBN中心2003年版，第61页。

W1326.3.3
天由12根天柱支撑

实例

壮族　天是由十二根柱子撑着的。

【流传】云南省·文山壮族苗族自治州

【出处】黎之整理：《从宗爷爷造人烟》，原载李子贤编《云南少数民族神话选》，云南人民出版社1990年版，见姚宝瑄主编《中国各民族神话》（仫佬族、壮族、京族），太原：山西出版传媒集团·书海出版社2014年版，第121页。

W1326.3.4
天由13根天柱支撑

实例

苗族　巨人仍雍古罗支天的木柱被虫咬折断后，又用十三根大铁柱支天。

【流传】广西壮族自治区·（柳州市）·融水苗族自治县

【出处】
(a) 杨达香讲，梁彬搜集整理：《创世纪》（一、开天辟地，地始天初），见梁彬、王天若编《苗族民间故事选》，南宁：广西人民出版社1986年版。

(b) 同（a），见姚宝瑄主编《中国各民族神话》（布依族、仫佬族、苗族），太原：山西出版传媒集团·书海出版社2014年版，第169页。

W1326.4
北极星支天

【汤普森】A702.3

实例

（实例待考）

W1326.5
云支天

【汤普森】A702.7

实例

（实例待考）

W1326.6
冰支天

实例

（参见下级母题实例）

W1326.6.1
用溜冰顶东北角

实例

汉族　神娲补天时，风一吹补好的天就又成了窟窿，滴水成冰，把神娲冻得不行，后来神娲拿了一块冰堵住了窟窿，用溜冰顶东北角。

【流传】河南省·驻马店市（河南南部）［采录地点：驻马店市老街乡］

【出处】吕彦堂（50岁，农民，高小毕业）讲，张爱梅采录：《为啥刮东北风冷》（1987.05），见张振犁编著《中原神话通鉴》（第一卷），郑州：河南大学出版社2017年版，第139页。

W1327
与天的支撑物有关的其他母题

【关联】［W1330］天柱（顶天的柱子）

实例

（参见下级母题实例）

W1327.1
用筛子顶天

实例

苗族　连地告莱害怕以后天顶掉下来，就编了一个大浪筛，用筛底顶在天顶上。

【流传】云南省·（昭通市）·彝良县

【出处】王建英讲，杨忠伦采录者：《造天造地》，见中国民间文学集成全国编辑委员会编《中国民间故事集成》（云南卷），北京：中国ISBN中心2003年版，第91页。

W1327.2
支天时的帮助者

实例

（参见下级母题实例）

W1327.2.1
众神帮助支天

实例

（参见下级母题实例）

W1327.2.1.1
圣母、洪钧帮女娲支天

实例

汉族　女娲娘娘想修好歪斜北天柱时，一个人力气不够，就约了先圣母一起去天外寻回洪君老祖。三人一起竖起大铁柱，将北天拄牢。

【流传】浙江省·（丽水市）·青田县·东源镇、船寮镇

【出处】余碎笑讲，叶茂搜集整理：《三块补天石》（1987.07.15），见姚宝瑄主编《中国各民族神话》（汉族），太原：山西出版传媒集团·书海出版社2014年版，第58~60页。

※ W1330
天柱（顶天的柱子）

实例

（参见下级母题实例）

W1330a
天柱产生的原因（造天柱的原因）

【关联】

① ［W1326.3］特定的柱子支天

② ［W1375.1］天柱支天使天变稳

实例

（参见下级母题实例）

W1330a.0
以前没有天柱

实例

傈僳族 远古之时，有天而无地，天无柱，四隅无物以托之，如云彩之浮空，晃晃悠悠。

【流传】（无考）

【出处】袁珂改编：《木布帕》（原名《天、地、人的形成》），原载《中国少数民族神话选》，见袁珂《中国神话大词典》，北京：华夏出版社2015年版，第512页。

W1330a.1
为稳固天地造天柱

【关联】［W1370］稳固天地（天地的稳固）

实例

（参见下级母题实例）

W1330a.1.1
因天动摇造天柱

【关联】［W1364］天地不稳定

实例

彝族 开始时，造出的天地摇摆不定，是因为没有撑天的柱子，所以要找撑天的柱。

【流传】云南省·楚雄彝族自治州·姚安县、大姚县等彝族地区

【出处】《创世·开天辟地》，见云南省民族民间文学楚雄调查队整理编写《梅葛》，昆明：云南人民出版社2009年版，第9页。

W1330a.2
为维持天地的规整造天柱

实例

基诺族 创世母亲做好天地后，为了维持天地之间规整，母亲用癞蛤蟆身上的九根骨骼顶在天地之间。

【流传】云南省·（西双版纳傣族自治州·景洪市）·（基诺山基诺族乡）·巴亚寨

【出处】巴卡老四等讲，杜玉亭调查整理：《创世母亲造天地万物》（1958～1981），见吕大吉、何耀华总主编《中国各民族原始宗教资料集成》（彝族卷、白族卷、基诺族卷），北京：

中国社会科学出版社1996年版，第879页。

W1330a.3
为区别天地造天柱

实 例

傣族　大神因叭认为天和地应该有所区别，就用汗泥搓成狮子、黄牛、大象等动物，让它们头顶巨石撑住天。

【流传】（无考）

【出处】《因叭止洪水》，原载毛星主编《中国少数民族文学》，湖南人民出版社1983版，见姚宝瑄主编《中国各民族神话》（哈尼族、傣族），太原：山西出版传媒集团·书海出版社2014年版，第330页。

W1330a.4
为分开天地造天柱

实 例

侗族　大汉姜夫修天要先分开天地。分开天地就要先要造天柱。

【流传】广西壮族自治区·（柳州市）·三江（三江侗族自治县），（桂林市）·龙胜（龙胜各族自治县）

【出处】杨卜林喜、杨卜松林、杨明世讲，杨国仁、涛声搜集整理，蔷紫改写：《创世女神萨天巴》，原文为过伟改写自侗族创世史诗《嘎茫莽道时嘉——远祖歌》（未出版稿），见姚宝瑄主编《中国各民族神话》（土家族、毛南族、侗族、瑶族），太原：山西

出版传媒集团·书海出版社2014年版，第77页。

W1331
天柱的制造者（造天柱者）

实 例

（参见下级母题实例）

W1331.1
神造天柱

实 例

（参见下级母题实例）

W1331.1.1
天神造天柱

实 例

拉祜族　扎多（天神名）搓下手汗，做成四棵天柱。

【流传】（无考）

【出处】《牡帕密帕》（创世纪），见娜朵主编《拉祜族民间文学集》，昆明：云南人民出版社1996年版。

拉祜族　天神厄莎用手脚的汗做了4个顶天的柱子。

【流传】云南省·（普洱市）·澜沧县（澜沧拉祜族自治县）、孟连县（孟连傣族拉祜族佤族自治县）、双江县（双江拉祜族佤族布朗族傣族自治县）等地

【出处】昆明师范学院中文系1957级部分学生搜集，刘辉豪整理《牡帕密

帕》，昆明：云南民族出版社 1979 年版，第 3 页。

W1331.1.2
铁匠神造天柱

【关联】［W0459.3］铁匠神

实例

彝族　铁匠神阿尔师傅打了四根撑天柱放在地的四方，撑住天的四方。

【流传】（无考）

【出处】《天神造天地》，见姚宝瑄主编《中国各民族神话》（羌族、彝族），太原：山西出版传媒集团·书海出版社 2014 年版，第 89 页。

W1331.2
祖先造天柱

实例

苗族　（实例待考）

W1331.2.1
布洛陀做天柱

【关联】［W0670.2］布洛陀的奇特本领

实例

壮族　布洛陀（b 为"布碌陀"，壮族文化始祖、英雄、神话中的人王等）把碌陀山当柱脚，竖起铁木柱，抵着天，用力一顶，硬把一个重重的天盖顶上去了。

【流传】
（a）广西壮族自治区·（河池市）·巴马县（巴马瑶族自治县）·所略乡·所略村

（b）广西壮族自治区右江，云南省红河一带

【出处】
（a）周朝珍讲，何承文采录翻译：《布洛陀》，见中国民间文学集成全国编辑委员会编《中国民间故事集成》（广西卷），北京：中国 ISBN 中心 2001 年版，第 30 页。

（b）周朝珍讲，何承文整理：《布碌陀》，见谷德明编《中国少数民族神话》，北京：中国民间文艺出版社 1987 年版，第 68 页。

W1331.3
龙王造天柱

实例

哈尼族　龙王立天柱地柱。

【流传】云南省·（红河哈尼族彝族自治州）·红河县

【出处】李期博翻译整理：《木地米地》，见《红河州哈尼族古籍资料丛刊》，内部发行，1985 年。

W1331.4
女娲造天柱

【关联】［W0710］女娲

实例

汉族　女娲娘娘做了一根天柱。

【流传】浙江省·（杭州市）·临安县（临安市）·青山镇

【出处】印国珍讲，印振武采录：《天柱撑天》，见中国民间文学集成全国编辑委员会编《中国民间故事集成》（浙江卷），北京：中国 ISBN 中心 1997 年版，第 22 页。

W1331.4.1
女娲用龟的 4 只脚造成 4 根天柱

【关联】[W1324.5.1] 巨龟的四条腿支天

实　例

汉族　女娲杀了一只大乌龟，斩下它的四只脚，用来竖立在大地的四方，当作天柱。

【流传】（无考）

【出处】《女娲补天》，原载袁珂编译《中国神话故事》，见陶阳、钟秀编《中国神话》（上），北京：商务印书馆 2008 年版，第 391~393 页。

汉族　女娲杀了一只很大很大的乌龟，剁落大乌龟的四只脚，当作四根大柱，竖起来拄在四方，把天撑牢。

【流传】浙江省·（温州市）·永嘉县

【出处】谢博讲，谢圣铎记录：《女娲补天》，见姚宝瑄主编《中国各民族神话》（汉族），太原：山西出版传媒集团·书海出版社 2014 年版，第 55 页。

W1331.5
人造顶天柱

实　例

（参见下级母题实例）

W1331.5.1
大力的人造顶天柱

实　例

彝族　天地混沌时，出现的力气很大的人结支戛鲁打造铜柱子支天。

【流传】（无考）

【出处】马海乌黎讲，谷德明整理：《开天辟地》，见谷德明编《中国少数民族神话》，北京：中国民间文艺出版社 1987 年版，第 290~293 页。

W1331.6
其他人物造天柱

【关联】[W2021.1] 世上最早只有 1 个老人

实　例

（参见下级母题实例）

W1331.6.1
4 个神性老人造天柱

实　例

（参见下级母题实例）

W1331.6.1.1
鲍公、熊公、葺公和当公造天柱

实　例

苗族　有个鲍公和熊公，有个葺公和当公（神性人物名），他们四个老公公，四个老人去造天柱。

【流传】原文无流传地，据文本及注释

推测该神话流传于贵州省·黔东南苗族侗族自治州·凯里市、台江县等地。

【出处】张启庭、张荣光、张正玉、张启德演唱，张明搜集，燕宝整理译注：《创造宇宙·打柱撑天》，见贵州省少数民族古籍整理出版规划小组办公室编，燕宝整理译注《苗族古歌》，贵阳：贵州民族出版社1993年版，第311页。

W1332

天柱的材料

实例

（参见下级母题实例）

W1332.1

神或神性人物的身体做天柱

实例

（参见下级母题实例）

W1332.1.1

用神的身体做天柱

【关联】［W1332.1.2］4个神顶着天的4个角

实例

（参见下级母题实例）

W1332.1.1.1

神的手做天柱

实例

黎族 大力神为临死前，怕天再倒塌下来，就撑开巨掌，把天牢牢地擎住。

【流传】
(a) 海南省·（三亚市）·乐东县（乐东黎族自治县）·抱由镇
(bc) 海南省五指山区

【出处】
(a) 林大陆讲，广东民族学院中文系七七级采风组采录：《大力神》，见中国民间文学集成全国编辑委员会编《中国民间故事集成》（海南卷），北京：中国ISBN中心2002年版，第14页。
(b) 同（a），见谷德明编《中国少数民族神话》，北京：中国民间文艺出版社1987年版，第191页。
(c) 同（a），见广东民族学院中文系编《黎族民间故事选》，上海：上海文艺出版社1982年版，第1页。

W1332.1.2

4个神顶着天的4个角

【汤普森】A655.2.1.1
【关联】［W1168.1.1］天有4角

实例

（实例待考）

W1332.1.3

用神性人物的肢体做天柱

实例

（参见下级母题实例）

W1332.1.3.1
始祖的手脚变成4根天柱

实 例

<u>布依族</u> 布杰（文化祖先名）堵洪水累死后，四肢变成了撑天柱。

【流传】（无考）

【出处】《赛胡细妹造人烟》，见中国各民族宗教与神话大词典编审委员会编《中国各民族宗教与神话大词典》，北京：学苑出版社1990年版，第44页。

<u>瑶族</u> 密洛陀（女神、女祖先）之师死，密洛陀用其手脚为四柱撑四角，更以其身体挂其中，天地以成。

【流传】（无考）

【出处】《密洛陀》，原载《瑶族民间故事选》，见袁珂《中国神话大词典》，北京：华夏出版社2015年版，第472页。

W1332.1.3.2
祖先用自己的4节脚做天柱

实 例

<u>苗族</u> 纳罗引勾（祖先，半人半兽巨人）取了自己四节脚，一根插在西边，一根竖在南角，一根立在北缘，一根植在东坡，把天顶起来。

【流传】

（a）广西壮族自治区·（柳州市）·融水县（融水苗族自治县）·滚贝乡

（b）广西壮族自治区·（柳州市）·融水县（融水苗族自治县）

【出处】

（a）杨达香讲，梁彬采录翻译：《纳罗引勾开天辟地造人》，见中国民间文学集成全国编辑委员会编《中国民间故事集成》（广西卷），北京：中国ISBN中心2001年版，第24页。

（b）杨达香讲，梁彬搜集整理：《创世记》，见谷德明编《中国少数民族神话》，北京：中国民间文艺出版社1987年版，第545页。

W1332.1.3.2.1
女祖先用师傅的手足做天柱

实 例

<u>瑶族</u> 几万年前，密洛陀用师傅的两手、两脚顶天，用师傅的身体做大柱撑中间，造成了天地。

【流传】广西壮族自治区·（河池市）·巴马瑶族自治县

【出处】蓝有荣讲：《密洛陀》，见陶阳、钟秀编《中国神话》，上海：上海文艺出版社1996年版，第91页。

<u>瑶族</u> 密洛陀用师傅的两只手和两只脚做四条柱，顶着天的四角。

【流传】广西壮族自治区·（河池市）·巴马县（巴马瑶族自治县）

【出处】

（a）蓝有荣讲，黄书光等搜集：《密洛陀》，见苏胜兴、刘保元等编《瑶族民间故事选》，上海：上海文艺出版社1980年版，第15页。

（b）同（a），见谷德明编《中国少数民族神话》，北京：中国民间文艺出版社1987年版，第123页。

（c）同（a），见陶立璠、赵桂芳等编《中国少数民族神话汇编》（开天辟地篇等），中央民族学院少数民族古籍整理出版规划领导小组办公室印（未署出版时间），第235页。

W1332.1.3.3
巨人用自己的脚做天柱

实例

苗族 长着8节脚的纳罗引勾（半人半兽的巨人）取了自己四节脚，一根插在西边，一根竖在南角，一根立在北缘，一根植在东坡。变成四个擎天脚柱。

【流传】广西壮族自治区·（柳州市）·融水苗族自治县

【出处】
（a）杨达香讲，梁彬搜集整理：《创世纪》（一、开天辟地，地始天初），见梁彬、王天若编《苗族民间故事选》，南宁：广西人民出版社1986年版。

（b）同（a），见姚宝瑄主编《中国各民族神话》（布依族、仡佬族、苗族），太原：山西出版传媒集团·书海出版社2014年版，第170页。

W1332.1.3.4
盘古的身体做天柱

实例

汉族 盘古在天地之间也越长越高大，简直像个顶天立地的大柱子。盘古支撑着天地，始终不让它再合住。

【流传】河南省·登封市

【出处】《嵩山的来历》（据《述异记·盘古化物》整理），见张振犁编著《中原神话通鉴》（第一卷），郑州：河南大学出版社2017年版，第12页。

W1332.1.3.5
盘古的四肢做天柱

实例

汉族 盘古顶天立地后，四肢变成了大地四角的支柱；牙和骨头变成了金属玉石。

【流传】河南省·（驻马店市）·新蔡县·裳村乡

【出处】刘义（76岁，农民）讲，刘国富采录，龚国强采录整理：《盘古开天地的来历》（1987.09.05），见张振犁编著《中原神话通鉴》（第一卷），郑州：河南大学出版社2017年版，第25页。

W1332.2
用动物做天柱

实例

（参见下级母题实例）

W1332.2.1
鳌鱼的肢体做天柱

【关联】［W1371.3.1］女神用鳌鱼骨撑

天边支地角稳固天地

实 例

（参见下级母题实例）

W1332.2.1.1
鳌鱼的毛发做天柱

实 例

阿昌族 支地鳌鱼的毛发是支天柱。

【流传】云南省

【出处】孙宇飞整理：《大地为什么会震动》，见中华民族故事大系编委会编《中华民族故事大系》第13卷（仡佬族、锡伯族、阿昌族），上海：上海文艺出版社1995年版，第870页。

W1332.2.1.2
鳌鱼足做天柱

实 例

汉族 王母娘娘害怕补天的石馍馍掉下来，从东海抓来一只大鳌，取下四条腿，作顶天柱。

【流传】（a）宁夏·（中卫市）·中宁县·新堡乡·聂弯村

【出处】

（a）杨发兴讲，宋福采录：《骊山老母补天，王母娘娘补地》（1986），见中国民间文学集成全国编辑委员会编《中国民间故事集成》（宁夏卷），北京：中国ISBN中心1999年版，第3页。

（b）同（a），见陶阳、钟秀编《中国神话》（上），北京：商务印书馆2008年版，第404~406页。

羌族 红满西（天母）把大鳌鱼的四只脚扳起，成为顶天柱。

【流传】四川省·（阿坝藏族羌族自治州）·理县·桃坪乡·桃坪村

【出处】余青海讲，罗世泽采录：《开天辟地》，见中国民间文学集成全国编辑委员会编《中国民间故事集成》（四川卷·下），北京：中国ISBN中心1998年版，第1107页。

W1332.2.2
龟的4条腿做天柱

实 例

汉族 女娲担心天会再塌下来，就捉了一只小乌龟，逮住斩下了它的四条腿，顶住天的四方，当作支天柱子。柱子很结实，天再也不会倒塌了。

【流传】河南省·（周口市）·淮阳县

【出处】杨牧采录：《伏羲和女娲（三）》（1982），见张振犁编著《中原神话通鉴》（第一卷），郑州：河南大学出版社2017年版，第321页。

汉族 女娲历尽千辛万苦补住了天穹上的窟窿。可是，顶天柱已经没有了，她就从东海里捉来一只大乌龟，揪掉四只爪儿，稳稳当当顶在天地之间。

【流传】河南省·（开封市）·杞县

【出处】尹守礼（农民）讲，王怀聚采录整理：《杞人忧天（一）》，见张振犁编著《中原神话通鉴》（第一卷），郑州：河南大学出版社2017年版，第159页。

W1332.2.2.1
鳌的4条腿做天柱

实 例

汉族 骊山老母抓来一只大鳌，取下四条腿作顶天柱。

【流传】宁夏回族自治区·（中卫市）·中宁县·新堡乡·聂弯村

【出处】杨发兴讲，宋福采录：《骊山老母补天王母娘娘补地》，见中国民间文学集成全国编辑委员会编《中国民间故事集成》（宁夏卷），北京：中国ISBN中心1999年版，第3页。

汉族 女娲找不到做天柱的材料时，看见大鳌驮着大山走了过来，大鳌问："娘娘哭啥？"女娲把伤心的原因说了一遍。大鳌"咔嚓"几声咬断自己的四条腿，递给女娲说："快，去撑天吧！"

【流传】河南省·（南阳市）·西峡县·米坪乡·羊沟村

【出处】王金山（农民，不识字）讲，曹丰勤采录，杨平采录整理：《太阳为什么东出西落》（1986.04），见张振犁编著《中原神话通鉴》（第一卷），郑州：河南大学出版社2017年版，第150页。

W1332.2.2.1.1
支天柱的鳌5千年一小动，1万年一大动

实 例

汉族 五根天柱在五个大老鳌身上。老鳌是五千年一小动，一万年一大动。不管大动小动，都得由女娲派天神扶着柱子，天才不会塌，地才不会陷。

【流传】河南省·（安阳市）·安阳县·磊口乡·清凉山村［采录地点：安阳县磊口乡目明学校］

【出处】赵金和（36岁，中师）讲，牛化法采录：《清凉山的传说》（1987.04.07），见张振犁编著《中原神话通鉴》（第一卷），郑州：河南大学出版社2017年版，第154页。

W1332.2.2.1.2
女娲用鳌鱼的四足做天柱

实 例

汉族 女娲补天前，先找到一只大鳌鱼，用鳌鱼的四条腿做了顶天柱。

【流传】河南省·（驻马店市）·确山县·盘龙镇

【出处】杨永兴讲，杨建军采录：《日月为啥东升西落》（1987.03），见张振犁编著《中原神话通鉴》（第一卷），郑州：河南大学出版社2017年版，第149页。

W1332.2.2.2
神龟的四肢变成天柱

【关联】［W1324.5.1］巨龟的四条腿支天

实 例

鄂温克族 神龟阿尔腾雨雅尔那仰起的

四只脚，渐渐变成又粗又大的天柱。

【流传】内蒙古自治区·呼伦贝尔市·陈巴尔虎旗

【出处】赛金苏龙讲，马名超记录整理：《天神保鲁根巴格西造万物》，见姚宝瑄主编《中国各民族神话》（达斡尔族、鄂伦春族、鄂温克族、蒙古族），太原：山西出版传媒集团·书海出版社2014年版，第120页。

W1332.2.2.3
白龟的腿长成天柱

实 例

汉族 女娲娘娘补天后，怕天再塌了，就叫伏羲找来了一只小白龟，砍去了小白龟的四只腿。这四条白龟腿立在东西南北四方，见风咻咻长，一会儿顶住了蓝天，成了顶天柱，把天的四角牢牢顶住了。

【流传】河南省·（周口市）·淮阳县·（王店乡·棠棣村）

【出处】李国争（63岁，农民）讲，杨复俊采录：《女娲娘娘》（1985.01.06），见张振犁编著《中原神话通鉴》（第一卷），郑州：河南大学出版社2017年版，第146页。

W1332.2.2a
鱼做天柱

实 例

（参见下级母题实例）

W1332.2.2a.1
天神造4条鱼做天柱

实 例

拉祜族 娜多（天神名）想地要有四方，搓下脚汗来，做成四条鱼，用来支天柱。

【流传】（无考）

【出处】《牡帕密帕》（创世纪），见娜朵主编《拉祜族民间文学集》，昆明：云南人民出版社1996年版。

W1332.2.3
青蛙的手臂做天柱

实 例

哈尼族 青蛙的儿子纳得锯下母亲青蛙的手臂做成擎天柱。

【流传】云南省·（普洱市）·墨江县（墨江哈尼族自治县）

【出处】金开兴讲，蓝明红采录：《青蛙造天地》，见中国民间文学集成全国编辑委员会编《中国民间故事集成》（云南卷），北京：中国ISBN中心2003年版，第34页。

哈尼族 造天地的青蛙生纳得、阿依一对巨人兄妹。青蛙让儿子纳得去造天时说："把吃食带上，再把我的手臂锯断作为擎天柱。"

【流传】云南省·（普洱市）·墨江县（墨江哈尼族自治县）

【出处】金开兴讲，蓝明红搜集整理：《青蛙造天造地》，单超选自云南省民间文学集成办公室编《哈尼族神话传说集成》，中国民间文艺出版社1990年，见姚宝瑄主编《中国各民族神话》（哈尼族、傣族），太原：山西出版传媒集团·书海出版社2014年版，第5页。

W1332.2.3.1
癞蛤蟆的9根骨头做天柱

实 例

基诺族 创世母亲做好天地后，为了维持天地之间规整，母亲用癞蛤蟆身上的九根骨骼顶在天地之间。

【流传】云南省·（西双版纳傣族自治州·景洪市）·（基诺山基诺族乡）·巴亚寨

【出处】巴卡老四等讲，杜玉亭调查整理：《创世母亲造天地万物》（1958~1981），见吕大吉、何耀华总主编《中国各民族原始宗教资料集成》（彝族卷、白族卷、基诺族卷），北京：中国社会科学出版社1996年版，第879页。

W1332.2.4
牛骨做天柱

实 例

哈尼族 阿匹梅烟大神杀查牛，用脊梁做天梁地架，肋骨做撑天的椽子。

【流传】（无考）

【出处】《查牛补天地》，见中国各民族宗教与神话大词典编审委员会编《中国各民族宗教与神话大词典》，北京：学苑出版社1990年版，第169页。

W1332.2.5
牛腿做顶天柱

实 例

（参见下级母题实例）

W1332.2.5.1
牛的4条腿做成4根天柱

实 例

哈尼族 神们得到牛后，用它的四腿变成东南西北的顶天柱。

【流传】云南省

【出处】

（a）朱小和讲，芦朝贵等整理：《天、地、人的传说》，载《山茶》1983年第4期。

（b）同（a），见谷德明编《中国少数民族神话》，北京：中国民间文艺出版社1987年版，第313页。

（c）朱小和讲，芦朝贵等整理：《天、地、人的传说》，见陶立璠、赵桂芳等编《中国少数民族神话汇编》（开天辟地篇等），中央民族学院少数民族古籍整理出版规划领导小组办公室印（未署出版时间），第261页。

哈尼族 诸神得牛，亦不杀食，以其四腿化为东西南北之顶天柱。

【流传】（无考）

【出处】《大鱼开辟天地》（原名《天、地、人的传说》），原载谷德明编《中

1.2.4 天地的合离与支撑　　‖W1332.2.5.2–W1332.2.6.1‖　1077

国少数民族神话》，见袁珂《中国神话大词典》，北京：华夏出版社2015年版，第489页。

哈尼族 改天换地的众神得到龙王送来的牛后，把它的四条腿变成东南西北的顶天柱。

【流传】云南省·（红河哈尼族彝族自治州）·元阳县

【出处】朱小和讲，芦朝贵、杨笛搜集整理：《大鱼脊背甩出的世界》，原载《山茶》1983年第4期（王松将原来的题目《天、地、人的传说》改为此题目），见姚宝瑄主编《中国各民族神话》（哈尼族、傣族），太原：山西出版传媒集团·书海出版社2014年版，第27页。

W1332.2.5.2
龙牛的脚做天柱

实　例

哈尼族 杀塔婆的龙牛，脚做顶天柱子，皮做天的脸，肉做肥土，岔肠做银河。

【流传】（无考）

【出处】中央民族学院少数民族文艺研究所编：《中国民族民间文学》，北京：中央民族学院出版社1987年版，第238页。

哈尼族 天神们杀翻塔婆的龙牛铺设天地时，用牛脚做顶天柱子。

【流传】（无考）

【出处】《杀牛龙，造天地》，根据张牛朗、杨批斗、李书周等演唱，杨保生、李家顺等翻译，杨笛、郭纯礼等整理《十二奴局》和《奥色密色》翻译稿改写，见姚宝瑄主编《中国各民族神话》（哈尼族、傣族），太原：山西出版传媒集团·书海出版社2014年版，第12页。

W1332.2.6
虎骨做天柱

【关联】［W1313.10.1］用虎骨撑天

实　例

彝族（俚颇） 人们捕杀老虎后，见者有份分完虎肉。虎骨没有分，虎骨不好分，把虎骨拿来做撑天柱。虎骨撑天地，天地才稳固。

【流传】云南省·（楚雄彝族自治州）·大姚县·昙华山区（昙华乡）

【出处】

（a）陆颇梭颇（毕摩）演唱，夏光辅、诺海阿苏翻译：《俚泼古歌》，见云南省社会科学院楚雄彝族文化研究所编《彝族民间文学》第2辑，1985年。

（b）陆颇梭颇（毕摩）演唱，夏光辅、诺海阿苏翻译，古梅改写：《赤梅葛——俚泼古歌》，见姚宝瑄主编《中国各民族神话》（羌族、彝族），太原：山西出版传媒集团·书海出版社2014年版，第105页。

W1332.2.6.1
虎的脚骨做天柱

【关联】［W1324.9.1］虎腿骨撑天

实例

彝族 格兹天神为撑天，让5个儿子捉住老虎并杀掉，分完虎肉后，格兹天神交代五弟兄："四根大骨莫要分，四根脚骨要用做天的柱子。"

【流传】（云南省·楚雄彝族自治州·姚安县·官屯乡·马游村，大姚县·昙华乡等）

【出处】

（a）郭天元（马游村）、李申呼颇（昙华乡）、李福玉颇（苴）演唱，郭思九、许明学、龚维顺、张宝省、陈志群、胡炳文等搜集，刘德虎、龚维顺、陈志群、李树荣、郭天元等整理：《梅葛》（第一部"创世"），见云南省民族民间文学楚雄调查队《梅葛》（1959），昆明：云南人民出版社2009年版。

（b）《打虎开天辟地》，蔷紫据云南省民族民间文学楚雄调查队著《梅葛》（云南人民出版社2009年版）改写，见姚宝瑄主编《中国各民族神话》（羌族、彝族），太原：山西出版传媒集团·书海出版社2014年版，第194页。

W1332.2.6.2
虎的4根大骨做天柱

实例

彝族 老虎的四根大骨作撑天的柱子

【流传】云南省·楚雄彝族自治州·姚安县、大姚县等彝族地区

【出处】《创世·开天辟地》，见云南省民族民间文学楚雄调查队整理编写《梅葛》，昆明：云南人民出版社2009年版，第12页。

W1332.2.7
虾的脚做天柱

【关联】[W1324.8] 虾的脚支天

实例

（参见下级母题实例）

W1332.2.7.1
女娲用虾的脚做天柱

实例

汉族 虾子见女娲娘娘为了补天救生灵，就把自己的脚献出来做撑天柱补天。

【流传】浙江省·（丽水市）·遂昌县

【出处】毛广寿讲，廖恒民搜集整理：《女娲补天》（1987.05），见姚宝瑄主编《中国各民族神话》（汉族），太原：山西出版传媒集团·书海出版社2014年版，第53~54页。

W1332.2.8
多种动物做天柱

实例

（参见下级母题实例）

W1332.2.8.1
用狮子、黄牛、大象等动物做天柱

实例

傣族 大神因叭用汗泥搓成狮子、黄

牛、大象等动物，让它们头顶巨石撑住天。

【流传】（无考）

【出处】《因叭止洪水》，原载毛星主编《中国少数民族文学》，湖南人民出版社1983版，见姚宝瑄主编《中国各民族神话》（哈尼族、傣族），太原：山西出版传媒集团·书海出版社2014年版，第330页。

W1332.3
植物做天柱

实例

（参见下级母题实例）

W1332.3.1
树做天柱（用木头造天柱）

【关联】［W1482］通天树（特定的天梯通天树）

实例

壮族 布洛陀用砍木做顶天柱。

【流传】广西壮族广西壮族自治区·（河池市）·巴马县（巴马瑶族自治县）·所略乡·所略村

【出处】周朝珍讲：《布洛陀》，见张声震总主编，农冠品编注《壮族神话集成》，南宁：广西民族出版社2007年版，第35页。

W1332.3.1.1
老棕木来做顶天柱

实例

壮族 布洛陀让人们到树林里去选一根最高最大的老棕木来做顶天柱。

【流传】（a）广西壮族自治区右江及红水河一带

【出处】

（a）周朝珍讲，何承文整理：《布碌陀》，载广西民间文学研究会编印《广西民间文学丛刊》第5期。

（b）《布碌陀》（王松选定），见姚宝瑄主编《中国各民族神话》（仫佬族、壮族、京族），太原：山西出版传媒集团·书海出版社2014年版，第75页。

W1332.3.1.2
特定长度的大树做天柱

实例

傣族 造的圆球（地球）在水里动荡不定，要找一棵七十二万约拿（傣族计量单位，四十五里至五十里为一"约"，"扎拿"是单位名称，类似汉族的"里"）长、十万约扎拿厚的大树做顶天柱来稳固。

【流传】云南省·西双版纳（西双版纳傣族自治州）

【出处】＊《拔牙制作顶天柱》，原载岩峰三讲，毕光尖记录《桑戛西与桑戛赛造天地，创人类》，见姚宝瑄主编《中国各民族神话》（哈尼族、傣族），太原：山西出版传媒集团·书海出版社2014年版，第254页。

W1332.3.2
老铁木做天柱

【关联】［W1325.1.3］铁树支撑天

实例

（参见下级母题实例）

W1332.3.2.1
男始祖布洛陀用最高的老铁木做天柱

实例

壮族　布洛陀（c 为"布碌陀"，壮族文化始祖、英雄、神话中的人王等）带领大家到树林里去选一根最高最大的老铁木来做顶天柱。

【流传】

（ab）广西壮族自治区·（河池市）·巴马县（巴马瑶族自治县）·所略乡·所略村

（c）广西壮族自治区右江，云南省红河一带

【出处】

（a）周朝珍讲，何承文采录翻译：《布洛陀》，见中国民间文学集成全国编辑委员会编《中国民间故事集成》（广西卷），北京：中国 ISBN 中心 2001 年版，第 30 页。

（b）周朝珍讲：《布洛陀》，见张声震总主编，农冠品编注《壮族神话集成》，南宁：广西民族出版社 2007 年版，第 35 页。

（c）周朝珍讲，何承文整理：《布碌陀》，见谷德明编《中国少数民族神话》，北京：中国民间文艺出版社 1987 年版，第 68 页。

壮族　布碌陀让人们觅最高最大老铁木以为顶天柱。

【流传】（无考）

【出处】《布碌陀造天地》（原名《布碌陀》），原载谷德明编《中国少数民族神话选》，见袁珂《中国神话大词典》，北京：华夏出版社 2015 年版，第 439 页。

壮族　布洛陀（男始祖，神）让人们到树林里选一根最高最大的老铁木来做顶天柱。

【流传】广西壮族自治区右江、红河一带

【出处】周朝珍口述，何承文整理：《布洛陀》，原载蓝鸿恩编《壮族民间故事选》，见陶阳、钟秀编《中国神话》（上），北京：商务印书馆 2008 年版，第 67~86 页。

W1332.3.3
瓜做天柱

【关联】［W1325.3］瓜支天

实例

（实例待考）

W1332.3.3.1
4 个大瓜做天柱

实例

哈尼族　（实例待考）

W1332.3.4
金竹做天柱

实例

畲族 西天边刮来一阵阵狂风，是因为撑西天角的金竹大柱断了。

【流传】浙江省

【出处】

（a）王国全搜集整理：《天眼重开》，见谷德明编《中国少数民族神话》，北京：中国民间文艺出版社1987年版，第209～224页。

（b）同（a），见姚宝瑄主编《中国各民族神话》（高山族、黎族、畲族），太原：山西出版传媒集团·书海出版社2014年版，第114页。

W1332.4
用金属做天柱

【关联】［W1980］金属的产生（金属的获得）

实例

拉祜族 扎多（天神名）做成四棵天柱，一棵柱子是金柱，一棵柱子是银柱，一棵柱子是铜柱，一棵柱子是铁柱。

【流传】（无考）

【出处】《牡帕密帕》（创世纪），见娜朵主编《拉祜族民间文学集》，昆明：云南人民出版社1996年版。

W1332.4.0
用金银造天柱

实例

苗族 府方顶天踩地，用金银打造撑天柱。

【流传】贵州省·黔东南（黔东南苗族侗族自治州）

【出处】《开天辟地歌》，见中央民族学院少数民族文艺研究所编《中国民族民间文学》，北京：中央民族学院出版社1987年版，第483页。

苗族 四个大神用金银炼造天柱。

【流传】贵州省·（黔东南苗族侗族自治州）·台江县、施秉县、凯里县（凯里市）等地

【出处】宝久老、岩公、李普奶等八位歌手演唱，桂舟人、唐春芳搜集，苗地改写：《打柱撑天》，见姚宝瑄主编《中国各民族神话》（布依族、仡佬族、苗族），太原：山西出版传媒集团·书海出版社2014年版，第121页。

苗族 （从水中搬运来金银之后），大块金银用打柱，打造柱子来撑天。

【流传】原文无流传地，据文本及注释推测该神话流传于贵州省·黔东南苗族侗族自治州·凯里市、台江县等地。

【出处】张启庭、张荣光、张正玉、张启德演唱，张明搜集，燕宝整理译注：《创造宇宙·运金运银》，见贵州

省少数民族古籍整理出版规划小组办公室编，燕宝整理译注《苗族古歌》，贵阳：贵州民族出版社1993年版，第298页。

W1332.4.1
用金做天柱

【关联】［W1981］金的产生

实例

哈尼族 天神用金柱玉柱去支撑天，天从此才稳稳当当。

【流传】云南省·（玉溪市）·元江县（元江哈尼族彝族傣族自治县）·羊街乡、那诺乡及因远镇清水河流城一带

【出处】《修天补地歌》，见元江县哈尼文化学会、元江县史志编纂办公室编《元江哈尼族古歌集》，内部编印，2005年，第23页。

彝族 （实例待考）

W1332.4.1.1
黄金天柱

实例

（参见下级母题实例）

W1332.4.1.1.1
黄金天柱立在北方

实例

纳西族 九个男神和七个女神开天辟地，他们在北方竖起黄金天柱。

【流传】（云南省·丽江市）

【出处】和志武翻译整理：《人类迁徙记》，原载中共丽江地委宣传部编《纳西族民间故事选》，见陶阳、钟秀编《中国神话》（中），北京：商务印书馆2008年版，第856~876页。

纳西族 开天辟地的九兄弟与七姊妹竖起5根天柱，其中，竖黄金天柱于北方。

【流传】（无考）

【出处】《人祖利恩》，见姚宝瑄主编《中国各民族神话》（佤族、阿昌族、纳西族、普米族、德昂族），太原：山西出版传媒集团·书海出版社2014年版，第174页。

纳西族 天神九弟兄和地神七姐妹修整天地时，在东西南北中各竖起不同的天柱。其中，大水的北方，竖立起黄金天柱。

【流传】（云南省）

【出处】和芳、和志新编译：《崇邦统——人类迁徙记》，见姚宝瑄主编《中国各民族神话》（佤族、阿昌族、纳西族、普米族、德昂族），太原：山西出版传媒集团·书海出版社2014年版，第139页。

W1332.4.2
用银做天柱

【关联】
① ［W1982］银的产生
② ［W1982.3.1］银是造天柱剩下的碎料

1.2.4　天地的合离与支撑　　||W1332.4.2a–W1332.4.2a.1||　1083

实　例

苗族　悠悠远古那时侯，有个鲍公（神性人物名）去打桩，打银造柱撑天上。

【流传】原文无流传地，据文本及注释推测该神话流传于贵州省·黔东南苗族侗族自治州·凯里市、台江县等地。

【出处】张启庭、张荣光、张正玉、张启德演唱，张明搜集，燕宝整理译注：《创造宇宙·运金运银》，见贵州省少数民族古籍整理出版规划小组办公室编，燕宝整理译注《苗族古歌》，贵阳：贵州民族出版社1993年版，第79页。

W1332.4.2a
用铜做天柱

【关联】
① ［W1850.3.10.1］昆仑铜柱是天柱
② ［W1984.1］铜的产生

实　例

汉族　昆仑之山，有铜柱焉。其高入天，所谓天柱也，围三千里，周圆如削。

【流传】（无考）

【出处】
（a）《神异经·中荒经》。
（b）《昆仑铜柱》，见袁珂《中国神话大词典》，北京：华夏出版社2015年版，第197页。

汉族　昆仑之山，有铜柱焉，其高入天，所谓天柱也。

【流传】（无考）

【出处】
（a）《神异经·中荒经》。
（b）《天柱》，见袁珂《中国神话大词典》，北京：华夏出版社2015年版，第55页。

彝族　开天辟地时，结支戛鲁（神人名）担负了造铜柱子和铜扫把的任务。

【流传】（无考）

【出处】
（a）马海鸟黎讲，谷德明整理：《开天辟地》，见谷德明编《中国少数民族神话选》，西北民族学院研究所编印，内部资料，1983年。
（b）同（a），见姚宝瑄主编《中国各民族神话》（羌族、彝族），太原：山西出版传媒集团·书海出版社2014年版，第117页。

W1332.4.2a.1
4根铜柱做天柱

实　例

彝族　混沌中出现的八哥、典尼、支格阿龙和结支戛鲁四个人商议开天辟地时，聪明的典尼说："开天辟地必须用四根铜柱子把天顶起来。"

【流传】（无考）

【出处】
（a）马海鸟黎讲，谷德明整理：《开天辟地》，见谷德明编《中国少数民族神话选》，西北民族学院研究所编印，内部资料，1983年。

（b）同（a），见姚宝瑄主编《中国各民族神话》（羌族、彝族），太原：山西出版传媒集团·书海出版社2014年版，第117页。

W1332.4.2a.2
分开天地后用铜棍撑住天的肚子

【实例】

<u>水族</u> 女神伢俣把天地分开后，立刻就拿了根铜棍撑住天的肚子。

【流传】（无考）

【出处】潘静流唱，燕宝记译，化斯改写：《伢俣开创世界》（原名《造天造地》），见姚宝瑄主编《中国各民族神话》（水族、布朗族、独龙族、基诺族、傈僳族），太原：山西出版传媒集团·书海出版社2014年版，第4页。

W1332.4.3
用铁做天柱（铁柱支天）

【关联】

① ［W1332.8.3］用铁柱支天不成功
② ［W1983］铁的产生

【实例】

<u>壮族</u> 布洛朵（即布洛陀的别称，男祖先）率人用铁柱顶天。

【流传】云南省·（文山壮族苗族自治州）·西畴县·兴街镇·下南丘村

【出处】陆开富讲：《布洛朵》，见张声震总主编，农冠品编注《壮族神话集成》，南宁：广西民族出版社2007年版，第40页。

<u>壮族</u> 众人铸铁柱顶天。

【流传】云南省·（文山壮族苗族自治州）·西畴县

【出处】陆开富等讲，王明富采录：《布洛陀》，见中国民间文学集成全国编辑委员会编《中国民间故事集成》（云南卷），北京：中国ISBN中心2003年版，第86页。

W1332.4.3.1
白铁天柱

【实例】

<u>纳西族</u> 九个男神和七个女神开天辟地，他们在中央竖起白铁天柱。

【流传】（云南省·丽江市）

【出处】和志武翻译整理：《人类迁徙记》，原载中共丽江地委宣传部编《纳西族民间故事选》，见陶阳、钟秀编《中国神话》（中），北京：商务印书馆2008年版，第856~876页。

W1332.4.3.2
黑铁天柱

【实例】

<u>纳西族</u> 开天辟地的九兄弟与七姊妹竖起5根天柱，其中，竖黑铁天柱于中央。

【流传】（无考）

【出处】《人祖利恩》，见姚宝瑄主编

《中国各民族神话》（佤族、阿昌族、纳西族、普米族、德昂族），太原：山西出版传媒集团·书海出版社2014年版，第174页。

W1332.4.3.3
擎天大铁柱立在中央

实例

纳西族 天神九弟兄和地神七姐妹修整天地时，在东西南北中各竖起不同的天柱。其中，在天和地中央竖起一根擎天大铁柱。

【流传】（云南省）

【出处】和芳、和志新编译：《崇邦统——人类迁徙记》，见姚宝瑄主编《中国各民族神话》（佤族、阿昌族、纳西族、普米族、德昂族），太原：山西出版传媒集团·书海出版社2014年版，第139页。

W1332.4.3.4
女娲炼造铁柱支北天

实例

汉族 女娲娘娘游天时，看到北天柱歪斜，北面的天还有一个破洞，她怕北风漏了进来，就想办法炼了铁石，铸成铁柱来拄住北天。

【流传】浙江省·（丽水市）·青田县·东源镇、船寮镇

【出处】余碎笑讲，叶茂搜集整理：《三块补天石》（1987.07.15），见姚宝瑄主编《中国各民族神话》（汉族），太原：山西出版传媒集团·书海出版社2014年版，第58~60页。

W1332.4.4
金银铜铁做天柱

实例

拉祜族 天神厄莎用身上搓下的污垢做成四根柱子，一根金柱子，立在东方，一根银柱子立在西方，一根铜柱子立在南方，一根铁柱子立在北方。

【流传】云南省大拉祜及黄拉祜中部一带

【出处】小八讲，古木整理：《天神厄莎》（整理中参照了《牡帕密帕》和《古根》），见姚宝瑄主编《中国各民族神话》（白族、拉祜族、景颇族），太原：山西出版传媒集团·书海出版社2014年版，第159页。

W1332.5
用山做天柱

【关联】［W1821.1］天柱变化为山

实例

撒拉族 （实例待考）

W1332.5.1
大山做天柱

实例

傣族 召苏楠（佛祖师爷）抵达雷绍勐擎天柱大山。

【流传】云南省·德宏地区（德宏傣族

景颇族自治州）

【出处】

（a）多永相搜集整理：《谷神布岑塔》，见李子贤编《云南少数民族神话选》，云南人民出版社1990年版。

（b）同（a），见姚宝瑄主编《中国各民族神话》（哈尼族、傣族），太原：山西出版传媒集团·书海出版社2014年版，第350页。

W1332.5.1.1
4座大山做顶天柱

实例

白族　天地不稳，用四座大山做顶天柱。

【流传】云南省

【出处】《天地的起源》，见中国社会科学院云南少数民族文学研究所等编《云南少数民族文学资料》第1辑，内部编印，1980年，第228页。

白族　四座大山做顶天柱。

【流传】（无考）

【出处】李康德等讲，杨亮才、陶阳记录整理：《创世纪》，见杨亮才、李缵绪选编《白族民间叙事诗集》，北京：中国民间文艺出版社1984年版，第13页。

彝族　众神仙开天辟地后，天神恩体古兹派手下用四座大山做四根撑天柱，还找了四个压地石，压在地四方。

【流传】（无考）

【出处】伍精忠整理：《大地是怎样形成的》，见姚宝瑄主编《中国各民族神话》（羌族、彝族），太原：山西出版传媒集团·书海出版社2014年版，第278页。

W1332.5.2
特定的山是天柱

实例

（参见下级母题实例）

W1332.5.2.1
不周山是天柱

【关联】[W1852.6.21] 不周山

实例

汉族　不周山是四大天柱之一。

【流传】四川省·巴县（今重庆市·巴南区）·土主乡·伏善村

【出处】张文奎讲，李子硕采录：《女娲补天》，见中国民间文学集成全国编辑委员会编《中国民间故事集成》（四川卷·上），北京：中国ISBN中心1998年版，第25页。

汉族　不周山是一根撑天的柱子。

【流传】（无考）

【出处】《共工怒触不周山》，原载袁珂编译《中国神话故事》，见陶阳、钟秀编《中国神话》（中），北京：商务印书馆2008年版，第721～723页。

汉族　昔者共工与颛顼争为帝，怒而触不周之山，天柱折，地维绝。（按：

据此，不周山即古之天柱。）

【流传】（无考）

【出处】

（a）［汉］刘安及门客：《淮南子·天文训》。

（b）《天柱》，见袁珂《中国神话大词典》，北京：华夏出版社 2015 年版，第 55 页。

汉族　不周山原是根顶天的柱子。

【流传】安徽省淮河一带

【出处】唐元海讲，茆文斗搜集整理：《祝融胜共工》，载《民间文学》1986 年第 6 期。

汉族　有座不周山，是一根顶天柱子。

【流传】淮河流域

【出处】唐元海讲，茆文斗搜集整理：《女娲补天治水》，载《民间文学》1986 年第 6 期。

汉族　不周山是一根顶天柱子。

【流传】淮河流域一带

【出处】唐元梅讲：《女娲补天》，载《民间文学》1986 年第 6 期。

（b）同（a），见姚宝瑄主编《中国各民族神话》（汉族），太原：山西出版传媒集团·书海出版社 2014 年版，第 45~46 页。

汉族　天上的红太阳和白太阳兄弟二人为争王发生争斗，白日头被打败跌了下来，撞倒了地上一座撑天不周山。

【流传】江苏省·（苏州市）·太仓县

【出处】尹培民讲，黄凤尔记录：《天上有过两个太阳》，见姚宝瑄主编《中国各民族神话》（汉族），太原：山西出版传媒集团·书海出版社 2014 年版，第 178~179 页。

汉族　不周山是顶天的一根柱子。

【流传】江苏省·宿迁市

【出处】刘汉飞讲，刘汉飞记录：《女娲哭天》（1986.10.22），见姚宝瑄主编《中国各民族神话》（汉族），太原：山西出版传媒集团·书海出版社 2014 年版，第 61~62 页。

汉族　不周山是撑天的大柱。

【流传】浙江省·（温州市）·永嘉县

【出处】谢博讲，谢圣铎记录：《女娲补天》，见姚宝瑄主编《中国各民族神话》（汉族），太原：山西出版传媒集团·书海出版社 2014 年版，第 55 页。

汉族　在盘古开天辟地以后，经过一次激烈大战，共工撞倒了撑天柱子——不周山。

【流传】河南省·（南阳市）·西峡县·米坪乡·羊沟村

【出处】王金山（农民，不识字）讲，曹丰勤采录，杨平采录整理：《太阳为什么东出西落》（1986.04），见张振犁编著《中原神话通鉴》（第一卷），郑州：河南大学出版社 2017 年版，第 150 页。

汉族　不周山本是一擎天大柱。

【流传】河南省·（焦作市）沁阳县

【出处】张正朝、秦太明采录整理：《女娲补天（二）》，见张振犁编著《中原神话通鉴》（第一卷），郑州：河南大学出版社2017年版，第126页。

汉族 共工被祝融打败后，恼羞成怒，一头把不周山这根撑天的柱子给撞断了。

【出处】河南省·（郑州市）·登封市

【出处】据《淮南子》和登封传说整理：《红裤子崖》，见张振犁编著《中原神话通鉴》（第一卷），郑州：河南大学出版社2017年版，第141页。

W1332.5.2.1.1
不周山是西北天天柱

实 例

汉族 不周山是西北天的顶天柱。

【流传】河南省·（周口市）·淮阳县·（王店乡·棠棣村）

【出处】李国争（63岁，农民）讲，杨复俊采录：《女娲娘娘》（1985.01.06），见张振犁编著《中原神话通鉴》（第一卷），郑州：河南大学出版社2017年版，第145页。

W1332.5.2.2
布州山是天柱

【关联】［W1852.6.21］不周山

实 例

藏族 顶天之布州山塌，天河复漏，女娲一时无法补之。

【流传】（无考）

【出处】《女娲娘娘补天》，原载谷德明编《中国少数民族神话选》，见袁珂《中国神话大词典》，北京：华夏出版社2015年版，第407页。

W1332.5.2.3
居那若倮神山是天柱

实 例

纳西族 居那若倮神山顶着青天。太阳从它左边旋绕，月亮从它右边旋转。

【流传】云南省·丽江地区（丽江市）

【出处】李即善翻译，杨世光整理：《东术争战记》，原载中共丽江地委宣传部编《纳西族民间故事选》，见陶阳、钟秀编《中国神话》（中），北京：商务印书馆2008年版，第726～735页。

W1332.6
用石做天柱

实 例

傣族 英叭搓下身上的污垢，捏成了4块西拉石，分别插在镇定天地神像的4方，这4块西拉石就变成了4棵定天柱。

【流传】（无考）

【出处】《开天辟地》，见谷德明编《中国少数民族神话》，北京：中国民间文艺出版社1987年版，第341页。

W1332.6.1
用玉石做天柱

【关联】［W1866.4］玉石（玉、宝石）

实 例

哈尼族 天神用金柱玉柱去支撑天，天从此才稳稳当当。

【流传】云南省·（玉溪市）·元江县（元江哈尼族彝族傣族自治县）·羊街乡、那诺乡及因远镇清水河流城一带

【出处】《修天补地歌》，见元江县哈尼文化学会、元江县史志编纂办公室编《元江哈尼族古歌集》，内部编印，2005年，第23页。

W1332.6.1.1
用玉造天柱

实 例

侗族 大汉姜夫来到玉山上，因为玉石无瑕又坚硬，他要用玉造天柱。

【流传】广西壮族自治区·（柳州市）·三江（三江侗族自治县），（桂林市）·龙胜（龙胜各族自治县）

【出处】杨卜林喜、杨卜松林、杨明世讲，杨国仁、涛声搜集整理，蕾紫改写：《创世女神萨天巴》，原文为过伟改写自侗族创世史诗《嘎茫莽道时嘉——远祖歌》（未出版稿），见姚宝瑄主编《中国各民族神话》（土家族、毛南族、侗族、瑶族），太原：山西出版传媒集团·书海出版社2014年版，第78页。

W1332.6.1.2
玉柱支撑天

实 例

汉族 （实例待考）

W1332.6.1.3
用绿松石做顶天柱

【关联】［W1864.4］绿石（碧石、绿松石）

实 例

纳西族 盘神9兄弟用绿松石做顶天柱。

【流传】云南省·丽江（丽江市）

【出处】和芳讲：《崇搬图》，见《东巴经文资料》（1963~1964），中国社会科学院图书馆单册复印云南丽江县文化馆资料合订本，第11页。

W1332.6.1.4
用衣袋装石造天柱

实 例

瑶族 （实例待考）

W1332.6.1.5
用白玉造天柱

【关联】［W1338.2］天柱的颜色

实 例

（参见下级母题实例）

W1332.6.1.5.1
白玉天柱立于西方

【关联】[W1866.4.5.1] 白玉

实例

纳西族 开天辟地的九兄弟与七姊妹竖起5根天柱，其中，竖白玉天柱于西方。

【流传】（无考）

【出处】《人祖利恩》，见姚宝瑄主编《中国各民族神话》（佤族、阿昌族、纳西族、普米族、德昂族），太原：山西出版传媒集团·书海出版社2014年版，第174页。

W1332.6.1.6
用碧玉造天柱

【关联】[W1866.4.5.2.1] 碧玉

实例

（参见下级母题实例）

W1332.6.1.6.1
碧玉天柱立于南方

实例

纳西族 天神九弟兄和地神七姐妹修整天地时，在东西南北中各竖起不同的天柱。其中，碧玉天柱立在大水的南方。

【流传】（云南省）

【出处】和芳、和志新编译：《崇邦统——人类迁徙记》，见姚宝瑄主编《中国各民族神话》（佤族、阿昌族、纳西族、普米族、德昂族），太原：山西出版传媒集团·书海出版社2014年版，第139页。

W1332.6.2
用石柱做天柱

实例

白族 当小太阳坠落海中时，从海水中冒出了一峰石柱，这石柱上顶天，下顶地，把天地撑住。

【流传】云南省·（大理白族自治州）·鹤庆县·城郊乡（草海镇）·新民村

【出处】李剑飞讲，李缵绪采录：《人和万物的起源》，见中国民间文学集成全国编辑委员会编《中国民间故事集成》（云南卷），北京：中国ISBN中心2003年版，第13页。

傣族 大神英叭就用他的污垢捏成四块西拉石，一头落下海底，另一头便插进地球里面，立刻变成了四根顶天柱，并且分明定出了东南西北四个方位。

【流传】云南省·西双版纳傣族地区（西双版纳傣族自治州）

【出处】《巴塔麻嘎捧尚罗》，王松据岩温炳翻译《巴塔麻晏》（开天辟地）改写，见姚宝瑄主编《中国各民族神话》（哈尼族、傣族），太原：山西出版传媒集团·书海出版社2014年版，第274页。

1.2.4 天地的合离与支撑　　‖W1332.6.2.1–W1332.6a.1‖　1091

珞巴族 在天和地相连的金日冬日（地方名），有一根顶天立地的大石柱。

【流传】西藏自治区·林芝地区·米林县·纳玉区（南伊乡）

【出处】

（a）东娘、达牛讲，于乃昌搜集：《天地成婚》（1979.07），见毛星主编《中国少数民族文学》（上册），长沙：湖南人民出版社1983年版。

（b）同（a），见姚宝瑄主编《中国各民族神话》（门巴族、珞巴族、怒族、藏族），太原：山西出版传媒集团·书海出版社2014年版，第18页。

W1332.6.2.1
巨人用12根石柱做天柱

实　例

苗族 巨人仍雍古罗扛来十二根大石柱，把天顶住。

【流传】广西壮族自治区·（柳州市）·融水苗族自治县

【出处】

（a）杨达香讲，梁彬搜集整理：《创世纪》（一、开天辟地，地始天初），见梁彬、王天若编《苗族民间故事选》，南宁：广西人民出版社1986年版。

（b）同（a），见姚宝瑄主编《中国各民族神话》（布依族、仡佬族、苗族），太原：山西出版传媒集团·书海出版社2014年版，第169页。

W1332.6.3
用白石做天柱

【关联】[W1864.3]白石

实　例

（参见下级母题实例）

W1332.6.3.1
大神用白石做天柱

实　例

藏族 两位大神开天辟地时，屡遭失败，几经周折，最后终于想出了用白石支天的办法，将天地分离。

【流传】（四川省·凉山彝族自治州·冕宁县等）

【出处】刘世旭：《冕宁等县藏族的白石崇拜辨析》，载《西南民族学院学报》1989年第4期。

W1332.6a
用泥做天柱

实　例

（参见下级母题实例）

W1332.6a.1
用汗泥

实　例

拉祜族 扎多（天神名）搓下手汗，做成四棵天柱。

【流传】（无考）

【出处】《牡帕密帕》（创世纪），见娜

朵主编《拉祜族民间文学集》，昆明：云南人民出版社1996年版。

拉祜族 天神厄莎搓下手脚的汗泥，做了4个顶天的柱子。

【流传】云南省·（普洱市）·澜沧县（澜沧拉祜族自治县）、孟连县（孟连傣族拉祜族佤族自治县）、双江县（双江拉祜族佤族布朗族傣族自治县）等地

【出处】昆明师范学院中文系1957级部分学生搜集，刘辉豪整理《牡帕密帕》，昆明：云南民族出版社1979年版，第3页。

W1332.6b
用石浆造天柱

实例

（参见下级母题实例）

W1332.6b.1
女娲用石浆造天柱

实例

汉族 共工撞倒不周山，西北方的天空成了个大窟窿，女娲下决心要补天上的窟窿。开始想不出补天的办法，后来，她看到顶天的四根柱子是用石浆做的，就把五色石烧化，化成石浆，把天上的石窟窿补好了。

【流传】河南省·（洛阳市）·新安县·磁涧乡·孝水村

【出处】杨傍子（58岁，识些字）讲，张建伟采录：《女娲补天（六）》（1989.10.25），见张振犁编著《中原神话通鉴》（第一卷），郑州：河南大学出版社2017年版，第135页。

W1332.7
用其他材料做天柱

【关联】［W1326.3.1］冰柱支天

实例

（参见下级母题实例）

W1332.7.1
白螺天柱

【关联】［W1338.2］天柱的颜色

实例

（参见下级母题实例）

W1332.7.1.1
白螺天柱立在东方

实例

纳西族 天神九弟兄和地神七姐妹修整天地时，在东西南北中各竖起不同的天柱。其中，白螺天柱立在大水的东方。

【流传】（云南省）

【出处】和芳、和志新编译：《崇邦统——人类迁徙记》，见姚宝瑄主编《中国各民族神话》（佤族、阿昌族、纳西族、普米族、德昂族），太原：山西出版传媒集团·书海出版社2014年版，第139页。

W1332.7.2
白曼天柱

实例

（参见下级母题实例）

W1332.7.2.1
白曼天柱立在东方

实例

纳西族 开天辟地的九兄弟与七姊妹竖起5根天柱，其中，竖立白曼天柱于东方。

【流传】（无考）

【出处】《人祖利恩》，见姚宝瑄主编《中国各民族神话》（佤族、阿昌族、纳西族、普米族、德昂族），太原：山西出版传媒集团·书海出版社2014年版，第174页。

W1332.7.3
珍珠天柱

【关联】［W9686.1］珍珠的来历

实例

（参见下级母题实例）

W1332.7.3.1
黑珍珠天柱在西方

实例

纳西族 九个男神和七个女神开天辟地，他们在西方竖起黑珍珠天柱。

【流传】（云南省·丽江市）

【出处】和志武翻译整理：《人类迁徙记》，原载中共丽江地委宣传部编《纳西族民间故事选》，见陶阳、钟秀编《中国神话》（中），北京：商务印书馆2008年版，第856~876页。

W1332.8
不成功的造天柱的材料

实例

（参见下级母题实例）

W1332.8.0
人不能做天柱

实例

汉族 共工撞倒了撑天柱子不周山后，天破地裂。女娲用五色石把天补好了，但撑天柱断了，用树木顶呢？不行。用人，更不行，用啥呢？女娲想不出法子。

【流传】河南省·（南阳市）·西峡县·米坪乡·羊沟村

【出处】王金山（农民，不识字）讲，曹丰勤采录，杨平采录整理：《太阳为什么东出西落》（1986.04），见张振犁编著《中原神话通鉴》（第一卷），郑州：河南大学出版社2017年版，第150页。

W1332.8.1
用木头撑天不成功

实例

怒族 巨人搓海玩海见天地距离很

近，妨碍人的活动，就天天试着用木头撞天，想把天撞得高些，但一根根木头都被撞断，毫无效果。

【流传】云南省·（怒江傈僳族自治州）·贡山地区（贡山独龙族怒族自治县）

【出处】

（a）李兴民讲，李含生、杨春寿、周良智搜集整理：《搓海玩海》，见陶立璠、李耀宗编《中国少数民族神话传说选》，成都：四川民族出版社1985年版。

（b）同（a），见姚宝瑄主编《中国各民族神话》（门巴族、珞巴族、怒族、藏族），太原：山西出版传媒集团·书海出版社2014年版，第67页。

W1332.8.1.1
顶天木柱生虫腐烂

实　例

苗族　务往葩（老仙婆）拿两根五倍子树棒和两根狗啃树棒来撑起天，不久生虫腐烂，撑不住。

【流传】贵州省·（黔东南苗族侗族自治州）·剑河县

【出处】张岩山讲，万必轩采录：《天和地是咋个来的》，见中国民间文学集成全国编辑委员会编《中国民间故事集成》（贵州卷），北京：中国ISBN中心2003年版，第3页。

苗族　巨人仍雍古罗竖起木柱，把天顶起。可是天不高，地不矮，天恋地依依，地想天连连。

【流传】广西壮族自治区·（柳州市）·融水苗族自治县

【出处】

（a）杨达香讲，梁彬搜集整理：《创世纪》（一、开天辟地，地始天初），见梁彬、王天若编《苗族民间故事选》，南宁：广西人民出版社1986年版。

（b）同（a），见姚宝瑄主编《中国各民族神话》（布依族、仡佬族、苗族），太原：山西出版传媒集团·书海出版社2014年版，第169页。

W1332.8.1.2
女娲用木头做天柱被水冲垮

实　例

藏族　女娲用木头去撑天，照样被大水冲垮。

【流传】

（a）云南省·（迪庆藏族自治州）·中甸县（香格里拉县）

（b）云南省·迪庆州（迪庆藏族自治州）·（香格里拉县·尼西乡）·汤美村（汤满村）

【出处】

（a）马祥龙采录，谷子等整理：《女娲娘娘》，见中国民间文学集成全国编辑委员会编《中国民间故事集成》（云南卷），北京：中国ISBN中心2003年版，第67页。

（b）马祥龙记录：《女娲娘娘补天》，见谷德明编《中国少数民族神话》，北京：中国民间文艺出版社1987年版，第699页。

藏族 女娲用木头去撑天，天河的水照样被大水冲垮。

【流传】云南省·迪庆藏族自治州

【出处】马龙祥、李子贤搜集整理：《女娲娘娘》，载《民间文学》1985年第4期。

W1332.8.1a
树做天柱不成功

实例

汉族 共工撞倒了撑天柱子不周山后，天破地裂。女娲用五色石把天补好了，但撑天柱断了，用树木顶呢？不行。

【流传】河南省·（南阳市）·西峡县·米坪乡·羊沟村

【出处】王金山（农民，不识字）讲，曹丰勤采录，杨平采录整理：《太阳为什么东出西落》（1986.04），见张振犁编著《中原神话通鉴》（第一卷），郑州：河南大学出版社2017年版，第150页。

W1332.8.2
用草撑天不成功

实例

（参见下级母题实例）

W1332.8.2.1
用笔管草顶天没有成功

实例

哈尼族 天神怕天不稳当，用笔管草顶天，没有成功。

【流传】云南省·（玉溪市）·元江县（元江哈尼族彝族傣族自治县）·羊街乡、那诺乡及因远镇清水河流域一带

【出处】《修天补地歌》，见元江县哈尼文化学会、元江县史志编纂办公室编《元江哈尼族古歌集》，内部编印，2005年，第23页。

W1332.8.2.2
蒿子杆支天天摇晃

【关联】[W1345.1] 蒿支撑地

实例

苗族 盘古劈开天地后，把上块擎上去。盘古死后，长手臂高脚杆的神人甫方公和香妞婆轮流用手撑天。老是这样撑着也不是个法儿，就改用蒿子杆来撑天，结果是天时时摇晃，地时时震荡。

【流传】原文无流传地，据文本及注释推测该神话流传于贵州省·黔东南苗族侗族自治州·凯里市、台江县等地。

【出处】《译者述评》，见贵州省少数民族古籍整理出版规划小组办公室编，燕宝整理译注《苗族古歌》，贵阳：贵州民族出版社1993年版，第2页。

W1332.8.3
用铁柱支天不成功

【关联】[W1332.4.3] 用铁做天柱（铁柱支天）

【实例】

（参见下级母题实例）

W1332.8.3.1
铁做的天柱被锈断

【实例】

苗族 务往葩（老仙婆）用钢柱铁柱来撑天，日子久了，慢慢生锈，剥落变小，撑不住。

【流传】贵州省·（黔东南苗族侗族自治州）·剑河县

【出处】张岩山讲，万必轩采录：《天和地是咋个来的》，见中国民间文学集成全国编辑委员会编《中国民间故事集成》（贵州卷），北京：中国ISBN中心2003年版，第3页。

苗族 用13根铁柱顶天，后来铁柱锈了，天塌掉。

【流传】
(a) 广西壮族自治区·（柳州市）·融水县（融水苗族自治县）·滚贝乡
(b) 广西壮族自治区·（柳州市）·融水县（融水苗族自治县）

【出处】
(a) 杨达香讲，梁彬采录翻译：《纳罗引勾开天辟地造人》，见中国民间文学集成全国编辑委员会编《中国民间故事集成》（广西卷），北京：中国ISBN中心2001年版，第24页。
(b) 杨达香讲，梁彬搜集整理：《创世记》，见谷德明编《中国少数民族神话》，北京：中国民间文艺出版社1987年版，第545页。

苗族 巨人仍雍古罗用十三根大铁柱支天。铁柱不久又生了锈，天又塌了下来。

【流传】广西壮族自治区·（柳州市）·融水苗族自治县

【出处】
(a) 杨达香讲，梁彬搜集整理：《创世纪》（一、开天辟地，地始天初），见梁彬、王天若编《苗族民间故事选》，南宁：广西人民出版社1986年版。
(b) 同(a)，见姚宝瑄主编《中国各民族神话》（布依族、仡佬族、苗族），太原：山西出版传媒集团·书海出版社2014年版，第169页。

藏族 （实例待考）

W1332.8.4
石柱支天断裂

【关联】[W1332.6.2] 用石柱做天柱

【实例】

苗族 巨人仍雍古罗用木柱、铁柱支天不成功，又扛来十二根大石柱，把天顶住。没有多久，石柱裂了，天倾斜了，塌了下来。

【流传】广西壮族自治区·（柳州市）·融水苗族自治县

【出处】
(a) 杨达香讲，梁彬搜集整理：《创世纪》（一、开天辟地，地始天初），见梁彬、王天若编《苗族民间故事选》，南宁：广西人民出版社1986年版。

(b) 同（a），见姚宝瑄主编《中国各民族神话》（布依族、仡佬族、苗族），太原：山西出版传媒集团·书海出版社 2014 年版，第 169 页。

W1332.8.5
用特定的角支天失败

实 例

（参见下级母题实例）

W1332.8.5.1
盘古用头上长出的四个枝杈的长角支天不成功

【关联】［W0722.2.1］盘古头上生角

实 例

汉族 盘古把混沌的天地开辟出来后，天没东西支撑，还是要坍压下来的，他就拍打着头盖，让头盖长出一对各有四个枝杈的长角，用两只八杈长角支撑着四面八方。天总算被支撑住，坍压不下来了。

【流传】浙江省·（丽水市·莲都区·万象街道）·刘祠堂背

【出处】孙华仙讲，唐宗龙搜集整理：《盘古造化天地》（1963），见姚宝瑄主编《中国各民族神话》（汉族），太原：山西出版传媒集团·书海出版社 2014 年版，第 9~10 页。

W1332.9
与天柱的材料有关的其他母题

实 例

（参见下级母题实例）

W1332.9.1
牛的肋巴骨做支天的椽子

【关联】

① ［W1168.5a］天椽

② ［W1349.4.1.1］神牛的肋巴骨做支地椽子

实 例

哈尼族 众神杀查牛（天地神专养的神牛）补天补地时，肋巴骨做成撑天撑地的大椽子。

【流传】云南省·（红河哈尼族彝族自治州）·元阳（元阳县）、红河（红河县）、绿春（绿春县）、金平（金平苗族瑶族傣族自治县）

【出处】朱小和讲唱，史军超搜集整理：《查牛补天地》（1983），原载云南省民间文学集成办公室编《哈尼族神话传说集成》，中国民间文艺出版社 1990 年版，见姚宝瑄主编《中国各民族神话》（哈尼族、傣族），太原：山西出版传媒集团·书海出版社 2014 年版，第 56 页。

W1332a
造天柱的方法

实 例

（参见下级母题实例）

W1332a.1
仿照烟升天造天柱

实 例

苗族 拿什么来作模样，才能打造撑

天柱？拿烟升天作模样，才能打造撑天柱。

【流传】原文无流传地，据文本及注释推测该神话流传于贵州省·黔东南苗族侗族自治州·凯里市、台江县等地。

【出处】张启庭、张荣光、张正玉、张启德演唱，张明搜集，燕宝整理译注：《创造宇宙·打柱撑天》，见贵州省少数民族古籍整理出版规划小组办公室编，燕宝整理译注《苗族古歌》，贵阳：贵州民族出版社1993年版，第310~311页。

W1332a.2
天女扫出天柱

【关联】［W1294.4.2］天女用铁扫帚扫开天地

实　例

<u>彝族</u>　九个天女便拿了铜铁扫帚去扫天扫地，扫出了四根撑天柱。

【流传】（四川省·凉山彝族自治州）

【出处】

（a）冯元蔚译：《勒俄特依》，成都：四川民族出版社1986年版。

（b）冯元蔚译，蕾紫改写：《勒俄特依》，见姚宝瑄主编《中国各民族神话》（羌族、彝族），太原：山西出版传媒集团·书海出版社2014年版，第151页。

W1332a.3
打磨天柱

实　例

（参见下级母题实例）

W1332a.3.1
巨神把天柱刨光滑

实　例

<u>苗族</u>　四个大神用金银造出12根天柱后，有个又高又大的巨神往吾，拿起推天刨，来来回回地刨，上上下下地刨，前前后后地刨，左左右右地刨，刨得金银柱像镜子一般，又光又亮。

【流传】贵州省·（黔东南苗族侗族自治州）·台江县、施秉县、凯里县（凯里市）等地。

【出处】宝久老、岩公、李普奶等八位歌手演唱，桂舟人、唐春芳搜集，苗地改写：《打柱撑天》，见姚宝瑄主编《中国各民族神话》（布依族、仡佬族、苗族），太原：山西出版传媒集团·书海出版社2014年版，第121页。

W1332b
与天柱产生有关的其他母题

实　例

（参见下级母题实例）

W1332b.1
特定的物化为天柱

实例

（参见下级母题实例）

W1332b.1.1
宝剑化为通天柱

【关联】［W9674］宝剑

实例

（参见下级母题实例）

W1332b.1.1.1
大禹的宝剑化为通天柱

实例

汉族　禹的宝剑也化作了通天柱——砥柱峰。

【流传】河南省·三门峡市

【出处】陈连山整理：《通天柱与巡河大王》，见姚宝瑄主编《中国各民族神话》（汉族），太原：山西出版传媒集团·书海出版社 2014 年版，第 346 页。

W1332b.1.2
牛腿变成天柱

实例

（参见下级母题实例）

W1332b.1.2.1
犀牛的4条腿变成4根天柱

实例

布朗族　神巨人顾米亚把犀牛的四条腿变成四根大柱子。

【流传】云南省·（红河哈尼族彝族自治州）·金平县（金平苗族瑶族傣族自治县）

【出处】朱嘉禄整理：《顾米亚》，原载《中国民间故事选》第 2 集，人民文学出版社 1962 年版，见姚宝瑄主编《中国各民族神话》（水族、布朗族、独龙族、基诺族、傈僳族），太原：山西出版传媒集团·书海出版社 2014 年版，第 90 页。

W1332b.1.3
牙齿变成天柱

实例

（参见下级母题实例）

W1332b.1.3.1
神的牙齿变成天柱

实例

傣族　男神桑戛西造出的圆球（地球），却找不到稳定圆球的顶天柱时，妻子桑戛西说："你那长长的牙齿不就是最好的顶天柱吗？"

【流传】云南省·西双版纳（西双版纳傣族自治州）

【出处】 *《拔牙制作顶天柱》，原载岩峰三讲，毕光尖记录《桑戛西与桑戛赛造天地，创人类》，见姚宝瑄主编《中国各民族神话》（哈尼族、傣族），太原：山西出版传媒集团·书海出版社 2014 年版，第 254～255 页。

W1332b.2
重造天柱

实　例

苗族 大力士甫方（半神半人名），（把支天的）五棓子柱拔丢去，（把撑地的）蒿枝杆柱拔丢了，拿银子柱来撑天，拿金子柱来撑地，天上这才稳笃笃。

【流传】 原文无流传地，据文本及注释推测该神话流传于贵州省·黔东南苗族侗族自治州·凯里市、台江县等地。

【出处】 张启庭、张荣光、张正玉、张启德演唱，张明搜集，燕宝整理译注：《创造宇宙·打柱撑天》，见贵州省少数民族古籍整理出版规划小组办公室编，燕宝整理译注《苗族古歌》，贵阳：贵州民族出版社 1993 年版，第 305 页。

W1333
顶天柱的数量

实　例

（参见下级母题实例）

W1333.0
1 根天柱

实　例

汉族 女娲娘娘为防止天塌，做了一根天柱。

【流传】 浙江省·（杭州市）·临安县（临安市）·青山镇

【出处】 印国珍讲，印振武采录：《天柱撑天》，见中国民间文学集成全国编辑委员会编《中国民间故事集成》（浙江卷），北京：中国 ISBN 中心 1997 年版，第 22 页。

W1333.1
4 根天柱

【关联】

① ［W1273.3］天地有 4 根柱子相连
② ［W1279.3］4 根天柱顶天分开天地
③ ［W1279.3.2］神的 4 肢变成的 4 根天柱顶天分开天地
④ ［W1331.4.1］女娲用龟 4 只脚做成 4 根天柱
⑤ ［W1332.1.3.1］始祖的手脚变成 4 根天柱
⑥ ［W1332.2.5.1］牛的 4 条腿做成 4 根天柱
⑦ ［W1352］4 根地柱
⑧ ［W1375.1.1］4 根撑天柱把天撑牢

实　例

布依族 人祖布杰死在东边天脚时，手脚变成了四根撑天柱。

【流传】（无考）

【出处】班琅王等讲，汛河记录整理：《洪水滔天》，见谷德明编《中国少数民族神话》，北京：中国民间文艺出版社1987年版，第614页。

侗族　大汉姜夫用玉造成了四根天柱。

【流传】广西壮族自治区·（柳州市）·三江（三江侗族自治县），（桂林市）·龙胜（龙胜各族自治县）

【出处】杨卜林喜、杨卜松林、杨明世讲，杨国仁、涛声搜集整理，蓍紫改写：《创世女神萨天巴》，原文为过伟改写自侗族创世史诗《嘎茫莽道时嘉——远祖歌》（未出版稿），见姚宝瑄主编《中国各民族神话》（土家族、毛南族、侗族、瑶族），太原：山西出版传媒集团·书海出版社2014年版，第78页。

汉族　（实例待考）

苗族　用四根石柱拿到四个天角去，一根根地立起来，天撑稳了。

【流传】贵州省·（黔东南苗族侗族自治州）·剑河县

【出处】张岩山讲，万必轩采录：《天和地是咋个来的》，见中国民间文学集成全国编辑委员会编《中国民间故事集成》（贵州卷），北京：中国ISBN中心2003年版，第3页。

怒族　大地上四周有4根大柱子顶着天。

【流传】云南省·（怒江傈僳族自治州）·贡山县（贡山独龙族怒族自治县）

【出处】

（a）彭兆清提供，攸延春整理：《创世纪》，见攸延春《怒族文学史》，昆明：云南民族出版社2003年版，第18页。

（b）庚松等讲，彭兆清整理：《创世记》，见中华民族故事大系编委会编《中华民族故事大系》第14卷（普米族、塔吉克族、怒族、俄罗斯族、鄂温克族），上海：上海文艺出版社1995年版，第515页。

羌族　鳌鱼的四条腿作四根天柱。

【流传】四川省·（阿坝藏族羌族自治州）·理县

【出处】余青海讲，罗世泽搜集：《阿补曲格创世》，见中华民族故事大系编委会编《中华民族故事大系》第11卷（达斡尔族、仫佬族、羌族），上海：上海文艺出版社1995年版，第633页。

瑶族　洪水后，房十六（人名，洪水后幸存者）用衣袋装石垒天柱，他在东西南北各垒一根，把天撑起来。

【流传】广东省·（清远市）·连南县（连南瑶族自治县）·寨岗镇

【出处】唐罗古三等讲，许文清等采录：《洪水淹天》，见中国民间文学集成全国编辑委员会编《中国民间故事集成》（广东卷），北京：中国ISBN中心2006年版，第8页。

彝族 分开天地后用4根柱子支天。

【流传】（ab）四川省·（凉山彝族自治州）·雷波县

【出处】

（a）保木和铁讲，芦芙阿梅译，白芝采录：《开天辟地》，见中国民间文学集成全国编辑委员会编《中国民间故事集成》（四川卷·下），北京：中国ISBN中心1998年版，第749页。

（b）《开天辟地》，见陶立璠、赵桂芳等编《中国少数民族神话汇编》（开天辟地篇等），中央民族学院少数民族古籍整理出版规划领导小组办公室印（未署出版时间），第85~95页。

（c）马海乌黎讲，谷德明整理：《开天辟地》，见谷德明编《中国少数民族神话》，北京：中国民间文艺出版社1987年版，第290~293页。

彝族 坎离震兑为四柱，乾坤艮巽是为天。

【流传】云南省·（大理白族自治州）·巍山县（巍山彝族回族自治县）·五印乡·岩子脚（岩子脚村）、紫马鹿村

【出处】王丽珠搜集：《无上虚空地母养生保命真经》，见吕大吉、何耀华总主编《中国各民族原始宗教资料集成》（彝族卷、白族卷、基诺族卷），北京：中国社会科学出版社1996年版，第63~64页。

裕固族 在天的四角立四根柱子，之后，地面在大海洋中自然形成。

【流传】（无考）

【出处】《释迦牟尼创世》，见武文《宇宙建构的奇妙幻想——裕固族创世神话漫议》，载《民族文学研究》1996年第1期。

壮族 布洛陀顶天，四方用铁柱，四角使铜钉。

【流传】云南省·（文山壮族苗族自治州）·西畴县

【出处】陆开富等讲，王明富采录：《布洛陀》，见中国民间文学集成全国编辑委员会编《中国民间故事集成》（云南卷），北京：中国ISBN中心2003年版，第86页。

W1333.1.1

金银铜铁4根天柱

【关联】［W1332.4.4］金银铜铁做天柱

实 例

拉祜族 厄莎（有多种说法，如天神、天帝、创世女神、始祖等）搓手搓脚，做了四棵大天柱：一棵是金柱子，一棵是银柱子，一棵是铜柱子，一棵是铁柱子。

【流传】云南省·（普洱市）·澜沧县（澜沧拉祜族自治县）

【出处】李云保讲述，扎约采录：《牡帕密帕的故事》，见陶阳、钟秀编《中国神话》（上），北京：商务印书馆2008年版，第129~139页。

W1333.1.2
四根天柱是兄弟

实例

毛南族（实例待考）

W1333.2
5 根天柱

实例

汉族 古时候，天是由 5 根柱子撑着。

【流传】河南省·（安阳市）·安阳县·磊口乡·清凉山村

【出处】赵金和讲，牛化法采录：《女娲炼石补天》，见中国民间文学集成全国编辑委员会编《中国民间故事集成》（河南卷），北京：中国 ISBN 中心 2001 年版，第 17 页。

汉族 很古的时候，天和地是由五根柱子撑着才分开的。

【流传】河南省·（安阳市）·安阳县·磊口乡·清凉山村 [采录地点：安阳县磊口乡目明学校]

【出处】赵金和（36 岁，中师）讲，牛化法采录：《清凉山的传说》（1987.04.07），见张振犁编著《中原神话通鉴》（第一卷），郑州：河南大学出版社 2017 年版，第 154 页。

纳西族 天神九弟兄河地神七姐妹在大水的东方，竖立起白螺天柱；大水的南方，竖立起碧玉天柱；大水的西方，竖立起墨珠天柱；大水的北方，竖立起黄金天柱；天和地中央，竖起一根擎天大铁柱。

【流传】云南省·丽江（丽江市）

【出处】和芳（东巴）读经，和志武翻译整理：《崇邦统》（人类迁徙记）（1954），见吕大吉、何耀华总主编《中国各民族原始宗教资料集成》（纳西族卷、羌族卷、独龙族卷、傈僳族卷、怒族卷），北京：中国社会科学出版社 2000 年版，第 321 页。

W1333.3
8 根天柱

实例

苗族 巨人仍雍古罗有 8 根大木柱顶天。（后来塌掉）

【流传】广西壮族自治区·（柳州市）·融水县（融水苗族自治县）

【出处】杨达香讲，梁彬搜集整理：《创世记》，见谷德明编《中国少数民族神话》，北京：中国民间文艺出版社 1987 年版，第 545 页。

苗族 巨人仍雍古罗有八根大柱，大柱顶天天不塌。

【流传】广西壮族自治区·（柳州市）·融水苗族自治县

【出处】

(a) 杨达香讲，梁彬搜集整理：《创世纪》（一、开天辟地，地始天初），见梁彬、王天若编《苗族民间故事选》，南宁：广西人民出版社 1986 年版。

(b) 同（a），见姚宝瑄主编《中国各民族神话》（布依族、仡佬族、苗族），太原：山西出版传媒集团·书海出版社 2014 年版，第 168 页。

W1333.3.1
8 座山为 8 根天柱

【关联】［W1332.5］用山做天柱

实例

汉族 天有八山为柱，皆何当值。盖古来相传天柱凡八，不周山仅居其一。

【流传】（无考）

【出处】

(a)《楚辞·天问》王逸注。

(b)《天柱》，见袁珂《中国神话大词典》，北京：华夏出版社 2015 年版，第 7 页，第 55 页。

W1333.3a
9 根天柱

实例

（参见下级母题实例）

W1333.3a.1
创世母亲造 9 根天柱

实例

基诺族 创世母亲用癞蛤蟆的身躯制造天地时，把癞蛤蟆的 9 根骨骼做成 9 根天柱。

【流传】云南省·（西双版纳傣族自治州·景洪市）·基诺山（基诺山基诺族乡）·戛里果箐

【出处】沙车等讲，杜玉亭调查整理：《地鬼》（1990），见吕大吉、何耀华总主编《中国各民族原始宗教资料集成》（彝族卷、白族卷、基诺族卷），北京：中国社会科学出版社 1996 年版，第 938 页。

W1333.4
许多天柱

【汤普森】A655.2.0.1

实例

毛南族 以前，地上有很多根天柱。

【流传】广西壮族自治区·（河池市）·环江毛南族自治县·上南（上南乡）、中南（中南乡）、下南（下南乡）·上纳屯

【出处】

(a) 蒙贵章讲，蒙国荣、韦志华、谭贻生记录翻译，蒙国荣整理：《昆屯开天盖》（1984.07），见姚宝瑄主编《中国各民族神话》（土家族、毛南族、侗族、瑶族），太原：山西出版传媒集团·书海出版社 2014 年版，第 61 页。

W1333.4.1
12 根天柱

【关联】

① ［W1326.3.3］天由 12 根天柱支撑

② ［W1337.1a］12 根天柱各有其规定地点

实 例

壮族 顶天柱子有 12 根。这些天柱浇水就会长高。

【流传】云南省·文山（文山壮族苗族自治州）

【出处】《从宗爷爷造人烟》，见中国民间文学集成全国编辑委员会编《中国民间故事集成》（云南卷），北京：中国 ISBN 中心 2003 年版，第 203 页。

壮族 天是由十二根柱子撑着的。

【流传】云南省·文山壮族苗族自治州

【出处】黎之整理：《从宗爷爷造人烟》，原载李子贤编《云南少数民族神话选》，云南人民出版社 1990 年版，见姚宝瑄主编《中国各民族神话》（仫佬族、壮族、京族），太原：山西出版传媒集团·书海出版社 2014 年版，第 121 页。

W1333.4.1.1
神性人物用 12 天造出 12 根天柱

实 例

苗族 四个大神用金银炼造天柱，一共打了 12 天、一共造了 12 宵，12 根撑天柱，一下子就造成了。

【流传】贵州省·（黔东南苗族侗族自治州）·台江县、施秉县、凯里县（凯里市）等地

【出处】宝久老、岩公、李普奶等八位歌手演唱，桂舟人、唐春芳搜集，苗地改写：《打柱撑天》，见姚宝瑄主编《中国各民族神话》（布依族、仡佬族、苗族），太原：山西出版传媒集团·书海出版社 2014 年版，第 121 页。

W1333.4.1.2
神性人物用 12 夜造出 12 根天柱

实 例

苗族 有个鲍公和熊公，有个茸公和当公（神性人物名），他们打了十二夜，就打成了十二柱（天柱）。

【流传】原文无流传地，据文本及注释推测该神话流传于贵州省·黔东南苗族侗族自治州·凯里市、台江县等地。

【出处】张启庭、张荣光、张正玉、张启德演唱，张明搜集，燕宝整理译注：《创造宇宙·打柱撑天》，见贵州省少数民族古籍整理出版规划小组办公室编，燕宝整理译注《苗族古歌》，贵阳：贵州民族出版社 1993 年版，第 312 页。

W1333.4.2
13 根天柱

【关联】［W1326.3.4］天由 13 根天柱支撑

实 例

（参见下级母题实例）

W1333.4.2.1
巨人造 13 根铁天柱

实例

苗族 巨人仍雍古罗用打造的十三根大铁柱支天。

【流传】广西壮族自治区·（柳州市）·融水苗族自治县

【出处】

（a）杨达香讲，梁彬搜集整理：《创世纪》（一、开天辟地，地始天初），见梁彬、王天若编《苗族民间故事选》，南宁：广西人民出版社 1986 年版。

（b）同（a），见姚宝瑄主编《中国各民族神话》（布依族、仡佬族、苗族），太原：山西出版传媒集团·书海出版社 2014 年版，第 169 页。

※ W1335
天柱的特征

实例

（参见下级母题实例）

W1336
天柱的大小

实例

（参见下级母题实例）

W1336.1
天柱的周长

实例

（参见下级母题实例）

W1336.1.1
天柱周长 3 千里

实例

汉族 昆仑之山，有铜柱焉，所谓天柱也，围三千里。

【流传】（无考）

【出处】

（a）《神异经·中荒经》。

（b）《天柱》，见袁珂《中国神话大词典》，北京：华夏出版社 2015 年版，第 55 页。

汉族 昆仑之山，有铜柱焉，其高入天，所谓天柱也，围三千里，周圆如削。

【流传】（无考）

【出处】[汉] 东方朔：《神异经·中荒经》。

W1336.2
天柱的高度

实例

（参见下级母题实例）

W1336.2.0
天柱高万丈

实例

苗族 风郎是个好汉，风郎去量天，他上下地量、来回地跑，量来量去，天有万丈高，天柱要高万丈。

【流传】贵州省·（黔东南苗族侗族自

治州）·台江县、施秉县、凯里县（凯里市）等地

【出处】宝久老、岩公、李普奶等八位歌手演唱，桂舟人、唐春芳搜集，苗地改写：《打柱撑天》，见姚宝瑄主编《中国各民族神话》（布依族、仡佬族、苗族），太原：山西出版传媒集团·书海出版社 2014 年版，第 120 页。

W1336.2.1
天柱的高度是天地的距离

【关联】[W1316] 天地的距离

实例

侗族 大汉姜夫为分开天地造天柱。撑天离地要多远，天柱就要造多长。

【流传】广西壮族自治区·（柳州市）·三江（三江侗族自治县），（桂林市）·龙胜（龙胜各族自治县）

【出处】杨卜林喜、杨卜松林、杨明世讲，杨国仁、涛声搜集整理，蔷紫改写：《创世女神萨天巴》，原文为过伟改写自侗族创世史诗《嘎茫莽道时嘉——远祖歌》（未出版稿），见姚宝瑄主编《中国各民族神话》（土家族、毛南族、侗族、瑶族），太原：山西出版传媒集团·书海出版社 2014 年版，第 77 页。

W1336.2.2
天柱高 48 万 8 千里

实例

侗族 大汉姜夫用玉造天柱时，一连造了十六回，一共造出二千九百二十八万丈。他把每根玉柱分为四段，衔上接下成一根，每根都有四十八万八千里长。

【流传】广西壮族自治区·（柳州市）·三江（三江侗族自治县），（桂林市）·龙胜（龙胜各族自治县）

【出处】杨卜林喜、杨卜松林、杨明世讲，杨国仁、涛声搜集整理，蔷紫改写：《创世女神萨天巴》，原文为过伟改写自侗族创世史诗《嘎茫莽道时嘉——远祖歌》（未出版稿），见姚宝瑄主编《中国各民族神话》（土家族、毛南族、侗族、瑶族），太原：山西出版传媒集团·书海出版社 2014 年版，第 78 页。

W1336.2.3
天柱高数百万里

实例

傣族 顶天柱往下一直插到海底，共有九十六万约扎拿（傣族计量单位，四十五里至五十里为一"约"，"扎拿"是单位名称，类似汉族的"里"）；往上则一直把天顶上去，直顶到八十四万约扎拿。

【流传】云南省·西双版纳（西双版纳傣族自治州）

【出处】*《拔牙制作顶天柱》，原载岩峰三讲，毕光尖记录《桑戛西与桑戛赛造天地，创人类》，见姚宝瑄主编《中国各民族神话》（哈尼族、傣

W1336.2.4
天柱高九九八十一里

【实例】

汉族 天柱有七七四十九丈穿心，有九九八十一里路长。

【流传】浙江省·（杭州市）·临安县（临安市）·青山镇

【出处】印国珍讲，印振武采录：《天柱撑天》，见中国民间文学集成全国编辑委员会编《中国民间故事集成》（浙江卷），北京：中国 ISBN 中心 1997 年版，第 22 页。

W1337
天柱的位置

【关联】
① ［W1350］地柱的支撑物
② ［W1789.2.1］天柱顶着天河

【实例】

（参见下级母题实例）

W1337.0
4 根天柱分别立在东西南北

【实例】

拉祜族 天神厄莎用身上搓下的污垢做成四根柱子，一根金柱子立在东方，一根银柱子立在西方，一根铜柱子立在南方，一根铁柱子立在北方。

【流传】云南省大拉祜及黄拉祜中部一带

【出处】小八讲，古木整理：《天神厄莎》（整理中参照了《牡帕密帕》和《古根》），见姚宝瑄主编《中国各民族神话》（白族、拉祜族、景颇族），太原：山西出版传媒集团·书海出版社 2014 年版，第 159 页。

W1337.0.1
4 根天柱支在东南西北 4 个地角

【关联】［W1242.1］地有 4 角（4 个地角）

【实例】

布朗族 神巨人顾米亚把犀牛的四条腿变成四根大柱子，竖在地的东南西北四角上抵住天，又抓一条大鳖鱼把地托住。

【流传】云南省

【出处】朱嘉禄整理：《顾米亚》，原载《中国民间故事选》第 2 集，见陶阳、钟秀编《中国神话》（上），北京：商务印书馆 2008 年版，第 38~44 页。

布朗族 神巨人顾米亚把犀牛的四条腿变成四根大柱子，竖在地的东南西北四角上抵住天。

【流传】云南省·（红河哈尼族彝族自治州）·金平县（金平苗族瑶族傣族自治县）

【出处】朱嘉禄整理：《顾米亚》，原载《中国民间故事选》第 2 集，人民文学出版社 1962 年版，见姚宝瑄主编

《中国各民族神话》（水族、布朗族、独龙族、基诺族、傈僳族），太原：山西出版传媒集团·书海出版社 2014 年版，第 90 页。

W1337.1
5 根天柱分别撑着天的东西南北四角和中间

实 例

汉族 五根柱子分别撑着天的东西南北四角和中间。

【流传】河南省·（安阳市）·安阳县·磊口乡·清凉山村

【出处】赵金和讲，牛化法采录：《女娲炼石补天》，见中国民间文学集成全国编辑委员会编《中国民间故事集成》（河南卷），北京：中国 ISBN 中心 2001 年版，第 17 页。

W1337.1.1
开天辟地者在东西南北中各立 1 个天柱

实 例

纳西族 开天辟地的众神稳定天地，在东方竖起白海螺天柱，在南方竖起碧玉天柱，在西方竖起黑珍珠天柱，在北方竖起黄金天柱，在中央竖起白铁天柱。

【流传】（a）云南省·丽江县（丽江市）

【出处】
（a）和芳讲，和志武采录：《人类迁徙记》，见中国民间文学集成全国编辑委员会编《中国民间故事集成》（云南卷），北京：中国 ISBN 中心 2003 年版，第 49 页。

（b）和志武翻译整理：《人类迁徙记》，见谷德明编《中国少数民族神话》，北京：中国民间文艺出版社 1987 年版，第 395 页。

纳西族 开天辟地的九兄弟与七姊妹竖白曼天柱于东方，竖绿嵩天柱于南方，竖白玉天柱于西方，竖黄金天柱于北方，竖黑铁天柱于中央。

【流传】（无考）

【出处】《人祖利恩》，见姚宝瑄主编《中国各民族神话》（佤族、阿昌族、纳西族、普米族、德昂族），太原：山西出版传媒集团·书海出版社 2014 年版，第 174 页。

纳西族 天神九弟兄和地神七姐妹修整天地时，在东、南、西、北和天地中央分别竖起天柱。

【流传】（云南省）

【出处】和芳、和志新编译：《崇邦统——人类迁徙记》，见姚宝瑄主编《中国各民族神话》（佤族、阿昌族、纳西族、普米族、德昂族），太原：山西出版传媒集团·书海出版社 2014 年版，第 139 页。

W1337.1a
12 根天柱各有其规定地点

【关联】[W1337.6.6] 天柱在特定地名处

实例

苗族 第一根柱子立在党告（地名），第二根柱子立在方先（地名，以下均为贵州地名），第三根在信年，第四根在排鸠，第五根在排勒，第六根在斗引，第七根在翁仰，第八根立在海中，海中那片天，从此就稳扎扎了。还剩四根柱子，把它们立在天的四边角。

【流传】贵州省·（黔东南苗族侗族自治州）·台江县、施秉县、凯里县（凯里市）等地

【出处】宝久老、岩公、李普奶等八位歌手演唱，桂舟人、唐春芳搜集，苗地改写：《打柱撑天》，见姚宝瑄主编《中国各民族神话》（布依族、仡佬族、苗族），太原：山西出版传媒集团·书海出版社 2014 年版，第 122～123 页。

苗族 （造出 12 个天柱后），第一根柱撑台拱，第二根柱撑方西，第三根柱撑翁仰，第四根柱撑都匀，第五根柱撑幸宁，第六根柱撑排纠，第七根柱撑排勒（以上均为贵州的地名），第八根柱撑大海。十二根柱都撑完，天上圆圆平整整。还留下来四根柱，需把它砍去六尺，一根拿去撑东边，一根拿去撑西边，一根拿去撑左边，最后还有一只角（最末的），就拿这根去撑住。

【流传】原文无流传地，据文本及注释推测该神话流传于贵州省·黔东南苗族侗族自治州·凯里市、台江县等地。

【出处】张启庭、张荣光、张正玉、张启德演唱，张明搜集，燕宝整理译注：《创造宇宙·打柱撑天》，见贵州省少数民族古籍整理出版规划小组办公室编，燕宝整理译注《苗族古歌》，贵阳：贵州民族出版社 1993 年版，第 314～315 页。

W1337.1b
5 根天柱在 5 个大老鳖身上

实例

汉族 很古的时候，天和地是由五根柱子撑着才分开的。天的劲儿全都压在这五根柱子上。这五根柱子放在五个大老鳖的盖子上。

【流传】河南省·（安阳市）·安阳县·磊口乡·清凉山村［采录地点：安阳县磊口乡目明学校］

【出处】赵金和（36 岁，中师）讲，牛化法采录：《清凉山的传说》（1987.04.07），见张振犁编著《中原神话通鉴》（第一卷），郑州：河南大学出版社 2017 年版，第 154 页。

W1337.2
天柱放在鱼身上

【关联】［W1324.3］龟支天

实例

（参见下级母题实例）

W1337.2.1
4根天柱分别放在4条鱼身上

实 例

拉祜族 4个顶天的柱子放在4条大鱼身上。

【流传】云南省·（普洱市）·澜沧县（澜沧拉祜族自治县）、孟连县（孟连傣族拉祜族佤族自治县）、双江县（双江拉祜族佤族布朗族傣族自治县）等地

【出处】昆明师范学院中文系1957级部分学生搜集，刘辉豪整理《牡帕密帕》，昆明：云南民族出版社1979年版，第页。

拉祜族 厄莎（有多种说法，如天神、天帝、创世女神、始祖等）做了四条大鱼：一条是大金鱼，一条是大银鱼，一条是大铜鱼，一条是大铁鱼。天柱支在鱼背上。

【流传】云南省·（普洱市）·澜沧县（澜沧拉祜族自治县）

【出处】李云保讲述，扎约采录：《牡帕密帕的故事》，见陶阳、钟秀编《中国神话》（上），北京：商务印书馆2008年版，第129~139页。

拉祜族 天神厄莎用身上搓下的污垢做成四根天柱，但没有地方安放。他又用污垢做了四条大鱼，一条金鱼，把它放在东方；一条银鱼，把它放在西方；一条铜鱼，把它放在南方；一条铁鱼，把它放在北方。

【流传】云南省大拉祜及黄拉祜中部一带

【出处】小八讲，古木整理：《天神厄莎》（整理中参照了《牡帕密帕》和《古根》），见姚宝瑄主编《中国各民族神话》（白族、拉祜族、景颇族），太原：山西出版传媒集团·书海出版社2014年版，第159页。

W1337.2a
天柱放在象身上

实 例

（参见下级母题实例）

W1337.2a.1
天柱放在神象身上

【关联】［W1350.3］地柱支在大象身上

实 例

傣族 神象稳着地，神柱撑着天。风大天不塌，水动地不垮。

【流传】云南省·西双版纳傣族地区（西双版纳傣族自治州）

【出处】《巴塔麻嘎捧尚罗》，王松据岩温炳翻译《巴塔麻晏》（开天辟地）改写，见姚宝瑄主编《中国各民族神话》（哈尼族、傣族），太原：山西出版传媒集团·书海出版社2014年版，第278~279页。

W1337.3
怪物支撑着天柱

实 例

汉族 （实例待考）

W1337.3.1
女娲把天柱放在怪物身上

实例

汉族　女娲把天柱脚压在"大狄"（怪物）身上，把天撑牢。

【流传】浙江省·（杭州市）·临安县（临安市）·青山镇

【出处】印国珍讲，印振武采录：《天柱撑天》，见中国民间文学集成全国编辑委员会编《中国民间故事集成》（浙江卷），北京：中国 ISBN 中心 1997 年版，第 22 页。

W1337.4
天柱放在龙眼上

【关联】［W3560］龙的体征

实例

拉祜族　厄雅、莎雅（神名）把造出天柱和地柱支放在龙眼睛上。

【流传】云南省·（普洱市）·澜沧县（澜沧拉祜族自治县）

【出处】胡札克讲，雷波采录：《厄雅莎雅造天地》，见中国民间文学集成全国编辑委员会编《中国民间故事集成》（云南卷），北京：中国 ISBN 中心 2003 年版，第 47 页。

W1337.5
天柱立在山上

实例

苗族　12 根天柱立起来，四个大神用大山来支撑，金柱银柱才不会倒。

【流传】贵州省·（黔东南苗族侗族自治州）·台江县、施秉县、凯里县（凯里市）等地

【出处】宝久老、岩公、李普奶等八位歌手演唱，桂舟人、唐春芳搜集，苗地改写：《打柱撑天》，见姚宝瑄主编《中国各民族神话》（布依族、仡佬族、苗族），太原：山西出版传媒集团·书海出版社 2014 年版，第 121 页。

W1337.5.1
天柱立在碌陀山上

实例

壮族　布碌陀把碌陀山当柱脚，竖起作为顶天柱的铁木，抵着天，用力一顶，硬把一个重重的天盖顶上去了。

【流传】（a）广西壮族自治区右江及红水河一带

【出处】

（a）周朝珍讲，何承文整理：《布碌陀》，载广西民间文学研究会编印《广西民间文学丛刊》第 5 期。

（b）《布碌陀》（王松选定），见姚宝瑄主编《中国各民族神话》（仡佬族、壮族、京族），太原：山西出版传媒集团·书海出版社 2014 年版，第 76 页。

壮族　布洛陀（男始祖，神）把洛陀山当柱脚，竖起铁木柱，抵着天，用力一顶，硬把重重的天盖顶上去了。

【流传】广西壮族自治区右江、红河一带

【出处】周朝珍口述，何承文整理：《布洛陀》，原载蓝鸿恩编《壮族民间故事选》，见陶阳、钟秀编《中国神话》（上），北京：商务印书馆 2008 年版，第 67~86 页。

W1337.5.2
4 根天柱立在四方的四座山上

实例

彝族 九个天女扫出四根撑天柱，四根撑天柱撑住四方，东方这一面，由木武哈达山来撑；西方的这一面，由母克哈尼山来撑；北方这一面，由尼母火萨山来撑；南方这一面，由火木抵泽山来撑。

【流传】（四川省·凉山彝族自治州）

【出处】

（a）冯元蔚译：《勒俄特依》，成都：四川民族出版社 1986 年版。

（b）冯元蔚译，蕾紫改写：《勒俄特依》，见姚宝瑄主编《中国各民族神话》（羌族、彝族），太原：山西出版传媒集团·书海出版社 2014 年版，第 151 页。

彝族 铁匠神阿尔师傅打了四根撑天柱放在四方。东方放在木武哈达山上；西方放在木克哈尼山上；北方放在尼母火萨山上；南方放在火木低泽山上。四根撑天柱，就把天撑住了。

【流传】（无考）

【出处】《天神造天地》，见姚宝瑄主编《中国各民族神话》（羌族、彝族），太原：山西出版传媒集团·书海出版社 2014 年版，第 89 页。

W1337.5.3
天柱立在昆仑山

【关联】［W1850.3.10.1］昆仑铜柱是天柱

实例

汉族 昆仑之山，有铜柱焉，天柱也。

【流传】（无考）

【出处】

（a）《神异经·中荒经》。

（b）《天柱》，见袁珂《中国神话大词典》，北京：华夏出版社 2015 年版，第 55 页。

W1337.6
天柱放在其他特定地点

【关联】

① ［W1332.4.1.1.1］黄金天柱立在北方

② ［W1338.2.1］绿嵩天柱立于南方

③ ［W1338.2.2］墨珠天柱立在西方

实例

（参见下级母题实例）

W1337.6.1
天柱在金日冬日那个地方

实例

珞巴族 金日冬日那个地方有一根顶天

立地的大石柱。

【流传】西藏自治区·（林芝地区）·米林县·纳玉区（南伊乡）

【出处】

（a）东娘讲，于乃昌采录：《九个太阳》，见中国民间文学集成全国编辑委员会编《中国民间故事集成》（西藏卷），北京：中国ISBN中心2001年版，第9页。

（b）同（a），见《珞巴族民间故事》：http://www.tibet-web.com/old/minjian/ync/gushi/mulu.htm，2003.10.02。

W1337.6.2
天柱立在地中央

【关联】［W1332.4.3.3］擎天大铁柱立在中央

实例

纳西族 开天辟地的九兄弟与七姊妹竖起5根天柱，其中，竖黑铁天柱于中央。

【流传】（无考）

【出处】《人祖利恩》，见姚宝瑄主编《中国各民族神话》（佤族、阿昌族、纳西族、普米族、德昂族），太原：山西出版传媒集团·书海出版社2014年版，第174页。

W1337.6.3
天柱立在天地相连处

【关联】［W1273］天地相连处（天地的连接物）

实例

珞巴族 在天和地相连的金日冬日（地方名），有一根顶天立地的大石柱，天地的水都汇集到大石柱那里。

【流传】（西藏自治区·林芝地区·米林县·纳玉区（南伊乡）

【出处】

（a）东娘、达牛讲，于乃昌搜集：《天地成婚》（1979.07），见毛星主编《中国少数民族文学》（上册），长沙：湖南人民出版社1983年版。

（b）同（a），见姚宝瑄主编《中国各民族神话》（门巴族、珞巴族、怒族、藏族），太原：山西出版传媒集团·书海出版社2014年版，第18页。

W1337.6.4
天柱插在海底

实例

傣族 顶天柱往下一直插到海底。

【流传】云南省·西双版纳（西双版纳傣族自治州）

【出处】*《拔牙制作顶天柱》，原载岩峰三讲，毕光尖记录《桑戛西与桑戛赛造天地，创人类》，见姚宝瑄主编《中国各民族神话》（哈尼族、傣族），太原：山西出版传媒集团·书海出版社2014年版，第255页。

W1337.6.5
天柱放在4个大瓜上

实例

哈尼族 洪水后，阿波摩米（天神名）

看见天上地下都是空空荡荡的，就搬出四个大瓜摆在四方当作天柱脚。

【流传】（云南省）

【出处】王文清讲，毛佐全、傅光宇搜集整理：《俄八美八》，原载《玉溪文化》，见姚宝瑄主编《中国各民族神话》（哈尼族、傣族），太原：山西出版传媒集团·书海出版社2014年版，第88页。

W1337.6.6
天柱在特定地名处

【关联】［W1337.1a］12根天柱各有其规定地点

实 例

彝族 日神尼伍布好和月神能买物，是诸神父母，降凡于三福，临大地四方，在娄儿热赫，立起铜铁柱。

【流传】贵州省·（毕节市）·赫章县

【出处】罗正清翻译，黄建明摘录：《神系根源》，见吕大吉、何耀华总主编《中国各民族原始宗教资料集成》（彝族卷、白族卷、基诺族卷），北京：中国社会科学出版社1996年版，第279~280页。

W1337.7
天柱在山顶和大地之间

实 例

彝族 日神和月神立起的铜铁柱，在高山头顶天，柱脚立在大地，高山和深谷，就这样产生。

【流传】贵州省·（毕节市）·赫章县

【出处】罗正清翻译，黄建明摘录：《神系根源》，见吕大吉、何耀华总主编《中国各民族原始宗教资料集成》（彝族卷、白族卷、基诺族卷），北京：中国社会科学出版社1996年版，第279~280页。

W1337.8
天柱支撑着天的中央

【关联】［W1164］天的中心

实 例

瑶族 密洛陀（创世者，女始祖）用师傅的身体做大柱撑着中间，造成了天地。

【流传】广西壮族自治区·（河池市）·巴马瑶族自治县

【出处】蓝有荣讲，黄书光、覃光群搜集，韦编联整理：《密洛陀》，原载苏胜兴等编《瑶族民间故事选》，见陶阳、钟秀编《中国神话》（上），北京：商务印书馆2008年版，第365~368页。

瑶族 密洛陀（瑶族最高神）用师父的身体作大柱撑在天的中间。

【流传】广西壮族自治区·（河池市）·巴马瑶族自治县

【出处】蓝有荣讲，黄书光、覃光群搜集，韦编联整理：《密洛陀》，见姚宝瑄主编《中国各民族神话》（土家族、毛南族、侗族、瑶族），太原：山西出版传媒集团·书海出版社2014年版，第 140 页。

W1338
天柱的其他特征

【实例】

（参见下级母题实例）

W1338.1
天柱会生长

【关联】［W1313.3.2］天柱长高把天撑高

【实例】

（参见下级母题实例）

W1338.1.1
天柱浇水后会生长

【实例】

壮族 顶天的 12 根柱子浇水就会长高。

【流传】云南省·文山（文山壮族苗族自治州）

【出处】《从宗爷爷造人烟》，见中国民间文学集成全国编辑委员会编《中国民间故事集成》（云南卷），北京：中国 ISBN 中心 2003 年版，第 203 页。

壮族 天神从宗爷爷和妻子支天的 12 根柱子浇水，柱子就会长高。

【流传】云南省·文山壮族苗族自治州

【出处】黎之整理：《从宗爷爷造人烟》，原载李子贤编《云南少数民族神话选》，云南人民出版社 1990 年版，见姚宝瑄主编《中国各民族神话》（仫佬族、壮族、京族），太原：山西出版传媒集团·书海出版社 2014 年版，第 121 页。

W1338.2
天柱的颜色

【关联】
① ［W1332.6.1.5］用白玉造天柱
② ［W1332.6.1.6］用碧玉造天柱
③ ［W1332.6.3］用白石做天柱

【实例】

（参见下级母题实例）

W1338.2.1
绿嵩天柱立于南方

【实例】

纳西族 开天辟地的九兄弟与七姊妹竖起 5 根天柱，其中，竖绿嵩天柱于南方。

【流传】（无考）

【出处】《人祖利恩》，见姚宝瑄主编《中国各民族神话》（佤族、阿昌族、纳西族、普米族、德昂族），太原：山西出版传媒集团·书海出版社 2014 年版，第 174 页。

W1338.2.2
墨珠天柱立在西方

【实例】

纳西族 天神九弟兄和地神七姐妹修整

天地时，在东西南北中各竖起不同的天柱。其中大水的西方，竖立起墨珠天柱。

【流传】（云南省）

【出处】和芳、和志新编译：《崇邦统——人类迁徙记》，见姚宝瑄主编《中国各民族神话》（佤族、阿昌族、纳西族、普米族、德昂族），太原：山西出版传媒集团·书海出版社2014年版，第139页。

W1338.2.3
天柱会变化颜色

实例

彝族 日神和月神临大地四方，立起铜铁柱，以后起变化，柱根变蓝色，柱枝变红色，变在高山头顶天，柱脚立在大地，高山和深谷，就这样产生。

【流传】贵州省·（毕节市）·赫章县

【出处】罗正清翻译，黄建明摘录：《神系根源》，见吕大吉、何耀华总主编《中国各民族原始宗教资料集成》（彝族卷、白族卷、基诺族卷），北京：中国社会科学出版社1996年版，第279~280页。

W1338.3
天柱的长短

实例

（参见下级母题实例）

W1338.3.1
天柱东西长短不同

实例

藏族 女娲用大虾鱼的四只脚顶天时，以其二长脚顶天东，以二短脚顶天西，故今日落于西。

【流传】（无考）

【出处】《女娲娘娘补天》，原载谷德明编《中国少数民族神话选》，见袁珂《中国神话大词典》，北京：华夏出版社2015年版，第407页。

W1338.3.2
天柱长短不齐造成天的倾斜

实例

汉族 （实例待考）

W1338.4
天柱的形状

实例

（参见下级母题实例）

W1338.4.1
天柱像山

【关联】[W1332.5] 用山做天柱

实例

苗族 四个巨人公公造天柱时，认为天柱的样子最好仿照高山的模样，才会牢靠。

【流传】贵州省·（黔东南苗族侗族自

治州）·台江县、施秉县、凯里县（凯里市）等地

【出处】宝久老、岩公、李普奶等八位歌手演唱，桂舟人、唐春芳搜集，苗地改写：《打柱撑天》，见姚宝瑄主编《中国各民族神话》（布依族、仡佬族、苗族），太原：山西出版传媒集团·书海出版社2014年版，第120页。

W1338.4.2
天柱是圆的

实例

汉族　昆仑之山，有铜柱焉，所谓天柱也，周圆如削。

【流传】（无考）

【出处】
（a）《神异经·中荒经》。
（b）《天柱》，见袁珂《中国神话大词典》，北京：华夏出版社2015年版，第55页。

W1338.4.3
天柱下粗上细

实例

傣族　顶天柱的身子有二十四万约扎拿（傣族计量单位，四十五里至五十里为一"约"，"扎拿"是单位名称，类似汉族的"里"）粗，最顶尖也有一万约扎拿粗。

【流传】云南省·西双版纳（西双版纳傣族自治州）

【出处】＊《拔牙制作顶天柱》，原载岩峰三讲，毕光尖记录《桑戛西与桑戛赛造天地，创人类》，见姚宝瑄主编《中国各民族神话》（哈尼族、傣族），太原：山西出版传媒集团·书海出版社2014年版，第255页。

W1339
与天柱有关的其他母题

实例

（参见下级母题实例）

W1339.0
立天柱

【关联】[W1371.4]天柱稳固天地

实例

（参见下级母题实例）

W1339.0.1
神仙立天柱

实例

苗族　四个大神用金银把12根顶天的金柱银柱造好了，却树不起来，撑不了天，固不了地。老神仙府方又跑来了，他力气无穷，把柱子立起来。

【流传】贵州省·（黔东南苗族侗族自治州）·台江县、施秉县、凯里县（凯里市）等地

【出处】宝久老、岩公、李普奶等八位歌手演唱，桂舟人、唐春芳搜集，苗地改写：《打柱撑天》，见姚宝瑄主编《中国各民族神话》（布依族、仡佬

族、苗族），太原：山西出版传媒集团·书海出版社 2014 年版，第 121 页。

W1339.1
天柱的倾斜

实 例

汉族 盘古开出天地。有个洪君老祖游玩天空，看到北天柱造斜了，吓得逃出天外去躲避。

【流传】浙江省·（丽水市）·青田县·东源镇、船寮镇

【出处】余碎笑讲，叶茂搜集整理：《三块补天石》（1987.07.15），见姚宝瑄主编《中国各民族神话》（汉族），太原：山西出版传媒集团·书海出版社 2014 年版，第 58~60 页。

W1339.1.1
天柱向西北倾斜

实 例

汉族 昔共工之力触不周之山，使地东南倾。

【流传】（无考）

【出处】[汉] 刘安及门客：《淮南子·原道训》。

W1339.1.2
北天柱倾斜

实 例

汉族 女娲娘娘看到北天柱歪斜，北面的天还有一个破洞。

【流传】浙江省·（丽水市）·青田县·东源镇、船寮镇

【出处】余碎笑讲，叶茂搜集整理：《三块补天石》（1987.07.15），见姚宝瑄主编《中国各民族神话》（汉族），太原：山西出版传媒集团·书海出版社 2014 年版，第 58~60 页。

W1339.2
天柱的倒塌（天柱的消失）

【关联】

① [W1332.8] 不成功的造天柱的材料
② [W1792.10] 天宫的倒塌

实 例

（参见下级母题实例）

W1339.2.1
天柱自然倒塌

实 例

（参见下级母题实例）

W1339.2.1.1
石头天柱断裂

实 例

苗族 用 12 根大石柱顶天，后来石柱裂了，天塌掉。

【流传】

(a) 广西壮族自治区·（柳州市）·融水县（融水苗族自治县）·滚贝乡

(b) 广西壮族自治区·（柳州市）·融水县（融水苗族自治县）

【出处】

（a）杨达香讲，梁彬采录翻译：《纳罗引勾开天辟地造人》，见中国民间文学集成全国编辑委员会编《中国民间故事集成》（广西卷），北京：中国ISBN中心2001年版，第24页。

（b）杨达香讲，梁彬搜集整理：《创世记》，见谷德明编《中国少数民族神话》，北京：中国民间文艺出版社1987年版，第545页。

W1339.2.2
虫蛇将天柱蛀断

实例

苗族　虫蛇将天柱蛀断。

【流传】贵州省·黔东南地区（黔东南苗族侗族自治州）

【出处】唐春芳整理：《打柱撑天》，田兵编选《苗族古歌》，贵阳：贵州人民出版社1979年版。

苗族　巨人仍雍古罗竖起顶天的木柱不久，五节虫把大柱蛀了，柱虺蛇把大柱阁了，蛋蚜虫把大柱啃了，蠹柱把大柱蚀了。

【流传】广西壮族自治区·（柳州市）·融水苗族自治县

【出处】

（a）杨达香讲，梁彬搜集整理：《创世纪》（一、开天辟地，地始天初），见梁彬、王天若编《苗族民间故事选》，南宁：广西人民出版社1986年版。

（b）同（a），见姚宝瑄主编《中国各民族神话》（布依族、仡佬族、苗族），太原：山西出版传媒集团·书海出版社2014年版，第169页。

W1339.2.2.1
昆虫啃断天柱

【关联】［W3457.2］昆虫生活习性及来历

实例

（参见下级母题实例）

W1339.2.2.1.1
昆虫为报复啃断天柱

实例

彝族　因动物的帮助伍午（人名）娶到了天女做妻子。他为表示感谢杀猪宰羊大办酒席招待它们，还送了它们很多礼物。可是伍午忘记了请蚂蚁，也没有给布色（山上的一种小昆虫）送礼。蚂蚁生气地弄断了连接天地的铜柱。布色生气地把铁柱弄断了。

【流传】四川省·凉山州彝族自治州

【出处】沈伍己讲，邹志诚记录整理：《洪水滔天的故事》，原载李德君、陶学良编《彝族民间故事选》，上海文艺出版社1981年版，见姚宝瑄主编《中国各民族神话》（羌族、彝族），太原：山西出版传媒集团·书海出版社2014年版，第252页。

W1339.2.3

蚂蚁啃断天柱

实例

(参见下级母题实例)

W1339.2.3.1

蚂蚁为报复啃断天柱

【关联】［W9475.1］动物的报复

实例

彝族 因动物的帮助伍午（人名）娶到了天女做妻子。他为表示感谢杀猪宰羊大办酒席招待它们，还送了它们很多礼物。可是伍午忘记了请蚂蚁。蚂蚁生气地弄断了把连接天的铜柱。

【流传】四川省·凉山州彝族自治州

【出处】沈伍己讲，邹志诚记录整理：《洪水滔天的故事》，原载李德君、陶学良编《彝族民间故事选》，上海文艺出版社1981年版，见姚宝瑄主编《中国各民族神话》（羌族、彝族），太原：山西出版传媒集团·书海出版社2014年版，第252页。

W1339.2.3.2

红蚂蚁生气啃断天柱

实例

怒族 地上的兄妹到天上打铁，吃的腰粗肚圆，却讥笑在天梯上不停奔忙的小红蚂蚁，生气的红蚂蚁就啃断了顶天的柱子。

【流传】云南省·（怒江傈僳族自治州）·贡山县（贡山独龙族怒族自治县）

【出处】彭兆清提供：《创世纪》，见攸延春《怒族文学简史》，昆明：云南民族出版社2003年版，第18~20页。

W1339.2.3a

鸟啄断天柱

实例

(参见下级母题实例)

W1339.2.3a.1

鹅鹈啄断天柱

实例

苗族 以前，天由天柱顶着。后来，鹅鹈用嘴叼，天折柱断腰。

【流传】广西壮族自治区·（柳州市）·融水苗族自治县

【出处】

(a) 杨达香讲，梁彬搜集整理：《创世纪》（三、太阳打斗，人死草枯），见梁彬、王天若编《苗族民间故事选》，南宁：广西人民出版社1986年版。

(b) 同(a)，见姚宝瑄主编《中国各民族神话》（布依族、仡佬族、苗族），太原：山西出版传媒集团·书海出版社2014年版，第188页。

W1339.2.4
撞断天柱（撞倒天柱）

实例

（参见下级母题实例）

W1339.2.4.1
共工撞倒天柱不周山

【关联】［W0685］共工

实例

汉族 （共工）怒而触不周之山，天柱折，地维绝。

【流传】（无考）

【出处】［汉］刘安及门客：《淮南子·天文训》。

汉族 共工之乱，扰天纪，绝地维，天柱折。此大乱之甚也。

【流传】（无考）

【出处】［宋］罗泌：《路史》。

汉族 天柱不周之山被共工触坏。

【流传】（无考）

【出处】《不周》，见袁珂《中国神话大词典》，北京：华夏出版社 2015 年版，第 44 页。

汉族 共工撞到不周山，西天塌下来。

【流传】浙江省·湖州市·镇西乡·赵家坪（不详）

【出处】冯雨轩讲，钟铭采录：《华胥补天》，见中国民间文学集成全国编辑委员会编《中国民间故事集成》（浙江卷），北京：中国 ISBN 中心 1997 年版，第 18 页。

汉族 共工氏用头把西北的顶天柱不周山碰倒。

【流传】宁夏回族自治区·（中卫市）·中宁县·新堡乡·聂弯村

【出处】杨发兴讲，宋福采录：《骊山老母补天王母娘娘补地》，见中国民间文学集成全国编辑委员会编《中国民间故事集成》（宁夏卷），北京：中国 ISBN 中心 1999 年版，第 3 页。

汉族 远古时代，共工和颛顼打仗，共工战败后又羞又恼，一头向不周山撞去，把擎天柱不周山撞折了。

【流传】河南省·（焦作市）沁阳县

【出处】张正朝、秦太明采录整理：《女娲补天（二）》，见张振犁编著《中原神话通鉴》（第一卷），郑州：河南大学出版社 2017 年版，第 126 页。

汉族 共工与祝融争夺帝位时打起仗来。祝融口吐烈火，烧死了共工的助手。共工恼羞成怒，又觉得失了脸面不好再回到水里，就大叫一声，把头向西北方的不周山撞去。天是由四根柱子撑着，这一撞不打紧，西北方的一根柱子被撞折了。

【流传】河南省·（洛阳市）·新安县·磁涧乡·孝水村

【出处】杨傍子（58 岁，识些字）讲，张建伟采录：《女娲补天（六）》（1989.10.25），见张振犁编著《中原神话通鉴》（第一卷），郑州：河南大学出版社 2017 年版，第 135 页。

汉族 水神共工火神祝融弟兄俩争斗时，共工只顾向西方逃命，一不留神，把头撞在西天镇下面的不周山上。结果一阵巨响，西方的顶天柱不周山，便被共工撞塌了。

【流传】河南省·（开封市）·杞县

【出处】王怀聚讲，王宪明搜集整理：《杞人忧天》，见姚宝瑄主编《中国各民族神话》（汉族），太原：山西出版传媒集团·书海出版社 2014 年版，第 75~77 页。

W1339.2.4.2
妖怪撞断天柱

实例

汉族 一个妖怪撞断天柱。

【流传】青海省·（海东市）·平安县（平安区）·石灰窑乡

【出处】魏永发讲，魏占乾采录：《女娲炼石补天》，见中国民间文学集成全国编辑委员会编《中国民间故事集成》（青海卷），北京：中国 ISBN 中心 2007 年版，第 5 页。

汉族 天柱叫妖精撞断，把天也弄了个破洞，天上的风刮下来，冻得人够呛。

【流传】河南省·（濮阳市）·范县

【出处】董天备（56 岁，中专）讲，崔金钊采录：《女娲补天（八）》（1989.11.03），见张振犁编著《中原神话通鉴》（第一卷），郑州：河南大学出版社 2017 年版，第 137 页。

W1339.2.4.3
人的争斗撞断天柱

实例

汉族 中天镇镇首有三个儿子，一个女儿。有一次大儿子和二儿子因争夺妹妹拾到的一只天鹅蛋厮打起来。镇首的大儿子一不小心撞断了顶天的大柱子，眼看天就要塌下来。

【流传】河南省·（开封市）·杞县·邢口乡·何寨村［采录地点：杞县·苏木乡·苏木村］

【出处】何萍的外祖父讲，何萍采录整理：《杞人忧天的传说》（1986），见张振犁编著《中原神话通鉴》（第一卷），郑州：河南大学出版社 2017 年版，第 163 页。

W1339.2.5
与天柱的倒塌有关的其他母题

实例

（参见下级母题实例）

W1339.2.5.1
不稳的天柱

【关联】［W1314.3.1］撑天的柱子不稳 撑天不成功

实例

（参见下级母题实例）

W1339.2.5.1.1
天柱悬在水中不稳定

实例

傣族 海水深无底，那根定天柱并没有着地，只是像一根木头悬在海水之中，水打、浪击造成晃动。

【流传】云南省·西双版纳傣族地区（西双版纳傣族自治州）

【出处】《巴塔麻嘎捧尚罗》，王松据岩温炳翻译《巴塔麻晏》（开天辟地）改写，见姚宝瑄主编《中国各民族神话》（哈尼族、傣族），太原：山西出版传媒集团·书海出版社 2014 年版，第 275 页。

W1339.2.5.2
天柱被晒断

实例

彝族 水王、龙王制造旱灾为换人种制造旱灾时，连顶天柱都被晒断了。

【流传】（云南省·楚雄彝族自治州·双柏县，红河哈尼族彝族自治州等地）

【出处】

（a）云南省民族民间文学楚雄、红河调查队搜集，郭思九、陶学良整理：《查姆》，昆明：云南人民出版社 1981 年版。

（b）郭思九、陶学良整理，古梅改写：《彝家的古根》，选自《云南民族文学资料》第七集中的《查姆》上部前三章，见姚宝瑄主编《中国各民族神话》（羌族、彝族），太原：山西出版传媒集团·书海出版社 2014 年版，第 69 页。

W1339.2.5.3
支天柱的鳖发怒造成天柱的倒塌

实例

汉族 五根天柱在五个大老鳖身上。有一年，大海里的水干枯了，四个角的老鳖没水喝，就发了怒，一个大翻身，把四根顶天柱子全都给捣翻了。

【流传】河南省·（安阳市）·安阳县·磊口乡·清凉山村（采录地点：安阳县磊口乡目明学校）

【出处】赵金和（36 岁，中师）讲，牛化法采录：《清凉山的传说》（1987.04.07），见张振犁编著《中原神话通鉴》（第一卷），郑州：河南大学出版社 2017 年版，第 154 页。

W1339.2.6
天柱的稳固

【关联】［W1375］天的稳固

实例

（参见下级母题实例）

W1339.2.6.1
为天柱加固天梁稳固天柱

实例

彝族 铁匠神阿尔师傅打了四根撑天柱放在四方后，司子低尼仙子仍不放心，又叫阿尔师傅打了四根拉天梁，扣在天与地的四方。东方和西方交叉扣，南方和北方对着拉。

【流传】（无考）

【出处】《天神造天地》，见姚宝瑄主编《中国各民族神话》（羌族、彝族），太原：山西出版传媒集团·书海出版社 2014 年版，第 89 页。

W1339.2.6.1.1
在天柱上穿檩布梁稳固天柱

【关联】［W6207］建筑方法

实 例

苗族 12 根天柱立起来后，三个飞行在天空中的水鸭巨人抓住长柱，穿上矮檩子，枋子横着穿，楼枕顺着架。这样，金柱和银柱才立得稳扎扎。

【流传】贵州省·（黔东南苗族侗族自治州）·台江县、施秉县、凯里县（凯里市）等地

【出处】宝久老、岩公、李普奶等八位歌手演唱，桂舟人、唐春芳搜集，苗地改写：《打柱撑天》，见姚宝瑄主编《中国各民族神话》（布依族、仡佬族、苗族），太原：山西出版传媒集团·书海出版社 2014 年版，第 122 页。

W1339.2.6.2
通过在天柱周围放水稳固天柱

实 例

傣族 大神英叭造的天柱悬在水中不稳定。他于是重新修整定天柱。就在定天柱的四面挖四道洞口，让水流能够通过，减少了水流的撞击，柱子就不会动摇了。

【流传】云南省·西双版纳傣族地区（西双版纳傣族自治州）

【出处】《巴塔麻嘎捧尚罗》，王松据岩温炳翻译《巴塔麻晏》（开天辟地）改写，见姚宝瑄主编《中国各民族神话》（哈尼族、傣族），太原：山西出版传媒集团·书海出版社 2014 年版，第 276 页。

W1339.2.7
天柱的修整

实 例

（参见下级母题实例）

W1339.2.7.1
为降雨砍短东方的天柱

【关联】［W4330］雨的产生

实 例

苗族 以前，造的 12 根天柱一般高，造成干旱。四个大神就把东方的金柱子砍短了三尺三；又把西方的银柱子加高了一尺半，雨水便从东方流下。从此，田地就不再干旱了。

【流传】贵州省·（黔东南苗族侗族自治州）·台江县、施秉县、凯里县（凯里市）等地

【出处】宝久老、岩公、李普奶等八位歌手演唱，桂舟人、唐春芳搜集，苗

地改写：《打柱撑天》，见姚宝瑄主编《中国各民族神话》（布依族、仡佬族、苗族），太原：山西出版传媒集团·书海出版社 2014 年版，第 123 页。

W1339.2.8
特定名称的天柱

实例

（参见下级母题实例）

W1339.2.8.1
天柱宛委

实例

汉族 九山东南天柱，号曰宛委。赤帝在阙。其岩之巅，承以文玉，覆以磐石，其书金简，青玉为字。（禹）庚子登宛委山，发金简之书，案金简玉字，得通水之理。

【流传】（无考）

【出处】

（a）《吴越春秋·越王无余外传》。

（b）《宛委山》，见袁珂《中国神话大词典》，北京：华夏出版社 2015 年版，第 209 页。

✿ W1340
地的支撑（支地）

【汤普森】A840

实例

（参见下级母题实例）

W1340a
以前的地没有支撑

实例

（参见下级母题实例）

W1340a.1
以前地球悬在空中

实例

布朗族 以前的地虚悬在下面，没有东西托着

【流传】云南省·（红河哈尼族彝族自治州）·金平县（金平苗族瑶族傣族自治县）

【出处】朱嘉禄整理：《顾米亚》，原载《中国民间故事选》第 2 集，人民文学出版社 1962 年版，见姚宝瑄主编《中国各民族神话》（水族、布朗族、独龙族、基诺族、傈僳族），太原：山西出版传媒集团·书海出版社 2014 年版，第 90 页。

✿ W1341
地的支撑者（支地者）[①]

实例

（参见下级母题实例）

---

① 地的支撑者（支地者），此类母题与"支地的柱子"有联系密切，具体情形可参见《中国世界万物起源神话母题实例与索引》。

W1342
神或神性人物支撑地

实例

（参见下级母题实例）

W1342.0
创世者支地

实例

（参见下级母题实例）

W1342.0.1
创世者用身体支撑大地

实例

阿昌族 大海淹没了整个大地时，遮米麻（女始祖、地母）用她的肉托起了大地，使世界有了生机。

【流传】云南省·（德宏傣族景颇族自治州）·梁河县

【出处】赵安贤讲述，杨叶生翻译，智克整理：《遮帕麻与遮米麻》，载《山茶》1981年第2期。

W1342.1
地母支大地

实例

（参见下级母题实例）

W1342.1.1
地母遮米麻用身体托着大地

实例

阿昌族 海淹没了整个大地后，地母遮米麻用她的肉托起了大地。

【流传】（a）云南省·（德宏傣族景颇族自治州）·梁河县

【出处】

（a）赵安贤讲，杨叶生、智克采录：《遮帕麻与遮米麻》，见中国民间文学集成全国编辑委员会编《中国民间故事集成》（云南卷），北京：中国ISBN中心2003年版，第69页。

（b）赵安贤讲，舟叶生译，智克整理：《遮帕麻与遮米麻》，见谷德明编《中国少数民族神话》，北京：中国民间文艺出版社1987年版，第490页。

（c）同（b），见陶立璠、赵桂芳等编《中国少数民族神话汇编》（开天辟地篇等），中央民族学院少数民族古籍整理出版规划领导小组办公室印（未署出版时间），第330页。

阿昌族 地母遮米麻造大地后，海淹没了整个大地。遮米麻就用她的肉托起了大地，使世界有了生机。

【流传】（云南省）

【出处】赵安贤讲，智克整理：《遮帕麻与遮米麻》，见姚宝瑄主编《中国各民族神话》（佤族、阿昌族、纳西族、普米族、德昂族），太原：山西出版传媒集团·书海出版社2014年版，第76页。

W1342.2
神用手臂支撑地

【汤普森】A849.2

W1342.3
怪物支撑地
【汤普森】≈ A844.11

实例

（实例待考）

W1342.4
神骑着海鱼支地

实例

柯尔克孜族 宇宙之神为了防止火神再次回到大地作恶，就亲自骑着一条巨大的海鱼，用角顶住七层大地。那大鱼至今还在一个叫"凯开姆"的海洋里游弋。

【流传】新疆维吾尔自治区·柯尔克孜地区（克孜勒苏柯尔克孜自治州）

【出处】《火神》，斯丝根据多里昆·吐尔地、阿地力·朱玛吐尔地撰写的《柯尔克孜族宗教与神话》改写，见姚宝瑄主编《中国各民族神话》（乌孜别克族、哈萨克族、柯尔克孜族、俄罗斯族、维吾尔族、塔吉克族、塔塔尔族、锡伯族），太原：山西出版传媒集团·书海出版社2014年版，第147页。

W1342.5
其他神或神性人物支撑地

实例

（参见下级母题实例）

W1342.5.1
地藏王背地

实例

汉族（实例待考）

W1342.5.1.1
盘古让地藏王背地

实例

汉族 盘古让地藏王把地背在肩上，每年换一次肩。

【流传】浙江省·（温州市）·文成县·珊溪区·珊溪镇·街头村

【出处】夏盛提讲，夏叔平采录：《地为啥会动》，见中国民间文学集成全国编辑委员会编《中国民间故事集成》（浙江卷），北京：中国 ISBN 中心1997年版，第24页。

W1342.5.2
神牛支地

实例

（参见下级母题实例）

W1342.5.2.1
女神派神牛支地

实例

维吾尔族 女神派神牛顶住了地球。

【流传】（无考）

【出处】《天神创世》，见阿布都拉等《维吾尔族女天神创世神话试析》，载

《民间文学》1985 年第 9 期。

W1342.5.2.2
神牛的角顶住大地

实例

哈萨克族 地刚被创造出来时，总是摇摆不定，上帝就创造了巨大的神牛，把地安放在牛角上支撑着。

【流传】（无考）

【出处】比达尔克买提·木海讲，胡扎依尔·萨杜瓦哈斯搜集，安蕾、毕桙译：《神牛支撑大地》，见满都呼主编《中国阿尔泰语系诸民族神话故事》，北京：民族出版社 1997 年版，第 57 页。

哈萨克族 被创造出来的大地不太稳当，上帝就创造出了一头超大的神牛，用神牛的角顶住大地。

【流传】新疆维吾尔自治区·（阿勒泰地区）·阿勒泰市·切尔齐西乡（切尔克齐乡）

【出处】毕达合买提·木海讲，呼扎依尔·沙德瓦哈斯采录，杨凌等译：《天与地的由来》，见中国民间文学集成全国编辑委员会编《中国民间故事集成》（新疆卷），北京：中国 ISBN 中心 2008 年版，第 7 页。

W1342.5.2.3
神牛用角顶着人世

实例

塔吉克族（实例待考）

W1342.5.3
神龟支地

【关联】［W1344.2］龟支撑地（鳌鱼支撑地）

实例

汉族 人住的地方驮在水里一个神龟的背上。

【流传】黑龙江省·牡丹江市

【出处】范关氏讲，范垂政采录：《大地的由来》，见中国民间文学集成全国编辑委员会编《中国民间故事集成》（黑龙江卷），北京：中国 ISBN 中心 2005 年版，第 4 页。

满族 阿不凯恩都哩派一只神龟驮住了大地，天才不塌，地才不陷。

【流传】黑龙江省·（牡丹江市）·宁安县·宁安镇

【出处】关振川讲，傅英仁采录：《阿不凯恩都哩创世》，见中国民间文学集成全国编辑委员会编《中国民间故事集成》（黑龙江卷），北京：中国 ISBN 中心 2005 年版，第 17～18 页。

W1342.5.3.1
神龟用背顶着大地

【关联】

① ［W0926.3］神龟
② ［W1321.2］神龟支天

实例

蒙古族（实例待考）

W1342.5.4
神鱼支地

实 例

彝族 天地形成的同时，大海中只有一条巨大的神鱼。神鱼顶着大地不让它沉下。

【流传】（无考）

【出处】王松：《论神话及其他》，昆明：云南人民出版社2006年版，第33页。

W1343
人支撑地

【汤普森】A842

实 例

（实例待考）

W1344
动物支撑地

【汤普森】A844

实 例

（参见下级母题实例）

W1344.1
鱼支撑地

【汤普森】A844.3

【关联】

① [W1237.2] 鱼支撑地边
② [W1242.2.3] 公鱼支撑地角
③ [W1342.5.4] 神鱼支地

实 例

（参见下级母题实例）

W1344.1.1
3条鱼驮地

实 例

彝族（阿细） 圆圆的地铺在三个大鱼的背上。

【流传】（a）云南省·红河哈尼族彝族自治州·弥勒县·（西山镇）

【出处】

（a）潘正兴等唱述，云南省民族民间文学红河调查队搜集翻译整理：《阿细的先基》，昆明：云南人民出版社1959年版。

（b）云南省民族民间文学红河调查队搜集整理，古梅改写：《最古的时候》，见姚宝瑄主编《中国各民族神话》（羌族、彝族），太原：山西出版传媒集团·书海出版社2014年版，第132页。

W1344.1.1.1
3条大鱼驮地

实 例

满族 天神命三条大鱼把大地驮起。

【流传】（无考）

【出处】乌丙安：《满族神话探索——天地层、地震鱼、世界树》，转引自袁珂主编《中国神话》第1集，北京：中国民间文艺出版社1987年版，第36页。

1.2.4 天地的合离与支撑

> 满族 天神阿布卡恩都里做了个很大的地，放在水面上，并命令三条大鱼驮着它。

【流传】（无考）

【出处】《天神创世》，见姚宝瑄主编《中国各民族神话》（满族、赫哲族、朝鲜族），太原：山西出版传媒集团·书海出版社2014年版，第15~16页。

> 满族 阿布卡恩都里用土做了一个很大的地，把地放在水面上，命令三条大鱼驮着它。

【流传】（a）黑龙江省·（牡丹江市）·宁安县

【出处】
（a）傅英仁讲，余金整理：《天神创世》，见谷德明编《中国少数民族神话》，北京：中国民间文艺出版社1987年版，第1~5页。
（b）《天神创世》，见陶立璠、赵桂芳等编《中国少数民族神话汇编》（开天辟地篇等），中央民族学院少数民族古籍整理出版规划领导小组办公室印（未署出版时间），第225~226页。

W1344.1.2
鲤鱼支撑地

实例

> 汉族 混沌分离后，鲤鱼驮着地和万物。

【流传】山西省·（阳泉市）·平定县·（锁簧镇）·东锁簧村

【出处】朱翠兰讲，冯富国采录：《兄妹神婚与东西磨山》，见中国民间文学集成全国编辑委员会编《中国民间故事集成》（山西卷），北京：中国ISBN中心1999年版，第12页。

W1344.1.2.1
鲤鱼驮万物

实例

（参见W1344.1.2母题实例）

W1344.1.3
鲇鱼驮着大地

实例

> 满族 大地底下有"鲇鱼姥姥"，鲇鱼姥姥驮着大地。

【流传】（无考）

【出处】乌丙安：《满族神话探索——天地层、地震鱼、世界树》，转引自袁珂主编《中国神话》第1集，北京：中国民间文艺出版社1987年版，第38页。

W1344.1.4
怪鱼驮着大地

实例

（实例待考）

W1344.1.5
鱼母鱼支地

实例

> 彝族 因新开之天地常摇晃，天神杀

公鱼三千斤、母鱼七百斤以支地，鱼不眨眼，地始稳固

【流传】（无考）

【出处】《天神格兹苦》（原名《云南彝族史诗·梅葛》），原载毛星主编《中国少数民族文学》（下册），见袁珂《中国神话大词典》，北京：华夏出版社2015年版，第430页。

彝族　格兹天神告诉补地者说："水里面有鱼，是世间最大的东西了。你们去捉公鱼母鱼去，用公鱼来撑地角，用母鱼来撑地边。"

【流传】（云南省·楚雄彝族自治州·姚安县·官屯乡·马游村，大姚县·昙华乡等）

【出处】

(a) 郭天元（马游村）、李申呼颇（昙华乡）、李福玉颇（苴）演唱，郭思九、许明学、龚维顺、张宝省、陈志群、胡炳文等搜集，刘德虎、龚维顺、陈志群、李树荣、郭天元等整理：《梅葛》（第一部"创世"），见云南省民族民间文学楚雄调查队《梅葛》（1959），昆明：云南人民出版社2009年版。

(b)《打虎开天辟地》，蕾紫据云南省民族民间文学楚雄调查队著《梅葛》（云南人民出版社2009年版）改写，见姚宝瑄主编《中国各民族神话》（羌族、彝族），太原：山西出版传媒集团·书海出版社2014年版，第193页。

W1344.2
龟支撑地（鳌鱼支撑地）

【汤普森】A844.1

【关联】

① [W1199.1.6] 地造在鳌鱼头上
② [W1324.4] 鳌鱼支撑天
③ [W1342.5.3] 神龟支地
④ [W1346.3.1] 负载大地的巨龟住在海洋里的宫殿中
⑤ [W1376.2.1.3] 神龟驮地使大地稳定

实　例

白族　大地由鳌鱼支撑着。

【流传】云南省·（大理白族自治州）·洱源县·茈碧乡

【出处】王承权调查整理：《洱源茈碧白族鳌鱼祭祀》（1988），见吕大吉、何耀华总主编《中国各民族原始宗教资料集成》（彝族卷、白族卷、基诺族卷），北京：中国社会科学出版社1996年版，第515页。

布朗族　犀牛的四条腿撑住天，鳌鱼托住地。

【流传】云南省·红河地区（红河哈尼族彝族自治州）

【出处】王国祥：《布朗族文学概况》，见中国社会科学院云南少数民族文学研究所编《云南少数民族文学资料》第1辑，内部编印，1980年。

汉族　鳌鱼驮地。

【流传】山东省

【出处】陶阳、钟秀《中国创世神话》，上海：上海人民出版社1993年版，第52页。

汉族 佛爷把鳌鱼打入水底，罚它驮着大地。

【流传】黑龙江省·（大兴安岭地区）·呼玛县·鸥浦乡·鸥浦村

【出处】曹秀英（53岁）讲，李桂珍、高志刚采录：《鳌鱼驮地球》（1986），见中国民间文学集成全国编辑委员会编《中国民间故事集成》（黑龙江卷），北京：中国ISBN中心2005年版，第4页。

汉族 盘古开天辟地时，浊气形成的地落在奇大无比的鳌鱼身上，由它浮载着。

【流传】江苏省·（淮安市）·涟水县·南集乡·禹庄村

【出处】徐学尧讲，徐省生搜集整理：《世界的由来》（1983），见姚宝瑄主编《中国各民族神话》（汉族），太原：山西出版传媒集团·书海出版社2014年版，第24~28页。

土家族 （实例待考）

藏族 大地浮在海洋上。天神降别央用神箭射翻一只龟，使其支撑大地。

【流传】（无考）

【出处】刘尚乐搜集整理：《大地和庄稼的由来》，见姚宝瑄主编《中国各民族神话》（门巴族、珞巴族、怒族、藏族），太原：山西出版传媒集团·书海出版社2014年版，第97页。

W1344.2.0
龟驮大地的原因

实 例

（参见下级母题实例）

W1344.2.0.1
佛惩鳌鱼让它驮大地

实 例

汉族 佛爷把鳌鱼打入水底，罚它驮着大地。

【流传】黑龙江省·（大兴安岭地区）·呼玛县·鸥浦乡·鸥浦村

【出处】曹秀英讲，李桂珍采录：《鳌鱼驮地球》，见中国民间文学集成全国编辑委员会编《中国民间故事集成》（黑龙江卷），北京：中国ISBN中心2005年版，第4页。

W1344.2.1
巨龟驮大地

实 例

蒙古族 大地在沉落时压在了巨大的龟背上。

【流传】内蒙古自治区

【出处】《麦德尔娘娘开天辟地》，见中国民间文学集成全国编辑委员会编《中国民间故事集成》（内蒙古卷），北京：中国ISBN中心2007年版，第3页。

蒙古族 世界的主人释迦牟尼在巨龟身

上创造了世界。

【流传】（无考）

【出处】陈岗龙、乌日古木勒：《蒙古民间文学》，银川：宁夏人民出版社2008年版，第40页。

维吾尔族（实例待考）

藏族（参见W1344.2.4母题实例）

W1344.2.1.1
比地球还大的巨龟驮大地

实例

蒙古族 平平的大地被一个比地球还要大得多的乌龟驮着。

【流传】（无考）

【出处】那木吉拉翻译，姚宝瑄整理：《乌龟驮地球》，见姚宝瑄主编《中国各民族神话》（达斡尔族、鄂伦春族、鄂温克族、蒙古族），太原：山西出版传媒集团·书海出版社2014年版，第166页。

W1344.2.1.2
巨人捉来巨龟驮大地

实例

布朗族 顾米亚（神巨人）抓一条大鳖鱼把地托住。

【流传】（a）云南省·（西双版纳傣族自治州）·勐海县

【出处】

（a）岩的兴讲，朱嘉禄采录：《顾米亚》，见中国民间文学集成全国编辑委员会编《中国民间故事集成》（云南卷），北京：中国ISBN中心2003年版，第150页。

（b）朱嘉禄整理：《顾米亚》，见谷德明编《中国少数民族神话》，北京：中国民间文艺出版社1987年版，第480页。

W1344.2.2
3个鳖鱼支地

实例

土家族（实例待考）

W1344.2.2a
4个鳖鱼支地

实例

白族 天地不稳，用四个鳖鱼做支地柱。

【流传】（a）云南省

【出处】

（a）《天地的起源》，见中国社会科学院云南少数民族文学研究所等编《云南少数民族文学资料》第1辑，内部编印，1980年，第228页。

（b）李康德等讲，杨亮才、陶阳记录整理：《创世纪》，见杨亮才、李缵绪选编《白族民间叙事诗集》，北京：中国民间文艺出版社1984年版，第13页。

W1344.2.2a.1
4个鳌鱼支地的4角

实 例

土家族 地有四个角一个角里站一个鳌鱼，把地角顶起。

【流传】

（a）湖北省·（宜昌市）·长阳县（长阳土家族自治县）·都镇湾镇·杜家冲村

（b）湖北省·（宜昌市）·长阳（长阳土家族自治县）·（都镇湾镇）·椿树坪（椿树坪村）

【出处】

（a）孙家香讲：《鳌鱼把地顶起在》，见长阳土家族网：http://www.cy-tujia.com/list_body.php? id, 2005.12.08。

（b）《鳌鱼把地顶起在》，见白庚胜总主编《中国民间故事全书》（湖北省·长阳卷），北京：知识产权出版社2007年版，第6页。

W1344.2.3
5个鳌鱼支地

实 例

汉族 地是一块浮在水面上的青石板，由五条鳌鱼专门顶着。四条各顶着一个角，一条轮流换班休息，四年休息一次，一次休息一年。

【流传】湖北省·（荆门市）·京山县

【出处】冯家才讲，冯本林搜集整理：《鳌鱼和地震》，原载湖北省群众艺术馆等编《民间故事传说集》，见陶阳、钟秀编《中国神话》（上），北京：商务印书馆2008年版，第205页。

汉族 大地是一个浮在水面上的青石板，有五条鳌鱼顶着。其中四条各顶着一个角，有一条轮流换班。四年休息一次，一次休息一年。

【流传】湖北省·（荆门市）·京山县一带

【出处】冯家才讲，冯本林搜集整理：《鳌鱼和地震》，原载中国民间文艺研究会湖北分会编《湖北民间故事传说集》，见姚宝瑄主编《中国各民族神话》（汉族），太原：山西出版传媒集团·书海出版社2014年版，第44~45页。

W1344.2.3a
1个鳌鱼支地

实 例

布朗族 神巨人顾米亚抓一条大鳌鱼把地托住。

【流传】云南省·（红河哈尼族彝族自治州）·金平县（金平苗族瑶族傣族自治县）

【出处】朱嘉禄整理：《顾米亚》，原载《中国民间故事选》第2集，人民文学出版社1962年版，见姚宝瑄主编《中国各民族神话》（水族、布朗族、独龙族、基诺族、傈僳族），太原：山西出版传媒集团·书海出版社2014年版，第90页。

W1344.2.4
鳌鱼背支地

`实 例`

`蒙古族` 最早的地因浮在水面上经常晃动。麦德尔神女就就派一只大神龟下水去，用龟背顶着大地，不许它离开。

【流传】新疆维吾尔自治区蒙古族居住地区

【出处】姚宝瑄搜集整理：《麦德尔神女开天辟地》，见姚宝瑄主编《中国各民族神话》（达斡尔族、鄂伦春族、鄂温克族、蒙古族），太原：山西出版传媒集团·书海出版社2014年版，第134页。

`藏族` 最早的地球支在海中鳌鱼的背上。

【流传】云南省

【出处】《开天辟地的传说》，见中国社会科学院云南少数民族文学研究所等编《云南少数民族文学资料》第2辑，内部编印，1981年，第82页。

W1344.2.5
乌龟用肚皮支撑大地

`实 例`

`藏族` 天神降别羊用他的神箭射翻了一只大洋中的乌龟，把乌龟的肚皮仰放着，牢牢地支撑着大地。

【流传】四川省·（凉山彝族自治州）·木里县（木里藏族自治县）·宁朗（宁朗乡）

【出处】杜基翁丁讲，鲁绒亨扎翻译，四川省民协木里采风队采录：《大地和庄稼的产生》，见中国民间文学集成全国编辑委员会编《中国民间故事集成》（四川卷），北京：中国ISBN中心1998年版，第935页。

W1344.2.5a
乌龟用四肢支地

【关联】[W1324.5.1]巨龟的4条腿支天

`实 例`

`蒙古族` 支大地的乌龟平时总是一动不动地用四条腿使劲顶着背上的大地。

【流传】（无考）

【出处】那木吉拉翻译，姚宝瑄整理：《乌龟驮地球》，见姚宝瑄主编《中国各民族神话》（达斡尔族、鄂伦春族、鄂温克族、蒙古族），太原：山西出版传媒集团·书海出版社2014年版，第166页。

W1344.2.6
元素中生出负载大地的巨龟

`实 例`

`藏族` 巨龟是大地的负载者，它既是元素所生，气温所生，同时又是胎生和卵生。

【流传】（无考）

【出处】格明多杰整理：《化世之龟》，见BBS水木清华站：http://www.smth.

edu. cn，2006.07.20。

W1344.2.7
鳌鱼骨支地角

实 例

水族 伢俣分开天地，用鳌骨撑天的四边，支地的四角。

【流传】（无考）

【出处】潘静唱：《开天辟地》，见陶阳、钟秀《中国创世神话》，上海：上海人民出版社1993年版，第67页。

W1344.2.8
龟在水中支地

实 例

维吾尔族 龟在水中驮着大地。

【流传】新疆维吾尔自治区·伊犁（伊犁哈萨克自治州）

【出处】鹿忆鹿：《从神话到民间传说中的龟》，载《吴中文学报》（台湾）1995年第5期。

W1344.2.8.1
鳌鱼浮在水面上支地

实 例

汉族 地上一片汪洋。因为地上的水太深了，女娲娘娘用草灰、石头、土呀往水里填，可无济于事。她找来几只大鳌鱼，让鳌鱼浮在水面上，把草、木、灰、土、石之类的东西放到它们背上，让它们驮着，这就形成了陆地。

【流传】河南省·（驻马店市）·确山县·盘龙镇

【出处】杨永兴讲，杨建军采录：《鳌鱼眨眼地翻身》（1987.03），见张振犁编著《中原神话通鉴》（第一卷），郑州：河南大学出版社2017年版，第148页。

W1344.3
龙支撑地

实 例

（参见下级母题实例）

W1344.3.1
巨龙支地

实 例

汉族 土地被一条巨龙托着，飘飘悠悠地度过了不知多少个世代。

【流传】北京市·门头沟区

【出处】张广民讲，张万顺采录：《兄妹创世》，见中国民间文学集成全国编辑委员会编《中国民间故事集成》（北京卷），北京：中国ISBN中心1999年版，第3页。

W1344.4
牛支撑地

【关联】［W1342.5.2］神牛支地

实 例

汉族 人类生活在地府地藏王的牛的

身上。

【流传】浙江省·（温州市）·泰顺县·章坑乡

【出处】杨立生讲，杨立成采录：《地震的由来》，见中国民间文学集成全国编辑委员会编《中国民间故事集成》（浙江卷），北京：中国 ISBN 中心 1997 年版，第 25 页。

塔吉克族 地下还有一个世界，人生存在地下的一个世界之上。为了不使人生活的世界倾覆，有一头神牛用它的角在下面顶着。

【流传】（新疆维吾尔自治区）

【出处】库尔班、段石羽搜集整理：《为什么有地震》，见姚宝瑄主编《中国各民族神话》（乌孜别克族、哈萨克族、柯尔克孜族、俄罗斯族、维吾尔族、塔吉克族、塔塔尔族、锡伯族），太原：山西出版传媒集团·书海出版社 2014 年版，第 278 页。

W1344.4.1
盘古派牛支地

实　例

汉族 盘古爷爷让牛儿到地下背着土地。

【流传】甘肃省·（兰州市）·皋兰县·西岔乡（西岔镇）·山字墩村

【出处】王老太太讲，曾城奎采录：《神牛翻身地就动》，见中国民间文学集成全国编辑委员会编《中国民间故事集成》（甘肃卷），北京：中国 ISBN 中心 2001 年版，第 3 页。

W1344.4.2
公牛支撑地

【汤普森】A844.2

【关联】

① ［W1316a.1.1］公牛支地后形成天地现在的距离

② ［W1324.1.2］公牛顶天

实　例

（参见下级母题实例）

W1344.4.2.0
女天神让公牛支地

实　例

维吾尔族（实例待考）

W1344.4.2.1
公牛站在乌龟背上支地的

实　例

（参见下级母题实例）

W1344.4.2.1.1
公天牛站在乌龟背上支地的

实　例

维吾尔族 公天牛站在比它还要大很多的乌龟的背上顶着地球。

【流传】新疆维吾尔自治区·（伊犁哈萨克自治州）·伊宁市

【出处】亚库甫讲，阿不都拉采录，姚宝瑄译：《顶地球的公牛站在哪里》，

1.2.4 天地的合离与支撑　　W1344.4.2.2–W1344.4.2.3

见中国民间文学集成全国编辑委员会编《中国民间故事集成》（新疆卷），北京：中国ISBN中心2008年版，第7页。

维吾尔族 一头公天牛下去顶住地球，公天牛就是站在一个比地球和公天牛大得多乌龟的背上。

【流传】新疆维吾尔自治区·伊犁地区（伊犁哈萨克自治州）

【出处】亚库甫讲，阿不都拉、姚宝瑄采录翻译：《顶地球的公牛站在哪里》，原载马昌仪编《中国神话故事》，见陶阳、钟秀编《中国神话》（上），北京：商务印书馆2008年版，第199~200页。

维吾尔族 女天神看到地球从天上很快地往下掉，就命令一头公天牛下去顶住地球，不让它继续往下掉。

【流传】新疆维吾尔自治区·伊犁州（伊犁哈萨克自治州）

【出处】
(a) 亚库甫讲，阿不都拉搜集翻译，姚宝瑄整理：《顶地球的公牛站在哪里》，见张越、姚宝瑄编《新疆民族神话故事选》，乌鲁木齐：新疆人民出版社1989年版。

(b) 同（a），见姚宝瑄主编《中国各民族神话》（乌孜别克族、哈萨克族、柯尔克孜族、俄罗斯族、维吾尔族、塔吉克族、塔塔尔族、锡伯族），太原：山西出版传媒集团·书海出版社2014年版，第222页。

W1344.4.2.2
公牛用一只角支地

实例

维吾尔族 地球从天上很快地往下掉时，公天牛从天上飞下来，钻到下面，用一只角把地球顶住了。

【流传】新疆维吾尔自治区·伊犁州（伊犁哈萨克自治州）

【出处】
(a) 亚库甫讲，阿不都拉搜集翻译，姚宝瑄整理：《顶地球的公牛站在哪里》，见张越、姚宝瑄编《新疆民族神话故事选》，乌鲁木齐：新疆人民出版社1989年版。

(b) 同（a），见姚宝瑄主编《中国各民族神话》（乌孜别克族、哈萨克族、柯尔克孜族、俄罗斯族、维吾尔族、塔吉克族、塔塔尔族、锡伯族），太原：山西出版传媒集团·书海出版社2014年版，第222页。

W1344.4.2.3
黑公牛站在海里的石板上用角支地

实例

柯尔克孜族 在海的正中间只有一块石板，石板上有一头黑色的公牛，在公牛的角上载着大地。

【流传】（无考）

【出处】张彦平摘译：《公牛驮大地》，见满都呼主编《中国阿尔泰语系诸民族神话故事》，北京：民族出版社 1997 年版，第 80 页。

W1344.4.3
四条牛腿支撑地

【实例】

哈尼族 （实例待考）

W1344.4.4
牛站在鱼身上支地

【汤普森】A844.5

【实例】

撒拉族 一片汪洋大海中有一条很大的鱼。鱼的身上驮着一头牛，并有两条蛇监护着牛，而牛角则顶着顿亚（世界）。

【流传】（无考）

【出处】韩建业、马路、马成俊整理：《耶尔太热根东布合》，见姚宝瑄主编《中国各民族神话》（土族、东乡族、回族、保安族、裕固族、撒拉族），太原：山西出版传媒集团·书海出版社 2014 年版，第 120 页。

塔塔尔族 大地的底下的大海里有一条巨大的鱼。在鱼的胡须上，站着一头巨大的青牛。青牛力大无穷，用它的一只犄角稳稳地顶在大地的下面，大地就沉不到海里去了。

【流传】（新疆维吾尔自治区）

【出处】《青牛顶大地》，见姚宝瑄主编《中国各民族神话》（乌孜别克族、哈萨克族、柯尔克孜族、俄罗斯族、维吾尔族、塔吉克族、塔塔尔族、锡伯族），太原：山西出版传媒集团·书海出版社 2014 年版，第 310 页。

W1344.4.5
黄牛支地

【关联】[W1346.4.2] 蛇看守支撑地的黄牛

【实例】

撒拉族 支撑世界的耶尔斯合尔（撒拉语，黄牛）的旁边有一条蛇，日夜不停地在看管着它。

【流传】青海省·（海东市）·循化（循化撒拉族自治县）·清水乡·大寺古村

【出处】艾扫保讲，马成俊采录：《地震的原由》，见中国民间文学集成全国编辑委员会编《中国民间故事集成》（青海卷），北京：中国 ISBN 中心 2007 年版，第 10 页。

W1344.5
蛙支撑地（蛤蟆支地）

【汤普森】A844.4

【实例】

鄂温克族 青蛙用"双手"托起了大地并一直坚持到现在。

【流传】（无考）

【出处】《青蛙造大地》，见姚风《鄂温克与鄂伦春人的某些自然崇拜》，载《黑龙江民族丛刊》1990 年第 1 期。

1.2.4 天地的合离与支撑　　‖W1344.6-W1344.8.1‖　　1141

W1344.6
鳄鱼支撑地
实 例

汉族（实例待考）

W1344.7
象支撑地
【汤普森】A844.7

实 例

（参见下级母题实例）

W1344.7.1
巨象负地
实 例

藏族 大地载于一巨象的背上。

【流传】青海（青海省）藏区
【出处】《载世巨象》，见 BBS 水木清华站：http://www.smth.edu.cn，2006.07.20。

W1344.7.2
大象顶着地球
【关联】［W1337.2a］天柱放在象身上

实 例

傣族 叭英叭（世上第一个人，其他神话说"英叭"为最早的天神）将他的坐骑"猴宾"身上的灰尘、汗泥搓下来捏了只大象，将作为在地上落脚之地的塔放在大象身上。

【流传】云南省·西双版纳州（西双版纳傣族自治州）

【出处】岩英祁讲，仓霁华翻译，朱宜初等采录：《英叭开天辟地》，见中国民间文学集成全国编辑委员会编《中国民间故事集成》（云南卷），北京：中国 ISBN 中心 2003 年版，第 82 页。

傣族 英叭神造了一只神象"掌月朗宛"，让它用四只大脚镇住了地，天地才固定下来。

【流传】云南省
【出处】《巴塔麻嘎捧尚罗》，见云南旅游信息网：http://www.yunnaninfo.com/chinesebig5/yunnan，2005.11.07。

傣族 巨人天神英叭用他的汗垢捏出了顶住地球的大象。

【流传】（无考）
【出处】傣族创世史诗《巴诺玛嘎捧尚罗》，原载《水里浮起的尧白阿嫫》注释，见姚宝瑄主编《中国各民族神话》（水族、布朗族、独龙族、基诺族、傈僳族），太原：山西出版传媒集团·书海出版社 2014 年版，第 155 页。

W1344.8
仙鹤支撑地
实 例

（参见下级母题实例）

W1344.8.1
仙鹤用一只脚支撑地
实 例

达斡尔族 地上站着一只仙鹤，用一只脚支撑地。

【流传】（无考）

【出处】《达斡尔族民间神话》，见毅松、涂建军等《达斡尔族、鄂温克族、鄂伦春族文化研究》，呼和浩特：内蒙古教育出版社2007年版，第83页。

W1344.9
多个动物共同支撑地

【汤普森】≈A844.6

实 例

（参见下级母题实例）

W1344.9.1
神鱼、鲮鱼和鲈鱼用背支地

实 例

鄂温克族（实例待考）

W1344.9.2
乌龟、公牛合作支地

实 例

维吾尔族 女天神派一只巨大的乌龟爬在水上面，公牛站在乌龟上面用角顶住地球。

【流传】新疆维吾尔自治区

【出处】

（a）《地球与神牛》，见满都呼主编《中国阿尔泰语系诸民族神话故事》，北京：民族出版社1997年版，第30页。

（b）《顶地球的公牛站在哪里》，见张越、姚宝瑄编《新疆民族神话故事选》，乌鲁木齐：新疆人民出版社1989年版。

维吾尔族 公天牛站在比它还要大很多的乌龟的背上顶着地球，乌龟趴在水面上。

【流传】新疆维吾尔自治区·（伊犁哈萨克自治州）·伊宁市

【出处】亚库甫讲，阿不都拉采录，姚宝瑄译：《顶地球的公牛站在哪里》，见中国民间文学集成全国编辑委员会编《中国民间故事集成》（新疆卷），北京：中国ISBN中心2008年版，第7页。

W1344.10
与支撑地的动物有关的其他母题

实 例

藏族（实例待考）

W1344.10.1
一个很大的动物驮着大地

实 例

珞巴族 地下一个叫呼巴达拉的很大的动物驮着大地。

【流传】西藏自治区·下珞渝·阿卡部落布拉高村

【出处】维·埃尔温搜集：《呼巴达拉》，见李坚尚、刘芳贤编《珞巴族门巴族民间故事选》，上海：上海文艺出版社1993年版，第38页。

W1344.10.2
支地动物的居所

实例

藏族 负载大地的巨龟居住在海洋里的碧玉宫殿，宫殿有东、南、西、北四个门，每个门都有守护神。

【流传】（无考）

【出处】格明多杰整理：《化世之龟》，见 BBS 水木清华站：http://www.smth.edu.cn，2006.07.20。

W1345
植物支撑地

实例

（参见下级母题实例）

W1345.1
蒿支撑地

实例

苗族 先前五棓柱撑天，先前蒿枝柱撑地，天上看去圆溜溜，天上不会矮下来。

【流传】原文无流传地，据文本及注释推测该神话流传于贵州省·黔东南苗族侗族自治州·凯里市、台江县等地。

【出处】张启庭、张荣光、张正玉、张启德演唱，张明搜集，燕宝整理译注：《创造宇宙·打柱撑天》，见贵州省少数民族古籍整理出版规划小组办公室编，燕宝整理译注《苗族古歌》，贵阳：贵州民族出版社 1993 年版，第 300 页。

W1345a
人造物支撑地

实例

（参见下级母题实例）

W1345a.1
铁棍支地

实例

（参见下级母题实例）

W1345a.1.1
铁棍支地心

实例

水族 伢俣（伢俣，水族语女娲）举天向上，踏地向下，以铜棍撑天肚，以铁棍支地心。

【流传】（无考）

【出处】袁珂改编：《伢俣开天》（原名《开天立地》），原载毛星主编《中国少数民族文学》（中册），见袁珂《中国神话大词典》，北京：华夏出版社 2015 年版，第 539 页。

W1346
与地的支撑物有关的其他母题

实例

（参见下级母题实例）

W1346.1
风和水支撑大地

【实例】

土族 盘古开天地后，南音神人让风和水支撑大地。

【流传】（无考）

【出处】《混沌周末》，见马光星《略论土族的神话史诗〈混沌周末〉》，见《中国少数民族神话学术讨论会》（下），中国少数民族文学学会编印，1984年。

W1346.2
地的支撑物的诞生

【实例】

（参见下级母题实例）

W1346.2.1
元素生负载大地的巨龟

【实例】

藏族 （实例待考）

W1346.2.2
气温生负载大地的巨龟

【关联】［W3506］龟的产生

【实例】

藏族 负载大地的巨龟，是气温所生。

【流传】（无考）

【出处】格明多杰整理：《化世之龟》，见BBS水木清华站：http://www.smth.edu.cn，2006.07.20。

W1346.2.3
胎生负载大地的巨龟

【实例】

藏族 负载大地的巨龟是胎生。

【流传】（无考）

【出处】格明多杰整理：《化世之龟》，见BBS水木清华站：http://www.smth.edu.cn，2006.07.20。

W1346.2.4
卵生负载大地的巨龟

【关联】［W3509］龟是生育产生的

【实例】

藏族 负载大地的巨龟是卵生。

【流传】（无考）

【出处】格明多杰整理：《化世之龟》，见BBS水木清华站：http://www.smth.edu.cn，2006.07.20。

W1346.3
支地动物的居所

【实例】

（参见下级母题实例）

W1346.3.1
负载大地的巨龟住在海洋里的宫殿中

【实例】

藏族 （参见 W1344.10.2 母题实例）

W1346.4
支地动物的看管

【关联】

① ［W1350.4.1］支撑地柱者的看守
② ［W1376.2］动物稳固大地

实　例

（参见下级母题实例）

W1346.4.1
金鸡看守着驮地的鳌鱼

【关联】［W3350.10.1］金鸡

实　例

布朗族　为防备驮地的鳌鱼逃跑，巨人神顾米亚派了他最忠实的一只金鸡去看守，它一动，就啄它的眼睛。

【流传】云南省·（红河哈尼族彝族自治州）·金平县（金平苗族瑶族傣族自治县）

【出处】朱嘉禄整理：《顾米亚》，原载《中国民间故事选》第2集，人民文学出版社1962年版，见姚宝瑄主编《中国各民族神话》（水族、布朗族、独龙族、基诺族、傈僳族），太原：山西出版传媒集团·书海出版社2014年版，第91页。

布朗族　神巨人顾米亚抓了一条大鳌鱼把地托住地柱。鳌鱼不愿做这件事，随时都想逃跑。为了防备鳌鱼逃跑，顾米亚派了他最忠实的一只金鸡去看守，它一动，就啄它的眼睛。

【流传】云南省

【出处】朱嘉禄整理：《顾米亚》，原载《中国民间故事选》第2集，见陶阳、钟秀编《中国神话》（上），北京：商务印书馆2008年版，第38~44页。

布朗族　顾米亚派了他最忠实的一只金鸡去看守着托地的大鳌鱼。

【流传】（a）云南省·（西双版纳傣族自治州）·勐海县

【出处】

（a）岩的兴讲，朱嘉禄采录：《顾米亚》，见中国民间文学集成全国编辑委员会编《中国民间故事集成》（云南卷），北京：中国ISBN中心2003年版，第150页。

（b）朱嘉禄整理：《顾米亚》，见谷德明编《中国少数民族神话》，北京：中国民间文艺出版社1987年版，第480页。

W1346.4.1a
金鸡看守支地的神鱼

实　例

傣族　为了稳定大地，神王英叭用污垢做了四只金鸡，给了它们生命和力量，把它们放进大海里，四只金鸡就钻到地球底下，去专门看守四条巴阿嫩神鱼的眼睛。

【流传】云南省·西双版纳傣族地区（西双版纳傣族自治州）

【出处】胜能搜集：《巴阿嫩神鱼》，原载《巴塔麻嘎》（开天辟地），见姚宝瑄主编《中国各民族神话》（哈尼族、傣族），太原：山西出版传媒集团·书海出版社 2014 年版，第 242 页。

W1346.4.2
蛇看守支撑地的黄牛
【关联】［W1344.4.5］黄牛支地

实 例

撒拉族 支撑世界的耶尔斯合尔（撒拉语，黄牛）的旁边有一条蛇，日夜不停地在看管着它。

【流传】青海省·（海东市）·循化（循化撒拉族自治县）·清水乡·大寺古村

【出处】艾扫保讲，马成俊采录：《地震的原由》，见中国民间文学集成全国编辑委员会编《中国民间故事集成》（青海卷），北京：中国 ISBN 中心 2007 年版，第 10 页。

W1346.4.3
鹰看管着支撑地的牛
【关联】［W1344.4］牛支撑地

实 例

（参见下级母题实例）

W1346.4.4
鸡看管着支撑大地的牛

实 例

汉族 盘古爷爷用唾沫和着黄土捏了个神牛背着土地。盘古怕背地的神牛睡着了地塌下去，就捏了个活公鸡守在牛儿的身边，看管着牛。

【流传】甘肃省·（兰州市）·皋兰县·西岔乡（西岔镇）·山字墩村

【出处】王老太太讲，曾城奎采录：《神牛翻身地就动》，见中国民间文学集成全国编辑委员会编《中国民间故事集成》（甘肃卷），北京：中国 ISBN 中心 2001 年版，第 3 页。

W1346.4.5
鹰看管着支撑地的龟
【关联】［W1344.2］龟支撑地（鳌鱼支撑地）

实 例

（实例待考）

W1346.4.6
鸡看管着支撑大地的龟
【关联】［W3350.4.2］鸡是特定物的看守者

实 例

（实例待考）

W1346.4.7
神鸟看管着支撑大地的神龟

实 例

汉族 驮着大地的神龟因为身体活动会造成地震和天塌地陷。于是一个天神化做一只神鸟保护着大地。神鸟落在那大神龟的脖子根上。双爪紧紧模住了大龟的脖子，告诉神龟如果身子动一动，就立刻叨瞎你的眼睛。

【流传】黑龙江省·牡丹江市

【出处】范关氏讲，范垂政采录：《大地的由来》，见中国民间文学集成全国编辑委员会编《中国民间故事集成》（黑龙江卷），北京：中国 ISBN 中心 2005 年版，第 4 页。

W1346.5
支地者更换位置

实例

（参见下级母题实例）

W1346.5.1
支地者每年换一次肩膀

实例

汉族 盘古让地藏王把地背在肩上，每年换一次肩。

【流传】浙江省·（温州市）·文成县·珊溪区·珊溪镇·街头村

【出处】夏盛提讲，夏叔平采录：《地为啥会动》，见中国民间文学集成全国编辑委员会编《中国民间故事集成》（浙江卷），北京：中国 ISBN 中心 1997 年版，第 24 页。

W1346.6
特定地方的支撑

实例

（参见下级母题实例）

W1346.6.1
大理由玉白菜支撑

实例

白族 一直到现在，那棵玉白菜依然在五华楼下，支撑着整个大理。

【流传】云南省·（大理白族自治州）·大理县（大理市）

【出处】李中迪记录：《玉白菜》，见姚宝瑄主编《中国各民族神话》（白族、拉祜族、景颇族），太原：山西出版传媒集团·书海出版社 2014 年版，第 58 页。

❋ W1347
地柱（支地的柱子）

【汤普森】①A841；②A843

【关联】［W1330］天柱（顶天的柱子）

实例

（参见下级母题实例）

W1348
地柱的产生

实例

（参见下级母题实例）

W1348.1
地柱是造出来的

实例

（参见下级母题实例）

W1348.1.0
造地柱原因

实例

（参见下级母题实例）

W1348.1.0.1
因地动摇造地柱

【关联】［W1376］地的稳固

实例

彝族 开始时，造出的天地摇摆不定，是因为没有没有撑地的柱，所以要找撑地的柱。

【流传】云南省·楚雄彝族自治州·姚安县、大姚县等彝族地区

【出处】《创世·开天辟地》，见云南省民族民间文学楚雄调查队整理编写《梅葛》，昆明：云南人民出版社2009年版，第9页。

W1348.1.1
神或神性人物造地柱

【关联】［W1349.1.1.1］神炼金属做地柱

实例

（参见下级母题实例）

W1348.1.1.1
神用泥造地柱

实例

傣族 大神因叭从身上搓下一些汗泥，捏成六根支地的柱子。

【流传】（无考）

【出处】《因叭止洪水》，原载毛星主编《中国少数民族文学》，湖南人民出版社1983版，见姚宝瑄主编《中国各民族神话》（哈尼族、傣族），太原：山西出版传媒集团·书海出版社2014年版，第330页。

W1348.1.1.2
天神造地柱

实例

傣族 巨人天神英叭用他的汗垢捏出了地球，捏出了地球的神柱。

【流传】（无考）

【出处】傣族创世史诗《巴诺玛嘎捧尚罗》，原载《水里浮起的尧白阿嫫》注释，见姚宝瑄主编《中国各民族神话》（水族、布朗族、独龙族、基诺族、傈僳族），太原：山西出版传媒集团·书海出版社2014年版，第155页。

W1348.1.2
龙王造地柱

【关联】［W3581.6］龙王的能力（职能）

实例

哈尼族 龙王立天柱地柱。

【流传】云南省·（红河哈尼族彝族自治州）·红河县

【出处】李期博翻译整理：《木地米

地》，见《红河州哈尼族古籍资料丛刊》，内部发行，1985年。

W1348.2
地柱是变化产生的

实　例

（参见下级母题实例）

W1348.2.1
特定人物的四肢变成地柱

实　例

（参见下级母题实例）

W1348.2.1.1
盘古的四肢变成地柱

【关联】
① ［W1167.2.2］盘古的四肢化为四极
② ［W1851.0.1］盘古的四肢五体变成五岳

实　例

汉族　盘古死后，手脚四肢变成大石柱撑在水中鳌鱼背上。

【流传】江苏省·（淮安市）·涟水（涟水县）各地

【出处】徐学尧讲，徐省生搜集整理：《开天辟地和人的由来》（1986.06），见姚宝瑄主编《中国各民族神话》（汉族），太原：山西出版传媒集团·书海出版社 2014 年版，第 20～22 页。

W1349
地柱的材料

实　例

（参见下级母题实例）

W1349.1
用金属造地柱

实　例

（参见下级母题实例）

W1349.1.1
炼金属做地柱

【关联】［W6108.2］冶炼

实　例

（参见下级母题实例）

W1349.1.1.1
神炼金属做地柱

实　例

哈尼族　大神们用金子、银子、黄铜黑铁化成红水打造成地柱。

【流传】云南省·（红河哈尼族彝族自治州）·元阳县

【出处】朱小和讲，史军超等采录：《神的古今》，见中国民间文学集成全国编辑委员会编《中国民间故事集成》（云南卷），北京：中国 ISBN 中心 2003 年版，第 19 页。

W1349.1.2
用金银铜铁造地柱

实例

哈尼族 大神们造地时，背来了金子、银子、黄铜、黑铁，化成江水来造地柱，打出的地柱。

【流传】云南省·（红河哈尼族彝族自治州）·元阳县、金平县（金平苗族瑶族傣族自治县）、红河县等地

【出处】朱小和讲，史军超、卢朝贵搜集整理：《烟本霍本》，原载刘辉豪、阿罗编《哈尼族民间故事选》，上海文艺出版社 1989 年版，见姚宝瑄主编《中国各民族神话》（哈尼族、傣族），太原：山西出版传媒集团·书海出版社 2014 年版，第 37 页。

W1349.2
石柱支撑地

【汤普森】≈ A849.1

实例

（参见下级母题实例）

W1349.2.1
3 根石柱支撑地

【关联】[W1344.2.2] 3 个鳌鱼支地

实例

傣族 英叭（世上第一个人，其他神话说"英叭"为最早的天神）将三个石堆支撑在大地的三个角上，大地就更稳固了。

【流传】云南省·西双版纳州（西双版纳傣族自治州）

【出处】岩英祁讲，仓霁华翻译，朱宜初等采录：《英叭开天辟地》，见中国民间文学集成全国编辑委员会编《中国民间故事集成》（云南卷），北京：中国 ISBN 中心 2003 年版，第 82 页。

W1349.3
动物的腿做地柱

实例

（参见下级母题实例）

W1349.3.1
牛腿做地柱

实例

（参见下级母题实例）

W1349.3.1.1
天王用龙牛腿做地柱

实例

哈尼族 天王用龙牛的腿做撑地的柱子。

【流传】（无考）

【出处】刘辉豪、白章福搜集整理：《奥色密色》，载《山茶》1980 年第 2 期。

W1349.3.2
鹿腿做地柱

实例

（参见下级母题实例）

W1349.3.2.1

巨人用马鹿腿做地柱

实 例

普米族 简锦祖（巨人）杀死了作恶的马鹿，用利刀砍下马鹿腿下，鹿腿顶住倾斜的大地，大地扶正了。

【流传】云南省·（怒江傈僳族自治州）·兰坪县（兰坪白族普米族自治县），（丽江市）·宁蒗县（宁蒗彝族自治县）

【出处】王震亚采录：《简锦祖杀马鹿》，见中国民间文学集成全国编辑委员会编《中国民间故事集成》（云南卷），北京：中国ISBN中心2003年版，第386页。

W1349.4

动物的骨头做地柱

实 例

（参见下级母题实例）

W1349.4.1

牛骨头做地柱

实 例

（参见下级母题实例）

W1349.4.1.1

神牛的肋巴骨做支地橡子

实 例

哈尼族 众神用查牛（天地神专养的神牛）的肋巴骨做成撑天撑地的大橡子。

【流传】

（a）云南省·（红河哈尼族彝族自治州）·元阳县

（b）云南省·（红河哈尼族彝族自治州）·元阳（元阳县）、红河（红河县）、绿春（绿春县）、金平（金平苗族瑶族傣族自治县）等

【出处】

（a）朱小和讲，史军超采录：《查牛补天地》，见中国民间文学集成全国编辑委员会编《中国民间故事集成》（云南卷），北京：中国ISBN中心2003年版，第29页。

（b）同（a），见云南省民间文学集成办公室编《哈尼族神话传说集成》，北京：中国民间文艺出版社1990年版。

W1349.5

其他材料做地柱

实 例

（参见下级母题实例）

W1349.5.1

用泥造地柱

【关联】[W1348.1.1.1] 神用泥造地柱

实 例

傣族 （参见W1348.1.1.1母题实例）

W1350

地柱的支撑物

【关联】［W1337］天柱的位置

实例

（参见下级母题实例）

W1350.0

地柱支在鳌鱼身上

实例

（参见下级母题实例）

W1350.0.1

地柱立在水中鳌鱼的背上

实例

汉族 盘古死后，他的手脚四肢变成大石柱撑在水中鳌鱼背上，把地顶住，使它不再下沉。

【流传】江苏省·（淮安市）·涟水（涟水县）各地

【出处】徐学尧讲，徐省生搜集整理：《开天辟地和人的由来》（1986.06），见姚宝瑄主编《中国各民族神话》（汉族），太原：山西出版传媒集团·书海出版社2014年版，第20～22页。

W1350.1

地柱支在金鱼身上

【关联】［W1344.1］鱼支撑地（鱼支地）

实例

哈尼族 大神们用打成的地柱支在金鱼娘的身上。

【流传】云南省·（红河哈尼族彝族自治州）·元阳县

【出处】朱小和讲，史军超等采录：《神的古今》，见中国民间文学集成全国编辑委员会编《中国民间故事集成》（云南卷），北京：中国ISBN中心2003年版，第19页。

哈尼族 众神造地时，地柱支在金鱼娘的身上。

【流传】云南省·（红河哈尼族彝族自治州）·元阳县、金平县（金平苗族瑶族傣族自治县）、红河县等地

【出处】朱小和讲，史军超、卢朝贵搜集整理：《烟本霍本》，原载刘辉豪、阿罗编《哈尼族民间故事选》，上海文艺出版社1989年版，见姚宝瑄主编《中国各民族神话》（哈尼族、傣族），太原：山西出版传媒集团·书海出版社2014年版，第37页。

W1350.2

地柱支在万物生育者身上

实例

哈尼族 支地柱支的金鱼娘是神和万物的生育者。

【流传】云南省·（红河哈尼族彝族自治州）·元阳县

【出处】朱小和讲，史军超等采录：《神的古今》，见中国民间文学集成全国

编辑委员会编《中国民间故事集成》（云南卷），北京：中国 ISBN 中心 2003 年版，第 19 页。

W1350.3
地柱支在大象身上
【关联】
① ［W1337.2a.1］天柱放在神象身上
② ［W1344.7.2］大象顶着地球

实 例

傣族 大神因叭发现地面很不稳，就用汗泥捏成六根柱子和一只大象，将六根柱子放在象背上，又将地面放在六根柱子上，于是地面就稳定了。

【流传】（无考）

【出处】《因叭止洪水》，原载毛星主编《中国少数民族文学》，湖南人民出版社 1983 版，见姚宝瑄主编《中国各民族神话》（哈尼族、傣族），太原：山西出版传媒集团·书海出版社 2014 年版，第 330 页。

W1350.4
与地柱支撑物有关的其他母题

实 例

（参见下级母题实例）

W1350.4.1
支撑地柱者的看守
【关联】
① ［W1095.4.1］世界支撑者的看守
② ［W1346.4］支地动物的看管

③ ［W1356.3］地柱的看守

实 例

布朗族 一条大鳌鱼托住地柱。它不愿做这件事，随时都想逃跑。为了防备鳌鱼逃跑，顾米亚派了他最忠实的一只金鸡去看守，它一动，就啄它的眼睛。

【流传】云南省

【出处】朱嘉禄整理：《顾米亚》，原载《中国民间故事选》第 2 集，见陶阳、钟秀编《中国神话》（上），北京：商务印书馆 2008 年版，第 38~44 页。

W1350.4.2
支地的石柱在海中

实 例

布依族 人们下到第十二层海底，看到有无数石柱顶在海中间。石柱撑着大地，大地才不动不摇。

【流传】（无考）

【出处】岭老荣唱，岭玉清翻译整理，古梅改写：《漫游十二层天和十二层海》，见姚宝瑄主编《中国各民族神话》（布依族、仡佬族、苗族），太原：山西出版传媒集团·书海出版社 2014 年版，第 39 页。

W1350.4.3
支地的柱子立在下界

实 例

高山族 在下界有根支撑大地的柱子。

【流传】台湾

【出处】

（a）陈国强搜集：《蜜蜂与地震》，见陈国强编《高山族神话传说》，福州：福建人民出版社1980年版。

（b）同（a），见姚宝瑄主编《中国各民族神话》（高山族、黎族、畲族），太原：山西出版传媒集团·书海出版社2014年版，第29页。

W1351
地柱的数量

【关联】[W1333]顶天柱的数量（天柱的数量）

实例

（参见下级母题实例）

W1352
4根地柱

【汤普森】①≈A841.0.1；②A841.4

实例

（参见下级母题实例）

W1352.1
4根铜柱支地

实例

（参见下级母题实例）

W1352.1.1
盘古用4根铜柱支地

实例

朝鲜族 盘古氏分开天地后，立上四根铜柱把地撑起来。

【流传】（无考）

【出处】《创世记》，见金东勋《朝鲜族的神话传说》，http://www.chinactwh.com，2003.09.02。

W1352a
5根地柱

实例

（实例待考）

W1352b
6根地柱

实例

（参见下级母题实例）

W1352b.1
神造6根地柱稳固大地

实例

傣族 大神因叭发现地面很不稳，就从身上搓下一些汗泥，捏成六根柱子和一只大象，将六根柱子放在象背上，又将地面放在六根柱子上，于是地面就稳定了。

【流传】（无考）

【出处】《因叭止洪水》，原载毛星主编《中国少数民族文学》，湖南人民出版社1983版，见姚宝瑄主编《中国各民族神话》（哈尼族、傣族），太原：山西出版传媒集团·书海出版社2014年版，第330页。

W1352c
7 根地柱

实 例

（实例待考）

W1352d
8 根地柱

实 例

（参见下级母题实例）

W1352d.1
地下有 8 根地柱

实 例

（参见下级母题实例）

W1352d.1.1
地下的 8 根地柱互相牵制

实 例

汉族 地下有八柱，柱广十万里，有三千六百轴，互相牵制，名山大川，孔穴相通。

【流传】（无考）

【出处】

（a）《汉唐地理书钞》辑《河图括地象》。

（b）同（a），见袁珂《中国神话大词典》，北京：华夏出版社 2015 年版，第 7 页。

W1353
9 根地柱

实 例

基诺族 九根大柱支撑着大地。

【流传】云南省·（西双版纳傣族自治州·景洪市）·基诺山（基诺山基诺族乡）·戛里果箐

【出处】沙车等讲，杜玉亭调查整理：《地鬼》（1990），见吕大吉、何耀华总主编《中国各民族原始宗教资料集成》（彝族卷、白族卷、基诺族卷），北京：中国社会科学出版社 1996 年版，第 938 页。

W1353.1
9 根金柱银柱支地

实 例

（参见下级母题实例）

W1353.1.1
天神用 9 根金柱银柱支地

实 例

怒族 天神安了九根金柱银柱来支撑地面。

【流传】（无考）

【出处】攸延春《怒族文学简史》，昆明：云南民族出版社 2003 年版，第 100~102 页。

W1354

12 根地柱

【汤普森】A841.3

实例

（实例待考）

W1355

其他数量的地柱

实例

（参见下级母题实例）

W1355.1

1 根地柱支地

实例

（实例待考）

W1355.2

2 根地柱支地

实例

（实例待考）

W1355.3

3 根地柱支地

【关联】

① ［W1344.1.1］3 条鱼驮地
② ［W1344.2.2］3 个鳌鱼支地
③ ［W1349.2.1］3 根石柱支撑地

实例

傣族 天神英叭将三个石堆支撑在大地的三个角上，大地就更稳固了。

【流传】云南省·西双版纳州（西双版纳傣族自治州）

【出处】岩英祁讲，仓霁华翻译，朱宜初等采录：《英叭开天辟地》，见中国民间文学集成全国编辑委员会编《中国民间故事集成》（云南卷），北京：中国 ISBN 中心 2003 年版，第 82 页。

满族 天神的一名助手每隔几天给驮着大地的三条大鱼喂一次食。

【流传】（无考）

【出处】乌丙安：《满族神话探索——天地层、地震鱼、世界树》，见袁珂主编《中国神话》第 1 集，北京：中国民间文艺出版社 1987 年版，第 36 页。

W1356

与地柱有关的其他母题

【关联】［W1239］地梁

实例

（参见下级母题实例）

W1356.1

巨大的地柱

实例

（参见下级母题实例）

W1356.1.1

地柱有 10 万里

实例

汉族 地下有八柱，柱广十万里，有三千六百轴。

【流传】（无考）

【出处】

（a）《汉唐地理书钞》辑《河图括地象》。

（b）同（a），见袁珂《中国神话大词典》，北京：华夏出版社2015年版，第7页。

W1356.2
数根地柱互相作用

实例

汉族 地下有八柱，柱广十万里，有三千六百轴，互相牵制。

【流传】（无考）

【出处】

（a）《汉唐地理书钞》辑《河图括地象》。

（b）同（a），见袁珂《中国神话大词典》，北京：华夏出版社2015年版，第7页。

W1356.3
地柱的看守

【关联】［W1350.4.1］支撑地柱者的看守

实例

（参见下级母题实例）

W1356.3.1
地神管理地柱

实例

基诺族 地鬼主管九根支撑着大地的大柱。

【流传】云南省·（西双版纳傣族自治州·景洪市）·基诺山（基诺山基诺族乡）·戛里果箐

【出处】沙车等讲，杜玉亭调查整理：《地鬼》（1990），见吕大吉、何耀华总主编《中国各民族原始宗教资料集成》（彝族卷、白族卷、基诺族卷），北京：中国社会科学出版社1996年版，第938页。

W1356.4
地柱被毁

实例

（参见下级母题实例）

W1356.4.1
地柱被撞断

实例

汉族 《淮南子》曰："昔者共工与颛顼争帝，怒而触不周之山，天维绝，地柱折（今本《淮南子·天文训》作'天柱折，地维绝'）。故今此山缺坏不周也。"

【流传】（无考）

【出处】

（a）《山海经·大荒西经》郭璞注。

（b）《不周》，见袁珂《中国神话大词典》，北京：华夏出版社2015年版，第44页。

汉族 共工怒触不周山，天维绝，地柱折。

【流传】（无考）

【出处】

（a）《山海经·大荒西经》郭璞注引古本《淮南子》。

（b）《地柱》，见袁珂《中国神话大词典》，北京：华夏出版社2015年版，第124页。

W1357

与天地的合离与支撑有关的其他母题

实 例

（参见下级母题实例）

W1357.0

天地为什么不会合在一起

【关联】［W1272.1］以前天地不分（天地合一）

实 例

（参见下级母题实例）

W1357.0.1

火鸟阻止天地相合

实 例

汉族 只要有火鸟，就永远不会天和地合。

【流传】浙江省·（金华市）·东阳县（东阳市）

【出处】徐移根讲，周中帆记录整理：《天和地合》，见陶阳、钟秀编《中国神话》（上），北京：商务印书馆2008年版，第193~194页。

W1357.0.2

支地撑天使天地分离

实 例

（参见下级母题实例）

W1357.0.2.1

仙鹤支地撑天

实 例

达斡尔族 仙鹤立在天和地的中间，它用一只脚支着地撑着天。

【流传】（无考）

【出处】《仙鹤顶天》，见姚宝瑄主编《中国各民族神话》（达斡尔族、鄂伦春族、鄂温克族、蒙古族），太原：山西出版传媒集团·书海出版社2014年版，第4页。

W1357.1

地上与地下有许多地柱相连

【关联】［W1400］天地相通

实 例

高山族 太古时，地球有地上、地下两个世界，有许多地柱相连。

【流传】（无考）

【出处】谷德明：《蜜蜂引发地震》，见刘城淮主编《世界神话集（1）·自然神话》，长沙：湖南大学出版社1999年版，第75页。

W1357.1.1
顶天地的柱子

实 例

(参见下级母题实例)

W1357.1.1.1
顶天地的柱子在海心

【关联】［W1371.2.1］神象在海中顶天地后天地稳固

实 例

白族 当小太阳坠落海中时,从海心冒出了一峰石柱。这石柱上顶天,下顶地,把天地撑住了。

【流传】云南省·(大理白族自治州)·鹤庆(鹤庆县),丽江(丽江市)及(丽江市)·永胜(永胜县)

【出处】李剑飞讲,李缵绪、章虹宇记录:《人类和万物的起源》(又名《劳谷与劳泰》、《古干古洛创世记》),原载李缵绪主编《白族神话传说集成》,中国民间文艺出版社1986年版,见姚宝瑄主编《中国各民族神话》(白族、拉祜族、景颇族),太原:山西出版传媒集团·书海出版社2014年版,第18页。

W1357.2
以前水天相连

【关联】
① ［W1789.0.5］天河与海相通
② ［W1896.2.6］水流到天上

实 例

白族 以前,水连天,天连水。

【流传】云南省·(大理白族自治州)·剑川(剑川县)

【出处】李恩发讲,李绍尼整理:《"五百天"神》,见陶立璠、李耀宗编《中国少数民族神话传说选》,成都:四川民族出版社1985年版,第94页。

满族 天地初分的时候,天连水,水连天。

【流传】(无考)

【出处】

(a) 孙玉清讲,王惠立搜集整理:《白云格格》,见谷德明谷德明编《中国少数民族神话》,北京:中国民间文艺出版社1987年版,第9~14页。

(b)《白云格格》,见满都呼主编《中国阿尔泰语系诸民族神话故事》,北京:民族出版社1997年版,第253~255页。

(c)《白云格格》,见乌丙安等《满族民间故事选》,上海:上海文艺出版社1983年版。

W1357.3
天地的分界

实 例

(参见下级母题实例)

W1357.3.1
云是天和地的分界处

【实例】

普米族 又厚又硬的云是天和地的分界处。

【流传】云南省·（丽江市）·宁蒗县（宁蒗彝族自治县）

【出处】格若讲，章渊采录：《太阳、月亮和星星》，见中国民间文学集成全国编辑委员会编《中国民间故事集成》（云南卷），北京：中国ISBN中心2003年版，第133页。

W1357.4
天地分开后，生物才可以生活

【实例】

珞巴族 （实例待考）

W1357.5
天地分开后，天地间仍是混沌

【实例】

水族 天与地被女神伢俣分开了，可是天与地之间还是混混沌沌。

【流传】（无考）

【出处】潘静流唱，燕宝记译，化斯改写：《伢俣开创世界》（原名《造天造地》），见姚宝瑄主编《中国各民族神话》（水族、布朗族、独龙族、基诺族、傈僳族），太原：山西出版传媒集团·书海出版社2014年版，第5页。

W1357.6
天地分开后的善后工作

【实例】

（参见下级母题实例）

W1357.6.1
天地分开后打扫天地

【关联】[W1294.4] 用扫帚扫开天地

【实例】

（参见下级母题实例）

W1357.6.1.1
天地分开后仙女用铜铁扫帚扫净天地

【实例】

彝族 天地分开后，司子低尼仙子把九把铜铁扫帚交给了九个仙女，叫她们拿了铜铁扫帚，去扫净天，去扫净地。

【流传】（无考）

【出处】《天神造天地》，见姚宝瑄主编《中国各民族神话》（羌族、彝族），太原：山西出版传媒集团·书海出版社2014年版，第88页。